Das schwierige
schöne Leben

Christine Maiwald

Das schwierige schöne Leben

Ein deutscher Kaufmann in Shanghai 1906 bis 1952

Dölling und Galitz Verlag

Bibliografische Information der Deutschen Nationalbibliothek

Die Deutsche Nationalbibliothek verzeichnet diese Publikation in der Deutschen Nationalbibliografie; detaillierte bibliografische Daten sind im Internet über https://dnb.de abrufbar.

Impressum

E-Mail: dugverlag@mac.com
www.dugverlag.de
Schwanthalerstraße 79, 80336 München, Tel. 089/23 23 09 66
Friedensallee 26, 22765 Hamburg, Tel. 040/389 35 15

Coverabbildung: Abreise in den Heimaturlaub, November 1929 (Foto: Kurt Halla)

Gestaltungskonzept und Cover: Annalena Weber, Hamburg
Satz: Frauke Moritz, Ahrensburg
Schrift: TT Jenevers und Lydian MT Pro
Druck: Beltz Grafische Betriebe GmbH, Bad Langensalza

ISBN 978-3-86218-147-6
2. Auflage 2022

INHALT

Geleitwort Arend Vollers, Ostasiatischer Verein Bremen ... 11

Hermann W. Breuer, mein Onkel aus China ... 12

Einleitung. China und die Kaufleute aus dem Westen ... 19

1884 - 1906 Der Patensohn ... 23

20. Juli 1906, Auf Reede vor Shanghai – Wie alles anfing – Schule, Lehre, Militär – Gibraltar – Der Pate – Ratschläge für den China-Kaufmann – Reichspostdampfer

1906 Ankunft in Shanghai und bei Melchers & Co. ... 65

21. Juli 1906, Im Melchers Hong – Clubleben – Exerzieren – Zeitungen – Reiten – Rennplatz – Rudern – Schuldscheine – 23. Juli 1906, Arbeitsbeginn – Der Melchers-Hong – Import, Export – Versicherungs- und Schiffsgeschäfte – Das Geld – Die Post – Freizeit – Volunteer Corps und Freiwillige Feuerwehr

1908 - 1912 Shanghai Rowing Club ... 87

27. Oktober 1912, Ruhe nach dem Rudern – Training – Siege – Kameradschaft

1910 - 1913 Verliebt, verlobt, verheiratet ... 93

Erna Wolcke – Maskenball im Club Concordia – Melchers in Tsingtao – Liebespfeile – Heimaturlaub 1913 – Hochzeit – Transsibirische Eisenbahn – In Shanghai zu Hause – Eine neue deutsche Gemeinde – Wehrpflicht von Auslandsdeutschen

1914 - 1918 »Germany on her knees« ... 106

13. November 1918, Waffenstillstand – Rückblick: Kaisers Geburtstag, 27. Januar 1914 – Rückblick: Der Beginn des Krieges – Das japanische Ultimatum – Der Fall Tsingtaos – Internationale Gesinnung im Settlement – In der Kronkolonie Hongkong – Hermann Melchers ist tot – Handel – Clubkrieg – U-Boot-Krieg – Kriegseintritt Chinas – Weltkrieg – Wenig Arbeit, viel freie Zeit – Sommertage in Moganshan – Ausgestoßen – Repatriierungsgerüchte – Eindrücke in der Französischen Konzession – Geldsorgen

1919 Geduldet in Shanghai ... 130

Momentan nicht reisefähig – Finanzielle Probleme – Siegesfeier – Wohnungssorgen – Diplomatische Anstrengungen – Vorarbeiten für eine Repatriierung – Enteignung – Abschied – Einschiffung – Abfahrt – Ausverkauf – Noch ein Schiff – Deutsche Restgemeinde

1919 - 1922 **Familienbande** 147

4. Juni 1919, Uwe wird geboren – Ernas Flucht – Hermanns Zuflucht – Heiratsmarkt »East of Suez«

1920 - 1923 **Auf der Werra zurück nach Shanghai** 153

Die neuen Dampfer – Dr. Adalbert Korff – Rückblick: Frieden mit China – An Land, an Bord – Rückblick: Melchers - Bremen und China – Auf See – Rückblick: Melchers' Neustart – Melchers China Corporation – Die fernen Väter – Der deutsch-chinesische Vertrag – Inflation in Deutschland – Zukunftspläne – Eine neue Deutsche Gemeinde in Shanghai

1924 - 1926 **Up and down and up** 169

Melchers & Co. in der Kiukiang Road – Carl Gerhard Melchers – Krankheit und Genesung – Reiten

1925 - 1927 **Number One im Deutschen Theater-Verein** 177

Theater-Verein in Gründung – Professionelle Amateure – Das Lyceum-Theater – Die ersten Vorstellungen – Der Bühnenspiegel – Die Bilanz – Postscriptum I: »Moral« – Postscriptum II: Der 30. Mai 1925 - Chinesen kämpfen um mehr Souveränität – Chiang Kai-sheks Eroberungszug – Massaker im April 1927 – Groß-Shanghai

1926 **Große Reise nach dem Norden** 189

18. - 20. August in Tsingtao – 20. August, auf dem Weg nach Jinan – 22. - 29. August in Tianjin – 29. August - 9. September in Peitaiho (Beidaihe) – 10. - 12. September in Peking – 14. - 16. September in Mukden (Shenyang) – 17. - 19. September in Dairen (Dalian) – 19. - 22. September in Hankow (Hankou) – Zurück in Shanghai

1928 - 1929 **Auf der Trier nach Deutschland** 199

Gedanken an die Verstorbenen – Abschiedszeremoniell – Rückblick: Melchers in Tsingtao – Rückblick: Melchers' Lagerhaus am Broadway – Große Erfolge, gedämpfte Erwartungen – Rückblick: Guling im August 1928 – Die Deutsche Medizin- und Ingenieurschule für Chinesen, Tongji – Uwe Breuer

1930 - 1931 **Mobil und verbunden** 207

Transsibirische Eisenbahn – Harbin – Dairen (Dalian) – Shanghai – Schulfragen – Zschopauer Motorräder – Eurasia-Luftfahrtgesellschaft – Radiostation – Rundfunk-Anfänge in Shanghai – Ein neues Lyceum Theatre

1931 **Ein Blütenmeer. 25 Jahre bei Melchers** 217

Jubiläumsfeier – Noch viele Jahre – Paper Importers Association Shanghai – Carl Crow – Marketing – Weltwirtschaftskrise – Natur- und Währungskatastrophen – Die Eurasia stolpert und scheitert

1926 - 1932 **Kirchweihe. Schwarz-Rot-Gold** 227

Deutsche Kirche — Rückblick: »Deutsches Eck« — Deutscher Club — »Zwischenfälle« — Es streit' für uns der rechte Mann — Schiedsrichter — Paare — Jennie Bohanova

1934 **50. Geburtstag. Schwarz-Weiß-Rot** 239

7. Januar 1934, der Geburtstag — Rückblick: Weihnachten 1932, Neujahr 1933 — Geburtstagsgesellschaft — Japans Vormarsch in China — Die Hakenkreuzfahne — Nationale Feiern — Die chinesische Liga für Menschenrechte — Schutzsuchende — Ein neuer Generalkonsul — Nicht »arisch« — »Gleiches Blut und gleiche Scholle«

1934 **Tannenbäume aus der Mandschurei** 251

Jagdhündin Juno — Silber, Seide, Porzellan — Christmas Past — Erna mobilisiert die NSDAP — Intrige — Vaterländische Veranstaltungen — Abschied vom Vater — Ordnung ins Leben — Urlaub in Japan — Dr. Adalbert Korff und Maria Menzel

1936 **Heimaturlaub im Schatten der »Nürnberger Gesetze«** 261

1. Mai in Shanghai — Auf der Potsdam — In Hannover: Luftschutz, Hausbau — Ge- und Verbote — »Rassenlehre« — Die »Indianer aus Sumatra« — Sohn Uwe und das Landschulheim — Eine harte Erfahrung — Das Landschulheim im Nationalsozialismus — Besuch bei Klautkes — Tod Dr. Werner Vogels — Pläne für Uwe — Freudenberg & Co. — Ferien in Bad Gastein

1936 **Auf der Scharnhorst nach Shanghai** 276

Ausflug nach Kandy — Besuche in Singapur

1936 **Viel Arbeit. Gute Geschäfte** 287

10. Dezember, Ankunft in Shanghai — Jiangwan — Daheim in der Rue Chapsal — Familie Walter Mayer — Wiedersehensfreuden — Die »Sache mit Chiang Kai-shek« — Filmtheater — Viel Arbeit — Gute Geschäfte — Das Projekt Hapro

1937 **Bloody Saturday. Bomben auf Shanghai** 299

Zwischenfälle in Chinas Norden — Angriff und Verteidigung — Bomben auf das International Settlement — Flucht nach Shanghai — Wer gegen wen? — Flucht aus Shanghai — Melchers' godown in Flammen? — Feuerpause — Jennie in Japan — Sonntagsvergnügen — Äußerlich Ruhe — »Schwerste Zeiten« — Deckmäntel für chinesische Firmen I — Wing On — Deckmäntel II — Tokios »asiatische Mission«

1938 - 1939 **Reise um die Welt** 318

1396 Yu Yuen Road (Yu Yuan Lu) — Drama um Uwe — Europäische Flüchtlinge in Shanghai — »Räuberkrieg« der Japaner — Persönliches — New York — Währenddessen in Shanghai — Auf der Europa nach Europa — Bremen, Berlin, Düsseldorf, Velbert, Neumünster — Hannover — Fahrt durch Sibirien

1939 **Dunkle Wolken** 333
Mannigfache Aufregungen – Neue Aufgaben bei Melchers – Zukunftspläne – Vorahnungen

1940 - 1941 **Dauerzustand Krise** 338
Handel in der Krise – Hilfe aus den USA – Eroberung der Niederlande – Warenverkehr via Sowjetunion – Abzug des britischen Militärs aus Shanghai – »Nachtstörungen« in Deutschland – Weihnachten mit Gästen – Zu Gast bei Korff: Kirche, Handelskammer – Zu Gast bei CG Melchers – Vergangenheit: Geschichte der Firma – Zukunft mit Rotary

1941 **Fast Krieg. Beinahe Frieden** 352
Krieg mit der Sowjetunion – Immobilienkäufe – Shanghai Baugesellschaft, Deutsche Informationsstelle – Uwe verlobt sich – US-Truppen verlassen Shanghai – Pearl Harbour und die Folgen – Währungschaos – Japanisches Empire – Ölembargo – Registrierung ausländischer Zivilisten – Welchen Nachrichten vertrauen? – Das Ende?

1938 - 1941 **Exilort Shanghai. Sicherer Hafen oder Sackgasse?** 366
Geschäfte ermöglichen – Hilfsorganisationen, Spenden – »Das Boot ist voll« – »Politische Gespräche sind streng untersagt« – Der Zahnarzt – Freiberufler, Geschäftsleute, Arbeitnehmer

1942 - 1943 **Verlorene Freiheiten** 376
Wer war wo? – Uwe in Tunesien – »Großasiatische Wohlstandssphäre« – Misshandlung von Chinesen – Internierung der Kriegsgegner Japans – Eine Designated Area für jüdische Emigranten – Vorgeschichte der »Designated Area«

1945 **Das Ende in Sicht** 384
Trauer um Dr. Adalbert Korff – Rückblick: Die Entfernung von Pastor Maass aus dem Amt – Trauerfeier – Bremen, Hannover, die Schiffe: »Ziemlich vernichtet« – Uwe aus den USA repatriiert – Liebesgaben-Pakete für Karl und Alice – Rückblick: Internierung der Italiener in China – Vorsorge für die Zeit danach – Rückblick: Invasion in Frankreich – Rückblick: Attentat auf Adolf Hitler – Verbluten? – Vorräte anlegen

1945 **Notstandskoch Breuer** 395
Countdown – Notstand – Suppenküche – Nachrichten über den Massenmord – Reorganisation der Deutschen Gemeinde – Abschied von Familie Korff – Krieg im Pazifik

1945 - 1947 **German affairs** 404
»Riesenbombe« über Japan – »Objectionable Germans« – Zukünftige Handelsbeziehungen – Enteignung, Entlassung, Einquartierung – Zwangsrepatriierung, die Liste – Marine Robin – CARE-Pakete – Marine Jumper – Ferientage in Hangzhou – Über Nele und Christoph in Berlin

1947 **Festgenommen und freigelassen** — 421

General Black — Festnahme — Sonderbefehl des Generalissimo — Marine Lynx — Die in Shanghai Zurückgebliebenen — CARE zu Weihnachten — Eine Zukunft in China?

1948 **Nicht die Hoffnung verlieren** — 434

Überseekisten — Optimismus — Moganshan — Berlin-Blockade — Inflation und Währungsreform in China — Bürgerkrieg in China — Wie lange noch? Eine Woche? 14 Tage? — Fertig zum Aufbruch

1949 **Vater der Deutschen Gemeinde** — 447

Abschied von den »Weißrussen« — Australien? — Es wird still in Shanghai — Stalingrad des Ostens? — Jennies Abschied — Die PLA vor Shanghai — Vorsitzender der Deutschen Gemeinde — Schutzbriefe — Eroberung — Aufatmen

1949 - 1950 **To go or not to go** — 460

Die Dundalk Bay — Warten auf die Deutschen aus Peking — Rückblick: Optimismus versus Skepsis — Volksrepublik China — Persönlich verantwortlich — Antiimperialismus — Kampagnen — Verarmung der China-Deutschen — Rückführung aus Harbin — Rückführung aus ganz China — Sammeltransport in Planung — Politische Schulungen — Tagträume — »Zusammenstoß der Systeme«? — Anna Salen — Esmeralda, Charlton Sovereign, Charlton Star, Dundalk Bay

1952 **Abschied von China** — 486

Krieg in Korea — Ausreise CG Melchers — Exit-Visa — Weitere Rückführungen — Breuers Abschiedsfeier — Inhaftierungen, Selbstmorde — Kampagne »Fünf Anti« — »Melchers'sche Dinge« — Der »geheime Beauftragte« von Bonn? — Letzte Begegnungen

1952 **Ausreise nach Hongkong** — 506

Ludwig Stumpf — Gepäckrevision, Abfahrt — Der Zug hielt in Hangzhou — Der Zug hielt in Ningbo — Der Zug hielt in Fuzhou — Der alte Haus-Joss — Ankunft in Hongkong — K.W. Lee — Michael Jebsen, Jebsen & Co. — R.P. Voremberg, Melchers & Co. — Paradies Hongkong — Familie Kwok, Tai On — Sir John Keswick, Jardine, Matheson & Co. — Via Bangkok, Rom, Zürich

1952 **Auf der Suche. In Hannover, Hamburg, Bremen** — 523

Hannover, Fichtestraße — Hamburg, Ostasiatischer Verein und China-Ausschuss — Bericht zur Lage in China — Onkel Hermann — Bei Melchers in Bremen — Besprechungen im Auswärtigen Amt — Bei Ulrich Ashelm — Weihnachten in Deutschland — An Jennie — Ein Job in Bremen? — Der schwer kranke Uwe — Anerkennung — Umzug nach Bremen

1953 - 1955 **Neustart. Heimatauskunftstelle und Ostasiatischer Verein** 543

Arbeitsbeginn – Ein einfaches Leben – Gutachten zum Lastenausgleichsgesetz – Kriterien und Beweise – Ein faires Verfahren – Vorsitzender des OAV Bremen – Gesellige Abende des OAV – Privatsachen – Gemeindesachen – Schließung der Deutschen Gemeinde Shanghai – Freigabe des Dollar-Kontos der Deutschen Gemeinde – Reise in die Schweiz

1955 - 1962 **China im Blick behalten** 560

Wirtschaftskontakte – Ein Märchen – Tokio – Hongkong – Der Schnauzer Jo – Volkskommunen, Großer Sprung – Gehirnwäsche – Neue Menschen – »Plädoyer für Peking« – Kulturrevolution

1964 - 1973 **For Auld Lang Syne** 574

7. Januar 1964, 80. Geburtstag – Rückblick: Tagung zum Weltflüchtlingsproblem – Rückblick mit Gratulanten – Witwe Alice Breuer – Der Tod des Sohnes – »Tausend Jahre« soll er leben! – Mister Jo – Eigene Wohnung – Die Welt zu Gast – Stiftungsfeste des OAV – Nixon in China – Der vitale HW Breuer – Abschied

2016 **Coda** 589

Chronologie 593

Stammbaum 612

Otto Zwanck: Rede zur Verabschiedung von Hermann W. Breuer aus Shanghai, 1952 614

Literatur 616

Abbildungsnachweis 627

Abkürzungen 628

Transkription der chinesischen Schriftzeichen und Anglizismen 630

Shanghaier Straßennamen 631

Biografien / Personenregister 632

Geleitwort

Einen »Adoptivsohn des Reiches der Mitte« hat man Hermann Breuer genannt, einen großen Kaufmann, der mehr als die Hälfte seines langen Lebens in China gelebt und gearbeitet hat, der der Welt des Ostens und der des Westens gleichermaßen verbunden war. Als Vorsitzender des Ostasiatischen Vereins Bremen in über 20 Nachkriegsjahren konnte dieser Berater und Lenker helfen, fest tragende neue Brücken nach Ostasien zu schlagen. So trug der Ostasiatische Verein dazu bei, das Vertrauen der Welt in Deutschland wieder aufzubauen.

Unter seiner Leitung wurde aus dem OAV Bremen ein lebendiger, aktiver Bund am Puls der politischen und der wirtschaftlichen Entwicklungen und blieb das gesellschaftliche Zentrum Bremens für alle, die den Kontakt nach Ostasien lebten. Breuer formte den Zusammenschluss der Ostasiaten Bremens nicht nur mit seiner großen Erfahrung und seinem Wissen, sondern auch mit seiner Menschlichkeit, Herzensbildung, seinem Humor und erfrischender Schlagfertigkeit.

Wir erinnern uns, mit ein wenig Bedauern, dass es solche Biografien wie die seine – von Kaufleuten und anderen, die Jahre ihres Lebens in fremde Kulturen eintauchten und diese tiefe kulturelle Welterfahrung in ihre erste Heimat mitbrachten – heute kaum mehr gibt. Aus altem Wissen und alten Kontakten schöpfend, das große Ganze und die Zukunft im Blick, gestaltete er das Programm des Ostasiatischen Vereins in wegweisender Form. Er war ein Arbeiter für die Sache des Austauschs und ein Gentleman.

Arend Vollers
Vorsitzender des Ostasiatischen Vereins Bremen
(1990–2014)

HERMANN W. BREUER, MEIN ONKEL AUS CHINA

Er hat in der ersten Hälfte des 20. Jahrhunderts in Shanghai gelebt, als Kaufmann die Welt umrundet, hatte Freunde in aller Welt und bekam das Große Bundesverdienstkreuz verliehen: Mein Onkel aus China, Hermann W. Breuer (1884–1973). Die China-Deutschen nannten ihn HWB (Ha We Be), so sagten wir auch in der Familie von ihm; wir verstanden das als eine Art Ehrentitel. Die China-Angelsachsen sprachen die Buchstaben Eitsch-Dabbelju Bie (e˥tʃ dʌb(ə)lju: bi:) aus.

Als Heranwachsende habe ich diesen Großonkel bewundert, seine lockere Gewandtheit, seinen trockenen Humor, seine Großzügigkeit genossen, seine Warmherzigkeit geliebt. Ich fand ihn auch, bei 63 Jahren Altersunterschied, gut aussehend und gut angezogen. Als 14-Jährige schrieb ich einen Schulaufsatz über ihn zum Thema »Ein Mensch, der Eindruck auf mich machte«. Was hatte ihn zu dem gemacht, den ich kennenlernte? Was hatte er erlebt? Wie hatte er gelebt? *What made him tick?* Ich habe ihn nicht gefragt. Was hätte ich auch fragen sollen. Jetzt wüsste ich es.

Bei jedem Todesfall in meiner Familie nahm ich »die Papiere« an mich, oft dufteten sie nach Keller, waren brüchig, gelblich oder vergraut, die Fotos unscharf, die Briefe in Sütterlinschrift (ich las sie trotzdem). Nur Hermann schrieb fast immer auf der Schreibmaschine, tippte sogar seine lakonischen Kommentare zu den Fotos, die er nach Hause schickte: Geschichten vom Wohnen und Reisen, von Freunden und von Pferden. Viele Passagen in den Briefen, die einen so weiten Weg gemacht hatten und so lange aufbewahrt worden waren, schienen auf den ersten Blick eher nichtssagend, Zeitgeschichte blieb oft ausgespart. So ging es in seinen Briefen aus dem Jahr 1925 um seine Scheidung, den Sohn, die Gesundheit. Die massiven Unruhen nach der Erschießung von 13 chinesischen Demonstranten in Shanghai, die folgenden Streiks aller Versorgungsbetriebe etc. – sind sie angedeutet in der Formulierung »die ungeklärten Zustände in China«?[1] Und aus was für einer »Sache« war Chiang Kai-shek zu Weihnachten 1936 »heil herausgekommen«?

Von ersten Puzzlesteinchen neugierig gemacht und mit einigen Namen und Fragen ausgestattet, suchte ich weitere Zugänge zu seiner Lebensgeschichte und fand auf meinem Weg vergessene Verwandte und neue Freunde, von Bremen über Toronto bis Shanghai. Ich führte Gespräche mit

Nachfahren von Hermanns Freunden und seiner Kollegen in den Handelshäusern Melchers und Tai On und erlebte immer wieder, wie Augen in glücklichem Erinnern aufleuchteten, wenn ich den Namen Hermann Breuer nannte. Ich wurde mit einer Gastfreundschaft und Offenheit empfangen, wie sie wohl die *expatriates* in der Ferne untereinander pflegten, und ging immer beglückt und bereichert um Wissen und Anteilnahme nach Hause. Dafür danke ich Kindern und Enkeln aus den Familien von Melchers-Teilhabern und -Kollegen: Henning Melchers für instruktive Gespräche und den großzügigen Zugang zum Archiv der Firma Melchers in Bremen, in dem ich über Jahre hinweg fast zu Hause war – kompetent betreut von Dr. Lydia Niehoff, die freundschaftlich immer wieder bereit war, auf meine vielen Fragen, insbesondere zu wirtschaftlichen Zusammenhängen, einzugehen. Ich danke Matthias Claussen für detaillierte Erläuterungen zur Melchers'schen Firmenstruktur. Ich danke Annelen von Wittich, Enkelin von Adolf Widmann, die mir den Zugang zu den Widmann'schen Gästebüchern ermöglichte, Till Gutknecht-Stöhr (Enkel von Carl Michelau), Reinhard Brendel (Enkel von Adalbert Korff sen.), Pauline Lauterbach (Tochter von Hans Dieckmann), Ingeborg Schmidt-Ehrenberg (Tochter von Kurt Halla), Dr. Emanuela Mousley (Tochter von Walter Mayer, die schon als Teenager in Shanghai ihre psychologisch hellsichtigen Beobachtungen machte), ich danke den Nachkommen der Tai On-Kollegen: Gunter Ashelm, Paul Kwok und Richard Lieu jun. Angeregte Gespräche führte ich noch vor ihrem Tod mit Wera Schoenfeld, Tochter von Fred Siemssen, und mit Hans-Peter Cortum, Sohn von Albert Cortum, Teilhaber der Mee Yeh Co., über die Deutsche Gemeinde, Clubs, das Reiten, die Ausreisen aus China 1946, 1947 und 1951. Mit Werner Noll (Sohn von Wang Jing-weis Arzt Dr. Kurt Noll in Shanghai und Nanjing) konnte ich vor seinem Tod noch telefonieren. In Shanghai unterstützte mich die Fotografin Yolanda vom Hagen auf meinen Wegen; bei Dr. Silvia Kettelhut (Wissenschaftsreferentin am Deutschen Generalkonsulat Shanghai, jetzt Dekanin am Chinesisch-Deutschen Kolleg für Intelligente Produktion an der Shanghai Dianji University) fand mein Projekt in einem frühen Stadium wohltuende Resonanz und kompetente Unterstützung. In Peter Decu, Melchers Geschäftsführer in Shanghai von 1992 bis 2018, fand ich einen Menschen mit Geschäftssinn, historischem Interesse und Humor. Peter Hibbard war ein idealer erster »Führer« über den *Bund* und drum herum.

Enkelin Hede gab mir Geschäftspost ihres Großvaters aus den frühen 1950er Jahren und die humoristischen Verse, die Otto Zwanck 1952 auf HWBs Leben in China gedichtet hatte. Sie wurden zu einem ersten Leitfaden für meine Forschung und sind hier im Anhang beigefügt. Enkel Christoph Breuer hob einen Schatz von ca. 100 Briefen aus den Jahren 1946–1972 und frühe Fotografien, aufbewahrt von seiner Mutter Nele. Die Gespräche mit beiden und die kundige Begleitung meines Schreibens durch Christoph waren für meine Arbeit sehr wertvoll. Von Beginn meiner Recherche an begleiteten mich Renate Jährling und Anita Günther (Archiv, Bibliothek & Redaktion StuDeO-Info des Studienwerks Deutsches Leben in Ostasien) und halfen mir mit ihren unerschöpflichen Kenntnissen und Kontakten. Das vorerst letzte Kapitel meiner erfreulichen Begegnungen auf Hermann Breuers Spuren war und ist die Zusammenarbeit mit dem Dölling und Galitz Verlag, der sich auf das Abenteuer der Publikation dieser Biografie eingelassen hat, mit Sabine Niemann (Verlagsleitung Hamburg) und Annalena Weber (Gestaltung), die sich tief in den Stoff eingearbeitet und kreativ neue Impulse eingebracht haben; beiden danke ich sehr herzlich.

So begannen die Dokumente in den Archiven zu mir zu sprechen, fast wie persönliche Erinnerungen. Zum Beispiel in der Außenstelle Bayreuth des Bundesarchivs, in der ich eine Art Festwoche mit den Akten des Lastenausgleichsamtes verbrachte. Aktenordner im Ostasiatischen Verein Bremen enthielten ganz persönliche Briefe und Vermerke Hermanns aus den Jahren 1903/04 (!) und 1953–1962. Ich danke Herrn Arend Vollers (Vorsitzender des OAV Bremen von 1990–2014 und also ein Nachfolger Breuers) für den Zugang und die Gespräche in seinem schönen, asiatisch inspirierten Bauernhaus bei Bremen. Spannende Tage verbrachte ich in der Bibliotheca Zi-Ka-Wei in Shanghai – hatte ich alle Fragen abgearbeitet, die ich an die Hong-Listen[2], die Zeitungen *North China Daily News*, *Social Shanghai* und den *Ostasiatischen Lloyd* stellen wollte? Falls nicht: Der Verlag Brill (Leiden) bietet einen Onlinezugang zu den Zeitungen *North China Herald* und *North China Daily News* an.

Inspirierend war die Lektüre der Interviews mit China-Deutschen in der Bibliothek der Ludwig-Maximilians-Universität in München, die Fritz van Briessen in der zweiten Hälfte der 1970er Jahre führte, viele der Befragten waren Hermann Breuers Weggefährten gewesen. Dort las ich van Briessens Interview mit Dr. Ernst Halper-Szigeth, der gegen Ende des Gesprächs, nach dem Prinzip »was ich sonst noch sagen wollte«, hinzufügte: »Der Herr Breuer von Melchers ist mir in anständiger Erinnerung geblieben. Ich kann nicht mehr sagen, weshalb, aber hätten mich die Amerikaner gefragt, hätte ich gesagt, Herr Breuer ist ein anständiger Mann.«[3] Die Lektüre war allerdings auch etwas frustrierend, weil es mir (wegen ungeklärter Persönlichkeitsrechte) untersagt war, Notizen zu machen. Den oben stehenden Satz habe ich sorgfältig auswendig gelernt.

Eine Ahnung von den großen Zusammenhängen verdanke ich der auf zehn Jahre verteilten Lektüre einschlägiger wissenschaftlicher Literatur, als da u. a. zu nennen sind: die Quellensammlung zu den deutsch-chinesischen Beziehungen zwischen 1897 und 1995 und ihre historische Bewertung, die Mechthild Leutner herausgab, Gesamtdarstellungen zum Thema »Modernes China« von Jürgen Osterhammel, Immanuel Hsü, Jonathan Spence und

Jonathan Fenby (allerdings spielen in angelsächsischen Publikationen deutsch-chinesische Beziehungen so gut wie keine Rolle), Barbara Schmitt-Englerts materialreiche Veröffentlichung zu Deutschen in China zwischen 1920 und 1950, die grundlegenden Darstellungen zu einzelnen Themen wie Bernd Ebersteins Geschichte des Ostasiatischen Vereins Hamburg-Bremen mit einem Einblick in die chinesisch-deutsche Wirtschaftsgeschichte (dazu auch Ulrich Ratenhof, der die China-Politik Deutschlands unter den Aspekten Wirtschaft, Rüstung, Militär untersuchte), Astrid Freyeisens grundlegende Arbeit zum Nationalsozialismus und seinen Protagonisten in Shanghai, Christian Taaks Geschichte der deutschen Medien in China während des NS mit einem ausführlichen Abschnitt Biografien, David Kranzlers Arbeit zu den politisch-ideologischen Voraussetzungen für die Aufnahme jüdischer Flüchtlinge in China und zu ihren Lebensbedingungen in Shanghai, Greg Lecks detaillierte Abhandlung über die Internierung der Alliierten 1943 bis 1945 mit einer Fülle alltagsgeschichtlicher Informationen und Steffi Schmitts Stadtgeschichte Shanghais in Form von »Spaziergängen zwischen den Zeiten«. Erinnerungen und Briefsammlungen von Kaufleuten, Tagebücher und (Auto-)Biografien von russischen und deutschen Emigranten gaben weitere Einblicke in das Alltagsleben und in die verschiedenen Auswirkungen weltgeschichtlicher Ereignisse auf individuelles Leben, fokussiert im internationalen Shanghai. Hier muss ich eingestehen, dass sich meine Darstellung nur auf deutsche Quellen und Darstellungen und englische und amerikanische Literatur stützt. Schon aus Gründen meiner fehlenden chinesischen Sprachkenntnisse – unabhängig von der Frage der Zugänglichkeit geeigneter chinesischer Quellen – konnte ich chinesische Sichtweisen höchstens andeuten.

Dies ist die Geschichte von Hermann Breuer: die Geschichte vom schwierigen, schönen Leben als Auslandsdeutscher mit zwei Heimatländern in Vorkriegs-, Kriegs- und Nachkriegszeiten, von seiner Familie, von seiner Arbeit in einer bedeutenden deutschen China-Firma, von seinem Engagement für seine Mitmenschen und für die deutsch-chinesische Freundschaft. Hermann Breuers Geschichte, aber nicht nur die seine, denn *No Man is an Island.*[4] Indem ich Breuers Geschichte suchte, fand ich auch die Geschichten der Menschen, die seinen Weg begleiteten oder kreuzten, von Freunden und Geschäftspartnern in den großen deutschen China-Firmen: viele Deutsche, einige Angelsachsen, wenige Chinesen, die ich namentlich benennen kann. Sie erlauben einen Blick in die heute fast vergessene Welt der (deutschen) Kaufleute im Shanghai der ersten Hälfte des 20. Jahrhunderts. Es war eine Zeit des fortschreitend globalisierten Austauschs von Gütern und von Informationen, geprägt durch die Entwicklung der elektrischen Telegrafie, der Dampfschifffahrt, der Funktelegrafie, des Rundfunks und des Flugverkehrs. Den Weg nach Ostasien verkürzten der Suezkanal und die Transsibirische Eisenbahn.

Dass kein Mensch eine Insel ist, galt in hohem Maß auch in Anbetracht der kolonialen Struktur der »Treaty Ports« und für die soziale Situation der Deutschen innerhalb der dortigen internationalen Gemeinschaft. Die eigenen Denkmuster, die eigenen Prinzipien waren angesichts des Lebens im doppelt Fremden – in der angelsächsisch dominierten Gesellschaftsschicht der Kaufleute und in den täglichen Begegnungen mit Chinesen verschiedener sozialer Schichten – einer Prüfung ausgesetzt. Diese Prägungen zu hinterfragen, war eine Herausforderung. Vor allem aber fanden alle individuellen Begegnungen mit Chinesen vor dem Hintergrund statt, dass die Anwesenheit der Westler unter Gewaltanwendung erzwungen worden war, dass chinesische Souveränität weiter fortdauernd missachtet wurde. Beziehungen zwischen deutschen und chinesischen Mitarbeitern, Kollegen und Partnern standen daher auf beiden Seiten nicht nur im individuellen, sondern auch im zeitgeschichtlichen Widerspruch zwischen Selbstbehauptung und Anpassung.

Der junge Breuer, der 1906 nach dem Militärdienst in die Fremde aufbrach, einen Kaiser-Wilhelm-Bart trug und ein Bild des Kaisers in sein Arbeitszimmer hängte, erscheint als stolz kaisertreuer Deutscher. Seine ersten Schritte in Shanghai tat er innerhalb der deutschen »Kolonie«, wie die Deutsche Gemeinde auch bezeichnet wurde. Andererseits: Hatte nicht Hermann Melchers die kaiserliche Kolonialpolitik als unsinnigen Eingriff in die Arbeit der Überseekaufleute in China abgelehnt? Dann kam die Zeit des Ersten Weltkrieges, in der Breuer täglich drei Stunden Chinesisch lernte, da empfand er die Solidarität der chinesischen Bekannten mit den aus der Gesellschaft der Alliierten ausgestoßenen Deutschen dankbar. Chinesische Kollegen und Geschäftspartner halfen ihm, auch die Nachkriegszeit zu überstehen, als kaum noch Deutsche in Shanghai lebten, und sie halfen der Melchers-Firma. Die Herrschaft der Nationalsozialisten in Deutschland stellte Breuers Vaterlandsliebe auf eine harte Probe. In dieser Zeit, spätestens, wurde China zu seiner »zweiten Heimat«.[5]

Als sich plötzlich umkehrte, wer im gesellschaftlichen Gefüge der Gebende und wer der Nehmende war, konnte sich eine neue Wahrnehmung des Gegenübers ergeben. Mitten im zeitgeschichtlichen Konflikt zwischen Imperialisten und Beherrschten entstand zwischen (einigen) Deutschen und (einigen) Chinesen Verständnis; ihre Interessen schienen nicht mehr unvereinbar, Kooperation wurde möglich und, über die Faszination hinaus, Verständnis für fremde kulturelle Eigenheiten.

Breuer hätte es einfacher gesagt, er blieb ein Praktiker. Als guter Kaufmann war er ein Vermittler, der die Interessen seines Gegenübers verstehen wollte und bereit war, sie zu achten. Seine Gabe war es, darüber hinaus »ein Klima der Freundschaft« um sich zu verbreiten.[6] Schon bevor er Rotarier wurde, folgte er dem Rotarier-Grundsatz, dass »vernünftige Nächstenliebe und praktische Hilfe ein gutes Fundament für die menschliche

Gesellschaft« sind.[7] Den Gedanken fand er auch in der Lehre des Konfuzius, jeder Mensch solle im eigenen Tun nach Menschlichkeit streben. Diese Form von Menschlichkeit greift nicht in Gesellschaftsstrukturen ein: »Politik haben wir uns verboten« galt für die Rotarier in China mindestens ab 1937.[8] Aber es gelang Breuer mit seinem persönlichen Einsatz, die Lebensperspektiven vieler Menschen zu verbessern. Seine Familie unterstützte er ungewöhnlich großzügig. Wir durften den Eindruck haben, dass ihm Großzügigkeit Freude machte. Im chinesisch-japanischen Krieg verwaltete er unentgeltlich eine chinesische Baumwollfabrik und schützte so die Eigentümer vor der Enteignung. Er half von Japanern bedrohten Chinesen, internierten Alliierten und deutschen Emigranten, vertrat 1949–1952 die Interessen der Deutschen im kommunistischen China und die der Spätheimkehrer aus China mit seiner Arbeit für die Novellierung des deutschen Lastenausgleichsgesetzes. Der ehrenamtliche Einsatz für den Ostasiatischen Verein Bremen bis wenige Wochen vor seinem Tod war seine letzte Win-Win-Geschichte. Anderen zu helfen war sein Dank an das Schicksal, das es oft gut mit ihm meinte.[9]

Beschönige ich mit dieser Biografie eines deutschen Kaufmanns in China zur Zeit europäischer Hegemonie die quasi kolonialen Zustände, deren Teil Breuer war? Ich habe versucht, Zeitumstände und Abläufe, Alltagsgeschichte und Weltgeschehen so darzustellen, wie sie – nach meinen Recherchen – in ihrer Zeit und aus der Perspektive meiner Leitfigur erschienen; ich versuche nicht rückblickend zu werten. Auch für seine Zeit kann gelten: »*It was the best of times, it was the worst of times, it was the age of wisdom, it was the age of foolishness [...] it was the spring of hope, it was the winter of despair [...].*«[10]

Ich hoffe, dass die Geschichte über Hermann Breuers Leben ebenso wie sein Leben selbst einen Beitrag zur Vertiefung des gegenseitigen Verständnisses von Ost und West leisten kann.

Diese Einleitung darf nicht enden, bevor ich meinen letzten Dank aufgeschrieben habe, den Dank an meinen Lebenspartner, Kersten Albers, der mir zehn lange Jahre zuhörte, meine Freude und meinen Frust teilte, mich bewunderte und anspornte, der erste, zweite und dritte Entwürfe las und aus seinem umfangreichen historischen Wissen heraus kommentierte. Sein Sohn, der Historiker Dr. Martin Albers, schenkte und lieh mir Bücher, gab wichtige Hinweise, las Korrektur und machte kluge, kritische, weiterführende Anmerkungen, denen ich nicht immer ganz gerecht geworden bin, z. B. hinsichtlich der Belegbarkeit einzelner Gesprächssituationen besonders in den Jahren bis 1921 und hinsichtlich der kritischen Distanz. Seine liebe Frau, Mengyu Chen, half bei Übersetzungen – und beider Kinder, Elly und Anja, sorgten für generelle Lebensfreude.

1 HWB 31.8.1925 an Karl Breuer (KB).

2 The North-China Desk Hong List. Hrsg. vom Verlag Shanghai North-China Daily News & Herald. Hong steht für: Firma, Firmensitz. Die Listen sind eine Kombination aus Adressbuch, Branchen- und Straßenverzeichnis; sie erschienen 1859 bis 1948 zweimal jährlich, unterbrochen 1942–1946. Nicht alle Jahrgänge sind erhalten.

3 Halper-Szigeth floh 1938 im Zusammenhang mit dem »Anschluss« Österreichs nach China, er hatte Verbindungen zum Widerstand von deutschen Offizieren und Juristen gehabt. 1945 bereitete er sich darauf vor, von den Amerikanern über Mitglieder der Deutschen Gemeinde befragt zu werden. Er hatte sich vorgenommen, niemanden anzuschwärzen, sondern positive Beispiele zu nennen. Briessen-Interview S. 946 (Universitätsbibliothek München/Nachlass van Briessen).

4 »No man is an island, / Entire of itself. / Each is a piece of the continent, / A part of the main.« John Donne, 1624. Kein Mensch ist eine Insel / Vollständig in sich selbst. / Jeder ist ein Stück vom Kontinent, / Ein Teil des offenen Meeres. Ü: CM.

5 Breuer: Schicksal der Überseedeutschen, S. 12.

6 Dr. Korff in seiner Rede zu Breuers 25-jährigem Geschäftsjubiläum, 23.7.1931.

7 HWB 2.7.1947 an Nele.

8 Alfred Morley: Aid for Civilian Refugees, S. 13.

9 »In der Tat muss ich meinem Geschick dankbar dafür sein, dass es mich in meinen Jahren körperlich wie geistig noch so erhalten hat, dass ich den an mich gestellten Ansprüchen nachkommen kann. Meiner Dankbarkeit gebe ich am liebsten Ausdruck indem ich, wo ich kann, Hilfestellung gewähre, wo es nötig ist.« HWB 10.7.1958 an Nele (und weitere).

10 Charles Dickens, »A Tale of Two Cities« (Beginn des 1. Kapitels, veröffentlicht 1859) über die Zeit der Französischen Revolution 1789. »*Es war die beste Zeit, es war die schlimmste Zeit, es war das Zeitalter der Weisheit, es war das Zeitalter der Torheit, [...] es war der Frühling der Hoffnung, es war der Winter der Verzweiflung.*« Ü: CM.

Einleitung

CHINA UND DIE KAUFLEUTE AUS DEM WESTEN

Boxerkrieg

Als Hermann Breuer Anfang Juni 1906 nach Shanghai aufbrach, war der Krieg gegen die »Boxer« (die »Faustkämpfer für Recht und Einheit«, Yihetuan) noch keine sechs Jahre her. Die Yihetuan hatten sich, unterstützt von der Kaiserinwitwe Cixi, gegen die Fremden gewehrt, die China ab Mitte des 19. Jahrhunderts mit Militärgewalt gezwungen hatten, sich ihren Handelsinteressen und der christlichen Mission zu öffnen. Sie verübten grausame Anschläge auf Missionsstationen, fremde Kaufleute, Kaufläden mit ausländischen Waren und (zahlenmäßig vor allem) auf chinesische »Kollaborateure«. Der Überfall auf das Gesandtschaftsviertel in Peking mit der Ermordung des deutschen Gesandten Clemens von Ketteler setzte eine aus acht Nationen gebildete Truppe in Bewegung, die die 45-tägige Belagerung des Stadtviertels, in dem sich 1000 Fremde und 2300 chinesische Christen verschanzt hatten, im August 1900 beendete. Das deutsche Expeditionskorps unter dem Oberbefehl von Generalfeldmarschall Alfred Graf Waldersee traf erst im September in China ein; zu größeren Kriegsgefechten kam es nicht mehr, wohl aber zu »Strafexpeditionen«, bei denen ganze Dörfer verbrannt und Zivilisten, Frauen und Kinder, ermordet wurden. Der im September 1901 geschlossene Friede von Peking zementierte die Macht der Fremden in China. Vereinbart wurde eine Reparationszahlung von 67 Millionen britischen Pfund (davon sollte Deutschland 20 % erhalten), die bis 1940 aus den fremd verwalteten Zoll- und (Salz-)Steuereinnahmen zu zahlen waren, plus Zinsen. Das entsprach jährlich über 50 % der Staatseinnahmen. Außerdem musste China der Zerstörung von Verteidigungsanlagen, der Stationierung von Soldaten der Fremdmächte und weiteren Eingriffen in die innenpolitische Souveränität zustimmen.[1]

Opiumkriege

Unter den Kaisern der Qing-Dynastie (1644–1911) hatte China in dem Jahrhundert von 1700 bis 1800 eine wirtschaftliche, kulturelle und intellektuelle Blütezeit erlebt: Die Bevölkerungszahl hatte sich verdoppelt, das Land erreichte seine größte flächenmäßige Ausdehnung, es entstanden bedeutende geisteswissenschaftliche Werke. Das Reich war sich selbst genug, als um das Jahr 1800 die von wirtschaftspolitischen Interessen geprägten

Versuche der Briten nachdrücklicher wurden, Handelsbeziehungen größeren Ausmaßes zu erwirken. Bis dahin durften ausländische Kaufleute nur in Kanton während einiger Monate im Jahr residieren und unter restriktiven Vorgaben Geschäfte abwickeln – was besonders den Engländern wirtschaftliche Probleme bereitete. Englische Handelshäuser importierten Seide und große Mengen Tee aus China, und sie tendierten dazu, ihre negative Handelsbilanz durch den Export indischen Opiums nach China auszugleichen (dessen Import in China verboten war). Sie trugen damit zur Verelendung der Nation – herbeigeführt durch Naturkatastrophen und Überbevölkerung – erheblich bei. Im ersten »Opiumkrieg« (1840–1842) erzwang Großbritannien die Öffnung von fünf »Treaty Ports« (Vertragshäfen, außer Kanton: Shanghai, Fuzhou, Ningbo und Amoy (heute Xiamen)) und damit die Abschaffung des chinesischen Handelsmonopols, erhielt die Insel Hongkong und die Halbinsel Kowloon als Kolonie. Infolge des zweiten, zusammen mit Frankreich 1856–1860 geführten, Krieges musste China den Fremden weitere sieben Handelsstädte öffnen, in denen Ausländer sich uneingeschränkt niederlassen und Handel treiben durften, darunter Nanjing und Hankou[2]). China verlor das Recht, Zolltarife unabhängig festzulegen, die Einfuhr von Opium wurde legalisiert, christliche Mission gestattet. Alle Privilegien, die China zukünftig anderen Staaten einräumte, würden automatisch auch für Großbritannien gelten. Und auch für Staaten, die den erzwungenen »ungleichen Verträgen« beitraten. Mit dem chinesisch-preußischen Handelsvertrag, abgeschlossen 1861 im Rahmen der Ostasienexpedition unter Graf Friedrich von Eulenburg durch Max von Brandt (deutscher Botschafter in China 1875–1893), übernahmen die Staaten des Deutschen Zollvereins und die Hansestädte und beide Mecklenburgs die in den Verträgen vereinbarten Privilegien. Großbritannien, die USA, Russland und Japan sicherten sich »Konzessionen« in wichtigen Handelsstädten; die Deutschen hatten Konzessionen in Tianjin und in Hankou. 1898 erzwang Deutschland die Verpachtung eines Gebiets im Süden der Halbinsel Shandong für 99 Jahre, richtete in Tsingtao einen Flottenstützpunkt ein. Zeitgleich pachteten die Engländer den Seehafen Weihai im Norden der Halbinsel Shandong von den Japanern und die Franzosen Guangzhouwan in Südchina. Japan erhielt 1905, nach seinem Sieg im Russisch-Japanischen Krieg, die Halbinsel Liaodong mit Lüshun (Port Arthur) und Dalian zugesprochen.

Shanghai, eine geteilte Stadt

Ab 1845 bestand die Stadt Shanghai – gelegen am Huangpu nahe der Einmündung in den Yangtsekiang und damit verkehrsgünstig sowohl zum Ozean als auch zu den Wasserwegen ins Binnenland – aus vier Einheiten: Da war die »Chinese City«, eine Hafenstadt, die es vor der Ankunft der Fremden gegeben hatte, in ihrem kreisförmigen Schutzwall, 1554 gegen japanische Piraten errichtet, mit den Resten der im 17. Jahrhundert blühenden Textilmanufakturen. Geografisch umgaben drei, später zwei Konzessionsgebiete diesen alten Kern. Nördlich von den Konzessionsgebieten wuchs eine neue chinesische Stadt. Die britische Konzession in Shanghai (seit 1846) und die amerikanische (seit 1848) wurden 1863 zum International Settlement vereinigt, dessen Fläche bis etwa 1899 mehrfach erweitert wurde. Rechtlich gesehen hatte der Souverän China lediglich die Funktion der städtischen Verwaltung delegiert, die im International Settlement das Shanghai Municipal Council (SMC) wahrnahm. Es bestand aus neun Stadträten, die von Steuern zahlenden westlichen Bewohnern aus britischen, amerikanischen und deutschen Kandidaten im Verhältnis sieben zu eins zu eins gewählt wurden. Die Briten hatten die Mehrheit im Council und den Vorsitz in allen Ausschüssen.[3] Zur Finanzierung der Verwaltungsaufgaben nahm sich das SMC das Recht, Steuern auf Grundbesitz zu erheben (der chinesischen Regierung wurde die Zahlung von Steuern seitens der Europäer verweigert), und es unterhielt, unabhängig vom chinesischen Souverän, eine bewaffnete Polizeitruppe. Zu ihrer Verteidigung konnten die Fremden außerdem auf die Unterstützung des militärisch geschulten Shanghai Volunteer Corps zurückgreifen. Eine Versammlung der Wähler bestätigte einmal im Jahr einen Rechenschaftsbericht und einen Wirtschaftsplan für das folgende Jahr, in dem die Ausgaben für die Sicherheit sogar die Ausgaben für städtische Baumaßnahmen überstiegen.[4] Die Rechtsprechung über britische Untertanen lag beim britischen Konsul. Strafrechts- und Zivilrechtsfälle, die sich auf dem Territorium des International Settlement ereigneten, in die Chinesen bzw. Bürger vertragsloser Staaten involviert waren, wurden vor dem *Mixed Court* (Gemischter Gerichtshof) verhandelt. Dessen Richter wurden von ihren westlichen Konsulaten ernannt. Der Vorsitzende war ein vom Konsularkorps ernannter und vom Shanghai Municipal Council bezahlter chinesischer Richter, der in allen Fällen das Votum der westlichen beisitzenden Richter übernahm. Eine Berufungsinstanz gab es nicht.

Die Verwaltung der Concession Française (seit 1849) lag beim Französischen Stadtrat, bestehend aus vier Franzosen, und vier von Steuern zahlenden Fremden gewählten Vertretern anderer westlicher Nationen, z. B. je einem Deutschen, Italiener, Holländer, Briten. Der französische Konsul war qua Amt Vorsitzender des Rates, er entschied bei Stimmengleichheit und hatte das Vetorecht. Bei ihm lag die Gerichtsbarkeit. Auch die Franzosen hatten eine eigene Polizeitruppe. Übrigens: Nur zwischen ein und drei Prozent der Bewohner Shanghais in den Konzessionsgebieten waren Fremde: 1906 lebten im International Settlement 13700 Westler und 510000 Chinesen.[5] Viele der Chinesen zahlten Steuern – wählen durften sie trotzdem nicht.

Deutsche Handelshäuser in China, die Anfänge

Die ersten deutschen Handelshäuser, die sich in China, in Kanton, niederließen, waren im Jahr 1845 Wilhelm Pustau & Co. (Vorgänger von Heyn, Bröckelmann & Co.), gefolgt von Carlowitz, Harkort & Co. und Siemssen & Co., beide 1846. Als zu Beginn des Zweiten Opiumkrieges britische und französische Truppen Kanton blockierten (1856/57), lag der Handel darnieder, und die Stadt verlor ihre jahrhundertelange Position als chinesische Außenhandelsmetropole, zumal das britische Hongkong und die neu geöffneten chinesischen Hafenstädte Alternativen boten. Als erstes deutsches Handelshaus kamen Siemssen & Co. 1855 nach Hongkong, 1861 folgten Pustau & Co. und im Jahr 1866 eröffneten Hermann Melchers und Adolf André Melchers & Co., in Hongkong. 1877 bezog Melchers den Hong am Französischen Bund in Shanghai. Im gleichen Jahr ließ sich Carlowitz in der Kiukiang Road (Jiujiang Lu) nieder, Siemssen & Co. waren schon seit 1856 in der Stadt. Bei Breuers Ankunft in Shanghai im Jahr 1906 gab es dort 28 deutsche Firmen und etwa 785 Deutsche.[6]

1 Reichstagsprotokolle: 19.11.1900, S. 20–36: August Bebel über den Boxerkrieg, aus Briefen deutscher Offiziere und Soldaten zitierend. https://www.reichstagsprotokolle.de/Blatt_k10_bsb0000279 0_00041.html. Hsü, Rise of Modern China, S. 387–407.

2 Das heutige Wuhan. Es besteht historisch aus drei Städten: Wuhan (Sitz der Provinzverwaltung von Hubei, politisches Zentrum), Hankou (Handelsstadt) und Hanyang (Industriestadt).

3 Isabell Jackson zeigt in ihrer Dissertation »Managing Shanghai«, inwiefern das SMC »at once uniquely cosmopolitan, undeniably Chinese, and yet profoundly British in nature« war, S. 1.

4 Isabella Jackson: Managing Shanghai, S. 144.

5 Twentieth Century Impressions, S. 405.

6 Deutsche: Zahl für 1905, Firmen: Zahl für 1908, in: Ostasiatischer Verein 1960, S. 89, 90.

1884 - 1906
Der Patensohn

20. Juli 1906, Auf Reede vor Shanghai

Die letzte Nacht an Bord. Die *Prinzregent Luitpold* ankerte auf Reede vor Shanghai. Morgen, am 21. Juli 1906, einem Sonnabend, wird Hermann ankommen. Sechs Wochen Schiffsreise und 22 Lebensjahre, genau genommen schon 22 ½, lagen hinter ihm. Er hatte es gesagt bekommen, dann gehofft, dann gewusst, dass das seine Lebenszeit »vor Shanghai« war.

Auf der Fahrt hatte er längst vergessen geglaubte Landschaften wieder gesehen, in den Häfen drängten sich ihm Erinnerungsfetzen auf. Er konnte nicht einschätzen, ob sie wirklich seine eigenen waren oder ob er davon im Reisetagebuch des Vaters aus dem Jahr 1879 gelesen hatte. Wie intensiv erinnerte er sich an die eigene Reise vor 16 Jahren mit dem Lloyd-Schiff *Sachsen*, als er schon einmal in Port Said, Aden, Colombo, Penang gewesen war? Auf jeden Fall wusste er, dass er die damalige Reise mit sehr gemischten Gefühlen erlebt hatte. In Deutschland wartete die Schule. Seine Eltern hatten ihn in Belawan, dem Hafen vor Medan, Sumatra, aufs Schiff gesetzt. Der Kapitän des Norddeutschen Lloyd sollte ein Auge auf ihn haben. Es fand sich zusätzlich die eine oder andere Dame, die den blondgelockten, blauäugigen Jungen gern etwas bemutterte. Zum Trost bei Heimweh hatte die Mutter ihm einen Zuckerhut mitgegeben, daran leckte er, wenn er die langen Spaziergänge durch die Tabakfelder mit dem Vater vermisste. Der Vater war aus irgendeinem Grund immer besonders stolz auf ihn gewesen. Vielleicht, weil er ihm so ähnlich sah? »Kleiner Pflanzer« nannte er ihn, was nie wirklich seine Perspektive gewesen war. Das Pony hatte er ebenfalls sehr vermisst. An den Bruder erinnerte er sich kaum noch. Karl war drei Jahre vor Hermann, ebenfalls sechsjährig, auf die Reise nach Deutschland geschickt worden. In Hannover sahen sie sich wieder, waren aber bei verschiedenen Verwandten untergebracht. *Raj orphans*, Waisen des Weltreichs, nannten die Engländer Kinder wie seinen Bruder und ihn. Im United Kingdom gab es mehr davon als in Deutschland. Ihnen gehörte ja auch ein Weltreich.

Herrgott! Was waren das für Zeiten
Als unbeschwert wir in die Weiten
Der ganzen großen Welt vorstießen
Und in Shanghai uns niederließen!

Schmidt, Willkommensgedicht
Hannover, 1952[1]

Wie alles anfing

Bevor man zur Waise wird, muss man auf die Welt kommen. Hermann schmunzelte, wenn er an die Bedeutung dachte, die Schiffsreisen für sein Leben hatten. Seine Eltern, Botschaftssekretär Oskar Breuer und seine Frau Friederike, waren im April 1883 in Bangkok zu ihrem ersten Heimaturlaub aufgebrochen. Sechs Wochen Schiffsreise bei voller Verpflegung. Neun Monate später war er zur Welt gekommen. Noch entscheidender, wenn das vorstellbar ist, war die Rückreise seiner Eltern im November gewesen; Friederike war schon sichtbar schwanger. Auf dem Schiff lernten sie, über die Klassenschranken hinweg, den erfolgreichen Bremer Kaufmann Hermann Melchers kennen, der selbstverständlich 1. Klasse fuhr, während Breuers sich anstrengen mussten, den Fahrpreis der 2. Klasse zu bezahlen. »Ich, frech wie Oskar, war bald mit den sämtlichen Passagieren der zweiten Klasse bekannt. [...] mit den Passagieren der ersten Klasse nur ab und an in Conversation tretend«, hatte Oskar 1879 während seiner ersten Ausfahrt (von Brindisi nach Bangkok) notiert. Der großzügige, unverheiratete Hermann Melchers muss von Oskars Witz und von Friederikes Umständen entzückt gewesen sein und versprach, die Patenschaft für das Kind zu übernehmen, wenn es denn ein Junge werden sollte. So wurde er Hermann getauft; die Nachricht aus Bangkok erreichte Hermann Melchers in Hongkong – und Hermann Breuers Lebensweg deutete sich an.

Die Urkunde über seine Geburt am 7. Januar 1884 um 13.45 Uhr hatte das kaiserlich-deutsche Konsulat in Bangkok ausgestellt. Später wurde nur immer erzählt, wie schwer drei Jahre vorher die Geburt von Karl gewesen war. Karl war der Ältere eines Zwillingspärchens. Der Jüngere, Emil, war fünf Tage nach der Geburt gestorben. Gleich nach Hermanns Geburt hatte der Vater den Botschaftsdienst quittiert. In Hongkong war er mit Konsul Franz von Möllendorf zusammengetroffen, der ihm auf eine gute Anstellung in Korea Hoffnung machte. Im Vorjahr – 1883 – war der erste Handels- und Freundschaftsvertrag zwischen Deutschland und Korea abgeschlossen worden, und des Konsuls Bruder, Paul von Möllendorf, war der engste Berater des koreanischen Königs. Er blieb es aber nicht lange, und Oskar Breuers Hoffnung erfüllte sich nicht.[2] Aus der Zeit der Familie Breuer in Hongkong stammte ein inzwischen ziemlich verblasstes Foto von Baby Hermann, weiß auf weißem Eisbärfell, aufgenommen in einem hochfeinen Fotostudio in der Beaconsfield Arcade. Eine der Extravaganzen seines Vaters. Der zog kurz darauf weiter, um in Sumatra sein Glück zu machen. Dort boomten die Tabakplantagen. Er machte sein Glück nicht, aber die Familie folgte ihm, zunächst auf den Bavaria Estate, eine von Schweizern geführte Tabakplantage in Laboean (Labuhan) bei Medan an der Ostküste von Sumatra.[3]

Schule, Lehre, Militär

In Deutschland hatte es Hermann gleich nicht gefallen: Hier war er nicht mehr der *young master*. Es war niemand da, den er losschicken konnte wie zu Hause die Babu (die Kinderfrau) oder den »Boy«,[4] und sogar anziehen musste er sich ganz allein. Er lebte bei seiner Großmutter Auguste; sie war viel strenger als seine Mutter. Er war fest entschlossen gewesen, mit dem nächsten Schiff zurückzufahren. In 14 Tagen, so hatte der Sechsjährige allen erzählt, wäre es so weit. Dann war er doch 16 Jahre geblieben: Schule, Lehre, Militär, und eigentlich waren es ziemlich gute Jahre gewesen.

Mit seinen Geschwistern Karl und Paula war der Kontakt nicht sehr eng. Der große Bruder Karl lebte bei einem Bruder der Großmutter. Trotzdem verstanden Karl und Hermann sich gut, sie hatten die gleiche ferne Luft geatmet, hatten Geräusche, Gerüche, Lebensweisen kennengelernt, die ihren Altersgenossen unvorstellbar waren. Das Malaiisch ihrer Kindheit nutzten sie als ihre persönliche Geheimsprache. Beide wollten nach Schule und Lehre wieder »hinaus« gehen. Karl war dann schon 1898, 17-jährig, nach Sumatra aufgebrochen. Ihre Schwester Paula, zwei Jahre jünger als Hermann, kam 1893 nach Hannover,[5] war bei einer befreundeten Apothekerfamilie einquartiert. Sie wollte von klein auf hoch hinaus. Damit konnten die Brüder wenig anfangen.

Hermann machte die Mittlere Reife und anschließend von 1900 bis 1903 eine kaufmännische Lehre bei der AEG (Allgemeine Elektricitäts-Gesellschaft) in Hannover. Als die AEG im Jahr 1892 ihre Niederlassung in Hannover – und in etwa 18 weiteren Städten in Deutschland – eröffnete, war sie schon ein hochinnovativer Weltkonzern, der die kommerzielle Nutzung von elektrischem Strom auf allen Gebieten vorantrieb: Bau von Kraftwerken, Ausbau von Stromnetzen, die drahtlose Telegrafie, Bau von Elektromotoren für Zugmaschinen, für die industrielle Produktion, für Handwerksbetriebe, für elektrische Haushaltsgeräte. Als angehender Kaufmann wird Hermann daran mitgewirkt haben, Märkte für die vielfältigen Anwendungsgebiete zu erschließen und eine Verkaufsinfrastruktur für die preußische Provinz Hannover zu entwickeln. Er habe sich *»durch Fleiß und Aufmerksamkeit unsere größte Zufriedenheit erworben; auch seine Führung war stets sehr gut«*, die Firma sehe ihn *»nur mit großem Bedauern scheiden«*, hieß es, nachdem er dort noch zwei weitere Jahre gearbeitet hatte, und *»[er] verlässt uns, um seiner Militärpflicht zu genügen«*.[6] Die beim Militär herrschende Männerfreundschaft, Sport und Disziplin – »Haltung« nannte er das – hatten ihm gelegen. Und dann: In der hellblauen Uniform war er bei Mädchen und Frauen noch besser angekommen als zuvor im besten Anzug. Das fing bei den Frauen seiner Familie an: Großmutter Auguste und Tante Johanna, die Schwester seines Vaters, bewunderten ihn rückhaltlos, und Johannas Tochter, seine kleine Cousine Alice, war richtig stolz auf ihn. Er hatte ihr des Öfteren Briefchen an das eine oder andere Mädchen anvertraut. Die bildhübsche Zehnjährige war ganz gern sein *postillon d'amour* gewesen.

Gibraltar

Über Hermanns Militärzeit gibt es außer diesem Foto keine Dokumente oder Aufzeichnungen. Meine Nachfrage im Militärhistorischen Archiv in Freiburg ergab, dass die betreffenden Unterlagen wahrscheinlich verbrannt sind. Wie genau will ich es überhaupt wissen? In autobiografischen Aufzeichnungen legten Shanghaier Kaufleute großen Wert darauf, in Deutschland den Militärdienst – und in einem angesehenen Regiment – geleistet zu haben; es war von Bedeutung für das gesellschaftliche Ansehen.

Hermann W. Breuer in Uniform, 1906

Unter der Lupe verrät das Foto, in welchem Regiment Breuer gedient hat: Der Schriftzug »Gibraltar« auf dem rechten Unterarm der Uniformjacke (gelb auf blauem Untergrund) zusammen mit der 73 auf den Schulterstücken (rot auf weiß gestickt) kennzeichnet die Uniform als die des Füsilier-Regiments General Feldmarschall Prinz Albrecht von Preußen (Hannoversches) Nr. 73. Der Rock ist blau mit roten, blau gepaspelten Ärmelaufschlägen und Stehkragen.[7]

Und was bedeutet »Gibraltar«? Als britische Verbände aus Gibraltar abgezogen wurden, um in den Amerikanischen Unabhängigkeitskrieg (Juni 1779 bis Februar 1783) einzugreifen, entsandte König Georg III. des Vereinigten Königreichs, zugleich Kurfürst von Braunschweig-Lüneburg, Kurhannoversche Bataillone nach Gibraltar, um die von Spanien und Frankreich belagerte britische Seefestung zu schützen. Sie waren erfolgreich. König Georg verlieh den beteiligten hannoverschen Truppenteilen verschiedene Ehrenzeichen, u. a. erhielten Unteroffiziere und Gemeine ein hellblaues Band mit dem eingewebten Namen »Gibraltar«, das auf dem unteren rechten Ärmel zu tragen war. Im Jahr 1901 ließ Kaiser Wilhelm II. die Tradition wiederaufleben; er erteilte preußischen Verbänden, die eine entsprechende hannoversche Tradition vorweisen konnten, die Erlaubnis, ein Ärmelband mit der Aufschrift »Gibraltar« zu tragen.[8] Die Zugehörigkeit zu diesem besonderen Regiment war vielleicht günstig für ein zukünftiges, brüderliches Verhältnis zu den im internationalen Shanghai dominierenden Engländern. Einen Abzug des Fotos übergab Breuer im Juli 1906 dem Büro von Melchers & Co. China für das Mitarbeiterbuch. Ein Hinweis darauf, wie er gesehen werden wollte.

Der Pate

Auch Hermann Melchers hatte, als Hermann Breuer ihn nach dem Abschluss seiner Lehre im April 1904 in Bremen besuchte, Gefallen an ihm gefunden. Breuer war, bekleidet mit einem etwas altertümlichen Gehrock, nach Bremen gefahren, hatte sich im Kontor der Handelsfirma C. Melchers & Co. in der Knochenhauerstraße 42 eingefunden und mit dem außerordentlich vornehmen, aber durchaus freundlichen und humorvollen älteren Herrn ein gutes Gespräch geführt.

Hermann Melchers, ein stattlicher Mann mit Kaiser-Wilhelm-Schnurrbart, trug mit volltönender Stimme seine grundsätzlichen Bedenken gegen die Kolonialpolitik des Deutschen Kaiserreiches vor: Als Kaufmann lehnte er jeden Protektionismus strikt ab: Schon 1881 hatte er der Denkschrift »Über den Ausfuhrhandel mit China und Australien« widersprochen, die Reichskanzler Bismarck am 27. Mai dem Reichstag vorgelegt hatte. Gleich am 9. Juni war seine ausführliche Stellungnahme in der *Tribüne* erschienen.[9] Die Verfasser der Denkschrift hielten die Einrichtung einer vom Reich subventionierten Postdampferlinie für nötig und forderten die Einrichtung einer Deutschen Bank in China, um den Ostasienhandel in Schwung zu bringen. Beides sei, so Hermann Melchers, für deutsche Kaufleute gar nicht nötig, denn der Handel liefe viel besser, als in der Denkschrift dargestellt. Die »Kaufmannschaft, welche mitten im internationalen Handelsverkehr steht«, wisse, »wie sie ihre Geschäfte zu machen habe«. Da brauche es keine »Staatsweisheit«. Schließlich seien mit den bestehenden britischen Einrichtungen durchaus vorteilhafte Geschäfte möglich. Die einzige deutsche Schifffahrtsverbindung werde zwar nur unregelmäßig alle sechs Wochen bedient (nach Bedarf, also voll beladen, daher hatte die Reederei 11 % Gewinn gemacht) – aber ab London gab es vier Linien, die alle 14-täglich fuhren, weitere ab Liverpool und Southampton. Und was die Banken betraf: Die Zusammenarbeit mit britischen Banken lief vorteilhaft; bei der Hongkong und Shanghai Bank hatte er selbst im Aufsichtsrat gesessen, so wie später andere Melchers-Teilhaber.[10]

Mit dieser liberalen Haltung hatten sich Melchers und gleichgesinnte Kaufleute nicht gegen diejenigen durchsetzen können, die ein Eingreifen des Staates befürworteten. Also waren eine ganze Reihe der in der Denkschrift geforderten Schritte in den vergangenen 25 Jahren umgesetzt worden, und trotz der grundsätzlichen Ablehnung konnten C. Melchers & Co. sogar davon profitieren. Seit 1890 gab es die Deutsch-Asiatische Bank in China, und eine Postdampferlinie gab es ebenfalls. Sie wurde mit den Schiffen des Norddeutschen Lloyd befahren, deren China-Agenturen hatte die Firma Melchers übernehmen können. Ausschlaggebend für diese Entscheidung waren deren dominierende Stellung unter den deutschen Handelshäusern in China, ihre guten Beziehungen zu den chinesischen Behörden, der Umstand, dass das Mutterhaus sich in Bremen befand, und dass die

Firma sowohl in London und New York als auch im Innern Chinas, in Hankou, dem Haupthafen des Yangtsekiang, wichtige Niederlassungen besaß.[11] So hatte sich der staatliche Eingriff positiv für Melchers ausgewirkt. Aber ein »Pachtgebiet«? Deutsche Handelsfirmen waren schon ganz gut etabliert in China, bevor das Kaiserreich sich entschloss, dort mit der Überzeugungskraft von Militär und Waffen einen Hafen auf 99 Jahre zu pachten.[12] Die Landnahme und Errichtung des Flottenstützpunktes Tsingtao in der Provinz Shandong war vielleicht strategisch interessant, jedoch vom kaufmännischen Standpunkt aus gesehen viel zu teuer und ganz überflüssig. Jetzt (1904) entwickelte sich die Stadt gerade zu einer Mustersiedlung. Vielleicht würde Melchers dort einmal eine Niederlassung eröffnen.

Der letzte Schock für die deutsche *business community* in China war noch nicht lange her: Das war die Rede gewesen, die Kaiser Wilhelm II. im Juli 1900 in Bremerhaven vor den deutschen Truppen gehalten hatte, die zur Niederwerfung der »Boxer« nach China geschickt wurden. Die kaiserliche Aufforderung »Pardon wird nicht gegeben, Gefangene werden nicht gemacht!« hatte sich herumgesprochen.[13] Hermann Melchers und andere China-Pioniere verstanden sich nicht als »Hunnen«, sondern als ehrliche Kaufleute, und wenn ein Chinese sie ansah, sollte er dabei möglichst nicht denken, dass andere Deutsche seine Brüder und Schwestern getötet hatten. Sie wollten bei den Chinesen leben und mit ihnen Handel treiben. Das ginge nicht ohne Respekt. Wer Rücksicht auf das Ehrgefühl der Chinesen nehme, käme weiter. Breuer erwies sich bei diesem Treffen als freundlich, gewandt, gut informiert und als aufmerksamer Zuhörer. Aber er war auch ein wenig »schneidig« aufgetreten (ein Lieblingswort von Vater Oskar, es kam in jedem seiner Briefe vor). Sie entdeckten, dass sie die Leidenschaft für's Reiten und überhaupt für den Pferdesport teilten; damit würde Breuer in der internationalen Gesellschaft im Fernen Osten Anerkennung finden, meinte Melchers. Hermann konnte seinen Paten in diesem Gespräch überzeugen, dass er zu den jungen Leuten gehörte, die »im fernen Osten für deutschen Handel und deutsches Ansehen wirken können«.[14] Allerdings: Handelshäuser schickten nur Junggesellen in ihre überseeischen Niederlassungen. Hermann hatte Melchers sein Ehrenwort geben müssen, in den ersten sieben Jahren der Firmenzugehörigkeit nicht zu heiraten.

Dies Versprechen verursachte ihm und seiner Freundin Cläre bei seiner Abreise im Juni (1906) großen Schmerz: Die 16-Jährige war seine große Liebe, Hermann schwärmte von ihrem »Wuschelhaar, zwei Feuerrädern und einem schönen Lippenpaar«[15], sie tanzte bezaubernd, und auch Großmutter Auguste, Tante Johanna und seine Nichte Alice hatten Cläre lieb gewonnen. Sie war schon fast ein Mitglied der Familie geworden. Aber ihre Eltern lehnten eine heimliche Verlobung kategorisch ab. Nach Hermanns Abreise würde sich seine liebe Tante Johanna freundschaftlich um sie kümmern, so könnten sie verbunden bleiben.

1906 war Breuer dann noch einmal in Bremen. Dort hatte die Firma C. Melchers & Co. Anfang des Jahres ihr 100-jähriges Firmenjubiläum gefeiert; das Ostasienhaus war mit 40 Jahren ja noch verhältnismäßig jung. Stolz las er die Zeitungsausschnitte, in denen die Geschichte der »bremischen Weltfirma«[16] geschildert wurde; er gehörte ab jetzt dazu. Denn bei diesem Besuch hatte er erfahren, was Hermann Melchers genau mit ihm vorhatte: Er sollte nach Shanghai, in die Zentrale des China-Geschäfts, Sitz der Finanzverwaltung und der Generalvertretung des Norddeutschen Lloyd, in das »Paris des Ostens«. Melchers hätte ihn auch nach Hongkong, Kanton, Tianjin, Zhenjiang oder Yichang[17] schicken können, überall dort hatte die Firma Niederlassungen. Oder nach Hankou: Zur Eröffnung der dortigen Niederlassung war Hermann Melchers nämlich unterwegs gewesen, als er vor Hermanns Geburt Friederike und Oskar Breuer begegnete. Im Goldenen Buch der Firma Melchers wurde neben Hermanns Unterschrift lakonisch vermerkt: »1906 nach China transferiert«.

Ratschläge für den China-Kaufmann

Bei diesem Treffen hatte Hermann Melchers dem angehenden China-Kaufmann noch einige Ratschläge mit auf den Weg gegeben: Vor allem brauche man für den China-Handel einen langen Atem. Heute sei der Handel noch relativ klein, aber in der Zukunft würde er sich glänzend entwickeln: Wenn erst mehr Häfen für den Außenhandel geöffnet seien, wenn es mehr und bessere Verkehrswege in das jeweilige Hinterland gäbe und europäische Waren so preiswerter in größere Gebiete gelangten, wenn sich die Chinesen dann selbst vom Nutzen der europäischen Errungenschaften würden überzeugen können. Grundsätzlich seien die Voraussetzungen für einen blühenden Handel durchaus vorhanden, es gebe chinesisches Großkapital, und trotz der primitiven Verkehrsmittel wie Dschunken, Kamele, Maultiere und Schubkarren, hätte der einheimische chinesische Binnenhandel einen enormen Umfang. Wenn es gelänge, die Kaufkraft zu erhöhen, indem man die Bodenschätze – Gold, Silber, Kohle, Eisenerze – professionell erschlösse, die Tee- und Seidenkultur erweitere, und wenn dann die Industrie Millionen Menschen Arbeit gebe – dann würde es kein größeres und dankbareres Absatzgebiet auf der Welt geben als China. Bis das so sei, galt für die China-Firma von Hermann Melchers das Prinzip, dass das Geschäft vor allem mit der Aufbereitung und Ausfuhr chinesischer Rohwaren zu machen sei, als da waren Häute und Felle, Saaten, Holzöle, Baumwolle, Talg, Eiprodukte, Hülsenfrüchte, Tabak, Federn und Rohseide. Verkauft wurden die Exporte vor allem, aber nicht ausschließlich, über die Bremer Melchers-Firma.

Bei der Einfuhr europäischer Produkte nach China sei das Risiko ungleich höher: »*Man muss mit den Geschäftsmethoden der Chinesen sehr vorsichtig sein. Wenn wir Rohwaren in China kaufen und aufpassen, dass sie in der richtigen Qualität von den Chinesen geliefert werden, sind wir mit dem Risiko fertig bei der Verschiffung der Ware. Führen wir europäische Industrieprodukte nach China aus, so beginnt das Risiko erst bei Ankunft der Ware in China mit der Sorge, wann die Chinesen die Waren abnehmen und bezahlen.«*[18] Also: Einfuhr von Fertigwaren nur auf feste Bestellung. Er fügte noch hinzu: Siemssen & Co. sehen das übrigens so ähnlich wie wir, Carlowitz hingegen importieren auch nach China – so lange, wie das gut ging. Hermann Melchers gab dem Patensohn das umfangreiche Buch »China und die Chinesen« mit auf den Weg, in das er eine freundliche Widmung geschrieben hatte: »*Meinem lieben Paten Hermann Breuer, mit dem Wunsche daß er manche gute Lehre aus diesem Buche schöpfen möge, und zur Erinnerung an den alten Chinesen Hermann Melchers.*«

Reichspostdampfer

Anfang Juni war Hermann in Bremerhaven an Bord des Reichspostdampfers *Prinzregent Luitpold* gegangen.[19] Im Jahr 1881 hatte Hermann Melchers eine subventionierte deutsche Schifffahrtslinie nach Ostasien noch für überflüssig erklärt. Das war konsequent, denn die Einrichtung von Reichspostdampferlinien (wie England, Frankreich, Österreich-Ungarn, Italien und die Niederlande sie bereits hatten) war Bestandteil der neuen deutschen Kolonialpolitik, die Melchers ablehnte: Deutscher Export sollte auf deutschen Schiffen erfolgen, ohne Umwege über England, die Niederlande oder Frankreich. Als das Reich dann die Postdampfer-Konzession für vier Millionen Mark monatlich an die Reederei Norddeutscher Lloyd vergeben hatte, bewarb Melchers sich erfolgreich um deren Agenturen in China. Nicht sehr konsequent vielleicht, aber ein weitsichtiger Geschäftszug. Der Lloyd hatte sich vertraglich mit dem Reich auf die technischen Anforderungen an die Schiffe geeinigt, hatte Haftungsfragen und Berichtspflicht, Routen und Frequenz der Fahrten abgestimmt, dem Reich Mitspracherechte bei Fragen der Beförderung, der Routen und der Tarife einräumen und sich verpflichten müssen, die Decksmannschaft und das Maschinenpersonal entweder aus beurlaubten Marinesoldaten oder aus Kriegsfreiwilligen zu rekrutieren. Im Fall einer Mobilmachung mussten die Schiffe dem Reich zur Umrüstung als Kriegsschiffe verkauft werden.[20] Im Sommer 1900 hatten ihre Schiffe die Truppen nach China gebracht, die im Boxerkrieg eingreifen sollten.

Die *Luitpold* war eines der älteren Schiffe des Norddeutschen Lloyd, 1894 in Bremen vom Stapel gelaufen, 6288 BRT. Das Einschornsteinschiff mit Platz für 165 Passagiere in der 1. und 2. Klasse sowie für 48 in der 3. war besonders für die Tropenfahrt hergerichtet. Es hatte sich bewährt, aber seine Zeit als Flaggschiff des NDL war lange vorbei. Jetzt gab es die Feldherrenklasse, deren Stolz die 1904 vom Stapel gelaufene *Scharnhorst* war. Mit der wäre Hermann gern gefahren. Vielleicht ein anderes Mal – er würde hoffentlich noch mehrere Fahrten machen. Was blieb nun von dieser im Gedächtnis? Das schöne Port Said, die Fahrt durch den Suezkanal mit der Aussicht auf die dunklen Schatten der nächtlichen Wüste, das alte Colombo, Singapur und seine Inseln? Einen Tag bevor sie in Singapur ankamen, hatte die *Prinzregent Luitpold* in Penang festgemacht. Hermanns Eltern, Oskar und Friederike, waren von Sumatra herübergekommen, um ihn zu sehen.[21] Vor 16 Jahren hatten sie von einem Kind Abschied genommen, jetzt war er ein junger Mann. Mit den Eltern kam Hermanns Schwester Marilla, sie war jetzt 16 Jahre alt, besuchte die Missionsschule Convent Light Street in Penang, lebte dort im Internat. Die Mutter hatte sich von ihrer Jüngsten nicht trennen wollen, hatte sie nicht, wie ihre anderen Kinder, nach Europa gehen lassen. Was sollten sie einander sagen, was war von Bedeutung?

Morgen, am 21. Juli 1906, würde er also an Land gehen, müsste vielen Passagieren Adieu sagen, einigen von ihnen würde er in Shanghai wieder begegnen. Sein Freund Carl Schmidt, Regimentskamerad, Mitreisender und ebenfalls zukünftiger China-Kaufmann, ging mit ihm von Bord. Er hatte einen Anstellungsvertrag bei Meyer Bros Ltd. Shanghai, Zucker Export und Import. Die Arbeitsverträge der jungen Kaufleute liefen erst einmal nur über vier Jahre. Verlängerung um drei Jahre, bei Gefallen der Firma. Hermann Breuer würde es gefallen – daran zweifelte er nicht.

1 Carl Schmidt, Regimentskamerad 1904/05 und Mitreisender 1906, in seinem Gedicht anlässlich der Rückkehr HWBs aus China im Jahr 1952.

2 Aus Oskar Breuers Tischrede zu seinem 80. Geburtstag am 6.2.1933.

3 Aktiv in den Jahren 1881–1895, Unternehmer: Karl Krüsi. Ricabeth Steiger: Ein Appenzeller in der Fremde. Karl Krüsi (1855–1925) in Sumatra. In: Die Sammlung. Schweizerische Nationalmuseen. Jahrgang 2002–2003.

4 »Boy« bezeichnete im englisch geprägten kolonialen Zusammenhang einen Bediensteten jeder Altersstufe. Der »Boy« nennt seinen Arbeitgeber respektvoll »Master«. Das Verhältnis ist jedenfalls hierarchisch, im besten Fall patriarchalisch.

5 Oskar Breuer in der Rede zu seinem 80. Geburtstag: Paula fuhr [1893] in der Obhut des Pflanzers Max Bucksath, der dann Opernsänger wurde. https://peoplepill.com/people/max-bucksath/tc/science, am 3.11.2020.

6 HWBs Anstellungsvertrag und das Zeugnis der AEG haben sich in Akten des Ostasiatischen Vereins Bremen erhalten.

7 Farbige Abbildung Waffenrock Mannschaften: http://www.kaisersbunker.com/dunkelblau/tunics/dbt03.htm, am 21.7.2017.

8 *»Ich will das Abzeichen, welches Kurfürst Georg III. von Hannover den Unteroffizieren und Mannschaften der drei an der Vertheidigung von Gibraltar betheiligt gewesenen Hannoverschen Bataillone verliehen hatte, in Meinem Heere erneuern und bestimme demgemäß, daß von dem Füsilier-Regiment General-Feldmarschall Prinz Albrecht von Preußen (Hannoversches) Nr. 73, dem Infanterie-Regiment von Voigts-Rhetz (3. Hannoversches) Nr. 79 und dem Hannoverschen Jäger-Bataillon Nr. 10 auf dem rechten Ärmel des Waffenrocks oberhalb der Patte oder des Aufschlages ein hellblaues Band mit der Inschrift ›Gibraltar‹ […] getragen wird. Homburg v. d. Höhe, den 24. Januar 1901. Wilhelm.«* Allerhöchste Kabinetts-Ordre Nr. 55: Verleihung eines Bandes mit der Inschrift »Gibraltar«. Armee-Verordnungs-Blatt, 35. Jahrgang, Nr. 7, 13.3.1901, zitiert nach https://de.wikipedia.org/wiki/%C3%84rmelband_Gibraltar, am 4.11.2020.

9 MA, Firma Melchers Kasten 16, Mappe 1 Band 1, Randbemerkung Hermann Melchers: »Von mir verfasst und eingesandt«.

10 Henning Melchers: China und Melchers, S. 32.

11 Paul Neubar: Die deutschen Reichspostdampfer, S. 62.

12 Siems Siemssen berichtete (Gespräch mit CM, 1. April 2017 in Hamburg), dass sein Großvater, Gustav Theodor Siemssen, dem Prinzen Heinrich (Bruder Wilhelms, des späteren Kaisers Wilhelm II.) bei seinem Besuch 1880 in Fuzhou dringend abgeraten hatte, in China eine Kolonie anzustreben.

13 »Kommt Ihr vor den Feind, so wird derselbe geschlagen! Pardon wird nicht gegeben! Gefangene werden nicht gemacht! Wer euch in die Hände fällt, sei euch verfallen! Wie vor tausend Jahren die Hunnen unter ihrem König Etzel sich einen Namen gemacht, der sie noch jetzt in Überlieferung und Märchen gewaltig erscheinen läßt, so möge der Name Deutscher in China auf 1000 Jahre durch euch in einer Weise bestätigt werden, daß es niemals wieder ein Chinese wagt, einen Deutschen scheel anzusehen!« Der Text war für die Veröffentlichung redigiert worden, hatte sich aber doch verbreitet. http://germanhistorydocs.ghi-dc.org/pdf/deu/503_Wilhelm%20 II_Hunnenrede_84.pdf, am 5.11.2020.

14 Hermann Melchers am 6.12.1913, Rede zur Hundertjahrfeier der Leipziger Völkerschlacht vor der Ostasiatischen Vereinigung Bremen. MA: Firma Melchers, Kasten 21.

15 HWB 16.11.1947 an Nele.

16 Handelskammer Bremen, Firmenakte Melchers: 90001, K 11 A.

17 Zhenjiang, zwischen dem Yangtse und dem Kaiserkanal gelegen. Yichang: ab Hankou den Yangtse aufwärts, Provinz Hubei.

18 Hermann Melchers, zitiert von Lindemann, MA, Memoiren, S. 7.

19 6.6.1906 Abfahrt in Bremerhaven. Die deutschen Reichspostdampfer im Ostasien-Verkehr mit ihrer Vorgeschichte und ihren Seepoststempeln. In: Sonderdruck der Arbeitsgemeinschaft der Sammler deutscher Kolonialpostwertzeichen im Bund Deutscher Philatelisten und der Arbeitsgemeinschaft Schiffspost im Ostasienverkehr. Heft 1, Hamburg 1971.

20 Neubar, Die deutschen Reichspostdampfer, S. 215–233.

21 HWB 14.12.1946 an Nele über die Eltern in Sumatra, »die ich erst 1906 als junger Mann wieder sah«.

I

2

3

1 Die Geschwister Paula, Karl und Hermann Breuer, 1893. Das Foto entstand für die Eltern in Sumatra, als die sechsjährige Paula gerade in Hannover angekommen war. In der Familie war das Geld knapp: Karl verstärkte den dünnen Hosenboden mit der schwarzen Pappe eines Schulheftes; Hermann löste eine finanzielle Krise aus, als er einmal sein Jackett zum Faustkampf ausgezogen, es dann aber liegen gelassen hatte. → S. 25

2 Hermann W. Breuer (HWB) als »Einjähriger« (1905/1906) in der Uniform seines preußischen Regiments → S. 26

3 HWB in seiner ersten Unterkunft in Shanghai, einem Appartment in einer sogenannten Messe, ca. 1907 → S. 72

4 HWB in der Uniform der Deutschen Kompagnie Prinz Heinrich von Preußen des Shanghai Volunteer Corps, ca. 1906 → S. 67, 78–80

5 »Hermi« schrieb auf die Bildrückseite: »Komm Schatzi, meine Arme warten auf Dich. Im Hafen von Wusung. Sonntag, den 11.9.1911«. Mit ihrem Hausboot »Carmen« fuhren Carl Schmidt und HWB »durchs Jangtse-Delta kreuz und quer« und auf Kanälen ins Landesinnere. Von den Anlegeplätzen aus wanderten sie und jagten auf Fasane, Wachteln und Schnepfen. → S. 95

6 HWB auf dem Maskenball im deutschen Club Concordia in Shanghai am 26. Februar 1910 → S. 94

4

5

6

7

8

7 In Shanghai: Am Anleger vor Melchers' Hong – dem Firmensitz mit der Adresse: Französischer Bund 1 – liegt der Tender »Bremen«, ca. 1906 → S. 65

8 Melchers' Hong, um 1900 → S. 65

9

10

9 HWB im *office* von Melchers & Co., China, ca. 1906/1910 → S. 73

10 Melchers' Büro um 1906, ganz rechts Tung Han-sen. Tung war damals Shroff, Währungsspezialist, bei Melchers. › S. 74

II

11 Ein Abschiedsfoto: HWB mit seinem Sohn Uwe im Februar 1923. Der Heimaturlaub ging zu Ende, seine Frau und Uwe würden in Deutschland bleiben. → S. 151

12 Uwe wurde am 4. Juni 1919 geboren, HWB schrieb auf dieses Foto: »Die ersten chinesischen Gratulanten, 7.6.19« → S. 147

13 Im Februar 1923 fuhr HWB auf der »Werra« zurück nach Shanghai; es war die Jungfernfahrt des Lloyd-Dampfers. An Bord schloss er Freundschaft mit Dr. Adalbert Korff, der für Melchers nach Hankow unterwegs war. → S. 153–166

12

13

14

16

15

14 Hans Dieckmann (Mitte), Leiter der Exportabteilung von Melchers China in seinem Büro, ca. 1934 → S. 172

15 Eine Einzimmerwohnung in der rechten Hälfte des ehemaligen Büros von Hans Dieckmann, 2015 → S. 172

16 Melchers' Geschäftshaus in der Kiukiang Road, ca. 1924. HWB: »Umstehend eine Aufnahme unseres Sh'aier Geschäftshauses. Unten sind die Kontore des N.D.L. Meine Räume sind in der 3. Etage, wo die Hausflagge weht. Das Gebäude ist etwa 100 m tief. Mein Zimmer ist nicht ersichtlich, weil ich sozusagen als Zentralstelle mitten im Kontor sitze.« → S. 169

17

17 An Bord der »Fulda« am 15. August 1926: HWBs Abschiedsfeier vor einer Geschäftsreise in den Norden Chinas, u.a. nach Peking und Mukden. Von links: Carl Gerhard Melchers, HWB, Franz Rudloff (Norddeutscher Lloyd Shanghai), Kapitän Arndt, W. Kampenski (Bremen)
→ S. 189

18

19

18–19 HWB schickt Postkartengrüße an Vater Oskar Breuer aus Peking und Mukden (Shenyang), 12. und 16. September 1926. → S. 193 f.

20

21

20 Sommer 1928, Grundsteinlegung für Melchers' Godown, das neue Lagerhaus, am Broadway. Mit Hammer: Teilhaber Adolf Widmann, neben ihm der zukünftige Manager des Lagerhauses Heinrich Meyer und Dr. Korff (mit Fliege), rechts oben mit Strohhut Ed Warneken, Prokurist bei Melchers. HWB steht in der Mitte, hinter einem Chinesen in klassischer Kleidung. → S. 201

21 Melchers' Godown am Broadway (Damin Lu), eröffnet im Juli 1929 → S. 201, 305, 389

22

23

22 HWBs 25-jähriges Firmenjubiläum am 23. Juli 1931. Im Büro in der Kiukiang Road standen schon um neun Uhr morgens 25 Blumenkörbe. → S. 217

23 Europäische Mitarbeiter aus HWBs Importabteilung auf dem Dach des Melchers-Bürohauses in der Kiukiang Road, vermutlich 1936. Mitte: HWB, links: Walter Mayer (Medizinische Geräte und Produkte), ganz rechts: Heinrich Meyer, 2. von rechts: Kurt Halla (Uhren und optische Geräte); im Hintergrund Holy Trinity Cathedral, Metropole Hotel und Hamilton House → S. 172

HOONG
經理汽爐桅灯水瓶
Shanghai

SHING Co.
本號專辦歐
鴻
推銷國產
燈器

25

26

24 HWB besucht die Hoong Tai Shing Company, die ihren Kunden verspricht, sie habe sowohl importierte als auch in China hergestellte Waren am Lager, um 1930. Prominent über dem Eingang hängen die Feuerhand-Laternen, die Melchers nach China einführte. → S. 221

25 Blick vom Uhrturm am Rennplatz auf das Foreign YMCA (erbaut 1926) und das Pacific Hotel (erbaut 1924), im Vordergrund die Pferderennbahn. HWB kommentierte die Postkarte 1930: »Die neuen modernen Wolkenkratzer am Rennplatz. Die kleinen Gebäude werden jetzt auch abgerissen.« → S. 69–71, 287, 495

26 Seit HWB 1930 den Chevrolet Six Imperial Sedan angeschafft hatte, machten er und Jennie oft Fahrten in die grüne Umgebung Shanghais. Hier – so kommentiert HWB das Foto – »Lalja [Jennies Patenkind] und ihr Freund Mr. Breuer auf einer Autofahrt. Am Tage nach meiner Entlassung aus dem Spital aufgenommen.« HWB hatte einen Reitunfall kuriert. → S. 212, 287

27

28

27 Der gleiche Blick vom Uhrturm am Renming-Platz (Rennplatz) im Januar 2021. Im Vordergrund von links Grand Cinema (erbaut 1932), Parkhotel (erbaut 1934) mit seiner Fassade aus dunkelrotem Taishan-Ziegel, Foreign YMCA und, weiß mit Turm, Pacific Hotel – alle überragt von Hochhäusern aus den 1990er Jahren → S. 69–71

28 Das Gebäude der chinesischen Fluggesellschaft China Aviation Association, 1936 im Stadtteil Jiangwan erbaut. Jiangwan war Teil eines ab 1926 neu konzipierten, modernen chinesischen Stadtteils von Shanghai. → S. 287f.

29

30

29 Seine Rückreise nach Shanghai aus dem Heimaturlaub 1936 trat HWB auf der »Scharnhorst« an: »Ich habe mir einen schönen Fensterplatz im Speisesaal geben lassen und sitze mit der Gattin des mexikanischen Gesandten in Tokio zusammen.« → S. 276

30 Der Dampfer »Scharnhorst«, auf dem HWB im November/Dezember 1936 von Genua nach Shanghai reiste. → S. 276–283

31 Während seines Aufenthaltes in Deutschland 1936 wanderten HWB und sein Sohn Uwe miteinander im Weserbergland. → S. 273

32 14. August 1937, Nanking Road, vor dem Eingang zum Cathay Hotel. Der Japanisch-Chinesische Krieg war in Shanghai angekommen, auf das International Settlement fielen Bomben. → S. 301

33 Kommentar HWB: »Der ›Feuerring‹ um Shanghai nach dem Abzug der chinesischen Truppen in den Anfangstagen des Novembers 1937. Heute nach 4 Wochen sind die Feuer noch nicht völlig erloschen.« → S. 309

34 Tausende von Flüchtlingen strömten aus den nördlichen Distrikten Shanghais in das International Settlement, August 1937. → S. 302, 304

34

35

36

35 Kommentar HWB am 16. Dezember 1937: »Dieses wundervolle Gebäude – das ›Rathaus‹ von Shanghai (chines. Teil) ist fast völlig vernichtet.« → S. 287, 303

36 Bei den Bombenangriffen in der Nacht vom 18. auf den 19. September 1937 wurde das Nachbargebäude des Melchers' Godown (im Hintergrund) am Broadway ganz zerstört. → S. 305 f.

37

38

37 Auf der »Europa« fuhr HWB Anfang Januar 1939 von New York nach Bremerhaven. → S. 326

38 HWBs Wohnhaus in der 1396 Yu Yuen Road; er hat seine Wohnung, Appartement D, markiert, Juni 1947. → S. 318

40

39–40 Das Wohnzimmer, »das man hier drawing room nennt«, in HWBs und Jennies Wohnung in den West Park Mansions, in der Yu Yuen Road → S. 318

41

42

41 Jennie auf der Insel Three Pools Mirroring the Moon vor einem aus dem Wasser aufsteigenden Taihu-Stein. HWB notierte: »Hangchow, Chekiang Province, April 1947«. → S. 415

42 Christine Maiwald an der gleichen Stelle im September 2012 → S. 416

43

44

43 HWB auf Sultan bei einer Steeplechase auf Siemssens Gelände in Hongqiao, 7. Januar 1940. Links: Fred Siemssen, Teilhaber von Siemsssen & Krohn → S. 315

44 HWB: »September 1940: Ein alter chines. Geschäftsfreund [Tung Han-sen] empfängt an e. heißen Nachmittag Jennie + mich in seinem Garten u. serviert eisgekühlte Milch.« → S. 510

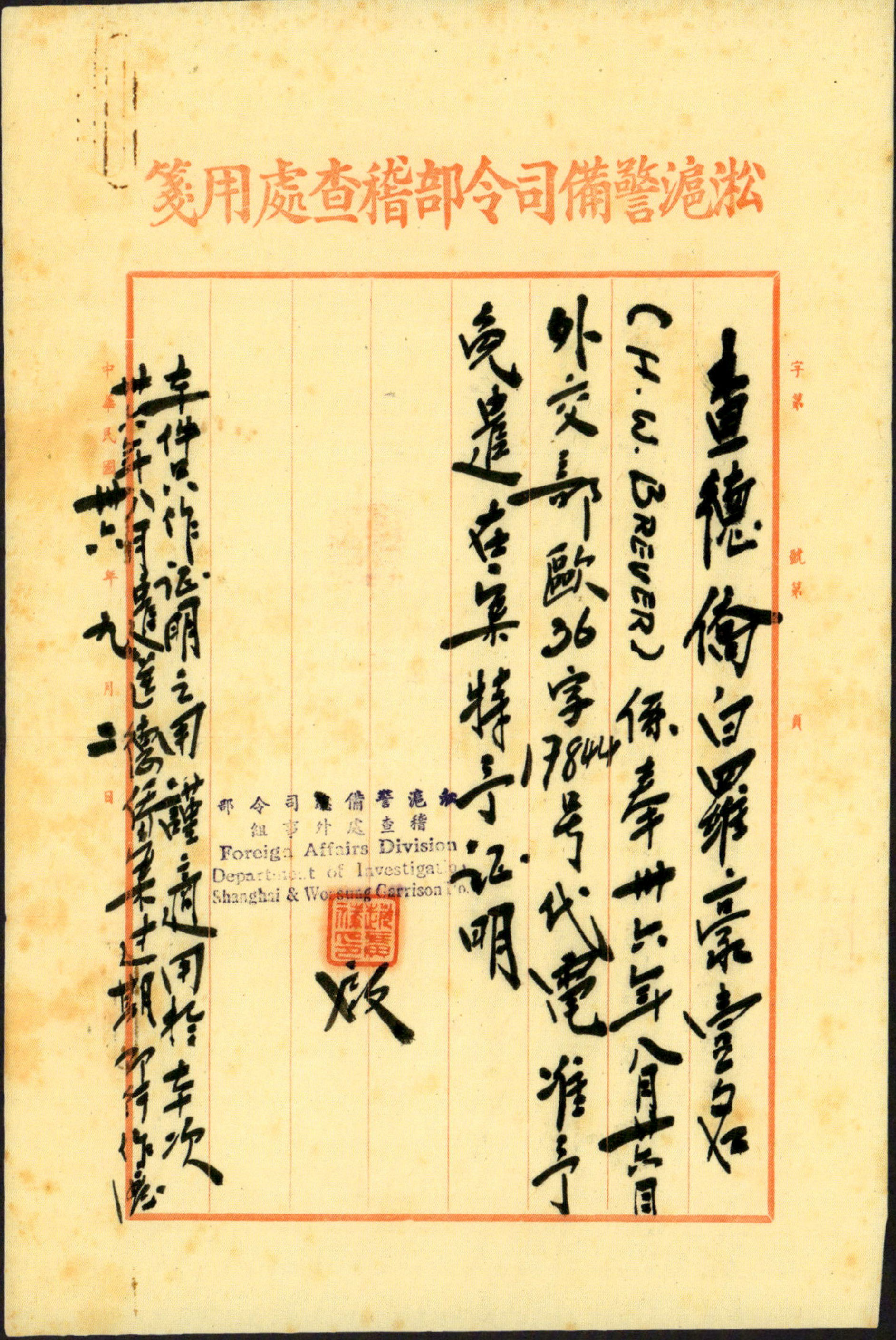

淞滬警備司令部稽查處用箋

字第　號

淞滬警備司令部稽查處外事組

Foreign Affairs Division

Department of Investigation

Shanghai & Woosung Garrison Hq.

中華民國　年　月　日

45 Der »Sonderbefehl«, der HWB von der Repatriierung auf der »General Black« ausnahm: »This is to certify that, according to our investigation, the German resident H. W. Breuer is approved by the Foreign Affairs Ministry to be exempted from deportation, as per document No. EU36 17844 […] 2nd of September, Year 36 of the Republic of China [1947]« → S. 424

46

47

46 Oktober 1948: HWB machte mit seinem Koch Loh und dessen von einer Typhuserkrankung genesenem Sohn (von links) einen Ausflug. Den Hudson Commodore mit Fahrer hatte er sich von K.W. Lee geliehen. → S. 473

47 Am 25. August 1952 verschickte HWB Grüße aus dem »Paradies Hongkong« und versprach: »Brieflich bald mehr«. → S. 516

48

49

48 HWB: »Die in der Presse erschienenen Abbildungen […] lassen mich als einen reichlich vertrunkenen, zahnlosen, mit einer weißen Locke ausgestatteten Greis erscheinen.« Hier *Die Welt* vom 16. März 1953, Seite 1, anlässlich der Verleihung des Großen Verdienstkreuzes → S. 535 f.

49 Besuch einer chinesischen Wirtschaftsdelegation in Deutschland, Mai 1957. HWB notiert: »Ein Schnappschuss […] in dem Augenblick genommen, wann ich Dr. Chi-Chao-Ting [Ji Chaoding], dem Führer der Delegation, ein Erinnerungsbuch an Bremen nach meiner Ansprache übergebe.« → S. 560 f.

50

51

50 Die beiden Ehrenrollen, die die chinesischen Freunde HWB zum 70. Geburtstag 1954 aus Shanghai geschickt hatten, hingen in seinem Büro in der Sögestraße in Bremen. → S. 544

51 Der Ostasiatische Verein Bremen feiert sein 65. Stiftungsfest, 20. Januar 1965: HWB mit seinen Enkeln Uwe (links) und Christoph Breuer → S. 581

52

53

52 Das 72. Stiftungsfest des OAV Bremen, 21. Februar 1972. Nach dem Essen dankt HWB (rechts) dem Koch. Sitzend von links: Wilhelm von Pochhammer, Generalkonsul a. D., und Saad M. Hashmi, Botschaftsrat Indien. → S. 584

53 Senatsempfang im Bremer Rathaus am 23. Mai 1972. HWB kommentierte das Foto: »Der 88-jährige Vorsitzende des OAV Bremen gratuliert dem Alt-Bürgermeister von Bremen Wilhelm Kaisen zu dessen 85. Geburtstag.« → S. 574, 580

54

54 HWB und sein Schnauzer Mister Jo (1959–1965) → S. 565, 574, 578 f.

1906
Ankunft in Shanghai und bei Melchers & Co.

21. Juli 1906, Im Melchers Hong

... wenn er kam in jungen Jahren
nach Shanghai, der Sagenstadt,
die er sich erträumet hat
Zwanck, Abschiedsgedicht
Shanghai, 1952[1]

In seiner Rubrik »Schiffsankünfte in Shanghai« verzeichnete der *North China Herald* das Eintreffen der *Prinzregent Luitpold* für den 21. Juli 1906.[2] Passagiere der großen Überseeschiffe wurden an der Außenreede vor Wusong, in der Mündung des Huangpu (Umschrift zu Hermann Breuers Zeit: Whangpoo) in den Yangtse ausgeschifft. Von dort brachte der Norddeutsche Lloyd seine Fahrgäste mit dem Tender *Bremen* an einen Anleger direkt vor Melchers Niederlassung am Französischen Bund.[3] Die Fahrt ging durch ein dichtes Gewimmel von Dampfern, Dschunken und Sampans und ein ebenso dichtes Gemisch aus dem Geruch von Abfall, Kadavern, Knoblauch, Kampfer und Sandelholz.[4] Am Anleger wird Breuer von einem Melchers-Kollegen empfangen worden sein. Sie gingen dann gleich hinein in den stattlichen Hong des Handelshauses *Mei* (schön) *Zui* (sehr lange) *Shi* (Zeit) – *Ewig schöne Zeiten*. So lautete Melchers' chinesischer Hong-Name. Ein großes Versprechen.[5]

Der 21. Juli war ein Sonnabend; an Sonnabenden wurde gearbeitet, mindestens den halben Tag. Wenn ein Schiff angekommen war, sowieso: Schiffsankünfte brachten private und geschäftliche Post und Pakete, Lieferungen, Besuch, Abwechslung – und manchmal auch einen neuen Kollegen. Der musste in Augenschein genommen werden. Vielleicht sollte Breuer gleich arbeiten? »*Nach meiner Ankunft*« – so erlebte es Gustav Adolf Melchers im Jahr 1890 – »*begrüßte mich der derzeitige Chef, Adalbert Korff, mit den Worten: ›Es ist gut, dass Sie endlich da sind, Melchers, wir haben sehr viel zu tun, setzen Sie sich nur gleich hin und beantworten Sie diesen Brief.‹ Ehe ich meine Sachen aus der Kampferkiste ausgepackt hatte, drei Minuten nach meiner Ankunft, saß ich am Schreibtisch und beantwortete Briefe.*«[6] Als Hermann Breuer 1906 in Shanghai ankam, war der Senior Adalbert Korff gerade »für gut«[7] nach Bremen zurückgegangen. Teilhaber Carl Michelau war es, der Breuer jetzt willkommen hieß. Ich denke mir, dass sie diesen Neuen fröhlich in der Runde aufnahmen. Vielleicht nicht ganz so heiter, wie es Adalbert Korff anlässlich seiner Ankunft in der Melchers-Niederlassung in Hongkong am 25. Dezember 1883 erlebt hatte. Er notierte, »so ganz nüchtern war eigentlich niemand [...]. Möglicherweise handelte es sich auch um eine verlängerte Feier eines Festes.«[8] Des Weihnachtsfestes?!

Angenommen, Breuer musste nicht gleich Briefe schreiben, dann saßen sie erst mal im kleinen Kreis beisammen. Am Abend wird er bei Teilhaber Carl Michelau und dessen Frau zu Gast in deren Wohnung im ersten Stock des Melchers-Hong gewesen sein. Das erste Essen beim Chef: »*Wie benimmst du dich bei Tisch? Wie isst du die Erbsen? Besteht man diese Beobachtung, hat man Hausrecht und ist jederzeit willkommen beim Chef [...]. Es kam dabei nicht drauf an, wer und wie die Eltern waren.*«[9] Wie gut, dass Großmama dem Kind Hermann »Manieren« beigebracht hatte. Liebenswürdige Umgangsformen kamen ihm von Herzen, und so wird er die Prüfung bestanden haben. Frau Paula Michelau (eine Tochter von Friedrich Sander, Seniorpartner des Handelshauses Sander, Wieler & Co.) zog sich bald zurück; in etwa zwei Monaten sollte ihr erstes Kind zur Welt kommen. Nicht nur Adalbert Korff fehlte in der abendlichen Runde, sondern auch Prokurist Adolf Widmann, seit 1899 bei Melchers in Shanghai; er war auf Heimaturlaub, seinem ersten. Höchstwahrscheinlich hatte der Chef den einen oder anderen jüngeren Kollegen dazugebeten, Wilshusen z. B., seit fünf Jahren, seit März 1901, bei Melchers in Shanghai,[10] oder Erdmann-Jesnitzer, der war auch ganz neu im Team. Da konnte Michelau noch einmal von seinen Abenteuern in Hongkong erzählen, von der Pleite ihres Kompradors,[11] die Melchers 1899/1900 einen herben Verlust beschert hatte, und der vorteilhaften Vercharterung von Schiffen und Leichtern an die deutsche Marine im Boxerjahr. Sie saßen aber eigentlich beisammen, um Breuer aus ihren verschiedenen Perspektiven Ratschläge für sein Leben als *expatriate* zu geben, für eine gute gesellschaftliche Integration. Das war für den geschäftlichen Erfolg mindestens so wichtig wie für das persönliche Wohlbefinden.

Clubleben

Freizeit und Job fanden zum guten Teil in der Gemeinschaft der Clubs statt. Jede Nation hatte die ihren. Sie waren eine Stätte des Nationalstolzes, beförderten aber auch die Verbundenheit mit anderen Nationen, denn Clubmitglieder luden sich gegenseitig ein, sei es auf einen Drink oder zu großen Festen. Im deutschen Club Concordia, dem Club der arrivierten Geschäftsleute (Korff meinte, der Club heiße Concordia, weil hier nie Eintracht herrsche[12]), stand oft das Geschäftliche im Vordergrund. Noch trafen die Deutschen sich in einem Haus an der Ecke Szechuan Road Kanton Road (Sichuan Lu, Guangdong Lu), aber es entstand gerade ein Neubau am Bund (Zhongshan Dong 1 Lu). Ein Bau der Superlative, der Stolz der Deutschen in Shanghai. Für das Grundstück hatten sie den höchsten bis dahin in Shanghai für Bauland geforderten Preis bezahlt,[13] und mit seinem Turm würde das neue Gebäude das höchste in Shanghai sein. Ein Wahrzeichen des stark erblühten deutschen Handels im Fernen Osten sollte es werden.[14] Teilhaber der Firma Melchers hatten den Bau entscheidend mit Spenden gefördert: Die deckentragenden Säulen in der Halle und das Marmortreppenhaus waren Geschenke von Hermann Melchers; Korff hatte einen großen Bronzekronleuchter gestiftet, der im Kaisersaal hängen würde, der Norddeutsche Lloyd schenkte das Barzimmer. Die Mitglieder des Clubs zu Bremen finanzierten die elektrischen Lampen im Erdgeschoss. Auch andere Nationen werden zur Ausstattung des Clubs beitragen: Die Russisch-Chinesische Bank hatte einen Brunnen für die Eingangshalle zugesagt, die Nederlandsche Handel-Maatschappij ein großes Wandbild aus Fliesen, Schweizer Freunde eine intarsierte Standuhr.[15] Diese Beteiligungen bewiesen die Einbindung der Deutschen in die Gemeinschaft der *expatriates*. Der Club selbst hatte momentan erst 300 Mitglieder, nur acht oder neun kamen aus anderen Nationen. Nun würden es viel mehr werden, wenn es endlich einen repräsentativen Rahmen für Empfänge und Feiern und Raum für informelle Treffen gäbe. Ein vielversprechender Auftakt war die Grundsteinlegung durch Prinz Adalbert von Preußen vor zwei Jahren gewesen.[16] Weitere Besuche von Mitgliedern der kaiserlichen Familie würden hoffentlich bald folgen.

Für die Freizeit der Deutschen gab es den exklusiven Gartenclub, seit 1904 in einem Neubau an der Rue Cardinal Mercier (Maoming Nan Lu) zu Hause. Seine zehn Tennisplätze waren meist schon für 5 Uhr morgens gebucht – und für die Nachmittage galt: Es konnte noch so heiß sein, Tennis wurde immer gespielt. An Sonntagen trafen sich hier die Reiter nach den Ausritten mit jüngeren Leuten und Familien, falls vorhanden. Als leidenschaftlicher und guter Tennisspieler müsste Breuer unbedingt Anteilscheine des Clubs kaufen. Vielleicht wäre der Einbau einer Rollschuhbahn eine gute Investition?

Exerzieren

Die Gruppe um Michelau saß inzwischen im Herrenzimmer bei *drinks* und Zigarren. Wilshusen hatte das Wort: Breuer müsse natürlich in der deutschen Kompanie »Prinz Heinrich von Preußen« des Shanghai Volunteer Corps dienen. Als »Einjähriger« mit einer soliden militärischen Grundausbildung würde er dort zur Elite gehören. Wilshusen war schon länger dabei. Melchers-Teilhaber Widmann hatte mit Antritt seines Heimaturlaubs von den Aktiven zur Reserve gewechselt, da sollte doch wieder ein junger Melchers-Mann nachrücken. Schieß- und Exerzierübungen fanden übrigens zweimal in der Woche statt, morgens von 6.30 bis 9 Uhr bzw. nachmittags zwischen 4 und 6 Uhr. Die Arbeitszeit begann um 9 Uhr, für militärische Aktivitäten könnte er nachmittags früher gehen, aber anschließend müsste er wahrscheinlich zurück ins Büro kommen, irgendwann müsste die Arbeit ja gemacht werden. Gegebenenfalls am Sonntag. Ob er, wie Wilshusen, in einen der Verbände freiwilliger Feuerwehrmänner gehen würde, das könnte er später entscheiden.

Zeitungen

Alle Termine für die diversen Veranstaltungen würde Breuer sonnabends im *Ostasiatischen Lloyd (OAL)* finden, der deutschen Wochenzeitung für Südostasien[17] mit den *Shanghaier Nachrichten*: Termine der Schießübungen der Deutschen Kompanie im SVC, der Ausritte des Deutschen Reitervereins, der Gottesdienste der deutschen Evangelischen Kirche, von Veranstaltungen im Generalkonsulat und im Club Concordia. Der *OAL* kündigte die Ankünfte und Abfahrten der Postdampfer an und brachte Anzeigen und Nachrichten aus der lokalen und der internationalen Wirtschaft und Politik, nach deutschen Interessen gefiltert und aus der deutschen Perspektive betrachtet. So, wie der *North China Herald* die englische Brille trug, die *Shanghai Times* die amerikanische und *L'Echo de Chine* die französische.[18] Die Herausgeber des *North China Herald* verlegten seit 1864 auch die Tageszeitung *North China Daily News*. Beide englischen Zeitungen berücksichtigten Leseinteressen aller Westler und chinesische Themen; es waren eindeutig die am meisten gelesenen Publikationen. Breuer sollte zum *OAL* die *Daily News* abonnieren. Den *Herald* hielten sie im *office*, er war eine Art Nachschlagewerk, weil er als *Supreme Court and Consular Gazette* Verlautbarungen der Konsulate, Beschlüsse des SMC und Entscheidungen der Gerichte im Settlement veröffentlichte und Übersetzungen von chinesischen offiziellen Bekanntmachungen druckte. Exporttabellen und Börsenkurse, Geschäftsberichte, Berichte über Aufsichtsratssitzungen brachten alle Zeitungen, sie orientierten sich an ihren wichtigsten Lesern, den Kaufleuten.

Reiten

Was konnte Breuer noch, Polo, Golf? Reiten konnte er. Da bot sich eine Mitgliedschaft im Deutschen Reiterverein an, der veranstaltete vom Herbst bis ins Frühjahr Schnitzeljagden, Querfeldeinrennen und Ausritte, normalerweise an Sonntagvormittagen. Diese Terminwahl forderte regelmäßig den Protest des Pastors der deutschen evangelischen Kirchengemeinde heraus, da sogar die Mitglieder des Kirchenvorstands lieber auf Pferderücken als in der Kirche saßen. Fürs Erste würde Breuer vielleicht ein mongolisches Pony genügen, die waren ziemlich groß. Obwohl – bei seiner Größe musste es schon ein besonders großes Pony sein. Michelau würde sich umhören. Das Pony musste täglich bewegt werden. Wenn er vor der

Arbeit stattdessen Tennis spielen wollte, könnte das der Mafu[19] machen. Das war in den Gebühren des Reitstalls inbegriffen. Überhaupt war die Shanghaier Gesellschaft geradezu pferdebesessen. Die reichen Taipans besaßen eigene Rennställe. Der Rennplatz im Westen des Geschäftsviertels war ein Treffpunkt für tout Shanghai. Tage vor den Rennen trafen sich die »Reitsportmenschen« schon früh zum Morgenkaffee auf der Tribüne des Rennclubs, um dem Training zuzuschauen.[20] Die Frühjahrsrennen, die Herbstrennen mit dem »Champions Day« waren gesellschaftliche Highlights der Saison. An diesen Tagen wurde nur bis mittags gearbeitet.

Rennplatz (Renmin Gongyuan) – People's Square 2012

Das Gebäude des britischen Turfclub steht noch, ich möchte es ansehen. Nach einem Forschungsvormittag in der Bibliotheca Zi-Ka-Wei fahre ich mit der U-Bahn zum People's Square. Vor meinem geistigen Auge habe ich den alten, begrünten Rennplatz in Vogelperspektive und finde mich beim Auftauchen aus dem Untergrund vor lauter Bebauung kaum zurecht. Stehe unschlüssig vor geschnittenem Buchsbaum und Rabatten aus leuchtend roten Blumen, als mich zwei junge Chinesinnen ansprechen: ob sie ein Foto mit mir machen dürfen. Ich lasse es geschehen, lächle, und ob ich schon beim German Beer Festival war, nein, und ob ich mit ihnen hingehen möchte. Eher auch nein. Hätte ich vielleicht gehen sollen? Mein Gang in die Vergangenheit führt mich an anspruchsvollen Neubauten vorbei: Urban Planning Exhibition Hall, Stadtverwaltung, Shanghai Museum und Shanghai Grand Theatre. Hier kündigen große Plakate ein Gastspiel der Dresdner Staatskapelle unter Christian Thielemann an: Wagner, Bruckner, Brahms. Das heutige Gebäude des Race Club stammt aus dem Jahr 1934, der knapp 100 Meter hohe Uhrturm ist sein Wahrzeichen.
Die Tribünen sind vor langer Zeit abgebaut, aber im Gebäude führen opulente Treppenaufgänge mit schmiedeeisernen Geländern zu den Hallen, in denen die Wetten platziert wurden, und weiter zum ehemaligen *coffee room* und Restaurant mit schönen Kassettendecken und -türen. Bis Mitte des 20. Jahrhunderts waren Chinesen in diesen Räumen nur als Gäste von Clubmitgliedern zugelassen; der 1850 etablierte britische Race Club nahm sie nicht als Mitglieder auf. Als Zuschauer der Pferderennen (und als Teilnehmer an den Wetten!) waren Chinesen aber gern gesehen: 30 000 Besucher aus etwa zwölf Nationen kamen an hohen Renntagen, und die meisten der auf der Haupttribüne versammelten Zuschauer waren Chinesen. Sehr reiche Chinesen hatten, wie sehr reiche Westler, Rennställe, deren Pferde auf dem Parcour liefen. Toleranz war oft eine Frage des Geldes.

Zurzeit meines Besuchs sind in dem Gebäude Objekte des Shanghai Art Museum untergebracht, das wurde seither umgetauft, heißt China Art Museum und ist in den China-Pavillon der Expo 2010 im Stadtteil Pudong umgezogen. Im Gebäude des Race Club ist seit 2018 das Museum of Shanghai History untergebracht.

Im Uhrturm lockt die Café-Bar Kathleen's 5 in den fünften Stock mit dem Versprechen: Aussicht von der Dachterrasse. Die Aussicht ins Grüne ist von einer Hochhaussilhouette gerahmt, die heute im sonnigen Dunst der Luftverschmutzung verschwimmt. Mich erfrischen ein Caipirinha und ein milder Höhenwind. Der Moment ist so entspannt, dass ich mich kaum entschließen kann, aufzustehen, und sei es nur, um an die Balustrade zu treten und die Aussicht nach Nordosten entlang der Nanjing Xilu näher zu betrachten: Wenn ich die Hochhäuser im Hintergrund kurz ausblende, ist es ein Blick in die 1920er und 1930er Jahre. Aufgereiht liegen das weiße Grand Cinema mit seinem quadratischen Glasturm, dann das Parkhotel. Dessen Fassade ist bis hinauf in die zweite Etage mit poliertem schwarzem Granit aus der Provinz Shandong verkleidet, darüber dunkler Taishan-Ziegel. Mit einigem guten Willen kann ich etwas weiter südöstlich vor den Hochhäusern auch die Moore Memorial Church ausmachen: drei Hauptwerke aus dem Schaffen des ungarischen Architekten Ladislaus Hudec, der seit 1918 in Shanghai lebte und arbeitete, zeitweilig Mitglied der Deutschen Gemeinde war. Dazwischen noch das Pacific Hotel, Renaissance aus dem Jahr 1926, und das Gebäude, in dem früher der YMCA (Young Men's Christian Association; CVJM) residierte. Ab 1928 fanden alleinstehende junge Männer aus dem Fernen Westen in dem zehn Stockwerke hohen Palast Unterkunft, Unterhaltung und für ihre Ertüchtigung einen Gymnastiksaal, ein großes beheiztes (!) Schwimmbad, eine Laufstrecke und eine Kegelbahn.[21] In den 1930er Jahren wurden dort und im gegenüberliegenden Park sportliche Wettbewerbe zwischen Chinesen und Fremden veranstaltet, um den gegenseitigen Respekt zu fördern. Vorträge chinesischer Experten ergänzten das Angebot.[22]

Wenn ich mich weiter in die Vergangenheit denke, in die Zeit, bevor die Westler um 1860 an dieser Stelle ihren Rennplatz, ihre Ställe, dann Büros, Wohnhäuser, Hotels, Theater, Shops bauten, denke ich mir Marschland, zum Teil landwirtschaftlich genutzt, zum Teil brachliegend. Das von den Chinesen ab dem 7. Jahrhundert erbaute Shanghai (die Stadt über dem Meer) liegt im Südosten des Rennplatzes, ausgerichtet zum Huangpu. Stadtrecht erhielt Shanghai im Jahr 1292, wurde 1554 zum Schutz vor japanischen Piraten mit einer Stadtmauer befestigt (die 1911 als ein »Symbol für die Rückständigkeit der Stadt und des ganzen Landes« angesehen und abgerissen wurde[23]), war im 18. Jahrhundert Hafen- und Handelsstadt vor allem im innerchinesischen Handel. Bis 1927 war dort auch der Sitz der chinesischen Stadtverwaltung (dann zog sie nach Jiangwan um), die nominell für ganz Shanghai zuständig war, deren tatsächliche Autorität sich aber auf die »Chinesenstadt« und die westlichen und nördlichen Stadtteile beschränkte, also die Konzessionsgebiete ausschloss. In Hermann Breuers erstem Shanghai-Guidebook, der »Information for Travellers Landing at Shanghai« von Thomas Cook & Son, wird dieser Stadtteil herablassend als »Native City«, »Stadt der Eingeborenen«, bezeichnet. Damals standen die Stadtmauern noch, und Thomas Cook empfahl, auf jeden Fall in Begleitung eines Stadtführers zu gehen, andernfalls wäre ein Fremder in dem Gassengewirr verloren. Das Bildprogramm in den Tempeln schien dem Verfasser des Führers »weird (absonderlich) and grotesque«; das Teehaus »Woo Sing Ding« fand er allerdings sehenswert. Noch heute ist die »Old City« touristisch berühmt für den Yu-Garden mit dem Huxinting-Teehaus, das 1784 als Baumwollbörse erbaut wurde. Ich gehe die Nanjing Donglu hinab zum Bund, heute Zhongshan Donglu. »Dong« bedeutet »Osten«.

Rudern

Zurück zur Abendunterhaltung bei Michelaus. Dort lautete eine weitere Empfehlung für Breuer: der Ruderclub. Die Regatten im Herbst und im Frühjahr waren Feste für alle. Jungen Männern, besonders den unverheirateten, wurden die herausfordernde sportliche Betätigung des Ruderns, das wochenlange abendliche Training, die gemeinsamen Wochenenden dringend empfohlen. Außerdem war der Bootsclub ein relativ informeller, internationaler Treffpunkt, an der Mündung des Wusong in den Huangpu gelegen, ausgestattet mit einem Dachgarten und einem Ballsaal für Veranstaltungen. Das im Vorjahr (1905) eröffnete Schwimmbad war der Stolz des Clubs. Der günstige Jahresbeitrag – es gab noch nicht einmal eine Aufnahmegebühr – sollte sicherstellen, dass jeder sportliche junge Mann sich die Mitgliedschaft leisten konnte.

Wir wissen, dass die Ratschläge allesamt bei Hermann nicht auf taube Ohren stießen:

Rudern, trinken, Drinks ausknobeln,
tanzen, flirten, Süßholz hobeln,
Hausbootfahrten, Ponys, segeln,
Tennis spielen, jagen, kegeln,
als Freiwill'ger Feuer löschen,
gambeln und auch Karten dreschen,
als Soldat stramm exerzieren,
zum Kiangseboot flanieren,
alles dies und noch viel mehr
tat und wusst' und konnte er.[24]

Schuldscheine

Breuer muss es vorgekommen sein, als sollte er mitten in China nur unter Europäern leben. Und ob er sich gefragt hat, wann er eigentlich Zeit zum Arbeiten finden würde? Außerdem muss er geahnt haben, dass von seinem Gehalt, das ihm bisher fürstlich vorgekommen war, eine ganze Menge für die gesellschaftlichen *musts* draufgehen würde: Aufnahmegebühren, Jahresbeiträge, Spenden, Einladungen. Er musste ja auch immer passend gekleidet sein zum Tennis, Reiten, Rudern und für die Volunteers. Fürs *business* Dreiteiler, Hemd mit steifem Kragen, Krawatte oder Fliege, Einstecktuch; für die gesellschaftlichen Anlässe Cutaway, Smoking, Frack und immer die passenden Schuhe, rahmengenäht. Die chinesischen Schneider und Schuhmacher würden ins Haus kommen, Stoffproben und Schnittmuster mitbringen, Maß nehmen. Sie waren handwerklich exzellent, schnell und billig.

Von dem erfahrenen Michelau kam die Warnung: Breuer dürfe auf keinen Fall Schulden machen. Die Versuchung war groß, denn zahlen würde er mit Schuldscheinen: IOUs (für *I owe you:* Ich schulde dir). Europäer und wohlhabende Chinesen kauften auf Kredit: Sie unterschrieben ihre Rechnung, den »chit«, und gaben dabei die Adresse ihrer Firma an. Das System stammte noch aus der Zeit, als die Fremdenkolonien sehr klein waren, jeder jeden kannte und jeder Fremde unbegrenzt Kredit hatte. Hotels, Ladengeschäfte, sogar Rikschakulis wurden so bezahlt. Die Schuldscheine wurden am Ersten des Folgemonats direkt vom Firmenkonto des Schuldners abgebucht. Wer dann nicht zahlen konnte, war geschäftlich und gesellschaftlich ruiniert. Zahlungsunfähigkeit wurde im Club und in der Firma bekannt gemacht. Der Bloßgestellte konnte nur noch abreisen.[25] Immerhin: Mit den großen und schweren Kupfer-»käsch«-Münzen (31 Gramm Gewicht bei einem Gegenwert von einem Drittelpfennig) und dem diversen Papiergeld musste sich niemand die Taschen ausbeulen.

Zum Abschluss des Abends, in vorgerückter Stimmung, gab Michelau Hermann Breuer noch einen seiner Lieblingssprüche mit auf den Weg: »Wer die Arbeit kennt und sich nicht drückt, ist verrückt.«[26] Ich denke, sie waren sich einig, dass das für den Anfänger erst mal nicht gelten würde.

Die Unterbringungsfrage war vermutlich zu diesem Zeitpunkt längst geklärt. Vielleicht hatte die Firma übergangsweise ein Zimmer im *Hotel Kalee*, der größten Privatpension in Shanghai, für ihn gebucht, zu den momentan günstigen Sommerpreisen? Grundsätzlich bot sich an, in einer »Messe« zu wohnen, und Hermann erwähnte später »meine ehemalige Messe«,[27] in der damals auch Carl Schmidt, der Freund aus Hannover, wohnte.[28] Das Konzept hatten die Deutschen von den Engländern übernommen: Eine *Messe (officers' mess)* ist ursprünglich das Kasino, in dem Militärangehörige sich zum Essen treffen. In Shanghai wurde der Begriff für gemeinsame Unterkünfte verwendet; die Bewohner der Zimmer oder kleinen Appartements teilten sich Aufenthalts- und Speiseräume und die Bediensteten. Große Firmen wie Melchers boten ihren Junggesellen solche Unterkünfte an; in der komfortabel ausgestatteten Melchers-Messe aßen sie »wie die Fürsten«.[29]

23. Juli 1906, Arbeitsbeginn

Am Montag, dem 23. Juli 1906, zwei Tage nach seiner Ankunft, war Breuers erster Arbeitstag. Es war »scheußlich heiß«.[30] Kein Wunder: Um den 25. Juli herum herrscht in Shanghai die »große Tigerhitze«. Die Temperaturen steigen über 30 Grad Celsius bei einer Luftfeuchtigkeit von 80 %. Britisch gemessen, in Fahrenheit, waren es über 80 Grad, das klang noch heißer. In der feuchten Glut schmolz jeder gestärkte Hemdkragen in wenigen Stunden.

Im ventilatorgekühlten Büro traf Breuer wieder auf Wilhelm Wilshusen, dessen Aufgabe als Kaufmann bei Melchers es war, Rohprodukte wie Häute, Schweineborsten, Öle, Baumwolle anzukaufen. Wilshusen war ein idealer Begleiter für Breuer an dessen erstem Tag in der Firma: Der Amateurfotograf hatte für die Firma Aufnahmen von verschiedenen Geschäftsbereichen gemacht, die gerade (1906) in der Festschrift zum 100-jährigen Jubiläum der Bremer Firma veröffentlicht worden waren. Und er war dabei, Objekte chinesischen Kunsthandwerks zu besorgen, die Melchers dem Museum in Bremen für dessen »China-Haus« stiften wollte.[31]

Auch wenn die beiden jungen Kaufleute etwa gleich alt waren und fern der Heimat und von alten Freunden viel Zeit miteinander verbrachten: Sie siezten sich und nannten sich beim Nachnamen. Das äußerste Zeichen von gegenseitiger Sympathie und Nähe war es, das »Herr« vor dem Nachnamen wegzulassen. So war es britische Sitte, schon in der Schule, dann auf der Universität üblich. Im Geschäftsleben war so viel Intimität eher selten; meist blieb es bei der Anrede »Herr«.

Der Melchers-Hong

Nehmen wir an, Wilshusen führte Breuer zunächst durch das Gebäude am Bund, in dem sein Arbeitsplatz liegen würde: Im Keller war der Lagerplatz *(godown)* für besonders wertvolle Waren, zu ebener Erde die *offices*, in der 2. Etage wohnten einige deutsche Angestellte. Hinter dem Kontorhaus befanden sich geräumige Sortier- und Lagerhallen und »eine sehr geheim gehaltene Diamanten-Schleiferei«.[32] Das Areal war insgesamt 4500 qm groß.[33] In der ersten Etage war Breuer schon gewesen, da wohnten Michelau und Frau. Auf ihrem Weg trafen sie die europäischen Kontorangestellten, Warenkontrolleure und Lagerarbeiter. Die Lageristen waren Chinesen; auch in den Büros arbeiteten Chinesen. Besonders lange blieben Wilshusen und Breuer im Komprador-Zimmer, einem ganz chinesisch eingerichteten Raum. Der Komprador war einer der wichtigsten Männer in der Firma, ein selbstständiger chinesischer Zwischenhändler, der europäische Schrift lesen und das notwendige Englisch sprechen konnte. Er beschäftigte eigene Angestellte, musste hohe Summen als Sicherheit hinterlegen, arbeitete auf Kommission und war am abgeschlossenen Geschäft prozentual beteiligt. Kontakte, Einfluss und Zahlungsfähigkeit der Kompradoren trugen wesentlich zum Erfolg westlicher Handelshäuser bei. In einem der anderen Kontore stellte Wilshusen Breuer Tung Han-sen vor, mit dem er befreundet war. Das war nicht nur eine Bürofreundschaft: Tung hatte für Wilshusen Wanderungen und Hausbootfahrten organisiert und ihn auf Ausflügen und Reisen begleitet. Tung arbeitete als Shroff[34] bei Melchers, er war ein Währungsspezialist, der z.B. zu erkennen gelernt hatte, wie viel Kupferanteil in einem Silberbarren bzw. einer Silbermünze steckte.

Import, Export

Und was hat Hermann gearbeitet? »*... fand in Shanghai viel zu tun*«, heißt es im Gedicht von Otto Zwanck, und weiter: »*außer office-Schufterei, / denn d i e macht man nebenbei.*« Nebenbei oder auch nicht – was hat er gemacht, als Junior Clerk, als der er in der Firma anfing?

Für Breuer standen Import und Export im Mittelpunkt des Interesses. Finanziell einträglich war es, die Alleinvertretung für einen Hersteller zu übernehmen, aber Melchers hatte sich erst spät um solche Vertretungen bemüht. Hermann Melchers hatte, im Widerspruch zu Adalbert Korff, nicht geglaubt, dass das der richtige Weg für seine Handelsfirma sei. Immerhin hatten sie die Vertretung der Farbenfabrik *Hansa* übernommen und nahmen mit ihr am enorm wachsenden Geschäft mit dem Import von Farben und Chemikalien teil. Mit Van der Zypen & Charlier war es gelungen, die Vertretung für einen Großen des Maschinenbaus zu erhalten: Die Köln-Deutzer Firma hatte die ersten Triebwagen für die Berliner U-Bahn geliefert und war im Begriff, die elektrischen Triebwagen für die Hamburg-Altonaer Stadt- und Vorortbahn zu bauen.[35] Damit konnte Melchers sich am gerade laufenden Wettbewerb um den Wagenpark für die verschiedenen Straßenbahnlinien beteiligen, die von britischen, französischen und chinesischen Firmen im International Settlement und in der Französischen Konzession geplant wurden.[36]

Das Geschäft umfasste außerdem den Import von *piece goods* (Stapelartikeln), dazu zählten Papier, Kohle, Eisen und Metalle z.B. in Gestalt von Nageleisen, Eisendraht, altem Eisen, (Well-)Blechen, Kupfer, Rotzink und Weißmetallen, Nähnadeln und Messerschmiedewaren. Die Güter kamen hauptsächlich aus Großbritannien, aus Europa und aus den USA. Das Ansehen des Importbereichs *sundries* war umstritten. Ursprünglich hatte die chinesische Seezollstatistik alle Waren außer Opium, Baumwoll- und Wollwaren und Eisen unter diesem Begriff zusammengefasst.[37] Inzwischen stand die Bezeichnung eher für »Sammelsurium«. Es sei die »pütscherichste« Abteilung der Firma, pflegte Eduard Grösser verächtlich zu sagen und zu ergänzen: »Mundharmonikas, Nachttöpfe und Strumpfbänder«.[38] Breuer war angeregt und amüsiert von seinem ersten Besuch in den »Musterzimmern«, die wie ein Museum in schönen Glasschränken und Vitrinen dem chinesischen Einkäufer Handelsartikel darboten: Textilien, Knöpfe, emaillierte Waren, (Petroleum-)Lampen, Kurzwaren, Seifen, Parfümerien und vieles mehr. Anfassen erlaubt. Melchers exportierte jetzt Häute und Felle, Borsten und Federn, Tabak, Gallnüsse, Rhabarber, Holzöl, Talg, Chinagras, Jute, Strohgeflechte, Rohbaumwolle, Seide, Eigelb und Eiweiß sowie Erze; diese Naturprodukte gingen nach Großbritannien und ins übrige Europa, nach Asien und in die USA.

Versicherungs- und Schiffsgeschäfte

Ein mindestens ebenso breit angelegter Geschäftszweig wie der Handel waren die Versicherungs- und die Schiffsgeschäfte. Melchers vertrat 25 Marine-, Transport-, Feuer- und Lebensversicherungsgesellschaften,[39] die meisten hatten ihren Sitz in Deutschland, aber es waren auch Gesellschaften aus den Niederlanden, der Schweiz und aus England dabei. Ein wachsender Markt. 1857 war in Bremen der Norddeutsche Lloyd neu gegründet worden, unter Beteiligung von Laurenz Heinrich Carl Melchers, dem ältesten Sohn des Gründers der 1806 etablierten Handelsfirma Focke & Melchers. Seither saß immer ein Partner von Melchers im Aufsichtsrat des Lloyd. Melchers China übernahm in den chinesischen Häfen, in denen die Firma niedergelassen war, die Lloyd-Agenturen. Seit 1884 fuhren die Schiffe als Reichspostdampfer. Für den Güterumschlag standen 1906 in Shanghai zwei Kaianlagen zur Verfügung: Die ältere wurde nur Pootung Wharf genannt, nach ihrer Lage hieß sie Lanidu (Lan Ni Du).[40] Hier standen vier große Schuppen, als Lager und zum Sortieren von Waren, hier gab es Trocknungsplätze für Häute. Wilshusen hatte die Anlagen für das große Album zum 100-jährigen Geschäftsjubiläum der Firma Melchers fotografiert, das seine »Associés Ed. Michaelsen, Ad. Korff, Armin Haupt, Carl Michelau, John Bandow« Hermann Melchers »in Verehrung und Freundschaft« gewidmet hatten.

An der Pudong Wharf (Umschrift damals: Pootung) ankerten auch die drei Flussdampfer *Mei-lee*, *Mei-shun* und *Mei-dah*, die für Melchers und den Norddeutschen Lloyd auf dem Yangtse bis Hankou hinauffuhren und so dieses Produktionszentrum dem Im- und Export erschlossen.[41] Als die Pudong-Kaianlage und die Lagerflächen Ende des 19. Jahrhunderts nicht mehr ausgereicht hatten, gab die Firma Melchers den Anstoß, einen weiteren Landeplatz zu bauen, die Chang-kah-Pang Wharf auf der Pudong-Seite des Huangpu; jetzt war die Firma General-Manager der Anlage in chinesischem Besitz. Hier legten Dampfer des NDL an und die französischen und amerikanischen Postdampfer der Messageries Maritimes und der Pacific Mail Steamship Company, die Chargeurs Réunis, die East Asiatic Company of Kopenhagen und Dampfer aus China, Japan, Java.[42] Die Kailänge war seit den Anfängen auf knapp 300 Meter ausgebaut; die Anzahl der großen, gut ausgestatteten Lagerhäuser von drei auf mehr als ein Dutzend angewachsen.

Die Besonderheiten der Verschiffung mussten Breuer geläufig werden, denn obwohl die Schifffahrtsbranche das Spezialgebiet der *shipping clerks* und ihrer Vorgesetzten war, musste jeder angehende Übersee-Kaufmann etwas vom Disponieren der Befrachtung, vom Chartern, Laden und Löschen verstehen. Auch genügte es nicht, mit dem allgemeinen Warengeschäft vertraut zu sein, die Kenntnis von Qualitätsmerkmalen der auszuführenden Produkte war wichtig, um den Warenprüfern, die Melchers extra aus Bremen kommen ließ, ein qualifizierter Gesprächspartner zu sein. Die Einstellung deutscher Warenprüfer war ein Alleinstellungsmerkmal der Firma; sie garantierten die hohe und gleichbleibende Qualität der von ihnen nach Deutschland ausgeführten Waren.

Das Geld

Buchhaltung, Kurs- und Bankfragen, Kredit- und Wechselgeschäfte, das Zollwesen kannte Breuer aus seiner Zeit bei der AEG, nun würde er die Eigenheiten des Handels mit China erleben. Zuallererst galt es wohl, das höllisch komplizierte und wirklich fremde Währungssystem in der Praxis zu erfahren. So war der Tael einerseits die offizielle Währungseinheit, andererseits gab es *den* Tael gar nicht, erstens, weil er nicht individuell gemünzt, sondern nur in Gestalt von Silber-»Schiffchen« gegossen wurde, die jeweils ein Mehrfaches von einem Tael wert waren – zum Bezahlen wurde ein passendes Stück abgesägt –, und zweitens, weil die Schiffchen, je nach ihrer Herkunft aus verschiedenen Provinzen bzw. Pressen, einen unterschiedlichen Silbergehalt, sprich Wert, hatten. Vor allem den Haikuan Tael musste Breuer sich merken, nach dem wurde der Seezoll berechnet. Er enthielt 37,02 Gramm Silber, während der Shanghai Tael 36,64 Gramm Silber enthielt.[43] Und dann gab es den »Mexikanischen« Dollar, der tatsächlich ein Zahlungsmittel war, aber in verschiedenen Silberwerten kursierte. Als Hermann Melchers 1877 seine Niederlassung in Shanghai gründete, war der meistverwendete Dollar 4,25 Goldmark wert gewesen, 1901 stand sein Wert bei 2,20 Goldmark[44], 1904 bei 1,93.[45] Für das Erkennen und Umrechnen des Silbergeldes hatten die großen Unternehmen mehrere chinesische Spezialisten. Die Beobachtung des Geldmarktes kam hinzu: Wie fluktuierte die silberbasierte chinesische Währung im international gültigen System des Goldstandards, wie stand sie insbesondere zur Leitwährung, dem goldbasierten britischen Pfund, und zur deutschen Goldmark. Ganz generell war für Melchers China als exportlastiges Handelshaus eine Schwäche des Silbers günstig, denn dann waren Importe aus China in Europa relativ preiswert. Übrigens: Auch Maße und Gewichte differierten in China je nach Provinz, sogar nach Bezirk, manchmal wurden beim Kauf bzw. Verkauf unterschiedliche Maßeinheiten verwendet.

Die Post

Das Versenden von Post war ein Kapitel für sich: Es gab in Shanghai sechs von fremden Staaten eingerichtete Hauptpostämter: Großbritannien, Frankreich, Deutschland, Russland, Japan und die USA hatten jeweils ihr eigenes. Und eigene Briefmarken. Das blieb auch so, als China 1897 Mitglied des 1874 gegründeten Weltpostvereins geworden war, der die internationale Zusammenarbeit von Postbehörden und die Rahmenbedingungen des grenzüberschreitenden Postverkehrs hinsichtlich des Versands von Briefen, Wertbriefen, Paketen, Postanweisungen und so weiter regelte. Im August 1886 war im deutschen Generalkonsulat Shanghai eine Postagentur eingerichtet worden (bis dahin hatten die Deutschen das britische Büro genutzt), um Sendungen für die Reichspostdampfer abzufertigen. Seit 1901 gab es eine deutsche Postdirektion, der alle deutschen Postämter in China unterstellt waren. Der repräsentative Bau, zwischen dem französischen und dem britischen Postamt an der Foochow Road (Fuzhou Lu) gelegen, war im Mai 1905 in Betrieb genommen worden. Die deutschen Postsachen verließen das Amt in versiegelten Säcken, sortiert nach Bestimmungsland. Sie wurden anschließend von einer der drei dafür vorgesehenen Postschiffgesellschaften (NDL, Peninsular & Oriental oder Messageries Maritimes) befördert. Jede Gesellschaft fuhr im zweiwöchentlichen Rhythmus. Wenn die Post dann ab Alexandrien nach Triest und weiter mit der Eisenbahn transportiert wurde, war sie nur sechs Wochen nach Europa unterwegs. Für die Koordination der Arbeitsabläufe mit den Abfahrtszeiten der Schiffe würde Breuer ein Bauchgefühl entwickeln müssen. Alles sollte möglichst aktuell sein. Also würde er viele Vorgänge erst in letzter Minute abschließen. Dazu erzählte Michelau, dass das kleine Kraftwerk im Settlement immer am Abend vor dem Auslaufen eines Postschiffes eine Lastspitze verzeichnete. Denn dann wurde bis weit in die Nacht gearbeitet.[46] Zum Glück konnten Briefe, Postkarten, Drucksachen, Zeitungen und Muster seit dem 1. Oktober 1903 auch über die Strecken der Transsibirischen Eisenbahn versandt werden. Dauer zwei bis drei Wochen. Ohne das deutsche Seekabel nach Shanghai, das 1900 in Betrieb genommen worden war (und jetzt ein Telegrafenzimmer im neuen Postgebäude erhalten hatte), war das *business* gar nicht mehr vorstellbar. Als Hermann Melchers 1866 seine Firma in Hongkong gründete, wurde die Post noch auf Segelschiffen transportiert, ab 1871 hatte es wenigstens das britische Telegrafenkabel nach Hongkong gegeben. In die Gegenden Chinas, in denen Deutschland keine eigenen Postämter hatte, wurde deutsche Post mit der Kaiserlichen Chinesischen Post versandt, die übrigens nicht von Chinesen geführt wurde, sondern abwechselnd von Engländern, Franzosen und US-Amerikanern.[47]

Freizeit

Es war Abend geworden. Ob er noch mitwollte auf einen *drink* in den Club Concordia? Sie würden sicherlich Deutsche aus anderen Handelsfirmen treffen, darunter aus solchen Firmen, die wie Melchers so eine Art Handelsadel in China darstellten, basierend auf Anciennität: Siemssen & Co. waren seit 1856 in Shanghai, Carlowitz ebenso wie Melchers seit 1877, Reuter, Bröckelmann & Co. seit 1885, damals unter dem Namen Pustau & Co., seit 1886 Meyer (die sich jetzt nur noch chinesisch Mee-Yeh & Co. nannten[48]) usw. Vielleicht waren ein paar Niederländer oder Schweizer dort. Vielleicht trafen sie Hauptmann Schellhoss und konnten mit ihm über das Volunteer Corps sprechen. Hatte der ihn gleich gefragt, ob er im Lustspiel »Im weißen Rössl« mitspielen wollte? Schellhoss (von Beruf Wasserbausachverständiger, angestellt am deutschen Generalkonsulat[49]) war nämlich nicht nur Hauptmann der deutschen Kompanie im Shanghai Volunteer Corps, sondern auch Mitglied im Vorstand des Deutschen Theater-Vereins – der im letzten Jahr mit »Wallenstein« eine triumphale Wiederauferstehung gefeiert hatte. Jetzt wollten die Amateure weiter spielen und suchten nach talentiertem Schauspielernachwuchs. Breuer konnte aber nicht singen und interessierte sich mehr für das Volunteer Corps als für das Theater. Trotzdem: Irgendwie war er angekommen im Osten. Der war jetzt nicht mehr fern.

Volunteer Corps und Freiwillige Feuerwehr

Eines der frühen Fotos, die Hermann stolz nach Hause schickte, zeigt ihn in der Uniform der Deutschen Freiwilligen Kompanie im Shanghai Volunteer Corps, klimatisch angepasst in britischem Sommerkhaki. Bis 1903 hatten die deutschen Freiwilligen noch mit Pickelhaube und in der dunkelblauen, schweren preußischen Uniform exerzieren müssen.

Ja, besagter Jüngling nun,
fand in Shanghai viel zu tun ...
als Freiwill'ger Feuer löschen,
gambeln und auch Karten dreschen,
als Soldat stramm exerzieren[50]

Zwanck, Abschiedsgedicht Shanghai, 1952

Das Shanghai Municipal Council hatte die Truppe von Freiwilligen »zum Schutz des Lebens und Eigentums der Europäer« zusätzlich zur Polizei der Stadtverwaltung und zu den vor Shanghai liegenden ausländischen Kriegsschiffen ins Leben gerufen. Das war im Frühjahr 1853 zur Zeit des »Taiping«-Aufstandes gewesen. Damals bestand die Truppe ausschließlich aus britischen Soldaten, die immer noch die »A-Company« bildeten. Im Lauf der Zeit formierten sich weitere nach Nationalität definierte Einheiten, darunter 1891 die deutsche Kompanie, die sich unter einem eigenen Hauptmann dem

Kommandeur des SVC zur Verfügung stellte. Sie hatte sich ausbedungen, dass das deutsche »Exercierreglement« für sie maßgebend sein sollte und dass deutsch kommandiert wurde. Bei seinem Besuch in Shanghai 1898 verlieh Prinz Heinrich von Preußen der Truppe seinen Namen und das Privileg, sein Kürzel »PHvonP« auf den Achselklappen zu tragen.

Immer wenn es Unruhen gab, stieg die Zahl der Freiwilligen im Corps an, danach flaute das Interesse wieder etwas ab. Im 19. Jahrhundert hatte das SVC meist zwischen 250 und 350 Mitglieder, nicht alle nahmen aktiv an Schießübungen, Konditionstraining und Manövern teil. Anlässlich des Boxerkrieges im Jahr 1900 bekam das Corps in Shanghai sechs Kanonen und neue Gewehre (britische, natürlich) geliefert. Der Dienst wurde attraktiv, zum Jahresende 1900 zählten sie 866 Mitglieder, davon waren knapp 10 % Deutsche. Eine neue Exerzierhalle, die Drill Hall in der Nanking Road (Nanjing Lu), eröffnete am 1. Januar 1900, ein Club für Freiwillige unterstützte den Mannschaftsgeist. Die Zahl der Freiwilligen wuchs weiter. Insgesamt stellten die Engländer im Jahr 1908 weiter den größten Anteil (510 von 1031 Mannschaften und 37 Offiziere von 50). 110 Männer und vier Offiziere aus der deutschen Gemeinde bildeten die nächstgrößte nationale Kompanie, die drittstärkste waren die Chinesen, die, ausgestattet von chinesischen Kaufleuten, ab 1907 eine eigene Kompanie mit 101 Aktiven (darunter keine Offiziere) stellten.[50] Als sie 100 Gewehre aus Deutschland importierten, äußerte das Council zunächst Bedenken, dieser Einheit die Verwendung von Gewehren und Munition zu gestatten. Lenkte dann aber ein.

Zusätzlich zu den wöchentlichen Trainingsstunden gingen die Freiwilligen ein- bis zweimal im Jahr in ein einwöchiges Manöver. »Im ersten Glied stehen Diejenigen, die in Deutschland als Einjährig-Freiwillige gedient haben, im zweiten die jungen Herren ohne militärische Vorbildung.«[51] Hier konnte Breuer seine militärischen Grundkenntnisse und seine sportlichen Fähigkeiten einbringen. Von seinem Freund Carl Schmidt als »Meisterschütze« beschrieben, hat er sicher bei den vielen Schießwettbewerben den einen oder anderen Pokal gewonnen.

Aber das Corps war nicht nur zum Kämpfen da: Die Soldaten schmückten Veranstaltungen der Deutschen in Shanghai, z. B. die Eröffnung des Schulgebäudes im April 1911. Kaisers Geburtstage begingen sie mit Fackelzug und Zapfenstreich. Der absolute Triumph war das abendliche Fest zum 200. Geburtstag Friedrichs des Großen am 24. Januar 1912 in der Stadthalle in der Nanking Road. An die 700 geladene Gäste waren in Rokoko-Kleidung erschienen. Von der »Potsdamer Wachtparade« in der waffen- und pflanzengeschmückten Eingangshalle, die das Fest im alten Paradeschritt eröffnete, bis zu den Männern, die das Exerzieren nach dem Reglement Friedrichs des Großen vorführten, waren alle »Soldaten« in bis ins Detail korrekte historische Uniformen gekleidet: Das preußische Kriegsministerium hatte das

Originalreglement und die bunten Uniformtafeln via Transsibirischer Eisenbahn nach Shanghai geschickt. Die chinesischen Schneider hatten genäht, die Schumacher Schnallenschuhe und Lederzeug geliefert. Dreispitze waren beschafft worden. Breuer war mit Frau von Buri (der Frau des Generalkonsuls), Frau Widmann und Dr. Bracklo[52] Teil einer 14-köpfigen Rokoko-Gruppe, die im Programm »Lebende Bilder« auftrat. Zum Abschluss ihrer Bühnenshow stiegen sie, ein Menuett tanzend, von der Bühne herab und führten das Publikum an der Spitze einer Polonaise in ein Soldatenlager aus der Zeit des »Alten Fritz«. Dort war zwischen Bäumen und Kriegsgerät eine Marketenderwirtschaft aufgebaut. Während sie Erfrischungen zu sich nahmen, wurde der Saal für den Ball umgebaut – und dann ging die Feier erst richtig los.[53]

Im Freiwilligencorps wurde Breuer gleich noch für die Freiwillige Feuerwehr, die *Shanghai Fire Brigade*, angeworben, auch dies eine Einrichtung des Municipal Council. 74 sportliche europäische Freiwillige taten zusammen mit 70 angestellten chinesischen Mitarbeitern – Feuerwehrmännern, Heizern, Stallburschen und Putzhilfen – Dienst. Da musste Hermann manche Nacht hinaus und löschen. Oder Häuser abbrechen, als Vorsichtsmaßnahme gegen die Ausbreitung von Bränden eine der vornehmlichen Aufgaben. Besonders zur Zeit von Chinesisch Neujahr gab es viel zu tun. Die blaue Uniform und der Raupenhelm (nach dem Vorbild der *London Fire Brigade*) begleiteten ihn in diesen ersten Shanghai-Jahren zu vielen Einladungen. Er musste sofort einsatzbereit sein, wenn von einem der durchgehend besetzten, 90 Meter hohen Wachtürme in der Shantung Road (Shandong Lu) bzw. in der Polizeistation von Hongkew (Hongkou) Alarm geläutet wurde.[54] 1907 geschah das 211-mal, mehr als drei Viertel aller Feuer waren in chinesischen Häusern ausgebrochen. Sie hofften immer, dass sie Feuerkatastrophen wie die, bei der 1898 mehr als 250 Häuser in der Kanton Road abgebrannt waren, verhindern konnten. Dafür wurde die Ausrüstung ständig verbessert: Mit Hydranten war das Settlement in Shanghai dichter versorgt als London. Löschzüge, zwei dampfbetriebene mit 5000 bzw. 3600 Litern Löschwasser und vier mit Pferdekraft gezogene, standen immer bereit, dazu Wagen mit Fluchtleitern und Spritzwagen. Eingeteilt in vier Truppen, waren die Besatzungen drei Distrikten zugeteilt.[55] Vielleicht gehörte Breuer wie Eduard Grösser zu den *Feuerspeienden Drachen*, die den *business district* und den Bund betreuten.

Mein erster Tag in Shanghai, 13. September 2012

Um 9 Uhr holt mich der britische Historiker Peter Hibbard in meinem kleinen Hotel an der Changle Lu ab. Vier Stunden haben wir vereinbart. Ich hatte ihm eine kleine Wunschliste geschickt, was ich mit ihm ansehen möchte: Adressen von Hermanns Wohnungen, den Standort des Bootsclubs und den des ersten Lyceum-Theaters, des ersten deutschen Generalkonsulats – und zum Schluss möchte ich in die Bibliotheca Zi-Ka-Wei, in der fremdsprachige Zeitungen aus der Zeit der Fremden einzusehen sind.

Es regnet bei etwa 26 Grad, warm und unermüdlich. Wir nehmen ein Taxi, beginnen in der Danshui Lu (zu Hermann Breuers Zeit die Rue Chapsal). In der Nummer 289 wohnte Hermann von 1925/26 bis 1938. An der Stelle der Villa mit Veranda, Garten und Hundehütte steht heute eine Schule. Peter hat einen Auszug aus der Katasterkarte dabei, das macht die Situation anschaulich. Wir fahren nach Norden, kreuzen die Huaihai Lu, hier wohnte Hermann, als sie noch Avenue Joffre hieß, einige Monate im Jahr 1919. In der Yang Terrace, abgehend von der Weihaiwei Road (Weihai Lu), wohnte er von etwa 1914 bis zum ersten erzwungenen Wohnungswechsel Ende 1918 und dann, von 1919 bis 1925, Weihai Lu Nr. 30. In der Beijing Xilu (Avenue Road) wurde im Juni 1919 sein Sohn Uwe geboren. Das Haus 1396 Yu Yuan Lu (Yu Yuen Road), in dem Hermann die letzten 13 Jahre in Shanghai wohnte, steht heute noch; das könnte ich mir gut morgen allein ansehen, meint Peter, das läge jetzt zu weit westlich.

Wir fahren weiter nach Osten, Richtung Huangpu und über die Waibaidu (Garden) Bridge zum Astor House Hotel. Das Hotel gibt es an dieser Stelle seit 1858. Um 1900 galt es als eines der führenden Hotels im Fernen Osten. Königliche Hoheiten bewohnten die Suiten, darunter Prinz Heinrich von Preußen (1898) und Zar Nikolaus II. Der erweiterte Bau aus den Jahren 1908 bis 1911 war berühmt für das große Billardzimmer (und für seine Cocktails), hatte in der 1. Etage einen Speisesaal für 500 Gäste, beleuchtet von Hunderten kleinen Lampen, und einen Bankettsaal. Der Strom für Licht, Fahrstühle und Kühlanlagen kam aus einem hoteleigenen Kraftwerk.[56] Hier nächtigten Albert Einstein und Charlie Chaplin. Emily Hahn *(The New Yorker)* traf hier Edgar Snow (»Red Star over China«). In die große, holzgetäfelte Suite im Tudor-Stil von 1906 dürfen wir einen Blick werfen, im Korridor im 2. Stock mit seinem (Pseudo?-)Fachwerk hängen Fotos aus vergangenen Zeiten, der Holzfußboden Baujahr 1911 knarrt unter meinen Füßen. Auch das weitere Schicksal des Hotels spiegelt die Geschichte Shanghais: 1937 von den Japanern zum YMCA umfunktioniert, 1945 von der US-Armee genutzt, nach deren Abzug von der chinesischen Marine und ab 1998 als Jugendherberge. Und weil zwar an der Restaurierung des Hotels gearbeitet wird (der Ballsaal glänzt seit 2006 wieder), sie aber noch nicht abgeschlossen ist, ergibt sich ein Blick auf die Wachstumsringe. An diesem Vormittag ist es still und ein bisschen mausgrau. Beschrieb nicht schon in den 1930er Jahren ein amerikanischer Besucher das Astor Hotel als

»a faded green, cavern-like structure, with tall rooms smelling of must and mildew«. Da hatte gerade Sir Victor Sassoons neues Hotel Cathay dem Astor den Rang abgelaufen.[57]

Auf dem Grundstück schräg gegenüber stand von 1884/85 bis 1937 das Deutsche Generalkonsulat am Huangpu (ausgenommen 1917–1921 infolge des Ersten Weltkriegs). Hier war sogar ein »Deutsches Eck« mit deutscher Kirche und Kaiser-Wilhelm-Schule. Wir laufen zurück über die Garden Bridge zum Gebäude des Shanghai Rowing Club. Nur einen Teil des Bauwerks konnten die Professoren Chang und Ruan Yisan der Tongji-Universität 2009 vor Abrissbirne und Neubebauung bewahren. Das Schwimmbad, einst Bestandteil des Gebäudes, deckt jetzt Rasen. Das Haus für die Boote ist ebenfalls abgerissen, samt Ballsaal und Dachgarten darüber. Die Anlage hier am Wusong war 1904/05 eröffnet worden. Für Hermann wurde der Rowing Club, als er 1906 in Shanghai ankam, zu einer Sport-Heimat.

Gleich um die Ecke geht es in die Yuanmingyuan Lu, das war schon immer der »Kultur-Bund«, parallel zum Kommerz-Bund verlaufend. Hier steht das Zwillingsgebäude der China Baptist Publication Society und der Christian Literature Society (1932) des Architekten Ladislaus Hudec: Art déco, Shanghai Style. Backstein, sieben Stockwerke hoch, die Giebelgeschosse sind abgetreppt. Wie Strebepfeiler gliedern Pilaster die Front, sind von gebogenen Zierelementen gekrönt wie von kleinen Flügeln. Ein Blick um die Ecke in die Hongkong Lu: In der 6a war Melchers in den frühen 1920er Jahren vorübergehend untergekommen, in der schweren Zeit nach dem Ersten Weltkrieg. Dann stehe ich in der Yuanmingyuan Lu vor einem verhältnismäßig kleinen Gebäude, das die Aufschriften »Lyceum« und »Lyceum Café« trägt sowie eine Gedenkplakette. Es ist nicht mehr das 1874 für den englischen Amateur Dramatic Club errichtete Theater, in dem auch die Amateure des Deutschen Theater-Vereins von 1886 bis 1916 und von 1925 bis 1929 auftraten. Immerhin markiert der Nachfolgebau (1932) noch das alte Grundstück. Hier an der Yuanmingyuan Lu war der Bühneneingang, Zuschauer betraten das Theater von der Huqiu Lu (Museum Road) aus. Wie oft ist Hermann diese Straßen gegangen: zum Bootsclub, zum Theater und als einer von drei Melchers-Mitarbeitern, die 1919 in Shanghai bleiben konnten.

Dann möchte Peter mich zum Bund führen, schließlich ist der sein Spezialgebiet, wie seine Publikationen »The Bund Shanghai. China Faces West« und »Peace at The Cathay. A Century of International Hospitality on the Bund Shanghai« bezeugen. Wo die Beijing Lu auf den Bund stößt, steht das Glen Line Building, hierhin zog das Deutsche Generalkonsulat 1937 um, als das Gebäude am Huangpu wegen Termitenbefall geräumt werden musste. Und blieb dort, weil gleich darauf die Japaner den Stadtteil nördlich des Wusong besetzten, bis Mai 1945. An der Stelle der Bank of China (Ecke Dianchi Lu) befand sich bis 1917 der deutsche Club Concordia, ein weiterer früher Anlaufpunkt von Hermann, 1917 zwangsweise geschlossen, 1919 enteignet, 1935 abgerissen für den Bau der Bank. Am Cathay Hotel (heute: Peace Hotel) schreiten wir zügig vorbei, denn ich habe für den kommenden Dienstag eine historische Führung gebucht, vom Erdgeschoss bis hinauf auf die Dachterrasse. Den nötigen Kaffee nehmen wir im Salon de Thé von Joël Robuchon, Bund 18. Das ist das Gebäude der Chartered Bank of India and Australia von 1923. Der Venezianer Filippo Gabbiani konzipierte die Neugestaltung 2002–2004. Wir sitzen inmitten restaurierter Originalsubstanz – die hohe Kassettendecke, die Marmorpfeiler – und modernen Designs wie den Kronleuchtern aus Murano-Glas, Marke Gabbiani, registrieren die Displays von Cartier-Uhren, Herrenmode von Ermenegildo Zegna und weiteren Edelboutiquen. Ein faszinierender Kontrast.

Zurück am Bund, hier macht sich der Bau der Hongkong & Shanghai Banking Corporation (HSBC) breit. Zwei bronzene Löwen, der ruhende Stitt und der brüllende Stephen, grüßen die Vorbeigehenden.[58] Peter meint, ein Blick in die Schalterhalle müsse sein. Recht hat er. Vor meinen Augen erschließt sich abendländisch-britisches Selbstbewusstsein anno 1921–1923, damals war dies das zweitgrößte Bankgebäude der Welt. Wir betreten die von acht Marmorsäulen getragene Rotunde, von dort erstrecken sich drei Schalterhallen: nach links für Firmenkunden, rechts für Privatkunden und geradeaus für internationale Geschäfte; Spiegel hindern böse Geister, die Hallen zu betreten. Marmorsäulen, wohin ich blicke. Im Bildprogramm in der Rotunde spiegelt sich der Anspruch der Bank, die Welt zu umspannen: Das Fresko in der Kuppel zeigt den Sonnengott Helios, der seinen schnellen Wagen lenkt, die Göttin Luna im Mond und die Göttin des Überflusses, die ihr Füllhorn ausschüttet. Auf einem Fries aus Wandmosaiken sind die acht Städte abgebildet, in denen die HSBC Niederlassungen hatte: Shanghai, Hongkong, Tokio, London, New York, Bangkok, Paris und Kalkutta. Jede Stadt wird von einer Frauenfigur dargestellt, im Hintergrund die Stadtsilhouette oder ein berühmtes Gebäude: für London St. Paul's Cathedral, für Paris Notre-Dame und für Shanghai – die Kuppel der HSBC! Diese Ikone kolonialer Pracht hat, so wird berichtet, die Kulturrevolution deshalb überlebt, weil sich die zur Zerstörung antretenden Roten Garden überzeugen ließen, es sei weniger Arbeit, die Bildwerke zu verputzen, als sie abzuklopfen. 1997 wurden sie freigelegt.

Es ist nun höchste Zeit, etwas zu essen. Ich quäle mich, die Hundun mit Stäbchen aus der Suppe herauszulöffeln. (Ich hätte zuerst die Suppe trinken sollen, dann wäre auch die Fleischbrühe im Innern der mittelgroßen Hefeteigtaschen nicht mehr ganz so heiß gewesen.) Dann steht das Nachmittagsprogramm an: Archiv. Zum Glück ist Peter Hibbard noch da, er kommt mit in die Bibliotheca Zi-Ka-Wei und wird auch ein wenig forschen. Er weiß auch, wie ich einen Leseausweis bekomme, nämlich in der Shanghai Library, der Stadtbibliothek Shanghai. Die ist nach der Nationalbibliothek in Peking die größte Bibliothek Chinas. Die Zi-Ka-Wei ist eine Außenstelle im Stadtteil Xujiahui. Dorthin fahren wir mit der U-Bahn, damit ich lerne, wie ich ein Ticket ziehe und durch die Kontrollschleusen gehe. Rucksack auf's Band, wie bei uns im Flughafen. Beim Aussteigen werde ich zukünftig höllisch aufpassen müssen, die Station Xujiahui hat 17 Ausgänge, ich brauche Nummer 8, und wenn ich den falschen erwische, bin ich verloren: Für mich sieht eine Straßenecke wie die andere aus, der Teil des ehemaligen Jesuitenklosters (zu dem auch eine Kirche, Sternwarte, Wetterstation, Waisenhäuser, Schulen und Werkstätten gehörten), in dem die Bibliothek untergebracht ist, verschwindet vollständig zwischen den Hochhäusern. Die Bibliothek selbst atmet Geschichte: Als Bibliothèque de Mission wurde sie 1847 im Dorf Xujiahui (Shanghai-Chinesisch: Zi-Ka-Wei) fünf Meilen südwestlich von Shanghai eröffnet. Das heutige Gebäude wurde um 1900 erbaut; das Erdgeschoss im chinesischen Stil war für chinesische Bücher vorgesehen (da steht jetzt eine Ausstellung), im ersten Stock war die Abteilung für westliche Sprachen. Sie ist es heute noch.

Peter führt mich ein – und sorgt so dafür, dass ich auch Zeitungsbände einsehen darf, die sonst nur Leser mit einer Bescheinigung ihrer Universität vorgelegt bekommen, z. B. die frühen Ausgaben der deutschen Zeitung *Der Ostasiatische Lloyd.* (Bei späteren Besuchen merkte ich: Das galt nur, wenn der Kollege Dienst tat, dem Hibbard mich vorgestellt hatte.) Ich stürze mich in die Lektüre der Hong-Listen. Hong-Listen sind eine Kombination aus »Gelbe Seiten«, Adressbuch, Telefonbuch, Straßenverzeichnis und »Who's Who« der Europäer und ihrer Firmen, Vereine und so weiter. Ein inspirierender Quell der Information: Wer wohnte wann mit wem wo, arbeitete für welche Firma. Firmen, Vorstände, Mitarbeiter. Vereine, diplomatische und Handelsvertretungen, Hotels und Krankenhäuser: Die Daten beleben meine historische Landkarte Shanghais, erzählen Lebensabschnittsgeschichten. Morgen geht es weiter – tschüss und ganz vielen Dank an Peter Hibbard!

1 Otto Zwanck trug auf der Abschiedsfeier, die die Deutsche Gemeinde im April 1952 für Breuer gab, einen Rückblick auf dessen Leben in China in Gedichtform vor. Er ist hier auf den Seiten 614–615 abgedruckt.

2 *North China Herald*, 23.7.1906.

3 Adresse lt. Hong-Liste: 1 & 2 Französischer Bund.

4 Gustav Adolf Melchers, Seelenbeichte, S. 68–69. MA Familie Melchers, Kasten 3.

5 Hong: Firma, Firmensitz. Mit dem Zusatz: Yang Hang, ausländisches Geschäft. Alternative Interpretation von Melchers' Namen: »Äußerst vortreffliche Gelegenheit«. Mei: schön, vortrefflich, gut, angesehen (wie Mei in Mei Kwok = Amerika), Zui: höchst, sehr, äußerst; Shi: Zeit, Stunde, Gelegenheit. Sporleder, Hongkong, S. 280.

6 Gustav Adolf Melchers, Seelenbeichte, S. 69. MA Familie Melchers, Kasten 3.

7 Die Übersetzung des englischen »for good«: Rückkehr für immer, endgültig, wurde von deutschen *expatriates* übernommen.

8 Adalbert Korff, Memoiren, S. 86, MA.

9 Grösser, Kaufmann in China, S. 13.

10 Wilshusen, Abreise, S. 176.

11 Zum Begriff »Komprador« vgl. S. 73/74.

12 Korff, Memoiren, S. 99, MA.

13 *Ostasiatischer Lloyd*, Shanghai, 8.1.1904, S. 40, zitiert nach Liu Wenyin, S. 31.

14 *Shanghaier Nachrichten*, 18.1.1907, zitiert nach Kettelhut, Exterritorialität und Exil, S. 208.

15 Heineken, Tagebuch meiner Reise, S. 214–215. Auch: Twentieth Century Impressions, S. 390.

16 Am 22.10.1904; Prinz Adalbert, dritter Sohn von Wilhelm II.

17 1889 als Tageszeitung gegründet. 1900–1917 herausgegeben von Carl Fink.

18 *L'Echo de Chine:* Wochenzeitung seit 1895, *North China Herald:* Wochenzeitung seit August 1850.

19 Stallbursche: ma, Pferd, fu, Bediensteter.

20 *Ostasiatischer Lloyd*, 13.3.1914.

21 https://www.shine.cn/feature/art-culture/1809081770/, am 24.2.2020.

22 Betr. Wettbewerbe und Vorträge: Frei übersetzt aus: Brian Harrington Spier: Old YMCA, Nanjing Road. https://www.flickr.com/photos/69237022@N00/273732057/ am 24.2.2020.

23 Steffi Schmitt, Shanghai-Promenade, S. 567.

24 Zwanck, Abschiedsgedicht 1952.

25 Grösser, Kaufmann in China, S. 54; Wickert, China von innen gesehen, S. 203–204.

26 Korff in seinem Nachruf auf Michelau 1940. MA Sonderstandort 1, Slg von Firmennachrichten Bd. 1.

27 Foto HWB mit Erna u. a.: »in meiner ehemaligen Messe«.

28 Carl Schmidt, Willkommensgedicht, Oktober 1952.

29 Gustav Adolf Melchers, Memoiren S. 48, MA, Familie Melchers Kasten 3.

30 HWB 25.7.1931 an Lindemann.

31 Ab 1896: Städtisches Museum für Natur-, Völker- und Handelskunde, seit 1952: Überseemuseum.

32 MA, Firma Melchers Kasten 4, Mappe 4, Anmerkung auf der Rückseite eines Fotos vom alten Hong.

33 HWB, Firmengeschichte, S. 4, BArch ZLA 7-34/116.

34 Arabisch »sarraf«, Silberspezialist. Ein »cash-shroff« ist ein Mitarbeiter, der am Monatsende das Geld für die »chits« (Schuldscheine) kassiert.

35 Hong-Liste 1906. Die Hamburg-Altonaer Stadt- und Vorortbahn (zuerst 1.10.1907) war der Vorläufer der Hamburger S-Bahn.

36 Zuerst 3/1908 im International Settlement, 5/1908 in der Französischen Konzession, 8/1913 im chinesischen Teil der Stadt. Bebilderte Straßenbahngeschichte: https://www.tramwayinfo.com, am 4.11.2020.

37 Korff-Memoiren, S. 148, MA.

38 Grösser, Kaufmann in China, S. 16 (Grösser arbeitete für Arnold, Karberg & Co.). Twentieth Century Impressions, S. 618. Neubar: Reichspostdampfer, S. 157–158; Hong-Liste 1906.

39 Anzahl für 1906, Korff-Memoiren, S. 91 MA.

40 Name bei Twentieth Century Impressions, S. 618; heute: Lan Ni Du. http://shanghaistreetstories.com/?p=602

zum Abriss von Wohnhäusern im Jahr 2010 in der Lanyi Dock Road bei Nanpu Bridge Road.

41 Notiz von Henning Melchers auf der Rückseite einer Fotografie (ca. 1885) vom Melchers-Gebäude am Bund. MA, Firma Melchers Kasten 4, Mappe 4.

42 Twentieth Century Impressions, S. 618. Heineken, Tagebuch meiner Reise, S. 208–209.

43 Müller-Jabusch, Deutsch-Asiatische Bank, S. 33.

44 Wilhelmy, China 1905, S. 257.

45 Neubar, Reichspostdampfer, S. 155.

46 Probst: China-Erinnerungen. Kraftanlagen. Siemens Historical Institute, SAA 20872, S. 1.

47 Twentieth Century Impressions, S. 490–494. Auch: Deutsche Post in China. Blatt (auf A5 geknickt), o. O., o. J. in MA, Firma Melchers, Kasten 20; 8. Materialien, Band 1.

48 Krafft, Deutschland – Ostasien, S. 187–220.

49 *OAL* 13.2.1914, S. 134.

50 Twentieth Century Impressions, S. 424.

51 N. Jacques: Auf dem chinesischen Fluss. Reiseberichte. Berlin 1922, S. 77f. Zitiert nach Roschen/Theye, S. 44.

52 Dr. Enno Bracklo 1886–1963, Shanghai seit 1909, im diplomatischen Dienst.

53 *Shanghaier Nachrichten*, Beilage zu *Der Ostasiatische Lloyd*, 26.1.1912.

54 Grösser, Kaufmann in China, S. 28: »Wenn man eingeladen war, nahm man die Uniform in einer Handtasche mit.«

55 Twentieth Century Impressions, S. 429–431. Die Freiwillige Feuerwehr wurde 1919 durch eine Berufsfeuerwehr ersetzt. Mitteilungen für China-Deutsche. Hauptorgan für die Interessen des China-Deutschtums. Hrsg.: Fritz Secker. 1. Jg. Heft 5, S. 10.

56 Twentieth Century Impressions, S. 688.

57 »Ein höhlenartiger Bau in verblasstem Grün mit hohen Räumen, die nach Muff und Mehltau rochen.« James Lafayette Hutchison: China Hand. New York 1936. Zitiert nach Jonathan Kaufman, Last Kings, S. 118 und S. 314.

58 Benannt nach den Bankmanagern Alexander Stephen und G. H. Stitt. Es sind Repliken; die Originale des britischen Bildhauers Henry Poole stehen im Shanghai History Museum.

1908 – 1912
Shanghai Rowing Club

27. Oktober 1912, Ruhe nach dem Rudern

Hermann im Armsessel in seinem Appartement. Die Glieder ausgestreckt – Entspannung spüren. Es herrschte nächtlich-sonntägliche Stille. Nun ja, es war fast schon Montag. Morgen musste er wieder ins Büro, aber jetzt genoss er nach sechs Wochen Enthaltsamkeit seine Zigarre – El Aquila – und dazu einen *drink*. Zugegeben: Heute Abend hatte er schon mehrere *drinks* gehabt. Ein großartiges Wochenende lag hinter ihm, die herbstliche Ruderregatta bei Kunshan (Quinsan), ein sportlicher und gesellschaftlicher Höhepunkt der Saison. »Henli« hatten die Engländer das 50 Kilometer nördlich von Shanghai im Delta des Yangtsekiang gelegene Areal passenderweise getauft. Wer dachte da nicht an Henley-on-Thames, den traditionsreichen Austragungsort der Royal Regatta.[1] Mehrere Hundert Zuschauer waren mit der Eisenbahn oder mit den verschiedensten Wasserfahrzeugen aus Shanghai gekommen, darunter die Taipans (Chefs) der großen Firmen, Vertreter der Presse, Ruderveteranen, Arbeitskollegen, Damen. Für die Sportler waren die Wettkämpfe Belohnung für hartes Training an heißen Abenden und an vielen Wochenenden.

Rudern, trinken,
Drinks ausknobeln ...
Zwanck, Abschiedsgedicht
Shanghai, 1952

Am zweiten Tag der Regatta – ganz kurz vor Tagesanbruch, und es nieselte etwas – war Breuer mit acht Kameraden ins Boot gestiegen; der Wettkampf der »International Eights« war der erste am Sonnabend. Kurz bevor sie das Ziel erreichten, ging die Sonne in voller Pracht auf. Sie schien auf die an beiden Ufern dicht an dicht liegenden, fröhlich geschmückten Hausboote, auf denen die Eigentümer und ihre Gäste die Regatta verfolgten. Doch weder für die Boote noch für die Landschaft hatten die Ruderer einen Blick. Der deutsche Achter, Vorjahressieger im prestigeträchtigsten der Wettbewerbe, trat gegen den schottischen und den englischen Achter an. (Internationaler ging es nicht. In den Anfangsjahren der Bootsregatten war es üblich gewesen, dass sich die Mannschaften aus Angehörigen einer Firma (Hong) zusammensetzten. Solche Rennen gab es immer noch, aber seit einiger Zeit schien allen der Wettkampf der Nationen spannender; die Boote trugen sogar Nationalflaggen. Es hieß, dass das Zusammengehörigkeitsgefühl innerhalb der Firmen nicht mehr so ausgeprägt sei wie früher.)

1908 – 1912

Diesmal war der englische Achter der Favorit. Die Mannschaft um Breuer kam perfekt ins Rennen und lag auf den ersten paar Hundert Metern vorn. Dann gingen die Schotten in Führung. Ihre Schläge hatten hohe Frequenz und kamen fabelhaft koordiniert. Die deutsche Mannschaft (W. O. Koehler am Schlag) lieferte zur Begeisterung der Zuschauer einen rasanten Endspurt, konnte aber nur noch den Rückstand verkürzen, die Schotten, unter ihnen waren einige »Schotten ehrenhalber« gewesen, siegten mit einer guten Länge Vorsprung. England kam mehrere Längen hinter den Deutschen ins Ziel. Die Dämmerung fiel schon, als der letzte der sechs Wettkämpfe des Tages – und damit der offizielle Teil der Regatta – endete. Die Deutschen hatten, wie im Vorjahr, die »SVC Fours« gewonnen (Wettbewerb der aus dem Shanghai Volunteer Corps gebildeten Mannschaften) und, wie in jedem Jahr seit 1908, auch den Sieg in den »International Fours« geholt – immer mit Koehler als Schlagmann; eine einmalige Erfolgsserie.[2]

Bei einsetzender Dunkelheit wurden nach und nach an den Schiffsmasten der Hausboote Laternenketten aufgezogen. Bald waren beide Ufer des Wasserlaufs farbig leuchtend markiert. Im Hintergrund hatte sich der Wald um die Bahnstation in einen Märchenwald verwandelt, denn auch zwischen den Bäumen glänzten Lichter. Mehrere Boote beteiligten sich an einer Art Kostümwettbewerb, bei dem das Boot des Roten Kreuzes den ersten Preis erhielt: An Bord trugen alle Schwesternuniform und beleuchtete rote Kreuze als Kopfschmuck. Dann begann die Rückfahrt nach Shanghai: Zuerst machte die Barkasse des Bootsclubs los, an Bord der Vorstand des Clubs und die Mitglieder der verschiedenen Komitees. Da fuhr auch Breuer mit: Er war seit der Jahresversammlung im Frühjahr 1911 im Wahlkomitee des Ruderclubs und außerdem in diesem Jahr, 1912, als Mitglied des Regatta-Festkomitees mitverantwortlich für die Planung und den Ablauf des Wochenendes. An Bord ihrer Barkasse spielte die Band des Shanghai Municipal Orchestra unter seinem deutschen Chefdirigenten Rudolf Buck, und große und kleine Fahrzeuge, Segler und Ruderer folgten gemächlich der schwimmenden Musik. Dazwischen glitzerten die Lichter der kleinen, flinken Motorboote wie Irrlichter. Es sah aus, als ob eine Lichterprozession sich auf Shanghai zubewegte. Bei der Ankunft am Ruderclub (dort, wo der Wusong in den Huangpu mündet) gab es Ovationen für den Schlagmann Hill, mit dem die schottische Mannschaft die »International Eights« gewonnen hatte. Das gemeinsame Dinner fand in den Gesellschaftsräumen des Ruderclubs statt. Nach dem Toast »Gentlemen! To our respective rulers!« war das Rauchen freigegeben.[3] Und nach dem Dinner wurde noch einmal ein Toast auf jede einzelne siegreiche Mannschaft ausgebracht.[4]

Viele Regattabesucher auf den Hausbooten hatten in Henli übernachtet, denn am nächsten Tag ging das Programm ja weiter. Nach den harten Wettkämpfen kam am Sonntag das Vergnügen. Es bestand aus einer Reihe von nicht ganz ernst gemeinten Wettbewerben, »Water Gymkhana«

genannt – der indische Begriff für »Geschicklichkeitsturnier«. Ein nicht geringer Teil des Amüsements bestand darin, dass sich nun auch die Damen an den Wettkämpfen beteiligen durften. Beim Entführungswettrennen wurde fast jede der anwesenden Damen in einem der kleinen Ruderboote entführt. Es fand ein Wettrudern im gemischten Doppel statt und eines zwischen Damenvierern mit Steuerfrau. Den Vogel schoss Mr Parson ab, der die Aufgabe, ohne zu schwimmen oder ein Boot zu benutzen, von einer Seite der Bucht auf die andere zu gelangen, löste, indem er einige Planken auf Rettungsbojen band. Alle Aktiven und die vielen Gäste hatten sich großartig unterhalten – und das Society-Journal *Social Shanghai* bestätigte später Hermanns Eindruck, dass es das beste Regattafest war, das es bisher in Henli gegeben hatte.

Training

Den Genuss hatten die Ruderer hart erarbeitet. Ihre Kondition, ihre gestählten Muskeln waren das Ergebnis intensiver Trainingswochen. Als Einstieg in die Schinderei gönnten sie sich jedes Jahr, gewissermaßen als Vorabentschädigung, drei entspannte Wochenenden in Henli; das Karfreitags-Picknick gehörte dazu. Da wurde nur ein bisschen zum Vergnügen gerudert, *creek crawling* nannten sie das, in der Bucht lustwandeln, und am liebsten wurde in der Sonne gebadet. Das Wissen, dass man die sündhafte Faulenzerei bald im reinigenden Fegefeuer eines unbarmherzigen Trainings würde büßen müssen, gab diesen Tagen eine besondere Würze. Sechs Wochen vor dem Wettkampf begann dann der Drill. Da wurden bis zur Erschöpfung Ausdauer und Kraft trainiert, wurde gerudert, um zum gemeinsamen Rhythmus zu finden, und natürlich auf Zeit. Jedes Mitglied unterwarf sich in diesen sechs Wochen strikt der Mannschaftsdisziplin, verzichtete auf Alkohol und Tabak und auf lange Abende (mit allem, was dazugehört). Wie körperlich anspruchsvoll der Sport sei, wisse wohl nur, wer selbst versucht habe, ihn auszuüben, sinnierte ein Journalist des *North China Herald* in seiner Berichterstattung über die Regatta.[5] Schon an den Sonntagen, an denen in Henli nur trainiert wurde, kamen treue Fans aus Shanghai zum Zuschauen. Sie, ebenso wie die Trainer, beobachteten die Boote, die eigenen und die der Konkurrenz, stoppten die Zeiten, kommentierten. Viel Gelächter, vor Freude und vor Schadenfreude, gab es dabei auch.

Siege

Im vorigen Jahr, 1911, hatte der deutsche Achter, Breuer auf Platz vier rudernd, den Internationalen Wettkampf gewonnen. Sie hatten die anderthalb Meilen letztes Jahr in 8 Minuten 55 ¾ Sekunden gemacht. Genau genommen waren sie also in diesem Jahr sogar schneller gewesen und hatten trotzdem gegen die Schotten verloren. Auf die Windrichtung kam es an, 1911 hatten sie heftigen Gegenwind und entsprechenden Wellengang gehabt. Auch war in diesem Jahr die Hälfte ihrer Mannschaft neu im Team gewesen, und einige traten in mehreren Wettkämpfen an. Das musste sich nicht unbedingt negativ auswirken, dafür hatte er selbst 1911 den Beweis geliefert, als er drei Mal angetreten war: im Wettbewerb der Internationalen Achter und in einem Achter aus Mitgliedern der Komitees des Shanghai Rowing Clubs gegen eine Auswahl aus Clubmitgliedern. Und im Wettbewerb der Vierer des Shanghai Volunteer Corps. Hier traf die Auswahl aus der deutschen Kompanie »Prinz Heinrich von Preußen« auf zwei andere Kompanien. Auch dieses Rennen hatte Hermanns Mannschaft gewonnen. Ein Ausnahmejahr. Übrigens auch in politischer Hinsicht, aber das hatten sie damals nicht gewusst. Knapp eine Woche vor Beginn der Regatta war in Hankou, etwa 1000 km den Yangtsekiang aufwärts, eine Bombe explodiert, anschließend hatte die Garnison in der Nachbarstadt Wuhan gemeutert. Aus den darauffolgenden Kämpfen war am 1. Januar die Republik China hervorgegangen. Ob es dabei blieb, konnte man jetzt, ein Jahr nach dem Ereignis, immer noch schwer einschätzen. Damals hatten die Europäer in Henli nur bemerkt, dass die bewaffneten chinesischen Dschunken, die sonst in diesem Teil des Yangtse-Deltas lagen, fort waren. Sie seien »auf der anderen Seite von Quinsan«, hatte der *North China Herald* dazu angemerkt. Das Journal *Social Shanghai*, das erst ein halbes Jahr später erschien, war da schon schlauer. Dort hieß es: »Ein ausdrucksvoller Farbklang fehlte in diesem Jahr, weil die Flotte chinesischer Kriegsdschunken [...] abwesend war. Die unruhigen Zeiten verlangten wahrscheinlich in einem anderen Teil des Landes nach ihnen, wo ihre Dienste von größerem Nutzen sein konnten.«[6]

Kameradschaft

Hermann beschäftigte in dieser Nacht auch die Frage, ob er überhaupt noch einmal als Aktiver das »Easy all« des Steuermannes vor einem Wettkampf hören würde. Im nächsten Jahr, 1913, würde er zum Zeitpunkt der Frühjahrsregatta wohl schon unterwegs nach Deutschland sein und dort Sommer und Herbst verbringen – sein erster Heimaturlaub seit seiner Ausreise im Jahr 1906. Und heiraten. Zurück in Shanghai, wäre er schon 30 Jahre alt und damit im Rudersport ein »Senior«. So schnell ging das. Könnte er weiter so viel Zeit auf Ruderwochenenden und im Shanghai Rowing Club verbringen? Er würde auch in Zukunft mit dem Shanghai Volunteer Corps und der Freiwilligen Feuerwehr trainieren, war Mitglied im Club Concordia, im Gartenclub, Tennisclub, Reiterverein. Aber es war der Rowing Club, der Ersatz für Zweisamkeit und Familienleben bot. Das gemeinsame Training, die gemeinsame Disziplin, die daraus folgende Kameradschaft machten, »dass der junge Mann im teuren Shanghai auf die Liebe verzichtet und zum Trost ins Bootshaus geht, wo die wahrste Freundschaft die zarteren Empfindungen ersetzt«.[7] Über 400 Clubmitglieder hatte der Shanghai Rowing Club. Über 400 Freunde, bei denen es auf die sportliche Leistung ankam, weniger auf ihre Finanzkraft oder gesellschaftliche Stellung. Deshalb war der Mitgliedsbeitrag im Club seit seiner Gründung 1863 immer günstig gewesen. Alle Leitungs- und Organisationsaufgaben lagen in den Händen von Ehrenamtlichen, die angesehene gesellschaftliche und berufliche Positionen in Shanghai innehatten. Breuer hatte sich gern für ein Ehrenamt zur Verfügung gestellt; Pflicht und Vergnügen waren hier eins. Anfang 1908, ein gutes Jahr nach seiner Ankunft in Shanghai, war er in den Ruderclub eingetreten. Rudern war ein neuer Sport für ihn gewesen, er galt in Shanghai als »männlich«. Dieses Image wurde besonders im Gegensatz zum Tennis gepflegt, das die Ruderer als verweichlicht bezeichneten.[8] Hermann spielte trotzdem gern und oft Tennis, traf er doch bei dieser Fitnessübung auch mal Damen.

Gleich bei seiner ersten Frühjahrsregatta – im Frühjahr fanden die Regatten auf dem Huangpu in Shanghai statt – hatte er als Schlagmann den Wettkampf der »*Griffins Fours*« gewonnen. Als *Griffin*, »Frischling«, wurden Ruderer in ihrem ersten Jahr bezeichnet. Seine Mannschaft hatte in einem *fine struggle* mit einer halben Bootslänge Vorsprung vor zwei anderen mit

Zielfoto vom Wettbewerb der *Griffins* 1908, gesehen vom Nanking-Pier gegenüber der Tunkadoo Wharf. Der Bereich liegt im Delta des Yangtse, also im Bereich der Gezeiten. Bei auflaufender Flut ruderten die Boote, wie hier, den Huangpu aufwärts. Das dritte teilnehmende Boot hat es nicht ins Zielfoto geschafft. HWB beschriftete das Foto (vermutlich zu einem viel späteren Zeitpunkt): »Frühjahrsregatta im Mai 1908. Ich als Schlagmann der deutschen Mannschaft komme ½ Länge als Erster durchs Ziel.« Darin steckt ein Irrtum: Laut *North China Herald* gewann Breuer 1908 mit den *Griffins*. Die Mannschaften in diesen Booten waren nicht nach Nationen besetzt. So waren denn auch drei der vier *Griffins* in seinem Boot Angelsachsen: A. Robinson, T.W. Mitchell und Frederic Emens.

Griffins besetzten Booten gesiegt. Das Foto vom *finish* hatte Hermann an die Familie geschickt. Im selben Jahr, 1908, war er auch im Rennen der »Club-Achter« dabei gewesen, zusammen mit dem Melchers-Mann Otto Trefurt.[9]

Wenn Hermann an seine fünf Jahre im Ruderclub zurückdachte, an die vielen Wettkämpfe, an das Training, an Picknicks und Sonnenbaden, an die gestrige Barkassenfahrt, Musik und Spaß fühlte er sich vollkommen zugehörig zu dem Sport, der Kameradschaft, der gegenseitigen Hilfsbereitschaft, der menschlichen Achtung, der selbstverständlichen Internationalität – und dem gelegentlichen Sinn für Unsinn. Es würde eine kurze Nacht werden.

1 Regatta seit 1839, seit 1851 mit dem Zusatz »Royal«.

2 Harris, Sampan Pidgin.

3 Toast: »Meine Herren. Auf unsere jeweiligen Herrscher.« Über eine Veranstaltung im Shanghai Rowing Club im Jahr 1937. Thomas: An American in China, S. 71–72.

4 Schilderung nach: *North China Herald*, 26.10.1912, S. 252–255.

5 *North China Herald*, 21.10.1911, S. 171.

6 Social Shanghai, Band XII, Juli – Dez. 1911, S. 185. Ü: CM.

7 »*... and turns for consolation to the boathouse, were the truest friendship will supplant the softer sentiment. The philosopher has said that the man to be taken as a friend is the man whom you know you could trust to stand by you in a fight, and that is the sort of man the typical rowing man is.*« *North China Daily News* 1894, zitiert nach Harris, Sampan Pidgin, S. 54.

8 Harris, Sampan Pidgin.

9 Social Shanghai, Hrsg. Mina Shorrock, Shanghai 2/1906–11/1914, bes. Band 6 (Juli – Dez. 1908), Band 9 (Jan. – Juni 1910), Band 10 (Juli – Dez. 1910), Band 11 (Jan. – Juni 1911) Band 12 (Juli – Dez. 1911), Band 14 (Juli – Dez. 1912). *The North China Herald*, 6.6.1908, 22.5.1909, 3.6.1910, 21.10.1910, 21.10.1911, 20.4.1912, 26.10.1912. http://www.shanghaidaily.com/Feature/art-and-culture/Rowing-Club-nearly-lost-to-history/shdaily.shtml am 10.12.2013.

1910–1913
Verliebt, verlobt, verheiratet

»Manches Herze knicken«, das hatte schon in Hannover für Hermann gegolten. Den Namen einer »Flamme« hat die Familiengeschichte bewahrt: Cläre. Großmutter Auguste und Tante Johanna hatten sich ihrer angenommen, als Hermann nach Shanghai aufbrach. Seine Cousine Alice blieb ihr Leben lang mit Cläre befreundet. Auch zu Hermann ist der Kontakt nie ganz abgerissen, sie haben sich geschrieben, »vernünftig«, betonte Hermann einmal, und Fotos geschickt.

Das Tanzbein fröhlich schwingen
tat er vor allen Dingen,
und manches Herze knicken
konnt' er mit seinen Blicken.
Moritat zu Breuers 75. Geburtstag[1]

Hermanns Liebesleben in den ersten Jahren in Shanghai betreffend dichtete Carl Schmidt, Regimentskamerad und Reisegefährte, die in Shanghai Tür an Tür wohnten: »Und manche Frau, ich kann's beschwören / ließ gerne sich von Dir betören«. In Shanghai waren Damen zu dieser Zeit rar; als Tennisspieler und guter Tänzer hatte Hermann immerhin Gelegenheiten und Chancen. Andere junge Männer punkteten, weil sie Klavier spielen konnten. Allerdings, »*diese jungen Leute, die regelmäßig [...] Einladungen bekamen, wurden von uns, die nicht in derselben glücklichen Lage waren, als* ›Ladykillers‹ *und* ›*Tea and Toast young men*‹ *bezeichnet und mit einer gewissen Geringschätzung behandelt*«.[2]

Erna Wolcke

Dann wurde es ernst mit der Liebe, so um die Jahreswende 1910, 1911. Hermann lernte die Hamburgerin Erna Lizzy Hermandine Wolcke kennen. Er war seit 1906 nicht in Deutschland gewesen, wie hat er sie kennengelernt? Geschichten vom Kennenlernen werden wir nicht müde zu hören. Andererseits: Wenn wir Nachgeborenen nicht rechtzeitig gefragt haben, sind sie verloren. Sie stehen in keiner Zeitung. In diesem Fall gab es einen Grund, nicht zu fragen. Die Geschichte ist auf mittelfristige Sicht nicht gut ausgegangen. Trotzdem ließ das Thema mich nicht los.

Zunächst tauchte ein Foto von Erna auf, aus dessen Beschriftung hervorging, dass sie 1910 ihre Tante in Shanghai besuchte. Und dann fand ich in den »Schiffsabfahrten ab Hamburg 1850–1934«,[3] dass Erna am 20. August 1909 in Begleitung einer Freundin auf der *Silesia* der HAPAG nach Shanghai gefahren war. Dann war es also wohl wirklich Erna, vor der Hermann am Sonnabend, dem 26. Februar 1910, kniete. Die Fotografie in Oskar Breuers Bilderbuch zeigt Hermann im Kostüm eines *Dottore* aus der *Commedia dell'arte*: weiße Halskrause, schwarze Jacke und Hose, eng anliegende schwarze Kappe. Eine Gitarre haltend, kniet er vor einer jungen Frau, als wolle er ihr ein Ständchen darbringen (dabei konnte er weder Gitarre spielen noch singen[4]). Aufgenommen, wie die Aufnahme selbst verrät, im »Club Concordia, Masked Ball, Saturday February 26 1910«.

Maskenball im Club Concordia

Ganz Shanghai war zu diesem Maskenball in den deutschen Club Concordia gekommen. Vertreter aller Nationen der kosmopolitischen Stadt amüsierten sich im Palmengarten und am Froschteich, besuchten das »Kempinski« und die Rosenlaube. Mehrere *cosy corners* verlockten (auch Hermann und Erna) zum Tête-à-Tête, und fünf Kapellen – im Kaisersaal, im Speisesaal, in kleineren Sälen – luden zum Tanz. Die Froschkapelle machte sich mehrfach zur Polonaise auf, der Paar um Paar fröhlich folgte. Es gab so viel Neues zu bestaunen und Gäste zu treffen, wie noch bei keinem der vorherigen Karnevalsfeste. Die Vielfalt der Kostüme war phantastisch unterhaltsam: vom Bébé über den Backfisch zur leicht geschürzten Balletteuse und zur höfischen Frau des Mittelalters; die Männer waren als Personal der Commedia dell'arte, als Recken und afrikanische Stammeshäuptlinge, Künstler und Vagabunden, oder in Tiermasken gekommen. Ein wahres Karnevalstreiben. Manches *cross-dressing* kam erst um Mitternacht bei der allgemeinen Demaskierung ans Licht. Dann ging es zu den Buffets und wieder auf die Tanzfläche, und angeblich wurde so lange gefeiert, dass einige Reiter am Sonntagmorgen gleich im Kostüm in den Reitstall zogen. Der Abschiedsgruß lautete »Auf Wiedersehn anno 1911«.[5]

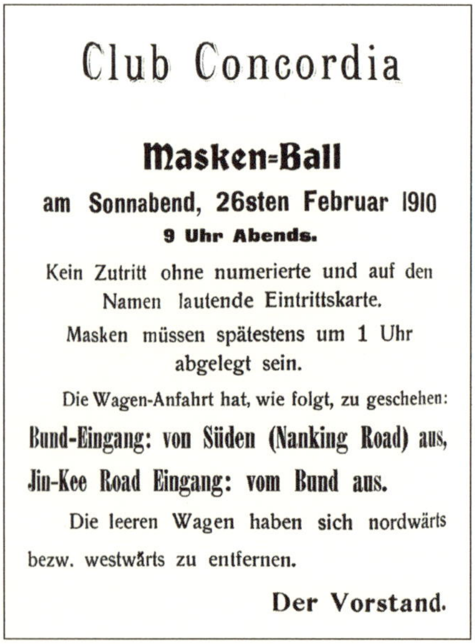
Club Concordia

Masken=Ball

am Sonnabend, 26sten Februar 1910

9 Uhr Abends.

Kein Zutritt ohne numerierte und auf den Namen lautende Eintrittskarte.

Masken müssen spätestens um 1 Uhr abgelegt sein.

Die Wagen-Anfahrt hat, wie folgt, zu geschehen:

Bund-Eingang: von Süden (Nanking Road) aus,

Jin-Kee Road Eingang: vom Bund aus.

Die leeren Wagen haben sich nordwärts bezw. westwärts zu entfernen.

Der Vorstand.

Anzeige im *Ostasiatischen Lloyd*, 25. Februar 1910

Melchers in Tsingtao

Erna verließ Shanghai am 11. November 1910; der *North China Herald* meldete unter »Schiffsabfahrten«: Mit der *Admiral von Tirpitz* fahren von Shanghai ab: »the Misses E. L. Wolcke and G. Rowley« und »Mr Widmann« nach Tsingtao. Die jungen Damen reisten sicherlich zum *sightseeing* in das deutsche Pachtgebiet, Hermann wird Erna seinem Mentor Adolf Widmann, Teilhaber von Melchers China, anvertraut haben. Der fuhr eilig nach Tsingtao, um die Planungen für den Bau einer Melchers-Niederlassung zu konkretisieren. Melchers hatte nämlich zehn Tage vorher, am 1. November, ein knapp 20 000 qm großes Baugelände am Hafen ersteigert und günstige Kaufbedingungen ausgehandelt für den Fall, dass es bis zum 30. November 1911 mit »kaufmännischen und gewerblichen Anlagen nebst den dazu erforderlichen Wohngebäuden« bebaut sein würde.[6]

Die Entscheidung, in Tsingtao eine Niederlassung zu gründen, war erst wenige Wochen zuvor gefallen: Anlässlich einer »Inspektionsreise«, die ihn u. a. nach China führte, hatte Philipp Heineken, Generaldirektor des Norddeutschen Lloyd, Anfang Oktober 1910 beobachtet: »*Unsere Agentur befindet sich in den Händen von Diederichsen & Jebsen, die durch einen Herrn Diestel vertreten sind. Bislang war sie von keiner Bedeutung, ob es sich in Zukunft aber nicht empfehlen wird, entweder die Herren Melchers & Co. zu veranlassen, sich in Tsingtao niederzulassen und auch dort unsere Agentur zu übernehmen, oder event. eine eigene Agentur in Tsingtao zu errichten, möchte ich mir noch zu entscheiden vorbehalten.*«[7] Am Ende seiner Chinareise, Mitte Oktober, war die Entscheidung gefallen: »*Auch Herr Korff war bei seinem kürzlichen Aufenthalt in Tsingtao so von der Bedeutung des Platzes eingenommen, daß er sich entschlossen hat, in nächster Zeit hier eine Zweigniederlassung der Firma Melchers & Co. zu gründen, die unter Leitung von Herrn Reimers stehen soll [...]. Unter diesen Umständen hielt ich es für richtig, unsere Agentur in Tsingtao der Firma Melchers & Co. zu übertragen. [...] Für uns ist es eine rein kaufmännische Erwägung, unsere verschiedenen Agenturen in China in einer Hand zu wissen, auch haben wir ein Interesse daran, einer großen Bremer Firma im Auslande, wie Melchers es sind, nach Möglichkeit zu helfen. Melchers werden sich wahrscheinlich zum 1. Januar 1911 in Tsingtao etablieren, und damit wird unsere dortige Agentur an sie übergehen.*«[8] Tatsächlich konnte die Eröffnung der Niederlassung bereits am 1. Januar 1911 gemeldet werden.[9]

Liebespfeile

Hatte beim Abschied am 10. November eine heimliche Verlobung stattgefunden? Jedenfalls berichtete Hermann seinem Vater Oskar, der zu der Zeit noch in Sumatra lebte, von seinen Heiratsabsichten, möglicherweise im Weihnachtsbrief. Denn im April 1911 schrieb Vater Breuer an seine Schwester in Hannover: »Das Herz Hermanns scheint etwas von dem Liebespfeile einer reizenden Hamburger Dame getroffen zu sein.«

Im Herbst 1911 war Erna – wieder? immer noch? – in Shanghai; Hermann wartete auf sie: Mit einem Foto, das ihn auf seinem Hausboot *Carmen* zeigt, lud er sie ein: »Komm, Schatzi, meine Arme warten auf Dich. Im Hafen vor Wusung [Wusong]. Sonntag, den 11.9.1911.«

Dann waren auch Ernas Eltern nach China gekommen – um den Verlobten zu begutachten? Um mit Erna zurück nach Deutschland zu fahren? In Oskar Breuers Fotoalbum (leider sind die Fotos und Postkarten, die eigenen und die, die seine Kinder ihm aus aller Welt schickten, nicht chronologisch eingeklebt) gibt es einige undatierte und nicht beschriftete Fotos von Erna und ihren Eltern, darunter zwei, die sie vor großen Taihu-Steinen zeigen (»Lochsteine«; poröses Kalkgestein), wie sie chinesische Gärten schmücken, z. B. den Kaiserlichen Garten in der Verbotenen Stadt in Peking, den Yu-Garten in Shanghai, damals Mandarin-Garten genannt, oder die Gärten in Suzhou.

Im November 1911 war Erna wieder in Hamburg. Von dort aus schickte sie ihrem zukünftigen Schwiegervater ein Porträtfoto nach Sumatra mit den Worten: »*Meinem lieben, verehrten Herrn Oskar Breuer dieses kleine Bild in herzlicher Freundschaft und Ergebenheit gewidmet von seiner Erna Lizzy Wolcke, Hamburg, 9. Nov. 1911*«. Im Juli 1912, Oskar war erst vor ganz wenigen Wochen »für gut« aus Sumatra nach Hannover zurückgekehrt, saß er schon im Schoße der Familie Wolcke in Hamburg. Ein Foto hielt das Ereignis fest. Ihm ist anzusehen, dass er auf diese Verbindung stolz ist: Vater Hugo Wolcke war wohlhabend und Mutter Lizzy Wolcke eine sympathische, herzliche Frau.

In seinem Brief vom April 1911 erwähnt Oskar, dass Hermann im Jahr 1913 auf Heimaturlaub gehen wird: »In ca. 1 ½ Jahren gedenkt mein lieber Junge auf Urlaub zu gehen.« Dann erwähnt er die »Liebespfeile« und setzt hinzu, als hätte Hermann ihm das mit diesen Worten anvertraut: »Erst kommt das Geschäft und dann die Liebe, sagt der schneidige Kaufmann.« Der angehende China-Kaufmann hatte Hermann Melchers versichern müssen, während der ersten beiden Kontrakte mit einer Laufzeit von vier und drei Jahren nicht zu heiraten. Ab dem dritten Kontrakt konnte ein heiratender Angestellter mit Unterstützung rechnen und zwischen einem Hochzeitsgeschenk und einer Gehaltserhöhung wählen.[10] Auf Breuer angewandt: Sein erster Kontrakt lief von 1906 bis 1910, der zweite 1910 bis 1913. Nun durfte er heiraten.

Heimaturlaub 1913

Im Frühsommer 1913 fuhr Hermann auf seinen ersten Heimaturlaub nach dem Abschied im Jahr 1906. Gleich nach der Ankunft bei seiner Familie in Hannover hat er bestimmt das Grab seiner Großmutter Auguste Breuer besucht, die am 15. Juni 1910 gestorben war; bei ihr hatte er als Kind, Jugendlicher und junger Erwachsener gelebt. Wie viel Verständnis hatte sie für das elternlose und heimatfremde Kind gehabt, hatte ihm einerseits Herzensgüte und Humor, andererseits Strebsamkeit und Härte gegen sich selbst mit auf den Weg gegeben. (Sie war ja auch die Großmutter meiner Großmutter, und diese hat mir viel von ihrer geliebten »Großmama«

erzählt.) Zum Grab auf dem Engesohder Friedhof wird ihn Augustes Tochter Johanna geführt haben, die Schwester seines Vaters, die er von jetzt an als seine »Pflegemutter« empfand. Johanna hatte Hermann schon in seiner Jugendzeit nahegestanden. Im Grab neben der Großmutter lag seine kleine Schwester Marilla, sie war nur 22 Jahre alt geworden, war nach einer Operation gestorben. Hermann hatte sie ein einziges Mal gesehen, im Jahr 1906, als er sich auf seiner Fahrt nach Shanghai in Penang mit seiner Familie traf. Hier in Hannover, im Familienumfeld und beim Wiedersehen mit dem Vater, kam ihm so recht zu Bewusstsein, dass auch seine leibliche Mutter nicht mehr lebte. Im Mai 1911 war sie in Sumatra (an Tuberkulose?) gestorben, 59 Jahre alt. Sie ruhte in einem prächtigen Grab bei Medan; Vater Oskar hatte Hermann das Foto gezeigt. Für ihn blieb sie, was sie immer gewesen war: eine ferne Erinnerung.

Hochzeit

Im Juni war offizielle Verlobung mit Erna, festgehalten im Foto »Brautleute«, eine Studioaufnahme, im Hintergrund ein Prospekt »Wald«. Die Brautleute liebten die Natur, waren sportlich, schlank und groß – Erna fast so groß wie Hermann, der über 1,80 Meter maß. Im Juli folgte eine Verlobungsreise nach Westerland auf Sylt. Erna war natürlich bei ihren Eltern untergebracht. Sie gingen schwimmen und mit den Eltern zum Kaffeetrinken nach Kampen und List.[11] Die Hochzeit fand am 28. August auf dem Standesamt in Hamburg-Uhlenhorst statt, gefolgt von der kirchlichen Trauung und einer Feier in einem großen Hotel in Hamburg. Alice, die gerade 17-jährige Cousine des Bräutigams und Verlobte seines Bruders Karl (im nächsten August, 1914, sollte sie zu ihm nach Sumatra ausreisen; sehr viel später wurde sie meine Großmutter), erinnerte sich noch 60 Jahre später mit leuchtenden Augen daran, wie schön die Braut ausgesehen habe und dass Hermann vor Glück weinte. Und weil sie das so schön erzählte, kamen auch mir beim Zuhören die Tränen.

Da Erna, mal mit, mal ohne Eltern, zeitweilig in Begleitung von Miss G. Rowley, längere Zeit in China gewesen war, Shanghai und das »deutsche« Tsingtao besucht hatte, kannte sie ihre neue Heimat bereits; auch ihre Eltern wussten, wie es im »Fernen Osten« aussah, wie europäisch es sich im International Settlement und in der Concession Française leben ließ. Sie wussten, dass im ersten Jahrzehnt des 20. Jahrhunderts mit den Bauten der Architekten Becker und Baedeker ein entschieden deutsches Element in die Stadt eingezogen war, dass es sogar ein »Deutsches Eck« gab mit dem deutschen Generalkonsulat, der deutschen evangelischen Kirche (eingeweiht am 27. Oktober 1901), der deutschen Kaiser-Wilhelm-Schule (ein Neubau war im April 1911 eröffnet worden, den Baubeginn hatte Erna im Frühjahr 1910 miterlebt[12]). Es gab das deutsche Paulun-Hospital und, für täglich, eine kleine Anzahl deutscher Ladenbetreiber, sogar zwei deutsche Schlachter, Herrn Neumann und Herrn Fütterer. Apropos Hospital: Die immer noch auch für Europäer relativ große Gefahr, in Shanghai an Pocken, Scharlach, Cholera oder typhoidem Fieber zu erkranken, gab Anlass zu ernster Sorge. Diese Krankheiten hatten vor ein paar Jahren noch an die 100 Todesfälle im Jahr unter der europäischen Bevölkerung verursacht, 1907 waren etwa 1500 Chinesen an Typhus und an Cholera gestorben.[13] Die Gefahr von Epidemien war nicht gebannt. Anders war das in Tsingtao: Dort hatte die deutsche Verwaltung eine Schwemmkanalisation angelegt und ein Wasserleitungsnetz zur Versorgung mit einwandfreiem Trinkwasser. Seit 1900, zwei Jahre nach der Inbesitznahme des Hafens durch die deutsche Marine, hatte es keine Ruhr- oder Typhusepidemie mehr gegeben.[14]

Worüber mögen sich die Gäste beim Hochzeitsessen sonst noch unterhalten haben? Ernas Eltern Lizzy und Hugo, ihr Bruder Erich und seine Frau Gaby, Hermanns Vater Oskar, dessen Schwester Johanna, ihre Tochter Alice und die Freunde. Gesprächsthema dürfte die aktuelle politische Situation in China gewesen sein: Seit der Rückkehr der Wolckes aus China war dort der Kaiser abgesetzt, Sun Yat-sen hatte am 1. Januar 1912 die Republik ausgerufen. Jetzt war Yuan Shikai der Präsident. Wie verhielten sich die beiden Männer zueinander? War es im Land sicher? Wie waren die Beziehungen zwischen Chinesen und Europäern, genauer: den Deutschen? Stimmte es, dass »Leben und Eigentum deutscher Staatsbürger während der chinesischen Revolution nicht verletzt worden waren«? Würde das so bleiben? Gab es vielleicht sogar die Gefahr eines zweiten »Boxer«-Krieges? Immerhin war das deutsche Marine-Detachment in Tsingtao verstärkt worden, das hatte viel Steuergeld gekostet.[15] Würde Deutschland die Republik demnächst anerkennen?[16] Würde Deutschland vielleicht sogar Kiautschou (Jiaozhou) an China zurückgeben? Die Debatten im Reichstag, die dazu im Jahr 1912 gelaufen waren, hatten alle verfolgt.[17] Die Sozialdemokraten (seit den Wahlen im Januar 1912 stellten sie die stärkste Fraktion) hatten Anfang des Jahres gemeint, Deutschland solle sich die neue Chinesische Republik und das große Volk der Chinesen durch die Rückgabe von Kiautschou zu Freunden machen.[18] Im Dezember referierte der Abgeordnete Noske ein Gespräch mit Dr. Sun Yat-sen, dieser wünsche sich, dass Deutschland »*sich mit dem Gedanken vertraut machen möge, Kiautschou gegen Entschädigung [...] an China zurückzugeben, dass gerade dadurch Deutschland die Möglichkeit haben würde, sich größere Sympathien in China zu erwerben*«.[19] Noske betonte, es sei wichtig, das erstarkte Nationalbewusstsein der Chinesen vor Verletzungen zu schützen. Dieses Argument und Noskes Beobachtung, in der »*vermehrten Stationierung von deutschen Soldaten erblicken wir nicht eine Förderung, sondern eine Benachteiligung deutscher Wirtschaftsinteressen in China*«, weil »*durch Entfaltung militärischer Macht die wirtschaftlichen Verhältnisse nie eine Besserung erfahren haben*«,[20] hätten von Hermann Melchers kommen können, den sicher niemand verdächtigte, Sozialdemokrat zu sein.

Spätestens als es ans Abschiednehmen ging, wird allen bewusst geworden sein, dass sie Erna und Hermann nicht so bald wieder in Deutschland sehen würden – maximal alle drei Jahre gab es ein halbes Jahr Heimaturlaub. Die beiden konnten natürlich kürzere Urlaube in Japan machen oder in China reisen. Hermann war dort schon gut herumgekommen und hatte viel davon erzählt. Am besten reiste es sich auf Flüssen und Kanälen – die Wege waren Unwege, die nur in Karren, Tragstühlen oder reitend passierbar waren. Es gab viele ziemlich schreckliche Unterkünfte, aber, nicht nur in Shanghai, auch einige gute Hotels, zum Beispiel in Dalian, in Tianjin und in Peking. Überall, wo Melchers Niederlassungen hatte, wären sie bei Kollegen willkommen, auch die diplomatischen Vertretungen nahmen sich durchreisender Landsleute an. Überhaupt führten viele Europäer ein gastfreundliches Haus. So wie Breuers es in Shanghai führen würden.

Transsibirische Eisenbahn

Über die Hochzeitsreise ist nichts bekannt, und dann meldete der *North China Herald* am 15. November 1913, Mr and Mrs H.W. Breuer seien mit dem Steamer *Sakaki Maru* aus »Tairen« (chinesisch Dalian, russisch Dalni, seit 1905 war die Stadt japanisch und hieß Dairen) in Shanghai angekommen. Daraus folgt, dass das Ehepaar Breuer mit der Transsibirischen Eisenbahn gefahren war: Den letzten *step* dieser Reise, den von Dalian nach Shanghai, machten Reisende zu der Zeit mit dem Schiff. Den ersten machte Hermann mit dem Kauf der Fahrkarten im Internationalen Reisebüro der Eisenbahn-Schlafwagengesellschaft in Hamburg. Das residierte im Luxushotel Hamburger Hof, Ecke Jungfernstieg, Große Bleichen. Die Bahnfahrt dauerte damals gut 14 Tage ab Berlin – die Alternative, eine Schiffsreise, dauerte ca. sechs Wochen. So hatten sie länger in Deutschland bleiben können. Für Breuers wird die Reise in Berlin begonnen haben, dort hielt der Expresszug der Internationalen Schlafwagengesellschaft immer dienstags; er kam schon aus Paris. Über Moskau (eine Übernachtung) ging es nach Harbin, dort teilte sich die Route, der östliche Teil führte nach Wladiwostok, nach Süden führte je eine Strecke nach Peking oder nach Dalian. Die internationalen Züge, die zu der Zeit auf der Strecke der Transsibirischen Eisenbahn fuhren, waren luxuriös, ein bisschen wie in Agatha Christies »Mord im Orient-Express«. Wie dieser Express fuhr die Transsib mit Wagen der belgischen Compagnie Internationale des Wagon-Lits. Das Zweierabteil, das Hermann und Erna bewohnten, wurde jede Nacht und jeden Morgen für sie umgebaut, vom Wohn- zum Schlafabteil und zurück. Der Zug fuhr mit Speisewagen, holzgetäfelt, beleuchtet von Kristalllüstern, Porträts des Zarenpaares an der Wand, frische Blumen in Silberväschen auf den schneeweißen Tischdecken. Im Salonwagen stand ein Klavier, und es gab eine kleine Bibliothek. Obwohl es draußen schon ziemlich kalt war – tagsüber wenig über null, nachts fiel die Temperatur immer weiter, bis sie am Ende der Reise etwa minus 15 Grad erreichte –, blieb es im gut beheizten Abteil und in den Gesellschaftswagen immer gemütlich warm.

Der erste Besuch des Ehepaares Breuer beim Firmenchef Adolf Widmann und seiner Frau Clara in der Seymour Road (Shaanxi Bei Lu) fand am 21. Januar 1914 statt. Hermann zeichnete im Gästebuch: »HW Breuer und Frau«, und Erna ergänzte: »Jetzt nicht mehr Junggeselle!«. Sie hatte offenbar den letzten Eintrag Hermanns vor seiner Abreise im Mai 1913 gelesen, dort stand: »Zum letzten Mal als Junggeselle.«

Widmanns Gästebücher

Die Widmann'schen Gästebücher – wie viel ärmer wäre meine Geschichte, wenn ich sie nicht einen hoch konzentrierten Tag lang hätte lesen dürfen! Und so fand ich sie:

Bei einem zweisamen chinesischen Abendessen in Hamburg zeigte Paula geb. Dieckmann (Tochter des Exportmanagers von Melchers Shanghai) mir Fotos von der Hochzeit ihrer Eltern. Die Hochzeit hatte am 21. Dezember 1930 in Shanghai in Widmanns Haus Oberneuland stattgefunden. Dazu gab es eine Namensliste der Hochzeitsgäste. H.W. Breuer war dabei gewesen. Als ich später die Namen noch einmal las, fiel mir auf, dass auf dem Blatt noch ein weiterer Eintrag war, datiert auf den 24. Dezember. Wieder mit dem Namenszug »H.W. Breuer«. Und ich verstand: Das war nicht nur eine Gästeliste, das war die Kopie einer Seite aus einem Gästebuch, Widmanns Gästebuch. Ob es das noch irgendwo gab? Welche Zeitspanne es wohl umfasste? Wie könnte ich es finden?

Auf meine im Mitteilungsblatt des OAV Bremen veröffentlichte Anfrage, wer noch Erinnerungen an Hermann W. Breuer habe, hatte sich ein Kontakt zu Reinhard Brendel ergeben, einem Enkel von Korff sen., interessiert an der Familiengeschichte und an der Geschichte der Firma Melchers. Als ich ihm einmal wieder von meinen Exkursionen und Plänen erzählte, stellte sich heraus: Die Gästebücher waren ihm ein Begriff – und er könnte den Kontakt zu einer Widmann-Enkelin herstellen, vielleicht würde mich das weiterbringen. Bald darauf telefonierte ich mit Frau von W., Tochter der Widmann-Tochter Anna Magdalene, genannt Annelen, über die Hermann 1965 geschrieben hatte: »Für Frau [Annelen] Steinfeldt bin ich nach dem Tode von Herrn Adolf Widmann sozusagen der ›Vater Breuer‹ geworden.«[21]

Frau von W. wollte nachfragen: Vielleicht waren die Bücher ja noch bei den Nachfahren in Berlin, vielleicht aber auch schon in Südamerika, beim letzten Träger des Namens Widmann. Ich überlegte, ob ich einen Flug buchen müsste. Aber sie waren noch in Berlin. Die dortige Familie fertigte digitale Kopien von den vier fragilen Bänden an, und die durfte ich ansehen: Adolf und Carla Widmann hatten ihre Gästebücher von 1910 bis 1936 in Shanghai und weiter bis ca. 1956 in Bremen geführt. Es war ein Shanghai-mäßig heißer Sommertag im Juni 2017 (mit abschließendem Tropengewitter; die Deutsche Bahn stellte ihren Betrieb ein), an dem ich in ein fernes gesellschaftliches Leben eintauchte. Melchers-Teilhaber und -Mitarbeiter, chinesische Geschäftspartner und Mitarbeiter, Diplomaten, Kapitäne, Geistliche, Hausbesuch, manches Mal ein wesentlicher Teil der Deutschen Gemeinde, hatten sich schwungvoll auf den Seiten eingetragen. Sie waren zu großen gesellschaftlichen Anlässen und zu ganz privaten Treffen zusammengekommen. Bemerkungen, kleine Gedichte, kleine Skizzen gaben Anhaltspunkte, manchmal war die Zusammenstellung der Gäste aussagekräftig. Und Hermann Breuer hatte sich ganz besonders oft eingetragen. Eine wunderbar bunte Lektüre für mich, die ich die meisten der Gäste »kannte« und ihnen hier begegnen durfte.

Auch in der Gegenwart des Juni 2017 empfing mich Widmann'sche Gastfreundschaft, jetzt in Hildesheim, sorgte für Transfers zum Bahnhof – für die Rückreise dann zum Busbahnhof –, für leckere Stärkung zwischendurch und für sehr viel Selterwasser mit Zitrone. Zum Abschluss gab es gefilmte Sequenzen aus dem Shanghaier Garten der Widmanns.

In Shanghai zu Hause

In Shanghai wohnten Breuers im International Settlement, Yang Terrace Nr. 3, die ging von der Weihaiwei Road ab. Wann genau sie dahin zogen, ist nicht dokumentiert. In den Hong-Listen sind sie erst in den Jahren 1916 bis 1918 aufgeführt. Im Dezember 1915 schickten Mr und Mrs Breuer zur Beerdigung eines Engländers, der in Nr. 1 Yang Terrace gewohnt hatte, einen Kranz – ein Nachbar? Vielleicht wohnten sie, während sie noch auf Wohnungssuche waren, in der 2. Etage des Melchers-Hong am Französischen Bund, in den Räumen für deutsche Angestellte.[22] Wahrscheinlich waren sie gar nicht oft zu Hause, sondern genossen das gesellschaftliche Leben, Sport, Tanz, Musik, Einladungen. Die Menschen, die Erna schon kannten, sollten sie als Hermanns Frau wiedersehen, den anderen musste sie vorgestellt werden. Freunde und Bekannte trafen sie im deutschen Club Concordia, der 1907 sein neues Gebäude bezogen hatte (Damen waren üblicherweise nur in männlicher Begleitung zugelassen, manchmal gab es besondere Essen mit Damen), im Deutschen Gartenclub mit seinen Tennisplätzen und der Rollschuhbahn, im Deutschen Reiterverein (ritt Erna? Ich weiß es nicht). Den gesellschaftlichen Highlights fügte die kleine deutsche Gemeinde die Feiern zum Geburtstag des Kaisers im Januar hinzu (die Feiern wurden immer aufwendiger), im Februar den jährlichen Maskenball des Club Concordia, ein oder zwei Amateur-Theateraufführungen. Der internationale gesellschaftliche Verkehr lief weiter mit seinen Bällen, Dinners, Schiffsankünften, den Treffen im englischen Shanghai Club und den Übungen des Shanghai Volunteer Corps. Alles war wie bei Hermanns Abreise im Frühsommer. Und trotzdem ...

Eine neue deutsche Gemeinde

Trotzdem muss Hermann bald bemerkt haben, dass der Ton unter den Deutschen sich verändert hatte. Sie rückten näher zusammen: Er war noch keine 14 Tage zurück in Shanghai, da tagte ein 24-köpfiger Ausschuss unter dem Vorsitz von Generalkonsul Knipping. Die Anregung dazu kam ursprünglich von Karl Blickle, einem Kaufmann, der in den vergangenen 17 Jahren seine Erfahrungen mit den Möglichkeiten und den Grenzen des deutschen Gemeinschaftsgeistes gemacht hatte. Er war mit der Führung verschiedener Kassen betraut gewesen (zeitweilig betreute er sogar alle gleichzeitig), die die allgemeinen Angelegenheiten der Deutschen aus freiwilligen Spenden finanzierten: Schule, Kirche, Unterstützungsfonds, Seemannsheim, Flottenverein und Marinekasino konkurrierten um Freigebigkeit. Blickles Idee war es, ein deutsches Gemeinwesen zu organisieren. Die »Deutsche Vereinigung« (Handelskammer) hatte sich dieser Idee angenommen. Im Zentrum stand die Erhebung einer freiwilligen Abgabe, deren Höhe sich an der gestaffelten Vermögens- und Einkommensteuer des Reiches orientieren sollte. Vor allem aber mussten sie sich darauf einigen, was künftig aus Gemeindegeldern zu finanzieren sei. An Vorschlägen und Gegenvorschlägen fehlte es nicht: Wenn die evangelische deutsche Kirche finanziert würde – sollte es nicht auch eine katholische geben? War das Marinekasino zu Recht auf der Liste? Sollten die deutsche Kompanie im SVC, der Theaterverein, der Männerchor institutionell finanziert werden? Der Ausschuss setzte einen Unterausschuss ein.[23] Herr Fink, Herausgeber des *Ostasiatischen Lloyd*, begleitete den Prozess publizistisch, und es erschien im Januar 1914 eine Fülle temperamentvoller Leserbriefe in den *Shanghaier Nachrichten*, der Beilage zum *OAL*, die die Anteilnahme der zukünftigen Gemeindemitglieder belegen. Die Festrede zu Kaisers Geburtstag (27. Januar) von Dr. Zimmermann, Oberlehrer an der Kaiser-Wilhelm-Schule, formulierte die Stimmung der Zeit so: »*[...] dass der Deutsche sein Volktum im Ausland nicht mehr aufgebe, sondern dass er anfange, unter seinen Landsleuten in der Fremde deutsche Ausdrucksformen auf allen Gebieten herauszubilden. Ein solches Ziel sei erst möglich geworden, seitdem zum Schutze der deutschen Interessen auf allen Meeren die deutsche Kriegsflagge wehe.*«[24]

Am Freitag, dem 22. Mai 1914, kamen ca. 650 vermögende bzw. gut verdienende deutsche Männer in Shanghai zu einer Versammlung in der großen Halle des Concordia Clubs zusammen. Blickle, der Initiator, lobte die Opferwilligkeit der Shanghai-Deutschen, erinnerte die Anwesenden aber auch daran, wie oft die vielen Sammellisten ihren Unmut hervorgerufen hätten. Die neue Gemeinde würde die Beiträge gerechter auf den Schultern aller Deutschen verteilen, die Firmenbeiträge ergäben bereits einen guten Sockel, und die deutschen Einrichtungen wären so finanziell dauerhaft sichergestellt und besser kontrolliert: Kostenvoranschläge und -verwendungen würden von der Gemeindeverwaltung geprüft werden, der Haushalt in den Versammlungen beschlossen.[25] Blickle appellierte an den Patriotismus der Shanghai-Deutschen, indem er mit den Worten schloss: »*Lassen Sie uns unserer Heimat und unseren Mitbürgern hier durch freiwilligen Beitritt zu einer Gemeinde beweisen, dass wir echte Deutsche und uns unserer nationalen Pflicht bewusst sind. Lassen Sie uns hier etwas schaffen, was vorbildlich ist, nicht nur für Shanghai und ganz China, sondern auch anderen über die ganze Welt zerstreuten Deutschen als Vorbild dienen mag.*«[26] An diesem Abend wurde die Deutsche Gemeinde gegründet, 299 der Anwesenden wurden sogleich Mitglied. Vorsitzender war, qua Amt, der Generalkonsul. Obwohl eigentlich nur die bereits existierenden wohltätigen Kassen, die sich bisher Konkurrenz gemacht hatten, nun eine einheitliche Struktur bekamen, könnte dieser Schritt als Frontbildung der Deutschen interpretiert worden sein.

Schon Anfang des Jahres 1913 hatte die Deutsche Vereinigung (Handelskammer) unter ihrem Vorsitzenden Carl Michelau eine »Denkschrift zur Förderung des Deutschtums in Shanghai« fertiggestellt. Die Denkschrift war ein Konzept für eine wirtschaftliche und kulturpolitische Offensive des Deutschen Reiches in China. Und der dringende Aufruf zu einer solchen. Von »Kampf« und von »Eroberung« ist die Rede;[27] die wirtschaftlichen Konkurrenten werden als »Gegner« bezeichnet: »Natürliche Vorteile unserer Gegner« heißt ein Kapitel, das nächste »Leistungen unserer Gegner«.[28] Die Schrift wurde dem Ostasiatischen Verein Hamburg-Bremen auf seiner Sitzung am 29. Januar 1913 übergeben. Sie sollte zunächst an den Flottenverein, den Hansa-Bund, den Alldeutschen Verband und an die Colonial-Gesellschaft verteilt werden.[29] Die gedruckte Ausgabe von 4000 Exemplaren erschien dann im April/Mai 1913 und wurde in Deutschland an die Mitglieder des Reichstages, an Handelskammern, Industrieverbände, Großbanken und Zeitungen gegeben und in Ostasien an die deutschen Konsulate, an Missionare und Schulen.[30] Da wussten dann auch die »Gegner« Bescheid.

Wehrpflicht von Auslandsdeutschen

Es musste Hermann und anderen Betroffenen auffallen, dass man sich im Laufe des Jahres 1913 im Kriegsministerium in Berlin über die Wehrpflicht von Auslandsdeutschen und die Einberufung von Beurlaubten Gedanken gemacht hatte. Hermann hatte gerade in Hamburg Verlobung gefeiert, als der Reichstag einer Finanzierung der »Heeresvorlage« zustimmte (30. Juni 1913) – die unter anderem vorsah, die Friedensstärke des Heeres um 136000 Mann aufzustocken. Dann waren im Oktober 1913 die Regelungen, die für den Fall einer Mobilmachung gelten sollten, im *Ostasiatischen Lloyd* veröffentlicht worden: »*Von besonderer Wichtigkeit für Angehörige des Beurlaubtenstandes, die im Ausland leben, ist der § 59 des Gesetzes, der mit Gültigkeit vom 1. Januar 1914 folgende Vorschriften enthält: ›Im Frieden können Offiziere, Beamte und Mannschaften der Reserve, der Ersatzreserve und der Landwehr ersten Aufgebots […] auf zwei Jahre beurlaubt werden. Weist der Beurlaubte durch Bescheinigung des Gouverneurs oder des Konsuls nach, dass er sich in dem Schutzgebiet oder im Ausland eine feste Stellung als Kaufmann, Gewerbetreibender usw. erworben hat, so kann der Urlaub zur Entlassung aus dem Militärverhältnis verlängert werden. […] Hat der Beurlaubte die feste Stellung in einem außereuropäischen […] Land erworben, so kann er auch von der Verpflichtung der Rückkehr im Falle der Mobilmachung befreit werden.*«[31] Carl Schmidt oder ein Melchers-Kollege wird den Artikel für Breuer aufbewahrt haben. Für ihn galt wohl: Er würde im Fall einer Mobilmachung nicht nach Deutschland einberufen werden. Aber wie wäre das bei einem Angriff auf Tsingtao?

1 Die Moritat verfassten HWBs Schwägerin Alice und seine Nichten Hanni und Liesel Breuer zu seinem Geburtstag am 7.1.1959.

2 Adalbert Korff sen. in Erinnerung an seine China-Zeit in den 1880ern. Memoiren, S. 99. MA.

3 Ancestry.de.

4 »... singen habe ich nie gekonnt – wohl laut, aber stets falsch.« HWB 16.11.1947 an Nele.

5 *OAL*, 4.3.1910.

6 Zeitungsnotiz über den Ankauf des Geländes: 12.10.1910. MA, Sonderstandort 1, Firmennachrichten, Bd. 1.

7 Heineken, Tagebuch meiner Reise, am 29.9.1910, S. 165.

8 Heineken, Tagebuch meiner Reise, am 16.10.1910, S. 202–203.

9 Zeitungsnotiz: MA, Sonderstandort 1, Firmennachrichten, Bd. 1.

10 CGM, China-Firma, S. 24, MA.

11 HWB 14.7.1965 an Nele, als sie dort Urlaub machte.

12 Baubeginn Schule: Warner, Deutsche Architektur, S. 104.

13 Twentieth Century Impressions, S. 435.

14 Prager, Deutsches Erbe, S. 80.

15 11. Dezember 1912, http://reichstagsprotokolle.de/Blatt_k13_bsb00003353_00442.html.

16 Deutschland erkannte die Republik China im Oktober 1913 an.

17 http://www.reichstagsprotokolle.de/Sach_bsb00003392_000779?pos=3&suche=stichwort:kiautschou.

18 17. Februar 1912, http://reichstagsprotokolle.de/Blatt_k13_bsb00003350_00103.html.

19 11. Dezember 1912, http://reichstagsprotokolle.de/Blatt_k13_bsb00003353_00443.html.

20 Alle Zitate: 11. Dezember 1912, http://reichstagsprotokolle.de/Blatt_k13_bsb00003353_00443.html.

21 HWB 3.9.1965, Empfehlungsschreiben an Hans Georg Bennecke, Leiter des Wirtschaftsreferates am GK Kobe.

22 Notiz, Rückseite eines Fotos vom alten Melchers-Hong. MA, Firma Melchers Kasten 4, Mappe 4.

23 ... dem u.a. angehörten: Generalkonsul Knipping, der Vorstandsvorsitzende der Deutsch-Asiatischen Bank, der Präses des Clubs Concordia, je ein Teilhaber der Firmen Melchers (Carl Michelau) und Carlowitz und der Herausgeber des *Ostasiatischen Lloyd*, Herr Fink.

24 *OAL*, *Shanghai Nachrichten*, 6.2.1914, S. 37–39.

25 *Schweinfurter Tageblatt*, vom 8.7.1914, ZA 5121/13, Signatur EZA 5/3156.

26 *OAL*, zitiert nach *Bühnenspiegel im Fernen Osten*, Jahrgang 2 (1927/28), Heft 2, S. 168–169. Stefan Manz, German Diaspora, S. 196.

27 »... *den chinesischen Markt für die deutsche Industrie zu erobern [...] den Kampf gegen die Vorherrschaft der englischen Sprache in Ostasien aufzunehmen*«. Briessen Institutionen, S. 52.

28 Denkschrift: GStA PK, HA Rep. 120 MfHuG, Abt. C XIII 18, Nr. 1, Bd. 24. Kapitelübersicht in: http://d-nb.info/361398581/04, am 5.11.2020.

29 Akten des OAV, Staatsarchiv Hamburg. Signatur 613–4/15, Band 8: Alte Jahresberichte Chinesische Kommission, Protokoll der 91. Sitzung am 29. Januar 1913.

30 Jahresbericht der Deutschen Vereinigung, in: *Shanghaier Nachrichten*, Beilage zum *OAL*, 27.3.1914. Das Vorwort der gedruckten Ausgabe ist datiert auf April 1913.

31 *OAL*, 31.10.1913.

1914 - 1918
»Germany on her knees«

13. November 1918, Waffenstillstand

Das Glockenläuten hatte kurz nach Mitternacht begonnen, und bis zum frühen Morgen waren die Feuerwehren mit ihrem Geläut durch das International Settlement und die Französische Konzession gerast. So hatten sie die Botschaft vom Waffenstillstand verbreitet.[1] Siegesglück – der anderen. Am Morgen dann die Schlagzeile: »The Allied Terms Accepted / Armistice signed / Germany Gives In«,[2] und tags darauf, am 13. November, meldeten die *North China Daily News*: »Germany on her Knees«. Das war final. Als die deutsche Zeitung in englischer Sprache *The War* am 27. März 1916 triumphiert hatte: »England on her Knees«,[3] war das nur eine Momentaufnahme gewesen. Nun gab es schon lange keine deutsche Zeitung mehr in Shanghai.

Es tut mir sehr Leid, mein lieber Karl, dass der Anlass für mein heutiges Schreiben nicht ganz angenehm ist.
Hermann Breuer an Bruder Karl, 13. November 1918

Jetzt lagen an der Ecke Bund und Jinkee Road (Dianchi Lu) bunte Glassplitter auf der Straße: die zerschlagenen Buntglasfenster des deutschen Clubs Concordia.[4] Hermann stand im Public Garden am Bund und beobachtete, wie chinesische Straßenkehrer sie zusammenfegten. Dann würde auch das vergessen sein. Glück und Glas. Was war passiert? Am Vorabend zwischen 8 und 9 Uhr hatten britische und amerikanische Matrosen im Waffenstillstandstaumel beschlossen, eine kleine *show* vor dem Gebäude des ehemaligen deutschen Clubs zu veranstalten. Auf der Veranda verbrannten sie eine Puppe, die den deutschen Ex-Kaiser darstellen sollte. Dann drangen sie in das versiegelte Gebäude ein und zerbrachen alles, was zerbrechlich war – darunter eben auch mehrere der farbigen Glasfenster (bemalt mit den Wappen aller Nationen) –, bis sie schließlich zum Reichsadler gelangten, der den Giebel schmückte. Sie stürzten ihn auf das Straßenpflaster.[5] Zerbrochene Beziehungen, zerbrochene Perspektiven.

Eigentlich durfte Hermann sich gar nicht am Bund aufhalten: Seit August des Jahres war es Deutschen nur noch gestattet, die Uferstraße vom Schiffsanlegeplatz kommend zu überqueren; flanieren durften sie dort nicht. Weil sie »moralisch Aussätzige« seien, so war in dem entsprechenden

Erlass des britischen Generalkonsuls zu lesen gewesen, in der Tageszeitung.[6] Würde ihn wirklich einer der Freunde von einst des Platzes verweisen, wenn er hier herumlief? Hermann blieb noch ein bisschen im Public Garden. Sorgen sortieren. Vom Park aus schaute er auf das Gebäude des deutschen Concordia Clubs. Wendepunkte der letzten zwölf Jahre hatte er in diesem seinem Club erlebt: die Einberufung der Soldaten nach Tsingtao, die Gründung der Deutschen Gemeinde Shanghai. Und die rauschenden Feste – Silvester, Karneval, Kaisers Geburtstage.

Rückblick: Kaisers Geburtstag, 27. Januar 1914

Die Geburtstagsfeiern begannen immer schon am Vortag. Ein bisschen wie Weihnachten. Nachmittags in der Kaiser-Wilhelm-Schule sang der Schülerchor »Vater, kröne du mit Segen«, und nach vaterländischen Gedichten endete die Veranstaltung mit dem gemeinsamen Gesang von »Heil dir im Siegerkranz«. In den Mittelpunkt seiner Festrede 1914 hatte Oberlehrer Dr. Zimmermann die deutsche Kriegsflotte gestellt und gesagt, dass Deutschland die Präsenz auf allen Meeren dem Kaiser persönlich verdanke. Das hatte auch die drei Kommandanten und die Offiziere der Kriegsschiffe *Emden*, *Otter* und *Iltis*[7] angesprochen, die gerade Shanghai besuchten und an der Feier teilnahmen. Beim abendlichen Fackelzug mit Zapfenstreich der deutschen Kompanie des Freiwilligenkorps war Breuer mitmarschiert. Dem Zug hatten sich Matrosen der Kriegsschiffe und Angehörige der Deutschen Gemeinde angeschlossen. Angeführt von der Stadtkapelle und den Kapellen der *Iltis* und der *Emden*, waren sie vom Rennplatz aus durch die Nanking Road marschiert, den Bund hoch über die Garden Bridge bis zum Deutschen Generalkonsulat. Dort spielte die Kapelle das Deutschlandlied. Auf Terrasse und Balkonen des Clubs warteten dann schon Angehörige aller Nationen auf die Prozession. Es sprachen der Führer der Deutschen Kompagnie und der Vorsitzende des Stadtrats, Sir Edward Pearce, und beide lobten die Deutsche Kompanie: Für Shanghai seine Pflicht tun hieße dem Kaiser treu sein, sagte der Deutsche, und der Engländer lobte die Kompagnie als besonders professionell, viele der Freiwilligen seien ausgebildete Soldaten – dann brachte er ein Hoch auf den deutschen Kaiser aus.

Sir Edward war jetzt, vier, fast fünf Jahre nach diesem unbeschwerten Feiertag, immer noch Vorsitzender des Stadtrats. Hatte Hermann erfahren, dass Pearce' einziger Sohn in Frankreich gefallen war?[8]

In den von der Kapelle gespielten Choral mischte sich das Knistern der vor dem Club aufgeschichteten ausbrennenden Fackeln. Um Mitternacht unterbrachen alle Gespräch und Tanz, um im großen Speisesaal mit dem Präsidenten des Clubs, Herrn Stepharius, auf das Wohl des Kaisers anzustoßen, dessen neues Lebensjahr gerade anbrach, mal abgesehen von der Zeitverschiebung.

Am nächsten Tag wurden die Feierlichkeiten mit einem Festgottesdienst fortgesetzt: Der Pastor predigte, dass sie hier in Shanghai an einem nationalen Heiligtum arbeiteten, dem guten deutschen Namen. Den anschließenden Empfang im Generalkonsulat besuchten Vertreter der anderen Weststaaten, Japans, der Shanghaier Stadtverwaltung, der chinesische Fremdenkommissar und Chinesen aus Verwaltung und Geschäftswelt, die deutschen Firmenchefs und Angehörige der Deutschen Gemeinde. Im Club Concordia ging das Feiern weiter, Stepharius erinnerte mit einer Art Grundsatzrede an die »Einigung Deutschlands aus Blut und Eisen«, an das »machtvolle Heer« und die »starke Flotte« – ein Rückgrat, das Deutschland dem Kaiser zu verdanken habe, und er hob hervor, was »*das Wirken seiner Majestät besonders uns Auslandsdeutschen so lieb und verehrungswürdig macht und den Kaiser auch in den Augen der im Ausland lebenden anderen Nationen so hoch stellt: [...] Vor allem das vollkommene Aufgehen in dem Zug unserer Zeit, der handelspolitischen und industriellen Entwicklung der Völker*«. Für den Nachmittag war zum Besuch der drei deutschen Kriegsschiffe eingeladen, und abends fand im Club Concordia ein deutsches Essen an einer festlich geschmückten Tafel statt. Alle Würdenträger, der Generalkonsul, der Clubpräsident, Prinz Franz Joseph von Hohenzollern (er tat auf der *Emden* Dienst), Michelau als Vorsitzender der Deutschen Vereinigung usw. bis zum Postrat saßen am Quertisch und 130 Herren an den Längstischen. Dort war auch für Breuer Platz. Generalkonsul Knipping brachte in seiner Rede das deutsche Zeitgefühl auf den Begriff »Vorwärts« – mit dem Handel, der Industrie, den Künsten. Er zitierte noch einmal, was Kaiser Wilhelm den Kaufleuten vor einem halben Jahr, August 1913, in Lübeck versichert hatte: »Ich schütze den Kaufmann. Sein Feind ist mein Feind.« Am Abend führten die Matrosen der drei Kriegsschiffe ihr »Kaiserfest« im Theatersaal des Astor Hotels vor: Akrobatik, Vorträge, Fackelschwingen, Theatersketche bis Mitternacht. Schlag auf Schlag. Getanzt wurde bis in den Morgen hinein.[9] Rückblickend wunderte sich Hermann, in welch hohem Maß jede Nation die starken Worte der jeweils anderen akzeptiert hatte. Und warum inmitten von Freunden so oft von Feinden die Rede war.

Jetzt, am Ende des Krieges, gab es in Deutschland Aufstände, angeblich sollte Deutschland eine Republik sein.[10] Oder werden. Mit oder ohne Kaiser? Hatte Wilhelm II. wirklich abgedankt? Befand er sich noch im belgischen Spa?[11] Kein Mensch konnte wissen, wie es weitergehen würde, die Deutschen in China schon gar nicht. Wenn die Wut, die sich in der letzten Nacht gezeigt hatte, auf die deutschen Verlierer niedergehen würde, war vom kommenden Frieden erst mal nicht viel Gutes zu erwarten.

Rückblick: Der Beginn des Krieges

Wann hatten sie hier begriffen, dass es wirklich Krieg geben würde? Nach unruhigen Tagen im Juli 1914 warteten alle am Sonnabend, dem 1. August, auf den Ablauf des deutschen Ultimatums an Russland.[12] Generalkonsul Knipping hatte den Mobilmachungsbefehl veröffentlicht und die deutsche Reserve-Mannschaft in das Generalkonsulat bestellt.

Von seinem Standort im Public Garden aus konnte Hermann das Konsulatsgebäude gut sehen, es lag gegenüber, auf der anderen Seite des Wusong. Aber es war nicht mehr das Gebäude des Deutschen Generalkonsulats. Im Frühjahr 1917 hatten die Chinesen die diplomatischen Beziehungen zu Deutschland abgebrochen und die deutschen Diplomaten nach Hause geschickt. Von da an wurde Deutschland konsularisch durch die Niederlande vertreten.

Am 1. August 1914 waren die ersten 40 deutschen Reservisten nach Tsingtao abgereist. Wenn Hermann jetzt an die Abfahrt der Deutschen mit dem Abendzug zurückdachte, erinnerte er eine große, eine erhebende Kundgebung für die scheidenden Freunde und für das ferne Vaterland. Freunde aller Nationalitäten waren gekommen, um Lebewohl zu sagen. Auch die Engländer, denn wer dachte an einen Krieg mit England? Sie hatten »Deutschland, Deutschland über alles« gesungen und »Die Wacht am Rhein« und auf dem Bahnhof unter Hurrarufen eine riesige schwarz-weiß-rote Flagge geschwenkt. Kurz vor Abfahrt des Zuges war dann Herr Fink erschienen, der Herausgeber des *Ostasiatischen Lloyd*. Er las die neuesten Depeschen aus Deutschland vor und rief dann: »Und wenn Russland nicht nachgegeben hat, ist in dieser Stunde der Krieg erklärt.« Dem folgten mehr Hurrarufe und »Es braust ein Ruf wie Donnerhall« und, als der Zug abfuhr, noch mal »Die Wacht am Rhein«. Am nächsten Tag, dem Sonntag, wurden die in Shanghai verbliebenen Gestellungspflichtigen, Ersatzreservisten und der Landsturm, wieder ins Konsulat bestellt, und sie wurden instruiert, »hier inmitten einer internationalen Gesellschaft, von der die Mehrzahl in den nächsten Tagen wahrscheinlich zu unseren Feinden gehören würde«, ihre patriotischen Gefühle nicht zu sehr zu zeigen, laute Kundgebungen wie am Vortag auf dem Bahnhof des neutralen China zu unterlassen. Am 5. August (inzwischen hatte Deutschland Frankreich den Krieg erklärt und war in Belgien einmarschiert, worauf England Deutschland den Krieg erklärte) wurde den noch in Shanghai verbliebenen Gestellungspflichtigen im Deutschen Club befohlen, möglichst noch in derselben Nacht nach Tsingtao aufzubrechen.[13] So geschah es.

Hermann gehörte zu den in jeder Hinsicht militärisch Qualifizierten: 28 Jahre alt, einjährig gedient, Mitglied des Shanghai Volunteer Corps. Wahrscheinlich wäre er gern mit den Gleichaltrigen aus dem Volunteer Corps, dem Bootsclub, dem Club Concordia »ins Feld« gezogen. Aber nach den Einberufungsbestimmungen konnte Melchers ein Veto einlegen und

Mitarbeiter für unabkömmlich erklären. Fast 50 % der Melchers-Mitarbeiter wurden nach Tsingtao eingezogen,[14] und zwar überwiegend solche, die deutlich weniger Jahre für die Firma gearbeitet hatten als er. Anderen jungen Kaufleuten mit ähnlicher Vita war es ähnlich ergangen: Eduard Grösser, ein Jahr älter als Breuer und Niederlassungsleiter von Arnold, Karberg & Co. in Peking[15], hatten sie aus Tsingtao zurück nach Peking geschickt, ihn aufgefordert: »bleiben Sie gefälligst zu Hause und sorgen Sie dafür, dass der deutsche Handel ohne Schaden aus der Misere kommt.«[16] Den Handel auf die Dauer vor Schaden zu bewahren, hatte sich schon bald als eine unlösbare Aufgabe erwiesen.

Die Einberufungen hinterließen fühlbare Lücken: Die Redaktion des *Ostasiatischen Lloyd* war ohne Mitarbeiter, alle Lehrer der Kaiser-Wilhelm-Schule waren eingezogen, nur zwei Lehrerinnen übrig geblieben. Die Tongji-Universität musste ihre Tätigkeit stark einschränken.[17] Pastor von Probst, der Anfang November mit anderen ausgewiesenen Deutschen aus Hongkong nach Shanghai kam, übernahm die Schulleitung und die Redaktion des *Lloyd*.[18]

Das japanische Ultimatum

Am 15. August (1914) forderte Japan das Deutsche Reich auf, alle seine Kriegsschiffe aus chinesischen und japanischen Gewässern abzuziehen und Tsingtao den Japanern zu übergeben. Die Frist würde am 23. August ablaufen. Die Bedingungen schienen unannehmbar. Das bedeutete Krieg mit Japan, Krieg in Tsingtao. Mit dem Ruf »Zu den Fahnen« wurden die Mitglieder der Deutschen Gemeinde zu einem Treffen am 22. August 1914 eingeladen.[19] Um 4 Uhr nachmittags, wenige Stunden vor Ablauf des Ultimatums, trafen sie sich im Club Concordia. Die Gründung eines Tsingtao-Hilfsfonds war schon gut vorbereitet. Es ging zunächst um Unterkünfte für die aus Tsingtao und überhaupt aus Shantung Flüchtenden. Einige Familien konnten privat untergebracht werden, einige im Seemannsheim; vier Familien mit erkrankten Kindern wurden im Club Concordia einquartiert und die meisten schließlich auf der *Mei-dah*, dem Yangtse-Boot, das der Norddeutsche Lloyd zur Verfügung stellte. Auch auf der *Sikiang* der Hamburg-Amerika-Linie wohnten Familien; im dortigen Speisesaal wurden eine Schule und ein Kindergarten eingerichtet. Lehrerinnen und Betreuerinnen stellten sich ehrenamtlich zur Verfügung. Gebraucht wurde alles: Spielzeug, Lehrmaterialien, Verpflegung, Textilien und Möbel. Und ein Tender, um Schüler und Lehrerinnen jeden Tag zum Unterricht auf der *Sikiang* zu bringen. Heinz Figge, Direktor der Deutsch-Asiatischen Bank, wurde Vorsitzender des Fonds; er spendete sofort (und dann kontinuierlich) große Summen; Michelau und Frau Widmann zeichneten hohe Spendenbeiträge. Breuer hatte ebenfalls schon beim ersten Treffen und von da an regelmäßig so großzügig wie ihm irgend möglich zum Hilfsfonds beigetragen. Das war eine Frage der Ehre – und des Prestiges, denn die Namen der Spender und die von ihnen gezahlten Summen wurden im *Ostasiatischen Lloyd* veröffentlicht. Nur wenige spendeten anonym.[20]

Zuerst hatten die Badegäste vorzeitig Tsingtao verlassen, dann kamen die ersten Flüchtlinge und dann die Nachrichten über deutsche Gefallene. Auch zwei Melchers-Kollegen waren dabei.[21] Am 9. November wurde der Fall Tsingtaos bekannt gegeben. Eigentlich hatten sie von Anfang an keine Chance gehabt: »Tsingtao ist gefallen, obwohl es geschickt und mutig verteidigt wurde, so wie es fallen musste, und das war's«, kommentierte der *North China Herald*, als sei es ein sportlicher Wettkampf gewesen.[22]

Der Fall Tsingtaos

Fast 5000 deutsche und österreichische Soldaten wurden in japanische Kriegsgefangenschaft abgeführt.[23] Seither lebten sie in den Lagern Fukuoka, Kurume, Nagoya und vielen anderen. In Bando war erst im April 1917 ein neues Lager eingerichtet worden, etwa 1000 Kriegsgefangene lebten jetzt dort. Soweit Hermann durch Mitteilungen an den Hilfsfonds wusste, herrschten ganz erträgliche Zustände. Der Tsingtao-Hilfsfonds war inzwischen als Hilfsgesellschaft nach der Haager Landkriegsordnung registriert und durfte regelmäßig Kleidung, Bücher, Nahrungsmittel, Medikamente in die Lager schicken. Auch wenn Hermanns Situation als Deutscher in Shanghai jetzt schwierig war – er musste froh sein, dass er nicht in einem japanischen Gefangenenlager saß.

Internationale Gesinnung im Settlement

Zu Beginn des Krieges hatte in Shanghai noch die gewohnte internationale Gesinnung geherrscht. So fand der britische Beisitzer im Gemischten Gerichtshof warme Worte des Gedenkens an den in Tsingtao gefallenen Kollegen, den österreichischen Dolmetscher Paul Harding-Kilmanek. Der Brite würdigte dessen geistige Gaben, Liebenswürdigkeit und Hilfsbereitschaft.[24] Weltbürgerliche Solidarität, sozusagen. Vielleicht hatten sie im Shanghai Municipal Council gefürchtet, den Chinesen könnte offene Uneinigkeit der Westler ganz gelegen kommen? Des Öfteren hatte Breuer von Engländern oder Schotten gehört, Shanghai sei doch eine kosmopolitische Stadt und die verschiedenen Nationalitäten lebten hier friedlich miteinander. Wenn auch zu befürchten sei, dass dieser Friede in der kommenden Zeit wie noch nie zuvor auf die Probe gestellt werden würde.[25]

Die beiden US-amerikanischen, also noch neutralen, Vertreter im neunköpfigen Stadtrat und die sechs Briten beschworen die *european heritage*. Eigentlich war allen, außer dem britischen Generalkonsul Sir Everard Home Fraser, ein deutscher Europäer im Rat lieber als ein Japaner, auch wenn der zu ihren Alliierten gehörte. Und so wurde Heinz Figge (bisher stellvertretender Vorsitzender) zu den Wahlen Anfang 1915 wieder aufgestellt und auch gewählt.[26] Der Stadtrat genehmigte noch im Oktober 1915 die Gründung einer österreichisch-ungarischen Kompagnie des Freiwilligenkorps; die wegen des Abzugs nach Tsingtao dezimierte Deutsche Kompagnie wurde wieder auf 85 Mann ergänzt. Der *OAL* betonte daraufhin, dass in Shanghai »die feindlichen Nationen Seite an Seite unter Waffen stehen«.[27] Aber im Jahr 1916 nahmen die verbliebenen 51 aktiven Deutschen nicht mehr an der Parade und am November-Camp teil;[28] sie exzerzierten auch nicht mehr gemeinsam mit den Kameraden.[29] Britische Offiziere beantragten, die Deutsche Kompagnie solle aufgelöst werden. Der Antrag fiel im Stadtrat durch.[30] Erst 1917 wurde die deutsche Kompanie aufgelöst, die Waffen mussten abgegeben werden.

Seit dem 7. August 1914 galt der »Trading with the Enemy Act«, der britischen Firmen den Handel mit dem Feind verbot. Die britischen Kaufleute in Shanghai befürchteten gravierende Nachteile für den eigenen Einfuhrhandel, der häufig über deutsche Vertriebsfirmen lief. Überhaupt waren die privaten und die Geschäftsbeziehungen so verwoben, dass ein Auseinanderbrechen nur Verlust auf beiden Seiten bedeuten konnte. Der britische Gouverneur in Hongkong bat, das Gesetz maßvoll auslegen zu dürfen, er befürchte sonst wirtschaftlichen Schaden für alle Hongkonger Firmen. London antwortete: »Befehle ausführen.«[31] Mehr noch: Nicht britische Firmen, die mit Deutschen Handel trieben oder Deutsche beschäftigten, sollten von britischen Firmen boykottiert werden.

Hermann wurde kalt im Park, er warf noch einen Blick auf das Haus des Bootsclubs – seit 1916 hatte es keine Regatten mehr gegeben. Als Deutscher wäre er sowieso nicht erwünscht gewesen. Und schon 1915 hatte der Lesmona-Vierer-Wettbewerb des Bootsclubs nicht mehr stattgefunden. Der von Hermann Melchers gespendete Pokal war obsolet.[32] Flotten Schrittes ging er den Bund entlang nach Süden.

In der Kronkolonie Hongkong

Er dachte an Adolf Widmann, Shanghailänder seit 1899, seit 1908 Teilhaber von Melchers, bei Kriegsausbruch Leiter der Melchers-Niederlassung in Hongkong. Falscher Ort, falsche Zeit. Um den 21. Oktober war aus London die Instruktion gekommen, deutsche Firmen zu liquidieren und die Deutschen auszuweisen bzw. die unter 45-jährigen Männer als Kriegsgefangene zu internieren. Die Engländer hatten Widmann interniert und nach Australien gebracht. Anfang November 1914 war sein Brief angekommen, eine Internierung stehe kurz bevor, er müsse sich am kommenden Sonntag in das Internierungslager »begeben«. Widmann war 35 Jahre alt, also im waffenfähigen Alter, bis 1906 im SVC aktiv gewesen. Als nicht gedienter Landsturmmann, der letzten von drei Qualifikationsstufen für den aktiven Einsatz, noch dazu im Ausland lebend, wäre er von der Mobilmachung nicht betroffen gewesen. Meinte er. Die Engländer kümmerten diese

Feinheiten des deutschen Rekrutierungswesens nicht. Bei Melchers war die Empörung groß gewesen.

Über die Situation in Hongkong hatte Widmann geschrieben, »seit gestern« (28. Oktober 1914) werde seine Unterschrift nicht mehr anerkannt und die Niederlassung befände sich quasi in Liquidation. Er habe dafür gesorgt, dass nicht, wie zunächst vorgesehen, eine Konkurrenzfirma ihr Liquidator sein würde, sondern Melchers' Wirtschaftsprüfer.[33] Im anstehenden Verfahren setzte er große Hoffnung und großes Vertrauen in »ihre« Chinesen, den Komprador und dessen Mitarbeiter. Die meisten anderen Angestellten musste er entlassen, darunter zwei Portugiesen, die seit 20 bzw. 21 Jahren bei Melchers Hongkong arbeiteten. Zwei Schiffe der Reederei Hansa waren beschlagnahmt, eines davon, die *Tannenfels*, könnten die Shanghaier Kollegen noch freibekommen. Hoffte Widmann. (Dem war dann nicht so.) Er hatte geschrieben, welche Zahlungen ausstanden, wo die Firma im Soll war, überlegt, wie die Hongkong & Shanghai Bank sich verhalten würde. Überlegt, ob das Ergebnis der Abwicklungen nur ein großer Verlust oder der absolute Ruin der deutschen Firmen in Hongkong sein würde. Voller Wut hatte Widmann damals formuliert, er wünschte, diesen »elenden Platz« nie betreten zu haben, und angekündigt, er werde wohl mit einem derartigen Quantum von Hass gegen England und alles, was englisch ist, erfüllt sein, dass »sein Fuß diesen verfluchten Boden nie wieder betreten« werde. Breuer hingegen hielt sich an die Aufforderung Widmanns, mit der der Brief endete: Sie sollten in Shanghai den Kopf hoch halten und der Zukunft vertrauen, »die uns trotz aller Anfeindungen die Position wieder geben wird, wie wir sie vor Ausbruch dieses Krieges eingenommen haben, wenn darüber auch Jahre hingehen werden«.[34]

Hermann Melchers ist tot

Auf seinem Gang den Bund entlang und durch die Vergangenheit war Hermann am Französischen Bund angekommen, blieb an Melchers' ehemaligem Geschäftshaus stehen. Elf Jahre hatte er hier gearbeitet. Hier hatte Hermann Melchers bei seinem letzten China-Besuch, im Frühjahr 1910, dem Patensohn schöne Hoffnungen gemacht. Er hatte danach einen anerkennenden Brief von Melchers bekommen, von dem er eine Abschrift an den Vater nach Sumatra geschickt hatte. Der die »Beweise der Gunst und Fürsorge« sehr zu schätzen wusste.[35] Anlässlich dieses Treffens hatte der englische *Daily Sketch* eine Abbildung »The Real Rulers of Germany« veröffentlicht, auf der Kaiser Wilhelm II. (hinten stehend) mit Hermann Melchers (vorn sitzend) und prominenten Vertretern der deutschen Wirtschafts- und Finanzwelt abgebildet war. Das war damals durchaus positiv gemeint gewesen.[36] Nach dem Kriegseintritt Chinas 1917 war der Hong beschlagnahmt und versiegelt worden. Niederlassungsleiter Michelau, Breuer, ein paar weitere Angestellte und die Firmenpapiere saßen mit anderen deutschen Firmen beengt zusammen in der Kiangse Road (Jiangxi Lu).[37] Hermann Melchers war tot, vor wenigen Monaten in Bremen gestorben; sein Handelsimperium lag in Trümmern.

Handel

Die Position, »wie wir sie vor Ausbruch dieses Krieges eingenommen haben«? In den zwei Jahrzehnten bis 1913 hatte sich der Anteil Deutschlands am chinesischen Außenhandel mehr als verdoppelt, von 4 auf 9 %. Für Melchers als Handelshaus und als Vertreter des Norddeutschen Lloyd in China war eine andere Zahl noch wichtiger: 25 % des chinesischen Exports und 19 % des Imports gingen durch deutsche Hände. Das hatte zu weiteren großen Hoffnungen Anlass gegeben.[38] Am Vorabend des Krieges arbeiteten über 100 deutsche und ausländische kaufmännische Angestellte, Inspektoren, Fachleute, Abteilungsleiter für Melchers China in Shanghai, ebenso wie 850 Chinesen als Kontoristen, Kassenbeamte, Einkäufer und Vermittler, Übersetzer, Buchhalter und Lagerverwalter und weitere 3500 Chinesen im Hafen, in den Lagerhallen und Fabriken. Teilhaber der Firma hatten Konsulatsgeschäfte wahrgenommen (in Shanghai für die Niederlande und für Belgien), waren Mitglieder in den Handelskammern in Shanghai und Hongkong, hatten ihren Sitz in den Aufsichtsräten der dortigen Großkonzerne und Banken. Diese und alle anderen Fäden wirtschaftlicher Verbundenheit hatte der Krieg zerrissen.[39]

Gleich nach Kriegsbeginn war der Überseehandel eingebrochen: »Millionenwerte von schwimmenden Aus- und Einfuhrgütern beschlagnahmten die feindlichen Mächte, andere [...] verdarben in neutralen Häfen infolge der jahrelangen Lagerung.«[40] Im August war das Seekabel zwischen Shanghai und Berlin von den Engländern zerstört worden. Zunächst hatten die Deutschen noch ein Kabel über New York genutzt, dann war jeglicher telegrafische Verkehr unterbunden. Ab September 1915 gab es auch keinen Postverkehr mehr.[41]

In den ersten Kriegsjahren hatten Melchers, wie andere deutsche Handelshäuser, die Bestände ihrer Lager verkaufen können, hatten außerdem in bescheidenem Umfang innerchinesischen Handel betrieben; besonders von der Produktion der eigenen Fabriken in Hankou konnten sie profitieren.[42] 1915 nahm der Handel der deutschen Firmen noch einmal einen gewissen Aufschwung, als die Chinesen aus Protest gegen die »21 Forderungen« Japans an China japanische Produkte boykottierten.[43]

Gegenüber dem ehemaligen Melchers-Hong lag der Ponton, an dem früher der Leichter *Bremen* ankerte. Hier hatte Hermann 1906 chinesischen Boden betreten, hier hatte er am 14. November 1914 Frau Widmann mit ihren drei kleinen Kindern abgeholt; sie kamen aus Hongkong, waren als deutsche Zivilisten von den Engländern ausgewiesen worden. Frau Widmann unterrichtete dann während des Krieges und in der Nachkriegszeit ehrenamtlich an der Kaiser-Wilhelm-Schule (KWS). Sie hatte in der Zeit der Internierung ihres Mannes in Australien für ihre Familie gesorgt, sich für die Belange des Tsingtao-Hilfsfonds und für die Neutralität des Shanghai Municipal Council eingesetzt, z.B. den Protest der Deutschen mit unterzeichnet, als das SMC im Dezember 1915 Steuergelder in französische und englische Kriegsanleihen investierte: Spekulativ und parteilich, lautete der Protest der deutschen Steuerzahler.[44] Klara Widmann war eine geborene Voelkel, kam aus einer lange in Shanghai ansässigen Familie. Die Apotheke Voelkel & Schroeder (Chinesen nannten sie »Kofa«) in der Nanking Road und dazu die Fabrik in der Ward Road (Changyang Lu) hatten ihrem Vater gehört. Die Apotheke verkaufte außer Medikamenten, Chemikalien, Impfstoffen, Desinfektionsmitteln und Labor- und Krankenhausbedarf auch Fotoapparate, Filme, Glasplatten und Entwickler. Der Besitz war jetzt beschlagnahmt.

Clubkrieg

Den Ponton im Rücken, schaute Hermann den Bund hinauf: Gleich neben dem McBain-Gebäude lag der englische Shanghai Club. Er war ein gern gesehener Gast gewesen, aber im September 1915 hatten Clubs mit britischer Majorität die Deutschen aufgefordert, für die Dauer des Krieges ihre Räumlichkeiten nicht zu betreten. Der Bitte war streng entsprochen worden. Trotzdem änderten der Shanghai Club und der Shanghai Race Club Anfang Juni 1916 ihre Satzungen, fügten einen Passus hinzu, der besagte, Angehörige »unangenehmer Nationen« könnten ausgeschlossen werden.[45] Deutsche Mitglieder wurden benachrichtigt, dass ihr Name von der Mitgliederliste entfernt worden sei. Konkret betraf diese Maßnahme des Shanghai Clubs überhaupt nur wenige deutsche Mitglieder und einen Österreicher. Sie war aber als Signal verstanden worden: Der Shanghai Club galt als die Börse von Shanghai für den Aktienverkehr, und die Schlussfolgerung war gewesen, dass »die Engländer die Deutschen und die Österreicher ein für alle Male von dieser Börse ausschließen wollten«.[46] Gleichzeitig traten Angehörige der alliierten Nationen aus den deutschen Clubs aus. Einige taten das freiwillig, auf die anderen wurde Druck ausgeübt.[47] Neutralen wurde der Austritt nahegelegt. Dass Holländer, Dänen, Schweizer, Schweden und Amerikaner nach wie vor den deutschen Club Concordia besuchten, war tonangebenden britischen Kreisen ein Ärgernis.[48] Übrigens wurden Amerikaner damals von den Engländern und von den Franzosen ebenfalls clubmäßig »geschnitten«. Zur Strafe, weil sie noch nicht in den Krieg eingetreten waren und weil einige US-amerikanische Firmen die Zusammenarbeit mit deutschen Partnern und Angestellten nicht beendet hatten.[49] Im Lauf des Jahres 1916 begannen die Engländer auch in Shanghai, auf amerikanische Firmen einzuwirken, ihre deutschen Mitarbeiter zu entlassen: Britische Banken und Versicherungen arbeiteten nur dann noch mit amerikanischen Firmen zusammen, wenn diese keine deutschen Mitarbeiter beschäftigten und keine Geschäftsbeziehungen mit deutschen Firmen unterhielten. Es wurden darüber hinaus schwarze und weiße Listen geführt, welche chinesischen Firmen mit Deutschen zusammenarbeiteten, welche nicht. Etwa ab Dezember 1916 orientierten sich die Japaner an den britischen Listen, d.h., sie umgingen chinesische Firmen, die mit Deutschen kooperierten.[50] Die *Deutsche Zeitung für China* nannte das Vorgehen: »Englands Kampf gegen den deutschen Handel«.[51]

Was hatte den Umschwung der öffentlichen Meinung ausgelöst? Hermann erinnerte sich noch genau: Am 7. Mai 1915 versenkte ein deutsches U-Boot das britische Passagierschiff RMS *Lusitania*,[52] das mit 1258 Passagieren (darunter 129 Kinder) und 701 Besatzungsmitgliedern auf dem Weg von New York nach Liverpool war. 1201 Tote, darunter 94 Kinder. In Shanghai war es der letzte Tag der Frühjahrs-Pferderennen gewesen; auf die Nachricht von dem Schiffsuntergang wurden die anwesenden Deutschen gebeten, Tribünen und Club zu verlassen. Anschließend wurde den Shanghai-Deutschen von der Presse unterstellt, dass sie den Schiffsuntergang mit »Lusitania Parties« gefeiert hätten.[53] Zwei Wochen zuvor hatte die deutsche Heeresleitung erstmals in einem Krieg Chlorgas eingesetzt.[54] Ein Kriegsverbrechen. In den Zeitungen in Shanghai wurden die Deutschen nun als »Hunnen« bezeichnet. Der Begriff aus der Rede des Kaisers vor deutschen Marinesoldaten, als er sie in den Krieg gegen die »Boxer« verabschiedete, wirkte wie ein Brandmal.

Kurz nach der *Lusitania*-Meldung war in Shanghai die Nachricht eingetroffen, dass der Zollbeamte Albert Ratcliffe, Kriegsfreiwilliger aus Shanghai, bei Kampfhandlungen gefallen war – der erste Engländer aus ihrer Mitte. Bald kamen mehr solcher Nachrichten. Die meisten der 130 Briten, die sich im Oktober 1914 eingeschifft hatten, um sich in London zum Militär zu melden,[55] waren Ende September 1915 zum ersten Mal eingesetzt worden, im Kampf um Loos in Nordfrankreich.[56] Die Nachrichtenagentur Reuters berichtete über einen »glorreichen Angriff«, aber der *North China Herald* veröffentlichte ein Foto von toten schottischen Infanteristen, aufgehäuft vor einem deutschen Maschinengewehr.[57] Die deutschen China-Zeitungen, *Der Ostasiatische Lloyd*, die *Deutsche Zeitung für China* und die in englischer Sprache erscheinende *The War*, heizten die Stimmung an, indem sie triumphierend über deutsche Siege zu Wasser und im Felde berichteten. Englische Zeitungen brachten Falschmeldungen über Kannibalismus auf den Schlachtfeldern, Verstümmelungen usw.[58] So säten Krieg und Propaganda Hass auch da, wo nicht gekämpft wurde. Berichte britischer Soldaten aus den Kriegsgebieten und von Verwundeten aus den Hospitälern gaben Einblicke in persönliches Heldentum und persönliches Leid. Gerade noch hatten die *NCDN* einen Brief des britischen Strafverteidigers Barrister John Douglas veröffentlicht, da kam die Nachricht von seinem Tod bei Armentières in Shanghai an. Schon vor ihm waren Barristers Henry Oppe in Gallipoli und Loftus Jones, Präsident des Shanghai Club, bei Ypern gefallen. Damit hatte die Wirklichkeit des Krieges die Mitte der Shanghaier Gesellschaft erreicht. Alle drei waren Mitglieder der Paper Hunt, des Rennclubs, des Bootsclubs, des Shanghai Volunteer Corps gewesen. Den Gefallenen galten offizielle und private Trauerfeiern; jeder engagierte sich: Die British Women's Work Association fertigte Bekleidung an, schickte Weihnachtspakete.[59] Der deutsche Generalkonsul berichtete nach Berlin: »*Viele der von hier nach Europa gegangenen englischen Kriegsfreiwilligen sind gefallen [...] es waren darunter manche in Ostasien wohlbekannte Leute von sozialem Einfluss und eine Anzahl Söhne hier seit Menschenalter ansässiger englischer Familien. Alle [...] hatten den Krieg anfangs als ein, allerdings mit sportlichen Gefahren verbundenes Piknik [sic] größeren Stils betrachtet.*«[60]

U-Boot-Krieg

Im Februar 1917 erklärte das Deutsche Reich den uneingeschränkten U-Boot-Krieg: Auch Handels- und Passagierschiffe würden ohne Vorwarnung angegriffen und versenkt werden. Damit verstieß das Reich gegen internationale Seekriegsregeln, nach denen Handelsschiffe des Gegners oder neutraler Staaten, wenn sie Ladung für den Gegner transportieren, lediglich beschlagnahmt werden dürfen. Die USA brachen die diplomatischen Beziehungen zu Deutschland ab, es war jederzeit mit dem Kriegseintritt Amerikas zu rechnen. England und Frankreich drängten China, den »Mittelmächten« nun endlich auch den Krieg zu erklären. Wie würde China sich entscheiden? In Shanghai hatten sie in der Deutschen Gemeinde plötzlich das Gefühl gehabt, dass das Kriegsgeschehen sie ganz direkt betraf: Sie legten für die Bibliothek ein *scrap book* an, in das Zeitungsartikel eingeklebt wurden, die das Näherkommen des Krieges dokumentierten.[61] Die Debatte, ob China in den Krieg eintreten sollte, wurde immer lauter. Anfang März 1917 erhob Sun Yat-sen (1917/18 »Generalissimus« einer Gegenregierung in Kanton) seine Stimme und bat den englischen Premierminister David Lloyd George in einem offenen Brief, nicht länger in diesem Sinn auf China einzuwirken: China sei nicht hinreichend geeint und strukturiert, würde nur durch die Tradition und durch die Friedensliebe des Volkes zusammengehalten; käme es jetzt zum Krieg, wäre Chaos im Innern die Folge, und aus dem jetzigen tiefen Zwiespalt der Meinungen würde sich Anarchismus entwickeln.[62] Er konnte die Ereignisse nicht aufhalten.

Kriegseintritt Chinas

Mitte März 1917 brach China die diplomatischen Beziehungen zu Deutschland ab: »China Breaks with Kaiser. Six German Ships We Seized in Shanghai Harbour«, schrieb die amerikanische *China Press* in Shanghai.[63] Deutsche Gegenwehr hatte es nicht gegeben. Zunächst hofften nicht nur die Deutschen, dass sich in Shanghai nicht allzu viel ändern würde. Die *North China Daily News* schrieb dazu, einige Shanghailänder seien der Ansicht, dass der internationale Charakter Shanghais berücksichtigt werden würde; dass das Settlement sich wie ein neutrales Land verhalten würde, in dem zivile feindliche Untertanen so lange bleiben könnten, wie sie sich zivil benähmen.[64] Aber die deutschen diplomatischen Vertretungen wurden geschlossen, die Diplomaten nach Hause geschickt, bis auf einige wenige, die fortan die niederländischen Vertretungen darin unterstützten, deutsche Interessen zu vertreten. Die Deutsche Post stellte ihren Dienst ein; die deutschen Zeitungen hörten auf zu existieren. Die deutschen Konzessionen in Tianjin und Hankou wurden von China übernommen.[65] Die deutschen Mitarbeiter der staatlichen Unternehmen, des Seezolls und der Salzverwaltung, wurden entlassen. Nun gab es offiziell gar keine Handelspartner mehr.

Weltkrieg

Bald darauf war es dann so weit gewesen: 6. April 1917 Kriegseintritt der USA, 14. August Kriegseintritt Nordchinas; Ende September folgte das von Sun Yat-sen regierte Südchina. Jetzt waren alle Deutschen in China Feinde. Ein Ereignis von großer Symbolkraft hatte drei Tage später, am 17. August, an prominenter Stelle am Bund stattgefunden: die Schließung des Clubs Concordia. Viele Clubmitglieder saßen schon erwartungsvoll in der großen Bar, als sich kurz vor 5 Uhr nachmittags zwei Trupps der Shanghai Municipal Police vor den beiden Eingängen postierten, am Bund und in der Jinkee Road. Inspektor B.[66], von Haus aus Ire, und Mr Chen, Vertreter des chinesischen Ausländeramtes, traten ein. Sie baten die anwesenden Herren, ihre Gläser ein letztes Mal zu leeren. So geschah es, in aller Ruhe. Allerdings trank der Inspektor nicht mit, wie sonst so oft. Er lehnte die Einladung dazu mit den Worten ab: »*Es ist meine aufrichtige Hoffnung, dass wir wieder miteinander einen heben, wenn dieser verdammte Krieg vorbei ist, aber heute bin ich im Dienst, tut mir leid.*«[67] Unvergesslich. Sie hatten dem Inspektor die Hand geschüttelt und zum Abschied »Deutschland, Deutschland über alles« gesungen. Richtig laut. Als sie hinausgingen, wartete vor dem Club eine kleine Menschenmenge auf sie. Sollte diese auf einen Eklat gehofft haben, wurde sie enttäuscht. In der Zeitung war dann zu lesen, die Deutschen hätten ihr Schicksal mit Würde getragen.[68] Dann wurde das Gebäude versiegelt. Bis zur letzten Nacht war das von allen Seiten respektiert worden.

Später würde diese Geschichte vielleicht zu den Anekdoten gehören, die Breuer bei Cocktail und Zigarre erzählte – aber die Auswirkungen des Kriegszustandes auf den Alltag waren erheblich gewesen, auch wenn kein Schuss fiel. Wofür man wohl dankbar sein musste. Zum Beispiel unterstanden die Deutschen nicht mehr deutscher Konsular-Gerichtsbarkeit, sondern chinesischem Recht. Im International Settlement müssten sie vor dem *Mixed Court* erscheinen, in dem die Engländer das letzte Wort hatten,[69] in der französischen Konzession vor dem französischen Konsul. Die Abgabe der Waffen war verschmerzbar gewesen: Die Zeit der Freiwilligenkompanie war für die Deutschen vorbei, und wer war schon noch zum Jagen gegangen. Bald erhielten deutsche Staatsbürger Besuchsverbote in Gaststätten und Läden, die Aufnahme in Krankenhäuser wurde verweigert.[70] In jeder Hinsicht desaströs war, dass die Deutsch-Asiatische Bank geschlossen worden, dass am 15. August 1917 die Konten gesperrt worden waren. Die deutschen Geschäftsleute hatten nach Beginn des Krieges alle Geschäfte über diese Bank abgewickelt, ihr gesamtes Geld dort deponiert. Kommentar in der englischen Presse: Die Deutschen wollen in China den Fuß in der Tür behalten, wir wollen sie zu Fall bringen.[71]

So weit die Geschäftsleute. Jeder Haushalt hatte sich gefragt: Wie lange würde das Bargeld reichen? Der niederländische Konsul intervenierte und konnte am 24. September bekannt geben, dass es möglich sein würde, in festgesetzten engen Grenzen Geld vom eigenen Guthaben bei der Deutsch-Asiatischen Bank abzuheben. Das müsse beantragt werden unter Angabe der Anzahl der Haushaltsmitglieder, der Mietkosten, der Lebenshaltungskosten und des Kontostandes. Dann würde mitgeteilt, wie viel der Betreffende pro Monat abheben durfte. Ab Oktober. Das war 1917 gewesen und jetzt über ein Jahr her. Bei Hermann hatte die ihm zugestandene Summe nie gereicht, er hatte von chinesischen Freunden Geld geliehen. Bedrohlich war auch, dass die chinesischen Behörden eine Schätzung des Vermögens aller Deutschen verlangten.[72]

Wenig Arbeit, viel freie Zeit

Was hatten sie eigentlich in der ganzen freien Zeit gemacht? Gesellschaftsleben fand nur noch in bescheidenem Umfang statt. Schon seit Beginn des Krieges hatte keiner mehr Lust auf Bälle etc.[73] Diese Art Vergnügen schien allen irgendwie unanständig. Große Einladungen fielen schon deshalb aus, weil die Nationen jetzt unter sich blieben. Obwohl Engländer und Franzosen in Europa alliiert waren, entwickelten sie in Shanghai kein Gemeinschaftsgefühl. Und auf die Amerikaner waren die Vertreter beider Nationen nicht gut zu sprechen, weil sie so lange zögerten, in den Krieg einzutreten.[74] Hermann hatte viel Sport getrieben, er wollte sich fit halten. Private Swimmingpools gab es genug, dazu private Tennisplätze und die im Deutschen Gartenclub – jedenfalls bis dann 1917 der Gartenclub und Privatbesitz beschlagnahmt wurden. Im Gartenclub steckte richtig viel privates Geld, auch von Hermann, der großzügig Anteilscheine erworben hatte[75] und die Annehmlichkeiten des Clubs auch ausgiebig nutzte. Das Reiten hatte er beibehalten können, war 1914 als Schriftwart in den Reitausschuss gewählt worden[76] und hatte an einem besonders intensiven Reitwinter teilgenommen.

Zu Anfang des Krieges fanden die Sonntagsritte immer abwechselnd mit den Tsingtao-Gedenkgottesdiensten statt. Nicht nur die Teilnahme an den Geländeritten war gestiegen, die Kirche war jedes Mal bis auf den letzten Platz besetzt gewesen.

Sommertage in Moganshan

Mindestens in den ersten beiden Kriegssommern, 1915 und 1916, verbrachten Hermann und Erna einige Wochen in Moganshan als Gäste von Carl Michelau, Hermanns Chef. Er hatte dort ein Sommerhaus, das Haus Nr. 210, und er war Mitglied der Moganshan Summer Resort Association (gewesen), der Selbstverwaltung dieser Sommerfrische, die sich westliche Missionare und Kaufleute in der kühlen, sauberen Luft des Mittelgebirges seit der Jahrhundertwende eingerichtet hatten. In Michelaus Haus am Berghang war Erholung von den klimatischen Strapazen Shanghais und den diversen nervlichen Belastungen möglich. Die Veranda bot herrliche Aussicht auf Berge, Wälder und Bambushaine. Die Siestas auf dem Balkon waren Entspannung pur, ein Schweben über den Dingen.[77] Nicht nur die Geschäftswelt Shanghais schien weit weg, der Krieg auch. Von Shanghai aus erreichte man das etwa 200 km entfernte Bergmassiv per Boot und Tragstuhl: Auf dem Wusong mit seinen vielen Windungen wurden die Hausboote von Motorbooten geschleppt, häufig hingen zehn Boote an einem Motor, das war in den Kurven nicht einfach zu navigieren. Dann ging es mit Segelkraft über den See Tai Hu. Der letzte Abschnitt der Reise war der Aufstieg in den etwa 700 Meter hoch gelegenen Ort: mit Trägern für das Gepäck und Tragstühlen für die Europäer.[78] Moganshan war ein Sommerparadies mit etwa 100 kleinen Villen, zwei Kirchen (einer kleinen katholischen und einer großen evangelischen), Swimmingpool und Tennisplätzen, auf denen sie Turniere veranstalteten. Sie trafen sich zu Picknicks und zum Tee. Nun ja, sie h-a-t-t-e-n sich getroffen.

Familie Carl Michelau

Dies Foto bekam ich von Till Gutknecht-Stöhr, einem Enkel von Carl Michelau, und das kam so: In den Akten des OAV Bremen fand ich zwei Briefe von Elke Finke an Breuer, »Papa Breuer« nannte sie ihn. In einem der Briefe bedankte sie sich für Schokolade und Moganshan-Fotos, die er ihr zu Ostern 1949 geschickt hatte. Offenbar war sie eine Tochter von Carl Michelau. Der Kontakt zwischen Breuer und der Familie Michelau (Teilhaber von Melchers & Co. China 1902 – 1919) hatte also nach 1919 fortbestanden. Gab es Nachkommen? Geschichten? Fotos?

Auf der Todesanzeige für Carl Michelau (gestorben 1940) wird die Liste der Trauernden angeführt von seiner ältesten Tochter Carla,

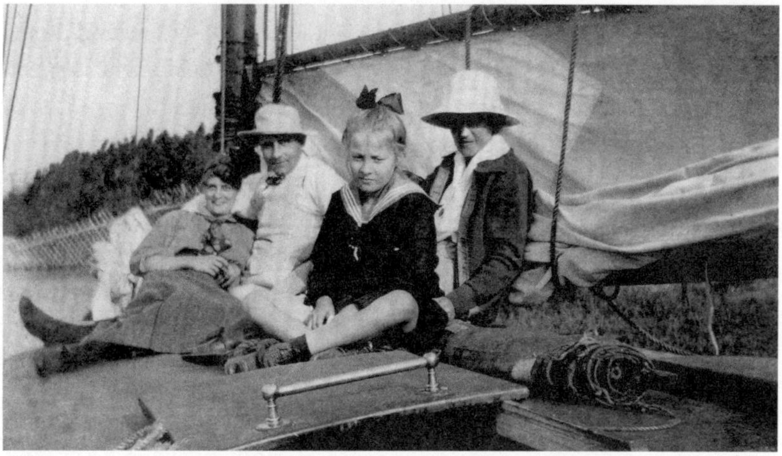

Fahrt mit dem Hausboot Richtung Moganshan: Hermann Breuer und seine Frau Erna, Carla (geboren 1906) und Paula Michelau, fotografiert von Carl Michelau, Teilhaber von Melchers China, ca. 1916.

verheiratete Gutknecht-Stöhr. Der Name ist selten, dachte ich mir und warf die Suchmaschine an. Entdeckte einen Eintrag dieses Namens und schrieb eine kurze E-Mail. Meine Freude war groß, als ich kurz darauf eine freundliche Nachricht auf meinem Anrufbeantworter vorfand. Ein gutes Telefongespräch mit der Frau des verstorbenen jüngeren Sohnes von Carla Gutknecht-Stöhr folgte. Dann telefonierte ich mit dessen Bruder, Carlas älterem Sohn Till. Er durchsuchte für mich die alten Familienfotos und fand das oben abgebildete Foto von Hermann und Erna mit Paula und Carla Michelau (Till Gutknechts Großmutter und Mutter) auf deren Hausboot *Jane*. Ich denke mir, dass sie auf dem Wusong zum Tai-Hu-See unterwegs waren, um von dort nach Moganshan zu reisen.

Ich besuchte Moganshan im Jahr 2012, an einem Wochenende im September. Tragstühle als Transportmittel gab es zum Glück keine mehr, ich hätte mich nicht nur geschämt, mich tragen zu lassen (eingedenk der kolonialen Assoziationen), sondern auch vor dem Geschaukel gefürchtet. Es ging ja auch nicht mehr über Stock und Stein und Treppen, sondern es gab eine ausgebaute Straße. Ein Taxi holte mich in Hangzhou vom Bahnhof ab und trug mich 60 Kilometer weit und 700 Meter hoch. Ich wohnte in einem der unter Mark Kittos (»China Cuckoo. How I Lost a Fortune and Found a Life in China«) Regie renovierten alten europäischen Sommerhäuser – seit 2006 erlebt Moganshan dank Kitto eine Renaissance als Sommerfrische für hitzegestresste Städter. Und ich erlebte meine erste und bisher einzige Tour im Beiwagen eines Motorrades: Kitto transportierte mich über kurvige Gebirgsstraßen zu einem neu entstehenden luxuriösen Hotel mit Pool und europäischer Speisekarte. Das sollte ich mir ansehen. Die Bergkulisse war besonders überzeugend. Vom Haus der Michelaus war nur ein Schild übrig geblieben: »Nr. 210. Bergfrieden.« Aber der Rattanstuhl, in dem Mao im Jahr 1954 ruhte, konnte besichtigt werden, und beide Kirchen standen noch: Die kleine katholische war schön renoviert, in der großen evangelischen hatte ein Tischler seine Werkstatt eingerichtet. Waren nicht Jesus und sein Ziehvater Josef von Beruf Tischler?[79]

2019 besuchte ich Till Gutknecht-Stöhr und seine Frau in Süddeutschland, es gab köstlichen, selbst gebackenen Apfelkuchen auf der Veranda, im Garten blühte alles, wir hatten viel mehr zu besprechen als die chinesisch-deutsche Vergangenheit. Ich durfte in Paula Michelaus Tagebüchern lesen, sie schrieb über die täglichen Verrichtungen, Besuche, Reisevorbereitungen und über das Heranwachsen ihrer fünf Kinder vor dem Ersten Weltkrieg in Shanghai; ich durfte die Fotos von Wanderungen durch die Bergwelt, die Bambushaine Moganshans ansehen. Till Gutknecht vertraute mir auch ein Tagebuch aus Familienbesitz an, das eine Ferienreise nach Moganshan im November 1948 beschreibt – Hermann Breuer war im Frühjahr 1948 dort –, mit Beobachtungen aus dem Alltag anno 1948 und mit Erinnerungen an die lange zurückliegenden Moganshan-Ferien während des Ersten Weltkriegs im Haus der Michelaus.

Ausgestoßen

Die Möglichkeit einer kleinen Flucht nach Moganshan gab es 1918 nicht mehr. Im Februar 1918 hieß es in einem Leserbrief in der *NCDN*, die Regierung in Peking möge den »Hunnen« keine Pässe für Reisen in die Sommerfrischen mehr erteilen: »Hunnenhorden, Hunnenfrauen und Hunnenkinder bemächtigten sich dort der Strände, der Rastplätze und der Sitzplätze in Konzerten.« Wenn es sich schon nicht verhindern ließe, dass die Parias in Shanghai herumlungerten – wenigstens die Kurorte sollten von ihrer widerwärtigen Gegenwart frei gehalten werden.[80] Der Briefschreiber, Pater familias, erhielt eine Reihe von positiven Reaktionen auf seine Zuschrift. Und so geschah es.[81]

Früher angesehene Funktionsträger der Deutschen Gemeinde und des Shanghai Municipal Council wurden Zielscheiben des Hasses, waren persönlichen Angriffen ausgesetzt. Die *North China Daily News* veröffentlichten in einer Rubrik mit dem Titel »The Huns in China« den Brief eines Lesers, der sich vorstellte, die ehemals Großen der deutschen Gemeinde bei ihrem Abschied von Chinas Küsten zu fotografieren. Das Foto der von Hannekens, Figges, Cordes, Eggelings, Stephariusens, Michelaus und ihresgleichen würde bestimmt ein gut verkäufliches Motiv auf dem nächsten Kriegshilfe-Basar abgeben.[82] Der Schreiber bezieht sich auf eine Petition vom April 1918, unterzeichnet von 652 Gentlemen, der »Hunne« sei beschleunigt zu deportieren.

Ob es nun um die Frage der Deportation ging oder um Entlassung oder Enteignung der Deutschen: Die chinesische Regierung stimmte ihre Maßnahmen mit ihren Alliierten ab. Im Alltag erlebten Deutsche einen gewissen Widerstand der Bevölkerung gegen diese Maßnahmen, nämlich »soweit man in diesen Angelegenheiten nur mit den Chinesen zu tun hatte, ließen sie gern fünf gerade sein, denn ein Krieg mit den Deutschen, die man nur als Freunde kennengelernt hatte, war nicht volkstümlich«.[83] So wurden die Enteignungen der Handelshäuser und der Fabriken zur Stunde der Kompradoren, die Loyalität gegenüber den einstigen Geschäftspartnern oder Arbeitgebern bewiesen. Melchers hatten Wang Bonian (auch transkribiert: Wong puh nien), ihrem ersten Komprador in Hankou, die gesamten Firmenanlagen anvertraut. Soweit sie das momentan beurteilen konnten, führte er die Fabriken zugleich energisch und diskret in ihrem Sinne.[84] Ähnliches wurde über die Kompradoren in den Firmen Carlowitz, Mee Yeh und anderen erzählt.

Hermann hatte sich verstärkt motiviert gefühlt, Chinesisch zu lernen. Die Zeit dazu hatte er ja: Mit der Stilllegung der Firmen gab es praktisch nichts mehr zu tun. Und so hatte er im Laufe des Jahres 1915 angefangen, systematisch Mandarin zu lernen. Und dann immer mehr Zeit mit dem Lehrer verbracht; vereinbart waren täglich drei Stunden. Jetzt, nach vier Jahren, war er stolz darauf, dass er 2000 Zeichen lesen und damit 97% aller Texte entziffern konnte. Das Sprechen ging sowieso ganz gut. Sein Ohr für Sprachen hatte er vom Vater geerbt. Seine Freunde meinten auch, dass sein neuer chinesischer Name richtig gut klang: Er hieß jetzt 白罗耶 (Bai Luo Ye).

Repatriierungsgerüchte

Mit dem Kriegseintritt Chinas forderten die Alliierten noch nachdrücklicher, die Deutschen im Land zu internieren und sie nach Australien zu deportieren: »Der britische Gesandte betreibt die Ausführung mit allen Mitteln.«[85] Aber »Chinese refuse«; angeblich fehlten Transportmöglichkeiten. Im Juni 1918 stellten die Briten und die Japaner drei Schiffe für den Abtransport von Deutschen nach Australien zur Verfügung. Aber die Chinesen beförderten mit diesen Schiffen lieber tschechische Soldaten aus Sibirien an die Front nach Europa.[86] Kein Tag verging, ohne dass in der Presse von Repatriierung die Rede war, niemand konnte sicher sein, dass die Alliierten sich nicht eines Tages durchsetzen würden. Die Deutschen saßen auf halb gepackten Koffern. Als gleich nach dem Abbruch der diplomatischen Beziehungen in Peking die Registrierung der Deutschen beschlossen worden war, merkten sie in Shanghai erst einmal nichts davon. Aber ab dem 1. Oktober 1917 mussten auch sie sich registrieren lassen, zwei

Lichtbilder abgeben. Sie erhielten ein *Residential Permit*; für einen Wohnungswechsel brauchten sie die Genehmigung des Kontrollamts, auf dem sie sich im Übrigen regelmäßig melden mussten. Männer 14-täglich, Frauen einmal im Monat.[87]

Diese äußeren Zustände mögen Gründe für zunehmende Reibereien in Hermanns Ehe gewesen sein. Bis zum Ausbruch des Krieges waren sie als glänzendes junges Paar bei vielen sportlichen und gesellschaftlichen Ereignissen aufgetreten, hatten sich gut amüsiert. Als die öffentlichen Auftritte weniger wurden, gab es des Öfteren Meinungsverschiedenheiten. In letzter Zeit schienen sich die Anlässe dafür zu häufen. Vielleicht lag es auch am Geld, das nie reichte. Hermann musste ganz dringend seine Finanzen in Ordnung bringen. Im September hatte er schon an den Mann seiner Schwester Paula, seinen gutsituierten holländischen Schwager Ben Barendsen, nach Sumatra geschrieben. Hermann hatte auf seinen Brief nichts gehört. Vermutlich war der nicht angekommen. Er könnte an Bruder Karl schreiben. Am besten gleich.[88]

Eindrücke in der Französischen Konzession

Auf dem Weg vom Französischen Bund nach Hause in die Avenue Joffre (Huai Hai Zhong Lu) kam Hermann am Französischen Konsulat vorbei, passierte an der Rue Montauban (Sichuan Nan Lu) das Hôtel des Colonies, das beste Hotel der Concession. Die Bezeichnung »Colonie« war in Shanghai eigentlich eine Provokation. Früher war ihm das gar nicht so aufgefallen. Überhaupt: Die Rue Montauban war nach dem Oberkommandierenden des französischen Expeditionskorps benannt, das 1860 Peking einnahm (der die Teilnahme an der Zerstörung des Alten Sommerpalastes verweigert hatte; verhindert hatte er den Vandalismus nicht). Vorbei an der französischen St. Josephs-Kirche, der französischen Post, Polizeistation und Feuerwehr in die Avenue Joffre; die war während des Krieges nach dem gegen die Deutschen erfolgreichen Befehlshaber der französischen Armee benannt worden. Vielleicht öffnete die neue deutsche Perspektive des Verlierers die Augen für Verletzungen des Nationalgefühls, wie sie den Chinesen seitens der Europäer immer wieder zugefügt wurden. In die Avenue Joffre waren Hermann und Erna erst kürzlich gezogen, nachdem die Wohnung in der Yang Terrace vom britischen Vermieter gekündigt worden war. Hermanns neue Vermieter waren Franzosen. Lange würden sie wohl nicht mehr an ihn vermieten. Auch die britischen »King's Regulations« waren schon wieder verschärft worden: Zunächst hatten Mietverträge mit den Feinden der Engländer wenigstens noch verlängert werden dürfen, wenn der britische Konsul dem zustimmte. Also in Härtefällen. Aber vor ein paar Tagen war bekannt gemacht worden, dass kein Mietvertrag mit einem Deutschen (oder Österreicher) verlängert werden durfte und dass Mieter mit monatlichen Verträgen zum 1. Dezember ihre Wohnungen verlassen müssten.[89]

Geldsorgen

An Bruder Karl schreiben. Der lebte seit 1898 in Sumatra, hatte seit 1913 nördlich von Medan die Tabakplantage Ludwigsburg gepachtet. Hermann nahm an, dass er gut verdiente. Wissen konnte er das nicht. Die Brüder hatten sich seit 20 Jahren nicht gesehen. Der Bruder war 17 gewesen, als er Hannover verließ und nach Sumatra ging; da war Hermann 14. Wahrscheinlich hatten sie nicht viel korrespondiert. Karl war kein großer Briefeschreiber. Es würde nicht einfach werden, den Brief zu befördern, verlässlichen Postverkehr gab es momentan nicht. Und ein Geldtransfer war unter den gegenwärtigen Bedingungen fast unmöglich, wenn der Empfänger Deutscher war. Vielleicht ginge es über die Nederlandsche Handel-Maatschappij. Briefe nach Deutschland beziehungsweise Briefe in deutscher Sprache wurden nicht befördert. Er würde den Brief auf Holländisch schreiben. Da er ihn nicht nach Deutschland, sondern nach »Niederländisch-Indien« schickte, wäre das glaubhaft. Und er musste alles vermeiden, was der Briefzensur als deutsches Problem auffallen würde. Was konnte er also schreiben? Er durfte keinesfalls die Schließung der Deutsch-Asiatischen Bank erwähnen. Nicht den verlorenen Krieg und nicht die Familie in Deutschland. Überhaupt: Er würde sich, abgesehen von ein paar unverfänglichen Floskeln, ganz auf das finanzielle Problem konzentrieren. Musste aber doch schreiben, dass er »hier kein Bargeld bekommen« konnte und »was ich im Augenblick dringend brauche ist Bargeld«. Wenn er noch hinzusetzte: »durch die Kriegsfolgen«, war das hoffentlich neutral genug. Kriegsfolgen trafen schließlich Freund und Feind. Er wird Karl also eine Geschichte erzählen (ob sie vollkommen wahr ist, vielleicht etwas wahr oder gar nicht, lässt sich nicht erkennen) von Guttapercha-Anleihen, die er vor dem Krieg gekauft habe, die jetzt nur noch bei 50% des Einkaufswertes stehen (das war richtig). Sie jetzt zu verkaufen, wäre sein Ruin. Sie werden sich sicher erholen. Er habe sich aber im Laufe der Jahre von chinesischen Freunden Geld geliehen und die Anleihe als Sicherheit angeboten. (Damit hatte er seine Lebenshaltungskosten im letzten Kriegsjahr gedeckt, aber das schrieb er nicht.) Da die Anleihen im Wert gefallen seien, hätten sie den Freunden nicht mehr als Sicherheit gereicht. Um sie auszahlen zu können, habe er sich anderweitig 5000 Mexikanische Dollar geliehen, die er jetzt zurückzahlen müsse. Nicht zu zahlen wäre sein »finanzieller und moralischer Bankrott, ich würde dadurch hier im Auslande unmöglich werden«. Karl möge das Geld auftreiben – und wenn er es selbst leihen muss. Er sei seine letzte Hoffnung. Schrieb es und brachte den Brief auf das holländische Konsulat zwecks weiterer Beförderung.

Wie würde Karl reagieren? Hermann hatte seinen Brief abgeschlossen mit der Floskel, er warte nun »mit Spannung«.[90] Das war milde formuliert.

1 »Although the great news did not come in until after midnight, the Fire Brigade, informed by this office *[NCDN]*, took it upon itself to spread the glad tidings and went dashing about the settlement ringing the bells of the motors.« *NCDN*, 12.11.1918.

2 *NCDN*, 12.11.1918.

3 Zeitung *The War* (Hrsg.: *Der Ostasiatische Lloyd*), 27.3.1916.

4 Erinnerungen Fritz Secker, BSB, Ana 708 Studeo-Sammlung, 1050.

5 *NCDN*, 13.11.1918, Artikel: »Ex-Kaiser's Efficy burnt on Porch of German Club« (Sammlung Zeitungsausschnitte der Deutschen Gemeinde Shanghai. Der Krieg. Bibliotheca Zi-Ka-Wei 015794.

6 Erlass des britischen Konsuls General J.W. Jamieson vom 8.8.1918: »*Henceforward, except for purposes of proceeding to and from a jetty, enemy subjects are prohibited from making use of the Bund and the path running parallel therewith, during the hours of daylight. Their connection with a nation which adopts as a policy the wanton and foul murders of Red Cross nurses, helpless, wounded and defenceless prisoners of war places them in the category of moral lepers and as such their appearance in public is an eyesore and an offence to civilised human beings.*« Der Krieg. Bibliotheca Zi-Ka-Wei 015794.

7 Das war das zweite Kanonenboot dieses Namens, Stapellauf 1898. Die 1878 vom Stapel gelaufene *Iltis* war 1896 vor Shandong in einem Taifun auf Grund gelaufen.

8 https://peoplepill.com/people/edward-pearce/ am 3.11.2020.

9 *OAL*, 6.2.1914.

10 Ausrufung der Republik am 9.11.1918.

11 Wilhelm II. war am 10.11. aus Belgien ins niederländische Exil geflohen. Er dankte am 28.11.1918 ab.

12 31.7.1914: Aufforderung Deutschlands an Russland, seine Mobilmachung (begonnen am 29.7.) innerhalb von zwölf Stunden rückgängig zu machen.

13 Zitate und Schilderung nach: Beginn des Ersten Weltkrieges in Shanghai. Handschriftliche Aufzeichnungen von Wilhelm Meller. Transkribiert von Adolf Meller. StuDeO-Info September 1999, S. 3–5.

14 MA, Fotoarchiv/Firma Melchers & Co. China/Teilhaber und Personal, Band 1 (1866–1930). Die Fotos im Mitarbeiterbuch sind mit einem entsprechenden Aufkleber gekennzeichnet. Insgesamt wurden 41 Mitarbeiter einberufen. Nach dem Jahr des Arbeitsbeginns bei Melchers aus 1904, 1907 und 1908 je ein Mitarbeiter, aus 1905 und 1906 keiner, aus 1909 und 1910 je drei, aus 1911: fünf, aus 1912: vier, aus 1913: zehn, aus 1914: 13.

15 1914 noch im deutschen Handelsregister. Die Teilhaber waren deutsch mit Wohnsitz England, dänisch und schweizerisch. Mit Kriegsbeginn unter englischem Namen fortgeführt: 1914–1917 Messrs. H.E. Arnold China, 1917–1919 Arnhold Brothers Limited China, ab 1919 Arnold & Co.

16 Grösser, Kaufmann in China, S. 100. Eine Eingabe des OAV und der deutschen Vereinigungen in China an die Handelskammer Hamburg war, unterstützt vom Senat der Hansestadt, 1910 an das Kriegsministerium weitergeleitet worden, »*inwieweit [die Firmen in Ostasien] künftig im Mobilmachungsfalle mit dem Verbleiben der betreffenden Chefs oder Angestellten rechnen dürfen*«. Eberstein, Der Ostasiatische Verein, S. 58.

17 Briessen, Grundzüge, S. 72.

18 20.3.1915, Bericht Pastor F. von Probst, ZA 5121/13, Signatur EZA 5/3156.

19 *OAL*, 23.10.1914.

20 Betr. Sikiang und Meidah: *OAL*, 6.11.1914 in Stabi Berlin. *OAL*, in: BSB Ana 708, Studeo 1188.

21 Ernst Raegener, Gustav Wesche. Beide waren seit 1911 bei Melchers China angestellt. MA, Fotoarchiv 4. Teilhaber und Personal 1866–1930. Raegener ist verzeichnet in: http://www.Tsingtao.info/index.html?krieg/gefallene.htm, am 1.6.2020; Wesche ist dort nicht aufgeführt.

22 *North China Herald*, 14.11.1914, S. 470. Ü: CM.

23 Genaue Zahlen: http://www.Tsingtao.info/ Die Zahlenangaben hinsichtlich der in Tsingtao eingesetzten deutschen und österreichisch-ungarischen Soldaten schwankt zwischen ca. 5000 (Leutner, 1911–1927, S. 115) und 6000. Eberstein differenziert 3500 reguläre

Truppen und 2500 Reservisten (Der Ostasiatische Verein, S. 59).

24 *OAL*, 13.11.1914.

25 *NCDN*, 4.8.1914 zitiert nach Bickers, Getting Stuck, S. 26: Shanghai, where »many nationalities contrive to dwell together in a very friendly spirit. In the days that are coming, it is to be feared that this friendliness will be tested as it has never been before.

26 Bickers, Getting Stuck, S. 53–54.

27 *OAL*, 23.10.1914.

28 https://archive.org/stream/reportshanghaimu1916, am 20.3.2017. Rechenschaftsbericht des SMC für 1916. Das SVC umfasste zu der Zeit insgesamt 1007 Aktive und 242 Reservisten.

29 Bickers, Getting Stuck, S. 53.

30 Grösser, Kaufmann in China, S. 34.

31 »obey orders«. A. Widmann am 29.10.1914 aus Hongkong an die Partner Michelau und Bandow in Shanghai. MA Firma Melchers Kasten 4 Mappe 4.

32 Harris: Sampan Pidgin.

33 Lowe, Bingham & Matthews, das Handelshaus wäre Reiss & Co. gewesen.

34 Widmann 29.10.1914 aus HK an die Partner Michelau und Bandow in Shanghai. MA, Firma Melchers Kasten 4, Mappe 4.

35 Oskar Breuer 12.4.1911 an JvR.

36 22.3.1910, MA, Firma Melchers Kasten 2, Mappe 1. Der *Daily Sketch* war eine konservative englische Boulevardzeitung, die 1909–1971 erschien.

37 *Bremer Nachrichten*, 9.12.1917. MA, Sonderstandort 1, Firmennachrichten Band 1.

38 Eberstein, Der Ostasiatische Verein, S. 57.

39 HWB Firmengeschichte 1941 in BArch ZLA 7–34/116, S. 4.

40 HWB Firmengeschichte 1941 in BArch ZLA 7–34/116, S. 4.

41 DIN-A 4-Blatt Die Post in China. MA Firma Melchers Kasten 20; 8. Materialien, Bd. 1.

42 Verarbeitung von Eiern zu Trockeneiweiß und Eipulver, Aufbereitung von Häuten und Fellen.

43 Im Januar 1915 vorgelegt, enthaltend territoriale Forderungen, Ausbeutung von Ressourcen, Verbot weiterer Verpachtungen an fremde Mächte. Japan würde China fortan in politischen, finanziellen, militärischen Fragen »beraten«, gemeinsame Polizeiverwaltung, 50 % der Militärausrüstung sollte aus Japan kommen. Staatspräsident Yuan Shi-kai akzeptierte die meisten Forderungen im Mai 1915. Die Alliierten hatten China nicht unterstützt. Leutner, 1911–1927, S. 334; French, Crow, S. 64–67.

44 *North China Herald*, Meldung datiert, 16.1.1916.

45 Betr. Race Club: *Deutsche Zeitung für China*, 22.7.1916. In: PA AA China 7 R 17987, Band 15, p. 182.

46 PA AA China 7 R 17987, p. 181 und: *Deutsche Zeitung für China*, 16.6.1916 In: PA AA China 7 R 17987, Band 15, p. 181. Auch: »*we are more determined than ever that military Germany shall be crushed and that commercially she shall no longer enjoy the advantage which we have hitherto allowed her.*« Der Vorsitzende der British Chamber of Commerce in Shanghai, 1916. In: Hibbard, Bund, S. 91.

47 GK Knipping 25.9.1916 an Reichskanzler Bethmann Hollweg betr. »Beziehungen der Deutschen zu den Angehörigen der uns feindlichen Nationen«. Beigefügt: *Deutsche Zeitung für China*, 16.6.1916. In: PA AA China 7 R 17987 Band 15 p. 181.

48 Generalkonsul Knipping am 20.9.1916 an AA. In GStA PK, HA Rep. 120 MfHuG, Abt. C XIII 18, Nr. 1, Bd. 26. Mit den »englischen Behörden« könnte Knipping das englische Generalkonsulat, aber auch das englisch dominierte Shanghai Municipal Council gemeint haben.

49 French, Shanghai A to Z, S. 219.

50 GStA PK, HA Rep. 120 MfHuG, Abt. C XIII 18, Nr. 1, Bd. 26. Bericht vom 20. November 1916.

51 18.11.1916, GStA PK, HA Rep. 120 MfHuG, Abt. C XIII 18, Nr. 1, Bd. 26.

52 Ähnlich wie deutsche Postschiffe waren die Mail Ships der Royal Navy (RMS) staatlich subventioniert und als Hilfskreuzer registriert. Auf der Fahrt transportierte die *Lusitania* auch 173 Tonnen Gewehrmunition sowie 51 Tonnen Geschosshülsen, Waffen, die die neutralen USA an das Krieg führende Großbritannien lieferten.

53 Bickers, Getting Stuck, S. 62–63.

54 22.4.1915 bei Ypern gegen französische und kanadische Truppen.

55 Bickers, Getting Stuck, S. 33.

56 Bickers, Getting Stuck, S. 69–92. In dieser Schlacht (26.9.1915) setzten die Engländer das erste Mal Chlorgas ein.

57 Reuters: »Glorious charge of the British«, Foto: *NCH*, 9.10.1915. Zitiert nach Bickers, Getting Stuck, S. 85–86.

58 Stephen Badsey: The German Corpse Factory. A Study in First World War Propaganda. Solihull: Helion 2014.

59 Gefallene Barristers: Bickers, Getting Stuck, S. 89–91.

60 Knipping, PA AA China 7 R 17987, Band 15, p. 176–179. Das China War Book, November 1918, verzeichnete 1500 britische Kriegsteilnehmer aus China, 200 waren gefallen. Bickers, Getting Stuck, S. 95.

61 Ich danke Frau Bao Zhong, mir diese Sammlung von Artikeln, Aufrufen und Rundschreiben aus der Zeit 1917–1919 im September 2012 in der Bibliotheca Zi-Ka-Wei/Xujiahui in Shanghai vorgelegt zu haben.

62 »*China cannot be regarded as an organised country. She is held intact only by custom and sentiment by peace-loving people. […] Just now came Premier Tuan's [Duan Qirui] report to the President that Entente powers are coercing China to join the allies. Already this question has raised bitter dissensions among our statesmen. Discord now may cause anarchism […].*« In: Der Krieg. Bibliotheca Zi-Ka-Wei 015794.

63 15. März 1917, Überschrift in »The China Press«. Der Krieg. Bibliotheca Zi-Ka-Wei 015794.

64 »*[…] some hold the opinion – and it is not altogether an unreasonable one – that the international character of Shanghai will be considered and that the Consul General will not be asked to leave at all; that the Settlement will be as a neutral country in which civilian enemy subjects may reside so long as they behave themselves. International law does not interfere with the liberty of enemy civilians so long as they go about their usual peaceful vocations, but is there any international law left in these days of new precedents?*« *NCDN*, 16.3.1917. In: Der Krieg. Bibliotheca Zi-Ka-Wei 015794.

65 Leutner 1911–1927, S. 334. Briessen, Grundzüge, S. 76. Datiertes Übergabeprotokoll der deutschen Niederlassung Hankou an die Chinesen, unterzeichnet u.a. von Stoller, Röhreke, Grabow, Mirow.

66 Hibbard, Bund, S. 275, nennt den Namen Bourke, die *NCDN* schreiben: Bank.

67 Hibbard, Bund, S. 275 und *NCDN*, 18.8.1917. Freie Ü: CM.

68 *NCDN*, 18.8.1917. In: Der Krieg. Bibliotheca Zi-Ka-Wei 015794.

69 Während die Untertanen privilegierter Staaten rechtlich ihren Konsulaten unterstanden, wurden Fälle, in die chinesische Staatsangehörige verwickelt waren, die sich auf dem Territorium des International Settlement ereignet hatten, vor dem *Mixed Court* verhandelt.

70 Breuer, Firmengeschichte, BArch ZLA 7–34/116, S. 4.

71 »*Their [the Germans'] business is to keep their footing in China, ours to trip them up.*« 24.10.1918, wahrscheinlich *NCDN*. In: Der Krieg. 13.11.1914, 015794.

72 Frederking, Konsulatssekretär in Hankou, konsularisches Tagebuch, PA AA R85 499.

73 »*Tanz und Spiel, für das die Shanghaier Gesellschaft von jeher viel übrig gehabt hat, finden in dem Programm der diesjährigen Wintersaison keinen Platz. Alle Veranstaltungen, soweit sie wenigstens die deutsche Gemeinde zusammen rufen, stehen mehr oder weniger im Zeichen des Krieges.*« *OAL*, 4.12.1914.

74 »*During the First World War Americans were shunned by the British and French due to their neutrality and decided to build their own schools and clubs in Shanghai.*« French, Shanghai A–Z, S. 219.

75 Staatsarchiv Hamburg 613-4/15, Band 25 (Entschädigung Deutscher Gartenclub).

76 *OAL*, 13.11.1914.

77 Kitto, China Cuckoo, S. 149–167. Brief Elke Finke (Tochter von Carl Michelau) vom 12.5.1949 an HWB.

78 Wenzel Krieg: Eine Jugend in China. Beschreibung einer Fahrt nach Moganshan: Hausboot ab Shanghai. In Suzhou wurden die 10 bis 20 Boote an eine Dampfbarkasse angehängt – eine Kette, die im rechten Winkel in den Kaiserkanal abbiegen musste. »In diesem Augenblick durfte nicht gesprochen werden.« Dann wurde zwei Tage über den Tai Hu gesegelt oder von Coolies gerudert, dann ging es mit Sänften und

Trägerkolonnen weiter. BSB, Ana 708 Studeo-Sammlung, 1852.

79 Matthäus 13,55 und Markus 6,3.

80 »*Sir, It seems that China is still undecided what to do with the Huns within her border [...]. Meanwhile the season is approaching when Shanghai people are looking round for summer resorts. Report has it that Huns are making elaborate arrangements to flood places like Moganshan, Beidaihe etc. with themselves, their womenfolk and children. Are we allies going to endure again the presence of the crowds of Huns – Hun women and children ursurping promenades, resting places, concerts etc.? I herewith suggest that protests are made by the proper authorities, in Peking, against these Huns [...] getting passports to the above summer resorts. If we cannot help the loitering about of the outcasts in Shanghai, at least let us keep our health resorts free of their objectionable presences. We don't want them to go there and there is an end of it.*«, *NCDN*, 18.2.1918.

81 Frederking, Konsulatssekretär in Hankou. Tagebucheintrag 18.3.1918: Entsprechend einer Bekanntmachung der chinesischen Behörden wird den Deutschen das Reisen (in Ferienorte) untersagt. PA AA R85 499.

82 *NCDN*, 18.10.1918, Der Krieg. Bibliotheca Zi-Ka-Wei 015794. Von Hanneken: Industrieller; H. Figge: Direktor der DAB Shanghai, vormals Stellvertretender Vorsitzender des Shanghai Municipal Council; H. Cordes: Direktor der Deutsch-Asiatischen Bank, Peking, A. Eggeling: Bevollmächtigter der DAB, C. Stepharius: Vorsitzender des Clubs Concordia; C. Michelau: Vorsitzender der Deutschen Vereinigung in Shanghai.

83 Fritz Secker: Erinnerungen eines China-Deutschen. In: Unterhaltungsbeilage der *Täglichen Rundschau*, 14.5.1919, Nr. 101, 39. Jahrgang. BSB, Ana 708 Studeo-Sammlung, 1050. Secker weiter: »*In Shanghai, wo sich die chinesischen Behörden eine ständige Überwachung durch die Briten gefallen lassen mussten, und wo letztere eine unmittelbare Aufsicht über die Deutschen ausüben konnten, war die Lage für uns bedeutend schwieriger als im Innern, wo China unumschränkte Hoheitsrechte ausübte.*«

84 Jin Baoshan: Melchers Company in Hankou (ohne Jahr, vermutlich 1960er oder 1970er Jahre). MA, Firma Melchers, Kasten 14, Mappe 2, Band 2.

85 Frederking, Konsulat Hankou, 11.6.1918, PA AA R 85 499, p. L463889.

86 Zeitungsausriss Juni 1918 (o. O., ohne genauere Datierung). In: Der Krieg. Bibliotheca Zi-Ka-Wei 015794.

87 Bekanntmachung vom 8.9.1917. In: Der Krieg. Bibliotheca Zi-Ka-Wei 015794.

88 HWB 13.11.1918 an seinen Bruder Karl Breuer (KB). Im Brief an KB vom 8.3.1919 erwähnte HWB, dass er am 24.9.1918 an Ben Barendsen geschrieben hat.

89 King's Regulations, erlassen 2.11.1918, veröffentlicht am 8.11.1918. In: Der Krieg. Bibliotheca Zi-Ka-Wei 015794.

90 Alle Zitate aus: HWB 13.11.1918 an KB.

1919

Geduldet in Shanghai

Momentan nicht reisefähig

Erna war im sechsten Monat schwanger. Vielleicht war es deshalb vor vier Monaten, zur Zeit des Waffenstillstandes, so schwierig gewesen miteinander. Jetzt freuten sich die zukünftigen Eltern. Ob es ein Stammhalter werden würde? Es wäre der erste in der Breuer-Familie. Schwester Paula und Schwager Ben hatten die kleine Paula, und Bruder Karl wartete in Sumatra immer noch auf seine Zukünftige: Wenige Tage vor ihrer Abfahrt nach Fernost im Sommer 1914 war der Weltkrieg ausgebrochen. Deutsche Schiffe fuhren nicht mehr auf den Weltmeeren. Immer noch – 1919 – wurden deutsche Passagiere von keiner Reederei befördert.

Ten more items were added to the exemption list.[1]
North China Herald, 8. März 1919

Trotzdem: Früh am Morgen des 13. März 1919 verließen etwa 2000[2] Deutsche Shanghai auf den englischen Truppentransportern *Novara* und *Nore* und auf dem Frachter *Atreus*. Zielhafen Rotterdam. Destination »Heimat«. Die meisten fuhren unfreiwillig. *Repatriation* nannten die Engländer das. Die Einschiffung hatte am 9. März, einem Sonntag, begonnen. Breuers waren nicht dabei. Sie hatten es am Vortag, am 8. März, in der Zeitung lesen können, dass sie von der Repatriierung ausgenommen waren: »Ten more items were added to the exemption list last Friday« (den 7. März). Zwei dieser »Positionen« auf der Liste der Ausnahmen waren Hermann Breuer und seine Frau. Ihre Ausnahmegenehmigung galt nur »pro term«, also *pro tempore* oder *temporarily* oder *auf Zeit*. Sie waren als »unfit for travel at present« – momentan nicht reisefähig – eingestuft, und die Absicht war »to deport those persons when their temporary disabilities have been removed«. Im Fall der Familie Breuer würde die Genehmigung, zu bleiben, nach der Geburt des Kindes erlöschen. Sie hatten gehört, dass in anderen Fällen von Schwangerschaft entschieden worden war, den Ehemann auszuweisen und die Frau allein ihrer Niederkunft entgegensehen zu lassen. Sie hatten Glück gehabt. Sie konnten erst einmal zusammen in China bleiben.

Finanzielle Probleme

Auch mit dem Bleiben waren eine Menge Probleme verbunden. Ihren Hausstand – vieles davon aus Ernas Aussteuer – hatten sie in Erwartung der Deportation schon verkauft. Die finanziellen Sorgen konnte das nicht lindern. Auf die Briefe, mit denen Hermann im vergangenen September seinen Schwager und Mitte November seinen Bruder um Unterstützung gebeten hatte, war noch keine Antwort gekommen und vor allem: kein Geld. Wahrscheinlich lagen seine Hilferufe noch in irgendwelchen Postsäcken. An dem Tag, an dem ihr Dispens von der Heimsendung in der Zeitung gestanden hatte, setzte Hermann sich an die Schreibmaschine und schrieb einen zweiten Brief an Bruder Karl. Eine Variante seines Briefes vom November. Auch diesen Brief schrieb er auf Holländisch. Zwar hatten die niederländischen Diplomaten Ende Dezember erwirkt, dass Privatbriefe Deutscher nach Deutschland wieder befördert wurden. Aber er schrieb ja nicht nach Deutschland. Außerdem wusste man nie. Er blieb sehr zurückhaltend in dem, was er schrieb, wegen der Briefzensur. Trotzdem musste deutlich werden, dass er erstens vorerst nicht repatriiert werden würde und zweitens viel Geld brauchte. Also schrieb er, »*dass wir gegen Mitte oder Ende Mai den ersten Familienzuwachs erwarten und daher haben wir unsere Reise nach Hause mindestens bis Ende Juni zurückgestellt, aber wahrscheinlich gehen wir auch dann noch nicht fort. Die Firma hat mir das bereits zugestanden, sodass Erna und ich vorläufig nicht reisen.*« Die Rechnung, warum er 5 000 Dollar braucht, geht nicht ganz auf, der springende Punkt bleibt: Er hat sich von einem chinesischen Freund Geld geliehen, das er zurückzahlen muss, »weil ich meinem Freund gegenüber ein anständiger Mensch bleiben will«. Zur Not wären zunächst auch 1500 Dollar hilfreich, um ihn vor den schlimmsten, entehrenden Folgen zu bewahren; »in der Hoffnung darauf, so bald wie möglich von Dir zu hören«.[3]

Siegesfeier

Seit Hermann den letzten Brief geschrieben hatte, gleich nach der Einstellung der Feindseligkeiten in Europa, war die Lage der Deutschen in China so bedrückend geblieben wie in den letzten Kriegsmonaten, vielleicht sogar schlimmer geworden. Da waren erst einmal die Siegesfeiern der Alliierten gewesen. Drei Tage hatte das große Fest gedauert, vom 22. November bis zum 24. um 5 Uhr morgens. 50 000 Zuschauer kamen zum Feuerwerk, es war das größte Fest in der Geschichte Shanghais.[4] Wer konnte es den Siegern verdenken? Aber es war zu weiteren Gewaltausbrüchen gekommen, wie schon im November, in den ersten Tagen nach der Meldung von der deutschen Kapitulation. Ende November war das *Iltis*-Denkmal am Bund zerstört worden.[5] Das im November 1898 errichtete Denkmal erinnerte an den Schiffbruch des deutschen Kanonenbootes im Taifun vor Shandong im Jahr 1896 und den Untergang von 71 Mann

Besatzung. Hermann las den Bericht über die Zerstörung in der Zeitung. Er las, dass 40 bis 50 französische Matrosen, Soldaten und Zivilisten in den frühen Morgenstunden ein Seil am *Iltis*-Denkmal befestigt hatten, um es zu Boden zu reißen. Sie brachten das Denkmal erst mit der erkauften Unterstützung von etwa 20 Rikscha-Kulis zu Fall. Gleich darauf verschwanden die Umstürzler in alle Himmelsrichtungen. Am folgenden Morgen stiegen Passanten über den Eisenzaun und sammelten Granitbrocken aus dem zerschlagenen Sockel. Souvenirs. Schon gegen 9 Uhr kamen Arbeiter und brachten den Bronzeschaft in ein städtisches Depot. Der Verwaltung fehlte jeder Anhaltspunkt für eine Strafverfolgung.[6] Chinesen sahen in dem Vorfall die Schändung eines Grabsteins, die sie verurteilten.[7]

Wohnungssorgen

Die englische Presse schürte die antideutsche Stimmung, gab aber auch einzelnen Stimmen Raum, die zur Mäßigung mahnten. So konnte Hermann am 20. November 1918 in der *Shanghai Gazette* einen Beitrag lesen, der ihm aus der Seele gesprochen haben dürfte; es war ein leidenschaftlicher Aufruf zum Frieden: »*Genau hier in unserer Mitte [...] sehen wir kleine und gemeine Bestrebungen, einen ehemaligen Feind zu schlagen, der nicht zurückschlagen kann. Armselige Charaktere, die sich kleinlicher Siege über die Schwachen und Hilflosen rühmen. Dieses sogenannte Internationale Settlement führt, gerade jetzt, Demokratie vor, indem die Telefone unschuldiger Menschen gekappt und harmlose gesetzestreue Menschen aus ihren Häusern vertrieben werden. Wir schaffen Frieden zu Hause und hier draußen Krieg.*«[8] Dieser Leserbrief, veröffentlicht unter dem Pseudonym »Humanity«, löste einen wahren *Shitstorm* aus. Apropos »unschuldige Menschen aus ihren Wohnungen vertreiben«: Breuers waren von der Yang Terrace in die Avenue Joffre gezogen. Was hatte sie nur veranlasst, in die französische Konzession zu gehen, in der nur noch höchstens zehn Landsleute lebten? Dort brauchten Deutsche schon seit März 1917, seit dem Abbruch der diplomatischen Beziehungen zwischen China und Deutschland, ein *residents permit*, mussten all ihre Habe registrieren lassen, Grundbesitz-Urkunden abgeben (Hermann hatte keine), Männer mussten sich täglich auf der Polizeistation melden.[9] Sie hatten schon wieder umziehen müssen. Die neue Wohnung im International Settlement in der Avenue Road (Beijing Xilu) Nummer 110 war eigentlich sogar ziemlich schön.

Obwohl: Am 8. November 1918 war im International Settlement eine Verschärfung der »King's Regulations« veröffentlicht worden, nach der britische Vermieter die Mietverträge »feindlicher Mieter« keinesfalls verlängern durften.[10] Gegen diese Verordnung muss es deutlich vernehmbaren chinesischen Protest gegeben haben. Der *North China Herald* sah sich veranlasst, einen Artikel aus der Zeitung *Cheng Pao*[11] über die Ausweisung von Deutschen aus ihren Wohnungen zu zitieren, in der Absicht, das Vorgehen zu verteidigen. Darin heißt es: »*Viele Chinesen, die an der dreitägigen Feier des Sieges der Alliierten in Europa teilgenommen haben, waren erstaunt zu hören, dass eine Anzahl deutscher Familien, welche Briten gehörende Häuser bewohnten, aus diesen ausgewiesen worden sind, und zwar nach Unterzeichnung des Waffenstillstandes. Dies hat zu einiger Kritik Anlass gegeben. Nicht wenige von unseren Chinesen haben gesagt: ›Da doch die Cheng Pao wiederholt erklärt hat, die Deutschen verführen brutal, dabei seien sie immer gerecht von den Alliierten behandelt worden, so zeige eine derartige Handlung, dass die Briten, wenn sie die Oberhand haben, ebenso rachsüchtig wie die Hunnen sind.‹*« Der *Herald* konnte nur eine schwache Rechtfertigung anbieten: Die Verfügung sei von der britischen Regierung vor Monaten aufgesetzt und die Zeit für das Inkrafttreten lange vor Beendigung des Krieges festgelegt worden. Bis sie aufgehoben sei, müssten britische Beamte sie umsetzen. Und überhaupt: Da die Deutschen den Krieg verloren hätten, müssten sie »*die Schande der Niederlage tragen und darauf vorbereitet sein, ihren Teil des Verlustes, den ihre Herrscher über ihr Land gebracht haben, auf sich zu nehmen.*«[12]

Diplomatische Anstrengungen

Die neutralen Niederlande hatten seit dem Abbruch der diplomatischen Beziehungen zwischen China und dem Deutschen Reich im März 1917 die deutschen Interessen in China vertreten. Hatten sie zu eifrig[13] vertreten, meinten Engländer und Franzosen. Ein »Werkzeug der Deutschen« sei der Gesandte Frans Beelaerts van Blokland und müsse deshalb gehen. Eine Liste seiner prodeutschen Taten vervollständigte den Zeitungsartikel.[14] Und tatsächlich zeitigten die Vorstellungen alliierter Diplomaten in Peking, unterstützt von einer Kampagne der englischen Zeitungen, im Dezember 1918 Erfolg; der *North China Herald* meldete: »Die chinesische Regierung hat die Abberufung des holländischen Gesandten in Peking, der ein tätiger pro-deutscher war, verlangt.«[15] Er verließ China Ende Februar 1919.[16] Die Niederländer wandten sich gegen die Bemühungen der Alliierten, die Repatriierung der Deutschen noch durchzusetzen. Sie betonten bei jeder Gelegenheit, dass eine Heimsendung der Zivilisten ein Bruch des Völkerrechts sei, dessen negative Folgen auf China zurückfallen würden.[17] Die chinesische Regierung war der Forderung lange Zeit ausgewichen. Dann, nach der Unterzeichnung des Waffenstillstandsabkommens und kurz vor dem Beginn der Pariser Friedensverhandlungen, erreichten die Engländer, unterstützt von den Franzosen, ihr Ziel. Im Dezember 1918 wurde in Peking mit der Internierung der Deutschen begonnen. 20 Tempel in den Westbergen wurden dafür instand gesetzt.[18] Alle Deutschen in China interpretierten das als einen Schritt auf dem Weg zur Repatriierung.

Eduard Grösser berichtet aus Anlass seiner Internierung über das Feingefühl des mit der Durchführung betrauten chinesischen Polizisten: »*Nun kam vormittags ein chinesischer Hsün Bu, brachte ein Schreiben der Polizei mit und erklärte, ich müsse am nächsten Morgen um vier Uhr mit ihm in die Westberge ins Internierungslager! Ich protestierte, aber alles Schimpfen half nichts. […] die frühe Stunde sei für mein ›Gesicht‹ notwendig. Um diese Stunde würde besonders kein Engländer sehen, dass ich […] abgeschleppt würde.«*[19]

Vorarbeiten für eine Repatriierung

Die Vorweihnachtszeit war auch in Shanghai von Repatriierungssorgen geprägt – ausgerechnet am 26. Dezember (1918) machte das Gerücht Schlagzeile. Die wichtigste nordchinesische Tageszeitung, die *North China Daily News*, titelte: »China Resolves to Repatriate the Germans«. Die offizielle Verlautbarung folgte einen Monat darauf, als der *North China Herald* ankündigte: »Der Präsident wird am 25. Januar einen Befehl herausgeben, der die Heimsendung der feindlichen Ausländer und die Sequestrierung ihres Eigentums befiehlt. Letzterer ist vom 1. Februar ab wirksam.«[20] Es wurden dann kurz nach dem Chinesischen Neujahr (das war am 1. Februar 1919) in allen wichtigeren Plätzen des Landes neue Amtsstellen eingerichtet: das »Amt für Heimsendung feindlicher Einwanderer« und das »Amt für die Verwaltung feindlichen Eigentums«.[21] Dem folgten Schlag auf Schlag offizielle Bekanntmachungen. Sie lasen die Zeitung besonders aufmerksam, passten auf, keine neue Direktive zu übersehen, denn bei Nichtbeachtung drohten Geld- oder sogar Gefängnisstrafen. Und der britische beisitzende Richter im »gemischten Gerichtshof« sorgte dafür, dass der chinesische Vorsitzende sie verhängte.[22]

In der Bekanntmachung der Stadtverwaltung Nr. 2574 vom 11. Februar 1919 ging es um die Frage, wer von der Heimsendung betroffen und wer nicht betroffen sein würde. Letzteres war übersichtlicher. Es sollten sein: a) feindliche Untertanen über 60 Jahre, b) feindliche Untertanen, deren Dienste von dem holländischen Generalkonsul verlangt werden, c) feindliche Untertanen, die den ärztlichen Beruf ausüben, d) feindliche Untertanen, für die von den Gesandten der alliierten Mächte gutgesagt worden ist, e) feindliche Untertanen, deren Krankheit geprüft und von den dazu bestimmten Ärzten beglaubigt worden ist. Wer glaubte, einen Grund zur Befreiung von der Heimsendung zu haben, möge das dem Hauptamt für Heimsendung, 121 Bubbling Well Road (Nanjing Xilu), melden.[23] Hinsichtlich der von der Heimsendung befreiten Feinde im Dienst Hollands gab es bald Streit zwischen der chinesischen Regierung und den Holländern: Die Chinesen meinten, es seien zu viele, was der holländische Konsul scharf zurückwies.[24]

Einer ordentlichen Ausweisung musste die kontinuierliche Beobachtung der Betroffenen vorausgehen. Im International Settlement galt schon seit dem Eintritt Chinas in den Krieg eine Meldepflicht für die Deutschen und die Österreicher; feindliche Untertanen männlichen Geschlechts mussten sich zweimal im Monat auf der Polizeistation ihres Bezirkes melden, Frauen einmal. Die Schraube wurde im Lauf der Zeit immer weiter angezogen: Verfügung Nummer 2466 sah vor, dass sich Frauen einmal die Woche meldeten, Männer zweimal. Verfügung Nr. 2579 (sie galt ab Montag, dem 24. Februar 1919) besagte, dass Frauen dreimal die Woche, nämlich montags, mittwochs und freitags, zwischen 9 Uhr vormittags und 3 Uhr nachmittags zu erscheinen hätten, »um ihren Erlaubnisschein durch die Polizei prüfen zu lassen«.[25] Ob sich Erna trotz ihrer Schwangerschaft jeden Montag, Mittwoch und Freitag auf den Weg machte? Hermann musste sich ab dem 13. Februar, wie alle Deutschen männlichen Geschlechts, jeden Tag in der Zeit zwischen 9 a.m. und 3 p.m. melden. In der Französischen Konzession hatten sich deutsche Bewohner schon seit Chinas Kriegseintritt täglich bei der Polizei zu melden, deswegen »scheut der Boche die Concession«.[26]

Fast hatten die Engländer ihr Ziel, die Rückführung der Deutschen, erreicht. In der Londoner *Times* erschien am 24. Februar 1919 ein Artikel, der die vorgesehenen Zwangstransporte gegen Kritik aus Singapur (also Kritik aus den eigenen Reihen) noch einmal rechtfertigte. Darin wird betont, »*dass die englische Regierung seit fast zwei Jahren einen ständigen Druck auf die chinesische Regierung ausgeübt hat, um diese zu veranlassen, sich endlich der in China lebenden feindlichen Untertanen zu entledigen, und dass sie schließlich darin einen Erfolg erzielt hat, der gute Resultate zeitigen sollte, sowohl mit Bezug auf die politische Lage Chinas, als auch für die Interessen der Verbündeten*«.[27] Bevor er archiviert wurde, machte der Artikel in Bremen bei Melchers die Runde und Seniorchef Adalbert Korff kommentierte ihn für die *Weser-Zeitung*. Und was konnte in diesem Zusammenhang mit der ›politischen Lage Chinas‹ angedeutet sein? Die Beachtung chinesischer Interessen in Versailles?

Enteignung

Die Ausreisenden durften ihr Eigentum nicht ohne Weiteres veräußern, mitnehmen oder tarnen, dafür sorgten Regeln für die »Verwaltung von Vermögensbeständen feindlicher Untertanen« – die ausdrücklich verhindern sollten, dass Deutsche ihren Besitz, ihre Läden, Unternehmen, Beteiligungen etc. etwa Chinesen zu treuen Händen überließen. Wo das schon geschehen war, sollten die Treuhänder »dies innerhalb eines Monats wahrheitsgetreu der zuständigen Lokalbehörde anzeigen. Zuwider Handelnde riskieren Gefängnis- oder Geldstrafen.«[28] Mitnehmen durften die Ausgewiesenen persönliches Hab und Gut bis 350 lbs (159 Kilo).[29] Haushaltsgegenstände durften sie veräußern. Und wie war das mit dem Geld? Am 27. Februar informierte das holländische Generalkonsulat die Deutschen, die auf ihre Ausweisung warteten, dass sie ab dem 1. März Bargeld in Höhe von 200 Shanghai Taels (100 für Kinder) abheben durften. Außerdem könnten sie ab dem 1. März bei der holländischen Bank Wechsel beantragen, die nach der Heimkehr einzulösen wären. Maximal durften Wechsel in Höhe von £ 100.– pro Erwachsenem und £ 50.– pro Person unter 18 Jahren ausgeführt werden. Am 1. März war die Nederlandsche Handel-Maatschappij von dem Ansturm völlig überfordert. Hermann mittendrin, denn er wusste noch nicht, dass er bleiben konnte. Dann sollten statt individueller Anträge in jedem Internierungslager Listen erstellt werden. Obmänner zeichneten für die Richtigkeit der Angaben und reichten der Bank die Listen ein, sorgten für die Bezahlung der Wechsel (die nur in Shanghai Taels oder Mexikanischen Dollars erfolgen durfte; die Notwendigkeit der Umrechnung komplizierte den Vorgang) und für deren Abholung.[30]

In den *North China Daily News* war zu lesen, dass zusätzlich zu den 200 Taels Bargeld Wechsel über 5000 Taels mitgenommen werden dürften. Der Schreiber muss von einem elfköpfigen Familienverband ausgegangen sein, denn nach dem im Schreiben des holländischen Generalkonsuls genannten Kurs entsprachen £ 100 nur 435 Shanghai Taels. Die Meldung konnte den Eindruck erwecken, den Deutschen ginge es eigentlich ziemlich gut. Mehrfach wurde betont, wie viel Geld alle mitnahmen – und dass die Ausreisenden sich die Wechsel nicht auf Mark, sondern auf die als stabiler angesehene britische Währung hätten ausstellen lassen. Ein Journalist zitierte den Zöllner, der zu einem gefilzten Ausreisenden sagte: »You haven't done so bad [sic] while you have been out here.«[31] Sollte Hermann sich über solche Bemerkungen ärgern? Würde er es vergessen können?

Schon 14 Tage vor den Schiffsabfahrten kamen Deutsche aus vielen Landesteilen Chinas in den Sammellagern in Shanghai an. Die zwei Wochen wurden zu einem großen *get-together* und Abschiednehmen. Das größte Internierungslager (eingerichtet in den Pu Yi Industrial Works am West Gate der »Chinesenstadt«, Stadtteil Nantao) war für 1000 Bewohner ausgelegt und schon am 3. März fast vollständig belegt gewesen, nachdem die Sonderzüge aus Tianjin, Shanhaiguan und Beidaihe angekommen waren.[32] Eine offizielle Beschwerde über die dortigen sanitären Zustände und den mangelnden Schutz gegen Kälte, vorgetragen von einer US-Staatsbürgerin, wurde nach Besichtigung durch alliierte Ärzte und das amerikanische Rote Kreuz als unbegründet zurückgewiesen.[33]

Abschied

Am frühen Morgen des 9. März, einem Sonntag, begann am Custom's Jetty die Zollkontrolle. Überall standen Wachen. Britische und amerikanische Soldaten und Matrosen wurden durch verschiedene Einheiten des Shanghai Volunteer Corps verstärkt, darunter die American Company, die Maritime Company und die Machine Gun Company. Wie haben sie sich gefühlt, als sie den ehemaligen Kameraden gegenüberstanden? Die Deutschen empfanden den »*Polizeikordon, zusammengesetzt aus den besseren Kreisen der Schanghaier Engländer und vielfach früheren Bekannten, mit denen man fast täglich zusammenkam, [als] eine Demütigung in höchster Potenz*«.[34]

Hermann war über Nacht zum Zuschauer im großen Abschiedstheater geworden. Die hektische Aktivität der letzten Wochen, die vielen Überlegungen, die verzweifelten Pläne, die Besorgungen – überflüssig. Es schien zunächst, als gäbe es gar nichts mehr zu tun. Keine Geschäftspapiere mehr vernichten, weil die Engländer sie nicht auswerten sollten, keine Vertrauensperson auswählen, um ihr die wichtigsten Dokumente zu übergeben, keine Wäsche und Kleider für die Reise und das Leben in Deutschland sortieren oder noch schnell nähen lassen, nicht mehr Seife und Leder besorgen (gab es das in Deutschland nicht zu kaufen?), Bücher, Fotos und die Raritätensammlung in Kisten packen in der Hoffnung, dass irgendjemand sie für ihn aufbewahren würde, nicht Proviant und Flüssiges für die lange Schiffsreise besorgen. Aber die anderen Ausgewiesenen mussten genau das tun; sie brauchten Hilfe, sie brauchten ihn. Er hatte Zeit, machte Besorgungen, übernahm Gegenstände aus den Wohnungen zur Aufbewahrung, vielleicht auch Haustiere, einen Hund oder sogar ein Pony. Er wird Verpflegung und andere letzte Notwendigkeiten besorgt und Freunde zum Zoll und zur Anlegestelle begleitet haben. Wo würden sie sich wiedersehen? In Deutschland – oder doch in China?

Einschiffung

Bei der Zollkontrolle konnte Hermann beobachten, dass der Geschäftsmann Berthel, ein Bekannter aus dem Rowing Club (1911 hatte er den Einer-Wettbewerb gewonnen) zwei Flaschen Morphium gegen die Seekrankheit mitnehmen wollte. Sie wurden konfisziert.[35] Er war bei Weitem nicht der einzige: Opium und Morphium wurden mehrfach konfisziert, ebenso Spirituosen. Wein hingegen ließen die Kontrolleure in größeren Mengen passieren.

Zeitgleich mit den Zollkontrollen begannen am Sonntag, dem 9. März, die Einschiffungen an der China Merchants Central Wharf, nördlich des Wusong. Zunächst ankerte dort die *Novara*, auf ihr sollten überwiegend Familien fahren, darunter Angestellte der Tongji-Universität, der Deutsch-Asiatischen Bank und viele Kaufleute.[36] Das Schiff legte am Montag bei Tagesanbruch ab und ankerte drei Meilen flussabwärts. Für die Deutschen an Bord war Shanghai noch in Sichtweite, aber schon unerreichbar. Herr Figge, der Direktor der DAB, kam mit Frau und Kind am Dienstag per Tender auf die *Novara*. 1910 hatte das englische Gesellschaftsjournal *Social Shanghai* ihm, dem »populären Manager der Deutsch-Asiatischen Bank«, der »zu den erfolgreichsten deutschen Geschäftsleuten im Fernen Osten gehören dürfte«, dessen »Gastfreundschaft sprichwörtlich ist«, anlässlich seines Heimaturlaubs ein Porträt gewidmet und versichert, ihm seien »die besten Wünsche seiner vielen Freunde in China sicher, und sie hoffen, ihn bei guter Gesundheit bald wieder willkommen zu heißen«.[37] Hermann wird sich erinnert haben. Jetzt wollte das keiner mehr wissen. Die *North China*

Daily News schrieben nun über Figge: »Er gab eine traurige Figur ab, wie er da auf dem Bootszubringer stand und einen letzten Blick auf Shanghai warf.«[38] Der Zoll fand, dass Herr Figge Gold im Wert von 1000 US-Dollar über den erlaubten Betrag hinaus bei sich hatte. Er musste es zurücklassen. Gegen Quittung. Als besonders schmerzlich empfand Hermann den Abschied von Carl Michelau, seiner Frau Paula und ihren fünf Kindern. Michelau und er hatten seit dem ersten gemeinsamen Abendessen im Melchers-Hong am Französischen Bund viel Arbeitszeit, später auch viel Freizeit miteinander verbracht. Jetzt riefen sie sich ihre Momente in Moganshan noch einmal ins Gedächtnis. Besonders die neunjährige Elke war untröstlich, »Papa Breuer« sagte sie zu Breuer, und sie war leidenschaftlich entschlossen, nach China zurückzukehren.

Am Montag ging die Zollinspektion am Custom's Jetty weiter. Ab 8 Uhr kamen die Karren mit dem großen Gepäck für die *Nore*.[39] Das würde noch, zusammen mit dem Gepäck für die anderen Schiffe, eine Nacht im Regen stehen, bevor es zur Verladung kam. Ein erheblicher Teil wurde dann auf das falsche Schiff gebracht, mehrere Stücke gar nicht verladen.[40] Dann nahm die *Nore* den Platz der *Novara* an der China Merchants Central Wharf ein. Die letzten ihrer 551 Passagiere (152 Männer, 185 Frauen, 214 Kinder, 50 Schlafplätze blieben leer) wurden am Dienstag mit dem Tender aufs Schiff gebracht. Da lag schon der Frachter *Atreus* am Anlegeplatz; 687 allein reisende Männer gingen an Bord.[41] Die Unterbringung in den Ladeluken war eng, dunkel und würde heiß werden; die Sanitäranlagen, soweit vorhanden, waren in furchtbarem Zustand – die Passagiere würden Hand anlegen müssen. Mit diesem Schiff fuhr auch Kapitän Plaschke,[42] ein langjähriger leitender Mitarbeiter von Melchers, Inspektor des NDL in Shanghai. Und Schlachter Neumann. Er war solo, weil seine Frau 1914 einem Raubmord zum Opfer gefallen war. Neumann war noch mit seinem in Shanghai stadtbekannten, von Rappen gezogenen Wagen eine Runde durch die Stadt gefahren, hatte sich von seinen vielen Bekannten verabschiedet, von den chinesischen und den alliierten. Einige der Letzteren hatten darauf keinen Wert gelegt. Beim Abschied schüttelte er allen die Hand und verkündete laut und deutlich: »Ich gehe stark und ich werde stark zurückkommen.«[43]

Den ganzen Mittwoch (12. März) fuhren Polizisten und Mitglieder des Shanghai Volunteer Corps in Autos und auf Motorrädern durch das Settlement und spürten ausgewiesene Deutsche auf, die sich unerlaubterweise noch in ihren Wohnungen aufhielten. Sie fanden 73. Die, die vor 5 Uhr nachmittags eingesammelt waren, wurden gleich auf die Schiffe gebracht, die anderen übernachteten auf Polizeistationen. Am Mittwochnachmittag – die Einschiffung auf der *Nore* war eigentlich abgeschlossen, und sie lag schon neben der *Novara* auf Reede – wurde die Familie von Hanneken, das Ehepaar Constantin und Elsa und vier Kinder mit einer europäischen

Gouvernante, einem chinesischen »Boy«, 60 Gepäckstücken und einer Reiseapotheke (die dem Schiffsarzt übergeben wurde) sowie reichlich Reiseproviant auf einem Tender zum Schiff gebracht. Sie kamen aus dem Lager in Nantao, wo sie seit ihrer Ankunft aus Tianjin vor drei Wochen interniert gewesen waren. Der so inszenierte Auftritt dieser Respektsperson unter den Auslandsdeutschen – seit 40 Jahren in China, war General von Hanneken ein wohlhabender Industrieller und bekleidete zuletzt als Leiter chinesischer Kohleminen in den Provinzen Zhili und Henan eine bei Chinesen hoch angesehene soziale Stellung – wurde in der Zeitung kommentiert: »[von Hanneken] schien nicht allzu glücklich und während seine Frau quasi eingestand, dass sie nicht gern fortging, liess sie sich das nicht im geringsten anmerken.«[44] Es war wie ein Wettkampf: auf der einen Seite die Schaulustigen, die sich am Anblick der Ausgewiesenen erfreuen wollten, auf der anderen Seite die Ausreisenden, die sich keineswegs dabei erwischen lassen wollten, niedergeschlagen und »besiegt« zu erscheinen. Auf der einen Seite die wenigen zurückbleibenden Freunde, die ein aufrichtiges »Auf Wiedersehen« wünschten, auf der andern die, die hofften, Zollverstöße, Streit und andere Intimitäten beobachten zu können. Dem Triumph der Sieger gab die Zeitung in vielen Varianten Ausdruck – und stellte abschließend verwundert, vielleicht auch bewundernd, fest: »Bemerkenswert an dem ganzen Vorgang war, dass die feindlichen Subjekte keine große Verbitterung […] an den Tag legten. Im Allgemeinen sind sie der Ansicht, daß sie bald zurückkommen werden.« Oder hatte es sich nur um eine verlorene Wette gehandelt? »You backed the wrong horse,«[45] sie haben auf's falsche Pferd gesetzt, sagte ein Zollbeamter zu einem der Ausgewiesenen. Der Journalist, der das gehört hatte, präsentierte das Zitat, als sei es ein besonders gelungener Witz.

Abfahrt

Am Morgen des 13. März fuhren die drei Schiffe im Konvoi ab. Schon im Vorfeld hatte es Streit über den Zustand der Schiffe gegeben: Zu ihrer Rechtfertigung meldeten die Engländer, der niederländische Generalkonsul De Kens habe die Schiffe, auf denen die Deutschen transportiert werden sollten, vorab inspiziert und er sei mit deren Zustand zufrieden gewesen.[46] Prompt erwiderte der Generalkonsul, er habe mit der Inspektion seine Pflicht getan, habe aber keine Meinung über die Schiffe geäußert. Absolution wollte er also nicht erteilen – hatte aber auch nicht interveniert. Und beklagte sich bei dieser Gelegenheit, er sei in den zwei Jahren, in denen er als Generalkonsul der Niederlande in Shanghai zugleich die deutschen und österreichisch-ungarischen Interessen wahrgenommen habe, einer Pressekampagne der Verdächtigungen und Verleumdungen ausgesetzt gewesen.[47]

Zur gleichen Zeit ärgerten sich die Chinesen über ihre Bündnispartner, die sie offenbar drängten, immer mehr Deutsche auszuweisen, auch die, die unter Ausnahmeregelungen fielen. Die *China Press* musste am 16. März 1919 betonen, dass »*alle Befreiungen feindlicher Untertanen [...] gemäß den Bestimmungen des Ministeriums des Innern gewährt [werden], und die Befreiungsurkunden gelten dafür sowohl in den Niederlassungen als auch auf chinesischem Gebiete*«, und sie erinnerte: »*Nur aus Wohlwollen zu den alliierten Mächten schickt China die feindlichen Untertanen nach Hause. Die Alliierten sollen daher die Ausweisung der feindlichen Untertanen als Chinas eigene Sache ansehen, mit den chinesischen Behörden arbeiten und die Abwicklung der Ausweisungen nicht [durch zusätzliche Forderungen; C.M.] hindern.*«[48]

Ausverkauf

In der folgenden Zeit musste Hermann den Ausverkauf von Meilensteinen der deutsch-chinesischen Geschichte erleben: den Verkauf des Concordia-Club-Gebäudes, des Deutschen Gartenclubs (würde er für seine Anteile irgendwann einmal entschädigt werden?), der Deutsch-Asiatischen Bank. Und dem Verkauf von Fabrik und Apotheke Voelkel & Schröder.[49] Damit verschwand nicht nur das letzte deutsche Geschäftshaus in Shanghai, sondern die Heimat von Klara Widmann, der ältesten Tochter der Apothekerfamilie, seit 1908 verheiratet mit Adolf Widmann. Hermann war gut mit ihr befreundet; sie hatten in den Kriegsjahren vieles gemeinsam bewältigt. Das Gebäude der Firma Melchers am Französischen Bund und die Privathäuser der Firmenchefs Carl Michelau und Adolf Widmann standen zum Verkauf. Andererseits konnte er beobachten, und manchmal in der Zeitung lesen, dass Verkäufe nicht zustande kamen. Im *North China Herald* las er: »*Gewisse ausländische Interessenten in China bemühten sich, beschlagnahmtes deutsches Eigentum aufzukaufen. Ihre Bemühungen, mit dem Beamten in Verbindung zu treten, welcher mit der Verwaltung einiger sehr begehrenswerter beschlagnahmter Besitztümer in Amoy [Xiamen] und Fuzhou beauftragt ist, waren ohne Erfolg, da niemand weiß, wer diesen Posten innehat. Dies ist bezeichnend für die Art und Weise, wie man in China verfährt.*«[50] Da konnte er sich ziemlich gut vorstellen, was im Hintergrund ablief. Meldungen wie diese bestätigten Hermann, dass viele Chinesen die Politik ihrer Regierung nicht mitmachten. In Hankou standen der Melchers-Hong mit Eierfabrik, Ölsaatenreinigungsanlage und Elektrizitätswerk zum Verkauf. Noch hatte sich kein Käufer gefunden. Die Geschäfte führte seit der Kriegserklärung Wang Bonian (Wong puh nien), bewährter Komprador in Hankou seit 1908. Die von der Regierung unter Strafe gestellte Übergabe »zu treuen Händen« hatte nicht nur umfangreich stattgefunden – sie war auch in vielen Fällen später nicht gemeldet worden; insofern hatten die abreisenden Deutschen vielleicht zu Recht die Hoffnung, bald zu ihren Geschäften, Läden, Häusern in China zurückkehren zu können. Die Zurückgebliebenen bauten darauf.

Momentan aber existierte die Firma Melchers offiziell nicht mehr. Höchstens *under cover* war das eine oder andere kleine Geschäft mit einer chinesischen Firma zu tätigen. Breuer selbst erlebte, »*in dieser schwersten Zeit (in der Kasse waren noch 2 000 Mex) erwies sich die Treue alter chinesischer Geschäftsfreunde [...]. Der Firma wurden von chinesischer Seite größere Mittel zur Verfügung gestellt. [...] Die von der Ausweisung verschont gebliebenen Firmen-Mitarbeiter vermochten somit durch Unterstützung dieser chinesischen Freunde die durch den Krieg zerrissenen Fäden neu anzuknüpfen.*«[51] Würde es wieder eine Firma Melchers in China geben?

Noch ein Schiff

Kaum waren die drei Schiffe *Nore*, *Novarra* und *Atreus* abgefahren, gab es neue Gerüchte: Es würde doch kein weiteres Schiff fahren. Dann: Es würde, in drei Wochen, ein weiteres Schiff fahren. 550 Deutsche sollten ausreisen, hieß es. Dann war nur noch von 300 die Rede.[52] Das Schiff sei die *Antilochus*, und sie sollte Ende März fahren. Damals machte der Spruch die Runde, Deutsche seien momentan offensichtlich der einzige Exportartikel in Shanghai.[53] Noch immer trafen ausgewiesene Deutsche aus weit entfernten Landesteilen Chinas in Shanghai ein. Unter ihnen Wilhelm Wilshusen. Um den 28. März herum kam er im Internierungslager, genannt »Einschiffungs-Depot«, in Nantao an und verbrachte die folgenden Nächte mit mehreren Hundert anderen Deutschen auf Holzpritschen. Immerhin durften sie tagsüber das Lager verlassen. Wilshusen nutzte die Zeit, um in Shanghai alte Freunde und Bekannte zu besuchen, vor allem chinesische, die waren noch da. Breuer war auch noch da, und so trafen sich die beiden, sprachen über Breuers Anfänge im Melchers-Büro, die gemeinsame Zeit im Shanghai Volunteer Corps und bei der Feuerwehr. Sie trafen Tung Hansen, den Kollegen und Reisebegleiter aus jenen Tagen, der für Breuer ein wichtiger Freund geblieben war. Wilshusen, in China seit 1901, seit 1909 in Chongqing zunächst für Melchers, dann Manager der Firma Giesel & Co.,[54] hatte am 11. Februar den Bescheid bekommen, er müsse Chongqing am 15. Februar verlassen. Zwar handelte er noch eine Nachfrist bis zum 5. März aus, aber zu einer ordnungsgemäßen Abwicklung seiner Geschäfte und Auflösung seines Büros und seines Haushalts hatte die Zeit trotzdem nicht gereicht. Zumal noch die Vorbereitungen für die vierwöchige Reise nach Shanghai, erst im Hausboot, dann mit Flussschiffen, zu treffen waren. Diese Reise hatte Wilshusen durchaus genossen. Er erzählte anschaulich von gelungenen Späßen, von schönen Wanderungen und vom guten Essen. Und er erzählte von einem seiner Mitreisenden, von dem Arzt Sch., Mitarbeiter des Roten Kreuzes in Chongqing. Ihm hatte der chinesische Präsident der Organisation, Herr Wei, ein großes Abschiedsabendessen gegeben, mit Musik und Feuerwerk. Auf der Fahrt stellte der Arzt sich immer wieder vor, wie die Engländer sich wohl über den ehrenvollen Abschied geärgert hatten. Der britische Konsul hatte Wei gedroht, er wolle dafür sorgen, dass die Royal Asiatic Company Weis Bruder kündige, wenn er den deutschen Arzt weiter beschäftige. Da hatte der Bruder schon seinerseits gekündigt.[55] Überhaupt, meinte Wilshusen, in Chongqing seien die Anordnungen der Regierung nicht so schnell und nicht so konsequent umgesetzt worden wie in Shanghai oder Peking oder Hankou, also in den Gebieten, auf die die Zentralregierung direkteren Zugriff hatte. Am 1. April mussten Breuer und Wilshusen sich Adieu sagen. Die Einschiffung der Passagiere auf der *Antilochus* begann.

Damit kranke Feinde *(invalid enemies »in very poor health«)* mitreisen konnten, hatte die *Antilochus* eine Krankenstation mit Isoliermöglichkeiten und Kabinen für Rekonvaleszenten. Ausnahmen sollte es nur noch möglichst wenige geben. Eine Krankgeschriebene, Toni Trittel, Oberin des Paulun-Hospitals, kämpfte besonders zäh: Sie war trotz einer Bescheinigung, sie leide an Influenza, ganz kurzfristig aufgefordert worden, am nächsten Tag ihr Gepäck abzugeben und am übernächsten an Bord zu gehen. Ein englischer Arzt sollte endgültig entscheiden. Der kam um 6 Uhr abends »*in Begleitung eines Polizisten und stellte nach gründlicher Untersuchung fest, dass ich nicht reisefähig sei. Da hätten Sie mal das Gesicht des Polizisten sehen sollen.*« Am nächsten Tag erhielt sie erneut einen Ausreisebefehl. Noch einmal wurden Attest und behördliche Ausnahmegenehmigung vorgezeigt.[56] Toni Trittel durfte bleiben.

Wegen der vielen Kranken an Bord – angeblich wurde sogar ein bewusstlos delirierendes Kind für reisefähig befunden[57] – sollten mehrere Ärzte mitfahren. Bisher standen vier chinesische Ärzte und der Schiffsarzt Dr. Moore Graham bereit. Deutsche Ärzte waren auf chinesischen Wunsch von der Repatriierung ausgenommen. Aber den deutschen Ärzten Birt, Gerngroß und Blumenstock wurde auf Intervention der Engländer die Bleibeerlaubnis entzogen. Die Polizei suchte sie vergeblich. Dr. Blumenstock fuhr dann freiwillig mit. Er kam als einer der letzten Passagiere an Bord; die Mitreisenden empfingen ihn mit Applaus. Um 11.30 Uhr legte die *Antilochus* ab. An Bord 382 Personen: 173 Männer, 86 Frauen und 123 Kinder. In Hongkong sollten weitere Passagiere an Bord genommen werden.

Deutsche Restgemeinde

Wie viele Deutsche waren jetzt wohl noch in Shanghai? Es schwirrten alle möglichen Zahlen herum – eine organisierte Deutsche Gemeinde gab es nicht mehr, keine Institutionen, keine Zählung. Je nachdem, wer die Rechnung aufmachte, waren nach der Abfahrt der *Antilochus* noch 400 bis 750 Deutsche in Shanghai. Der *North China Herald* rechnete am 29. März 1919 vor: Offiziell bleiben durften 37 ehemalige Zollbeamte, die über 20 Jahre im Dienst gewesen oder über 50 Jahre alt waren, sechs über 60-jährige Postbeamte, knapp 50 Schlesier und Elsässer, deren Heimat im Friedensvertrag von Versailles »unter den Schutz der Alliierten genommen« werden würde. Bleiben durften mit deutschen Männern verheiratete

Frauen, die von Geburt »alliiert« waren – die wohl kaum ohne ihre deutschen Männer bleiben würden? Hinzu kamen 70 Frauen und 100 Kinder, deren Männer bzw. Väter noch in japanischer Kriegsgefangenschaft waren; sie würden Shanghai verlassen, sobald ihre Männer nach Hause durften. Das galt wohl entsprechend für die Frauen, deren Männer von den Engländern interniert waren. Jedenfalls blieben Klara Widmann und ihre Kinder in Shanghai. Und wer unterrichtete eigentlich die 70 Kinder im schulpflichtigen Alter? Alle Lehrer der KWS waren Anfang März heimgeschickt worden. Umgehend wurden unter der Leitung von Pfarrer Schulze Vorschul- und untere Realschulklassen eingerichtet. »Als Lehrer stellten sich einige Damen und Herren zur Verfügung.« Sieben Damen waren es, darunter Klara Widmann, und drei Herren. Darunter, ich konnte es kaum glauben, als ich es las: H.W. Breuer! Bis Anfang 1920 ging er als ehrenamtlicher »Hilfslehrer« unter erschwerten Bedingungen wieder in die Schule: Das Schulgebäude, alle Einrichtungen und Lehrmittel waren beschlagnahmt, der Unterricht fand in wenigen Räumen in zwei Mietshäusern in der Markham Road (Huai'an Lu) statt, weit abgelegen im Nordwesten der Stadt. Die Hilfslehrer erinnerten sich später an schlechte Lichtverhältnisse, ungenügende Heizung, mangelhafte Lüftung und eine minimale Ausstattung. Aber sie hatten den Mangel an Lehrerfahrung mit ihrem großen Eifer ausgeglichen.[58]

Noch lebten in Shanghai ca. 225 Personen mit Ausnahmegenehmigungen für »Bejahrte und Kranke«, z. T. mit Angehörigen. Die Zeitung schrieb, es würden final »ungefähr 400 feindliche Untertanen (Männer, Frauen und Kinder) in Shanghai zurückbleiben«. Hermann und Erna waren Teil dieser deutschen Restgemeinde. Auf Zeit. Denn am Tag nach der Abfahrt der *Antilochus* mussten sie lesen: »*Es wird erwartet, dass ein weiteres Schiff, wahrscheinlich ein deutsches Schiff, eingesetzt wird, um Nachzügler, die sich noch in China aufhalten, abzuholen [...] und dann wäre der Ferne Osten den ganzen Haufen glücklich los.*«[59] Hermann beschloss, den Grund für seine vorläufige Aufenthaltsgenehmigung möglichst lange zu erhalten und die Geburt seines Kindes möglichst spät auf dem Konsulat anzumelden.

1 »Zehn weitere Positionen wurden der Liste der Ausnahmen hinzugefügt.«

2 Die Schlussrechnung der *North China Daily News* am 13.3.1919, dem Tag der Abfahrt der Schiffe, besagt 1797. *Novara* 559, *Nore* 551, *Antilochus* 687. (Die Addition der Zahlen, die die *NCDN* für Männer, Frauen und Kinder auf der *Novara* nennt, ergibt 560, die gewählte Vertretung der Passagiere auf der *Novara* gab 564 an.) Briessen, Institutionen, S. 56, nennt insgesamt 2176, Quelle: OAV 1960. Vermutlich sind dabei die in Hongkong an Bord Gegangenen eingerechnet.

3 HWB 8.3.1919 an KB. Irgendwann müssen Hermanns Briefe angekommen sein, sonst hätte ich sie nicht in den Papieren der Familie Karl Breuer gefunden. Ich denke, dass Karl Geld geschickt hat. HWB löste später sein Versprechen, alles wiedergutzumachen, großzügig ein.

4 *Shanghai Gazette*, 25.11.1918. Sammlung Bando, S. 78–81.

5 Robert Bickers, datiert auf die Nacht 1./2. Dezember 1918 (Sonntag/Montag). Im von der Deutschen Gemeinde bewahrten Zeitungsartikel heißt es: »In the early hours of last Wednesday«. Das wäre früh am 27. November gewesen. Größere zeitliche Nähe zu den Siegesfeierlichkeiten (22./24.) ist wahrscheinlich. Bickers über das Denkmal: »*[...] a symbol of Anglo-German friendship. The memorial was situated on a piece of the Bund foreshore that the British firm Jardine Matheson & Co. had residual rights to, but the company had pointedly acceded with alacrity to the request to allow the monument to be sited there. The interests of treaty port Germans and Britons were increasingly closely intertwined at this point. They formed companies together, hosted each other at their clubs, collaborated in running Shanghai's International Settlement and Race Club [...]. Respecting and honouring the dead of the Iltis disaster was a part of this.*« https://robertbickers.net/2014/11/08/monuments-shanghai-bund-iltis-monument-1898/, am 5.11.2020.

6 o.O. In: Der Krieg. Bibliotheca Zi-Ka-Wei 015794.

7 Fritz Secker: Die Heimfahrt der China Deutschen. BSB, Ana 708 Studeo-Sammlung, 1050.

8 *Shanghai Gazette*, 20.11.1918. In: Der Krieg. Bibliotheca Zi-Ka-Wei 015794. Ü: CM.

9 Vandamme, Rise of Nationalism, S. 60–61.

10 Erlassen 2.11.1918/Zeitung (o. O.) 8.11.1918. In: Der Krieg. Bibliotheca Zi-Ka-Wei 015794.

11 Britische Zeitung in chinesischer Sprache.

12 *North China Herald*, 7.12.1918. Sammlung Bando, S. 96–99.

13 *North China Herald*, 13.12.1918. Sammlung Bando, S. 138.

14 *North China Herald*, 7.12.1918; Peking Meldung vom 1. Dezember 1918. Sammlung Bando, S. 91. Unter der Überschrift »Deutscher Druck auf China/Der holländische Gesandte ein Werkzeug der Deutschen« veröffentlichte der *North China Herald* am 7.12.1918 eine historische Rückschau ab April 1917, um zu zeigen, in welchen konkreten Fällen sich der niederländische Gesandte für die Deutschen eingesetzt hat. Mit der Folge: »*Die chinesische Regierung hat die Abberufung des holländischen Gesandten in Peking, der ein Tätiger prodeutscher war, verlangt. Er schläferte die Chinesen ein, um die Internierung der Deutschen in China und die Liquidation der Deutschen Bank zu verhindern. Er versuchte ebenfalls, die Ausweisung der Deutschen nach Australien durch die Einwendung zunichte zu machen, die Deutschen in Australien werden misshandelt.*« Sammlung Bando, S. 126. Ergebnis: »Abberufung des niederländischen Gesandten«, Überschrift im *NCH*, 13.12.918. Sammlung Bando, S. 138. Überschrift im *NCH* am 1.3.1919: »*Der holländische Konsul über die Heimsendung/Die pro-deutsche Haltung der holländischen Beamten in China dauert fort.*« Sammlung Bando, S. 239.

15 *North China Herald*, 6.12.1918. Sammlung Bando, S. 126.

16 Frederking, Konsulat Hankou, PA AA R 85 449, p. L 463895.

17 *North China Herald*, 1.3.1919. Sammlung Bando, S. 239.

18 *North China Herald*, 7.12.1918; Meldung datiert auf 1.12.1918, Sammlung Bando, S. 95 »In den letzten Tagen sind viele bekannte Deutsche interniert worden, und weitere werden folgen, sobald die Tempel eingerichtet sind.«

19 Grösser, Kaufmann in China, S. 116. Hsün Bu: Polizist.

20 Sammlung Bando, S. 162.

21 Fritz Secker: Erinnerungen eines China-Deutschen. In: Unterhaltungsbeilage der *Täglichen Rundschau*, 14.5.1919, Nr. 101, 39. Jahrgang. BSB, Ana 708 Studeo-Sammlung, 1050.

22 »*Wer sich in Shanghai nicht in vorgeschriebener Weise zweimal wöchentlich und später einmal täglich bei der Polizeistation seines Bezirks meldete, musste vor dem gemischten Gerichtshof der Internationalen Niederlassung erscheinen. In diesem Gericht [...] urteilte dann meistens ein britischer Richter über deutsche Fälle, und der neben ihm sitzende chinesische Magistrat ordnete sich stets den Ansichten seines britischen Kollegen unter.*« Fritz Secker: Erinnerungen eines China-Deutschen. In: Unterhaltungsbeilage der *Täglichen Rundschau*, 14.5.1919. BSB, Ana 708, 1050.

23 *Municipal Gazette*, Nr. 615, 15.2.1919. Sammlung Bando, S. 216.

24 *North China Herald*, 1.3.1919. Sammlung Bando, S. 239. Angehörige des diplomatischen Dienstes waren im März 1917, bei Abbruch der diplomatischen Beziehungen, ausgewiesen worden.

25 *Municipal Gazette*, 8.3.1919. Sammlung Bando, S. 286.

26 27.11.1918: »Hence the Concession is shunned by the Boche.« o. O. In: Der Krieg. Bibliotheca Zi-Ka-Wei 015794

27 Die Übersetzung des *Times*-Artikels erschien am 23.3.1919 in der *Weser-Zeitung* mit einem Kommentar von Adalbert Korff (Seniorchef von Melchers). MA Sonderstandort 1, 1.4 Firmenstruktur.

28 Offizielle Verlautbarung vom 25./27.1.1918 am 1.2.1919 im *North China Herald*. Leutner, 1911–1927, S. 183–184:

1) Alle Werte und alles Eigentum in der Hand feindlicher Untertanen sollen übernommen und unter Aufsicht der für den betreffenden Distrikt in Frage kommenden Behörde gestellt werden.

2) Diejenigen, welche feindlichen Untertanen gehörende Werte und Eigentum zu getreuen Händen oder aus anderen Gründen verwalten oder besitzen, sollen diese innerhalb eines Monats den Behörden des entsprechenden Distrikts anmelden. Die gleiche Vorschrift erstreckt sich auf Läden oder Gesellschaften, in denen feindliche Untertanen Anteile besitzen.

3) Gelder und Sachen, die feindlichen Untertanen zustehen, mit Ausnahme solcher, über die besondere Abmachungen bestehen, müssen sämtlich den Behörden des betr. Distrikts ausgehändigt werden.

4) Wer den §§ 2 und 3 zuwider handelt, wird mit Gefängnisstrafe fünfter Klasse, Haft oder Geldstrafe bis zu eintausend Dollar bestraft.

8) Was Läden und Fabriken betrifft, die gemeinsam von chinesischen Regierungsstellen und feindlichen Untertanen errichtet sind, so soll die Art der Aufsicht von dem Ministerium für Ackerbau und Handel und den betr. Regierungsstellen bestimmt werden.

29 Wilshusen, Abreise, S. 12. Ebenso Fritz Secker, BSB, Ana 708 Studeo-Sammlung, 1051. Briessen, Institutionen, spricht von 150 Pfund (OAV 1960, S. 129 zitierend). D.i. eine Verwechslung von lb. av. und Kilogramm.

30 Das Rundschreiben am 1.3.1919 beginnt: »*Im Anschluss an mein Rundschreiben vom 27. Februar teile ich hiermit zur allgemeinen Kenntnisnahme mit, dass sich bereits heute am ersten Tage der Applikationen bei der holländischen Bank solche Schwierigkeiten ergeben haben, dass der Verkehr mit der Bank auf ein Minimum beschränkt werden muss, wenn die diesbezüglichen Wünsche erfüllt werden sollen. [Künftig:] Es darf nicht Jeder allein für sich bei der holländischen Bank applizieren, sondern ...*«

31 *North China Daily News*, 2.4.1919; »Sie haben nicht schlecht abgeschnitten ...«.

32 *North China Herald*, 8.3.1919.

33 *North China Herald*, 8.3.1919. Die Beschwerde war von Mrs Lois Laurenz vorgetragen worden. Die gebürtige Amerikanerin war mit dem deutschen Kaufmann Rudolf Laurenz verheiratet.

34 *Mitteilungen für China-Deutsche*, Jg. 1, Heft 10, 15.10.1919, S. 7.

35 *NCDN*, 12.3.1919.

36 *The Malaya Tribune*, 26.4.1919, S. 5. http://eresources.nlb.gov.sg/newspapers/Digitised/Page/maltribune19190426-1.1.5, am 19.6.2017.

37 »... who hope to welcome him back in the best of health.« Social Shanghai, Bd. 9 (Jan. – June 1910), S. 215.

38 *NCDN*, 12.3.1919, S. 7.

39 Grösser, Kaufmann in China, schreibt, er sei auf der »Niobe« gereist (S. 118). Vermutlich ein Spottname für die *Nore* in Anspielung auf »Like Niobe, all tears« im Monolog »O, that this too too solid flesh would melt«, Shakespeare, Hamlet. Die Reisenden der *Antilochus* nannten ihr Schiff »Anti-Locus«. Hans Lambertz in: *Mitteilungen für China-Deutsche*, 1919, Heft 5, S. 6.

40 Bericht des Ausschusses der auf der *Novara* repatriierten Deutschen. BSB, Ana 708 Studeo-Sammlung, 1567.

41 *North China Daily News*, 13.3.1919.

42 Plaschke: Die Vertreibung der Deutschen aus China. Jahrbuch NDL 1918/19, S. 201.

43 *North China Daily News*, 12.3.1919, S. 7. Raubmord: *OAL*, 6.2.1914.

44 *North China Daily News*, 13.3.1919, S. 7. *»[von Hanneken] did not seem over happy, and while his wife as much as admitted she did not care about going she did not show it in the least.«*

45 *NCDN*, 12.3.1919. Ü: CM.

46 *North China Herald*, 15.3.1919, Notiz datiert 8.3.1919, Sammlung Bando, S. 314.

47 Sammlung Bando, S. 321–323.

48 China Press, Sammlung Bando, S. 354–355.

49 *Shanghai Gazette*, 22.3.1919. *»Kaufgebote für den deutschen Club und die deutsch-asiatische Bank wurden gestern unter Aufsicht des Liquidationsamtes geöffnet.«* Das Gebäude des Clubs Concordia wurde von der Bank of China für Tls. 630 000, die Deutsch-Asiatische Bank von der Bank of Communications für Tls. 800 000 gekauft. *Shanghai Gazette*, 31.5.1919.

50 *North China Herald*. Artikel datiert 25.3.1919. Sammlung Bando, S. 374.

51 HWB Firmengeschichte (1941) in BA ZLA 7-34/116. Ich habe nicht gefunden, wer die beiden anderen Melchers-Mitarbeiter waren.

52 *North China Herald*, 29.3.1919. Sammlung Bando, S. 364–366.

53 »[…] judging by appearances the only export from Shanghai just recently had been Germans.« *(NCDN)*

54 Jahrgänge 1909–1912 des »The Directory and Chronicle for China, Japan, Corea«, dort fälschlich als »Geisel & Co.« aufgeführt.

55 Wilshusen, Abschied, S. 18.

56 Brief der Oberin des Paulun-Hospitals namens »T.T.« [Toni Trittel] an Herrn M. Sammlung Bando, S. 387–390: Geschichte ihres Kampfes gegen die Ausweisung. Den Hinweis auf diesen Brief verdanke ich: Anita Günther, Die Heimfahrt der China-Deutschen. BSB, Ana 708 Studeo-Sammlung, 1051. Den vollen Namen fand ich in HWBs Fotoalbum zur Geburt seines Sohnes.

57 Brief Toni Trittel, Sammlung Bando, S. 387.

58 Nach: 40 Jahre Deutsche Schule in Shanghai, 1895–1935, S. 19, 36 und 41.

59 *NCDN*, 4.4.1919. »[…] and the Far East would then be well rid of the lot.« Ü: CM.

1919 – 1922
Familienbande

4. Juni 1919, Uwe wird geboren

Am 4. Juni 1919 um 5.45 Uhr morgens wurde Horst Uwe Roderich in der Wohnung seiner Eltern, Nr. 110 Avenue Road, geboren. Uwe Breuer. Die Eltern freuten sich, chinesische Freunde kamen und wünschten Glück. Frau Widmann gratulierte mit anderen Deutschen, die hatten bleiben dürfen. In der Wohnung wogte ein Blumenmeer.

Bei der Anschaffung des Kinderwagens wurde nicht gespart; eine chinesische Amah ergänzte den Haushalt. Karl hatte offenbar inzwischen Geld geschickt. Zu Ernas Pflege kam regelmäßig Toni Trittel, die Oberin des Paulun-Hospitals, ins Haus. Sie hatte sich Anfang April erfolgreich gegen ihre Repatriierung auf der *Antilochus* wehren können.

Amah mit Kinderwagen, 1919

Die Geburt hätte nun auf dem niederländischen Konsulat amtlich angezeigt werden müssen. Hermann zögerte noch, aktenkundig zu machen, dass es keinen Grund mehr für seine Rückstellung von der Repatriierung gab. Unter der vielversprechenden Überschrift »*Einstellung der Repatriierung aus China*« hieß es am 27. Juni (1919) nämlich in der Zeitung: »*[...] hat die chinesische Regierung für den Augenblick darauf verzichtet, den bereits durchgeführten Heimschaffungstransporten deutscher Reichsangehöriger aus China weitere solche Transporte folgen zu lassen.*«[1] Für den Augenblick?! – das reichte Hermann nicht. Zwar wurde gleichzeitig das Repatriierungsamt in Shanghai aufgelöst, aber die Deutschen mussten sich weiter täglich bzw. drei Mal in der Woche auf bestimmten Polizeistationen bzw. auf dem Fremdenamt melden. Ein Ende war nicht abzusehen. Dann sollten die alten Befreiungszertifikate gegen neue ausgetauscht werden – wäre das nicht eine gute Gelegenheit zu prüfen, ob der Grund für die Befreiung noch bestand? Eine Entwarnung war das jedenfalls nicht.[2] Trotzdem begannen Gerüchte unter den deutschen *expatriates* zu kursieren, eine chinesische Friedenserklärung sei *in the wings*. Das schien glaubhaft. Die Chinesen waren bitter enttäuscht von den Friedensverhandlungen in Versailles und hatten den dort verhandelten Friedensvertrag nicht unterzeichnet. Es würde eine andere Form geben müssen, den Kriegszustand mit dem Deutschen Reich zu beenden. Als die Friedensgerüchte sich verdichteten, ging Hermann schließlich doch zum Niederländischen Generalkonsulat und gab die Geburt seines Sohnes zu Protokoll. Das war am 2. September 1919, drei Monate nach Uwes Geburt. Das Generalkonsulat nahm sich noch einmal zehn Tage Zeit, bis es am 13. September 1919 die Geburtsurkunde ausstellte. Die Friedenserklärung des chinesischen Präsidenten kam zwei Tage später. Nun würde es bestimmt keine Repatriierungen mehr geben.

Aber die Ehe funktionierte nicht mehr. Erna war stolz, ihre Pflicht getan und einen Jungen geboren zu haben. Sie war Hermann untreu, hatte eine Liebhaberin. Er war tief getroffen: »Den liebenden Ehepartner trifft die Entwicklung hart und bitter.«[3] Hinzu kam, dass Erna sich nicht besonders bemühte, diskret zu sein, und in der Deutschen Gemeinde wurde geflüstert. Hermann fürchtete, in der Rolle des betrogenen Ehemannes belächelt zu werden, wenn er nichts unternahm. Da passte es ganz gut, dass Erna sich um Weihnachten 1920 entschloss, nach Deutschland zu reisen. Sie kündigte Oskar Breuer ihren Besuch an, und der erkannte sofort: »*Soeben erhielt ich Brief von Erna, der weniger liebevoll gehalten. Ich habe so das Empfinden, als wenn sich zwischen sie und Deinen Bruder ein gewisses ›Etwas‹ eingeschlichen hat*«, schrieb er an Karl nach Sumatra.[4]

Ernas Flucht

Zu Ernas Abreise aus Shanghai gibt es zwei Versionen: Hermann vermerkte auf der Rückseite eines Fotos, auf dem Mutter und Kind in scheinbarer Eintracht mit dem Vater auf einem Schiff zu sehen sind: »Ernas Abreise aus China 1921 an Bord«. Das lässt darauf schließen, dass er Erna und Uwe an Bord brachte. Erna erzählte später ihren Enkeln, sie habe eines Tages ihr Kind genommen und sei heimlich auf ein Schiff nach Europa gegangen. Hermann habe sie einen Brief hinterlassen, den er erst vorfand, als Uwe und sie schon auf hoher See waren. Erna nannte es ihre Flucht. So unterscheiden sich Wahrnehmungen. Oder Erinnerungen. Oder.

Am 11. April 1921 berichtete Oskar an Karl, »*dass die Schwiegereltern unseres Hermann in voriger Woche den hiesigen Bahnhof [Hannover] berührten, nun nach kurzem Aufenthalt in der Schweiz Erna mit Sohn in Venedig in Empfang zu nehmen*«. Sie war also wohl Ende Februar aus Shanghai abgereist. Im Juli war Oskar dann etwas beleidigt, weil Erna ihm zwar Fotos und Grüße geschickt, ihn aber noch nicht in Hannover besucht und ihm den

Ernas Abreise aus Shanghai im Februar 1921, Abschiedsfoto an Bord.

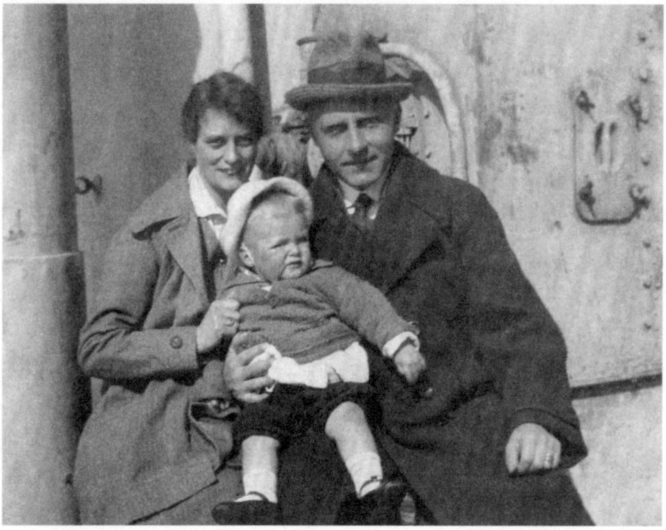

Enkelsohn vorgestellt hatte. Erna und Klein-Uwe hatten in Brunshaupten[5] an der Ostsee Quartier genommen.

Hermann konnte erst im folgenden Jahr, 1922, auf Heimaturlaub gehen. Er hatte dem Vater vor längerer Zeit von dem Plan geschrieben, dass er über die USA reisen würde.[6] Im März verließ er Shanghai und erreichte Brunshaupten Mitte Juni.[7] Das lässt eine Reise via USA vermuten. Er wäre dann mit einem Schiff der Canadian Pacific Steamship Ltd. aus der Serie der Empress Lines ab Shanghai über Yokohama nach Vancouver gefahren, weiter mit dem Zug nach New York gereist. Dort hätte er Melchers' amerikanischen Partner, Melvyn Hecht, und die Bradford Company persönlich kennengelernt. Und wäre von New York nach Bremerhaven gefahren. Belegen lässt sich diese Reise nicht. Leider.

Hermanns Zuflucht

Seinen inzwischen dreijährigen Sohn Uwe sah Hermann dann in Brunshaupten wieder, »unter teilweise hässlichen Umständen und nur für wenige Tage«. Er machte die bittere Erfahrung, dass Erna seine Gefühle nicht erwiderte.[8] So verschickte er Ostsee-Ferienfotos von sich und dem Sohn, fuhr zum Bruder Karl, der mit Alice und der kleinen Tochter Hanni aus Niederländisch-Indien heimgekehrt war. Im November erwarteten sie ihr zweites Kind. In dieser Familie fand Hermann Zuflucht und Verständnis, fand er seine Pflegemutter Tante Johanna, den Vater und alte Freunde. Schulfreund Franz Weiland praktizierte jetzt als Arzt in der Südstadt. Ein Gesundheitscheck ergab: alles in Ordnung.[9] Der Regimentskamerad Carl Schmidt, der 1906 mit ihm nach Shanghai ausgezogen war, baute gerade die Hannoversche Lampenfabrik auf. In seiner Fabrikwohnung hatte er sich ein »Chinesenzimmer« eingerichtet, dass er stolz zeigte.[10] Hermann hatte einige *curios*[11] für ihn dabei, und dann musste er Carl ganz genau erzählen, wer von den alten Bekannten inzwischen zurück war in Shanghai. Seine Jugendliebe Cläre traf er auch wieder, sie war mit Cousine-Schwägerin Alice immer noch gut befreundet, war seit 1909 mit dem Architekten Paul Hakenholz verheiratet und Mutter von zwei Kindern.[12] Hakenholz hatte für die Familie Karl Breuer einen Bauplatz im »Philosophenviertel« Kleefelds gefunden, eine kleine Villa entworfen, er beaufsichtigte gerade den Bau.[13] Cläre war jetzt 30 Jahre alt, Hermann fand sie immer noch anziehend.

Als Hermann am 24. Juni (1922) mit der Bahn in Hannover angekommen war, war die Wiedersehensfreude der Brüder stark überschattet gewesen. Am Vormittag war Reichsaußenminister Dr. Walther Rathenau ermordet worden. Mittags brachten die Zeitungen Extrablätter, an die Litfaßsäulen wurden Plakate geklebt. Rathenau hatte noch vor zwei Monaten mit dem Abschluss des Vertrags von Rapallo Deutschland auf den Weg hinaus aus der wirtschaftlichen Isolation geführt.[14] Jedenfalls sahen Karl und Hermann das so. Die Gewalttat berührte Hermann auch persönlich: Er verehrte Walther Rathenau und dessen Vater Emil als die technisch und sozial fortschrittliche Gründungsfamilie der AEG, seines Ausbildungsbetriebes. Breuers waren erschüttert und beunruhigt: Das war ein politischer Mord, keine Frage, und ein rassisch motivierter noch dazu. Rathenau war Jude, man hatte ihn kürzlich einen »Befehlsempfänger der ›Weisen von Zion‹« genannt[15] und gesungen: »Knallt ab den Walther Rathenau / Die gottverdammte Judensau!« Das Entsetzen weiter Teile der Bevölkerung über die Tat, ein Proteststreik und landesweite Demonstrationen ließen hoffen, dass die Republik nicht am Abgrund stand. In den Gesprächen im Haus Breuer ging es dann noch oft um die Kriegsfolgen, vor allem aber um die zunehmende Geldentwertung in Deutschland und um Karls Sorgen, wie er das in seinen 25 Pflanzerjahren erarbeitete und jetzt in verschiedenen Beteiligungen und Wertpapieren angelegte Vermögen über die Inflation retten konnte. Hermann versprach finanzielle Unterstützung, wenn das nötig werden sollte. Er beurteilte die Aussichten für deutsche Handelshäuser in China inzwischen wieder ganz optimistisch.

Heiratsmarkt »East of Suez«

Es wird in diesem Kreis auch manches böse Wort über Erna gefallen sein. Ob es damals Spekulationen darüber gab, warum die Eltern Wolcke ihre 18-jährige Tochter im Jahr 1909 nach China schickten? Eine böse Familiensaga geht so: Die Eltern hätten ihre Tochter nach Shanghai geschickt, weil sie sich schon früh zu Frauen hingezogen fühlte und in Hamburgs guten Kreisen entsprechende Gerüchte kursierten. Eine gute Partie wäre nicht mehr zu machen gewesen. Die sollte in der Ferne gesucht werden, mit Hilfe der Tante in Shanghai. Das Verfahren erscheint unglaubwürdig? Eduard

Grösser schreibt über seine Erfahrungen mit dem Heiratsmarkt *East of Suez*: Es »*saßen an jedem Handelsplatz immer heiratsfähige Jünglinge, die systematisch geangelt werden sollten [...]. Einmal schickte mir sogar mein guter Vater mit tausend Entschuldigungen einen Hamburger, schwerreichen Vater mit gleich zwei Töchtern auf den Hals. Ohne mich beeinflussen zu wollen, versuchte er mir doch die Vorzüge der ihm sympathischen Mädels mundgerecht zu machen [...]. Abgesehen von diesen besonders krassen Fällen, denen Warnungen zugrunde lagen, ging vieles ›ahnungslos‹ vorüber.*«[16]

Hermann entschloss sich, die Scheidung einzureichen. Und zog die Scheidungsklage kurz vor seiner Abreise wieder zurück: Erna weinte und konnte sich vorstellen, nach Shanghai zurückzukehren. Sie versöhnten sich.[17] Aber dann fühlte sie sich krank und reiste doch nicht gleich mit ihm. Uwe blieb natürlich bei ihr. Es wurde verabredet, dass Frau und Sohn in der Gesellschaft von Bremer Freunden nachfolgen sollten. Sie kam aber nicht, führte an, Hermanns Freunde hätten sich geweigert, sie mitzunehmen.[18] Erna war nie wieder in Shanghai. Uwe auch nicht.

1 *Mitteilungen für China-Deutsche,* 15.8.1919, Heft 6, S. 5.

2 *Mitteilungen für China-Deutsche,* 1.12.1919, Heft 13, S. 7.

3 HWB 30.5.1947 an Nele.

4 Oskar Breuer 21.2.1921 aus Hannover an KB, Ernas Brief muss im Januar in Shanghai abgegangen sein.

5 Heute Kühlungsborn, diesen Namen erhielt die Gemeinde Brunshaupten-Arendsee im April 1938.

6 Oskar Breuer 11.4.1921 an KB: »wann mein Junge nach Deutschland über Amerika fährt, ist mir noch unbekannt«.

7 Termin Abreise: Letzter Eintrag im Gästebuch Widmann, Shanghai: 17.3.1922. Ankunft in Brunshaupten: Am 20.6.1922 gingen Fotogrüße von dort an Oskar Breuer.

8 »... tief innerlich verbunden gefühlt und eine Nichtanerkennung gerade des letzteren kränkt meiner Erfahrung nach am Meisten und Tiefsten.« HWB 30.5.1947 an Nele.

9 HWB 20.6.1922 an Oskar Breuer: Am Sonnabend (24.6.) wird er in Hannover zum Check-up zu »Franz« gehen. Dr. Franz Weiland war jahrzehntelang der Hausarzt der Familie Breuer (Erinnerung CM).

10 Carl Schmidt 28.6.1946 an Hermannus Busquet. Stadtarchiv Hannover Akz 055/2011 3. FA 018, Geschäftskorrespondenz HALA.

11 Wörtlich: Raritäten. Kleine kunsthandwerkliche Arbeiten oder Antiquitäten, hier aus dem chinesisch-japanischen Kulturkreis.

12 Paul Hakenholz, 1872–1950, https://de.wikipedia.org/wiki/Paul_Hakenholz, am 1.4.2020.

13 Einzug im Herbst 1922, kurz vor der Geburt der zweiten Tochter von Karl und Alice Breuer am 24.11.1922.

14 Die Außenminister der Sowjetunion und Deutschlands vereinbarten eine Wiederaufnahme der diplomatischen und der Wirtschaftsbeziehungen. Da deutsche Handelswaren von den Alliierten noch boykottiert wurden, war der Vertrag für die deutsche Wirtschaft bedeutend.

15 Ca. 1903 in Russland zuerst aufgetauchte antisemitische Schmähschrift »Protokolle der Weisen von Zion« über eine angebliche jüdische Weltverschwörung. Deutsch 1919. 1921 von der *Times* als Fälschung entlarvt. 1933–1935 wurde im Berner Prozess auch gerichtlich festgestellt, dass es sich um eine Fälschung handelt. Sie wird noch heute von Antisemiten benutzt. https://www.dhm.de/lemo/kapitel/weimarer-republik/antisemitismus/protokolle-der-weisen-von-zion.html, am 14.12.2020.

16 Grösser, Kaufmann in China, S. 68.

17 Walter Mayer, der Sohn von HWBs Melchers-Kollegen Walter Mayer sen., erinnert, dass HWB in den 1940er Jahren erzählte, er habe sich von Erna scheiden lassen und sie gleich wieder geheiratet, weil sie so weinte. Das hatte Walter tief beeindruckt, dafür verehrte er Herrn Breuer sehr. (Telefonat mit Emanuela Mousley geb. Mayer, November 2020) Das ist wohl eine Variante der historischen Wahrheit. Zu Beginn des Scheidungsprozesses 1925/26 (18.9.1925) erwähnte der gegnerische Anwalt eine Versöhnung im Jahr 1922 und weiter: »*Dass die Beklagte seit der Versöhnung mit dem Kläger sich auch nicht das geringste vorzuwerfen hat.*« Eine Scheidung und Wiederheirat hätte er an dieser Stelle sicher erwähnt. Im Heiratseintrag des Standesamtes Hamburg ist (nur) die Scheidung vom September 1926 ergänzt. Der wahre Kern der Erzählung ist wohl, dass HWB eine erste Scheidungsklage eingereicht und diese zurückgenommen hat.

18 Sie sei »*nur durch ihren leidenden Zustand davon zurückgehalten [worden], dem Kläger nach China nachzureisen*«, schrieb Ernas Anwalt am 18.9.1925.

1920 - 1923

Auf der Werra zurück nach Shanghai

Die neuen Dampfer

Heim nach Shanghai! Wenn er doch die Sorgen in Europa lassen könnte, Eheprobleme und Abschied vom Sohn, Hyperinflation, politische Morde und Streiks in einer schwankenden deutschen Republik. Trotzdem: Als Hermann in Genua an Bord der *Werra* ging, war das für ihn ein befriedigender Augenblick. Der Norddeutsche Lloyd fuhr wieder nach Ostasien![2] Die *Werra* war schon das zweite Schiff einer neuen Serie des Lloyd, der »Weser«-Klasse,[3] und ein erlebbarer Beweis, dass es wieder aufwärtsging, mit dem Lloyd und in Deutschland. Nach Abschluss des Versailler Vertrags waren dem NDL von über 800 000 Bruttoregistertonnen Schiffsvolumen gerade mal 58 000 übrig geblieben, eine »Flotte« von Schleppern, Barkassen und Leichtern. Kein Passagierschiff, kein Frachtschiff.[4] Die *Werra*, dem NDL im Januar 1923 übergeben, war Teil des Aufbauprogramms. Jetzt konnte Hermann auf ihrer Jungfernfahrt nach Shanghai dabei sein. Das Schiff sollte zukünftig auf der Südamerikaroute fahren: Die Bettenzahl (145 in der Klasse 2 a oder »Mittelklasse«, 818 in der 3. Klasse) war für Auswanderer und Saisonarbeiter ausgelegt, nicht für die Fahrt nach Ostasien, auf der überwiegend Fracht und relativ wenige Passagiere befördert werden würden. Für die Ostasienroute wurden gerade die kombinierten Personen- und Frachtdampfer *Trier* und *Fulda* gebaut. Wenn er die *Werra* mit den prunkvollen deutschen Schnelldampfern der Vorkriegszeit verglich, war das etwas ernüchternd. Statt 24 Knoten, wie die *Kaiser Wilhelm II* in Vorkriegstagen, machte die *Werra* nur 12,5. Auf kostbare Baustoffe aus dem Ausland wie Marmor, Tropenhölzer, Elfenbein hatte verzichtet werden müssen. Aber die *Werra* war trotzdem ein geschmackvoll ausgestattetes Schiff mit behaglichen, zweckmäßigen Aufenthaltsräumen.

So atmen insbesondere der Rauch- und der Damensalon, wie auch der Speisesaal, eine Behaglichkeit, die den Passagieren den Aufenthalt [...] angenehm gestalten muss.[1]
Norddeutscher Lloyd Bremen, Jahrbuch 1925

Dr. Adalbert Korff

Auf der *Werra* traf Breuer Dr. Adalbert Korff, den Sohn des Seniors von C. Melchers & Co. Bremen, der war 22 Jahre alt und frisch promoviert mit einer Arbeit über den deutsch-chinesischen Schifffahrtsverkehr. Es war seine erste Ausreise; er war in Rotterdam an Bord gegangen. Vor ihnen lag eine Seereise von gut einem Monat. Auch Rolf Heyn war an Bord; wie Korff in Shanghai geboren, auch er ein China-Deutscher in zweiter Generation, 28 Jahre alt und seit 1921 in Tianjin für das Im- und Exporthaus Reuter & Bröckelmann tätig, für diese allerälteste der deutschen China-Firmen, die ihre Wurzeln bis 1843 in Kanton zurückverfolgen konnte.[5] Breuer, gerade 39 Jahre alt geworden, seit 17 Jahren in Shanghai, kam sich ein bisschen wie der Senior vor. Mit dem Kapitän der *Werra*, Max Spangenberg, saßen sie nicht nur am Kapitänstisch zusammen. Gespannt hörten sie ihn von der Rettungsaktion erzählen, an der er 1913 vor New York beteiligt gewesen war: Am 9. Oktober 1913 hatte die brennende *Volturno* SOS gefunkt, 628 Passagiere waren in Gefahr, überwiegend Emigranten aus Europa und aus Russland. Der gleichzeitig herrschende Sturm war so stark, dass sechs ihrer Rettungsboote gegen den Schiffsrumpf leckschlugen oder kenterten. Die Insassen ertranken, ebenso wie Passagiere, die aus Angst vor dem Feuer ins Meer sprangen, darunter ein gerade in Paris getrautes junges Ehepaar. Die zehn herbeigeeilten großen Dampfer konnten erst am folgenden Tag Passagiere übernehmen, als der Sturm etwas abgeflaut war. Alle 523, die an Bord ausgeharrt hatten, wurden gerettet. Spangenberg war mit dem NDL-Schiff *Großer Kurfürst* zur Stelle gewesen und nahm die meisten Schiffbrüchigen auf, 105. Dafür hatte er die Lebensrettungsmedaille der *Life Saving Benevolent Society of New York* erhalten. In Gold.[6] Auf hoher See und aus dem Mund des Retters war die Geschichte noch viel spannender, als wenn man sie auf dem Festland in der Zeitung las.

Breuer und Korff nahmen die Gelegenheit zu ausführlichen Gesprächen immer öfter wahr. Korff war im Jahr des Boxerkrieges geboren, am 30. Juni 1900, im alten Melchers-Hong am Französischen Bund. Die Geschichte von der Nacht seiner Geburt erzählte sein Vater immer gern. Er selbst auch: In dieser Nacht stand plötzlich der Himmel über Shanghai in Flammen. Die »Boxer« schienen gekommen und stürmten die Stadt. Es war aber nur ein Depot von Feuerwerkskörpern »mit einem Riesenskandal« in die Luft gegangen.[7] Die Boxer kamen gar nicht bis nach Shanghai. Korff sen. meinte, sie hätten »Respekt« vor den dort stationierten fremden Soldaten gehabt. Das Shanghai Volunteer Corps hatte natürlich auch bereit gestanden. Korffs Mutter – eine großartige Pianistin und eine wunderbare Gastgeberin – starb zwei Jahre nach Adalberts Geburt an Scharlach, zusammen mit ihrem ältesten Sohn, dem siebenjährigen Friedrich. Der Vater brachte Adalbert und dessen Schwester Luise nach Deutschland zu seiner Familie. Luise war übrigens ein Patenkind von Hermann Melchers, wie Breuer.

Nach dem Abschluss seines Studiums am Institut für Weltwirtschaft und Seeverkehr in Kiel war Korff auf dem Weg zur Melchers-Niederlassung in Hankou, die im Vorjahr, 1922, von den Chinesen restituiert worden war.

Rückblick: Frieden mit China

Hermann Breuer kam es vor, als läge schon ein sehr weiter Weg hinter ihm. Der Tiefpunkt war die Schließung aller deutschen Firmen in China gewesen, das Ende des deutschen China-Handels, und die unfreiwillige Abreise fast aller Deutschen. Ohne chinesische Freunde wäre gar nichts mehr gegangen. Sie halfen, sie wiesen Wege, sie widersetzten sich geschickt den Maßnahmen ihrer eigenen Regierung. Einige arbeiteten unter der Hand weiter für die ehemaligen Arbeitgeber bzw. Partner, andere hatten deutsche Firmen pro forma übernommen. Hermann hatte immer das Gefühl gehabt, dass das aus Wertschätzung geschehen war.[8] Er geriet ein bisschen ins Schwärmen über seine chinesischen Freunde.

Während die *Werra* durch's Mittelmeer fuhr, war es ausgesprochen kühl. Februar eben. Breuer und Korff trafen sich oft im Rauchsalon. Mit knapp 40 Quadratmetern war der Salon nicht groß, vom Luxus der Vorkriegsschiffe keine Spur, aber dieser holzgetäfelte Raum – von den Bremer Holzkunst-Werkstätten Johannes Andresen gearbeitet – war bei aller geometrischen Schlichtheit doch recht edel. Obwohl es an Raumhöhe fehlte (2,35 Meter waren für einen Rauchsalon zu sparsam[9]), fühlten sich die beiden großen Männer in den schweren Möbeln wohl. Hier genoss Breuer jeden Tag etwa fünf Zigarren. Zigaretten rauchte er auch, eher nebenbei. Korff war ein interessanter Gesprächspartner, er kannte jedes Schiff und jede Route, kannte die Häfen, Handelsgüter, die deutsche Schiffe zwischen Hamburg und China vor dem Weltkrieg gefahren waren. Die englischen Schiffe auch. Seine Doktorarbeit erfasste die Zeit bis zum Beginn des Krieges;[10] er hatte sie 1920 konzipiert, also nach dem völligen Aus für die deutsche Seeschifffahrt und den deutschen Außenhandel – und in der festen Absicht, den Wiederaufbau mitzuerleben und mitzugestalten. Entsprechend engagiert hatte er die Wende in der offiziellen chinesischen Haltung gegenüber den Alliierten beobachtet. Sie kam im Verlauf der Versailler Friedensverhandlungen. Als die Vorkonferenz sich dem Ende zuneigte, hörte er von Demonstrationen und Boykotts, die in China am 4. Mai begonnen hatten. Breuer hatte vor Ort erlebt, wie die Enttäuschung über die Verbündeten und die Empörung über die Schwäche der eigenen Regierung zuerst die Pekinger Studenten, dann die Massen in den großen Städten Chinas auf die Straßen getrieben hatte. Es war offensichtlich, dass keine der Erwartungen, mit denen die chinesischen Vertreter im Januar nach Frankreich gereist waren, sich erfüllen würde. China saß keineswegs gleichberechtigt im Rat der Mächte. Die Hoheitsrechte des chinesischen Staates würden eingeschränkt bleiben durch Konsulargerichtsbarkeit, durch Stationierung fremder Truppen, fremde Verwaltung der Zolleinnahmen usw. Am größten war die Empörung darüber, dass Kiautschou (Jiaozhou) mit Tsingtao, das ehemalige deutsche Pachtgebiet, unter japanischer Verwaltung blieb.[11]

Die Protestbewegung des 4. Mai erreichte große Teile der Bevölkerung, sie war antiwestlich, wandte sich aber nicht in erster Linie gegen die Deutschen. Als China im Juni 1919 seine Unterschrift unter den Friedensvertrag verweigerte, hatte Korff die Diskussion, wie viele Deutsche, aufmerksam verfolgt. Er wünschte, Außenminister Hermann Müller und Verkehrsminister Johannes Bell hätten am 28. Juni 1919 gleichfalls ihre Unterschrift verweigern können, statt unter Protest zu ratifizieren. Breuer konnte berichten, dass Deutsche und Chinesen seither das Gefühl verband, ihre Nationen seien in Versailles unfair behandelt worden, dass die Verträge revidiert werden müssten. Die gegenseitige Sympathie wuchs daran. Wie würde es weitergehen? Breuer erinnerte sich lebhaft an das Aufatmen, das durch die kleine deutsche Gemeinde in Shanghai gegangen war, als der Präsident von Nordchina[12] am 15. September 1919 die »Wiederherstellung des Friedens mit Deutschland« proklamierte. Einseitig. Wortlaut: »Mit Zustimmung des Parlaments [...] wird hierdurch proklamiert, dass der Kriegszustand zwischen der Chinesischen Republik und dem Deutschen Reich beendet ist.«[13] *The Times* witterte sogleich Unheil: »China open to Germans«, titelte sie am 20. September und betonte, dass das Vorgehen nicht mit den Alliierten abgesprochen sei und dass es sich bei der Erklärung des Präsidenten natürlich nicht um einen Friedensvertrag handele. In Berlin hatte die Regierung zunächst nur gerüchteweise davon erfahren.[14] Es wurde tagelang gerätselt, was genau passiert sei. Tatsächlich war mit der Proklamation wenig geklärt. Vor allem: Die Deutschen mussten weiter zusehen, wie ihr enteignetes Eigentum, wie Waren und Immobilien zur Versteigerung angeboten wurden.

Allerdings berichteten Hankou und Tianjin, dass die Auktionspreise ungewöhnlich hoch angesetzt wurden und es daher kaum Kaufinteresse gab. In Tianjin ging es den Chinesen vor allem darum, japanische Käufer abzuschrecken.[15] In Hankou waren zum Beispiel die Anlagen der Firma Diedrichsen & Co. zwischen Oktober 1919 und März 1920 vier Mal zur Auktion aufgerufen worden, ohne einen Käufer zu finden. In der ganzen Zeit hatte dort auch kein anderes beschlagnahmtes Eigentum verkauft werden können. Als Diederichsen im fünften Anlauf im Juni 1920 an einen chinesischen Käufer wegging, wurde gemunkelt, dass dieser die Firma im Namen des Vorbesitzers ersteigert hatte.[16] Das wurde wohl öfter so gehandhabt.

An Land, an Bord

Bei Port Said fuhr die *Werra* in den Suezkanal, durch das Rote Meer erreichten sie Anfang März (1923) Aden. Bunkerten erstmals auf der Reise Kohlen, die Tag und Nacht in Säcken an Bord geschleppt wurde. Kohlenträger, Mannschaft, ja, das ganze Schiff waren danach von einer schwarzen Staubschicht bedeckt. Breuer und Korff ließen sich von einem kleinen Boot an Land setzen, spazierten an den Hafenanlagen entlang (die Stadt war zu weit entfernt), vorbei an Magazinen, an der Post, einigen Konsulaten und Hotels, und vertrieben sich die restliche Zeit, Mokka trinkend, unter schattigen Arkaden.[17] Als sie wieder zum Schiff übergesetzt wurden, beobachteten sie, wie Knaben von kleinen Booten sprangen und nach Geldstücken tauchten, die Touristen für sie ins Wasser warfen. Das hatte schon Oskar Breuer im Jahr 1879 in seinem Reisetagebuch beschrieben. War das eine besonders perverse Art von Almosengeben, oder gab man den Jungen damit das Gefühl, etwas für ihr Geld zu tun? Vielleicht traf beides zu.

Bei angenehm trockenen 25° C dachten sie entspannt an den Winter in Deutschland. Wie gut, ihm Ade gesagt zu haben. Jetzt waren die in ganzer Schiffslänge durchlaufenden Decks häufig ihr Aufenthaltsort, dort konnten sie sich Bewegung verschaffen. Am frühen Morgen nutzten sie das Deck auf dem Vorschiff, abends würden sie nun vom Heck aus Sonnenuntergänge beobachten können. Alkohol erlaubten sie sich, wie in den Tropen üblich, erst nach *sun down*, was kein großer Verzicht war, denn erst waren die Tage winterlich kurz gewesen, und dann kamen sie ja den Breiten näher, in denen die Sonne immer schon gegen 18 Uhr unterging. Nach dem *supper* blieben sie oft bis Mitternacht an Deck, beobachteten den Sternenhimmel und die Mondsichel, wie sie auf dem Rücken lag. Apropos *supper*: Schon nach zehn Tagen Schiffsverpflegung fühlte Breuer, dass sein Hosenbund sich spannte. Obwohl das Verpflegungsangebot gegenüber der Vorkriegszeit deutlich reduziert war – drei Hauptmahlzeiten, zwei Zwischenmahlzeiten pro Tag waren einfach zu viel. Er fand ja, dass er sich zurückhielt, aber was hieß das schon bei sieben angebotenen Gängen zur »Dinner« genannten mittäglichen Hauptmahlzeit: Hors d'œuvres, Suppe, Fisch- Fleisch- und Geflügelgang, jeweils mit Soßen, Gemüse und Kartoffeln, und dann noch verschiedene Nachspeisen. Abends gab es nur ein warmes Gericht und Brot und Aufschnitt, darunter die von ihm so geschätzte Braunschweiger Mettwurst.[18] Das Gegenmittel – Bewegung – war meist auf das Promenadendeck beschränkt, außer sie schwangen »das Tanzbein«, wie Breuer sagte, die nützliche Bewegung mit der angenehmen Gegenwart von Damen verbindend. Irgendwo gab es immer Musik, nachmittags musizierte jemand auf dem Flügel im Damensalon, abends spielte die Bordkapelle Tanzmusik: *Whispering* und *The Japanese Sandman*, den *St. Louis Blues* und *Invitation to the Waltz*. Der Aufenthalt in den kleinen Kabinen hingegen war wenig erfrischend.

Rückblick: Melchers – Bremen und China

Dass Korff und Breuer jetzt nach China zu ihren Arbeitsplätzen in der Melchers-Firma fahren konnten, dass es Melchers in China wieder gab, war überhaupt nicht selbstverständlich. Korff hatte es von seinem Vater gehört und Breuer von Widmann, wie sie bei Melchers in Bremen um die Frage gerungen hatten, ob die China-Firma fortgeführt werden sollte. China-Teilhaber Adolf Widmann traf in der zweiten Septemberhälfte 1919 aus *Down Under* in Bremen ein, direkt aus der Internierung in Australien nach Deutschland repatriiert.[19] Die chinesische Friedenserklärung war gerade publik geworden, da trafen sich die jüngeren und die älteren Melchers-Teilhaber zum Konzil.[20] Im Büro in der Knochenhauerstraße diskutierten sie leidenschaftlich über das Für und Wider, Hermann Melchers' China-Firma wiederaufzubauen. Widmann erzählte später in Shanghai, dass die Informationen, die sie von den drei in Shanghai ausharrenden Melchers-Mitarbeitern (einer von ihnen war Breuer) erhielten, ihnen Vertrauen und »Elan« gegeben hätten. Deren Berichte besagten, dass der gute Name der Firma Melchers noch allseits im Gedächtnis sei, dass die Bemühungen der dortigen Mitarbeiter von bewährten chinesischen Freunden unterstützt würden, dass chinesische Firmen ihre regionalen Aktivitäten deckten. In Bremen beschlossen sie also, dass sie die Verbindung nach China aufrechterhalten wollten. Das Absatzgebiet war immer noch riesig, das Angebot an Exportprodukten auch, und irgendwann würde es auch wieder eine deutsche Überseeschifffahrt und eine Vertretung des Norddeutschen Lloyd geben. Widmann sollte so bald wie möglich nach Shanghai fahren; Lindemann wollte bei niederländischen Banken Kreditzusagen erwirken. Begeistert vom eigenen Optimismus, gingen die Teilhaber zum Fotografen, um den Moment des denkwürdigen Beschlusses im Bilde festzuhalten, dann nahmen sie in der Jacobihalle ein gemeinsames Mittagessen ein und stießen mit »ausgesuchtem« Bordeaux auf die Zukunft an.[21]

Kaum war der Bordeaux ausgetrunken, das Foto entwickelt, da machte sich Widmann wieder auf den Weg gen Osten, Ziel Shanghai.[22] Otto Trefurt fuhr mit ihm, um in Hankow zu sehen, was zu machen war. Wann sie ankommen würden, war ungewiss. Ihr Ziel war erst einmal Batavia (Djakarta) in »Niederländisch-Indien«. Eine holländische Schifffahrtsgesellschaft drückte angesichts ihrer falschen Papiere beide Augen zu und nahm sie mit.

Dazu wusste Breuer noch zu erzählen, dass seine Cousine Alice es genauso gemacht hatte: Am 20. Dezember 1919 hatte sie endlich in Amsterdam auf die *S.S. Rembrandt* der Stoomvaart Maatschappij Nederland gehen können. Der holländische Arzt Dr. Bergsma hatte bestätigt, dass sie seine Nichte sei. Er war Arzt in Medan und ein Freund ihres Verlobten Karl Breuer. Ende Januar 1920 konnten sie in Medan heiraten – nach neun

Jahren Verlobungszeit fern voneinander. Inzwischen (1923) hatten Karl und Alice zwei kleine Töchter und waren richtig glücklich miteinander.

Widmann und Trefurt saßen erst mal mehrere Wochen auf Java fest, keine Reederei wollte sie von dort mitnehmen. Die britischen sowieso nicht, und auch die Holländer machten Schwierigkeiten, aus Angst vor britischen Repressalien.[23] Trotzdem: Am Tag nach Weihnachten, genau am 27. Dezember 1919, trafen sie in Shanghai ein. Dort warteten Ehefrau Klara und die drei Kinder auf Widmann – ein Wiedersehen nach fünf Jahren. Wie anders war die Stimmung aller Beteiligten an diesem Weihnachtsfest gewesen als noch im Jahr davor. 1918 waren die Ehegatten getrennt, Widmann interniert, Trefurt und Breuer erwarteten die Rückführung aus China nach Deutschland. Damals hatten sie das Ende des deutschen China-Handels vor Augen, Ende 1919 stand die Rückkehr für Hoffnung, für Neuanfang.

Auf See

Die *Werra* steuerte jetzt Ceylon (Sri Lanka) an. Nur Himmel und Wasser um sie herum. Dabei wurde es immer heißer und schwül. Kaum dass der Fahrtwind Erleichterung brachte. Und bei zu viel Wind mussten die Fenster geschlossen werden, dann wurde es in allen Innenräumen unerträglich. 30 Grad Reaumur hatte Vater Oskar im März 1879 notiert, also etwa zur gleichen Jahreszeit, und seinem Tagebuch geklagt: »In den Kabinen war während der Nacht die Luft zum Ersticken.« Hermann wird das deutsche Thermometer auf der *Werra* die entsprechenden 38° C angezeigt haben. Jetzt fiel besonders unangenehm auf, dass für die 70 Kajüten der »Mittelklasse«, theoretisch für 145 Passagiere ausgelegt (glücklicherweise waren nicht so viele an Bord), keine Duschen und nur vier Bäder zur Verfügung standen – zu deren Benutzung sie sich immer rechtzeitig in Listen eintragen mussten. Eine 1. Klasse hatte die *Werra* nicht, die schien unzeitgemäß. Der Lloyd hatte beobachtet, dass die katastrophale Entwicklung der Geldverhältnisse es deutschen Staatsangehörigen unmöglich machte, sich Reisen in der 1. Klasse zu leisten. Deshalb hatte er die »Mittelklasse« oder »2 a-Klasse« erfunden, die »sowohl in der Ausstattung als auch hinsichtlich der Verpflegung den Lebensgewohnheiten des guten Bürgertums entspricht«. Ein Schwimmbad wäre trotzdem gut gewesen.

Stopp in Point de Galle, Ceylon. Kohlenaufnahme. Zwischenwarenverkehr auf deutschen Schiffen gab es in den Häfen der britischen Einflusszone kaum. Eine ideologische Kriegsfolge; bestimmt würde sich das Streben nach Rentabilität bald wieder durchsetzen. Die Zeit reichte nicht für einen Ausflug in die Stadt. Korff meinte, dass ihnen da viel entginge. Die 1663 von den Niederländern errichtete Festung Galle war die größte in Südasien; die Wallanlagen und die Bastionen müssen spektakulär gewesen sein. Weiter Richtung Singapur. In Gedanken waren Korff und Breuer wieder bei denen, die sich schon 1919 auf die Rückreise nach China gemacht hatten, Widmann und Trefurt waren nicht die Einzigen. Viele fragten beim Auswärtigen Amt an, ob die Diplomaten ihre Wiedereinreise nach China unterstützen könnten. Aber da es keine Vertretung des Reichs in China gab (und auch nicht vice versa), konnte das Amt nicht helfen. Die Antwort auf Anfragen lautete mal mehr, mal weniger wohlwollend: »Tu was Du nicht lassen kannst.«[24] Also gingen deutsche Kaufleute, ging die deutsche Wirtschaft ins Risiko. In der Hoffnung, dass die Flagge dem Handel folgen würde.

Rückblick: Melchers' Neustart

Da um die Jahreswende 1919/20 in Shanghai niemand Büroräume an Deutsche vermietete, begannen die Melchers-Pioniere von Widmanns Wohnräumen aus, die Firma wiederaufzubauen. Sie waren in den Startlöchern, als am 7. Januar 1920 (Hermanns Geburtstag!) bekannt wurde, dass allgemeine Korrespondenz und chiffrierte Telegramme wieder zugelassen waren und dass alle Restriktionen hinsichtlich des Aufenthaltsortes und der Mobilität von Deutschen in China aufgehoben seien.[25] Von nun an konnten sie in jedem Monat einen kleinen Fortschritt erleben: Im Februar wurde das Handelsembargo mit Deutschland aufgehoben. Im März 1920 stellte Melchers vier gerade aus japanischer Gefangenschaft zurückgekehrte frühere Mitarbeiter wieder ein.[26] Alte Geschäftsunterlagen wurden gefunden.[27] Mitte des Jahres vermietete ihnen eine chinesische Versicherungsfirma mehrere Zimmer in der Hongkong Road (Hong Kong Lu), in der Nähe der Kaianlagen. Chinesische Freunde halfen dabei, eine bescheidene Einrichtung zu finanzieren. Nur die Buchhaltung blieb noch im Dachgeschoss bei Widmanns. Das waren die ersten Schritte zum Wiederaufbau einer selbstständigen Melchers-Firma in China.

Berichte über die Firma Schnabel in Changsha fanden allgemeines Interesse: Schnabel war seit Februar 1920 wieder tätig und verdiente gut, arbeitete unter dem Namen eines reichen chinesischen Unternehmers aus Ningbo. Der chinesische Fremdenkommissar in Hankou hatte das »Deckmantel-Verfahren« schon früh angeregt: Als er im Oktober 1919 auf die eventuelle Wiedereröffnung einer großen deutschen Firma in Hankou angesprochen worden war, hatte er vorgeschlagen, unter dem Namen eines chinesischen Frontmannes zu eröffnen, dann könne er die Lizenz erteilen.[28] Kurz darauf hatte er zwar einen Rückzieher gemacht – es sei noch zu früh dafür –, aber das Prinzip hatte allen eingeleuchtet. An dieser Stelle musste Breuer etwas ausholen. Seine chinesischen Freunde hatten ihm das mit dem »Deckmantel« so erklärt: Kaufleute waren im alten China die unterste der vier Klassen. Ganz oben standen Gelehrte, Mandarine, Bürokraten *(shi)*, sie galten als Vertreter des Kaisers. Bauern *(nong)* wurden als die Grundlage der Ökonomie geschätzt, Handwerker *(gong)* für die Produkte, die sie herstellten. Kaufleute *(shang)* galten als Parasiten, sie waren sozial und legislativ benachteiligt. Nun wären die Angehörigen der obersten Klasse gern so reich geworden wie Kaufleute – hätten aber als Händler ihren Status verloren. Also setzten sie einen *front man* ein, der ihre Geschäfte betrieb und ihre Identität verschleierte. Die *front men* waren bekannt für ihre unerschütterliche Loyalität und für ihr unauffälliges Verhalten.[29] Das galt offenbar immer noch.

Melchers China Corporation

Tarnung war in der folgenden Zeit für deutsche Firmen in China die Regel. Im Oktober 1920 brachte Karl Lindemann für Melchers einen amerikanischen Deckmantel aus den USA mit. Lindemanns Ankunft in Shanghai war eine kleine Story für sich, Breuer erzählte sie mit Freude: Shanghai hatte den bevorstehenden Besuch an die Hankou-Niederlassung gemeldet, die Lindemann bis 1919 geleitet hatte. Sofort machten sich der Komprador Wang Bonian und der erste Shroff und Lindemanns langjähriger erster »Boy« auf den Weg nach Shanghai, um ihn dort in Empfang zu nehmen. Zehn Tage fragten sie täglich im Büro, ob er denn heute ankomme. Ein anrührendes Wiedersehen folgte. Lindemann kam über New York, wo er die Firma Bradford & Co. als Partner gewonnen hatte. Außerdem ließ er in den USA eine *Melchers China Corporation* eintragen mit einem Stammkapital von gerade mal 1000 US-Dollar, mit einem der beiden Teilhaber von Bradford & Co. als Präsidenten[30] und den Shanghai-Partnern Bandow and Widmann als Vizepräsidenten.[31] Diese Konstruktion erwies sich als ideal, um die internationalen Geschäfte von Shanghai aus abzuwickeln. Mit dem Beginn der »amerikanischen« Unternehmung wurde Breuer Leiter der Import-Abteilung und erhielt Prokura. Er lachte, als er erzählte, dass ein Brief von Erna in Hannover Verwirrung gestiftet hatte. Anfang Januar 1921 hatte sie stolz verkündet, Hermann sei jetzt »Handlungsbevollmächtigter eines bedeutenden Deutsch-Amerikanischen Unternehmens«. Oskar war beunruhigt gewesen: War der Junge etwa nicht mehr bei Melchers?![32] Ich war auch irritiert: Hatte Hermann nicht 1931 sein 25-jähriges Jubiläum bei Melchers begangen? Die China-Corporation-Episode, 1920–1926, wurde nicht als Zäsur empfunden.

Die fernen Väter

Sowohl Breuer als auch Korff hatten ein distanziertes Verhältnis zu ihren Vätern; in beider Leben hatten sie keine aktive Rolle gespielt. Breuer war fern von den Eltern in Deutschland aufgewachsen, hatte aus großer Ferne das wiederholte Scheitern der großen Pläne seines Vaters beobachtet und sein hartes Leben »draußen«. Wunderte sich über dessen übersteigertes Selbstbewusstsein, seine Fähigkeit, sich unangenehme Wahrheiten schönzudenken. Trotzdem schickte er ihm eine monatliche finanzielle Unterstützung und manches Paket mit Kleidung und Nahrungsmitteln. Korff hatte, ebenfalls meist von fern, einen höchst erfolgreichen, nationalstolzen Patrizier gesehen, von dessen konservativen Überzeugungen er sich spätestens im Laufe seines Studiums in Freiburg, München und Kiel abgewandt hatte. Er wusste aber auch, dass er seinem Vater viel zu verdanken hatte, nicht zuletzt ihren Gesprächen über sein Dissertationsthema, auch den Zugang zu Materialien und Quellen, den die Kontakte des Vaters ihm ermöglicht hatten. So hatte er die Dissertation »Meinem Vater« gewidmet. Jetzt stand der Sohn der Deutschen Demokratischen Partei nahe. Zum Entsetzen seines Vaters las er das *Berliner Tageblatt*, das der Vater als »links gerichtet« ansah und als »Judenblatt« bezeichnete,[33] und hatte sich vorgenommen, das Ideal der individuellen Freiheit mit dem der sozialen Verantwortung zu verbinden, ein aufgeklärter, sozial orientierter Unternehmensmanager zu werden. Seinem Vater war schon das »gleichmacherische« Ballot-Verfahren im Deutschen Gartenclub gegen den Strich gegangen.[34] Einigen konnten sein Vater und er sich darauf, dass der Vertrag von Versailles neu verhandelt werden müsse. Das meinten alle Deutschen.

Der deutsch-chinesische Vertrag

Der Wiederaufbau deutscher Firmen in Shanghai fand von Mitte 1920 bis Mitte 1921 *under cover* statt. Als Breuer im März 1922 aus Shanghai abgereist war, hatten dort immer noch zwölf deutsche Firmen unter Decknamen gearbeitet; die Hälfte unter chinesischem, andere unter russischem, holländischem, dänischem oder, wie Melchers, einem amerikanischen *cover*.[35] Da es dabei um die internationalen Beziehungen ging, nicht um die zu China, hatte noch nicht einmal der Friedens- und Handelsvertrag zwischen Deutschland und China an dieser Praxis viel geändert. Der war Mitte 1921 unterzeichnet worden. Ein wegweisendes Vertragswerk, Korff und Breuer wussten beide die entscheidende Formulierung auswendig: Geschlossen »*nach den Grundsätzen vollkommener Gleichstellung und absoluter Gegenseitigkeit, entsprechend den Regeln des allgemeinen Völkerrechts*«.[36] Beide Männer waren der festen Überzeugung, dass das der richtige Weg sei.

Die Gleichberechtigung bezog sich zum einen darauf, dass Deutsche in China zukünftig chinesischem Recht unterstehen würden. Allerdings: Für Rechtsstreitigkeiten zwischen Deutschen würde es in Shanghai deutsche Schiedsgerichte geben, eines für Privatrecht, eines für Wirtschaftsfragen. Die Gleichberechtigung bezog sich weiter auf die Zolltarife: Deutschland verzichtete auf Zollprivilegien, wie sie für »Vertragsstaaten«[37] galten. Letzteres war für die deutschen Kaufleute ungünstig, Importzölle für deutsche Waren betrugen von jetzt an zwischen 10 und 20 % statt der 5 %, die Vertragsstaaten zahlten – es war aber immer noch besser als gar keine Regelung. Außerdem gab es Schlupflöcher, denn: Was waren eigentlich »deutsche Waren«? Jedenfalls nicht alles, was deutsche Handelshäuser importierten – sie konnten auch in den Niederlanden, in Polen, der Tschechoslowakei usw. eingekauft haben und bald wahrscheinlich wieder in England oder Frankreich.[38]

Von großer Bedeutung war die Einigung hinsichtlich der Reparationszahlungen – und vor allem die damit verbundene Zusage, dass China die Liquidierungen einstellen würde. Vereinbart war, dass China Eigentum zurückerstattet, entweder in natura (falls es noch nicht verkauft war) oder in bar, und dass das Deutsche Reich im Gegenzug die Hälfte der Liquidationserlöse bzw. des Wertes an China zahlte. Die Gebäude der Kaiser-Wilhelm-Schule und der evangelischen Kirche in Shanghai wurden in den folgenden Monaten zurückgegeben.[39] Melchers erhielten ihren bedeutenden Besitz in Hankou zurück: Die dortigen Kaianlagen, Eierfabrik, Ölsaatenreinigungsanlage, Bürogebäude erwiesen sich als Fundamente für den Wiederaufbau der Firma. Dr. Korff war dorthin unterwegs.

Die Deutsch-Asiatische Bank und eine Bergwerksgesellschaft waren im Vertrag zunächst ausgenommen.[40] Was hieß, dass die Bank für den Wiederaufbau nicht zur Verfügung stand. Das bedeutete viele endgültig verpasste Gelegenheiten. Trotzdem kam die Einigung deutschen Interessen entgegen, denn der Versailler Vertrag sah gar keinen finanziellen Ausgleich seitens der Siegermächte vor.[41] Trotz der kleinen Schlupflöcher werteten beide Parteien den Vertrag als den ersten gleichberechtigten zwischen China und einer westlichen Macht geschlossenen.[42] Der Vertragsabschluss erneuerte das in früheren Jahren gewachsene, besondere Ansehen der Deutschen in China und bestärkte das vertrauensvolle Verhältnis zu deutschen Firmen.[43] Die Deutschen in China konnten aufatmen.

Inflation in Deutschland

Für das deutsche Eigentum, das in der Französischen Konzession bzw. im International Settlement enteignet worden war, war eine Teilentschädigung durch das Deutsche Reich vorgesehen. Breuer und Korff waren sich einig, dass es momentan schwierig werden würde, diese durchzusetzen. Und dann, was sollte dabei herauskommen? Hatte nicht die Inflation gerade die letzten 600 Millionen Papiermark Entschädigungszahlung, die dem Norddeutschen Lloyd noch zustanden, vollkommen aufgefressen? So kamen sie auf die gegenwärtige Situation in Deutschland zurück: In welch furchtbarem Zustand hatten sie das Land verlassen. Die in Gold fälligen Kriegsreparationen waren nicht aufzubringen, die Sachleistungen bluteten das Reich aus. Im Oktober 1922 besaß die Mark nur noch ein Tausendstel ihres Wertes vom August 1914, und es wurde immer noch täglich schlimmer. Kurz vor ihrer Abreise hatten französische Truppen das Ruhrgebiet bis Dortmund besetzt. Hermann dachte wieder an Bruder Karl, der seine Investitionen über die Inflation zu retten versuchte, dachte an ihn, auch weil auf dem Weg nach Penang Sumatra in Sicht kam. Fast 25 Jahre war

Karl dort gewesen, hatte sich vom Lehrling zum Administrator einer Tabakplantage hochgearbeitet, mit Kautschuk experimentiert und mit Kaffee. Während Hermanns Heimaturlaub hatten sich die Brüder zum ersten Mal darüber unterhalten können. Für Karl war die Zeit als Pflanzer vorbei; sein Herz war von den Tropenjahren angeschlagen.

Die *Werra* ankerte vor Singapur. Die Schiffsmannschaft verrichtete die üblichen Arbeiten: Post, Wasser, Proviant, Be- und Entladen. Korff und Breuer nahmen einen Wagen und fuhren zum botanischen Garten. Das war ein gutes Kontrastprogramm zur Seefahrt. Breuer nutzte außerdem den Landgang, um sich wieder mit einer Auswahl Zigarren zu bevorraten. Es war schon eigentümlich, dass durch Bruder Karls Hände zwar tonnenweise Sumatra-Deckblatt gegangen war, frisch, fermentiert, geprüft, verpackt, dass er aber nie geraucht hatte.

Zukunftspläne

Ob die NDL-Schiffe zukünftig auch wieder Tsingtao anlaufen würden? Sollte Melchers dort wieder eine Niederlassung aufmachen? Im Friedensvertrag von 1921 hatte Deutschland noch einmal bestätigen müssen, dass es auf Jiaozhou verzichtete, aber das war zu dem Zeitpunkt eigentlich nur noch eine Frage zwischen China, Japan und den Alliierten, die das Gebiet in Versailles Japan zugeschlagen hatten. Inzwischen war es doch chinesisch geworden: Im Rahmen der Flottenkonferenz in Washington um den Jahreswechsel 1921/22 herum war vereinbart worden, dass Japan die Provinz Shandong an China zurückgeben müsse. Die übrigen Vorrechte in China, die Japan 1915 mit den »21 Forderungen« erpresst hatte, waren nicht in Frage gestellt worden.[44] Im Gegenteil: Die USA, das Vereinigte Königreich, Frankreich und Japan hatten die gegenseitige Anerkennung des Status quo der Besitztümer im Pazifikraum beschlossen. Die ebenfalls beschlossene Reduzierung des Flottenbaus hatte zur Folge, dass Japan nun eine gleichberechtigte Macht im westlichen Pazifik war.

Unmittelbar nach der Unterzeichnung des Friedensvertrags mit Deutschland war in der chinesischen *Xinwen Bao* zu lesen gewesen: »German merchants in Shanghai are very active and their former commercial standing is gradually being restored.« Aus Deutschland kämen jede Woche große Mengen Indigo-Farbstoff, Nägel und weitere Handelswaren, und die Manager der deutschen Handelsfirmen seien zurückgekehrt und nähmen, mit Unterstützung ihrer Kompradoren, die Geschäfte wieder auf. Zum Beispiel hätte das chinesische Ministerium für Verkehr, Post und Kommunikation (Ende 1922 waren alle fremden Postanstalten geschlossen worden; ein repräsentatives, zentrales Postgebäude war im Bau) die ehemaligen Melchers'schen Kaianlagen in Pudong an die Japaner verpachtet, und die Pacht ende im September. Ein deutscher und ein chinesischer Vertreter von Melchers seien gerade nach Peking unterwegs, um die Pacht zurückzukaufen. In Pudong sollten wieder deutsche Schiffe anlegen.[45] Aktuell war die Melchers Corporation in ein Gebäude der Chekiang (Zhejiang) Industrial Bank in der Kiangse Road (Jiangxi Lu) umgezogen. Eine modern arbeitende chinesische Bank, mit der Widmann schon vor dem Krieg zusammengearbeitet hatte. Sie unterstützte Melchers' Aufbau des Exportgeschäftes nach Amerika und gab Widmann einen Personalkredit, mit dem neue Einrichtungen für den Export finanziert werden konnten.[46]

Eine neue Deutsche Gemeinde in Shanghai

Eine andere Geschichte des Neubeginns war die der Deutschen Gemeinde Shanghai. Auch da engagierte Breuer sich. Nach den Repatriierungen 1919 hatte sich die Gemeinde mangels Masse aufgelöst.[47] Schon 1920 gab es dann erste Ansätze zur Wiederbelebung, da Kirche und Schulunterricht finanziert werden mussten. Breuer war dabei (Erna schon nicht mehr), als im März 1921 139 Deutsche zusammenkamen, um einen Hilfsfonds aufzulegen; zum Jahresende zählte die Gemeinde 197 eingetragene Mitglieder. Auf den Friedensvertrag folgte der Austausch von Diplomaten: Im Oktober (1921) übernahm Fritz August Thiel das Amt des Generalkonsuls in Shanghai.[48] Er wurde von seinen Landsleuten auch als Beweis für eine offizielle Normalisierung der Beziehungen erfreut aufgenommen. Im März 1922, als Breuer sich auf Urlaub verabschiedete, lebten schon wieder zwischen 650 und 700 Deutsche in Shanghai, und es gab 41 deutsche oder quasi deutsche Firmen. Stetig kamen mehr. Einige der Handelsfirmen berichteten, dass ihr Importgeschäft nur wenig hinter dem der Vorkriegszeit zurückstehe und dass die Nachfrage nach deutschen Waren, insbesondere nach Maschinen, alle Erwartungen übertreffe.[49] Die Importeure erlebten eine für sie positive Seite der Inflation in Deutschland: Die Entwertung der Deutschen Mark hatte eine stürmische Nachfrage zur Folge. Produkte aus Deutschland waren billig, trotz der vergleichsweise höheren Zölle. Der chinesische Export nach Deutschland, zu Hermann Melchers' Zeiten die Stütze des Geschäfts, lag wegen des Devisenmangels in Deutschland darnieder. Die deutschen Handelshäuser in China exportierten stattdessen nach Amerika.

Die *Werra* macht in Hongkong Station. Gleich nach dem Einlaufen des Schiffes kamen blitzschnell Händler an Bord, boten kleine Pagoden und Wasserbüffel aus Porzellan an, Kästchen aus Elfenbein und silberne Dschunken und Rikschas[50] – so eine Rikscha kaufte Hermann, er wollte sie Alice schicken. Das kleine Gefährt hatte Gefäße für Salz und Pfeffer geladen, damit konnte es über den Tisch rollen. Ihm fiel wieder ein, wie sie in Hannover gelacht hatten, wenn er Flecken im Tischtuch verursacht und sie mit geschickt neu platzierter Tischdekoration verdeckt hatte. Alice würde die Anspielung sicher verstehen. Bei erholsamen 20° C besuchten Korff und Breuer die Melchers-Kollegen, die die Wiedereröffnung der

Im Februar 1923 kaufte Breuer von Händlern, die in Hongkong an Bord der *Werra* kamen, eine silberne Rikscha für seine Schwägerin.

Hongkong-Niederlassung vorbereiteten. Im August (1923) würden sie in einem Raum ihres ehemaligen großen Geschäftshauses wieder anfangen.

Am Freitag, dem 6. April, erreichte die *Werra* Shanghai. Hermann hatte das Gefühl, auf der langen Fahrt in dem viel jüngeren Korff einen echten Freund gefunden zu haben. Er war ein moderner, geradliniger junger Mann, dachte mutig und verantwortungsbewusst; ein nüchterner Realist mit gütigem Herzen. Am Sonntag waren die beiden zu Gast bei Familie Widmann. Dort fand ein fröhliches *get-together* von Melchers-Mitarbeitern statt. Sie feierten die erfolgreiche Jungfernfahrt der *Werra*, beglückwünschten den Kapitän, begrüßten den Heimkehrer Breuer und den »Neuen«, Korff.[51] Die erfuhren auch gleich, dass am 1. April wieder eine deutsche Handelskammer in Shanghai eröffnet worden war – und dass die im Jahr 1917 konfiszierten Jagdwaffen vor ein paar Wochen freigegeben seien, Breuer könne seine abholen. Das sprach für eine Entspannung des Verhältnisses zu den ehemaligen Kriegsgegnern. Kapitän Spangenberg kritzelte ein kleines Schiff in Widmanns Gästebuch. Und ein paar Wellen.

1 (Ohne Autor) Die Schiffstypen des NDL, S. 244. In: Norddeutscher Lloyd Bremen. Jahrbuch 1925. S, 210–249.

2 Der Ostasiendienst des NDL wurde Anfang 1922 mit der Fahrt des Frachtdampfers *Westfalen* [Start am 3. Januar 1922] nach Shanghai wieder eröffnet. HWB: Firmengeschichte 1941, S. 5, BArch ZLA 7–34/116.

3 Das Typschiff *Weser* lief im November 1922 vom Stapel. In den nächsten zwei Jahren folgten: *Saarbrücken, Coblenz, Trier* und das Motorschiff *Fulda*. Diese wurden später als »Saarbrücken«-Klasse bezeichnet; sie waren für die langen und heißen Fahrten nach Ostasien eingerichtet. Die *Werra* startete in Bremen am 3.2.1923.

4 Dr. Lürssen (Syndicus des NDL): Der Wiederaufbau des Norddeutschen Lloyd. In: Norddeutscher Lloyd Bremen. Jahrbuch 1922/23. Bremen: Franz Leuwer 1924, S. 170–204.

5 Pustau & Co. In: OAV zum 60. Bestehen, S. 200–201.

6 http://www.searlecanada.org/volturno/volturno70.html, am 8.8.2017.

7 Korff (sen.), Memoiren, S. 155, MA.

8 »*Waren die Chinesen während der Kriegszeit für viele von uns ratende Freunde [...] erkennen wir an, was uns die Chinesen treu an Diensten in der schweren Kriegszeit geleistet haben – nicht aus [...] Eigennutz, sondern aus Wertschätzung [...] haben sie uns geholfen.*« *Mitteilungen für China-Deutsche*, Jg. 1, Heft 9, 1.10.1919, S. 1–2.

9 (Ohne Autor) Die Schiffstypen des Norddeutschen Lloyd. In: Norddeutscher Lloyd Bremen. Jahrbuch 1922/23, S. 210–249, S. 244. Bremen: Franz Leuwer 1924. Innenarchitekt der *Werra:* Paul Ludwig Troost.

10 Titel: »Der direkte deutsch-chinesische Schiffahrtsverkehr von seiner Entstehung bis zum Ausbruch des Weltkrieges«.

11 Secker, Betr. Versailles. In: *Mitteilungen für China-Deutsche*, Jg. 1, Heft 3, 1.7.1919, S. 1.

12 Hung Hsin chan (Xu Shichang).

13 PA AA China 7 R 17985 /1. Die Süd-Regierung schloss sich der Erklärung am 25.10.1919 an, Leutner, 1911–1927, S. 126.

14 Der chinesische Präsidialerlass erreichte Berlin via Kopenhagen am 27.9.1919. (Die Dänen vertraten chinesische Interessen in Deutschland.) In der Zwischenzeit: Gerüchte, Bestätigungen und Zweifel. PA AA China 7 R 17984/1ff. (Bd. 12).

15 19.5.1920 Bericht Dr. Siebert aus Tianjin: (Viele) Liquidationen wurden bisher nicht umgesetzt, wahrscheinlich, weil die Limits zu hoch angesetzt waren – aus Sorge, die Japaner könnten die deutschen Firmen kaufen. PA AA R85 449 p. L463877 – L463882.

16 Frederking, Konsulat Hankou, PA AA R85 450 p. L463966.

17 CG Melchers, China-Firma, S. 2 und Schiffstagebuch Oskar Breuer (ohne Seitenzählung).

18 NDL-Speisekarten 1891–1927 im Internationalen Maritimen Museum Hamburg. Hier: Postdampfer *Saarbrücken* 7.5.1924 und *Columbus* 19.6.1924.

19 Im Juli 1919 aus Australien repatriiert (Termin: Lebenslauf Widmann, *OAL*, 3.11.1936, MA Sonderstandort 1, Sammlung Firmennachrichten Bd. 2). Widmann kam in der zweiten Septemberhälfte in Bremen an. Termin: HWB Firmengeschichte, BArch ZLA 7–34/116.

20 Friedenserklärung: 15.9.1919. Die Teilhaber waren: Korff sen., Michaelsen, Lindemann für C. Melchers & Co. Bremen, Michelau, Bandow und Widmann für Melchers China.

21 Lindemann, Memoiren 1958, S. 15–16.

22 Termin Anfang Oktober 1919. Lebenslauf Widmann, *OAL*, 3.11.1936. MA. Lindemann (Memoiren, MA) erwähnt zusätzlich den Teilhaber Bandow. HWB schrieb 1941/Firmengeschichte, Widmann sei zusammen mit dem Leiter der Hankou-NL gereist, ohne Namensnennung. BArch ZLA 7–34/116. Konsulatssekretär Frederking erwähnt am 22.5.1920 aus Hankou, dass u.a. Trefurt wieder dort lebt. PA AA R 85449, p. L463869.

23 »*Die Politik unserer Feinde scheint jetzt zu sein, dass sie ein Verhalten an den Tag legen, als ob man uns nicht die geringsten Schwierigkeiten mache, geht man aber tiefer, so stößt man wieder auf anfangs nicht sichtbare Schranken. [...] Nur ein Beispiel. Herr B. von F.S. & Co. wollte über Java nach Hause reisen, bekam auch seinen Pass ohne Mühe von der englischen Gesandtschaft zur Reise über Hongkong und von der amerikanischen zur Fahrt über Manila visiert, konnte aber*

nicht abfahren, obwohl Kabinen auf holländischen Dampfern frei waren. Warum? Auf ›Instruktion von dem Kontor in Hongkong werden keine Deutschen angenommen‹.« 1.12.1919 Bericht aus Tianjin: PA AA China 7, 17986 (Band 14), p. 122.

24 Besprechung im AA am 15.10.1919, PA AA China 7 R 17984/1 ff. (Band 12), p. 136.

25 PA AA China 7 R17985, p. 160 und PA AA China 7, 17985 Band 13, p. 194.

26 Darunter Otto Zwanck.

27 Firma Melchers, Kasten 14, Mappe 2, Zeitungsartikel über das 75-jährige Firmenjubiläum der Firma Melchers, *Ostasiatischer Lloyd*, 3.8.1941, Melchers & Co. (1866–1941).

28 15.9.1919. Frederking, Konsulat Hankou; PA AA R 85450, p. L463962.

29 Thomas Brandt, China in Those Days, S. 89.

30 Melvyn Hecht.

31 Lindemann, Memoiren 1958, S. 18, MA. Hong-Liste 1922.

32 Oskar Breuer 21.2.1921 an KB.

33 Korff, Memoiren, S. 187, MA.

34 Korff, Memoiren, S. 99, MA. Ballot: Geheime Abstimmung mit Kugeln: Weiß für Ja, Schwarz für Nein, eine schwarze Kugel verhindert die Aufnahme in den Club.

35 Deutsches Generalkonsulat Shanghai 15.12.1925 an Auswärtiges Amt. In der Liste Deutscher Firmen in Shanghai ist die Melchers China Corporation mit der Ergänzung »(amerik.)« aufgeführt.

36 Deutsch-chinesische Vereinbarungen über die Wiederherstellung des Friedenszustandes, 20.5.1921, zitiert nach Leutner 1911–1927, S. 216–228 (Druckfehler korrigiert). Auch Briessen, Grundzüge, S. 182.

37 Verträge, die die Opiumkriege beendeten. Es gab 1921 noch 17 solche Vertragsstaaten.

38 Erläuterung in PA AA China 7/R 17987–1 (Band 15), p. 14–15.

39 *Bühnenspiegel*, Jg. 2, Heft 2, S. 22. Lt. Meller am 18.3.192.

40 Müller-Jabusch, Deutsch-Asiatische Bank, S. 254.

41 Dem Vertrag war eine Liste beigefügt über bis zu diesem Zeitpunkt noch nicht veräußertes deutsches Eigentum im Wert von insgesamt knapp 10 Millionen Hongkong-Dollar.

42 Genau genommen war Deutschland der zweite Staat, der seine extraterritorialen Rechte aufgab. Die Sowjetunion war im Juli 1919 der erste: »*The government of the workers and peasants has then declared null and void all secret treaties [...] which were to enable the Russian government and the Tsar to enslave the peoples of the East and principally the people of China [...].*« S.C.M. Paine: Imperial Rivals, S. 320. Die Unterzeichnung des entsprechenden Vertrages erfolgte erst am 31.5.1924.

43 Im November 1924 ließ ein einflussreicher Engländer beim Vorsitzenden der deutschen Handelskammer Shanghai anfragen, ob die Deutschen interessiert seien, die Privilegien der Exterritorialität wiederzuerlangen; er bot britische Unterstützung an. Generalkonsul F. A. Thiel votierte ablehnend an die Gesandtschaft: Wir würden »*aller derjenigen Sympathien und Vorteile verlustig gehen, deren wir uns infolge unseres [...] immerhin der Form nach freiwilligen Verzichts auf die Exterritorialität zu erfreuen haben*«. Leutner 1911–1927, S. 381–382.

44 Osterhammel, Shanghai, 30. Mai 1925, S. 230.

45 *The North China Herald*, 21.5.1921. Ü: www.deepl.com.

46 HWB 7.8.1948 an Melchers Bremen zum Tod Widmanns. MA: Firma Melchers Kasten 1, Mappe 5.

47 Pastor Probst 29.7.1919 an Landeskirchenrat Weimar: Nach der Repatriierung fast aller Deutschen sei die Kirchen-Gemeinde auf die Familien der Japangefangenen beschränkt. ZA 5121/13, Signatur EZA 5/3156.

48 November 1921 wurden Adolf Boyé Gesandter in Peking und Wei Chenzu in Berlin. Kettelhut, Geschäfte übernommen, S. 117–121.

49 Botschafter Adolf Boyé, 8.2.1922 PA AA, Peking II, Band 2737, p. 186–187.

50 Tiefenbacher: Erzähle mir die Vergangenheit. Privates Manuskript (Geschrieben 1998), S. 50 betr. eine Reise 1923 auf der *Bertram Rickmers*.

51 Teilnehmer auch H. Beck, W. Guenther, H. Meyer und Ed Warneken, Karl F. Melchers mit Frau und Tochter.

1924 – 1926
Up and down and up

Melchers & Co. in der Kiukiang Road

Mit der Melchers China Corporation ging es ab 1923 so stetig aufwärts, wie Dr. Korff und Breuer es sich auf ihrer Fahrt mit der *Werra* erhofft hatten. Dafür sprachen auch die neuen Geschäftsräume: Aus der Kiangse Road zogen sie Anfang 1924 in die Kiukiang Road, in einen geradezu fürstlichen Büroneubau. Die britischen Architekten Palmer & Turner hatten das Gebäude für den Großgrundbesitzer und Investor Silas Aaron Hardoon errichtet.[1] Übrigens unmittelbar neben dem Gebäude, das vor dem Krieg der großen deutschen Handelsfirma Carlowitz & Co. gehört hatte. Die Architektur der Fassade ließ an die italienische Renaissance denken, eine Zeit, als der Handel in Italien blühte. In der 2. Etage (nach chinesischer Zählung war es die 3.) residierte nun die Melchers Corporation und erlebte, dass der Handel tatsächlich auch für die Deutschen in Shanghai wieder blühte: Im Lauf des Jahres 1925 erreichte der deutsche Export nach China fast den Vorkriegsstand.

> *Und so klettert emsig weiter*
> *er hinauf die Stufenleiter,*
> *wird per pro und Taipan gar*
>
> Zwanck, Abschiedsgedicht
> Shanghai, 1952

Breuer, der Importeur in China, konnte zufrieden sein. In der Kiukiang Road richtete er nun die »Mustersäle« neu ein, für Textilien, Papier, Uhren und Optik, das Schaulager für die Produkte der Firma Nier – Sturmlaternen (Petroleum), Kessel und Kocher aus Beierfeld –, für pharmazeutische Artikel, Parfüm und Seife, für Porzellan (nämlich Toiletten- und Waschgeschirr) und Steingut. Eisenkurzwaren: Vorhängeschlösser, Beschläge, Riegel, Werkzeuge, Messer.[2] Und so weiter. In der Kiukiang Road arbeiteten Teilhaber Widmann und 15 deutsche Mitarbeiter, davon drei für den Export, fünf für den Import, vier in der Schifffahrt, weitere für Buchhaltung, Versicherungen und Außendienst. Außer den Europäern arbeiteten in der Importabteilung 20 Chinesen.[3] Kompradoren gab es in Shanghai zwei, einen für den Export und Simpson Sung[4] für den Import. Breuers europäische Mitarbeiter waren zuständig für die Abteilungen Sundries (dazu gehörten die Sturmlaternen, Thermosflaschen, Gummibänder), Hardware (Schlösser, Werkzeuge), Eisen und Metalle (Bleche, Draht, Nägel), für die Papierabteilung, Chemikalien und

Pharmazie, die Technische Abteilung und die Optische, Uhren- und Fotoabteilung. Letztere wurde von Kurt Halla geleitet. Er hatte in Rathenow bei der Firma Emil Busch, Optische Werke, eine Lehre gemacht und anschließend Betriebswirtschaft an der Uni Leipzig studiert, als ihn seine Ausbildungsfirma bat, sie in Shanghai zu vertreten. Mit dieser Mitgift ging er zu Melchers, vertrat dann auch die Firmen Nitsche & Günther, Rathenow, und Friedrich Mauthe, Schwenningen.[5] Dieses Verfahren bei der Akquise von Geschäftsverbindungen war typisch. Inzwischen gehörte Halla zum *inner circle*, 1925 hatten Breuer und er und Hans Dieckmann (Export) einen höchst vergnügten Altjahrsabend bei Widmanns verbracht.

Carl Gerhard Melchers

Ende März 1924 war der 22-jährige Carl Gerhard Melchers, Großneffe und Patensohn von Hermann Melchers und designierter Teilhaber, in Shanghai angekommen. Vorher war er kurze Zeit in der Niederlassung in Hongkong gewesen und entsetzt über die ärmlichen Bedingungen, unter denen das dortige *office* arbeitete: zwei Pulte für Deutsche, drei Pulte für Chinesen in einem einzigen Raum – sein Vater Gustav Adolf Melchers[6] hatte ihm immer von den hochherrschaftlichen Zeiten in Hongkong vor der Jahrhundertwende erzählt. Erleichtert, dass er in Hongkong wegen der schlechten Geschäftslage nicht bleiben sollte, sah Melchers schon vom Schiff aus, dass es auf dem Yangtse und auf dem Huangpu von Dampfern und Dschunken wimmelte. Das wies vielversprechend auf aktiven Handel hin. Und obwohl sein Ankunftstag ein Sonntag war, ging er gleich ins *office* in der Kiukiang Road und fand auch dort alles zufriedenstellend vor: das imponierende Haus und viele arbeitende Menschen, Teilhaber und etwa die Hälfte der Angestellten, eifrig bei der Arbeit, denn es war durchaus üblich, auch am Sonntag im Büro vorbeizuschauen.[7]

In der folgenden Woche gab Widmann zwei Empfänge in seinem Haus für den neuen Melchers, eingeladen waren je ein Dutzend Personen, darunter insgesamt 13 chinesische Kompradoren und Mitarbeiter. An beiden Abenden nahm auch Breuer teil. »CG« blieb bis 1926 in Shanghai, dann wurde er Teilhaber und konnte wählen, ob er die Hongkong-Niederlassung leiten wollte oder die Melchers-Niederlassung in Tsingtao wiederaufbauen. Er wählte Hongkong. Dr. Adalbert Korff wechselte 1927 von Hankou nach Shanghai und wurde Teilhaber. Im Dezember 1926 warf Melchers Shanghai den »Corporation«-Mantel ab und eröffnete unter dem alten Namen: »*We take pleasure in announcing that after December 1st the business heretofore conducted by* Melchers China Corporation *will henceforth be carried on by and under the name of* Melchers & Company.«[8]

Montag, 19. Oktober 2015, 12 Uhr, Jiujiang Lu

Das Haus in der Jiujiang Lu, in dem Melchers von 1924 bis 1945 residierte, steht heute noch. Im Erdgeschoss, in dem der Norddeutsche Lloyd in den späten 1920er Jahren Geschäftsräume eröffnete, bietet heute das Restaurant Cheng Long Hang Xie Wang Fu Kanton-Küche an; es ist spezialisiert auf Gerichte rund um den Süßwasserkrebs. Die Büroräume in den Etagen darüber sind in Wohnraum umgewandelt. Allein hatte ich mich im Jahr 2012 nicht hineingetraut. Ich könnte ja niemandem erklären, was ich da will. Weiß ich es selbst?

Ich bin mit Yolanda vom Hagen in der Jiujiang Lu verabredet. Kennengelernt hatte ich die junge Fotografin drei Jahre zuvor, die »Shanghai Flaneure« hatten kurzfristig eine Veranstaltung »Auf den Spuren der Deutsch-Chinesischen Beziehungen« angesetzt. Anlass war der 30. Jahrestag der Wiedereinrichtung eines Deutschen Konsulats in Shanghai am 15. Oktober 1982. Da musste ich unbedingt dabei sein! Yolanda verwaltete die Anmeldungen. Beginnend mit einem Vortrag im Deutschen Appartement (German Suite) im Fairmont Peace Hotel (früher Cathay), standen wir vor den ehemaligen Geschäftshäusern von Carlowitz & Co und Melchers in der Jiujiang Lu (da erwähnte ich, dass ich alte Innenaufnahmen von den Melchers-Büros habe), besuchten das Maison Patek Philippe, den überwältigend schönen *show room* der Firma Melchers für die Luxusuhren, gerade neu eröffnet in der ehemaligen Residenz des Britischen Konsuls am Bund. Peter Decu, Repräsentant von Melchers in Shanghai, sprach über »Das Handelshaus Melchers – seit 1877 in Shanghai«. Wir fuhren zum ehemaligen »Ghetto« der jüdischen Emigranten im Stadtteil Hongkou und zum Campus der Tongji-Universität, die 1907 als Medizinschule für Chinesen gegründet worden war. Deutsche Clubs, Deutsche Post, »Deutsches Eck«, alles »ehemalig«. Abschluss in der Residenz des heutigen Deutschen Generalkonsulats bei Cocktails und Häppchen; Dr. Silvia Kettelhut gab einen Überblick über die Geschichte der Deutschen Konsulate in Shanghai. Über Newsletter und Weihnachtsgrüße hatten Yolanda und ich den Kontakt gehalten. Vor meiner Reise im Oktober 2015 schrieb ich ihr, dass ich mich nicht ohne sprachkundige Begleitung in den dicken, dunklen Bauch von Melchers' ehemaligem Bürohaus in der Jiujiang Lu hineintraute und dass meine chinesische Dolmetscherin zögerte. Yolanda hatte glaubhaft versichert, sie »traue sich überall rein«, und für chinesisch sprechende Ausländer sei es manchmal leichter als für Chinesen, Hemmschwellen und Misstrauen zu überwinden.[9]

Gleich beim gemeinsamen Mittagessen merke ich: Sie spricht Chinesisch nicht nur fließend, sondern mit so sympathischen Untertönen, dass sie sofort Herzen gewinnt. Nur so war es wohl möglich, dass wir in den folgenden Stunden etwa 15 chinesische Bewohner in ihren vier Wänden (d. i. wörtlich zu verstehen) besuchten, uns in ihren Mini-Appartements umsehen durften. 4 Euro Miete im Monat. Wir suchen nach Spuren der ehemaligen Büros, besonders der Importabteilung, nach Türen, Fußböden, Fenstern. Wir finden abblätternde Farbe an den Fenstern, Bündel von frei liegenden Kabeln, einige der alten Durchluftfenster, die meisten mit Pappe vernagelt, Hochbetten, Schlafsofas, Vorratskisten, Kühlkombinationen, Klimaanlagen, Fernseher. Manches im Staub versinkend, dann wieder alles in strahlendem Weiß. Die Tochter der Mieterin in Weiß arbeitet bei Miele. Gemeinschaftsküchen (jeder hat seine eigene Glühbirne, das ist ganz wichtig), Sammelduschen, Katzen, Essensgeruch in den Treppenhäusern. Das Gebäude wurde in mindestens zwei Bauphasen so gründlich umgebaut, dass wir nur in etwa, aber nicht mit letzter Sicherheit, die Büros der Importabteilung lokalisieren können. Unsere Orientierungsversuche sind anregend, und Yolanda ist so gewinnend, dass wir für eine ganze Reihe von Bewohnern zum Ereignis des Tages werden. Mit den alten Melchers-Fotos auf meinem Netbook geben wir Vorführungen – mehrere Anlässe zu kleinen Zusammenkünften der Mieter. So vergehen zwei Stunden. Zuletzt stehen wir noch auf dem Dach, auf dem 1924 und 1936 Gruppenfotos von Breuer mit Mitarbeitern der Importabteilung entstanden.

Krankheit und Genesung

In den Jahren 1923–1925 beschäftigte Hermann sein Privatleben intensiver, als ihm lieb war. Es ging um Erna: Die Aussöhnung, der er kurz vor seiner Abreise aus Deutschland spontan zugestimmt hatte, erwies sich als Irrtum. Freunde berichteten, dass Erna ihn weiter hinterging, dass sie mit einer Freundin zusammen wohnte und reiste. Uwe war meist bei Ernas Eltern, aber manchmal nahmen die beiden Frauen ihn auch zu sich. Hermann meinte jetzt, dass er zu nachgiebig gewesen war. Er hatte Erna aufrichtig gern gehabt, ihr meistens ein luxuriöses Leben geboten. Manches Mal hatte er dabei seine finanziellen Grenzen überschritten. In den letzten Jahren hatte er zunehmend den Eindruck gewonnen, dass Erna sein Geld gern annahm, ihm aber keine Partnerin sein konnte. Ende 1923, Anfang 1924 informierte er Bruder Karl und Widmann (zu der Zeit auf Heimaturlaub in Bremen) über seine endgültige Scheidungsabsicht und nahm einen Anwalt in Hamburg. Nach dem Eherecht musste ein Partner schuld sein am Scheitern der Ehe, und die behauptete Schuld musste bewiesen werden. Der Anwalt beauftragte einen Detektiv, um die neuen Vorwürfe zu untermauern, denn Hermann hatte ja Vorkommnisse, von denen er aus eigenem Erleben wusste, mit der Zurücknahme seiner ersten Scheidungsklage verziehen. Der Detektiv lieferte, und sie warteten auf einen Gerichtstermin.

Da wurde Hermann todkrank. Was genau im Februar 1925 geschehen war, behielt er für sich. Nur so viel verriet er dem Bruder später: Er sehe aus, als sei sein Unterleib in eine Fleischhackmaschine gefallen, und er müsse »ganz zufrieden darüber sein, nicht inzwischen schon vermodert zu sein«.[10] Auf die Operation folgten eine Lungenentzündung und entzündete Leistendrüsen. Man könnte meinen, die Zeit sei eine einzige Katastrophe gewesen. Aber Hermann hatte Glück, er war in Dr. Fearn's Sanatorium operiert worden.

Fast alle Briefe, die Hermann an seinen Bruder und dessen Familie nach Hannover schickte, hat er mit der Schreibmaschine geschrieben. Nur zwei Briefe schrieb er mit der Hand, mit Bleistift. Er kritzelte die kurzen Briefe im Krankenbett, seine Sorge galt dem Scheidungsverfahren in Deutschland. Über sein Befinden äußerte er sich lakonisch. In welchem Krankenhaus lag er wohl? Vielleicht im Paulun-Hospital, der deutschen Gründung? Das Wort, das vor dem Datum steht, kann ich nicht lesen. Vielleicht ein Straßenname? Eines der vielen kleinen und großen Rätsel, die ich auf meine erste Reise nach Shanghai mitnahm. Dort fand ich in der Hong-Liste für das Jahr 1921 eine Anzeige: Dr. Fearn's Sanatorium. Fearn's – nun war das unleserliche Wort lesbar. Von meinem Shanghai Guide des ersten Tages, Peter Hibbard, bekam ich postwendend eine lebhafte Beschreibung zur Person der Dr. Anne Fearn und zu den Segnungen ihres exklusiven Hospitals, offenbar der letzte Schrei in Customer Care der Roaring Twenties in Shanghai. Später, als ich selbst mal im Krankenhaus lag, begleitete mich Anne Fearns Autobiografie.

Die amerikanische Ärztin Dr. Anne Fearn hatte ihr privates Krankenhaus 1916[11] in einer Villa in der Rue Pichon (Fenyang Lu) eröffnet. Es lag hinter dichten Wacholderhecken in einem bezaubernden Garten am grünen Rand der Französischen Konzession. Der deutsche Kursmakler Emil Gerecke[12] hatte sein Haus mit Garten im Weltkrieg an Dr. Fearn vermietet und Hals über Kopf preiswert an sie verkauft, als er nämlich eines Tages erfuhr, dass deutsches Eigentum in der Französischen Konzession nach Ablauf von 24 Stunden konfisziert werden würde. Dr. Fearns Prinzip war: »Alles, was ich kaufte, war vom Besten, weil ich es keinesfalls für richtig hielt, Geld an Provisorien zu verschwenden.«[13] Das kleine Hospital hatte bald einen phänomenalen Ruf für außerordentliche Pflege: In 18 Krankenzimmern kümmerten sich mindestens acht ausgebildete Krankenschwestern, eine

Diätschwester und etwa 50 Bedienstete um die Patienten,[14] die ihre Mahlzeiten auf silbernen Tabletts serviert bekamen. Besucher wurden mit Cocktails verwöhnt. Hermann wusste sein großes, luftiges Krankenzimmer zu schätzen, das seidene Federbett und die frischen Blumen. Noch wichtiger für den Kranken war: »*Der Operationssaal [...] war klein, aber mit den modernsten Geräten und Sterilisationsvorrichtungen ausgestattet und für jede Operation geeignet. Dieser Raum war sehr begehrt und, klein wie war, wurden in ihm einige der schwierigsten Operationen durchgeführt, die in Shanghai gemacht wurden.*«[15] Als es ihm langsam wieder besser ging, konnte er sich auch an den Klavierkonzerten freuen, die an ein, zwei Nachmittagen in der Woche im Musikzimmer stattfanden. Dann standen alle Zimmertüren offen, und die Musik strömte durch das Krankenhaus.[16]

Am 22. Februar war Hermann operiert worden, am 3. März durfte er zum ersten Mal wieder aufstehen. Mit der Genesung kamen die Sorgen um die »heillosen« Kosten. Zusätzlich zu den Ausgaben, die die Scheidung verursachte, schien er am Rande seiner Möglichkeiten. Dann aber deckte seine Versicherung die Krankheitskosten in erfreulicher Weise ab. Außerdem gab es einen »boom in rubber«.[17] Wie gut, dass er die Anteilscheine 1919 nicht hatte verkaufen müssen! Er würde dem Bruder weiter eine monatliche Unterstützung überweisen können.[18]

Sehr energisch arbeiten konnte Breuer erst einmal nicht; er erholte sich erst im Juli (1925) richtig von der Operation und ihren Folgen, auf einem Genesungsurlaub im japanischen Unzen. Mit dem Schiff war er in 36 Stunden in Nagasaki, von dort brachte ihn ein Taxi in zwei Stunden auf die Halbinsel Kyūshū, nach Unzen. Schon von Weitem sah er den weißen Dampf der heißen Schwefelquellen, und ihn erreichte der unverwechselbare Geruch nach faulen Eiern. An den würde er sich gewöhnen müssen. Das Baden in den Quellen sollte gut sein für seine Narben. »*Dieses hoch in den Bergen gelegene Plätzchen ist herrlich. So etwas haben wir nicht in China an Landschaften – Wald, See, Meer, Berge alles vereint. Ruhe dabei köstlich aus*«, schrieb er nach Hannover. Tatsächlich ruhte er viel; zum Waldsee wandern konnte er schon wieder, rudern auf dem See noch nicht. Er badete mal im Westen im Ostchinesischen Meer, mal im Osten im Pazifik und genoss die Sandstrände. Auf große Bergwanderungen hinauf zu den Kraterrändern der Vulkane musste er verzichten.

Reiten

Mit dem Reiten hatte er fast das ganze Jahr 1925 aussetzen müssen. Erst im Herbst war er wieder ausgeritten, erst mal nur im Schritt in der Umgebung der Ascot Riding School, 700 Tunsin Road, wo sein Schimmel Bai-Kal zu Hause war. Nach Westen, vorbei an Landhäusern und an der Yah-Shing-Molkerei ins offene Gelände, an Feldern und *creeks*[19] entlang, über schmale, wacklige Brücken. Über die Great Western Road zurück zu den Ställen. Die

Saison der Schnitzeljagden und der »Fuchs«-Jagden (als Fuchs ritt ein Reiter voran) startete immer im Oktober, nach der Ernte. Im Dezember war Breuer dann endlich wieder bei einer Schnitzeljagd des Deutschen Reitervereins dabei.

Etwa 15 Teilnehmer hatten sich am Sonntag um 10.30 Uhr zum Stelldichein an der Hungjao Road (Hongqiao Lu) getroffen, der Himmel war klar, der Boden nicht zu hart, die Papierfährte gut sichtbar. Trotzdem – Bai-Kal erinnerte sich nur langsam an die Anforderungen eines Geländeritts. Drei Mal verweigerte er den Sprung über einen Graben; im vierten Anlauf klappte es endlich. Wie immer standen eine Menge Zuschauer herum und sahen sich das Spektakel an. Völlig ausgepumpt nahmen Breuer und Bai-Kal den Schlusssprung zwischen den Flaggen.[21] Bei den Ausritten im neuen Jahr waren beide dann ganz selbstverständlich wieder dabei, bis die Saison wie üblich im März endete. Dieser Sport, diese Art der Bewegung in der freien Natur, das Erlebnis zusammen mit dem Tier und der freundschaftliche Wettbewerb mit den anderen Reitern hatten ihm gefehlt.

Des Morgens in der Frühe,
noch eh' die Hähne kräh'n,
konnt' man den H.W. Breuer
schon hoch zu Rosse seh'n.[20]
Moritat zu HWBs 75. Geburtstag

1 MA Fotoalbum 5.

2 Fotos von der Importabteilung: Ausländischer Stab mit HWB, Chinesischer Maklerstab (Kompradoren) und Gesamtpersonal der Abteilung, Räume der Abteilung (Büro 1924), auch der Lager. MA Fotoarchiv Firma 2, Fotoalbum Melchers & Co., China 1925–1936.

3 CGM, China-Firma, S. 4.

4 Foto in: Fotoarchiv Firma 2, Fotoalbum Melchers & Co., China 1925–1936. Schriftzug im Gästebuch Widmann.

5 Gespräch mit Ingeborg Schmidt-Ehrenberg, der Tochter von Kurt Halla, am 19.7.2012 in Bremen.

6 Gustav Adolf Melchers, Teilhaber Melchers & Co., China 1894–1899.

7 CGM, China-Firma, S. 3, MA.

8 Wir freuen uns, anzeigen zu können, dass das bisherige Geschäft der Melchers China Corporation nach dem 1. Dezember von und unter dem Namen Melchers & Company weitergeführt wird. Sonderstandort 1, Band 1, MA.

9 Yolanda vom Hagen 3.9.2015, E-Mail an CM.

10 HWB 25.8.1925 an KB. Ich vermute eine Nierenerkrankung. In späteren Briefen erwähnt er mehrmals Nierenprobleme.

11 1.12.1916, Fearn, S. 185.

12 Georg Baur, China um 1900, S. 728. Kursmakler minimieren für ihre Kunden das Risiko schwankender Kurse für Importeure. Für den Zeitpunkt der Fälligkeit der Zahlung wird ein fester Kurs vereinbart. Sollte der Kurs der Fremdwährung demgegenüber gefallen sein, wird der Gewinn an den Importeur ausgezahlt, sollte er gestiegen sein, wird er entsprechend belastet. (Berliner, Import, S. 54–55)

13 Fearn, S. 187. Ü: CM.

14 Fearn, S. 230, spricht von zwölf; in der Hong-Liste von 1921 sind acht Schwestern plus Diätschwester und Haushälterin aufgeführt. Davon zwei deutsche Namen und acht angelsächsische. Zu anderen Zeiten gab es russische, schweizerische, portugiesische Schwestern.

15 Fearn, S. 230. Ü: CM.

16 Fearn, S. 225.

17 Zu HWBs Brief vom 25.8.1925 an den Bruder KB. »*The rapid growth in rubber production was the outstanding development of the middle twenties, thanks largely to the ›boom‹ in the world price of rubber which followed the introduction of the Stevenson Plan. Between 1925 and 1929 some 705 million francs were invested in rubber plantations, representing over half of the agricultural investment for the period.*« Indo-China. Naval Intelligence Division. Abingdon: Routledge 2010. (Geographical Handbook Series)

18 HWB 31.8.1925 an KB.

19 Bach, kleiner Fluss.

20 Moritat zum 7.1.1959, verfasst von Alice und Liesel Breuer und Johanna Mueller-Raschdau geb. Breuer.

21 Fünf von HWB beschriftete Fotos in Oskars großem Album.

1925 – 1927

Number One im Deutschen Theater-Verein

Wie heißt es in Otto Zwancks Abschiedsgedicht: Breuer sei »Number One der Schauspielschar« gewesen? Pidgin-Englisch »Number One« steht für »sehr gut«, im übertragenen Sinn auch »Der Boss«. Hat Hermann in Shanghai etwa Theater gespielt?! Von mir befragte Familienmitglieder fragten mit hochgezogenen Augenbrauen zurück: Hermann? Theater? Immerhin gab es von 1925 bis 1944 (oder 1945) einen Deutschen Theater-Verein (DT-V) in Shanghai. Zunächst suchte ich Rezensionen von Aufführungen in der Tagespresse. Ein Zeitfresser. Schließlich fand ich im *North China Herald* einen Bericht: Breuer hatte in seiner Eigenschaft als Vorsitzender (aha: Number One) ein aktives Vereinsmitglied verabschiedet.[2] In den über diverse Archive verstreuten Exemplaren der vom Verein herausgegebenen Zeitschrift *Der Bühnenspiegel im Fernen Osten* entdeckte ich schließlich eine kurze Würdigung anlässlich seines Abschieds als Vereinsvorsitzender im Sommer 1927.

Theater-Verein in Gründung

War es Ende März 1925 gewesen oder Anfang April? In Breuers Wohnung in der Weihaiwei Road fand eine kleine Versammlung statt. Es war etwas eng im Wohnzimmer, zumal einige Sitzmöbel aus dem Esszimmer und dem Gästezimmer hinübergebracht worden waren. Ihm wurde immer wieder etwas schwindelig. Nicht nur wegen der schweren Operation, die gerade hinter ihm lag, sondern weil die Gesprächsthemen ziemlich sprunghaft wechselten. Seine Narben schmerzten noch, besonders beim Lachen – und sie lachten oft an diesem Abend. Die Einladungen hatte Freund Ed Bull ausgesprochen, es ging um die Neugründung eines Deutschen Theater-Vereins. Dabei sollte Breuer eine wichtige Rolle übernehmen, zögerte aber noch. Bull war überhaupt eine treibende Kraft an diesem Abend, kannte die Anwesenden besser als Breuer, hatte er doch mit ihnen auf der Bühne gestanden, geprobt und auch schon verschiedentlich beratschlagt. Frau Figge und Frau Gerecke waren dabei, die Gastgeberinnen der zwei privaten

Theateraufführungen im vergangenen Jahr, außerdem Margarete Kann, Dr. Georg Bume, Rudolf Schmidt-Imbrek und, als in jeder Hinsicht besonders Berufener, Alexander Erdmann-Jesnitzer. Gelernter Kaufmann, war Erdmann nach der Repatriierung 1919 in Berlin ins Filmgeschäft eingestiegen, zunächst als Berater für einen in Kanton spielenden Film. Bis 1922 führte er in sechs Filmen Regie, trat in zwei der Filme auf; den letzten Film produzierte er auch. Er war also vom Fach und würde zukünftig als Regisseur und als Darsteller zur Verfügung stehen. Er war auch deshalb gut geeignet, Breuer zu überreden, weil er 1906 zusammen mit ihm bei Melchers in Shanghai angefangen hatte.

Stundenlang redeten sie an diesem Abend auf Breuer ein, er möge den Vereinsvorsitz übernehmen. Zwischendurch vergaßen sie wieder, wo sie gerade waren und weshalb, und gerieten ins Schwärmen über die gemeinsamen Aufführungen wie über bestandene Abenteuer. Gleich die erste Veranstaltung, der »humorvolle Einakter« »Mona Vana«,[3] im Haus des Kursmaklers Emil Gerecke, hatte einen kleinen Skandal verursacht. In der Frage, wie entblößt der Rücken der Hauptdarstellerin Irmgard Foss sein sollte, stimmten Publikum und Regie (Erdmann-Jesnitzer) nicht überein. Die Zuschauer wollten mehr sehen. Etwa 100 dürften es gewesen sein.[4] Auch zu »Anatols Hochzeitsmorgen« im vergangenen Dezember waren 100 Besucher gekommen, dieses Mal ins Haus Figge. Und gerade erst Mitte März hatten sie Molnars »Liliom« aufgeführt. Da waren sie, im täglichen Leben Kaufleute, Banker, Hausfrauen, zum ersten Mal in einem richtigen Theater aufgetreten, im Olympic an der Bubbling Well Road (später das Embassy Theatre). Sie nannten sich »Deutscher Theater-Verein in Gründung«, was den Tatsachen etwas vorgriff, denn eine Vereinsgründung wurde zwar schon länger leidenschaftlich gefordert, war aber noch immer nicht wirklich in Sicht. So ganz objektiv war vielleicht auch die Begeisterung über die »Liliom«-Aufführung nicht, denn hinter vorgehaltener Hand wurde erzählt, die Bühnenumbauten hätten stundenlange Pausen verursacht und manch ein Zuschauer sei eingeschlafen. Dass es auch Kritik an der Auswahl des Stückes gab (»supermodern«[5] sei die poetische Tragödie um einen Vorstadt-Hallodri), war zu verkraften, denn darüber würde es immer verschiedene Ansichten geben. Mutig war die Wahl gewesen, denn in Deutschland war das Stück auch umstritten. Breuer konnte das sowieso nicht beurteilen, er hatte zur Zeit der Aufführung im Krankenhaus gelegen. Jetzt war auch noch der Kassierer mit der Kasse durchgebrannt.

Number One der Schauspielschar[1]
Otto Zwanck über HWB, 1952

Irgendjemand müsste mal für Ordnung sorgen: in der künstlerischen Planung, im Vereinswesen, in der Finanzierung. Sie brauchten eigentlich ein Universalgenie, das künstlerische Neigung mit viel diplomatischem

Geschick in der Führung des Vereins und der Repräsentanz nach außen verband und die Fähigkeit zum Umgang mit knappen Finanzen hatte – und bereit war, viel Freizeit einzusetzen, denn natürlich ging es hier um ein ehrenamtliches »Engagement«. Vielleicht hatten die Amateure zunächst an Herrn Figge gedacht, in dessen Haus der »Anatol« aufgeführt worden war. Heinz Figge war Direktor der Deutsch-Asiatischen Bank in Shanghai. 1919 war er repatriiert worden, war während des Transports schwer erkrankt – es war sogar gemeldet worden, er sei verstorben. Nun war er aus Deutschland nach Shanghai zurückgekehrt, aber die Sorge um das Gedeihen der gerade erst restituierten Bank machte ihm zu schaffen.

Als der Ruf nach ordnender Vernunft immer lauter geworden war, hatte Bull vorgeschlagen, sein Freund Breuer könnte das übernehmen. Das mit dem diplomatischen Geschick und der kaufmännischen Ader stimme doch schon mal. Breuer selbst meinte, ihm fehle die Kenntnis des Metiers. Nun, für künstlerische Fragen sollte es einen Kunstausschuss geben, und Breuer habe so viele gute Kontakte. Auch andere Argumente ließen die Besucher an diesem Abend nicht gelten: Die Folgen der Operation würden bald ausgestanden sein, und sein Scheidungsprozess in Hamburg liefe sowieso ohne ihn; oder machte sein Sitz im Vorstand der Paper Importers Association Shanghai so viel Arbeit? Es sei doch ganz gut, wenn er in Shanghai viel um die Ohren hätte. Hinzu kam, dass er, wie Figge, einer von den wenigen war, die den DT-V noch aus der Vorkriegszeit kannten: Als er damals, im Juli 1906, in Shanghai angekommen war, hatten alle noch von der Aufführung des »Wallenstein« zum Schiller-Jahr 1905[6] geschwärmt. Eine tolle Leistung für die kleine deutsche Gemeinde. Wie viele waren sie damals gewesen? 700, 800? Breuer hatte bis 1913 fast jede Vorstellung besucht. Das war Ehrensache, denn Schellhoss, damals eines der Vorstandsmitglieder des Theater-Vereins, war außerdem der Hauptmann der Deutschen Kompanie im Shanghai Volunteer Corps – und damit so eine Art Vorgesetzter für die Freizeit. Besonders die Aufführung der »Fledermaus« von Johann Strauß war 1908 nicht nur ein Wagnis, sondern auch ein großer Erfolg und ein echter Spaß. Das Stück, das dann 1916 als letzte Vorstellung gebracht wurde, trug den Titel »Lieb Vaterland« – eine Provokation, aber da wurden die Deutschen sowieso schon von Engländern und Franzosen gemieden.

Professionelle Amateure

Nach dem erzwungenen Exodus war die Deutsche Gemeinde nun, 1925, wieder erstarkt und rundum erneuert. Könnte ein neuer DT-V zu diesem Aufschwung der Deutschen einen Beitrag leisten? Würden sie mit guten Aufführungen und Professionalität dem *Amateur Dramatic Club* der Engländer ebenbürtig sein, sozusagen auf internationalem Amateurtheater-Niveau spielen? Wie wäre das praktisch umzusetzen, ohne Fundus an

Kostümen oder Bühnenbildern oder Requisiten? Sie würden auf Kooperationen angewiesen sein: Spielstätte, Deko, Kostüme, die Engländer und die Amerikaner hatten das alles. Kannte Breuer nicht die richtigen Leute? Als sie auf das kleine finanzielle Polster zu sprechen kamen, das ihnen von der Aufführung anlässlich des weihnachtlichen Wohltätigkeitsbasars übrig geblieben war (falls der Kassierer wiederauftauchte), – mussten sie natürlich noch einmal die Schreckminuten rekapitulieren, als Cecilia Walter – sie spielte eine Schauspielerin – Alexander Erdmann einen Revolver direkt vor die Augen hielt. Ihr Text dazu: »Er ist nicht geladen.« Da löste sich ein Schuss, man sah einen Feuerstrahl, heißes Pulver flog Erdmann in beide Augen. Der spielte weiter, ließ sich erst nach Spielschluss ärztlich behandeln. Ganz schön wütend war er gewesen. »Satans Maske« hieß das Stück.[7]

Das Lyceum-Theater

Wo würden sie zukünftig spielen? »Liliom« war im Olympic Theatre aufgeführt worden, und für die nächste Inszenierung hatten sie ebenfalls das Olympic angemietet. Aber eigentlich sahen sie das Lyceum an der Museum Road (Huqiu Lu) als ihr angestammtes Theater an. Es war von den Engländern erbaut und 1874 eröffnet worden und wurde überwiegend auch von ihnen genutzt. Dort hatten alle deutschen Aufführungen vor dem Krieg stattgefunden. Die Bühne war mit Schnürboden und Rampenlichtern ausgestattet, es gab einen eisernen Vorhang, Orchestergraben und Nebenräume hinter der Bühne.[8] Allerdings: In den letzten Jahren war in der Gegend gleich westlich vom Bund enorm gebaut worden, und das alte, hölzerne Theatergebäude lag jetzt eingekeilt zwischen Steinriesen, wuchtigen Geschäftshäusern. Die Fundamente waren in Gefahr einzustürzen, mussten unterfangen werden. Es wurde wohl über einen Verkauf des Geländes und die Planung eines Neubaus an anderer Stelle nachgedacht. Immerhin war das Gelände im Wert enorm gestiegen.

Würden die Deutschen genug Publikum mobilisieren? Für zwei Vorstellungen, die die Künstler sich nach all ihrer Arbeit wünschten und die die Refinanzierung aus Eintrittsgeldern verbessert hätten, würde das Publikumsinteresse wohl wieder nicht reichen, auch wenn sie, wie schon vor dem Krieg, englische Inhaltsangaben der Stücke drucken lassen würden. Ein bisschen neidisch schauten sie auf die Engländer, die ihre Produktionen sechs bis sieben Mal aufführen konnten: Da kamen alle Ausländer hin, denn alle sprachen Englisch.

An dem Abend im März, April 1925 diskutierten sie noch über die weiteren Kandidaten für den ersten Vorstand, Schmidt-Imbrek stellte sich als Breuers Stellvertreter zur Verfügung, Margarete Kann, Dr. Bume, Hellmuth Vollrath und der Buchhändler Eduard Obenaus waren dabei. Die Gründungsversammlung sollte im Stadt-Club stattfinden, der in der Nanking Road eine Interimsunterkunft gefunden hatte.[9] Er war nicht so exklusiv wie der Gartenclub, der auch noch provisorisch untergebracht war (auf dem ehemaligen deutschen Clubgelände hatten jetzt die Franzosen ihren *Cercle Sportif*). Am Gründungsabend im Mai lief alles wie geplant; über 100 Gemeindemitglieder traten dem Deutschen Theater-Verein gleich bei, das waren fast 10 % der in Shanghai lebenden Deutschen.[10] Sogar der reuige Kassierer wurde ausfindig gemacht.

Die ersten Vorstellungen

In der folgenden Zeit konnten sich die deutschen Theateramateure behaupten: Die bereits im Mai (1925) im Olympic aufgeführte »Clarissa« wurde ein schöner Erfolg, auch für Bull, der einen Theaterdirektor spielte, einen jungen *upstart*, der Clarissas ehebrecherische Liebe ausnutzt, um seine Karriere zu befördern. Noch vor der offiziellen Vereinsgründung hatte Breuer die Engländer angesprochen, und wirklich konnte der Verein schon für die Eröffnungsvorstellung der Spielzeit 1925/26 das Lyceum Theatre mieten. Geplant war eine Aufführung von »Alt-Heidelberg«– und es gelang ein Coup: Der englische Amateur Dramatic Club, der »Alt-Heidelberg« 1904 im Lyceum Theater aufgeführt hatte, lieh dem DT-V seinen Bühnenprospekt zu dieser Inszenierung, ein riesiges Gemälde vom Neckar und dem Heidelberger Schloss. Der Symbolwert war mindestens so wichtig wie das eingesparte Geld: Schöner konnte man nicht anknüpfen an die gemeinsame englisch-deutsche Theatervergangenheit. Das trug sicher zu dem riesigen Erfolg dieser Liebesgeschichte aus dem Studentenleben bei, so dass nach der ausverkauften Aufführung im Oktober eine zweite im Dezember angesetzt werden konnte. Eben im Oktober 1925 beobachtete übrigens die *North China Daily News*, dass Deutsche jetzt auch wieder von britischen Clubs als Mitglieder angenommen würden.[11] Der DT-V war wirklich genau zur richtigen Zeit wiedererstanden.

Vielleicht war der Erfolg von »Alt-Heidelberg« auch der beflügelnden Arbeit mit dem Berufsregisseur C.F. Klun zu verdanken. Der inszenierte anschließend »Flachsmann als Erzieher« von Otto Ernst, eine kritische Komödie über eine scheinheilige Gesellschaft und wilhelminische Lehrmethoden. Hermann hatte in seiner eigenen Schulzeit die Erfahrung gemacht, dass sie als Schüler »eigentlich mehr Papageien waren, die nur nachplapperten«.[12] Er dachte ungern daran zurück. Der Kritiker des *North China Herald* lobte: »*Diese Aufführung, gut durchdacht und gut gespielt, hat erneut gezeigt, dass der Deutsche Theater-Verein Shanghai sich einer Amateur-Truppe auf sehr hohem Niveau rühmen kann.*« Schon knapp zwei Monate später (Mitte März 1926, eine ehrgeizige Planung) gab es den »Lampenschirm« von Curt Goetz, ein Spiel im Theatermilieu: Der Autor versucht, *kein* Stück zu schreiben. Das Ergebnis ist eine Slapstick-Komödie, die mit Moralvorstellungen und Werten ebenso balanciert wie mit Worten und Verkleidungen. Sie stellt hohe Ansprüche an sprachliche Präzision und körperliche Fitness. Insofern bedeutete es höchstes Lob, dass der Rezensent des englischen *North China Herald* begeistert berichtete, das Publikum habe pausenlos vor Lachen gebrüllt.[13] Wieder vier Wochen später, am 10. April 1926, wurde Max Halbes Tragödie »Jugend« aufgeführt, die naturalistisch erzählte, tragisch endende Liebesgeschichte eines Studenten mit einem unehelich geborenen Mädchen.

Der Bühnenspiegel

Auf einer Probe im Oktober zu Gerhard Hauptmanns sozialkritischer Komödie »Der Biberpelz« – es sollte die erste Aufführung der zweiten Spielzeit (1926/27) werden – stellte Johann Georg Faber, Manager des Verlags Max Nössler & Co., seine Idee vor, der Verein müsste eine Zeitschrift herausgeben. Mehrere Vorstandssitzungen mit heißen Diskussionen später erschien schon im Dezember 1926 die erste Ausgabe des *Bühnenspiegels im Fernen Osten*. Er sollte jeweils anlässlich der Aufführungen erscheinen und außer dem Programmzettel und Vereinsmitteilungen programmatische Aufsätze zum Theater in aller Welt, Rezensionen zu Vorstellungen in Deutschland, China und anderswo enthalten – aber auch Reiseberichte, Historisches aus China und aus der Deutschen Gemeinde. Der Plan war, aus der Zeitschrift einen »Sammelpunkt geistigen Lebens in Ostasien«[14] zu machen. Dem *Bühnenspiegel* widmete Vincenz Hundhausen ein »Glückauf«; darin heißt es[15]:

Man spielt Theater hier im fernen Osten, […]
Die richt'gen Kerle traten auf den Posten.
Sie bringen echter Kunst noch scheuen Schimmer
In das Gewühl der Schlemmer, Händler, Trimmer, […]
Glückauf den Künstlern, die das Wagnis wagen!
Glückauf der Zeitschrift, die den Weg bereitet
Und für die deutsche Bühne wirbt und streitet […].

Im *Bühnenspiegel* fanden die Leser Übersichten über geplante und eine kritische Würdigung vergangener Aufführungen der englischen Amateure, der American Players, Hinweise auf italienische, russische, amerikanische Gastspiele, chinesische Tanzabende und auf chinesische Schauspieler in Deutschland. Der englische ADC wurde in einem Aufsatz ausführlich vorgestellt. Weiter sind die ersten Ausgaben des *Bühnenspiegels* voller Danksagungen für Leihgaben der anderen Theatervereine. Dem englischen Amateur Dramatic Club wird gedankt »für die in liebenswürdigster Weise gestattete Benutzung vorhandener Kostüme«, »für die gütige Vermittlung wegen Überlassung von Requisiten«, für die Bereitstellung des Theatergebäudes Lyceum, die »unseren Wünschen in weitgehendster Weise Rechnung getragen« hat.[16] Das diente nicht nur der Information, es positionierte zugleich den Deutschen Theater-Verein unter seinesgleichen. Die Danksagungen waren nicht nur Gegenleistung für die Leihgaben, sondern damit wurde auch (vielleicht sogar vor allem) die Tatsache hervorgehoben, dass Deutsche überhaupt wieder »mitspielen« durften in der Gemeinschaft der Ausländer in Shanghai.

Im April 1927 ging ein besonderer Dank an den Geschäftsführer der amerikanischen Players, Herrn Gardner Crane, für die Überlassung des Carlton-Theaters.[17] Für die Generalprobe und die Vorstellung der Tragödie »Der die Maulschellen kriegt« (damit ist der Zirkusclown gemeint) am 20. April 1927 musste der DT-V kurzfristig aus dem Lyceum Theatre ausweichen, weil dort Truppen einquartiert waren. Truppen? Shanghai hatte sich seit März auf eine Belagerung vorbereitet: Chiang Kai-shek war im Rahmen seines Nordfeldzugs auf dem Anmarsch. Engländer, Franzosen, Amerikaner und Japaner hatten Verstärkungstruppen geschickt. Das hat die Deutschen in der Sicherheit der Exklave nicht am Theaterspielen gehindert. Die einzige Konzession war, dass die Aufführung für 5.30 Uhr nachmittags angesetzt wurde, da »bei dem gegenwärtig bestehenden Ausnahmezustand [es galt eine nächtliche Ausgangssperre] eine Abendaufführung praktisch nicht durchzuführen ist«. Sie mögen gedacht haben: Irgendeine Katastrophe ist immer gerade – seien es die Japaner, Streiks, eine Überschwemmung, eine Epidemie. Wenn sie sich davon irritieren ließen, konnten sie alle Aktivitäten gleich einstellen. Hatte doch schon die erste reguläre Vorstellung des DT-V am 25. Mai 1925 in der aufgeheizten Atmosphäre vor dem Aufstand und Blutvergießen des 30. Mai stattgefunden.

30 BÜHNENSPIEGEL IM FERNEN OSTEN

Herr H. W. BREUER
seit Gründung des D. T. V. bis zum 31. Mai 1927
Vorsitzender.

Vorstandswahlen.

Der bisherige Vorsitzende, Herr H. W. Breuer hatte zum Ende der Spielzeit 1926-27 darum gebeten, von seiner Wiederwahl Abstand zu nehmen. Herr H. W. Breuer war seit Gründung des D. T. V. im Jahre 1925 Vorsitzender und hat den D. T. V. glücklich und sicher durch alle Fährnisse der ersten Jahre gesteuert. Auf Grund des vom Vorstand nach den Vorschriften der neuen Satzungen vorgelegten Wahlaufsatzes wählte die Generalversammlung sieben Vorstandsmitglieder und unter diesen auf Vorschlag des Herrn ***H. W. Breuer*** Herrn ***Schmidt-Imbrek***

Der Bühnenspiegel im Fernen Osten, Jg. 1 (1926/27), Heft 4

Die Bilanz

Als Breuer Ende Mai 1927 nach zwei Spielzeiten mit 14 Vorstellungen den Vorsitz abgab, hatte der Verein seine Mitgliederzahl fast verdoppelt. Der Adressverteiler war systematisch ausgebaut, holländische, schweizerische, dänische, norwegische und schwedische Staatsangehörige waren erfasst worden,[18] und so kamen nicht nur Deutsche ins deutsche Theater, auch »Angelsachsen, viele Nordländer, auch Chinesen, die in Deutschland studiert haben«.[19] In der Spielzeit 1927/28 wurden die Vorstellungen von 320 bis 520 Zuschauern besucht.[20] Anfang 1927 hatte der *Bühnenspiegel* begonnen, die interne Debatte über Richtlinien für die Theaterarbeit und über die Aufgabe eines Amateurtheaters in der Diaspora öffentlich zu machen. Unter Mitwirkung von Erdmann-Jesnitzer und Margarete Kann war die Diskussion beeinflusst von der Reform der Schauspielkunst und der Bühnengestaltung in Russland. Der Plan war, zukünftig mehr moderne Stücke zu spielen, Textbücher waren bereits in Deutschland bestellt. Dieser Vorsatz konnte in den folgenden zwei Spielzeiten umgesetzt werden.

Breuers letzte Amtshandlung als Vorsitzender war die Vorstellung der Vereinssatzung gewesen, die einstimmig angenommen wurde. Neuer Vorsitzender würde Herr Schmidt-Imbrek werden, der bisherige Stellvertreter. Dessen Aufgaben übernahm Adalbert Korff. Anders als Breuer war Korff auch ein eifriger Schauspieler. Im Vorstand blieben der Internist Dr. Bume, Margarete Kann und Frau Junginger, Eduard Obenaus (Max Nössler & Co.) und Hellmuth Vollrath (Reuter, Bröckelmann & Co.). Breuer blieb dem Verein noch zwei Jahre als Buchprüfer erhalten. Der DT-V war etabliert, hatte eine Struktur, ein Theater für seine Produktionen, eine fähige Leitung und eine Mitgliederbasis; die Finanzierung durch Firmen usw. war eingespielt. So konnte weiter gearbeitet werden – und alle wussten, dass es viel Arbeit war. Immer neu mussten Stücke debattiert, Ausstattungen beschafft, Leitungsteams und Schauspieler rekrutiert, Geldgeber motiviert werden.

Für die Aufbauarbeit war Breuer der Richtige gewesen; er konnte seine persönlichen Kontakte zu Engländern und Amerikanern einsetzen, konnte durch Beziehungen zur Kaufmannschaft erste Sponsoren und dann Anzeigenkunden für den *Bühnenspiegel* gewinnen. Ohne eigenen schauspielerischen Ehrgeiz verschaffte er den Amateuren künstlerische Freiräume. Es ging ihm dabei nicht so sehr um die eine Aufführung am Abend, sondern um das Netzwerk, das die Aufführungen ermöglichte, und um die Integration in die ausländische Gesellschaft, die sich die wieder erstehende Deutsche Gemeinde auch mit dem Theaterspiel erarbeitete. Die englische Presse berichtete regelmäßig, und sie berichtete regelmäßig sehr positiv. Die Akzeptanz, die Wertschätzung taten allen Beteiligten gut.[21]

Postscriptum I: »Moral«

Einmal stand Hermann Breuer dann doch noch auf der Bühne: Im Vorfeld der Aufführung von Ludwig Thomas »Moral« gab es Besetzungsprobleme, die Aufführung musste sogar verschoben werden.[22] Wohl aus diesem Grund fand er sich zur Übernahme einer Rolle bereit. Der Auftritt war ihm, seinem Chef Dr. Korff und Dr. Wilhelm Haas, Vizekonsul am Generalkonsulat,

Ludwig Thoma: »Moral«. Aufführung des Deutschen Theater-Vereins am 13. Dezember 1928. Von links nach rechts: Dr. W. Haas (Baron von Schmettau), HWB (Polizeipräsident), R. Schmidt-Imbrek (Fritz Beermann), Dr. A. Korff (Polizeiassessor), N.N. *Der Bühnenspiegel im Fernen Osten*, Jg. 3 (1928/29), Heft 1.

dann auch ein privates Vergnügen: Breuer gab den Polizeipräsidenten (der anmerkt, »dass der Skandal sehr oft erst dann beginnt, wenn ihm die Polizei ein Ende bereitet«) und Korff den ihm untergebenen Polizeiassessor, in der Komödie ist das der »Herr, der die Sittlichkeit unter sich hat«.[23] Haas spielte den herzoglichen Kammerherrn und Adjutanten, einen Freiherrn, der die »kavaliermäßigen Vergnügungen« seines jungen Herzogs gegen den kleinbürgerlichen Verdacht, unmoralisch zu sein, mit scharfem –st– verteidigt. Dass sie in ihrer großen gemeinsamen Szene richtig gut gewesen waren, stand sogar in der Zeitung: »*Die männlichen Rollen wurden von Herrn Breuer als Präsident, Herrn Dr. Haas als Baron von Schmettau und Herrn Dr. Korff als Beisitzer Ströbel überzeugend dargestellt, insbesondere in ihrem Zusammenspiel im zweiten Akt; da übertrafen sie sich selbst.*«[24]

Postscriptum II: Der 30. Mai 1925 – Chinesen kämpfen um mehr Souveränität

Es ist schon angeklungen: Einige der Theateraufführungen fanden in unruhigen Zeiten statt, Künstler und Zuschauer blendeten dann eine ganze Menge Zeitgeschehen aus, wenn sie sich auf den Weg ins Theater machten. So war es gleich bei der ersten regulären Vorstellung des DT-V am 25. Mai 1925 gewesen. Zehn Tage vorher, während einer Welle von Streiks in japanischen Baumwollfabriken (von denen es in Shanghai 32 gab, 52 % der Spinnereikapazität war in japanischer Hand), war ein junger Chinese erschossen worden. Aus dem Arbeitskampf wurde eine überregionale, patriotische Bewegung. Auf einer der folgenden Massenveranstaltungen verhaftete die Polizei des Shanghai Municipal Council sechs Studenten. Deren

Prozess war für den 30. Mai 1925 vor dem *Mixed Court* angesetzt. Als ca. 2000 protestierende Studenten und Arbeiter die Polizeistation, in der die Verhafteten festgehalten wurden, bedrängten und sich etwa 70 von ihnen Zutritt verschafft hatten, wurde ein Sturm auf das dortige Waffendepot befürchtet. Unmittelbar nach einer entsprechenden Warnung wurde scharf geschossen, es gab 13 Todesopfer. Landesweite, monatelange Proteste folgten, die Chinesische Handelskammer unterstützte einen Boykott aller Handelsaktivitäten; britische und japanische Baumwollfabriken, der öffentliche Nahverkehr, die Versorgungsbetriebe wurden bestreikt. Es war eine nationale Bewegung bisher ungekannten Ausmaßes.[25]

In der Folge wurden einige der Forderungen dieser Bewegung erfüllt:

Ab dem 1. Januar 1927 galt ein revidiertes Gerichtsverfahren in der Internationalen Konzession. Der *Mixed Court* wurde abgeschafft, stattdessen wurden der Vorsitzende und die beisitzenden Richter im neuen *Provisional Court* von der Regierung der chinesischen Provinz Jiangsu ernannt. Juristische Vertreter der exterritorialen Mächte blieben nur als Beobachter für bestimmte Strafrechtsfälle zugelassen. Das Ziel war, die Rechtsprechung im International Settlement in drei Jahren in das chinesische Rechtssystem einzugliedern. Das Thema Exterritorialität blieb auf der Agenda. Der § 8 der Vereinbarung, mit der man sich auf die Provisorischen Gerichtshöfe geeinigt hatte, besagte: »*Das vorliegende* Provisional Agreement *soll die chinesische Zentralregierung in keiner Weise binden hinsichtlich einer zukünftigen Auseinandersetzung mit den fremden Regierungen über die Abschaffung der Exterritorialität.*«[26]

Briten und Amerikaner nahmen ihr Ansinnen, das Konzessionsgebiet zu erweitern, zurück. Abgaben und Gebühren wurden nicht, wie geplant, erhöht. Es wurde vereinbart, dass China zum 1. Januar 1929 seine Zollhoheit zurückerhalten sollte. Und es würde eine chinesische Vertretung im Shanghai Municipal Council geben: Zukünftig sollten drei Sitze im Stadtrat für gewählte chinesische Stadträte reserviert werden; dafür wurde die Zahl der Räte von neun auf zwölf erhöht. Der Beschluss wurde zum März 1928 erstmals umgesetzt.[27]

Chiang Kai-sheks Eroberungszug

Zwei Jahre später, im April 1927, hatten die Theateramateure sogar ihr Gebäude für die Unterbringung von Soldaten zur Verfügung stellen müssen. Im März 1927 näherte sich Chiang Kai-sheks Nationalrevolutionäre Armee, bestehend aus Anhängern der Guomindang und der kommunistischen Partei Chinas, Shanghai. Sie waren im Juli 1926 von Kanton aus aufgebrochen, um die *warlords* zu unterwerfen, die China seit 1916, seit dem Tod des ersten Präsidenten der Republik, beherrschten. Während des einjährigen Feldzugs konnte Chiang einige der *warlords* auf seine Seite ziehen, andere besiegte seine Armee. Fremdenfeindliche Propaganda und blutige »Vorfälle« hatten den Krieg begleitet: In den Konzessionsgebieten in Hankou gab es erhebliche Sachschäden, in Nanjing Plünderungen und Morde an Europäern.[28] In Shanghai waren die Enklaven in großer Sorge und entsprechend vorbereitet: Die Amerikaner hatten ein Regiment geschickt, die 4th Marines, aus Großbritannien, Frankreich und Japan kamen Truppen. Mehr als 20 Kriegsschiffe ankerten im Huangpu, und eine Jagdstaffel war auf dem Rennplatz aufgestellt. Das Shanghai Volunteer Corps und eine *Home Guard* standen unter Waffen. Die Settlements hatten ihre Grenzen mit Barrikaden geschützt, die großen Warenhäuser waren geschlossen, es galt Kriegsrecht. Ausländer waren aufgefordert worden, ihre Häuser nicht zu verlassen und sich mit einem gepackten Koffer und Notverpflegung auf eine Evakuierung vorzubereiten.[29]

Massaker im April 1927

Chiangs Truppen erreichten die südlichen Vororte am 22. März, Chiang selbst betrat die Stadt am 26. März 1927.[30] Die Eroberung durch die Nationalrevolutionäre Armee gipfelte ab dem 12. April in einem zweiwöchigen Massaker.[31] Paramilitärs, von Shanghais Drogenkartell Green Gang bezahlt und unterstützt von Soldaten der Nationalrevolutionären Armee, ermordeten die Kommunisten, die mit ihnen gekämpft hatten, Gewerkschafter und Arbeiter.[32] Am 18. April konstituierte Chiang seine Nationalregierung in Nanjing, das er zu Chinas Hauptstadt machte. Nanjing bedeutet »südliche Hauptstadt«; die Stadt war schon 1368–1421 Chinas Hauptstadt gewesen. Peking, eigentlich: Beijing in der Bedeutung »nördliche Hauptstadt«, hieß nun Beiping, nördlicher Friede. Als das Blutvergießen in Shanghai vorbei war, versicherte Chiang der dortigen Geschäftswelt, dass er die Interessen der Westler in China respektieren würde. Er brauchte ihre Unterstützung und ihr Geld.[33]

Groß-Shanghai

Chiang erließ umgehend das erste von drei Gesetzen, die die chinesischen Stadtteile Shanghais zur Verwaltungseinheit »Groß-Shanghai« zusammenfassten und ihr den Status einer direkt der Nationalregierung unterstellten Kreisstadt gaben. Die neue Stadtregierung wurde mit einer aufwendigen Zeremonie am 7. Juli 1927 in ihr Amt eingeführt.[34] Bisher hatten die Konzessionen die kleine chinesische Altstadt umzingelt, von nun an würden die Konzessionen von der chinesischen Stadt Shanghai umgeben sein.

Die Zeit der Warlords schien weitgehend beendet, China war ein Staat mit einem Staatsoberhaupt. Die Aufhebung des internationalen Waffenembargos im Jahr 1929 konnte als internationale Anerkennung der Regierung Chiang Kai-sheks verstanden werden.[35]

1 Zwanck, Abschiedsgedicht 1952.

2 *North China Herald*, 26.2.1927.

3 Nicht zu verwechseln mit dem Dreiakter »Monna Vanna«, einer symbolistischen Tragödie von Maurice Maeterlinck, Uraufführung 1902.

4 Vorausgesetzt, der Ballsaal in Herrn Gereckes Haus in der Avenue Road (Beijing Xi Lu) war etwa so groß wie der in seiner Vorkriegsvilla an der Rue Pichon.

5 *North China Herald*, 30.5.1925.

6 100 Jahre nach Schillers Tod.

7 *Bühnenspiegel*, Jg. 11, Heft 1, S. 12. »Satans Maske« von Paul Czinner, Uraufführung Wiener Kammerspiele 1919.

8 *Bühnenspiegel*, Jg. 2. Heft 1: Das alte Lyceum-Theater.

9 *Ostasiatischer Lloyd*, 21.5.1944, BSB, Ana 708 Studeo-Sammlung, 1882.

10 Zu Beginn der Spielzeit 1926/27 waren es 148. (*Bühnenspiegel*, Jg. 2, Heft 1) Die Volkszählung 10/1925 ergab 1100 Deutsche in Shanghai. Das waren 3% der Fremden in beiden Settlements. Gezählt wurden 37758 »Fremde« aus 43 Nationen: 37% Japaner, 21,7% Engländer, 11% geflohene Russen (in den letzten fünf Jahren hatte sich die Zahl mehr als verdreifacht). In den Settlements lebten auch 1,1 Mio. Chinesen, ganz Shanghai hatte ca. 2 Mio. Einwohner. Zuwachs gegenüber 1920 in der Internationalen Niederlassung: + 6640; French Concession: + 4249. Die deutsche Gemeinde war von 200 in 1920 auf 1046 in den Niederlassungen plus 50 in den Vorstädten angewachsen. Ergebnisse der Volkszählung in den Niederlassungen: PA AA Peking II Bd. 2737, p. 123.

11 *NCDN*, 1.10.1925.

12 HWB 13.3.1949 an Nele.

13 *North China Herald*, 6.3.1926.

14 *Bühnenspiegel* 2. Jahrgang, 1927/28, №. 1.

15 *Bühnenspiegel* 1. Jahrgang, 1926/27, №. 2.

16 *Bühnenspiegel* 1. Jahrgang, 1926/27, №. 3.

17 *Bühnenspiegel* 1. Jahrgang, 1926/27, №. 3.

18 *Bühnenspiegel* 1. Jahrgang, 1926/27, №. 3.

19 *Bühnenspiegel* 3. Jahrgang, 1928/29, №. 1.

20 *Bühnenspiegel* 3. Jahrgang, 1928/29, №. 1.

21 Zu weiteren Entwicklung des Theater-Vereins siehe: Maiwald: Man spielt Theater hier im Fernen Osten.

22 *Bühnenspiegel* 3. Jahrgang, 1928/29, №. 1, Aufführung 13.10.1928 im Lyceum.

23 Zitate: Ludwig Thoma, Moral.

24 *North China Herald*, 15.10.1928. Ü: CM.

25 Meine Darstellung der Ereignisse folgt: Osterhammel, Shanghai, 30. Mai 1925, S. 12–22.

26 PA AA Peking II 3082, p. 125.

27 Zusammensetzung: Großbritannien 5, Japan 2, USA et al. 2. Erste Sitzung mit chinesischer Beteiligung war am 14.4.1928 nach Wahlen im März 1928. Protokoll: Minutes of the Shanghai Municipal Council, Vol. 26, 1928, S. 50–51 in: http://www.virtualshanghai.net/coreWeb/docReader/myReader.php?fID=bnBook_ID-1233_No-1.pdf S. 56–57. Am 20.11.2017.

28 Spence, Chinas Weg, S. 429.

29 French, Crow, S. 163–169. Willens, Stateless, S. 25.

30 Hsü, Rise of Modern China, S. 527.

31 Spence, Chinas Weg, S. 431.

32 Fenby, Penguin History of Modern China, Spence, Chinas Weg, und Osterhammel, Shanghai, 30. Mai 1925, machen keine Angaben zur Anzahl der Toten, Edgar Snow schrieb (1937, »Red Star over China«) von 10 000 (nach French, Crow, S. 166–169). Westad, Restless Empire, S. 164, schreibt »Zehntausende«.

33 French, Crow, S. 177.

34 Steffi Schmitt, Shanghai-Promenade, S. 64.

35 Das Abkommen, keine Waffen nach China zu exportieren, bestand seit 1919. GStA PK, HA Rep. 120 MfHuG, Abt. C XIII 18, Nr. 1, Band 27 und 28, Aufhebung Bd. 28.

1926
Große Reise nach dem Norden

Im Jahr 1925 war Hermann lange krank, vom Scheidungsprozess belastet – und Lindemann äußerte sich während eines China-Besuchs kritisch über einige seiner Maßnahmen und Entscheidungen.[1] Vielleicht lag der Grund in Breuers langer Abwesenheit während der Krankheit, wahrscheinlich ging Lindemann die Entwicklung des Importgeschäfts nicht schnell genug. Diesem Geschäft galt sein ganz besonderes Interesse. Er hatte ja schon um 1900, damals gegen Hermann Melchers' Bedenken, den Import angekurbelt und dafür erstmals in Bremen eine Exportabteilung eingerichtet. Da Breuers Vertrag im Juni 1926 zur Verlängerung anstand, war Lindemanns Zurückhaltung ihm gegenüber akut beunruhigend. Widmann und Dr. Korff vertrauten ihm weiter, und so wurde 1926 nicht nur Breuers Vertrag verlängert, sondern er wurde auch, als Carl Gerhard Melchers sich für Hongkong entschied, mit der Betreuung der Tsingtao-Unternehmung beauftragt. Und war im Spätsommer 1926 auf eine große Informationsreise gefahren. Der neue Kontrakt und die zusätzliche Aufgabe gaben ihm mächtig Auftrieb.

Geschäftlich und privat lernt er das Riesenreich China kennen.
Breuer anlässlich seines 80. Geburtstages

Breuer war gut vorbereitet, als er auf seine Reise in den Norden Chinas ging.[2] Am Freitag zuvor hatte er in Widmanns Haus Oberneuland mit Widmann, Carl Gerhard Melchers und Adalbert Korff zusammengesessen, war noch einmal seine Route durchgegangen, hatte alle wichtigen Fragen besprochen.[3] Am Sonntag gab Kapitän Arndt eine kleine Abschiedsparty an Bord der *Fulda*, und am Dienstag, dem 17. August 1926, ging es los.

Von seiner vierwöchigen Geschäftsreise schickte Hermann viele Postkarten und kommentierte Fotos an Vater Oskar. Er wusste, dass sie den Vater freuten und dass er sie in sein großes Album einkleben würde. Wahrscheinlich dachte er nicht, dass die Chronologie dabei durcheinandergeraten würde. Meine Schnitzeljagd durch Oskars Bilderbuch förderte eine Art Reisetagebuch ans Licht.

18. - 20. August in Tsingtao

Am Tag nach ihrer Abfahrt aus Shanghai erreichte die *Fulda* Tsingtao. Mit den bewaldeten Bergen im Nordosten (die Deutschen hatten den Laoshan aufgeforstet) und der langen Küste mit dem breiten Sandstrand galt Tsingtao als »die beliebteste Sommerfrische im Fernen Osten«.[4] Breuer kam aber nicht zu Erholungszwecken. Auf seiner Agenda stand ein Treffen mit dem örtlichen Melchers-Repräsentanten, Kramer, und dem Komprador, um die Wiedereinrichtung der 1914 nach nur vierjähriger Existenz geschlossenen Melchers-Agentur einzuleiten. Vor der Besetzung Tsingtaos durch die Japaner hatte Melchers ein Geschäftshaus mit der Vertretung des Norddeutschen Lloyd und das Warenlager in der Kaiser-Wilhelm-Straße nahe dem großen Hafen gehabt. Jetzt (1926) war übergangsweise ein Büroraum in der japanischen Börse gemietet worden.[5] Sie sahen sich Objekte in der Kwan Hsien Road (Guanxian Lu) an, wollten wieder näher an den Hafen heran und an die Eisenbahn.[6] Noch lag die NDL-Agentur bei der Shantung Overseas Trading Co. (Deckmantel für Alfred Schröder & Co.),[7] die sollte wieder zurück zu Melchers. Ausführen würden sie zunächst, wie vor dem Krieg, vor allem Erdnüsse und Menschenhaar. Als Importhafen waren hier keine großen Umsätze zu erwarten. Was also sonst? Vor Jahrzehnten war eine kleine Mineralwasserfabrik von Deutschen in Tsingtao gegründet worden, die wollte Melchers erwerben und ausbauen. Sie könnten vielleicht sogar zu dem vorhandenen ›Iltis-Brunnen‹ einen weiteren Brunnen bohren,[8] denn Tsingtao verfügte über das beste Wasser in Nordchina, weil die Niederschläge durch die Iltis-Berge[9] gefiltert wurden. Sie würden den Geschäftszweig Laoshan Iltis Mineral Water Co. Ltd. nennen. Das Wasser ließe sich auch zur Herstellung von Limonade verwenden. Apropos Limonade: Coca-Cola eröffnete in diesem Jahr eine Auslandsabteilung – sie könnten sich um Distributionsrechte in China bemühen?[10] Und wenn Melchers sich in Tsingtao zum Getränkespezialisten entwickelte: Es gab da die Riesling-Weinstöcke an den Hängen des Laoshan, vor Jahrzehnten von Missionaren ins Land gebracht: Melchers könnte den Weinanbau wiederbeleben und eine Weinpresse bauen lassen. Aber das war alles noch Zukunftsmusik. Bis zur Neueröffnung der Niederlassung,[11] und auch danach, würde Breuer noch viele Geschäftsreisen nach Tsingtao machen müssen – keine unwillkommene Vorstellung, denn klimatisch war der Ort Shanghai vorzuziehen. Obwohl: Jetzt, im August, konnte es sogar hier am offenen Meer schwül sein. Immerhin boten die Laoshan-Berge Gelegenheit zum Wandern, und das Meer lud zum Schwimmen und Segeln ein. Die kleine Gemeinde von *expatriates*, etwa 200 Deutsche, 200 Amerikaner und Briten (abgesehen von 1000 russischen Emigranten und 20000 Japanern[12]), traf sich im Internationalen Club. Bis 1914 war es das Gebäude des Deutschen Clubs gewesen, erbaut vom deutschen Architekten Curt Rothkegel.

20. August, auf dem Weg nach Jinan

Von Tsingtao ging es mit der Bahn in die Hauptstadt der Provinz Shandong, nach Jinan. Auch hier hatte Melchers vor dem Krieg eine Niederlassung gehabt. War die Zeit reif für ein neues Engagement? Die Haarnetzfabrik von Freund August Böker war gerade bankrottgegangen (die moderne Frau trug Bubikopf, wer brauchte jetzt noch Haarnetze), und dessen anderer Geschäftszweig, die Teppichproduktion, war noch nicht wieder so recht angelaufen. Es war besser, die weiteren Entwicklungen abzuwarten.

Eisenbahnzüge und Bahnstationen wurden wegen der häufigen Anschläge streng bewacht. Geradezu berühmt wurde der Überfall in der Nacht auf den 6. Mai 1923 auf den *Blue Express*, den Luxuszug von Peking nach Shanghai. Er machte in der internationalen Presse Schlagzeilen, weil unter den betroffenen Westlern auch eine Schwägerin von John D. Rockefeller jun. war. Der Räuberhauptmann war Sun Meiyuan mit seiner Privatarmee von über 700 Männern. Sie nahmen 300 chinesische und 25 westliche Passagiere des Expresszuges als Geiseln, erpressten Geld und Wertgegenstände und zwangen sie, in die Berge von Shantung zu wandern. Kinder und die meisten Frauen wurden nach einiger Zeit freigelassen, die Übrigen mussten während der Verhandlungen über das Lösegeld 38 Tage in einer verwanzten Höhle campieren, vom Roten Kreuz mit Essenskonserven versorgt. Nach ihrer Freilassung wurden die Geiseln im Shanghaier Bahnhof mit den Klängen von Händels »Conquering Heroes« begrüßt.[13] Daher also die Militärpräsenz auf den Bahnhöfen und in den Zügen.

Vom heiligen Berg Tai Shan kaufte Hermann eine Postkarte, die er an den Vater schickte: »*Lieber Vater, nachdem wir 3 Tage in Tsingtao verbrachten – sind wir gestern mit der ehemaligen Deutschen Shantung-Bahn nach hier gefahren und gehen morgen nach Tientsin [Tianjin] weiter. Das Leben einer im Innern liegenden Stadt ist hoch interessant. Hierbei eine Ansicht von dem berühmten Taishan, dem heiligen Berge Chinas. Viele herzliche Grüße, Dein Hermann.*« Was fand Hermann wohl an der »im Innern liegenden Stadt« Jinan so hochinteressant? Auf dieser Reise blieb ihm keine Zeit für einen Aufstieg auf den Tai Shan. Es hieß, der Berg sei das älteste Heiligtum der Welt. Konfuzius hatte ihn vor über 2000 Jahren erklommen, und nach ihm erwiesen viele Kaiser von dort aus Himmel und Erde ihre Ehrerbietung.

22. – 29. August in Tianjin

Melchers' Import- und Exportabteilungen in Tianjin arbeiteten ähnlich wie die in Shanghai, in etwas kleinerem Maßstab. Aus Tianjin und Harbin wurden vor allem die Häute mongolischer Ponys und Schaffelle exportiert, aber auch feine Felle der in den nördlichen chinesischen Provinzen einschließlich Mongolei und Mandschurei wild lebenden Tiere: Zobel, Tiger und Leoparden, Bären, Murmeltiere und Hermeline. Zu den wichtigsten Importgütern von Melchers gehörten die sogenannten Sturmlaternen, hergestellt von der Firma Hermann Nier in Beierfeld in Sachsen. Die waren einer von Melchers' großen Importerfolgen. 1925, also im Vorjahr, war ein neues Modell auf den Markt gekommen, die Kaltluftlaterne, Modell 270. Breuer und sein Melchers-Kollege Otto Zwanck diskutierten deren Eigenschaften im Vergleich zum Vorkriegsmodell Nr. 201, der Mischluftlaterne: ob es wichtiger war, dass die Kaltluftlaterne heller brannte oder dass die Mischluftlaterne einen niedrigeren Verbrauch hatte.[14] Beide Modelle waren die besten auf dem internationalen Markt: aus Stahlblech hergestellt und im Vollbad verzinkt. Sie sprachen über die Konkurrenz billiger, vor allem japanischer Imitate – viel konnten sie dagegen nicht tun. Außer: die Gunst der Stunde nutzen und auch die Petroleumkocher und Petroleumöfen der Firma Nier importieren.

Wie Breuer war auch Zwanck eine *Old China Hand*, obwohl er erst Mitte dreißig war. 1912 hatte er bei Melchers Hongkong angefangen, 1914 in Tsingtao gekämpft und war in japanische Gefangenschaft geraten, 1921 repatriiert und in Deutschland gleich wieder umgekehrt, zurück nach China und zur Melchers China Corporation in Shanghai. Von dort nach Tianjin. Abgesehen vom *business* interessierte Zwanck sich brennend für den Deutschen Theater-Verein Shanghai, er war ein leidenschaftlicher Amateurschauspieler, Regisseur und Poet dazu. Im Shanghaier Theater-Verein hatte er schon vor dem Krieg seine Fähigkeiten erprobt und dann im Gefangenenlager in Narashino einsetzen können.[15] In Tianjin wollten sie einen deutschen Amateurtheater-Verein ins Leben rufen.[16] Das konnte er nun mit Breuer besprechen.

29. August - 9. September in Peitaiho (Beidaihe)

Am 31. August schrieb Hermann: »*Lieber Vater, nachdem nun die Plätze Tsingtao – Tsinanfu – Tientsin hinter mir liegen – spanne ich 10 Tage in diesem reizenden Seebade Nordchinas aus ehe wir unsre Informationsreise via Tientsin – Peking – Hankow [Hankou] fortsetzen. Anbei einige persönliche Aufnahmen von unserer Fahrt, die sehr interessant ist. / Wir haben wieder bestes Wetter bis so weit gehabt. Zeige die Bilder auch den übrigen Lieben. Viele Grüße Dein Hermann.*«

Beidaihe war bei der gutsituierten europäischen Elite und bei reichen Chinesen als Zufluchtsort vor der Sommerhitze beliebt. Englische Ingenieure hatten den Badeort am Golf von Bohai »entdeckt«, als sie während des Baus der Eisenbahnstrecke von Tianjin nach Shanhaiguan Erholung suchten. Das war um 1900 gewesen. Seither waren schöne Sommerhäuser entstanden. Breuer wohnte im Haus des Shanghaier Rechtsanwalts Dr. Hans Lorentz, der, wie viele Kaufleute und Diplomaten, ein Anwesen dort besaß.[17] Breuer konnte im Meer schwimmen, den zehn Kilometer langen Sandstrand und den blauen Ozean betrachten und endlich einmal ausschlafen. Gegen Ende der Erholungszeit wurde ihm ein bisschen langweilig. Gut, dass er die Reise fortsetzen konnte.[18]

10. – 12. September in Peking

Am 12. September wählte Hermann in Peking eine Postkarte aus, auf der das *Front Gate of Chien Men* abgebildet war, um »nach einem interessanten 3-tägigen Aufenthalt« wieder »Viele herzliche Grüße« an Oskar zu schicken.

In Peking, der nördlichen Hauptstadt, herrschte eine ganz andere Atmosphäre als in Shanghai – und das, obwohl beide Städte mit je circa 1,5 Millionen Einwohnern etwa gleich groß waren. In der alten Kaiserstadt mit der Stadtmauer und den großen Stadttoren gaben Wissenschaft, Kunst und Diplomatie, nicht Handel und Gewerbe, den Ton an. Hier lebte noch die Tradition des »alten« China: Tempel, Pagoden, Parks und Kamelkarawanen prägten das Stadtbild. Ältere Chinesen wandelten in langen schwarzen Seidenroben, trugen schwarze Seidenkäppchen auf dem Hinterkopf. Gleichzeitig ging es dörflich zu, neben elektrischen Straßenbahnen liefen Schweine und Hühner auf den Straßen. Hermann erlaubte sich ein wenig *sightseeing*. Die Verbotene Stadt, die Palastanlage der Kaiser von China, war überhaupt erst vor einem Jahr für Publikum geöffnet worden; bis dahin hatte sie seit ihrer Erbauung vor 500 Jahren kein normaler Sterblicher betreten dürfen. Bis vor zwei Jahren hatte der »kleine Kaiser« Puyi hier gelebt, der 1912 im Alter von sechs Jahren abdanken musste. Auch der Beihai-Park war erst seit dem Vorjahr zugänglich, Hermann besichtigte die Weiße Pagode und stand fasziniert vor der Neun-Drachen-Wand, einem riesigen Relief. Dort fand er einen Spruch, den er sich übersetzte: »Beachte Dein Leben – Du weißt nicht, wie spät es ist.« Das wollte er sich merken.[19] Wie viel Geschichte, Kunst und Handwerkstechnik waren hier konzentriert. Aber konnte Breuer sich die Einrichtung einer Melchers-Niederlassung in Peking vorstellen? Welches *business* könnte in Peking bewegt werden, das nicht in Shanghai oder dem nahen Tianjin mit den Hafenanlagen von Dagu effektiver zu erledigen wäre? Hier könnten sie vor allem repräsentieren und Besuchern aus Europa das »alte China« zeigen.

14. – 16. September in Mukden (Shenyang)

Hermanns Karte aus Mukden vom 16. September zeigte *The Stone Elephant of North Imperial Tomb, near Mukden. Sightseeing* gehörte hier zum offiziellen Programm, aus Ehrerbietung vor der großen Geschichte Chinas. Von 1625 bis 1644 war Mukden die Hauptstadt des Mandschurischen Staates gewesen. Von hier aus eroberte die mandschurische Qing-Dynastie China, die dann bis 1911, bis zum Ende des Kaiserreiches, regierte. Die ersten Kaiser der Qing-Dynastie waren in Gräbern um Mukden bestattet. Im Norden der Stadt lag das Grab Huang Taijis († 1643) inmitten eines großen Parks. Fünf Jahre Qing-Dynastie hatte Hermann ja selbst noch miterlebt.

Von der Vergangenheit mal abgesehen: Carlowitz & Co., Behn, Meyer & Co. und Siemssen & Co. waren vor Ort vertreten; ihnen galten Breuers geschäftliche Besuche ebenso wie der dortigen Niederlassung der Hongkong & Shanghai Banking Corporation, mit der Melchers seit vielen Jahren Geschäftsbeziehungen pflegte.[20] Es gab Überlegungen, dass Melchers auf längere Sicht eine Niederlassung in Mukden würde aufbauen müssen. Noch wollten sie sich mit der Mandschurei Zeit lassen.[21] Es gab dort ständig politische Spannungen mit Japan, das eine eigene Armee stationiert hatte, angeblich, um seine Südmandschurische Eisenbahn zu schützen.

17. - 19. September in Dairen (Dalian)

In Dairen, am letzten Tag seines dortigen Aufenthalts, reichte die Zeit gerade noch dazu, »Viele Grüße Dein Hermann« auf eine Postkarte an den Vater zu schreiben. Die chinesische Stadt Dalian hieß nach einem russischen Zwischenspiel als Dalni (1898–1905) jetzt japanisch Dairen, nämlich seit dem Ende des Russisch-Japanischen Krieges 1905. Sie war ein wichtiger Handelsplatz, weil sie einen eisfreien Hafen hatte (»Port Arthur«) und weil sie an die Nebenstrecke der Transsibirischen Eisenbahn nach Harbin angeschlossen war. Vor allem aber war Dairen eine japanische Musterkolonie. Perfekt geplant, perfekt ausgeführt, mit breiten Prachtstraßen, Parkanlagen und imposanten Gebäuden; ein Sinnbild des Fortschritts. Es gab auch keine Streiks oder kriegerische Auseinandersetzungen. Dafür sorgten Polizei und Geheimdienst.[22]

Breuer wohnte im Yamato Hotel, 1914 von den Japanern erbaut;[23] der riesige Platz vor dem Hotel verkündete japanisches Selbstbewusstsein. Mit eleganten Appartements, Billard- und Rauchzimmer, Bar, Ballsaal und einem weiträumigen Dachgarten konnte es mit den besten Hotels in Shanghai mithalten. Bedient wurden die Gäste von Japanerinnen, die kleidsame Kimonos trugen. Breuer startete mit einer Runde Tennis in den Tag; die Folgen des guten Essens, der Einladungen und Gegeneinladungen, machten sich nämlich bemerkbar. Die Tage füllten Gespräche mit befreundeten Firmen über Anbieter, Händler, Transportrouten – Transsibirische Eisenbahn versus Frachtdampfer – und über Zolltarife. An anderen Tagen besuchte Breuer Zulieferer für Tianjin. Käme für Melchers die Einrichtung einer Niederlassung in Dalian in Frage? Würden sie sich hier in der Mandschurei gegen die Japaner durchsetzen können? Oder sollte die Niederlassung in Tianjin den Handel mit Fellen, Häuten, Pelzen, Wolle intensivieren und diese Nordregion mit abdecken? Wie immer schloss *clubbing* Breuers Abende ab, hier gab es den Dairen Club, in dem viele der prominenten japanischen Banker und Kaufleute Mitglieder waren, die den Handel mit den Bodenschätzen der Region beherrschten. Auch Westler kamen gern in den Club. Hier genoss Breuer die fünfte, manchmal auch die sechste Zigarre des Tages und einige Cocktails in der Gesellschaft von gleichgesinnten, gut gelaunten Männern. Ganz besonders schätzte er es, wenn sie seinen Sinn für Humor teilten.

Dann wurde viel gelacht. Das wirkte sich auch positiv auf die Geschäfte des nächsten Tages aus.

19. – 22. September in Hankow (Hankou)

Breuers Nordtour endete in Hankou. Die dortige Melchers-Niederlassung leitete jetzt Ruderfreund Otto Trefurt.[24] Der weiträumige Betrieb in Hankou hatte sich, seit Hermann Melchers ihn 1884 eröffnet hatte, zum industriellen Herz der Firma entwickelt. Er war das Zentrum, von dem aus der chinesische Inlandsmarkt erschlossen wurde. Als die Chinesen 1917 die Anlagen beschlagnahmt hatten, führte der Komprador Wang Bonian die Geschäfte weiter; 1922 ging der Besitz an Melchers zurück. Der zweigeschossige Hong (nach chinesischer Zählung waren es drei Geschosse) lag am Ufer des Yangtse, das Kontor im Erdgeschoss, darüber zwei Wohnungen für den Manager und einen deutschen Angestellten, daneben die große Eierfabrik. Im Sommer schaffte das Netzwerk des Kompradors bis zu einer halben Million Eier pro Tag aus dem riesigen Hinterland heran. 200 Frauen öffneten die bereits qualitätsgeprüften Eier. Die Eiflüssigkeit wurde über eine Turbine in einem Trockenturm fein zerspritzt und am Boden als Eipulver aufgefangen. Oder die Flüssigkeit wurde getrennt verarbeitet, nur das Eigelb zu Pulver zerspritzt und das Eiweiß auf Tausende flache Blechteller gestrichen und zu Trockeneiweiß verarbeitet. Auf dem Werkgelände befand sich auch eine Ölsaatenreinigungsmaschine: Den angelieferten Raps-, Sesam- und Senfsamen waren gewöhnlich 10 % Erde beigemengt, um das Liefergewicht zu erhöhen. Die musste auf Rüttelsieben wieder entfernt werden. Die Energie für den Bedarf der Fabriken lieferte ein eigenes Elektrizitätswerk, das auch die Teile der Stadt belieferte, die bis 1917 die deutsche Konzession gewesen waren, und Teile der »Chinesenstadt«. Es war 1924 durch neue Siemens-Maschinen erweitert worden.[25] Bei ihrem Ausflug in die Chinesenstadt begutachteten Trefurt und Breuer auch Melchers' Häuteplatz, auf dem Rinds- und Ziegenhäute getrocknet, sortiert und gepresst wurden. Das Trocknen hatte entscheidenden Einfluss auf die Qualität; beim Sortieren entschied sich, ob und wie die Qualitätsansprüche der europäischen und amerikanischen Kunden erfüllt werden konnten. Die Ziegenhäute kamen vor allem aus Sichuan, sie wurden ab Chongqing auf dem Yangtse nach Hankou transportiert und zu Decken verarbeitet. 1925 gelangten 300 000 bis 400 000 solcher Decken aus China in den europäischen Handel.[26]

Soweit zum Export – was sollte nach Trefurts Einschätzung verstärkt oder erstmalig importiert werden? Was konnten sie in Hankou absetzen? Baumaterialien wurden gebraucht für die rasch wachsende Stadt, auch Glas. Farbstoffe für die Veredelung von Naturprodukten. Was konnten sie an chinesische Abnehmer verkaufen? Stoffe und Fertigwaren aus Baumwolle und Wolle. Und: Nähnadeln, die konnten sie immer brauchen.

2000 Millionen wurden pro Jahr in China verkauft. Aber Vorsicht bei der Größenauswahl und bei der Verpackung. Kannte Trefurt die *story*, die der amerikanische Journalist und Werbefachmann Carl Crow erlebt hatte? Dessen Agentur hatte 12er-Sets Nähnadeln sortierter Größen als Werbegeschenk abgegeben. Die chinesischen Hausfrauen öffneten die Sets und stellten fest, dass sie nur eine einzige Größe brauchen konnten, denn was sollten sie mit den zu dünnen und den zu dicken Nadeln? Die wollten sie noch nicht einmal geschenkt und verhandelten mit den Vertretern: Sie sollten in die Packungen zwölf Nadeln der richtigen Größe geben! Alle wollten nur die eine Nadelgröße. Zwölf Mal. Die Aktion wurde schnell eingestellt. Inzwischen konnte Crow darüber lachen.[27]

Des Abends trafen sich die *expatriates* im *International Recreation and Race Club*, zu dem seit einem Jahr Deutsche wieder Zutritt hatten. Die Clubanlagen, erbaut auf dem Anwesen der englischen Firma Jardines, umfassten einen Rennplatz, einen 18-Loch-Golfplatz, 24 Tennisplätze und ein Hallenbad.[28] Breuer ging frühmorgens in den Swimmingpool und zum Abschluss des Arbeitstages auf den Tennisplatz. (Nach dem ersten Spiel war er schweißgebadet, aber schlimmer wurde es dann ja nicht mehr. Nur Europäer kamen auf die Idee, in dieser Hitze Tennis zu spielen. Hier war es ja angeblich im Sommer so heiß, dass sogar die Moskitos starben.[29]) Am Abend folgten die Clubgespräche im Rauchzimmer. So ergaben sich *connections* und weiterführende Geschäftsideen.[30] Wenn sie mal zu zweit allein waren, erinnerten Breuer und Trefurt sich an die gemeinsame Vorkriegszeit in Shanghai, an den Ruderclub, die harten Trainings, die wunderbaren Regatta-Wochenenden in Henli. Und sie bedauerten ein wenig, dass Deutsche immer noch nicht wieder an den Regatten des Boat Club teilnehmen durften. Inzwischen wären sie beide sogar für die *seniors* zu alt.[31] Aber sie dachten auch an Weihnachten 1919, als Trefurt und Widmann nach Shanghai zurückgekommen waren – und daran, was sie seither alles wieder aufgebaut hatten.

Mit neuen Ideen, gefestigtem Wissen, neuen Freunden und Kontrakten und zu neuem Leben erweckten Freundschaften kam Breuer Ende September 1926 wieder in Shanghai an.

Zurück in Shanghai

In Shanghai erwartete ihn die gute Nachricht, dass seine Ehe rechtskräftig geschieden war. Stichtag 13. September 1926. Die Scheidung hatte ihn fast vier Jahre beschäftigt und viel Geld gekostet. Seit der ersten Gerichtsverhandlung im September 1925 hatte sich das Verfahren hingezogen, Zeuginnen erschienen nicht, Erna legte ein ärztliches Attest vor usw. Bis Februar 1926 waren drei Zeuginnen gehört (den Vorwurf, Hermann habe mindestens eine von ihnen mit Schmuckgeschenken bestochen, verwarf das Gericht); auch Erna hatte ausgesagt. Die Ehe wurde am 10. März 1926 vom

Landgericht Hamburg geschieden. Erna legte Berufung beim Oberlandesgericht ein. Solange das Urteil nicht rechtskräftig war, musste Hermann Unterhalt zahlen. Einen Tag vor Beginn der Gerichtsferien war die Berufung verworfen worden. Würde Erna das Reichsgericht anrufen? Eine Frist von vier Wochen war abzuwarten gewesen. Die Frist verfiel, das Urteil galt. Nun zahlte Hermann die letzte Rate Honorar an seinen Anwalt und die Erfolgsprämie an den Detektiv (der schon viel Honorar bekommen hatte) und die Gerichtskosten und den gegnerischen Anwalt, und er musste Ernas Aussteuer ausbezahlen. Da wehrte er sich ein bisschen, die Eheschließung war 13 Jahre her, er hatte inzwischen alles neu angeschafft, sei es wegen der Verkäufe im Vorfeld der Repatriierung oder wegen eines Einbruchs im Juni 1920 in die Wohnung in der Avenue Road oder wegen Verschleißes. Zahlen musste er trotzdem.[32]

Der Stress war nun durchgestanden, und alles stand auf Neuanfang. Schon im vergangenen Jahr war er in die Rue Chapsal Nr. 289 gezogen, zu Ed Bull, dem Freund vom Theater-Verein. Dort war ein Mitbewohner ausgezogen.[33] Er richtete seine Räume neu ein und war ziemlich stolz auf das Ergebnis, schickte eine kleine Fotodokumentation nach Hannover. Die Fotos zeigen einen englischen Kamin mit ornamentalem Holzgesims, darauf chinesische und japanische *curios*: Räuchergefäße, Netsuke, eine Guanyin.[34] Europäische Polstermöbel, Tapeten und Samtportieren, chinesische Teppiche, Blumenhocker und Beistelltische, darauf frische Blumen und Zweige. An die Heimat erinnerten ein Gemälde von der Marktkirche und dem alten Rathaus in Hannover und Fotos von Uwe. Er hatte sich ein traditionell europäisches Ambiente mit zurückhaltend asiatischer Dekoration geschaffen.

1 HWB 31.8.1925 an KB.

2 Termin der Abfahrt: *North China Herald*, 21.8.1926.

3 Gästebuch Widmann.

4 Thomas: An American in China, S. 73 (für 1936). Ü: CM.

5 Eintrag im ADO 1927/28: Kuan Tao Road (Guantao Lu) Exchange Building. Hans-Rulff (sic) Kehrmann, General Manager, Joachim Vollrath, A. F. Tai. Vgl. auch Shan Jin: Anlehnung und Exploration – Die Stadtentwicklung Qingdaos unter der Verwaltung der Republik China (1922–1937). Institut für Architekturgeschichte der Universität Stuttgart 2015. Abb. 5–24.

6 1929 eröffnete Melchers ein neues Büro in 63 Kwan Hsien Road (Guanxian Lu), Geschäftsführer: Kehrmann, ADO.

7 Norddeutscher Lloyd Bremen. Jahrbuch 1924. Bremen: Franz Leuwer 1925, S. 289.

8 Hindenburg-Brunnen. In den 1930er Jahren wurde eine vollautomatische Flaschen-Abfüll- und Flaschen-Spülanlage installiert.

9 Bergrücken im Laoshan, direkt östlich von Tsingtao. Benannt nach dem 1896 untergegangenen deutschen Kanonenboot. Der Höhenzug heißt heute: Taiping. Wortbedeutung: Ewiger Friede.

10 Auslandsabteilung: http://americanhistory.si.edu/collections/search/object/nmah_1461977 am 9.8.2017. In den 1930er Jahren hatte Melchers das Alleinvertriebsrecht für die Provinz Shandong. CGM: LAG-Antrag vom 15.3.1954, Anlage zu Beiblatt 4 in BArch ZLA 7–34/116.

11 HWB war Anfang März 1927 in Tsingtao für Vorarbeiten für die Eröffnung einer Importabteilung von Melchers. 9.3.1927 an KB.

12 Thomas: An American in China, S. 116, über Tsingtao 1936/37: 250 000 bis 500 000 Einwohner; davon 20 000 bis 30 000 Japaner, ca. 1 000 Russen, 200 Deutsche (»den meisten von ihnen geht es finanziell nicht gut«), 200 Amerikaner und Briten.

13 French, Crow, S. 117–131. French schreibt: Swen Miao.

14 http://www.feuerhand.info/#xl_xr_page_geschichte.

15 Hans-Joachim Schmidt (tsingtao.org) verdanke ich den Nachweis von drei Aufführungen, in denen Zwanck im Lager Narashino aufgetreten ist: Ludwig Thoma: »Erster Klasse« (ohne Datum), Karl Laufs, Curt Kraatz: »Die Logenbrüder« und Henrik Ibsen: »Stützen der Gesellschaft« (beide 1919 aufgeführt).

16 So geschehen in 1927. *Bühnenspiegel*, Jg. 2, Heft 3.

17 BArch ZLA 7-34/132.

18 HWB 30.5.1931 an KB: Beidaihe sei schön, aber grässlich langweilig.

19 HWB 19.4.1955, Brief an AB zu ihrem 60. Geburtstag.

20 Holzberger, Recollections, S. 77.

21 PA AA RAV Tsingtao 23/2 enthält eine Liste der Niederlassungen deutscher Firmen 1927 in Mukden. Darin sind die genannten Firmen aufgeführt, Melchers nicht. HWB, Firmengeschichte, S. 6, BArch ZLA 7–34/116, erwähnt die Gründung einer Melchers-Niederlassung in Mukden in 1935/36.

22 Robert John Perrins: Great Connections: The Creation of a City. Dalian. 1905–1931. China and Japan on the Liaodong Peninsula. York University, North York, Ontario, Canada, 1997.

23 Heute: Dalian Hotel.

24 Im September 1926 waren Trefurts tatsächlich auf Heimaturlaub. Die Begegnung HWB / Trefurt hat bei dem Besuch HWBs im Jahr 1927 stattgefunden.

25 HWB, Firmengeschichte, S. 5, BArch ZLA 7–34/116.

26 Emil Brass: Aus dem Reiche der Pelze, 1925, Verlag der »Neuen Pelzwaren-Zeitung und Kürschner-Zeitung«, Berlin, S. 834–840.

27 Carl Crow, 400 Million Customers, S. 14.

28 Jardine, Matheson & Co.; in China seit den 1830ern, zunächst Kanton, gleich nach dem Ende des Ersten Opiumkrieges in Hongkong und Shanghai. Isherwood, S. 152, über den Golfplatz: »all trace of China has been lovingly obliterated«.

29 Theophile, Briefe, S. 204.

30 F. Horstmann 6.8.1958 an HASt; BArch ZLA 7–34/119.

31 Erst zur Frühjahrsregatta 1929 waren Deutsche wieder zugelassen. Harris: Sampan Pidgin.

32 Anwaltsschreiben mit Daten und Protokollen der Gerichtstermine vom 25.8.1925 bis 15.7.1926.

HWB 5.12.1947 an Nele: »*... bei ihrer Scheidung kam es ihr zunächst auf eine gesicherte wirtschaftliche Lage plus Beibehaltung von Uwe an – beides wurde ihr aber vom Gericht abgesprochen, worauf sie diese hasserfüllte Einstellung gegen mich bekam, obwohl ich ihr freiwillig eine allowance zubilligte.*«

33 Hong-Liste 1926. Vermieter: Brand & Rodgers. HWB / HASt 10.5.1963 an Carl Schrage. BArch ZLA 7–34/18

34 Ein weiblicher Bodisattva, Verkörperung der Barmherzigkeit.

1928 - 1929

Auf der Trier nach Deutschland

Sechs Jahre nach dem letzten Heimaturlaub wird Hermann wieder heimfahren. Ein »Urlaub« im Sinne von »Ferien« würde es nicht werden. Heimaturlauber lagen nicht sechs Monate in der Hängematte. Die Zeit diente der Kontaktpflege im europäischen Umfeld; es waren intensive Arbeitswochen und nur wenige Familien- und Ferientage.

Gedanken an die Verstorbenen

Am 12. November sollte es auf der *Trier* losgehen, mit Kapitän Johann Jachens, mit dem Breuer herzlich befreundet war. Trotzdem war vor der Abfahrt ein Gedenken an Kapitän Max Spangenberg angebracht. Mit ihm war Hermann im Jahr 1923 auf der *Werra* nach Shanghai gefahren. Als die *Trier* 1924 vom Stapel lief, war Spangenberg als ihr Kapitän vorgesehen. Aber er war einen Tag vor der Übergabe des Schiffes an den Norddeutschen Lloyd gestorben. Schlaganfall. Die Übergabefeier am 12. Juli 1924 in Bremen war zu einer Gedenkfeier für den erst 53 Jahre alten, erfahrenen und humorvollen Mann geworden. Als Hermann an diesen viel zu früh Verstorbenen dachte, fielen ihm andere Freunde und Bekannte ein, die nicht eines Tages aus einem langen Urlaub zurückkehren würden: Heinz Figge, Leiter der Deutsch-Asiatischen Bank, war 1925 an einer Blutvergiftung gestorben.[2] Schauerte, der junge Amateurschauspieler des Deutschen Theater-Vereins, hatte noch am Abend auf der Bühne des Lyceum gestanden, als er in einer Aprilnacht 1927 starb. Hans Beck, seit Weihnachten 1924 im Theater-Verein aktiv, der Kronprinz in »Alt-Heidelberg«, starb kurz nach Schauerte, im Mai 1927, im Alter von 29 Jahren.[3] Was für Verluste für die deutsche Auslandsgemeinde – an Talent, Ausbildung, Engagement und Energie. Hier draußen galt in noch stärkerem Maße als anderswo: Carpe diem.

Und immer, wenn ich den Whangpoo per Schiff hinauf- oder herunterfuhr, grüßte mich alsbald die blau-weiß-blaue Hongflagge mit dem schwarzen ›M‹, die auf allen Schiffen und Anlagen der Firma wehte.[1]

CG Melchers, in Erinnerung an die Eröffnung des Melchers Godown 1929

Abschiedszeremoniell

Am Tag der Abreise begleiteten Freunde Breuer zur Anlegestelle. Einige kamen mit an Bord, begutachteten seine schöne Kabine. Blieben, bis ein Stewart mit dem Gong durch das Schiff ging und das Zeichen für »alle Gäste von Bord« gab. Breuer schwenkte zum Abschied seinen Sonnenhut. Er freute sich auf die vor ihm liegenden Wochen, das entspannte Zusammensein auf dem Schiff, die Landausflüge, sogar auf die Schifffahrtsroutine. Und er freute sich auf die vielen Wiedersehen in Deutschland. Die Abreisenden schleuderten bunte Papierschlangen hinunter zu den Zurückbleibenden, die sie am noch aufgerollten Ende auffingen. Das war eine letzte physische Verbindung zwischen den Abschiednehmenden. Das dreimalige Tuten der Schiffshörner übertönte alle anderen Geräusche, die Schiffsmaschinen liefen an, Hermann spürte das Vibrieren unter seinen Füßen. Die *Trier* entfernte sich vom Ufer, zuerst fast unmerklich. Die Papierschlangen strafften sich und rissen.[4] Hermann fiel der Abschied leicht, denn er würde ja zurückkommen.

Die *Trier* war für die Fahrt durch tropische Gewässer konzipiert, Aufenthaltsräume und Kajüten hatten möglichst viel Zugang zu frischer Luft. Auf den Schiffen ihres Typs gab es auch wieder eine 1. Klasse (für 96 Passagiere), »Kajüt-Klasse« genannt, deren luftige Außenzimmer frei stehende Betten hatten und modernen Komfort boten. Die Gesellschaftsräume waren nicht nur geschmackvoll eingerichtet, sondern auch großzügig bemessen, die Raumhöhe des Speisesaals ging über zwei Decks. Statt einer 2. und einer 3. Klasse gab es jetzt die »Mittelklasse« (auf der *Trier* für 141 Passagiere) mit sehr ansehnlichen Kammern und Aufenthaltsräumen. Besonders angenehm: Die schönen, breiten Promenadendecks, auf denen die Reisenden sich frei an der Luft bewegen konnten.[5] Kapitän Johann Jachens und Breuer kannten sich von vielen gemeinsamen Abenden im Haus Widmann. Sie waren dort beide fast Familienmitglieder.

Rückblick: Melchers in Tsingtao

Gerade erst, im Sommer (1929), hatte Breuer eine seiner Geschäftsreisen in den Norden Chinas mit Jachens auf der *Trier* gemacht. Zuerst nach Tsingtao. Die Niederlassung war 1928 in die Kwan Hsien Road 62 gezogen – ein Ergebnis der 1926 begonnenen Arbeit.[6] Die Lage in der Nähe des Hafens, der Bahnlinie und an der Rückfront der Börse war sowohl für die Logistik als auch für den Publikumsverkehr der NDL-Agentur, die Melchers inzwischen wieder übernommen hatte, günstig. Jetzt im Sommer war es darum gegangen, in Tsingtao die Eröffnung einer Importabteilung vorzubereiten. Im Job konnte Breuer gerade aufatmen: Er war zu Anfang 1928 mit noch mehr Verantwortung betraut worden, war nun, über die Prokura (»p. p.«) hinaus, autorisiert »to sign our firm from this date. Melchers & Co. 8. Febr. 1928«,[7] als »allein zeichnungsberechtigter Geschäftsführer der

Firma Melchers«.[8] Manche Freunde nannten ihn nun »Taipan«. Er selbst wies das von sich. Trotzdem: Es fühlte sich gut an.

Rückblick: Melchers' Lagerhaus am Broadway

Es war überhaupt sehr befriedigend, wie es mit Melchers aufwärtsging. Sie hatten ein Lagerhaus bauen lassen, ein Bau auf dem neuesten Stand der Technik. Das etwa 2400 qm große Grundstück am Broadway (Dongdaming Lu) hatten sie von einem englischen Treuhänder[9] erworben und im Sommer 1928 den Grundstein gelegt. Der alte Melchers *godown*[10] in der Nanking Road Nummer 30 hatte im Dezember noch einmal eine kleine Schlagzeile gemacht: Der *North China Herald* berichtete, mehrere *coolies* hätten die Schlösser des Lagerhauses aufgebrochen und nach Nützlichem gesucht. Sie fanden auch gleich eine Kiste mit Kerzen, die sie zur Beleuchtung brauchen konnten. Die nächste Kiste, die sie öffneten, enthielt Bier. Ein Wachmann entdeckte die eingeschlafenen Möchtegerndiebe. Die Polizei sorgte für unsanftes Erwachen zwischen leeren Bierflaschen.[11]

Das neue, sehr viel besser gesicherte Eisenbeton-Lagerhaus war am 27. Mai 1929 eröffnet worden. ein frei stehendes Gebäude am Broadway East, Nummer 713, mit einer breiten Front zu den Kaianlagen am Huangpu, an drei Seiten umgeben von einem Fahrweg, der breit genug war für zwei Lastwagen und ebenfalls zum Melchers-Gelände gehörte. In jedem der sechs Stockwerke von gut 1400 qm befanden sich zwei Lagerhallen, getrennt durch automatisch arbeitende Feuerverschlusstüren; erschlossen durch einen elektrischen Fahrstuhl und durch eine breite, bis auf das Dach führende Rampe. 250 000 US-Dollar hatte der Bau gekostet. In vier bis fünf der Hallen lagerten Waren der Importabteilung, in anderen wurden Exporte, Passagiergepäck und Speditionsgüter für den Norddeutschen Lloyd gelagert. Ein Stockwerk stand zum Sortieren und Kontrollieren von Exporten zur Verfügung. Freie Flächen wurden vermietet; die erste Mieterin war die DEFAG.[12]

Die Eröffnung war eine prominent besuchte Feier gewesen. Konsul Dr. Bracklo und der Vorsitzende der Deutschen Handelskammer Georg Boolsen nahmen teil, und Architekt Emil Busch; sie trafen auf Gäste aus der Geschäftswelt, Kompradoren, Partner und Mitarbeiter von Melchers. Adolf Widmann erinnerte in seiner Ansprache daran, dass »*der ursprüngliche Standort von Melchers & Co., Büros und Godowns umfassend, sich am Französischen Bund befand und 1917 von den französischen Behörden konfisziert und verkauft worden war*«.[13] Nach Bremen konnte Widmann berichten: Die Melchers-Flagge weht wieder am Huangpu.

Etwa zur gleichen Zeit hatte Melchers für seine Agentur des Norddeutschen Lloyd ein repräsentatives Büro im Erdgeschoss des Gebäudes an der Kiukiang Road eröffnet und im 4. Stock ein Labor für die Färbereien eingerichtet. Alle Büros blieben im 3. Stock, hier standen auch die feuerfest eingemauerten Tresore. Inzwischen arbeiteten in den Büros etwa 40 Deutsche und 100 Chinesen. Im Hafen und im Lagerhaus waren es Hunderte Chinesen.

Große Erfolge, gedämpfte Erwartungen

1929 war für den deutschen China-Handel das beste Jahr seit Kriegsende. Infolge des 1928 abgeschlossenen deutsch-chinesischen Handelsabkommens waren die bisher hinkenden Exporte nach Deutschland um 15 % angestiegen, die Importe konnten seit 1924 sogar um ca. 50 % gesteigert werden.[14] Dazu beigetragen hatte vor allem die Tatsache, dass Chiang Kai-shek deutsche Offiziere als Militärberater anstellte, zuerst Ende 1927 Oberst Max Bauer. Als das gegen China verhängte internationale Waffenembargo zum Mai 1929 aufgehoben wurde, sorgten sie dafür, dass deutsche Firmen Aufträge erhielten. Wie vor dem Weltkrieg war Deutschland nun wieder der wichtigste Waffenlieferant für China.

Dass weiter alles so positiv verlaufen würde, wie Hermann noch vor einem Monat gedacht hatte, konnte er nun nicht mehr annehmen. Es hatte ausgesehen, als habe Deutschland sich ganz gut von Krieg und Inflation erholt: Mit dem Vertrag von Rapallo 1922, der wirtschaftliche Beziehungen zur Sowjetunion ermöglichte, dem Vertrag von Locarno, in dem die Westgrenze und der Status des Rheinlandes 1925 geregelt wurden, mit der Aufnahme Deutschlands in den Völkerbund im September 1926 war die außenpolitische Isolierung beendet. Nach der Neuregelung der Reparationszahlungen durch den Dawes-Plan konnten Kredite aus den USA nach Deutschland fließen. Aber zweieinhalb Wochen vor Hermanns Abreise aus China war in den USA die Blase geplatzt: Black Thursday! Die USA würden wohl ihre Kredite zurückfordern. Dann hätten die Banken keine Devisen mehr. Die Folgen für den Welthandel waren kaum auszudenken.

Aber er wollte keine schwarzen Gedanken denken, er wollte die Seereise zur Erholung nutzen. Sein letzter Urlaub war deutlich über ein Jahr her. Eine der 14-tägigen Erholungsreisen, auf die Melchers' europäische Angestellte einmal im Jahr Anspruch hatten. Denn jeder musste mal raus aus Shanghai, besonders während der Sommermonate, wenn dort die große Hitze herrschte. Breuer hatte 1926 und 1927 an der See in Beidaihe Urlaub gemacht, weil er geschäftlich in Tianjin unterwegs und also schon fast dort war. Im August vor einem Jahr, 1928, hatte er von Guling aus den Lu Shan erklommen, der als der schönste Berg Chinas galt. Ein großes Erlebnis.

Rückblick: Guling im August 1928

Am letzten Tag des Juli – die große Tigerhitze war schon fast vorbei – war Hermann mit dem befreundeten Ehepaar Klautke an Bord des Steamers *Tuckwo* gegangen. Der luxuriöse Flussdampfer der englischen China-Firma Jardines[15] fuhr ab Shanghai zu den »River Ports«. Die 800 Kilometer den

Yangtsekiang aufwärts bis Jiujiang legten sie in vier, fünf Tagen zurück. Von dort fuhr sie ein Mietauto über holprige Wege nach Lienhuadong, ein Dorf im Bambuswald. Der Gepäcktransport mit immer neuen, fast unendlichen *cumshaw*[16]-Verhandlungen war ein Kapitel für sich. Dann begann der Aufstieg, mal zu Fuß, meist in Tragstühlen, die von vier, manchmal auch von sechs Männern geschleppt wurden. Auf schmalen Steintreppen, den berühmten »Tausend Stufen«, mit engen Kurven an 500 Meter tiefen Abgründen entlang, dann wieder auf Trittsteinen oder altersschwachen Brücken über den Gebirgsfluss. Sie genossen die Aussicht auf Schluchten, auf Wälder, auf den breiten Strom, atmeten die klare, kühle Luft – und kamen schließlich im Paradies an, in Guling. Der kleine Ort lag in etwa 1 000 Meter Höhe. Das Gelände war 1895 von der amerikanisch-protestantischen China Inland Mission erworben worden. Guling war exterritoriales Gebiet, verwaltet von einem kleinen Parlament der Hausbesitzer. Es gab 16 Kirchen der Missionsstationen und Steinhäuser ohne viel Komfort, kein fließendes Wasser, keine Wasserspülung, keine Elektrizität, dafür Brunnen und Wasserträger, Petroleumlampen, Kerzen und offene Kamine oder Blechöfen für kühle Abende. Die Vergnügungen bestanden in gutem Essen und tiefem Schlaf (nachts wurde es herrlich kühl), dem morgendlichen Treffen im Gebirgswasser-Schwimmbad des Clubs – Zutritt nur für Mitglieder nach ärztlicher Untersuchung –, Tennismatches und Wanderungen über die bewaldeten Berge zu Tempeln, Aussichtspunkten und auf den höchsten Gipfel, den Hanyang Peak mit seinen fast 1500 Metern.[17] Bis sie, erschöpft, aber glücklich, wieder im Fairy Glen Hotel ankamen, in den Zimmern mit hohen Decken und großen Fenstern, auf der überdachten, geräumigen Veranda oder zur Teestunde unter dem duftenden Kampferbaum. Es war tatsächlich wie im Tal der Feen. Fast zu schön, um wahr zu sein.[18]

Paul Klautke und Breuer kannten sich aus der Zeit vor dem Krieg: Der Ingenieur war im Februar 1914 als Konrektor und Lehrer an der »Deutschen Medizin- und Ingenieurschule für Chinesen in Shanghai« nach China gekommen[19] und hatte gleich Kontakt zu Melchers gesucht, deren Teilhaber Carl Michelau im Aufsichtsrat saß. Im August 1914 war Klautke nach Tsingtao gegangen und im November in japanische Kriegsgefangenschaft geraten. Im Februar 1920 kam er mit sechs anderen früheren Lehrkräften aus der Gefangenschaft nach Shanghai zurück.

Die Deutsche Medizin- und Ingenieurschule für Chinesen, Tongji

Die Tongji war im Oktober 1907 als »Deutsche Medizinschule für Chinesen« eröffnet worden. Sie arbeitete mit dem von Dr. Erich Paulun gegründeten Hospital zusammen. Unterrichtet wurde auf Deutsch; es gab eine Sprach-Vorschule. 1912 wurde das Angebot um eine technische Schule und Lehrwerkstatt erweitert zur »Deutschen Medizin- und Ingenieurschule für

Chinesen in Shanghai«. Deutsche Firmen in Deutschland und in Shanghai engagierten sich bei der Ausstattung und Finanzierung der Schule, so auch Melchers. Bei Kriegsausbruch führten Hilfskräfte den Unterricht fort. Als China 1917 die diplomatischen Beziehungen zu Deutschland abbrach, besetzte französisches Militär gleich im März 1917 die Hochschule;[20] Lehrkräfte und 400 chinesische Studenten mussten die Gebäude innerhalb von fünf Stunden räumen. Lehrmittel, Bibliothek und private Habe gingen verloren. 1919 siedelte die Schule unter provisorischer chinesischer Geschäftsführung nach Wusong über, nördlich von Shanghai. In deutsch-chinesischer Kooperation (die Lehrmittel kamen aus Deutschland, das Gelände wurde von China zur Verfügung gestellt) erstand die Schule 1924 in Wusong neu als chinesische Tongji-Universität.[21] Es gab weiter auch deutsche Lehrkräfte.

Die Freundschaft Breuers mit dem Ehepaar Klautke war auf Ausflügen und Hausbootfahrten erprobt. 1927 hatte sie ein besonderes Siegel erhalten: Breuer übernahm Klautkes Jagdhündin Juno, Deutsch Kurzhaar.[22] Für das Ehepaar Paul und Toni Klautke war die Reise nach Guling die letzte in China gewesen. Im darauffolgenden Mai (1929) hatten sie sich im Haus Widmann – »wo wir so viele fröhliche Stunden verlebt haben, [... wo wir] Freundschaft in so reichem Maße genossen«[23] – von ihren deutschen Freunden verabschiedet. Vielleicht würde Breuer Klautkes nun in ihrer neuen Heimat Stettin wiedersehen.

Uwe Breuer

Je näher die *Trier* Europa kam, desto mehr beschäftigte Hermann der Gedanke an Uwe. Er bedauerte inzwischen, dass er in der Frage der Vormundschaft für seinen Sohn den Ratschlägen seiner Familie, Widmanns und des Anwalts nicht gefolgt war. Die Entfernung – in Briefwechseln gerechnet betrug sie mindestens sechs Wochen – war immer dann besonders enervierend, wenn es darum ging, das Für und Wider von Entscheidungen abzuwägen. Sie hatten ihn gedrängt, Uwe entweder zu sich nach Shanghai zu holen oder ihn der Obhut von Tante Johanna anzuvertrauen. Shanghai hatte er sich für das Kind nicht vorstellen können, und der damals 66-jährigen Johanna hatte er die Aufgabe nicht zumuten wollen. Auch hatte er befürchtet, Uwes »kleine Seele würde einen furchtbaren *shock* bekommen«, wenn er ihn aus der vertrauten Umgebung löste. Deshalb blieb Uwe bei Ernas Eltern in Hamburg, wo er in der Zeit des Scheidungsprozesses gelebt hatte.[24]

Die Grundschule für Uwe hatte Hermann zusammen mit den Schwiegereltern ausgewählt. Ihm war wichtig, dass Uwe in der Schule selbstständig denken lernte. Die Wahl war auf die private Bertram'sche Schule gefallen. Mit ihr waren bedeutende Hamburger Namen wie Mönckeberg, Sieveking und Warburg verbunden.[25] Es gab sogar eine Melchers-*connec-*

tion: Einer der Unterstützer der Schule war Gustav Pauli, Direktor der Hamburger Kunsthalle; der war durch seine Heirat mit Magdalene Melchers quasi ein Neffe von Hermann Melchers.[26] Die Klassen waren relativ klein, die Lehrer gut bezahlt, das Schulgeld entsprechend hoch. Genau das war es, was Hermann zum Wohlergehen seines Sohnes beitragen konnte. Im Jahr von Uwes Einschulung, 1924/25, besuchten 550 Schüler die Bertram'sche Schule, viele kamen aus führenden Hamburger Kreisen, aus christlichen und aus jüdischen Elternhäusern.

Als Uwe im Juni 1929 zehn Jahre alt geworden war und die weiterführende Schulausbildung anstand, hatte Hermann entschieden, dass Bruder Karl statt des Ehepaares Wolcke als gesetzlicher Vertreter eingetragen wurde. Die Eltern Wolcke hatten nicht verhindern können, dass ihre Tochter den Jungen oft zu sich nahm, ihn mal verwöhnte und mal vernachlässigte. Karl und Alice hatten Uwe im Oktober in das Landschulheim am Solling begleitet, eine Oberrealschule mit Internat, die Hermann empfohlen worden war. Auslandsdeutsche aus allen Erdteilen schickten ihre Kinder dorthin. Hermann überzeugten die dort gelebten Werte: Pflichten erkennen und freudig erfüllen, Einsatz eines jeden für die Gemeinschaft, ein naturnaher Alltag. Dass die zehn- bis zwölfjährigen in »Familien« mit einem Lehrerehepaar untergebracht waren und dass Englisch und Französisch auf dem Lehrplan standen, kam seinen Vorstellungen entgegen. Außerdem war Holzminden im Solling nicht weit von Hannover entfernt, Bruder Karl und Alice konnten mal vorbeischauen. Bald würde Hermann sich vor Ort ein Bild machen. Der Vater musste seinen Sohn neu kennenlernen. Ihm fiel wieder ein, dass Karl Uwe ein »kleines, herumgeschubstes Kind« genannt hatte.[27] Da war ja was dran.

Am 10. Dezember (1929) schickte Hermann in übermütiger Stimmung eine Postkarte an seine Pflegemutter Tante Johanna nach Hannover: *»Liebes Tantchen, wohlbehalten in Amsterdam angelangt und im Amstel glänzend untergekommen – sende ich Euch herzliches Gedenken. Meine Geschäftsfreunde waren schon hier – sie sind reizende Menschen. So wie ich? Dein Hermann.«*

Wen könnte er getroffen haben? Freunde, Geschäftspartner – vielleicht Repräsentanten der Firma Sanatogen oder von Polak's Frutal Works, Duft- und Geschmacksstoffe, mit Sitz in Amersfoort? In Bremen sprach er bei Melchers vor und kam pünktlich zur Familienweihnachtsfeier bei Karl und Alice an. Traf dort Uwe, Vater Oskar, Tante Johanna und die Nichten Hanni und Liesel.

1 CG Melchers, China Firma, S. 28.

2 Beerdigung Ende November auf dem Bubbling Well Cemetery. *NCDN*, 21.11.1925 (Brill).

3 *Bühnenspiegel*, 2. Jg. (1927/28), Heft 1.

4 Meller, Drache, S. 85.

5 Nach: Die Schiffstypen des Norddeutschen Lloyd (ohne Autor). In: Norddeutscher Lloyd Bremen. Jahrbuch 1922/1923, S. 210–249. Bremen: Franz Leuwer 1924.

6 HWB 9.3.1929 an OB: Er sei bis zum 10.3.1929 in Tsingtao für Vorarbeiten für die Eröffnung einer Importabteilung. Im ADO ist erstmals 1929/30 eine Importabteilung für Melchers Tsingtao verzeichnet. Mineralwasserfabrik: BArch ZLA 7–34/116, LAG Antrag vom 15.3.1954, Anlage zu Beiblatt 5.

7 Widmann informierte die Geschäftspartner mit Schreiben vom 8.2.1928.

8 Anzeigen *NCDN*, 10. und 11.2.1928 (Brill). Eintrag im ADO 1928/29, in den Hong-Listen ab 1929: »zeichnet die Firma« bzw. »signs the firm«. Deutsche Bezeichnung in: *HWB*, Vermerk 2.7.1968 betr. Notstandskomitee.

9 Die englische Rechtsanwaltsfirma Hanson schloss einen Treuhändervertrag mit einer chinesischen Landgesellschaft, die einen Treuhändervertrag mit Melchers abschloss. CG Melchers, China-Firma, S. 28.

10 Godown = Lager, Speicher. Herleitungsversuche: (1) Malaiisch godon [gudang] bedeutet Lager (Thomas, An American in China, S. 78) (2) Go down, weil ehedem die Büros oben, die Lager unten waren (CG Melchers, China-Firma, S. 28).

11 *North China Herald*, 8.12.1928.

12 Deutsche Farben Handelsgesellschaft. Tochtergesellschaft der IG-Farben für deren Geschäfte in China.

13 *China Press*, 28.5.1929, MA Sonderstandort 1, Firmennachrichten, Band 1. Ü: CM.

14 Röser, Wirtschaftsbeziehungen, S. 96.

15 3770 BRT. Jardine, Matheson & Co. datieren ihre erste Niederlassung in China auf 1832 in Kanton.

16 Wortbedeutung: Trinkgeld, Geschenk, Dank, auch Bestechung.

17 Georg-Ludwig Heise: Sommermonate in Zentralchina zur Mitte der dreißiger Jahre. In: StuDeO-Info September 2006, S. 15–18. Isherwood, Journey to a War, S. 166–170.

18 HWB 11.8.1928 Postkarte an OB.

19 *OAL*, 13.2.1914, Nr. 6, S. 134.

20 Nach der Erweiterung der Französischen Konzession im Jahr 1914 lag die ursprünglich auf chinesischem Territorium erbaute Tongji-Universität in der Konzession. Vandamme, Rise of Nationalism, S. 24–25.

21 In den Kämpfen mit Japan 1931/32 wurden die Gebäude schwer beschädigt. 1937, während der japanischen Angriffe auf Shanghai, gingen Lehrer und Schüler ins chinesische Exil. Heute untersteht die Tongji-Universität Shanghai dem chinesischen Bildungsministerium, ist Schwerpunktuniversität im staatlichen Bildungsprogramm. Ingenieurwissenschaften sind weiter eine der drei Hauptsäulen. Ab 1978 wurde der Kontakt zur BRD aufgebaut; 1998 erfolgte die Gründung eines Chinesisch-Deutschen Hochschulkollegs. https://en.tongji.edu.cn/About_Tongji/History.htm, am 10.12.2017.

22 Foto datiert auf September 1932, von HWB beschriftet: »Meine getreue Hausgenossin Juno (von Klautkes 1927 geerbt)«.

23 Gästebuch Widmann 10.5.1929.

24 HWB 30.5.1947 an Nele: »*Ich schreibe Dir dies, weil ich einen scheußlichen Eheprozess selber hinter mir habe, [...] weswegen ich mir den Vorwurf nicht ersparen kann, damals, als es mir gesetzlich wie moralisch zustand, Uwe dem Einfluss seiner Mutter nicht entzogen zu haben.*«

25 Über die Bertram'sche Schule: Andreas Hoffmann, Schule und Akkulturation, S. 42, 80, 86, 88.

26 Magdalene Melchers war die Tochter von Hermann Melchers' Bruder Karl Theodor. Gustav Pauli und Margarete heirateten 1896.

27 Briefentwurf KB, Antwort auf HWBs Brief vom 25.8.1925.

1930 – 1931

Mobil und verbunden

Transsibirische Eisenbahn

Mitte März 1930 fuhr Hermann mit der Transsibirischen Eisenbahn zurück nach China. Familie Karl Breuer begleitete ihn zum Schlesischen Bahnhof in Berlin, winkte, als der Zug abfuhr. (In Hanni Breuers Fotoalbum klebt ein etwas unscharfes Foto von der Mühle von Sanssouci, darunter hat sie geschrieben: »Onkel Hermann's Abschiedstag«.) Die Transsibirien-Strecke war Hermann schon 1913 gereist, damals mit Erna. Da hingen im Speisewagen noch die Bilder des Zaren und der Zarin. Jetzt schmückten Sowjetsterne die Giebel der Bahnhofsgebäude und die Mützen der Zugbegleiter.[1] Im Bürgerkrieg waren die Gleise schwer beschädigt worden; erst seit März 1925 wurde die Strecke wieder durchgehend befahren. Aus Moskau, »*wo ziemlich schmutziges Tauwetter war*«, schickte Hermann eine Postkarte an Karl und Alice. Von da an ging es »*durch unabsehbare Schneewüsten, hier und da unterbrochen von kahlen Birkenstämmen oder Fichtenwäldern. Die Temperatur war erträglich, kaum des Tags unter 4 Grad Kälte, meistens gerade um Null herum. Ich fahre mit einem jungen deutschen Herrn zusammen, sonst setzt sich die Reisegesellschaft aus Japanern zusammen. Ausgenommen eine Reihe von Russen, die aber in Separat Wagen fahren. Speisewagen ist erträglich,*

Postkarte aus der Transsibirischen Eisenbahn an die »Lieben« in Hannover, 15. März 1930

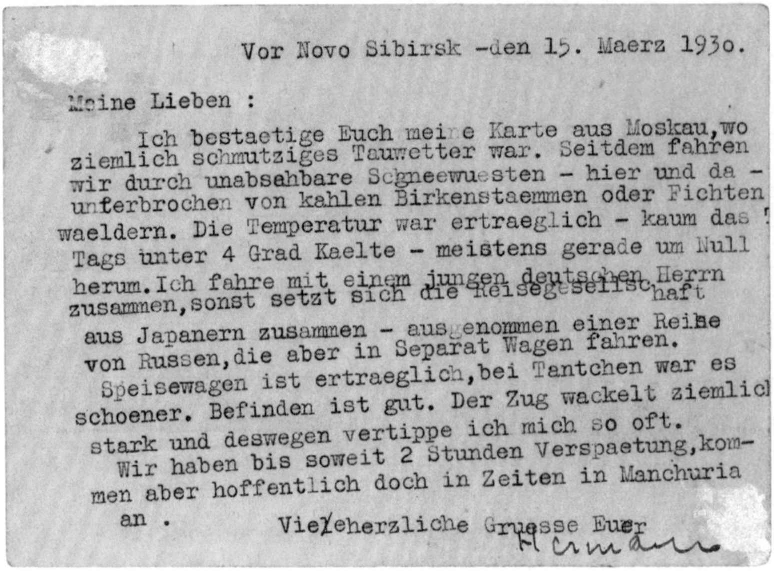

Vor Novo Sibirsk -den 15. Maerz 1930.

Meine Lieben :

Ich bestaetige Euch meine Karte aus Moskau,wo ziemlich schmutziges Tauwetter war. Seitdem fahren wir durch unabsehbare Scgneewuesten - hier und da - unterbrochen von kahlen Birkenstaemmen oder Fichten waeldern. Die Temperatur war ertraeglich - kaum das Tags unter 4 Grad Kaelte - meistens gerade um Null herum.Ich fahre mit einem jungen deutschen Herrn zusammen,sonst setzt sich die Reisegesellschaft aus Japanern zusammen - ausgenommen einer Reihe von Russen,die aber in Separat Wagen fahren. Speisewagen ist ertraeglich,bei Tantchen war es schoener. Befinden ist gut. Der Zug wackelt ziemlich stark und deswegen vertippe ich mich so oft. Wir haben bis soweit 2 Stunden Verspaetung,kommen aber hoffentlich doch in Zeiten in Manchuria an .

Vielehherzliche Gruesse Euer

Hermann

Die Postkarte warf HWB am 16. März 1930 in Nowosibirsk in den Briefkasten.

bei Tantchen [Tante Johanna] war es schöner. Befinden ist gut. Der Zug wackelt ziemlich stark und deswegen vertippe ich mich so oft« – schrieb Hermann auf der Karte, die er am 16. März in Nowosibirsk, Sibiriens Hauptstadt, in den Briefkasten warf. Postkartenmotiv: glückliche russische Familie, die sich dank ihres kleinen roten Sparbuchs einen Urlaub leisten kann. Und weiter schrieb er: »Wir haben bis soweit 2 Stunden Verspätung, kommen aber hoffentlich doch in Zeiten in Manchuria [Manzhouli] an.« Er hoffte, den Zug nicht zu verpassen, der ihn von der russisch-chinesischen Grenzstation nach Harbin bringen würde. Die China Eastern Railway, die auf dieser Anschlussstrecke verkehrte, war bekannt für ihre Pünktlichkeit.

Harbin

In Harbin wartete nicht nur ein netter Willkommensbrief von Widmann und Dr. Korff auf Breuer, sondern auch viel Arbeit: »*In Harbin war es für mich wie in Deutschland – Express-Briefe, Telegramme, Geschäftsbesuche – und ein recht großes neues Projekt, das mir sehr aussichtsreich erscheint.*«[2] Was für ein Projekt, und wo kann die Post gewartet haben? Die Firma Melchers hatte zu der Zeit keine Niederlassung in Harbin. Überhaupt gab es für Harbin nur 22 Einträge im ADO, Adressbuch für das Deutschtum in Ostasien. Außer Kunst & Albers waren es ganz überwiegend kleine Unternehmen. Also führte der erste Weg Breuer ins Deutsche Konsulat. Dort werden der Willkommensbrief und alle weiteren Anforderungen ihn erwartet haben. Es residierte Generalkonsul Dr. Georg Stobbe. Der war gerade schwer beschäftigt mit der Frage, ob und, wenn ja, wie er den Amerikanern helfen konnte bzw. durfte. Der amerikanische Konsul in Harbin hatte ihn gebeten, bei der Suche nach Akten aus den amerikanischen Vorkriegskonsulaten in Russland behilflich zu sein. Die Akten waren angeblich während der Revolutionsjahre auf verschlungenen Fluchtwegen nach Harbin gekommen und jetzt verschwunden. Die Amerikaner selbst konnten nicht suchen, sie hatten die Sowjetunion nicht anerkannt und daher keine diplomatischen Vertretungen dort.[3] Und dann wird Breuer die einzige große deutsche Firmenvertretung aufgesucht haben, die es zu der Zeit in Harbin gab, nämlich Siemens. Hat er hier das aussichtsreiche Projekt erörtert, das er dem Bruder andeutete?

Dairen (Dalian)

Auf der weiteren Reise nach Shanghai gönnte Hermann sich noch einen Erholungssonntag im Yamato Hotel in Dairen, das er von seinen Geschäftsreisen kannte und schätzte. Ausschlafen. Frühstück um 9.30 Uhr. Das Frühstücksmenü versprach englische und amerikanische Gerichte, einige davon japanisch interpretiert, darunter Fisch mit pürierten, geschmorten Pilzen, kalter Aufschnitt, frisch zubereitete Eier – oder ein Beefsteak, Ingwerkuchen, frisches und gedämpftes Obst. Sein Wohlbefinden teilte Hermann mit den Hannoveranern; er schickte ihnen die Frühstücksmenü-Karte, schrieb auf deren Rückseite: »*Meine Lieben, Nach dem Dreck und Gestank der letzten 14 Tage komme ich mir heute Morgen, nachdem ich in dem guten Yamato-Hotel mein erstes übliches China Frühstück wieder einnahm, wie neugeboren vor. Umwimmelt von reizenden ›Nei – shans‹*[4] *– die eine macht mir den Kaffee zurecht, die andere bringt den Toast, eine macht den Apfel fertig und die sechste [sic] steht schon mit einem Streichholz für die ›Golofina‹ parat. […] Mein Gepäck ist langsam auf 12 Stück angeschwollen, aber nun bin ich fertig mit dem ewigen Packen. Gesundheitlich bin ich zufrieden – es ist alles gut gegangen.*«[5]

Shanghai

Der Sonnabend nach Breuers Ankunft in Shanghai, der 29. März, war ein chinesischer Feiertag: »Tag der Märtyrer von Kanton« zur Erinnerung an 72 Anhänger von Sun Yat-sens »Revolutionärer Allianz«, die im März 1911 bei dem Versuch, die Provinzhauptstadt Kanton zu erobern, ihr Leben verloren. Seit 1906, seit Hermann in China lebte, war das der neunte Versuch einer Revolution gegen die Herrschaft der Qing-Dynastie gewesen – der folgende, im Oktober 1911 in Hankou-Wuhan, hatte dann zum Sturz der Mandschu-Kaiser geführt.[6] Breuer verbrachte den Feiertag im Tête-à-Tête mit Widmann: »Nach der Rückkehr vom Heimaturlaub zum ersten Mal wieder da«, notierte er im Gästebuch, berichtete über Privates und Geschäftliches. Die »Schulgeschichten« von Breuers Sohn Uwe interessierten Widmann schon wegen seiner sechsköpfigen Kinderschar: Eduard und Ilse waren der Schule schon entwachsen, Marie-Luise hatte zu Ostern ihre Abschlussprüfung bestanden. Anna Magdalena, genannt Annelen (im

November 1920 geboren), wurde in die Sexta der Kaiser-Wilhelm-Schule versetzt und Klara (geboren 1922) in die *Oktava*.[7] Adolf Heinrich würde schon bald in den Kindergarten gehen; seine Taufe hatten sie im Oktober 1926 mit der ganzen Gemeinde gefeiert.[8] Widmann war auch wegen seiner ehrenamtlichen Aufgabe als Vorsitzender des Schulvorstands der Kaiser-Wilhelm-Schule an Breuers Eindrücken von dem hochgelobten Internat am Solling interessiert.

Schulfragen

Breuer schwärmte geradezu von dem Gespräch, das er mit dem Schulleiter, Dr. Theophil Lehmann, hatte führen können, als er seinen Sohn nach den Weihnachtstagen ins Landschulheim brachte.[9] Lehmann war sympathisch, sein praktisches Konzept, in Sport und Spiel, Sommerlagern, Festen und dem gemeinsamen Ausbau des Landschulheims am Bewusstsein von Gemeinschaft zu arbeiten, entsprach Breuers Vorstellungen. Lehmanns Glaube an die deutsche Nation, an Volk und »Gemeinde« hatte etwas Missionarisches. Kein Wunder, dass die Schule in den wenigen Jahren ihres Bestehens zu einem Zentrum für Kinder von Auslandsdeutschen geworden war. Für die Ideen des Schulleiters vom »beseelten Organismus« und »gläubigen Realismus« hatte Hermann wenig Sinn, auch wenn sich Lehmann außer auf das Christentum sogar auf Konfuzius und Buddha berief. Seine kritischen Äußerungen über Hitler und dessen Partei waren jedenfalls ermutigend.[10] Uwes Leistungen blieben durchschnittlich; er stand in allen Fächern zwischen zwei und drei.[11] Ob er das Zeug zur »Führungselite« hatte, die Lehmann herausbilden wollte? Breuer reichte es eigentlich, wenn er ein guter Kaufmann werden würde. Widmann fand besonders interessant, wie das Miteinander von jungen Menschen mit unterschiedlichen kulturellen Hintergründen funktionierte. Er beobachtete gerade, dass der Anteil der Kinder aus nichtdeutschen Elternhäusern in »seiner« KWS anstieg: Von 15% im Schuljahr 1924/25 auf 37% im Jahr 1929/30. Im laufenden Jahr 1931 kamen von den 16 Schülern, die zu Ostern die Abschlussprüfung, den Realschulabschluss, machen würden, sechs aus sechs verschiedenen Herkunftsländern.[12] Er legte großen Wert auf die »hohe Achtung, in der unsere Schule in den nichtdeutschen Kreisen Shanghais stets gestanden hat«.[13] Übrigens hatten sie in Berlin beantragt, die KWS zur Abnahme ordentlicher Reifeprüfungen zu berechtigen. Das Unterrichtsniveau war anerkannt hoch, die Lehrpläne entsprachen denen der Hansestadt Hamburg, und Schüler, die in der Vergangenheit auf Schulen in Deutschland wechselten, um dort das Abitur zu machen, hatten leicht Anschluss gefunden.[14]

Zschopauer Motorräder

Breuer und Widmann sprachen auch über die politische Situation in Deutschland, die Auswirkungen von Stresemanns überraschendem Tod und die Verwerfungen in dessen Partei, der Deutschen Volkspartei, vor allem aber über die Auswirkung des Wall-Street-Crashs auf die wirtschaftliche Situation zu Hause. Zum Beispiel bei den Zschopauer Motorenwerken, die Melchers in China und Hongkong vertrat.[15] Diese größte Motorradfabrik musste gerade einen enormen Produktionsrückgang erleben und war dabei, die meisten ihrer 2500 Mitarbeiter zu entlassen.[16] Melchers importierte von dort seit dem Vorjahr (1929) die DKW Luxus 200. »Blutblase« wurde der kleine Zweitakter genannt, weil der Tank knallrot lackiert war.

Mit vier Blutblasen hatten sie im letzten Sommer eine aufsehenerregende Marketingaktion umgesetzt, bei der alle Beteiligten viel Spaß hatten. Auf den Maschinen waren Fahrer und Beifahrer unterwegs, hatten in drei Tagen 525 km bewältigt: von Shanghai über Moganshan nach Hangzhou und über Huzhou zurück nach Moganshan. Die Mittagshitze meidend, fuhren sie von Sonnenaufgang bis gegen 11 Uhr vormittags und wieder am Abend. Es war sogar eine Frau im Team: Ria Menzel saß auf einem der Soziussitze.[17] Die war wirklich schneidig! Kapitän der *crew* war Hellmuth Vollrath gewesen. Nur schade, dass der Verkauf der preiswerten Maschinen in China bisher zu wünschen übrig ließ. Die meist unbefestigten Straßen (»Es gab ja keine Straßen im Sinne von Straßen in China«[18]) waren wenig motorradfreundlich. Nach einer Fahrt war man von Kopf bis Fuß entweder mit Staub oder mit Matsch bedeckt. In Shanghai waren die Straßen in den ausländischen Konzessionen zwar überwiegend asphaltiert, aber auch hier gab es noch nicht einmal 900 Motorräder auf ca. 3,5 Millionen Einwohner.[19] Breuer wollte wissen, ob sich die Motorräder denn inzwischen besser absetzen ließen? Widmann hatte das Gefühl, dass es eher schlecht stehe. Aber sie wollten weiter daran arbeiten, nicht nur einen schicken Ausstellungsraum an der Bubbling Well Road eröffnen, sondern auf dem Gelände auch einen Werkstattservice anbieten. Die Anzeige könnte lauten: »We have opened a DKW Motor Cycle Service Station and Showroom under foreign Expert Supervision«.[20] Wahrscheinlich ließe sich jetzt auch beim Einkaufs-

Anzeige für die DKW »Luxus 200« im *Bühnenspiegel*, Jg. 5 (1931/32), Heft 1

preis was machen. Der Verkauf der Zschopauer Lastwagen und der Bereifungen lief weiter gut. Noch besser verkauften sich – in Shanghais feuchtheißem Klima! – die Kühlanlagen und Kühlschränke, die die Motorenwerke seit 1928 produzierten.

Apropos Motorrad: Sobald Breuer sich von den Kosten des Europa-Aufenthalts finanziell erholt haben würde, wollte er ein Auto kaufen. Konnte Widmann ihm einen Tipp geben? Breuer hatte an einen Amerikaner gedacht, die waren komfortabler als die Europäer und infolge der Wirtschaftskrise relativ preiswert. Und die Marke? Buick? Ford? Das waren die beiden meistverkauften Marken in der Stadt, auf deren Straßen momentan knapp 8 000 Pkws unterwegs waren, letzte Zählung. Deutsche Pkws waren nicht darunter. Widmann riet zu einem Chevrolet, der rangierte an dritter Stelle der Beliebtheitsskala.[21] Etwas Seriöses sollte es werden, also kein Zweitürer, Breuer wollte darin mit Besuch herumkutschieren. Eine Limousine? Ein Tourer? Ein Sedan? Er würde sich den neuen Chevrolet Six Imperial Sedan ansehen. Die Werbung versprach, dass es ein Sechszylinder-Auto für den Preis eines Vierzylinders sei. Und dass der Verbrauch mit einer Gallone auf 20 Meilen besonders günstig lag.[22]

Eurasia-Luftfahrtgesellschaft

Widmann war erleichtert, dass Anfang des Monats, nämlich am 1. März 1930, endlich der Eurasia-Vertrag abgeschlossen worden war. Das war der Startschuss für die Luftfahrt zwischen Deutschland und China. Der Vertrag sah eine Luftlinie von Berlin über die UdSSR nach Peking und Shanghai vor. Russische Flugzeuge sollten die Strecke Mukden (Shenyang) – Berlin fliegen. Vereinbart war, dass das chinesische Verkehrsministerium zwei Drittel des Kapitals einbringen würde, die deutsche Lufthansa AG ein Drittel und außerdem die Flugzeuge; deutsche Piloten sollten die Linie fliegen. Melchers war für einen Sitz im Aufsichtsrat vorgesehen. »Endlich«, sagten Widmann und Breuer, denn die Vorbereitungen zu einer Luftverbindung ab Berlin nach China liefen schon seit 1926. Es hatte Probeflüge gegeben über eine Nordstrecke, eine Südstrecke und durch die Mitte, nämlich über den Himalaja. Zu hoch, zu kalt. Die Südstrecke Berlin – Tokio hatten Ehrenfried von Hünefeld und K. G. Lindner 1928 ausprobiert.

Die Ankunft der Flieger am 15. Oktober in Shanghai war als Sensation gefeiert worden. Hünefeld war da schon eine Weltberühmtheit, weil er im April desselben Jahres mit einem kleinen Team den ersten Nordatlantikflug in Ost-West-Richtung absolviert hatte (nach Charles Lindberghs berühmtem West-Ost-Flug im Juni 1927). Im Flugzeug *Europa*, einer einmotorigen Junkers W 33 mit offenem Cockpit (Pidgin-Englisch: *topside rickshaw*), waren sie am 19. September in Berlin gestartet und über elf Zwischenlandungen, darunter Sofia, Bagdad, Karatschi, Mandalay, Hanoi und Kanton in Shanghai angelangt. In Widmanns Haus Oberneuland hatten sie am

17. Oktober (1928) zum Abschluss von drei in Shanghai gefeierten »Hünefeldtagen« miteinander beim Tee gesessen: die zwei Flieger, ihr Mechaniker Längerich[23], Dr. Korff, Pastor Krüger und Breuer. Sie sprachen über die Notwendigkeit einer regelmäßigen Flugverbindung zwischen Asien und Europa ab Berlin und über die geplante Fluggesellschaft Eurasia zur Beförderung von Post, Fracht und Fluggästen.[24] Sie verstanden sich prächtig, waren sie doch der gleichen Meinung wie Hünefeld, der in Kanton an die chinesischen Zuhörer gewandt gesagt hatte: »*Wir wollen nicht als euer Vorbild, nicht als eure Lehrer, nicht als eure Meister, wir wollen als eure Brüder hierherkommen, [...] und wir werden auch immer das Gefühl dafür haben, dass nur ein freies Volk mit einem freien Volk den Geist des Sports und der internationalen Verständigung pflegen kann.*«[25] Da erreichte sie die Nachricht, dass über Formosa ein Taifun wüte, der sich auf Tokio zubewege. Hünefeld entschloss sich, sofort zu starten, so könnten sie dem Naturereignis davonfliegen.[26] Er dichtete noch schnell für Widmanns Gästebuch: »Bremer Güte lud zu Gast.« In Tokio kamen sie heil an. Hünefeld, damals schon todkrank, starb ein Vierteljahr später in Berlin nach einer Operation. Ein imponierender Mann. Ein kurzes, intensives Leben.

Bremer Güte lud zu Gast
Gab uns hoch willkomm'ne Rast
Schenkte uns der Heimat Glück.
Dankbar denken wir zurück.
von Hünefeld, Gästebuch Widmann, 17. Oktober 1928

Radiostation

In Oskar Breuers Sammlung gibt es ein chinesisches Zeitungsblatt aus sehr holzhaltigem Papier. Das Foto darauf zeigt zwei Reihen Köpfe, die kaum zu erkennen sind. Für die Versendung nach Deutschland hat Hermann das Blatt am 12. Dezember 1930 nummeriert, beschriftet und den Anlass erläutert: »Offizielle Feier zur Eröffnung der großen chinesischen Radiostation in Shanghai.« Die Köpfe: ein Mitglied des Staatsrates der chinesischen Nationalregierung, der Minister für auswärtige Angelegenheiten und seine Frau, der Verkehrsminister und der Generaldirektor der chinesischen Telegrafenämter sowie der Bürgermeister von Shanghai. Teilnehmer von deutscher Seite: Konsul Dr. Hensel, Herr von Sick von Siemens-Halske und »Ego«, Breuer. Er wird nicht zufällig ins Foto gelaufen sein. Der erläuternde Brief ist nicht erhalten. Kann ich die Vorgeschichte finden?

Rundfunk-Anfänge in Shanghai

Die erste Radiosendung war in Shanghai im Januar 1923 über den Äther gegangen, der Sendemast stand auf dem Robert-Dollar-Haus in der Kanton Road. Betreiber war ein amerikanischer Journalist, Geldgeber ein Chinese, Sendezeit eine Stunde pro Tag. Nach sechs Monaten bemerkte jemand, dass für privaten Rundfunk keine Konzessionen erteilt wurden, der Betrieb musste eingestellt werden. 1927 richtete die chinesische Telefonverwaltung einen Rundfunkdienst ein, zuerst in Tianjin (»An dem Geschäft ist die deutsche Firma Siemens China Co. beteiligt, der Vertrieb erfolgt über eine deutsche Handelsfirma«), dann in Peking und in Shanghai.[27] Die erste chinesische Radiostation in Shanghai nahm ebenfalls 1927 den Betrieb auf (im März), sendete vom Dach des Sun-Sun-Warenhauses in der Nanking Road. Das Studio lag auf der Verkaufsebene im sechsten Stock hinter einer Glaswand, sodass Kunden die Aufnahmen beobachten konnten.[28] Die Station erreichte 500 Hörer und hielt 2 ½ Jahre durch. Erfinderisches chinesisches Hauspersonal taufte die Neuanschaffung ihrer europäischen Arbeitgeber »walla walla box«. »Walla« ist Pidgin-Englisch und bedeutet: Gerede, Lärm.

Die chinesische Regierung schloss 1928 Verträge mit der Radio Corporation of America und mit der deutschen Telefunken über den Empfang von Kurzwellen,[29] zunächst mit einer Station in der Provinz Chekiang (Zhejiang) und einer in Nanjing. Shanghai sollte folgen, und der Leiter des Siemens-Büros Shanghai, Kuno von Sick, berichtete im März 1929 nach Berlin von verschiedenen Optionen, über die er in Shanghai verhandelte: Eine »Großstation«, ein »Rundfunksender großer Leistung« oder vier kleinere seien im Gespräch, Letztere in Verbindung mit dem chinesischen Verkehrsministerium und der National Reconstruction Commission.[30] Knapp zwei Jahre später war es so weit: »Die neue Internationale Radiostation mit Sendestation in Chenju, etwa sieben Meilen westlich von Shanghai, und Empfangsstation in Liuhong, etwa zwölf Meilen nordwestlich von Shanghai, und einer zentralen Koordinationsstelle im Sassoon House im Herzen Shanghais wurde am 6. Dezember 1930 offiziell für den Verkehr mit den U.S.A. und mit Deutschland eröffnet. Der Anlass wurde mit einem Austausch von Grüßen zwischen hochgestellten Amtsträgern der chinesischen, der amerikanischen und der deutschen Regierung und mit der unentgeltlichen Übermittlung von zahlreichen öffentlichen Mitteilungen begangen.«[31] War dies das »aussichtsreiche Projekt« über das Breuer im März 1930 in Harbin verhandelt hatte?

Ein neues Lyceum Theatre

Das Jahr 1931 begann mit einem kulturellen Highlight, an dem die Deutsche Gemeinde lebhaft Anteil nahm, nämlich mit der Eröffnung eines Neubaus für das Lyceum Theater am 5. Februar. Das alte Theatergebäude an der Museum Road hatte der englische Amateur Dramatic Club (ADC) 1927 verkauft. Vom Erlös des Grundstücks im teuren Geschäftsbezirk westlich vom Bund konnten ein Grundstück an der Ecke Route Cardinal Mercier, Rue Bourgeat (Maoming Nan Lu, Changle Lu) erworben und ein Neubau finanziert werden. In dem Theaterbau der Architekten Davies, Brooke & Gran sollten zukünftig auch Aufführungen großer Opern, Gastspiele aus

Europa und Amerika usw. stattfinden. Und Filmvorführungen. In seiner Eröffnungsrede sagte der Vizepräsident des ADC, J. F. Brenan, der Neubau könne beweisen, dass Shanghai die ernsthafteren Künste sehr wohl zu schätzen wisse – obwohl Besucher, die die Stadt nur oberflächlich kennengelernt hätten, das Bild eines seelenlosen, gewinnsüchtigen, frivolen Ortes zeichneten.[32] Der Deutsche Theater-Verein hatte sich »mit ein paar Tausend Dollar« finanziell am Bau des Theaters beteiligt und durfte es daher monatlich an drei Abenden nutzen.[33] Zuschauer, Darsteller und besonders der Inspizient atmeten auf; die vergangenen zwei Jahre waren eine Irrfahrt durch die Film-Theater Shanghais gewesen. Der DT-V präsentierte seine Eröffnungsvorstellung in der Karwoche, am 31. März und am 1. April.[34] Das Stück »Die heilige Flamme« von W. Somerset Maugham[35] war Thriller, Gesellschaftsdrama und Tragödie. Unter der Regie von Gottlieb Gmehling machte Margarete Kann in der anfänglich konventionellen Mutterrolle die Vielschichtigkeit der Figur plausibel, indem sie philosophierend, amüsant und mit ihrem leichten Wiener Akzent für die Leidenschaft in der Ehe und die Werte außereuropäischer Kulturen argumentierte und tragisch als Mörderin des eigenen Sohnes endete. Sie war mitreißend und herzbewegend. Über die Frage der Euthanasie hatten die Zuschauer noch lange nach dem Schluss des Stückes diskutiert. Hermann war gern dabei: Seine alte »Truppe« wiederzusehen und hinterher miteinander zu feiern, Margarete Kann zu bewundern und mit ihrem Mann Eduard über den Kunstclub zu sprechen, den dieser vor etwa einem Jahr ins Leben gerufen hatte, war ihm eine Freude. Margarete Kann wurde manchmal als die »Seele« des DT-V bezeichnet.[36] Sie war zugleich einer seiner Köpfe: Gründungsmitglied, seit 1925 ununterbrochen Mitglied des Vorstandes und im Kunstausschuss, wo sie Vorschläge für spielbare Theaterstücke einbrachte, die Texte beschaffte und Besetzungsvorschläge machte. Im *Bühnenspiegel* veröffentlichte sie regelmäßig kenntnisreiche Beiträge, darunter so richtungweisende wie den »Über das moderne russische Theater«. Sie spielte ganz unterschiedliche Rollen, war sich auch für kleinere Partien nicht zu schade.

Das neue Theater war ein festlicher Rahmen für die Vorstellung des DT-V gewesen. Es sollten noch viele folgen.

1 Fritz W. Kuck (Lehrer an der KWS): Via Siberia (Reise im Herbst 1928). In: *Bühnenspiegel im Fernen Osten*, 3. Jg., Heft 3, S. 33–40. Hier S. 34 und 36.

2 HWB 23.3.1930 an KB.

3 https://www.archives.gov/publications/prologue/2008/spring/langbart.html, am 20.12.2017. Anerkennung der Sowjetunion durch die USA: 16.11.1933.

4 Nee-san. Wörtlich: (ältere) Schwester. Respektvoller Ausdruck.

5 HWB 23.3.1930, 9.30 a.m. an die Familie KB. Die ›Golofina‹ ist eine Zigarre.

6 Der Tag wurde und wird als »Huanghua kang 72 martyrs« gefeiert. Korrekt wäre der 27. April (1911). Es war der 29. Tag des dritten Mondmonats, an dem mehr als 82 Märtyrer starben oder in der Folge hingerichtet wurden. Hsü, Rise of Modern China, S. 465.

7 Jahresberichte der KWS. 1928/1929/1930/1931: ZA 5121/13, Signatur EZA 5/3156.

8 10.10.1926, Gästebücher Widmann.

9 HWB 14.12.1946 an Nele.

10 Herrenbrück, Theophil Lehmann, S. 66, 84, 95 usw.

11 Archiv LSH, Karteikarten Uwe Breuer. Die Zensuren gingen damals nur von 1 bis 5.

12 40 Jahre Deutsche Schule in Shanghai. 1895–1935, S. 41 und 45.

13 40 Jahre Deutsche Schule in Shanghai. 1895–1935, Vorwort.

14 Schmitt-Englert, Deutsche in China, S. 105.

15 Hong-Listen.

16 Im Jahr 1929/30 sank die Zahl der Beschäftigten von ca. 2500 auf 850. Die Produktion von Krafträdern (60 000 im Jahr 1929) ging drastisch zurück. Kfz-Zubehör und Kühlschränke wurden weiter gut abgesetzt. https://www.mza.de/mz-fahrzeuge/mz-geschichte / am 10.11.2020.

17 *North China Herald*, 3.8.1929.

18 H. A. Goldau 7.11.63 an HASt über die 1930er Jahre, BArch ZLA 7/34–17.

19 *NCDN*, 7.2.1930 (Brill): Der »Motor-Car Census in Shanghai« ergab am 1.1.1930 im International Settlement 737 und in der Französischen Konzession 115 Motorräder.

20 Anzeige in *NCDN*, 13.9.1930 (Brill).

21 Angaben: *NCDN*, 7.2.1930 und 18.4.1930 (Brill).

22 3,8 Liter auf 32,2 km.

23 Diese Schreibweise seines Namens verwendete der Mechaniker in Widmanns Gästebuch..

24 Eurasia Aviation Corporation, gegründet 1930.

25 Zitat: https://de.wikipedia.org/wiki/Ehrenfried_G%C3%BCnther_Freiherr_von_H%C3%BCnefeld, am 17.8.2017.

26 Sie flogen nur nach Instrumenten und landeten am nächsten Tag auf einem feuchten Feld 17 Meilen von Tokio entfernt. Peter Kuckuck, Der Fernostflug, S. 210–215.

27 GStA PK, HA Rep. 120 MfHuG, Abt. C XIII 18 Nr. 1 Bd. 28.

28 Denise Austin: ›Kingdom-Minded‹ People. Christian Identity and the Contributions of Chinese Business Christians. Leiden, Boston: Brill 2011, S. 97 (Global Pentecostal and Charismatic Studies, Band 8).

29 The China Year Book 1938, S. 284. Die Telefunken, Gesellschaft für drahtlose Telegrafie, war 1903 von Siemend & Halske und der AEG gegründet worden.

30 Aktennotiz, Berlin, 23.3.1929. Siemens Historical Institute, SAA 10845-2: Telefunken, Radiogeschäft in China.

31 The China Year Book 1938, S. 284.

32 Auszüge aus der Rede in: http://www.shanghaidaily.com/feature/Lyceum-Building-named-for-theater/shdaily.shtml, am 8.10.2016.

33 Otto Zwanck. Briessen-Interview, Gedächtnisprotokoll CM.

34 *Bühnenspiegel*, Jg. 5 (1930/31) Heft 4.

35 Uraufführung 1928 New York City.

36 Ursula Hamburger [d. i. Ruth Werner] 19.3.1931 an ihre Familie. Zitiert nach Kögel, S. 215.

1931
Ein Blütenmeer. 25 Jahre bei Melchers

Jubiläumsfeier

Vor 25 Jahren, am 23. Juli 1906, war es heiß, schwül und sonnig gewesen. Am 23. Juli 1931 war es wieder heiß und schwül, aber es regnete auf Breuers Weg ins Büro. Besonders wohl war ihm nicht an diesem Morgen. Da war das Wetter, und auch die Gesundheit machte nicht recht mit. Im Mai war er im Hospital gewesen, die Nieren. Konnte sich nach der Entlassung nicht recht erholen. Und statt des geplanten, vierwöchigen »Genesungsurlaubs« im »schönen, wenn auch grässlich langweiligen Badeort« Beidaihe war er gerade mal 14 Tage dort gewesen. Vorher hatte er acht arbeitsreiche Tage in Tsingtao und einen in Chefoo (Yantai) und auf dem Rückweg drei intensive Tage in Tianjin verbracht. Die langen Bahnfahrten hatten ihn angestrengt. Er war erst am Sonntag zurückgekehrt, heute war Donnerstag, der Chauffeur fuhr ihn zu seiner Jubiläumsfeier. 25 Jahre Melchers. Er würde die Haltung zeigen, die von »HWB« erwartet wurde. Als er in sein Büro kam, waren Türen und Fensterrahmen mit Rosengirlanden bekränzt, der Raum selbst mit Blumen ausgeschmückt. Überall standen Blumenkörbe; schon morgens früh um 9 Uhr waren es mehr als 25. 25 Jahre Shanghai. Zu dem Empfang, den die Melchers-Teilhaber für ihn gaben, waren Mitarbeiter und Geschäftsfreunde, ausländische und chinesische, eingeladen. Großer Bahnhof in der Kiukiang Road.

Ein Betriebsklima der Freundschaft
Dr. Korff, Ansprache zu HWBs Firmenjubiläum, 23. Juli 1931

Als Teilhaber Dr. Korff kurz nach 11 Uhr seine Ansprache hielt, standen die Gäste, darunter Vertreter der chinesischen und der englischen Presse, im Privatkontor und auf allen Korridoren. In seiner auf Deutsch gehaltenen und ins Chinesische übersetzten Ansprache überbrachte Adalbert Korff die Grüße der Partner in Bremen, Hongkong, Hankou und Tianjin und besonders Glückwünsche von Herrn und Frau Widmann, die auf Heimaturlaub waren. Er würdigte Breuers Beitrag zur Melchers-Firma und zu deren *standing* in chinesischen Kreisen: »*Für Herrn Breuer ist es ein Tag der Ehre und der Erfüllung, für uns ein Tag der Freude und Dankbarkeit. 25 Jahre harter, ernsthafter und erfolgreicher Arbeit liegen hinter ihm. Sogar in einem gewöhnlichen Leben umfasst eine solche Zeitspanne ein gerüttelt Maß an Gutem und Bösem, an Enttäuschungen und Erfolgen. Die letzten 25 Jahre haben uns jedoch mehr als das gebracht. Wir haben die schnelle und glückliche Entwicklung unserer Firma erlebt, dann den beispiellosen Kampf unseres Heimatlandes in einem verheerenden Krieg, der das Fundament unserer Firma zerstörte, und die Wiederauferstehung nach dem Krieg in einem ständigen Kampf gegen widrige Umstände. Während all dieser Zeit war Herr Breuer der Firma ein treuer Freund und Helfer. Er übernahm ab 1919 eine herausragende Rolle beim Wiederaufbau der Import-Abteilung von Melchers & Co. Und als einziger Melchers Mitarbeiter, der es vermeiden konnte, heimgesandt zu werden, konnte er der Firma in den Tagen, in denen kaum etwas übriggeblieben zu sein schien, wertvolle Dienste erweisen. In ständiger enger Zusammenarbeit mit vielen chinesischen Freunden gewann er eine grundlegende Einsicht in das chinesische Wesen und chinesische Traditionen, die zu tiefem Verständnis und Liebe zu unserem ›zweiten Vaterland‹ wurde.«* Die Wandlungen, die China erlebt habe, seien staunenswert, aber: »*Bei allem Wandel verlor Herr Breuer nie die wahren, inneren Qualitäten des chinesischen Volkes aus den Augen. Seine Fairness, Treue zu Freunden, Offenheit und sein Feingefühl haben um ihn ein Betriebsklima der Freundschaft geschaffen. Er ist – und das mit Recht – stolz auf die vielen chinesischen Freunde, die gekommen sind, um diesen Ehrentag mit ihm zu begehen. Wir wollen Herrn Breuer wünschen, dass er noch viele Jahre mit solcher Tatkraft, Klugheit und solchem Erfolg wird arbeiten können – in unser aller Interesse.*«[1]

Noch viele Jahre

Diesen Wunsch betonte Breuer in seinem Dankschreiben an die Bremer Teilhaber Korff sen. und Lindemann ausdrücklich: Auf »das höchste geehrt und ungemein erfreut« fühle er sich, und: »*Mit meinem Dank verbinde ich die Hoffnung und den Wunsch, dass ein freundliches Geschick mir noch für manches Jahr Gelegenheit geben möge, meine Mitarbeit und meine Kenntnisse auf meinem Spezialgebiet – der Einfuhr nach China – der mir so ans Herz gewachsenen Firma zum Segen und zum Erfolg zur Verfügung stellen zu können.*«

Dann sprach Herr C. P. Loh – er kannte Breuer seit dessen ersten Tagen bei Melchers – für die chinesischen Mitarbeiter. Er prophezeite, dass die Zukunft Herrn Breuer Spenden vom Himmel bringen würde. Das sei, nach alter chinesischer Erfahrung, daraus abzuleiten, dass es heute, an seinem Jubiläumstag, regnete. Herr W. T. Kiu, der Vorsitzende der Wollgarn-Gilde und Inhaber des Wollgarn-Hauses Shing Shing Tai, übermittelte die Gratulation der chinesischen Geschäftsfreunde. Vertreter der *Paper Importeurs Association* überbrachten ihrem Gründungsmitglied und designiertem Vizepräsidenten[2] die Glückwunsche der Papierimporteure.

Paper Importers Association Shanghai

Auf der 7. Mitgliederversammlung am 6. April 1932 wurde Breuer zum Vizepräsidenten der *Paper Importers Association Shanghai* gewählt.

25 am Papierhandel interessierte Importeure hatten am 12. Dezember 1924 die *Paper Importers Association Shanghai* gegründet. Breuer war der einzige Deutsche im siebenköpfigen Vorstand. Im Jahr der Gründung, 1924, war es noch bemerkenswert gewesen, dass sie überhaupt einen Deutschen in den Vorstand nahmen.[3] Die anderen Vorstände repräsentierten vier Importhäuser aus Großbritannien und je eines aus Schweden und den Niederlanden. Bis zur ersten Mitgliederversammlung im Februar 1926 formulierte der Vorstand in 16 Sitzungen die Aufgaben des Verbandes und eine Satzung. Mit der chinesischen Papiergilde, die die Einrichtung der *Association* sehr begrüßte, hatten freundschaftliche Treffen stattgefunden, man verständigte sich über ein Schiedsgerichtsverfahren mit einem chinesischen und einem europäischen Schlichter. Die Papierfabriken in den westlichen Exportländern würden sich an die Schiedssprüche gebunden fühlen. Weiter wurde festgelegt, dass die Kaufverträge der Papierimporteure eine Verschiffung auf CIF-Basis *(cost, insurance, freight*[4]*)* beinhalten sollten, um einen transparenten Preisvergleich zu ermöglichen. Am 26. Februar 1931 hatten sie sich auf einen Muster-Verkaufskontrakt geeinigt.[5]

Die Einhaltung der Vereinbarung seitens der Importeure wurde kontrolliert. Eine gemeinsame Interessenvertretung in Zoll- und Frachtfragen erwies sich angesichts der japanischen Konkurrenz als vorteilhaft für Verkäufer und für Käufer. Die Bewertung von Papiersorten durch den chinesischen Zoll warf immer wieder Fragen auf, die der Verband zu lösen half. Auf einer Zollkonferenz in Peking setzten sich die Delegierten mit dem Vorschlag der *Association* zur Klassifizierung von Papiersorten auseinander und verhinderten so, dass alle Papiere pauschal in die Luxusklasse eingruppiert wurden. Über die Jahre verbesserte der Verband die Situation der Papierimporteure unter anderem dadurch, dass er günstige Frachtraten und günstige Gebühren für den Suezkanal aushandelte. Spätere Jahrestreffen standen im Zeichen der Währungsschwankungen und der Wirtschaftskrise. Sie traf die europäischen Papierimporteure angesichts der japanischen Konkurrenz besonders hart: In der ersten Jahreshälfte 1931 wurde der Bedarf an minderwertigem Papier komplett von den Japanern abgedeckt, nur eine geringe Menge hochwertigen Papiers kam aus europäischen Fabriken.

Obwohl Breuer darum gebeten hatte, ihm zu seinem Jubiläum keine Wertsachen zu schenken, »*erschien im Laufe des Tages eine Delegation nach der anderen der verschiedenen Händlergruppen mit wundervollen Geschenken [...], so dass ich schließlich einen wahren Silberschatz in meinem Arbeitszimmer als Erinnerungszeichen stehen hatte*«. Zum Abschluss der Feier tranken die

Gäste und die Gastgeber auf Breuers Gesundheit. Sein »Hoch« und sein »Wohlergehen« wurden so oft ausgebracht, »dass ich bei meinem Dank und Gegengruß aufpassen musste, schließlich nicht die ›Würde‹ eines Jubilars zu verlieren«. Den Abend verbrachte er bei Dr. Korff. Für die brieflichen und telegrafischen Gratulationen aus den Melchers-Niederlassungen in China und von vielen Freunden legte er eine Erinnerungsmappe an.

Carl Crow

Es war auch ein Schreiben von Carl Crow dabei. Der amerikanische Journalist war zuerst 1911 nach China gekommen, hatte 1918 eine Werbeagentur und 1929 die leidenschaftlich antijapanische Abendzeitung *Shanghai Evening Post* gegründet. Crow steckte voller Erfahrungen und *stories* von amerikanischen und britischen Auftraggebern seiner Agentur und deren exzentrischen Vorstellungen von China sowie von den traditionsbewussten chinesischen Kunden. Über Crow sagten die Chinesen, so wie über Breuer, er sei ein »Chinese book in foreign binding«,[6] also: im Kern ein Chinese. Beide hatten die gleiche Art selbstironischen Humors – und eine Vorliebe für Hunde: Breuer liebte seine deutsche Jagdhündin Juno, und Crow war ungeheuer stolz auf seinen Terrier, der auf der jährlichen Hundeshow des China Kennel Club den Preis »Champion Scottie« gewonnen hatte. Und er war Mitglied der Society for the Prevention of Cruelty to Animals, die streunende Hunde von Shanghais Straßen aufsammelte.

Breuer ging gern die paar Schritte von seinem Büro in der Kiukiang Road zum amerikanischen Club in der Foochow Road (Fuzhou Lu), um sich mit Crow zu treffen. Der war Vizepräsident, später Präsident des Clubs.[7] Bei Gin Bitter und Zigarren tauschten sie Beobachtungen und Schlussfolgerungen zu Politik und Geschäft aus. Stichworte genügten: japanische Konkurrenz und Preisdumping. Japans »21 Forderungen« – die hatte Crow 1915 publik gemacht.[8] Sprengstoffattentat japanischer Offiziere in der Mandschurei im Juni 1928. Da würde wohl bald noch mehr kommen. Crow war sicher, Japan wollte über ganz Asien herrschen. Nun ja, vom Geschäft verstanden sie beide noch mehr als von der Politik. Crow schätzte die Deutschen und meinte, dass deren Geschäftserfolge auf einen einzigen, aber wesentlichen Vorzug deutscher Manager zurückzuführen sei: Sie arbeiteten viel mehr. Der deutsche Geschäftmann sei dynamischer als der amerikanische und viel dynamischer als der englische, der alles in allem wohl der entspannteste Geschäftsmann der Welt sei.[9] Diese Beobachtung über die Deutschen hatte er an Breuer verifiziert. Und das Beste war, Breuer wirkte trotz harter Arbeit meist ziemlich englisch – nämlich entspannt.

Marketing

Zum Thema »Markentreue der Chinesen« waren sie sich einig: Die Pille, die Großvaters Rückenschmerzen geheilt hatte, die wollten auch die Enkel kaufen und partout keine andere.[10] Dies Prinzip galt eigentlich für alle *sundries*, und der Importeur tat gut daran, das zu berücksichtigen. Melchers vertrat z. B. die Wulfing AG mit ihrer altbewährten Produktpalette, darunter *Sanatogen*, das »Kräftigungsmittel für alle, die sich matt und elend fühlen«. In Shanghai, wo viele sich wegen der klimatischen Bedingungen oft matt und elend fühlten, nachts schlecht schliefen oder sich gerade von einer Krankheit erholten, war *Sanatogen* seit Langem ein Kassenschlager. Seit Großvaters Zeiten stellte das Mittel chinesische und europäische Schaffenskraft wieder her.[11] Um dagegen etwas neu auf dem chinesischen Markt zu platzieren, brauchte es Gelassenheit und einen sehr langen Atem.

Und was meinte Breuer, welches Werbeargument zog besser, dass eine Ware importiert sei oder dass sie »Made in China« sei? Crow setzte eindeutig auf Import. Vielleicht hätte ein chinesischer Käufer, wenn er einen Laden betrat, die patriotische Absicht, *home made* zu kaufen, aber wenn er dann die minderwertige Ware teuer bezahlen soll, dann siege seine Vernunft.[12] Breuer zeigte Crow Fotos von Einzelhändlern, die Melchers belieferte. Sie versuchten, beide Welten zu vereinen: Die chinesische Aufschrift wies darauf hin, dass hier sowohl importierte Waren (amerikanische und europäische) angeboten wurden als auch im Land produzierte Artikel.

Mit Crow konnte Breuer über den Text »Importers' Worries« – die Sorgen des Importeurs – schmunzeln, den er zum Jubiläum überreicht bekommen hatte. Er hatte ihn auch abgeschrieben und nach Bremen geschickt, weil er so viel Wahres in humorvoller Form sagte, nämlich den Import als Vabanquespiel darstellte: Beginnend mit unendlichen Verhandlungen, in denen der Käufer immer wieder den Preis hinterfragt, später mehrfach um Verlängerung der Zahlungsfrist bittet, es folgen Missverständnisse wegen verstümmelter Telegramme, Dampfer, die ohne die Ladung ankommen, Ladungen, die vor längerer Zeit auf einem anderen Schiff in einem anderen Hafen ankamen. Dazu die spezifisch chinesischen Ereignisse: der Tod der Großmutter und die notwendige Reise nach »Ningbo more far« (weiter weg als Ningbo, also sehr weit weg), Komplikationen in Form von Fieberanfällen und Kriegen. Auf viele Kompromisse und Kopfzerbrechen folgte irgendwann die Schlussabrechnung mit der Antwort auf die spannende Frage: Gewinn oder Verlust?!

Weltwirtschaftskrise

In seinem Dank an die Bremer Teilhaber für ihre Glückwünsche schrieb Breuer: »*Es war schmerzlich, dass mein Jubiläum in die Zeit tiefster heimischer Sorge und Not fallen musste, in eine Zeit, wo man wirklich den Mut in beide Hände nehmen muss, um noch den Optimismus aufzubringen, dass nach all dem bestehenden Schrecklichen und Schweren doch noch mal eine Wendung zum Besseren kommen soll und wird.*«[13]

Zehn Tage vor seiner Feier, am 13. Juli (1931), hatte Hermann skeptisch aus Tianjin nach Hannover geschrieben: »*Die ›Hoover-Hausse‹ setzt die Welt in große Aufregung – an eine richtige Ankurbelung der Weltwirtschaft glaube ich aber erst dann, wenn die Reparationsfragen in einer für Deutschland ertragbaren Weise geregelt werden. Die letzten Nachrichten aus Deutschland sind einfach entsetzlich. Auch wir stöhnen sehr unter der Lage.*«[14] Seine Bedenken erwiesen sich umgehend als richtig: Das Hoover-Moratorium war zu spät gekommen, konnte die im Juli in Deutschland ausbrechende Bankenkrise nicht mehr verhindern. Hermann versicherte dem Vater, die Firma Melchers sei vom Zusammenbruch der Banken nicht direkt betroffen: »Was unsre Firma angeht, so sind wir vorläufig in keiner Weise von der Krisis zu Hause direkt betroffen.« Weder in der Danatbank (Konkurs am 13. Juli 1931),[15] in der Schröderbank (Konkurs am 20. Juli 1931) noch in der Nordwolle (Konkurs am 21. Juli 1931) habe Melchers China Gelder. »Die liegen alle hier draußen in Waren und Anlagen.«[16] Aber die mit der Krise verbundenen wirtschaftspolitischen Maßnahmen hatten eine Deflation zur Folge, d. h., dass der Wert der Bestände, die in Hankou, Shanghai und Tianjin für den Export lagerten, sank. Die Preise, die für Importe nach Deutschland verlangt werden mussten, waren plötzlich viel zu hoch. Die Reichsmark wurde staatlich bewirtschaftet, sie war nicht mehr frei konvertierbar. Private Devisenvermögen wurden verstaatlicht. Trotzdem hatten die Banken nicht hinreichend Geld, um den Überseehandel zwischenzufinanzieren. Auch dafür wusste Hermann eine Beruhigung: Er habe Angebote von Chinesen, der Firma privat Geld zu leihen, »wenn die Banken Schwierigkeiten machen sollten«.[17] Als problematisch für die Firma habe sich aber ein »gewisser Expansionsdrang [...] erwiesen, wo manche Transaktionen schief gegangen sind und [die Firma] viel Geld – allerdings nicht mich persönlich – kosteten«. Im Gegenteil: »*Unberufen geht es meiner Abteilung am besten und über manche Punkte, bei denen es bei Meinungsverschiedenheiten fast zur Krisis zwischen der Firma und mir gekommen wäre, stellt es sich jetzt heraus, dass meine Dispositionen die richtigen waren.*« Im Jahr 1931 erwartete Hermann noch »die Zahlung für das große s. Zt. von mir vermittelte Kraftwerk in Shanghai« und rechnete daher »trotz aller bösen Zeiten mit einer Überschuss Summe wie letztes Mal für mich«. Hermann hatte 1928/29 den Bau eines Kraftwerks von 20 000 KW im Shanghaier Stadtteil Zhabei »vermittelt«. Im Brief an Karl erwähnte er das vor allem, um dem Bruder zu signalisieren, dass er ihn weiterhin finanziell unterstützen könne. Und Hermann fügte hinzu: »Ich wünsche Dir von Herzen, dass die Katastrophe in Deutschland sich ändert, leider besteht dafür nicht viel Hoffnung, wie es überhaupt in der Welt recht beschossen [sic] aussieht.«[18]

Ein Kraftwerk

»Kommt diesjährig [1931] noch, wie ich erwarte, die Zahlung für das große s. Zt. von mir vermittelte Kraftwerk in Shanghai ein [...]«, schrieb Hermann an Bruder Karl. Ein Kraftwerk, das ist doch mal was anderes als Nähnadeln und Sturmlaternen! Wann, wo, wie? Gleich bei meinem allerersten Archivbesuch – im Geheimen Staatsarchiv Preußischer Kulturbesitz in Berlin – lagen mir Akten des Ministeriums für Handel und Gewerbe vor. In Nr. 15, Statistische und Handelsnachrichten über China, Bd. 5 (1929 –1930) fand ich zum Thema Elektrifizierung im Bereich der Yangtse-Mündung die Information: »*Unter den weitgehenden Plänen der Nationalregierung für die wirtschaftliche Entwicklung Chinas stehen die Projekte zur Elektrifizierung des Landes an hervorragender Stelle.*« Der Generalkonsul berichtete an das Auswärtige Amt, seit dem Weltkrieg würden nicht mehr nur Kraftwerke im Ganzen importiert, sondern auch von chinesischen Unternehmen Werke gebaut, für die Maschinen eingeführt würden. Am dichtesten seien die Kraftwerke (1929) in der Region Nanjing – Shanghai – Hangzhou. Dort seien zehn chinesische Kraftwerke mit mehr als 1000 KW entstanden bzw. »in Ausführung begriffen«, die größten mit je 20 000 KW in den Shanghaier Stadtteilen Nantao, d. i. die chinesische Altstadt, und Zhabei, also im Bezirk nördlich des Wusong um den Nordbahnhof, dazu über 100 kleinere Stationen. Wobei die chinesische National Reconstruction Commission prinzipiell Interesse daran habe, dass große Stationen errichtet werden.[19] Eines davon könnte HWBs E-Werk gewesen sein. Melchers vertrat zu dieser Zeit Škoda. Škoda hatte sich nach dem Krieg auf zivile Produktion orientiert, baute in aller Welt Zuckerfabriken, Mühlen, Brauereien, Bergwerke – und Kraftwerke. Passte das zusammen? Ein Puzzleteil fehlte mir. Das fand ich im Bundesarchiv in den Akten des Bundesausgleichsamtes. Seinem Antrag auf Lastenausgleich hatte Carl Gerhard Melchers die kurze Firmengeschichte beigefügt, die Breuer 1941 zum 75-jährigen Bestehen der China-Firma verfasste und die ich im Melchers-Archiv vergeblich gesucht hatte. Darin schrieb er: »*Die Reihe der bestehenden deutschen Werks-Vertretungen wurde durch Übernahme angesehener ausländischer Beziehungen vergrößert. Es kam unter anderem auch zur Zusammenarbeit mit den Škoda-Werken in Pilsen, die durch Vermittlung der Firma Melchers & Co. den Auftrag für das Elektrizitätswerk in Zhabei, einem der größten Elektrizitätswerke in China, erhielten.*«[20]

Natur- und Währungskatastrophen

Jubiläum in einer Zeit der Sorge – das galt nicht nur für die Westler, die besorgt nach Europa und nach den USA blickten. In China brachen die Dämme. Schwerste Regenfälle und Zyklone ließen im Juli, August 1931 die Flusspegel steigen. Die Stadt Nanjing, die auf einer Insel im Überflutungsgebiet des Yangtse und an seinen Ufern liegt, erlitt katastrophale Schäden; Menschen ertranken, verhungerten oder starben in der Folge an Seuchen. Am 19. August erreichte der Pegel flussaufwärts bei Hankou 16 Meter über Normal. Am Abend des 25. August 1931 durchbrach das durch den Kaiserkanal strömende Wasser die Deiche des Gaoyou-Sees. Etwa 200 000 Menschen wurden im Schlaf überrascht und ertranken; 28,5 Millionen Menschen waren von Flutschäden betroffen.[21] Das wirkte sich auf die Ernten aus, auf die Weiterverarbeitung von Produkten, auf den Export – aus der menschlichen Tragödie wurde auch ein wirtschaftliches Desaster.

Ein ökonomischer Damm brach, als London die Eins-zu-eins-Bindung des Pfund-Sterling-Wertes an das Edelmetall Gold aufhob. Der Wert des GBP fiel um 25%. Ein ungeheurer Vorteil für den britischen Export, ein ungeheurer Nachteil für die deutschen Überseehäuser, deren Kapitalbasis die britische Währung bisher darstellte; auch sie war abgewertet. Importe aus Deutschland waren plötzlich überteuert. Deutschlands Anstrengungen, den Wechselkurs der Reichsmark durch Bewirtschaftung zu schützen, trafen ebenfalls den Handel: In Devisen eingehende Zahlungen mussten zu festgelegten Kursen bei der Reichsbank eingetauscht werden. Melchers hatte erfolgreich beantragt, bei ihnen eingehende Devisen (GBP, US-Dollar oder Niederländische Gulden), die sie in den nächsten drei (dann zehn, dann 14) Tagen für Zahlungen benötigten, »zur Verfügung [zu] belassen«.[22]

Die Eurasia stolpert und scheitert

Die hochfliegenden Pläne der letzten Jahre für die Eurasia-Luftfahrtgesellschaft waren ein Opfer der wirtschaftlichen Lage geworden. Das Reichsverkehrsministerium hatte der geplanten Eröffnung eines transkontinentalen Luftweges zwischen Mitteleuropa und Ostasien in chinesisch-deutscher Kooperation (Vertragsunterzeichnung März 1930) im Mai 1930 die Finanzierung versagt. Am 31. Mai 1931 startete daher nur eine Patchwork-Lösung. Die schilderte Breuer Herrn Dr. Lehmann, Landschulheim am Solling, so: Ein Junkers-Flugzeug werde am 31. Mai um 5 Uhr früh in Shanghai starten und in 19 Flugstunden über Nanjing und Peking nach Manjur in der Inneren Mongolei fliegen. Von dieser Grenzstadt zur UdSSR sollte die Post mit sowjetischem Flugzeug nach Irkutsk gebracht und nach Moskau geflogen werden, dann mit deutschem Flugzeug weiter nach Berlin. Das alles in etwa sieben Tagen. Bisher dauerten Briefe ab Shanghai per Bahn ca. 14 Tage.[23] Mit einem gewissen Stolz fügte HWB hinzu, sein Brief an Dr. Lehmann würde mit dem allerersten Flug auf dieser Route befördert

– und steckte sein Schreiben in einen der 5700 extra für das Ereignis gedruckten Briefumschläge.

Der »Mukden-Zwischenfall« bereitete dieser Verbindung schon wenige Monate später ein Ende: Am 18. September 1931 verübten Offiziere der japanischen Armee nahe der Stadt Mukden (Shenyang) einen Sprengstoffanschlag auf die Südmandschurische Eisenbahn. Der Anschlag, für den die Japaner Chinesen verantwortlich machten, diente als Vorwand für die Verstärkung japanischer Truppen in der Mandschurei und die Sperrung des Luftraums. Der »Zwischenfall« erwies sich als Beginn einer japanischen Besetzung der Mandschurei, die im März 1932 zur Gründung eines »Kaiserreichs Mandschukuo« führte. Die Eurasia flog zunächst Alternativstrecken und nach Beginn des Japanisch-Chinesischen Krieges im Juli 1937 nur noch innerchinesische Routen.

1 Rückübersetzung (CM) der von Korff auf Deutsch gehaltenen Rede aus der englischen Zeitung *The Shanghai Times* 24.7.1931.

2 Vizepräsident wurde HWB im Frühjahr 1932. *North China Herald*, 12.4.1932.

3 *North China Daily News*, 27.2.1926; Hong-Liste 1927.

4 Kaufpreis, Versicherung, Transport. Dabei sind alle transportbedingten Nebenkosten bis zum Bestimmungsort im Importland eingeschlossen. Der Exporteur muss die Ware in Übereinstimmung mit dem Kaufvertrag – transportgerecht verpackt – termingerecht an Bord des Schiffes liefern. Er trägt das Risiko, bis die Ware im Verladehafen an Bord des Seeschiffs ist. Lieferort und Gefahrenübergang ist also auf dem Schiff. Der Verkäufer muss auf seine Kosten zugunsten des Käufers eine Trans-

portversicherung zu bestimmten Mindestbedingungen abschließen, die den Käufer zur Erhebung von Ansprüchen ermächtigt. Aus: http://wirtschaftslexikon.gabler.de/Definition/cif.html, am 13.9.2017.

5 Auf der Generalversammlung der Shanghai Paper Importers' Association am 26.2.1931 wurde ein »*Einheitlicher Verkaufscontract zwischen hiesigen Importeuren und chinesischen Abnehmern*« beschlossen.

6 Crow, 400 Million, S. 113.

7 French, Crow, S. 151. Im Zusammenhang mit dem Jubiläum schickte Crow eine Sammlung einschlägiger Zeitungsartikel an Breuer. In »Foreign Devils« schreibt Crow, dass er »Mr. Breuer« schätzt, S. 245.

8 … deren Annahme China seine nationale Unabhängigkeit geraubt hätte. French, Crow, S. 62–67.

9 Crow, 400 Million, S. 243. Ü: CM. (Wörtlich über den Engländer: »the world's most leisurely business man«.)

10 Crow, 400 Million, S. 166–167.

11 Die chinesische Sanatogen-Werbung wandte sich besonders an die weibliche Kundschaft, ihr wurden körperliche Fitness und sogar moralische Reinheit in Aussicht gestellt.

12 Crow, 400 Million, S. 105.

13 HWB 25.7.1931 an Korff und Lindemann, Durchschlag an KB.

14 HWB 13.7.1931 an Oskar Breuer. Hoover-Hausse: Mit dem Dawes-Plan waren 1924 die jährlichen Kriegsreparationen Deutschlands an die ehemaligen Kriegsgegner abgesenkt worden. Ab 1929 war eine Erhöhung der Zahlungen vorgesehen, die Deutschland absehbar nicht leisten konnte. Unter Leitung von Owen Young wurden 1929 neue jährliche Zahlungsraten festgelegt. Die Zahlungen waren und wurden überwiegend durch Anleihen finanziert, die das Deutsche Reich bei privaten (ausländischen) Gläubigern aufnahm. Das (Präsident) Hoover-Moratorium im Juni 1931 setzte die Reparationszahlungen für ein Jahr aus. Auf der Konferenz von Lausanne im Juli 1932 wurden die Reparationen zugunsten einer Einmalzahlung erlassen. Die Anleihen, die zur Finanzierung aufgenommen worden waren, mussten weiter verzinst werden. https://www.bundestag.de/resource/blob/413322/4c3fffa7b1de4151be9641a8254f6f30/wd-1-088-08-pdf-data.pdf, am 3.11.2020. Adam Tooze, Ökonomie der Zerstörung, S. 33–41.

15 Die Darmstädter und Nationalbank (DANAT, damals die zweitgrößte Bank Deutschlands) und die Bank J. F. Schröder wurden durch den Konkurs von Nordwolle (Norddeutsche Wollkämmerei und Kammgarnspinnerei, größter Textilkonzern in Europa) im Juli 1931 zahlungsunfähig und schlossen im Juli 1931. Das Bankhaus Schröder wurde vom Land Bremen saniert und als Norddeutsche Creditbank AG übernommen. Dietmar von Reeken: Lahusen. Eine Bremer Unternehmerdynastie. 1816–1933.

16 HWB 10.9.1931 an KB.

17 HWB 20.7.1931 an Widmann.

18 Alle Zitate: HWB 10.9.1931 an KB.

19 GK 8.7.1930 an AA, GStA PK 1. HA Rep. 120 MfHuG Abt. C XIII 18 Nr. 15, Bd. 5, p. 96.

20 HWB, Firmengeschichte, S. 6, BArch ZLA 7–34/116. Architekt das Kraftwerks: Ladislaus Hudec.

21 https://de.wikipedia.org/wiki/Flutkatastrophe_in_China_1931 am 22.1.2018. Die »Encyclopaedia Britannica« berichtet von 300 000 Toten, 40 Millionen Obdachlosen. https://www.britannica.com/science/Yangtze-River-floods, am 3.11.2020.

22 Anträge von Melchers an die Stelle für Devisenbewirtschaftung 29.10. und 3.11.1931. Handelskammer Bremen, Firmenakte Melchers: 90001, K 11 A. Dazu: Adam Tooze, Ökonomie, S. 40–44.

23 HWB 30.5.1931 an Dr. Lehmann. 1931 flog die Eurasia 80 000 km, transportierte 51 Fluggäste, 2 000 kg Fracht, 784 kg Post. 1932: 200 000 km, 370 Fluggäste, 9762 kg Fracht, 1546 kg Post. Röser: Wirtschaftsbeziehungen, S. 134.

1926–1932

Kirchweihe. Schwarz-Rot-Gold

Deutsche Kirche

Sonntag, der 23. Oktober 1932, kurz vor 10 Uhr vormittags. Die deutsche Gemeinde Shanghai traf sich bei bestem Wetter – es war sonnig, aber nicht heiß – auf dem freien Platz an der Ecke Great Western Road und Avenue Haig. Sie standen vor dem ausdrucksstarken, fünf Stockwerke hohen Glockenturm (noch schwiegen die Glocken), bekrönt von einem schlichten Kreuz, und vor der Kirchenvorhalle mit ihren drei bogenförmigen Eingängen, um gleich an der Weihe ihrer neuen evangelischen Kirche teilzunehmen. Turm und Halle waren parallel zur Avenue Haig erbaut, das Kirchenschiff lag in einem Winkel von 45 Grad dazu, so die Diagonale des Grundstücks nutzend.[1] Vom Flaggenmast wehte die deutsche Fahne schwarz-rot-gold, am Gebäude selbst die Fahne des Deutschen Evangelischen Kirchenbundes, dem die Gemeinde Shanghai seit 1926 angehörte.[2]

Programm zur Weihe 1932 mit einer Zeichnung von Friedrich A. Leekney.

Vor den Toren erhielt jeder Teilnehmer ein Doppelblatt mit dem Programm der Weihe. (Hermann schickte sein Exemplar an den Vater nach Hannover, ich fand es ganz hinten in Oskars Fotoalbum; es lag in dem Briefumschlag, in dem es versandt worden war.) Die Veranstaltung begann mit der Schlüsselübergabe des Architekten Ladislaus Hudec an den Kirchenvorstand, der sie mit Worten des Dankes an Pastor Krüger weitergab. Die Kirchentore wurden geöffnet, und die Gemeinde folgte ihrem Pastor durch die Gedächtnishalle – dort hingen Tafeln, die an die Gefallenen des Boxerkrieges, des Kreuzergeschwaders im Weltkrieg und der Kämpfe in Tsingtao erinnerten – in den Kirchenraum. Dieser zeigte sich als ein schlichtes, hell verputztes Schiff, gegliedert durch das Holzwerk der Decke, des Gestühls, der Kanzel und abgeschlossen von einem Chor, den der Orgelprospekt akzentuierte. Farbige Fenster milderten die Strenge des Raumes. Für den Weihe-Sonntag war der Raum mit blühenden Pflanzen schön geschmückt. Während die Gemeinde langsam das Schiff füllte, spielte das Orchester das Andante aus Beethovens 1. Sinfonie. Die Orgel wartete noch auf ihre Weihe. Pastor Krüger, der Generalkonsul, Vertreter des Kirchenvorstandes und des Bauausschusses traten vor den Altar, weitere Amtsträger der Gemeinde nahmen in den ersten Bankreihen Platz.

HWB saß irgendwo ziemlich weit vorn. Er freute sich, dass er am Festakt teilnehmen konnte. Sein Reitunfall vor knapp zwei Monaten war nicht so glimpflich ausgegangen wie der vor zwei Jahren. Beinbruch links, Paulun-Hospital. Nun ging er aber schon wieder ohne Stock. In der Firma wurde ja erzählt, dass Korff sen. seinem Teilhaber Gustav Adolf Melchers seinerzeit die Teilnahme an Schnitzeljagden verboten hatte, wegen der Gefährlichkeit. Das war kurz vor der Jahrhundertwende gewesen. Nun, bei der Reitsaison in diesem Winter würde HWB sicher wieder dabei sein. Auf Mademoiselle, die mit dem Schrecken davongekommen war. Mademoiselle war inzwischen, nach einigen eher kurzen Pferdebeziehungen (Essig und die bildschöne Blessy), seine gute Gefährtin.

In der Kirche begann die Zeremonie der Schlusssteinlegung: Lesung der Bauurkunde, Einschließen von Dokumenten und Gegenständen in eine Schatulle und Setzen des so gefüllten Schlusssteins mit symbolischen Hammerschlägen der Gemeindevertreter. Unter den Klängen des Andante aus Mozarts g-Moll-Sinfonie wurden die Kirchengeräte auf den Altar gestellt.

Rückblick: »Deutsches Eck«

Ein langes Programm. Da schweifen die Gedanken schon mal ab. Ein neues »Deutsches Eck« war entstanden. Zur deutschen Schule, dem Gemeindehaus und dem *Iltis*-Denkmal war die Kirche hinzugekommen. Einige in der Gemeinde interpretierten die Gebäude als Symbole deutscher Wahrheit, deutscher Ordnung, deutscher Vaterlandsliebe und deutschen Glaubens.[3] Hermann sah mehr den Beweis, dass die DG wieder eine Menge bewegen konnte und ihren Beitrag zum kulturellen Angebot Shanghais leistete.

Die Zahl der Deutschen in Shanghai nahm immer noch zu. 1920 war die Deutsche Gemeinde mit 139 Mitgliedern wiedergegründet[4] worden. Beim Zensus von 1925 wurden 1100 Deutsche in den beiden Settlements und der External Roads Area gezählt, das waren 3 % der ausländischen Bewohner und weniger als 0,1 % aller Einwohner, denn in dem Gebiet lebten 1,1 Millionen Chinesen.[5] 1930 wurden 1430 Deutsche gezählt bei insgesamt knapp 40 000 Fremden.[6] 1924 hatte sich die DG mit einer neuen Satzung demokratisch definiert.[7] Danach konnte jeder Mann und jede Frau Mitglied der

Gemeinde werden, der oder die im Besitz der bürgerlichen Ehrenrechte war und die deutsche Sprache beherrschte. Während vor dem Krieg der jeweilige Generalkonsul von Amts wegen den Vorsitz innegehabt hatte, war nun festgeschrieben, was sie schon in den zwei Jahren vorher praktiziert hatten: Der Vorsitzende wurde von den Gemeindemitgliedern frei gewählt; gewählt wurden auch die Mitglieder der beiden Schiedsgerichte. Adolf Widmann hatte als Vorsitzender hart gearbeitet, um dafür Unterstützung zu bekommen.[8] Es gab wieder eine Deutsche Handelskammer, zwei Deutsche Clubs, den Deutschen Theater-Verein, die Deutsche Frauenhilfe und den Deutschen Hilfsfonds. Und das jährlich erscheinende »Adressbuch für das Deutschtum in Ostasien«. Ob sich das für den Verlag rechnete? Vor ein paar Wochen war, trotz politischer Bedenken der Deutschen Handelskammer, die erste Ausgabe der neuen deutschsprachigen Tageszeitung *Deutsche Shanghai-Zeitung* erschienen.[9] Eigentlich hatte für solche Unternehmungen gerade niemand Geld übrig: Die Auswirkungen der Wirtschaftskrise waren inzwischen in China angekommen. Das deutsch-chinesische Im- und Exportgeschäft lief im Jahr 1932 »sehr ruhig«. HWB schätzte, der Warenaustausch sei gegenüber dem bisher besten Nachkriegsjahr 1929 wohl etwa halbiert.[10] Schon im vergangenen Jahr 1931 waren kaum die laufenden Kosten erwirtschaftet worden.[11] Viele kleinere Firmen waren bankrottgegangen.

Deutscher Club

Der Wiederaufstieg der Deutschen Gemeinde zeigte sich sogar im Stadtbild. Die erste Neueröffnung einer deutschen Institution hatte an einem Sonntagvormittag im Juni des Jahres 1926 stattgefunden[12]: Da öffnete der Deutsche Gartenclub in der Great Western Road provisorische Tore. 70 Mitglieder der DG genossen die gereichten Erfrischungen und spazierten über das Gelände, begutachteten die acht Tennisplätze, vier mit hartem, vier mit weichem Boden.[13] Das Gebäude war damals noch in Planung gewesen. Ladislaus Hudec hatte für den Club ein Gebäude entworfen, in dem Klassizismus und Heimatstil, Repräsentation und Zurückhaltung sich mischten. Es war im Januar 1928 eingeweiht worden. Die modernen Buntglasfenster ließen Erinnerungen an die bunten Fenster des alten Clubs Concordia wach werden.

Etwa gleichzeitig mit dem Bau des Clubs waren die Planungen für das neue »Deutsche Eck« vorangeschritten. Das Schulgebäude an der Weihaiwei Road 95, das die Chinesen 1922 restituiert hatten, war verkauft und ein Gelände an der Ecke Great Western Road, Avenue Haig erworben worden. Der erste Spatenstich für den Neubau der Kaiser-Wilhelm-Schule und ein neues Gemeindehaus wurde am 14. Juni 1928 zelebriert; deutsche Firmen hatten die für den Schulbau noch fehlende Summe hypothekarisch zur Verfügung gestellt. Auf die feierliche Grundsteinlegung im Oktober folgte im Mai (1929) die Einweihung. Das Gebäude hatte der deutsche Architekt E. Busch (der auch Widmanns Wohnhaus und Melchers' Lagerhaus am Broadway entworfen hatte) im Stil der Moderne gestaltet. Außer Klassenräumen, Zeichensaal und Räumen für den naturwissenschaftlichen Unterricht gab es eine Aula für 400 Personen mit Bühne, Leinwand, Filmprojektor. In den oberen Stockwerken befanden sich Dienst- und Mietwohnungen. Einen Monat nach der Eröffnungsfeier fand im Juni eine abschließende große Festlichkeit auf dem Gelände statt: Die Wiedererrichtung des *Iltis*-Denkmals.[14] Nach zehn Jahren war es aus dem Schuppen des Municipal Council befreit worden. Hermann erinnerte sich natürlich an den Vandalismus, der im November 1918 zum Abbau des am Bund stehenden Denkmals geführt hatte. Aber jetzt, in der Kirche sitzend, die nun neben dem Denkmal stand, genoss er es, an das Erreichte zu denken. Es war richtig gewesen, immer nach vorn zu schauen.

»Zwischenfälle«

Der Kirchenbau hatte sich hingezogen: Baubeginn war im Mai 1931 gewesen. Damals war geplant, den Bau bis Weihnachten 1931 fertigzustellen und am Palmsonntag 1932 zu weihen, zugleich mit den Konfirmationen.[15] Das wäre der 20. März gewesen. Aber zu Beginn des Jahres 1932 erzwang schlechtes Wetter eine vierwöchige Baupause. Und dann griffen, nach einigen inszenierten, blutigen »Zwischenfällen«, die Japaner Shanghai an. Am 28. Januar, ab 11 Uhr nachts, bombardierte die japanische Marine den Arbeiterstadtteil Zhabei.[16] Dabei wurde eine der Baumwollfabriken von Wing On getroffen, Arbeiterinnen der Nachtschicht getötet. Marinesoldaten rasten auf Motorrädern durch den Stadtteil, schossen auf Zivilisten. Am folgenden Tag stand das Geschäftsleben still. Die Bombardements gingen weiter. Die chinesischen Banken schlossen und öffneten in den nächsten Wochen nur gelegentlich und unter Polizeischutz. Waren blieben in den *godowns* liegen, weil sie nicht bezahlt werden konnten. Lagergebühren und Versicherungssummen fraßen derweil die Gewinne auf. Im Settlement herrschte Belagerungszustand. Ab 10 Uhr abends durfte niemand mehr auf die Straße, *curfew*. Bis zum Ende der Feindseligkeiten flohen etwa 10 000 Chinesen in die Konzessionsgebiete. Zu Fuß, auf Karren, in Rikschas und in Autos. Halb fertige Neubauten, Büros und *godowns* wurden für sie geöffnet. Der Stadtteil Zhabei war schließlich zum großen Teil zerstört. Im Februar hatten die von deutschen Militärberatern aufgestellten zwei Musterdivisionen den Japanern noch erheblichen Widerstand entgegengesetzt.[17] Anfang März mussten sie sich geschlagen geben. Ein paar Tausend japanische Zivilisten hatten sich in Hongkou niedergelassen, dem nördlichsten Bereich des International Settlement, jenseits des Wusong; sie betrachteten den Stadtteil fortan als japanisch. Niemand hinderte sie daran. Im Gegenteil: Der vom Völkerbund vermittelte Waffenstillstand besagte u. a., dass die Chinesen ihre Truppen auch aus den Shanghai umgebenden Gebieten abziehen mussten. Als der Waffenstillstand am 5. Mai unterzeichnet wurde, hatte sich die Hoffnung zerschlagen, das neue Kirchengebäude wenigstens zu Pfingsten einweihen zu können.[18]

Nun, Ende Oktober, war es endlich so weit. Im Programm des Vormittags waren sie bei den »Weihungen« angekommen: Glockenweihe, Orgelweihe, Kirchenweihe, die Glocken ertönten, die Orgel auch. Die Orgel hatte die Firma G. F. Steinmeyer & Co. im bayerischen Oettingen gebaut. Ende Januar war sie in Hamburg auf die *Sauerland* der Hamburg-Amerika-Linie verladen worden. Als sich der Mandschurei-Konflikt ausweitete, schien es, als könnten sie im Hafen von Shanghai gar nicht landen: Im Februar war das Hafenviertel Kampfgebiet. Dann kam die Orgel Mitte März doch in Shanghai an und mit ihr Monteur Enzensberger, um sie einzubauen.[19] Der Organist spielte ein Präludium von Max Jentsch.[20] Dann sangen sie: »Sieh' uns fertig, gegenwärtig, / anzubeten, Herr, vor dir!«

Es streit' für uns der rechte Mann

Pastor Krüger hatte als Predigttext aus der Offenbarung des Johannes ausgewählt: »Siehe da, die Hütte Gottes bei den Menschen und er wird bei ihnen wohnen«; er interpretierte den Kirchenbau als eine Form der Verkündigung. Wenn es bei Johannes weiter hieß: »Gott wird abwischen alle Tränen von ihren Augen, und der Tod wird nicht mehr sein, noch Leid noch Geschrei noch Schmerz wird mehr sein«,[21] dann mussten die Deutschen sich davor hüten, die Parallelen allzu eng zu ziehen. Denn tatsächlich waren die Tränen der Deutschen weggewischt. Sie wurden hier »draußen« wieder respektiert. Aber seit kurzer Zeit legten einige (meist neue) Gemeindemitglieder eine Art des nationalen Selbstbewusstseins an den Tag, die die gestandenen *expatriates* unangenehm berührte. Sie sangen jetzt »Ein feste Burg« und: »Mit unsrer Macht ist nichts getan, wir sind gar bald verloren; / es streit' für uns der rechte Mann, / den Gott hat selbst erkoren«. Hoffentlich war allen Anwesenden bewusst: »Er heißt Jesus Christ [...] und ist kein andrer Gott«. In anderen Versammlungen hörte sich das jetzt manchmal anders an.

Vor ziemlich genau einem Jahr, im November, Dezember 1931, hatten Vertreter dieser nationalen Bewegung tatsächlich durchgesetzt, dass der Deutsche Theater-Verein den Plan, Zuckmayers Tragikomödie »Der Hauptmann von Köpenick« aufzuführen,[22] fallen ließ. In seinem Stück schildert Zuckmayer den Überfall auf das Rathaus von Köpenick, den ein arbeitsloser Schuster in der Uniform eines Hauptmanns verübte; eine wahre Begebenheit aus dem Jahr 1906. Der falsche Hauptmann zog mit der Stadtkasse ab. Zuckmayer übernahm die Darstellung der Verteidigung, der Schuster habe sich lediglich einen Ausweis beschaffen wollen, ohne den er weder Arbeit noch Wohnung finden konnte. Der Autor wollte zeigen, dass die

Aktion nur deshalb gelang, weil der deutsche Untertanengeist mitspielte, der nämlich der Uniform gehorcht. Das war auch als Warnung vor neuen braunen Uniformen zu verstehen. Das Stück hatte in Berlin heftige Diskussionen ausgelöst, höchstes Lob von Thomas Mann geerntet, Beschimpfung von Joseph Goebbels.[23] In Shanghai sollte Architekt Rudolf Hamburger Regie führen; für die Hauptrolle war Willy Mascher vorgesehen,[24] Kaufmann bei Melchers & Co., der sich als Amateurschauspieler auf die verschiedenen Facetten des komischen Fachs spezialisiert hatte. Aber der Vorstand des Theater-Vereins wurde vom Generalkonsul schriftlich gebeten, das Stück nicht aufzuführen. Der GK nannte es »ekelhaft«. Regisseur Hamburger und Helmuth Woidt[25] versuchten, sich zu wehren. Sie schickten eine Antwort an den Generalkonsul, unterschrieben von 15, z. T. prominenten Mitgliedern der Deutschen Gemeinde. Aber der Verein verzichtete doch auf die Aufführung.[26] Vermutet wurde, dass Franz Xaver Hasenöhrl das Schreiben des Generalkonsuls veranlasst hatte.[27] Hasenöhrl war Angestellter bei Siemssen & Co.; seit Mitte 1932 betrieb er in Shanghai die Gründung einer Ortsgruppe der Nationalsozialistischen Deutschen Arbeiterpartei. In Deutschland war die NSDAP seit der Wahl im Juli (1932) die bei Weitem stärkste Partei im Reichstag; am 6. November würde schon wieder gewählt werden.[28]

Chorsatz »Locus Iste« von Anton Bruckner: »Dieser Ort ist von Gott geschaffen, / ein unschätzbares Geheimnis, / kein Fehl ist an ihm«. Die schlichte Musik fand Hermann sehr ergreifend. Er dachte an seine Rolle als Obmann des Schiedsgerichts der Deutschen Gemeinde. Zur Gemeindevorstandswahl 1926 war er gefragt worden, ob er sich zur Wahl stellen würde.[29] Er hatte kurz gezögert. Denn, mal abgesehen davon, dass die »*office* Schufterei« bekanntlich nebenbei lief, hatte er damals noch den Job als Theaterdirektor mit den vielen Vorstandssitzungen des Vereins. Außerdem vertrat er Melchers', und überhaupt deutsche Interessen, in der International Paper Importers Association Shanghai. Aber ehrenamtliche Tätigkeit war für *expatriates* jeder Nation tatsächlich Ehrensache. Er selbst hatte sich ja schon in jungen Jahren in den verschiedenen Komitees des *boat club* und als Schriftführer im Deutschen Reiterverein engagiert, war ehrenamtlich Hilfslehrer gewesen. Nun war es ihm eine Ehre, als einer der Obmänner des Schiedsgerichts zu amtieren; ein Sinn für Fairness und seine Freundlichkeit verliehen ihm Autorität.[30]

Schiedsrichter

Das Schiedsgericht der Deutschen Gemeinde war 1921 eine neue Einrichtung gewesen, nämlich eine Reaktion auf den Verlust der Exterritorialität. Bis 1917 hatte die *extralty* Deutsche von der chinesischen Gerichtsbarkeit ausgenommen, sie waren der Rechtsprechung der diplomatischen Vertretung unterstellt. Nun sah die Gemeindesatzung vor, dass zivilrechtliche

Streitigkeiten zwischen Deutschen nicht vor ein chinesisches Gericht oder den *Mixed Court* des Shanghai Municipal Council gebracht werden durften, sondern vor dem deutschen Schiedsgericht zu klären seien: »Kein Mitglied der Deutschen Gemeinde darf bei Streitigkeiten mit einem anderen Mitglied der Deutschen Gemeinde oder der Deutschen Handelskammer die Entscheidung der chinesischen Gerichte oder der gemischten Gerichtshöfe in Shanghai anrufen«, heißt es in der Satzung der Deutschen Gemeinde Shanghai.[31] Nichtunterwerfung unter den Spruch des Schiedsgerichts hatte den Ausschluss aus der Gemeinde zur Folge.

Im Fall eines Rechtsstreits benannten Kläger und Beklagter je einen Schiedsrichter. Die Schiedsrichter einigten sich auf einen Vorsitzer aus dem Kreis der zehn jeweils für ein Jahr gewählten Obmänner. Einigten sie sich nicht, wurde der Obmann durch das Los bestimmt. Berufungen wurden vor fünf Schiedsrichtern verhandelt, von denen drei aus dem Kreis der Obmänner durch das Los bestimmt wurden.[32] Für das zivile Schiedsverfahren galt das deutsche formelle und materielle Recht. Parallel gab es, wie schon vor 1917, das Schiedsgericht der deutschen Handelskammer Shanghai mit fünf seitens der Handelskammer gewählten Obmännern (zu ihnen gehörte, zumindest von Zeit zu Zeit, Dr. Korff). Für ihre Verfahren galt die Schiedsordnung der Handelskammern in Deutschland. Die Gerichte sollten nach Möglichkeit ein juristisch gebildetes Mitglied der Gemeinde beratend hinzuziehen. In Shanghai wurde regelmäßig Dr. Werner Vogel, Sozius einer deutsch-chinesischen Anwaltskanzlei und Syndikus der Deutschen Handelskammer, gefragt.

Auf den Schlusschoral »So nimm denn meine Hände« folgte der Segen, und dann kam die Orgel zu ihrem Recht mit Bachs Präludium und Fuge in g-Moll. Den Abschluss des Vormittags bildete ein »Großes Geläut«. Langsam verließen alle die Kirche, jeder Teilnehmer erhielt ein Gedenkblatt mit einer Zeichnung des Künstlers F. A. Leekney.[33] Sie standen wieder vor dem Kirchenbau aus dunkelrotem und schieferblauem Klinker; hier draußen klangen die Glocken besonders schön. »Sie singen uns das Lied der Heimat«, hatte Pastor Krüger gepredigt.[34] Gegossen hatte sie Bachert in Karlsruhe. Sie waren *e*, *gis* und *h* (E-Dur) gestimmt: *e* für »Ein feste Burg«, *gis* für »Glaube« und *h* für »Heimat«. Pfarrer Krüger nannte das Geläut eine »Gesamtwirkung von Klarheit, Glanz und Fülle«.

Paare

Am Nachmittag erlebte der Kirchenraum die erste Amtshandlung: Pastor Krüger traute die Brautleute Walter Lembke und Dorothea Hartmann. Die Familie der Braut war Shanghai und seiner Kirche seit Langem eng verbunden: Dorotheas Eltern waren in der alten evangelischen Kirche an der Whangpoo Road getraut worden. Dorothea selbst wurde von Pastor Krüger in Shanghai konfirmiert, hatte 1926 an der Kaiser-Wilhelm-Schule ihren Schulabschluss gemacht.[35] Ihr Vater, Albert Hartmann, lebte seit 1897 in Shanghai, hatte 1902 zusammen mit Friedrich Fuhrmeister die Firma Fuhrmeister & Co. gegründet, sich 1919 in den Bergen des Moganshan versteckt und so der Repatriierung entzogen. Schon im selben Jahr konnte er unter niederländischem Deckmantel seine Geschäfte wieder aufnehmen.[36] Er war 1925 bis 1927 Vorsitzender der Deutschen Gemeinde und jetzt als Mitglied des Kirchenvorstandes Vorsitzender des Bauausschusses. Auch der Bräutigam war Shanghailänder in der zweiten Generation, er arbeitete als Kaufmann für die Deutsche Farben Handelsgesellschaft Waibel & Co.[37]

Die anschließende Hochzeitsfeier fand im Haus der Brauteltern statt, in der Tunsin Road (Wuyi Lu) Nummer 58. Ich meine, Breuer auf dem kleinen Foto der großen Hochzeitsgesellschaft im großen Garten der Villa erkennen zu können: Er hatte in den letzten Jahren eine ganze Reihe von Eheschließungen mitgefeiert.

Im März 1929 hatte sich CG Melchers »Mit einer Träne im Knopfloch« aus Shanghai nach Deutschland verabschiedet und sich am 30. Oktober 1930 in Widmanns Gästebuch zurückgemeldet: »Als Junggeselle habe ich Abschied genommen, als Ehemann feiere ich Wiedersehen.« Er hatte in Hamburg seine Clara geheiratet, geborene Predöhl. Ihr Vater war in den Jahren 1910 bis 1917 mehrfach Bürgermeister der Hansestadt gewesen, ihre Mutter war eine geborene Amsinck, aus deren Familie von Großkaufleuten, Bankern und Reedern seit 300 Jahren Mitglieder des Hamburger Senats hervorgingen.[38]

Am 21. Dezember 1930 heiratete Hans Dieckmann, Melchers' Exportmanager in Shanghai, seine Verlobte Paula in Widmanns Haus Oberneuland. Das Paar hatte sich während Dieckmanns Heimaturlaub kennengelernt, auf einem Fest im Bremer Ruderverein von 1882. Paula war erst 19 Jahre alt, und ihr Vater wollte sie ganz und gar nicht gehen lassen. Sie kannte ihren Zukünftigen doch kaum! Aber seine Küsse hatten Paula überzeugt, dass er der Richtige war, sie aus der Enge der Bremer Welt zu befreien. Sie war ihrem Hans nach Shanghai gefolgt. Sechs Wochen Schiffsreise, betreut vom Kapitän – der sich mit dem hübschen jungen Mädchen gern sehen ließ. Bei der Hochzeitsfeier war HW Breuer natürlich dabei.[39]

Jennie Bohanova

Hermann war auch nicht mehr allein. Er lebte seit 1929 oder 1930 mit Jennie Bohanova zusammen. Aus unendlich vielen Puzzlestückchen (Adressbücher von Harbin, Schiffslisten, australische und amerikanische Einwanderungspapiere, Bemerkungen in Hermanns Briefen) habe ich ein lückenhaftes Bild ihrer Vorgeschichte rekonstruiert: Geboren wurde sie am 29. Juli 1903 in Krasnojarsk, Sibirien. Die 19 Jahre Altersunterschied zwischen Hermann und Jennie wurden in der Familie Karl Breuer diskutiert mit dem Ergebnis, so viel sei das ja gar nicht. (Der Altersunterschied zwischen Bruder Karl und seiner Alice betrug 14 Jahre – und was sind schon fünf Jahre mehr?!). Aber das Fehlen eines Trauscheins störte doch sehr. Jennies Familie – oder wenigstens der Vater, Nestorian – kam ursprünglich aus der Ukraine, wo ihr 14 Jahre älterer Bruder Dorofei geboren worden war. Mit ihrem Vater und der jüngeren Schwester, Marina, war sie 1921 vor dem Bürgerkrieg geflohen (damit waren »grässliche Erinnerungen« verbunden;[40] war ihre Mutter damals zu Tode gekommen?), und zwar nach Harbin, wie schon Tausende ihrer Landsleute vor ihr. 1920 lebten dort um die 100 000 russische Emigranten. Diese Stadt im Nordosten der Mandschurei, etwa 400 km entfernt von der russischen Grenze, wurde 1898 von russischen Eisenbahnern angelegt und war noch in den frühen 1920er Jahren eine überwiegend russisch anmutende Stadt. Auf den Straßen, in Privathäusern und Hotels wurde meist Russisch gesprochen; russische Musik, Krankenhäuser, Kirchen gaben in Chinas russischer Oase, »Klein Moskau« genannt, den Ton an.[41] 1921 entzog die Sowjetunion ihren geflohenen Bürgern die Staatsbürgerschaft; Jennie hatte gar nichts mehr, nicht einmal einen Pass. In Harbin heiratete sie am 10. Mai 1923 John Istratenkoff aus der Ukraine, trennte sich nach knapp zwei Jahren Ehe von ihm, wurde geschieden und nahm ihren Mädchennamen wieder an.[42]

Irgendwann kam sie nach Shanghai, in die zweitgrößte russische Exilgemeinde in China.[43] Hier begegneten Westler den »Weißrussen« (im Bürgerkrieg bezeichneten sich die Gegner der bolschewistischen Revolution als »Weiße«) mit Misstrauen. Die mittellosen Flüchtlinge mussten Jobs annehmen, die Europäer bisher abgelehnt hatten. Männer arbeiteten als Bodyguards oder als Türsteher, Frauen als Dienstboten, Platzanweiserinnen und Taxigirls[44] – zu den Bordellen war es nur ein kleiner Schritt.[45] Dadurch verloren die »Weißen« im klassen- und rassenbewussten Shanghai ihr »Gesicht«, auch bei den Chinesen. Jennie musste sich gegen manche Diskriminierung wehren. Aber die zierliche, nur 1,55 m große Frau war emotional stark und sportlich trainiert, hatte Witz und sah gut aus, mit den hohen Wangenknochen, blondem, leicht gelocktem Haar, grauen Augen.[46] Sie konnte genug Englisch, die *lingua franca* der Westler, um eine Anstellung als Stenotypistin, später als Sekretärin zu finden. Vielleicht bei einem der alteingesessenen russischen Unternehmen, der Chinesisch-Russischen Bank (seit 1896) z. B., oder bei russischen Kaufleuten, die schon seit der Jahrhundertwende in Shanghai ansässig waren. Oder in »Little Moscow«, einem Stadtviertel rund um die Avenue Joffre in der Französischen Konzession, in dem sich ab Mitte der 1920er Jahre russische Geschäfte, Restaurants, Lebensmittelläden, Apotheken ansiedelten.

Und dann traf Jennie Hermann. Irgendwo, irgendwann, wahrscheinlich im Jahr 1929.[47] Auf jeden Fall vor dem September 1931, denn da wohnte sie schon bei ihm in der Rue Chapsal und hatte kürzlich seinen Wäscheschrank aufgeräumt. Hermann schrieb am 10. September an seinen Bruder,

Karl solle sich nicht wundern, es sei ein schöner Kimono an seine Alice unterwegs. Beim Aufräumen des Wäscheschranks habe Jennie einen japanischen Kimono gefunden, einen Damenkimono. Um den drohenden Krach zu vermeiden, hatte Hermann erklärt, er habe beim letzten Heimaturlaub versehentlich Alices Eigentum eingepackt. Sie möge sich nun an dem Mantel freuen, er sei »hübsch, warm und unbenutzt«. Im Übrigen sitze er gerade an seiner Antwort auf einen (»dieses Mal sehr vernünftigen«) Brief seiner Jugendflamme Cläre. Und noch eine Frau: Erna habe ihn brieflich bedrängt, ihre Eltern, die in der Wirtschaftskrise ihr Vermögen verloren hatten, regelmäßig finanziell zu unterstützen. Er wolle ihnen gelegentliche Hilfe zukommen lassen, sich aber nicht dauerhaft festlegen. Das Ansinnen abzulehnen, habe ihn nervlich sehr mitgenommen.[48]

Jennie mit Mademoiselle, 1932

Zu offiziellen Anlässen, zu Einladungen bei Widmanns ging Breuer zunächst noch ohne Jennie. Er hätte sich sicher gern mit ihr gezeigt. Aber wegen des fehlenden Trauscheins war das gesellschaftlich nicht akzeptabel. Was hinderte ihn, sie zu heiraten? Hermann hatte aus der Scheidung und ihren finanziellen Folgen Schlüsse gezogen. Er wusste nun, dass eine Ehe, »wenn auch im Himmel (Liebe) geschlossen, sie auf Erden (viele Kompromisse) gelebt werden muss«,[49] und hätte sich eine gesetzlich geregelte eheliche Probezeit gewünscht.[50] Fanden Jennie und er die passenden Kompromisse? Setzten sie ähnliche Prioritäten? Auch Jennie hatte eine Scheidung hinter sich. Sie war selbstsicher genug, ohne gesetzliche Regelung auf Probe mit Hermann zu leben.

1 Warner, Deutsche Architektur, S. 132; abgetragen 1966–1976.

2 *China-Dienst*. Eine Halbmonatsschrift für die Förderung der deutsch-chinesischen Beziehungen. Hrsg. Theo Eckardt, Jg. 1, November 1932, Heft 3, S. 30, Artikel gezeichnet Rh. EZA Z 3411.

3 *China-Dienst*, 1932, Heft 3, S. 28–33, EZA Z 3411.

4 *OAL*, 21.5.1944: 30 Jahre Deutsche Gemeinde Schanghai. BSB, ANA 708 Studeo-Sammlung, 1882.

5 Volkszählung im Oktober 1925: In ganz Shanghai lebten ca. 2 Mio. Menschen, 37758 »Fremde« aus 43 Nationen: 37% Japaner, 21,7% Engländer, 11% Russen, deren Anzahl hatte sich seit 1920 mehr als verdreifacht. Deutsche Firmen 1921: 30, 1925: 76 = fast Vorkriegsstand. PA AA Peking II Bd. 2737, p. 123.

6 China Jahrbuch 1935, S. 3. Auch: http://www.talesofoldchina.com/shanghai/business/census-and-population am 24.11.2017. Die Summe entspricht nicht der Addition der Einzelangaben.

7 Satzung: ZA 5121/13 Signatur EZA 5/3156.

8 *»Die deutsche Gemeinde Shanghai befindet sich in günstiger Entwicklung. Dies ist besonders dem rührigen Vorsitzenden des Gemeindevorstands Adolf Widmann, Chef der Firma Melchers & Co, zu danken, der selbst unermüdlich für das Zustandekommen und den Ausbau der Gemeinde gearbeitet und es auch verstanden hat, andere dafür zu interessieren.«* GK Thiel 9.5.1924 an AA; PA AA Peking II, Bd. 2737 p. 149–53. Am 16.4.1924 hatte die Gemeinde in einer Generalversammlung die neue Satzung verabschiedet. Widmann kandidierte im April 1924 nicht, da ein Heimataufenthalt vor ihm lag. Der erste gewählte Vorsitzende war von Mai 1924 bis Januar 1925 B. Rosenbaum, ihm folgte bis Ende 1927 Albert Hartmann, Fuhrmeister & Co., Shanghai seit 1902.

9 *Deutsche Shanghai Zeitung*, 27.9.1932, Taaks, Federführung, S. 239.

10 Ratenhof, China-Politik des Deutschen Reiches, S. 401.

11 CG Melchers, China-Firma, S. 5.

12 27.6.1926 um 11 Uhr.

13 *North China Herald*, 3.7.1926.

14 *Bühnenspiegel*, Jg. 2 (1927/28), Nr. 2, S. 171.

15 Pastor Krüger 13.8.1931 an KA.

16 Ich folge hier der Darstellung von Fenby, Penguin History of Modern China, S. 236–239. Nach Spence, Chinas Weg, S. 474, lieferte ein Schusswechsel zwischen japanischen Marineinfanteristen und Angehörigen der chinesischen 19. Marscharmee im chinesischen Stadtviertel Zhabei den Vorwand für die Bombardierung.

17 Unter Militärberater Georg Wetzel, 1930–1934. Ratenhof, China-Politik des Deutschen Reiches, S. 398.

18 Ev. Gemeinde Shanghai 14.2.1932 an das Ev. Kirchenbundesamt. ZA 5121/13, Signatur EZA 5/3156.

19 Fima Steinmeyer 7.3.1932 und 14.3.1932 an den Präsidenten des Deutschen Ev. Kirchenausschusses. ZA 5121/13 Signatur EZA 5/3156.

20 Max(imilian) Jentsch 5.8.1855 – 9.11.1918. J. wurde zu den »Jungwiener Tondichtern« gezählt. Peter Wessel: Im Schatten Schönbergs. Wien, Köln, Weimar: Böhlau-Verlag 2009, S. 18.

21 Offenbarung Johannes 21,3–4.

22 Im *Bühnenspiegel* zur Januarvorstellung 1932 gibt es, als Vorschau auf die nächste Aufführung des DT-V, einen Aufsatz über das Leben des Schuster-Hauptmanns nach der Straftat: »Bei Frau Hauptmann von Köpenick«. Im Jahr 1932 fand zwischen Januar und dem Saisonfinale im Mai keine Aufführung statt.

23 Thomas Mann: »beste Komödie der Weltliteratur«. (https://www.theatertexte.de/nav/2/werk?verlag_id=felix_bloch_erben&wid=8048&ebex3=3, 4.11.2020), Goebbels in *Der Angriff* vom 12.3.1931, zitiert nach: https://de.wikipedia.org/wiki/Der_Hauptmann_von_K%C3%B6penick_, am 8.10.2016.

24 Wilhelm Mascher, Briessen-Interview, Gedächtnisprotokoll CM.

25 Ab 1929 in Shanghai für die AEG; um 1936/38 Generalbevollmächtigter des Wirtschaftsministeriums für Ostasien. Freyeisen, Shanghai, S. 197. Mindestens 1930/31 (in Richard Sorges Shanghaier Zeit) Mitglied in dessen Spionagering. Eintritt in die NSDAP zur Tarnung. Kögel 2006, S. 82.

26 19.03.31 Ursula Hamburger an ihre Familie. Kögel, S. 215–216.

27 Wilhelm Mascher, Briessen-Interview, Gedächtnisprotokoll CM.

28 Wahl am 31.7.1932: Sozialdemokraten 21,6 %, NSDAP 37,3 %, ein Stimmengewinn von 19 % gegenüber der Wahl am 14.9.1930. https://www.dhm.de/lemo/bestand/objekt/reichstagswahl-31-juli-1932.html am 3.11.2020.

29 Lebenslauf HWB, von ihm verfasst zu seinem 80. Geburtstag 7.1.1964.

30 Protokolle über zivile Schiedsverfahren sind meines Wissens nicht erhalten.

31 § 32 der Satzung der Deutschen Gemeinde in Shanghai. In: ZA 5121/13, Signatur EZA 5/3156.

32 Ordnung des Schiedsgerichts Peking in PA AA RAV Tsingtao 23/2 o. p. Eine Schiedsgerichtsordnung der DG Shanghai habe ich nicht gefunden.

33 Das Motiv ist das gleiche wie auf der Vorderseite des Programmhefts, dort ergänzt um das Datum der Einweihung und die Namen der Protagonisten.

34 *China-Dienst*, 1932, Heft 3, S. 32.

35 Schmitt-Englert, Deutsche in China, S. 562.

36 Hartmann ging 1897 nach Shanghai, zu Arnold, Karberg & Co. Er verließ China 1938. Schmitt-Englert, Deutsche in China, S. 62–63.

37 ADO 1932, 1933.

38 CG Melchers, Olle Kamellen, S. 28 und Gästebuch Widmann.

39 Erinnerung Paula Lauterbach geb. Dieckmann, Gespräch 27.9.2017.

40 HWB 3.10.1949 an Nele.

41 Hermann Gipperich: Stationen eines Diplomaten in China. In: StuDeO-Info Juni 2014, S. 11–16. Und: Russell Working, BSB, Ana 708 Studeo-Sammlung, 1044. Übrige Einwohner: 180 000 (für 1929).

42 U.S. Naturalization Records Indexes, 1791–1992. Lt. Adressbuch von Harbin lebte sie 1925 allein in Harbin, noch unter dem Namen Istratenkowa. 1926 ist sie nicht mehr in Harbin verzeichnet, vielleicht war sie da bereits nach Shanghai gegangen. Vater und Schwester sind auch im Adressbuch von Harbin verzeichnet. Für diese Recherche danke ich dem StuDeO-Mitglied Jerzy Czajewski.

43 Mitte der 1920er Jahre lebten ca. 19 000 Weißrussen in Shanghai. Osterhammel, Shanghai, 30. Mai 1925, S. 245.

44 Tanzpartnerin, die pro Tanz bezahlt wird. Vgl. Richard Rodgers' Song »Ten Cents a Dance« (1930).

45 1935 ergab eine Untersuchung des Völkerbundes, dass 22 % der 16- bis 45-jährigen russischen Frauen in Shanghai sich in gewissem Maß prostituierten. https://en.wikipedia.org/wiki/Shanghai_Russians, am 1.9.2017.

46 NAA, Series Number SP908/1, Barcode 9405963 Jennie Serafima Bohanova.

47 HWB 28.11.1948 an Nele: Eine »Lebensgemeinschaft von 20 Jahren«.

48 HWB 10.9.31 an KB.

49 HWB 15.1.1948 an Nele.

50 HWB 22.8.1948 an Nele.

1934

50. Geburtstag. Schwarz-Weiß-Rot

... compelled to enter an energetic protest against the brutal Terror [...] prevailing in Germany at the present time![1]

Chinese League for Civil Rights, 13. Mai 1933

7. Januar 1934, der Geburtstag

Eigentlich hatte HWB den Fünfzigsten gar nicht feiern wollen. Er feierte seine Geburtstage nicht. Freute sich, wenn Jennie ihm zur Feier des Tages eine Torte backte. Das tat sie jedes Jahr, seit sie zusammenlebten, und mehr war nicht nötig. Das heißt – in diesem Jahr wollte er sich mal ein Geschenk machen, er hatte sich einen Araberhengst ausgesucht.[2] Über die bevorstehende Trennung von Mademoiselle tröstete er sich in dem Gedanken, sie in gute Hände zu geben. Der »große Tierliebhaber Major Egikoff (Russe)« wollte sie kaufen, damit war ihr die »beste Behandlung« für Jahre sicher.[3]

An diesem besonderen Tag, noch dazu einem Sonntag, schien Widmann eine kleine, inoffizielle Feier angebracht, und er hatte Breuer überredet, doch kurz in die Hungjao Road zu kommen. Jennie besuchte derweil die Familie ihres Patenkindes Lalja und feierte dort das russische Weihnachtsfest. Hermanns Chauffeur holte den Chevrolet aus der Garage, und sie fuhren von der Rue Chapsal in der Französischen Konzession in die gute Luft der External Roads Area zu Widmanns. Das Grundstück mit der Villa Oberneuland umfasste einen großen Garten mit schönem Rasen, Teich und Bambuswäldchen und einen sehr nützlichen Gemüsegarten.

Rückblick: Weihnachten 1932, Neujahr 1933

Im Vorjahr, Weihnachten 1932, hätte es in Shanghai fast weiße Weihnacht gegeben. Jennie war begeistert und hielt den Schnee wenigstens fotografisch fest, liegen blieb er nämlich nicht. An einem der Feiertage saßen Breuer und Korff – der immer noch Junggeselle war – bei Widmanns,[4] die übrigen Weihnachtsfeiertage verbrachten Hermann und Jennie möglichst auf den Rücken ihrer Pferde. Sie genossen die gemeinsamen Ausritte, er auf der Stute Mademoiselle und Jennie auf dem weißen mongolischen

Pony, das fast so groß war wie Mademoiselle. Swanee hatte sie ihn getauft, das hieß »majestätisch Schwebender«. Sie nahm mit ihm die größten Sprünge im Gelände wie im Flug.[5] Hermann war stolz auf sie.

Kurz darauf, zum Chinesischen Neujahr, das im Jahr 1933 schon im Januar war (26./27.), hatte Breuer Dr. Vogels *houseboat* leihen können, Jennie und er waren mit Geschäftsfreund Vandenhoef, einem 35-jährigen Textilexporteur aus New York, und seiner Sekretärin?/Freundin? eine Woche über die Kanäle zum Tai-Hu-See und bis zum Nanchang-Tempel bei Wuxi in der Provinz Jiangsu geschippert.[6] Vom Boot aus und auf täglichen Wanderungen sahen sie das harte Leben der chinesischen Landbevölkerung und schöne Landschaften. Die Hunde, Hermanns Jagdhündin Juno und Nanka, Jennies kleiner schwarzer Teufel, tobten sich richtig aus. Juno half bei der Jagd auf Gänse, Enten, Fasane, Rebhühner etc. Die vom Bootskoch zubereiteten Mahlzeiten hatten Stil: Das Frühstück folgte britischer Tradition (kalter Braten, *steak and kidney pie*, *bacon*, Heringe), zum Dinner wurde Wild oder Geflügel gereicht – auch mal, nach chinesischer Art, als Suppe zubereitet. Carl Crow, der passionierte *houseboat fan*, hatte gute Tipps gegeben. Für die Crows und ihren Terrier Scottie war die Bootstour nach Weihnachten so eine Art Ritual.[7]

Geburtstagsgesellschaft

Im Haus Oberneuland gratulierten der Hausherr und die Hausherrin, Freund Korff, Ed Warneken (bei Melchers seit 1923; Hermann hatte ihn gleich nach seiner Rückkehr auf der *Werra* bei Widmanns kennengelernt, inzwischen war er Prokurist und ein vertrauter Freund), Franz Rudloff (Norddeutscher Lloyd) und die abschiedsgestimmten Otto und Ilse Trefurt. Trefurts warteten auf das Schiff, das sie »für gut« nach Deutschland bringen würde. Am kommenden Donnerstag sollte ihr Abschied von China feierlich begangen werden; bis dahin waren sie Hausgäste bei Widmanns.[8] Trefurt war Widmann und Breuer eng verbunden, sie teilten Erinnerungen an die Vorkriegszeit und an den Wiederaufbau der Niederlassungen in Shanghai und Hankou. Unvergessen war Widmann und Trefurt ihre abenteuerliche Reise von Bremen nach Shanghai im Herbst 1919. Und im Sommer 1922 hatte Trefurt seine Ilse im Hause Widmann geheiratet.[9] Wie oft hatten sie sich in den letzten Jahren gegenseitig besucht.

Bei Widmanns trafen sich fast allabendlich Melchersmänner und -frauen, Chinesen und Deutsche, mit Kaufleuten, Diplomaten, Juristen, Professoren und Lehrern im großen oder im kleinen Kreis. Widmann war der ideale Gemeindevater, ob er nun gerade als solcher amtierte oder mal nicht, und Klara Widmann die Gemeindemutter. Bis 1925 hatten sie in das großzügige Reihenhaus in der Seymour Road (Shaanxi Bei Lu) eingeladen (1919 enteignet, 1922 restituiert), jetzt war das neu erbaute Anwesen in der Hungjao Road[10] zum inoffiziellen deutschen Zentrum geworden. Man traf sich zu Abschied und Willkommen, zu Firmenanlässen, Hochzeiten in der Deutschen Gemeinde, zu den Widmann'schen Familienfesten – am 10. Oktober 1933 hatten sie mit an die 150 deutschen und chinesischen Gästen ihre Silberhochzeit gefeiert –, zu den kirchlichen Feiertagen, am Altjahrsabend und am Neujahrsmorgen. Widmanns luden zum Essen ein, zu Tanzabenden, zu Feiern im Garten oder am Kamin – oder zu einem ernsten Gespräch unter Männern der Firma Melchers (Deutschen und Chinesen), anderer Handelshäuser, des Generalkonsulats.

Japans Vormarsch in China

Der Abend zu Breuers Ehren begann mit einem guten Essen in fröhlicher Runde. Aber die Ereignisse des letzten Jahres ließen sich nicht ignorieren. Sie gaben Anlass zur Sorge. Da waren die neuerlichen Gebietsgewinne Japans: Nach der Annexion der Mandschurei und der Gründung des Marionettenstaates (proklamiert am 18. Februar 1932) hatten die Japaner seit Mitte 1933 die südlich der Mandschurei gelegene chinesische Provinz Rehe in ihren Machtbereich eingegliedert.[11] Was hinderte sie eigentlich noch, weiter nach Süden zu marschieren? Der Völkerbund wohl nicht; der hatte sich schon angesichts der Annexion der Mandschurei als hilflos erwiesen. Im Februar 1933[12], anlässlich der Diskussion des Lytton-Berichts über den Krieg auslösenden »Mukden-Zwischenfall«, waren die Japaner unter Protest aus dem Bund ausgetreten (inzwischen war Deutschland ebenfalls ausgetreten[13]), obwohl der Bericht die Japaner weitgehend schonte. Premierminister Wang Jing-wei hatte den Bericht treffend kommentiert, »*dass der Völkerbund zwar nicht der Unparteilichkeit in seinen Beobachtungen und der Sympathie für Recht und Gerechtigkeit ermangele, dass seine Macht aber nicht hinreiche, um deren Sache durchzuführen*«.[14] Die Frage war also nicht, ob dieser Krieg weitergehen würde, sondern nur: wann. Da waren sich alle Anwesenden einig. Die Chinesen erwarteten das offenbar auch. Mal abgesehen von den militärischen Vorbereitungen hatten sie schon im Frühjahr 1932 eine große Evakuierungsaktion der Schätze aus dem Palastmuseum Peking gestartet. In fünf Schiffsladungen waren etwa 20 000 Kisten nach Shanghai gebracht worden.[15]

Die Hakenkreuzfahne

Das Gespräch über die Lage in Deutschland war komplizierter: Es ließ sich nur schwer einschätzen, was wirklich geschah und wie es weitergehen würde. Am deutschen Generalkonsulat wehte nicht mehr die schwarz-rot-goldene deutsche Flagge. Im Frühjahr 1933 war sie durch die schwarz-weiß-rote, ehemals kaiserliche Flagge ersetzt worden. Parallel war die Hakenkreuzflagge zu hissen. Zusammen sollten sie Deutschland als das »Dritte Reich« darstellen. Es war ein neuer Geist, der da wehte, aufgezogen sechs Wochen nachdem Reichspräsident Hindenburg Adolf Hitler zum Reichskanzler ernannt hatte. Die Notverordnung zum Beflaggen, erlassen am 12. März 1933, war kaum nach China telegrafiert, da gab es die Fahnen schon in Shanghai.[16] Chinesische Schneider waren ja bekannt dafür, dass sie schnell nähten.

Zur »feierlichen Flaggenhissung« am 16. März (1933) waren mehrere Hundert Zuschauer in den Garten des Generalkonsulats gekommen. Der geschäftsführende Generalkonsul Richard Behrend verlas die Erklärung der Deutschen Regierung, die neuen Flaggen seien »Sinnbild der ruhmreichen Vergangenheit« und des »kraftvollen Wiedererwachens der deutschen Nation«. Sie versprächen »Schutz, Hilfe, Beistand allen Deutschen ohne Unterschied«. Als er mit den Worten »Und setzet ihr nicht das Leben ein, nie wird euch das Leben gewonnen sein« schloss, dachten vielleicht einige der älteren deutschen Shanghailänder an die Versammlung vor 19 Jahren, vor dem Aufbruch der Reservisten nach Tsingtao. Das war genau in diesem Garten gewesen, denn das Konsulat residierte schon lange wieder an seinem alten Platz neben dem russischen Generalkonsulat am Huangpu. Jetzt hingen hier Swastika und Hammer und Sichel nebeneinander.

Während Generalkonsul Behrend von »Deutschem Reich«, »Vaterland« und »Heimat« sprach, rief Hasenöhrl, Landesvertrauensmann der NSDAP, anschließend: »Das Dritte Reich, es ist erstanden«, und kündigte an: »Wir gehen mit frischem Mut und neuem Eifer in den Kampf um die Seele des deutschen Volkes, bis auch der letzte Volksgenosse die nationalsozialistische Idee in die Tat umgesetzt hat und das ist die Arbeit für ein freies deutsches Volk, ein geachtetes Deutschland aller Deutschen.«[17] Wer wollte, hörte da drohende Untertöne. Das NS-Parteiblatt *Ostasiatischer Beobachter* hatte die Rede »hinreißend« gefunden.[18] Zum Abschluss war nicht nur die deutsche Nationalhymne erklungen, die Gruppe Spalier stehender Deutscher in Reithosen und Khakihemden mit roter Armbinde intonierte mit erhobenem rechten Arm das Horst-Wessel-Lied: »Die Fahne hoch! / Die Reihen fest geschlossen!« Und: »Bald flattern Hitlerfahnen über allen Straßen …« Für das internationale Shanghai konnte das wohl nur eingeschränkt gelten. Breuer hatte an der Feierlichkeit übrigens nicht teilgenommen, er war lieber ins Büro gegangen. Aber als er am Firmensitz von Melchers in der Kiukiang Road ankam, sah er, dass der chinesische Hausmeister die Anweisungen zum Beflaggen nicht richtig umgesetzt hatte: Die Fahnen hingen nicht am jeweils vorgeschriebenen Mast, das konnte Ärger geben. Er sorgte dafür, dass sie ausgetauscht wurden. Der Botschaft musste der Irrtum dann auch noch erläutert werden.[19]

Nationale Feiern

Schon am 20. April hatte sich »der weitaus größte Teil der deutschen Kolonie« wieder zu einer nationalen »ernsten Feier« versammelt. Im Deutschen Gartenclub wurde Hitlers Geburtstag begangen, »eine Zusammenkunft […], die die letzten Zweifel verscheuchen sollte, der hier und da aufgekommen war [sic] aus Sorge um die Eintracht der Gemeinde«. So schrieb der Journalist der Zeitschrift *China-Dienst*.[20] Schon zehn Tage darauf fand in der Kaiser-Wilhelm-Schule und auf deren Vorplatz die große nationale Feier zum 1. Mai statt. Der *North China Herald*[21] berichtete über den »German National Holiday«: »Swastika banners were prominently displayed, and several uniformed Nazi officers were in attendance.« »Forceful speeches« habe es gegeben, von Konsul Behrend und von Adolf Widmann. Die Sprecher wehrten sich gegen Anschuldigungen, die Hitler-Regierung behandle die Juden schlecht. Das sei antideutsche Propaganda. Widmann war, in seiner Eigenschaft als Vorsitzender des Schulvorstandes, in vorderster Reihe dabei. Ebenso die anderen Repräsentanten des Deutschtums, nämlich die Vorsitzenden von Deutscher Gemeinde, Handelskammer, Evangelischer Kirchengemeinde, Deutsch-Asiatischer Bank und Chefs der großen Firmen. Einige dieser Würdenträger hatten sich vorgenommen, die jungen Heißsporne etwas zu zügeln. Sie wollten sie begleiten[22] und eingreifen, wenn Lautstärke und Wortwahl zu martialisch würden. Schließlich war eine Reihe von ihnen erst kurze Zeit hier draußen,[23] fast alle arbeiteten auf Posten in der zweiten oder dritten Reihe. Die Taipans wollten ihnen das anmaßende Auftreten schon abgewöhnen. Dafür ließen sie sich auch vorwerfen, dass »insbesondere die ältere Generation der Shanghai-Leute vielleicht nicht so ganz die Zeichen der modernen Zeit versteht«.[24]

Im Verlauf des Jahres hatte Widmann als Mitglied des Vorstands der evangelischen Kirchengemeinde mehrfach geholfen, die Eingriffe der NSDAP in das Kirchenleben in Grenzen zu halten. Zuerst bei der Gedenkfeier für den »Märtyrer« Schlageter Ende Mai 1933. Der Beitrag der Partei war auf eine einzige Ansprache reduziert worden, die nicht von der Kanzel, sondern von einem Rednerpult aus vorgetragen wurde, aber der Parteigenosse hielt sich nicht an die Verabredung zum Inhalt seiner Rede, sondern »erging sich in Ausfällen«.[25] Nicht nur Pastor Krüger, viele Gemeindemitglieder waren empört. Als dann im November (1933) ein »Sondergottesdienst« der NSDAP zu Ehren der in München gefallenen »Blutzeugen der Bewegung« sein musste, ließ sich der Beitrag der Partei darauf beschränken, die Namen der 15 »Blutzeugen« zu verlesen.[26] Aber die nationalsozialistischen Gedenktage waren seither in das kirchliche Festjahr eingebunden.[27] Zunächst hatten sich viele gefragt, wie die starken Töne im internationalen Shanghai aufgenommen würden. Aber die englischen Journalisten bemühten sich, fair zu sein. Ihre Zeitungen berichteten beobachtend, nicht wertend.

Die chinesische Liga für Menschenrechte

Es waren Chinesen, die protestierten: Am 13. Mai (1933) überreichte die chinesische Liga für Menschenrechte, öffentlichkeitswirksam vertreten durch Song Qingling, die Witwe von Sun Yat-sen, und Cai Yuanpei, Präsident der

Academia Sinica, dem amtierenden deutschen Generalkonsul ein Protestschreiben. Darin hieß es, die Liga »sieht sich gezwungen, gegen den brutalen Terror und die brutale Repression, die gegenwärtig in Deutschland überhand nehmen, energisch Protest zu erheben«. Die Protestnote benannte die Verhaftung Tausender Arbeiterführer und Intellektueller, Misshandlung und Folter von Gefangenen, Pressezensur, antisemitische Pogrome und Bücherverbrennungen.[28] Zitiert wurden die *New York Times* und die Schweizer Zeitung *Volksrecht*.[29] Die *Shanghai Evening Post & Mercury*, die *Shanghai Times*, die *North China Daily News* und die *Shenbao*[30] berichteten. Zunächst hatte sich der GK geweigert, die Protestnote überhaupt anzunehmen – zuständig sei die Gesandtschaft in Peking –, dann leitete er sie immerhin weiter. Die offizielle Stellungnahme gegenüber den Protestierenden, der Presse und dem Konsularkorps lautete: Die Anschuldigungen seien absolut unbegründet. »*Judenpogrome und pogromähnliche Ausschreitungen haben nirgends in Deutschland stattgefunden. [...] Die Regierung und alle führenden Stellen haben die wenigen vorgefallenen Übergriffe [...] missbilligt und haben sofort Abhilfe geschaffen.*«[31] Bei der Regierungsübernahme habe es kleinere Zwischenfälle gegeben, aber Ruhe und Ordnung seien wiederhergestellt, und jeder in Deutschland genieße den Schutz der Regierung.[32] Was war nun richtig? Widmann verwies auf die britische Propaganda im Weltkrieg und die Schauergeschichten, die damals verbreitet wurden. Vielleicht handelte es sich wirklich um Lügen? Das würden sie alle gern glauben. Und so war in einer kurz darauf verteilten Erklärung der Deutschen Gemeinde und der Deutschen Handelskammer die Rede von einem »Greuelfeldzug« der prokommunistischen Liga. Als Beweis wurde auf »neutrale Berichte« des ehemaligen US-amerikanischen Botschafters in Berlin und weiterer Würdenträger verwiesen.[33]

Die Chinesen beließen es nicht bei einem Appell. Im Juli 1933 schickte der Völkerbund einen Vertreter nach Deutschland, der für die Universitäten in Peking, Shanghai und Nanjing drei deutsch-jüdischen Medizinprofessoren Anstellungen anbieten sollte. Der Geschäftsführer des Ostasiatischen Vereins Hamburg, Dr. Mohr, machte das Auswärtige Amt auf die laufenden Verhandlungen aufmerksam und fügte hinzu, »*dass ein hiesiger chinesischer Student, der bei dem abgebauten Professor Kaestner gelernt hat, diesem geraten hat, er solle nach China gehen, dort würden sie ihn sicherlich gern anstellen, ihm jedenfalls mit größter Hochachtung begegnen*«. Dr. Mohr regte an, beim Völkerbund zu protestieren, da die Juden keinesfalls das »neue Deutschland« repräsentieren könnten.[34] Im Oktober 1933 war in Shanghai eine Expertengruppe von ehemals hochgestellten deutschen Verwaltungsbeamten eingetroffen, die im Zusammenhang mit der Regierungsübernahme der Nationalsozialisten ihre Ämter verloren hatten. Der Völkerbund hatte sie während des Sommers rekrutiert, als er im Auftrag der chinesischen Regierung Experten suchte, die beim Aufbau einer an westlichen

Vorbildern orientierten Verwaltung beraten sollten. Max Brauer, von 1924 bis Anfang März 1933 sozialdemokratischer Oberbürgermeister von Altona, gehörte dazu und der frühere preußische Finanzminister Otto Klepper. Horst Baerensprung, Magdeburgs ehemaliger Polizeipräsident, kam im Dezember 1933.[35] Unverzüglich versuchten deutsche Diplomaten vor Ort, eine Entlassung dieser Berater durchzusetzen.[36] Noch hielten die Chinesen sie hin.

Schutzsuchende

Seit Oktober 1933 waren einige Ärzte und Zahnärzte aus Deutschland nach Shanghai gekommen. Etwa zwölf. Sie sahen sich, anders als alteingesessene deutsche Ärzte, nicht als *expatriates*, sondern als Emigranten. Unter ihnen war Dr. Dietrich Kwilecki, Arzt für Magen-, Darm- und Stoffwechselerkrankungen aus Breslau.[37] Er besuchte die evangelischen Gottesdienste – also musste seine Einordnung als Jude auf seine Abstammung zurückzuführen sein? Die Deutsche Gemeinde Shanghai hielt vorsichtig Abstand zu Emigranten aus Deutschland. Und diese erzählten nur im kleinen Kreis: Anfeindungen hatte es in Deutschland ja schon vor 1933 gegeben, aber Mitte März 1933 waren die Krankenhäuser seitens der Regierung angewiesen worden, alle jüdischen Ärzte schnellstmöglich zu entlassen.[38] Kurz nach einem allgemeinen »Judenboykott« hatten sich die ärztlichen Spitzenverbände dafür ausgesprochen, jüdische Ärzte aus Krankenhäusern, Instituten, Universitäten und dem öffentlichen Gesundheitsdienst zu entlassen.[39] Dann wurden ihnen die Kassenzulassungen entzogen.[40] Parallel traf es Juristen: Als erste ordnete die Berliner Stadtverwaltung an (am 18. März 1933), dass jüdische Anwälte und Notare nicht mehr für die Stadt tätig sein durften, andere Städte und Gemeinden folgten.

Nicht dass Shanghai die Traumstadt der Auswanderer gewesen wäre, aber wenigstens brauchten sie keine Einreisegenehmigung. Zunächst zahlte sogar die »Deutsche Hilfe« (eine Art Wohlfahrtsorganisation der Deutschen Gemeinde) Unterstützung an Emigranten. Niemand sollte denken, die Deutschen ließen ihre Landsleute verhungern. Das Konsulat stellte Bescheinigungen aus, z. B. über Approbation in Deutschland, über Eintragungen in die Universitätsmatrikel, Verleihung des Ehrenkreuzes für Frontkämpfer usw. Dabei beobachteten die Mitarbeiter des Konsulats, dass die Emigranten, die bei ihnen vorsprachen, »in der Mehrzahl wohl den besseren Elementen des deutschen Judentums zuzurechnen« seien.[41] Die deutschen Diplomaten registrierten, dass ihre internationalen Partner, und ganz besonders die Japaner, mit Unverständnis und Ablehnung auf den Anspruch der Überlegenheit einer »arischen Rasse« reagierten. Der Reichsinnenminister hatte als Sprachregelung im Ausland erklärt, die nationalsozialistische Rassenpolitik strebe die Reinerhaltung des deutschen Volkes an, aber sie bedeute kein Werturteil über andere Rassen. Verschiedenartig sei nicht gleichbedeutend mit verschiedenwertig.[42] Die Regierung sei sich bewusst, dass auch andere Völker alte und hohe Kulturen verträten.[43] Nationalsozialistische Ideologen versandten entsprechende Textbausteine und formulierten Vorträge neu, um sie für die Präsentation im Ausland anzupassen.[44]

Ein neuer Generalkonsul

Apropos Diplomatie. Der Posten des Generalkonsuls in Shanghai war seit fast einem Jahr nur geschäftsführend besetzt. Wer würde Konsul Behrend ablösen? Und wann? Das war im Januar 1934 ein dankbares Gesprächsthema. Im September 1933 war Dr. Erich Michelsen als neuer GK ernannt worden. Die Kaufleute hatten die Ernennung begrüßt; viele von ihnen kannten Michelsen und wussten, dass er nicht nur ein geschickter Diplomat war, sondern auch kaufmännisch dachte. Er hatte vor dem Krieg u.a. als Dolmetscher-Diplomat in der Verwaltung Tsingtaos und als Dozent an der dortigen Deutsch-Chinesischen Hochschule gewirkt, während des Krieges war er im Generalkonsulat Shanghai angestellt gewesen (war u.a. Beisitzer am Gemischten Gerichtshof) und hatte nach dem Krieg in Tokio deutsche Entschädigungsansprüche durchgesetzt. Dann war er jahrelang im Auswärtigen Amt für Ostasien zuständig. Auf seine Sachkenntnis und seine Erfahrungen hatten sie große Hoffnungen gesetzt. Seine Ankunft vor Ort war für den 20. Dezember angekündigt gewesen, er hatte den Dienst aber bis jetzt nicht angetreten. Er war Jude, wussten die Gäste der Geburtstagsgesellschaft, das stand der Entsendung vermutlich entgegen.[45] Inzwischen kursierte das Gerücht, Oberst Kriebel würde der nächste Generalkonsul in Shanghai werden.[46] Kriebel war kein Diplomat, er war Spross einer Offiziersdynastie, Teilnehmer am Boxerkrieg, im Weltkrieg ab 1917 in der Obersten Heeresleitung, dann Mitglied eines Freikorps in Bayern, Hitlers Kampfgenosse beim Putsch 1923, zu fünf Jahren Festungshaft verurteilt, von denen er neun Monate absaß. 1929 war er in den chinesischen Militärberaterstab Oberst Max Bauers berufen worden. Insofern hatte Kriebel wenigstens China-Erfahrung. Bei aller Skepsis gab es auch Hoffnung. Denn eines mussten sie alle der Reichsregierung lassen: Sie hatte zugehört, als der OAV im Mai 1933 die Sorgen der China-Kaufleute vortrug, die Unterstützung des Überseehandels forderten. Im Zusammenhang mit der Weltwirtschaftskrise war der Gesamtwert des deutschen Handels mit Ostasien zwischen 1929 und 1931 um 23% zurückgegangen. Zusätzlich erschütterte die Abwertung des Britischen Pfundes, des Yen, des Dollars, des Guldens die Kapitalbasis der deutschen Handelshäuser. Die Situation vieler Firmen war prekär. Melchers China kürzte seinen Angestellten bei Vertragsverlängerung das Gehalt.[47] Der Ansatz, auf Tauschhandel umzusteigen, also die Konversion von Devisen ganz zu vermeiden, schien ein Ausweg aus dem Dilemma. Außerdem hatte die Regierung im Lauf des

Jahres 1933 Garantien über 25 Mio. Mark für langfristige Kredite zur Verfügung gestellt, wie es die China-Studienkommission schon Anfang 1931 empfohlen hatte. Und zwar als Personalkredite, also letztendlich nur auf der Grundlage des *good will* der Unternehmen.[48] So hatte die deutsche Wirtschaft wieder eine Chance auf dem chinesischen Markt.[49] Da konnte Breuer zustimmen. Auch einige außenpolitische Erfolge der neuen Regierung – das Konkordat mit dem Vatikan und der Viermächtepakt mit Italien, Frankreich und England im Juli 1933 – überzeugten; ein Abkommen mit Polen schien in Vorbereitung. Mit diesen internationalen Verträgen wuchs das deutsche Prestige, das tat dem nationalen Selbstbewusstsein gut. Andererseits hatte Deutschland im Oktober die Genfer Abrüstungskonferenz verlassen und war aus dem Völkerbund ausgetreten.[50] Wie würde sich das auswirken?

Nicht »arisch«

Über die Ereignisse daheim in Deutschland war Hermann gut informiert, Bruder Karl schickte regelmäßig Zeitungsausschnitte aus dem *Hannoverschen Anzeiger*. Kommentarlos. Trotzdem: Könnte nicht schon die besondere Auswahl des Themas der Briefzensur auffallen? Er würde Karl bitten, keine Ausschnitte mehr zu schicken.[51] Durch die *Frankfurter Zeitung* war er auch so auf dem Laufenden: Ende Februar 1933 Reichstagsbrand, gefolgt von der Notverordnung zum »Schutz von Volk und Staat«. Die setzte außer Pressefreiheit und Versammlungsrecht das Briefgeheimnis außer Kraft, ermöglichte Hausdurchsuchungen ohne Anlass. Ende März 1933 hatte das »Ermächtigungsgesetz« die Trennung von Regierung und Gesetzgebung aufgehoben, der Staatshaushalt konnte ohne das Parlament beschlossen werden. Seit Anfang Juli war, nach den Verboten von KPD und SPD, nach der Selbstauflösung der bürgerlichen Parteien, die NSDAP die einzige Partei im Reichstag. Mit großer innerer Beteiligung beobachteten Karl und Hermann die Maßnahmen gegen die Juden: den Boykott gegen jüdische Geschäfte am 1. April 1933, gegen jüdische Ärzte und Rechtsanwälte, gegen den Besuch von Schulen und Universitäten durch Juden. Gefolgt vom »Gesetz zur Wiederherstellung des Berufsbeamtentums« (am 7. April 1933, wieder folgte auf den »Volkszorn« gleich das Gesetz), das besagte, Beamte und Angestellte »nicht arischer« Abstammung seien in den Ruhestand zu versetzen bzw. aus dem Staatsdienst zu entlassen. Als »nicht arisch« galt nach der Durchführungsverordnung schon, wer *einen* jüdischen Großelternteil hatte.[52] Karl und Hermann hatten sogar zwei jüdische Großeltern, die Eltern ihrer Mutter. Waren denn Schwester Paula, Bruder Karl und er jetzt Juden? Ihre Mutter war vor der Eheschließung mit Oskar evangelisch getauft worden, seither hieß sie Friederike. Selbstverständlich waren ihre vier Kinder getauft. Aber die Maßnahmen betrafen auch getaufte Juden und ihre Nachkommen. Was war mit der nächsten

Generation, mit Hermanns Sohn und Karls Töchtern? Sie hatten nach dem neuen Rassekriterium eine jüdische Großmutter. Es war, als würden sie halbiert und geviertelt. Er musste dringend mit dem Bruder sprechen. Im nächsten Jahr, 1935, war er mit einem Heimaturlaub dran, sechs Jahre waren um. Dann würden sie sich beraten. Oder spätestens 1936. In Shanghai sprach er nur mit Dr. Korff ganz offen. »*Wir beide sind Freunde*«,[53] schrieb er dem Bruder. Die Freundschaft hatte sich angesichts der Entwicklungen im vergangenen Jahr vertieft. Auch der Rechtsanwalt und Sinologe Dr. Werner Vogel, »einer meiner besten China-Bekannten« und einer der »verständigen« Deutschen in China, wusste Bescheid.[54]

»Gleiches Blut und gleiche Scholle«

Spätestens übermorgen, am Dienstag, wird sich die Geburtstagsgesellschaft im Lyceum Theatre wiedersehen, anlässlich einer Aufführung des Deutschen Theater-Vereins. »Bauer unterm Hammer« hieß das Stück.[55] Otto Zwanck spielte die Titelrolle. Zwanck kam von Melchers Tianjin und war nach einem gescheiterten Versuch, sich (ausgerechnet in der schlimmsten Wirtschaftskrise) selbstständig zu machen, jetzt bei Reuter & Bröckelmann. Den Theater-Verein in Tianjin hatte er mitgegründet, er war ein schauspielerisches Naturtalent, und es würde sich lohnen, ihn in Aktion zu sehen. Das Stück – nun ja. Das handelte von der Versteigerung eines Bauernhofes bzw. von der Dorfgemeinschaft, die eine Versteigerung verhindert. Menschen »gleichen Blutes und gleicher Scholle« erfüllten ihre Gemeinschaftspflicht.[56] Gegen Gemeinschaftspflicht war ja im Prinzip nichts zu sagen, die erfüllten sie alle, aber Korff und Breuer fanden, »Blut« und »Scholle« seien nicht die richtigen Bindeglieder. Korff hatte den stellvertretenden Vorsitz im DT-V inzwischen niedergelegt. Margarete Kann hatte Breuer erzählt, dass im *Bühnenspiegel* zur Aufführung »Bauer unterm Hammer« Artikel erscheinen werden, die eine »neue Zeit« ankündigten. Diese Beiträge waren ihnen aus Deutschland geschickt worden, und sie mussten sie abdrucken. Danach gehörte es zu den »Aufgaben der Deutschen Bühne«, den »Kulturbolschewismus« zu bekämpfen.[57] Das moderne russische Theater, das sie zu Breuers Vorstandszeiten so intensiv im DT-V diskutiert und anregend gefunden hatten, fiel eindeutig in diese Kategorie. In einem weiteren verordneten Aufsatz hieß es: »*Die nationalsozialistische Bewegung hat seit Jahren für eine geistige Erneuerung [...] leidenschaftlich gekämpft, [für eine] Auferstehung des deutschen Geistes und der deutschen Kunst.*«[58] Was das bedeuten konnte, hatten sie vor zwei Jahren anlässlich des verbotenen »Hauptmann von Köpenick« erlebt. Frau Kann würde da nicht mehr mitmachen.[59] Ihr Mann und sie wollten sich auch aus der Deutschen Gemeinde zurückziehen.

1 ... gezwungen, energischen Protest einzulegen gegen den brutalen Terror [...], der gegenwärtig in Deutschland herrscht. Ü: CM. Text in Kettelhut, Geschäfte übernommen, S. 155–158.

2 Hermanns erstes Foto des Pferdes ist beschriftet: »Mein arabischer Hengst Sultan. 2. Februar 1934«.

3 HWB: Undatierte (rückblickende) Anmerkung auf der Rückseite eines Fotos von Mademoiselle.

4 Gästebuch Widmann.

5 Anmerkung von HWB (nach 1954) für seine Enkelin Hede. Gleiches Foto datiert auf 1933 an KB.

6 Quelle zu Vandenhoef: Ancestry.com. Großbritannien, Listen ankommender Passagiere, 1878–1960 [database online]. Provo, UT, USA: Ancestry.com Operations Inc, 2008.

7 French, Crow, S. 158.

8 Gästebuch Widmann.

9 Hochzeit: 28.7.1922, Gästebuch Widmann. Da war HWB auf Heimaturlaub.

10 Architekt: E. Busch. Niehoff/Steinfeldt, Kindheit, S. 122.

11 Waffenstillstand von Tanggu, unterzeichnet am 31.5.1933. Spence, Chinas Weg, S. 477.

12 Aus Protest gegen die Diskussion des Lytton-Berichts im Völkerbund über den militärischen »Zwischenfall« in Mukden, mit dem die Japaner 1931 den ersten Chinesisch-Japanischen Krieg provozierten.

13 14.10.1933.

14 Zur Lage in China. Signiert »L«. In: *China-Dienst*, 1932, Heft 3, S. 8–9.

15 *North China Herald*, 3.5.1933, S. 175.

16 Das Telegramm mit dem Text der Notverordnung war am 15.3.1933 in Shanghai eingetroffen. *North China Daily News*, 17.3.1933, zitiert nach Meller, S. 147. Vgl. auch Theophile, Briefe, S. 315 betr. Hankou.

17 *Deutsche Shanghai Zeitung*, 17. März 1933, in: Kettelhut, Geschäfte übernommen, S. 149–150.

18 Freyeisen, Shanghai, S. 69.

19 Richard E. Wätjen, Briessen-Interview, Gedächtnisprotokoll CM. Als ich das Interview einige Jahre später nachlesen wollte, um die zeitliche Zuordnung zu prüfen, ließ es sich nicht mehr auffinden.

20 *China-Dienst*, 2. Jg., Heft 9 (1.5.1933), S. 318, zitiert nach Taaks, Federführung, S. 227.

21 *NCH*, 3.5.1933.

22 August Frese (DAB), Briessen-Interview, Gedächtnisprotokoll CM.

23 Pastor Krüger 15.8.1934, Bericht für 1933, zitiert nach Freyeisen, Shanghai, S. 174.

24 »Es [Shanghai] macht doch, was die moderne Entwicklung und deren Berücksichtigung für die Politik und Wirtschaftsauffassung anbelangt, einen ganz anderen Eindruck, nämlich einen mehr negativen. Ich hatte das Gefühl, worauf mich der Wirtschaftsminister und Sie selbst ja auch wohl schon hinwiesen, dass insbesondere die ältere Generation der Shanghai-Leute vielleicht nicht so ganz die Zeichen der modernen Zeit versteht.« HB Rueder, als Vertreter des Vereins Deutscher Ingenieure, auf Chinareise, 27.11.1935 an Lautenschlager, Gesandtschaftsrat in Nanjing. PA AA Peking II, Band 2722, p. 66

25 Albert Leo Schlageter 1894–1923. Im Zusammenhang mit der französisch-belgischen Ruhrbesetzung 1923 von einem französischen Militärgericht wegen Spionage und Sabotage zum Tode verurteilt und hingerichtet. Die NS-Propaganda machte aus ihm den »ersten Soldaten des dritten Reiches«.

26 Am 9.11.1923 wurden auch vier Polizisten und ein unbeteiligter Zivilist getötet.

27 ZA 5121/13 Signatur EZA 5/3143. Vgl. Freyeisen, Shanghai, S. 174–175.

28 Die Bücherverbrennungen fanden am 10.5.1933 statt, drei Tage später wurde die Protestnote überreicht. Protestschreiben in: Kettelhut, Geschäfte übernommen, S. 155–158. Ü: CM.

29 Telegramm GK Shanghai an Botschaft Peking in PA AA Peking II, Band 2325, p. 347.

30 Gegr. 1872. Englischer Eigentümer und Geschäftsführer, chinesische Journalisten, chinesische Leserschaft. Landesweite Verteilung, Tenor: Kritisch-international. Ausführlich: Schmitt, Promenade, S. 262–264.

31 *Deutsch-Chinesische Nachrichten*, 23.5.1933, in: Kettelhut, Geschäfte übernommen, S. 161.

32 PA AA Peking II, Band 2325, p. 292.

33 Kettelhut, Geschäfte übernommen, S. 162.

34 F.W. Mohr 9.8.1933 an Felix Altenburg, Legationsrat im AA. PA AA Peking II, Band 2325, p. 194–195.

35 Freyeisen, Shanghai, S. 79–82. Und: Renate Baerensprung: Die Jahre der politischen Emigration meines Vaters Horst W. Baerensprung in China 1933–1940. StuDeO-Info Juni 2020, S. 23–30.

36 »*Schließlich schaltete sich sogar Außenminister Konstantin Freiherr von Neurath persönlich ein und drohte, sich anbahnende deutsch-chinesische Rüstungs- und Handelsverträge platzen zu lassen, falls die Beraterverträge mit den Exilierten verlängert werden würden. Im Herbst 1934 gab die chinesische Regierung nach, die Kontrakte mit den aus nationalsozialistischer Sicht unerwünschten Fachleuten wurden nicht verlängert.*« Susanne Kuß: Der Völkerbund und China, 2005, zitiert nach: https://de.wikipedia.org/wiki/Max_Brauer#Verwaltungsfachmann_in_China, am 7.11.2020.

37 Auf der Liste des GK von 1934 ist er die Nummer 4; Eintrag im ADO Jahrgang 9, 1934/35, S. 42.

38 17.3.1933 Der Staatskommissar für Berlin, Lippert (NSDAP).

39 10.4.1933 Erklärung der ärztlichen Spitzenverbände, AdG, S. 784.

40 Zum Beispiel: 2.6.1933 »›*Nichtarische*‹ *Zahnärzte und Zahntechniker dürfen nicht mehr als Kassenärzte praktizieren. Es gelten die Ausnahmen des Beamtengesetzes.*« (RGBl I, S. 541–548 und S. 350, 27.7.1933) http://www.holocaust-chronologie.de/chronologie/1933/juni.html, am 5.11.2020.

41 GK Shanghai 4.4.1936 an AA (ohne Unterschrift), PA AA Peking II, Band 2329, p. 269.

42 PA AA Peking II, Band 2328, p. 240.

43 5.12.1933 AdG (Keesing's Archiv der Gegenwart. Bonn – Wien – Zürich), S. 1180.

44 Die Akte PA Peking II, Band 2325 enthält für China erarbeitete »wissenschaftliche« Vorträge zu »Rassefragen«.

45 Lebenslauf nach Leutner: Deutscher Diplomat in Kiautschou.

46 Amtsantritt Juni 1934: Freyeisen, Shanghai, S. 75.

47 Theophile, Briefe, S. 329.

48 Auch die Südamerika- und Afrika-Handelshäuser hatten Zugriff auf diese Mittel. Sie wurden nur etwa zur Hälfte ausgeschöpft; 1937 hatte sich der Handel wieder erholt. Eberstein OAV S. 103.

49 Ratenhof, China-Politik des Deutschen Reiches, S. 386.

50 Deutschland erklärte seinen Austritt am 14.10.1933.

51 Rückschluss aus: Mehrere Zeitungsexemplare aus 1935 mit einschlägigen Meldungen sind zweifach in den Unterlagen von KB Breuer erhalten.

52 1. Durchführungsverordnung vom 11. April 1933, RGBl I, S. 195.

53 HWB 3.1.1935 an KB.

54 HWB 25.8.1936 an KB.

55 Autor: Hans Christian Kaergel.

56 *Schlesische Monatshefte*, Jg. 5, Nr. 11, November 1932, S. 403. Besprechung der Uraufführung in Görlitz 1932. http://www.dbc.wroc.pl/dlibra/plain-content?id=7148 am 7.3.2017.

57 Hanns Johst, Schriftsteller, Dramatiker, ab 1935 Präsident der Reichsschrifttumskammer.

58 Das neue Gesicht des Deutschen Theaters. Ohne Autor. *Bühnenspiegel* Jg. 8 (1933/34), Heft 2.

59 Im Sommer 1934 schied Margarete Kann aus dem Vorstand des DT-V aus (ADO).

1934

Tannenbäume aus der Mandschurei

Den gut gewachsenen, großen Weihnachtsbaum hatte Jennie sehr kritisch auf dem Hongkou-Markt ausgewählt. Dort gab es auch Ilex, Mistelzweige und frische Blumen, die sie für ihre Dekoration brauchte.[1] Tannenbäume kamen zu Weihnachten auf Schiffen aus der Mandschurei nach Shanghai. Deutsche, britische und amerikanische Familien nahmen sie gern ab.[2] Für Jennie, die »unter den Tannenbäumen Sibiriens«[3] aufgewachsen war, bedeutete das Weihnachtsfest zugleich ein Erinnerungsfest an ihre Heimat. Sie hatte den über zwei Meter hohen Baum mit silbernen Kugeln, Glocken, Engeln und Vögeln, mit Silberketten und Engelshaar geschmückt und am Fuß des Baumes eine kleine Prozession von Weihnachtsmännern aufgebaut, die durch Schneewolken auf eine Kirche zuwanderten.[4] Stolz »*typte*«[5] sie ihren Baum und die Dekoration. Dass sie später auch Hermann fotografierte, merkte er gar nicht, er war ganz in seine Zeitung vertieft. Es stand aber nur das Übliche drin: Die Regierung dementierte Gerüchte, der Silberdollar würde demnächst abgewertet; alle Märkte – *piece goods,* Garne, Papier, Reis, Tee – waren sehr ruhig. Im »Christmas Supplement« hatte ein Foto von einem großen Dinner Dance im alten deutschen Concordia Club am Bund Erinnerungen geweckt. Das Gebäude sollte nun in den nächsten Wochen abgerissen werden, um Platz für einen Neubau der Bank of China zu machen.[6]

Weihnachten haben wir sehr nett alleine verlebt.
HWB an seinen Bruder, 3. Januar 1935

Jagdhündin Juno

Hermann und Jennie genossen diese Momente des Behagens, der entspannten Zweisamkeit. Dass sie den von Jennie gebackenen Mohnstollen gemeinsam auffutterten, trug dazu bei. Und dann die Geschenke! Hermann hatte für Jennie eine ganze Ausstattung an Reitaccessoires, dazu Parfüm, Briefpapier und einen Füllfederhalter. Jennie schenkte ihm einen kleinen goldenen Glücksbringer und zwei Bilderrahmen, modern, aus Chrom und Glas, einen mit ihrem Porträt, den anderen für ein Foto von Uwe. Vor allem aber legte sie ihm eine entzückende, zwei Monate alte Dackelhündin unter den Baum. Mit einer großen roten Schleife um den Hals. Sie erwarteten noch weiteren Familienzuwachs: Jagdhündin Juno war wieder schwanger. Auf die *puppies* freute Jennie sich »wie eine Mutter«, traf schon ihre Vorbereitungen. Hatte er Jennie überhaupt erzählt, dass ihm Juno nach kurzer Bekanntschaft weggelaufen war? Das war jetzt sieben Jahren her. Während der Unruhen des *Shanghai Massacre*, ganz kurz nachdem er sie von Klautkes übernommen hatte, war sie plötzlich verschwunden. Ohne viel Hoffnung hatte er unmittelbar vor einer Geschäftsreise nach Hankou in den *NCDN* eine Anzeige schalten lassen: »Strayed from 289 Rue Chapsal. Tuesday night German Shorthaired Pointer bitch (brown with dark collar), answers to the name of ›Juno‹. Reward.«[7] Inzwischen waren sie unzertrennlich.

Silber, Seide, Porzellan

»Seine« Chinesen beschenkten HWB wieder großzügig: »Silber, Seide, Curios und ein ganzes Tafelservice für acht Personen. Es ist zu schade, dass es jetzt so schwierig ist, Euch davon etwas abzugeben«, hatte er nach Hannover geschrieben. Jennies und seine Geschenke waren dort rechtzeitig angekommen. Zusätzlich soll Karl seine »Lütten« (gemeint sind Hanni und Liesel) mit Uwe und Alice »auf meine Kosten in eine Konditorei schleppen, und sie da sich nach Herzenswunsch sattfuttern lassen und die ganze Gesellschaft dazu noch vorher ins Kino laden«.[8] Jennie und er gingen auch gern ins Kino. Und im Herstellen von Torten war Jennie eine Meisterin. Er aß sie nur zu gern. Jennie behauptete ja, bei Ausbruch eines Feuers würde er bestimmt zuerst die Süßigkeiten retten.[9] Geländeritte, Spaziergänge und Besuche machten das Shanghaier Festprogramm komplett. Am 25. war Breuer bei Widmanns eingeladen, wo sich eine besonders große Gesellschaft versammelt hatte, denn Widmann war erst Mitte Dezember aus Deutschland zurückgekommen. Er hatte Uwe im Landschulheim aufgesucht und berichtete, dass der »einen ganz günstigen Eindruck« gemacht habe.

Christmas Past

Wenn Hermann in diesen Tag seine *ghosts of Christmas past* hereinließ, kamen ihm die ausgelassenen Vorkriegsweihnachten im Kollegenkreis in den Sinn, es hatte sehr viel gutes Essen und sehr viel Alkohol gegeben. Weihnachten 1918 erwartete er die Deportation. Und dann 1919, da kam Adolf Widmann zu Weihnachten nach Shanghai zurück und brachte die Gewissheit, dass die Firma Melchers China wiederaufgebaut werden sollte. Das Weihnachtsfest 1920 war von Eheproblemen geprägt gewesen. Nachdem er dann 1923 ohne Frau und Kind aus Deutschland zurückgekommen war, konnte er den *Boxing Day*, den zweiten Weihnachtsfeiertag, gemütlich bei Widmanns verbringen. Und so war eine Tradition daraus geworden, dass Breuer einen der Weihnachtsabende als Teil einer fröhlichen Melchers & Co.-Familie im Widmann-Haus feierte. NDL-Kapitäne und der eine oder andere Diplomat vervollständigten dann die Gesellschaft. Manchmal kam hoher Besuch dazu, wie 1927 Korff sen. und seine große Familie. »Mögen die Weihnachtsfeste immer so fröhliche sein wie dieses!«, stand für 1925 im Gästebuch. Sie waren es. Nur 1924, als die Familie Widmann auf Heimaturlaub war, fuhr Breuer per Steamer nach Ningbo.[10] In Ningbo war die Familie seines chinesischen Melchers-Freundes Tung Han-sen zu Hause – ob Breuer dort zu Gast gewesen ist?

Erna mobilisiert die NSDAP

Als Hermann dann das zurückliegende Jahr 1934 überflog, fiel ihm gleich Erna ein. Sie wollte wieder Geld von ihm, hatte sich diesmal gleich an die NSDAP gewandt, die sollte dafür sorgen, dass er sie finanziell unterstützte, obwohl ihr das im Scheidungsurteil versagt worden war. Wieso jetzt? Erna hatte doch vor vier Jahren (am 5. März 1930) in Hamburg einen Karl Besser geheiratet.[11] Besser war dann 1931 gestorben, 31 Jahre alt. Hermann wusste, dass Erna vor Kurzem, also lange nach Bessers Tod, ein Nichtigkeitsgesuch für diese Ehe an die Justizbehörde gerichtet hatte.[12] Die Möglichkeit dazu hatte ihr ein neues Gesetz eröffnet, erlassen am 23. November 1933, »über Missbräuche bei Eheschließung und Adoption«, das vor allem die Auflösung von Ehen zwischen »Juden« und »Ariern« erleichtern sollte. Erna musste nur vortragen, dass »nie die Absicht bestand, eine eheliche Lebensgemeinschaft zu bilden«.[13]

Aber warum war diese posthume Auflösung der Ehe nötig? Der Verdacht liegt nahe, dass sie als Witwe von Herrn Besser nicht Unterhalt von Herrn Breuer verlangen konnte. Die Sache hätte für Hermann ziemlich schiefgehen können. Um ihren Anspruch durchzusetzen, drohte Erna, »Unannehmlichkeiten« zu machen. Und war mit diversen Äußerungen in die Deutsche Gemeinde Shanghai vorgedrungen. Die kleine Deutsche Gemeinde war ein Nährboden für Gerüchte. Das hatte er in Ernas letzten Shanghai-Jahren schon einmal erfahren. In diesen Jahren hatte auch Frau Widmann Erna gut kennengelernt und später den Scheidungsprozess mitverfolgt. Sie war gerade Leiterin der deutschen Frauenschaft und hatte sofort »die betreffenden Stellen vollkommen aufgeklärt«.[14] Zu Hermanns Glück war der Landesgruppenleiter der NSDAP in China ein Mann, der gerade das Scheitern der eigenen Ehe erlebte und am Beginn eines Scheidungsprozesses stand; seine Frau lebte mit einem anderen Mann zusammen. Über Siegfried Lahrmann schrieb Hermann im Mai 1934 an Karl vom »mir befreundeten Landesgruppenleiter der NSDAP«.[15] Als Landesgruppenleiter stand Lahrmann an der Spitze der Parteihierarchie in China.[16] Er galt als relativ tolerant, war »kein Scharfmacher«.[17] Ich vermute, dass die Erfahrung einer schwierigen Ehe und deren Scheidung eine Basis bildete, auf der sogar Sympathie gedeihen konnte. Der Respekt, den Lahrmann Hermanns Freund Korff gegenüber empfand (er hatte sich 1923 in Hankou, während Lahrmanns erster Zeit in China, um den etwas schüchternen jungen Mann gekümmert), dürfte ein Übriges getan haben. Zahlen musste Hermann dann trotzdem für Erna, jetzt wieder Breuer. Ab Mai 1934 monatlich 50,– RM. Das war ihm seine Ruhe wert. Die Sache schien erst mal gut gegangen zu sein. Ganz sicher war man ja nie.

Intrige

Und dann dies: 6. Juni 1934, Breuer an: »*Sehr geehrter Herr Hasenöhrl, Herr A. Widmann benachrichtigte mich von Ihrer gestrigen Unterredung, wonach ich – nach Angaben eines Mitgliedes der Fa. Melchers & Co. – an keiner der vaterländischen Veranstaltungen in Schanghai teilgenommen haben soll. Diese Ihnen gewordene Mitteilung ist vollkommen unrichtig. Ich habe selbstverständlich jeder nationalen Feier in Shanghai beigewohnt. Ich halte diese sofortige Richtigstellung für wünschenswert und ich wäre Ihnen verbunden, wenn Sie sie Ihrem Gewährsmann bekannt geben. Mit deutschem Gruß …*« Handschriftliche Anmerkung auf dem Durchschlag für Bruder Karl am 30. Juni: »*Ein Angestellter, dessen Name inzwischen herausgefunden wurde, hatte in übler Weise gegen Dr. Korff […] und mich intrigiert. Dem Manne ist inzwischen das Handwerk gelegt.*«

Franz-Xaver Hasenöhrl war 1934 als Auslandskommissar der NSDAP-Auslandsorganisation in China unterwegs. Das war seine Chance, persönlich Rache zu nehmen. Die galt vor allem der Firma Siemssen & Co., die ihn 1932 finanziell zurückgestuft und 1933 mit einer ungünstigen Beurteilung entlassen hatte. Als Gründer des »Stützpunktes Shanghai« der Nationalsozialisten war er 1932 zum Leiter der dortigen NSDAP-Ortsgruppe aufgestiegen und im Lauf desselben Jahres zum Vertrauensmann für Ostasien geworden.[18] Mitte 1933 war er in Deutschland in das Amt des Auslandskommissars befördert worden. Und nun bot sein Besuch in China Parteimitgliedern Gelegenheit zur Denunziation. Gut, dass der Denunziant bei Melchers nicht besser über Breuer Bescheid wusste.

Vaterländische Veranstaltungen

An dem Vorwurf, er habe »vaterländische Veranstaltungen« nicht besucht, war sicher was dran. Breuer hatte sie durchaus nicht alle besucht, wie er zum Schutz behauptete. Den Tag der »Machtübernahme« bzw. der »Nationalen Erhebung« (25. Februar 1934) hatte er nicht mitbegangen; für ihn gab es da nichts zu feiern. Der Shanghai-Besuch von Dr. Rudolph Firle,[19] Direktor des Norddeutschen Lloyd, im März war für die Firma Melchers als NDL-Repräsentantin in Ostasien eine große Angelegenheit. Melchers gab zu Firles Ehren ein fürstliches Abendessen im Gartenclub. Es kamen der Generalkonsul – als solcher war Kriebel inzwischen installiert –, der Vorstand der Handelskammer, der Kirchenvorstand, hochrangige Vertreter der Tongji-Hochschule und der NSDAP-Ortsgruppe. Da hatte Breuer hingehen müssen. Firles Ausführungen über die im Bau befindlichen neuen Expressdampfer waren wirklich informativ gewesen: Alle drei, *Scharnhorst*, *Potsdam* und *Gneisenau*, sollten innerhalb der nächsten zwölf Monate vom Stapel laufen. Mit diesen Dampfern würde der NDL seinen Ostasien-Schnelldienst eröffnen, die Fahrt von Hamburg bis Yokohama dauerte dann nur noch ca. 35 Tage statt wie vorher 54. Von Genua aus wäre Hermann in 23 Tagen in Shanghai. Die neuen Schnelldampfer könnten dem italienischen Lloyd Triestino und den französischen Messageries Maritimes Konkurrenz machen, auch was die Ausstattung der Kabinen und der Gesellschaftsräume anging. Firles Zuhörer waren ehrlich begeistert und hörten: Ohne das Aufblühen Deutschlands unter der nationalsozialistischen Regierung wären so viel unternehmerische Initiative und Vertrauen in die Zukunft nicht möglich gewesen.[20]

Trotzdem hatte Breuer sich Firles Festrede vor der NSDAP-Ortsgruppe zum »Tag von Potsdam«,[21] dem 21. März, nicht angehört und war dem Empfang, den Widmann für Firle im Haus Oberneuland am 25. März gegeben hatte, ferngeblieben.[22] Um Ostern herum (Ostersonntag war am 1. April) hatten sich die Gedenk- und Feiertage gehäuft: Firles Besuch, Hitlers Geburtstag am 20. April und dann der 1. Mai. Der war (1934) zum »Nationalfeiertag des Deutschen Volkes« erklärt worden. Aber es war schließlich ein gewöhnlicher Dienstag. Irgendwann musste mal gearbeitet werden. Breuer war also ins Büro gegangen, Post bearbeiten.

Konnten die Nazis HWB überhaupt gefährlich werden? In China? Seit dem 14. Juli 1933 gab es das »Gesetz über den Widerruf von Einbürgerungen und die Aberkennung der deutschen Staatsangehörigkeit«.[23] Es besagte, dass deutschen Reichsangehörigen, die sich im Ausland aufhielten und dort durch ihr Verhalten »gegen die Pflicht zur Treue gegen Reich und Volk« verstießen und »deutsche Belange« schädigten, die Staatsangehörigkeit entzogen werden konnte. Personen, die einer Aufforderung zur Rückkehr nach Deutschland nicht nachkamen, konnte die Staatsangehörigkeit ebenfalls entzogen werden. Ihr Vermögen würde beschlagnahmt werden und an das Reich fallen.[24] Wer das erlebte, war staatenlos und bettelarm. Nun war »Treue« ein Wert, auf den Hermann sich gern berief. Früher hatte er seine Briefe an Karl meist unterzeichnet »Dein getreuer Bruder«. Und er bewies seit Langem, dass das nicht nur eine Floskel war. Mit Korff konnte Breuer ganz offen über Konflikte sprechen, die aus Loyalitätsansprüchen contra Gewissensentscheidungen erwachsen mussten.

Abschied vom Vater

Bei allem Stress, den Erna verursacht hatte – als das wirklich einschneidende Erlebnis des Jahres 1934 erschien Hermann der Tod des Vaters. Das Telegramm aus Hannover brachte Freund Hans Dieckmann, Leiter der Exportabteilung, in sein Büro. Es lautete: »Tell H.W. Breuer father died.«

Breuer erfuhr es am 14. Juli, einem Sonnabend, da war der Vater schon zwei Tage tot. Am Montag würde er auf dem Engesohder Friedhof in Hannover beerdigt werden.[25] Hermann fand, etwas zu seiner Überraschung, dass ihm die Nachricht einen »großen und ernsten *shock*« versetzte. Denn eigentlich: Der Vater war 81 Jahre alt, und Hermann hatte damit rechnen müssen, ihn beim nächsten Heimaturlaub nicht mehr anzutreffen. Aber der alte Herr schien immer so fit. Wenige Tage vor seinem Tod hatte er noch Zeitungen und Grüße geschickt, wie immer. Ein tiefer Einschnitt, ein großer Schmerz.[26]

Der Vater war Mitte 1912 aus Niederländisch-Indien nach Hannover heimgekehrt. Er hatte, wie er selbst sagte, »die Chance, Sumatra als reicher Mann *valet* sagen zu können, verfehlt«.[27] Durch die Vermittlung eines Jugendfreundes fand er zum Dezember 1912 eine bescheidene Anstellung in Hannover bei der Städtischen Lagerbier-Brauerei. Zum 1. April 1927 musste er gehen, weil er die Altersgrenze weit überschritten hatte. Da war er 74 Jahre alt. Dank der Unterstützung seiner drei Kinder und im gemeinsamen Haushalt mit seiner Schwester Johanna hatte er dennoch weitgehend sorgenfrei leben können. Tante Johanna hatte Hermann »in wirklich rührender Weise über die letzten Tage des alten Herrn« geschrieben; der Bruder berichtete von der Beerdigung und schickte eine Abschrift des Testaments: Oskar überließ den Nießbrauch seines Nachlasses seiner Schwester Johanna; nach deren Tod sollten seine drei Kinder erben. Es ging um insgesamt ca. 10 000 Reichsmark in festverzinslichen Unternehmensanleihen bei den Klöckner-Werken und bei zwei hannoverschen Brauereien. Nein, er hatte nicht so viel verdient, dass er sich davon Rücklagen leistete: Seine Bier brauenden Arbeitgeber hatten ihn 15 Jahre lang nur zum Teil in Bargeld entlohnt – einen Teil des bescheidenen Gehalts erhielt er in Anteilscheinen, einen weiteren in Naturalien, als Bierdeputat.

Hermann dachte gleich fürsorglich an die Kosten des Todesfalles für die Hinterbliebenen in Hannover – Beerdigung, Trauerkleidung – und bot an, sich daran zu beteiligen, sorgte sich um Tante Johanna, die Oskar zuletzt gepflegt hatte, bot an, ihr eine Erholungsreise zu bezahlen. Was aber hat Hermann gemeint, als er an Bruder Karl schrieb: »… ist es aber vielleicht eine freundliche Fügung des Geschickes, dass es ihn […] nunmehr in die ewigen Gefilde hat abberufen«? Dachte er an Oskars Hoffnung auf die Nationalsozialisten? Der Vater hatte in seiner Rede zu seinem 80. Geburtstag gesagt: »… und will ich hoffen, dass durch die erwachende nationale Zusammenarbeit unser Deutsches Vaterland seine Freiheit wieder erlangt, Handel und Industrie aufleben möchten.« Das war am 6. Februar 1933 gewesen. Die Diffamierung und Ausgrenzung der Juden nahm Oskar nicht zur Kenntnis. Mit Karl war Hermann sich einig, dass »wir ja unsre eigene Meinung über den Verstorbenen hatten«.[28]

Ordnung ins Leben

So an das Lebensende gemahnt, hatte Hermann kurz vor seinem Japanurlaub seine »persönlichen Angelegenheiten sämtlich in Ordnung« gebracht, sein Testament revidiert und eine Vermögenszusammenstellung an den Bruder geschickt, »was ich an irdischen Gütern jetzt besitze. Es ist schließlich nicht allzu viel, aber auch nicht zu schlecht.« Karl hat die Aufstellung getreulich verwahrt: Lebensversicherungen in Pfund Sterling und in Reichsmark, Breuers Guthaben bei Melchers in GBP sowie Schätzungen, was seine Goldvorräte wert waren, was sein Auto, sein Pferd, sein Hausstand momentan in Auktionen bringen würden – in US-Dollar. Meine versuchsweise Umrechnung kann sich nur so weit annähern, dass ich mich Hermanns Einschätzung anschließe: Es war nicht richtig viel, aber auch nicht wenig.[29] Zum Nachlassverwalter in China bestimmte er Ed Warneken, Prokurist bei Melchers, zum Testamentsvollstrecker den Bruder, »weil man eben in meinem Alter und bei den Reisen Ordnung im Hause seines Lebens haben muss«. Gesundheitlich ginge es ihm so gut, dass er hoffe, »noch für eine Reihe von Jahren die Dienste der Genannten nicht für mich in Anspruch nehmen zu müssen«.[30]

Urlaub in Japan

Urlaub – und ein paar Geschäftsbesuche, natürlich. Gleich nach seiner Ankunft besuchte Breuer die befreundete Firma Winckler & Co. in Kobe. Stolz zeigten Teilhaber Julius Westphalen und Prokurist Fritz Dölling[31] den im Bau befindlichen modernen Bürotrakt. Der Neubau war nach einem verheerenden Lagerbrand im August 1933[32] notwendig geworden: Beim unvorsichtigen Verlöten von mit Blech ausgeschlagenen Kisten hatten die darin befindlichen Warenproben aus Celluloid Feuer gefangen. Schließlich gaben Dölling und Westphalen Breuer *Tipps* für seine weitere Japanreise: Zuerst würde er in den *hot springs* von Miyanoshita am Fuß des Hakone entspannen, weiterziehen nach Ikaho, dort gab es ebenfalls heiße Quellen, und die weiten Blicke von den Berghängen des Haruna Fuji in die Herbstfärbung würden großartig sein. Ebenso die Stille. Aus Ikaho schickte Hermann dann eine Postkarte an Hanni und Liesel, die Nichten in Hannover, »*aus diesem großartigen japanischen Bergdorf, wo ich ganz allein als Ausländer sitze – die nächsten leben 175 km von hier [...]. Ihr würdet über die vielen Farben der Kimonos staunen, die die Japanerinnen tragen.*« In Nikko, berühmt für das 1617 erbaute Mausoleum, begeisterten ihn die herbstlich bunten Wälder des Nationalparks, wanderte er durch leuchtendes Gelb, Orange und Rot. In solcher Natur erholte er sich. Zurück fuhr Hermann über Tokio, wo er einen Tag in der Deutschen Botschaft verbrachte. Begegnete ihm dort Richard Sorge, der als Korrespondent der *Frankfurter Zeitung* in der Botschaft ein und aus ging, den er aus dessen Shanghai-Zeit kannte?[33]

Dr. Adalbert Korff und Maria Menzel

Adalbert Korff machte über die Weihnachtstage 1934 eine Hausboottour mit Richard Wätjen und mit Dr. Max Mohr, der vor zwei Wochen als Emigrant in Shanghai angekommen war. In Deutschland hatte der Arzt sich als Schriftsteller einen Namen gemacht, aber die Nazis lehnten seine Aufnahme in die Reichsschrifttumskammer aus rassischen Gründen ab. Das brachte ihn in finanzielle Not, er wollte nun sein Geld als Arzt verdienen. Mohr wohnte bei Dr. Vogel, den er aus der Kriegsgefangenschaft in England kannte,[34] bei ihm lernte er Korff kennen. Dr. Mohr hatte viel über die aktuelle Lage in Deutschland erzählt – und dahin wollte Korff im neuen Jahr fahren, am 2. Januar (1935) ging sein Zug. Er musste in Bremen vorsprechen, denn er hatte sich, so wusste Hermann, »gegen den Wunsch seiner Familie (streng vertraulich) mit einer hiesigen Dame«[35] verlobt. Die Anzeige im *Herald* war schon vorbereitet: »Engagement announced of Maria Menzel, née Reinert to Dr. Adalbert Korff, 90 Edinburgh Rd.«[36] Sie würde in Abwesenheit der Verlobten erscheinen, denn auch Maria reiste auf schnellstem Wege nach Deutschland. In Bremen sollte sie der Familie vorgestellt werden; keine einfache Sache.

Die Bremer hatten sich für die Korff-Dynastie eine Braut aus einer der namhaften Bremer Familien erhofft, betucht und ohne Vorgeschichte. Maria war bereits geschieden, als sie 1928 24-jährig in Begleitung eines chinesischen Piloten nach Shanghai kam. Arbeit fand sie bei Reuter & Bröckelmann in der Exportabteilung. Teilhaber Carl Emmo Vissering hielt viel von ihr. Er unterstützte ihr Interesse an chinesischer Kunst und schickte sie zu Sammlern nach Peking. Im Haus von Gustav Ecke, Kunsthistoriker und Professor an der Furen-Universität, machten das chinesisch reduzierte Interieur tiefen Eindruck auf sie, ihr Wissensdurst erhielt neue Nahrung.[37] In Shanghai genoss sie das gesellschaftliche Leben, war häufig Gast im Französischen Club (ihr Chef fand das unpatriotisch), der als einziger Club in Shanghai Frauen als Mitglieder aufnahm – maximal 100. Sie hatte gerade noch im Deutschen Theater-Verein mitgespielt[38] – »Als ich noch im Flügelkleide« –, und beim Motorrad-Trecking der DKW-»Blutblasen« nahm sie regelmäßig einen der Soziussitze ein, als einzige Frau. Die Zeitungen berichteten. Sie war kompromisslos modern und unabhängig.

Im März würde das Paar *via Siberia* zurückkommen, für den 15. März war die Hochzeit geplant. Auf dem Konsulat, nicht in der Kirche. In der Zeitung stand übrigens, Maria Menzel sei wegen der Saarabstimmung nach Deutschland gefahren.[39] Aber Maria war als Bremerin gar nicht wahlberechtigt. Hermann vermutete, dass sie der Empfehlung der Emigranten und der Linken gefolgt wäre und für den Status quo gestimmt hätte. Die Frage war eigentlich nur, wie hoch die Zustimmung zu der Parole »Deutsch ist die Saar / Deutsch immerdar« ausfallen würde.

In der evangelischen Kirche in Shanghai war für den Tag der Abstimmung, für Sonntag, den 13. Januar, ein Bittgottesdienst angesetzt.[40] Zur besten Reitzeit. Hermann wollte den Morgen lieber mit seinem Araberhengst Sultan verbringen. Der Schimmel war jetzt ein Jahr bei ihm. Es war eine wunderbare Freundschaft.

1 Zum Hongkou-Markt: *NCDN*, 21.12.1934.

2 HWB an KB 3.1.35, vgl. Meller, S. 72.

3 HWB 21.11.1937 an JvR.

4 Fotos Weihnachten 1934, HWB an KB.

5 Eingedeutschte Verwendung des englischen »to type«, eine Mischung aus »drucken« und »Schreibmaschine schreiben«, die HWB für »fotografieren« verwendete.

6 *NCDN*, 23.12.1934.

7 »*Entlaufen aus der Rue Chapsal 289. Dienstagnacht, deutsch-kurzhaarige Pointerhündin (braun mit dunklem Halsband), hört auf den Namen ›Juno‹. Belohnung …*« *NCDN*, 7.4.1927, S. 1, Kleinanzeigen (Brill). Ü: CM.

8 HWB 6.12.1934 an KB.

9 HWB 7.5.1948 an Nele, Schokolade betreffend.

10 *North China Herald*, 27.12.1924.

11 Lebensdaten 1900–1931, Ehe- und Sexualberater am Institut für Sexualwissenschaft Magnus Hirschfeld.

12 HWB 14.5.1934 an KB betr. Ehe, Nichtigkeitsgesuch und Androhung von Unannehmlichkeiten.

13 RGBl. I, S. 979, Ergänzung um BGB §1325a betreffend Ehenichtigkeit bei Verdacht einer sog. Scheinehe.

14 HWB 14.5.1934 an KB.

15 HWB an KB 14.5.1934. Laut Freyeisen, Shanghai, war Lahrmann (erst) ab dem 1.8.1934 Landesgruppenleiter der Landesgruppe China der AO der NSDAP (S. 95). HWB kann sich die Funktionsbezeichnung kaum vorab ausgedacht haben.

16 Ihm unterstanden u.a. die Ortsgruppenleiter, die Leiter der NS-Volkswohlfahrt, der Deutschen Arbeitsfront, der SA (in China »Sportabteilung«).

17 Freyeisen, Shanghai, S. 92.

18 Freyeisen, Shanghai, S. 69.

19 Dr. Rudolf Firle: Vorstandsmitglied des NDL 1.7.1933–1940, Mitglied des Aufsichtsrats 1940 – Mai 1945.

20 *NCDN*, 5.7.1936: »*… only with the prosperity of Germany under the National Socialist regime was it possible to bring in* *new initiative and courage, resulting in the three express liners ›Scharnhorst‹, ›Potsdam‹ and ›Gneisenau‹.«* MA Firma Melchers Kasten 14, Mappe 4.

21 Nach Reichstagsbrand (27./28.2.1933) und Reichstagswahlen (5.3.1933, führende Vertreter von KPD und SPD waren in »Schutzhaft« genommen bzw. im Exil) wurde der erste Reichstag, in dem die Nationalsozialisten eine erdrückende Mehrheit hatten, am 21.3.1933 mit einem Staatsakt in der Garnisonkirche in Potsdam, dem Traditionsort preußischer Geschichte, eröffnet. Der »Tag von Potsdam« wurde zum Inbegriff der Verbindung von »altem« und »neuem« Deutschland. Deren Sinnbild: das Foto, das Hitler in tiefer Verbeugung vor dem 86-jährigen Reichspräsidenten Hindenburg zeigt. Die Evangelische Kirche und Hindenburg lehnten die Eröffnung des Reichstags in einer Kirche ab. Der eigentliche politische Akt erfolgte in der Berliner Kroll-Oper. https://www.dhm.de/lemo/kapitel/ns-regime/etablierung-der-ns-herrschaft/tag-von-potsdam.html am 3.1.2018.

22 Widmann Gästebuch und Kuckuck, Mit neuen Schiffen, S. 118.

23 § 2 [1] Reichsangehörige, die sich im Ausland aufhalten, können der deutschen Staatsangehörigkeit für verlustig erklärt werden, sofern sie durch ein Verhalten, das gegen die Pflicht zur Treue gegen Reich und Volk verstößt, die deutschen Belange geschädigt haben. Das gleiche gilt für Reichsangehörige, die einer Rückkehraufforderung nicht Folge leisten, die der Reichsminister des Innern unter Hinweis auf diese Vorschrift an sie gerichtet hat. Bei der Einleitung des Aberkennungsverfahrens oder bei Erlass der Rückkehraufforderung kann ihr Vermögen beschlagnahmt, nach Aberkennung der deutschen Staatsangehörigkeit als dem Reiche verfallen erklärt werden. http://www.documentarchiv.de/ns/1933/deutsche-staatsangehoerig keit_ges.html, am 20.9.2019.

24 RGBl I, S. 480.

25 Anzeige im *Hannoverschen Anzeiger*, 15.7.1934, S. 4.

26 HWB 16.7.1934 an KB, HWB 16.7.1934 an Melchers, HWB 16.8.1934 an JvR.

27 Oskar Breuers Rede zu seinem 80. Geburtstag, 6.2.1933.

28 HWB 16.7.1934 an KB.

29 Das GBP war die Leitwährung auf dem Finanzmarkt. HWB hatte drei Lebensversicherungen in Höhe von gesamt GBP 2500. Sein Guthaben bei Melchers zum 10.10.1934 schätzte er auf GBP 1250. 1936 waren das umgerechnet 30 750 Reichsmark in Lebensversicherungen und ca. 15 400 RM bei Melchers. (Theophile, Briefe, S. 383)

30 Besitzaufstellung 10.10.1934, Brief 12.10.1934 an KB; Testament liegt nicht vor.

31 Friedrich Dölling, Kobe seit 1923. Partner bei Winckler & Co. ab 1936. 1947 mit Familie repatriiert.

32 Winckler & Co.: Im- und Export, Fabriken. Perlmuttknöpfe. In Japan seit 1885. Nach 1920 wieder Niederlassungen in Yokohama (nach Erdbeben 1923 wiederaufgebaut), Nagoya und Kobe. OAV Hamburg, S. 226–228. Dort ist 1930 als Jahr des Brandes angegeben. Ich folge abweichend Herbert Feid: Auf und ab bei Winckler & Co. Die Geschichte unserer Firma. StuDeO-Info, April, September, Dezember 2008.

33 Im Oktober 1941 als Spion für die Sowjetunion enttarnt.

34 Ralf Beer: Biographie M. L. Mohr. https://opendata.uni-halle.de/bitstream/1981185920/8519/1/Dissertation_Beer_Ralf_Final.pdf.

35 Unterstreichung HWB, 3.1.1935 an KB.

36 *North China Herald*, 9.1.1935.

37 Maria Korff, Briessen-Interview, Gedächtnisprotokoll CM. Name dort: Egge. Richtig ist Ecke.

38 Aufführung am 9.10.1934.

39 *North China Herald*, 20.3.1935.

40 ZA 5121/13 Signatur EZA 5/3157. Das Saarland wurde lt. Versailler Vertrag vom Völkerbund verwaltet. Abstimmungsergebnis: 90,4 % für die Rückgliederung an Deutschland, 8,8 für den Status quo, 0,4 für Frankreich bei einer Wahlbeteiligung von 98 %. https://www.landtag-saar.de/landtag/ein-langer-weg-nach-europa/der-kampf-um-die-saarabstimmung-1932-bis-1935/, am 5.11.2020.

1936
Heimaturlaub im Schatten der »Nürnberger Gesetze«

Zu Hause in der Heimat
da freu'n sich alle sehr,
kommt unser Onkel Hermann
auf Urlaub zu uns her
Moritat zu HWBs 75. Geburtstag

1. Mai in Shanghai

Ein herrlicher Sonnenmorgen.[1] An diesem Morgen hätte der Lloyd-Dampfer *Potsdam* eigentlich nach Europa abfahren sollen und HWB mit ihm. Da es aber den »Nationalfeiertag des Deutschen Volkes« zu begehen galt, war die Abfahrt auf den Spätnachmittag verschoben worden. So konnte die Bordkapelle zur Feier des Tages im Garten des Generalkonsulats aufspielen. Die Deutschen Shanghais waren gekommen. SA, HJ, BDM und der Marinesturm der *Potsdam* standen stramm. Von den Passagieren der *Potsdam* wurde erwartet, dass sie pünktlich um 8 Uhr am Hissen der Flagge teilnahmen und dabei die Nazihymne »Die Fahne hoch! / Die Reihen fest geschlossen!« anhörten. Die Tender gingen erst um 14.30 Uhr vom Zollkai ab, denn um 11.30 Uhr wurde die Bordkapelle noch einmal gebraucht, für die Nationalhymne beim Empfang im Generalkonsulat. Dort vereinte sich um diese Stunde *tout* Shanghai zu einem Toast auf Deutschland und auf den »Führer«: Diplomaten, chinesische und ausländische Presse, Vertreter der NSDAP, der deutschen Organisationen, Kapitäne der deutschen Schiffe im Hafen, Vertreter der Admiralität, des Municipal Council, chinesischer Organisationen, der Handels- und Finanzkreise.[2] Aufmerksamkeit und Ehrerbietung erinnerten an die Feiern zum Geburtstag des Kaisers.

Auf der Potsdam

Als dann, nach nachmittäglichem Sport und Spiel, abends die Kundgebung am »Deutschen Eck« stattfand, schwamm die *Potsdam* schon auf dem Yangtse. HWB saß mit Rolf und Ingeborg Heyn (Handelshaus Reuter & Bröckelmann) am Tisch des Kapitäns Wilhelm Daehne. Zum Begrüßungsdinner wurde Kaviar im Eisblock serviert, es gab Austern und Hummer. Der Kapitän wurde von seinen Gästen eingehend zu der Jungfernfahrt befragt, die das Schiff vor zehn Monaten als »Rekordfahrt« absolviert

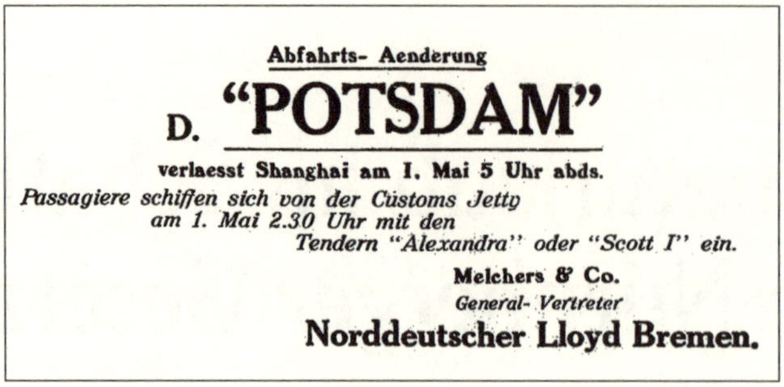

Anzeige auf der Titelseite des *Ostasiatischen Lloyd*, 30. April 1936.

hatte,[3] und zu den Vorzügen der verschiedenen Antriebsanlagen, mit denen die drei sonst weitgehend baugleichen Schiffe des Norddeutschen Lloyd ausgestattet waren, die *Gneisenau* mit Getriebeturbinen, die *Scharnhorst* und die *Potsdam* mit turboelektrischem Antrieb. Wobei die *Scharnhorst* mit Wagner-Wasserrohrkesseln, geliefert von der Deschimag, fuhr und die *Potsdam* mit den Benson-Höchstdruckkesseln von Blohm & Voss, die hier weltweit das erste Mal in einem Handelsschiff eingesetzt waren. Mit 26 000 PS und einer Fahrtgeschwindigkeit von 21 Knoten konnten alle drei neuen Ostasien-Schnelldampfer des NDL mit den Schiffen der italienischen Konkurrenz mithalten. Auch der Nicht-Fachmann stellte fest, dass das Schiff angenehm leise und ruhig lief.

Etwa 21 Tage nach der Abreise konnte Hermann seinen Bruder Karl drahtlos vom Schiff aus benachrichtigen, wann genau er in Bremerhaven abgeholt werden könnte.[4] Die Brüder hatten sich vor gut sechs Jahren zuletzt gesehen. Karl war stark gealtert, Hermann konnte ihm die Sorgen ansehen. Da waren zunächst die äußeren Umstände: Im März (1936) waren 22 000 deutsche Soldaten in das entmilitarisierte Rheinland eingedrungen, hatten mit der Stationierung der deutschen Wehrmacht in der 50 Kilometer breiten Zone an der Grenze entlang des Rheins begonnen, ein klarer Bruch des Versailler Vertrags. Frankreich und Großbritannien hatten darauf verzichtet, einzuschreiten, der Völkerbund hatte folgenlos verurteilt. Hermann erzählte dazu, dass die Ortsgruppe der NSDAP in Shanghai am 29. März, dem Tag der Wahl in Deutschland, eine »Volksbefragung« durchgeführt hatte: Die Frage an die Mitglieder der Deutschen Gemeinde lautete: »Deutscher Mann! Deutsche Frau! Bist Du mit der auswärtigen Politik des Führers und Reichkanzlers einverstanden?« Mit ihrem »Ja« sollten sie die Rheinland-Besetzung moralisch unterstützen.[5]

In Hannover: Luftschutz, Hausbau

Breuers hatten sich, wie eigentlich alle Deutschen, eine Revision des Vertrags von Versailles gewünscht, aber auf diese Art und Weise war das ein Spiel mit dem Feuer. Es sah aus, als sollte es riskant weitergehen, denn Karl Breuer war im April (1936) vom Luftschutzhauswart (bei Luftangriffen zuständig für den Schutz der eigenen Villa) zum Luftschutzblockwart[6] (zuständig für die Häuser eines Straßenabschnitts) befördert worden. Im Merkbuch dazu hieß es: »*Tausende von Kriegsflugzeugen stehen rings um Deutschland jederzeit einsatzbereit, während wir selbst in der Luft völlig wehrlos sind. [...] Jede deutsche Stadt ist für Bombenflieger erreichbar.*« Gerade waren sie trotz des provozierenden Einmarsches im Rheinland am Boden geblieben. Wie lange noch?

Karl musste sich, wenn er an den Luftschutz dachte, jetzt nicht mehr nur um das eigene Wohnhaus sorgen. Um nach dem Verlust seines Vermögens in Inflation und Wirtschaftskrise eine neue Existenzgrundlage für seine Familie und sich zu schaffen, hatte er gebaut. Gerade wurde das Mietshaus in der Timmendorffstraße 5 fertig. Mit acht Wohnungen von je ca. 55 qm, Wohnküche und zwei Zimmern in einem dreistöckigen Gebäude entsprach es den Anforderungen für »Kleinwohnungsbau«. Um für ein Programm gegen den Mangel an Kleinwohnungen private Investoren zu motivieren, hatte die nationalsozialistische Regierung die Darlehenszinsen deutlich gesenkt und die Möglichkeit eröffnet, eine Reichsbürgschaft für die zweite Hypothek zu erhalten plus Reichsdarlehen. Für Karls acht Wohnungen waren das insgesamt ca. 30 000 RM. Das bedeutete, dass er fast ohne Eigenkapital bauen konnte. Die mit dieser Finanzierung verbundene Verpflichtung zur Mietpreisbindung war hinnehmbar. Mietinteressenten gab es jedenfalls schon reichlich.

Nun wollte Karl ein zweites Projekt in Angriff nehmen. Von der Besichtigung der Timmendorffstraße gingen die Brüder gleich weiter in die Schlegelstraße. Karl hatte dort das Grundstück Nummer 14 an der Hand. Vor Ort trafen sie den Architekten beider Häuser, ihren alten Freund Paul Hakenholz (vielleicht war Cläre mitgekommen?), und der skizzierte, wie sie bei diesem Grundstück die Vorgaben für den Kleinwohnungsbau, die eine Wohnungsgröße von maximal 75 qm zuließen,[7] noch besser ausnutzen konnten: Hier würde Hakenholz acht Wohnungen von gut 70 qm unterbringen, wieder verteilt auf Erdgeschoss und drei Etagen. Die Fassade sollte ganz ähnlich aussehen, wie die in der Timmendorffstraße.

Um Hypotheken, Reichsbürgschaft und Reichsdarlehen zu erhalten, musste der Bauherr schuldenfrei sein. Bei einer Prüfung von Karls Konten würden Hermanns monatliche Zahlungen auffallen. Eine Gegenleistung war nicht erkennbar. Hermann hatte schon in Briefen aus Shanghai geschrieben, Karl habe keine Schulden bei ihm. Jetzt versicherte er noch einmal schriftlich und unter Zeugen: »*[...] möchte ich unsere privat-geschäftlichen Angelegenheiten mit Dir klarstellen. Es freut mich, Dir mitteilen zu können, dass sich die auf Deinen Rat seiner Zeit eingeleiteten geschäftlichen Verbindungen mit unserem Freunde Chew Wei Ching in Shanghai so günstig entwickelt haben, dass ich die Dir in Deiner damaligen schwierigen Lage vorgestreckten Beträge streichen kann. Ich erkläre daher ausdrücklich, dass Du keinerlei Schuld an mich hast.«* Handschriftlich ergänzte er zur Sicherheit: *»bzw., dass ich keinerlei Forderungen an Dich habe«*.[8] Seine Unterschrift ließ Hermann von Tante Johanna beglaubigen und von Carl Schmidt, dem Freund und Regimentskameraden, mit dem er vor 30 Jahren nach Shanghai aufgebrochen war. Dessen Hannoversche Lampenfabrik lief inzwischen ausgezeichnet, war international vernetzt. Und privat war er sehr glücklich, er hatte seine große Liebe aus der Shanghai-Zeit geheiratet, die fünf Jahre ältere Cenie Dobson, verwitwete Richter.[9]

Ge- und Verbote

Karls Sorgen um die materielle Existenz waren damit erst einmal gebannt. Aber sein Sorgenpaket war nicht kleiner geworden, im Gegenteil. Verbote und Hetze gegen Andersdenkende wurden konsequent umgesetzt. Politisch war er nicht engagiert, aber Mitte August 1935 war auf die öffentliche Verleumdung der Freimaurerei ein Verbot gefolgt. Karl war nach seiner Rückkehr aus Sumatra in die Loge »Zur Ceder« eingetreten, um Anschluss an bürgerlich-brüderlich Gleichgesinnte zu finden. Er hatte nie nach höheren Weihen gestrebt, aber die Abende im Kreis von Männern unterschiedlicher Herkunft und aus unterschiedlichen Berufen immer genossen. Nun waren Freimaurerlogen verboten, das Logenhaus von 1857 enteignet. Mit einigen Brüdern traf er sich auch jetzt noch, im kleinsten Kreis, meist zu dritt oder zu viert in verschiedenen Gaststätten. Alice ängstigte sich, wenn Karl zu einem dieser Abende ging, bis sie spätabends seinen Schlüssel in der Haustür hörte.

Karls Tochter Hanni war etwa zur gleichen Zeit zu einem »Jungmädel« geworden. In dem Versuch, sie von der nationalsozialistischen Jugendorganisation fernzuhalten, hatte der Vater sie noch als Elfjährige 1932 bei den »Jungluisen«, der Kinderorganisation des monarchistischen Königin-Luise-Bundes, angemeldet. Der wurde zwei Jahre später »gleichgeschaltet«. Und Hanni war von Herzen gern Jungmädel. Spiele, Vorlesen, Basteln und Ausflüge, das war alles genau richtig für sie. Dabei spürte sie die Zurückhaltung der Eltern. Besonders, wenn das Radio von den neuen Gesetzen berichtete – Breuers hatten 1935 einen »Volksempfänger« angeschafft –, herrschte Totenstille. Vor den Kindern wurde nicht gesprochen. Aber Hanni begriff trotzdem, dass ihre verstorbene Großmutter ein Tabuthema war, und ahnte, warum.

»Nürnberger Gesetze«

Eines Tages holte ich die Klappkiste, in die ich Briefe, Fotos und andere Papiere meiner Großeltern sortiert hatte, vom obersten Regal. Vielleicht hatten sie Hermann in Briefen an Dritte erwähnt? Viele dieser Papiere kamen aus dem kleinen Sekretär, den wir nach dem Tod meiner Großmutter auf dem Dachboden fanden, als wir das Haus in der Fichtestraße ausräumten. Er war samt Inhalt während des Krieges schnell auf den eigentlich von »Brandlasten« befreiten Boden geschafft worden, als das Familienwohnzimmer im ersten Stock geräumt werden musste, um für die Einquartierung Platz zu machen. Zwischen Briefen, Pässen, wertlosen Anteilscheinen und einer Geldstrafe wegen Missachtung des Verdunkelungsgebots fand ich Seiten aus hannoverschen Zeitungen, Jahrgang 1935; einige waren doppelt vorhanden. Auf diesen Seiten ging es um die »Nürnberger Gesetze«. Was auf die Familie Breuer zutraf, hatte mein Großvater mit Rotstift markiert. Mit zwei jüdischen Großeltern waren er selbst, sein Bruder Hermann und seine Schwester Paula jetzt »Mischlinge 1. Grades«, ihre Kinder, jedes mit einem jüdischen Großelternteil, waren »Mischlinge 2. Grades«. Die Definition »Mischling« traf ihn tief. Nicht nur, weil seine Familie diskriminiert und Zwangsmaßnahmen ausgeliefert wäre, wenn ihre Abstammung publik würde, sondern weil er zu zweifeln begann: In Sumatra hatten viele auf Menschen gemischter Abstammung hinabgesehen. Er selbst hatte die *half-caste* bedauert. Gehörte er in diese Kategorie?

Dass die Mutter meines Großvaters nach der Definition der »Nürnberger Gesetze« als jüdisch galt, mein Großvater als »Mischling 1. Grades«, wurde nicht nur in der Zeit des Nationalsozialismus geheim gehalten. Meine Mutter hat es im Entnazifizierungsverfahren nicht erwähnt, hat sogar die Entlassung aus dem Beamtenverhältnis in Kauf genommen. Erst als ich in den späten 1960er Jahren, mit der Selbstgerechtigkeit der Jugend, die Frage stellte, »Was habt ihr in der NS-Zeit getan?«, sagte meine Mutter (Hanni) eines Nachts zu mir: »Mein Vater war Halbjude.« Ich hatte das Gefühl, dass das ein Geheimnis war und bleiben sollte. Noch während ich die Lebensgeschichte des Vater-Bruders aufschrieb, kam ich mir manchmal wie eine Verräterin vor. »Heimaturlaub« war das letzte Kapitel, das ich zu Lebzeiten meiner Mutter schrieb. Vorlesen konnte ich es ihr nicht mehr, sie hörte zu schlecht. Ich habe ihr davon erzählt. Sie weinte. Ich denke, dass sie sich an die Not ihres Vaters erinnerte. Sie hat ihn sehr geliebt.

Soweit ich es herausfinden konnte, ist kein Mitglied dieser Familie im NS umgebracht worden, sie waren alle weit vorher gestorben: Die Eltern meiner Urgroßmutter starben 1883 und 1885, ihr Halbbruder 1890 ohne Nachkommen. Urgroßmutter Rahel Goldsticker, getauft auf den Namen Friederike, starb 1911. 32 ihrer 59 Lebensjahre hatte sie in Ostasien verbracht, in Bangkok, Hongkong und in Sumatra. Begraben wurde sie auf dem Friedhof von Tandjong Poeze im Sultanat Deli an der Ostküste Nordsumatras. Ihre Eltern und ihr Halbbruder liegen auf dem jüdischen Friedhof Hohenberge in Varel. Ihre Grabsteine sind erhalten.

»Rassenlehre«

Hermann nannte es das »leidige Thema, das mich ja auch so mitnahm«.[10] Karl und er sprachen ausführlich darüber; sie hatten dabei Zeitungsseiten aus dem *Hannoverschen Anzeiger* und dem *Hannoverschen Kurier* zur Hand, die Karl aufbewahrt hatte. Einige Exemplare waren zweimal vorhanden. So das mit dem Artikel »Welche Heiratspapiere braucht man«.[11] Karl hatte das Doppel nach Shanghai schicken wollen, es sich dann aber anders überlegt. In der Ausgabe vom 15. November 1935, genau zwei Monate nach dem Beschluss auf dem NSDAP-Reichsparteitag in Nürnberg, waren die »Nürnberger Gesetze«[12] abgedruckt. Die Paragrafen definierten, wer als Jude galt bzw. wie viel »Jude« ein Mensch war. In der Erläuterung der Zeitung hatte Karl den Abschnitt markiert, in dem es heißt: »*Die Begriffsbestimmung des Juden ist nach objektiven Anhalten getroffen. [...] Als Juden werden ferner Staatsangehörige mit zwei volljüdischen Großeltern, also mit zur Hälfte jüdischer Erbmasse behandelt, die ein Bekenntnis zum Judentum dadurch abgelegt haben, dass sie der jüdischen Religionsgemeinschaft angehören [...] oder einen jüdischen Ehegatten gewählt haben.*« Unterstreichung Karl Breuer. Wer musste wann seine Herkunft erklären, mit welchen Urkunden; wer durfte was: Heiraten, Schul- und Berufsausbildung. Beamtenlaufbahn, Wehrdienst. Es ging ja weniger um Karl selbst, der nicht im Berufsleben stand und schon verheiratet war (nur: Vielleicht würden die Nazis eines Tages auch die »Halbjuden« verfolgen?), es ging um seine Mädchen, es ging um Hermann und um dessen Sohn Uwe. Was durften sie lernen? Wen durften sie heiraten? »*Ehen unter Mischlingen mit ¼ jüdischer Erbmasse sollen überhaupt nicht geschlossen werden. Dagegen steht es ihnen frei, eine Ehe mit Staatsangehörigen deutschen oder artverwandten Blutes zu schließen.*« Diese Passage hatte Karl ebenfalls angestrichen. Das war wichtig wegen der Kinder, die aus Ehen mit »Ariern« – oder, wie es jetzt hieß »Deutschblütigen« – hervorgegangen waren.

Es sah fast so aus, als würden Breuers mit einem blauen Auge davonkommen, aber: »Die Mischlinge erfahren grundsätzlich eine besondere Behandlung. [...] da sie nicht Deutsche sind, können sie nicht den Deutschen gleichgestellt werden.«[13] Sie wären also jetzt Deutsche zweiter Klasse mit eingeschränkten bürgerlichen Rechten (»Kein Jude und auch kein jüdischer Mischling darf als Arzt bestellt werden«[14]). Konnten sie verhindern, dass der jüdische Großelternteil ihrer Kinder aktenkundig wurde? Karl hatte versucht, die Mutter ganz im Ungewissen verschwinden zu lassen. Schließlich hatten die Eltern in Bangkok geheiratet, die Mutter hatte ihn und seine Geschwister »draußen« geboren, sie war auf Sumatra gestorben und beerdigt. Auch ihr Mann, Vater Oskar, war inzwischen gestorben. Wer sagte, dass sich überhaupt Papiere erhalten hatten? Karl verbrannte ihre Geburtsurkunde und die Heiratsurkunde seiner Eltern und erfand eine neue Herkunft: Eine Kapitänstochter sei sie gewesen, Oskar hätte sie im

Ausland kennengelernt. Näheres wüssten weder er noch seine Geschwister, die alle als Kinder nach Deutschland geschickt wurden. Das war doch so weit plausibel. In Hannover gab es Bekannte, die es besser wussten. Würden sie schweigen? Es blieben die eigenen Geburts- und Heiratsurkunden, die den Namen der Mutter nannten: Goldsticker, Vorname Rahel. Da würde der Zusatz »genannt Friederike« im Ernstfall wenig überzeugen. Tatsächlich war sie übrigens »Frieda« genannt worden. Bei der nächsten Volkszählung, vorgesehen für 1938, würden alle Großeltern abgefragt werden. Sie hießen mütterlicherseits Samuel Calmer Goldsticker und Therese geb. Löwenstein. Das werden sie da bestimmt nicht reinschreiben. Auf falsche Angaben stand Gefängnis bis zu einem Jahr oder eine Geldstrafe.

Im Gespräch mit Karl wurde Hermann noch einmal bewusst, dass er beide Eltern eigentlich nicht gekannt hatte. Seine jüdischen Großeltern waren unmittelbar vor bzw. nach seiner Geburt verstorben. Auch Karl hatte keine Erinnerung an sie: Er war 1883 noch keine drei Jahre alt gewesen, als seine Mutter ihn, ihren Ältesten, während eines Heimaturlaubs ihren Eltern in Varel präsentierte. Hermann hatte die Mutter überhaupt nur während seiner kurzen Kindheit in Sumatra erlebt. Dem Vater war er bei seinen Heimaturlauben in Hannover 1913, 1922 und 1929 wieder begegnet. Sie hatten relativ viel korrespondiert, er hatte dem Vater gern Fotos und Postkarten geschickt – wusste er doch, dass er sie in seine Alben klebte und dabei stolz auf ihn war. Dem älteren Sohn Karl hatte Vater Oskar dessen Eheschließung mit Alice lange Zeit nicht verziehen. Sie war die Tochter von Oskars Schwester Johanna und einem Offizier aus preußisch-schlesischem Offiziersadel, der früh verstorben war. Als Karl auf Brautschau aus Sumatra nach Deutschland gekommen war, hatte Oskar schon hoffnungsvoll eine Reihe von Erbinnen für seinen Sohn vorausgewählt gehabt. Und dann verliebte der Junge sich in seine blutjunge, mittellose Cousine. Das war im Jahr 1910 gewesen. Jetzt war Alice' adliger Vater ganz nützlich, »erbbiologisch« betrachtet. Wichtiger waren aber Alice' Liebe zu Karl und ihre Loyalität. Karl hatte die Eltern während ihrer gemeinsamen Jahre in Sumatra (1899 bis 1912) besser kennengelernt, und später hatten Oskar und Karl in Hannover Zeit miteinander gehabt (1922–1934).

Die »Indianer aus Sumatra«[15]

Dann war da noch die Schwester von Karl und Hermann. Paula war nie das zärtliche, sorgende Kind gewesen, das Vater Oskar sich gewünscht hätte. Jetzt, in Hannover, erwies sie sich als Problem, denn sie widersprach Karls Version der Geschichte ihrer Mutter lautstark und immer wieder. Wenn sie im Hause Breuer dieses Thema anschnitt, wurden die Kinder aus dem Zimmer geschickt. Zu hören war der Streit im ganzen Haus.[16]

Paulas Ehemann war der Holländer Bernardus Barendsen (geb. 1876), aufgewachsen in einem Waisenhaus und ein richtiger *self made man*. Dabei großzügig und humorvoll. Die Stimmungsschwankungen seiner Frau ertrug er gelassen. Sie hatten sich in Sumatra kennengelernt, dort arbeitete der Kaufmann Barendsen seit ungefähr 1900 für die Maatschappij tot Mijn-Bosch-en Landbouwexploitatie in Langkat mit Büro in Rantau Panjang, östlich von Medan – Karls Pflanzung Ludwigsburg Estate war etwa zwei Autostunden entfernt. Als »Administrator« in Sumatra, wo die Firma große Kautschukplantagen besaß, war Ben, so wurde Bernardus im Familienkreis genannt, gleichzeitig einer der Direktoren des US-amerikanischen Mutterkonzerns McBain. Zu den Jahrestagungen der Anteilseigner kamen Ben und Paula regelmäßig nach Shanghai, in die asiatische Firmenzentrale mit der stolzen Adresse: 1 Bund. Sie genossen dann den Besuch bei Hermann und in dessen Bekanntenkreis, z. B. bei Widmanns.[17] Aber Mitte 1931 war Schluss: McBain verkaufte die Kautschukplantagen in Sumatra an Goodyear, und Barendsen musste sich nach 30 Jahren Arbeit für die Firma zurückziehen. Im September 1931 waren die beiden in Hannover angekommen.[18] Paula litt unter dem Statusverlust.

Der Streit machte Hermann noch einmal deutlich, dass er in Shanghai vergleichsweise sorgenlos lebte. Die Geisteshaltung vieler Deutscher, die dort den Ton angaben, war eine andere als in Deutschland. Hermann nannte sie »verständige China-Deutsche«. Was waren Hasenöhrl und ein Spitzel in der Firma Melchers und Ernas Drohungen gegen die tägliche Not, zu entscheiden, was gerade noch hinnehmbar war und wann man bereit war, für kleine Hilfeleistungen, Zuwiderhandlungen oder Notlügen Kopf und Kragen zu riskieren.

Sohn Uwe und das Landschulheim

Am Sonntag, dem 23. August, musste Hermann nach Holzminden, um Uwe im Landschulheim am Solling abzumelden. Beim Gedanken an das Gespräch mit Dr. Lehmann empfand er »etwas Gruseln«. Eines war sicher: Uwe musste das Internat verlassen. Seine Versetzung war schon öfter durch ein Ungenügend in Mathe und in Französisch gefährdet gewesen.[19] Uwes Zensuren in den übrigen Fächern waren zu Ostern 1936 noch ganz passabel, in den wenigen Monaten seither waren seine Leistungen aber in fast jedem Fach um mindestens eine Note abgerutscht, in mehreren Fächern drohte ein Ungenügend. Besonders in Deutsch hatte er eigentlich immer eine Zwei gehabt. Jetzt eine Drei minus? Trotzdem: Warum verließ er das Internat, er hätte eine Klasse wiederholen können? Wir wissen es nicht. Weder Uwes Karteikarten mit seinen Zensuren, die im Landschulheim (heute: Internat Solling) erhalten sind,[20] noch die Korrespondenz geben Auskunft.

Eine harte Erfahrung

Die väterliche Reaktion lässt vermuten, dass es vielleicht nicht nur die schulischen Leistungen waren, sondern ein Verstoß gegen die Regeln, der zu einem Verweis von der Schule führte. In einem »Weck- und Mahnruf« an Uwe schrieb Hermann nicht von dessen Leistungen, sondern, »*dass Du nicht noch weiter auf der schiefen Linie abrutschst und dann Dir jede Möglichkeit genommen ist, noch einen vernünftigen Beruf zu ergreifen*«. Und: »*... dass Du Dich während der Restzeit im LSH tadellos und vorbildlich führst und ich warne Dich, auf Deinen alten Schlendrian und Deine bisherige moralische Schlappheit zu verfallen.*«[21] In dem Gespräch hingegen, das Hermann mit dem Schulleiter führte, ging es nur um Uwes nicht ausreichende Leistungen. Die Schule wollte auf die übliche dreimonatige Kündigungsfrist verzichten und akzeptierte am 23. August Uwes Abgang von der Schule zum 30. September »wegen der besonderen Ihnen geschilderten Umstände«.[22] Die waren?

Was würde nun aus Uwe werden? Im Anschluss an seinen Besuch schrieb Hermann an Dr. Lehmann: »*Ich bitte somit herzlichst um Ihren fachmännischen Rat und um Winke und Angaben, was ich nunmehr wegen Uwes weitrer Erziehung und Aufbesserung seiner Schulkenntnisse tun muss, damit wir das erhoffte Ziel [einen Schulabschluss] vor Eintritt in eine Lehre einigermaßen erreichen können. Sie wissen [...], wie betrübt ich über Uwes bisherige Leistungen bin und über die Tatsache, dass dem Jungen in seinem Alter noch die notwendigsten Kenntnisse in den Elementarfächern fehlen.*«[23]

Das Landschulheim im Nationalsozialismus

Gleich nach dem Januar 1933 hatte sich die Schulleitung, hatten sich Teile der Lehrerschaft dem »neuen Geist« angepasst, einige waren in der NSDAP Mitglied geworden. Harry Freytag, der Leiter von Uwes »Kameradschaft« (Schulwohngemeinschaft) in den Jahren 1933–1935, war im Mai 1933 in den SA-Sturm von Holzminden eingetreten. Lehmann selbst wurde nicht Parteimitglied, aber sein Glaube an Volk und Gemeinschaft schien sich mit der Naziideologie zu vertragen. Er sah das LSH im »Dienst des neuen Staats und seines Führers«,[24] wollte in »totaler Erziehungsgemeinschaft den totalen jungen Menschen dem totalen Staat erziehen«.[25] Die Schulfahne flatterte zwischen der Hakenkreuzfahne und der Reichsfahne, Wehrsportübungen prägten den Charakter der festlichen Veranstaltungen.[26] Lehmann verpflichtete sich, keine jüdischen Lehrer anzustellen: »Wir haben alle innere Widerstände, stellen sie aber zurück.«[27] Die letzten 16 jüdischen Schüler hatten das LSH bis 1935 verlassen. Die Schulleitung ließ das jedes Mal wie einen normalen Abgang aussehen. Der wahre Grund sickerte aber doch durch.[28]

Wie genau überprüfte die Schule Ende 1935, nach Inkrafttreten der »Nürnberger Gesetze«, die »rassische« Herkunft?[29] Schadete die unbekannte Abstammung einer Großmutter mit verdächtigem Namen dem Schüler Breuer, obwohl er groß, blond und blauäugig war? Schadete dem Heranwachsenden das Gefühl, mit einem Geheimnis herumzulaufen, das ihn – und noch mehr den Vater und dessen ganze Familie – irgendwie minderwertig machte? Nach einem österlichen Aufenthalt Ende März, Anfang April 1934 im Haus seiner Tante Paula Barendsen-Breuer in Hannover muss er in einem Brief an den Vater den Eindruck gemacht haben, dass er in dieser Hinsicht Gesprächsbedarf habe. Die Reaktion des Vaters: »Ich hoffe, 1935 – also nächstes Jahr [...] nach Hause zu kommen und dann können wir ja das alles besprechen, was Du auf dem Herzen hast.« Seine Reise wurde dann auf 1936 verschoben. Hatte Uwe das Geheimnis inzwischen trotzig ausgesprochen? Vielleicht hatte er Tante Paulas Auffassung übernommen, dass sie zu ihrer Herkunft stehen müssten.[30]

Besuch bei Klautkes

Hermann fuhr nach Stettin zu Rektor Paul Klautke und Frau Toni.[31] Er hoffte, den Freunden aus Shanghai-Tagen Uwe zu dessen »Schlussausbildung« anvertrauen zu können. Auf der Rückfahrt aus Stettin schrieb er dem Bruder, dass er »*angesichts meiner Beobachtungen über gewisse Dinge und der Auffassungen der beiden Betreffenden [...] Uwe nur höchst ungern dorthin gegeben hätte. Darüber zur gegebenen Zeit mündlich mehr! Zwar versprachen mir die beiden Freunde, die sonst sehr nett zu mir waren, dass [...] sie bereit wären, Uwe von Zeit zu Zeit persönlich zu kontrollieren, doch je mehr ich über diesen Plan nachdenke, desto unsympathischer wird er mir.*« Seine Beobachtungen vertraute Hermann einem Brief nicht explizit an, aber die »gewissen Dinge« und »Auffassungen« verstehe ich als tendenziell nationalsozialistische Lebensanschauung; vielleicht waren antisemitische Äußerungen gefallen. Der alten Freundschaft konnte Hermann nicht mehr vertrauen.

Sonntag besuchte Breuer das LSH bei Holzminden, war Montag in Stettin, Rückfahrt über Berlin (»meine Berliner Mission scheint von Erfolg gekrönt zu sein«) nach Bremen, Geschäftspost erledigen, abends eingeladen beim technischen Leiter der Melco-Weinkelterei Tsingtao. Am Freitag via Hannover nach Leipzig, am Sonnabend Teilnahme am Empfang zur Eröffnung der Leipziger Herbstmesse.[32] So sahen Wochen aus, in denen Breuer »schließlich auch meine geschäftlichen Beziehungen, die ich draußen zu vertreten habe, aufs Neue enger gestaltete«.[33] Heimaturlaube waren keine Ferien.

Tod Dr. Werner Vogels

Von der vergeblichen Stettiner Mission kommend, hörte Hermann im Zug zwischen Berlin und Bremen eine Todesnachricht, die ihn tief erschütterte: Sein Shanghai-Freund Dr. Werner Vogel war ganz plötzlich während eines Heimaturlaubs in Hamburg an einer schweren Angina[34] gestorben. Im

Alter von 44 Jahren. »*Ich hörte die trübe Nachricht gestern Abend [Montag, 24. August] im Zuge, und als ich mich heute nach dem Zeitpunkt der Bestattung erkundigte, war es schon zu spät*«, sie hatte am gleichen Tag in Hamburg stattgefunden. »*Das plötzliche Ableben von Dr. V., der mit seiner 70-jährigen Mutter Anfang Oktober wieder nach Shanghai wollte, ist ein furchtbarer Verlust für alle verständigen China-Deutschen. [...] Mir ist das Geschick dieses lieben Menschen und Freundes selber recht nahe gegangen. Ich wollte mit ihm gerade eine Zusammenkunft in Hamburg verabreden, und nun ist er schon in den ewigen Hausbootgefilden.*«[35] Wie oft hatte Hermann sich Dr. Vogels Hausboot für eigene Fahrten ausgeliehen. Wie oft hatten sie auf Reitausflügen und an den Abenden bei Widmann die Lage besprochen; Vogel war ja, mehr als die meisten anderen deutschen »Shanghailänder«, ein Kenner Chinas. Er hatte am Seminar für Orientalische Sprachen in Berlin Chinesisch studiert und in Shanghai weiter regelmäßig Unterricht genommen. Als sie sich am vergangenen 1. Januar im Hause Widmann ein gutes Jahr 1936 wünschten, waren Vogels Mutter Mary dabei gewesen, Vogels Sozius Dr. Lorentz und Pastor Krüger.

Vogel war einer, auf dem die Hoffnung der »verständigen Deutschen« Shanghais ruhte. Geruht hatte. Er war schon seit 1923 Syndikus der Deutschen Handelskammer gewesen, war ehrenamtlich Schriftführer der Deutschen Gemeinde und Berater der beiden deutschen Schiedsgerichte. Wie hatten sie im vergangenen Jahr um die neue Gemeindeordnung gerungen; die NSDAP bestand darauf, dass sie der »neuen Zeit« angepasst werden würde. Seit Mitte 1935 gab es einen Beauftragten der NSDAP im Vorstand der Gemeinde, mit dem der Vorsitzende Ernennungen und Verfügungen abzustimmen hatte, um den »Einklang mit den Grundsätzen der NSDAP« zu gewährleisten.[36] »Eingedenk der großen Wandlung, die sich in den letzten zwei Jahren in der Heimat vollzog« – so hieß es in der neuen Satzung –, »haben die in der Gemeinde vereinigten Deutschen Shanghais« die neue Satzung im »Geist des neuen, wieder erwachten Deutschland« beschlossen.

Aber immerhin hatten die verständigen Deutschen verhindert, dass die Parteileitung den Vorsitzenden benannte, der durfte nach wie vor von der Gemeindeversammlung gewählt werden. Sie hatten wieder Widmann gewählt. Auch in der Frage, wer Mitglied der Gemeinde werden konnte, hatten sich die Gemäßigten durchgesetzt: Zwar war es nicht gelungen, die liberale Regelung von 1924 (Mitglied konnte jeder werden, der deutsch sprach und im Besitz der bürgerlichen Ehrenrechte war) aufrechtzuerhalten, aber außer deutschen Staatsangehörigen waren Deutsche anderer Staatsangehörigkeit zugelassen, und eine Diskriminierung nach Rasse gab es nicht, »d.h. also, einschließlich der Juden«, betonte Botschaftsrat Dr. Martin Fischer, als er die Satzung als Vorbild für Tsingtao empfahl.[37] Ihnen war es ums Prinzip gegangen. Es blieb abzuwarten, was passierte, wenn Widmann Mitte November (1936) für immer nach Bremen zurückkehrte. Auch ihn würde Breuer bei seiner Rückkehr Ende Dezember nicht mehr in Shanghai antreffen.

Pläne für Uwe

Im Oktober nahm Hermann sich dann endlich mehr Zeit für Uwe. In den ersten Tagen ihrer gemeinsamen vier Wochen[38] besuchten sie Uwes Großmutter Lizzy Wolcke in Hamburg. In dieser Zeit klärte sich dann die Frage von Uwes Schulabschluss – irgendwie. Bis zum Beginn der Lehrzeit am 1. April 1937 würde Uwe bei den mütterlichen Großeltern in Hamburg wohnen und in Hamburg zur Schule gehen. An Ermahnungen väterlicherseits fehlte es nicht: »*... dass Du mit allen Kräften jetzt danach trachten wirst, ein verständiger und verlässlicher Mensch zu werden, wozu aber nicht nur das gute Wollen gehört, sondern vor Allem auch die wirkliche Leistung.*« Im Vertrauen, dass Uwe seine Ermahnungen beherzigen würde und »*durch tatkräftiges und erfolgreiches Handeln das wieder gut macht, was mir zuerst oft den Kopf müde und mein Inneres schwer machte*«,[39] fragte Vater Hermann (»Paps«) bei seinem Geschäftsfreund Otto Freudenberg in Weinheim an, ob er Uwe im nächsten Frühjahr als kaufmännischen Lehrling in der Firma Freudenberg & Co. annehmen würde. Und konnte aufatmend feststellen, dass es »schließlich doch noch ein erfreuliches Ergebnis« gegeben habe.

Freudenberg & Co.

Das 1849 gegründete Unternehmen war der größte Lederhersteller Europas. Die Brüder Freudenberg bildeten mit ihrem Vetter Walter Freudenberg ab 1923 einen Geschäftsführerverband aus spezialisierten, gleichberechtigten Partnern: Hans (1888–1966) als Ingenieur, Richard (1892–1975) als Verantwortlicher für Personal und Finanzen, Walter für den Einkauf. Breuers Kontakt war Otto Freudenberg (1890–1940), zuständig für den Verkauf. Ab 1923 hatten sie das Unternehmen international aufgestellt und auch zu China Handelsbeziehungen aufgenommen: Einfuhr von Häuten aus China und Ausfuhr von Fertigprodukten aus Leder. Es liegt auf der Hand, dass HWB und Otto Freudenberg sich kennenlernten, sei es in Shanghai, Hankou oder Tianjin – oder schon 1922 während HWBs Aufenthalt in Deutschland. Vor der Machtübernahme der Nationalsozialisten hatte Richard Freudenberg sich warnend gegen die Wahl Hitlers ausgesprochen (als »Kurhausdirektor« oder »Zirkusdirektor« sei er denkbar, aber nicht als Staatsmann), die sozial- bis linksliberale Haltung der Freudenbergs war bekannt. HWB könnte gewusst haben, dass mehrere Mitglieder der Freudenberg-Familie »jüdisch versippt« waren. Das hatte zum Entzug von Aufträgen der NSDAP geführt. Im Frühjahr 1935 wurden für die SA bestellte Tornister storniert mit der Begründung, Walter Freudenberg sei Freimaurer gewesen, also ein Staatsfeind, und einer seiner

Söhne habe sich mit einer Jüdin verheiratet. Zu den Familienmitgliedern, die emigrierten, weil sie jüdische Frauen geheiratet hatten, gehörte der Theologe Dr. Adolf Freudenberg. Andererseits beteiligte sich das Unternehmen Freudenberg zwischen 1933 und 1939 an »Arisierungen«, z. B. der Kinderschuhfabrik Gustav Hoffmann in Kleve, der Firmen J. Kern & Co. GmbH in Pirmasens, C. Fisch & Co. in Heidelberg und des Rossledergeschäftes der befreundeten jüdischen Firma Sigmund Hirsch in Weinheim.[40]

Nun hatte Uwe eine Zukunftsperspektive, und Vater und Sohn Breuer fuhren nach Wernigerode, wanderten im Harz. Zeitweilig kamen Karl, Alice und ihre Mädchen dazu. Uwe beeindruckte den Vater mit seinem »mächtigen Hunger«, und Spaß hatten sie auch, z. B. wenn sie sich für eine Wanderung Pflaumen kauften und rechts und links des Wegs die Steine ausspuckten. »Es war gut, dass ich in Zeiten nach Hause kam, um mit Uwe die persönlichen Beziehungen wieder aufnehmen zu können.«[41]

Ferien in Bad Gastein

Breuer unterschrieb noch schnell einen Aufnahmeantrag an den OAV Bremen,[42] und dann gönnte er sich in den letzten Tagen seiner Europazeit ein paar Tage Ferien pur im österreichischen Bad Gastein.[43] Dort hatte er schon 1929, bei seinem letzten Heimaturlaub, lange, herausfordernde Wanderungen gemacht. Und wieder fand er die sportliche Bewegung in der Natur erholsam, die Umgebung schön und die menschliche Gesellschaft unterhaltsam. Er dachte dankbar an seine Zeit mit der Familie: *»Obwohl ich über 6 Jahre nicht zu Hause war, ergab sich doch, dass die enge Verbundenheit zwischen uns allen und das gegenseitige Gefühl zur Hilfsbereitschaft unverändert geblieben waren. [...] und so hat sich wieder um uns ein liebes und getreues Band geschlungen. [...]. Ich werde draußen noch manches liebe Mal an unsre gemeinschaftlich verlebten Tage und Stunden zurückdenken, aus dieser Erinnerung habe ich meinen Ansporn und meine Kraft für meine [...] Arbeit mit zu gewinnen.«*

Während der allerletzten Tage zu Hause musste Hermann mehrmals zum Zahnarzt, ihm war eine Füllung herausgebrochen.[44] Deshalb fand er keine Zeit mehr für Wilshusen, seinen alten Freund aus Vorkriegszeiten bei Melchers. Der lebte jetzt als Sparkassendirektor in Lilienthal bei Bremen. Er bekam am allerletzten Hannover-Tag eine Postkarte von Hermann mit Wernigerode-Motiv: »*Lieber Wilshusen, Von Ihrem alten China Freunde Tung Han-sen – der ein ganz großer Mann im Laufe der Jahre wurde – soll ich Ihnen schöne Grüße ausrichten – was ich leider nur noch auf dieser Karte kann. – Seine Adresse ist am besten – Melchers & Co. c/o Mr H.W. Breuer – Shanghai – POB 1004. Ich reise heute Abend nach China zurück. Von mir viele Grüße Ihr H.W. BREUER.*«[45]

1 *OAL*, 3.5.1936.

2 *OAL*, 3.5.1936.

3 HWB 13.4.1953 an Claussen.

4 HWB 9.12.1936 an JvR.

5 Foto des Stimmzettels (Kurt Halla).

6 Nicht identisch mit Blockwart/ Blockleiter der NSDAP.

7 Zum Thema Kleinwohnungsbau: Karl Christian Führer: Anspruch und Realität. Das Scheitern der nationalsozialistischen Wohnungsbaupolitik 1933–1945. In: *Vierteljahrshefte für Zeitgeschichte*, Jg. 45 (1997), Heft 2. http://www.ifz-muenchen.de/heftarchiv/1997_2_2_fuehrer.pdf. und: Ulrike Haerendel: Wohnungspolitik im Nationalsozialismus, S. 853. In: *Zeitschrift für Sozialreform*, Jg. 45 (1999), Heft 10, S. 843–879. http://www.z-sozialreform.de/ccm/cms-service/stream/asset/?asset_id=697046, am 3.3.2018.

8 HWB 4.6.1936 an KB.

9 Willkommensgedicht für HWB 1952 und Stadtarchiv Hannover, Heiratsregister I 1784/1926. Sta Nr. 1920.

10 HWB 21.11.1937 an JvR.

11 *Hannoverscher Anzeiger*, 5. 12.1935, S. 2.

12 Gesetz zum Schutze des deutschen Blutes und der deutschen Ehre, erlassen 15.9.1935.

13 *Hannoverscher Anzeiger*, 1.12.1935, S. 2. Überschrift des Artikels: »Überwindung der Zwischenrasse«.

14 *Hannoverscher Anzeiger*, 28.2.1936, S. 2. Überschrift: »Jüdische und nichtjüdische Ärzte«.

15 HWB 10.9.1931 an KB.

16 Karl Breuers Tochter Johanna (genannt Hanni, geb. 1921) erinnerte sich lebhaft an die Auseinandersetzungen zwischen Karl und Paula, weil Karl versuchte, die jüdische Herkunft der Mutter zu verschleiern.

17 Gästebuch Widmann, Einträge am 23.5.1929 und am 18.5.1930.

18 Postkarte Paula 26.5.1929 an Oskar Breuer, Gästebuch Widmann 23.5.1929 und 18.5.1930. *NCDN*, 26.6.1931: Jahresmeeting der Langkat Co./McBain in 1 Bund: Das Tandjong-Poera-Büro wird wegen des Verkaufs der dortigen Kautschukplantagen an Goodyear aufgelöst. Barendsen zieht sich nach 30 Jahren Arbeit für die Firma zurück.

19 Damals gab es nur Zensuren von 1 bis 5. Die 4 steht für ungenügend.

20 Ich danke Herrn Joachim Mitgau dafür, mir Kopien dieser Karteikarten überlassen zu haben.

21 HWB 26.8.1936 an Uwe.

22 HWB 26.8.1936 an Lehmann.

23 HWB 26.8.1936 an Lehmann.

24 Zitiert nach Herrenbrück, Theophil Lehmann, S. 133.

25 Morgensprache Ostern 1935 in Herrenbrück, Theophil Lehmann, S. 145.

26 Zum Stiftungsfest 1934 wurden Übungen im »Handgranatenzielwurf« veranstaltet. Herrenbrück, Theophil Lehmann, S. 168.

27 … schrieb der Leiter des Landerziehungsheims Schondorf nach gemeinsamen Verhandlungen von fünf Landschulheimen mit dem Gauschulungsleiter und Reichsfachberater der NSDAP, Wilhelm Gundlach, im Juli 1933 in sein Tagebuch. Zitiert nach Mitgau, Der Nationalsozialismus im Landschulheim, S. 35.

28 Herrenbrück, Theophile Lehmann, S. 145–146.

29 Am 27.11.1935 hatte der Vorsitzende des Stiftungsrats an Lehmann geschrieben: »*Ich bitte Dich um Mitteilung, ob wir noch Schüler jüdischen Bluts haben, und ob […] einer Entlassung gesetzliche Bestimmungen entgegenstehen.*« Zitiert nach Herrenbrück, Theophil Lehmann, S. 146.

30 Ostern (30.3. – 2.4.1934) verbrachte Uwe bei der Familie Paula Barendsen-Breuer. HWB 27.4.1934 an Uwe, Durchschlag an KB mit der Bemerkung: »*Ist vielleicht von Paula Uwe irgendetwas über unsere Mutter gesagt, das den jungen Menschen nun beunruhigt. Ich überlasse es vollkommen Deinem Entscheid, was in der Sache geschehen soll. Ich persönlich würde, solange das geht, die Erörterung des unglücklichen Themas vermeiden.*«

31 HWB 25.8.1936 an KB.

32 HWB 25.8.1936 an KB, dass er am Sonnabend (29.8.) an einem »offiziellen Empfang« in Leipzig teilnehmen wird. Die Herbstmesse fand vom 30.8. bis 3.9.1936 statt.

33 HWB 17.11.1939 an JvR, an Bord der *Scharnhorst*.

34 Lt. *North China Herald* starb Vogel an Scharlach. Die Anfangssymptome der

Krankheiten sind ähnlich. Auch über den Ort, an dem Dr. Vogel starb, berichteten die Zeitungen unterschiedlich.

35 HWB 25.8.1936 an KB.

36 Im Juli 1935 verabschiedete Satzung 1935 in PA AA Peking II, 3336.

37 Botschaftsrat Dr. Martin Fischer an Dr. Enno Bracklo, Konsul in Tsingtao, August 1936. Es ging darum, diese Gemeindeordnung als Vorbild für die in Arbeit befindlichen Ordnungen in Tsingtao und Tianjin zu verwenden – und nicht den Pekinger Entwurf.

38 HWB 14.12.1946 an Nele.

39 HWB 9.12.1936 an »Meine Lieben«, Durchschlag an JvR.

40 Das Familienunternehmen Freudenberg zählt heute noch zu den größten deutschen Industrieunternehmen. Die 497 Gesellschaften der Freudenberg-Gruppe sind an 170 Produktionsstandorten in weltweit 57 Ländern tätig: Ein *hidden champion* der deutschen Industrie. Nach: Joachim Scholtysek: Freudenberg. Ein Familienunternehmen in Kaiserreich, Demokratie und Diktatur. München: C. H. Beck 2016.

41 HWB 9.12.1936 an »Meine Lieben«, Durchschlag an JvR.

42 Die Aufnahme erfolgte am 3.12.1936 (Mitgliederverzeichnis November 1959).

43 Glasplakette »500 Jahre Badgastein 1436–1936« in HWBs Unterlagen. Im Heimaturlaub 1929 war er zuerst dort gewesen; HWB 16.9.1960 an Nele.

44 HWB 10.1.1937 an Uwe.

45 14.11.1936; diese Karte fand W. Wilshusens Enkel für mich in seinen Beständen, und ich bin ihm sehr dankbar dafür. Die Karte impliziert Tungs Aufstieg und bestätigt die Freundschaft der drei Herren. Sie datiert Hermanns Abreise genau.

1936
Auf der Scharnhorst nach Shanghai

»Ich reise heute Abend nach China zurück«, schrieb HWB am 14. November 1936 aus Hannover an Wilhelm Wilshusen. Er reiste zunächst per Bahn über Basel nach Genua. Etwas Wehmut fuhr immer mit, und bei diesem Abschied vielleicht noch mehr als bei den vorherigen; all die Lieben waren älter geworden. Und er auch. Wie sehr hatte er sich bei Tante Johanna zu Hause gefühlt, wie erleichternd war es gewesen, mit ihr über seine Sorgen und seine Gedanken sprechen zu können. Sie war jetzt 72 Jahre alt – würde er sie wiedersehen? Wie würde es weitergehen mit der Herabsetzung der Juden? Würde es einen neuen Krieg geben? »*Wir alle stehen unter der Führung und Fügung eines höheren Geschickes. Gebe es uns, dass wir uns nach Jahren gesund und rüstig nochmals wieder sehen!*«. schrieb er an seinem ersten Abend auf der *Scharnhorst* an Tante Johanna, und dann ganz fröhlich weiter: »*Die Herreise von Hannover nach Genua war recht angenehm, besonders, da ich ja 2 Herren aus der Firma als Begleiter noch bei mir hatte.*« In Basel kamen Freunde an den Zug und schenkten ihm »*eine köstliche und wertvolle Silberschale zum Abschied*«, und dann genoss er die Fahrt: »*In der Schweiz liefen die Menschen schon Ski und die Bahnfahrt war ungemein schön. In Genua haben wir nun strahlenden, tiefblauen Himmel und warmen Sonnenschein, so dass meine Erkältung bald behoben sein dürfte. Das Schiff hatte allerdings auf der Herreise noch kurz vor Genua einen ganz schweren Sturm, aber das war mir ja nun erspart geblieben.*«[1]

Wenn man im Leben einmal die Gelegenheit bekommt, das sogenannte Paradies der Bibel zu besichtigen, sollte man es sicherlich tun.
HWB an seinen Sohn, 29. November 1936

Die *Scharnhorst* erwies sich als Hermanns Traum von einem Schiff, schnell und modern, zugleich elegant und komfortabel. Die hellen Farben – der Wandbemalung, der Tische und Stühle, der Kabinen – seien, »als ob es immer Morgen wäre«, hatte die *Frankfurter Zeitung* anlässlich der Probefahrt geschrieben.[2] Aktuell freute Hermann sich über eine »*herrliche Kabine*«, »*die noch schöner, als die auf der Potsdam ist*«, »*wie überhaupt die*

Scharnhorst noch großartiger, als die andren Ostasien-Schiffe zu sein scheint«. Und: »*Ich habe mir einen schönen Fensterplatz im Speisesaal geben lassen und sitze mit der Gattin des mexikanischen Gesandten in Tokio zusammen.*«[3] Für sportliche Exerzitien gab es ein Sportdeck und zwei Swimmingpools, die er ungefähr ebenso häufig nutzte wie die Ohrensessel im holzgetäfelten Rauchsalon (unter dem Bildnis des Generalleutnants Scharnhorst?). Hermann rauchte natürlich nicht nur dort, sondern gern auch an Deck.

Drei Briefe schickte Hermann von seiner Rückreise nach Deutschland an einen einigermaßen komplizierten Verteiler. Der erste seiner Briefe (Genua bis Colombo) ist nicht erhalten. Von den Briefen zwei (Colombo) und drei (Manila, Singapore, Hongkong bis vor Shanghai) sind die Durchschläge erhalten, die final bei Tante Johanna landeten. Die Berichte geben einen so lebhaften Einblick in Reiseerlebnisse, Reisebedingungen und in die Person des Schreibenden, dass ich sie hier in Gänze einfüge.

Ausflug nach Kandy

Vor Penang, den 29. November 1936

Lieber Uwe,

Die Scharnhorst kam am 28. ds etwa um 10.30 a. m. in Sicht des Hafens von Colombo, der nichts besonderes ist. Nach einer Stunde lag das Schiff hinter den gewaltigen Wellenbrecher-Mauern an der Boje und nach einer weiteren Stunde nach Erledigung der Passkontrollen durch die britischen Behörden wurde den Reisenden die Erlaubnis an Land zu fahren gegeben. Schließlich war es doch gut 1 Uhr mittags geworden, ehe die Kandy Ausflügler die bereitstehenden, ziemlich klapprigen Miet-Autos besteigen konnten, die drahtlos vom Schiff bestellt waren.

Colombo ist eine richtige asiatische Tropenstadt. Die Bevölkerung vornehmlich aus schön gebauten Singalesen, die z. T. pechschwarz aussehen, und die farbenprächtige Umwürfe tragen, zusammengesetzt. Auffallend ist, dass fast alle hier barfuß herumlaufen – auch unser Fahrer fuhr auf den heißen Pedalen seines Autos barfuß. Nach 10 Minuten Fahrt ist man schon draußen in den Eingeborenen-Dörfern, eingebettet in wundervoll grüne Palmen- und Bananenbaum-Wälder. Die Autostraße war asphaltiert und bis Kandy (eine Strecke von ca. 110 km) in guter Beschaffung. Für den Verkehr der schweren Autos – wir sahen viele Mercedes und Krupp Lastwagen – ist sie ein bisschen zu eng und für einen raschen Verkehr sind die vielen kleinen Ochsenkarren Wagen störend, die vom Markte zurückkommend langsam in die Dörfer zurückfuhren. Zum Teil sind die Ochsen nicht größer wie bei uns zu Hause die Kälber. […]

Die Strecke ist ungemein malerisch für einen Europäer und selbst für mich, der ja nun schon allerhand von der Welt sah, war sie recht eindrucksvoll. Immer gewaltige Palmen-Plantagen, wo gerade die Nüsse ausreiften, die in diesem Zustande orangegelb aussehen. Von Zeit zu Zeit kommt auch eine herunter und wenn eine Dich trifft, hast Du jedenfalls für geraume Zeit heftig Schädel-Weh. Später passierten wir Gummi- und Ananas-, wie Theeplantagen und Reisfelder. Gelegentlich sind es Szenen wie man sie in Films [sic] sieht, wenn der Prolog gegeben wird – viele Wolken, Hügel und dunkle, gegen den Himmel sich abhebende hohe mysteriös ausschauende Waldungen. So ging es stundenlang bis wir zur Wasserauffüllung halten mussten und uns die Dorfjugend eine frisch vom Baum gefallene Nuss anbot, die ich im Interesse meiner 3 Mitreisenden aufmachen ließ, um die frische Kokosmilch zu trinken, die ganz passabel schmeckt. Dagegen ist das frische Fleisch nicht zu genießen. Allmählich kommen die Steigungen mit scharfen Kurven und nach dreistündiger Autofahrt kamen wir in die Vorbezirke der ehemaligen Königstadt Kandy, die schon etwa 3 000 Jahre steht. Wir hatten leider nur Zeit, im Auto durch den märchenhaft schönen botanischen Garten zu fahren, wo jeder Baum und jede in Ceylon vorkommende Pflanze gehalten wird. Die Gärten von Kandy gehören zu den berühmtesten in der Welt. Der schönste soll in Buitenzorg (Java)[4], der andere in Singapore sein, den ich ja noch sehen werde. Für eine richtige Besichtigung würde man Tage brauchen.

In Ceylon werden bekanntlich Elefanten noch als Zugtiere gebraucht, die zum Teil ganz riesige Tiere sind. Wir sahen gerade, als eine kleine Herde, wahrscheinlich handelte es sich um Tempelelefanten, im Fluss gewaschen wurde bzw. wurde ein kleines Elefantenbaby wie ein Kind von seinem Wärter gebadet. Wenngleich die Tiere einen gewaltigen Eindruck machen, wenn sie frei auf den Straßen herumlaufen, so sind sie ziemlich harmlos, da es sich natürlich um gezähmte Tiere handelt. Kandy liegt in etwa 500 Meter Höhe märchenhaft schön, so wie man es in den Reiseerzählungen[5] eingehend beschrieben liest. [...] Leider war es mit unsrer Zeit recht knapp, sodass wir nur schnell in einem der großartig weitläufig angelegten Hotels (Hotel Suisse), das schon vor 50 Jahren gebaut wurde, den wundervollen Ceylon-Tee einnehmen konnten.

Wir waren vom Sitzen im Auto alle etwas am Gesäß lädiert und beschlossen daher, den Tempel mit dem Zahn des großen Religions-Stifters Buddha zu besuchen und zwar zu Fuß. Wir gingen zunächst den See entlang, doch da keiner von uns Bescheid wusste, machten wir einen Fehler und gingen in die verkehrte Richtung zu einem Privattempel. Für eine halbe Stunde waren wir etwas im Druck wegen unseres Autos, doch der Mann hatte mich richtig verstanden und stand dort, wo ich ihn hinbestellt hatte. Die Reisegesellschaft bestand aus 6 Autos, die ziemlich gleichzeitig von Kandy gegen 5.45 zurückfuhren, da wir um 8.30 wieder im Hafen sein mussten. Anfänglich ging auch alles gut, aber nachdem gegen 6.15 die Dunkelheit einsetzte, kam ein furchtbarer Regen herunter. So ein Tropenregen ist schon ein Regen. Es kam so stark herunter, dass wir die Windscheibe öffnen mussten, weil sonst der Fahrer überhaupt nichts hätte sehen können. Glücklicherweise hatte ich mir meinen Burberry Regenmantel mitgenommen, der tatsächlich dem Wetter Stand hielt, während die übrigen Insassen natürlich pladdernass wurden. Nun wurde aber die Sache ein Rennen mit der Zeit, wir hatten noch etwa 75 km in der Dunkelheit auf den vielen Kurven hinter uns zu bringen. Viele Autos kamen uns entgegen und alle Augenblicke mussten wir anhalten, weil man wirklich kaum 10 m sehen konnte, der Weg glatt wie ein Aal wurde und wir ungern einen Abhang herunter purzeln wollten. In der Hand hatte ich meine Uhr und rief alle km aus, wieviel wir noch vor uns hatten. Bei 8 Uhr waren wir noch 40 km von Colombo entfernt und die Mitreisenden bekamen Angst, dass wir den Dampfer nicht mehr vor der Abfahrt erreichen würden, aber schließlich sagte ich den Herrschaften, dass der Kapitän nicht die Reisegesellschaft in Colombo, ohne Gepäck und Geld, zurücklassen könnte. Endlich um 9 Uhr kamen wir als letzte in unsrem Auto an der Einschiffungsstelle an, wo gerade das letzte Fährboot zum Dampfer abfahren wollte. Nun hatte ich wohl eine Fährrückfahrtkarte, aber nach Dunkelheit musste ein Aufschlag von 6 Pence gezahlt werden – und kein kleines Geld mehr. Der Kontrolleur wollte mich nicht durchlassen und die Fähre nicht warten. Schließlich half mir ein freundlicher Engländer aus, so dass ich noch mit kam.

Mit großem Hallo wurden wir auf dem Schiff empfangen und der Kapitän wollte gerade das Zeichen zur Abreise geben, als sich herausstellte, dass noch ein Auto mit 5 Personen fehlte. Es waren Spanier und ein englisches Ehepaar. Die Mutter der jungen Spanierin regte sich natürlich sehr auf, aber der Kapitän beschloss, noch eine weitre Weile zu warten, wobei mir klar war, dass er dazu verpflichtet war, da der Ausflug vom Schiff aus arrangiert war. Endlich gegen 10 Uhr mit einer Extra-Fähre langten die fehlenden Reisenden am Schiff an, das sofort nach ihrer Einschiffung aus dem Hafen ging. Die Schiffsingenieure erzählten, dass diese Stunde Verzögerung dem NDL rund RM 900,- extra Spesen verursacht. Unsren vom Pech verfolgten Mitfahrern war nämlich der Riemen zum Dynamo gerissen, so dass sie keine Beleuchtung hatten. Ein Fahren ohne Licht war natürlich völlig undenkbar und so musste das Auto, das vor uns abgefahren war, wieder nach Kandy zurückkehren und dort oben den Riemen auswechseln lassen.

Wenngleich wie erwartet die Fahrt nach Kandy eine Hatz war – bei gutem Wetter und Rückfahrt bei Tage ist das vielleicht alles nicht so schlimm – bedauere ich niemals, sie gemacht zu haben, weil, wenn man im Leben einmal die Gelegenheit bekommt, das sogenannte Paradies der Bibel zu besichtigen, soll man es sicherlich tun. Nur eines habe ich als Lehre daraus gezogen, derartige Ausflüge, wo es sich schließlich um Erreichen des Schiffes in Zeiten handelt, nie ohne Wissen der Schiffsleitung zu machen, die natürlich keine Minute später als angesetzt fahren muss. Schon der Lotse kostet eine Menge Wartegeld, weil man wirklich das Risiko läuft, einfach zurückbleiben zu müssen. Stelle Dir mal vor, was dies bedeutet, ohne Geld, ohne Gepäck an einem fremden Platz *gestrandet zu sein und dann noch möglicherweise schwer auf einem später fahrenden Schiff den Anschluss zu bekommen bzw. dafür extra was bezahlen zu müssen.*

Seit gestern geht nun wieder alles seinen gleichmäßigen Gang – nur war ich gestern von der Tour so hundemüde, dass mich der Steward nicht rechtzeitig zum Turnen wecken konnte. Er sagte, ich hätte wie ein Stein in meinem Bett gelegen und wäre nicht zum Aufstehen zu bewegen gewesen, was mir wirklich wohl zum ersten Mal im Leben passiert ist. Überhaupt schlafe ich jetzt wie ein Murmeltier und ich hole das zu Hause darin Versäumte nach.

Heute Vormittag, als ich meinen Morgenspaziergang an Deck machte, kam ein Schiffs-Page, um mir zu sagen, dass ich am Telefon verlangt würde, was natürlich meinte, dass ich von außerhalb angerufen wurde, denn ich habe ja in meiner Kabine ein eigenes Telefon für den Schiffsgebrauch, von wo ich alle meine Bestellungen, sei es für eine Tasse Thee oder für den Wäscher, geben kann. Natürlich machte ich mir Gedanken, wer sich diese kostspielige Sache wohl leistete bzw., was der Anruf zu bedeuten hätte. Als ich im Funkerzimmer war, wurde mir gesagt, ich würde von der ›Gneisenau‹ von 2 Herren verlangt, die etwa 500 Meilen von uns entfernt und auf der Heimreise wären. Es war ein Bekannter aus Singapore [...], der uns nur mal ›Guten Tag‹ sagen und sagen wollte, dass er vor unsrem Eintreffen abgereist sei, dass aber die Cocktails in seiner Wohnung in Singapore auf uns warteten. Zum ersten Mal habe ich ein drahtloses Telefongespräch geführt. Zuerst hatten wir allerlei Jux, weil die Verbindung immer wieder gestört wurde und sich die beiden Funker deswegen Liebenswürdigkeiten drahtlos zuriefen. Endlich nach einer Stunde Warten und Quasseln bekamen wir den endgültigen Anschluss für 3 Minuten, der unsren Freund RM 12,- kostete.

Die nächsten Zeilen kommen per Luftpost von Hongkong. Unberufen geht es mir gut. Ich bin allmählich braun wie ein Lederschuh geworden und halte meine Figur und mein Gewicht wie gewünscht, damit ich ohne dicken Bauch mich in Shanghai wieder vorstellen kann. In Colombo hatte ich Post aus Schanghai, über die ich mich freute. Herzlichst, Paps

Kommentar HWB im Dezember 1936: »In dankbarer Erinnerung seinem guten Tantchen Johanna, ihr alter Junge Hermann – an Bord der Scharnhorst bei 40°C im Schatten zwischen Manila / Hongkong.«

Am letzten Abend an Bord schrieb Hermann wieder nach Hause, Durchschläge der Seiten zwei bis vier gingen an alle Familienmitglieder, je eine erste Seite an die verschiedenen Empfänger. Der Durchschlag »Für Tante Johanna mit einem lieben Kuss in Gedanken! Hermann« ist erhalten.

Besuche in Singapur

Vor Schanghai, den 9. Dezember 1936

Ihr Lieben:

Soeben habe ich drahtlos – wie vor 6 Monaten an Karl, aber diesmal an Jennie – mitgeteilt, dass die Scharnhorst am 10. ds., also morgen, in Schanghai ankommen wird, damit sie nicht zu lange und unnötig auf mich am Kai wartet. Wenngleich sie mir nur einen Brief nach Colombo sandte, so weiß ich von Frau Busch, die mir nach Hongkong schrieb, dass sie sich auf mein Wiederkommen recht freut und schon seit Tagen über das Empfangs-Essen nachdachte.

So komme ich über den weitren Verlauf meiner Reise zu schreiben. Penang erreichten wir bei herrlichem Wetter um 4 Uhr nachmittags, um dort die ersten Passagiere auszuschiffen, was zwei Stunden in Anspruch nahm. Wir bedauerten es natürlich, dass wir nicht an Land fahren konnten, aber das Schiff hat Eile und so ging es schon um 6 Uhr abends weiter. Nach 20 Stunden trafen wir bei unsicherem Wetter in Singapore ein, etwa gegen 3 Uhr nachmittags. Hier waren die üblichen Begrüßungen: Viel Hallo von Land, Winken der Ankommenden, Musik von der großen Bordkapelle und die verhältnismäßig schnelle Passkontrolle. Obwohl Winter war es doch reichlich warm in Singapore. Es dauerte nicht lange bis mich ein Herr von der Agentur […] im Auftrage meines Freundes Bosse zum Abendessen einlud […]. Ich machte […] einige Einkäufe für die javanische Reistafel, worauf wir nochmals auf der herrlich gelegenen Verandah des Cap Road Restaurant Thee tranken und von wo wir einen wundervollen Blick über Singapore hatten. […] Auf der Rückfahrt überraschte uns dann ein Tropenregen von ½-stündiger Dauer, der aber uns nichts weiteres ausmachte, da Narjes Wagen völlig geschlossen ist. Um 7 Uhr kam dann Bosse selber an Bord, wo die üblichen Willkommen-Cocktails eingenommen wurden und worauf dann die gesamte Gesellschaft, die er eingeladen hatte, in seine hübsche Villa fuhr, wo wir die weitren Cocktails einnahmen. Mittlerweile war es eine köstliche Tropennacht geworden, sein Park machte sich im Vollmond großartig, nur die Damen waren etwas über die vielen, an den Decken hängenden kleinen Eidechsen, die die Moskiten abfingen, beunruhigt, weil man ihnen gesagt hatte, dass die Tierchen gelegentlich einem in die Suppe fielen.

Das Abendessen schmeckte uns allen großartig; die Schiffsküche sieht auf dem Papier schön aus, aber es ist doch alles Kühlfleisch mit wenig Geschmack und wenig frisches Zeug. Es fand sich dann noch ein Herr ein, der vor Jahren

1936

bei Melchers war und nun Leiter einer Goldmine in Manila und sehr reich geworden ist, der aber noch immer mächtig Respekt vor seinem alten Master Breuer hatte. Um 12 Uhr schickten wir die Damen, um 1 Uhr den Kapitän nach Hause, während die trinkfesten Männer noch bis zur frühen Morgenstunde Wiedersehen feierten. Bosse, der ein self made man vom Scheitel bis zur Sohle ist, viel im Kriege in Samoa durchgemacht hatte,[6] erzählte sehr interessant, doch trank er schließlich über den Durst. In seiner Begeisterung machte er mich schließlich zum Generaldirektor des N.D.L., einen Posten, den ich seiner Ansicht nach bekommen würde. Wenn der man bloß wüsste, wie die Dinge bei mir armem Schlucker wirklich liegen. Zum Schluss packte er mich mit Orchideen ein und am Morgen, als ich aufwachte, hatte ich außer diesen noch von andren so viele bekommen, dass ich einen kleinen Laden damit anfangen konnte. Wenn man bedenkt, dass zu Hause diese Tropenblumen etwa RM 3,- per Stück kosten, hier aber fast verschenkt werden, tut es einem fast leid, dass man sie nicht verwerten kann. Ich übergab die Blumen aber dem Schiffsgärtner und hoffe, dass er sie bis Schanghai auf Eis halten kann, wo ich natürlich damit viele Freude machen werde. Ich hatte aber schließlich solch einen Mordskatzenjammer, der nicht besser wurde, als nach Singapore wir in den Nord-Ost-Monsun kamen und die brave Scharnhorst schwer zu schaukeln anfing. Wider Erwarten bin ich nicht seekrank geworden, dagegen hatte ich ein unglaubliches Schlafbedürfnis, so dass ich die nächsten 3 Tage eigentlich durchschlief.

In Manila war kurz vor unserem Eintreffen ein ganz schwerer Taifun und wir bekamen die letzten Folgen davon noch mächtig zu spüren, so dass die Seekrankheit mehr um sich griff, aber wie gesagt – vielleicht weil ich rechtzeitig das Mittel Peremesin[7] genommen hatte – war ich kein Reisender, der für die Fische vorgekaut hatte.

Am Sonntag, dem 6. ds. kamen wir bei Tagesanbruch im dicksten Nebel vor Manila an. Die Reisenden erschienen in der Empfangshalle – durchweg im Pyjama und Kimonos zur ärztlichen Kontrolle, die aber mehr Formsache ist. Mittlerweile war es wieder gemein schwül und heiß geworden. Von Melchers lag ein Geschäftsbrief vor[8] und obwohl es Sonntag war, konnte ich meine Aufgabe erledigen. Später kam die Frau des deutschen Generalkonsuls, die ich 1929 zufällig mit Uwe im Zug nach Hannover traf, mit an Bord, die mich zu Tisch bat. Auch hier schmeckte mir die bürgerliche Kartoffelsuppe vorzüglich. Nachher machten wir eine Rundfahrt, besuchten den großartig am Meer gelegenen Polo Club, den deutschen Club, wo Nikolaustag gefeiert werden sollte, nur war der Tannenbaum aus Papier und eigentlich hätte der Club sich genieren müssen, den Kindern einen so poveren[9] Baum vorzusetzen. Es war alles andere als weihnachtlich in Manila – aber dafür sind es eben die Tropen.

Von Manila ging es um 6 Uhr abends weiter und zwar mit Höchstgeschwindigkeit, weil wir schon Montag Nacht um 12 Uhr in Hongkong sein mussten, was wir auch tatsächlich fertig kriegten, obwohl wiederum die See gegen uns stand. Ich wartete noch auf die Post, ich bekam aber nur einen Brief von Korffs mit Willkommensgrüßen und einen von Frau Busch, die noch einige Wünsche aus Hongkong hatte.

Unseren Herren im Kontor in Hongkong hielt ich einen kurzen Vortrag über meine Reisen, worauf ich dann den Leiter zum Mittagessen an Bord einlud, das aber in einer halben Stunde gegessen sein musste, da für 2 Uhr die Abfahrt angesetzt war.

Seit gestern Nacht ist es nun recht kalt geworden und ich fror trotz meiner beiden Wolldecken ziemlich, weil die Dampfheizung noch nicht angestellt war. Gestern packte ich nun wieder meine Siebensachen zusammen – ich habe darin nun eine Übung. Aber mit dem Auspacken hat sich nun der Boy in Schanghai abzugeben. Die Rechnung ist bezahlt – ich habe sehr sparsam gelebt, aber es kostet doch immer mehr, als man annimmt, weil man schlecht eine Einladung nicht erwidern kann. Auch die vielen Trinkgelder sind beglichen und ich stehe sozusagen gestiefelt und gespornt in meiner Kabine, um den Schluss der Reise abzuwarten. Wir sollen am 10. ds. um 11 Uhr in Schanghai einlaufen, doch dauert dort die Pass- und Zollkontrolle so an die 2 Stunden, und ich glaube, kaum vor 2 Uhr an Land zu sein. Hoffentlich lebt noch mein Auto, das zwar für 6 volle Jahre seine guten Dienste leistete. Man riecht schon die China-Luft und in Gedanken bin ich wieder bei meiner altgewohnten Tätigkeit und in meinem Leben, wie ich es Euch beschrieb.

Und somit will ich hoffen, dass die letzten Stunden der Reise gut verlaufen, ich in Schanghai keine unerfreulichen Nachrichten vorfinde, ich mich bald einlebe und mir in Gesundheit die kommenden Jahre etwas für mein Alter einbringen. Man muss Mut und Zuversicht schon in diesen Zeiten dafür mitbringen. Mit herzlichen Grüßen in alter Liebe Euer Hermann.

Die üblichen Cocktails

Zum Andenken an ihren Vater, Kurt Halla, habe sie einen Gin-Cocktail gemixt, wie er das in Erinnerung an seine China-Zeit zu tun pflegte, schrieb mir Ingeborg Schmidt-Ehrenberg zu Weihnachten 2018. Vielleicht wäre es mir ohne diese Bemerkung nie aufgefallen: Damals wurden »draußen« vorzugsweise Cocktails getrunken! Die nüchternen Kaufleute wählten meist eine Variante des Dry Martini. Die wirklich Reichen und Mächtigen, die sich in Sir Victor Sassoons Cathay Hotel oder in seinem Art-déco-Nachtclub Ciro's an der Bubbling Well Road vergnügten, tranken den Kuss der Cobra: Brandy, Curaçao und Sahne zu gleichen Teilen mit drei Schuss Absinth.[10]

Frau Schmidt-Ehrenberg antwortete auf meine Frage nach Erinnerungen an H. W. Breuer, die ich 2011 in den Mitteilungen des OAV Bremen hatte veröffentlichen dürfen, sie schickte mir Zeitungsartikel über Breuer aus Bremer Zeitungen, die ihre Eltern gesammelt hatten, und lud mich ein, die China-Fotos ihres Vaters anzusehen. Während eines gemütlichen Vormittags erzählte sie von der langen, engen Verbindung ihrer Eltern zu Breuer, offenbar bei gegenseitiger Wertschätzung. An diesem Vormittag blieb ich noch zum Mittagessen, und wir Nachkommen blieben in Kontakt. Nachdem sie meinen Artikel über den Deutschen Theater-Verein gelesen hatte, schenkte Frau Schmidt-Ehrenberg mir ein Exemplar der Sonderausgabe 1929 des *Bühnenspiegels im Fernen Osten*, ein besonders schönes Exemplar in einer handgearbeiteten, grün-goldenen Schutzhülle. Ihre interessierte, verständnisvolle Begleitung habe ich über die Jahre des Schreibens als bestärkend empfunden.

Auf meine Rückfrage nach dem Mischungsverhältnis von Wermut und Gin lud Frau Schmidt-Ehrenberg mich zu einer Kostprobe nach Bremen ein. Auf die Basis aus Zitronensaft mischte sie trockenen Wermut und Gin im Verhältnis zwei zu eins, dazu drei Spritzer (oder mehr, nach Geschmack) Angostura. Keine Eiswürfel. Das trinkt sich herb-frisch und durchaus prozentig. Und warum Cocktails in China? Erstens waren sie in den 1920er und 1930er Jahre weltweit schwer in Mode, und zweitens: Cocktails entstanden, so eine Theorie, weil selbst gebraute oder sonst dubiose Gersten- oder Traubenbrände geschmacklich verbessert werden mussten. Dazu eigneten sich Zucker, Früchte, Limonaden oder Liköre. Gin, die Basis des in China so beliebten Dry Martini, entspricht englischen Vorlieben – und als Wermut bot sich derjenige der Marke »Melco« an: Die auf den Melchers'schen Weinbergen im Laoshan, dem Mittelgebirge direkt nördlich von Tsingtao, wachsenden Trauben hatten in Form von Weißwein wenig Absatz gefunden, aber »sowohl der helle herbe Wermut, als auch der dunkle, süßlichere, für die wir [...] aus Frankreich bzw. Italien die Wermutkräuter importierten«, verkaufte sich gut. Bitterer Beifuß gibt den charakteristischen Geschmack, Kräuter und Gewürze kommen hinzu. »An der ganzen chinesischen Küste wurde unser Wermut getrunken, besonders natürlich während des Krieges, als die Einfuhr europäischer Drinks unterbunden war.«[11]

Frau Schmidt-Ehrenbergs Eltern lernten sich in Shanghai kennen: Kurt Halla, bei Melchers China bis 1938 Leiter der »Vereinigten optischen, Uhren- und Fotoabteilung«, war Teil von Breuers Importabteilung. Wilma Frede arbeitete bei Melchers in Bremen, als sie gefragt wurde, ob sie wohl nach China gehen würde. Sie begann im Frühjahr 1929 als Sekretärin der Importabteilung in Shanghai, auch als »Privatsekretärin des Chefbureaus«.[12] Geheiratet wurde 1932 in Deutschland. Wieder in Shanghai, nahm das Ehepaar am gesellschaftlichen Leben der Deutschen Gemeinde intensiv teil und besuchte die nähere und

Von Melchers & Co. geschaltete Anzeige im *Ostasiatischen Lloyd*, 2. Oktober 1940.

weitere Umgebung der Stadt. Immer in Begleitung der Kamera: Shanghai-Impressionen, Hausbootausflüge, Fahrten nach Hangzhou, Reisen nach Japan. Gesellschaftliche Anlässe im Hause Widmann, Taufen und Hochzeiten. Eines der Fotos zeigt einen entspannten Kurt Halla im Kimono auf einer Terrasse, Bildunterschrift »Bei Breuer«. Foto Breuer? Ein anderes heißt: »Ausreise Breuer«, es zeigt ihn an der Reling eines Dampfers fröhlich mit dem Hut winkend: Auf Wiedersehen, Shanghai! Kollegen hatten ihn auf seinem Weg in den Urlaub an Bord begleitet. Und dann gibt es da noch die Fotos von den Feiern zum 1. Mai 1933 und 1934: Fahnen, Uniformen und ausgestreckte rechte Arme.

Tochter Ingeborg wurde 1937 geboren – und brachte es bereits im Alter von zehn Monaten in die Wochenendbeilage der *North China Daily News*, die auf ihrer Gesellschafts-Fotoseite gern niedliche Babygesichter zeigten. Kurz darauf, im Juni 1938, reisten Hallas auf der *Gneisenau* zurück nach Europa. 1952 sahen Breuer und Hallas sich in Bremen wieder: Das Ehepaar war unter den Gästen, die Frau Widmann zur Wiedersehensfeier nach Breuers Rückkehr aus China eingeladen hatte.[13] Halla trat 1954 in den OAV Bremen ein,[14] eine Tradition, die im Hause Schmidt-Ehrenberg bis heute fortgesetzt wird, und HWB war noch öfter Gast im Hause Halla. Tochter Ingeborgs Freundin nannte ihn »Der Donner von China« wegen seiner sonoren Stimme und seines dröhnenden Lachens.

1 HWB 17.11.1936 aus Genua an JvR, geschrieben auf der *Scharnhorst;* Briefpapier NDL.

2 *Frankfurter Zeitung,* 5.5.1936: Probefahrt der ›Scharnhorst‹. Gebaut auf der Werft der Schiff- und Maschinenbau Aktiengesellschaft (DeSchiMAG) Bremen, Stapellauf 14.12.1934, 18 300 BRT, Höchstgeschwindigkeit 23,3 kn.

3 HWB 17.11.1936 an JvR.

4 In Bogor. In der Kolonialzeit nutzten die Holländer Bogor ab 1745 als Aufenthaltsort im Sommer; sie gaben dem Ort den Beinamen »Buitenzorg« (Sorglos). In der Zeit der britischen Herrschaft (1811 bis 1816) war Bogor der Landsitz von Sir Thomas Stamford Raffles.

5 Die Tour Kandy mit Tempel(n) und botanischem Garten Perediniya [Peradeniya] wird z. B. empfohlen im Reiseführer: Mit dem NDL nach dem fernen Osten und um die Welt. 2. Ausgabe, NDL, Bremen. Carl Schünemann 1908.

6 Gemeint ist wohl der Erste Weltkrieg: Am 29.8.1914 besetzten britische, französische und neuseeländische Truppen das deutsche »Schutzgebiet« in West-Samoa.

7 Enthält Meclozin gegen Übelkeit, Erbrechen, Schwindel. Das Gleichgewichtsorgan sorgt normalerweise dafür, dass äußere Reize wie Druck und Höhenunterschiede erfasst werden, damit der Körper entsprechend reagieren kann. Ein Botenstoff, der zur Übertragung der Reize beiträgt, ist Histamin. Meclozin blockiert die Wirkung des Histamins und hält die Reize vom Gleichgewichtsorgan fern, Schwindel und Übelkeit bessern sich. Aus: http://packungsbeilage.blogspot.de/2011/04/peremesin-n-drageeswirkstoffmeclozin.html, am 11.1.2018

8 Eine eigene Niederlassung in Manila hatte Melchers zu der Zeit nicht.

9 Niederländisch: kümmerlich, ärmlich.

10 Kaufman, Last Kings, S. 119.

11 CG Melchers, China-Firma, S. 38.

12 … zitiert Frau Schmidt-Ehrenberg aus einem Zeugnis ihrer Mutter. 3.8.2012 an CM.

13 Gästebuch Widmann, Eintrag 13.11.1952.

14 OAV Mitgliederliste November 1959.

1936
Viel Arbeit. Gute Geschäfte

10. Dezember, Ankunft in Shanghai

Gegen 11 Uhr legte die *Scharnhorst* in Shanghai an. Zwei Stunden Pass- und Zollkontrolle. *Disembarcation* gegen 14 Uhr. Jennie wartete am Kai. Nehmen wir mal an, dass der Chevrolet[1] die knapp acht Monate aufgebockt heil überstanden hatte, dass der Chauffeur Motor, Karosserie und Ledersitze erfolgreich gegen Fäulnis, Rost und Insekten verteidigt hatte, die in der warmen Feuchtigkeit unweigerlich angriffen – dann konnte er jetzt Hermann und Jennie und die vielen Koffer und Pakete in die Rue Chapsal Nummer 289 fahren. Und die Orchideen, über die Jennie sich, wie gehofft, mächtig freute. Mit dem Abstand eines halben Jahres und dem damit verbundenen etwas fremden Blick fiel Hermann während der Fahrt auf, wie sehr sich Shanghai in den letzten Jahren verändert hatte, wie viele hohe Häuser entstanden waren, wie viele *sky scraper*. Mit dem 23-stöckigen Parkhotel stand hier am Rennplatz[2] das höchste Gebäude außerhalb der USA. Es gehörte der chinesischen Joint Savings Society. Noch höher sollte die Bank of China am Bund auf dem ehemaligen Gelände des deutschen Clubs Concordia werden. Der Grundstein war gerade gelegt worden, am 10. Oktober, erinnernd an den Jahrestag der Revolution von 1911. Geplant war ein Bau der Superlative.[3] Auch Fabriken ganz unterschiedlicher Branchen waren neu entstanden; als Importeur musste er mit den neuen chinesischen Produkten konkurrieren, musste für eine immer größere Bandbreite an Importwaren sorgen und im internationalen Wettbewerb durch moderne und hochwertige Produkte überzeugen.

Eines nur entgeht dem Jungen,
der von seinem Glück durchdrungen,
nämlich, dass das Lause Nest,
ihn nicht wieder sausen lässt.
Zwanck, Abschiedsgedicht Shanghai, 1952

Jiangwan[4]

Wenige Meilen nördlich der Konzessionsgebiete, im Stadtteil Jiangwan, waren die Neubauten noch schneller aus dem Boden gewachsen, dort entstand eine neue, eine chinesische Stadt Shanghai. Die chinesische Stadtverwaltung von »Groß-Shanghai« hatte den chinesischen Architekten Dong Dayou (1899–1973, Architekturstudium in Peking, Minnesota, New York) und den Ingenieur Dr. Shen Ji (geboren 1901, in Dresden promoviert) beauftragt, einen Masterplan vorzulegen. Dong Dayou entwarf einen Stadtplan nach dem Ideal der Gartenstadt, auf rechtwinkligem Straßenraster und mit Bauten im Stil der »Chinesischen Renaissance«: chinesisch inspiriertes Art déco, moderne Konstruktionen und chinesische Formen. So zitierte das Dach des 1933 fertiggestellten Rathauses traditionelle chinesische Palastarchitektur, der zehn Etagen hohe Bau darunter war durch und durch modern. Die Eröffnung des Rathauses am Nationalfeiertag, dem 10. Oktober 1933, hatte die Menge der Besucher mit Bürgermeister Wu Tiecheng als Wiedergeburt der chinesischen Nation in Gestalt eines wahrhaft modernen und doch wahrhaft chinesischen Shanghai gefeiert. In ähnlicher Bauart folgten das städtische Verwaltungszentrum und ein Stadtmuseum, Sportanlagen und ein Stadium für 40 000 Zuschauer, das Gebäude für Chinas Nationale Fluggesellschaft (in der Form eines Flugzeugs), Stadtbibliothek und Kunstmuseum, Krankenhaus. Für den Sommer 1937 waren ganz große Feierlichkeiten in Planung: Es galt, den 10. Jahrestag der Regierung Chiang Kai-sheks zu feiern und zugleich den 10. Jahrestag der selbstständigen, nur der Nationalregierung unterstellten Kreisstadt »Groß-Shanghai«, die die verschiedenen chinesischen Stadtteile im Umfeld der Konzessionen unter einem Dach vereinte.[5]

Daheim in der Rue Chapsal

Sein Gepäck konnte Hermann dem »Boy« überlassen. Auf ihn selbst wartete ein feines Abendessen, Jennie hatte es von langer Hand geplant, der Koch, Loh, hatte es frisch zubereitet. Vorher freuten sich Juno und Nanka, die Hunde, wie toll über seine Rückkehr. Spätestens am Sonntag (dem 13. Dezember) freute sich der Schimmel Sultan. Und mit ihm Jennies Pony Sea-Swan. Er war der Nachfolger des tapferen Swanee (der, mit dem Jennie fliegend die größten Sprünge im Gelände machte), der sich nämlich bei einem Ritt verletzte, und Anfang des Jahres (1936) hatte erschossen werden müssen.[6]

Als Hermann am nächsten Morgen aufwachte und das Zwitschern vieler Vögel aus den Gärten und in den (zu kleinen) Käfigen auf den Balkonen der Nachbarschaft hörte, und als auf der Fahrt ins Büro die Gerüche aus den Garküchen auf Fahrrädern oder Rikschas zu ihm in den Wagen strömten – da fühlte er sich zu Hause. Sogar den Lärm, dieses Gemisch aus Fahrradklingeln, Autohupen, Pferdehufen auf Asphalt und Rufen der Rikschafahrer und der Sänftenträger, hörte er wie vertraute Musik. Er machte sich dann gleich daran, für viele Bekannte »den Weihnachtsmann zu spielen«. Nicht mit Bart und Kutte, sondern »da ich eine Reihe von Paketen mit auf den Weg bekam, die ich zum Feste abzuliefern habe«.[7]

Familie Walter Mayer

Während seiner Abwesenheit hatte Hermann das gemietete Haus in der Rue Chapsal untervermietet. Das war so üblich, wenn man auf Heimaturlaub ging – es war gar nicht sicher, ob Mieter oder Vermieter dem anderen damit den größeren Gefallen tat. Hermann wohnte dort seit 1925/26. Damals, nach seiner Scheidung, war er zu Ed Bull gezogen, dem Freund vom Deutschen Theater-Verein. Mitte der 1930er Jahre hatte er das Haus dann allein übernommen, es um eine Garage erweitert und den Garten um mindestens eine Hundehütte. Nun wollte er wieder neu Besitz ergreifen: »Zunächst musste ich doch mein Haus wieder [...] in Ordnung bringen«, weil »darin während meiner Abwesenheit 6 Personen wohnten, die naturgemäß alles mehr abnutzen«.[8]

Hermanns Mieter in dieser Zeit war die Familie Mayer: Vater Walter, Mutter Irma, deren Mutter Eugenie Segel und die Kinder Walter (drei Jahre) und Emanuela (zwei). Mayer hatte seit 1923 in Shanghai, Harbin und Hankou für Kunst & Albers gearbeitet, bevor er 1935 in Shanghai zu Melchers kam. Seine Frau hatte er in Harbin kennengelernt, sie war dort aufgewachsen und arbeitete als Juristin und Deutsch-Russisch-Übersetzerin ebenfalls bei Kunst & Albers. 1931 hatten sie in Hankou geheiratet. In Shanghai übersetzte sie Deutsch-Englisch bei Siemssen & Co., ihre Mutter Eugenie betreute derweil die Kinder. Jennie wird sich gefreut haben: Mit Irma Mayer und deren Mutter, der Deutsch-Baltin, konnte sie sich in ihrer Muttersprache unterhalten! Die Familie hatte Breuers Haus wegen des Gartens besonders attraktiv für ihre kleinen Kinder gefunden – den hatten sie dann aber kaum nutzen können, weil Juno und ihr neuer Wurf – sieben Welpen, Jennies ganzer Stolz – darin spielten. Mayers waren stattdessen oft in den nahe gelegenen »Französischen Park« (Fuxing Park) gegangen. Breuer hatte der kleinen Emanuela einen Stoffhund aus Deutschland mitgebracht. Einen schwarz gelockten, den sie russisch *çertik* (Teufelchen) nannte – genauso, wie Jennie zu einem von Junos schwarz gelockten kleinen Welpen sagte.[9] Ihn führte sie nun an einer Leine durch ihr neues Heim an der Avenue Joffre, am grünen Stadtrand im Westen der Französischen Konzession.[10] Und Hermann stellte bei seiner Rückkehr fest: »Der Garten sieht von den vielen Hunden schlimm aus, es muss ein frischer Rasen gelegt werden und alle Blumen sind erneut zu pflanzen.«

Die Wohnung selbst kam schnell »wieder in meine gewohnte Verfassung«, er wollte einiges neu kaufen, anderes auffrischen lassen und machte weitere Einrichtungspläne: »*Ich versuche, in mein Wohnzimmer etwas Stil zu bringen, indem ich die sogenannte gute Stube, die man hier drawing room nennt, rein chinesisch einrichten will [...] mit Ausnahme der Möbel [...]. Im Hinblick auf meine Reisekosten, wo ich mehr ausgab als ich vorhatte, gedenke ich zunächst in meinem alten Haus zu bleiben.*«[11]

Wiedersehensfreuden

Wenige Tage nach HWBs Rückkehr gab das chinesische Verkaufspersonal, »*das froh ist, ihren alten* master *wieder zu sehen, der für ihre Wünsche und Gedanken mehr Verständnis als die Stellvertreter zeigt*«, ihm »*ein wundervolles chinesisches Essen*«; die Speisekarte schickte er an Uwe, »*wozu ich noch [...] bemerken möchte, dass nach chinesischer Sitte darin die zu einem anständigen Diner gehörigen 8 Vorgerichte, die kalt gereicht werden [...], nicht aufgeführt sind. Es gab eigentlich alles an Leckerbissen für einen chinesischen Gaumen: Haifischflossen, Schwalbennester, Pilze, was man sich denken kann.*«

Vom 22. auf den 23. Dezember schneite es über Nacht, aber der Schnee blieb »wie üblich« nicht liegen; Weihnachten fand bei strahlendem Sonnenschein statt. Heiligabend verlebte Hermann »im Kreise der üblichen hiesigen Bekannten« bei sich zu Hause, »*einfach und gemütlich, bei der herkömmlichen Gans, die mein Koch besonders gut gebraten hatte. Wir haben dabei viel von der Heimat gesprochen und von unsrer eigenen Jugend, wie wir das Fest verlebten. Bei mir war Weihnachten in den letzten Jahren meiner Jugend wirklich recht bescheiden, doch ich denke gerne an die Güte meiner Großmutter zurück, die auch mit ganz kleinen Mitteln uns den Tisch anrichtete.*«

Für eine schöne Weihnachtsüberraschung sorgten die chinesischen Mitarbeiter, die ihm gleich nach seiner Rückkehr das fulminante Essen gegeben hatten: »*Auf Grund einer kleinen Bemerkung, die ich während des Essens fallen ließ, dass ich vergessen hätte, mir einen Cocktailshaker zu Hause zu kaufen, schenkten mir nun diese chinesischen Mitarbeiter einen wirklich wundervollen Shaker in Silber, der mit einem chinesischen Drachen versehen ist und der ihre Unterschriften trägt, wozu sie noch ein entzückendes Silber Tablett mit überreichten.*« HWB war so begeistert, dass er die Geber noch in derselben Woche zu sich einlud, den Cocktailshaker einzuweihen. Das Abendessen dazu »*schmeckte den Männern mächtig gut [...]. Dabei war ein Buddhist, der natürlich nichts von einem Tier Stammendes essen durfte und der vorsichtigerweise durch meinen Chauffeur meinem Koch hatte mitteilen lassen, was er bei mir genießen durfte.*«[12]

Die »Sache mit Chiang Kai-shek«

Auf der vierten und letzten Seite seines langen Januarbriefes an Uwe schrieb Hermann: »*Wir hatten hier bald nach meiner Rückkehr wieder allerhand Alarmbotschaften aus dem Inneren, die sich naturgemäß hindernd auf den Gang der Geschäfte auswirkten, aber glücklicherweise ist der Führer Chinas, der Marschall Chiang Kai-shek, heil aus der Sache herausgekommen.*«[13] Die »Sache«? Am frühen Morgen des 12. Dezember war Chiang Kai-shek entführt worden. Er sei tot, hieß es, als die ersten Nachrichten Shanghai erreichten.[14] Die Zeitungen in Shanghai meldeten die Gefangennahme gleich am 13. Dezember. Die Hauptnachricht war allerdings die Ernennung

Georgs VI. zum König des Vereinigten Königreichs von Großbritannien und Nordirland nach dem Thronverzicht seines Bruders, Eduards VIII. Aber schon am 15. Dezember beherrschte das Entführungsthema die Titelseiten.[15]

Was war geschehen? Chiangs Guomindang-Armee bekämpfte zu der Zeit im Prinzip zwei bewaffnete feindliche Armeen, die chinesischen Kommunisten und die Japaner auf ihrem Eroberungszug durch China. Da die Kräfte für zwei Fronten nicht reichten, war Chiangs Plan, erst nach der Ausrottung der kommunistischen Streitkräfte in Shaanxi (dorthin hatten sie sich auf dem »Langen Marsch« 1934/35 zurückgezogen) gegen die Japaner vorzugehen. Dagegen regte sich seit Ende 1935, mit dem weiteren Vorrücken der Japaner, Protest im chinesischen Volk. Zhang Xueliang, General in Chiang Kai-sheks Armee und Warlord der Mandschurei, bevor die Japaner das Gebiet eingenommen hatten, sympathisierte mit der Idee der Kommunisten und einiger Warlords, eine antijapanische Einheitsfront zu bilden. Der Ruf nach einem entschiedenen Kampf gegen die Japaner wurde lauter, als die Japaner im Sommer 1936 Tsingtao besetzten. Chiang wurde zu einem zweiten Treffen mit kommunistischen Unterhändlern in Xi'an überredet; das erste war im Oktober 1936 ergebnislos verlaufen. Seine Truppen und seine Luftwaffe standen in der Nähe, um das Ziel der Ausrottung zu verfolgen. Am Morgen des 12. Dezember stürmten Einheiten von General Zhangs Armee Chiangs Hauptquartier, töteten die Leibwächter und nahmen Chiang gefangen. Sie stellten acht Forderungen, die alle eine Beendigung des Bürgerkrieges und die Rettung der Nation vor den Japanern zum Ziel hatten. In die Enge getrieben, bot die Guomindang den Kommunisten eine Einheitsfront an. Die fragten Stalin um Rat, ob sie annehmen sollten. Stalin befürwortete die Einheitsfront, erteilte aber dem Chefunterhändler Zhou Enlai die Weisung, Chiang müsse die vereinigte Front anführen, nicht Zhang. Chiang willigte halbherzig ein und wurde freigelassen.[16] Das war am 25. Dezember abends, am Tag darauf wurde er in seiner Hauptstadt Nanjing jubelnd empfangen. Auch in Shanghai brach der Verkehr unter dem Jubel zusammen.[17] »Die Ausländer stehen hinter Chiang und sind fast so froh wie die Chinesen, dass er sicher und in Freiheit ist.«[18]

Filmtheater

Nachdem Chiang also »heil aus der Sache herausgekommen« war, konnten Jennie und Hermann Silvester entspannt ins Kino gehen. Was sie sahen, verriet Hermann in seinem Brief an Uwe nicht. Vielleicht, weil es nicht von erzieherischer Bedeutung war? In Shanghai hatten Jennie und er eine beeindruckende Anzahl eleganter Filmtheater zur Auswahl, die um 1930 neu erbaut oder modernisiert worden waren. Erstaufführungskinos für amerikanische Filme waren: das Nanking an der Avenue Edouard VII. (Yan'an Donglu), erbaut 1930, das am Silvesterabend 1936 »Libeled Lady«

zeigte, eine Screwball-Comedy mit Jean Harlow, Myrna Loy, William Powell und Spencer Tracy; das Metropol an der Tibet Road (Xizang Zhonglu), dort war »Come and Get It« zu sehen, eine Geschichte um Geld und Liebe, Regie Howard Hawks und William Wyler; und das Cathay (Jahrgang 1932, Avenue Joffre). Dort gab es »Go West Young Man« mit Mae West.

Das größte der Filmtheater war das Grand Theatre. Hier lief am Silvesterabend des Jahres 1936 um 9.15 p.m. »The Charge of the Light Brigade« mit Errol Flynn und Olivia de Havilland in den Hauptrollen.[19] Ich stelle mir vor, dass Hermann diesen Film sehen wollte. Das historische Sujet – eine Episode von 1856, am Vorabend des Indischen Aufstands, hier durch eine Geschichte von Liebe, Eifersucht und Verrat verbunden mit dem selbstmörderischen »Angriff der Leichten Brigade« in der Schlacht von Balaklawa (1854! im Krimkrieg), und die in Kalifornien gedrehten Landschaftsaufnahmen dürften ihn angesprochen haben. Der Film war, wie »Libeled Lady«, erst Ende Oktober in den USA angelaufen. Hollywoodfilme kamen schnell in die Erstaufführungstheater in Shanghai.

Anzeige in den *North China Daily News*, 1. Januar 1937

Das Grand Theatre war im Juni 1933 eröffnet worden. Der Architekt Ladislaus Hudec hatte ein extrem schwieriges Grundstück, ein lang gezogenes, sehr spitzes Dreieck, optimal genutzt und dort das größte Lichtspielhaus des »Fernen Ostens« hingestellt: Der glockenförmige Zuschauerraum bot an die 2000 komfortable Sitzplätze. Der Raum verfügte über eine kombinierte Heizungs- und Klimaanlage. Bei Bedarf wurden Kopfhörer mit einer Simultanübersetzung ins Chinesische ausgegeben. Die Front an der Bubbling Well Road (im Norden des Rennplatzes) mit ihren klar geometrischen, vertikalen und horizontalen Formen sprach modernstes Art déco. Ein schmaler, 30 Meter hoher Turm, in Milchglaspaneele gekleidet, leuchtete des Nachts. Das Vestibül führte ins Foyer des Erdgeschosses oder, über eine doppelläufige Treppe, in das Rangfoyer, überwölbt von einer großen Glaskuppel. Beide Gesellschaftsräume hatten schwarz-weiße Marmorfußböden und schmiegten sich in der Form einer halben Ellipse an den Zuschauerraum an. Schwarze, eckige Säulen trugen eine Decke mit schimmernden Lichtbändern aus Milchglas, dazwischen beleuchtete Springbrunnen.[20]

Das Grand Anno 2012

Ob von der Art-déco-Pracht noch heute, anno 2012, etwas übrig ist? Tatsächlich wurde der Filmpalast, nach Modernisierungen in den 1940er bis 1990er Jahren, 2008 weitgehend in seine Originalgestalt zurückgeführt. Vom Vestibül schwingen sich zwei elegante Treppen hinauf in die erste Etage, wenn auch aktuelle Plakate an den Marmorwänden, Aufsteller und Bildschirme den Architekturgenuss etwas stören – und da steht auch noch ein solider Aschenbecher, knapp hüfthoch aus schwarzem Marmor und sicherlich aus der Erbauungszeit. Ins Innere des Gebäudes gehend, empfängt mich das riesige Erdgeschoss-Foyer geheimnisvoll in Goldgelb leuchtend, die Decke aus Goldmosaikplättchen, getragen von den schwarzen Marmorsäulen, und ein Fußboden aus schwarzem und weißem italienischem Marmor. In einem angrenzenden Gang hängt eine nette kleine Präsentation von amerikanischen Filmplakaten der 1930er und 1940er Jahre.

Den Silvester-Drink zur Begrüßung des neuen Jahres mixte Hermann später zu Hause, mit dem neuen *shaker*. Kurz nach Mitternacht gingen sie schlafen, »so dass ich keinen Kater am nächsten Tage hatte«.[21]

Viel Arbeit

Obwohl die Geschäfte mal wieder durch »Unruhen im Innern« behindert waren, gab es für Breuer viel zu tun, »*an Arbeit liegt fast mehr als je zuvor da. [...] Natürlich sind viele Dinge bis zu meiner Wiederkunft aufgespart worden und wenn ich richtig hinter die Kulissen gucke, dann ist auch mancherlei verbockt worden.*«[22]

Die Abwesenheit von Widmann spürte Breuer beruflich und privat. 30 Jahre war er im Haus Widmann ein und aus gegangen; von seinen Anfängen bei Melchers an war es eine herzliche Beziehung. Auf Breuer konnte Frau Widmann sich verlassen, als ihr Mann in Australien interniert war, und später stand das Ehepaar Widmann Breuer in der Zeit seiner Ehescheidung bei. Den schweren Neustart der Firma nach dem Krieg erlebten Widmann und er gemeinsam. Ihre Zusammenarbeit war von Achtung und Vertrauen geprägt. Breuer hatte bei Widmann finanzielles Fingerspitzengefühl und beachtliches kaufmännisches Können gepaart mit gesundem Optimismus gefunden, hatte in seinen geschäftlichen Dispositionen oft die Maxime bestätigt gesehen: »Der Tüchtige hat auch Glück«. Ein fair denkender, lauterer, gerechter Charakter, der keinen Sündenbock brauchte, wenn etwas schiefging. Er kam ohne leere Formen, ohne große Auftritte aus. Seine schlichte Art, seine direkte Ansprache erwarben ihm Respekt, großes Ansehen – und Zuneigung. Dazu trug sein fröhliches Temperament bei, und die Art und Weise, in

1 9 3 6

der er die Annehmlichkeiten des Lebens zu genießen und mit anderen zu teilen wusste.[23]

Widmann hatte sich Ende Oktober 1936 mit einer großen *farewell party* im Deutschen Gartenclub verabschiedet. Da sagte nicht nur ein langjähriger Taipan eines der großen Ostasien-Handelshäuser *farewell*, es verabschiedete sich einer, der jahrelang viele »Ehrenstellungen in der Deutschen Gemeinde, Deutschen Handelskammer und kulturellen Institutionen« (u.a. als Vorsitzender der Deutschen Gemeinde und als Vorsitzender des Schulvorstandes der Kaiser-Wilhelm-Schule) innegehabt hatte. Es verabschiedete sich ein engagierter Vertreter des Deutschtums in China. Ob Widmann selbst zustimmen konnte, wenn sein »soziales Verständnis« als Arbeitgeber ein »Nationalsozialismus der Tat« genannt und sein Familienleben als »echt deutsch« bezeichnet wurde, wie von Generalkonsul Kriebel in seiner Würdigung zum Abschied? Ob Widmann sich mit dem »neuen, wiedererstarkten Deutschland« identifizierte, ob er noch vom Groll auf die Engländer geprägt war, die ihn von 1914 bis 1919 in Australien interniert hatten? Widmann selbst erinnerte an dem Abend noch einmal an den alten Deutschen Gartenclub, auf dessen Gelände sich jetzt der französische Cercle sportif befand.[24] Waren ihm in den letzten Jahren Zweifel gekommen, wenn er bei vielen öffentlichen Veranstaltungen der Deutschen Gemeinde und des Generalkonsulats den Arm zum Hitlergruß hob? Jedenfalls war er einer von denen, die ihre herausgehobenen Positionen in der Deutschen Gemeinde Shanghai nicht dem Aufstieg der Nationalsozialisten verdankten; er hatte sich seit seiner Rückkehr nach Shanghai Ende 1919 unermüdlich für die Gemeinschaft eingesetzt.

Außer Freund Korff war seit März 1936[25] Carl Gerhard Melchers als Teilhaber in Shanghai; er hatte seit 1926 die Niederlassung in Hongkong geleitet. Als Träger des Namens Melchers brachte er einen natürlichen Bonus mit, und es lagen hohe Erwartungen auf ihm. Mit Melchers, »CeGe« genannt, Jahrgang 1901, hatte nun die jüngere Generation die Geschäfte übernommen.

Korff und Breuer hatten sich fast das ganze Jahr 1936 nicht gesehen; sie waren nacheinander in Deutschland gewesen. Um Weihnachten herum konnten sie ihre Erfahrungen und Eindrücke endlich vergleichen. Korff wollte vor allem über die Handelsgesellschaft für industrielle Produkte, die Hapro, sprechen, über den Geschäftsmann Hans Klein und sein Vorhaben. Das sollte eine ganz große Sache werden – und die war Dr. Korff nicht geheuer. Als er im März, April (1936) via USA in Bremen eintraf, hatte Lindemann ihn über die Gespräche informiert, die er gerade in Berlin mit Hans Klein geführt hatte, vermittelt von Wilhelm Keppler, dem Reichskommissar für wirtschaftliche Angelegenheiten und Berater Görings. Es ging um Tauschhandelsprojekte in der Größenordnung von 100 Millionen Reichsmark. Korffs Reaktion: Er hielt Klein für einen Hochstapler und das ganze Projekt für Größenwahn.[26] Die Nähe zu den nationalsozialistischen Regierungskreisen, die sich aus der Zusammenarbeit ergab, war ihm absolut unsympathisch. Chiang hatte den Vertrag im Sommer unterschrieben, und die Arbeit war angelaufen. Die Geschäftsaussichten waren gut. Wie schon so oft.

Gute Geschäfte

Tatsächlich war das China-Geschäft seit 1934 zunehmend gut gelaufen, der chinesische Export nach Deutschland hatte sich von 1934 bis 1936 um gut 30 % gesteigert, der Import nach China sich im gleichen Zeitraum fast verdoppelt.[27] HWBs Importabteilung hatte also gut zu tun gehabt. Dr. Korff stellte befriedigt fest, dass der Überschuss aus den Importabteilungen deutlich angestiegen war, besonders gut verdient hatten die Abteilungen Papier und Hardware: »Mit diesem Ergebnis haben wir die besten Jahre seit Kriegsende übertroffen.« Dank guter Ernten war die chinesische Kaufkraft gestiegen, »die älteren Einfuhrlager an den Hafenplätzen wurden vom Inneren absorbiert und erhebliche Neubestellungen vorgenommen«.[28] Das lag auch daran, dass »[d]ie Unsicherheit, die in den früheren Jahren durch die schwankende chinesische Währung über allen Geschäften schwebte, [...] durch die Stabilisierungsmaßnahmen der National-Regierung im Herbst 1935 beseitigt [wurde]«.[29]

Deutschland unterstützte die Exporteure in der Hoffnung, dass der Handel ein Devisenbringer werden könnte. Dem sollten auch staatliche Eingriffe in den Handel dienen: 1934 waren »Auslandssonderkonten für den Inlandszahlungsverkehr« eingerichtet worden, im Arbeitsjargon ASKI genannt. Devisen, die für Exporte aus Deutschland eingenommen wurden, mussten auf diese Sonderkonten eingezahlt werden. Täglich durfte nur so viel ausgegeben werden, wie täglich eingenommen wurde.[30] Das Guthaben durfte auch nur zum Einkauf genehmigter Einfuhrgüter verwendet werden. Ihre Kontingente für den Import (nach Deutschland) handelte jede Firma mit dem Wirtschaftsministerium aus. Die deutsche Devisenstelle genehmigte Einfuhren nach einer Dringlichkeitsskala. Warengruppen, die aus Deutschland ausgeführt wurden, durften nicht auch eingeführt werden. Und: Was irgend in Deutschland gebraucht wurde, durfte nicht mehr exportiert werden. Rohstoffe und Lebensmittel führten die Verbotsliste an. Das war ein Papierkrieg, der sich aber nicht zum Nachteil der Handelshäuser auswirkte: Sie erhielten ihr Geld sicher und schnell, weil die Deutsch-Asiatische Bank in China aufgrund der Lieferscheine zahlte; Unsicherheit und langes Warten auf die Bezahlung entfielen. Außerdem wurde von mittelfristig festgelegten Warenwerten ausgegangen, die der Handel relativ hoch ansetzte. Die Gewinne stiegen.

Das Projekt Hapro

Der Geschäftsmann Hans Klein hatte im Hinblick auf den Handel mit China Anfang 1934 die Handelsgesellschaft für industrielle Produkte mbH gegründet und in China mit Hilfe der deutschen Militärberater eingeführt. Chiang Kai-sheks Wirtschaftsminister, H. H. Kung, unterzeichnete den Vertrag zum »Austausch von Waren ohne Barzahlungen« im August 1934. Denn China mangelte es ebenso wie Deutschland an Devisen. Rohstoffe und Agrarprodukte aus China sollten gegen Industrieprodukte und den Bau von Industrieanlagen getauscht werden. Während der Gestaltungsphase des Austauschvertrags intensivierte Deutschland seine Kriegsvorbereitungen und China seine Verteidigung gegen innere und äußere Gegner. So wurde daraus ein Austausch von kriegswichtigen Rohstoffen und Kriegsgerät.

Auf der Einkaufsliste, die Hans Klein vom Reichskommissar für wirtschaftliche Angelegenheiten erhielt, standen Antimon, Asbest, Blei, Molybdän, Quecksilber, Wolfram, Zinn und Zink sowie Baumwolle und »Ölfrüchte aller Art«[31] – gegen Waffen und Munition aus Deutschland, einschließlich des Baus von Fabriken zur Herstellung von Kriegsgerät durch deutsche Firmen und der Schulung z. B. von chinesischen Marinesoldaten. Deutschland würde damit 60 % der chinesischen Rüstungsimporte abdecken. Mitte 1936 kaufte das Reichskriegsministerium Hans Klein die Hapro ab, sie wurde eine reichseigene Gesellschaft. Auf der chinesischen Seite gab es ebenfalls Ansätze, die Wirtschaft staatlich-bürokratisch zu lenken. Die Regierungen strebten vor allem die totale Kontrolle über den Rohstoff- und Rüstungsmarkt an. Bisher hatten deutsche Firmen hier ihre größten Gewinne erwirtschaftet. Das Reichswirtschaftsministerium räumte China einen Kredit über 100 Millionen RM ein, der einerseits durch die chinesischen Rohstofflieferungen abgebaut wurde, aber Zug um Zug vom Wirtschaftsministerium wieder auf die volle Summe aufgestockt wurde (»revolving credit«).[32] Klein würde in China die »Warenerfassung« für die Gesellschaft koordinieren; der Transport der Waren wurde ausschließlich dem Norddeutschen Lloyd übertragen.[33] Das hatte Karl Lindemann im März 1936 in Berlin erfolgreich vorgeschlagen, als nämlich Klein daran gedacht hatte, dafür eine chinesische Handelsflotte aufzubauen.[34] Die deutschen China-Handelshäuser protestierten: Auf diese Weise würden sie »sowohl aus dem Kriegsgeräteexport nach China als auch aus dem chinesischen Rohproduktengeschäft ausgeschaltet und ihrer Existenzgrundlage beraubt werden«. Die deutschen Handelskammern in China und der Landesgruppenleiter der NSDAP, Lahrmann, schlossen sich dem Protest an.[35]

Es war in dieser Zeit, als Adalbert Korff eines Abends seine Frau fragte: »Wärest Du bereit, auf das alles hier zu verzichten? Antworte nur mit Ja oder Nein.« Ihre Antwort: »Mit Dir – Ja.« Er werde unter Druck gesetzt, in die NSDAP einzutreten, Melchers würde andernfalls die Hapro-Vertretung entzogen. In Absprache mit seiner Frau schrieb Korff nach Bremen, dass er anheimstelle, ihn als Teilhaber zu entbinden. Karl Lindemann gelang es dann offenbar, dass Melchers die Verschiffungen für die Hapro behielt, ohne dass der Teilhaber Dr. Korff Parteimitglied wurde.[36]

Schon drohten neue Konflikte. Der Antikominternpakt zwischen Deutschland und Japan, am 25. November 1936 in Berlin unterzeichnet,[37] demonstrierte Deutschlands Verbundenheit mit Japan. Die Deutschen in Shanghai waren entsetzt. Sie standen im chinesisch-japanischen Konflikt emotional eindeutig auf der Seite der Chinesen. Und sie waren sicher, dass die politische Annäherung an Japan den deutsch-chinesischen Beziehungen, damit auch dem Handel zwischen Deutschland und China, schwer schaden würde.

1 Chevrolet Limousine, Baujahr 1929, 6 Zylinder, 3180 ccm Hubraum, 3 Sitzplätze.

2 Eröffnung am 4.12.1934.

3 Das Gebäude wurde erst im Jahr 1946 bezogen. Hibbard, Bund, S. 278–281.

4 Heute Teil des Stadtteils Jangpu.

5 Carter, Champion's Day, S. 89, 135, 137–139. Bebilderte Beschreibung, auch des gegenwärtigen Zustands: http://www.shanghaiartdeco.net/shanghais-lost-chinese-art-deco-city/, am 21.7.2020.

6 HWB Anmerkung (nach 1953) auf einem Foto, das er auf 1932 datiert.

7 HWB 9.12.1936 an »Meine Lieben«, Durchschlag an JvR.

8 HWB 9.12.1936.

9 Erinnerung von Emanuela Mousley geb. Mayer.

10 Erinnerung Emanuela Mosley geb. Mayer 26.1.2014 an CM und E-Mail 24.11.2020 an CM.

11 HWB 9.12.1936 an »Meine Lieben«, Durchschlag an JvR.

12 HWB 10.1.1937 an Uwe.

13 HWB 10.1.1937 an Uwe, Durchschlag an JvR.

14 Tiefenbacher, Erzähle mir die Vergangenheit, S. 213.

15 *NCDN*, 13.12.1936, Titelseite »Serious Mutiny Starts Among Shensi [Shaanxi] Troops, Fears for Safety of Gen. Chiang Kai Shek«. *Le Journal de Shanghai*, 15.12.1936: Tchiang Kai-chek est toujours prisonnier de Tchang Suéliang. https://gallica.bnf.fr/ark:/12148/bpt6k868255h/f3.item, am 5.11.2020.

16 Spence, Chinas Weg, S. 504–510. Zhang (1901–2001) wurde zu zehn Jahren Haft verurteilt, auf Chiangs Intervention umgewandelt in Hausarrest. Als die Guomindang 1949 nach Taiwan floh, nahmen sie Zhang mit. 1990, nach dem Tod von Chiangs Sohn und Nachfolger, kam er frei, wanderte 1993 nach Hawaii aus.

17 Tiefenbacher, Erzähle mir die Vergangenheit, S. 213.

18 Thomas: An American in China, 3.12.1936, S. 83–86, Ü: CM.

19 Filme: *North China Daily News*, 31.12.1936, S. 17. Deutscher Titel: »Der Angriff der Leichten Brigade«.

20 Das Kino steht heute noch. Es wurde 2007–2009 nach Originalplänen wiederhergestellt. https://www.shine.cn/archive/feature/art-and-culture/Hudec-delivers-one-of-his-best-designs-for-the-silver-screen/shdaily.shtml am 3.2.2018: https://www.thatsmags.com/shanghai/post/17605/tbt-a-look-back-at-shanghais-grand-cinema, am 19.5.2020.

21 HWB 10.1.1937 an Uwe.

22 HWB 10.1.1937 an Uwe.

23 Basierend auf: HWB Beileidschreiben 7.8.1948 an Melchers & Co., MA, Firma Melchers Kasten 1, Mappe 5

24 *OAL* (ohne Datum) über Widmanns Abschiedsfeier am 2. oder 3.11.1936. MA Sonderstandort 1, 1.3.1 Sammlung Firmennachrichten, Bd. 2.

25 Gästebuch Widmann 21.3.1936, CG Melchers, China-Firma, S. 30.

26 Lindemann, Memoiren, S. 30.

27 Ratenhof, China-Politik des Deutschen Reiches, S. 418. PA AA Peking II, Band 2453: Bericht des GK Shanghai (Cordt) über den Handel mit China im Jahr 1936: Im Gesamtaußenhandel steht Deutschland nach Amerika und Japan an dritter Stelle (Anteile 23/14,7/12,7%), England mit 10,4% auf dem vierten Platz. Ausfuhr: An erster Stelle die USA mit 30,2%, Deutschland mit 6,4% an fünfter Stelle nach England (8,2%). Import: USA 17,8, Deutschland 17,2, Japan 15,6 und GB 11,9%. Für Deutschland eine Steigerung um 47,3% gegenüber dem ersten Halbjahr 1935.

28 Dr. Korff 14.10.1937, MA, Firma Melchers Kasten 8, Mappe 2: Jahresabschluss für das Jahr 1936.

29 Dr. Korff 14.10.1937 MA Firma Melchers, Kasten 8, Mappe 2.

30 »*Mit Hilfe verschärfter Ein- und Ausfuhrregelungen erweiterten staatliche Überwachungsstellen schließlich die Devisenzwangswirtschaft von 1933 in ein Devisenrepartierungssystem* [25.6.1934], *bei dem täglich im Außenhandel nur so viel ausgegeben werden durfte, wie eingenommen wurde.*« Ratenhof, China-Politik des Deutschen Reiches, S. 417.

31 Adolphi, Das faschistische Deutschland, S. 223.

32 Ratenhof, China-Politik des Deutschen Reiches, S. 444–447.

33 Ratenhof, China-Politik des Deutschen Reiches, S. 467; Lindemann, Memoiren, S. 30.

34 Lindemann, Memoiren, S. 29–30.

35 OAV Protokoll 4.7.1936 in: Eberstein, Ostasiatischer Verein, S. 113–114.

36 Maria Korff, Briessen-Interview, Gedächtnisprotokoll Maiwald, dem Sinne nach: »Lindemann hat das dann mit der Partei geregelt.«

37 Vertrag mit dem Inhalt, die Kommunistische Internationale durch Informationsaustausch zu bekämpfen.

1937
Bloody Saturday. Bomben auf Shanghai

Zwischenfälle in Chinas Norden

Im Januar 1937 hatte Hermann an seinen Sohn geschrieben: »*Auch sonst gibt es hier alltäglich Mord und Totschlag, aber daran gewöhnt man sich, ohne sich deswegen besonders zu erregen, solange man nicht direkt darin verwickelt wird, was ich mir natürlich nie wünsche.*« Dann kam der August, und Hermann war mittendrin im alltäglichen Mord und Totschlag. Der Reihe nach: Als sie im Juli in Shanghai von einer »Provokation« in Form eines Zusammenstoßes japanischer und chinesischer Truppen auf der Marco-Polo-Brücke bei Peking hörten,[1] hatten sie gehofft, dass die Affäre bald zur langen Liste der *incidents*, der »Zwischenfälle«, gehören und vergessen sein würde.[2] Ende Juli hatte Hermann nach Hause geschrieben, man möge sich »*angesichts der schlimmen Nachrichten aus Nordchina*« nicht beunruhigen, denn »*so tot ernst auch die Dinge dort wirklich sind, so sind wir unberufen bis soweit hier vom Schlimmsten verschont geblieben. Vorübergehend tritt natürlich hier und da eine gewisse Nervosität ein, aber soweit sich die Lage einigermaßen überschauen lässt, hoffen wir hier, dass Shanghai nicht in die kriegerischen Auseinandersetzungen verwickelt werde. Außerdem lebe und wohne ich ja in der französischen Niederlassung, während unser Kontor in der internationalen liegt und da ist nach menschlichem Ermessen kaum anzunehmen, dass eventuelle kriegerische Entwicklungen sich hier abspielen. Immerhin ist die Lage sehr, sehr ernst.*« Davon unbeirrt plante Jennie zwei Wochen Urlaub in Japan – als Staatenlose konnte sie mit ihrem *residents' permit* für Shanghai nur in China und in Japan reisen[3] – und startete optimistisch am 7. August auf einem japanischen »Prachtschiff« nach Yokohama. Am 26. August wollte sie auf der »herrlichen *Gneisenau*« zurück nach Shanghai fahren, freute Hermann sich für sie.[4]

Alltäglich Mord und Totschlag
HWB an seinen Sohn, 10. Januar 1937

Aber während er Optimismus nach Deutschland schickte, machten sich die Geschäftsleute in Shanghai mit dem Gedanken vertraut, dass die Japaner auch ihre Stadt angreifen könnten. Würden sie Bomben werfen?

Chinesisches Eigentum konfiszieren? Zur Vorbereitung auf ein Bombardement ließen Melchers auf das Dach des Speichers am Broadway eine große deutsche Fahne malen, und auf die Mauern Hakenkreuze. Am Toreingang hingen Plakate, die das Gebäude als deutsches Eigentum kennzeichneten. Zur Vorbereitung auf eine Enteignung chinesischen Besitzes verkaufte Freund Tung Han-sen (der »ein großer Mann geworden war«) Breuer acht Reihenhäuser, Yu Yuen Road 821–828, gelegen in der External Roads Area, also auf chinesischem Gebiet.[5] Die Häuser, ein Wohnblock aus acht gleichen Gebäuden, waren in Stein erbaut, jedes hatte drei Stockwerke, darin sechs Zimmer, Küche, Bad, eine Kammer.

Angriff und Verteidigung

Jennie war wie geplant am 7. August abgefahren. Rückblickend musste Hermann sich wundern, wie optimistisch sie gewesen waren. Hatten sie denn keine Vorahnung gehabt, dass ein Angriff der Japaner auf Shanghai unmittelbar bevorstand? Zwei Tage später begannen die Gefechte am Flughafen. Am 11., 12. August trafen der japanische Panzerkreuzer *Idzumo*, ein Flugzeugträger und weitere Kriegsschiffe ein, warfen nördlich der Garden Bridge in unmittelbarer Nähe des International Settlement im Huangpu Anker. Am 13. August erreichten 10 000 japanische Soldaten Yangshupu, den Stadtteil im Nordosten Shanghais am Huangpu. Die japanischen Schiffe begannen, chinesische Ziele zu bombardieren. Jetzt – erst – wurde das Shanghai Volunteer Corps einberufen:

»*Am Freitagmorgen [13. August 1937] geht der Trubbel los. Chinesen und Japaner verbeugen sich vor der Welt unter Beteurung ihrer Friedfertigkeit. Hier aber beginnen sie, sich ohne weiteres Federlesen mit Feuer und Stahl zu durchdringen. In größter Eile wird das Freiwilligencorps der Internationalen Niederlassung aufgeboten, bezieht ›kriegsstark‹ die seinen Einheiten im Mobilmachungsplan vorbestimmten Verteidigungsabschnitte. Der normale Bürger zottelt im Vertrauen auf die ›Wacht am Suzhou Kanal‹ seinen von Kriegsdunst schon stark umnebelten Geschäften nach. […] Shanghais Geschäftsleben gerät ins Stocken. Banken, Hotels, öffentliche Gebäude und Läden verbarrikadieren Fenster und Türen mit Sandsäcken, Holzblenden. Viele Firmen errichten Notfilialen in den weniger gefährdeten westlichen Stadtteilen. Was werden wird, weiß niemand.*«[6] Es wurde schlimmer: Die chinesischen Banken schlossen; die Regierung verkündete einen generellen Zahlungsaufschub für drei Tage. Es dauerte 14 Tage, bis sie in Übergangsquartieren, weit entfernt vom Kampfgebiet, wieder öffneten. Die ausländischen Banken blieben geöffnet, mussten auszahlen, ohne Verbindlichkeiten eintreiben zu können. Da auch Importe nicht bezahlt werden konnten, platzten die meisten August-Geschäfte.[7]

Bomben auf das International Settlement

Am Abend des 13. August verbrachte Carl Crow ein Stündchen in seinem Club, dem amerikanischen, an der Foochow Road, und noch immer dachte dort keiner an Krieg: »*The night before the thing really got serious, nobody in Shanghai thought much about it. [...] I remember, I spent an hour or so at my club and nobody even talked much about it.*«[8]

Und dann kam der nächste Tag, der 14. August, und die Sache wurde richtig ernst: Um kurz vor 4.30 p.m. – Carl Crow saß in seinem Büro, Nr. 16 Jinkee Road – da barsten die Fenster, dröhnender Lärm zerriss die Luft im International Settlement. Nacheinander waren mehrere Fliegerbomben explodiert, gefolgt von Luftabwehr- und Maschinengewehrfeuer. Crow hörte Sirenen, beobachtete Sanitätsfahrzeuge, Träger mit Bahren. Verwundete, Tote. Was war passiert – und warum hier, in der vermeintlichen Sicherheit des Settlement? Eine Bombe war vor dem Haupteingang des Cathay Hotels[9] an der Nanking Road, Ecke Bund niedergegangen, eine hatte das Dach des Hotels gestreift. Eine weitere brach durch das Dach des gegenüberliegenden Palace Hotels. Hunderte – Hotelgäste und Passanten, Straßenarbeiter, Rikschakulis – waren sofort tot oder schwer verletzt. Das war nur einen Häuserblock, höchstens 200 Meter, von Crows Büro entfernt. Die meisten Opfer aber forderte der Abwurf zweier Bomben auf das Great World Amusement Center an der Einkaufsstraße Avenue Edouard VII., in dessen sechs Stockwerken Tausende Chinesen Schutz gesucht hatten, die aus der Umgebung Shanghais in das International Settlement geflohen waren. Passanten und Menschen, die ihren Wochenendeinkauf machten, waren unter den Toten. An diesem Tag starben an die 2000 Zivilisten, etwa ebenso viele wurden verwundet. Es gab Gerüchte, aber niemand wollte es laut sagen: Das waren keine japanischen Bomben gewesen. Chinesische Flugzeuge hatten das japanische Kriegsschiff *Idzumo* zum Ziel gehabt, das gegenüber dem japanischen Generalkonsulat im Huangpu lag, sie hatten die Bomben verfrüht, auf die Nanking Road, abgeworfen. Das Great World wurde getroffen, als beschädigte Flugzeuge der China Air Force ihre Bomben über der freien Fläche des Rennplatzes hatten abwerfen wollen.[10] Später hieß dieser Tag »Bloody Saturday«, der blutige Sonnabend.[11]

Wo war Breuer in diesen Minuten, am 14. August gegen 16.30 Uhr? Auch von Melchers' Büro lagen Cathay und Palace Hotel nur zwei, drei Blocks entfernt. Die Bürostunden der Importabteilung waren am Sonnabend von 9 bis 14 Uhr.[12] An diesem Nachmittag wird Breuer pünktlich Schluss gemacht haben, denn er musste zu einer Beerdigung: Alexander Erdmann-Jesnitzer, der im Jahr 1906 zusammen mit ihm bei Melchers in Shanghai als Kaufmann angefangen hatte, der in den frühen 1920er Jahren in Deutschland Filme machte, der dem DT-V seit dessen Anfängen 1924 als Regisseur und Schauspieler verbunden war, war in seiner Wohnung nahe dem Hongkou Park an der Tollwut gestorben. In den Stunden seines Todeskampfes, am 12. August 1937, flohen die Bewohner aus dieser Gegend im nördlichen Shanghai vor den japanischen Truppen. »*Es war ein Glück, dass sein Arzt trotzdem noch zu ihm gelangen konnte*«, hieß es im Nachruf. Zwei Tage später fand die Beerdigung statt, und: »*Als Pastor Krüger die Grabrede begann, durchbrachen fernes Motorengesumm und Flakgeschützfeuer die Weihe des Augenblicks [...] in der gleichen Stunde fielen Tausende von wehrlosen Menschen den tragischen Bombenunglücken zum Opfer, die sich in der Nanking Road und an der Great World ereigneten.*«[13]

Flucht nach Shanghai

Flüchtlinge strömten in die Fremdenniederlassungen, sie kamen aus Nordchina, vor allem aber aus den Stadtteilen im Norden Shanghais, die nicht, oder nicht mehr, unter westlicher Verwaltung standen, aus Wusong, Yangshupu, Hongkou und aus den dicht besiedelten chinesischen Distrikten Zhabei, im Norden des Settlement, und Hongqiao im Westen. Die waren ständig unter Beschuss. Eine Woche nach den ersten Angriffen, am 21. August, berichtete der Pfarrer der deutschen evangelischen Kirche Shanghai dem kirchlichen Außenamt in Berlin: »*Die gegenwärtige Lage in Shanghai machte es notwendig, dass alle Bewohner des Hafenviertels Hongkou evakuiert werden mussten. Die Deutsche Gemeinde hat auf dem deutschen Grundstück Great Western Road [dem »Deutschen Eck« mit Schule und Kirche; es waren gerade Schulferien] alle Flüchtlinge gesammelt, soweit sie nicht in der Lage waren, selbst innerhalb der Niederlassung andere Wohnungen zu beziehen.*« Hermann nahm gleich eine aus dem Kriegsgebiet Geflüchtete in seinem Haus auf: Frau Polis, 55 Jahre alt, »die nun nichts mehr besitzt, nachdem sie den Rest ihrer Wohnungseinrichtung im Kriegsgebiet verlor«. Sie konnte erst mal in Jennies Zimmer wohnen. Dann würde er weitersehen.[14] Wer konnte sagen, wie lange der Spuk diesmal dauern würde. Alle Gebäude am Huangpu waren durch Kampfhandlungen gefährdet. Das Deutsche Generalkonsulat und ein deutscher Zahnarzt mit seiner Praxis zogen von dort in das Schulgebäude. Pastor Krüger berichtete nach Berlin: »*Schulräume wurden als Notunterkünfte hergerichtet, der Kindergarten als Verpflegungsstelle. Im Kirchenanbau wurde der untere Raum als Unterkunftsraum hergerichtet, der obere als Hospital. Die Sakristei habe ich als Apotheke zur Verfügung gestellt, da sie direkten Zugang zu den genannten Räumen hat.*« Dort wurden auch Impfungen vorgenommen: »*Um bei dem großen Zustrom chinesischer Flüchtlinge aus den rein chinesischen Stadtteilen einen Ausbruch von Seuchen zu verhindern, wird alles in der Schule geimpft gegen Pocken, Cholera und Typhus.*« Da die öffentlichen Verkehrsmittel nicht mehr fuhren, hatten deutsche Autobesitzer einen »ständigen Autodienst eingerichtet«. Gas gab es nicht mehr, die großen Tanks am Huangpu blieben vorsichtshalber leer, gekocht wurde auf »chinesischen Öfen«. Lebensmittel gab es noch auf den Märkten, aber sie waren knapp und teuer.[15] Die Deutsche Handelskammer legte am 26. August einen Unterstützungsfonds für chinesische Flüchtlinge auf (»Relief Fund for Chinese Refugees«), in den deutsche Firmen und Einzelpersonen schon in den ersten 24 Stunden seines Bestehens großzügig eingezahlt hatten. Melchers war – natürlich – dabei.[16]

Aber auch aus Shanghai hinaus flohen die Menschen: Chinesen suchten Zuflucht im Hinterland, flohen nach Hankou, wo die Guomindang ihr neues Quartier aufschlug, oder bis Yan'an, wo die Kommunisten ihre Basis hatten. Die Europäer standen vor der Frage: Sollten sie zurück in das zunehmend unsichere Europa (in Spanien herrschte seit einem Jahr Krieg; ein Ende war nicht abzusehen), und wollten die Amerikaner heim in das noch immer von der Depression gezeichnete Amerika? Hermanns Freund Carl Crow entschloss sich schweren Herzens, zurück in die USA zu gehen. Er war den Japanern als ihr entschiedener Gegner bekannt, stand sogar auf der Liste der 25 *most wanted* Ausländer in Shanghai. Die von ihm gegründete Zeitung *Shanghai Evening Post* war den Japanern besonders verhasst, weil sie einen deutlich proamerikanischen und prochinesischen Kurs verfolgte.[17] Die Geschäftsaussichten für Crows Werbeagentur hatte der 14. August zerstört, die Gewalt des Krieges hatte er am »Bloody Saturday« aus nächster Nähe erlebt. Als dann noch, ein paar Nächte nach dem 14. August, Granatsplitter das Dach seines Hauses trafen, sah er, »dass es zu nichts gut wäre, weiter zu bleiben [...]. Also ging ich weg – nach 25 Jahren – mit dem Anzug, den ich trug, einem Koffer und einem Mantel.«[18] Mitte September war er in Seattle.

Wer gegen wen?

Das chinesische »Greater Shanghai« umfasste die Stadtteile Zhabei nordwestlich des Wusong, Yangshupu im Nordosten, die kleine chinesische Altstadt Nantao und vor allem den seit 1931 neu angelegten Stadtteil Jiangwan. Darin lagen, inselartig, das International Settlement und die im Süden daran angrenzende Concession Française. Auf dem Huangpu, direkt vor den Quais von Settlement und Concession, lagen amerikanische, englische, französische Kriegsschiffe und, vor dem japanische Generalkonsulat (damit auch direkt vor dem benachbarten Deutschen GK), die japanische Kriegsflotte mit dem Panzerkreuzer *Idzumo*. Die Aufgabe des europäischen, amerikanischen und französischen Militärs war es, ebenso wie die der Shanghai Volunteers, die Japaner vom Betreten ihrer Bezirke abzuhalten. Sie griffen nicht aktiv in die Auseinandersetzungen ein. Die Japaner bombardierten, zerstörten, erkämpften mit Fußtruppen alle chinesischen Stadtteile Shanghais, den Flughafen, Jiangwan mit seinen stolzen Neubauten, die nördlichen Hafen- und Lagerhausgebiete, den Bezirk Zhabei um den Nordbahnhof. Die Abwehrgefechte beider Kriegsparteien hatten zur Folge, dass Schrapnells der Luftabwehrgranaten in den Konzessionsgebieten niedergingen, ebenso wie fehlkalkulierte Bomben.

Flucht aus Shanghai

Engländer und Amerikaner evakuierten ihre Staatsangehörigen sofort; die Reichsregierung orderte die *Gneisenau* aus Japan zurück, damit deutsche Staatsbürger die Chance erhielten auszureisen. Für Sonntagvormittag (22. August) war deren Ankunft geplant. Eigentlich hätte Jennie mit der *Gneisenau* aus ihren Japanferien zurückkommen sollen. Aber Hermann hatte ihr telegrafiert, sie solle besser erst mal drüben bleiben. Das Schiff kam dann erst am Dienstag,[19] vielleicht deshalb, weil am 22. und 23. August 70 000 japanische Soldaten unter starkem Feuerschutz durch die Marine 50 Kilometer nordöstlich von Shanghai an Land gingen. Später hieß es, es seien vielleicht weniger Soldaten gewesen.[20] 560 Passagiere fuhren schließlich auf der *Gneisenau* nach Hongkong – so kam es, dass der älteste Sohn von Adalbert und Maria Korff nicht in Shanghai zur Welt kam, sondern in Hongkong. Am 17. November.[21] Natürlich bekam er den Vornamen Adalbert, Adalbert III.[22] Andere fuhren bis Manila oder Singapur, viele nach Deutschland. Auf dem Schiff hätte der Schüler Klaus Eckert reisen sollen, um in Deutschland eine Ausbildung zu beginnen. Aber er war am 23. August »*mit seinem Vater, von Westen kommend, mit der Straßenbahn zur Stadt [gefahren]. Es war um die Mittagszeit gegen 1 bis 2 Uhr. Als sie in die Nähe des Warenhauses Sun Sun kamen, fiel die chinesische Fliegerbombe, von der Splitter den Jungen so unglücklich trafen, dass er bald darauf starb.*« So geschehen an der Kreuzung Nanking Road und Chekiang Road (Zhejiang Zhonglu). Weitere Granaten schlugen in das Sun-Sun-Warenhaus ein, Teile des Gebäudes stürzten ein. Panik, viele Tote – 200?, 300?[23], vielleicht auch 500[24] – und mehrere Hundert Verletzte, von denen 150 im deutschen Paulun-Hospital behandelt wurden.[25]

Melchers' godown in Flammen?

Was Hermann in seinen Briefen nicht erwähnte, war, dass Melchers vorsichtshalber für zehn Tage aus dem Kontor in der Kiukiang Road ausgezogen war und die Geschäfte »in eine Privatwohnung im westlichen Distrikt« verlegt hatte, »worunter unvermeidlicher Weise auch die Kontorarbeiten leiden mussten«. Zugleich waren die Postverbindungen innerhalb Chinas und mit Deutschland »unpünktlich und langsam« – daher die verspätete Versendung der Jahresabschlusspapiere.[26]

Was Hermann auch nicht berichtete, aber die Hannoveraner wussten es aus der *Frankfurter Zeitung* und aus UFA-Wochenschauen[27]: Shanghai wurde von 270 000 japanischen Soldaten mit 500 Flugzeugen, 300 Panzern und 130 Kriegsschiffen angegriffen. Shanghai verteidigten 500 000 von deutschen Militärberatern trainierte chinesische Elitesoldaten, die über 87 Flugzeuge verfügten. Am 13. September begann eine weitere japanische Offensive. Die *Frankfurter Zeitung* berichtete auf der Titelseite von großen Bränden in den Niederlassungen und in der »Chinesenstadt«, berichtete vom Rückzug der Chinesen aus umkämpften Vierteln, vom Aufbau einer neuen Verteidigungslinie am Nordbahnhof und von der Besetzung des Rathausviertels durch die Japaner.[28] Hermann schickte eine – nunmehr historische – Postkarte vom unzerstörten Rathaus an Johanna mit der Anmerkung: »Rathaus von Shanghai (chines. Teil) ist fast völlig vernichtet.«[29]

Am 19. September, einem Sonntag, kam CeGe Melchers' morgens ziemlich müde ins Büro. Am Abend zuvor war CeGe gegen 22 Uhr angerufen worden, Melchers *godown* am Broadway stehe in Flammen. Er hatte sofort hinfahren wollen, war aber nur bis zum Bund gekommen, dort hinderten ihn Militärposten an der Weiterfahrt, am Bund wurde geschossen. Er stieg aus, ging zu Fuß weiter, duckte sich von einer Sandsackbarrikade zur nächsten und schlug sich so bis zur Garden Bridge durch. Da standen Shanghai Volunteer Corps und japanische Marine einander gegenüber. Das SVC ließ ihn passieren, aber während Melchers noch mit den japanischen *Marines* um Durchlass verhandelte, näherten sich chinesische Flugzeuge, Bomben detonierten um den japanischen Kreuzer *Idzumo* herum, der gegenüber dem japanischen Generalkonsulat lag, gleich um die Ecke. Der Kreuzer schoss aus allen Geschützen auf die Flugzeuge, die Soldaten auf der Garden Bridge feuerten aus ihren Maschinengewehren. Schrapnells und Leuchtgranaten platzten, weiß und rot.

Plötzlich war alles wieder ruhig. Melchers bekam große japanische Zeichen auf Brust und Rücken geheftet und den guten Rat, er solle sich in der Mitte der Straße halten, das japanische Militär hätte Anweisung, auf alles zu schießen, was sich an den Häuserwänden entlang bewegte. So ging er die etwa 1,5 km durch das menschenleere Hongkou. Hie und da beleuchteten brennende Häuser seinen Weg. In den Nebenstraßen lagen Leichenberge. Ausgebrannte Häuser am Broadway, in der Chaufong Road (Gaoyong Lu) und in der Kungping Road (Gongping Lu), also um Melchers' *godown* herum. Große Erleichterung, als er ihn endlich erreichte: Nur ein paar Fensterscheiben waren zersprungen. Die Hakenkreuze hatten geholfen. Die Erleichterung bei Melchers war deshalb besonders groß, weil der Speicher nicht mehr versichert war: Der Versicherungsträger hatte sich geweigert, den Vertrag zu verlängern.[30] Auch Breuers Assistent Hans Scheide kam an diesem Sonntagmorgen ins Büro, er hatte nachts den Reporter des *Ostasiatischen Lloyd* begleitet, der sich um das gefährdete deutsche Eigentum sorgte und nun seinen Lesern schon berichten konnte, dass »die um Mitternacht verbreitete Version, dass der Godown der Fa. Melchers & Co. vom Feuer ergriffen sei«, sich nicht bestätigt habe.

Scheide hatte nicht nur die Zeitung dabei, sondern außerdem einen Granatsplitter mitgebracht, den er in der Nacht von der Garden Bridge aufgelesen hatte.

Feuerpause

Als Hermann am 10. Oktober, einem Regensonntag, an seinem Schreibtisch in der Rue Chapsal saß und an Tante Johanna schrieb, war Shanghai mitten im Krieg, wenn auch gerade an dem Tag »*infolge des miserablen Wetters [...] heute die Kriegshandlungen völlig aufgehört*« haben, »*es ist, als wenn tiefster Friede in Shanghai wieder eingezogen wäre. Im Gegensatz zu den verflossenen Wochen, wo man von dem Getöse der Geschütze, dem Donnern der Flugmotore über unsren Häuptern und dem furchtbaren Krachen der Bombenabwürfe eigentlich fast niemals eine ruhige Stunde erlebte. Wenn nicht schon während der Nacht die japanischen Kriegsschiffe ihre Salven über unsre Häuser bzw. über die Niederlassungen in das chinesische Gebiet feuern, so beginnen die Herrschaften unbedingt beim ersten Morgengrauen ihre Kanonade, die gelegentlich von den Chinesen entsprechend beantwortet wird. Diesem Kriegskonzert folgen dann bald die japanischen Flieger, von denen manchmal bis zu 30 in der Luft über Shanghai sind, die ihre Bomben – oft 6 bis 7 auf einmal – auf die chinesischen Stellungen abwerfen, die, in Luftlinie gemessen, etwa 2000 Meter von meinem Hause beginnen. In den ersten Kriegswochen lagen die chinesischen Gebiete südlich vor meinem Haus – etwa in 1500 Meter Entfernung unter dem Bombardement der japanischen Flieger, die, nachdem sie dort alles kurz und klein zerstörten, nicht mehr so nahe an mein Haus herankommen, und die hoffentlich auch nicht ihre Drohung ausführen, die chinesische Stadt (Nantao), die dicht bei mir beginnt, zu beschießen.*

Unangenehm wird nun die Sache, wenn des Abends die chinesischen Flieger kommen und von einem fast irrsinnigen Abwehrfeuer der japanischen Flakbatterien empfangen werden, wo es hier und da vorkommt, dass eine Granate in die Nachbarschaft fällt, bzw., wie vor einigen Nächten, wenige Häuser von mir einhaute, glücklicherweise ohne Schaden anzurichten. Ich will hoffen, dass das Geschick weiterhin Jennie und mir wohlgesonnen bleibt. Immerhin ist die persönliche Gefahr für uns geringer geworden, wenn nicht etwas Unerwartetes in der Entwicklung der Kämpfe sich ergibt.« Weitere Einzelheiten könne er sich sparen, denn die deutschen Zeitungen (er las mindestens die *Frankfurter Zeitung*) schilderten »die hiesigen Zustände ziemlich wahrheitsgetreu«.

Jennie in Japan

Geschlafen hatte er in letzter Zeit wenig. Auch deshalb, weil er sich große Sorgen um Jennie gemacht hatte: Außer dem Telegramm Ende August, dass sie seine Anweisung, in Japan zu bleiben, bekommen habe, hatte er nichts von ihr gehört. Aus den geplanten 14 Tagen Urlaub waren mehrere

Wochen geworden, und ihre Briefe kamen erst nach ihrer Rückkehr in Shanghai an. Sie hatte sich ihrerseits um Hermann gesorgt, weil sie aus den Zeitungsberichten in Japan schließen musste, dass von Shanghai nichts mehr übrig war (»weil in Japan nur dort genehme Nachrichten in den Zeitungen standen«). Hermanns Briefe erreichten sie schließlich doch, und sie verlebte »eine prachtvolle Zeit«, zunächst, wie geplant, »in dem herrlichen Nikko [ca. 140 km nördlich von Tokio] bzw. dem noch schöneren Chujenzi-See« oberhalb von Nikko, 1300 ü. d. M., also erfrischend kühl im Sommer. Anschließend war sie bei einer mit Hermann befreundeten Familie untergekommen, für die er ihr »vorsichtshalber« ein Empfehlungsschreiben mitgegeben hatte. Die lebten wohl in Tokio, denn, so schreibt er stolz, Jennie habe netten Anschluss gefunden, der schwedische Gesandte in Tokio habe sie »auf seinem Segelboot zum Segeln, Schwimmen und Fischen viel mitgenommen«. Gegen Ende September wurde ihr Arbeitgeber ungeduldig, und Hermann telegrafierte ihr, sie möge zurückkommen. (Ab dem 21. September wurde auch in der KWS wieder Unterricht angeboten, ein provisorischer für die in Shanghai gebliebenen Kinder.) Jennie machte sich sofort auf den Weg, »*was ganz schneidig von ihr war, denn sie musste auf einem japanischen Dampfer durch die Gefechtslinien fahren – zwischen dem Außenplatz Wusong, wo die Japaner standen, und dem gegenüberliegenden Teil Pudong, wo die Chinesen ihre Stellung haben. Es ist aber alles gut gegangen, und sie war schließlich so froh, wieder hier zu sein, dass sie mich auf der Straße vor allen meinen Bekannten küsste, was in der Geschichte unsres Zusammenlebens ein Vorfall ist, der es verdient, notiert zu werden! Sie sah prachtvoll gebräunt aus, hatte sich famos […] erholt […], hatte sich eine Kollektion schönster Seidenstrümpfe mitgebracht, die in Japan für ein Spottgeld zu haben sind, und andre niedliche Sachen. Mir schenkte sie ein entzückendes Tablett […], hübsche Schlipse und Strumpfbänder.*«

Sonntagsvergnügen

Hermanns Brief aus dem Kriegsgebiet endete mit einer Vorschau auf die kommenden Sonntagsvergnügen, Goulasch mit Maronen zum Mittagessen und ein Kinobesuch am Nachmittag. Jennie und Hermann wollten »My heart is calling« sehen, mit Jan Kiepura: »Soll sehr schön sein«.[31] Von »delightful music and a great deal of fun« hatten sie am Morgen in den *North China Daily News* gelesen. Der Film, die englischsprachige Version des deutschen Films »Mein Herz ruft nach Dir«, lief im Nanking-Theater[32] an der Avenue Edouard VII. Am östlichen Ende der Straße, an der Ecke zum Bund, standen Barrikaden. Aber das Kino im International Settlement (die Straße markierte die Grenze zur Französischen Konzession im Süden) konnten sie relativ gefahrlos besuchen und in der marmornen Säulenhalle, im Zuschauerraum unter der hohen Kuppel mit goldverzierten Reliefs das

Elend draußen für eineinhalb Stunden vergessen. Beim Verlassen des Kinos hatten sie es wieder vor Augen: Da war die Ruine des Great World Amusement Center, das am 14. August ausgebrannt war und wo so viele Menschen umgekommen waren.

Die Bombardements auf Zhabei (dort lag einer der beiden großen Bahnhöfe Shanghais) gingen weiter, so dass »*die westlichen Teile der internationalen Niederlassung den ganzen Tag über erschüttert wurden. Staffelweise fliegende japanische Maschinen warfen, eine neue Taktik anwendend, ihre ganze Bombenladung mit einem Male ab. Mehrere hundert Bomben, darunter solche von 500 Pfund, wurden auf die chinesischen Stellungen abgeworfen.*«[33] Und das war erst der Anfang. Zhabei brannte bis zum Ende der Kampfhandlungen und darüber hinaus: »*Den ganzen Tag verdunkelten gestern [28.10.1937] schwere Rauchwolken den Nordhimmel Shanghais wie ein heraufziehendes Gewitter. Den Brand haben zum Teil die Chinesen selbst angelegt, um ihren Rückzug zu decken, zum Teil versuchen damit auch die Japaner, die letzten übriggebliebenen Verteidiger aus ihren Häuserfestungen zu vertreiben.*«[34] Hermann und Jennie waren nicht die Einzigen, die zwischendurch ins Kino gingen: »*Obwohl die Internationale Niederlassung von Bränden und blutigen Kämpfen umgeben ist, sind die Kinos und Vergnügungslokale wie immer geöffnet. Im 14. Stock des Parkhotels war am Abend großer Ball. Von dort aus war der große Brand in Tschapeh [Zhabei] besonders gut zu sehen*« berichtete die Korrespondentin der *Frankfurter Zeitung* am 29. Oktober.[35]

Parkhotel

Knapp drei Jahre vor Kriegsbeginn eröffnet, nämlich 1934, war das Parkhotel der Inbegriff von Hipp. Ein Meilenstein in der Architekturgeschichte Shanghais. Bis 1983 war es das höchste Gebäude in Shanghai, bis 1958 hielt es diesen Rekord für ganz Asien. Die Lobby empfängt mit Wänden und Pfeilern aus weißem Marmor, in den Fußboden ist eine Messingplatte mit einem Stadtplan Shanghais eingelassen, die zeigt, dass das Hotel den »Zero Point of Shanghai« markiert. Bei meinem Besuch im September 2012 finde ich in der ersten Etage eine kleine Galerie der Erinnerung an den Architekten Ladislaus Hudec und an die Auftraggeber, die Shanghai Joint Savings Society; die Bank residierte zunächst im Erdgeschoss des Hotelgebäudes. Über die Entstehung des Baus informieren Architekturzeichnungen und Fotos. In Schaukästen stehen silbernes Tafelgeschirr und Besteck, beides könnte mal geputzt werden. Dort liegt eine lange Menükarte. Datiert ist sie nicht, vermutlich stammt sie aus der Zeit der Eröffnung. Wie heute noch gab es damals ein chinesisches Restaurant und mehrere mit westlichem Speiseangebot.

Von den Vorspeisen (Krabbencocktail) über Fisch, Eierspeisen, Hauptgerichte (»Currie«) zum Gegrillten (Porterhouse Steak, Preis nach Gewicht) und Gemüse (knapp: Kohl, Erbsen, Kartoffeln) war die Karte englisch geprägt. Unter den Nachspeisen eine Baked Alaska: Speiseeis auf Bisquitboden umgeben von Baiser, im Ofen karamellisiert. Ist leider nicht im aktuellen Angebot.

Äußerlich Ruhe

Am 29. Oktober 1937 kämpfte in Shanghai nur noch ein Bataillon der chinesischen 88. Division (200 bis 300 Soldaten? Oder 800? Die Zahlen variieren stark[36]). Es verschanzte sich im sechsstöckigen Warenhaus Sihang, am Nordufer des Wusong, unmittelbar angrenzend an die Internationale Niederlassung, was die angreifenden Japaner stark behinderte. Die Soldaten wurden von chinesischen und westlichen Bewohnern des Settlement mit Munition und mit Nahrung versorgt. Sie ermöglichten mit ihrem fünftägigen Einsatz einen geordneten Abzug der übrigen chinesischen Truppen aus Shanghai. Für die Überlebenden dieses letzten Kampfes erwirkten die Engländer einen mehr oder weniger freien Abzug. Offiziell endete der Kampf um Shanghai am 12. November.

Hatte Hermann am 14. November noch an den Bruder geschrieben, er sei in »Sorge um das tägliche Brot«[37], weil die Lebensmittellieferungen noch immer nicht in die Stadt kämen, konnte er am 21. November erleichtert an Johanna berichten: »*den wenigen in den Dörfern verbliebenen Bauern*« werde jetzt von den Japanern wieder gestattet, »*Frischgemüse in die Niederlassungen zu bringen. Schwierig bleibt die Zufuhr von Fleisch aber weiter, doch sollen größere Transporte von lebenden Schweinen – die ja in China gut und gesund sind – nach hier auf dem Weg sein. Leider ist alles unbeschreiblich verteuert – ich muss jetzt wohl das 3- bis 4-fache gegenüber Friedenszeiten zahlen, aber gehungert haben meine Damen und ich noch nicht!*« Allerdings: »*ob Jennie wie alljährlich einen Tannenbaum aufputzen kann, ist im Augenblick noch fraglich*« – aus Nordchina sei in diesem Jahr keine Lieferung zu erwarten, »*so dass ich daran denke, mir einen Baum aus Japan kommen zu lassen, denn ohne Baum wird die liebe Jennie zu Weihnachten nicht recht froh. Sie schmückt so gern ihren Baum, und als ein Kind, das unter Tannenbäumen Sibiriens groß wurde, sind zu Weihnachten stets ihre Gedanken um den Tannenbaum.*«

Seit einer Woche sei »äußerlich Ruhe«, beschrieb Hermann den eigenartigen Zustand. Er schickte ein Foto mit, das er beschriftete: »Der ›Feuerring‹ um Shanghai nach dem Abzug der Truppen. Heute nach 4 Wochen sind die Feuer noch nicht völlig erloschen.« Die chinesische Stadt war besiegt, aber die Konzessionsgebiete wurden nicht besetzt. Eine Art Frieden. Die Postverbindungen nach Europa waren immer noch so unsicher, dass Hermann schon Mitte November die Weihnachtspost nach Deutschland schickte. Das italienische Schiff *Conte Rosso* würde sie mitnehmen. Er erzählte Johanna von Frau Polis, die er im August aufgenommen hatte. Sie wohne immer noch bei Jennie und ihm. »*Sie ist eine recht gebildete Frau von 55 Jahren. Der armen Frau kommt das Leben in meinem Hause wie ein Paradies vor, sie vertreibt sich die Zeit mit Häkeln und Stricken, schaut etwas nach dem Hause, gibt Jennie deutsche Stunden und ist im Großen und Ganzen eine wenig störende Zugabe.*« »*Es sitzt sich in meinem Wohnzimmer in meinen großen, schweren, doppelt gepolsterten Sesseln beim flackernden Kaminfeuer ja auch so recht gemütlich und Jennie wie Frau Polis sind andächtige Zuhörerinnen, wenn ich ihnen von Tante Johanna, ihrer mütterlichen Fürsorge für mich, ihrer ausgleichenden Ruhe, ihrer großen Kochkunst […] und von unsren verflossenen Tagen zu Hause zu erzählen habe. Die Frau Polis hat auch etwas Ausgleichendes an sich […]. Allerdings hat sie gegen Ende September in einem Anfall von Schwermut, als sie annahm, dass sie mit der Rückkehr von Jennie fortzugehen hätte, mit Veronal*[38] *einen Selbstmordversuch gemacht und Jennie und mir allerlei Aufregung verursacht.*« Sie könne aber, »bis normale Verhältnisse wiederkommen«, bei ihm wohnen bleiben.

Was war »normal«? »*Nachdem sich die chinesischen Armeen zurückgezogen hatten, ging das Leben in Shanghai weiter, als hätte sich wenig geändert. Die Japaner hatten die Stadt eingekreist, machten aber nicht den Versuch, die Kontingente britischer, französischer und amerikanischer Soldaten anzugreifen. […] Shanghais Hotels, Bars und Nachtclubs waren so belebt wie eh und je.*«[39] War das »normal«? Der Deutsche Theater-Verein war gleich nach dem Abzug der Truppen zu Proben zusammengekommen. Anders als in den Jahren 1925, 1927 und 1932 hatten die Kämpfe diesmal die Routine des DT-V behindert. Dessen erste Vorstellung fand nämlich nicht, wie sonst üblich, im Oktober statt, sondern erst Anfang Dezember. Es gab den Schwank »Der Hochtourist«[40], und Helmuth Vollrath (der Motorrad-Rallye-Fahrer) schrieb dazu im *Bühnenspiegel* ironisch über Shanghai-Touristen, die die Trümmerhaufen fotografisch dokumentierten, als seien es antike Ruinen.[41]

»Schwerste Zeiten«

Was war »normal«? Der Donner der Geschütze war verhallt, es fielen keine Bomben und keine Luftabwehrgranaten mehr vom Himmel. Das Herbstderby des Rennclubs fand im Dezember statt, nicht im November, wie sonst.[42] Hunderte Obdachlose verhungerten täglich auf den Straßen oder starben an Cholera oder Ruhr; jeden Morgen wurden die Leichen mit Lastwagen eingesammelt. Die chinesischen Stadtteile lagen in Trümmern. Die chinesischen Arsenale, Fabriken und Verkehrsmittel waren zerstört, der Hafen durch die japanische Flotte blockiert. Überseeschiffe fuhren den Hafen von Shanghai nicht mehr an. So lag auch geschäftlich alles in Ruinen.

Immer noch hatten die Firmen keinen Zugang zu ihren Lagern: »Die ausländischen Firmen sind zur Zeit vollkommen von den japanischen Behörden abhängig, wenn sie ihre Waren aus Yangshupu frei haben wollen«, dem nördlichen Stadtteil am Huangpu, wo die meisten Speicher standen. »Die Herausgabe der Waren geht trotz aller Vorstellungen immer nur sehr langsam vor sich«, berichtete die *Frankfurter Zeitung* Anfang November,[43] und Pastor Krüger schrieb Mitte Dezember: »*Außerdem besteht bis heute noch der für Firmen sehr unangenehme Zustand, dass sie nicht an ihre Lagerhäuser herankönnen, da diese zumeist in dem Teil des Hafengebietes liegen, der von den Japanern aus militärischen Gründen nicht freigegeben wird.*«[44]

Hermann schrieb dazu: »*Geschäftlich, wie Du Dir das wohl vorstellen kannst, machen wir schwerste Zeiten durch. Alles ist zum Stillstand gekommen, Verluste häufen sich und wie die Zukunft mal werden wird, lässt sich nicht sagen. Glücklicherweise hatte ich 1936 in meiner Abteilung selber zu verdienen bzw. warfen wider Erwarten die übrigen China-Abteilungen, an deren Gewinn ich ja beteiligt bin, einen hübschen Posten extra für mich ab, so dass ich damit meine Schulden wegen des Urlaubes voll decken konnte, und jetzt wieder etwas auf der Kante habe, was immerhin doch ein beruhigendes Gefühl gibt.*«[45] So hatte er im Oktober versucht, positiv zu denken. Sechs Wochen später: »*Nur meine Ersparnisse fressen sich unter den Verhältnissen auf, weil ich gerade als Importeur am schwersten betroffen werde. Meinen Kollegen geht es dagegen bis soweit gut, weil die eben Gebiete unter sich haben, die fast eine gute Konjunktur erleben. Ich arbeite vom frühen Morgen bis spät abends – jetzt, infolge der Personalverkleinerung, noch mehr als früher. Was der wirtschaftliche Ausgang dieses wirklichen Räuberkrieges der Japaner sein mag, vermag kein Mensch zu übersehen, doch ist es zwecklos, darüber allzu viel nachzudenken, weil ich daran nichts zu ändern vermag. Das eine weiß ich, dass ich wohl bis zum Rest meiner Tage wie ein Esel schuften muss, aber das tue ich gerne, wenn nur noch Arbeit für uns verbleibt. Wollen wir das aber wenigstens noch erhoffen.*«[46]

Für das erste Halbjahr 1937 meldete die Deutsche Handelskammer Shanghai, »dass Handel, Schifffahrt und Industrie Deutschlands an der positiven Entwicklung Chinas ihren angemessenen Anteil hatten«. Dann aber: »*In diese in organischem Aufbau befindliche Wirtschaft fiel die japanische Invasion wie der Hagelschlag ins Kornfeld. Handel und Wandel wurden in dem Maß lahmgelegt, in dem die kriegerischen Operationen eine Provinz nach der anderen ergriffen. In Shanghai ging der Warenverkehr im Monat August [...] um 60 % gegenüber dem Vormonat zurück. An neue Abschlüsse normalen Geschäftsganges war nicht zu denken [...] Exportabschlüsse wurden annulliert, weil die Ware aus dem Inneren nicht herangeschafft, nicht aufbereitet oder nicht verschifft werden konnte.*«[47]

Deckmäntel für chinesische Firmen I

Chinesische Firmen kämpften um ihre Existenz, nämlich gegen eine Enteignung durch die Japaner. Melchers China unterstützte den Wing-On-Konzern gegen die Übernahme seiner Textile Mill No. 1, in der Garne und Tuche hergestellt wurden: 1200 Arbeiter, 38160 Spindeln, 1300 Webstühle,[48] und der Dah twa Dyeing Factory, in der Garne gefärbt wurden. Die waren gleich zu Beginn des Kampfes um Shanghai vom japanischen Militär besetzt worden, da sie im Distrikt Yangshupu im Nordosten Shanghais lagen, einem der ersten eroberten Stadtteile. »*Die Japaner hatten mit allen Mitteln, mit Überzeugungsarbeit, mit Drohungen und mit Bestechung, versucht, in die Arbeit dieser Fabriken einzugreifen. Die einzige Möglichkeit, die japanischen Forderungen zurückzuweisen und so diese Fabriken [für Wing On] zu retten, war [...] die Unterstützung der Deutschen. So kam es, dass wir im Dezember 1937 mit der deutschen Firma Melchers & Co. verhandelten und erreichten, dass wir pro forma die genannten beiden Fabriken einschließlich Maschinenpark, Gebäude und Land an Melchers verkauften. Das Abkommen wurde förmlich unterzeichnet, und Melchers & Co. leistete Hilfe ohne irgendeine Vergütung zu fordern.*«[49] Seine Einsetzung als *front man* schilderte Breuer so: »*Herr C.G. Melchers informierte mich, dass er mit Mr David Kwok von der Wing On Textile Manufacturing Co. überein gekommen sei, die Wing On Mill No. 1 gegen eine Inbesitznahme durch die japanischen Streitkräfte zu schützen und dass ich mich dieser Aufgabe annehmen sollte. Das tat ich dann ungefähr 4 ½ Jahre.*« Es würde darauf ankommen, Übernahmeversuchen durch die japanische Textilindustrie zu widerstehen.[50]

Wing On

Der Großkonzern Wing On hatte sich aus bescheidenen Anfängen entwickelt: In den 1890er Jahren gingen zwei Brüder aus Zhongshan am westlichen Ufer des Perlflussdeltas, Provinz Guangdong, nach Australien. Ihr Name war Kantonesisch Gock, Mandarin Guo, in den 1920er Jahren anglifiziert zu Kwok. Zuerst machte sich Gock Lock (Guo Le, James Kwok, geboren 1872) auf den Weg nach Sydney. Er arbeitete zwei Jahre auf einer Farm, handelte dann ambulant mit Gemüse und Früchten, führte später einen Marktstand für Lebensmittel. Bruder Gock Chin (Guo Quan, Philip Kwok) folgte James Kwok nach Sydney. Ihr kleines Unternehmen – die Brüder nannten es Wing On: »Immerwährender Frieden« – wurde aus der Heimat finanziell unterstützt, sie importierten Südfrüchte und Tee, vergaben zusätzlich Kleinkredite. Sie lernten bei einem Geistlichen Englisch und nahmen den christlichen Glauben an. Mit Kapital und Erfahrungen kehrten sie nach China zurück und eröffneten 1907 in Hongkong ihr erstes Wing-On-Warenhaus nach dem Vorbild des modernsten Kaufhauses in Sydney.

Das Prinzip des Kaufhauses steht eigentlich im Widerspruch zur Kultur des Konfuzianismus, in der Kaufleute als unproduktive Schmarotzer gelten.

Obwohl es im 19. Jahrhundert durchaus erfolgreiche chinesische Kaufleute gegeben hatte, wurde ihr Erfolg nicht an die große Glocke gehängt, Geschäftsleute entschuldigten sich eher für kommerzielle Erfolge. Auf die Revolution von 1911 folgend, reflektierten chinesische Intellektuelle das bisherige Unvermögen Chinas, mit westlichen Staaten auf den Gebieten des Handels und der Industrie in Wettbewerb zu treten. Es wurden neue Werte und Ideale formuliert, und der »battle of commerce« (shangzhan) sollte zum nationalen Erstarken beitragen. Die Kwok-Brüder unterstützten die Sun-Yat-sen-Revolution, zumal Sun, wie sie, aus der Provinz Zhongshan stammte. James Kwok beklagte, dass die Kaufleute wie Hausierer dächten, die keine Vorstellung von Unternehmensstrukturen hätten und sich mit winzigen Profiten zufriedengäben. Er wollte westliche Handelspraktiken in China einführen, um den Reichtum der Nation zu vermehren und sein Land gegen die wirtschaftliche Aggression des Auslandes zu verteidigen. Deshalb ging er 1915 nach Shanghai und begann mit der Konzeption eines Warenhauses nach dem in Hongkong erprobten Vorbild. Den *flagship store* in Shanghai, gebaut vom bedeutenden britischen Architekturbüro Palmer & Turner, eröffneten die Kwok-Brüder 1918 an der Ecke Nanking und Chekiang Road. Während sie in Hongkong zunächst nur importierte Waren angeboten hatten, kamen seit der Gründung der Republik auch chinesische Produkte zum Verkauf; z. B. wurden Silberwaren im Auftrag der Kwoks hergestellt, und Textilien. Das Angebot unter dem Wing-On-Dach reichte von Nahrungsmitteln, Kleidung, Stoffen und elektrischen Geräten über Luxusgüter wie Kosmetik, Uhren, Schmuck bis zum Verkauf von Versicherungen und zu Bankdienstleistungen.

Philip Kwok, der Aufsichtsratsvorsitzende für das Warenhaus in Shanghai, definierte die Regeln für das private und für das Geschäftsleben: Ehrlichkeit, Disziplin, Loyalität und Großzügigkeit. In den 1920er und 1930er Jahren finanzierten die Kwok-Brüder in ihrem Heimatort ein Krankenhaus, eine Schule, Straßenbefestigung und die Wasserversorgung. Von der Managementebene bis zu den Verkäufern wurde von allen an der Firma Beteiligten harte Arbeit, sparsame Haushaltsführung, Respekt gegenüber den Eltern und gegenüber Älteren, Monogamie, Ehrlichkeit, Bescheidenheit und Pünktlichkeit erwartet. Traditionsbewusstsein verbanden sie mit modernem *business sense*, der Einführung neuer Managementprinzipien und einem modernen Marketing für das Warenhaus: elegante Fensterdekoration, offene Präsentation der Waren, statt sie nur hinter Glas zu zeigen, Ermunterung zum Besuch auch ohne Kaufabsicht, feste Preise und Ausverkaufsangebote, Modenschauen, Geschenkgutscheine, Lieferservice. Höflichkeit gegenüber dem Kunden war oberstes Prinzip. Das Unternehmen entlohnte seine Mitarbeiter großzügig, sorgte für eine gesunde Arbeitsumgebung, bot Gesundheitsfürsorge und eine Reihe von Schulungen, darunter wöchentliche Vorträge einer »Abteilung für moralische Erziehung«

über konfuzianische und christliche Prinzipien und Abendunterricht in Englisch. Freizeitaktivitäten umfassten Kampfsport, Freiübungen, Fußball und Schwimmen. Der Sonntagvormittag war arbeitsfrei, so dass die Angestellten an Andachten teilnehmen konnten, die im Warenhaus stattfanden.[51] Die Wing On Textile Manufacturing Co. war 1921 mit der Textile Mill No. One in Shanghai gegründet worden. Bis 1937 entstand unter der Leitung des Kwok-Bruders Gock Son (Guo Shun, William Kwok) Chinas zweitgrößtes Textilunternehmen mit fünf Textilfabriken (mit 400 000 Spinnmaschinen, 20 000 Arbeiter(-innen)), einem Werk für das Färben von Textilien, einem Kraftwerk, Lagerhalle und Maschinenfabrik. 1936 betrug der Gesamtumsatz dieses Geschäftsbereichs 12 Millionen HK-Dollar. In den 1930er Jahren besaß Wing On allein in Shanghai über 300 Immobilien, eine Privatbank, eine Hotelkette und Versicherungsgesellschaften für Feuer, Seetransport, Leben. Die florierenden Firmen hatten je eigene Gesellschafterverträge und eine eigene Kapitalbasis, sie waren auf der Leitungsebene und durch gegenseitige Kredite verflochten. Mitte der 1930er Jahre war William Kwok als einer von drei Chinesen Mitglied im Vorstand des Shanghai Municipal Council.[52]

Mitte der 1930er Jahre stieg die nächste Generation in die Geschäfte ein: David, geboren 1904, und Edward, geboren 1914, die Söhne von Paul Kwok, Bruder von James und Philip, der 1916 im Alter von 37 Jahren gestorben war. David wurde Manager in der Wing On Textile Manufacturing Co. Edward hatte auf Wunsch der Familie am College of Technology in Manchester *textile chemistry* studiert. Er wäre lieber Arzt geworden. 1937 veranlasste David ihn, aus Hongkong nach Shanghai zu kommen und dort dem Firmenimperium zur Verfügung zu stehen.

Deckmäntel II

Auch andere chinesische Firmen wehrten sich 1937 gegen japanische Übernahmeversuche, indem sie sich an Vertreter der »Achsenmächte« wandten, z. B. die sechs chinesischen Transportgesellschaften für Güterverkehr auf Lastwagen in Jinan: »*Als die Japaner damals in Hopei*[53] *immer weiter vordrangen, kamen die Geschäftsführer dieser Firmen händeringend zu den Deutschen und baten sie, ihre Wagen als deutsches Eigentum beim Deutschen Konsulat eintragen zu lassen. Das geschah so, und als die Japaner Tsinan und die Schantungbahn besetzten, da fuhren diese Lastkraftwagen unter deutscher Flagge.*«[54] Nicht nur deutsche Flaggen wurden gehisst, auch italienische. Als nur noch Schiffe »befreundeter Staaten« aus dem Fluss Ou (bei Wenzhou) ins Ostchinesische Meer passieren durften, registrierten die Chinesen ihre Schiffe in einem japanfreundlichen Staat, gaben ihnen neue Namen und neue Kapitäne. Die früheren Kapitäne blieben als Passagiere an Bord, navigierten in Zivil.[55]

Tokios »asiatische Mission«

Die japanischen Soldaten verließen Shanghai, um Nanjing zu erobern. Am 13. Dezember nahmen sie die Stadt ein. Die Wochen darauf gingen als »Massaker von Nanking« in die Geschichte ein. In Shanghai hörten sie es mit Entsetzen; Tokio sprach von einer »asiatischen Mission« und wünschte sich »ein japanfreundliches China« – so die Hauptüberschrift eines Grundsatzartikels von Lily Abegg in der *Frankfurter Zeitung*.[56] Wenn es gerade passte, wurde der Kampf auch als antikommunistisch definiert oder als Kampf gegen die »Fremden« im Land, denen sie, die Asiaten, eine »großasiatische Wohlfahrtszone« entgegensetzen wollten. Aber eigentlich ging es um Ressourcen und um ein Handelsmonopol.

1 7.7.1937.

2 Thomas, An American in China, S. 125. 14.7.1937 in Tsinan: »I am hoping that the affair […] will be relegated to the long list of ›incidents‹.«

3 Einen »Nansen-Pass« für Staatenlose ließ Jennie sich erst später ausstellen.

4 HWB 28.7.1937 an JvR.

5 Antrag auf Lastenausgleich, eingereicht 14.8.1952. Restitutionsakte Breuer, Ausgleichsamt Bremen, B 148 IV 43605. Unklar ist, warum die Immobilien in HWBs Vermögenszusammenstellung vom 22.9.1938 nicht aufgeführt sind. Vielleicht hat er sie erst nach diesem Zeitpunkt erworben.

6 Hellmuth Vollrath, in: *Bühnenspiegel*, 12. Jg. (1937/38), Heft 2, S. 14. Vollrath gehörte zur Transportkompagnie des SVC. »Soochow-Kanal« (Suzhou Creek) ist eine alternative Benennung des Flusses Wusong. »Wu« ist die historische Bezeichnung für die Region, durch die er fließt. Die Fremden nannten den Fluss (zuerst 1848) nach der Stadt Suzhou, zu dem er eine gut nutzbare Wasserstraße bildete. https://archive.shine.cn/sunday/now-and-then/The-story-of-the-Suzhou-Creek/shdaily.shtml, am 26.1.2021.

7 The China Yearbook, 1938, S. 210.

8 *»In der Nacht bevor die Sache wirklich ernst wurde, dachte niemand in Shanghai viel darüber nach. […] Ich erinnere mich, dass ich etwa eine Stunde in meinem Club verbrachte und eigentlich sprach niemand viel darüber.«* Crow: Chinese will wear down foe. In: *Seattle Daily Times*, 16.9.1937, zitiert nach French, Crow, S. 206. Ü: CM.

9 Heute: Peace Hotel.

10 French, Crow, S. 206–209.

11 In der Literatur auch »Black Saturday«. Zeitgenössisch »Bloody«, z. B. in: *The China Journal*, Vol. XXVII., №. 3, September 1937, hier zitiert nach: Steffi Schmitt, Shanghai-Promenade, S. 353.

12 Betriebsordnung von 1934, MA, Firma Melchers, Kasten 10, Mappe 4.

13 *Bühnenspiegel*, 12. Jg., (1937/38), Heft 1.

14 HWB 21.11.1937 an JvR.

15 Pastor Krüger 21.8.1937 an Kirchliches Außenamt, ZA 5121/13 Signatur EZA 5/3157.

16 *NCDN*, 27.8.1937.

17 French, Crow, S. 212.

18 Crow: Chinese will wear down foe. *Seattle Daily Times*, 15.9.1937. Zitiert nach French, Crow, S. 210. Ü: CM.

19 Planung Sonntag: ZA 5121/13 Signatur EZA 5/3157; Ankunft Dienstag: Jahresbericht des NDL für 1937. Die *NCDN* meldeten die Abfahrt für den 24.8.1937.

20 *Frankfurter Zeitung*, 26.8.1937.

21 Stammbaum bei Geni.com.

22 *North China Herald*, 24.11.1935.

23 P. Stark an HASt 25.8.1957 BArch ZLA 7–34/18. Taaks, Federführung, S. 429 (Eckert), *North China Herald* (Warenhaus).

24 *Frankfurter Zeitung*, 26.8.1937.

25 *Frankfurter Zeitung*, 24.8.1937.

26 Dr. Korff 14.10.1937 an Melchers Bremen, MA, Firma Melchers, Kasten 8, Mappe 2.

27 Im Jahr 1937 brachten mindestens die Wochenschauen mit Startdatum 11.8., 25.8., 8.9., 20.10. und 5.11. Beiträge zum Thema des japanisch-chinesischen Krieges. Wochenschauen und Dokumentarfilme 1895–1950 im Bundesarchiv-Filmarchiv. Koblenz Bundesarchiv 1984, S. 59–62 (Findbücher zu Beständen des Bundesarchivs. Band 8). https://www.bundesarchiv.de/DE/Content/Downloads/Finden/Film/wochen schauen-dokfilme.pdf?__blob=publicationFile, am 5.11.2020.

28 *Frankfurter Zeitung*, 14.9.1937, *North China Herald*, 15.9.1937.

29 HWB 16.12.1937 an JvR.

30 CG Melchers, China-Firma, S. 45–46 und *OAL*, 19.9.1937 in: MA Firma Melchers, Kasten 15.

31 HWB 10.10.1937 an JVR. Inhalt: Ein Opernensemble reist von Europa nach Südamerika; Freud und Leid. Filmmusik: Robert Stolz. Weibliche Hauptrolle: Marta Eggerth. Englische Erstaufführung 1935.

32 *NCDN*, 10.10.1937, S. 3. Das Theater wurde 1930 erbaut, Architekt: Fan Wenzhao. Heute ist es die Shanghai Concert Hall, wurde 2007 um 66,5 Meter nach Osten transloziert. https://www.shine.cn/feature/art-culture/1804143030/, am 10.11.2018.

33 *Frankfurter Zeitung*, 6.10.1937.

34 *Frankfurter Zeitung*, 29.10.1937.

35 *Frankfurter Zeitung*, 29.10.1937.

36 *Frankfurter Zeitung*, 29.10.1937: 200–300. Lt. Harald Pöcher, Kriege und Schlachten, waren es 800.

37 Selbstzitat in HWB 21.11.1937 an JvR. Der Brief an den Bruder ist nicht erhalten.

38 1903 als erstes Schlafmittel auf Barbitursäurebasis synthetisiert. Galt als »Selbstmörderwaffe«.

39 Ballard, Miracles, S. 27. Ü: CM.

40 3.12.1937, 8.30 Uhr abends: Der Hochtourist, Schwank mit Musik von Curt Kraatz und Max Neal, Regie: Irmgard Foss, Bühnenbild: Richard Paulick, Vorstellung im Lyceum.

41 12. Jg. (1937/38), Heft 1, S. 8. Der Artikel ist gezeichnet »Balduin«, das ist Hellmuth Vollrath.

42 Champion's Day war am 8.12.1937. Es kamen nur etwa 4000 Zuschauer. Carter, Champions Day, S. 171.

43 5.11.1937 Titelblatt.

44 Pastor Krüger 17.12.1937 an KA. ZA 5121/13 Signatur EZA 5/3157.

45 HWB 10.10.1937 an JvR.

46 HWB 21.11.1937 an JvR.

47 Eberstein, Ostasiatischer Verein, S. 123, zitiert Bericht 1937/38 der Handelskammer Shanghai.

48 The China Year Book 1938, S. 96.

49 CG Melchers (auf Englisch) an Enemy Property Affairs Commission. MA, Firma Melchers, Kasten 9, Mappe 3, Anlage 8.

50 »*Mr C. G. Melchers informed me that he had agreed with Mr David Kwok of the Wing On Textile Manufacturing Co. to protect the Wing On Mill No. 1 against the seizure by Japanese forces, and that I [d. i. HWB] was to take care of the handling of this matter. I did so for about 4 ½ years, during which time I managed to resist all efforts of the Japanese Textile Factories to take over the No. 1 Mill. Finally [...] the No. 1 Mill was returned to its rightful owners i. e. the Wing On Textile Manufacturing Co. [...]. No monetary compensation was made. The whole transaction was a question of friendship and goodwill.*« HWB 15.5.1952 an Yeh An Investment & Development Co. Ltd; siehe auch: Erklärung von H.W. Breuer/HASt/1.11.1955, S. 3 (BArch ZLA 7–34/116) und von Guo Shun (Wing On Textile Co.) in: MA Firma Melchers, Kasten 9, Mappe 3, Anlage 8.

51 https://www.shine.cn/feature/art-culture/1712167718/ am 10.11.2018.

52 The China Year Book 1935, S. 348, The China Year Book 1938, S. 295.

53 Hebei: Provinz nördlich von Shantung.

54 L. Schmidt-Harms 17.8.57 an HASt, BArch ZLA 7–34/18.

55 Isherwood beobachtete auf einem Schiff von Wenzhou nach Shanghai: »*Although Wenchow itself was still in Chinese hands the mouth of its river was guarded by the Japanese, and only vessels of friendly nationality were allowed to pass in and out unmolested. So the Chinese steamers had taken on foreign officers [...]: some German, some Italian, some Portuguese. Our ship [...] was registered in Trieste, had acquired a new Italian name, and had exchanged her Norwegian captain for an Italian. The old captain remained on board and continued to navigate the tricky channels of the river mouth. He wore civilian clothes and was, officially, a passenger.*« Isherwood, Journey, S. 224.

56 *Frankfurter Zeitung*, 7.10.1937.

1938 – 1939
Reise um die Welt

Breuer wird reisen: Eine Dienstreise über Japan in die USA war geplant und von dort über Deutschland zurück nach Shanghai. Es war daher mal wieder an der Zeit, die Dinge zu ordnen, die Besitztümer zu sortieren und die privat-geschäftlichen Beziehungen zu definieren. Dabei würde er auch die vergangenen hektischen Monate überdenken.

1396 Yu Yuen Road (Yu Yuan Lu)

Im Lauf des Jahres 1938 waren Jennie und er umgezogen. Im »Directory of Residential Addresses« der »North China Desk Hong List« wird für das Jahr 1939 stehen: Breuer H.W. and Mrs, 1396 Yu Yuen Rd.[1] Das Appartementhaus, die West Garden Mansions, lag westlich des International Settlement in der External Roads Area; es zählte zu »Shanghai's most elegant apartment buildings«. Der Architekt, Alexander Yaron (ein »Weißrusse«, er baute in Shanghai auch zwei russisch-orthodoxe Kirchen und vieles mehr), hatte das Haus 1928 entworfen. Auf jedem Stockwerk lagen zwei Wohnungen zu je sechs Zimmern – sie galten als »the last word in luxury[2]«. Schon der Eingangsbereich des Hauses war mit einem Kamin ausgestattet und von den schmiedeeisernen Handläufen, den Türbeschlägen bis in die Briefkästen durchdesignt. Zur Ausstattung der Wohnungen gehörten ein Durchluftsystem, Zentralheizung, im Wohnzimmer ein Kamin, in das Holzpaneel im Esszimmer war ein Buffet integriert. Während Küche, Vorratsraum und die Zimmer für das Personal nach Norden lagen, ging das Wohnzimmer nach Süden. Hier führten drei bodentief verglaste Türen auf eine offene Loggia mit Blick auf den vor dem Haus liegenden Park, den Namen gebenden »West Garden«.[3] Er schützte vor dem Straßenlärm auf der Yu Yuen Road. Schlaf- und Arbeitszimmer lagen nach Westen. Vom dortigen Balkon sahen sie weit in den großen Jessfield (Zhongshan) Park hinein.

Wie rasch ist Abschied genommen, wie lange dauert es bis zum Wiedersehen!
Chinesisches Sprichwort

1914 hatte der Shanghai Municipal Council den privaten englischen Park mit seinem alten Baumbestand – Urweltmammutbaum, Ahorn, Ginko, japanische Kirsche –, den Teichen und Pavillons übernommen. Er blieb eine der wenigen »grünen Lungen« in der eng bebauten Stadt. Hermann war ein bisschen stolz auf seine neue Wohnung, das Appartement Nummer 8 im 3. Stock links. Hier hatten Jennie und er ihre Vorstellungen vom Wohnen, von Qualität und Stil umgesetzt. Nach Fotos in Innendekorations-Journalen hatten sie neue Polstermöbel, das Esszimmer und das Schlafzimmer im Stil des europäischen Art déco von chinesischen Tischlern anfertigen lassen, denn europäische Möbel gab es in Shanghai sonst nicht zu kaufen. Kleine chinesische Möbel – niedrige Beistelltische, Blumenständer, Regale – brachten ostasiatische Atmosphäre in die Wohnung. Ebenso die Vasen und seine Sammlung kleiner kunsthandwerklicher Schätze und Antiquitäten, die vor allem auf einem großen Regal im Wohnzimmer ausgestellt war. Von Zeit zu Zeit fand er weitere kleine Schätze oder bekam sie geschenkt.

Montag, 19. Oktober 2015, Ortstermin

Das Haus steht heute noch, steht unter Denkmalschutz, und es hat sogar noch dieselbe Hausnummer: 1396. Das Gelände des Parks vor dem Haus ist bebaut, nur ein kleiner, baumbestandener Hof ist geblieben. Ich sehe hinauf zu den Fenstern im dritten Stock links. Für weitere Schritte brauche ich Unterstützung.

Bei einem Kaffee und einem Glas Wasser fragen Yolanda vom Hagen und ich uns: Wird überhaupt jemand zu Hause sein? Werden wir eingelassen werden? Wird die Wohnung in kleine Einheiten zergliedert sein, wie das Melchers'sche Bürohaus? Wir haben rundum Glück: Drei der vier Bewohner sind zu Hause und lassen uns eintreten; die Wohnung ist nicht aufgeteilt. Die Familie freut sich riesig, meine Fotos aus den späten 1930er Jahren zu sehen, gemeinsam ordnen wir zu: Eingangsraum, das große Wohnzimmer mit vorgelagerter Südveranda (jetzt voll verglast), die Schlafzimmer, eines mit Westbalkon und Blick auf den Zhongshan Park (früher Jessfield). Stuck, Holztäfelung und die eingebaute Anrichte im Esszimmer, Türbögen, Glastüren, Türbeschläge, Durchfenster, Belüftungsgitter, einige Lampen, sogar die alten Gardinenstangen – alles ist noch vorhanden. Nur der englische Kamin im Wohnzimmer ist spurlos verschwunden. Im Bad gibt es noch die Löwenfuß-Badewanne, die Art-déco-Ablage unterm Spiegel, Halter für Handtücher und Toilettenpapier. Begeisterung. Die Familie hat die Wohnung 2001 gekauft, lebt dort zu viert: Sohn, Eltern, ein Großelternteil, sie schätzen »das Alte«. Trotzdem sind überall Kartons gestapelt. Meine erste Vermutung war, dass sie einen Einzelhandel betreiben und hier ein Warenlager eingerichtet haben. Dazwischen aufrecht stehende Matratzen, aufgerollte Teppiche, Sessel, und irgendwo läuft der Fernseher. Trotzdem: Ich gehe tief befriedigt von diesem Blick in die Vergangenheit zurück in mein schönes Hotel in der ehemaligen Französischen Konzession, Fenyang Lu. Träume kurz davon, die Wohnung wieder in ihre Art-déco-Schönheit zurückzuversetzen.

Drama um Uwe

Während der Vorbereitung auf den Umzug war es Hermann gar nicht so aufgefallen: Er hatte schon monatelang nichts mehr von Uwe gehört. Zwischendurch hatte er gedacht, »wenn er sich ordentlich macht, in der Lehre vorankommt, so ist das schließlich ja das Beste«[4], und sich beruhigt, weil Joachim Claussen (Exportmanager bei C. Melchers & Co. Bremen, also Hermanns dortiges Pendant) Gutes über Uwe berichtete, nämlich dass Freudenbergs und Arbeitskollegen Uwe gern möchten, dass er sehr anständigen Lohn bekomme, eine nette Junggesellenbude habe und »dass er sich alle Mühe gibt, etwas zu lernen und weiterzukommen«. Der Vater hatte gehofft, er könne demnächst seinen Zuschuss weiter abbauen.[5]

Im März, April 1938 versetzte Uwe die Familie Breuer in große Angst. Was für ein Schock, als die Nachrichten von Bruder Karl und von Uwes Lehrherrn Freudenberg Hermann erreichten. Das war am 5. April 1938. Karls Brief war von Mitte März,[6] ereignet hatte sich das Drama schon Anfang März.[7] Uwe habe sich »*durch sein Benehmen außerhalb der Arbeitszeit einen derartig schlechten Ruf gemacht, dass zunächst Frau Koch sich genötigt sah, ihm die Wohnung zu kündigen und außerdem der hiesige Führer der HJ sich veranlasst sah, ihn aus derselben auszustoßen*«. Der Lehrherr Freudenberg hatte keine Möglichkeit gesehen, Uwe irgendwo in Weinheim unterzubringen, musste ihn von heute auf morgen entlassen. Uwe war mit Hilfe seiner Mutter untergetaucht,[8] war seit Wochen nicht auffindbar. Würde er polizeilich gesucht werden müssen? Karl konnte noch nicht einmal ausführlich schreiben, warum passiert war, was passiert war. Hermann rätselte: Die »paar hundert Mark Schulden« können es ja nicht gewesen sein? Hatte er »sich in üble Weibergeschichten eingelassen«? Aber wie war Uwes Tagebuch gefunden worden? War eine Hausdurchsuchung veranlasst worden? Wer hatte es gelesen? Und wieso, fragte Hermann sich, verfasste Uwe, dem das »Buchstabenmalen« noch vor Kurzem so schwerfiel,[9] der so selten Briefe schrieb, ein Tagebuch? »Ich kann mir gar keine Vorstellung darüber machen, was der Junge für einen Unsinn zusammengeschrieben haben mag.« Konnte er nicht? Wahrscheinlich beunruhigte ihn eher die Vorstellung, Uwe könnte niedergeschrieben haben, was sie alle nicht aussprachen. Denn er fragte sich, ob Uwe »uns alle ins Unglück stürzen« würde, »Schmach und Schande« über den Familiennamen gebracht habe.[10]

Ganz konkret überlegte Hermann, ob er vorsorglich von »deutschen wie internationalen Ehrenstellungen« zurücktreten müsste. Vier Wochen bevor er die Nachricht erhielt, hatte er bei den Gemeinderatswahlen am

23. März seine Wiederwahl als einer der Obmänner des Schiedsgerichts der Deutschen Gemeinde angenommen.[11] Wenn durch eine Indiskretion Uwes öffentlich bekannt würde, dass er »Mischling 1. Grades« war, wäre er in dem Ehrenamt nicht tragbar. Auf jeden Fall sprach er gleich mit Dr. Korff, informierte C. G. Melchers, Widmann und Lindemann, also alle Teilhaber der Firmen Melchers China und Bremen. Das war schon wegen der Geschäftsbeziehungen zwischen Melchers und Freudenberg notwendig; die Beendigung des Lehrverhältnisses wäre in jedem Fall zur Sprache gekommen. Hermann fühlte sich gedemütigt. Wütend war er, und verzweifelt. Er war drauf und dran, Uwe zu enterben.[12] Dann regelte er das Problem mit Karls Hilfe. Uwe wurde zum 13. Juli 1938 als Lehrling bei der Lederwerke Wieman A.G. in Neumünster untergebracht.[13] Bei der Abfassung eines neuen Testaments vor seiner großen Reise verfügte Hermann, dass Uwe drei Achtel seines Besitzes erben sollte. Ein Achtel würden seine Geschwister Karl und Paula sich teilen, und die verbleibenden vier Achtel, also die Hälfte seines Vermögens sowie das Reitpferd Sultan, sollte Jennie bekommen, die Hermann in dem Testament als seine Verlobte bezeichnete. Im April, als die Gedanken an Uwe ihm nächtelang den Schlaf raubten, wünschte Hermann sich wieder ernsthaft, Jennie zu heiraten. Ihre Gemeinschaft galt beiden schon lange als eine »in guten wie in bösen Tagen«. Schon im letzten Jahr hatte er eine Bestätigung des Standesamtes Hamburg angefordert: »Dass vorstehender Auszug nebst Randvermerk [betr. Scheidung] mit dem Heirats-Hauptregister […] gleichlautend ist.«[14] Resigniert war er dann aber doch zu der Überzeugung gekommen, dass eine Heirat unmöglich war, weil er dafür auf dem Konsulat nicht nur beweisen musste, dass er rechtskräftig geschieden war, sondern sowohl den Geburtsnamen seiner Mutter, Goldsticker, hätte angeben müssen als auch Namen und Konfession ihrer Eltern: Calmer Samuel und Therese, geborene Löwenstein, mosaischen Glaubens.[15]

Dass deutsche Juden diskriminiert und verfolgt wurden, war inzwischen in China unübersehbar. Dass die Diskriminierung lang etablierte Mitglieder der Deutschen Gemeinden treffen konnte, hatte Breuer 1937 erlebt, als sein guter Bekannter Dr. Wilhelm Haas aus dem diplomatischen Dienst entfernt worden war.[16] Weil er sich geweigert hatte, sich von seiner »jüdischstämmigen« Frau scheiden zu lassen. Haas war zu dem Zeitpunkt 41 Jahre alt und Legationssekretär an der Deutschen Botschaft in Tokio. Breuer kannte ihn gut aus den Jahren 1927 bis 1929, da war Haas Vizekonsul am Generalkonsulat in Shanghai. Auf vielen großen Festen und bei Gesprächen im kleinen Kreis im Hause Widmann waren sie beisammen gewesen,[17] hatten 1928/29 gemeinsam als Rechnungsprüfer für den Deutschen Theater-Verein gewirkt.

Europäische Flüchtlinge in Shanghai

Schon seit 1937 wurden »jüdischstämmige« Deutsche, ihre Privatadressen, ihre Praxen und Betriebe, nicht mehr im »Adressbuch für das Deutschtum in Ostasien« aufgeführt, das der Verlag des *Ostasiatischen Lloyd* herausgab.[18] Als Branchenverzeichnisse reichten die übernationalen Hong-Listen und das »Shanghai Dollar Directory« vollkommen aus, aber es war doch eine Demonstration des Hinauswurfs, eine Beseitigung eigener Art. Es war auch kaum zu übersehen, dass seit dem »Anschluss« Österreichs Mitte März (1938; die DG hatte groß gefeiert: »Kaum vermochte die Aula die Menschen zu fassen«, die an der »Kundgebung des nationalen Jubels und nationalen Dankes«[19] teilnahmen) mit jedem Ozeandampfer aus Europa mehr Flüchtende im Hafen von Shanghai landeten. Nachdem im Mai, Juni und Juli 1938 jeweils mehrere Hundert Menschen angekommen waren, die von den Nazigesetzen als Juden definiert wurden, erlebten die privaten Träger des Hilfsfonds, die sich seit 1934 um die Vertriebenen gekümmert hatten,[20] dass sie den vielen Ankommenden nicht mehr wie bisher den wenigen helfen konnten. Anfang August (1938) gründeten Paul Komor, Hermanns Freund Eduard Kann und 25 weitere Ehrenamtliche deshalb das International Committee for Granting Relief to European Refugees.[21]

»Räuberkrieg« der Japaner

Politische Jubelmeldungen aus Deutschland änderten nichts daran, dass die Zeiten nach wie vor schlecht fürs Geschäft waren, egal ob Import, Export oder verarbeitende Industrie. Der Außenhandel ging dramatisch zurück. Vom »Räuberkrieg« der Japaner hatte Hermann im November 1937 geschrieben.[22] Bis Juni 1938 hatten die Japaner die Kontrolle über ganz Nordchina erobert. Der Regierungssitz der Nationalchinesen war seit Anfang 1938 in Chongqing, weit yangtseaufwärts gelegen; die Stadt wurde täglich schwer von den Japanern bombardiert. In Shanghai blieben die Lagerhäuser und Wohnungen in den nordöstlichen Stadtgebieten unzugänglich, und damit die Waren ebenso wie die Haushaltsgegenstände in den überstürzt verlassenen Wohnungen. Für deutsche Handelshäuser gab es keine Vorzugsbehandlung, obwohl Deutschland sich Japan im November 1936 mit dem Abschluss des Antikominternpaktes politisch angenähert hatte und mit der Anerkennung »Mandschukuos« im Mai 1938 einen weiteren Schritt auf Japan zu und weg von China tat. In der Mandschurei behinderten japanische Monopolunternehmen und das japanische Militär auch deutsche Firmen.[23] Melchers versagten die Japaner die Genehmigung zur Einfuhr der Nier'schen Sturmlaternen.[24] Die japanischen Nachbauten hatten freies Feld; Melchers verlor einen Importschlager. Darüber hinaus leitete Japan aus den Verträgen Forderungen ab: Die Lieferung von Waffen an China sollte eingestellt, die seit 1927 in China arbeitenden deutschen Militärberater zurückgerufen werden.

Der *Ostasiatische Lloyd* gab der Kritik der China-Deutschen eine Stimme, indem er eine auswärtige Nachrichtenagentur zitierte: »*Reuter glaubt, in deutschen Kaufmannskreisen ein gewisses Missbehagen über die von der Reichsregierung verfügte Zurückziehung der deutschen Berater feststellen zu können sowie die Befürchtung, dass sich daraus Rückwirkungen für das deutsche Geschäft in China ergeben. Die genannten Kreise sind allgemein der Auffassung, dass die Anwesenheit der deutschen Beraterschaft viel zur Förderung eines guten Verhältnisses zwischen Deutschen und Chinesen im persönlichen wie im geschäftlichen Verhältnis beigetragen habe, dass sie ferner ausgleichend gegen Missstimmungen gewirkt habe, die der Antikominternpakt auszulösen geeignet war.*«[25] Die Deutsche Handelskammer Shanghai formulierte unmissverständlich scharf: »*Diese Einstellung [der Waffenlieferungen] hat uns mehr gekostet als Geld und Gut. Sie nimmt uns das Vertrauen des chinesischen Volkes auf unsere Ehrlichkeit und Anständigkeit [...]. Von der Stimmung der kaufenden und verkaufenden Volksmassen sind wir, auch in den von Japan besetzten Gebieten, wirtschaftlich abhängig.*«[26] Siegfried Lahrmann, Landesgruppenleiter der NSDAP China, schrieb in diesem Sinne nach Berlin – und wurde vom Chef der Auslandsorganisation der NSDAP verwarnt: »*Es ist Ihre Pflicht gegenüber Führer und Reich, die Japan-Politik des Führers zu unterstützen, so sehr menschliches Verständnis für die wirtschaftlichen Schäden hier besteht, die unsere deutschen Kaufleute durch den Krieg erleiden [...].*«[27] Botschafter Oskar Trautmann, der versucht hatte, den Abzug zu verhindern, wurde seinerseits abberufen. Die letzten 25 Militärberater verließen das Land am 5. Juli 1938; Trautmann schon am 26. Juni.[28]

Das Ergebnis von Japanisch-Chinesischem Krieg und deutscher Handels- und Ostasienpolitik war ein dramatischer Einbruch des deutschen Handels mit China: Während sich der chinesische Import aus Deutschland von 1933 bis 1936 verdoppelt hatte, halbierte er sich im ersten Halbjahr 1938 gegenüber dem Vergleichszeitraum im Jahr 1937. Ebenso der Export nach Deutschland; kriegswichtige Rohstoffe und landwirtschaftliche Produkte wie Soja exportierte China jetzt ganz überwiegend nach Japan.[29]

Persönliches

Diese Entwicklung sowie »eine Entwertungskrise des chinesischen Dollars« waren die Hintergründe für Hermanns Klage Ende März (1938), »*dass ich nicht nur persönliche, sondern auch geschäftliche Anspannungen stärkster Natur zu überwinden hatte. Seit Wochen leide ich unter scheußlicher Schlaflosigkeit, rapple mich aber immer wieder zusammen, um wenigstens meine Existenz nicht zu gefährden.*«[30]

Einige persönliche »Dinge« musste Hermann noch vor seiner Reise um die Welt regeln: Um den Araberhengst Sultan sollten sich die Ascot Riding School und Jennie kümmern, und das Auto, die noch relativ neue Plymouth Limousine, hatte er bei Moody Motors eingestellt. Mark L. Moody war einer der ersten Autohändler mit Werkstatt in Shanghai gewesen; er verkaufte auch Packards, DeSotos und Chryslers nach dem Motto »A Car for Every Purse«.[31] Die Firma Melchers würde Breuers Wagen bei Bedarf nutzen.[32] Ein paar Tage vor der Abreise hatte er endlich ein neues Testament zusammen mit einer aktuellen Vermögensaufstellung an August Benkiser, den Leiter der Finanzabteilung und der Buchhaltung bei Melchers, gegeben, um es im Safe zu verwahren. Bei Streitfragen über die Auslegung des Testaments, so verfügte Hermann, möge Karl sich an seinen Freund, Dr. Hans Achim Lorentz, wenden, Geschäftsführer der Deutschen Handelskammer.[33]

Als Breuer Ende September 1938 Shanghai verließ, herrschte noch immer, zehn Monate nachdem die japanischen Truppen weiter nach Nanjing gezogen waren, eine Art Kriegszustand. In den Vororten waren chinesische Partisanen aktiv, war das Knattern ihrer Maschinengewehre zu hören. International Settlement und French Concession lagen wie Oasen in der Wüste, in die die chinesische Stadt Shanghai verwandelt war. In diese Oasen hatten sich in den letzten Tagen vor Breuers Abreise eine ganze Reihe von Deutschen aus Hongkong geflüchtet. In Erwartung eines neuen Krieges mit England – die Unruhen im Westen der Tschechoslowakei spitzten sich zu – waren sie vorsorglich aus der britischen Kolonie ausgereist, um einer Internierung zu entgehen.[34]

New York

Die Zukunft war, wieder mal, unsicher und kaum planbar, als Breuer am 26. September (1938) auf dem japanischen Ozeandampfer *Tatuta Maru* in Kobe Richtung San Francisco ablegte. Während sie den Pazifik überquerten, wurde aus der Sudetenkrise ein weiterer Triumph Hitlers, nämlich die durch das Münchner Abkommen quasi genehmigte Annexion des Sudetengebietes. »Kein Krieg«, atmete der *Ostasiatische Lloyd* am 29. September auf und versprach am 1. Oktober sogar »Nie wieder Krieg zwischen Deutschland und England«. So hatte Hitler gesagt. Am 12. Oktober 1938 kam die *Tatuta Maru* in San Francisco an.

Dort wurde Breuer von Theodore Fitz Randolph in Empfang genommen. Randolph leitete seit 1926, seit ihrer Gründung, die Melchers Inc. in New York. Auf der gemeinsamen Bahnfahrt durch die USA[35] konnte Breuer in eine entspannte Atmosphäre von Frieden, Freundschaft und geschäftlichen Plänen eintauchen. Zu Weihnachten hallte sein sonores Lachen durch das Haus der Randolphs, Theodore und Frau Carolyn, die ihr erstes Kind erwartete,[36] in Brooklyn Heights.[37] Mit ihrem Umzug nach Brooklyn hatten die Randolphs, hatte besonders die attraktive, gesellschaftlich im Fokus stehende Carolyn Randolph, vor zwei Jahren einen richtigen Trend ausgelöst; ihnen folgend, waren schon eine ganze Reihe moderner, wohlhabender junger Familien in die Gegend gezogen. Die alten Häuser wurden nun nicht mehr abgerissen, sondern modernisiert, so, wie Randolphs es gemacht hatten.[38] Ihr Haus Middagh Street Nummer 24 stammte aus den späten 1820ern; die restaurierte, mit Holz verschalte Fassade, die Fenster mit ihren Schlagläden, das von zwei Säulen getragene Eingangsportal mit den Bleiglasfenstern im Oberlicht und zu beiden Seiten sprachen von behaglichem Wohlstand.[39] Sie hatten von dort eine phantastische Aussicht auf Downtown Manhattan und waren über die Brooklyn Bridge in zehn Minuten im Finanzdistrikt. Eines der *business meetings* in dieser Zeit galt der Firma Westinghouse, die Motoren, Generatoren und Transformatoren und für den Endverbraucher Kühlschränke, Waschmaschinen, kleinere elektrische Geräte etc. herstellte. Ab 1939 erschien Westinghouse neu in der Hong-Liste als eine der Firmen, die durch Melchers in China vertreten wurden, sie importierten von Westinghouse u.a. Klimaanlagen, Kühlschränke, Radios und andere Elektrogeräte.

Wahrscheinlich hat Breuer auch Carl Crow besucht, hat in New York den Shanghai Tiffin Club aufgesucht, in dem Crow Mitglied war. Crow, der 1937 beim Angriff der Japaner aus Shanghai geflohen war, lebte seitdem in New York. Er fühlte sich noch immer wie im Exil. Gerade hatte er seine Autobiografie geschrieben, »Foreign Devils in the Flowery Kingdom« sollte das Buch heißen und, ja, Hermann kam auch darin vor.[40] Schon seit Ende 1937 plante Crow, die Burma Road zu erleben – von der Hafenstadt Rangun (Yangon) in Burma nach Chongqing, dem jetzigen Regierungssitz der Nationalregierung, zu fahren. Inzwischen war die Gebirgsstraße die einzige Versorgungsroute der Nationalchinesen. Sie war höchst gefährlich für die Lastwagen, die dort unablässig unterwegs waren: schmal, kurvig, oft unbefestigt. Der Herausgeber des Magazins *Liberty*, für das Crow darüber schreiben sollte, wünschte sich eine Reisebeschreibung mit politischer Analyse, Interviews mit Chiang Kai-shek und Madame Chiang und eine Einschätzung, wie lange die Republik China dem japanischen Angriff noch widerstehen könne. Crow selbst ging es vor allem darum, die Aufmerksamkeit der Amerikaner auf die Notlage der Chinesen zu richten.[41]

Währenddessen in Shanghai

Dass Hermann Jennies Teilnahme am großen Reitturnier des Club Hippique International im Hippodrom verpassen musste, bedauerte er von Herzen. Es war ihr zweites Turnier in diesem Jahr 1938. Das erste, im Mai in der Ascot Riding School, hatte sie glorreich gewonnen. In den *North China Daily News* war ihr Name in der Unterzeile fett gedruckt gewesen: »Miss J. Bohanova on *Glory Be* Wins Main Event of Day.«[42] Das »Hauptereignis des Tages« war der Wettbewerb von Ponys mit über 14 Handbreit (142,24 cm) Risthöhe. Miss Bohanovas nächster großer Tag war Sonntag, der 20. November. Für einen der Wettbewerbe im Club Hippique hatte Jennie ein Pony trainiert, das bisher noch kein Springturnier geritten hatte, so forderte es die Ausschreibung.

An demselben Sonntag gab es auch in der Deutschen Gemeinde wieder einen Grund zum Feiern, nämlich die Einweihung einer Turnhalle, die neben der deutschen Schule und Kirche entstanden war, die auch für Treffen der Gemeinde, für Theater- und Filmvorführungen gedacht war. Dass er da nicht teilnehmen konnte, bedauerte Hermann nicht. Die Halle war »aus den Mitteln jedes einzelnen Gemeinde-Mitglieds entstanden« – auch Breuer hatte wohl oder übel spenden müssen –, in ihr verkörpere sich »der Opfersinn eurer Väter«, wurde den Kaiser-Wilhelm-Schülern eingeprägt. Deutsche Firmen hatten Equipment beigesteuert: Filmanlage, Klimaanlage, Isolierung, Vorhänge; von Melchers kam das Carbolineum. »*Die Sport-Abteilung der Ortsgruppe der NSDAP, die wir stolz die Shanghaier SA nennen, der alle jungen Deutschen angehören, die bereit sind, ihr Bekenntnis zum Führer durch die Tat zu bekräftigen, wird hier allwöchentlich zusammentreten. Hier werden wir die Stunden nationaler Weihe verleben.*«[43]

Auf der Europa nach Europa

Silvester und Neujahr verbrachte Hermann in Brooklyn bei der Familie Randolph. Als er am 3. Januar um Mitternacht abreiste,[44] waren »Ted« und Hermann gute Freunde geworden. Hermann fuhr auf der *Europa* nach Europa, einem Schiff aus der Schnelldampferflotte des Norddeutschen Lloyd. 1930 hatte sie auf ihrer Jungfernfahrt von Bremerhaven nach New York das Blaue Band für die Westpassage errungen.[45] Vier Tage und 17 Stunden war sie damals unterwegs gewesen, Durchschnittsgeschwindigkeit knapp 28 Knoten. Die Werbebroschüre versprach »The Gaiety and Exhilaration of Effortless Speed«.[46] Hermann wird die Fröhlichkeit und alle Annehmlichkeiten zu schätzen gewusst haben; er konnte genießen. Er nutzte gern den Swimmingpool (11 m lang, 6 m breit, ausgelegt mit blaugrünen, glasierten Platten, der Raum war an der Stirnwand mit Mosaiken geschmückt) und die Turnhalle – so konnte er einige der festtäglichen Pfunde auf angenehme Art abbauen. Am Schießstand, der wie eine Waldschneise gebaut war, probierte er aus, ob er noch immer ein guter Schütze war. Auf der Zielscheibe lief eine filmische Projektion ab. Ganz schön raffiniert. Apropos Film: Im Ballsaal (elfenbeinfarbener Schleiflack, blauer Teppich, blauer Damast an den Wänden der Logen, Gold im Mittelfeld der Decke, an Profilen und Ornamenten) wurden nachmittags Filme gezeigt, abends getanzt. Der Rauchsalon war besonders gemütlich, in Makassar-Ebenholz getäfelt, einige Wandfelder mit Schweinsleder bespannt.[47] Hier wie überall auf dem Schiff standen die Bakelit-Aschenbecher, in deren Boden eine sehr schlanke Europa ihren zarten Fuß auf den Stier setzte. An einem der Kamine sitzend, feierte Hermann am 7. Januar seinen 55. Geburtstag. Mit einer Zigarre und einem Gin-Cocktail. 16 Jahre waren es jetzt her, dass er die ersten guten Gespräche mit Adalbert Korff im schlichten Rauchsalon der *Werra* geführt hatte. Damals hatten sie sich vorgenommen, einem am Boden liegenden Deutschland zu neuer Geltung und Achtung in der Welt zu verhelfen. Aber anders, als es jetzt gekommen war. Unter den aktuellen Bedingungen sah Hermann seinem kurzen Aufenthalt in der Heimat mit gemischten Gefühlen entgegen. Trotzdem freute er sich auf das Wiedersehen mit lieben Menschen.

Bremen, Berlin, Düsseldorf, Velbert, Neumünster

In Bremen besuchte er zuerst die Familie Claussen, am 17. Januar: »Gestern Abend musste ich bei Familie Claussen schwer picheln«; am 18. Januar war er beim Firmensenior Korff I. »zur großen Mittagstafel eingeladen«, »wobei er zu meinen Ehren Sekt auffahren ließ«; er war »ganz reizend gegen mich«.[48] Abends zu Gast bei Widmanns, und ganz vertraut trug er sich in das alte Gästebuch ein: »*Dieses Mal ist der alte Hausgast aus Shanghai alte Erinnerungen austauschend im neuen ›Oberneuland‹ gewesen, wo es ebenso freundschaftlich wie in Shanghai ist. H.W. Breuer.*«[49] Mit Widmann wird er nach Hamburg fahren, zu einer wichtigen Besprechung. Aber erst mal musste er nach Berlin, weil er sich »zur Erlangung des chinesischen und des mandschurischen Passes [Visums] persönlich bei den betreffenden Gesandtschaften einzufinden« hat. Er wird also gleich nach dem freundschaftlichen Abend bei Widmanns um 7.15 Uhr am 19. Januar den Fernschnellzug von Bremen nach Berlin nehmen und noch am selben Abend in Düsseldorf sein, nur zur Nacht, um am 20. einen Geschäftstermin in Velbert wahrnehmen zu können. In Velbert könnte er sich mit Repräsentanten der Erbslöh-Gruppe getroffen haben, die seit 1842 in der Aluminiumverarbeitung tätig war. Immerhin führte Melchers in der »Liste unserer Ausfuhrwaren nach China und Mandschukuo«, die sie regelmäßig bei der Handelskammer Bremen, der Landesbauernschaft Weser-Ems und so weiter einzureichen hatten, auch Aluminiumfolien auf.[50] Am Abend, es war der Freitag, wollte er, wenn irgend möglich, wieder in Hannover sein. Anschließend war Zeit für einen Besuch bei Uwe in Neumünster; Hermann hatte ihn dort als kaufmännischen Lehrling bei den Lederwerken Wieman untergebracht. Otto Freudenberg könnte dabei geholfen haben; die Firmen Freudenberg und Wieman kooperierten auf dem Gebiet des Lederersatzstoffes »Buna«. Breuers letzter geschäftlicher Termin in Deutschland fand am 31. Januar (1939) in Bremen statt: Im Hause Widmann trafen sich leitende Herren von Melchers und Norddeutschem Lloyd mit dessen Vorstandsvorsitzendem Dr. Rudolph Firle und Franz Rudloff, dem NDL-Repräsentanten in Shanghai.[51]

Hannover

In Hannover, wo Hermann von Bruder Karl und Schwägerin Alice schon sehnsüchtig erwartet wurde, musste erst einmal sein Geburtstag nachgefeiert werden. Tante Johanna hatte ihren hoch geschätzten Butterkuchen gebacken. Nur Schwester Paula und Ben Barendsen konnten nicht zu der Kaffeestunde kommen. Paula hatte die Verleumdungen gegen Juden, und damit gegen ihre Mutter, nicht länger ertragen, deshalb hatte die Familie »ihr schönes Heim aufgegeben« und lebte seit kurzem in Bens Heimat, in den Niederlanden. Ihre jüngere Tochter, Nora, hatte den Ortswechsel noch nicht verwunden.[52] Die ältere Tochter, Paula jun., war in ihr Geburtsland Niederländisch-Indien gegangen, arbeitete als Krankenschwester auf Borneo. Karls Tochter Hanni, vor wenigen Tagen 18 Jahre alt geworden, bezauberte Hermann mit großen braunen Augen, dem schwarzen Kraushaar und mit ihrem heiteren, zupackenden Wesen; »a bottle of charme« nannte er sie. Ihre Zeichnungen, Schriftenmalerei, gestaltete Fotobücher entzückten ihn, und er schlug ihr spontan vor, nach dem Abitur in den USA eine Ausbildung zur Designerin zu machen.[53] Er habe da Verbindungen und wollte gern bei der Finanzierung helfen. So eröffnete er dieser Familie, die in den letzten Jahren oft bedrückt gewesen war, wieder neue Perspektiven.

Auch Hermann bekam eine besondere Freude: Jennie hatte ihm geschrieben. Ich stelle mir vor, dass sie in ihrem Brief von dem Reitturnier des Club Hippique International im Canidrome[54] erzählte. Im »Novice Jumping«, dem Springen für Ponys, die noch kein Turnier geritten hatten, war Jennie eine von 18 Teilnehmern. Sie ritt das rotbraune Pony Copper, das Paul von Schubert gehörte, der, auf einem seiner anderen Ponys, ebenfalls an diesem Springen teilnahm. Paul von Schubert, »Baltendeutscher« mit britischer Staatsangehörigkeit, war Direktor der Deutschen Stickstoff Handelsgesellschaft Krauch & Co. in Shanghai. Generalkonsul Kriebel meinte, »dass es im deutschen Interesse nicht erwünscht ist, dass ein Ausländer an führender Stelle eines der größten deutschen [...] Unternehmen steht« – auch wenn er, wie Schubert, großzügig für deutsche Belange spendete.[55]

Außer dem »Novice Jumping« war Jennie anschließend noch das Springreiten über zwölf Hindernisse auf Copper geritten. In diesem Wettkampf um den Pokal des französischen Gesandten in China machte »Mlle Bohanova« den zweiten Platz und bekam bei der Siegerehrung eine rote Schleife überreicht.[56] Bestimmt hatte sie schneidig ausgesehen im klassischen englischen Jagddress, also mit eng anliegenden weißen Hosen und schwarzen Schaftstiefeln, Cutaway und Zylinder.

Karl und Hermann mussten nicht weit laufen, um sich Bruder Karls drittes Mietshaus anzusehen, das er in der Schellingstraße hatte bauen lassen: Es stand neben Karls kleiner Villa in seinem ehemaligen Garten. Die lauschige Gartenlaube, Bäume und Hecken hatten fallen müssen; im Juni 1938 waren zwei geräumige Wohnungen und das Dachgeschoss bezugsfertig geworden. Auch dieses Haus hatte der Architekt Hakenholz entworfen. Hermann versicherte noch einmal schriftlich, dass Karl keine Schulden bei ihm habe. Wieder beglaubigte Freund Carl Schmidt die

Unterschrift.[57] Den Zuschuss zu Karls Haushalt würde Hermann weiter zahlen.

In einer ruhigen Stunde sprachen die Brüder über das Pogrom im letzten November. In Deutschland sprach man von der »Judenaktion«. Amerikanische Zeitungen hatten ausführlich über die Gewalt, die Zerstörungen, und die willkürlichen Verhaftungen berichtet. Tatsächlich war in Hannover-Kleefeld in Villen eingebrochen worden. Karl und Alice beobachteten, wie in der gegenüberliegenden Villa die Betten aus dem Fenster geworfen wurden. Karl hatte sofort losgehen wollen, den Nachbarn zu Hilfe. Aber als sie sahen, wie viele Männer in das Haus des Ehepaares eingedrungen waren, beschwor Alice Karl, es nicht mit ihnen aufzunehmen. Geschlafen hatten sie in dieser Nacht nicht.[58] Mitleid und hilflose Empörung lebten auf, als sie es Hermann erzählten. Der berichtete von der Resonanz in Amerika und wie er sich geschämt hatte, als er in der *Herald Tribune* unter der Überschrift »Der Heldenstaat in Aktion« lesen musste, dass Deutschland, eine Nation, in der immer von Mut, Tapferkeit und Ehre die Rede sei, die Schwachen und Hilflosen bekämpfe. Das verdiene den Abscheu der zivilisierten Welt. Die *New York Times* sprach von einer Orgie, fragte ironisch, ob dies die neue Ordnung sei, die Deutschland sich rühmte, in ganz Europa verbreiten zu wollen.[59]

Wie früher begleiteten Karl und Alice Hermann nach Berlin an die Bahn. Hermann versicherte noch mehrfach, dass die »Reise über Sibirien durchaus bequem und ungefährlich« sei, das hatte Dr. Korff gerade nach Bremen berichtet.[60] Am 3. Februar 1939 (einem Freitag; die Transsib fuhr jetzt immer freitags und dienstags) um 21.32 Uhr winkten Karl und Alice Hermann am Gleis auf dem Bahnhof Friedrichstraße »Auf Wiedersehen«. Das hatten sie sich diesmal mit noch größerer Inbrunst gewünscht als sonst.

Fahrt durch Sibirien

Auf der Fahrt durch Sibirien genoss Hermann die Schneelandschaft. Vielleicht war es auf die Dauer etwas viel Schnee. Als sie nachts in Krasnojarsk hielten – der Jennissei lag schwarz da, im leichten Nebel ragte eine Kette hoher Gipfel hervor –, dachte er, dass Jennie hier aufgewachsen war, und daran, was sie ihm über die Schrecken der Revolutionskämpfe angedeutet hatte. Das gleichmäßige Rattern der Räder wurde vom Morgen bis in die Nacht von Chorgesang aus Lautsprechern übertönt, vielstrophige Volkslieder, gesungen von hellen, durchdringenden Frauenstimmen. Von Zeit zu Zeit unterbrach eine dröhnende Sprechstimme den Gesang mit Nachrichten. Auf Russisch, natürlich. Das Ganze war eine »ununterbrochene Beschäftigung des Publikums durch Lautsprecher-Propaganda und Ausschaltung jedes eigenen Denkens«. Abwechslung versprach das Essen. Der Speisewagen erinnerte immer noch an die Zarenzeit, Holzvertäfelung,

Spiegel, geätztes Glas, Tischdecken und Servietten, Gläser und Bestecke. Das reichliche Menü bestand aus kalter Vorspeise, Suppe, Hauptgericht und Nachspeise, es war recht fett, und Hermann fehlte die Bewegung. Nach Irkutsk begann der malerischste Teil der Reise, die Strecke führte mehrere Stunden um den südlichen Teil des Baikalsees herum. Die Steilufer zu beiden Seiten des Sees gaben den Blick frei nach Norden über die riesige, jetzt gefrorene Wasserfläche. Auf den felsigen Berghängen mit ihren hohen Tannen glänzte der Schnee in der Sonne.[61] Am 9. Tag der Reise – jeden Morgen hatte Hermann seine Uhr eine Stunde vorgestellt – überquerte der Zug die Grenze in die Mandschurei, jetzt Mandschukuo, der japanische Marionettenstaat. Im von den Japanern besetzten Nordchina konnte er beobachten, dass viele Brücken fabrikneu waren. Dann wieder »*hatten die Japaner unter Benutzung der Reste halb gesprengter Brücken die Zwischenstücke neu eingesetzt. Der Zug fuhr über manche dieser schwankenden Hilfskonstruktionen nur nach vorherigem Anhalten und im Fußgängertempo. Auf größeren Bahnhöfen lagen neue Brückenteile sowie hunderte von Schienen, vielleicht ein Zeichen dafür, dass man in Zukunft mit Störungen durch die chinesischen Freischartruppen rechnet.*«[62]

In Shanghai waren die *foreign settlements* immer noch eine Oase des Friedens, wenn auch von wirtschaftlichen Problemen bedroht. Deutsche Unternehmen mussten sich zusätzlich mit der »Verordnung zur Ausschaltung der Juden aus dem deutschen Wirtschaftsleben« auseinandersetzen, die Deutschland am 12. November 1938 erlassen hatte. Damit wurde Juden in Deutschland der Betrieb von Einzelhandelsverkaufsstellen sowie die selbstständige Führung eines Handwerksbetriebs mit Wirkung zum Jahresende 1938 untersagt. Juden durften nicht mehr als Betriebsführer tätig sein und konnten als leitende Angestellte ohne Abfindung entlassen werden.[63] Mussten sie entlassen werden? Auch im Ausland? Auch die Halben?

1 Vermieter: Algar & Co. In: HWB 10.5.1963 an Carl Schrage, BArch ZLA 7–34/18.

2 Johnston, Erh: A Last Look, S. 155–156.

3 Tess Johnston, Deke Erh: A Last Look, S. 155–156. Das Haus gehört heute zu Shanghais »Heritage Architecture«.

4 HWB 10.10.1937 an JvR.

5 HWB 21.11.1937 an JvR und Claussen 15.2.1938 an HWB.

6 KB an HWB 16.3.1938.

7 In Weinheim abgemeldet wurde Uwe schon am 9. März 1938, Auskunft des Stadtarchivs Weinheim.

8 Otto Freudenberg 23.4.1938 an HWB.

9 HWB 10.1.1937 an Uwe.

10 HWB 15.4.1938 (Karfreitag) an KB.

11 *OAL*, 27.4.1938.

12 Was könnte geschehen sein? Die Firma Freudenberg arbeitete in Weinheim eng mit der Firma Hirsch zusammen. Deren drei jüdische Inhaber wurden schleichend entrechtet, ihrer Ämter in öffentlichen Gremien enthoben und bespitzelt. Vielleicht hat Uwe sich im Kollegenkreis kritisch dazu geäußert, wurde denunziert, die Hausdurchsuchung folgte. Dabei wurde sein Tagebuch gefunden, wohl mit kritischen Anmerkungen, evtl. verknüpft mit Überlegungen zur eigenen Abstammung. Die Entlassung ging nicht von Freudenbergs aus, im Gegenteil: HWB schrieb 1940, dass Otto Freudenberg Uwe nach dem Krieg »wieder als Lehrling nehmen« wird. (Lizzy Wolcke, 3.8.1940, ohne Anrede, vermutlich an AB, KB) Nach dem Novemberpogrom wanderte die Familie Hirsch aus. Freudenbergs kauften die Firma (http://rhein-neckar-industriekultur.de/objekte/ehem-lederwerke-hirsch-weinheim, http://juden-in-weinheim.de/de/geschichte/index.html#18, am 6.8.2015).

13 Lehrvertrag Uwe Breuer mit der Lederwerke Wieman A.G., Neumünster, 14.12.1940 [sic], Lehrzeit: 13. Juli 1938–13. Juli 1940.

14 Beglaubigung ist datiert auf 18.8.1937.

15 Heiratsüberlegungen: HWB 15.4.1938 an KB. HWB 10.9.1946 an Nele: »Ich habe die Absicht, sobald mein Status hier geklärt ist, meine langjährige Lebensgefährtin, Frau Bohanova, zu ehelichen, was aus gewissen Gründen während der Hitler Zeit mir nicht möglich war.«

16 Dr. Haas arbeitete anschließend in der I.G. Farben-Zentralverwaltung in Peking.

17 Gästebuch Widmann.

18 Das ADO erschien 1925 bis 1939 jährlich. Laut Vorwort wurden auch Firmen von Angehörigen anderer Nationen erfasst, wenn sie hauptsächlich deutsche Interessen vertraten.

19 »Anschluss« Österreichs: 12./13.3.1938, *OAL* 27.3.1938.

20 Vgl. Report 1934–1938 des Hilfsfonds für Deutsche Juden in Shanghai. Yivo Institute RG 243 Folder 38.

21 Vgl. »Byelaws of the International Committee for Granting Relief to European Refugees« of August 8, 1938 including a list of all the [27] signatories. Darunter Kann. YIVO Institute RG243, Folder 38.

22 HWB 21.11.1937 an JvR.

23 Protokoll Sitzung Vorstand und Beirat der Deutschen Handelskammer Shanghai 15.7.1938. Zitiert nach Eberstein, Ostasiatischer Verein, S. 124.

24 Schreiben (Absender: Export IB/Tr//China an Melchers Bremen, Eingang 30.5.38): Betr. Sturmlaternen für die Mandschurei »*hören wir, dass ihm [der Fa. Hugo Schneider, AG Leipzig] die Bewilligung zur Einfuhr von Sturmlaternen nach der Mandschurei versagt worden ist*«. MA, Firma Melchers Kasten 4, Mappe 5, Band 2.

25 *OAL*, 28.5.1938.

26 Jahresbericht und Bericht über die Tätigkeit des Vorstandes und Beirats der Deutschen Handelskammer Shanghai für das Geschäftsjahr 1937–38, S. 10. Zitiert nach: Eberstein, OAV, S. 116.

27 Bohle 18.6.1938 an Lahrmann, zitiert nach Freyeisen, Shanghai, S. 209.

28 Telegramm Trautmann an AA vom 26.6.1938: »Verlasse heute Hankou ...« Leutner 1937–1949, S. 102. Termin Berater: Der Spiegel, 30/1951. Stennes, Martin, Stein, Stölzner, Vogt blieben in China, Imhof kam hinzu. Ratenhof, China-Politik des Deutschen Reiches, S. 501.

29 BArch R 4902/8222 (1), p. 301.

30 HWB 15.4.1938 an KB.

31 Carter, Champions Day, S. 180, »Autos für jeden Geldbeutel«.

32 HWB Vermögensaufstellung vom 22.9.1938.

33 HWB Testament 21.9.1938. Umschlag mit Vermögensaufstellung und Testament erst von mir (CM) geöffnet.

34 Flucht aus Hongkong: Holzberger, Recollections, S. 50. Sudetenkrise: 15.9.–29.9.1938; am 26.9. Teilmobilmachung Frankreichs. 30.9.1938 Münchner Abkommen/Diktat.

35 Passagierlisten, ancestry.com.

36 Tochter Linda wurde am 13.1.1939 geboren, *The Brooklyn Daily Eagle*, 6.2.1939, newspapers.com

37 Geschichte des Hauses und der Fitz Randolphs: https://www.brownstoner.com/architecture/brooklyn-heights-oldest-houses-24-middagh-street-mysterious-past-history-architecture-federal-wood-frame/, am 20.6.2018

38 »Younger Folks Prefer Old Heights As Place to Raise Children«, *The Brooklyn Daily Eagle*, 27.9.1940

39 »The 1829 Eugene Boisselet House is commonly referred to as the »queen of Brooklyn Heights.« Wally Goibetz, https://forgotten-ny.com/2013/09/middagh-street-brooklyn-heights/ 20.6.2018.

40 Carl Crow: Foreign Devils in the Flowery Kingdom: »*At the moment I hate all followers of Herr Hitler which would include almost all Germans. But my hatred does not embrace my good friends Mr Breuer and the other members of the Shanghai staff of Me[l]chers & Co.*« In HWBs Exemplar (London: Hamish Hamilton 1941) auf S. 245.

41 Carl Crow: The Long Road back to China. Nach French, Crow, S. 223–224.

42 *NCDN*, 23.5.1938 (Brill).

43 *OAL*, 20.11.1938 in: ZA 5121/13, Signatur EZA 5/3157.

44 Shipping News im Brooklyn Daily Eagle, 3.1.1939, www.newspapers.com

45 49.746 BRT, 285,50 m Länge, 31 m Breite, max. 2265 Passagiere, davon 860 1. Klasse, 500 2. Klasse. 990 Mann Besatzung, davon 430 Bedienung. Architekt für die 1. und 2. Klasse: Paul Ludwig Troost. Stapellauf 1930. Aus: Vierschrauben-Turbinenschnelldampfer *Europa*. Ein Führer durch das Schiff und seine Einrichtungen. Norddeutscher Lloyd, o. O. [Bremen] o.J. [1936].

46 Lloyd Express First Class. Broschüre des Norddeutschen Lloyd. Bremen, Europa, Columbus. Gedruckt Februar 1932. HWB erreichte Southampton am 9. Januar 1939.

47 Schiffsbeschreibung nach: Europa. Ein Führer durch das Schiff und seine Einrichtungen. O. J.

48 HWB 18.1.1939 aus Bremen an KB.

49 Gästebuch Widmann.

50 Handelskammer Bremen, Firmenakte Melchers, 90001, K 11 A.

51 Gästebuch Widmann.

52 HWB 18.1.1939 an KB.

53 Erinnerung Hanni/Johanna Mueller-Raschdau, geb. Breuer.

54 Rue Lafayette (Fuxing Zhonglu) in der Französischen Konzession, dort fanden mehrmals in der Woche Windhund-Rennen statt, die im International Settlement verboten waren. All About Shanghai 1983, S. 81–82. Das Canidrome hatte 50 000 Sitzplätze. French, Shanghai A – Z, S. 207.

55 Nach Schmitt-Englert, Deutsche in China, S. 156–157. Als Direktor der Deutschen Stickstoffgesellschaft konnte von Schubert sich noch bis zum Kriegsbeginn 1939 behaupten: ADO 1937, 1939.

56 *Le Journal de Shanghai*, 23.11.1938.

57 Dokument vom 29.1.1939.

58 Erinnerung Alice Breuer, weitergegeben an CM.

59 https://www.jta.org/1938/11/13/archive/american-newspapers-joined-today-in-expressing-horror, am 16.5.2018.

60 HWB 18.1.1939 an KB.

61 Zeitangaben Pastor Maass, Reise im Dezember 1940: ZA 5121/13 Signatur EZA 5/3158. Beschreibung der Bahnfahrt nach: Meller, Drache, S. 133–137. Zitat: Vertraulicher China-Bericht 20.6.1950, Abschrift Glathe/OAV. Kontext: In China verfährt die Eisenbahn-Branche jetzt wie vormals in Russland. PA AA B11 077.1, p. 6.

62 von Winterfeldt, Handelssachverständiger der Deutschen Botschaft in Shanghai, über seine Bahnfahrt von Peking nach Pukou im April 1939. PA AA Peking II, Band 2703, p. 173.

63 12.11.1938 RGBl. 1938 I, S. 158.

1939
Dunkle Wolken

Mannigfache Aufregungen

Kurz nach seiner Rückkehr nach Shanghai, im März, April 1939, war Hermann ernsthaft krank, wahrscheinlich wieder die Nieren.[1] Im Julibrief zu Tante Johannas Geburtstag schrieb er, es ginge ihm jetzt »einigermaßen«, dann folgt eine für Hermanns Briefstil eher ungewöhnliche Liebeserklärung an Johanna: »Pflege Dich nach Kräften, Du Liebe, und tue alles, Dich für uns noch viele Jahre zu erhalten«, ermahnt er, denn »Du bist doch unsre Mutter und so fühlen wir uns ganz zu Dir«. Und er schloss: »Mit einem herzigen Kuss – auch von Jennie – stets Dein dankbarer alter Junge Hermann.«

Lebt Ihr Lieben.
HWB an Familie Karl Breuer, Hannover, 19. August 1939

Es ging ihm also wieder einigermaßen, »doch muss ich sagen, dass die Krankheit und die sonstigen, mannigfachen Aufregungen der Monate nach meiner Rückkehr nach China nicht ganz spurlos an mir vorübergegangen sind«. Zu den Aufregungen gehörten: »die entsetzliche Geldentwertung und die damit verbundenen Maßnahmen«, die ihn »keinen Moment ungestört sein lassen«. Nachrichten aus Deutschland und vom Kriegsschauplatz im südlichen China kamen hinzu: die Annexion der »Rest-Tschechei« im März 1939 und die japanische Eroberung der Insel Hainan im Februar. Von dort aus starteten Langstreckenflieger und bombardierten Chongqing, die neue Hauptstadt von Guomindang-China, und die Burma Road. Hermann hatte an Carl Crow gedacht, der vielleicht schon auf dem Weg dorthin war.[2]

Zu den mannigfachen Aufregungen gehörte ein Rundschreiben, das die Reichsstelle für den Außenhandel Anfang 1939 an sämtliche Missionen und Berufskonsulate versandt hatte. »*Betrifft: Feststellen der Rassezugehörigkeit von Vertreterfirmen im Auslande. Es wird gebeten, bei Feststellungen über die Rassezugehörigkeit von Vertretern deutscher Firmen im Auslande auch die zuständige Wirtschaftsstelle der Auslands-Organisation [der NSDAP vor Ort] zu beteiligen, und im Einvernehmen mit dieser zu arbeiten.*«[3] In der Firmenübersicht nach dem Stand vom 31.7.1939, die Inhaber, Anzahl Gefolgschaft und Umsätze nennt, steht über Melchers vermerkt: [Die Firma ist] »arisch«.[4]

Neue Aufgaben bei Melchers

Ende Juni 1939 hatte die Geschäftsleitung von Bremen aus, »*ohne mich darüber zu benachrichtigen, meinen früheren Assistenten W. Mayer zum Leiter der Shanghai Import Abtl. […] eingesetzt.*[5] *Über dieses Vorgehen bin ich s. Zt. recht erbittert gewesen und habe dieser Stimmung [gegenüber] unsrem Tientsin Teilhaber Michaelsen bzw. dem neuen Teilhaber Theuerkauf ungeschminkt Ausdruck gegeben, doch darüber nicht sofort mit Korff gesprochen,*[6] *weil […] ich auch etwas Abstand selber von dieser mich stark betreffenden Angelegenheit gewinnen wollte.*« Hermann deutete Karl gegenüber nur an: »Einer der Gründe ist Karl und mir bekannt«, schrieb er am 19. August 1939 nach Hannover. Der Inhalt dieses Briefes war ihm so wichtig, dass er parallel einen Durchschlag per Luftpost schickte, um ganz sicherzugehen, dass Karl informiert war.

Hermann berichtete Karl über ein abendliches Vieraugengespräch, das gleich nach Korffs Rückkehr aus Europa stattgefunden hatte, am 16. August 1939, »über meine zukünftige Stellung« in der Firma Melchers. »*Die Unterhaltung mit Korff erfolgte in einem durchaus freundschaftlichen Sinne, Korff bedauerte selber die für mich eintretende Änderung, wozu er sagte, dass sie gegen seine und der Nordchina Teilhaber Ansicht sei […]. Korff wollte mich zum Oberleiter der sämtlichen Melchers Import Abtl. machen, was ich praktisch schon deswegen bin, dass ich von allen Import-Plätzen eine Beteiligung von 10 % bekomme. Das sei von CGM abgelehnt […], der darin von K. Lindemann unterstützt sei. Einer seiner Gründe dazu ist Karl und mir bekannt. […] Alle Teilhaber hätten aber den Wunsch, mich wegen meiner großen China Erfahrungen, meinen weitgehenden chinesischen und sonstigen hiesigen Beziehungen, meines Auftretens und meines Verhandlungsgeschickes in der Firma zu behalten. Ich scheide damit am 31. Dezember 1939 als Leiter der Import Abt., die ich für die Firma nach Kriegsende aufbaute und in 33-jähriger Tätigkeit verwaltete, aus, um für Sonderzwecke der Firma zur Verfügung zu stehen.*«

Nach dem Gespräch mit Korff war HWB »innerlich beruhigt und somit auch besseren Mutes«. Er konnte dem Arrangement sogar Positives abgewinnen. Immerhin wurde sein Vertrag überhaupt verlängert, und zwar um die üblichen drei Jahre bis zum 31. Dezember 1942. Überdies war »das Ergebnis meiner Aussprache mit Dr. Korff für mich befriedigend in seinem finanziellen Ergebnis«. Die »Sonderzwecke« seien Großprojekte, die ihm namentlich bekannt seien, schreibt er an Karl, die er aber in seinem Brief nicht näher ausführen wolle; Großprojekte, für die »Studien, Anbahnungen, Verhandlungen nötig sind«. Als »Minister ohne Portefeuille« werde er viel auf Reisen sein, in ganz China, in Japan, Amerika und »sonst wo«. Finanziell sei das vorteilhaft für ihn, und es gebe ihm große Unabhängigkeit. Außerdem: »*Ich werde eine Reihe wichtiger und neuer Persönlichkeiten kennenlernen und wenn ich glaube, dass nach 1942 meine Tätigkeit bei*

Melchers zu Ende sein wird, was ich vermute, so kann ich rechtzeitig daraus meine Schlüsse und Maßnahmen ziehen.«

Zukunftspläne

Er schilderte Karl detailliert, wie sich die Währungsverschiebungen, besonders die Entwertung der chinesischen Währung, für ihn auswirkten, in Chinesischen Dollar, Pfund Sterling, Reichsmark und Registermark. Kurz: Sein Gehalt in Chinesischen Dollar beträgt nur noch 35 % des Gehaltes von 1929. »*Ich führe diese Zahlen nicht auf, um Dir einen Schreck einzujagen oder meine Unterstützung zu kürzen, sondern nur um einmal anzuführen, weswegen ich, Deiner Ansicht nach, nicht genügend aus meinem Einkommen rücklegte.*« Um Karl in dieser Hinsicht zu beruhigen, rechnete er ihm vor, dass er »*Ende 1942 bei einem event. Ausscheiden aus der Firma mit einem Vermögen von rd. L.St. 10 000.– rechnen kann und damit der Sorgen des Alltags behoben sein werde […]. Alles dies natürlich unter der Voraussetzung, dass wir keinen Weltkrieg bekommen bzw. der Firma nichts passiert […].*« Für alle Fälle hatte er kürzlich 2300.– Pfund Sterling in US-Dollar angelegt, »um mich für den Kriegsfall gegen eine Entwertung des L.St. zu schützen.«

Und Jennie betreffend (das Thema »Heirat« war sicherlich während Hermanns Zeit in Hannover ausführlich besprochen worden): »*An unserer Heirats-Einstellung bleibt nichts geändert, vorläufig bleiben wir bei dem gleichen Zustand. Auf alle Fälle werde ich – so oder so – stets anständig für Jennie sorgen und sie hat sich in die Lage einigermaßen gefunden und zeigt dafür Verständnis. Wir sprechen jetzt schon hier und da davon, wohin wir beide, wenn wir noch leben, uns später einmal zurückziehen wollen.*« An Kindes statt (meine Worte) hatten sie den Schimmel Sultan, »*der alt wird und die Gicht bekommt, obwohl er noch heute äußerlich ein herrliches Tier ist, das mich und Jennie liebt, wie fast ein Kind. Die Begrüßungsszenen zwischen dem Tier und uns beiden sind fast ein Märchen, Sultan hört unsere Stimmen schon von weitem und empfängt uns mit einem freundschaftlichen lauten Wiehern, das so ganz aus seiner Tierseele kommt.*« Aber zum Reiten wird Hermann sich wohl ein neues Pferd zulegen müssen. Und dann waren da noch die Hunde als ihrer beider Gefährten.

Vorahnungen

Hermann schrieb diesen Brief am Morgen des 19. August 1939, einem Sonnabend, nicht ohne Vorahnung. Deutschland hatte Ende April sowohl das Flottenabkommen mit England als auch den Nichtangriffspakt mit Polen aufgekündigt, im Mai ein Militärbündnis mit Italien geschlossen. Im Juli waren im Heer »Schnelle Truppen« gebildet worden – und gerade jetzt spitzten sich die Unruhen um die Stadt Danzig zu. Stand der Versuch einer Annektion der Freien Stadt und des polnischen »Korridors« bevor? Dass England im Juli zum ersten Mal in seiner Geschichte Wehrdienstpflichtige eingezogen hatte, ließ vermuten: Großbritannien würde diesmal nicht stillhalten. Jedenfalls war Hermanns Gruß am Schluss seines Briefes länger als sonst, er schrieb: »*Lebt Ihr Lieben [handschriftlich ergänzt zu: »Lebt wohl«] – ein freundliches Geschick gebe, dass die schweren Wolken über dem politischen Horizont sich nicht zum Unglück der Heimat und der Welt entladen. Wir wissen, dass die Spannung am Höhepunkt angelangt ist*«.

Sechs Tage nachdem Hermann dies geschrieben hatte, am 23. August 1939, unterzeichneten die Außenminister von Ribbentrop und Molotow in Moskau einen deutsch-sowjetischen Nichtangriffspakt. Noch einmal sieben Tage später, am 1. September um 5.45 Uhr, da war Hermanns Brief gerade in Hannover angekommen, marschierte die deutsche Wehrmacht in Polen ein. Die Zeitungen in China waren schon gedruckt und verteilt, aber im Radio hörten sie es gegen Mittag, und am nächsten Tag hörten sie von den Mobilmachungen in Frankreich und England. Nun war es wieder so weit. Wieder verließen die meisten Deutschen das britische Hongkong in Richtung Shanghai und Taiwan.[7] Am Morgen des 2. September war schon die erste Fähre ins gegenüberliegende portugiesische Macau übervoll mit deutschen Flüchtlingen.[8] Die Rundfunkansprache, in der Mr Chamberlain am 3. September um kurz nach 11 Uhr Ortszeit feststellte, »this country is at war with Germany«, konnten sie dort um 6.15 Uhr live mithören. Hermann und Jennie hörten es auch. Den Text der abendlichen Ansprache des britischen Königs, Georgs VI., lasen sie in der Zeitung. Hermann trafen besonders seine Worte, mit ihren Verbündeten müsse England nun einem Prinzip entgegenstehen, das, wenn es obwalte, jede zivilisierte Weltordnung zerstören würde. Es war in der Tat eine »grave hour«.[9]

Über die Zeit zwischen den Kriegen zog Breuer das Fazit »*[...] bei Ausbruch des 2. Weltkrieges 1939 [hatte] die Firma Melchers & Co. ihre alte Rangstellung in dem chinesischen Wirtschaftsleben wiedererlangt. Der Geschäftsumfang, ihr Wirkungskreis und die Anzahl ihrer Gefolgschaft überstiegen das Niveau der Vorkriegsjahre 1913/14.*«[10]

1 Terminierung: Rückschluss aus HWB 25.7.1939 an JvR, in dem er sich für ihre Briefe vom Mai und Juni bedankt, die Genesungswünsche enthielten, und aus HWB 27.12.1940 an Widmann (Nieren).

2 Crow machte sich etwa im März 1939 via Europa auf den Weg, Im Mai ab Rangun. French, Crow, S. 225.

3 PA AA Peking II, Bd. 2722.

4 Handelskammer Bremen, Firmenakte Melchers: 90001, K 11 A. Firmenübersicht nach dem Stand vom 31.7.1939: Inhaber, Anzahl Gefolgschaft, Umsätze, Handelsgüterklassen 1936–1941.
Die Ergebnisse der Jahre 1939 bis 1941 sind handschriftlich ergänzt. Zusätzlicher Vermerk: [Die Firma ist] »arisch«.

5 Die Entscheidung fiel in Bremen, C. G. Melchers und W. Mayer waren zu der Zeit auf Heimaturlaub. Mayers kamen Anfang Dezember 1939 zurück nach Shanghai, CG Melchers gegen Ende 1940.

6 Dr. Korff fuhr am 7.7.1939 mit dem Dampfer *Chenonceaux* nach Marseille. *Shanghai Herald*, 7.7.1939, S. 25.

7 Taiwan war von 1895 (Frieden von Shimonoseki nach dem Chinesisch-Japanischen Krieg) bis 1945 japanische Kolonie.

8 Holzberger, Recollections, S. 68: Nach dem Einmarsch in Polen sei die 9-Uhr-Fähre am 1.9. überfüllt gewesen. Der Überfall geschah am 1.9. um 5.45 Uhr = 12.45 Uhr Hongkong-Zeit. Es war vermutlich die Fähre am 2.9.

9 *NCDN*, 4.9.1939 (Brill): »*In this grave hour [...] to meet the challenge of a principle which, if it were to prevail, would be fatal to any civilized order in the world*«, George VI. von Großbritannien und Nordirland.

10 HWB Firmengeschichte (1941), S. 6, BArch ZLA 7–34/116.

1940 – 1941
Dauerzustand Krise

Am Silvestermorgen 1940 nahm Hermann sich die Zeit, einen ausführlichen Brief an »Meine Lieben« in Hannover zu schreiben[1], denn »Sylvester verleben wir zu 4 bei mir im Hause gemütlich«. Am Neujahrstag würde er einen Tee-Empfang für seine chinesischen Mitarbeiter geben, etwa 60 Personen. Dieser Empfang sei schon zur Tradition geworden. Aber erst einmal schloss er kurz die Augen und ließ das Jahr 1940 an sich vorüberziehen.

Handel in der Krise

Gleich nach Kriegsbeginn war Melchers' Niederlassung in Hongkong durch die Engländer liquidiert und eine Reihe von Transportschiffen war beschlagnahmt worden. Wie im August 1914. Die meisten Angestellten konnten rechtzeitig ins portugiesisch-neutrale Macau fliehen, sie waren inzwischen in anderen Niederlassungen untergekommen; die in Hongkong Gebliebenen wurden von den Engländern interniert. Überseehandel war nur noch über neutrale Länder und auf neutralen Schiffen möglich. Der Absatz von Waren auf dem Weltmarkt war eingeschränkt, der internationale Geldtransfer hörte auf, aber Lieferverpflichtungen galten weiter. Letzteres musste den Fabrikanten in Deutschland nachdrücklich gesagt werden. Der Importausschuss der Deutschen Handelskammer Shanghai hatte dazu unter der Leitung von Breuer ein Mahnschreiben »Betreffend die Einwirkungen des europäischen Krieges« an Hersteller und Kaufleute in Deutschland geschickt, das mit der rhetorischen Frage schloss, ob der deutsche Kaufmann im Krieg national denken müsse, und im Gegenteil forderte: »*Wollen wir indessen im überseeischen Geschäftsverkehr, und namentlich hier im Brennpunkt konkurrierender Vorgaben, unseren Platz behaupten, dann müssen wir uns insoweit internationalen Grundsätzen anbequemen.*«[2]

Das Arbeitsgebiet, über das man heute nicht schreibt
HWB an Familie Karl Breuer, 31. Dezember 1940

Hilfe aus den USA

Das Jahr 1940 fing für die Melchers-Firma ganz international an. Das Ehepaar Randolph aus New York war zu Besuch. Gleich nach Weihnachten (1939) empfingen sie Theodore und Carolyn in Shanghai. Theodore war am

18. September in New York aufgebrochen und ab Treasure Island bei San Francisco mit einem Clipper der Pan Am in fünf Tagen nach Manila geflogen. Diese erste Trans-Pazifik-Route wurde seit vier Jahren geflogen, anfangs nur mit Post, seit drei Jahren auch mit Passagieren.[3] Der Flug kostete so viel wie ein neues Auto. Von Manila war Randolph zunächst nach Japan gereist.[4] Im November traf er sich mit seiner Frau in Mukden (Shenyang),[5] es folgten drei Wochen in Tianjin und eine in Peking. Letztere war ganz überwiegend dem *sightseeing* gewidmet.

Die erste Sehenswürdigkeit war Melchers' Anwesen, 24–25 Nan Chi Tse Road (Nanchizi Dajie). Das Grundstück war Teil eines kaiserlichen Ahnentempels, der zuletzt vom Haupteunuchen der Kaiserin bewohnt gewesen war (so hieß es). Es lag direkt an der Mauer, die den östlichen Arm des Palastgrabens um die Verbotene Stadt abschloss. Die Modernisierung zu Lager- und Kontorräumen sowie zu einem eleganten Gästehaus war gerade abgeschlossen. Ohne in die alte chinesische Anlage wesentlich einzugreifen, waren Warmwasserleitungen und eine Zentralheizung eingebaut worden, in den Wohnzimmern zusätzlich englische Kamine. Jedes der fünf Schlafzimmer, Bäder *en suite*, war mit seidengefütterten Vorhängen aus antikem Brokat und mit besten Matratzen aus den USA ausgestattet. Die Antiquitätenhändlerin Editha Leppich hatte für die repräsentativen Räume antike chinesische Möbel und Kunstschätze ausgewählt; im Empfangszimmer lag ein ca. 80 qm großer Teppich aus dem 18. Jahrhundert mit Päonienmuster in vier Blauschattierungen. Auch eine kleine Ausstellung früher Bronzearbeiten belegte Melchers' Achtung vor chinesischer Kunst und Kultur.[6]

Während der drei Wochen, die die Randolphs nach Weihnachten in Shanghai verbrachten, wurde intensiv gearbeitet, wurde fortgesetzt, was HWB Ende 1938 und Carl Gerhard Melchers im Frühjahr 1939 in New York mit Randolph begonnen hatten: Ihre Firmen mussten weiter flexibel auf die Kriegsbedingungen in Europa reagieren. Die Melchers Inc. New York, deren Firmenanteile inzwischen auf den Geschäftsführer Theodore Fitz Randolph überschrieben waren, hatte seit Kriegsbeginn zunehmend die Handelsgeschäfte von Melchers China in Ostasien übernommen. Außerdem hatten sie, für alle Fälle, schon 1939 gemeinsam die »amerikanische« Handelsfirma American Far Eastern Syndicate (AFESI) gegründet. Außer dem Geschäftsführer Randolph hatte die AFESI zwei chinesische Geschäftsleute als *shareholder*: David Kwok (Wing On) und Tung Han-sen.[7] Schriftliche Zeugnisse die Eigentumsverhältnisse betreffend wurden soweit es ging vermieden, das war die beste Absicherung in Anbetracht der für alle Beteiligten völlig unabsehbaren Entwicklung. Aber die Existenz der Firma musste bekannt gemacht werden, und so schalteten sie um den Jahreswechsel erst mal eine kleine Serie größerer Anzeigen in den *North China Daily News*.

Es blieb dem Ehepaar Fitz Randolph trotzdem Zeit, das gesellschaftliche Leben Shanghais zu genießen, Zeit für Einladungen zum Melchers-Teilhaber Dr. Korff, zu HWB und Jennie – und für die Unterhaltungsangebote der Großstadt. Im Tower Night Club des Cathay Hotels am Bund (der Bombenschaden vom »Bloody Saturday« war repariert) spielten Sid's Cathay Syncopators zum Tanz. Falls das angesichts des Krieges unmoralisch erschien: Sir Victor Sassoon hatte sich verpflichtet, die Jahreseinnahme des Ballsaals an den British War Fund zu spenden.[8] Die ersten Pferderennen des Jahres auf dem Race Course durfte eigentlich niemand verpassen. Start 11.30 Uhr am 2. Januar. Gleich neben dem Rennplatz, im Parkhotel gab es jeden Abend »Dinner Dance« im Grillroom. Vielleicht gingen sie in eines der großen Cinemas? Im Grand wurde »Angels with Dirty Faces« gezeigt, James Cagney und Humphrey Bogart in einem Gangsterfilm mit Moral von Michael Curtis; der Film war brandneu, hatte erst Ende November in den USA Premiere gefeiert. Vielleicht wagten sie sich in das Zuschauergedränge einer Peking Oper im Tianchan Theater?[9] Mei Lanfan, den weltbekannten Darsteller, konnten sie nicht sehen: Als die japanische Armee Peking erobert hatte, war er nach Hongkong geflohen.[10]

Die rekordverdächtige Heimreise des Ehepaares mit dem »China Clipper«[11] hatte in New York Schlagzeilen gemacht: »Boro Couple Made Record Flight On Trip Back Home From China«.[12] Nur fünf Tage seien sie von China aus unterwegs gewesen – und zum ersten Mal war ein Clipper in der Nacht auf dem Flughafen von Pearl Harbour gelandet – bis sie am 5. Februar morgens in der Middagh Street ankamen. Natürlich hatten sie bei der Rückkehr über die Datumsgrenze einen Tag »gewonnen«. Währenddessen bekam HWB ein spätes Weihnachtsgeschenk: Die amerikanische Firma Westinghouse, die er zuerst zur Jahreswende 1938/39 zusammen mit Theodore Fitz Randolph besucht hatte, schickte eine silberne Dose mit der Gravur »Mr H. W. Breuer/With Pleasantest Memories/from Westinghouse Staff 1.2.1940«. Das Erinnerungsstück weckte noch einmal erfreuliche Erinnerungen an Weihnachten 1938 in New York. In vollen Zügen hatten sie die Zeit genossen. Damals versuchten sie sich einzureden, dass es keinen Krieg geben würde.

Eroberung der Niederlande

Inzwischen war der Krieg 16 Monate alt. Deutschland war weiter an allen Fronten militärisch auf dem Vormarsch. Am 10. Mai 1940 hatten deutsche Truppen die Niederlande angegriffen, die fünf Tage darauf, nach der fast vollständigen Zerstörung der Altstadt von Rotterdam durch die deutsche Luftwaffe, kapitulierten.[13] In Rotterdam war auch die von Melchers & Co. getragene Handelsvertretung Kong, Smith & Co. vernichtet worden. Melchers' Anteile an der Firma waren zu diesem Zeitpunkt nominell in holländischen und amerikanischen Händen:

Die »Geschäftsverbindung« in Rotterdam waren C. Melchers & Co. im Herbst des Jahres 1935 eingegangen. Beim Präses des Landesfinanzamtes Bremen hatten sie beantragt, einen Angestellten an diese Firma ausleihen zu dürfen. Sie durften. Nur der Briefentwurf nannte den wahren Grund des Schrittes: »Von Deutschland aus lassen sich diese Geschäfte mit Rücksicht auf die Devisenlage nicht tätigen.«[14] Die »Devisenlage«: Seit April 1935 erhielten deutsche Firmen keine Bardevisen mehr zugeteilt; Einkäufe konnten nur noch über ASKI erfolgen. Als holländische Firma verfügten sie über freie Devisen für den internationalen Warenverkehr,[15] und bei Ausbruch des Krieges 1939 hatten sie so den Zugriff der Engländer auf Waren und Forderungen umgangen.[16] Nun wurden die Originaldokumente herausgesucht, um dem deutschen Reichskommissariat Niederlande zu beweisen, dass es sich doch eigentlich um eine deutsche Firma handelte.[17]

Wie es wohl Schwester Paula und ihrem Mann Ben Barendsen in Den Haag gehen mochte. Denn nun wurden auch in Holland die Ahnen erforscht. »Hoffentlich verliert Paula nicht ihren Kopf«, dachte Hermann.[18]

Warenverkehr via Sowjetunion

Seitdem Italien Mitte Juni 1940 in den Krieg eingetreten war, war der Suezkanal gesperrt. Die Transsibirische Eisenbahn erhielt noch größere Bedeutung für den Warenverkehr zwischen Europa und China. Wöchentlich verkehrten fünf durchgehende Züge (früher waren es zwei gewesen), mit denen vornehmlich hochwertige Waren geringen Gewichts transportiert wurden, wie Chemikalien, Arzneimittel und Farben. Diese deutschen Erzeugnisse deckten etwa 25 % des chinesischen Einfuhrbedarfs.[19] In der täglichen Praxis blieb der Transport *via Siberia* aber ein einziges Ärgernis. Nach Westen (über Königsberg) war die Ware ca. drei Monate unterwegs, nach Osten ca. zwei. Es gab Schwierigkeiten bei der Durchreise durch Russland, häufig wurden Waren auch in Dairen (Dalian), also von den Japanern, festgehalten. Die Mängelliste wurde immer länger: Diebstähle, fehlende Umladekapazitäten in Wladiwostok, Überlastung des japanischen Hafens Tsuruga, beschädigte Verpackungen, Probleme bei der Umrechnung der Währungen und mit Versicherungen.[20] Joachim Claussen, Leiter der Exportabteilung von Melchers Bremen, stöhnte, der Sibirien-Transport funktioniere überhaupt nicht. Die Waren kämen nicht in Shanghai an.[21] Fazit im Juli 1940: »Der Sommer 1940 sieht den Europahandel Chinas auf ein seit hundert Jahren nicht da gewesenes Minimum reduziert.«[22]

Noch waren die Depots in Shanghai ganz gut gefüllt, die größeren deutschen Handelshäuser konnten Binnenhandel betreiben und mit neutralen Ländern zusammenarbeiten. Nach der Kapitulation Frankreichs, dem in Compiègne geschlossenen Frieden und der Installation der deutschfreundlichen Regierung unter Marschall Pétain[23] gab »Vichy-Frankreich« sogar die in China bei Kriegsausbruch konfiszierten deutschen Waren zurück.[24] Trotzdem schätzten alle die wirtschaftlichen Aussichten für China als ungünstig ein; man sprach von einer »*ernsten Krise, deren Ende noch nicht abzusehen ist. [...] Die Erstarkung des China-Dollars, die neuen Handelshindernisse, die Niederlage Frankreichs, die Bedrohung Englands und die Verstärkung des japanischen Druckes im ganzen fernen Osten wirken sich hier ungünstig aus.*« Die Entwicklung zwang die Shanghaier Industrie zu weitgehenden Einschränkungen: Japanische Baumwollspinnereien kürzten ihre Produktion um 30 %, zahlreiche chinesische Spinnereien stellten den Betrieb ganz ein. Ähnlich sah es in den Bereichen Lebensmittel-, Metall-, Papier und chemische Industrie aus. Investiert wurde fast nichts.[25]

Abzug des britischen Militärs aus Shanghai

Zu der Zeit, als in Shanghai die Tigerhitze herrschte – das Thermometer zeigte 108° Fahrenheit (43 °C)[26] –, waren die zwei in Shanghai stationierten britischen Einheiten, das 2. Bataillon des East Surrey Regiments und das 1. Bataillon der Seaforth Highlanders, abgezogen worden.[27] HWB war bei der Abschiedsfeier der Offiziere im englischen Club dabei gewesen. Traurig waren sie nicht, jetzt würden sie endlich in den richtigen Krieg eingreifen. Natürlich wusste niemand, wo das sein würde. Für alle Fälle hatte HWB ein Foto von Uwe zu dem Abschiedstreffen mitgenommen und es schließlich sogar herumgezeigt mit der Bemerkung, wenn einer von ihnen diesem jungen Mann vielleicht begegnete, möchte er doch nett zu ihm sein. Am Augusttag des Abschieds (1940) marschierte das 4. Marinekorps der Vereinigten Staaten, die Band voraus, mit den beiden britischen Bataillonen durch das Internationale Settlement zu den Docks. Deren Reise ging zunächst nach Singapur. Die amerikanischen Marines blieben in Shanghai, würden zukünftig den Schutz der gesamten internationalen Niederlassung übernehmen. Das stieß auf den Unwillen der Japaner, die forderten, dass auch die amerikanischen Truppen abgezogen werden sollten.[28]

»Nachtstörungen« in Deutschland

Hermanns Blick fiel auf seine Schreibmaschine, die gute »Erika«, die er 1930 aus Deutschland mitgebracht hatte,[29] und den darin eingespannten Briefbogen. Er dachte an Karl und Alice und ihre Mädchen, versuchte sich vorzustellen, wie sich der Krieg in Hannover anfühlte. Er wusste, dass sie dort wenigstens in den Weihnachtstagen »von Nachtstörungen verschont geblieben« waren. Glücklicherweise. Seit im Mai die ersten Bombenangriffe, auch auf Hannover, geflogen worden waren, nahmen die gegenseitigen »Vergeltungen« kein Ende mehr. Er dachte an Uwe, der das Weihnachtsfest bei Breuers in Hannover verbracht hatte.[30] Uwe war inzwischen Soldat, machte eine Ausbildung zum Fallschirmjäger auf dem Fliegerhorst Stendal-Borstel.[31] Darüber, dass Uwe überhaupt Soldat werden durfte, hatten

Hermann und Karl sich schon Anfang 1937 verständigt gehabt, da schickte Hermann einen Zeitungsartikel, »Kein Wehrdienst für Juden« aus dem *Ostasiatischen Lloyd*, nach Hannover, kommentiert: »*Nach obiger Mitteilung ist die Lage unseres jungen Freundes eindeutig geregelt, sodass er ohne weiteres seiner Militairpflicht genügen kann, ohne dass das Thema angerührt zu werden braucht, was doch recht angenehm für ihn ist*«.[32] Der »Krieger«, so stellte Hermann sich jetzt vor, würde zu Weihnachten in Alices Vorräte »kräftig eingehauen« haben – und hoffentlich waren alle Lebensmittelpakete, die er über Melchers Bremen hatte schicken lassen, rechtzeitig angekommen. Kakao und Tee hatte er selbst in Shanghai auf den Weg gebracht, auch an Frau Freudenberg (Otto Freudenberg war im vergangenen Jahr gestorben) und an Carl Schmidt; nächstens würde er Seifenpakete schicken. Und noch einmal zu Uwe: Nach dem Militärdienst würde er seine kaufmännische Ausbildung abschließen müssen. Am besten käme er nach Shanghai, wohnte bei Hermann. Zwar würden die Bestimmungen der nationalsozialistischen Deutschen Arbeitsfront bei einer Anstellung Probleme machen, aber vielleicht könnte Uwe erst mal als Volontär anfangen, z. B. in der Bettfedern-Branche. Da wäre sein Lehrherr ein »recht scharfer, gerader Mann«, bei dem Uwe »feste anpacken« müsste. Hermann war wohl der Meinung, das täte ihm mal ganz gut.[33]

Weihnachten mit Gästen

Das Weihnachtsfest hatten Hermann und Jennie in ihrer schönen Wohnung gefeiert, sie war frisch renoviert, die Möbel neu bezogen, neue Gardinen gehängt, und den einen oder anderen neuen Teppich gab es auch. »Man weiß nicht, was nochmal kommen wird, und diese Anlage genießt man doch wenigstens noch am meisten.« Was er schon wusste: Seine Miete war um das Zweieinhalbfache gestiegen. »Schön und geruhsam« sei das Fest gewesen. Jennie hatte, wie alljährlich, den Weihnachtsbaum geschmückt. Der kam jetzt aus Japan, nicht mehr aus der Mandschurei. Die Tafel war mit dem Meißener Zwiebelmuster-Porzellan festlich gedeckt[34] und mit einem fünfarmigen Tischleuchter aus Tannenzapfen, Zweigen und Kunstschnee geschmückt. Acht Personen saßen zum Essen darum herum: Frau Polis (die 1937, während der japanischen Belagerung, einige Monate mit in der Rue Chapsal gewohnt hatte), Herr und Frau Busch – Frau Busch war, wie Jennie, vor zwei Jahren im Canidrome um den Prix d'Ambassadeur geritten – und »zwei alleinstehende Damen, die hier gestrandet waren«. Dazu ihr Hausgast, C. F. Kirsten, der im Büro des Norddeutschen Lloyd arbeitete[35] und zum 1. Januar für Melchers nach Tianjin gehen sollte. Melchers baute die Niederlassung aus, sie wollten von dort das Mandschurei-Geschäft ankurbeln. Gerade rechtzeitig war ein Puter angekommen (lebend), ein Geschenk von chinesischen Freunden. Überhaupt hatten ihn chinesische Freunde und Bekannte wieder reich beschenkt mit Bronzen,

Porzellan, Whisky, Tee und »famosen« Zigarren sowie altem französischen Cognac, Letzteres »beides Dinge, die hier rar werden«. Am Weihnachtsabend erklangen aus dem Radio »stimmungsvolle deutsche Weihnachtsgesänge«, und sie gedachten »bei einem Glase Sekt Aller daheim und der deutschen Heimat«. Er konnte befriedigt feststellen, dass es allen gut schmeckte und dass »die sonst recht verwöhnte Madame B. futterte wie ich selten eine Dame sah«. Um Mitternacht brachte er die Damen nach Hause, »während mein junger Mann erst bei Morgengrauen wieder erschien«.

Am Weihnachtsmorgen gab es die Geschenke: Hermann hatte für Jennie eine Stehlampe ausgesucht, Seidenstrümpfe, Parfüms, ein Buch über Gärtnerei, einen »Mundvorrat« Süßigkeiten und einen US-Dollar-Scheck geschrieben. Jennie hatte Hermann Strümpfe und eine Wolljacke gestrickt – Heizkohle war furchtbar teuer geworden, kostete »dank der Abzüge unserer östlichen Freunde [die Exporte von chinesischer Kohle nach Japan] fünfzehnmal so viel wie im letzten Winter« –, hatte ihm Silberlöffel »für Jam und Marmelade« geschenkt (englisch differenzierend zwischen Konfitüre und Orangenmarmelade). Von seinem aufmerksamen Hausgast Kirsten bekam Hermann den Band »Der Mensch fliegt« aus der Reihe Unterhaltsame Wissenschaft, »die ich allmählich komplettiere«.[36] Herr Kirsten hatte sich offenbar die Büchersammlung angesehen und gefunden, dass sie nur wenige literarische Werke, dafür umso mehr Bücher von praktischem Wert enthielt: Bände über China, populäre Wissenschaft, Biografien, Memoiren sowie Referenz- und Nachschlagewerke.[37] Jennie schenkte Herr Kirsten Fotografien ihres Gartens, »die er im Sommer gemacht hatte und wovon ich einige Abzüge senden werde«. (Der Garten lag in der Amherst Avenue (Xinhua Lu); Jennie hatte dort Blumen, Gemüse, Bienen, Hühner und mindestens eine Ziege.[38]) Alice machte Jennie mit ihrem Weihnachtsbrief eine besondere Freude: Darin hatte sie vorgeschlagen, dass sie sich künftig mit »Du« anreden wollten. Alice hatte das so nett geschrieben, dass Jennie, die »empfindlich« sei, schrieb Hermann (das »entsetzlich« hatte er ausgeixt), vor Freude die Tränen in die Augen traten.

Zu Gast bei Korff: Kirche, Handelskammer

Anschließend waren Jennie und Hermann bei Familie Korff in der Amherst Avenue zum Mittagessen »in kleinem Kreise« eingeladen. Korffs waren glücklich über die Geburt ihres zweiten Sohnes; Rainer war jetzt schon fast fünf Monate alt.[39] Die Eltern überlegten, beide Jungen taufen zu lassen. Sie dachten, wie HWB, nicht eigentlich kirchlich, hatten standesamtlich geheiratet, aber angesichts der gegenwärtigen Erschütterung der Moralbegriffe sahen sie in der Ethik des Christentums den einzigen Halt.[40] So hatte Korff das mit dem neuen Pastor, mit Fritz Maass, besprochen. Seitdem Maass

Anfang März 1940 das Amt des Gemeindepastors übernommen hatte, besuchten viel mehr Deutsche die Gottesdienste. Menschen, die jahrelang nicht mehr in die Kirche gegangen waren, kamen jetzt regelmäßig.[41] Es herrschte dort ein unabhängiger Geist. Auch kam der unverheiratete Pastor bei den Damen gut an. Seit Ende Juni 1939, gleich nach dem Weggang von Pastor Krüger,[42] hatte die NSDAP versucht, der Kirchengemeinde ihre Unabhängigkeit zu entziehen.[43] Aber schließlich konnte der neue Vorsitzende des Kirchenvorstandes, Gustav Röhreke, sich durchsetzen, und in einer neuen Satzung (1940) wurde die Selbstständigkeit der Kirchengemeinde festgeschrieben.[44] Anders die Deutsche Handelskammer Shanghai: Sie war in einem langen Streit der NSDAP unterlegen. Berufungen gegen Urteile des Shanghaier Schiedsgerichts wurden nun nicht mehr vom Oberschiedsgericht der dortigen Handelskammer entschieden, sondern in Berlin von der nationalsozialistischen Deutschen Arbeitsfront. Korff erinnerte sich lebhaft an die entscheidende Beirats- und Vorstandssitzung Mitte März (1940). Auf die Frage, welche Druckmittel die DAF für die Durchsetzung ihrer von fern gefällten Urteile habe, formulierte Landesgruppenleiter Lahrmann die Drohung: »dass sich eine Nichtanerkennung ihres [der DAF] Votums nur jemand leisten könne, der niemals wieder nach Deutschland zurückkehre«.[45]

Nach dem weihnachtlichen Mittagessen bei Korffs war Hermann in wundervollem Sonnenwetter auf Sultan ausgeritten (Sultans Box in der Ascot Riding School, Tunsin Road, war nur einen Katzensprung von Korffs Haus entfernt), wie in diesem Herbst und Winter schon oft. Eigentlich hatte er sich ja schon im Sommer 1939 gefragt, ob Sultan seine besten Tage wohl hinter sich habe[46] – aber er hing mit geradezu väterlicher Liebe an dem Tier, und realistisch betrachtet wäre es momentan fast unmöglich gewesen, in Shanghai ein passendes Reitpferd aufzutreiben.[47] Für Hermann war es vor allem wichtig, fit zu bleiben und sich in der freien Natur zu bewegen – möglichst auf einem vertrauten Pferd. Bei Geländeritten trug Sultan ihn noch immer sicher. Das *steeplechase* am 7. Januar (1940) auf Fred Siemssens Anwesen[48] war für Hermann eine besondere Art gewesen, seinen Geburtstag zu begehen: »... im Siemssen'schen Garten ist es wie im Märchen. Großstadt und Alltag verschwinden und man dünkt sich fern irgendwo in einer friedlichen Welt tief im Grünen«,[49] meinte der *Ostasiatische Lloyd* über das Gelände an der Hungjao Road, kurz hinter der Kreuzung mit der Warren Road. Es war sicherlich auch Albert Cortum eingeladen, Fred Siemssens Mitstreiter in der Deutschen Handelskammer Shanghai und im Kirchenvorstand – vielleicht hatte er seinen elfjährigen Sohn Hans-Peter mitgenommen, der bereits Anzeichen einer Leidenschaft für den Reitsport zeigte?

Hans-Peter Cortum

Als ich im November 2012, auf der Suche nach Menschen, die HWB noch gekannt haben konnten, Hans-Peter Cortum[50] anrief, kam es wie aus der Pistole geschossen: »Breuer – ja, sein Pferd hieß Sultan, war ein Schimmel.« Ich könnte ihn gern in seiner Wohnung in Mölln besuchen. Cortum saß im Rollstuhl, war von Krankheit gezeichnet, ließ es sich aber nicht nehmen, mir einen Kaffee zu kochen. Jahrgang 1928, war er als Jugendlicher ein passionierter Reiter gewesen. Er erinnerte sich lebhaft an Sultan und an Jennies Pony und wusste, dass die Tiere in der Ascot Riding School zu Hause waren. Dann schwärmte er vom Rennplatz: Fast das ganze Jahr hindurch gab es mittwochs, sonnabends und sonntags Pferderennen. Mindestens an einem der Tage war Cortum dabei, schon vor der Schule zwischen 6 und 7 Uhr früh, er kannte die Jockeys, durfte das eine oder andere Tier im Training reiten. Das war zur Zeit der japanischen Besetzung Shanghais bzw. der japanisch gelenkten Regierung. Weder Briten noch Amerikaner, noch andere »*enemy nationals*« waren als Mitglieder oder als Besucher des Clubs und der Rennen mehr zugelassen. Eigner der Rennställe waren nun Japaner, manchmal auch Chinesen. Sogar die Jockeys mussten »*non-enemy*« sein; Chinesen, Angehörige der »Achse« und Neutrale kamen in Frage. Noch bis zum 29. Juli 1945 fanden an fast jedem Wochenende Rennen statt.[51] Da war der Krieg in Asien schon fast vorbei.

An den Frühjahrsturnieren auf dem Gartengrundstück von Fred Siemssen hatte Cortum 1943 und 1944 teilgenommen. Schon Wochen vorher trainierten seine Freunde und er Springen, Paarspringen und Dressur. Eines Tages wollten sie das Deutsche Springderby gewinnen. Cortum erzählte vom erzwungenen Abschied 1946 aus Shanghai, am 30. Juni 1946, es war Peters 18. Geburtstag. Die traumatische Erfahrung wurde wieder ganz lebendig, als er mir davon erzählte. Später in Deutschland baute der Industriekaufmann Cortum den Kontakt zu Shanghai und zu den Freunden von dort wieder auf, machte ehemalige Schüler seiner Kaiser-Wilhelm-Schule ausfindig, organisierte Treffen in Deutschland, versammelte in Hamburg ehemalige Shanghaier zu chinesischen Mittagessen. In Shanghai hielt er in der Deutschen Schule Hongqiao Vorträge als Zeitzeuge. Zum Abschied gab er mir ein Exemplar seiner Erinnerungen »Such was Life in the Far East« und zeigte mir die Käthe-Kruse-Puppe Adulbert (sic), die Adalbert Korff 1931 dem dreijährigen Hans-Peter geschenkt hatte. Dr. Korff saß mit Peters Vater Albert Cortum im Vorstand der Deutschen Handelskammer Shanghai. Im Laufe seines Lebens hatte Adulbert neue Haare und neue Kleider bekommen. Er war trotzdem schmerzlich gealtert. HaPe Cortum starb zwei Monate nach unserer Begegnung.

Zu Gast bei CG Melchers

Schließlich ging Breuer an diesem Ersten Weihnachtstag in das Haus Oberneuland, in dem er in lange vergangenen Jahren bei Widmanns Weihnachten gefeiert hatte. Seit 1936 wohnte Carl Gerhard Melchers mit seiner Familie dort. Im Oktober waren sie mit der Transsibirischen Eisenbahn aus Deutschland zurückgekehrt.[52] Sie hatten zu einer späten Teestunde eingeladen. Bald drehten sich die Gespräche um die Frage, wo sie das in China erwirtschaftete Geld parken konnten. Geschäftlich und privat. Weil das Export- und Importgeschäft zurückging, musste immer weniger Kapital vorgehalten werden. Der rasante Wertverlust der chinesischen Währung verschärfte das Problem. Sie würden US-Dollar kaufen müssen und Goldbarren und beides an gut ausgesuchten Orten verstecken. Sie würden auch weiter Immobilien kaufen. Breuer war jetzt finanzieller Berater.

Dem Bruder deutete Hermann an, sein Arbeitsgebiet, »über das man heute nicht schreibt«, sei »recht interessant geblieben«. Über eine seiner Aufgaben schrieb er: Da er »sozusagen der Senior in der Firma [sei] und die meisten Unterlagen zu schaffen und zu sondieren [vermöge]«, habe er eine besondere Arbeit übertragen bekommen.[53] Dabei handelte es sich darum, eine Jubiläumsschrift zum 75. Geburtstag der China-Firma vorzubereiten. Breuer hatte sich engagiert an die Arbeit gemacht, ein inhaltliches und gestalterisches Konzept sowie Vorschläge zu Papier, Druck, Bindung und Auflage entwickelt.

Bei Lindemann fragte er vorsichtig nach, ob es in seinem Sinne sei, vornehmlich die »Geschichte einer in China wurzelnden, deutschen Hansa-Firma und ihrer bisherigen, sich über alle Länder erstreckenden wirtschaftlichen Betätigung« zu erzählen; eine Darstellung der wirtschaftlichen Bedeutung Chinas als Lieferant und als Abnehmer sowie ein Überblick über die industrielle Entwicklung Chinas und seines Transportwesens sollten dazugehören. Oder ob es besser sei, zwei Ausgaben zu planen, eine für »Großdeutschland und seine wirtschaftlich verbundenen Länder und eine in Englisch für die übrigen Handelsbeziehungen«.[54] HWB wusste, dass die nationalsozialistische Sichtweise und die entsprechende Diktion einer positiven Darstellung des freien Welthandels widersprachen. Aber er musste bedenken, dass er die Frage an einen hohen Würdenträger des Naziregimes richtete: Teilhaber Lindemann war 1932 Mitglied des Wirtschaftskreises der NSDAP geworden, der seit 1935 Freundeskreis Reichsführer SS hieß. Er bekleidete leitende Positionen in entscheidenden Gremien der nationalsozialistischen Wirtschaftsstruktur. Seit September 1933 Staatsrat in Bremen, saß er in etwa 18 Bank- und Industrieunternehmen im Aufsichtsrat, war Aufsichtsratsvorsitzender des Norddeutschen Lloyd.

Vergangenheit: Geschichte der Firma

Es machte Breuer Freude, sich für das Kapitel zur Firmengeschichte an »markante« *stories* zu erinnern, wie sie im Lauf der Zeit beim Cocktail für Lacher gesorgt hatten. Die sollten, so hoffte er, der Firmengeschichte einen gewissen Schwung geben. So bat er den »*sehr verehrten Senior*« [Korff], er möge doch bitte kurz skizzieren, »*wie Sie zu Ihrer Zeit die großen Petroleum-Geschäfte mit Ching Chong machten, wie der Ankauf der störrischen Maulesel für das deutsche Expeditionskorps 1900 [...] in Chingkiang [Zhenjiang] vonstatten ging, eine Darstellung des von ernsten und komischen Episoden begleiteten Mehl- und Dampfergeschäftes während des japanisch-russischen Krieges, oder wie der russische Admiral des Ostasiengeschwaders bei einem Empfang bei Hermann Melchers in Hongkong seinen eleganten Diener Fritz bei der Kleiderablage als Gast begrüßte und nachher bei Tisch von ihm bedient wurde*«.[55] Es tat ganz gut, sich auf diese Weise von Zeit zu Zeit in eine Vergangenheit wegzudenken, deren Probleme bewältigt waren.

Zukunft mit Rotary

Anfang des Jahres 1940 hatte er sich aber in die Zukunft wegdenken müssen: »A forecast of the future, twenty years hence, will be given by Rotarian Breuer«. Der Anlass: »This week's Rotary meeting will be held as usual on Thursday, at the Metropole Hotel, 1st Floor.«[56] Pessimismus war in dieser Gesellschaft nicht opportun. Wie würde die Welt in 20 Jahren aussehen? 1960?! Was hatte ihn bloß veranlasst, diesen Themenvorschlag anzunehmen? Es war zwar hilfreich, dass die Rotarier anlässlich des japanischen Überfalls auf China beschlossen hatten, in ihren Zusammenkünften den politischen Komplex auszuschließen: »[die Beschäftigung mit] Politik haben wir uns untersagt, wir haben uns drauf geeinigt, unsere Kräfte auf die Verbesserung der Lebensbedingungen zu konzentrieren«.[57] Aber trotzdem hätte Breuer lieber darüber gesprochen, warum er 1937[58] auf die Frage eines seiner Rotarier-Freunde, ob sie ihn zur Aufnahme in den Club vorschlagen sollten, aus vollem Herzen Ja gesagt hatte. Wer hatte ihn gefragt? Der Unternehmer George Marden, dessen Großvater Mitte des 19. Jahrhunderts aus Hannover nach England ausgewandert war, oder der deutsch-dänische Reeder Michael Jebsen oder A. Eveleigh, der Präsident der Paper Importers gewesen war, als Breuer Vizepräsident war, oder der Chinese P. Kwok, im Jahr von Breuers Beitritt als »*Sergeant-At-Arms*« verantwortlich für die Vorbereitung und Durchführung der Treffen?[59]

Gleich im Februar 1937 nahm Breuer am Charity Ball im Französischen Club teil. Da hatte ihm seine Zeit 1936 in Deutschland gerade vor Augen geführt, wohin völkischer Egoismus und Intoleranz führen konnten, und er war glücklich gewesen, wieder in seiner zweiten Heimat, im internationalen, toleranten Shanghai zu sein. Er wollte als Rotarier der Gemeinschaft dienen, Wohltätigkeit und Weltoffenheit leben, ethische Regeln im Berufs-

und im Privatleben einhalten. Die Leitfragen für das Handeln jedes Rotariers – Ist es wahr? Ist es fair? Wird es Freundschaft und guten Willen fördern? – entsprachen seinen Lebensmaximen. Dass die Rotarier in Shanghai bei aller proklamierten Toleranz keine Japaner in ihre Clubs aufnahmen, schien ihm angesichts des japanischen Krieges in China richtig. Die japanischen Rotary Clubs hatten die Angriffe 1931 auf die Mandschurei und 1932 auf Shanghai gerechtfertigt, und damit »*haben sie den Frieden der ganzen Welt gefährdet. Was sie getan haben, hat weitreichendere Konsequenzen, als die meisten von uns es sich bewusst machen*«, sagte der damalige Präsident des RC Shanghai, George Fitch. Seine Worte hatten sich inzwischen als prophetisch erwiesen.

Ganz im Sinne des »Verbesserns von Lebensbedingungen« arbeitete der Shanghaier Club gerade daran, Tausende verhungernder, wohnungs- und arbeitsloser Flüchtlinge aus allen Regionen Chinas von den Straßen zu holen und ihnen in einem Camp Unterkunft, Verpflegung und Kleidung zu geben, sie durch Sport und mit der richtigen Ernährung körperlich zu ertüchtigen, sie ein Handwerk oder eine Handfertigkeit zu lehren. Als Partner für die Umsetzung hatten sie die Heilsarmee gewonnen und das Shanghai Municipal Council bewogen, das Gelände für ein großes Camp zur Verfügung zu stellen.

Politik hatten sie sich untersagt – aber konnte Breuer in seiner Zukunftsprognose für die Rotarier ernsthaft davon absehen, dass die Deutschen gerade ganz Europa besiegten, dass das International Settlement und die Französische Konzession eine Insel im japanisch kontrollierten China bildeten, auf der das Geschäftsleben darniederlag – eine Insel im Sturm, auf die sich etwa eine halbe Million Chinesen und bisher etwa 15 000 europäische Juden geflüchtet hatten, und es kamen immer noch mehr? Wir werden es nicht erfahren. Breuer könnte an die Worte angeknüpft haben, die ein *fellow Rotarian* 1932 in seiner Ansprache gefunden hatte. Angesichts der damaligen japanisch-chinesischen Kriegshandlungen in Shanghai sagte er: »*Solange diese ernste und beunruhigende Situation andauert, ist es die Aufgabe jedes Rotariers, den Geist des guten Willens und der Verständigung innerhalb und außerhalb des Clubs am Leben zu erhalten. In nationalen Krisen wie dieser besteht ein zwingender Bedarf an Männern, die dem Einfluss von Propaganda und allgemeiner Feindseligkeit überlegen und bereit sind, die Situation mit Gelassenheit zu betrachten.*«[60] Wohin würden die Männer, die über dem Einfluss von Propaganda und Feindseligkeit standen, diese Welt in 20 Jahren bringen können? In eine neue Welt ohne Hass, Verfolgung und Krieg? Im Augenblick sah es nicht danach aus. Breuer musste sich Mühe geben, Optimismus aufzubringen.

1 HWB 31.12.1940 an Familie KB.

2 Handelskammer Shanghai 4.11.1939 über OAV an Firmen in Deutschland. BArch R11/1282e, p. 21.

3 Holzberger, Recollections, S. 78 (Besuch, Daten). Über die Clipper: http://www.zpub.com/sf/history/sfh-cc.html, am 3.11.2020.

4 *The Brooklyn Daily Eagle*, 15.9.1939: Abschiedsparty für Theodore Fitz Randolph.

5 7.11.1939 per Flugzeug bis Manila, dann per Schiff via Shanghai nach Shenyang.

6 Beschreibungen Editha Leppich, CG Melchers, Gottfried Schütte und Kurt Beister. BArch ZLA 7-34/116.

7 US-Property Control, NND Project №. 775057, Date 1977, declassified Executive Order 12958, Section 3,5.

8 Hibbard, Bund, S. 241–242. Sassoon spendete (mindestens) die Einnahmen aus 1940. Im Herbst 1941 verließ er China.

9 Heute das Yilu-Theater, Fuzhou Road.

10 https://www.britannica.com/biography/Mei-Lanfang am 3.11.2020.

11 China Clipper (NC14716) war das erste von drei Martin M-130, viermotorigen Flugbooten, das einen kommerziellen Liniendienst über den Pazifik (San Francisco – Manila) flog. Passagiere wurden seit Ende Oktober 1936 befördert. https://en.wikipedia.org/wiki/China_Clipper

12 *The Brooklyn Daily Eagle*, 6.2.1940.

13 10.5.1940 Deutscher Angriff auf die Niederlande, Kapitulation 15.5.1940.

14 19.9.1935 Handelskammer Bremen.

15 Kong Smith & Company, Rotterdam. Vgl. Alien Property Custodian Investigation, Finance Division, APO 742, U.S. Army, S. 6–8.

16 Akten der US-Property Control, NND Project Number 775057, Date 1977, declassified per Order 12958, Section 3,5.

17 CG Melchers, China-Firma S. 43. Die Firma Kong, Smith & Co. in Rotterdam hielt 10/11 Anteile am American Far Eastern Syndicate Inc. Akten der US-Property Control, NND Project Number 775057, Date 1977.

18 HWB 31.12.1940 an KB.

19 Schweizer Bericht vom Juli 1940, zitiert in Ostasiendienst Nr. 93 vom 16.8.1940, BArch R4902/8222 (2) s.p.

20 Erfahrungsbericht des OAV vom 5.4.1940, Eberstein OAV S. 127–128.

21 Claussen, 8.5.1940, MA Firma Melchers, Kasten 4, Mappe 5.

22 Schweizer Bericht vom Juli 1940, zitiert in Ostasiendienst Nr. 93 vom 16.8.1940, BArch R4902/8222 (2) s.p.

23 4.6.1940: Die deutsche Armee eroberte Dünkirchen, die englische Armee wurde evakuiert; 22.6. Waffenstillstandsabkommen. 11.6.1940 Gründung des État Français, französisches Marionettenregime in Vichy.

24 MA Firma Melchers, Kasten 4, Mappe 4.

25 Schweizer Bericht, Juli 1940, zitiert in Ostasiendienst Nr. 93 vom 16.8.1940, BArch R4902/8222 (2) s.p.

26 SJC 20.8.1940.

27 http://www.queensroyalsurreys.org.uk/1661to1966/hongkong_china/hkc09_1.shtml am 3.11.2020.

28 Ostasiendienst Nr. 93 vom 16.8.1940, BArch R4902/8222 (2) s.p.

29 HWB schrieb 29.1.1950 an Nele, die »Erika« (Schreibmaschine) sei 20 Jahre alt. Nele hatte ihm ein neues Farbband geschickt.

30 Lizzy Wolcke 3.8. und 5.10.1940 an KB.

31 HWB 27.12.40 an Lindemann und KB an Widmann Dezember 1940.

32 OAV 18.2.1937, Transocean Meldung, Bezug zum Wehrdienstgesetz vom 21. Mai 1935 und zur Verordnung vom 15.2.1937, RGBl I, S. 205.

33 HWB 31.12.1940 an Familie KB.

34 HWB 28.11.1948 an Nele (Stichwort Meißener Zwiebelmuster. Anlass: Packen von Umzugskisten).

35 Hong-Liste 1941.

36 Im Ullstein-Verlag seit 1932/33 erscheinende Reihe von Sachbüchern, allgemeinverständlich und mit Witz geschrieben, mit Zeichnungen ansprechend gestaltet. Aus dem Werbeprospekt: »*Die Wissenschaft gilt gewöhnlich als trocken und langweilig. Dass es auch anders geht, dass man ernste Dinge auch in humorvolle Form gießen kann, das hat der Bücher-Reihe ›Unterhaltsame Wissenschaft‹ so viele*

begeisterte Freunde geschaffen. Für jeden verständlich sind hier viele Gebiete unseres Lebens und Wissens dargestellt.« Z. B. Rundfunk- und Fernsehtechnik, Wirtschaft, Chemie, Motoren und Maschinen. Volker Bendig, S. 133–137.

37 HWB 13.3.1949 an Nele.

38 Erinnerung Paula Lauterbach geb. Dieckmann, Gespräch 12.7.2014 in Köln.

39 Geboren am 8.8.1940 in Shanghai.

40 Maass zitierte Korff so: »*Aber jetzt sehe ich in unserer fortgeschrittenen Zeit eine furchtbare Erschütterung unserer Moral- und Glaubensbegriffe, unter der ich leide. Und nirgends ist ein wirklicher Halt zu entdecken als beim alten Christentum. Darum will ich, dass meinen Kindern diese Werte nicht entgehen.*« Nachrichten der deutschen Evangelischen Kirchengemeinde, Nr. 41, 16. – 23.7.1945. BSB ANA 708, Studeo 435.

41 Maass 10.3.1940 und 20.3.1941 an Bischof Heckel. ZA 5121/13 Signatur EZA 5/3158. Die Gemeinde umfasste 1200 gemeldete und ein paar Hundert nicht gemeldete Gemeindemitglieder.

42 10.6.1939 im *OAL*: »Abschied von Pastor Krüger«.

43 29.6.1939 Gustav Ohland, stellvertretender Vorsitzender der Deutschen Evangelischen Kirchengemeinde Shanghai an das Kirchliche Außenamt. ZA 5121/13 Signatur EZA 5/3157.

44 Ausschlaggebend war das Argument, dass die Gemeinde seit 1926 dem Deutschen Evangelischen Kirchenbund angeschlossen war. §3 der Satzung vom 22. Mai 1940.

45 Protokoll der Vorstands- und Beiratssitzung vom 14.3.1940, BArch R 11/1282e p. 111. Freyeisen, Shanghai, S. 217–219.

46 HWB 19.8.1939 an KB.

47 »In those years there were no horses available anywhere in China« (betr. 1940/41), Holzberger, Recollections, S. 92.

48 Das Foto, datiert auf 7.1.1940, habe ich von Wera Schoenfeld, Fred Siemssens Tochter, erhalten.

49 Heute: Hongqiao Road, Gubei Road. Lage des Grundstücks: *OAL*, 21.4.1943.

50 Telefonat 16.11.2012, Gespräch 25.11.2012 in Mölln.

51 Nach: Carter, Champion's Day, S. 261–267.

52 CG Melchers, China-Firma, S. 47–48.

53 HWB 31.12.1940 an KB.

54 HWB 27.12.1940 an Lindemann, Durchschlag an KB.

55 HWB 20.12.1940 an Korff sen., Kopie an KB.

56 *NCDN*, 2.4.1940, S. 9.

57 »Politics have been vetoed.« Alfred Morley: Aid for Civilian Refugees, S. 13. Ü: CM.

58 Jahr des Beitritts: history@rotary.org 22.5.2019 E-Mail an CM.

59 *NCDN*, 29.6.1937 (https://primary-sources.brillonline.com/browse/north-china-daily-news). Evtl. war das Percy Kwok aus der Familie Kwok/Wing On. Percy war Rotarier (Paul Kwok 17.10.2020 an CM).

60 The Rotarian, Hrsg. Rotary International, Chicago Illinois, Volume 11, №. 4, April 1932. Übersetzt mit www.DeepL.com/Translator.

1941
Fast Krieg. Beinahe Frieden

Die Vorweihnachtszeit verlief 1941 ganz anders als sonst. Hermann und Jennie hatten sonst immer Anfang November die Geschenke für Deutschland eingekauft. In diesem Jahr konnten sie keine Pakete schicken, konnten nur zur Kenntnis nehmen, dass Adolf Widmann an Breuers in Hannover »im Sinne Ihres Bruders« ein Liebesgabenpaket sandte. Der genormte Inhalt namens »Weser« bestand aus zwei Kilogramm geröstetem Kaffee, einem halben Kilogramm Kakao und zehn Dosen Ölsardinen. »*Nachdem die Verbindung mit China durch den Krieg mit Russland unterbrochen ist [...]. Telegrafisch stehen wir noch in drahtloser Verbindung, aber der Postverkehr scheint sich [...] sehr schwierig zu gestalten*« schrieb Widmann am 1. Dezember 1941 an Karl nach Hannover. Der Krieg mit Russland hatte ja den letzten einigermaßen regelmäßigen Transportweg nach dem Osten, die Transsibirische Eisenbahn, abgeschnitten. Das war im Juni gewesen.

... unsere nachbarlichen Freunde zeigen leider wenig Verständnis für deutsche Angelegenheiten
HWB an Adolf Widmann,
21. Dezember 1940

Krieg mit der Sowjetunion

»*Nazi Forces Invade Russia*«, hatten die *North China Daily News* am 23. Juni 1941 getitelt. Aber da wussten es schon alle. Niemand würde vergessen, wo er war und wie er es erfuhr. Pastor Maass, zum Beispiel, war am 21. Juni auf dem Weg nach Deutschland in den Heimaturlaub gerade bis Harbin (seit 1932 japanisch besetzt) gekommen. Sein Anschlusszug am 22. fuhr nicht mehr. Er machte dann kurz entschlossen in Japan Urlaub.[1] Siegfried Lahrmann kam gerade aus Deutschland, war am 21. in Tsingtao an Bord eines japanischen Dampfers nach Shanghai gegangen, dort sagte es ihm der Zahlmeister.[2] Hans Tiefenbacher traf englische Bekannte im Lift eines Hotels in Shanghai. Die hatten gerade Nachrichten gehört und schlugen ihm freundschaftlich auf die Schulter, »did you hear the latest news? Hitler marching into Russia [...]. Now we won the war!«[3]

Der Tag des Angriffs war ein Sonntag, Hermann und Jennie hörten die Nachricht zu Hause am Radio. Gleich darauf riefen Freunde an. Jennie war hin- und hergerissen: Als sie die Namen der Orte hörte, die die Nazis überfallen bzw. bombardiert hatten – Kiew in der Ukraine, Sewastopol auf der Krim –, war sie spontan empört und voller Mitleid für die Betroffenen, fühlte sich nach langer Zeit wieder ihrer Herkunft verbunden. Einige ihrer russischen Bekannten sprachen die Hoffnung aus, diese Wendung des Krieges könnte zum Sturz Stalins, sogar zum Ende des Kommunismus in Russland führen.[4] Soviel Sympathie Jennie für diese Perspektive empfand, daran glauben konnte sie nicht. Hermann und sie hatten ausführlich darüber gesprochen, alle Möglichkeiten erwogen. Hermann meinte, die Nazis würden sich an den Russen die Zähne ausbeißen. Er ging noch kurz in den Deutschen Gartenclub – dort gab es kein anderes Thema –, besprach mit Korff, ob auch kein Melchers-Mitarbeiter in der Sowjetunion unterwegs war. Was die Schließung der Russlandroute für den Warenverkehr bedeutete, würden sie alle noch zu beraten haben. An diesem Sonntag waren sie sich im Gartenclub einig: Eine Weile würden sie von der Substanz leben können, aber längerfristig wäre die Lage aussichtslos.

Geradezu absurd erschien nun der Vorlauf: Noch im Februar hatte der Reichswirtschaftsminister ein Schreiben herumgeschickt, die Ausweitung des Fernostgeschäfts sei erwünscht.[5] Und Mitte Mai hatten alle Handelshäuser ein Rundschreiben der Handelskammer Shanghai erhalten, sie sollten Listen ihrer Importgüter vorlegen, die für eine Zulassung zu zukünftigen Importen nach China maßgebend sein sollten. Der erläuternde Brief des OAV liege zur Einsicht bei Herrn Breuer/Melchers & Co. und bei Herrn Leutsch, Mee Yeh Handels Co.[6] Wie sollte das denn zukünftig gehen? Eigentlich war es schon damals schwierig gewesen. Da war der mühsame Transport über die Transsib, und es kam hinzu, dass aus Deutschland und aus den eroberten Gebieten wegen der Kriegsbewirtschaftung von Metallen, Medikamenten, Nahrungsmitteln usw. immer weniger exportiert werden durfte.[7] Aber Handelsgüter wie Wolfram, Kautschuk und Zinn, die für Deutschland kriegswichtig waren, wurden auch fortan auf den Weg geschickt: auf Blockadebrechern, die ab Japan ausliefen. Nicht alle Schiffe kamen durch. Nach dem Juli (1941) war auch der Handel mit dem westlichen Teil Chinas, über den die chinesische Nationalregierung herrschte, endgültig zum Erliegen gekommen. Denn: Das Deutsche Reich hatte die im Jahr zuvor in Nanjing eingesetzte japanische Marionettenregierung als einzige legitime Regierung Chinas anerkannt, die Beziehungen zu Chiang Kai-sheks Regierung mit Sitz in Chongqing brachen ab.[8]

Immobilienkäufe

So reduzierten sich die Möglichkeiten der Handelshäuser immer weiter bis zum fast völligen Stillstand des überseeischen Warenverkehrs. Aus den Reisen, die HWB sich im August 1939 von seiner zukünftigen Tätigkeit für Melchers erhofft hatte, würde nichts werden. Er konnte nun vor allem seine Vernetzung in Shanghai, seine Kontakte zur chinesischen Geschäftswelt einbringen. Denn Melchers investierte von nun an in großem Umfang Betriebskapital in Immobilien – in Mietshäuser, in Fabriken und in Grundstücke – statt in Waren. So sollte das Geschäftsvermögen weiter arbeiten und zugleich vor der Inflation in China bewahrt werden. Eine andere Erfahrung aus dem Weltkrieg 1914/1918 war, dass Feindvermögen beschlagnahmt worden war. Zum Feind konnte Deutschland in China jeden Augenblick wieder werden. Gegen eine Enteignung wollten Melchers, wollten deutsche Firmen sich schützen. Also suchten sie sich chinesische Geschäftspartner, Einzelpersonen oder Firmen, die als Eigentümer in die Besitzurkunden eingetragen wurden. Breuer führte für Melchers Kaufverhandlungen, formulierte die Verträge und organisierte die Bezahlung und die Zeugen.[9]

Schon im April 1940 hatte Melchers das Anwesen Ecke Kanton Road 138, Kiangse Road einem Treuhänder übergeben, einem »wohlhabenden chinesischen Privatmann«, nämlich Tung Han-sen.[10] Das Eckgrundstück Nanking Road, Tientsin Road (Tianjin Lu) wurde am 8. April 1941 an die chinesische Firma Yung Foong Co. weiterverkauft; die Firma war extra zu diesem Zweck von Melchers gegründet worden.[11] Weitere Grundstücke lagen an der Peking Road und nördlich des Wusong nahe dem Nordbahnhof in dem Gebiet, das während der japanischen Belagerung 1937 fast vollkommen zerstört worden war.[12]

Shanghai Baugesellschaft, Deutsche Informationsstelle

HWB hatte sich bald als Fachmann für Immobiliengeschäfte einen Namen gemacht. Jedenfalls wurde er im September 1941 Geschäftsführer der neu gegründeten Shanghai Baugesellschaft. Es ging um den Ankauf eines »Palais« auf einem Grundstück neben der deutschen Schule an der Great Western Road für das Generalkonsulat. Das Auswärtige Amt hatte den Kauf angeordnet, um darin die Deutsche Informationsstelle Shanghai (DISS), die Propagandaabteilung des Auswärtigen Amtes, repräsentativ unterzubringen. Die DISS sollte von dort aus die deutsche Propaganda im Fernen Osten und darüber hinaus koordinieren. Shanghai sei »*der einzige Platz in der ganzen Welt, der Deutschland zur Verfügung steht, um hier [...] einen Nachrichten- und Propagandaapparat aufzubauen, der zu leichter Weltwirkung gebracht werden kann*«, schrieb Jesco von Puttkamer in seinem Gutachten für das AA.[13]

Finanzieren wollte das AA den Kauf des Anwesens aber nicht, und so sei »*die Durchführung dieses Unternehmens [...] erfolgt, indem der damalige Vorsitzende der Reichsdeutschen Gemeinschaft in Shanghai, Herr A. Glathe, die führenden Deutschen aufgefordert habe, für diesen Zweck einen möglichst hohen Betrag zur Verfügung zu stellen*«. Konkret lief das so ab: »*Herr Gadow [DEFAG], der ja unser Vertreter in der Gemeinde und Handelskammer war, kam seiner Zeit zu mir ins Büro mit den Worten ›wir müssen da auch etwas tun‹. Daraufhin haben fünf Defag Herrn [...] je zwei Anteile übernommen. [...]*

Einige der in Betracht kommenden Zeichner hatten Glück insofern, als sie auf Urlaub oder sonst irgendwie abwesend waren.«[14] Zu den 15 unglücklichen Eignern von Anteilen à 10 000,– Shanghai-Dollar gehörten Teilhaber der Firmen Melchers (Korff), Carlowitz (G. Röhreke), Siemssen & Co., Siemssen & Krohn (Fred Siemssen), DEFAG, Mee-Yeh, Rohde & Co. (U. Streib) und Bröckelmann (Heyn).[15] Es gab einen Aufsichtsrat, Vorsitzender war Fred Siemssen, einen Rechtsberater, das war Dr. Lorentz, und einen Geschäftsführer, nämlich HWB. Ein gewisses Problem stellte dar, in welcher Währungseinheit die Einlagen im Gesellschaftervertrag erscheinen sollten: US-Dollar sollten vermieden werden, falls es doch noch Krieg mit den USA gab, die chinesischen CNC-Dollar, in denen die Firmen einzahlten, verloren permanent an Wert. Also wurde eine fiktive Währungseinheit eingetragen, der Shanghai-Dollar. Später sollte die Investition unter Berücksichtigung der *assets* bewertet werden.[16]

Im Frühjahr 1942 konnte die DISS in ihr Palais einziehen, ihre 77 Mitarbeiter unterbringen, die in den Bereichen zentrale Steuerung (Überwachung der gesamten deutschen Öffentlichkeitsarbeit für Fernost und die USA), Herstellung und Versand von Propagandamaterial (Broschüren, Bücher, Flugblätter und Plakate), Bücherei, Text-, Bild-, Karten- und Filmarchiv arbeiteten. Die Informationsstelle wandte sich an Fachleute und an die allgemeine Öffentlichkeit, erstellte Statistiken und Tabellen, belieferte Zeitungen und Ausstellungen mit Bildmaterial, zeigte eigene kleine Ausstellungen, vertrieb Spielfilme und organisierte die Vorführung von Propagandafilmen in Schulen und in den Ortsgruppen der NSDAP oder vor chinesischem und japanischem Publikum – alles in engster Absprache mit den Japanern, zu denen von Puttkamer, der zum Leiter der Einrichtung ernannt worden war, eine enge Verbindung aufbauen konnte.[17] Er sprach fließend Japanisch.

Eigentlich hätte im Juni, Juli das inhaltsschwere und anspruchsvoll gestaltete Buch zum 75-jährigen Bestehen von Melchers China erscheinen sollen, das Breuer so kenntnisreich geplant hatte. Aber auch dieser Plan war an den Zeitumständen gescheitert. Eine Abstimmung mit Bremen war nicht mehr möglich gewesen – und zum Feiern im großen Stil war im August 1941 niemandem zumute. Breuer hatte einen umfangreichen Aufsatz verfasst; es erschien ein Beitrag in der *Ostasiatischen Rundschau*, und in der Sonntagsausgabe vom 3. August 1941 brachte der *Ostasiatische Lloyd* eine ausführliche Würdigung.[18] Zur Feier in den festlich dekorierten Melchers-Räumen (mit Hakenkreuzen hatten sie sich sehr zurückgehalten[19]) erschien ein relativ kleiner Kreis von Gratulanten: Offiziell gab es keine Kontakte mehr zu Engländern, Holländern und Belgiern, Skandinaviern und Russen. Aber immerhin kamen außer Japanern und Chinesen, Italienern und Franzosen auch Amerikaner. Breuer hielt eine Ansprache zur Geschichte der Firma. Fast gleichzeitig, am 31. Juli, feierten die Rotarier wenige Häuserblocks weiter im Hotel Metropol beim wöchentlichen *tiffin* das 22-jährige Bestehen des Shanghaier Clubs; 1919 war hier der erste Rotary Club Chinas gegründet worden. Ehrengäste waren Mrs G. E. Marden (Dorothy) und Mrs William Z. L. Sung, die Ehefrauen der beiden leitenden Herren von Marden & Wheeler.[20] Hier ging es noch wirklich international zu: Die 110 Mitglieder des Clubs repräsentierten 14 Nationen.[21]

Breuer war inzwischen eine »*Old China Hand*« Aber seine Aufnahme in die Deutsche Gemeinde musste er jetzt neu beantragen, wie alle Gemeindemitglieder. Zum 14. Oktober 1941 war nämlich wieder eine neue Satzung in Kraft getreten, nach der alle »*in Schanghai ansässigen Reichsangehörigen deutschen oder artverwandten Blutes [...] ihre Aufnahme als Mitglieder bei dem Leiter der Gemeinde unverzüglich beantragen*« mussten. Sollte jeder Einzelne beweisen, dass er »deutschen Blutes« war? Wer »artverwandt« war, bestimmten die Nazis: »Germanen« aus den skandinavischen Staaten, z.B., und Japaner. Die Gemeinde hieß jetzt »Reichsdeutsche Gemeinschaft«, der Vorsitzende wurde nicht mehr von den Gemeindemitgliedern gewählt, sondern »vom Hoheitsträger der NSDAP in Schanghai im Einvernehmen mit dem Reichsvertreter berufen«. Wie bisher schon berief der Vorsitzende dann seinerseits die Funktionsträger der Gemeinde. Damit war das nationalsozialistische Führerprinzip in der DG Shanghai endgültig umgesetzt.[22]

Uwe verlobt sich

Pakete nach Europa waren also nicht verschickt worden, aber Jennie gestaltete zum 1. Advent einen Kranz und plante die Weihnachtsdekoration: War in diesem Jahr überhaupt ein Tannenbaum zu bekommen? Sie wollten es versuchen, vielleicht würden sie sich dann etwas festlicher fühlen. Denn obwohl sie selbst noch verschont waren (wie lange noch?), – dachten sie ständig an die nahen und an die fernen Kriege, an die Schlachten, an die Bomben, an die Gefahr für die fernen Verwandten und Freunde. Und wie ging es eigentlich Uwe, dem Krieger? Uwe hatte sich verlobt! Am 8. Oktober 1941 mit der 19-jährigen Nele, Tochter von Ludwig Schnorr von Carolsfeld, Berlin. Die Braut hatte sich bei Breuers in Hannover vorgestellt, und Tante Johanna schrieb liebevoll über sie.

Trotzdem schüttelten die Verwandten die Köpfe. Hermann stimmte Lizzy Wolcke zu, Uwes Großmutter mütterlicherseits, die schrieb: »Über Uwes Verlobung war ich im Stillen ganz entsetzt«, denn Uwe habe ja mit seinen 22 Jahren noch nichts vorzuweisen, »mir will so etwas nicht in den Kopf«.[23] Die Verlobungsfeier im vornehmen Hotel Kleines Jakob an der Elbchaussee hatte sie für unangemessen gehalten und nicht daran teilgenommen. Als Vertreterin der Familie Breuer war die gute Tante Johanna nach Hamburg gereist. Hermann hatte viel über seine eigene Eheerfahrung nachgedacht und daraus den Schluss gezogen: Eine gesetzlich geregelte eheliche Probezeit würde Überraschungen vermeiden und in der

Konsequenz »viel Unglück in der Welt [...] verhindern«.[24] Mit Uwe konnte er seine Erkenntnisse über das Eheleben nicht besprechen. Er kam sich wieder einmal als Vater abgehängt vor. Nicht nur Entfernung, Post und Krieg trennten sie voneinander, sie hatten offenbar sehr unterschiedliche Vorstellungen von Pflicht und Verantwortung. Würde der Abstammungsnachweis Probleme machen? Darum musste Bruder Karl sich kümmern. Und was wusste man eigentlich über die Familie der Braut? Die Laufzeit der Post war inzwischen wieder so lang, dass alle Nachrichten außer Todesnachrichten von den Ereignissen überholt wurden. Nur wer fest an den Spruch »*No news is good news*« glaubte, konnte noch gut schlafen – aber wer hält das schon auf die Dauer durch.

US-Truppen verlassen Shanghai

Gerade hatte ein weiteres Ereignis die nervöse Anspannung in Shanghai erhöht: Am 28. November 1941 war die letzte Einheit des US-Militärs, das 4. Marinekorps, aus Shanghai abgezogen worden. 14 Jahre waren sie hier stationiert gewesen, ein Teil des Settlements geworden. Als sie erst die Bubbling Well, dann die Nanking Road entlangmarschierten, hatten Tausende die Straßen gesäumt, standen an Fenstern oder liefen mit, jubelten, weinten und fotografierten. Der Bund war zwischen Nanking Road und Hankow Road (Hankou Lu) schwarz von Menschen, die miterleben wollten, wie das Regiment am Customs Jetty von den Würdenträgern des Shanghai Municipal Council, der französischen Konzession, des Konsularkorps und der japanischen Streitkräfte verabschiedet wurde. Unter den Klängen von »God save America« hatte sich der Tender schließlich in Bewegung gesetzt.[25]

Pearl Harbour und die Folgen

Montag, der 8. Dezember 1941. Gegen 5.30 Uhr schreckte Kanonenfeuer über dem Huangpu Shanghai hoch. Die *Peterel*, das vor dem französischen Bund liegende britische Flusskanonenboot, hatte eine Übergabe an die Japaner verweigert und wurde von den Geschützen des Panzerkreuzers *Idzumo* versenkt.[26] Schon vorher war die Besetzung der *Wake*, des einzigen amerikanischen Flusskanonenbootes im Hafen von Shanghai, fast geräuschlos vor sich gegangen.

In seiner Wohnung an der Yu Yuen Road hörte Hermann gegen 6.50 Uhr das Dröhnen von Flugzeugmotoren.[27] Er war schon wach und wartete auf den »Boy« mit der Tasse kräftigen Tees, der ihn immer um 7 Uhr weckte. Jennie wurde von dem Lärm geweckt; sie schlief eigentlich eine Stunde länger. Als sie gemeinsam bei Tee (Jennie) und Kaffee (Hermann) saßen (die sonst übliche einstündige Rasier-, Bade- und Ankleideprozedur mit den morgendlichen Freiübungen[28] hatte Hermann an diesem Tag etwas abgekürzt), konnten sie den Lärm der Tanks und Militärlaster verfolgen, die von Westen in die Stadt rollten.[29] Auf offenen Lastwagen kamen Tausende japanische Marines, die »Rising Sun« wehte ihnen voran. Japan besetzte das International Settlement. Die französische Konzession betraten sie nicht. Die galt als Teil von Vichy-Frankreich, das mit Deutschland kollaborierte, und mit dem war Japan verbündet. Jennie hatte das Radio eingeschaltet, und um 7.45 Uhr hörten sie Herbert Moy, den Starsprecher des deutschen Rundfunksenders in Shanghai, atemlos in sein Mikrofon rufen: »Japan is at war!«[30] Japan war ja schon länger *at war*, nämlich mit China. Aber jetzt hatten die Japaner die USA angegriffen, Pearl Harbour bombardiert, die amerikanische Pazifikflotte schwer getroffen. Um 8 Uhr brachte der amerikanische Sender XMHA die Nachricht vom Einmarsch in Shanghai. Die Hörer wurden aufgefordert, Ruhe zu bewahren und in ihren Wohnungen zu bleiben.[31] Das war die letzte unzensierte Nachrichtensendung der amerikanischen Rundfunkstation in Shanghai.[32] Aber auf der Kurzwelle konnten sie die Direktübertragung der Rede von Präsident Roosevelt hören: »*Yesterday, December 7, 1941 – a date which will live in infamy – the United States of America was suddenly and deliberately attacked […] I have directed that all measures be taken for our defense.*«[33] Von nun an würde Nationalchina im Kampf gegen Japan nicht mehr allein sein. In Shanghai wurden Zeitungen mit antijapanischer Haltung, die *North China Daily News*, *China Press*, *China Review*, sofort verboten; die *Shanghai Times* wurde gegen den Einspruch der amerikanischen Eigentümer von den Japanern übernommen und zu ihrem Sprachrohr.[34] Die deutschsprachige Zeitung in Shanghai, der *OAL*, sowie ihr englischsprachiger Ableger *Noon Extra* und der deutsche Rundfunksender XGRS brachten weiterhin die offiziellen, im deutschen Interesse zensierten Nachrichten. Pressekonferenzen im deutschen Generalkonsulat vermittelten den Journalisten die aus Berlin eingehende Sicht der Dinge.[35]

Am 9. Dezember erklärte Nationalchina Japans Verbündeten Deutschland und Italien den Krieg. Zwei Tage später erklärten Deutschland und Italien den USA den Krieg. In Shanghai wurden nach und nach über eine Million japanische Soldaten stationiert. Die Deutschen lebten weiter im Frieden im Krieg: Shanghai war besetzt – aber von ihren Verbündeten.

Die Machtstrukturen im Shanghai Municipal Council (SMC), der Selbstverwaltung des International Settlement, änderten sich: Die Männer in Leitungspositionen wurden schon im Januar 1942 aufgefordert, zurückzutreten. War bisher der Generalsekretär des SMC immer ein Engländer oder Amerikaner gewesen, und hatten in den Ausschüssen weit überwiegend Engländer und Amerikaner gesessen, so wurden sie jetzt ausgetauscht, überwiegend gegen Japaner. Auch einige Chinesen und mehrere Deutsche erhielten Ämter, Deutsche waren zukünftig in sechs Ausschüssen vertreten, darunter Finanzen, Polizei und Personal.[36] Für das tägliche Leben hatten diese ersten Verwaltungsmaßnahmen eher wenig Bedeutung. Der

Mehrzahl der chinesischen Bewohner mag es so vorgekommen sein, als habe eine fremde Macht die andere abgelöst. Einschneidend für die *enemy nationals* war, dass ihre Bankguthaben eingefroren und bewirtschaftet wurden: Jeder Kontoinhaber durfte im Monat nur noch maximal das Äquivalent von 75 US-Dollar in chinesischen Fapi abheben. Hermann wird sich an seine entsprechenden Erfahrungen im Ersten Weltkrieg erinnert haben.

Währungschaos

Überhaupt – die Währung: »*A Great Mystery*« hatte die amerikanische Handelskammer das Durcheinander im japanisch besetzten China schon im Juli 1941 genannt. Langsam kamen die von den Japanern eingeführten Währungen in Shanghai an: Der japanische Bank of Japan Yen, der japanische Military Yen und der CRB (Central Reserve Bank) Yuan der mit den Japanern kollaborierenden Regierung in Nanjing.[37] Letzterer war zuerst fast pari mit der Chinese National Currency (auch fapi bzw. Customs Gold Unit). Als zum 1. Juni 1942 der Zwangsumtausch von Chinese National Currency auf Central Reserve Bank Yuan stattfand, musste 2 zu 1 getauscht werden,[38] ohne Kompensation. Die Japaner nutzten das Spiel mit der Währung weiter wie eine Waffe im Währungskrieg, die Folge war ein kontinuierliches Ansteigen der Inflation und kontinuierliche Wertverluste gegenüber ausländischen Währungen. »No End of China's Currency Chaos in Sight.«[39]

Der chinesische Binnenmarkt war wegen der japanischen Eroberungen, der chinesischen Guerillaaktionen, zerstörter Ernten, Transportwege und Industrieanlagen zusammengebrochen. Schon Mitte September 1941 hatte der SMC für Milch, Nudeln, Margarine, Wurst, Haferflocken, Kaffee, Zahnpasta, Rasierklingen, Seife, Petroleum Höchstpreise festgelegt.[40] Ab Mitte Dezember 1941 kam hinzu: Shanghai war von der Außenwelt abgeriegelt. Westliche Handelsschiffe landeten nicht mehr im Hafen, und eine japanische Wirtschaftsblockade schnitt Shanghai vom Inland ab. Händlern aus dem Umland, die trotzdem an die Stadtgrenze kamen, nahmen japanische Wachen ihre Waren ab, versorgten ihre Truppen damit. In der Stadt standen lange »Reisschlangen« vor den Ausgabestellen in der Januarkälte. Die ausgegebenen Höchstmengen wurden immer weiter reduziert. Immer mehr Menschen in der Stadt hungerten. Immer mehr Tote lagen morgens auf den Straßen.

Japanisches Empire

Die Japaner siegten weiter an allen Fronten: Nach 17-tägigem Kampf, in dem die Briten von Anfang an »not the slightest chance«[41] gehabt hatten, fiel Hongkong; das war am Ersten Weihnachtstag. In den ersten 14 Tagen des Februars eroberten die Japaner Singapur. Diese militärische Katastrophe kam völlig unerwartet. Die in den vergangenen Jahren ausgebaute Festung Singapur war eine Bastion des Empire gewesen, ein Versprechen, dessen Existenz zu verteidigen. Als sich 100 000 britische Verteidiger nach kurzem Kampf einer knapp halb so großen Anzahl japanischer Angreifer ergaben, verloren die Briten schlagartig ihr Ansehen in Asien. In Shanghai machten plötzlich chinesische Ladenbesitzer, französische Zahnärzte und Sikh-Schulbusfahrer abfällige Bemerkungen über britische Autorität.[42] Währenddessen feierten die Japaner ihren Sieg mit Paraden und einem Feuerwerk auf dem Rennplatz.[43] Die Deutsche Gemeinde gratulierte. Und die Engländer in Shanghai? »Just steeped in gloom over the news.«[44] »The dream of empire died.«[45]

Der Handelsweg nach Deutschland ging seit Juni, seit dem Einmarsch in die Sowjetunion, nur noch über die, meist feindlichen, Meere. Die Firma Melchers beförderte kriegswichtige Waren[46] auf Blockadebrechern. »*Wir sind mit der Ein- und Ausfuhr von und nach Ostasien über einen besonderen Transportweg beauftragt. Im Rahmen dieser Aufgabe ist uns als federführender Firma der Einkauf, die Heranschaffung u. Abwicklung großer Mengen besonders kriegswichtiger Einfuhrwaren übertragen worden. Wegen der strengen Vertraulichkeit sehen wir davon ab, an dieser Stelle darüber weitere Angaben zu machen. Unsere Ausfuhr auf dem gleichen Weg dient der Bezahlung dieser kriegswichtigen Einfuhr.*«[47] Die Verständigung der Import-Export-Firmen über Bedarfe, Versand, Preise usw. lief zwischen Shanghai und Deutschland und zurück nur noch über das Generalkonsulat, chiffriert im Code der Diplomaten ging die Nachricht an das Auswärtige Amt in Berlin, von dort weiter an die deutschen Partnerfirmen und vice versa.[48]

Ölembargo

Gleich nach der Besetzung Shanghais durch die Japaner griff der Kampf um Rohstoffe ins tägliche Leben ein. (Schließlich hatten die Japaner die USA vor allem deshalb angegriffen, weil ihnen das Öl ausging. Knapp war der kriegswichtige Stoff schon gewesen, bevor das amerikanische Embargo im Juli 1941 die Lage verschärft hatte.) Auch vor dem 8. Dezember war Benzin in Shanghai rationiert gewesen, nun wurde es gar nicht mehr an Privatpersonen ausgegeben.[49] Mitte Januar begann der Umbau von Autos, Bussen und Lastwagen auf den Betrieb mit Holzgas. Gebrauchsfahrzeuge und elegante Limousinen trugen von nun an einen Holzvergaser huckepack, eine Art Mülltonne, in der das Gas aus Holz erzeugt wurde. Allerdings nur, wenn das SMC den Umbau genehmigte, wie bei CG Melchers. Ob Hermann seinen Wagen umbauen durfte, ist nicht überliefert. Seine Werkstatt, geführt von dem Amerikaner Mark Moody, konnte es jedenfalls nicht mehr für ihn tun, die war gleich enteignet worden.[50] Es war so oder so schade um den Plymouth, er war erst zwei Jahre alt, und »ein Motor, der einmal mit Kohlengas angetrieben wurde, [ist] fertig, er hat noch Schrottwert«.[51] Feindliche Autos durften nicht umgerüstet werden, es hätte sich auch nicht mehr gelohnt, denn Mitte April zogen die Japaner sie ein.[52]

So wurde das Fahrrad zum gesellschaftlich akzeptierten Beförderungsmittel, sogar unter den *well-to-do*-Ausländern.[53] Von ihrem Gehalt als jüngstes Redaktionsmitglied des *OAL* konnte Caroline Stübel sich erst mal kein Rad leisten. Sie besorgte sich deshalb Rollschuhe, um nach dem Nachtdienst schnell nach Hause zu kommen. Denn man musste tatsächlich *well-to-do* sein, um sich ein gutes, ein importiertes Fahrrad leisten zu können. Die kosteten plötzlich so viel wie früher ein kleines Auto.[54] Sofort nahm sich das Verbrechen der Fahrräder an: Bei helllichtem Tag erpressten fünf mit Revolver bewaffnete Männer auf der Avenue Haig die beiden Räder des Ehepaares Tiefenbacher; Herr Mielck wurde auf der Hungjao Road bei so einem Überfall ermordet.[55] Eltern schärften ihren Kindern ein, sich das Fahrrad dann lieber klauen zu lassen. Auch Hermann kaufte sich früher oder später einen Drahtesel. Ab dem 1. Juli 1942 musste er dafür eine Lizenz kaufen und ein Nummernschild, Letzteres war horizontal anzubringen an der linken Seite des Hinterrads (in Fahrtrichtung gesehen).[56] Pelzgefütterte Handschuhe waren ein beliebtes Weihnachtsgeschenk. Kurz vor Weihnachten griff eine weitere Energiesparmaßnahme: Ab Mitte Dezember mussten 70 % des Haushaltsstroms eingespart werden.[57] Zum Weihnachtsfest war das ja stimmungsvoll. Von nun an aßen Breuers jeden Abend bei Kerzenschein.

Registrierung ausländischer Zivilisten

Was sollte Jennie davon halten, dass die Japaner Mitte Dezember verfügten, alle russischen Immigranten müssten sich registrieren lassen? Sie sollten ihr »Certificate of Registration« jederzeit mit sich führen und auf Anforderung vorzeigen können.[58] Bei Breuers wurde wieder die Heiratsfrage angesprochen. Dann mussten sich alle Westler registrieren lassen, das war im Februar 1942, und wirklich: Ab Oktober bekamen die »*enemy nationals*« rote Armbinden, versehen mit einem Buchstaben für die Nation (»A« für Amerikaner, »B« für Briten, »N« für die Niederländer) und einer individuellen Nummer für jeden Feind darauf. »*Friendly Enemies*«[59] erhielten rosafarbene Armbinden mit dem Buchstaben »X« vor der Nummer.[60] Japanische Manager beaufsichtigten von nun an die Unternehmen von Feindnationen. Etwa zur gleichen Zeit wurde die Bewegungsfreiheit innerhalb der Stadt reglementiert; Bewohner durften den eigenen Bezirk nur mit einem entsprechenden Ausweis verlassen. Im Stadtgebiet waren Wärterhäuschen verteilt, aus denen bei Bedarf eine »Heimwehr« mobilisiert wurde, die einzelne Straßenabschnitte schnell mit Seilen abriegelte. Wer zwischen die Seile geriet, saß eventuell stundenlang fest.[61]

Welchen Nachrichten vertrauen?

Zu Hause bei Breuers war das Radio ständig eingeschaltet. Von den in Shanghai stationierten Sendern hatte Jennie bis Dezember 1941 besonders gern den amerikanischen – XMHA – gehört. Aber seitdem der deutsche Sender Voice of Europe nicht mehr nur plumpe Propaganda, englische Nachrichten mit deutschem Akzent, Militärmärsche, Wagner-Opern und deutsche Volkslieder brachte, sondern im Herbst 1940 auf Swing und Jazz umgeschaltet hatte,[62] wurde dessen Frequenz auf der Telefunken Elektra im großen Wohnzimmer öfter angewählt. Nie schaltete Jennie die aus Shanghai sendende »Stimme der Sowjetunion« ein. Diesen Sender tolerierten die Japaner noch, als sie mit der Besetzung Shanghais die Rundfunksender der anderen Alliierten einstellen ließen (die sie schon vorher durch Funksignale gezielt gestört hatten) und als sie das Hören von Feindnachrichten auf Kurzwelle streng verboten. Um das Verbot durchzusetzen, mussten Feinde ihre Radios abgeben oder das Frequenzband für Kurzwelle ausbauen lassen; das war im Juni 1942.[63] Deutsche durften ihre Geräte behalten und nutzten sie, um auch »Feindsender« einzuschalten: »Über den Kriegsverlauf waren wir durch tägliches Abhören vornehmlich des britischen Rundfunksenders stets unterrichtet«[64] – oder des amerikanischen Senders: CG Melchers hörte Voice of America.[65] So verfolgten die Deutschen außer den eigenen Siegesmeldungen die der Kriegsgegner. Aber wie unterscheiden, welche Nachrichten wahr waren und welche Propaganda? Schließlich war die Gegenseite ebenfalls verdächtig, Falschmeldungen zu verbreiten. Besonders Gräuelmeldungen trafen bei den Deutschen auf große Skepsis: War nicht der Erste Weltkrieg auch ein Kampf der Gräuelpropaganda gewesen? Es wurde immerhin deutlich, dass die Deutschen nicht die Einzigen waren, deren Heere siegten und deren Bomben trafen. Die Welt des kaufmännischen *business* in Shanghai leistete sich von Anfang an keine ideologische Brille und hatte schon früh gesehen, dass der Krieg kaum zu gewinnen war. Jetzt war der Kampf im Osten wohl vor Moskau ins Stocken geraten. »Winterstellung« nannte die deutsche Zeitung das, was die Russen als erfolgreiche Gegenoffensive feierten.

Das Ende?

Hatte die Familie Breuer auf einen Sieg Deutschlands gehofft oder ihn gefürchtet? Ich habe meine Mutter dazu gefragt und keine Antwort erhalten. Hermanns Gedanken ähnelten wohl denen des Diplomaten Wilhelm Haas, der wegen seiner jüdischen Ehefrau aus dem Amt entfernt worden war. Er formulierte den Zwiespalt: »*Kein Gegner des Nationalsozialismus konnte der inneren Entscheidung ausweichen, ob ein Sieg Hitlers, die Fortdauer des Unrechtsstaates auf unabsehbare Zeit, die Tyrannei über Europa und damit der Untergang der abendländischen Kultur zu wünschen sei, oder aber seine Niederlage, die der Machtstellung Deutschlands, vielleicht sogar seiner nationalen Einheit, ein Ende setzen würde.«*[66] Breuers englischer Rotarier-Freund George Marden erinnerte sich, dass Breuer zu den wenigen Deutschen in Shanghai gehörte, die »*even when Hitler was winning, did not hesitate to denounce him and who publicly proclaimed that the downfall of the evil Nazi system was inevitable and necessary*«.[67]

1 Das KA fragte in Shanghai nach (1.8.1941), ob Maass bei Kriegsausbruch schon in der SU gewesen und nun interniert sei. ZA 5121/13 Signatur EZA 5/3158.

2 Lahrmann 5.1.1958 an HWB, HASt, BArch ZLA 7–34/17.

3 Tiefenbacher, Erzähle mir die Vergangenheit, S. 364.

4 »*Die weißrussische Kolonie Shanghais, damals rund 20 000 Menschen stark, befand sich 1941 in größter Erregung. Der natürliche Abscheu dieser patriotischen Menschen vor dem deutschen Einfall in ihr Vaterland geriet in Konflikt mit dem Gedanken an berauschende Möglichkeiten. Die extremste Hoffnung: Die Deutschen würden Stalin stürzen, die Kommunisten davonjagen und das Zarenreich wiederherstelle*« Mehnert, Ein Deutscher, S. 311.

5 7.2.1941 Staatsarchiv Hamburg 613–4/15, Band 57.

6 14.5.1941 Staatsarchiv Hamburg 613–4/15, Band 57.

7 Das Ausfuhrverbot betraf im Juni 1941 Polen, Dänemark, die Niederlande, Belgien, Luxemburg und Teile Norwegens und Frankreichs sowie die Verbündeten Rumänien (ab 23.10.1940) und Ungarn (ab 20.10.1940).

8 Japan setzte im März 1941 eine Regierung unter Wang Jing-wei in Nanjing ein. Anerkennung durch Deutschland, Abbruch der Beziehungen Chiang-Kai-shek-Chinas zu Deutschland: 1./2.7.1941. Leutner 1937–1949, S. 116, 157, 207.

9 CGM 8.1.1955 an [Lasten-]Ausgleichsamt Bremen: »*Über den Kauf gerade dieser Anlagen in Sh lt Beiblättern No. 8, 9, 10, 11 und 14 ist Herr H.W. Breuer [...] auf das genaueste informiert, da er persönlich einen wesentlichen Teil dieser Käufe in der Praxis durchführte und überwachte.*«

10 HWB Erklärung vom 11.11.1964, BArch ZLA 7–34/116. HWB nennt den Namen nicht, er ergibt sich aus seiner Beschreibung des Vorgangs: Treuhänder, inzwischen verstorben, handelte auf Druck des Sohnes.

11 CGM Anlage zu Beiblatt 8, Anlage 2, 15.3.1954 in BArch ZLA 7–34/116.

12 Zu Belegenheit und Bebauung der Grundstücke, Art des Schutzschildes: HWB, Erklärung zu Melchers' Grundbesitz 11.11.1964; BArch ZLA 7–34/116.

13 Zitiert nach Taaks, Federführung, S. 96.

14 J. Hildebrandt, ehem. DEFAG, 1.7.1965 an HWB/HASt: Gesellschaftsvertrag unterzeichnet am 9.9.1941.

15 BArch ZLA 7–34/119, Unterordner Shanghai Baugesellschaft. Dort: A. Glathe & Co., Gesellschaftsvertrag vom 9.9.1941.

16 Schinkel am 23.3.1961: »*... ich weiß aber auch genau, dass Sie [HWB] auf einer Sitzung uns bekannt gaben, dass der Wert einer Sh'ai $ 10 000-Aktie der BG einem Gegenwert von ca. M 1200 entspräche.*« Was waren Shanghai-Dollar, was waren sie wert? Am 7.1.1963 wird F. Siemssen schreiben, die fiktive Einheit »Sh'ai Dollar« sei gewählt worden: »*um später unter Berücksichtigung der assets leichter umstellen zu können. Eingezahlt wurde das Kapital in CN-Dollar.*« Das Gutachten ging dann von CRB-Dollar aus. BArch ZLA 7–34/119, Unterordner Shanghai Baugesellschaft.

17 Zur DISS: Taaks, Federführung, S. 92–111. 77 Mitarbeiter waren es 1944, 1942 waren es wahrscheinlich weniger.

18 *OAL* in MA, Firma Melchers, Kasten 4, Mappe 2. *Ostasiatische Rundschau*, 22 (1941), S. 183–184. Der Aufsatz von HWB liegt gedruckt vor. Kopie in BArch ZLA 7 – 34/116 (Restitutionsakte Melchers). Es ist mir nicht gelungen herauszufinden, in welcher Form er veröffentlicht wurde.

19 Fotos von der Veranstaltung im Melchers-Archiv: Sammelmappe 4, Mappe 2.

20 *NCDN*, 3.8.1941.

21 Zahlen für das Jahr 1940 in: *The Rotarian*, Volume 59 №. 4, Oktober 1941.

22 Taaks, Federführung, S. 157.

23 Lizzy Wolcke 8.10.1941 an KB und AB.

24 HWB 22.8.1948 an Nele.

25 *NCDN*, 29.11.1941, S. 7. Die Truppe verließ Shanghai am 27. und 28.11.1941. Die *NCDN* beschreiben die Teilnahme von Repräsentanten des »Free German Movement« (Freie Deutsche Bewegung) an der Verabschiedung, eine 1941 in Kanada von Ex-Nazi Otto Strasser gegründete Anti-Hitler-, antijüdische Bewegung. (Bruder Gregor Strasser war im von den Nazis so genannten »Röhm-Putsch« ermordet worden.) Deborah Kisatski: The United States and the European Right. 1941–1945. Ohio State University Press 2005.

26 Die *Peterel* (310 ts) war mit zwei Flugabwehr-Kanonen und acht Maschinengewehren ausgerüstet. Crew zu der Zeit: 21 Engländer, 19 Chinesen, keine Kanoniere: Das Schiff diente als Funkstation. https://warandsecurity.com/tag/ijn/ am 4.11.2020.

27 Uhrzeit: Abkhazi, Enemy Subject, S. 21.

28 Zum Morgenritual: HWB an Nele 7.5.1948.

29 Ballard, Miracles, S. 53: Amherst Avenue (Xinhua Lu), in der die Villa seiner Familie stand. Filmsequenz: http://www.criticalpast.com/de/video/65675058751_japanische-Truppen_Shanghai_, am 4.11.2020.

30 Wickert, Mut, S. 355.

31 Leck, Captives of Empire, S. 57.

32 http://www.radioheritage.net/story129.asp, 4.11.2020.

33 »*Gestern, am 7. Dezember 1941 – ein Datum, das in Schande leben wird – wurden die Vereinigten Staaten von Amerika plötzlich und vorsätzlich angegriffen [...]. Ich habe angeordnet, daß alle Maßnahmen zu unserer Verteidigung ergriffen werden sollen.*« Ortszeit Hawaii beim Angriff war 7.55 Uhr. Redetext: https://www.loc.gov/resource/afc1986022.afc1986022_ms2201/, 4.11.2020. Ü: CM.

34 French, Crow, S. 253. Weiter erscheinen durfte auch der *Shanghai Jewish Chronicle* (*SJC*, Zeitung für die deutschsprachigen Emigranten, erschien zuerst 30.3.1939 als Wochenzeitung, ab Mai 1939 als Tageszeitung). Der Eigentümer und Herausgeber, Ossi Lewin, wurde nach Pearl Harbour von den Japanern im Militärgefängnis inhaftiert; die Zeitung erschien einige Wochen nicht, dann japanisch zensiert. Ab Kriegsende bis 1949 als *The Shanghai Echo*. Deutsche Nationalbibliothek: Ossi Lewin (EB autograph 0426)

35 Taaks, Federführung, S. 70.

36 Finanzen H. E. Arnold, C. G. Gadow, Polizei F. Hoehnke, Öffentliche Arbeiten Dr. G. Probst, Personal A. Glathe, Gesundheit A. Glathe, Unterricht K. Bartelt. SJC, 12.1.1942.

37 Nicht zu verwechseln mit dem FRB-Yuan (Federal Reserve Bank), der ab 1938 von der mit den Japanern kollaborierenden Provisorischen Regierung Chinas in Peking herausgegeben wurde.

38 SJC, 27.5. und 4.6.1942.

39 China's Currency Complexities. In: *Foreign Commerce Weekly*, 5. July 1941,

Hrsg: United States Department of Commerce. Washington, D.C.: Government Printing Office, S. 5–8, S. 19. https://books.google.de/books?id=2AUiAQAAMAAJ&pg=PA1940&lpg=PA1940&dq=fapi+yuan+crb&source= am 4.11.2020.

40 *SJC*, 17.11.1941.

41 »*If Japan goes to war with us there is not the slightest chance of holding Hong Kong or relieving it.*« (»*Falls Japan einen Krieg gegen uns anfängt, gibt es nicht die geringste Chance, Hongkong zu halten oder es zu entsetzten.*« Ü: CM) Churchill 7.1.1941 an den Oberbefehlshaber für den Fernen Osten. Churchill, The Second World War, Vol. III. London: Cassell & Co., 1950. In: https://adamcathcart.com/2014/03/24/japan-in-winston-churchills-postwar-histories/ am 4.11.2020.

42 Ballard, Miracles, S. 21.

43 *SJC*, 20.2.1942.

44 Abkhazi, Enemy Subject, S. 33–34. »Angesichts der Nachricht nur noch in Schwermut versunken.« Ü: CM.

45 Ballard, Miracles, S. 21. »Der Traum vom Weltreich starb.« Ü: CM. Sir Winston Churchill: »*the worst disaster and largest capitulation in British history*«. Zitiert nach: David Reynolds, Island Stories, S. 47.

46 Kriegswichtige Waren: Rohstoffe wie Kautschuk, Wolfram, Titan, Kupfer, Opium und Chinin. Bis Ende 1943 gingen insgesamt 38 Ladungen ab Kobe, Yokohama, Dairen, zwei auch ab Singapur nach Bordeaux und 20 ab Bordeaux in diese Häfen. Etwas mehr als die Hälfte erreichte das Ziel. Listen: https://www.wlb-stuttgart.de/seekrieg/km/blbr.htm, am 3.11.2020.

47 Melchers Bremen auf die Frage »Sind Ihrer Firma besondere Kriegsaufgaben übertragen und welche?« im »Erhebungsbogen für die Stilllegung von Handelsbetrieben zwecks Freisetzung von Arbeitskräften für Aufgaben der Reichsverteidigung«, 25.2.1943. Handelskammer Bremen Firmenakte Melchers: 90001, K11A.

48 BArch R 9/331 Bd. 1, datiert auf 3.1.1942.

49 Abkhazi, Enemy Subject, S. 22.

50 Leck, Captives of Empire, S. 78–79.

51 Auswirkung auf den Motor: H.A. Goldau 7.11.1963 an HASt. ZLA 7/34–17.

52 »Proclamation On the Requisitioning Of Motor Vehicles In State Of War With Japan« in: Leck, S. 79. *SJC*, 15.4.19 42 Bericht über die Ablieferung der Autos feindlicher Ausländer: Es lief problemlos.

53 Kranzler, Japanese, Nazis and Jews, S. 455.

54 Abkhazi, Enemy Subject am 24.12.1941, S. 27.

55 Zu Tiefenbacher: Hake, Geteiltes Herz, S. 320; zu Mielck (für 1943): Cortum: Such was Life.

56 Leck, Captives of Empire, S. 79, Abbildung der Verordnung des SMC.

57 Abkhazi, Enemy Subject, S. 24.

58 Shanghai Zaria, zitiert nach: Jonathan Goldstein (Hrsg): The Jews of China, Bd. 2. Abingdon, New York: Routledge 2015, S. 14.

59 Angehörige von 29 Staaten, die die diplomatischen Beziehungen zu Japan abgebrochen hatten. Im chinesischen Alltag wurden die Armbinden zu *badges of respect*, ihre Träger erhielten z.B. Preisnachlässe in Geschäften, von Rikschafahrern usw. Leck, Captives of Empire, S. 88–89.

60 Kranzler, Japanese, Nazis and Jews, S. 454, Leck, Captives of Empire, S. 88.

61 Hake, Geteiltes Herz, S. 319.

62 Wickert, Mut, S. 303–304.

63 Leck, Captives of Empire, S. 88.

64 Haas, Lebenserinnerungen, S. 143. BSM Ana 708: Studeo 0031.

65 CG Melchers, Olle Kamellen, S. 53. KW-Sender VOA, gegründet 1942 vom Büro für Kriegsberichterstattung der USA, sandte Programme ins besetzte Europa, nach Nordafrika, Indien, Indonesien, China.

66 Haas, Lebenserinnerungen, S. 143, BSB, Ana 708 Studeo-Sammlung, 031.

67 Der, »*selbst als Hitler gewann, nicht zögerte ihn anzuprangern, und der öffentlich kundtat, dass der Untergang des schlimmen Nazi-Systems unvermeidlich und notwendig sei*«. *NCDN*, 18.7.1947. Ü: www.DeepL.com/Translator. Dass Georg Marden den Leserbrief schrieb, ist eine Vermutung von mir, C.M.

1938 – 1941

Exilort Shanghai. Sicherer Hafen oder Sackgasse?

Geschäfte ermöglichen

Etwa 18 000 jüdische Emigranten waren in den Jahren 1934 bis 1941 nach Shanghai geflohen. Die Rassenpolitik der Nationalsozialisten hatte sie aus ihrer deutschen Heimat und aus den bis Mitte 1941 von den Deutschen eroberten Gebieten vertrieben. Den etwa 2500 alteingesessenen Mitgliedern der etablierten Deutschen Gemeinde war der Umgang mit ihnen verboten. Hatte HWB trotzdem Kontakte?

Hilfe für die aus Europa Ankommenden ohne nach Staatsbürgerschaft, Nationalität, Rasse, Glauben oder politischer Anschauung zu unterscheiden …[1]
Aus dem Leitbild des Komor Committee, 1939

Würde ich Kontakte belegen können? Kurz nach dem Beginn meiner Recherche las ich Peter Holzbergers Erinnerungen »Recollections of an ›Old China Hand‹«. Der Melchers-Kollege, der bei Kriegsbeginn 1939 aus Hongkong fliehend in Shanghai ankam, schrieb: »*Ich […] lernte […] Herrn H. W. Breuer kennen, Geschäftsführer von Melchers & Co. Shanghai, der viele Jahre zuvor als junger Mann nach China gekommen war […]. Er war ein wundervoller Mensch [a great human being], ein Mann ohne Feinde, aber mit vielen, vielen Freunden, einschließlich unglücklicher jüdischer Flüchtlinge aus Deutschland und Österreich, die zwischen 1938 und 1940 in Shanghai ankamen und Makler wurden und versuchten, Geschäfte mit etablierten Unternehmen zu machen. ›Papa Breuer‹, wie wir ihn alle nannten, hatte immer ein freundliches Wort für sie und versuchte, ihnen Geschäfte zu ermöglichen.*«[2] Diese Passage löste große Freude bei mir aus; wir möchten ja gern, dass unsere Vorfahren zu »den Guten« gehören.

Breuer handelte damit gegen eine ausdrückliche Anweisung aus Berlin, die besagte: »Die Einstellung eines jüdischen Emigranten in eine deutsche Firma im Ausland ist grundsätzlich unerwünscht.«[3] Die Abteilung für den Außenhandel im Generalkonsulat Shanghai beantwortete Anfragen aus Deutschland nach Firmenkontakten mit Warnungen vor Firmen, die von Emigranten geführt wurden, und empfahl gleichzeitig »geeignete, arische

Einkäufer«.[4] Stellengesuche lauteten: »Deutscher (Arier) sucht …«[5] Trotzdem beschäftigten einige deutsche Firmen jüdische Emigranten, z. B. waren Dr. Erich Michelsen[6] und Gerhard L. Flatow[7] bei Otto Wolff angestellt,[8] Gerhard Flatows Bruder bei Carlowitz.[9] Die (nicht jüdische) Ehefrau des jüdischen Rechtsanwalts Dr. Alfred Jacoby arbeitete bei Melchers als Sekretärin, sogar das erschien gewagt.[10] Auch die Firmen Kunst & Albers und Glathe & Witt beschäftigten Emigranten als Vertriebsagenten.[11]

Hilfsorganisationen, Spenden

Zur Frage einer weiteren Unterstützung der Emigranten schrieb Breuer viel später, er habe für die Emigranten »zwar in ihrer hiesigen Bedrängnis mancherlei an Unterstützung und Hilfe [getan], aber die mich selber kaum kennen dürften«.[12] Weil er meist unter der Hand half. Als Empfänger anonymer Spenden für die Emigranten bot sich das Komor Komitee an, dessen Satzung ausdrücklich vorsah, dass Spender nicht genannt werden mussten. Dieses International Committee for Granting Relief to European Refugees, kurz IC, Geschäftsführer Paul Komor, war im August 1938 ins Leben gerufen worden. Es ergänzte den Hilfsfonds für deutsche Juden, den Ellis Hayim, Eduard Kann und Aladair Kelen[13] 1934 gegründet hatten, als die ersten Flüchtlinge aus Deutschland nach Shanghai gekommen waren. Anders als die Flüchtlinge der früheren Jahre hatten die jetzt Ankommenden alles Hab und Gut zurücklassen müssen. Staatliche Fürsorge gab es in China nicht; schon die Not von Millionen eigenen Landsleuten konnte der Staat nicht lindern.

Immerhin: Anders als überall sonst auf der Welt durfte in Shanghai jeder ohne Visum einreisen, wohnen, sein Handwerk oder seine Praxis bei der städtischen Behörde anmelden, sich eine Anstellung suchen oder ein Geschäft aufmachen. Essensversorgung, Hilfe bei der Unterbringung, bei Arbeitssuche und Existenzgründung leisteten private Organisationen. Das Komor Komitee beschrieb seine Aufgabe so: »*Unterstützungsgelder zu zahlen […] ohne hinsichtlich der Staatsbürgerschaft, Nationalität, Rasse, dem Glauben oder der politischen Anschauung der Begünstigten zu unterscheiden, als Hilfe für Menschen, die in Shanghai, China, ankommen, nachdem sie gezwungen waren, aus Europa auszuwandern, weil sie einer bestimmten Nationalität oder Rasse angehören und / oder sich zu einer bestimmten Nationalität oder Rasse und / oder religiösen oder politischen Überzeugung bekennen*«. Spenden von Nichtmitgliedern konnten entgegengenommen werden, ohne dass die Trustees verpflichtet waren, die Namen der Spender zu nennen, im Gegenteil, Letzteres sei »mit Diskretion und größtmöglichem Fingerspitzengefühl zu handhaben«.[14] Der bedeutendste Geldgeber war Sir Victor Sassoon, einer der drei reichsten sephardischen Juden Shanghais.

Das Komor Komitee bot sich nicht nur deshalb als Empfänger von Spenden an, weil es versprach, Anonymität zu wahren, sondern auch, weil alteingesessene Mitglieder der Deutschen Gemeinde zu den Gründungsmitgliedern gehörten.[15] Breuer hielt nach ihrem offiziellen Ausscheiden aus der Gemeinde freundschaftlichen Kontakt zu ihnen, besonders zu Eduard Kann, dem stellvertretenden Vorsitzenden des Komor Komitees. Die Kanns lebten seit den frühen 1920er Jahren in Shanghai[16]; Margarete und Eduard Kann und Breuer waren seit den Anfangsjahren des Deutschen Theater-Vereins befreundet.

Schon wenige Wochen nach der Gründung des Komor Komitees ließ sich absehen, dass es finanziell und personell an seine Grenzen kommen würde.[17] Lokale Spenden konnten den Bedarf bei Weitem nicht abdecken, es müssten internationale Hilfsorganisationen angesprochen werden. Das sollte am besten eine Körperschaft übernehmen, die alle jüdischen Interessen in Shanghai repräsentierte.[18] Am 10. Oktober 1938 lud die Familie Elly Kadoorie zu einen Treffen ein,[19] in dessen Folge das Committee for the Assistance of European Jewish Refugees in Shanghai (CFA) gebildet wurde, wieder unter der ehrenamtlichen Leitung ortsansässiger Juden; wieder spendeten Elly Kadoorie und Sir Victor Sassoon große Summen. Dem CFA gelang es, den amerikanischen »Joint« (American Joint Distribution Committee[20]) als Geldgeber zu gewinnen. Von dort kamen seither wesentliche Unterstützungsgelder und *Know-how*.[21] Innerhalb des CFA übernahm das Komor Komitee das Emigration Department, das Eduard Kann leitete.[22] Diese Abteilung half, Anträge auf Aufnahme in Shanghai auszufüllen, die den Behörden vorgelegt wurden, und gab Ausweispapiere aus, die vom Shanghai Municipal Council und von den Japanern anerkannt wurden. Kann und Komor verhandelten mit dem deutschen Generalkonsulat über Passfragen und die Beglaubigungen von Urkunden aus Deutschland[23]; so hielten sie eine Zeit lang die Fiktion aufrecht, auch diese Deutschen stünden unter dem Schutz der deutschen Vertretung – bis die diplomatischen Vertretungen im März/April 1939 angewiesen wurden, Emigranten jede Hilfe, z.B. durch Ausstellen von Bescheinigungen über die Zulassungen zur Börse, über Approbationen, vorherige Anstellungen, Diplome usw. zu verweigern.[24] Ende November 1941 wurde allen im Ausland lebenden deutschen Juden die deutsche Staatsbürgerschaft entzogen.[25]

»Das Boot ist voll«

Die Stimmung des Laissez-faire gegenüber neu ankommenden Flüchtlingen schlug Ende 1938 um: Im Dezember wandte sich das Shanghai Municipal Council (SMC) an die Konsulate, sie sollten die Aufnahme von Flüchtlingen begrenzen. Das SMC sei »sehr beunruhigt über den Zustrom von jüdischen Flüchtlingen aus Europa«, die »Ressourcen sowohl der Stadtverwaltung Shanghai als auch individueller Großzügigkeit« seien überlastet und der Lebensstandard der Gemeinschaft beeinträchtigt. Es sei die Pflicht des SMC, Schritte zu unternehmen, um »das Anlanden weiterer jüdischer Flüchtlinge ohne hinreichende Existenzmittel oder feste Aussicht auf Anstellung zu verhindern«.[26] Der britische Konsul regte daraufhin an, dass die Vertreter ihren Regierungen entsprechende Maßnahmen nahelegen sollten. Aber der japanische Konsul teilte seinem deutschen Kollegen in privater Unterredung mit, die japanische Regierung sei gegen eine Diskriminierung.[27]

In der ersten Hälfte des Jahres 1939 erreichten monatlich 1500 bis 2000 Flüchtlinge Shanghai. Übergangsweise kamen sie in Victor Sassoons Hochhaus, dem Embankment Building, unter und in der Oihel-Moishe-Synagoge in der Ward Road. Wo konnten sie eine Bleibe finden? Internationales Settlement und Französische Konzession waren teuer, die chinesischen Stadtteile nach der japanischen Eroberung 1937 noch immer Trümmerhaufen. Deshalb gingen die meisten in den vom japanischen Militär besetzten, ebenfalls stark zerstörten Stadtteil Hongkou. Die Wohnungen waren billig, primitiv, meist ohne sanitäre Einrichtungen. In diesem Stadtteil, in der Ward Road, stellte das CFA Anfang 1939 ein erstes »Heim« fertig. Außerdem ein Badehaus, das pro Tag 400 Personen versorgen konnte, und eine Küche, die an 6500 Menschen täglich drei warme Mahlzeiten ausgab. Im Laufe des Jahres entstanden fünf weitere Unterkünfte, die vorübergehend ein »Dach über dem Kopf« bieten sollten, dann aber für Tausende zur dauernden Unterkunft wurden. Die Bezeichnung »Heim« wurde von den Bewohnern als bittere Ironie empfunden. Die Hoffnung, die Kann und seine Mitstreiter geleitet hatte, Shanghai möge »eine Oase, die Rast gewährt«,[28] werden, erfüllte sich in doppelter Hinsicht nicht: Weder eignete sich Shanghai als Oase, noch war der Aufenthalt lediglich eine Rast auf der Flucht, vielmehr war die Stadt zur unfreiwilligen Endstation geworden. »Tausende von Shanghais deutsch-jüdischen Flüchtlingen führen ein Leben voll Ernüchterung und Verzweiflung«,[29] schrieb die Zeitung *China Weekly Review* Ende August 1941 in einem Artikel über das Leben der Emigranten in Hongkou, schilderte überfüllte Schlafsäle, unzureichende Sanitäranlagen, fehlende Privatsphäre in den »Heimen«, Arbeitslosigkeit und Hoffnungslosigkeit. Nur etwa ein Drittel der Geflüchteten sei unabhängig von der Wohltätigkeit der Hilfsorganisationen.

Margarete Kann hatte gleich mit dem ersten Ansteigen der Flüchtlingszahlen erkannt, dass für alleinstehende Frauen besondere Hilfeleistungen erforderlich waren, und für die Einrichtung eines Foreign Women's Hostel gesorgt,[30] in dem die Frauen auch hinsichtlich möglicher Arbeitsplätze beraten wurden. Im Juli 1939 eröffnete Frau Kann die Kinchow-Works (Jingzhou Lu) im gleichnamigen Hostel, eine Ausbildungsstätte für Frauen mit angeschlossener kleiner Fabrik, in der Strickwaren und Herrenanzüge hergestellt wurden. Und Kunsthandwerk. Hier konnten Frauen ihre besonderen Fähigkeiten und ihr Formgefühl einbringen. Das Unternehmen betrieb einen Laden in der Nanking Road und arbeitete sogar für den Export. Nach anfänglicher Finanzierung durch Sir Victor Sassoon war der

Betrieb schon ein Jahr nach seiner Gründung unabhängig von finanzieller Unterstützung und gab zwischen 60 und 100 Frauen Arbeit.[31]

Im August 1939 – in Hongkou lebten inzwischen ca. 5000 jüdische Emigranten – meinten auch die Japaner, das Boot sei voll, und der japanische Generalkonsul schrieb an seine Kollegen: »*Seit geraumer Zeit kommen deutsche jüdische Flüchtlinge nach Shanghai. Sie sind sich zweifellos bewusst, dass die japanischen Behörden (authorities) bisher keine Beschränkungen hinsichtlich ihres Einzugs in das Gebiet, das vom japanischen Militär kontrolliert wird, ausgesprochen haben. [...] Ich bin sicher, dass die humanitäre Haltung der japanischen Behörden allseits anerkannt wird.*«[32] Nun aber müssten sich die in Hongkou lebenden Emigranten registrieren lassen, und ein weiterer Zuzug würde von japanischer Seite unterbunden werden. Daraufhin befürchtete das Shanghai Municipal Council, das International Settlement würde überrannt werden, und die Franzosen fürchteten sich für die Französische Konzession. Die Verwaltungen kündigten Zuzugsverbote ab dem 14. September an. Der deutsche Konsul Bracklo wandte ein, dem Beschluss müsste »in erster Linie das Konsularkorps und eventuell auch die chinesische Regierung« zustimmen,[33] und das CFA wies vergeblich darauf hin, dass die Hoheitsrechte über das International Settlement eigentlich doch bei der chinesischen Regierung in Chongqing lägen.[34]

Eine in der zweiten Augusthälfte tagende Kommission aus Vertretern des Stadtrats, des französischen und des japanischen Generalkonsulats und des CFA (vertreten von Paul Komor; Sekretär des Gremiums war Eduard Kann) beschloss, dass nach dem 22. Oktober 1939 nur noch einreisen durfte, wer mindestens 400 US-Dollar mitbrachte, nahe Verwandte in Shanghai hatte, einen Arbeitsvertrag oder »einen (oder eine) Shanghaier Bürger [sic] zu ehelichen beabsichtigt«.[35] Die 400 US-Dollar erwiesen sich nicht wirklich als Hürde, sie wurden von einer Hilfsorganisation[36] zur Verfügung gestellt. Allerdings unter der Bedingung, dass nach der Einreise in Shanghai 300 Dollar zurückgezahlt werden müssten, um weitere Flüchtlinge auszustatten. Ende 1940 registrierten die Japaner rund 10000 europäische Einwanderer in Hongkou. Weitere Flüchtlinge hatten in anderen Teilen der Stadt Unterkunft gefunden. Bis zum Sommer 1941 erreichten Vertriebene Shanghai mit der Transsibirischen Eisenbahn. Dann versperrte der Krieg alle Wege.

»Politische Gespräche sind streng untersagt«[37]

Bis zum Kriegsbeginn in Europa waren die Flüchtlinge auf Schiffen gekommen, sei es ab Triest mit dem Lloyd Triestino oder mit dem Norddeutschen Lloyd ab Bremerhaven oder Genua. Viele Reisende waren, wenn sie ankamen, mit Carl Crow vertraut, dem amerikanischen Journalisten und Werbefachmann. Auf den Schiffen wurde nämlich Crows Publikation »400 Million Customers« als Einstimmung in chinesische Sitten und

Gebräuche verteilt. Allerdings schilderte Crow Lebensumstände, die sich als weit entfernt von denen der Emigranten erweisen sollten.[38] Einer, der Crow gelesen hatte, war der Kunst- und Antiquariatsbuchhändler Heinz Heinemann aus Berlin, der Mitte Mai 1939 mit Frau und Tochter auf der *Giulio Cesare* in Shanghai eintraf. Seine Tochter beobachtete, wie in der Anfahrt auf Shanghai aus dem blauen Meerwasser eine graubraune, stinkende Brühe wurde, in der Abfälle, Tierkadaver und menschliche Leichen schwammen. Vor allem aber war es »sehr heiß und schwül«.[39] Kaum jemand hatte die richtige Kleidung dabei. Mitglieder des Hilfsfonds und des IC nahmen die Ankommenden auf den Schiffen in Empfang und erläuterten Grundregeln des Überlebens in Shanghai, verteilten ein Merkblatt mit Richtlinien betreffend Klima, Kleidung, Essen und Trinken, Sicherheit und Verhalten; »zum eigenen Besten und zum Besten der schon in Shanghai lebenden Emigranten« sollten sie politische Gespräche vermeiden, nicht in Hongkou fotografieren, nicht in Hotels herumlungern und keinesfalls »schnorren«. Und nicht mit Reportern sprechen.[40] Einer sprach doch, im November 1938, berichtete über das KZ Buchenwald, über Hungerrationen, drakonische Prügelstrafen, Kriminelle als Aufseher, homosexuelle Vergewaltigungen.[41] Die Zeitung musste sich nicht nur gegen den Protest des Deutschen Generalkonsulats verteidigen, die schlimmsten Schilderungen hätten sie ja gar nicht gedruckt, sondern auch gegen das CFA, das fürchtete, der Artikel könnte den noch in Deutschland lebenden Juden schaden.[42]

Der Zahnarzt

Hermanns Schwiegertochter Nele erinnerte sich, dass er später belustigt erzählte, er habe sich, als er von Uwes Verlobung (im Oktober 1941) erfuhr, »bei Emigranten« erkundigt, ob sie die Familie kennen, ob es eine gute Familie sei.[43] Die Antwort fiel positiv aus. Nun war er sicher nicht in irgendein Geschäft oder Café gegangen, um auf gut Glück nach dem Leumund seiner zukünftigen Schwiegerfamilie zu fragen. Die lebte in Berlin. Wen von den Tausenden Berlinern, die zu der Zeit in Shanghai lebten, zu denen Mitgliedern der Deutschen Gemeinde der Kontakt verboten war, weil ihr »Blut« nicht »artverwandt« war – wen konnte Hermann fragen, ob er die Schnorr von Carolsfelds kannte?

Da war sein Zahnarzt, Dr. Dobrin[44], »früher Berliner Kapazität«, bei dem er, der jetzt häufiger mit den Zähnen *trouble* hatte, seit ein, zwei Jahren Patient war. Dr. Siegfried Dobrins Praxis lag in der Chaufong Road, das war um die Ecke von Melchers' Lagerhaus am Broadway.[45] Dobrin war 1939 emigriert, er hatte Hermann von seinem ›hübschen Weekend Haus‹ erzählt, das er im Amselthal besessen hatte, »wo er mit seinen Pferden (vielleicht auch Freundin) herrliche Stunden verlebte«. Das Amselthal lag im Berliner Stadtteil Frohnau, und in Frohnau wohnte Nele bei ihren Eltern. Das Waldgrundstück hatte die Familie Schnorr von Carolsfeld nach

1933 bezogen, um dem politischen Klima im Stadtzentrum zu entkommen.[46] Dobrins Antwort auf die Frage nach der Familie fiel positiv aus. Es war eine gute Familie, und Dobrin glaubte zu wissen, dass die von Carolsfelds eine Reihe von Menschen zu ihren Freunden zählten, die wegen ihrer Herkunft oder wegen ihrer sexuellen Orientierung zu den Verfolgten des Regimes gehörten.[47] Sogar Fotos von Frohnau konnte Dr. Dobrin Hermann zeigen, sie stammten aus den Jahren 1936 und 1938.[48]

Freiberufler, Geschäftsleute, Arbeitnehmer

Unverbindliche Kontakte zwischen jüdischen Immigranten und alteingesessenen Shanghai-Deutschen ergaben sich bei der Arbeit, denn einige fanden Beschäftigung als Angestellte bei Firmen chinesischer oder »alliierter« Eigentümer als Pharmazeuten, Chemiker, Ingenieure und als Handwerker. Es gab niedergelassene Ärzte, Apotheker, Rechtsanwälte (z.B. in Kanzleien chinesischer Anwälte), Fotografinnen, es gab Gaststätten und Frisiersalons.[49] Bei den Mitgliedern der Deutschen Gemeinde war das Einkaufen in »jüdischen« Läden recht beliebt. Endlich gab es in Shanghai eine größere Auswahl an deutschem Brot und deutscher Wurst. Jennie konnte jetzt viel besser nachvollziehen, was Hermann an der deutschen Küche schätzte. Leberwurst, zum Beispiel, und roten Heringssalat. Und Torten – er brachte öfter mal eine mit, wenn er im Melchers-Speicher am Broadway gewesen war. Am Broadway in Hongkou saßen ja die meisten der kleinen Geschäfte.[50] Heinz Egon Heinemanns Antiquariatsbuchhandel hingegen war in die Western Arts Gallery eingebunden, und die lag an der Avenue Joffre, französische Konzession. An Heinemann verkauften Emigranten deutsche Literatur, Antiquitäten und Kunstgegenstände. Das sprach sich in der Deutschen Gemeinde herum, man kaufte gern bei ihm.[51] Breuer könnte auch diesen Berliner Emigranten auf Uwes Schwiegervater, Professor Ludwig Schnorr von Carolsfeld, angesprochen haben. Als Kunsthistoriker, Kustos und Professor am Schlossmuseum Berlin, Autor diverser Schriften und Kataloge über europäisches Porzellan, war er Heinemann sicherlich ein Begriff, wahrscheinlich war er sogar Kunde in Heinemanns Antiquariats- und Kunstbuchhandlung am Olivaer Platz gewesen. Bis 1933 hatten die von Carolsfelds in der Lietzenburger Straße gewohnt, einen Fußweg von der Buchhandlung entfernt.

Begegnungen von Gemeindemitgliedern und Emigranten wurden von den Funktionären der NSDAP nicht gern gesehen; ab November 1941 waren das Einkaufen in jüdisch geführten Geschäften und die Inanspruchnahme von Dienstleistungen streng verboten.[52] Von den Angehörigen der deutschen Botschaft und des Generalkonsulats forderte Landesgruppenführer Lahrmann eine schriftliche Erklärung, dass sie nicht in jüdischen Geschäften einkauften.[53] »*Die Parteiführung bemühte sich angestrengt, Kontakte mit Juden zu unterbinden, und hatte die strikte Anweisung ausgegeben, sich von*

Hongkou fernzuhalten und nicht bei Juden einzukaufen. Doch kaum jemand hielt sich daran. Sogar Parteimitglieder kauften in jüdischen Geschäften ein.«[54] Frau Mayer, Ehefrau von Breuers Kollegen Walter Mayer, besuchte weiter die »jüdischen« Wiener Modegeschäfte an der Avenue Pétain (Hengshan Lu), warum sollte sie auf deren elegante Entwürfe verzichten. Auch »Alles für das Kind« besorgte sie im gleichlautenden »jüdischen« Geschäft. (Jüdische) Kindermädchen aus Deutschland waren gefragt, denn sie sprachen Deutsch mit den Kindern, und (jüdische) Klavierlehrerinnen beherrschten das klassische Repertoire.[55] Zweimal in der Woche erhielten Walter und Emanuela Mayer Klavierunterricht, ab 1943 kam ihre Lehrerin aus dem Ghetto zu ihnen. Der NSDAP-Ortsgruppenführer, der im Nachbarhaus wohnte, stellte Herrn Mayer diesbezüglich zur Rede.[56] Das änderte aber nichts. Eine Reihe von männlichen Emigranten schlug sich als Haustürverkäufer durch. »*So mancher Jude besuchte unsere Wohnung in der französischen Konzession und viele andere Deutsche, um [...] Süßigkeiten, insbesondere die schöne ›echt deutsche‹ Bitter-Schokolade [...] zu verkaufen. Wir wurden regelrechte Kunden eines Herrn Glasers, der uns immer treu, Woche auf Woche besuchte, [...] immer gut gekleidet mit Schlips und echt deutschem Wintermantel [...], ob im Winter oder im unerträglich heißen Sommer.*«[57] »Der kleine Held« wurde im Hause Siemssen der Händler genannt, der regelmäßig ins Haus kam und Teppiche bzw. Brücken anbot. Sein Familienname war Held, und er war ziemlich klein.[58] Engere Kontakte ergaben sich aus solchen Begegnungen eher nicht; sie wurden auch seitens der Emigranten vermieden: Ernst Wickert erzählt, dass ihm Buchhändler Heinz Egon Heinemann eine Einladung ausschlug mit den Worten: »Ich möchte nicht gesehen werden, wenn ich das Haus eines Deutschen betrete.«[59]

1 Das International Committee for Granting Relief to European Refugees hilft den in Shanghai Ankommenden »without discrimination as to the beneficiaries' citizenship, nationality, race, faith or political creed«. Ü: CM. Yivo Institute RG 243, Folder 38.

2 Holzberger, Recollections, S. 75. Holzberger arbeitete dann in der Melchers-Niederlassung in Tianjin. Ü: CM.

3 AA 30.5.1936 an die Vertretungen in Peking und Nanjing. PA AA Peking II, Band 2328, p. 212.

4 BArch R 9/332, Bd. 1, o. p.

5 13.10.1940 Anzeige im *OAL*.

6 Freyeisen, Shanghai, S. 77.

7 Ursula Dietzsch-Kluth, S. 54–55.

8 Firma Otto Wolff: Deutsches Großhandelsunternehmen Metall- und Maschinenbau. In China seit 1934.

9 Flatow, Briessen-Interview, Gedächtnisprotokoll CM.

10 Hong-Liste 1940, Gespräch mit Annelore Dieckmann am 2.11.2014. Frau Jacoby war eine Tante von Annelore D., Schwester ihrer Mutter. Sie arbeitete bei Melchers als Sekretärin von Hans Dieckmann, Export.

11 Freyeisen, Verhältnis alteingesessene / vertriebene Deutsche, in: Armbrüster, Exil, S. 90.

12 HWB 28.5.1950 an Nele, die aus Shanghai nach Berlin zurückkehrende Emigranten auf HWB ansprechen wollte.

13 Namen der Initiatoren: Bericht Deutsches Generalkonsulat Shanghai 1.11.1940, IfZ, ED 207-7-11.

14 Yivo Institute RG 243, Folder 38. Ü: CM.

15 Darunter Canetti (DT-V), Dr. Halpern, Kann. Vgl. Byelaws of the International Committee for Granting Relief to European Refugees of August 8, 1938, including a list of all the [27] signatories. Yivo Institute RG 243, Folder 38.

16 Die Freundschaft zwischen HWB, Jennie und den Kanns dauerte fort, als das Ehepaar 1949 in die USA auswanderte. Jennie plante einen längeren Aufenthalt bei ihnen in Kalifornien, als sie 1949 in die USA einzureisen hoffte. Die Weihnachtstage 1951 und 1952 verbrachte sie bei Kanns in Palm Springs (HWB 22.1.1949 an Nele und Jennie 4.1.1953 an HWB). Als HWB die Heimatauskunftsstelle leitete, war Eduard Kann mehrfach mit Auskünften und Gutachten behilflich.

17 E. Kann: Europäische Emigration nach China. SJC Sonderausgabe März 1940, S. 7–8.

18 Die ansässige sephardische Gemeinde umfasste ca. 500 bis 600 wohlhabende Mitglieder. Sie waren im 19. Jahrhundert aus dem Nahen Osten zugewandert. Die ca. 3 000 bis 4 000 ansässigen aschkenasischen Juden waren zum Teil vor den Pogromen während der späten Zarenzeit und dann vor der Verfolgung während des Bürgerkrieges (1917–1921) aus Russland, meist nach Harbin, geflohen und nach Shanghai weitergewandert.

19 Kranzler, Japanese, Nazis and Jews, S. 92–93.

20 1914 von Felix M. Warburg in den USA gegründet. Zweck: Hilfe für Juden, die unter dem Krieg leiden.

21 http://archives.jdc.org/topic-guides/refuge-in-shanghai-1938-1953/ am 15.9.2018.

22 Liste: Yivo Institute RG 243, Folder 38.

23 Paul Komor: Meine Arbeit für die Emigration; Ein Jahr IC. In: SJC Jahrgang 1940, Sonderausgabe März 1940, S. 15–16.

24 Peking II, Band 2328 (Deutsche politische und rassische Emigranten).

25 § 2 der 11. DVO zum Reichsbürgergesetz vom 25.11.1941 (RGBl. I S. 722).

26 Schreiben des Shanghai Municipal Council (Vorsitzender Cornell S. Franklin), weitergereicht vom Doyen des Konsularkorps an die Kollegen Konsuln. PA AA Peking II, Bd. 2329, p. 188.

27 Konsul Dr. Enno Bracklo; 30.1.1939, PA AA Peking II, Bd. 2330, p. 30.

28 Kann: Europäische Emigration. SJC Sonderausgabe März 1940: Ein Jahr SJC. S. 7–8.

29 *China Weekly*, 26.4.1941, Artikel von Anna Ginsbourg: »Thousands of Shanghai's German-Jewish Refugees Lead Lives of Disillusionment and Despair«, PA AA Peking II, Band 2327, p. 12–13.

30 Ernst Pollack: Menschen, die uns halfen. In: SJC Sonderausgabe März 1940, S. 6.

31 Ganther, Drei Jahre Immigration, S. 146, Anm. 32. Vgl. auch SJC Sonderaus-

gabe März 1940, S. 10. Kranzler (Japanese, Nazis and Jews, S. 132–133) verortet die Einrichtung im Pingliang-Road-Heim, das ist nicht richtig.

32 Japanisches Generalkonsulat Shanghai an Kollegen 10.8.1939, PA AA Peking II, Bd. 2330, p. 89.

33 1.9.1939, Bericht Deutsches Generalkonsulat Shanghai an das AA. PA AA Peking II, Bd. 2330, p. 84–86.

34 Ellis Hayim, 15.8.1939. PA AA Peking II, Bd. 2330, p. 100. Es ist nicht ersichtlich, ob die chinesische Regierung von einer der Interessengruppen zu den Vorgängen befragt oder auch nur über sie unterrichtet wurde.

35 PA AA Peking II, Bd. 2330, p. 84–86. Auch: A. Franklin Cornell, Chairman des Shanghai Municipal Council, zu den geltenden Einreisebeschränkungen in: SJC Sonderausgabe März 1940: Ein Jahr SJC, S. 1.

36 The Far Eastern Jewish Central Information Bureau (HICEM), 1917 gegründet, Zentrale in Harbin.

37 Top 3 der Richtlinien für neu ankommende Emigranten des IC. Yivo Institute RG 243, Folder 38.

38 Blumenthal, In achtzig Jahren, S. 120–122. Die Familie Blumenthal erreichte Shanghai am 10.5.1939.

39 Heinemann-Headley, Blond China Doll, S. 28–45.

40 Yivo Institute RG 243, Folder 38.

41 Interview mit einem auf der *Conte Rosso* in Shanghai eingetroffenen Buchenwald-Gefangenen. Veröffentlichung *NCDN*, 25.11.1938. PA AA Peking II, Band 2329, p. 212.

42 Komors Vorwurf lautete, die Presse nutze die Emigranten für ihre politischen Zwecke bzw. ihr Klatschbedürfnis aus. »[…] the press making political or news capital of the emigrants.« PA AA Peking II, Band 2329, p. 213.

43 Gespräch mit Nele am 28.9.2011.

44 Dr. Siegfried Simon Dobrin, geb. 1887 in Freienwalde, Pommern; Praxis: Berlin W 62, Keithstr. 14a. Michael Köhn: Zahnärzte 1933–1945.

45 Emigrantenadressbuch (erschienen 11/1939, PA AA Peking II, Band 2331): Dr. Dobrin, 30 Lausoong Road. Vermutl. Lesefehler aus der Sütterlin-Handschrift für Chaufoong Road (Gaoyang Lu) in Hongkou. In der japanischen Liste zur »Designated Area« (Ende 1940) ist Dr. Dobrins Adresse angegeben: 60 Kwenming [Kunming] Road. Er war also in der Zwischenzeit umgezogen. Liste in: Armbrüster, Exil in Shanghai.

46 Gespräch mit Nele am 28.9.2011, vgl. auch Interview mit ihr im *Tagesspiegel* 5.2.2012. https://www.tagesspiegel.de/berlin/stadtschloss-es-war-mein-schloss/6157618.html am 10.2.2012.

47 Von Carolsfeld hatte u.a. Sammlungs-und Auktionskataloge für die Porzellansammlungen von Ludwig Darmstädter und von Baron Erich von Goldschmidt-Rothschild verfasst. Betr. homosexuelle Freunde: Gespräch mit Nele am 28.9.2011 in Berlin.

48 HWB 30.10.1948 an Nele.

49 Deutsches Generalkonsulat 1.11.1940 an AA, IfZ ED 207-7-11 und ED 207-7, p. 15.

50 Emigrantenadressbuch, PA AA Peking II, Band 2331.

51 Erinnerung Emanuela Mousley geb. Mayer. Gespräch in Köln, Juli 2014.

52 Übertretungen wurden fotografiert, Ortsgruppenleiter Klaus Küther zitierte Zuwiderhandelnde zu sich und drohte mit dem Entzug des Passes, also der Staatsbürgerschaft. Freyeisen, Verhältnis alteingesessene/vertriebene Deutsche, in: Armbrüster, Exil, S. 92 und S. 102.

53 Wickert, Mut, S. 314.

54 Blumenthal, In achtzig Jahren, S. 163.

55 Kindermädchen: Gespräch mit Detlev Siemssen, Köln, 16.7.2014.

56 Emanuela Mousley geb. Mayer. Gespräch in Köln, Juli 2014. 198 Frauen gaben als ihren Beruf »Schneiderin« an, 124 »Modistin«. Anlage zum Bericht GK Shanghai vom 1.11.1940. http://www.cosmoshanghai.net/ShanghaiSite/menorahsplash/GermanConsRep40.pdf, am 5.11.2020.

57 Troeger, Aufgewachsen in Shanghai, S. 65.

58 Wera Schoenfeld geb. Siemssen, Gespräch in Aumühle 9.11.2013. Brücken aus diesem Bestand lagen noch 70 Jahre später in ihrer Wohnung.

59 Wickert, Mut, S. 315.

1942 - 1943
Verlorene Freiheiten

Wer war wo?

Von seiner Schwester Paula in den besetzten Niederlanden hatte Hermann lange nichts gehört. Deren Tochter Paulchen war nun wohl auf Borneo von den Japanern interniert. Paulchen, Krankenschwester von Beruf, hatte dort mit ihrem Mann, einem holländischen Arzt, gelebt. Als Borneo im März 1942 von den Japanern erobert worden war, wurden alle Engländer und Holländer interniert.[2] In den Lagern herrschten wohl schreckliche Zustände. Das Klima der Tropen würde die Haftbedingungen verschärfen. Kontakt war nicht möglich.[3]

Ebenso wie er britischen und amerikanischen Staatsbürgern half, organisierte Hermann Breuer Hilfe und Unterstützung für die deutschen Juden, die im Ghetto von Hongkou konzentriert waren.[1]

Leserbrief in den *North China Daily News*, 18. Juli 1947

Über Uwe wusste Hermann, dass seine Frau Ende September 1942 einen Sohn geboren hatte. Ein Postsendungsverfahren des Roten Kreuzes[4] ermöglichte, auf vorgefertigten Karten Nachrichten im Umfang von bis zu 25 Worten zu versenden. Verlobung, Hochzeit, Nachwuchs: Es war schnell gegangen, aber in der traditionellen Reihenfolge. Sie mussten jetzt mit Uwes Einsatz an einer der Fronten rechnen. Wann Hermann von Uwes Verwendung erfuhr, ist nicht überliefert.

Uwe in Tunesien

Was Hermann nicht wusste: Nachdem deutsche Truppen quer durch Osteuropa und bis nach Libyen und Ägypten vorgedrungen waren, Kairo schien schon in Reichweite, wurden sie nach der zweiten Schlacht um El-Alamein Ende Oktober 1942 langsam nach Westen zurückgedrängt. Die »Achse« musste ihre Hoffnung auf eine Eroberung des Suezkanals und der Ölfelder des Nahen Ostens aufgeben. Hitler befahl, Tunesien zu halten, und Generalfeldmarschall Rommel bekam Nachschub an Material und Soldaten. Er bekam auch Uwe Breuer. Der wurde, sehr plötzlich, am 15. Januar 1943 zur Frontleitstelle Neapel geschickt[5] und landete Ende Januar 1943 in Tunesien, an einer schon verlorenen Front. Von dort kriegte Uwes Frau Nele Corned Beef in Dosen und Apfelsinen nach Berlin geschickt. Als Nele am 16. März 1943 mit Baby Christoph und mit ihrem Strickzeug zu Besuch nach Hannover kam, da weinte sie.[6] Sie hatte die Morgenausgabe des *Berliner Lokal-Anzeigers* mitgebracht. Auf der zweiten Seite unten links stand eine kurze Notiz zum Kriegsgeschehen in Tunesien, »Tunesien: 19 Abschüsse«. Ein »feindlicher Flugzeugverband« sei »von deutschen Jägern abgefangen« und abgeschossen worden.[7] Rückschlüsse auf Uwes Wohlergehen ergaben sich daraus nicht.

Der hatte drei Tage zuvor ein Foto von sich in die Wehrmachtspost gegeben: Unter Dattelpalmen stehend, schickte er »Herzliche Grüße aus ...«, der Name des Ortes ist unleserlich. Geheimhaltung war Vorschrift. Auf dem Briefumschlag klebte sicherlich die für das Afrikakorps noch im März kreierte »Tunismarke«: Dattelpalme mit Hakenkreuz. Im Mai kapitulierten die deutschen Nordafrika-Truppen. 250 000 Deutsche und Italiener gerieten in Kriegsgefangenschaft.[8] Uwe auch. Beim *Boarding* des Transportschiffes nach Amerika sprach ihn ein britischer Offizier an: »Guten Tag, Herr Breuer.« Er hatte den Namen gelesen und sich an das Foto erinnert, das Hermann mit der halb spöttischen Bemerkung, vielleicht träfe man sich ja mal, drei Jahre zuvor beim Abschied vom East Surrey Regiment in Shanghai herumgezeigt hatte. Uwe bekam für die Passage eine Offizierskabine, was seine Kameraden im Zwischendeck nicht gut fanden.[9]

Hermann wusste, dass Uwe in Nordafrika eingesetzt war, wusste von der Kapitulation. Das Wort von »Tunis*grad*« machte die Runde. In Stalingrad, Namensgeber der militärischen Katastrophe, hatten die Überreste der 6. Armee Anfang Februar 1943 kapituliert; 60 000 deutsche Soldaten waren gefallen, 25 000 verletzt, 110 000 in Gefangenschaft geraten. (Schätzungen über Verluste auf russischer Seite liegen bei über einer halben Million Soldaten und Zivilisten.) Spätestens im Herbst 1943 wurde Breuer auf dem kurzen Dienstweg informiert, dass sein Sohn in amerikanischer Kriegsgefangenschaft war. Der kurze Dienstweg ging so: Die Melchers-Teilhaber CG Melchers und Dr. Korff nahmen in regelmäßigen Abständen einen Dampfer von Shanghai nach Japan; vor der japanischen Küste lagen immer deutsche Schiffe, von dort wurde über Sprechfunk Kontakt mit Bremen aufgenommen. Es ging um die Beladung von Blockadebrechern. Bei diesen Gelegenheiten wurden auch private Neuigkeiten von existenzieller Bedeutung ausgetauscht. Anfang September 1943 versprach Widmann (Bremen) Bruder Karl: »Bei nächster Gelegenheit will ich das [dass Uwe also in den USA ist] Dr. Korff mitteilen, damit er ihrem Bruder Bescheid sagt.«[10] Im folgenden Monat berichtete Widmann: *»Bei meinem letzten Ferngespräch mit Tokio hatte ich Gelegenheit durchzugeben, dass von Uwe Nachricht eingetroffen sei, dass er sich in den USA in Kriegsgefangenschaft befindet, und ich bat unseren Herrn in Tokio, dies ihrem Bruder mitzuteilen.«*[11]

»Großasiatische Wohlstandssphäre«

In Shanghai gab es Mitte 1943 nicht mehr das internationale Miteinander der Nationen, sondern es herrschten die Japaner bzw. das mit Japan kooperierende Regime unter Wang Jing-wei: An dieses China hatten die Japaner ihre exterritorialen Gebiete zum 30. März 1943 zurückgegeben. Zugleich übergaben sie die britische und amerikanische Konzession, die seit Dezember 1941 (dem Beginn des Krieges gegen die USA und England) unter ihrer Militärkontrolle gestanden hatte.[12] Jetzt sei China »von dem angloamerikanischen Ausbeuter-Imperialismus befreit«, war zu lesen, und es verdanke dies der »von Japan aufrichtig durchgeführten Politik enger Zusammenarbeit«. So stand es im *Berliner Lokal-Anzeiger*, den Nele im März nach Hannover mitgebracht hatte.[13] Die Achsenpartner kooperierten: Zum 30. Juli 1943 gab Vichy-Frankreich die Französische Konzession zurück[14] und der italienische Konsul Taliani di Marchio unterzeichnete am 24. Juli ein Abkommen, in dem Italien auf seine Verwaltungsrechte im Settlement verzichtete.[15] Die Japaner versprachen eine »Großasiatische Wohlstandssphäre« (Greater East Asia Co-Prosperity Sphere), aber in der Tat führten sie sich wie neue Kolonialherren auf, gegen die Chinesen, gegen die Angehörigen der alliierten Nationen und gegen die jüdischen Flüchtlinge.

Misshandlung von Chinesen

Chinesen begegnete das japanische Militär respektlos und grausam. Jeder der vielen Militärposten musste ehrerbietig gegrüßt werden, sonst drohten chinesischen Passanten schwere Misshandlungen, und auch Europäer wurden drangsaliert. Ungestrafte Morde an Chinesen, Plünderungen, willkürliche Quälereien waren an der Tagesordnung. Oft hörte CG Melchers in seinem Haus an der Hungjao Road im westlichen Außenbezirk die Schüsse japanischer Soldaten auf Chinesen, die unerlaubt Waren in die Stadt bringen wollten.[16] Maria Korff beobachtete, dass Reis schmuggelnde Bauern geschlagen wurden, und eines Tages sah sie, wie ein chinesischer Bauer zur Strafe in einem halb zugefrorenen Tümpel stehen musste, von Japanern bewacht. Zwei Stunden später stand er immer noch da. Sie wandte sich an die Soldaten, wurde selbst bedroht und bluffte, sie würde die Deutsche Botschaft mobilisieren, wenn der Mann nicht sofort aus dem Wasser geholt würde. Das wirkte. Ein anderes Mal hörte Maria Korff den Ruf »Missi Korff« aus einem bunkerartigen Wachhäuschen. Es war die Amah einer deutschen Familie, die da zusammen mit einem Kind gefangen gehalten wurde. Die Wache warf ihr vor, sie habe Reis kaufen wollen. Aber sie hatte gar kein Geld dabei. Trotzdem bekam Maria Korff zunächst nur das Kind frei, weil es europäisch aussah. Sie konnte durchsetzen, dass die Amah später von Mitarbeitern der Deutschen Botschaft befreit wurde.[17]

Je mehr die Japaner an ihren Sieg glaubten, desto weniger höflich verhielten sie sich auch gegenüber Europäern, auch gegenüber ihren deutschen Verbündeten.[18] Vier japanische Offiziere saßen eines Tages in Adalbert Korffs Sesseln, legten die Füße auf den Wohnzimmertisch und versuchten, Benzin von der Firma Melchers zu erpressen. Bei Maria Korff waren sie an der falschen Adresse.[19] Breuer konnte von ähnlichen Erfahrungen berichten: Er war mit dem Fahrrad zu Jennies Garten unterwegs gewesen (der sich inzwischen von einem Blumen- in einen Gemüsegarten verwandelt hatte), als ihm Melchers' Ältester, Gerhard, in die Arme lief. Der 14-Jährige brauchte Unterstützung: Ein angetrunkener japanischer Soldat war bei Melchers ins Wohnzimmer eingedrungen, randalierte und brüllte: »Schnaps«. Die Eltern waren nicht zu Hause, die chinesischen Angestellten nicht auffindbar. Wahrscheinlich hätten sie sich in Gefahr gebracht, wenn sie gegen einen Japaner handgreiflich geworden wären. Breuer fand japanische Offiziere, die den Betrunkenen abführten. Den Vogel aber schoss er selbst ab mit seinem Bericht, wie Jiu-Jitsu ihm eines Nachts das Leben rettete. Ein betrunkener japanischer Sanitätsoffizier war in seine Wohnung in der Yu Yuen Road eingebrochen. Vielleicht überraschte es ihn, dass die Bewohner zu Hause waren; er griff in tödlichem Ernst an: »Es war dies ein schweres Ringen für ¾ Stunden.« An dessen Ende stand fest, dass Hermann »besser Jiu-Jitsu konnte als er«.[20]

Internierung der Kriegsgegner Japans

Im Sommer 1942 hatte die japanische Besatzungsmacht damit begonnen, das bewegliche Eigentum von britischen und amerikanischen Staatsangehörigen in Shanghai mit einem kaiserlich-japanischen Pfandzeichen zu markieren.[21] Das war eine Enteignung, noch war sie fast unmerklich. Anfang 1943 wurden sogenannte Civil Assembly Centers eingerichtet, eine vornehme japanische Umschreibung für die hässlichen Camps, in denen im Lauf der folgenden Zeit alle Feinde Japans interniert wurden.[22] In Shanghai und um Shanghai herum entstanden in kurzer Zeit sieben Camps für 8000 Internierte. Haustiere konnten nicht mitgenommen werden, und da die Tiere nicht in japanische Hände fallen durften, mussten die Ponys, Pferde, Hunde und Katzen getötet werden. »*Der freundliche und großzügige Dr. Phillips, der deutsche Tierarzt, brach vor Anspannung und Trauer zusammen, nachdem er so viele geliebte Haustiere eingeschläfert hatte.*«[23]

Für Hermann begann Ende 1942, Anfang 1943 ein großes Abschiednehmen von *business*-Freunden und von den meisten seiner Mitbewohner in der Yu Yuen Road 1396. In dem Mietshaus mit den großzügigen Appartements hatten bis dahin außer Jennie und Hermann und einem Japaner nur angelsächsische Familien gewohnt. Edward Basil McBain, der jüngste Bruder aus dem neunköpfigen Geschwister-Clan der McBains[24], wurde im Lunghwa Camp interniert. Ebenso die Architektenfamilie Eric und Gladys Cumine mit ihrem zwölfjährigen Sohn John Paton Cumine und mit Erics Eltern Henry und Winifred, beide 63 Jahre alt.[25] Mr Pottinger (Sun Insurance Co.) und die beiden Goodmanns, Thomas und Muriel (Shanghai Waterworks Fittings Co. Ltd), waren mit Tochter und Sohn, 18 und 16 Jahre alt, im Camp in Pudong.[26] Den 65-jährigen amerikanischen Rechtsanwalt

James B. Davies, Kanzlei Allman Davies & Kops, hatten sie mit seiner Frau ins Zhabei Camp gebracht.[27]

Eines der Camps, das Yu Yuen Camp, lag an der Yu Yuen Road, an HWBs täglicher Fahrstrecke ins Büro. Es war in den ehemaligen Gebäuden der Western District Public School und der Shanghai Public School for Girls untergebracht und in den zusätzlichen provisorischen Holzhütten, die als Notquartier für britische Truppen aufgestellt worden waren.[28] Dort lebten an die 1 000 Gefangene. Es herrschten, wie in all den überbelegten Massenunterkünften, schlechte sanitäre Verhältnisse, Mangelernährung und Hunger, Mangel an angemessener Kleidung bei Kälte, Hitze, Nässe.[29] Hinzu kam der mit der Gefangenschaft verbundene Dauerstress. Internierte sagten, es fühle sich an wie eine Haftstrafe von unbestimmter Dauer.[30] Kontakt zu den Internierten war Außenstehenden verboten. Aber HWB wollte seinen alliierten Freunden helfen und fand heraus, auf welchem Weg Hilfe möglich war: Das Internationale Rote Kreuz hatte mit den Japanern verhandelt, dass die Internierten *comfort parcels* erhalten durften. Solche Pakete konnten von registrierten, ortsansässigen Spendern an Freunde und Bekannte geschickt werden, jeder Spender durfte bis zu fünf Pakete im Monat in der zentralen Annahmestelle Szechuan Road Nr. 666 abgeben. Internierte durften ein Paket im Monat erhalten – Größe, Gewicht und Inhalt waren genau vorgegeben. Ein Problem war u. U. die Registrierung als Spender, die von den Japanern kontrolliert wurde. Konnte sich ein Deutscher diese Menschlichkeit politisch leisten? Für die, die eine Namensnennung umgehen wollten, bot das Rote Kreuz an, die Pakete unter Decknamen registrierter Freiwilliger zu versenden. HWB bediente sich dieser Tarnung nicht.[31] Mit der Inflation verteuerte sich das einzelne Paket von 1500 CRB Yuan im März 1943 auf 35 000 CRB Yuan im März 1945.[32]

Eine Designated Area für jüdische Emigranten

Als eine andere vornehme japanische Umschreibung für eine hässliche Einrichtung sollte sich der Begriff *designated area* erweisen, deutsch »Sonderbezirk«. Etwa zur gleichen Zeit, zu der die Internierungscamps geschaffen wurden, erschien im *Shanghai Jewish Chronicle* eine auf den 18. Februar 1943 datierte »Proklamation bezüglich der Abgrenzung des Gebietes, in welchem staatenlose Flüchtlinge wohnen und ihren Geschäften nachgehen dürfen«.[33] Als »staatenlose Flüchtlinge« im Sinne der Proklamation galten »*solche europäischen Flüchtlinge, die seit 1937 aus Deutschland (einschließlich des früheren Österreich und der Tschechoslowakei), Ungarn, dem früheren Polen, Lettland, Litauen und Estland etc. in Shanghai eintrafen und gegenwärtig keine Staatsangehörigkeit besitzen*«. Begründet wurde die Order mit »militärischer Notwendigkeit«. Bis zum 18. Mai 1943 sollte die »Verlegung« der Wohnungen und Geschäfte all derer, die bisher außerhalb der *designated area* gelebt hatten, umgesetzt sein. Nur wer bei »Nichtflüchtlingen« beschäftigt war, durfte, wenn er eine Sondererlaubnis der japanischen Behörden einholte, vorläufig weiterhin einen Arbeitsplatz außerhalb des Bezirks aufsuchen. Ohne Sondererlaubnis war den Staatenlosen das Verlassen des Sonderbezirks untersagt.[34]

In dem Gebiet im Stadtteil Hongkou, das weniger als eine Quadratmeile umfasste, lebten bereits 8 000 Flüchtlinge und 100 000 Chinesen.[35] Jetzt sollten die anderen etwa 10 000 vor der deutschen Judenverfolgung Geflohenen ebenfalls dort hinziehen: 811 Appartements mit insgesamt 2766 Zimmern im International Settlement und in der Französischen Konzession sollten aufgegeben werden. Japaner, die bisher in Hongkou gewohnt hatten, verbesserten sich bei der Gelegenheit gern durch einen Wohnungstausch. Die Chinesen hingegen wollten oder konnten ihre Wohnungen in Hongkou nicht verlassen, und so waren die jüdischen Bewohner nicht ganz isoliert in dem Gebiet, das sie als Ghetto ansahen. 307 Geschäfte mussten als Folge der Ghettobildung schließen bzw. umziehen. So wurden noch mehr Menschen von der Unterstützung durch die Hilfskomitees abhängig.[36]

Vorgeschichte der »Designated Area«

Der Hitzerekord-Sommer 1942 brachte unerträgliche 35 °C am Tag und keine Abkühlung in der Nacht, die Bewohner Shanghais rangen nach Luft. Kurze Fluchten an die See oder in die Berge waren nicht mehr möglich, es gab keine Reiseerlaubnis. Während Hermann nachts nicht schlafen konnte, sorgte er sich um Freunde: Im Juli waren Kann, Komor, Speelman und eine Reihe weiterer Mitglieder des IC-Komitees plötzlich verschwunden. Hermann wusste: Der japanische Vizekonsul Shibata Mitsugi hatte sie als Repräsentanten der Hilfsorganisation CFA um ein »Not-Treffen« gebeten, das im Haus des niederländischen Bankers Michel Speelman abgehalten werden sollte. Kurz danach waren alle Sitzungsteilnehmer verschwunden, auch der Japaner. Was war passiert? Genau würde Hermann es nie erfahren. Bei dem Treffen eröffnete Shibata den Vertretern des CFA, dass das Deutsche Konsulat oder die NSDAP oder der Polizeiattaché für den Fernen Osten[37] dränge, die nach Shanghai geflüchteten Juden zu – ja, was genau? Sie seien Feinde Deutschlands, also Feinde der »Achse«, von ihnen seien also Sabotageakte zu erwarten. Dazu, was Shibata gesagt hatte, was mit den Juden geschehen sollte, gingen die Erinnerungen später weit auseinander. Die Rede war, je nach Berichterstatter, von seeuntüchtigen Schiffen, mit denen die Juden auf dem Meer ausgesetzt werden sollten, von einem KZ auf der Insel Chongming in der Yangtse-Mündung, von medizinischen Experimenten und von Vernichtung durch Arbeit in Salzminen.[38] Shibata hatte geraten, sich an den japanischen Generalkonsul oder an den ehemaligen japanischen Außenminister Matsuoka zu wenden, um die Pläne noch zu durchkreuzen. Vielleicht war der deutsch-jüdische Geschäftsmann, den Speelman daraufhin als Kontaktperson ansprach, ein

Spitzel der Gendarmerie, jedenfalls waren alle Sitzungsteilnehmer kurz nach dem Treffen verhaftet worden. Sie verbrachten mehrere Wochen im berüchtigten Folter-Gefängnis Bridge House Jail.[39] Shibata wurde des Amtes enthoben und musste nach Japan zurückkehren. Nach ihrer Freilassung traten alle CFA-Leute von ihren Ämtern zurück. Gleichzeitig, nämlich am 11. September 1942, gratulierte das Kaiserlich-japanische Marinebüro im *Shanghai Jewish Chronicle* zum Jüdischen Neujahrsfest 5703 und forderte die Leser auf, an der »Vollziehung unseres Wiederaufbaus Großostasiens« aktiv mitzuarbeiten, betonend, »dass überall dort, wo die japanische Macht die herrschende Autorität ist, den jüdischen Gemeinden stets eine gerechte und loyale Behandlung zuteil wird«.[40] Im Februar des Folgejahres wurde die längst beschlossene Einrichtung eines »Sonderbezirks« für die geflüchteten Juden verkündet. Speelman war schon im November 1942 im Camp Haiphong Road C interniert worden; er war Niederländer und also Bürger eines Feindstaates.[41]

Nächtlich gesorgt hatte Breuer sich auch um Adalbert Korff, der kränkelte, müde und blass war, leichte Fieberanfälle hatte und schließlich auf einen längeren Erholungsurlaub nach Japan ging. CG Melchers hatte statt seiner an der denkwürdigen Sitzung der Deutschen Handelskammer im Juli 1942 teilgenommen, in der es im Wesentlichen um den angekündigten Rücktritt des langjährigen Geschäftsführers Dr. Lorentz ging. Lorentz hatte versucht, die Handelskammer möglichst unabhängig von nationalsozialistischem Einfluss zu halten, sich »gegen Gleichschaltung« ausgesprochen. Er gefährde damit die »Resonanz zu Hause«, hieß es von Seiten des Kammervorsitzenden, G. C. Gadow.[42] Wieder war ein Gegner der Nazis dahin gebracht worden, eine einflussreiche Position zu räumen.

1 »As well as helping British and American nationals Hermann Breuer *[...] organized* help and relief for the German Jews concentrated in the Hongkew Ghetto.« *NCDN*, 18.7.1947, S. 5, Ü: CM.

2 Der heute malaysische Norden Borneos war englische Kolonie, der heute indonesische Süden gehörte zu »Niederländisch-Indien«.

3 Tante Paulchen, so nannten wir sie, lebte später in Den Haag. Wir besuchten uns gegenseitig; sie war ein gut integriertes Familienmitglied. Sie hatte sich entschieden, über ihre Zeit in der japanischen Internierung nicht zu sprechen. Ihr Mann war kurz nach der Befreiung an den Folgen der Haft gestorben.

4 Zeitpunkt: *SJC*, 23.4.1942.

5 Nele 19.1.1943 an KB. Dank für Übersendung eines Briefes von HWB an Uwe; nach China könne man nicht schreiben. Nele wird mit Baby Christoph bei ihren Eltern in Berlin bleiben.

6 Erinnerung von Johanna Mueller-Raschdau geb. Breuer.

7 *Berliner Lokal-Anzeiger*, 16.3.1943.

8 Die Zahlen schwanken zwischen 230000 und 275000. Fast 20000 deutsche Soldaten waren in Nordafrika gefallen oder schwer verwundet worden.

9 Story betr. Uwe: Gespräch mit Nele 28.9.2011 in Berlin. Historisch: Im Juni 1942 wurde das 1. Bataillon des East-Surrey-Regiments (ehem. Shanghai) der 78th

Battleaxe Infantry Division zugeordnet. Es nahm an der Operation Torch (Fackel) teil, der britisch-amerikanischen Invasion Nordafrikas. Sie landeten im November 1942 mit der Britischen 1. Armee in Algier. Das Bataillon kämpfte bis zum Ende der Kampagne in Tunesien, nahm dann an der Invasion und Eroberung Italiens teil. https://en.wikipedia.org/wiki/East_Surrey_Regiment#Second_World_War am 3.11.2020.

10 Widmann 7.9.1943 an KB.

11 Widmann 7.10.1943 an KB.

12 Die Briten und die Amerikaner hatten ihre Konzessionsgebiete offiziell bereits zum 1.1.1943 an Nationalchina zurückgegeben. Unter den Kriegsbedingungen konnte das keine praktische Auswirkung haben.

13 16.3.1943.

14 *SJC*, 30.7.1943: Feier der Rückgabe.

15 *SJC*, 24.7.1943. Gleichzeitig, nämlich in der Nacht vom 24. auf den 25. Juli 1943, wurde Mussolini abgesetzt und durch Pietro Badoglio ersetzt, der bald Waffenstillstandsgespräche mit den Alliierten führte.

16 CG Melchers, China-Firma, S. 53.

17 Maria Korff, Briessen-Interview, Gedächtnisprotokoll CM. Schmitt-Englert, Deutsche in China, S. 176–177.

18 Abkhazi, Enemy Subject, S. 44.

19 Maria Korff, Briessen-Interview, Gedächtnisprotokoll CM. Schmitt-Englert, Deutsche in China, S. 176–177.

20 HWB 7.5.1948 an Nele. Das Ereignis datierte HWB auf den April 1944.

21 Abkhazi, Enemy Subject, S. 42.

22 Abkhazi, Enemy Subject, S. 16, 48.

23 Abkhazi, Enemy Subject, S. 16. Ü: www.DeepL.com/Translator.

24 McBain: Kohlenbergbau, Öl, Kautschuk. Edward machte 1919 seinen Abschluss in Cambridge, war also um 1898 geboren. Edward, Cecil, Neville und dessen Sohn George McBain waren interniert. https://industrialhistoryhk.org/from-no-1-on-the-bund-in-shanghai-to-kaolin-mine-in-cha-kwo-ling-the-century-old-china-coast-saga-of-the-mcbains/ am 1.10.2018.

25 Lt. Men of Shanghai and North China (1933) wurde Henry Monsel Cumine [nicht: Mousel (Leck, Captives of Empire)] im Juli 1882 geboren.

26 Leck, Captives of Empire, S. 605–607.

27 Leck, Captives of Empire, S. 533.

28 https://www.geni.com/projects/Yu-Yuen-Road-Shanghai-China-Intern-Camp-Japanese-Civilian-Internment-Camp-WWII/33610 am 1.10.2018.

29 In China lebten insgesamt über 13500 Internierte in zwölf Camps. In: http://www.historic-shanghai.com/con versations-researching-old-shanghai-with-greg-leck/ und Yang Zhenqi: Shanghai's War Prisoners: Global Times (chin. Tageszeitung in engl. Sprache), erschienen 9.4.2014. http://www.globaltimes.cn/content/853558.shtml, am 1.10.2018.

30 Abkhazi, Enemy Subject, S. 16: »Serving an indeterminate sentence.«

31 *NCDN*, 6.9.1947, S. 8: »*during the occupation and internment by the Japanese of Allied nationals, Mr. Breuer took great risks to send comfort parcels to his Allied friends.*«

32 Leck, Captives of Empire, S. 231–232. CRB: Central Reserve Bank, Dollar.

33 Proklamation: IfZ ED 207-4, p. 73–75.

34 In *SJC*, 10.8.1943 heißt es: »Ab heute …« Über die Einhaltung des Verbots wachte eine »Polizei« (Foreign Pao Chia), die die Bewohner selbst aufstellen mussten und die von japanischen Posten kontrolliert wurde.

35 Einwohnerzahlen bei Kranzler, Japanese, Nazis and Jews, S. 491.

36 Kranzler, Japanese, Nazis and Jews, S. 491–492.

37 Das war Josef Meisinger, Sitz in Tokio. Nach Kenntnis von HWB war die NSDAP, Ortsgruppe Shanghai verantwortlich. (Stellungnahme HWB/HASt vom 18.2.1965, BArch ZLA 7-34/47).

38 Freyeisen, Shanghai, S. 470

39 Kranzler, Japanese, Nazis and Jews, S. 464–480

40 Text von Captain Saneyoshi, *SJC*, 11.9.1942.

41 Leck, Captives of Empire, S. 559.

42 PA AA Peking II, Band 2732, Sitzungsprotokoll 26.7.1942. Ab März 1942: Gadow, Vorsitzender der Kammer, u.a. Vorstände wollten Lorentz' Tätigkeit auf die Rechtsberatung beschränken und eine neue Geschäftsführung einsetzen.

1945
Das Ende in Sicht

Trauer um Dr. Adalbert Korff

Am 29. März 1945 starb Dr. Adalbert Korff. Im Juni wäre er 45 Jahre alt geworden. Vor etwa zwei Jahren hatten die Fieberanfälle angefangen, dann wieder fröstelte er auch an ganz heißen Tagen so sehr, dass er in Decken gehüllt im *office* saß. Eine Operation und der anschließende Erholungsurlaub letzten Herbst in den japanischen Bergen hatten kaum Besserung gebracht. Trotz der vielen Bluttransfusionen war er immer blasser und schwächer geworden. CG Melchers hatte erfahren, dass es Leukämie war. Unheilbar. Maria Korff glaubte trotzdem lange Zeit fest an eine Genesung ihres Mannes. Ihre Jungen waren jetzt sieben und vier Jahre alt.

Die sternlose Nacht hält den Atem an,
geisterhaft warten die Wolken auf Wind,
vor den Reisläden kauert das arme Volk,
irgendwo stirbt ein Kind.

Emigrant Hans Oberländer an HWB
zum Geburtstag, 1943

Die Trauerfeier fand am 2. April, am Ostermontag, statt. Als CG Melchers vor Beginn der Feier die Kirche betrat, prangte direkt vor dem Sarg ein Kranz mit großem Hakenkreuz auf der Schleife. Er beschloss spontan, dass die Feier für seinen verstorbenen Teilhaber und Gegner des Naziregimes nicht unter diesem Zeichen stattfinden durfte, und trug den Kranz in eine hintere Reihe, schob einen anderen in die Lücke. Den Trauergottesdienst leitete Pastor Maass, der vor Monaten aus dem Amt entlassene protestantische Pastor. Maria Korff hatte ihn darum gebeten. Es entsprach ihrem aufrechten Gang.

Rückblick: Die Entfernung von Pastor Maass aus dem Amt

Im August 1944 hatte der NSDAP-Ortsgruppenleiter Pastor Maass »gröbliche Verstöße gegen Gebote, die für jeden Deutschen [...] vorbehaltlos einzuhalten sind«, vorgeworfen.[1] Der Verstoß bestand darin, dass Maass die Emigranten in Hongkou regelmäßig besuchte.[2] Er organisierte Hilfsmaßnahmen – Breuer hatte ihn mehrmals dabei begleitet[3] – und hielt Gottesdienste ab. Denn die Flüchtlinge aus Deutschland, Österreich usw. waren zwar »Juden« nach der Definition der »Nürnberger Gesetze«, religiös gehörten sie jedoch einem breiten Spektrum an, das orthodoxes bis liberales Judentum umfasste und etwa 1000 evangelische Christen.[4] Für sie hielt Maass Abendmahlsfeiern, Gottesdienste und Amtshandlungen im Ghetto ab, unterstützt von Werner Wedel, einem aus Berlin emigrierten Versicherungskaufmann, den er zum Hilfsgeistlichen ausbildete. Zu ihren Gottesdiensten kamen regelmäßig etwa 200 Gläubige, saßen und standen gedrängt in einem Keller wie eine frühchristliche »Katakomben-Gemeinde«.[5]

Trauerfeier

Obwohl die Distanz der trauernden Familie Korff zum Nationalsozialismus durch die Wahl des Pastors deutlich wurde, saß Landesgruppenleiter Siegfried Lahrmann unter den Trauergästen. Er hatte sich in die letzte Reihe gesetzt, als wüsste er, dass er bei dieser Feier nicht unter Freunden war. Aber er vergaß nie, dass Korff ihn unterstützt und gefördert hatte, als er noch ein *Griffin* in China war.[6] Pastor Maass sagte in seiner Ansprache, Korff »*gehörte zu denen, die mit dem Herzog Rohan in C.F. Meyers großer Novelle [Jürg Jenatsch] gesagt hätten: ›Ist es für mich unmöglich, zugleich ein Franzose und ein Ehrenmann zu bleiben, so wähle ich lieber das letztere, sollte ich darüber heimatlos werden‹. Aber dass er ein guter Deutscher war, ein besserer vielleicht als viele andere, die ihr Deutschtum mit dem Munde lauter bekennen als er, dafür gibt es wohl kein schöneres Zeugnis als das Wort eines Ausländers, der zu dem Verstorbenen sagte: Sie haben mir den Glauben an Deutschland wiedergegeben! [...] Er war ein Mann, der von vielen mit warmem Herzen g e l i e b t wurde. Er war nicht nur klug und tüchtig, sondern er hatte auch Herz, und wer ihm nähertrat, der spürte das.*« Zu einem Zeitpunkt, an dem die »Reichsdeutsche Gemeinschaft« in Shanghai durch deren nationalsozialistische Mitglieder geprägt war, sprach Maass von einer Zukunft unter anderen Vorzeichen: »*Wie war er [Korff] prädestiniert, an einem Neuaufbau unseres Vaterlandes an führender Stelle teilzunehmen. Und nun zerstört ein [...] früher Tod diese Hoffnungen. [...] Wir wollen der Überzeugung Ausdruck geben, dass des Verstorbenen Wesen und Wirken mit dem Augenblick, da sein Herz zu schlagen aufhörte, nicht zu Ende ist. Möge in dieser Stunde ein eindringender Appell an uns ergehen, den Geist dieses Mannes zu wahren, in seinem Geist an die bevorstehenden Aufgaben zu gehen.*«[7]

Beigesetzt wurde Korff auf dem Friedhof in Hongqiao,[8] in der Grabstätte, die schon seine Mutter und seinen kleinen Bruder Friedrich fasste; beide waren 1902 an Scharlach gestorben. Melchers erhielt übrigens am Tag nach der Beerdigung Order, bei der Partei vorzusprechen, und fürchtete Repressalien wegen des versteckten Kranzes. Es gelang ihm mehrfach, den Termin zu verschieben. Lange konnte es nicht mehr dauern.

Bremen, Hannover, die Schiffe: »Ziemlich vernichtet«

Breuer war in den Tagen vor Korffs Tod oft bei ihm gewesen. Sie wussten, dass Hitlers »Tausend Jahre« nun bald vorbei wären, dass ein Tal der

Tränen folgen würde. Wie sehr hatte Breuer sich gewünscht, Korff weiter an seiner Seite zu haben. Auf der *Werra*, einem der ersten größeren Nachkriegsschiffe des Norddeutschen Lloyd, hatten sie sich kennengelernt und hoffnungsvoll Zukunftspläne geschmiedet. Die *Werra* lag nun schon lange westlich vor Irland auf dem Grund des Meeres. Im Juni 1940 war sie als britisches Kriegsschiff unterwegs und von einem deutschen U-Boot versenkt worden. Überhaupt – die Schiffe des NDL: Die *Fulda*, mit der Breuer manche Reise gemacht hatte, war um Neujahr 1944 herum vor Formosa verbrannt. Die *Scharnhorst* war im November 1944 140 Seemeilen nordöstlich von Shanghai von einem amerikanischen U-Boot versenkt worden. Damals fuhr sie als japanischer Flugzeugträger, und von der Eleganz und dem Komfort, die Hermann auf seiner Fahrt im Dezember 1936 so genossen hatte, war nichts mehr übrig geblieben. Die *Gneisenau* war in der Kieler Werft einem Bombentreffer zum Opfer gefallen. Nur die *Europa*, auf der Hermann im Januar 1939 von New York nach Bremerhaven gefahren war, gab es noch. Sie lag als Kasernenschiff in der Wesermündung.

Nach allem, was man in Shanghai lesen konnte, erging es deutschen Städten nicht anders als den Schiffen. Die Zeitungen brachten Agenturmeldungen über große Bombardements: »Hamburg schwer bombardiert«, »Starke britische Bomberformationen richteten weiter schwere Verwüstungen in einem neuen Angriff auf Hamburg an. Die Zivilbevölkerung erlitt schwere Verluste«.[9] Von einem seiner Ausflüge nach Japan (um von dort die Beladung der Blockadebrecher über Sprechfunk mit Bremen abzustimmen) brachte CG Melchers die Erkenntnis zurück nach Shanghai, dass der Melchers'sche Stammsitz in der Knochenhauerstraße wohl schwer beschädigt war. Ein ausführliches Gespräch darüber war nicht möglich gewesen, die deutsche Zensur hatte es verhindert. Widmann hatte gesagt, sie seien aus der Knochenhauerstraße ausgezogen, und auf Melchers' entsetzte Frage nach dem Warum ertönte das warnende »klick klick«: Beim nächsten Wort über dieses Thema würde der Zensor das Gespräch abbrechen. Da begriff Melchers, was geschehen war[10] – wenn ihm auch die Details noch erspart blieben: In der Nacht vom 6. auf den 7. Oktober 1944 hatten 246 RAF-Flugzeuge die Bremer Altstadt bombardiert und auch das Kontorgebäude seiner Vorfahren völlig zerstört. Erhalten blieben der Tresorraum mit Geldschrank und Akten und eine Handkarre. Damit zog die Firma in das Privathaus von Karl Lindemann, Wachmannstraße 76.[11] Vielleicht erreichte Hermann auf diesem Weg die Nachricht, dass Karl Breuers Mietshaus in der Schellingstraße ausgebrannt war. Karl hatte das an Widmann nach Bremen geschrieben. Überhaupt sei Hannover »ziemlich vernichtet«.[12] Aber Karl und alle Familienmitglieder lebten noch.

Uwe aus den USA repatriiert

Eine direkte Kommunikation zwischen Shanghai und Deutschland war schon lange nicht mehr möglich: Über das Internationale Rote Kreuz erhielten Breuers in Hannover am 10. Dezember 1943 eine Anfrage von Hermann, die er ein halbes Jahr zuvor abgeschickt hatte, in der er sich nach dem Befinden von Uwes Frau und Sohn erkundigte. Auf dem Briefumschlag entwarf Alice die Antwort, die sie »auf der Rückseite des anliegenden Nachrichtenformulars Ihrer Angehörigen aus dem Ausland« als IRK-Kurznachricht (Höchstzahl 25 Worte) an Hermann schicken würden. Was wusste Hermann überhaupt? Welche Nachrichten hatten ihn inzwischen erreicht? Breuers fassten kurz vor Weihnachten 1943 zwei Jahre in 24 Worten zusammen: »(Deine) Schwiegertochter Nele und (Sohn) Christoph gesund, Uwe (in) Amerika, Tante (und) wir wohlauf, Hanni heiratet 31. Dezember, Grüßen Euch herzlichst. (Uwe 1942 verheiratet)«. 24 Worte; um die hier in Klammern gesetzten Worte hat Alice ihren Entwurf nachträglich ergänzt. Im Februar 1945 erhielt Hermann noch einmal eine über das Rote Kreuz vermittelte Nachricht, von Erna. Die kam so verstümmelt an, dass er nur raten konnte: Seinem Bruder Karl ging es schlecht? Oder bezog sich das Telegramm etwa auf Uwe?[13] Der hatte ihm doch aus Amerika die Nachricht zukommen lassen, es gehe ihm ganz gut, er arbeitete in der Lagerbibliothek und las viel. Später erfuhr Hermann: Uwe war im November 1944 aus der amerikanischen Kriegsgefangenschaft nach Deutschland entlassen worden. Das war aber keine gute Nachricht. Das *Certificate for Direct Repatriation* aus dem Lovell Hospital in Wyoming[14] nannte den Grund der Entlassung: Tuberkulose, »far advanced«.[15] Uwe lebte seither in einem Tuberkulose-Sanatorium bei Clausthal.[16] Hermann hatte zu Weihnachten 500 Mark an Nele und Christoph schicken lassen.[17]

Liebesgaben-Pakete für Karl und Alice

Trotz der schwierigen Kommunikation reichte Hermanns helfende Hand immer noch bis nach Hannover. Er bestellte über den Norddeutschen Lloyd »Liebesgaben-Pakete«, und Widmann kümmerte sich in Bremen um den Versand. Wenn nicht widrige Umstände wie Postsperren oder Bombardements sie aufhielten, kamen die Pakete in regelmäßigen Abständen in die Fichtestraße.[18] Das Highlight: Ein Paket »Zugspitze extra« erreichte die Familie Breuer Mitte Dezember 1943. Darin: 1 kg Kaffee, ½ kg Schokopulver, ¼ kg Tee, 1 kg Zucker, 4 Dosen Ölsardinen.[19] Es hatte das Festessen zu Hannis Hochzeit an Silvester wunderbar angereichert. (Zusätzlich zu den Kaninchen, die für die »Hühnersuppe« und das »Kalbsragout« ihre Leben ließen.) Für die Familie und ihre Festgäste war es ein bisschen, als säßen Hermann und Jennie mit an der Hochzeitstafel. Auch bei der Feier zur silbernen Hochzeit von Karl und Alice am 27. Januar 1945 dachten sie an den Bruder in der Ferne, der dieses Mal mit dem Paket »Tauern« dabei war. Wie lange war es her, dass das Silberpaar sich hatte vornehmen können, zur Feier dieses Tages noch einmal nach Sumatra zu reisen. Wenn Alice jetzt an Widmann formulierte: »[...] falls man bei den vielen Angriffen noch Pläne machen darf«, bezog sich das auf eine von Bombardements nicht gestörte Familienfeier im Haus Fichtestraße, das bisher »glücklich verschont geblieben« war.[20]

Rückblick: Internierung der Italiener in China

Im Juli 1943 landeten die Alliierten auf Sizilien und damit auf dem Territorium der *Achse*. Italiens König Victor Emanuele entließ angesichts des Vormarsches der Alliierten Mussolini aus dem Amt und setzte eine Militärregierung ein, die mit den Alliierten einen Waffenstillstand schloss.[21] Ab Herbst 1943 gehörten die Italiener in China zu den Feinden der Japaner. Prompt wurden »italienische Wirtschaftsinteressen« unter japanische Kontrolle gestellt,[22] darunter die etwa 30 italienischen Banken und Firmen, die es zum Zeitpunkt der Kapitulation Italiens in Shanghai gab. Dann hatte jeder Italiener sich entscheiden müssen: Wer eine Treueerklärung zum faschistischen Italien unterschrieb, blieb unbehelligt, wer sich weigerte, galt als staatenlos, wurde entlassen, unter Hausarrest gestellt, interniert.[23] Zu den Internierten gehörten der, nun ehemalige, italienische Botschafter Francesco Taliani de Marchio und der Leiter des Shanghai General Hospital, Dr. Vio. »*Dr. Vio hätte als Chef nur eine kurze Erklärung abgeben müssen, dass er sich zur ›Achse‹ bekenne. Er wäre der Spitalsvorstand geblieben [...], der Chauffeur hätte den Doktor jeden Morgen mit dem Aufsehen erregenden weißen Auto in die Spitäler gebracht. Das aber war mit einem Schlag vorüber, denn Dr. Vio unterschrieb nicht und war von diesem Augenblick an arbeitslos [...].*«[24] Und später interniert. Taipan Fred Siemssen unterstützte Taliani und andere italienische Reiterfreunde im Camp. Ihre Freundschaft vertiefte sich.[25] Allerdings fand die vorweihnachtliche Fuchsjagd auf dem Landgrundstück von Fred Siemssen 1943 nun ohne die Italiener statt. Es war ein »atemberaubendes Rennen« über Furten, mit Sprüngen und scharfen Bögen gewesen, bei dem Fred Siemssens 22-jährige Tochter Wera als »Fuchs« das rasante Tempo vorgab.[26] Unfälle blieben nicht aus. Breuer war mitgeritten, nahm auch weiter an den Sonntagsritten des Deutschen Reitervereins teil, ritt regelmäßig zusammen mit Jennie. Aus ihrem gemeinsamen Leben waren die Pferde nicht wegzudenken; sie waren zugleich Kinder und Freunde.

Shanghai bereitete sich darauf vor, mehr in das Kriegsgeschehen einbezogen zu werden. Energie wurde gespart, wo immer das möglich schien. Vom 1. Januar 1944 an mussten Schaufenster und Reklame um 19.30 Uhr ausgeschaltet werden, für Lebensmittelläden, Restaurants und Vergnügungslokale hieß es um 23 Uhr: Licht aus.[27] In den Büros durfte maximal sechs Stunden pro Tag gearbeitet werden.[28] Die Maßnahmen dienten nicht nur dem Energiesparen, es waren zugleich Vorbereitungen auf amerikanische Luftangriffe. Dazu gehörte seit dem 3. März 1944: Von Sonnenuntergang bis Sonnenaufgang mussten alle Fenster verdunkelt werden, auf öffentlichen Straßen fanden Luftschutzübungen statt.[29] Dann erhielten Passanten über Lautsprecher die Anweisung, sich zu Boden zu werfen und den Kopf zu schützen. Anschließend lernten sie, Blutungen zu stillen. Amerikanische Luftangriffe auf Shanghai begannen im Juli 1944. Zunächst galten sie den Außenbezirken.

Vorsorge für die Zeit danach

Deutsche in Shanghai hatten sich schon lange in ganz unterschiedlicher Weise auf die Zeit vorbereitet, zu der sie die Konsequenzen eines verlorenen Krieges spüren würden. Bereits 1943 legten Elgar von Randow (Gesandschaftsrat an der Shanghaier Dienststelle der Deutschen Botschaft) und der Journalist Klaus Mehnert zusammen mit Dr. Korff einen finanziellen Grundstock für die zukünftige Unterstützung hilfsbedürftiger Deutscher an. Bestände der Deutschen Gemeinde und Spenden »führender« Firmen, »die vorauszudenken bereit waren«,[30] wurden dem Vertreter des Internationalen Roten Kreuzes, dem Schweizer Edouard Eglé, in Form eines versiegelten Paketes Goldbarren überantwortet.

Ein Versuch der Absicherung gegen die Folgen eines verlorenen Krieges bestand darin, die letzten unbeweglichen Vermögenswerte möglichst zu tarnen. CG Melchers versuchte, den Erfolg entsprechender Bemühungen nach Bremen zu melden. In einem seiner Funktelefonate von Tokio nach Bremen teilte er Widmann mit, die China-Firma habe »alle Häuser und Grundstücke und Anteile an Auslandsfirmen verkauft«. Stilles Entsetzen am anderen Ende der Leitung. Dabei hatte Melchers nur zu verstehen geben wollen, dass die Tarnung des Firmeneigentums komplett umgesetzt worden war.[31] Das letzte Gebäude, das Melchers »verkaufte«, war der Godown am Broadway: »*Als sich die europäische Situation allmählich gegen die Deutschen wandte und besonders als italienischer Besitz nach der Kapitulation der italienischen Regierung von den Japanern beschlagnahmt wurde, baten Melchers & Co. die Wing On Textile Co., in Anerkennung der ihnen von Melchers in der Vergangenheit geleisteten Hilfe, ihre [Melchers'] Besitztümer vor japanischer Beschlagnahme zu schützen, falls Deutschland auf dem Schlachtfeld scheitern sollte. Diesen Antrag konnten wir in Anbetracht ihrer wertvollen Dienste in der Vergangenheit nicht ablehnen. Ihr Godown in 713 East Broadway [...] wurde daher in unseren Gewahrsam gegeben.*« Zusammen mit zwei weiteren Chinesen bildete Kuo Shun [d.i. William Kwok] dazu die Firma Ho Shing Bankers, die den Godown »kaufte«.[32]

Rückblick: Invasion in Frankreich

»[...] dass die langerwartete alliierte Invasion der europäischen Westküste heute früh begonnen zu haben scheint«, lautete die Meldung des Deutschen Nachrichtenbüros, die der *Shanghai Jewish Chronicle* am 7. Juni 1944 abdruckte. Es schieden sich die Geister: Wer dachte: »Endlich«, und wer glaubte weiter an Wunderwaffen und Endsieg? War der Umstand, dass die Invasion ›lang erwartet‹ worden war, irgendwie beruhigend? Signalisierte die Formulierung, dass irgendjemand die Sache im Griff hatte? Uwe, der am 6. Juni seinen 25. Geburtstag noch im US-Gefangenenlager feierte, schrieb an seine Frau Nele, das schönste Geburtstagsgeschenk hätten ihm die Alliierten gemacht.[33]

Rückblick: Attentat auf Adolf Hitler

Am 21. Juli 1944 war um 1 Uhr nachts deutscher Zeit eine Ansprache Hitlers über alle Sender des Reiches gegangen, sicher auch über den Kurzwellensender in Königs Wusterhausen, der seit 1933 nach Ostasien sendete. In Shanghai war es 8 Uhr morgens, ein Freitag. Hatte Hermann das Radio auf Empfang der Kurzwelle aus Deutschland stehen? Bestimmt brachte der deutsche Sender XGRS, der um diese Uhrzeit *light music* sendete, einen Hinweis. Hitler sprach von einem »*Verbrechen, das in der deutschen Geschichte seinesgleichen sucht. Eine ganz kleine Clique ehrgeiziger, gewissenloser und zugleich unvernünftiger, verbrecherisch-dummer Offiziere hat ein Komplott geschmiedet [...].*« Eine Woche nach dem Attentat brachte der *Shanghai Jewish Chronicle* einen Bericht des Central Press Service, »Dr. Goebbels teilt Einzelheiten über den Anschlag mit«: Ablauf des Attentats, Hinrichtung der »offensichtlich Schuldigen«, »Schutzhaft« für andere.[34] Denjenigen Deutschen, die, wie Wilhelm Haas, auf eine »*Ausmerzung des Nationalsozialismus durch die innerdeutsche Widerstandsbewegung als unabdingbare Voraussetzung für die Beendigung des Krieges durch einen gerade noch erträglichen Verhandlungsfrieden*« gehofft hatten, war »*die letzte Hoffnung genommen*«.[35]

Haas' Formulierung lässt darauf schließen, dass er von einer innerdeutschen Widerstandsbewegung wusste. Vielleicht hatte er 1937/38 Adam von Trott zu Solz während dessen einjährigem Aufenthalt in Peking bei Professor Ecke näher kennengelernt? Auch wenn von Trott sich den China-Deutschen gegenüber distanziert zeigte (so sagte er selbst und so erinnerte sich später Maria Korff[36]), hatte er vielleicht Haas gegenüber Vertrauen gefasst – sie hatten beide Kontakt zum Ökumenischen Rat der Kirchen in Genf – und Andeutungen gemacht?[37] Auch das Ehepaar Korff wird von der Existenz eines organisierten Widerstands gewusst haben; sie waren mit Erich Kordt (ab 1941 Gesandter in Tokio, ab 1943 in Nanjing) befreundet, der ihnen auf gemeinsamen Bootsausflügen von der Verfolgung und Ermordung der Juden in Europa, von KZs und Vergasungen berichtet hatte.[38]

Kaum vorstellbar, dass da keine Andeutung über den Widerstand führender Offiziere, von Diplomaten und Mitgliedern der Zivilgesellschaft fiel, zu deren Kreis Kordt sich zählte. Er hatte im September 1938 und im November 1939 Attentatspläne aktiv befördert.[39] Damals waren sie entschlossen, dass es weitere Versuche geben müsste. Jetzt war der letzte denkbare Versuch furchtbar gescheitert.

Verbluten?

Im Oktober 1944 gelangten westalliierte Truppen bei Aachen auf deutsches Gebiet. Die deutsche Antwort: Ein »Volkssturm« sollte gebildet werden. Hermann las es Ende Oktober 1944 in der Zeitung.[40] Er rechnete nach: Sein Geburtsjahrgang 1884 war der erste, der aufgerufen wurde. Die 60-Jährigen. Er lebte weit genug weg. Bruder Karl in Hannover war Jahrgang 1881 und damit zu alt zum Stürmen. Den 60. Geburtstag hatte Hermann sich, wie in den Jahren zuvor, gern mit Jennies Gedenken an das russische Weihnachtsfest geteilt. Ihr chinesischer Koch Loh hatte etwas Mühe gehabt, genug Zucker für eine anständige Geburtstagstorte aufzutreiben. Denn schon Anfang September 1943 war der Verkauf von Zucker (und von Salz, Kerzen, Hanf und Pelzen) rationiert worden.[41] Jennies besondere Spezialität war die Malakoff-Torte – Hermann liebte deren marzipanigen Geschmack. Sie aßen den Kuchen zu zweit. Eine schriftliche Gratulation kam von Hans Oberländer, der seit ein, zwei Jahren öfter bei Breuer zu Gast war. Ein Emigrant, der irgendwie zwischen allen Stühlen saß: Der Berliner Journalist war weder aus rassischen Gründen emigriert, noch gehörte er zu den politisch Verfolgten. Ihn hatte moralische Empörung fortgetrieben. Aus der Evangelischen Kirche war er ausgetreten, als diese »die Hakenkreuzfahne hisste«,[42] und war 1939 nach Shanghai gegangen, wo er ein »einsames und unheimatliches« Leben führte. Er war umso dankbarer für Breuers Zuspruch und Gastfreundschaft, für Einladungen zum Essen, zeitweilige Unterbringung. Als Zeichen seiner Dankbarkeit fügte Oberländer mehrere seiner Gedichte bei. Darunter das Gedicht »Maya«, in dem es heißt:

Um rote Tempelmauern fliegt
ein Pärchen roter Falter,
wir atmen Licht und lächeln und
dort bettelt ein hungriger Alter.

Traumfarben glühen ins Gewölk
beglückende Minuten,
während die Opfer des Luftangriffs
unter Gerümpel verbluten.[43]

Vorräte anlegen

Die Zahl der Hilfsbedürftigen unter den Deutschen wuchs. Von den 2440 Mitgliedern der Gemeinde waren Ende 1939 nur 48 unterstützungsbedürftig gewesen, Ende März 1945 waren es 636.[44] Wie würde sich diese Statistik nach dem Tag X weiterentwickeln? Ende Januar 1945 beantragten Carl Gottfried Gadow, Vorsitzender der Deutschen Handelskammer Shanghai, und Alfred Glathe, der Leiter der Reichsdeutschen Gemeinde, in Berlin die Zusage von Finanzmitteln, um einen Notvorrat an Lebensmitteln anzulegen. Sie begründeten den Antrag damit, dass die Lebensmittelpreise in den letzten drei Monaten auf das Dreifache gestiegen seien. Es sei mit verstärkten amerikanischen Luftangriffen zu rechnen, Gemeinschaftsküchen müssten eingerichtet werden. Die französische, die portugiesische und die schweizerische Gemeinde hätten sich bereits Lebensmittellager in Shanghai geschaffen. (Die britische, amerikanische und holländische Gemeinschaft saß in Internierungslagern, ebenso wie viele Italiener. Sie konnten nicht aktiv werden.) Japanische Armeestellen hätten angeboten, Nahrungsmittel im Tausch gegen Farben, Chemikalien und Arzneien zu liefern. Da die Finanzlage der deutschen Firmen in Shanghai äußerst angespannt sei, wäre das Geschäft, so Gadow, nur mit Hilfe eines Reichskredits machbar. Und tatsächlich: Ende Februar 1945 bewilligte Berlin einen Kredit von einer Million Reichsmark für Shanghai. Für die Verwaltung der Waren sei ein »Deutsches Notstandsamt« zu schaffen; als dessen Leiter war der Vorsitzende der Reichsdeutschen Gemeinde vorgesehen.[45] Der abschließende Vermerk zu diesem Vorgang wurde am 4. Mai 1945 in Shanghai verfasst.[46] Zu der Zeit schien es geraten, gleich eine Verwaltungseinheit mit umfassenderen Befugnissen vorzusehen für den Fall, dass Deutschland und damit die Konsulate in ihrer bisherigen Form aufhören würden zu existieren. Bei Breuer wurde angefragt: Wäre er bereit, in diesem neuen Amt den Bereich »Wohlfahrt« zu übernehmen? Das konnte er nicht ablehnen. Wollte er auch nicht.

1 Shanghai 18.2.1945 an KA. ZA 5121/13 Signatur EZA 5/3158. Maass' Stelle übernahm der Missionar Gerhard Mann, seit Mai 1942 zweiter Geistlicher in Shanghai, seit 1.3.1932 Mitglied der NSDAP (Freyeisen, Shanghai, S. 190).

2 Maass am 26.11.45 zu seiner Entfernung aus dem Amt. ZA 5121/13 Signatur EZA 6/4598.

3 *NCDN*, 18.7.1947, S. 8: »*Hermann Breuer together with the pastor of the German Church publicly organized help and relief for the German Jews concentrated in the Hongkou Ghetto. For this he faced the ostracism [Ächtung] of many of his own nationals.*«

4 Haas, Lebenserinnerungen, S. 154. BSB, Ana 708 Studeo-Sammlung, 0031. Mitte 1942 wurde die Vereinigung Mittel-Europäischer Protestanten gegründet. Vorsitz: Rechtsanwalt Dr. Robert Michaelis; IfZ ED 207-7-4-115. Zu den fünf Vorstandsmitgliedern gehörte Heinz Heinemann.

5 Nachruf auf Fritz Maass von Reinhard Gilster. StuDeO-Info April 2006, S. 24–26. Katakombengemeinde: Haas' Lebenserinnerungen, S. 154. BSB, Ana 708 Studeo-Sammlung, 0031.

6 Maria Korff, Briessen-Interview, Gedächtnisprotokoll CM. Griffin: Frischling, greenhorn.

7 Sperrung Maass. Erster Teil der Ansprache in: Briessen, Institutionen, S. 48–50. Schluss der Ansprache in: Nachrichtenblatt der Deutschen Evangelischen Kirchengemeinde in Shanghai, Nr. 41, 16.–23.7.1945, S. 1–3. BSB, ANA 708 Studeo-Sammlung 0435.

8 Heute: Wanguo Cemetery.

9 *SJC*, 29.7.1943.

10 CG Melchers, Olle Kamellen, S. 50.

11 Widmann 13.11.1944 an KB.

12 KB 25.10.1943 an Widmann.

13 HWB 22.8.1946 an Uwe über ein unverständliches Telegramm des Roten Kreuzes, Durchschlag an Nele.

14 Heute North Big Horn Hospital. Im Norden des US-Staates Wyoming an der Grenze zu Montana.

15 Ausgestellt am 27.11.1944.

16 Gespräch mit Nele am 28.9.2011. HWB 22.8.1946 an Uwe, Durchschlag an Nele: Uwe war in der Lungenheilstätte Schwarzenbach bei Clausthal, heute Rehaklinik Hasenbach.

17 KB/AB 10.12.1943 an Widmann (Entwurf).

18 Widmann 29.10.43 an KB.

19 Inhalt: Widmann 10.12.1943 an KB; Empfangsbestätigung: KB/AB 10.12.43 an Widmann (Entwurf).

20 KB/AB 3.1.1945 an Widmann (Entwurf).

21 25.7.1943 König Victor Emanuel III entließ Mussolini, ernannte Marschall Pietro Badoglio zum italienischen Ministerpräsidenten (*SJC*, 27.7.1943). 9.9.1943 Unterzeichnung eines Waffenstillstands zwischen Italien und den Westalliierten. Einmarsch deutscher Truppen in Norditalien (*SJC*, 10.9.1943.)

22 *SJC*, 13.9.1943.

23 *SJC*, 15. und 23.9.1943.

24 Tausig, Shanghai Passage, S. 134.

25 Wera Schoenfeld geb. Siemssen, Gespräch in Aumühle 17.2.2013. Leck (Captives of Empire) erläutert die Internierung der Italiener nicht. In seiner Liste des Lagers Weihsien (heute Weixian, S. 656–677, etwa 3000 Internierte) sind die Namen von 64 Italienern aufgeführt. Alle dort Genannten (Taliani und Dr. Vio sind nicht dabei) wurden im Januar 1944 eingeliefert. Das Camp lag ca. 100 Meilen östlich von Tsingtao. Die anderen Gefangenen dort waren im März 1943 aus verschiedenen Zwischenunterbringungen in Peking, Tianjin und Tsingtao in das Lager gebracht worden. Die letzten Gefangenen wurden im Oktober 1945 ausgeflogen. Die Evakuierung war schwierig, weil die PLA die Bahnlinie angriff.

26 *OAL*, 22.12.1943, BSB, Ana 708 Studeo-Sammlung, 0857.

27 *SJC*, 1.1.1944.

28 *SJC*, 9.1.1944.

29 Zuerst am 22.7.1943. *SJC*, 22.7.1943.

30 Mehnert, Ein Deutscher, S. 306–307.

31 CG Melchers, Olle Kamellen, S. 51.

32 Undatiertes Schreiben Kuo Shin [= William Kwok]: MA Firma Melchers, Kasten 9, Mappe 3 (3.4.2 Zusammenstellung über Kriegsverluste der Firma Melchers & Co. Hongkong bzw. China, Bd. 2). Ü: CM. Und Anlage zu 713 Broadway East. In der Anlage zum Beiblatt Nr. 12 seines LAG-Antrags (15.3.1954; BArch ZLA

7–34/116) schrieb CGM, dass der »Verkauf« 1944 erfolgte.

33 Gespräch mit Nele am 28.9.2011.

34 *SJC*, 28.7.1944. CPS: Japanisch kontrollierte Nachrichtenagentur. Taaks, Federführung, S. 646.

35 Haas, Lebenserinnerungen, S. 143, 155. BSB Ana 708, Studeo-Sammlung, 0031.

36 Trott über die Deutschen in Peking (nach 20 Tagen Aufenthalt): Er habe einen schlechten Ruf bei ihnen. Sie finden ihn »freiherrlich und eingebildet und vielleicht politisch unerwünscht« (6.11.1937. Klemperer, A Noble Combat, S. 289). Maria Korff: Schmitt-Englert, Deutsche in China, S. 264. Von Trott war in früher Jugend mit Gustav Ecke befreundet. Spätestens seit seinem Treffen mit Ewald von Kleist-Schmenzin war er über den (konservativen) Widerstand informiert: *»Ich bin so viel kämpferischer menschlicher Größe begegnet, dass mir das Herz vor Freude und Stolz hüpfte.«* (29.12.1934, Klemperer, A Noble Combat, S. 63) Ü alle Zitate: CM.

37 Verbindungsleute des ÖRK zum deutschen wie zum norwegischen, holländischen und französischen Widerstand waren »vor allem Dietrich Bonhoeffer und Adam von Trott zu Solz«. (Martin Stöhr: Diplomat, Flucht- und Flüchtlingshelfer) Haas war beauftragt, dem ÖRK über die Lage der »jüdischen« Emigranten christlichen Glaubens zu berichten.

38 Maria Korff, Briessen-Interview, Gedächtnisprotokoll CM.

39 So Kordt in seinen Memoiren »Nicht aus den Akten«, 1950. Die Angaben Kordts (er wurde 1937 Mitglied der NSDAP und Sturmbannführer der SS) werden gestützt durch weitere Quellen. In: Mark Riebling: Church of Spies. The Pope's Secret War against Hitler, 2015. Kordt war Ko-Autor der 1939 erschienenen geheimen Denkschrift »Das drohende Unheil«, eine Aufforderung an die militärische Führung Deutschlands zum Hochverrat angesichts des geplanten Westfeldzuges.

40 Führererlass vom 25.9.1944, *SJC*, 20.10.1944.

41 *SJC*, 5.9.1943.

42 Oberländer am 23.5.1952 an Ernst Jünger, Deutsches Literaturarchiv in Marbach HS. 005357693.

43 Oberländer 7.1.1944 an HWB. Gedicht: Strophen zwei und drei von vier.

44 Darunter Frauen und Kinder, die Mitte 1941 aus »Niederländisch-Indien« hatten ausreisen dürfen und wegen des Krieges mit der Sowjetunion nicht mit der Transsibirischen Eisenbahn heimfahren konnten, sondern in Japan bzw. China bleiben mussten. Statistik: IfZ ED 157, Band 29.

45 IfZ ED 157, Band 29, p. 99–102. Für die Vertretungen in Peking, Tianjin, Tsingtao waren 100 000 Mark vorgesehen, Hankou, Kanton und Chefoo wurden ebenfalls berücksichtigt.

46 Freyeisen, Shanghai, S. 481 (die Dokumente befinden sich nicht in Bd. 27, sondern in Bd. 29, IfZ ED 157).

1945
Notstandskoch Breuer

Countdown

30. April Das Auswärtige Amt warnt die diplomatischen Vertretungen in China: »Auf Grund der Nachrichten aus der Heimat wird das Arbeitsgebiet der Reichsbehörden wesentliche Änderungen erfahren müssen.«[1]

2. Mai Frühnachrichten in Shanghai: Radiomeldung zu Hitlers Tod. Dönitz wird sein Nachfolger.[2]

Für die Kaiser-Wilhelm-Schüler fiel für zwei Stunden der Unterricht aus: »Das Lehrerkollegium beriet, ob man noch vor jeder Stunde ›Heil Hitler‹ sagen sollte, oder ›Heil Dönitz‹ oder ›Heil Deutschland‹.« Mit knapper Mehrheit einigten sie sich auf »Guten Tag«.[3]

Und bei allem bringt er's noch
Zum Not-Küchen-Oberkoch

Zwanck, Abschiedsgedicht
Shanghai, 1952

7. Mai Information an die diplomatischen Vertretungen, eine Kapitulation stehe unmittelbar bevor. Erwartet werde eine Erklärung der Alliierten, dass der Krieg in Europa beendet sei.

7. Mai, 16.30 Uhr Die Deutsche Botschaft in Nanjing versendet chiffrierte Telegramme an ihre Konsulate: Sie mögen sich auf Aktenvernichtung vorbereiten und »finanzielle Bereitschaft« vorsehen.[4] Ein verändertes Verhältnis zu Japan sei zu erwarten; Anordnungen von chinesischen oder japanischen Stellen müsse Folge geleistet werden. Politische Propaganda sei »mangels Vorgaben« einzustellen. Vorzubereiten sei die Betreuung der Reichsdeutschen in konsularischer Hinsicht, die Unterstützung der Hilfsbedürftigen und die Betreuung der Schule. Personalausgaben und die übrigen Kosten sollen über die Niederlassung der I.G.-Farben finanziert werden.[5]

8. Mai Die Alliierten feiern »VE-Day«, *Victory in Europe*.

9. Mai Die Reichsdeutsche Gemeinschaft in Shanghai setzt ihre Fahnen auf Halbmast. Trauerfeier für Hitler in der Deutschen Halle.[6] Getrauert wird um einen Mann, der »den Heldentod im Granatenfeuer« gewählt hat – so der japanische Korrespondent am 9. Mai im *Shanghai Jewish Chronicle*.[7]

9. Mai Siegfried Lahrmann verfügt die Auflösung aller NSDAP-Ortsgruppen in China. Seine Telegramme lassen erkennen, dass er sich vorstellt, alle anderen NS-Organisationen umbenannt unter dem Dach der Reichsdeutschen Gemeinschaften fortzuführen.[8]

12. Mai Das GK Shanghai stellt seine Tätigkeit ein. Die Betreuung der Deutschen geht auf das »Deutsche Amt« über.[9] Die Geschäftsträger bleiben als »*acting German Consul (General)*« auf ihren Posten.[10] Das Amt verlässt das Konsulat am Bund, Nr. 28, Glen Line Building, und zieht in das Deutsche Gemeindehaus.

15. Mai Die Dienststelle der Deutschen Botschaft teilt der Kaiserlich-Japanischen Dienststelle mit, dass sie ihre Tätigkeit ab dem 9. Mai eingestellt hat.[11]

15. Mai Die Japaner teilen mit, dass sie die Kapitulation als Verletzung des Militärabkommens betrachten. Nanjing-China und japanische Zivilbehörden erlassen Verhaltensregeln: Das Versenden chiffrierter Telegramme und der Verkehr mit Ausländern sind verboten, für Deutsche gelten Reisebeschränkungen[12] und Verfügungsbeschränkungen über »wichtige« Vermögensstücke.[13] Im Hinblick auf die »wichtigen Vermögensstücke« stellte sich bald heraus, dass die japanische Militärbehörde sich besonders für die Bestände von Siemens China – ein großes Lager von Motoren in Peking – und für die Lagerbestände der DEFAG (I.G.-Farben) interessierte.[14] Die Verfügungsbeschränkung galt auch für Privatleute. Die Tätigkeit für die NSDAP, das Tragen ihrer Abzeichen, der »Deutsche Gruß« sind verboten. Aber sonst: »Nach der deutschen Kapitulation lief unser Leben zunächst seinen gewohnten Gang.«[15]

Notstand

Und was tat Breuer in dieser Zeit? Als habe er mir die Frage beantworten wollen, wenn ich sie denn eines Tages stellen würde, setzte er sich am 22. Juli 1968 an die Schreibmaschine und notierte Stichworte zu seiner Tätigkeit im Sommer 1945 für »Das Deutsche Notstandskomitee Schanghai (German Emergency Office)«. Ich fand die Notiz im Jahr 2011 in Aktenordnern des Ostasiatischen Vereins Bremen, die der damalige Vorsitzende, Arend Vollers, mir zur Einsicht gegeben hatte.

Notstandskomitee? In den Akten des Auswärtigen Amtes und des Instituts für Zeitgeschichte fand ich verschiedene Organigramme für eine Not*gemeinschaft* oder ein Notstands*amt*, immer ist Breuer für die Leitung der »Wohlfahrt« bzw. der »Ernährung« eingeteilt. Der erste Plan für eine »Deutsche Notgemeinschaft Shanghai, Deutsche Gemeinschaft Shanghai« wurde eine Woche nach der deutschen Kapitulation[16] in Umlauf gesetzt. Er knüpfte an die Pläne aus den letzten Kriegstagen an, ein »Deutsches Notstandsamt« unter der Leitung des Vorsitzenden der Reichsdeutschen Gemeinde zu schaffen,[17] und sieht eine umfassende Vertretung aller deutschen Interessen einschließlich der konsularischen und der wirtschaftlichen vor. Für Leitungsfunktionen waren überwiegend bisherige Amtsinhaber, also NSDAP-Mitglieder, vorgesehen.[18] Laut Organigramm gab es außer der Wohlfahrtsabteilung (für die Versorgung im Notfall) eine

Geschäftsstelle und die Abteilungen Finanzen und Recht. Breuer erinnerte sich: »Nachdem ab Mitte Mai 1945 die Tätigkeit des amtierenden deutschen Konsuls Hoops auf Anordnung der japanischen Stellen eingestellt werden musste, sollte es die Aufgabe des Notstandskomitees sein, die inoffizielle Betreuung der in Shanghai ansässigen Reichsdeutschen zu übernehmen.«[19] Mit dem Begriff »Komitee« assoziierte Breuer vermutlich ehrenamtliches Engagement und Selbsthilfe, nach dem Vorbild der Komitees, die 1938 für die Emigranten gebildet worden waren.

Der erste Schritt zur praktischen Umsetzung des *Emergency Office* war am 28. Mai 1945 ein Aufruf Alfred Glathes, des Vorsitzenden der Reichsdeutschen Gemeinschaft, an alle Gemeindemitglieder. Er formulierte Verhaltensmaßregeln: »Ruhe, Würde und Disziplin sind das Gebot der Stunde«, und rief zur freiwilligen Mitarbeit in der neuen Selbsthilfeorganisation auf. Glathe zitierte den amtierenden Generalkonsul Hoops, der in einem eigenen Rundschreiben angekündigt hatte: »*Ich werde unverzüglich an ein Quorum von Personen appellieren, freiwillig im deutschen* emergency office *mitzuarbeiten, das in völlig unpolitischer Weise dafür zuständig sein wird, bei der Überwindung von Problemen rein materieller Art zu helfen.*« Glathe: »Für unsere soziale und karitative Arbeit wird eine Reihe von Helfern benötigt. Ich hoffe, dass alle, an die ich mich wenden werde, ohne zu zögern reagieren und mitarbeiten.«[20]

HWB betont in seiner späten Aufzeichnung die Erwartung der Japaner, Führungspositionen des Komitees mit Personen zu besetzen, die nicht Mitglieder der NSDAP gewesen waren, und erwähnt, dass die Benannten von der japanischen Militärpolizei Kempeitai geprüft und bestätigt wurden. Nach seiner Erinnerung bildeten Gustav Röhreke und Rudolf Laurenz, die beiden Teilhaber von Carlowitz & Co., zusammen mit ihm das »Komitee«. Sie sollten von drei Herren unterstützt werden, nämlich von Alfred Glathe für die Reichsdeutsche Gemeinschaft, Carl Gottfried Gadow für die Deutsche Handelskammer und, als Verbindungsmann zu den Japanern, Jesco von Puttkamer (Deutsche Informationsstelle). Die drei ehemaligen NSDAP-Mitglieder hatten also keine offizielle Funktion in dem Gremium.[21]

Suppenküche

Glathes Aufruf an die Gemeinde vom 28. Mai fand die erhoffte Resonanz: Es meldeten sich so viele Freiwillige, dass Breuers »Abteilung Ernährung« gleich in Aktion treten konnte.[22] Das Gebäude der Kaiser-Wilhelm-Schule (der Lehrbetrieb war wegen der Bombengefahr schon länger in ein Gebäude der Steyler Mission ausgelagert[23]) wurde zum Zentrum der Wohlfahrtsaktivitäten. »Das Notstandskomitee tagte im Lehrerzimmer der Deutschen Schule«, dort unterstützte Vera, die 19-jährige Tochter Alfred Glathes,[24] Breuer bei der Büroarbeit. Im Gebäude der Schule ließ er eine »Not-Küche« errichten und eine Ausgabestelle für die Essen. Die Küche war in der Lage, etwa 500 Personen zu verpflegen. Dort arbeiteten zwei Aufsichten, zwei Köche, drei Hilfsköche und 23 Küchenhilfen.[25] HWB erinnerte sich: »Die Zubereitung der Eintopfgerichte übernahm der erste Koch des Hapag Dampfers *Ramses* (Blockadebrecher)«; als Gehilfen waren Mitglieder der Besatzung tätig.[26] Die Köche konnten auf »große Bestände von Lebensmitteln (Mehl, Öl, Fette, Trockengemüse, Dauerkonserven, Zucker usw.)« zurückgreifen, die die Reichsdeutsche Gemeinschaft seit Anfang des Jahres aufgekauft und eingelagert hatte. Zwei Damen und ein Herr arbeiteten in der Essensausgabe. So »wurden ab Mitte Juni täglich etwa 450 Deutsche verpflegt, die sich teilweise das Essen aus der Küche abholten, um es in ihrer Wohnung zu verzehren«. Blieben nur noch die zu versorgen, die sich das Essen nicht selbst abholen konnten, weil der Weg in die Suppenküche zu weit für sie war. Sechs Kaiser-Wilhelm-Schüler standen bereit, um das Essen in die Wohnungen von Alten und Kranken zu bringen.[27] »Auf Grund [dieser] Tätigkeit bekam ich in deutschen Kreisen den Spitznamen ›Notstandskoch‹.« Breuer erschien es als ein Ehrentitel, der seine Würde als Leiter der Abteilung Ernährung in der Deutschen Notgemeinschaft Shanghai oder, wie er 1968 schrieb, im Notstandskomitee, liebevoll karikierte. Vielleicht hatte er sich sogar selbst zuerst so bezeichnet.

Das Praktische lag Breuer. Es entsprach ideal seinem Rotarier-Grundsatz, »dass vernünftige Nächstenliebe und praktische Hilfe ein gutes Fundament für die menschliche Gesellschaft sind«.[28] Aus dieser Überzeugung zog er die Kraft zu besänftigen, zu schlichten, aber auch zu wehren und zu richten.[29] So konnte er die vielen Freiwilligen motivieren, konnte mit Humor für gute Laune im Team sorgen, mit Kontakten und Verhandlungsgeschick Schwierigkeiten überwinden. Es waren ja die »vielen Sorgen, die mit der irrsinnigen Einstellung unserer – Gott sei Dank für immer verschwundenen – Führerbande verbunden waren«, von ihm abgefallen.[30] Das gab neuen Schwung.

Im Juli 1945 wurden die Leitungsaufgaben noch einmal neu verteilt. Leiter des »Deutschen Notstandsamtes« war nun Alfred Glathe. Beiräte: Breuer, Dr. Löhning, G. Röhreke; Berater: Gadow und von Puttkamer. Allgemeine Abteilung (Leitung: Glathe), Abteilungen Ernährung (Breuer), Luftschutz (Kapitän W. Bornschein) und Wohlfahrt (Röhreke; hierzu gehörten die Deutsche Hilfe, die Wohlfahrtsorganisation für in soziale Not geratene Deutsche, und das Deutsche Heim, ein von der Deutschen Gemeinde finanziertes Haus für obdachlose Deutsche).[31] Dies kommt der Konstruktion, die Breuer erinnerte, relativ nahe. Gegenüber dem Konzept vom Mai war die Rechtsabteilung entfallen, die konsularische Aufgaben wie Pass- und Ausweisangelegenheiten, Personenstands- und Nachlasssachen hatte übernehmen sollen. Diese Aufgaben deckte das Deutsche Amt ab, das im Lauf des Juni eingerichtet und mit Organigramm, chinesischem und japanischem Namen und Stempeln ausgerüstet worden war.[32]

Nachrichten über den Massenmord

Irgendwann zwischen Mai und Juli kamen erste definitive Nachrichten über den »Umfang der grauenvollen Verbrechen des millionenfachen Massenmordes an den Juden«[33] in China an. So brachte, zum Beispiel, der *SJC* ab Ende Juni in 21 Folgen Berichte über das Vernichtungslager Treblinka, über die Tötungsmaschinerie, das Leiden und Sterben im deutsch besetzten Polen.[34] Für die jüdischen Emigranten bemühte sich die Hilfsorganisation Hicem um Auskünfte. Nachrichten aus Europa kamen spärlich und langsam über die Schweiz und über Schweden. Was sie brachten, war »so furchtbarer Natur, dass das Hicem-Büro nicht immer in der Lage ist, den tragischen Inhalt dieser Nachrichten zu veröffentlichen«.[35]

Reorganisation der Deutschen Gemeinde

Neben »Deutschem Amt« und »Notgemeinschaft« reorganisierte sich die »Reichsdeutsche Gemeinschaft« als »Deutsche Gemeinde«. Ein erstes Zeichen mehrheitlichen Umdenkens war es gewesen, dass Pastor Maass, der im Juli 1944 auf Betreiben der Ortsgruppe der NSDAP seines Amtes enthobene evangelische Pastor, wieder in sein Amt eingesetzt wurde. Mitte Mai war seine Rückberufung noch durch Nationalsozialisten im Kirchenvorstand verhindert worden. Aber dann stimmten bei einer schriftlichen Abstimmung unter allen Gemeindemitgliedern 428 von etwa 600 für Maass' Wiedereinsetzung. Die Nationalsozialisten im Kirchenvorstand traten zurück. Pastor Maass hielt am Sonntag, dem 1. Juli 1945, die erste Predigt seiner zweiten Amtszeit.[36]

In Shanghai ging es nun darum, eine Neuwahl der Vorstandsmitglieder der Deutschen Gemeinde zu organisieren. Das war insofern bedeutsam, als die Gemeinde ihre Vertreter jetzt überhaupt wieder wählen konnte – seit Oktober 1941 war die Leitung von NSDAP-Funktionären berufen worden. Breuer wurde gebeten, die Wahl vorzubereiten und das Amt des Wahlleiters zu übernehmen. »Obwohl ich niemals eine öffentliche oder geheime Wahl geleitet hatte«, kommentierte er (1968) und ergänzte: »Konsul E. von Randow (ehem. SD[37]) half mir bei den technischen Vorbereitungen.«[38] Anfang August 1945 fand die Wahl statt. Es gab zwei Listen, nämlich eine mit Fred Siemssen, Hermann Wieda, Albert Cortum und Alfred Glathe (auf ihn, Parteimitglied und Leiter der Reichsdeutschen Gemeinschaft, hatten sie nicht verzichten wollen), und »eine weitere Liste landete weit abgeschlagen«.[39] »Es nahm eine große Anzahl von Deutschen an der Wahl teil. Als Vorsitzender wurde Herr Fred Siemssen gewählt.«[40] Er war während der vergangenen zwölf Jahre für seine Ablehnung des Nationalsozialismus bekannt gewesen. Diplomaten und Landesgruppenleiter hatten ihn mehrfach zu sich zitiert und verlangt, er möge doch in der Öffentlichkeit »den Mund halten«.[41]

Abschied von Familie Korff

Am Tag vor der Wahl, am 30. Juni (1945), hatte Breuer Maria Korff mit ihren beiden Jungen, Adalbert und Rainer, zum Bahnhof begleitet, sie zogen nach Peking.[42] Dort wusste Maria mehr Freunde als in Shanghai. Sie konnte in dem opulent ausgestatteten Melchers-Anwesen an der Nanchizi Dajie wohnen, das lag in unmittelbarer Nachbarschaft zum Haus der Familie Haas, Wilhelm und Ursula mit ihren vier Jungen im Alter von 14 bis zwei Jahren. Mit ihnen und ihrem antifaschistischen Freundeskreis genoss Maria die Schönheiten der Stadt, die Seen, Fahrradfahrten, Tennisspiel und Schwimmen. Vorträge und Lesungen vertieften ihr Wissen um die chinesische Kultur. Der knapp achtjährige Adalbert Korff ging mit dem etwas älteren Eberhard und dem etwas jüngeren Wolfgang Haas in die Deutsche Schule. Für deren Reform war ein Ausschuss unter Vorsitz von Dr. Haas gebildet worden, der die Sommerferien nutzte, um die Schulbücher von der Verherrlichung des Nationalsozialismus zu befreien und den Unterricht in Staatsbürgerkunde neu zu konzipieren. Zum ersten Mal würde die chinesische Sprache in einer deutschen Schule in China Pflichtfach sein.[43] Adalbert bekam zusätzlich Deutschunterricht bei Erich Wilberg, dem Journalisten, der Gedichte im chinesischen Stil und deutsche Nachdichtungen chinesischer Gedichte schrieb und, zusammen mit Vincenz Hundhausen, die literarische Zeitschrift *Die Dschunke* herausgab.

Krieg im Pazifik

Während die besiegten Deutschen sich weitgehend unbehelligt mit der Reorganisation ihrer Gemeinschaft beschäftigten, konzentrierten die Alliierten ihre Kriegsanstrengungen auf den pazifischen Raum. Breuers in Hannover verfolgten das Geschehen gespannt. Die Ausgabe des *Neuen Hannoverschen Kuriers*, in der sie Anfang Juni von Großangriffen auf Japan gelesen hatten, bewahrten sie auf: »*Die Hauptmacht der amerikanischen Armeen und das in Europa angehäufte Kriegsmaterial wird auf den fernöstlichen Kriegsschauplatz befördert werden. […] zehn Millionen Mann [werden] zum Endkampf gegen Japan antreten.*« »Tokio selbst liegt in Trümmern.«[44] Beim Luftangriff auf Tokio vom 9. auf den 10. März waren eine Million Bewohner obdachlos geworden, zwischen 80 000 und 185 000 Menschen gestorben.[45] Bei den Kämpfen auf Borneo schienen die Australier langsam die Oberhand zu gewinnen. Vielleicht waren Paulchen und ihr Mann schon befreit? Hatten sie überlebt? Wenn man den Zeitungen Glauben schenken konnte, dachten die Japaner immer noch nicht an Waffenstillstand.[46]

Die Alliierten bombardierten jetzt verstärkt auch chinesische Städte, die japanisch besetzt waren. Auch Shanghai – und nicht mehr nur die Außenbezirke. Die schlimmsten Verwüstungen richteten Bomben an, die am sonnigen und klaren Mittag des 17. Juli in dem Teil von Hongkou explodierten, in dem die jüdischen Emigranten lebten. Die Japaner hatten dort ein Munitionsdepot und eine Radiostation eingerichtet. Bei dem Luftangriff starben 32 Flüchtlinge, etwa 300 Japaner und an die 4000 Chinesen. Mehr als 700 Flüchtlinge und Tausende von Chinesen wurden obdachlos, denn: »Viele der baufälligen Häuser klappten unter der Druckwelle einfach zusammen.«[47]

Dann war der Krieg aus. Am 14. August 1945 kam es spätabends durchs Radio: Japan hat die Bedingungen des Potsdamer Abkommens akzeptiert.[48] In Shanghai änderte sich immer noch nichts für die Deutschen. Aber sie wussten, dass es bald anders kommen würde: So, wie Generalkonsul Fritz Wiedemann am 9. Mai in Tianjin der Deutschen Gemeinde gesagt hatte: Nun sollten wir als Deutsche »*nur unsere Kraft zusammen nehmen, das Schicksal, das nicht ohne unsere Schuld über uns gekommen ist, in Würde zu tragen*«. Dazu müssten »*Recht und Gesetz wieder an die Stelle der Willkür, muss Menschenwürde anstelle von [...] Führertum gesetzt werden.*« Und wenn wir an die Verbrechen denken, »*werden wir manches Leid, das nun über uns und unsere Kinder kommen wird, stumm ertragen müssen im Gefühl, dass wir alle eine schwere Schuld abzutragen haben*«.[49] Seine Rede war von Buhrufen der Nationalsozialisten unterbrochen worden.[50]

Die Tätigkeit der Notstandsküche endete im Spätsommer 1945, »nachdem Offiziere der zurückgekehrten chinesischen Nationalarmee die Deutsche Schule in Shanghai beschlagnahmten«.[51]

1 IfZ, ED 157, Bd. 29.

2 In Deutschland am 1. Mai um 22.26 Uhr mit einer Ansage von Großadmiral Dönitz. Hitler starb am 30.4.1945 gegen 15.30 Uhr (Shanghai 22.30 Uhr) durch Selbstmord. Berichtet wurde am 1. Mai, Hitler sei am 1. Mai »gefallen«. Die Regierung Dönitz blieb bis zum 23.5.1945 im Amt.

3 Werner Noll: Die Deutschen in Shanghai. In: Hajo Jahn: Theben/Shanghai, S. 45.

4 PA AA Peking II, Band 1794, p. 248. Die Kapitulation wurde am 7.5.1945 in Reims unterzeichnet. Waffenstillstand ab 23.01 Uhr MEZ; deutsche Sommerzeit 0.01 Uhr am 8.5.1945, Shanghai-Zeit: 8 Uhr bzw. 9 Uhr am 8.5.

5 IfZ, ED 157, Bd. 29.

6 *Ostasiatischer Lloyd*, 6.5.1945.

7 *SJC*, 9.5.1945.

8 Telegramme vom 9. Mai 1945, zitiert nach Leutner 1937–1949, S. 434. PA AA Peking II 1794, 232 an den Ortsgruppenleiter Tianjin. Drei Tage später musste Lahrmann die Anordnungen widerrufen, Freyeisen, Shanghai, S. 485

9 PA AA R9208/1708, p. 1 in Kettelhut, Geschäfte übernommen, S. 202. Die Deutschen Ämter schlossen mit dem Kriegsende in Asien.

10 Unterzeichnung eines Zirkulars, das Dr. Hoops ca. am 25.5.1945 an Glathe gab.

11 Von Stoller 15.6.1945 an japanische Botschaftsdienststelle Shanghai; PA AA Peking II, Band 1794, p. 144.

12 PA AA Peking II, Band 1794; Telegramme 213–214; Verbalnote 209.

13 PA AA Peking II, Band 1794, S. 191–194.

14 Leiter der Dienststelle Peking der Deutschen Botschaft 23.5.1945 an Deutsche Botschaft Nanjing. Leutner 1937–1949, S. 449–451.

15 Haas, Lebenserinnerungen, S. 159. BSB, Ana 708 Studeo-Sammlung, 0031.

16 Undatiertes Organigramm, Verfügung abgezeichnet 19.5.1945 mit der Anmerkung »Von Herrn Botschafter erhalten«. PA AA Peking II, Band 1794, p. 171–172. Am 14. Mai 1945 entwarf Botschafter Woermann, Nanjing, ein Telegramm an das Konsulat Hankou, in Shanghai sei eine »Notgemeinschaft« an die Stelle der Reichsdeutschen Gemeinschaft getreten. Das Telegramm wurde am 14.5.1945 nicht mehr zugelassen, weil es chiffriert war. Entwurf: PA AA Peking II, Band 1794, p. 2–27.

17 IfZ ED 157, Band 29, p. 99–102.

18 Glathe als Leiter der Einrichtung. Beiräte: Breuer, Gadow, Löhning, Röhreke; Generalsekretär: Dr. Hoops. Außer der Geschäftsstelle (Leitung Hoops) sollte es drei Abteilungen geben. Die Wohlfahrtsabteilung, Leitung Breuer, sollte untergliedert werden in »Ernährungswesen«, umfassend Transport, Lagerung, Einkauf, Küche, Bauten und Verpflegungsstätten sowie »Unterkunft, Arbeitsverteilung und Krankenfürsorge«. Weiter waren die Abteilungen Finanzen (Gadow) und Recht (Löhning) vorgesehen. Aufgaben der Rechtsabteilung: Pass- und Ausweisangelegenheiten, Personenstandssachen, Nachlasssachen, Grundregister – also konsularische Aufgaben, denn zum Zeitpunkt der Planung hatten die diplomatischen Vertretungen ihre Tätigkeit eingestellt. Breuer und Röhreke waren nicht Mitglieder der NSDAP gewesen.

19 HWB Vermerk vom 2.7.1968.

20 Zirkular Dr. Hoops ca. 25.5.1945. Glathe am 28.5. an die Mitglieder der DG, englische Version. Ü: CM. Das deutsche Original des Schreibens sei vermutlich bei seiner Ausreise im August 1952 »bei der Revision des Gepäcks durch den chinesischen Seezoll bzw. die chinesische Sicherheitspolizei verloren gegangen« (HWB 3.7.1968).

21 So auch in Peking: »Zunächst wurde ein Notstandsausschuss von drei Männern gebildet, der die dringlichste Aufgabe, nämlich die Unterstützung der zahlreichen bedürftigen Mitglieder der Gemeinde, energisch in die Hand nahm.« Abshagen, Arimasen, S. 339.

22 Es ist also nicht ganz richtig, wenn es bei Leutner, 1937–1949, S. 437, heißt, die Pläne für die Notgemeinschaft seien nicht umgesetzt worden. Als Leiter war auch nicht (Anm. 10 ebenda) der Shanghaier Ortsgruppenleiter Klaus Küther vorgesehen, sondern Glathe, Vorsitzender der Reichsdeutschen Gemeinschaft.

23 Erinnerung von Emanuela Mousley geb. Mayer, Gespräch am 14. Juli 2014.

24 Vorname, Geburtsjahr: https://www.Tsingtao.org/glathe-alfred-1887-1954-kaufmann-in-Tsingtao-und-shanghai/ am 18.5.2018.

25 Organigramm vom 10.7.1945, IfZ ED 157–29, p. 71–76.

26 HWB schreibt, es seien Schiffskoch und Besatzung der im Hafen liegenden *Ramses* gewesen. Da muss eine Verwechslung vorliegen. Die *Ramses* war am 28.11.1942 auf dem Weg von Kobe nach Bordeaux (Vichy-Frankreich) im Indischen Ozean von alliierten Kriegsschiffen aufgebracht und von ihrer Besatzung versenkt worden. https://www.wlb-stuttgart.de/seekrieg/km/blbr.htm am 4.11.2020.

27 Einer von ihnen war Werner Noll. Telefongespräch CM mit Werner Noll im Februar 2011.

28 HWB 2.7.1947 an Nele.

29 Zwanck 1952 über HWBs Tätigkeit als Vorsitzender der DG.

30 HWB 10.9.1946 an Nele.

31 IfZ ED 157-29-71–76.

32 PA AA Peking II, Band 1794, p. 29–31.

33 Haas, Lebenserinnerungen, S. 157. BSB, Ana 708 Studeo-Sammlung, 0031.

34 *SJC*, vom 29.6.1945 bis 21.7.1945. Betrieben wurde das Lager Treblinka zwischen dem 22.7.1942 und dem 21.8.1943. Hier wurden nach heutiger Kenntnis über eine Million Menschen aus ganz Europa ermordet.

35 *SJC*, 15.7.1945. Hicem: Hebrew Immigrant Aid Society + Jewish Colonization Association + EMIGDIRECT (Emigrationsdirectorium). 1927 gegründete Auswanderungshilfeorganisation. Heute: HIAS.

36 Freyeisen, Shanghai, S. 486. Maas, Jerusalem, S. 163.

37 Sicherheitsdienst im Auslandsnachrichtendienst. Konkurrenz zur Abteilung Abwehr beim Oberkommando der Wehrmacht.

38 HWB: Aufzeichnung über das Deutsche Notstandskomitee Shanghai. 2.7.1968.

39 Cortum, Life.

40 HWB: Aufzeichnung über das Deutsche Notstandskomitee Shanghai. 2.7.1968.

41 Siemssen: Erinnerungen.

42 Maria Korff, Briessen-Interview, Gedächtnisprotokoll CM. Das Datum des Umzugs nach Peking ist nicht genauer belegt als »1945«. Ich datiere so, weil HWB (am 3.8.1953) an Maria Korff schrieb: »der 29.3. [Todestag Adalberts] und der 30.6. bleiben auch bei mir in steter Erinnerung«.

43 Haas, Lebenserinnerungen, S. 160. BSB, Ana 708 Studeo-Sammlung, 0031.

44 *Neuer Hannoverscher Kurier*, 5.6.1945.

45 Gilt als der zerstörerischste einzelne Luftangriff in der Geschichte.

46 *SJC*, 16.7.1945 Überschrift: »Kein Japaner denkt an ein Friedensangebot«.

47 Heppner, Fluchtort, S. 192–193.

48 Haas, Lebenserinnerungen, S. 163. BSB, Ana 708 Studeo-Sammlung, 0031.

49 Auszug aus der Rede von Fritz Wiedemann in: StuDeO-Info, April 2005, S. 21–22.

50 Wolf, Geboren in China, S. 202.

51 Aufzeichnung über das Deutsche Notstandskomitee Shanghai, HWB 2.7.1968. HWB datierte das Ende »etwa Mitte August«. Soldaten der Nationalarmee erreichten Shanghai Anfang September.

1945 - 1947
German affairs

»Riesenbombe« über Japan

»Die Amerikaner haben eine Riesenbombe über Japan abgeworfen.«[1] Die Nachricht erreichte Shanghai am späten Abend des 7. August 1945. Und: »Eine ganze Stadt ist vernichtet. Hiroshima. Nein, keine gewöhnlichen Bomben. Irgendetwas Neues.«[2] Tags darauf erklärte die Sowjetunion Japan den Krieg. Wieder einen Tag später, am 9. August, fiel die nächste der neuen Bomben, auf Nagasaki. Eine Sondernummer des *Shanghai Jewish Chronicle* verkündete am Abend des 11. August: »Japan zur Annahme der Potsdamer Bedingungen bereit«. Es folgte eine Nacht des Jubels in Hongkou: »Victory! Der Japaner hat kapituliert. Der Japaner ist fertig! Sieg! Frieden!« Feuerwerkskörper knallten, Leuchtraketen stiegen gen Himmel.[3]

... dass der Krieg nicht nur zu Hause verloren worden ist.
HWB an Nele, 16. Februar 1948

15. August, 12 Uhr Tokio-Zeit: Im Rundfunk wurde der »Kaiserliche Erlass zur Beendigung des Großostasiatischen Krieges« gesendet, gesprochen vom Tenno Hirohito selbst. Nun erst glaubten es die Japaner: Japan war wirklich besiegt.[4] Aber die Besiegten blieben noch in China; Amerikaner und Guomindang hatten sie gebeten, weiter für Ordnung zu sorgen – und so zu verhindern, dass ein Machtvakuum entstand, in das Maos Kommunisten hätten treten können. Nachdem Japan Anfang September die Kapitulationsurkunde unterzeichnet hatte,[5] wurden die Internierungslager für die Alliierten aufgelöst, und die Absperrungen um die »*Designated Area*« fielen. Die Frage, die alle Deutschen bewegte, war: Sollten sie jetzt interniert werden? Oder ausgewiesen, wie nach dem Ersten Weltkrieg? Hinter den Deutschen stand kein Staat mehr.[6] Keine diplomatische Vertretung würde sich in der kommenden Zeit für ihre Interessen einsetzen. Die Pässe mit dem Hakenkreuz waren für ungültig erklärt. Als staatenlose Europäer bekamen sie »*Resident's Certificates*« und mussten sich alle drei Monate auf der Polizeistation melden. Wenn sie die Stadt verlassen wollten, brauchten sie ein Visum.[7] Die Deutsche Gemeinde unter ihrem Vorsitzenden Fred Siemssen übernahm die Organisation der Deutschen Hilfe und des Deutschen Heimes, die Betreuung des Schulunterrichts der Kaiser-Wilhelm-Schüler und die Verwaltung von Personenstandssachen. Darüber hinaus

hatte sie keine Befugnisse. Auf einer Pressekonferenz der Alliierten Mitte September in Shanghai hieß es über das weitere Schicksal ihrer Kriegsgegner, die Japaner sollten in die nördlichen Stadtteile Shanghais umgesiedelt und dann repatriiert werden. Frage: Und die Deutschen? Antwort: »Ähnlich wie die Japaner«.[8] Was sollte das genau heißen?

Dann kamen chinesische und amerikanische Truppen in die Stadt. Am 19. September meldeten die Zeitungen, dass Einheiten der 7. US-Flotte im Shanghaier Hafen eingelaufen seien, jubelnd begrüßt von vielen Chinesen. Bereits kurze Zeit nach ihrer Landung »*überfielen [sic] die amerikanischen Matrosen in ihren schmucken weißen Anzügen die Stadt*«, wollten sich »*amüsieren und austoben*«, wollten »*Wein, Weib und Gesang*«. »*Shanghais Bars, Nachtclubs und Restaurants hatten gestern ihren ganz großen Tag.*«[9] Nach dem begeisterten Empfang waren die Chinesen bald ernüchtert. Die *Marines* tranken zu viel, benahmen sich ihnen gegenüber herablassend und unverschämt gegen chinesische Frauen. Es dauerte nicht lange, bis die Befreier als Besatzer empfunden wurden.[10]

Mit den amerikanischen Truppen kam Mitte September der amerikanische Geheimdienst Office of Strategic Services[11] und befragte die Deutschen,[12] machte Listen. Wer durfte in China bleiben, wer musste gehen: Angehörige des diplomatischen Corps und »*objectionable Germans*« (Journalisten und Mitglieder der Nazipartei) sollten interniert, enteignet und ausgewiesen werden; »*non-objectionable*« Germans[13] konnten bleiben. Überprüfung der Befunde und Widerspruch waren nicht vorgesehen.

»Objectionable Germans«

Mitte Oktober[14] veranlassten die Amerikaner die Internierung von Diplomaten, NSDAP-Funktionären, Angestellten der Deutschen Informationsstelle Shanghai und der Presseagentur Transocean. Aus fast jeder Firma war auch einer der Taipans dabei. Die Amerikaner gingen von der Annahme aus, Firmenchefs und einflussreiche Kaufleute hätten den Krieg der Nationalsozialisten wirtschaftlich unterstützt, sie seien *economic spies*. Die Herren der Firma Melchers blieben verschont. Als die Internierungen gegen Ende November im Sande verliefen,[15] waren erst etwa 200 und damit noch längst nicht alle »nazistisch Verdächtigen« ins Lager Jiangwan gebracht worden. »*Die chinesische Regierung war an der Internierung der Deutschen ein halbes Jahr nach dem Ende des Krieges nicht interessiert. Nur in Shanghai hat sie diese schließlich infolge starken sowjetischen und amerikanischen Druckes beschlossen. […] als Ende November der ausländische Druck nachließ, wurde sie [die Internierung] eingestellt.*«[16] Denn die Chinesen rangen um eine vom amerikanischen Einfluss unabhängige Einschätzung, wie mit den Deutschen zu verfahren sei. Schon im September, gleich nach der Wiederaufnahme der Regierungsverantwortung für das ganze chinesische Staatsgebiet, hatte die Nationalregierung überlegt, welche Deutschen sie in China halten wollte, hatte Emigranten beauftragt, »Vorschläge für die Regelung der Nazifrage in Shanghai zu unterbreiten«.[17] Sie »hatten bereits die Namen von mehr als tausend deutschen Personen herausgezogen, welche als Nichtnazi endgültig hätten in Shanghai bleiben dürfen«. Aber dann wurde die Zuständigkeit anders vergeben, und: »Die neu geschaffene Zivilbehörde warf alles wieder um.«[18] Das war die German Affairs Commission (GAC), am 13. Oktober 1945 eingesetzt von der chinesischen Regierung,[19] um die Registrierung, Beschlagnahme und Neuvergabe von Wohnungen und Firmen abzuwickeln und Entscheidungen über Enteignung, Heimsendung oder Bleiberecht zu treffen. Gleich darauf – die chinesische GAC konnte noch keine Beschlüsse gefasst haben – erfolgte der erste amerikanisch inspirierte Transport ins Lager Jiangwan.[20]

Ende November veröffentlichte die chinesische GAC dann ihre Regeln, nach denen Deutsche überprüft und gegebenenfalls repatriiert werden sollten.[21] Die Order Nr. 26 392 besagte unter anderem:

- **Artikel 2** Vor Gericht gestellt werden Deutsche, die der Spionage für Japan verdächtig sind, und Kollaborateure mit der japanischen Militärmacht.
- **Artikel 4** Alle Deutschen (und Österreicher),[22] die weder Spione waren noch mit Japan kollaboriert haben, können mit der Erlaubnis des Außenministeriums und des Innenministeriums weiterhin in China leben, die übrigen werden repatriiert. Die zu Repatriierenden können bei den Provinzregierungen oder den städtischen Regierungsstellen einen Antrag stellen auf zeitweilige Verlängerung ihres Aufenthaltsrechts in China, wenn sie die Bürgschaft einer chinesischen oder einer ausländischen Firma vorlegen. Wer das nicht kann, wird interniert.
- **Artikel 5** Ehrliche und zuverlässige »*technical persons*« (Techniker, Handwerker, Fachleute) können mit Erlaubnis des Außenministeriums und des Innenministeriums von Regierungsstellen und von privaten Firmen angestellt werden. Solche Personen sollen von der Repatriierung ausgenommen sein.

Von einer Mitgliedschaft in der NSDAP und ihren Untergliederungen als Ausweisungsgrund war in dieser Order nicht die Rede.

Breuer beobachtete: »*Aufgrund des Art. 4. dieser Verordnung beantragten viele Deutsche auf Formblättern und durch Stellung von Bürgschaften ihre Befreiung von der zwangsweisen Heimbeförderung. Durch Beziehungen, Schmiergelder und dergl. wurden diese Freistellungen in großzügiger Weise angesichts der freundlichen Haltung der GMD-Beamten gegenüber Deutschen auch gewährt.*«[23] Besonders über den Vorsitzenden der GAC wussten alle: Captain Yang Chih-yung war Komprador bei Siemens gewesen, er war den Deutschen wohlgesonnen.[24]

Die GAC verlangte, dass sich die Inhaber deutscher Pässe bis Ende Dezember 1945 registrieren lassen mussten.[25] Im Fragebogen zur Registrierung, der in Shanghai verteilt worden war, galten vier der 18 Fragen der Qualifikation und der Berufserfahrung der »German Nationals«: *Education, professional qualifications, present occupation, previous career*. Nur eine der Fragen, die letzte, betraf die Zugehörigkeit zur »N.S. Party: Yes / No«.[26] Das Interesse der Chinesen war es offenbar, Menschen mit bestimmten Qualifikationen im Land zu behalten, unabhängig von ihrer nationalen Herkunft und ihrer ideologischen Ausrichtung.

Zukünftige Handelsbeziehungen

Ganz grundsätzlich gab es in chinesischen Wirtschaftskreisen der Guomindang den Wunsch, an die guten Beziehungen zu Vorkriegsdeutschland anzuknüpfen. Im November 1945 legte die Handelskommission des chinesischen Finanzministeriums eine Ausarbeitung vor, in der sie daran erinnerte, dass der Vertrag zwischen Deutschland und China von 1921 der erste gleichberechtigte Vertrag war, den China abschließen konnte, und dass Deutschland die Guomindang-Regierung bereits 1928 anerkannt hatte. Weiter wurde die Zusammenarbeit mit den Militärberatern aufgeführt, mit der Firma Otto Wolff für das Eisenbahnnetz und der Hapro-Austauschvertrag. Die Bedeutung Deutschlands als »hochentwickeltes Land« wurde betont und »dass sich unsere Wirtschaften ergänzen«. Das Fazit lautete: »Es besteht gar keine Frage darüber, dass unsere Handelsbeziehungen nach dem Krieg in großem Umfang fortgesetzt werden.«[27] Warum also sollten deutsche Kaufleute oder andere Fachkräfte ausgewiesen werden?

Die Chinesen und die Amerikaner verfolgten erkennbar unterschiedliche Ziele: Während es der US-Justiz um Entnazifizierung ging, wollten die Chinesen vor allem das Verhalten der Deutschen zu China im Chinesisch-Japanischen Krieg untersuchen. Chinesen und Amerikaner dachten schon an zukünftige wirtschaftliche Beziehungen: Die Chinesen wollten in Zukunft weiter mit den Deutschen zusammenarbeiten, die Amerikaner sahen in den Deutschen die Konkurrenz.

Enteignung, Entlassung, Einquartierung

»Deutsche Firmen mussten bis Anfang November 1945 ihre Tätigkeit beenden.«[28] Die Deutsch-Asiatische Bank in Shanghai (und ihre Filialen in ganz China) wurde mit allen Kassen-, Sorten-, Goldbeständen und Depots von China übernommen, Forderungen eingetrieben, die Passiva nicht bedient. Chinesische und deutsche Bankangestellte wurden entlassen, Chinesen mit, Deutsche ohne die vertraglich vorgesehene Entschädigung.[29] Melchers' Firmeneigentum in Shanghai wurde in der Zeit von Anfang November 1945 bis zum Jahresanfang 1946 beschlagnahmt, wobei die Liquidatoren sich nur für »greifbare Werte, für Gold, US-Dollar, Banknoten und Waren«

interessierten.[30] Deutsche, europäische und chinesische Mitarbeiter wurden entlassen. Die Firma kündigte ihren Angestellten zum 30. September 1945 mit den Worten: »das Schwinden der Hoffnung, nach dem Krieg hier geschäftlich in größerem Umfang tätig sein zu können [zwingt uns ...]«.[31] Die Angestellten erhielten mehrere Monate Gehalt und je 10 Unzen Gold ausgezahlt.[32] Was Breuer erhielt, ist nicht dokumentiert. Seine Tätigkeit für Melchers endete mit dem 31. Oktober 1945. Nach 39 Jahren und drei Monaten.

Nach und nach, oft Hals über Kopf, wurden von Deutschen bewohnte Häuser und Wohnungen requiriert, chinesische Soldaten zogen ein, auch Zivilisten, auch Amerikaner. Deutsche, die vorerst in ihren Wohnungen bleiben durften, nahmen Verwandte, Freunde, nähere und entferntere Bekannte auf, rückten immer enger zusammen. Eine Statistik vom 1. März 1946 besagte, dass 1870 Deutsche sich auf 1032 ½ Zimmer verteilten, dabei hatten 326 Personen ein Zimmer für sich, die Übrigen lebten zu durchschnittlich 2,2 Personen in einem Raum. Familien mit Kindern wohnten besonders beengt.[33] Breuers hatten kurz nach Weihnachten (1945) ein Zimmer ihrer Wohnung in der Yu Yuen Road an das Ehepaar Kurt Limann abgegeben.[34] Limann lebte seit 1925 in China, war als Techniker langjähriger Mitarbeiter der Auslandsvertretung der I.G. Farben in Shanghai.[35] Anfang Juli 1945 war Schluss gewesen.[36] Limanns hatten sich Hermanns Arbeitszimmer eingerichtet; Wohn- und Esszimmer und das Bad nutzten sie gemeinsam. Hermanns Schreibtisch stand jetzt im Wohnzimmer. Besonders an regnerischen Sonntagen vermisste er die ruhigen Stunden, in denen er seine Privatpost geschrieben hatte. Aber letztendlich war es ein großes Glück, dass Jennie und er die Wohnung überhaupt behalten konnten. Das war »unter den Verhältnissen [...] nicht leicht und hat manche sorgenvolle Stunden verursacht«.[37]

Breuer brauchte Ende 1945 eine neue Arbeit. Für einen Rückzug ins Privatleben fehlte ihm das Geld. Es waren chinesische Freunde, die ihn auffingen: »*Nach Auflösung meiner ehemaligen Betätigungsstelle bin ich seit einigen Monaten als Sachverständiger in einer chinesischen Firma tätig, wodurch ich meinen Lebensunterhalt – natürlich unter einem ganz andren Standard – bestreiten kann.*«[38] Es war die Firma, deren Tarnung Melchers 1937 übernommen hatte, deren Geschäftsführer ehrenhalber Breuer gewesen war: Ab Januar 1946 arbeitete Breuer in der Firma Tai On Development & Investment als Berater für die Pflege der Auslandskontakte. Sie gehörte zum Wing-On-Konzern, der immer noch eines der größten chinesischen Unternehmen war, mit Textilunternehmen, Maschinenfabriken und Kaufpalästen, einer Hotelkette und einer Bank.[39] Tai On importierte vor allem Industriemaschinen und ihre Bauteile. Breuers Büro lag im New Building an der Nanking Road, einem Hochhaus, das mit einem *sky-walkway* mit dem großen Wing-On-Kaufhaus verbunden war.[40]

Die Frage, wie mit deutschem Eigentum zu verfahren sei, sollten die »*Rules Governing Private Properties of Germans in China*« vom 21. Juni 1946 (veröffentlicht in der *Legal Gazette* vom 3. Juli 1946) abschließend regeln. Und zwar so: Firmen wurden enteignet. Privatpersonen sollten nur enteignet werden, wenn sie für Japan spioniert bzw. mit Japan kollaboriert hatten und wenn sie repatriiert wurden. Die, die bleiben durften, sollten ihren privaten Besitz behalten können.[41] Weil aber die Verordnung verschieden interpretiert wurde, erschienen »*In Verbindung mit dieser Verordnung […] in der chinesischen Presse amtliche Bekanntmachungen, wonach alle für deutsche Staatsangehörige ausgestellten Grundeigentumsbriefe als ungültig erklärt wurden und abzuliefern seien.*«[42] Nun hatten viele deutsche Eigentümer ab ca. 1943, als das Ergebnis des Krieges absehbar schien, ihr Eigentum chinesischen Freunden in Treuhand gegeben. »*Da das System der Treuhandnehmer und Treuhandgeber selbstverständlich auch dem Chinesischen Landamt bekannt war, erließ es im Jahre 1946 weitere Bekanntmachungen, nach denen jeder aufgefordert wurde, verschleiertes deutsches Eigentum […] bekanntzugeben und die […] Grundbriefe abzuliefern. Zuwiderhandlern wurden Freiheitsstrafen und die Konfiskation ihres Vermögens angedroht.*«[43] Hermanns Treuhänder für die Häuserzeile in der Yu Yuen Road lieferte die Grundbriefe trotzdem nicht ab.

Zwangsrepatriierung, die Liste

Im Mai 1946 wurde eine Liste mit den Namen derjenigen, die repatriiert werden sollten, in Raum 174 der German Affairs Commission, 180 Foochow Road, ausgelegt.[44] Prompt setzte »ein ›*run*‹ auf Entlastungsschreiben ein, denen die chinesischen Behörden auch weitgehend nachkamen«. Peter Cortum nahm den Telefonanruf eines chinesischen Bekannten seiner Eltern entgegen: »Peter, your family is off the list.«[45] Aber ein von der chinesischen Verwaltung erteiltes Recht zu bleiben beeindruckte die Amerikaner nicht. »*Etwa um den 25. Juni 1946 wurden auf Druck der Alliierten, besonders der amerikanischen Stellen, sämtliche Freistellungsscheine für ungültig erklärt mit der Begründung, dass die freigestellten Deutschen mit dem Nazi-Regime sympathisiert hätten, Schmuggler, Spione gewesen seien, mit den Japanern zusammengearbeitet oder Beamte bestochen hätten. Die elastische Fassung des Art. 2* [der Order No. 26 392] *wurde dabei nach Kräften ausgeschlachtet.*«[46] Die Amerikaner verwendeten nun den Wortlaut der chinesischen Order (»*Those suspected or acted as spies*«, »*colaborated with the Japanese Military Forces*«) und formulierten ihre Vorwürfe entsprechend. Familie Cortum kam wieder auf die Liste. Breuer auch. Der Streit blieb nicht auf der Verwaltungsebene. Die Regierung der Vereinigten Staaten schaltete sich ein und informierte die chinesische Regierung, dass sie die Streichung von 400 Deutschen von der amerikanischen Liste der »dangerous and objectionable Nazis«, die für die Repatriierung vorgesehen waren, als »feindliches Verhalten« betrachte. Von chinesischer Seite folgte die Anordnung, mit Ausnahme von 40 Namen alle zuvor Freigestellten wieder auf die Liste zu setzen.[47] So kam der Name Hermann Breuer auf die Liste der »*dangerous and objectionable Nazis*«. Was ihm zur Last gelegt werden konnte, waren seine große China-Erfahrung und sein *standing* innerhalb chinesischer Wirtschaftskreise. Deshalb wollten seine chinesischen Freunde ihn dabehalten: »*Ich gehörte zu den Schützlingen der chinesischen Regierung und der chinesischen Wirtschaftsführer. Ungeachtet dessen stand mein Name auf jeder der in gewissen Abständen veröffentlichten Deportationslisten, von denen er auf Intervention eminenter chinesischer Freunde dann wieder gestrichen wurde.*«[48] Es war eine Zeit zwischen Verzweiflung und Erleichterung, der halbherzigen Vorbereitungen auf einen Abschied von allem und allen – wo und wann würde er Jennie wiedersehen? – und der Hoffnung auf eine Zukunft in Shanghai.

Marine Robin

Der Truppentransporter *Marine Robin*, mit dem die Internierten und andere Ausgewählte fahren sollten, kam am 25. Juni 1946 aus Tianjin in Shanghai an, beladen mit etwa 130 Deutschen aus Peking, 170 aus Tianjin, 133 aus Tsingtao.[49] In Shanghai lag das Schiff dann zehn Tage im Hafen (die Passagiere durften tagsüber von Bord), weil die Auseinandersetzung um die Liste noch in vollem Gange war. Die Tianjiner erzählten von einem tragischen Todesfall kurz vor der Abreise: Der 72-jährige Herr Krill hatte sich erschossen, als er den Ausweisungsbefehl erhielt. Nach 43 China-Jahren hatte er sich nicht vorstellen können, in einem anderen Land noch einmal heimisch zu werden. Es hatte auch zunächst geheißen, dass über 60-Jährige nicht abgeschoben würden.[50] In Shanghai ging das Hin und Her von Ausnahmegenehmigungen und deren Rücknahme weiter. HWB: »*Z.B. wurden [...] ausgewiesene Deutsche plötzlich gegen von der zwangsweisen Heimschaffung amtlich ausgeschlossene ausgetauscht, um eine vorgesehene Soll-Ausweisungsziffer erfüllen zu können.*«[51] Breuers Schützling, der Journalist Hans Oberländer, war einer von denen, die in letzter Minute ergriffen wurden. CG Melchers war nicht der Einzige, der sich in den Tagen vor der Abfahrt des Schiffes bei chinesischen Freunden aufhielt.[52] Falls die Amtsdiener kamen, wäre bei ihm niemand zu Hause.

Die *North-China Daily News* berichteten, dass sich zwölf Deutsche dem Transport entzogen hätten, von denen sei einer tot, die anderen würden noch gesucht.[53] Zu denen, die versucht hatten, sich zu entziehen, gehörte Rudolf Laurenz, einer der beiden Teilhaber von Carlowitz & Co. Am Abend, bevor er abgeholt werden sollte, hatte der 69-Jährige versucht, sich das Leben zu nehmen. Breuer kannte Laurenz schon aus der Zeit vor dem Ersten Weltkrieg, 1945 hatten sie im Notstandskomitee zusammengearbeitet. Er sei zwar manchmal »ein außergewöhnlich schwieriger Herr«,[54] dachte Hermann über ihn, aber ein Nazi war er nicht gewesen. Die Zeitung nahm lebhaften Anteil an diesem Fall und berichtete in den folgenden Tagen über Laurenz' langsame Genesung.[55] Er konnte in China bleiben. Auch HWBs Einquartierung, Kurt Limann und seine Frau, standen auf der Passagierliste der *Marine Robin*. Der Name »Mr Breuer, Hermann W.A.« war noch in der Deportationsliste zu lesen gewesen, die *The China Press* am 1. Juli 1946 veröffentlichte. Mit einigen weiteren Namen stand er außerhalb des Alphabets, nachgetragen am Ende der Namen mit dem Anfangsbuchstaben B.[56] In den sechs Tagen bis zur Abfahrt ergab sich endgültig, dass er nicht fahren musste. Noch drei Stunden vor Abfahrt des Schiffes waren über Lautsprecher einige Namen aufgerufen worden, die wieder von Bord gehen durften. In den frühen Morgenstunden des 7. Juli 1946 begann dann die Reise.[57] Ungefähr 680 Passagiere waren in Shanghai an Bord gegangen,[58] insgesamt transportierte das Schiff 1122 Passagiere: Zivilgefangene China-Deutsche, freiwillig reisende deutsche Frauen aus Niederländisch-Indien mit ihren Kindern und einige Österreicher.[59] Die *Marine Robin* kam am Nachmittag des 4. August in Bremerhaven an.[60] »Um uns herum nur Trümmer«,[61] mussten die Ankommenden nach China berichten. Über die Fahrt konnten sie schreiben: »*Wir denken, dass diese Seereise zur Rückführung, die viele gefürchtet hatten, zu schnell vergangen ist. Weit entfernt davon, eine besondere Härte zu sein, ist sie zu einem Schritt auf dem Weg geworden, der uns vom Krieg und seiner Bitternis wegführt*«. Und sie konnten hinzufügen, dass der Truppenkommandant sich mit den Worten verabschiedet hatte: »Solche Bekanntschaften zwischen unseren Völkern können im Laufe der Jahre nicht verfehlen, die Freundschaft in rechter Weise wieder herzustellen.«[62]

CARE-Pakete

In schweren Nachkriegszeiten
Schickt dieser gute Mann
Verwandten und Bekannten
Die Care-Pakete ran.

Moritat zu HWBs 75. Geburtstag

»*Natürlich können wir das, was wir hier durchzumachen hatten, in keiner Weise in gleichem Atemzuge nennen, durch welch bittre Zeiten Ihr durchzugehen hattet. Dafür bin ich meinem Geschick dankbar und, wenn es mir noch möglich sein sollte, werde ich das auch […] noch anerkennen.*« Als Hermann das am 10. September 1946 nach Berlin an seine Schwiegertochter Nele schrieb, hatte er schon Hilfsmaßnahmen veranlasst: Einen in Shanghai lebenden dänischen Rotary-Freund[63] hatte er gebeten, zwei Lebensmittelpakete via Dänemark nach Hannover zu schicken, für Bruder Karl und für den kranken Uwe. Apropos Rotary: Seit März 1946 gab es wieder einen Club in Shanghai, und Breuer war einer von zwei Deutschen in China, »die diese große und einflussreiche internationale Vereinigung auch nach Kriegsende behalten hat«.[64] Zum *tiffin* trafen sie sich jetzt im Great Eastern Hotel an der Nanking Road, direkt neben dem Wing-On-Warenhaus – und Breuers Büro.

Dann las Hermann die Meldung der Nachrichtenagentur Reuters vom 7. August 1946: »The first shipment of ›ten-in-one‹ relief parcels from the United States for civilians in the American and British zones of Germany under the welfare program sponsored by the Cooperative for American Remittances to Europe (CARE) has arrived at Bremen.«[65] CARE-Pakete kannte Hermann »aus eigener Erfahrung«; die Amerikaner hatten sie während des Krieges auch nach China geschickt. Es waren nur wenige Lieferungen angekommen, aber er hatte im Jesuitenkloster Zi-Ka-Wei (Xujiahui) so ein Paket zu Gesicht bekommen.[66] Die Paketeinheiten »10-in-1« waren als eine Tagesration für zehn Soldaten gedacht. Für drei Mahlzeiten enthielten sie 30 lbs (ca. 14 kg) Esswaren und 19 lbs (ca. 9 kg) übrigen Bedarf wie Zigaretten, Streichhölzer, Dosenöffner, Seife, Toilettenpapier. Hermann war vom Nährwert (40 000 Kalorien, schrieb er an Nele), von der Auswahl (»gute Dinge, die Du wahrscheinlich seit Langem nicht mehr genossen hast«) und der Qualität (»solide«) der Nahrungsmittel beeindruckt gewesen. Auf die Reuters-Meldung hin veranlasste er gleich seinen amerikanischen Freund Mr Vandenhoef[67] (an Chinesisch Neujahr 1933 waren sie gemeinsam zum Tai-Hu-See gefahren), Pakete an Nele, an Lizzy Wolcke (die Mutter seiner geschiedenen Frau) und ein Kinderpaket an seinen Enkel Christoph auf den Weg zu bringen. Bald bekamen auch Karl und Alice in Hannover CARE-Pakete und Babypakete für mich. Ich genoss den Zucker, Vollfett-Milchpulver, Kakao und Honig und lernte den Grießbrei lieben, den meine Mutter mit amerikanischem Milchpulver zubereitete. Mit Honig darauf. Oder mit Zimt und Zucker. Ein Paket an Lizzy Wolcke muss ihre Tochter Erna abgefangen haben. Sie sandte einen ihrer erregten Briefe an Mr Vandenhoef, er solle mehr Pakete an Uwe schicken. Vandenhoef fragte bei Hermann nach, der sich, wieder einmal, für Erna entschuldigte.[68]

Ob die Pakete bei den Empfängern ankamen? Hermann wollte das möglichst schnell wissen, um dann weitere Lieferungen auf den Weg zu bringen. Falls also Briefe aus Deutschland nicht per Luftpost nach China befördert wurden, sollte die Empfangsbestätigung über eine »englische freundschaftliche Verbindung« geleitet werden: Messrs. Wheelock Marden & Co., Ibex House, Minories, London EC 3. George Marden war ein Freund aus dem Shanghaier Rotary-Club, dem Hermann »in the dark days of the occupation« geholfen hatte.[69] Er war vor dem Krieg ein Taipan in Shanghai gewesen, dessen Imperium der chinesische Geschäftspartner über den Krieg gerettet hatte.

Wegen der Aufregungen um die Abfahrt der *Marine Robin* hatte Hermanns Kreislauf in den letzten Monaten öfter schlappgemacht. Dazu die feuchte Hitze der Sommermonate. Sein Arzt sagte ganz lässig: »Der

Klappermann hat bei Ihnen geklopft«,[70] und verschrieb Cardiazol.[71] Inzwischen ging es ihm gesundheitlich wieder ganz gut. Unberufen. Anders Jennie: Sie hatte unter dem drohenden Abschied und der anhaltenden Ungewissheit so gelitten, dass sie einen schweren Nervenzusammenbruch erlebte; sogar an ihrem Blumen- und Gemüsegarten und an ihren Bienen verlor sie das Interesse und gab alles auf. Gleich nach der Abfahrt der *Marine Robin* war sie zu Bekannten im nordchinesischen Badeort Beidaihe gefahren, um sich in dem kühleren Klima zu erholen. Erst Mitte November erwartete Hermann sie in Shanghai zurück.[72] Während des monatelangen Bangens, Hoffens und Verzweifelns hatte sich die Frage einer Eheschließung wieder gestellt. Hermann war fest entschlossen, »sobald mein Status hier geklärt ist, meine langjährige Lebensgefährtin [...] zu ehelichen, was aus gewissen Gründen während der Hitler-Zeit mir nicht möglich war«.[73]

Marine Jumper

Jennie war noch nicht aus Nordchina zurück, da hatte es im September 1946 in der Gerüchteküche Shanghais geheißen, die nächste Repatriierung würde schon geplant.[74] Obwohl HWBs Freunde sicher waren, dass er »in seiner zweiten Heimat bleiben dürfe, wusste ich andrerseits von eingeweihten Kreisen vertraulich, dass dem nicht so war«. Das ging wochenlang hin und her »und verursachte mir viel Grübeln und Unruhe«. Er litt unter dem Gedanken, »*mich von meiner künftigen Frau trennen zu müssen [...], die obendrein krank und getrennt von mir in Nordchina weilte, und die wahrscheinlich gar nicht hätte zurückkehren können, um Lebewohl zu sagen*«. Zum Glück kam Jennie Mitte November zurück. »Ich holte sie vom Flugplatz ab und ich werde diesen Augenblick nicht vergessen, als der Riesenkasten[75] hier landete und als eine der letzten Passagiere Jennie endlich erschien.« Sie hatte Hermann eine »schöne mandschurische Pelz-Otter-Mütze« mitgebracht – die sollte er im Winter beim Fahrradfahren auf seinen kahlen Schädel setzen. Wenn es noch dazu käme. Vor lauter Sorge hatte Jennie sich das Zigarettenrauchen angewöhnt. Sie gab es bald wieder auf, nämlich als »*endlich am 28.11. die Nachricht kam, dass ich durch eine ›Sonderverfügung‹ der chinesischen Regierung von der sogenannten ›Liste‹ der als POW heimzuschickenden Deutschen gestrichen worden wäre, während schon am nächsten Tage die Betreffenden unter Polizei-Aufsicht gestellt worden sind. Wie ich zu der ›Ehre‹ gekommen bin, mit den so genannten 74 Top Nazis in einen Topf geworfen zu werden, ist mir und meinen vielen alliierten Freunden und auch den meisten Landsleuten ein Rätsel geblieben. Für einige Tage war über dieses Thema noch ein gewisses Hin und Her in der Presse, mit mir sind noch 5 weitre Deutsche freigekommen.*«[76]

Das Schiff für diese Repatriierung, die *Marine Jumper*, machte am 18. Januar 1947 in Shanghai fest. Sie kam mit ausgewiesenen Deutschen aus Yokohama; in Shanghai stiegen 33 Frauen und 55 Männer zu. Dabei galt das öffentliche Interesse den 19 Deutschen, die am 14. Januar im »Ehrhardt«-Prozess verurteilt worden waren.[77] Sie mussten, ebenso wie die sechs, gegen die die Anklage fallen gelassen worden war, in Ketten über das Fallreep auf das Schiff steigen. Die Amerikaner filmten den Auftritt. Sie dokumentierten auch, wie Erich Heise, der unter Lähmungserscheinungen litt und kaum gehen konnte, sein Gepäck selbst das Fallreep hochtragen musste.[78] Am 20. Januar verließ die *Marine Jumper* Shanghai. Die *NCDN* meldeten, dass sieben Deutsche nicht erschienen seien, sie hätten sich vermutlich in Nanjing versteckt. Andere hatten sich in die Schweiz abgesetzt.[79]

Ferientage in Hangzhou

Hermann dachte, die Wogen hätten sich geglättet, und er habe »nun begründete Aussicht, permanent und hoffentlich auch unbehelligt weiter hier bleiben zu können, wo ich seit 1906 lebe und Wurzel fasste«.[80] Ende April machte er mit Jennie ein paar Tage Ferien in Hangzhou am Westsee. Im stromlinienförmigen, sportlich eleganten Pontiac Streamliner Coupé war das von Shanghai aus eine angenehme Fahrt von etwa 2 ½ Stunden. »Leider ist das hübsche Auto mir nur von einem meiner jüngeren früheren chinesischen Angestellten zur Verfügung gestellt und nicht mein Eigentum.«[81] Das Auto gehörte Mr K.W. Lee. Er war sein ganz besonders geschätzter Assistent im Paper Department von Melchers gewesen. Lee hatte sich selbstständig gemacht und führte seinen großen geschäftlichen Erfolg dankbar auch auf seine Verbindung mit Breuer zurück.[82] In Hangzhou, der Stadt, von der Marco Polo Ende des 13. Jahrhunderts begeistert verkündete, es sei »bei weitem die glanzvollste Stadt der Welt«,[83] genossen Jennie und Hermann die ungewohnte Ruhe – ein paar Tage ohne den Lärm der Motoren, der Fahrradklingeln, das Geschrei auf den Straßen. Dazu war das Wetter köstlich, die Temperatur lag bei frühlingshaften 20 Grad Celsius, und die Pfirsichbäume blühten.

Gleich musste Jennie mit Hermann auf die Berge kraxeln und auf getreppten Gebirgspfaden wandern, zu den Feilai-Feng-Grotten mit ihren in den Fels geschlagenen Skulpturen aus der Song-Zeit und zum Ling-yin-Kloster. Dort wollte Hermann den Lachenden Buddha wieder sehen, dem Fürsprecher danken, Großzügigkeit versprechen und ihn um weitere Aufmerksamkeit bitten. Dass diese Figur auch »Dickbauch-Buddha« genannt wurde, veranlasste Jennie zu einer spöttischen Bemerkung. An solchen Tagen waren sie durch Bambushaine und Maulbeerbaumpflanzungen, von Pavillons zu Tempeln zu Klöstern, schon mal zehn Stunden unterwegs. Jennie konnte das zwar »mit Leichtigkeit, ist aber gelegentlich in solchen Dingen etwas bequem«, stellte Hermann belustigt fest. Denn Jennie war doch »außerordentlich jugendlich« – »eine Erscheinung, wie man sie auf Sports Modell Bildern wiedergegeben sieht«, und sie schätzte, wie Hermann, das *outdoor*-Leben mehr als gesellschaftliche Verpflichtungen. So umwanderten sie die Bao-chu-Pagode auf dem Edelsteinhügel. Als die 963 erbaut wurde, war sie neun Stockwerke hoch, nach einer Renovierung im Jahr 1933 waren es nur noch sieben. Jennie musste nicht hinaufsteigen, es gab nämlich gar kein Treppenhaus. Oben auf dem 60 Meter hohen, songzeitlichen Turm der Sechs-Harmonien-Pagode genossen sie den Ausblick auf den Qiantang-Fluss. Und sie ließen sich mit dem Boot über den ruhigen, tiefblauen Westsee auf die Insel »Three Pools Mirroring the Moon« übersetzen. Hier herrschte Ruhe, hier besprachen sie, was sie inzwischen über Neles Schicksal wussten[84] und wie sie ihr am besten helfen könnten.

Über Nele und Christoph in Berlin

Nele wohnte bei Kriegsende mit dem knapp dreijährigen Christoph bei ihrem Vater in Berlin. Als die Russen nach Berlin-Frohnau kamen, erlebten Schnorr von Carolsfelds den ersten Trupp frisch rasiert und höflich; ein Offizier klingelte an der Haustür und fragte, ob sie alles hätten und ob es Klagen gebe. Der zweite Trupp war dann doch so, wie Hitler gesagt hatte. Neles Vater hatte nach dem Tod seiner Frau kurz vor Kriegsende, der Zerstörung seines Lebenswerkes im Schlossmuseum, der Eroberung Berlins den Lebensmut verloren; er starb am 8. Mai 1945, dem Tag des Waffenstillstands. Nun musste Nele, die, wie Hermann annahm, »für ein glücklicheres und leichteres Leben herangezogen worden war«, für ihr Kind kämpfen. Ihr Mann Uwe war ihr dabei nicht nur wegen seiner schweren Lungenkrankheit keine Hilfe. Er lebte in den Westzonen in Lungenheilstätten. Bald wandte er sich von ihr ab, fand in der Heilstätte in Stadtsteinach eine neue Gefährtin. Als er das dem Vater gegenüber im Oktober 1946 andeutete, muss er schon gewusst haben, dass seine Freundin ein Kind von ihm erwartete. Hermann, der das zu diesem Zeitpunkt nicht wusste, war erschüttert von Uwes mangelnder Reife, seinem fehlenden Verantwortungsgefühl, seinem Egoismus. Den habe dessen schreckliche Leidenszeit noch verstärkt. Trotzdem bat er, Nele möge zu dem gemeinsamen Sohn Christoph nicht schlecht über den Vater sprechen. Erna hatte sich Uwe gegenüber immer abfällig über Hermann geäußert – besonders über seinen Geiz trotz märchenhaften Reichtums – und so das Miteinander von Vater und Sohn auf Dauer schwer belastet. Er, Hermann, würde Nele und Enkelsohn Christoph die Treue bewahren,[85] wollte Anteil an Christophs Entwicklung nehmen. Zunächst wollte er ihm Briefe schreiben und ein bisschen von China erzählen, Jennie und er würden Spielzeug schicken und Bücher.

Hangzhou, im September 2012

Ich komme, auf den Spuren von HWB reisend, aus Moganshan, stelle meinen Rucksack in einem großen, etwas muffigen Hotel am Ufer des Westsees ab. Englisch als lingua franca funktioniert hier nicht. Die Klientel: chinesische Verwaltung auf Dienstreise. Ich laufe lange am Ufer des Sees entlang, begleitet von Lotusblumen – im nächsten Juli werden sie wieder blühen. Aus einem kleinen offenen Pavillon tönt leise live gespielte Musik, ältere Paare tanzen dazu. Im nächsten Pavillon wird Majong gespielt und gelesen. Eine sehr lange, steinerne Bogenbrücke spannt sich hier seit dem 9. Jahrhundert über das Wasser zur Insel Gu Shan, Einsamer Hügel. Ich laufe auf eine in den See gebaute Terrasse zu – steht da ein Teepavillon? Ob es dort den Drachenbrunnentee von den Hängen oberhalb des Sees gibt? Nun, sie haben einen ganz guten Cappuccino. Eine Schulklasse (oder Sport? oder Universität?) macht Tai-Chi-Übungen und fotografiert sich gegenseitig. Wo könnte ich nach dem Taihu-Stein suchen, vor dem Jennie 1947 saß? Es ist alles ziemlich weitläufig, der See hat eine Größe von sechs Quadratkilometern. Gibt es überhaupt nur den einen Stein, oder gibt es hier mehrere der Art? Als meine Füße mich nicht länger tragen mögen, steige ich in ein Boot. Es fährt zur Kleinen Paradiesinsel (Xiao Yingzhou), auf der mich kleine Teiche, Pavillons und wunderbar gepflegte Gartenanlagen erwarten. Südlich der Insel ragen drei Miniatur-Steinpagoden aus dem Wasser, das sind die drei Tiefen, in denen sich der Mond spiegelt (Santan Yinyue). So wird die Insel auch genannt. Auf dem Boot spricht mich eine junge Chinesin in ausgezeichnetem Englisch an. Sie hat gerade ihr Examen zur Verwaltungsangestellten bestanden, nun macht sie erst mal ein paar Tage frei und wird sehen, was sie dann arbeitet. Probleme, einen Job zu finden, wird es nicht geben, meint sie. Auf der Insel empfängt uns der süße Duft des *Osmanthus fragrans* – der Strauch, ein Ölbaumgewächs, trägt gerade viele kleine, eng stehende, weiß-gelbliche Blüten. Ich fotografiere Seerosen, Weiden, Gräser und die verschiedenen ornamentalen Steinmuster auf den gepflegten Gehwegen, und wir fotografieren uns gegenseitig. Dann kommt mir eine Zickzackbrücke irgendwie bekannt vor. Sie führt auf den See hinaus, trägt kleine Pavillons. Wir bewegen uns tatsächlich direkt auf den aus dem Wasser aufsteigenden Tuffstein zu, vor dem Hermann Jennie vor 65 Jahren fotografierte. Es gibt hier nur den einen. Ich setze mich auf das Brückengeländer; die junge Chinesin macht ein Foto.

1 Gespräch mit Cortum, 25.11.2012 in Mölln.

2 Der Leiter des deutschen Senders Shanghai zu Klaus Mehnert. Mehnert, Ein Deutscher, S. 317.

3 Hinzelmann, O China, S. 160.

4 Mehnert, Ein Deutscher, S. 319.

5 2.9.1945 gegenüber den Alliierten und 9.9.1945 gegenüber den Nationalchinesen.

6 »[Wir waren] wg. Fehlens einer Schutzmacht der Willkür ausgesetzt.« HWB: Gutachten Friedrich Mehler, 28.4.1954, BArch ZLA 7–34/17.

7 Holzberger, Recollections, S. 115.

8 Das war am 15.9.1945, es sprach der Kommandeur der 3. Nationalchinesischen Armee. Mehnert, Ein Deutscher, S. 320. Die Repatriierung der japanischen Zivilisten erfolgte im Winter 1945/46. Abshagen, Arimasen, S. 345.

9 *Shanghai Jewish Chronicle*, 18.9.1945. Der *SJC* spricht mal von der 7. Division, mal von der 4. (die war bis 1941 in Shanghai gewesen). Die Marines hatten von April bis Juni 1945 die japanische Insel Okinawa Hontō erobert, dabei waren 12000 Einsatzkräfte gefallen, 36000 verwundet worden. Siehe auch: https://www.usni.org/magazines/naval-history-magazine/2011/october/asian-warm-cold-war, am 10.11.2020.

10 CG Melchers, China-Firma, S. 56: »*nun sah man täglich viele torkelnde, johlende Amerikaner, die sich auch chinesischen Frauen gegenüber auf offener Straße Unverschämtheiten erlaubten. Binnen weniger Wochen sahen die Chinesen die Amerikaner nicht mehr als Verbündete und Befreier an, sondern als Barbaren, die man möglichst schnell hinauswerfen müsste.*« Haas, Lebenserinnerungen, S. 170. BSB, Ana 708 Studeo-Sammlung, 0031, S. 143: »*Die amerikanischen Besatzungstruppen* [!] *verscherzten sich durch ihr das chinesische Anstandsgefühl verletzendes Auftreten manche anfängliche Sympathie.*« »*The American troops flaunted their extraterritorial priviledges and transgressed China's sexual mores, unconsciously stirring up memories of the humiliating foreign influences brought to China after [...] the Opium Wars.*«. Adam Cathcart: Atrocities, Insults, and ›Jeep Girls‹: Depictions of the U.S. Military in China, 1945–1949. In: International Journal of Comic Art, Vol. 8, №. 1 (2008), S. 140–154. https://adamcathcart.com/2015/05/13/atrocities-insults-and-jeep-girls-depictions-of-the-u-s-military-in-china-1945-1949/ am 20.11.2020.

11 Auslandsgeheimdienst der USA, Vorgänger der CIA.

12 Das Verhör von Fritz Wiedemann (bis Mai 1945 Generalkonsul in Tianjin) begann am 19.9.1945.

13 Headquarters Eighth US Army, Liste in Shanghai zugestiegener Passagiere, SS General Black, 12.8.1947, sortiert nach »Diplomat«, »Objectionable«, »Non-Objectionable«: BSB Ana 708, Studeo-Sammlung, 0336.

14 Mehnert, Ein Deutscher, S. 324. Interniert wurde nur in Shanghai, nicht im übrigen China.

15 *Die Neue Zeit*, 20.12.1945, zitiert nach Freyeisen, Shanghai, S. 493.

16 Captain Yang (GAC) zu Klaus Mehnert im Januar 1946. Mehnert, Ein Deutscher, S. 325.

17 Vereinigung Frei-Deutschland-Bewegung (FDB). Anzeige der FDB im *SJC*, 19.9.1945.

18 Hinzelmann, O China, S. 162–163. Der General der III. chinesischen Armee beauftragte die FDB, Dokumente zu sichten, »*die beim Konsulat und bei den großen und kleinen Firmen der Deutschen beschlagnahmt worden waren. [...] bis eines Tages plötzlich [...] die weitere Bearbeitung aus den Händen des Militärs in die einer aus chinesischen Beamten besonders zu bildenden Deutschenbehörde übergehen sollte.*«

19 Leutner, 1937–1949, S. 458.

20 Nach Mehnert, Ein Deutscher, war das am 18.10.1945, S. 324.

21 27.11.1945; Abschrift (englischer Text) aus der Sammlung »Deutsches Vermögen im Ausland. Internationale Vereinbarungen und ausländische Gesetzgebung, 2. Band, S. 49 ff. Deutsch mit Anmerkungen zur Übersetzung aus dem Chinesischen und Hinweisen zur Umsetzung von HWB. BArch ZLA 7–34/17.

22 Dazu gehörten zunächst auch alle Emigranten; diese Bestimmung wurde im Nachtrag Nr. 34, veröffentlicht in der *Legal Gazette* vom 21.8.1946, gestrichen.

23 HWB: Übersetzung der Order №. 26 392 mit Anmerkungen, BArch ZLA 7-34/17.

24 Yang musste Ende 1945 zurücktreten. *NCDN*, 5.7.1946, S. 3: »*When Major K.C. Wu took over the Shanghai Municipal Government and Captain Yang resigned, authority to handle German affairs and dispose of German houses and property was taken from the German Affairs Commission and passed on to various other bodies with the commission itself remaining only in the capacity of a mediator. Thus, the housing was turned over to the Housing Committee, repatriation to the Foreign Affairs Ministry and the Ministry of the Interior, and the disposal of German property to the Alien Property Administration. In each case, the German Affairs Commission submitted detailed information to the above mentioned agencies and the latter made all the decisions.*«

25 *Shanghai Herald*, 3.1.1946: »*Da es immer noch Deutsche [...] gibt, die versäumten, sich bei dieser Kommission in Befolgung unserer Notiz No. 3 zu registrieren, wird hierdurch nochmals bekannt gemacht, dass diese Personen sich bis spätestens 15. Jan. 1946 bei dieser Kommission, Room 174, 180 Foochow Rd. melden müssen [...] andernfalls alle interniert werden.*« Deutsche Nationalbibliothek, Deutsches Exilarchiv. In: Astrid Freyeisen, Shanghai, S. 493. Ihre Interpretation, mit diesem Aufruf habe im Januar 1946 die Vorbereitung zur Repatriierung begonnen, teile ich nicht. Die Vorbereitung zur Repatriierung begann bereits mit der Internierung im Oktober 1945.

26 Fragebogen (undatiert) in BSB, Ana 708 Studeo-Sammlung 1893.

27 Zitiert nach Leutner, 1937–1949, S. 465–466.

28 Gutachten HWB vom 28.4.1954.

29 Deutsch-Asiatische Bank Hamburg, Jahresbericht 1940–1952; BArch ZLA 7–34/119.

30 CG Melchers, China-Firma, S. 57.

31 An Wilhelm Meller, MA Firma Melchers ¥10, Mappe 4.

32 CG Melchers, China-Firma, S. 56.

33 German Residents in Shanghai, BSB, Ana 708 Studeo-Sammlung, 0466.

34 German Residents in Shanghai, BSB, Ana 708 Studeo-Sammlung, 0466.

35 1924 »Vereinigte Farben & Chemikalien-Werke G.m.b.H.«, ab 1927 »Deutsche Farben-Handelsgesellschaft Waibel & Co.«. ADO 1925 bis 1939, ab ADO 1928 /1929 mit Frau Tamara.

36 https://www.basf.com/global/de/who-we-are/history/130-years-of-basf-in-china/how-it-all-began/between-shanghai-and-chongqing.html.

37 HWB 2.7.1947 an Nele.

38 HWB 22.8.1946 an Uwe, Durchschlag an Nele.

39 Robert Norton, The Story of Wing On, S. 34. Das 40-seitige, schön bebilderte Büchlein erhielt ich als Scan von Paul Kwok.

40 Zur Geschichte der Firma siehe Kapitel 1937, Krieg in Shanghai.

41 »*4. The Properties of German companies, firms, organizations etc. shall be taken over for custody by the organization appointed by the Administrative Yuan [...] 5. Private property of Germans [...] a) who fall under the conditions of article 2 of the rules governing Germans shall be taken over by the Government, b) [...] internment, d) awaiting repatriation, [...] f) those who have obtained permission of exemption from repatriation ... are allowed to keep part or whole of their private property by the permission of [...].*«

42 HWB: Übersetzung der Order №. 26 392 mit seinen Anmerkungen. BArch ZLA 7-34/17.

43 HWB: Übersetzung der Order №. 26 392 mit seinen Anmerkungen. BArch ZLA 7-34/17.

44 Leutner, 1937–1949, S. 439, Anm. 20, gibt eine Übersicht über die fünf wichtigsten Einzellisten, die erstellt wurden. Sie umfassten insgesamt 719 Personen, dabei wurden nur die berufstätigen Frauen einzeln gezählt.

45 Cortum, Life: »Peter, deine Familie wurde von der Liste gestrichen.«

46 HWB: Übersetzung der Order №. 26 392 mit seinen Anmerkungen. BArch ZLA 7-34/17.

47 Meldung in *The China Press* vom 1.7.1946, Artikel abgedruckt in StuDeO-Info April 1997, S. 14–15.

48 HWB, Vortrag Oslo, 16.6.1963.

49 Cortum, Life. Lt. Adelinde Brunner geb. Jess waren es 122 aus Peking, 173 aus Tianjin, 682 aus Shanghai. In: »Erinnerungen einer Fünfzehnjährigen.« StuDeO-Info Juni 2020, S. 36.

50 Erinnerungen von Alfred Tritthart, StuDeO-Info Sept 1996, S. 4.

51 HWB 8.4.1954: Gutachten zur Verwaltungsstreitsache Friedrich Mehler, BArch ZLA 7-34 /19.

52 CG Melchers, China-Firma, S. 58, MA.

53 *NCDN*, 7.7.1946, S. 1.

54 HWB 25.3.1949 an Elke Finke geb. Michelau.

55 Rudolf Laurenz starb 1956 in Deutschland. BArch ZLA 7–34/132.

56 Repatriierungsliste in *The China Press* vom 1.7.1946 (BSB, Ana 708 Studeo-Sammlung, 0327). In der Liste ist der Vorname von Frau Limann mit »Malania« angegeben während er im ADO »Tamara« lautete. Erst nach der Abfahrt der *General Black* (1.9.1947) berichtete HWB, dass er das Zimmer wieder beziehen konnte, das sie an eine »deutsche Familie abgaben, mit der wir seit 1½ Jahren unsere Wohnung teilen«, also etwa seit Februar 1946. Danach wären Limanns nicht im Juli 1946 repatriiert worden, sondern erst am 1.9.1947. Sie stehen jedoch nicht auf der Liste der *General Black* (BSB, Ana 708 Studeo-Sammlung, 0336).

57 Cortum, Life.

58 *North China Daily News*, 5.7.1946.

59 Diese Zahl nennt die Bordzeitung (BSB, Ana 708 Studeo-Sammlung, 1864). Ebenso Cortum, Life und Adelinde Brunner, StuDeO-Info Juni 2020, S. 38; Mehnert, Ein Deutscher, S. 333: ca. 1250. Freyeisen, Shanghai, S. 498 zitiert die *Neue Zeit*, danach waren es 1500. Die differierenden Angaben spiegeln das Hin und Her bei der Umsetzung der Ausweisungen.

60 Cortum, Life. Auch: Adelinde Brunner: Erinnerungen … StuDeO-Info Juni 2020, S. 38.

61 Cortum, Life.

62 Bordzeitungen *Marine Robin*, BSB, Ana 708 Studeo-Sammlung, 1864.

63 HWB nennt keinen Namen. Ich denke, dass es sich um Michael Jebsen handelte.

64 HWB 22.8.1946 an Uwe, Durchschlag an Nele. Bestätigung der Mitgliedschaft ab März 1946: history@rotary.org am 22.5.2019 an CM. Die offiziellen Treffen hatten 1941 mit der Besetzung Shanghai durch die Japaner geendet; danach fanden nur noch informelle Treffen statt. Ende 1943 wurde der RC Shanghai von der Liste der Clubs gestrichen, im Oktober 1951 erneut geschlossen.

65 Eine Abschrift der Zeitungsmeldung fügte HWB seinem Brief an Nele (10.9.1946) bei. Die Regeln, unter denen CARE in der amerikanischen Besatzungszone arbeiten durfte, waren am 5.6.1946 in Berlin unterzeichnet worden (Ilgen, CARE-Paket, S. 69–70). Am 15.7.1946 war der erste für Deutschland bestimmte Dampfer mit 35 700 CARE-Paketen in Bremerhaven angekommen. Ilgen, CARE-Paket, S. 79–80.

66 Je ein CARE-Paket war Mitte 1945 in den Camps Yangchow, Kanton Road und den religiösen Zentren angekommen, dazu gehörte das Kloster Zi-Ka-Wei. Leck, Captives of Empire, S. 233–234. HWB hatte ab 1943 intensiveren Kontakt zu dem Kloster: 26.12.1948 an Nele betr. Krippe, handgeschnitzt im Zi-Ka-Wei-Kloster, 19.9.1966 an Nele betr. Steyler Mission und weiteres Schicksal einiger Patres, die HWB dort ca. 1943 kennenlernte.

67 Turner Halsey Export Corporation, New York.

68 Lizzy Wolcke 6.8.1947 an Nele: »*[Ernas zwei Schreiben] an Hermann & V. [bestehen aus] Gemeinheiten und keiner antwortet ihr darauf, im Gegenteil, Hermann hat seinen Geschäftsfreund V. in Amerika noch wegen dieser Ungehörigkeit seiner Frau [sic] um Entschuldigung gebeten, so schrieb Hermann mir.*«

69 »I for one will not forget his help and kindness during the dark days of the occupation« (… in den dunklen Tagen der [japanischen] Besatzung). *NCDN*, 18.7.1947. Der Leserbrief ist unterzeichnet »Disgusted Britain« – »empört« war dieser Brite darüber, dass Breuer verhaftet worden war und repatriiert werden sollte. Dass der Leserbrief von Marden verfasst wurde, ist meine Vermutung.

70 HWB 12.9.1948 an Nele betreffend November 1945.

71 HWB 22.8.1946 an Uwe, Durchschlag an Nele.

72 HWB 22.8.1946 an Uwe; Durchschlag an Nele. HWB 16.11.1947 an Nele nennt den Ort.

73 HWB 10.9.1946 an Nele. Zum Stichwort »Status«: Gemeint ist die Frage der

Staatsangehörigkeit. Im September 1945 waren die Pässe mit dem Hakenkreuz für ungültig erklärt worden. Die Deutschen waren »Staatenlose Europäer«. In Shanghai bekamen sie »*Resident's Certificates*« und mussten sich alle drei Monate auf der Polizeistation melden. Wenn sie die Stadt verlassen wollten, brauchten sie ein Visum, das die Fremdenpolizei ausstellte. Holzberger, Recollections, S. 115.

74 HWB 14.12.1946 an Nele: Er habe wegen einer »starken persönlichen Beunruhigung« seine private Korrespondenz vernachlässigt. Im vorherigen Brief an Nele (10.9.1946) war er noch nicht beunruhigt gewesen.

75 Jennie war in Beidaihe, dann in Harbin.

76 HWB 14.12.1946 an Nele.

77 Trial of Lothar Eisenträger and Others before a United States Military Commission. Shanghai, China. 3rd October 1946–14th January 1947 (http://www.worldcourts.com/imt/eng/decisions/1947.01.14_United_States_v_Eisentrager.pdf am10.1.2020). Lothar Eisenträger (alias Ludwig Ehrhardt) war Leiter der Dienststelle Shanghai der deutschen Abwehr beim Oberkommando der Wehrmacht gewesen. Angestellte der Abwehr des Oberkommandos der Wehrmacht, der Deutschen Informationsstelle (DISS), des Deutschen Nachrichtenbüros sowie einige Kaufleute, die als »Vertrauensleute« der Kriegsmarine registriert waren, mussten sich in Shanghai vor einem amerikanischen Militärgericht verantworten. Alle Angeklagten waren Zivilisten. Ihnen wurde vorgeworfen, sie hätten in Verletzung des Waffenstillstands vom 8. Mai 1945 Japan weiter mit kriegswichtigen Informationen versorgt.
In dem Verfahren stellte das US-Militär die Ankläger, die Richter und die Verteidiger. Die Beweispflicht der Anklage wurde erleichtert, der Schutz vor Selbstbelastung aufgehoben. Zweifelhafte Zeugenaussagen – wenigstens einer der Belastungszeugen war im Krieg als Spitzel für die Gestapo und für die Japaner tätig gewesen – waren zulässig. Die Urteile ergingen ohne Begründung und Berufungsmöglichkeit. Lothar Eisenträger wurde zu lebenslanger Zwangsarbeit verurteilt, die übrigen Angeklagten erhielten Haftstrafen zwischen fünf und 30 Jahren. In Deutschland waren die Verurteilten im US-Militärgefängnis Landsberg am Lech inhaftiert. 1950 erklärte ein Prüfungsausschuss des US-Oberkommandos in Europa die Urteile der amerikanischen Militärkommission in Shanghai für nichtig:
Die Angeklagten hätten weder Kriegsverbrechen noch Völkerrechtsverletzung begangen (*Der Spiegel* 17/2004). Hinzu kam: Militärprozesse werden auf eigenem Hoheitsgebiet oder in besetzten Territorien geführt. Beides traf auf China nicht zu.

78 Hans Wilhelm Siegel, Briessen-Interview, S. 647–690. Gedächtnisprotokoll CM.

79 *NCDN*, 20.2.1947. Die Passagierliste lässt das Hin und Her erahnen: 53-mal steht hinter der Nummer statt eines Namens »deleted«, acht Namen sind nachgetragen. Passagierliste *Marine Jumper* 7.2.1947, Nachtrag 11.2.1947. BSB, Ana 708, Studeo-Sammlung, 0330 und 1603. Der Schweizer Kaufmann R. Schnell am 24.1.1946 (Briefe, 51): »Man hat sich nicht gescheut, den hiesigen Nazis mit viel Geld etc. in die Schweiz zu verhelfen.«

80 HWB 14.12.1946 an Nele.

81 HWB, Notiz auf dem entsprechenden Foto vom 28.4.1947.

82 Fotorückseite und HWB 24.9.1952 an Fitz Randolph: Begleitbrief zum Empfehlungsschreiben für K.W. Lee.

83 Marco Polo, Die Wunder, S. 219, damaliger Name der Stadt: Quinsai.

84 HWB 2.7.1947 an Nele. Friedrich Perzynski: Von Chinas Göttern, Kapitel Yo Feis Grab, S. 219–228.

85 HWB 30.5.1947 und 14.12.1947 an Nele. Gespräch mit Nele am 28.11.2011 in Berlin.

1947

Festgenommen und freigelassen

General Black

Wieder lag viel Abschiednehmen hinter Hermann. Am Montag, dem 1. September 1947, war die *General Black* abgefahren, der dritte Truppentransporter, der »*objectionable Germans*« nach Deutschland brachte.[2] Das Schiff war dann doch ohne Hermann gefahren. Er hatte sich nicht an der Anlegestelle blicken lassen. Vielleicht hätten sie ihn noch in letzter Minute ergriffen. Er war erst gestern aus der Haft entlassen worden. Das Zertifikat, das seine Befreiung von der Deportation anordnete, war bereits am 6. August ausgestellt worden. Es war noch einmal überprüft und von der Foreign Affairs Division mit Datum 2. September (!) im 36. Jahr der Republik (1947, gerechnet ab 1911) bestätigt worden.

Am Vorabend der Abfahrt des amerikanischen Truppentransporters wurde ich auf Sonderbefehl des Generalissimo freigelassen[1]
HWB, 1963

Festnahme

Angefangen hatte der Stress vor ziemlich genau sieben Wochen. Am 15. Juli klingelte es um 7 Uhr früh bei Breuers an der Tür. Das konnte nichts Gutes bedeuten. Während der »Boy« noch mit den Staatsdienern verhandelte, rief Breuer schnell Fred Siemssen an, den Vorsitzenden der Deutschen Gemeinde. Er sollte wissen, »dass ich von der Chinesischen Gendarmerie festgenommen sei und abgeführt würde«[3]; zugleich musste er gewarnt werden: Dies konnte der Beginn einer Razzia sein, dann wären Siemssens vielleicht die Nächsten auf der Liste der Gendarmerie. Siemssen konnte mit seiner Familie in das italienische Generalkonsulat flüchten. Für Breuer war es zu spät; sie nahmen ihn mit. Er wurde »*zusammen mit 14 anderen Deutschen bei 37 Grad Hitze in einem kleinen Zimmer eingeschlossen. Nach 10 Tagen (recht unerfreuliche Tage und Stunden) wurde ich auf Betreiben meiner Verbindungen wieder entlassen. Die gegen mich erhobenen Anschuldigungen sind völlig haltlos und auch ohne den geringsten bewiesenen Hintergrund – praktisch liegen die Dinge so, dass ich entweder für jemand anders gefasst bin oder aber, dass ich gewissen Kreisen wirtschaftlich wegen meiner Chinakenntnisse unbequem bin.*«[4]

Eine seiner »Verbindungen«[5] verfasste gleich am 17. Juli einen Leserbrief, den die *North China Daily News* am 18. Juli veröffentlichten:

German Round Up

To the Editor of the North China Daily News

Sir, – I refer to the recent round-up of fourteen German nationals as reported in your paper of to-day's date.

We all know how, after the war, it was practically impossible to find a Nazi; to our amazement we discovered that practically the whole German population of Shanghai were, and it seems always had been, violently opposed to Hitler and all his works! That, as I say, was after the war. However, during the war, there were a few courageous Germans who, even when Hitler was winning, did not hesitate to denounce him and who publicly proclaimed that the downfall of the evil Nazi system was inevitable and necessary.

Such a one was Hermann Breuer, for many years manager of the Import Department of Messrs. Melchers, and now being held under filthy conditions as a common criminal to await repatriation to Germany as a Nazi! Of the others arrested I know little and care less, but this I do know, Hermann Breuer loathed and despised the Nazis. On more than one occasion he was threatened by the Gestapo; he was warned by the then very powerful German Consular Authorities, but in spite of this he continued to say what he thought, and, what is more, he continued to do all that a private individual could to help his allied friends. I for one will not forget his help and kindness during the dark days of the occupation. As well as helping British and American nationals, Hermann Breuer together with the Pastor of the German Church publicly organized help and relief for the German Jews concentrated in the Hongkou Ghetto. For this, the Pastor was removed from his job and Mr. Breuer faced the ostracism of many of his own nationals.

This then is the man who has now been arrested, treated like a criminal and told he is to be repatriated as a Nazi. China has had no better friend than Hermann Breuer; over 40 years he has been in the country as an honourable business man and has made many friends, both Chinese and foreign. It would seem that his friends are not influential enough, and now, well past 60, he is to be sent home in disgrace. Were all German nationals to be repatriated there would still be a strong case for making an exception for this man, but when one knows that genuine Nazis are still living in luxury and freedom, then it is obvious that a manifest injustice has been done and one begins to think that, even from its slimy grave the Gestapo is still reaching out blood-stained fingers to claim its victims.

Disgusted Briton.[6]

Nach zehn Tagen Haft kam Hermann erst einmal wieder frei, musste aber weiter mit seiner Repatriierung rechnen. Also erledigte er gleich all das, von dem er sich in der Haft gewünscht hatte, es wäre schon getan. Zuallererst schrieb er dem Bruder, bereitete Karl darauf vor, dass er vielleicht demnächst nach Deutschland kommen würde: noch immer schwebe sein Fall »in letzter Instanz«. Dann bereitete er eine eventuelle Abreise vor. Was musste mit, was würde er in Deutschland brauchen, was auf der Reise? Am 11. August konnte er an Nele schreiben (während das dünne Luftpostpapier sich in der Schreibmaschine kräuselte, weil der Gummimantel um die Walze so schwitzte, dass der Umschalter es nicht transportierte): »sollte es zum Äußersten kommen, so bin ich jetzt auf alles vorbereitet und gefasst, besonders werdet Ihr alle Eure Unterstützung wie bisher bekommen«. Für die CARE-Pakete hatte er vorgesorgt, an Nele gingen jetzt regelmäßig drei *food parcels* im Monat. Zukünftig würde Jennie sich um die Pakete kümmern; mitfahren konnte sie nicht: Als staatenlose gebürtige Russin bekam sie keine Einreisegenehmigung in das Zonen-Deutschland.[7] Die Frage, ob sie überhaupt nach Deutschland mitkommen wollte, stellte sich daher erst einmal nicht. Sie würde zurückbleiben müssen, »bis wir uns wieder zu Hause oder hier vereinigen können«. Wo könnte Hermann in seiner Heimat eine Unterkunft finden? Darum sorgte Jennie sich, »*da sie aus Zeitungsberichten weiß, wie schlecht es darin zu Hause bestellt ist, und sie meinte, ich könnte möglicherweise zu Euch [Nele und Christoph] ziehen, wenn ich eine Einreise-Erlaubnis erhielte. Ich stelle keine Ansprüche, bin rüstig und guter Dinge und als alter Sportsman wäre ich schon froh, an einem Platze wie dem Deinigen für einige Zeit leben zu können. Wirtschaftlich falle ich bestimmt keinem zur Last, ich habe genug Proviant für 3 Monate bei mir, bis meine Pakete eintreffen, und möchte natürlich Dich und Christoph kennen lernen.*«[8]

So war alles vorbereitet, als Hermann am Sonnabendvormittag, dem 23. August, wieder an Nele schrieb, während er darauf wartete, dass »*ich eventuell heute Nachmittag ins Lager überführt werde, wo ich mein weitres Schicksal wegen meines Verbleibens in China abzuwarten habe, worüber eine Entscheidung gegen Monatsende vorliegen dürfte. Ich bin fertig gepackt und auf alles vorbereitet, auch genügend mit Lebensmitteln usw. versehen. Für Deine weitre Unterstützung wird Jennie sorgen.*« Er schloss in großer Eile: »*Schreibe ruhig weiter nach Shanghai, sollte ich fort sein, so wird Jennie die Briefe bekommen.*« Sie holten ihn dann auch wirklich ab. Im Lager traf er auf Theodor Hannig, Gründungsmitglied der NSDAP Shanghai und zeitweilig Ortsgruppenleiter.[9] Die Frage war eigentlich nur, warum Hannig nicht schon früher repatriiert worden war. In der DG wussten sie: Er hatte dem einflussreichen chinesischen General Huang Dung Seng einen Gefallen getan. Der hatte ihn jetzt aber fallen lassen. Breuer kannte Hannig als technischen Sachverständigen für Frachten beim Norddeutschen Lloyd

HWB und Jennie mit den Hunden Snuks und Mujik vor ihrem Appartementhaus in der Yu Yuen Road. Die beiden Aufnahmen vom Juni 1947 schickte HWB im August an seine Schwiegertochter Nele: »With much love to Nele from Paps« und »with good wishes« von Jennie. Nele hatte HWB angeboten, bei ihr in Berlin zu wohnen, falls er aus China ausgewiesen werden würde.

und wusste, dass er in den letzten zwei Jahren von Unterstützungsgeldern der Deutschen Hilfe hatte leben müssen.[10] Sie fanden das eine oder andere Gesprächsthema.

Sonderbefehl des Generalissimo

Der »Sonderbefehl«, mit dem Breuer von der Deportation freigestellt wurde (»*exempted from deportation*«), war in vorletzter Minute gekommen: »*Am Vorabend der Abfahrt des amerikanischen Truppentransporters [der Vorabend war der 31. August] wurde ich auf Sonderbefehl des Generalissimo freigelassen, dem meine während der japanischen Besatzungszeit Chinas Industrie geleistete Hilfe vorgetragen worden war.*«[11] Welcher Art kann die Hilfe gewesen sein, die Breuer während des Krieges Chinesen geleistet hat? In einem späteren Gutachten beschrieb HWB, zumindest teilweise aus eigener Erfahrung schöpfend, was generell möglich war: »*Im allgemeinen bestand im Jahre 1945 seitens der GMD-Regierung gegen die [...] Deutschen keine Feindschaft. Viele von ihnen hatten während der japanischen Besatzungszeit (1937–1945) auf Grund ihrer Stellung als Achsenpartner, zum Teil unter erheblichem persönlichem Risiko, große Werte an chinesischem Grundvermögen, Fabriken, Firmen und ähnlichem vor dem Zugriff der Japaner geschützt, wie auch die Festnahme von einflussreichen, aber auch einfachen Chinesen durch die Besatzungsmacht verhindert bzw. ihnen zur Flucht in das nicht besetzte China verholfen.*«[12]

Als Hermann in den *North China Daily News* las: »Das Büro des Generalissimus [...] entfernte am Vorabend ihrer Abreise 12 Nazis von der ursprünglichen Liste der 28«,[13] konnte er wenigstens sicher sein, dass er nicht gemeint war: Die Zeitung hatte sich für sein Bleiben eingesetzt und bereitete gerade einen kleinen Artikel vor, dass er endgültig »Exempted From Repatriation« sei, erinnerte daran, dass er nie mit der Nazipartei in Verbindung gestanden hatte, dass er alliierten Internierten »comfort parcels« geschickt und sich für die Juden im Ghetto eingesetzt hatte. Für den Artikel hatten sie ihn um ein Statement gebeten – er hatte nur gesagt, er sei »extremely glad to remain in China and thankful to all those who did so much to bring his case before the authorities«.[14] Hermann konnte sich an diesem Abend in seiner großen Badewanne von den Strapazen des Transportlagers erholen. Voller Mitgefühl dachte er an die Landsleute auf der *General Black*, an das Ehepaar Limann, das bei ihnen gewohnt hatte, das sich jetzt auf dem Schiff zurechtfinden musste, in Schlafsälen getrennt untergebracht sein würde. In seiner großen, gut durchlüfteten Wohnung war es nun stiller als in den letzten Jahren. Jennie war grenzenlos erleichtert, aber noch zu erschöpft, um große Freude zu zeigen. Das hatten die Hunde Snuks und Mujik getan, die den »Master« kaum allein ins Bad lassen wollten. Der Koch Loh, der nun auch die Aufgaben des Hausdieners übernommen hatte, tat alles, damit es Hermann gut ging, es war ganz anrührend. Als er so da lag, dachte er liebevoll an Sultan, der schon lange im Pferdehimmel war. Er konnte sich den Reitsport nun nicht mehr leisten – und fände das sogar »unter den Umständen ungehörig«.[15] Pferderennen auf dem *Racecourse* gab es auch nicht mehr. Er dachte noch kurz an seinen eleganten Plymouth – diese Zeiten waren für ihn vorbei. Er hatte sie genossen. Heute Abend wollte er sich an einem Dry Martini erfreuen. Oder besser an zweien. So, wie sie ihn immer mixten: zwei Drittel Wermut und ein Drittel Gin, ein Tropfen Angostura. Und keine gute Zigarre. Denn das Rauchen hatte er vor einem Jahr von einem Tag auf den anderen aufgegeben, Jennie zuliebe, »weil sie den Raucherhusten nicht mehr anhören wollte«. Am Rest der wertvollen Vorräte erfreuten sich seither nur noch seine Besucher.[16]

Marine Lynx

Aber noch einmal zurück zum letzten Monat. An dem Tag, an dem Hermann vorübergehend aus dem Lager entlassen worden war, am 25. Juli 1947, war die *Marine Lynx* aus Shanghai abgefahren. Der amerikanische Truppentransporter war von der UNRRA gechartert, um Emigranten, die nach Europa zurückwollten, nach Italien zu bringen. Die meisten der Emigranten, die auf der Flucht aus Europa in Shanghai gelandet waren, hatten nach dem Sieg der Alliierten weiter im Bereich des Hongkou-Ghettos gelebt. Versuche, Shanghai zu verlassen, scheiterten an der fehlenden Einreiseerlaubnis in andere Länder. »Darf ich fragen, mit welchem Pass Sie zu reisen gedenken?«, wurde Michael Blumenthal auf dem kanadischen Konsulat gefragt.[17] So endeten die Hoffnungen der Staatenlosen, aus China hinauszukommen. Im Juli 1946 machten 15 000 Flüchtlinge in Shanghai mit einem Appell auf ihr Schicksal aufmerksam.[18] Nach großen Anstrengungen gelang es der Gemeinschaft der Demokratischen Deutschen[19] im Kontakt mit dem Alliierten Kontrollrat, der International Refugee Organisation (IRO), jüdischen Gemeinden im besetzten Deutschland und schließlich auch der UNRRA, für die Emigranten, die nach Europa zurückkehren wollten, zwei Schiffe bereitzustellen. Das erste dieser Schiffe, die *Marine Falcon*, verließ Shanghai am 17. Januar 1947. An Bord waren 952 Passagiere, überwiegend Österreicher, die ab Neapel in verplombten Güterwagen nach Wien gefahren wurden.[20] Das zweite der Schiffe war der amerikanische Truppentransporter *Marine Lynx*.[21] Das Foto, das die *North China Daily News* am 26. Juli auf dem Titelblatt veröffentlichten, zeigte eine sommerlich weiß gekleidete, beschirmte Menge, die den winkenden Menschen an Bord winkend Adieu sagte. »Feuerwerksraketen knatterten, Böllerschüsse ballerten, Feuerfrösche quakten. Alle bösen Geister Asiens sollten durch diesen Freudenlärm vertrieben werden.«[22] Am 16. August lief dic *Marine Lynx* den Hafen von Neapel an. Einige Passagiere fuhren per Schiff weiter nach Israel, die meisten stiegen in Güterwagen nach Österreich oder Deutschland. Nach einer Woche Fahrt erreichten etwa 290 Rückkehrer den Görlitzer Bahnhof in Berlin. Dort gab es Brot, warmen Tee und einen offiziellen, herzlichen Empfang durch den stellvertretenden Oberbürgermeister Ferdinand Friedensburg (CDU), der in seiner Rede sagte, »wie sehr er den Shanghai-Flüchtlingen dafür danke, dass sie das Schicksal der notleidenden Berliner Bevölkerung teilen wollten«.[23] Aber in Berlin gab es auch Proteste der Unbelehrten.[24]

Auf wenigen freien Plätzen nahm die *Marine Lynx* weitere Passagiere mit: Pastor Maass, der seine alten Eltern in Deutschland wiedersehen wollte, ließ sich gern von den Amerikanern einladen, zumal er die Reisezeit mit vielen seiner »Hongkou-Freunde« verbringen konnte.[25] Auf diesem Schiff reisten auch Fred Siemssen, seine Frau und seine Tochter. Nachdem Breuer sie am 15. Juli telefonisch vor der drohenden Internierung gewarnt hatte, waren sie im italienischen Generalkonsulat »untergetaucht« gewesen. Nun nahmen sie die Fahrgelegenheit mehr unfreiwillig als freiwillig wahr, mussten sie doch damit rechnen, andernfalls zwangsweise auf der *General Black* befördert zu werden. Dass der Taipan Fred Siemssen ein Gegner des Naziregimes gewesen war, wusste ganz Shanghai, trotzdem wollten die Amerikaner ihn abschieben, er sei ein »economic spy«. »Bevor wir auf dem Yangtse sind, können wir nicht sicher sein, dass die Amis uns nicht doch noch holen«, fürchtete Siemssen bei der Abfahrt. In Neapel wurde die Familie Siemssen vom ehemaligen italienischen Boschafter in

China, ihrem Reitfreund Francesco Maria Taliani, in Empfang genommen; sie erhielten ein Visum für Italien.[26]

Andere machten zu Geld, was sie noch hatten – Schmuck, Fahrräder, Nähmaschinen, Teppiche –, um eines der wenigen verbliebenen Tickets zu bezahlen.[27] Denn: Sosehr sich viele Deutsche bemühten, in China zu bleiben, es gab andere Deutsche, die sich ebenso intensiv bemühten, China zu verlassen. Sie wollten zurück zu nahen Angehörigen, Kinder sollten eine Ausbildung in Deutschland erhalten, China bot ihnen keine Perspektive mehr. Es gab aber keine Linienschiffe und kaum Reisemöglichkeiten nach Europa. Im Juli 1946 hätten sie auf der *Marine Robin* fahren können, die *Marine Jumper* im Januar 1947 hatte keine Freiwilligen mitgenommen. Die *General Black* nahm Freiwillige mit[28] – wann dann wieder ein Schiff nach Europa fahren würde, war nicht abzusehen. Und dann brauchte der Ausreisewillige eine Einreisegenehmigung nach Deutschland. Dafür musste er nachweisen, dass er (oder sie) entweder in Deutschland geboren war oder zehn Jahre in Deutschland gelebt hatte oder am Stichtag 1. Oktober 1939 in Deutschland gemeldet gewesen war. Anträge nahm das französische Konsulat in Shanghai entgegen, die Unterlagen wurden von der Alliierten Hohen Kommission in Herford geprüft, dann ein Einreise-*permit* nach Shanghai geschickt.[29] Die Einreiseerlaubnis war für sechs Monate gültig.

Die in Shanghai Zurückgebliebenen

Marine Robin, Marine Jumper, General Black hatten in den letzten 14 Monaten insgesamt mehr als 1800 alteingesessene China-Deutsche in das kaputte Restdeutschland gebracht[30]; die Amerikaner nannten es *repatriiert*; viele Deutsche dachten dies Wort nur in Anführungszeichen. Ob es das jetzt gewesen war? Im Appartement 8 in der Yu Yuen Road 1396 richtete Jennie Hermanns Arbeitszimmer wieder her, auf das er gut zwei Jahre verzichtet hatte.[31] Nun konnte er wieder in Ruhe am Schreibtisch sitzen und Briefe an alle seine Lieben schreiben. Jennie erholte sich nicht so bald von den Aufregungen. Sie hatte das Theater um Hermanns Verbleib in China nun schon drei Mal durchgemacht. Sie schlief schlecht, hatte noch näher am Wasser gebaut als sonst, nichts machte ihr Freude. Momentan bekam sie aufbauende Spritzen.

Breuer stürzte sich in die Arbeit, machte auch gleich ein paar geschäftlich-private Besuche. Bei Rudolf Laurenz zum Beispiel, der sich nach seinem Selbstmordversuch im Juli 1946 erholt hatte und der in Shanghai geblieben war. Bei Laurenz würde er Gustav Röhreke treffen, den Seniorpartner von Carlowitz. Röhrekes Sohn Heinrich wurde gerade auf der *General Black* nach Deutschland gebracht. Er war Konsul in Hankou gewesen, gehörte damit in die amerikanische Kategorie der abzutransportierenden Diplomaten. Laurenz und Röhreke gehörten in die Kategorie der *Old China Hands*, die sich, wie Breuer, daran erinnerten, schon einmal

Repatriierungen erlebt zu haben, im Jahr 1919. Röhreke war seit 1903 in China (mit einer Pause nach dem Ersten Weltkkrieg), Laurenz war 1911 in Shanghai Teilhaber von Carlowitz geworden. Er hatte nach dem Ersten Weltkrieg das Im- und Export-Geschäft wiederaufgebaut. Wie lange würde es nach diesem neuen Exodus dauern, bis deutsche Kaufleute und Fachkräfte wieder eine Chance in China bekämen? Röhreke war 60, Breuer 63, Laurenz 70 Jahre alt. Sie wollten daran arbeiten. Breuer erinnerte sich, einmal an Bruder Karl geschrieben zu haben, dass er wahrscheinlich bis an sein Lebensende »wie ein Esel« würde arbeiten müssen. Jetzt wünschte er sich, dass er überhaupt die Chance dazu bekäme. In Deutschland wäre das nicht zu erwarten – nach über 40 China-Jahren.[32] Keiner der China-Deutschen hatte eine Vorstellung, wie es »zu Hause« aussah. Sie wussten von den Bombardements, von Straßenkämpfen, sie wussten, dass in europäischen Städten alles viel schlimmer gewesen war als in Shanghai in acht Jahren Chinesisch-Japanischen Krieges und während der amerikanischen Bombenangriffe. Sie kannten Versorgungsengpässe, hatten sich aber meist ganz gut helfen können. (Jennie musste schon lange auf ihr tägliches warmes Bad verzichten. Hermann duschte sowieso immer kalt; im Winter unter lautem Geheul.) Und wie dachten die Deutschen jetzt? Hermann wollte es wissen. Er fragte Nele (im Juli 1947), ob es schon wieder deutsche illustrierte Zeitungen gäbe. Könnte sie ihm welche schicken? Auch »Lebensbeschreibungen« für ihn besorgen? Denn: »*Über die wichtigsten politischen Vorgänge und das furchtbare Leid unsrer Heimat berichten die hiesigen [...] Zeitungen in englischer Sprache eine Reihe von Einzelheiten, dagegen wenig von der deutschen Einstellung dazu.*«[33]

Im Büro von Tai On hatte sich seit Juli eine große Menge Arbeit angehäuft, denn »ich war ja eigentlich volle 6 Wochen entweder im Lager oder [mit] diesbezüglichen Angelegenheiten beschäftigt«. Als einen Teil seiner Arbeit betrachtete Hermann die »Bestell-Korrespondenz der mancherlei Liebesgaben Pakete«.[34] Nun seien wieder welche unterwegs, und »solange ich hier bleiben kann werden weitere kommen«. Inzwischen hatte er Alfred Glander[35] aufgetan, einen Deutsch-Amerikaner, der in New York den *Hildebrand Shop: Fine Chocolates and Cocoa* führte. Er wurde zuständig für ganz besondere Leckereien und für kleinen Luxus, mit dem Hermann in Deutschland große Freude auslöste.[36] Und nach der Arbeit, »Wenn ich aus dem *office* nach Hause komme, was gegen 6 Uhr ist«, machte er mit Jennie ein- bis eineinhalbstündige Ausflüge mit dem »Stahlross«. Am Sonntagmorgen ebenso. Die Hunde, der schwarze Cocker Spaniel Snuks und Mujik, die Cocker-Kreuzung, liefen so fröhlich neben den Fahrrädern her wie früher neben den Pferden.

Von Zeit zu Zeit machten neue Gerüchte die Runde, aber eine erzwungene Heimkehr nach Deutschland schien nun weniger wahrscheinlich. Im November (1947) traute Jennie sich, allein nach Formosa zu fliegen. Die

Erholung blieb aus. Das Wetter war schlecht, Unterkunft und Essen miserabel. Die Naturschönheiten konnten sie nicht fesseln. Hermann hatte ihr gefehlt, mit seiner Begeisterung für die »herrlichen Berge und Wälder«, die Bergseen und die Tropenlandschaft. So saß Jennie eines Sonntagabends, als Hermann mit den Hunden von einer Überlandtour zurückkam, im Wohnzimmer im Sessel. Sie war mit dem Schiff zurückgefahren, hatte Körbe voll Tropenfrüchte mitgebracht, Ananas, Papayas, Mangos, die es in Shanghai jetzt nicht mehr gab.[37]

CARE zu Weihnachten

Nun setzte doch so etwas wie Entspannung ein und sie bereiteten das Weihnachtsfest vor. Schon im Oktober hatten sie die Pakete nach Hannover, nach Hamburg und nach Berlin bestellt. Vier Sonder-Weihnachts-CARE-Parepakete gingen allein an Nele und Christoph, dazu Wollgarne, Nylonstrümpfe, Ölsardinen und Kaffee. Trockenkartoffeln. Ein »kleines Luxus-Toiletten Parcel« war aus New York unterwegs. Und hinsichtlich der Schuhe – Sportschuhe, Stadtschuhe, Gummi-Überschuhe – möge Nele ihre Größe und ihre Wünsche Farbe und Stil betreffend an Herrn Glander in New York schreiben. Nein, ein Schuhgeschäft hatte der nicht, aber er würde Hermann den Gefallen tun und die Schuhe besorgen. Brauchte sie ein Kostüm? Unterwäsche? Und für Christoph eine Ausstattung zum Schulbeginn? Hermann beschäftigte sich intensiv damit, »*wie und was wohl noch zu beschaffen sei, um Euch und meinen andren Angehörigen einen einigermaßen vernünftigen Wiederaufbau zu ermöglichen. Es ist das nicht immer leicht – auch hinsichtlich der Transferierung von Devisen.*«[38]

Für den 6. Dezember hatte Hermann sich als Nikolaus verpflichten lassen, ältere deutsche Herren waren in Shanghai rar geworden: »*So, und nun muss ich die Vorbereitungen treffen, für 16 hiesige Kinder – deutsche, chinesische und englische Kinder – den St. Nikolaus zu machen, woran ich selber so viel Spaß habe, wie die Kinder sich auf diesen alten Herrn mit seinen Gaben, Geschichten und kleinen Theatereffekten freuen*«, schrieb er am Vorabend.[39] Und danach: »Paps kommt reichlich abgekämpft von seinen Kinder-*parties* am 6.12. nach Hause.«

Schweren Herzens hatten Jennie und Hermann sich darauf geeinigt, in diesem Jahr keinen Weihnachtsbaum aufzustellen, denn die kosteten »fast ein Vermögen«. Und während der Schweizer Kollege René Schnell, Angestellter der Ciba AG, meinte, »schließlich spielt an Weihnachten der Preis keine Rolle und gerade nicht bei diesem speziellen Artikel«,[40] konnte Hermann so nicht mehr wirtschaften. Jennie und er besorgten auf einer Landpartie Winterpflanzen: Tianzhu (»Himmlischer Bambus«, wie dicke Dolden von Vogelbeeren mit grünen Blättern), Lamei (Winterpflaume, gelbe, süß duftende Blüten ohne Blätter) und Poinsettias, Weihnachtssterne. Mit diesen Blüten und einigen »geklauten« Fichtenzweigen arrangierte Jennie eine schneebedeckte chinesische Landschaft. Da hinein stellte sie die holzgeschnitzten Krippenfiguren aus dem Zi-Ka-Wei-Kloster.[41] Zum Festschmaus hatten sie eigentlich Gans essen wollen, die sonst immer billig zu haben war, die aber »*war diesjährig nirgends zu beschaffen und wurde durch ein anständiges Roast Beef ersetzt und wir begingen die übliche Feierstunde in Erinnerung an unsere abwesenden Lieben*«. Jennie hatte sich, nachdem ihr Radio (Telefunken – Elektra) vor einigen Monaten stumm geblieben war, einen neuen Lang-Kurzwellen-Empfänger gewünscht. Der kleine Weltempfänger *Zenith* mit acht Röhren[42] war erst einen Tag vor dem 24. lieferbar gewesen. Um die Überraschung vollkommen zu machen, hatte Hermann das Radio hinter einem Paravent versteckt und »auf eine Weihnachtslieder spielende Stelle eingestellt«. Am 24. abends schaltete der »Boy« das Gerät zum Cocktail ein. »Leider streikte der Apparat.« Die Panne konnte schnell behoben werden, und seither hörten sie wieder »allabendlich Musikübertragungen, Vorträge und Nachrichten aus den USA, England – natürlich auch die China-Stationen und andere. Deutschland ist leider tot.«[43]

Eine Zukunft in China?

Für den Fall, dass er in Shanghai bleiben könnte, war Hermann vorsichtig optimistisch. »*Wenngleich ich nicht die gesamten mir noch verbliebenen Lebensjahre in China verleben möchte – bestimmt nicht Jennie – so hoffe ich […], den Zeitpunkt meiner Heimkehr selber wählen zu können. Vielleicht – so das Geschick es erlaubt – in 3 bis 5 Jahren.*«[44] Er hatte immer noch deutsche Freunde in ganz China. Die Beziehung zu den chinesischen Freunden war eher noch enger geworden. Tung Han-sen sahen sie regelmäßig – er hatte die Häuser, die er für Breuer tarnte, nicht an das Landamt gemeldet. Der Vorstand von Wing On und Tai On (William Kwok, Leon Kwok, David Kwok und Lem Sen Kwok) zählte zu Breuers verehrten Freunden.

Aber es hing eine neue dunkle Wolke über ihrem Leben: Die kommunistische Volksbefreiungsarmee kam langsam näher, war in der Mandschurei fest etabliert. In allen militärischen Kampagnen der zweiten Jahreshälfte 1947 hatte sie sich durchgesetzt, Teile Nord- und Ostchinas erobert. Die Armee wurde unterstützt von den Bauern, denen eine Landreform versprochen worden war, und von desertierten Soldaten der Nationalregierung. Diese Regierung wurde inzwischen im ganzen Land verachtet, sie führte immer höhere Steuern ein, die Bauern und Städter schwer belasteten, ihre Beamten waren korrupt, ihre Soldaten plünderten; dazu kam die Geldentwertung. Im Januar 1947 hatte US-Präsident Trumann den amerikanischen Sonderbeauftragten für China, General George C. Marshall, abgezogen. Seine Mission, die Bildung einer Koalitionsregierung von Kommunisten und Nationalisten in China, war gescheitert.[45] Seit Jennie im Mai gelesen hatte, die USA würden ihre chinesischen Flottenstützpunkte im Sommer 1947 schließen,[46] überfiel sie von Zeit zu Zeit die Angst, die Kommunisten würden ganz China erobern. Ihre Erfahrungen im russischen Bürgerkrieg mussten schrecklich gewesen sein, sie machte darüber höchstens mal eine Andeutung. Die seelischen Narben wurden erkennbar, wenn diese sportliche, taffe Frau plötzlich nervlich zusammenbrach. Manchmal sprach sie davon, China zu verlassen, und überlegte mit Hermann, wohin sie dann gehen sollte. Hermann schlug Australien vor, von dort könnte Jennie aus sicherer Entfernung beobachten, was geschah, und zurückkommen, wenn alles vorüber war.

Einmal wollten sie noch zusammen nach Hangzhou und nach Moganshan. Jennie hatte sich bereit erklärt, wieder mit Hermann auf die Berge zu kraxeln.

1 HWB, Vortrag Oslo 1963, S. 8.

2 Mit diesem Schiff fuhren u. a. die Melchers Mitarbeiter Hans Dieckmann mit Frau und sechs Kindern, August Jäkel, Franz Rudloff, Frau und Kinder von Teilhaber Theuerkauf; aus der Firma Heyn, Bröckelmann & Co. die Teilhaber Rolf Heyn mit Frau und drei Kindern und C. E. Vissering mit Frau und drei Kindern.

3 HWB: Aufzeichnung über das Deutsche Notstandskomitee Schanghai 2.7.1968.

4 HWB Vermerk vom 2.7.1968 und Brief 11.8.1947 an Nele.

5 Vermutlich George E. Marden.

6 Der Leserbrief in deutscher Übersetzung (www.DeepL.com/Translator):

Festnahme von Deutschen

An den Herausgeber der North China Daily News

Sir, – Ich beziehe mich auf die kürzliche Razzia auf vierzehn deutsche Staatsangehörige, über die in Ihrer heutigen Zeitung berichtet wird.

Wir alle wissen, wie es nach dem Krieg praktisch unmöglich war, einen Nazi zu finden; zu unserem Erstaunen entdeckten wir, dass praktisch die gesamte deutsche Bevölkerung Shanghais heftig gegen Hitler und all seine Werke eingestellt war, und das anscheinend schon immer gewesen war! Das war, wie gesagt, nach dem Krieg. Während des Krieges gab es jedoch ein paar mutige Deutsche, die, selbst als Hitler siegte, nicht zögerten, ihn anzuprangern, und die öffentlich verkündeten, dass der Untergang des bösen Nazisystems unvermeidlich und notwendig sei.

So einer war Hermann Breuer, viele Jahre lang Leiter der Importabteilung der Firma Melchers, und jetzt wird er unter elenden Umständen als gewöhnlicher Krimineller festgehalten, um auf seine Rückführung nach Deutschland als Nazi zu warten! Von den anderen Verhafteten weiß ich wenig, und noch weniger beschäftigen sie mich, aber eines weiß ich: Hermann Breuer hasste und verachtete die Nazis. Mehr als einmal wurde er von der Gestapo bedroht; er wurde von den damals sehr mächtigen deutschen Konsularbehörden gewarnt, aber trotzdem sagte er weiterhin, was er dachte, und, was noch wichtiger ist, er tat weiterhin alles, was eine Privatperson tun konnte, um seinen alliierten Freunden zu helfen. Ich für meinen Teil werde seine Hilfe und Freundlichkeit während der dunklen Tage der Besatzung nicht vergessen. Neben der Hilfe für britische und amerikanische Staatsangehörige organisierte Hermann Breuer zusammen mit dem Pastor der deutschen Kirche öffentlich Hilfe und Unterstützung für die im Ghetto Hongkou konzentrierten deutschen Juden. Dafür wurde der Pastor seines Amtes enthoben, und Herr Breuer sah sich der Ächtung durch viele seiner eigenen Landsleute ausgesetzt.

Das ist also der Mann, der jetzt verhaftet und wie ein Verbrecher behandelt wurde und dem gesagt wurde, er solle als Nazi repatriiert werden. China hat keinen besseren Freund als Hermann Breuer gehabt; über 40 Jahre war er als ehrbarer Geschäftsmann im Land und hat viele Freunde gefunden, sowohl chinesische als auch ausländische. Es scheint, dass seine Freunde nicht einflussreich genug sind, und jetzt, weit über 60, soll er in Schande nach Hause geschickt werden. Wenn alle deutschen Staatsbürger repatriiert würden, gäbe es immer noch starke Argumente dafür, für diesen Mann eine Ausnahme zu machen, aber wenn man weiß, dass echte Nazis immer noch in Luxus und Freiheit leben, dann ist es offensichtlich, dass eine große Ungerechtigkeit begangen worden ist, und man beginnt zu denken, dass die Gestapo sogar aus ihrem schleimigen Grab immer noch blutige Finger ausstreckt, um ihre Opfer zu fordern.

Angewiderter Brite.

7 Seit dem 1.1.1947 gab es eine Bi-Zone (Amerikaner und Briten), eine französische und eine russische Zone.

8 HWB 11.8.1947 an Nele.

9 1934–1938 Ortsgruppenleiter der NSDAP Shanghai; Freyeisen, Shanghai, S. 66–67 und 92.

10 Chinesischer General, Internierung Hannig: W. Meller 20.12.1954 an HASt, BArch ZLA 7–34/17.

11 Breuer: Vortrag Oslo 1963, S. 8.

12 HWB Gutachten vom 28.4.1954, S. 1, BArch ZLA 7–34/17.

13 *NCDN* 31.8.1947. Ü: CM.

14 *NCDN* 6.9.1947, S. 8: »H.W. Breuer Exempted from Repatriation« *»... überaus froh, in China zu bleiben, und all jenen dankbar, die so viel dafür getan hatten, seinen Fall den Machthabern vorzutragen.«* Ü: CM.

15 HWB 14.12.1946 an Nele.

16 HWB 18.11.1947 an Nele.

17 Blumenthal, In achtzig Jahren, S. 168.

18 Lee, Felix: Wir in Asien wurden vergessen. Interview mit Sonja Mühlberger geb. Krips In: *taz, die tageszeitung* 19.8.2007. BSB, Ana 708 Studeo-Sammlung, 1743.

19 Eine antifaschistische Organisation innerhalb der jüdischen Emigration.

20 Tausig, Shanghai Passage, S. 183–4.

21 Passagiere: *NCDN* 26.7.1947 schreiben »More than 700«. Mühlberger S. 50 nennt 650.

22 Hinzelmann, O China, S. 195.

23 Sonja Mühlberger, Geboren in Shanghai, S. 54. Freyeisen, Shanghai, erwähnt den Transport auf der Marine Lynx nicht, wohl aber die Ankunft der 295 Rückkehrer in Berlin am 21.8.1947. S. 499.

24 Der Wochenschaufilm über die Rückkehrer löste antisemitische Proteste aus (Freyeisen, Shanghai, S. 499). Regina Scheer in »Machandel« (autobiographischer Roman, S. 87) lässt ihren Doktorvater (geb. ca. 1935, nach Shanghai ca. 1939/40) seine Rückkehr so beschreiben:
»Ich bin 1947 zurückgekommen nach Berlin zusammen mit unserer Mutter und anderen Emigranten. Als wir am Görlitzer Bahnhof aus dem Zug stiegen, sahen wir als Erstes eine Blumenhändlerin, die musterte unsere Gruppe und rief laut: ‚Da sindse wieda, die feinen Herrschaften. Wie et uns schlecht jing, sindse abjehaun, wegjemacht sind se, inne Sonne ham se sich jeaalt, unsre Jungs mussten die Birne für die mit hinhalten und jetze kommse wieda anjeschissen, die Juden.‹«

25 Maass: Von Jerusalem nach Schanghai, S. 169.

26 Wera Schoenfeld geb. Siemssen. Gespräch 17.2.2013 in Aumühle. Fred Siemssen hatte Taliani in der Internierung geholfen.

27 Ilse Leutelt: Abschied und Heimkehr auf der Marine Lynx. StuDeO-Info, September 1997. S. 11–12.

28 Von 524 Passagieren fuhren 53 freiwillig. Wilhelm Matzat: Abschied von Tsingtao und Tsinan. StuDeO-Info April 1997, S. 3–4.

29 Procedere: Barbara Bieler, Erinnerungen S. 42.

30 Lt Freyeisen, Shanghai, (S. 498) hat die General Franklin im Herbst 1946 Deutsche repatriiert. (Auch Leutner, 1937–1949, S. 440) Eine solche Repatriierung gab es nicht. Das dritte und letzte Schiff, die General Black, fuhr am 1.9.1947. Sie fehlt bei Freyeisen und Leutner.

31 HWB 18.10.1947 an Nele.

32 HWB 14.12.1946 an Nele.

33 HWB 2.7.1947 an Nele.

34 HWB 18.10.1947 an Nele. Der Begriff »Liebesgabenpakete« ist hier generisch verwendet. Es waren entweder CARE-Pakete oder Pakete mit individuell bestelltem Inhalt aus Amerika, Dänemark oder China.

35 Glander: Geboren 1900 in Deutschland. Lebte 1940 in Queens, NY. US Census 1940.

36 HWB 18.10.1947 und 15.1.1948 an Nele.

37 HWB 18.10.1947 und 5.12.1947 an Nele.

38 HWB 18.10.1947 und 15.1.1948 an Nele.

39 HWB 5.12.1947 an Nele.

40 Schnell, Briefe, 24.12.1947, S. 105.

41 Im Zi-Ka-Wei Kloster geschnitzt. Das Kloster hatte eine Art Babyklappe. Die Jungen, die dort aufwuchsen, lernten Tischler, die Mädchen Sticken und die Herstellung von Spitzen. An anderer Stelle (16.11.1947) erwähnte HWB, dass Jennie Holzarbeiten en miniature – ein Schiff, eine Dschunke, einen Sampan – zum Versand an Christoph besorgt hatte. Wohl ebenfalls aus der Klosterwerkstatt. Die Sendung ging unter, als der Dampfer Kina in der Weihnachtswoche im Taifun vor den Philippinen sank. HWB 15.1.1948 an Nele.

42 Modell erwähnt in HWB 27.11.1949 an Nele.

43 HWB 15.1.1948 an Nele.

44 HWB 16.11.1947 an Nele.

45 Ausführlich: Fenby, Penguin History of Modern China, S. 334–336.

46 China Press 3.6.1947, zitiert nach Willens, Stateless, S. 202.

1948

Nicht die Hoffnung verlieren

Überseekisten

Im Jahr 1948 feierten Hermann und Jennie zum 20. Mal gemeinsam Weihnachten. Sie hatten Anlass nachzurechnen, denn fast wäre nichts daraus geworden: »Die endgültige Verwirklichung der bevorstehenden Katastrophe – was Shanghai bzw. uns persönlich angeht«, habe sich gegen alle Erwartungen so weit verzögert, dass sie doch noch ein – recht gemütliches – Weihnachten in ihrer Wohnung begehen konnten, notierte Hermann am Zweiten Feiertag. Die Überseekisten für Jennie waren gepackt, der Abschied beschlossen. Aber nun stand da der Tannenbaum, eine von Jennie selbst gezogene Zwergfichte, daneben die holzgeschnitzte Krippe, und sie hatten alles, was zu einer stimmungsvollen Weihnacht gehörte, rote Poinsettias, Kerzen, eine schöne Tischdekoration, einen Weihnachtsstollen. Zu Heiligabend hatten sie, wie in den vorhergehenden Jahren, Gäste eingeladen, zwei Weißrussinnen und eine alleinstehende, ältere deutsche Dame, »wozu noch eine Gans sich einstellte, die aber nicht das hielt, was sie beim Kauf versprach«. Die Gäste bekamen Nylonstrümpfe geschenkt, und Jennie schenkte Hermann einen schönen blauen Sweater, »*wogegen ich ihr – zum ersten Mal seit 20 Jahren – sage und schreibe – nicht ein einziges persönliches Geschenk gemacht hatte. Mir fehlte in den verflossenen Wochen die Stimmung dazu. […] und im Übrigen glaubten wir beide, dass sie Weihnachten gar nicht mehr hier sein würde.*« Hermanns eigentliche Weihnachtsfreude bestand darin, »*mich mal ordentlich auszuschlafen und auszuruhen […], so dass ich morgen meiner nicht mehr so erfreulichen Arbeit wieder nachgehen kann*«.[1]

Oben ist der Himmel,
unten sind Suzhou und Hangzhou.
Chinesisches Sprichwort

Für die Fahrt aufs Land, die Hermann und Jennie sonst immer kurz vor Weihnachten gemacht hatten, um »heiligen Bambus« (mit grünen Blättern und kleinen roten Beeren[2]) zu kaufen, war in diesem Jahr keine Zeit gewesen. Sie hatten ihren ganzen Haushalt sortiert und in kleine Gebinde gepackt und: »Am 4. Advent [19. Dezember 1948] haben wir angefangen, einen guten Teil von Sachen in vier mittelgroße Kisten zu packen, denen nach und nach zwei folgen sollen.« Kleidung kam in die Überseekisten, Hauswäsche, Gläser, Tafelsilber und das Meissner Zwiebelmuster, einige der Chinateppiche, Hermanns »Chinaerinnerungen«, also die Sammlung von *curios*, kleinen Kunstwerken aus Holz, Stein, Porzellan, Bronze oder Silber, und Bücher, die ihm etwas bedeuteten. Nur die schönen, schweren Möbel würden in Shanghai bleiben müssen, was ja für die Weihnachtsfeier von Vorteil war. Aber trotzdem »*sah es vor einer Woche bei uns in der Wohnung grässlich aus*«. Dann hatte Jennie sich darangemacht, »*aus dem Verbliebenen doch noch eine behagliche Lebensstätte einzurichten. Es ist zwar alles etwas einfacher und billiger in der Ausstattung, aber ich fühle eigentlich kaum den Unterschied und bin auch so mit meiner Unterkunft zufrieden, und wünsche mir eine solche bis an mein Lebensende, was wohl aber nur ein Traum bleibt, denn Wohnungen kann es heutzutage in Deutschland kaum noch geben. Man kommt auch mit weniger aus. Das weiß ich aus meiner Internierungszeit.*«[3]

Optimismus

Vor einem Jahr hatte Hermann noch gehofft, den Zeitpunkt seiner endgültigen Rückkehr nach Deutschland – mit Jennie – selbst wählen zu können. Vor einem Jahr hatte alles noch ganz hoffnungsvoll ausgesehen: Die Deutschen spürten die positive Einstellung der Chinesen ihnen gegenüber und zugleich den schwindenden Einfluss der Amerikaner – ein gewisser Optimismus schien erlaubt. Schon am 14. Januar 1947 hatte CG Melchers ein Gesuch auf Restituierung des Lagerhauses am Broadway bei der APA, der Feindvermögensverwaltung im Ministerium für Auswärtige Angelegenheiten, eingereicht. Im Juni 1947 kaufte er für seine Familie und sich »mit Kenntnis von Mitgliedern der GMD-Regierung« ein Wohnhaus mit sechs großen Zimmern und zehn Nebenräumen[4] auf einem ca. 4500 qm großen Grundstück, MacLeod Rd Nr. 488. Inzwischen hatte er eine neue Firma Melchers & Co. angemeldet, hatte zwei chinesische Angestellte und Raum in einem Lagerhaus. Es sollte die Keimzelle für einen Wiederaufbau der Melchers-Firma in China werden.[5] Ashelm, Breuer und A. S. Lee hatten 1947 eine Firma »Stuckert« in Shanghai angemeldet – die zunächst nicht mehr war als ein Briefkopf und ein Briefkasten.

Moganshan

Mitte April 1948 machten Jennie und Hermann wieder einen Frühjahrstrip in die ehemalige Kaiserstadt Hangzhou am Westsee, besuchten auch wieder die Insel »Three Pools Mirroring the Moon« und fuhren schließlich in Mr Lee's Hudson Commodore mit Chauffeur nach Moganshan. Die letzten eineinhalb Stunden des Weges mussten sie laufen oder sich in Sänften tragen lassen, da es keine Fahrstraße gab. Viele Sommerwochenenden hatte Hermann während der letzten 30 Jahre in Moganshan verbracht, der Hitze in Shanghai entgehend; hatte an Tennisturnieren teilgenommen, sich im Schwimmbad abgekühlt. Zuerst war er als Gast der Familie Michelau hier gewesen, zu Beginn des Ersten Weltkriegs. Nach deren erzwungener Abreise aus China hatte Rudolf Laurenz (Carlowitz & Co.), einer der ersten Deutschen, die nach China zurückkehrten, das Haus der Michelaus, Moganshan Nr. 210, gekauft, es ausgebaut und »Bergfrieden« getauft. Jetzt klebte an der Haustür des Bergfriedens das Siegel der Provinzialregierung, mit dem deutsches Eigentum beschlagnahmt worden war. Alles war verwachsen, verwildert, verkommen. Auch das Marmordenkmal, das Laurenz für seine früh verstorbene Frau auf dem Gelände hatte errichten lassen. Und auch im Jahr 1948 gab es noch keine Elektrizität im Frieden dieser Berge, und so aßen Hermann und Jennie in der kleinen Pension abends bei Butangas-Beleuchtung und gingen beim Licht von Petroleumlampen zu Bett.[6] Sie verlebten »*wundervolle Tage, [auch] weil gerade um diese Zeit, die im Allgemeinen nur mit Gestrüpp bedeckten Hügel mit Milliarden von roten, lila, weißen und gelben Azaleen, Riesenschneeballbäumen, Rosen und sonstigen Blüten und Blumen einfach übersät sind, zur größten Freude Jennies, die eine gewaltige Blumenliebhaberin ist*«. Am Ende ihres kleinen Urlaubs brachten sie »*sage und schreibe – ein ganzes Auto von Blumen mit nach Shanghai zurück, wo wir uns daran für zehn Tage erfreuten*«.[7]

Berlin-Blockade

Die Nachrichten, die im Frühsommer 1948 aus Deutschland kamen, beunruhigten Hermann und Jennie: Im März verließ der Vertreter der Sowjetunion den Alliierten Kontrollrat, im Juni 1948 auch die Berliner Alliierte Kommandantur, damit war die Zeit der gemeinsamen Verwaltung der Besatzungszonen beendet. Die Westmächte bildeten aus ihren Besatzungszonen einen West-Staat.[8] Die Einführung unterschiedlicher Währungen (am 21. Juni in der Westzone, am 25. Juni in Ostdeutschland) verfestigte die Spaltung. Gleichzeitig begannen die sowjetischen Besatzungssoldaten am 24. Juni, die Zufahrtsstraßen und Wasserwege durch die sowjetische Zone und von Ost- nach Westberlin zu sperren. Panik in Shanghai. War das der Beginn der finalen »Auseinandersetzung«, mit der Hermann rechnete? »Natürlich wünsche ich, dass diese Auseinandersetzung sich nicht in Deutschland abspielt.«[9] Dazu die Sorge um Nele und Christoph. Würden Briefe ankommen? War über die Luftbrücke eine ausreichende Versorgung möglich? Erst einmal wurden die CARE-Pakete nach Berlin teurer, plus 25 %. Nachrichtentechnisch waren sie in Shanghai auf dem Laufenden, hörten die amerikanischen und englischen *news* auf Langwelle, lasen die amerikanischen Zeitschriften *Time* und *Life* und die ausländische Tagespresse, die detailliert über die Ereignisse in Berlin informierte.[10] Und trotzdem wussten sie nicht, wie sich das Leben vor Ort anfühlte. Wie gefährlich war die Situation wirklich? Wie oft hatten sie es in Shanghai erlebt, dass die Zeitungen die Lage viel bedrohlicher darstellten, als sie ihnen erschienen war. Beruhigte sich Hermann. Das Ganze hatte ja auch etwas Positives: Er konnte endlich hoffen, dass »gegen Jahresende wir verbliebenen Deutschen einen gewissen politischen Status hier draußen bekommen«.[11] Wenn es wieder einen Staat Deutschland gäbe, könnte Hermann einen Pass bekommen und wäre endlich wieder ein vollwertiger deutscher Staatsbürger mit gültigen Papieren. Er könnte Jennie heiraten. Aber die prekäre Lage in Deutschland veränderte Jennies Einstellung hinsichtlich einer gemeinsamen Zukunft in »Hermanns Vaterland« grundlegend: Sie stellte sich vor, wohin es führen könnte, dass Westdeutschland direkt an die kommunistische Einflusssphäre grenzte.

Inflation und Währungsreform in China

Wie immer litten die Menschen in Shanghai im Juni, Juli und August unter der feuchten Hitze, die Deutschen belastete das Geschehen in Deutschland, und Hermann klagte über eine »starke geschäftliche Inanspruchnahme«. Er arbeitete von 9 bis 5 Uhr durch, der ununterbrochene Lärm störte ihn dabei mehr als früher. Was arbeitete er als Berater? »*Mannigfaches*«, schreibt er: vom Vertragsentwurf zur Übernahme »*einer außenstehenden großen fremden Organisation [und] der Planung geschäftlicher Transaktionen bis zur richtigen Plazierung geladener Gäste bei sozialen Veranstaltungen unsres Großbetriebs*«. Er versuchte, sich fit zu halten, indem er Unmengen heißen Tees trank (»wie jeder vernünftige Mensch in China«), zu Mittag nur ein trockenes Brötchen oder sechs *soya crackers* aß und eine Tasse *beef tea* trank. Trotzdem fühlte er sich regelmäßig nach Geschäftsschluss »wirklich erschöpft«.

Im August 1948 mussten sie eine weitere Währungsreform erleben. Der CNC (Chinese National Currency) Yuan hatte seit seiner Einführung 1935 kontinuierlich an Wert verloren. Zuletzt wurden Geldscheinpakete im Wert von einer Million CNC Yuan versiegelt. Ein »Ziegel« war einen US-Dollar wert. Um die Inflation in den Griff zu bekommen wurde der Gold Yuan eingeführt. Der CNC-Dollar verlor am Donnerstag, dem 19. August, seine Gültigkeit, der Gold Yuan kam am Montag, dem 23. August, in Umlauf. Am Sonntag vor der Einführung seufzte Hermann, dass »man selber noch nicht übersehen kann, wie man steht & wie man schließlich aus dieser Affäre herauskommt«. So habe er »im Übergangs-Stadium« gar keine gültigen Barmittel. Daher gab es bei Breuers an diesem Sonntag ein schlichtes, fleischloses Mittagessen: eine Reissuppe, als Hauptgericht »*eine Gemüseplatte aus grünen Bohnen, Karotten, Kartoffeln und, als Roastbeef-Ersatz ›Chinese beancurd‹ aus Soja-Bohnen, was außerordentlich reich an Protein und mit Soja Sauce wirklich wie Fleisch (gebraten) schmeckt, aber nur einen Bruchteil kostet. Zum Schluss gab es gekochtes, eisgekühltes Kompott von frischen grünen Feigen. [...] Ein solches Mittagbrot ist für China-Ausländer spartanisch einfach.*« Hermann empfand das in diesem besonderen Fall geradezu als

»angenehme Abwechslung«, denn am Vorabend, am Sonnabend, hatten Wing On und Tai On zu einem chinesischen Galaessen eingeladen. Da hatten die Gäste »so viel an Geflügel, Fisch, Fleisch in den mannigfachsten Variationen vorgesetzt bekommen«, dass nun etwas Askese angebracht schien. Sie hatten verabredet, dass die Bezahlung erst nachträglich in Gold Yuan erfolgen sollte.[12] Der Anlass für das Festessen war die Feier des »Geisterfestes« gewesen, das nach dem chinesischen Mondkalender auf den 15. Tag des 7. Monats fällt; im Jahr 1948 war das der 19. August. Der Festtag war der Höhepunkt des Geistermonats, währenddessen den Ahnen auf vielfältige Weise Ehre erwiesen wird. In diesem Jahr war allerdings Vorsicht beim Feiern geboten: Seit Dezember 1947 herrschte »Austerität« in Shanghai, und eine »Austeritäts-Polizei« machte des Abends die Runde in den Restaurants und prüfte, ob die Gäste sich an die Vorschrift hielten, höchstens vier Gerichte zu bestellen, wo früher zwölf bis 20 üblich gewesen waren. Seither fanden Partys meist in Privatwohnungen statt.[13]

Der Geldumtausch erfolgte im Verhältnis 3 Millionen CNC Yuan (im Wert von 0,25 US-Dollar) zu 1 Gold Yuan. Ein Dollar kostete 4 Gold Yuan. Der Besitz von Dollar war fortan nicht mehr erlaubt: Per Gesetz war die Bevölkerung, unter Androhung von schweren Strafen, nicht nur zur Abgabe des alten Papiergeldes, sondern auch ihrer Gold-, Silber- und Dollar-Bestände (für viele die Altersversicherung) gezwungen. Die Umsetzung des Gesetzes lag bei Chiang Ching-kuo (Jiang Jingguo), dem ältesten Sohn Chiang Kai-sheks und dem neuen paramilitärischen Korps zur Unterdrückung von Banditen. Hermann erinnerten die »Eintreibungsversuche« – Razzien, Verhaftungen – an »Gestapo-Methoden«, und so habe »jeder hier im Leben stehende Mensch den Kopf mit verschiedenen Problemen zum Bersten voll«. Die Ladenpreise und die Löhne wurden eingefroren[14], um den Schwarzmarkthandel zu beenden. Festnahmen und ein Todesurteil unterstrichen die Entschlossenheit der Regierung. Trotzdem hatte niemand Vertrauen in die neue Währung.[15] Die Leute kauften die Läden leer: Sie wollten das neue Geld so schnell wie möglich in »Sachwerte« umsetzen, je nach Vermögen in Immobilien, Autos, Pelze, Stoffe oder wenigstens haltbare Lebensmittel. Da die Großhandelspreise nicht gedeckelt waren, lagen sie bald über den Einzelhandelspreisen. Die Läden konnten wegen der Deckungslücke nicht nachordern, sie blieben leer, Lebensmittel wurden knapp, der Schwarzhandel setzte wieder ein. Mitte Oktober berichtete Hermann nach Deutschland, sie erlebten »*z Zt. Zustände [...] wie Ihr vor Eurer Währungs-Umstellung. Es gibt tatsächlich kaum etwas zu kaufen, wenn man nicht den schwarzen Markt benutzt (wenn man gefasst wird, muss man sieben Tage brummen).*«[16] In der letzten Oktoberwoche gab es »wirklich fast gar nichts mehr zu essen«. Und: »Wenn 5 Millionen Leute nichts mehr zu essen haben, ist es nicht mehr lustig, und während längerer Zeit kam kein Reis mehr nach Shanghai.« Reisläden wurden geplündert. Dann wurden die

Preise wieder freigegeben.[17] Die Geldentwertung ging weiter, denn an der Ursache hatte sich nichts geändert: Die Regierung finanzierte ihre enormen Militärausgaben über die Notenpresse. Ladenbesitzer gingen bankrott, Arbeiter und Angestellten mussten Lebensmittel erbetteln oder stehlen; viele Menschen wählten den Freitod. Chiang Ching-kuo entschuldigte sich beim Volk dafür, seine Leiden vertieft zu haben, und bat die Regierung, um Strafe. Premierminister Weng Wenhao gestand das totale Versagen seiner Bemühungen um ein ausgeglichenes Budget ein und trat zurück.[18]

Seinem sechsjährigen Enkel Christoph erklärte Hermann die Inflation so: Zum chinesischen Neujahrsfest bekommen die Kinder Geschenke und etwas Geld. »Das wird in kleine Tüten getan. Ich lege Dir eine bei, und darin liegen 20 Gold Yuan, für die man vor 5 Monaten noch ein halbes CARE-Paket kaufen konnte, heute [Mitte Februar 1949] aber kaum noch eine Schachtel mit Streichhölzern.«[19]

Breuers Freund Eduard Kann, Währungsberater der Nationalregierung in den 1930er Jahren, meinte dazu: »*Genau gesagt, war die erzwungene Eintreibung seit dem 19. August 1948 von Devisen, Gold und Silber gegen beinahe wertloses Papier [...] ein Verbrechen gegen das Volk. [...] Eine ungezählte Anzahl von Bürgern Chinas wurde Opfer der Umstände, die auf den Verlust aller ihrer weltlichen Besitztümer hinausliefen.*«[20]

Bürgerkrieg in China

Dann war da noch der Krieg. »*Es wüten große militärische Kämpfe – aber nach chinesischem Stil – in vielen Teilen des Landes mit ungeheuren Zerstörungen und Vernichtung – der meist nicht beteiligten Landbewohner. Gleichzeitig ist ein solcher Zustand gegebener Boden für Banditen-Banden, die im Gefolge der Kämpfe das Land völlig zu Grunde richten.*«[21] Mit zunehmender Sorge nahmen Hermann und Jennie die Siege der kommunistischen Peoples Liberation Army (PLA) über die Armee der Nationalisten zur Kenntnis. Noch bis Mitte Oktober hatte Hermann immer, wenn Nele sich besorgt nach der »roten Lage« in China erkundigte, beruhigend geantwortet: Seine mit den Verhältnissen vertrauten chinesischen Freunde hätten ihm erklärt, dass die Position der Regierung gegenüber den Kommunisten zwar nicht leicht sei, dass aber angesichts der besseren Bewaffnung, Führung usw. kein triftiger Grund für irgendeine Besorgnis vorläge. Seit Mitte Oktober hatte sich das »rapide« als unrichtig erwiesen. Am 14. November schrieb er, die Dinge hätten vor vier Wochen eine »ernste Wendung genommen«.[22] Da fielen kurz nacheinander Changchun, Jinzhou und Shenyang (Mukden) an die PLA. Wer auf die Landkarte sah, konnte nicht länger zweifeln: »No place in China will be safe.«[23] Der »Vulkanzustand«[24] war zur Normalität geworden.

Wie konnte es dazu kommen? Hermann meinte, die Regierung habe zu spät eingesehen, »*dass ein großer Teil der Regierungstruppen völlig kriegsmüde ist und dadurch keine Widerstandskraft gegenüber der Roten Armee hat, die anscheinend mit der Masse besser umzugehen versteht«.*[25] »Die Massen« waren davon beeindruckt, dass die Soldaten der PLA nicht plünderten, dass die Kommunisten Fortschritt, Ordnung und Gerechtigkeit versprachen – alles, was das Volk verzweifelt herbeisehnte und was die Nationalisten nicht hatten herstellen können.[26] Diese Regierung war korrupt, ein großer Teil der amerikanischen Hilfsgelder floss in private Taschen, die strategischen Entscheidungen Chiangs waren kurzsichtig und erfolglos und kosteten Hunderttausende Soldaten das Leben. Weitere Hunderttausende landeten durch Kapitulation oder Fahnenflucht bei der PLA. Mit ihnen gerieten die von den USA gelieferten Waffen in die Hände der kommunistischen Streitkräfte. Schweres Gerät wurde auf den Schlachtfeldern erobert, überlaufende Soldaten brachten ihre Waffen mit.[27] Durch die Geldentwertung und die damit verbundene Verarmung hatte die Regierung Chiang Kai-sheks in der Zivilbevölkerung alle Autorität verloren. So bereitete sie der PLA den Weg.[28]

Wie lange noch? Eine Woche? 14 Tage?

Am 8. November 1948 hieß es in Shanghai: »*Der Regierung Chinas wird noch eine Lebensdauer von 14 Tagen oder weniger gegeben, und […] man wird langsam nervöser und nervöser, und die Leute sagen sich, es wäre besser, aus dem Lande wegzugehen, so lange man noch könne.*«[29] Da hatte die Lage sich »*leider so zugespitzt, dass […] die amerikanischen Behörden eine Aufforderung an diejenigen Amerikaner ergehen ließ, die nicht ›aus dringlichen Gründen‹ hierzubleiben hätten, sich sofort für eine Evakuierung vorzubereiten*«.[30] Weiter berichtete Hermann am 14. November: »*Tatsächlich verlassen schon heute die Angehörigen der Militärberater, die auch per Luft nach Shanghai transportiert wurden, auf drei großen Transportschiffen China. Die Lage war so aufregend, dass die Amerikaner annahmen, dass die Kommunisten innerhalb von einer Woche in Nanjing die Regierung absetzen würden, womit natürlich kurze Zeit später auch Shanghai im Besitz der Kommunisten gewesen wäre.*« Zurzeit seien »*schwere Kämpfe etwa 600 km von hier im Gange […], die noch nicht entschieden sind, und von deren Ausgang unser aller Schicksal abhängt*«.[31] Ein bisschen Hoffnung hatte Hermann noch: »*Ich bin gottlob Optimist – und somit hoffe ich, dass der Regierung die Unterstützung vom Volk und von den USA gewährt wird, welche sie braucht, um ihre Stellung zu erhalten.*«[32] Andererseits war ihm bewusst, dass das Volk der Regierung inzwischen eher feindlich gegenüberstand und sich mehrheitlich von dem Regimewechsel Vorteile versprach: »*Was z. B. Shanghai angeht mit seinen 5 ½ Millionen Menschen, so bedeutet der Übergang von dem einen Regime zu dem anderen nicht viel; für die meisten möglicherweise – so glauben sie wenigstens – eine Aufbesserung ihrer Lebensverhältnisse. Das sind vielleicht 80 %; 10 % sind Fatalisten, 5 % sind die Reichen, die fortlaufen, und die restlichen 5 %, darunter ich, werden natürlich die Dinge nicht gerade rosig finden.*«[33]

Von da an war die Frage »Weggehen oder Bleiben« das Gesprächsthema Nummer eins unter den Westlern in Shanghai. Eilig entschied die Regierung des Staates Israel, alle jüdischen Flüchtlinge aus Europa, die noch in China lebten, nach Israel einreisen zu lassen: »Die israelische Regierung hat sich bereit erklärt, alle jüdischen Flüchtlinge aufzunehmen, die aus China ausreisen wollen.« Die Betroffenen, etwa 5000 europäische und auch 4000 russische Juden, konnten es am 19. November 1948 in der Zeitung lesen. Etwa 90% von ihnen nahmen das Angebot an.[34]

Auf alle Fälle musste Jennie vor Ankunft der Roten Armee aus Shanghai fort sein,[35] »um denen zu entgehen, die sie 1921 zwangen, zu fliehen«. Es ging nur noch um das Wann und das Wohin. Nele hatte Berlin als »Heimstätte« für Hermann und Jennie angeboten. Das sei wohltuend in diesen »aufgeregten Tagen«, dankte Hermann ihr, aber unter den bestehenden Verhältnissen sei Berlin für Jennie undenkbar. Wohin also? Wenn es ganz schnell gehen müsste, so dachten sie Mitte November, würde Jennie nach Kanton fahren, *»wo man glaubt, die Rote Flut noch einige Zeit aufhalten zu können, was ich bezweifele, um eventuell China ganz zu verlassen«*. Hermann hingegen *»gedachte, vorläufig da zu bleiben und die Sache durchzuschwitzen, falls man mich nicht vorher heraussetzt. Alles das wäre eine bittere Nuss für mich, der ich noch gern einige Jahre Arbeit hier draußen verbracht hätte, um manches zu erledigen.«* Er müsse *»planen, was ich aus dieser [ausgeixt: furchtbaren] eignen Umstellung herausretten kann, damit ich selber für die alten Tage noch was habe«*. Er dachte an seinen Grundbesitz in China und an die Anlagen in Gold, Dollars, Beteiligungen: seine Altersvorsorge. Jennies Ziel stand eigentlich längst fest: Sie wollte in die USA. *»Alle diesbezüglichen Vorbereitungen sind im Gange – an sich natürlich kein leichter Entschluss nach einer Lebens-Gemeinschaft von 20 Jahren.«* Denn Hermann hatte nicht die Absicht, gleich oder später seinen Lebensabend in den USA zu verbringen, »weil ich mir das einfach nicht leisten kann«. Jennies Chancen, die beantragte Einreiseerlaubnis zu erhalten, standen prinzipiell nicht schlecht. Die im US-amerikanischen Einwanderungsgesetz von 1924 festgelegte Einreisequote von bis zu 2% der Population des Herkunftslandes wurde von in Russland Geborenen nicht ausgenutzt, weil aus der Sowjetunion niemand emigrieren konnte. Aber würde das US-Visum rechtzeitig erteilt werden? Momentan litt Jennie stressbedingt unter einer schmerzhaften Gesichtsflechte an der Stirn – und in einer Woche war der 1. Advent. Würde sie noch einen Adventskranz für die Yu Yuen Road machen? Hermann hoffte »eine gütige Vorsehung« möge es geben.[36]

14 Tage später war schon der 2. Advent, Jennie hatte ein schönes Adventsgesteck mit dicken roten Kerzen hergestellt. Die Front war näher gekommen, lag jetzt 50 km nördlich von Nanjing, nur noch 350 km von Shanghai entfernt. Es hinge vom Ausgang der jetzigen schweren Kämpfe um die letzten Verteidigungsstellungen ab, dann könnte die PLA in vier

1 9 4 8

bis acht Wochen vor und in Shanghai sein. Es sei denn, ein Wunder geschehe, meinte Hermann, »das nur durch ein Eingreifen der USA geschehen könne, woran ich aber jetzt nicht mehr so recht […] glaube«.[37] Oder vielleicht doch? Genau eine Woche bevor Hermann diesen Brief schrieb, war eine Rede von Madame Chiang Kai-shek im Radio gesendet worden, mit der sie sich direkt an die Regierung der Vereinigten Staaten von Amerika gewandt hatte. Darin forderte sie sofortige Hilfe für China. Falls der Kommunismus siege, dann »werdet ihr, meine Freunde, letztendlich auch darunter leiden«. Wenn China in seiner strategischen Lage, mit seinen Ressourcen und der Arbeitskraft in die Hände der Kommunisten fiele, dann würden auch die USA entscheidend geschwächt: Wenn China fällt, ist ganz Asien verloren.[38] Madame Chiang bereitete eine Reise nach Washington vor, um ihre Forderungen dem Präsidenten der USA noch einmal persönlich vorzutragen.[39] Hoffen wider besseres Wissen: »*Immerhin weißt Du ja selber*«, schrieb Hermann an Nele, »*wie man sich in solchen Zeiten innerlich fühlt und dass es mir viel besser geht, kann ich nicht behaupten, wenngleich ich versuche, nach außen hin Ruhe und Würde zu bewahren.*«[40]

Fertig zum Aufbruch

Und wenn Jennie doch schon vor Weihnachten fortgehen würde? »Ich werde dann in der kahlen Wohnung die Dinge abwarten.« Der Rotwein lag schon bereit für ein Weihnachtsfest mit Snuks und Mujik als einzigen Gefährten. So hielt Hermann zwar an seinem Entschluss fest, »*die Sache durchzustehen*«, um nicht noch mehr zu verlieren, als er schon verloren hatte, »*trotzdem muss ich Vorbereitungen treffen, dass man mich nach Deutschland kommen lässt, [falls] ich eines Tages einfach auf die Straße gesetzt werde. […] Im schlimmsten Fall, wenn wir also alle fortmüssen, will ich zu Karl und Alice nach Hannover, die mir in liebevoller Weise Unterkunft und Hausgemeinschaft anboten.*«[41] Vielleicht war Hermann die Idee nicht mehr ganz so unvorstellbar wie noch 1947: »*Aus den heimischen Zeitungen, die mir mein Bruder schickt, ersehe ich den Wiederaufstieg der Heimat.*« Und: »*Ich bin zufrieden, dass ich wenigstens Euch, Uwe und meine Angehörigen wie auch Freunde und Bekannte über das Schlimmste der verflossenen 18 Monate hinwegbringen konnte.*« Er hatte gerade das Geld für Paketsendungen der nächsten sechs bis acht Monate angewiesen, allerdings würden weniger Pakete geschickt, als bisher.[42] »Falls […] über Shanghai ein eiserner Vorhang gezogen wird«, würde Hermann kurzfristig eine »Not-Adresse« in Kanton ansteuern: Walter Eckert[43], der 1936 bis 1937 als Prokurist der Hapro eng mit Melchers & Co. zusammenarbeitete, hatte ihm Asyl angeboten. Eckert hatte im Juli 1938 vor Ort in Berlin gegen den Abzug der Militärberater und die Abberufung von Botschafter Oskar Trautmann aus China protestiert und war, um seine Sicherheit fürchtend, nach Hongkong gegangen und aus der Hapro ausgeschieden.[44]

Für den Zeitpunkt, an dem Hermann Shanghai verlassen würde, war geplant, dass sein Koch Loh Yun-zieng (Lu Yunxiang) eine großzügige Abfindung erhalten sollte. Er würde die Hunde Snuks und Mujik zu seiner Familie aufs Land mitnehmen. An ihm hingen die beiden ja auch, trösteten Jennie und Hermann sich. Aber erst mal passierte weiter nichts. Am 11. Dezember stellte Hermann fest: »*Bis soweit leben wir ziemlich in der gleichen Weise weiter. [...] ich bin im office vom manager bis zum Laufburschen alles geworden, weil wir den größten Teil unserer Angestellten zwangsweise abbauen mussten.*« »*Da wir Kriegsrecht, Zensur und weiß der Kuckuck sonst noch alles haben, hören wir von den wirklichen Vorgängen nichts – abgesehen von dem Wenigen, was die Auslandssender bringen, die wir abhören können*« – mit dem Weltempfänger, den er Jennie letztes Jahr zu Weihnachten geschenkt hatte. »Bald wird man den auch abholen. Na, Du kennst ja den Rummel aus eigener Erinnerung.« Die Nerven waren »angestrengt«, weil sie nicht wussten, was der nächste Tag bringen würde. Jennie erwartete in der kommenden Woche Bescheid über ihre Einreiseerlaubnis in die USA. Der kam aber nicht. So hatte Jennie Zeit, einen Verkaufsstand im Wing-On-Warenhaus aufzubauen und dort die 40 Stoffpuppen anzubieten, die sie vor einiger Zeit für einen Wohltätigkeitsbasar angefertigt hatte, der dann nicht stattfand. Über die Puppen schrieb Hermann bewundernd, sie seien »wundervoll«, und wirklich waren innerhalb von fünf Tagen alle verkauft. Jennie hatte sogar gute Preise erzielt, obwohl eigentlich niemand Weihnachtsgeschenke kaufte. Keiner hatte Geld.[45]

Die Puppe Nellie

In eines der Lebensmittelpakete, die nach Hannover gingen, packte Jennie eine Puppe mit hinein, ein Geschenk für mich, die ich im Oktober 1947 geboren war und Jennies Patenkind wurde. Die Familie hatte mit dieser Wahl einer Patin in absentia sowohl ihrer Dankbarkeit und Verbundenheit mit dem fernen Hermann Ausdruck gegeben, als auch der Überzeugung, dass nun bald eine Eheschließung folgen würde – in der kurzen Euphorie der zweiten Jahreshälfte 1947. Als ich sprechen lernte, nannte ich die schokoladenbraune Puppe mit den krausen Haaren aus schwarzem Persianer und dem bunten Röckchen »Nellie«. Als ich knapp vier Jahre alt war, kriegte Nellie die Motten und wurde entsorgt.[46]

Von Tag zu Tag, Woche zu Woche wartete Jennie auf die Genehmigung ihres Antrags auf ein US-Visum. Sie wusste, dass das amerikanische Generalkonsulat Shanghai und die IRO sich bemühten, Drittstaaten zu finden, die die noch in China lebenden etwa 7000 »Weißrussen«[47] aufnehmen würden. Kurz vor Weihnachten war das Problem dem Botschafter der Philippinen in Tokio vorgetragen worden. Er hatte wohl nicht gleich abgelehnt. Jennie wollte sich evakuieren lassen, wenn sich die Chance bot und ihre Reiseerlaubnis in die USA dann noch nicht vorliegen sollte.[48] Es ging ihr nervlich ein wenig besser. Dann war sie aber vom Stuhl gefallen und hatte sich dabei das Handgelenk angebrochen; von da an bot wieder »jede sich unrichtig benehmende Fliege Grund zur Aufregung«, seufzte Hermann, der in den letzten Wochen »infolge innerer Unruhe und eigener Kümmernisse« 15 Pfund abgenommen hatte.[49]

Das Weihnachtsfest schien unwirklich in seiner Normalität. Die Tage verführten zum Tagträumen: »In meinem Innern lebe ich oft in Wunschträumen: Wie schön hätte alles eigentlich sein können.« Nun musste er schon wieder auf ein gnädiges Schicksal hoffen, wie 1919, wie 1946 und 1947. (»Ist man im Leben soweit gekommen, führt einen das Schicksal hoffentlich auch weiter gnädig, ohne eine wirkliche Katastrophe zu erleben.«) Vielleicht würde es eine »Rosa Regierung« geben? »*Es ist ja möglich, dass es noch einige Zeit unter einer ›Rosa‹ Regierung sich ertragen lässt, sodass sich dadurch möglicherweise vielleicht wieder etwas günstigere Aussichten ergeben.*« Er musste, wieder einmal, alle psychischen Ressourcen mobilisieren: »*Wenngleich ich kein Held bin und mir es auch manchmal etwas schwummerig im Bauche wird, wenn ich so alles an meinem Geiste vorbeiziehen lasse, so [...] lasse ich mich nicht von trübseligen Gedanken unterkriegen. Nein, soweit sind wir nicht und kommen wir hoffentlich auch nie.*« Er schloss den Brief mit einer Art Ermahnung an sich selbst: »*und nicht die Kopf [sic] verlieren*«.[50] Dachte er, »die Hoffnung«?

1 HWB 11.12.1948 an Nele.

2 Aus der Familie der Berberitzen.

3 HWB 28.11. und 26.12.1948 an Nele.

4 CG Melchers' Antrag auf Lastenausgleich, Anlage zu Beiblatt 14, 15.3.1954; BArch ZLA 7–34/116

5 CG Melchers, China-Firma, S. 59–63.

6 Keine Elektrizität im Jahr 1948: Schnell, Briefe, S. 129.

7 HWB 7.5.1948 an Nele.

8 Die Londoner Sechs-Mächte-Konferenz unter Ausschluss der UdSSR tagte von 23.2.bis 2.6.1948; Londoner Empfehlungen veröffentlicht am 2.6.1948.

9 HWB 12.9.1948 an Nele.

10 HWB 22.8.1948 an Nele.

11 HWB 22.8.1948 an Nele.

12 HWB 22.8.1948 an Nele.

13 Die Austerity-Regeln betrafen in erster Linie die Cabarets, Tanzlokale, Bordelle. Protestdemonstration mit Ausschreitungen und Festnahmen am 31.1.1948. Weiter betraf »Austerity« den Verkauf von Luxusgütern, wozu u. a. Zahnpasta und Rasierklingen zählten. Schnell, Briefe, S. 108, 125. Auch: Field, Shanghai's Dancing World.

14 Spence, Chinas Weg, S. 596.

15 Schnell, Briefe, S. 140. Ein anderer Nebeneffekt: »*Übrigens war die enorme Überfülltheit [des Eisenbahnzuges von Shanghai nach Hangzhou Anfang November 1948] ökonomisch bedingt als Folge der strikten Preiskontrolle in Shanghai, die es der Landbevölkerung ermöglichte, dort Gebrauchsgüter zu offiziellen ›ceiling‹-Preisen billig einzukaufen, diese als Handgepäck auf's Land zurückzubringen und sie hier, wo keine Preiskontrolle bestand, mit großem Gewinn loszuwerden*«, S. 4–5. Nahrungsmittel kamen auf diese Weise nicht nach Moganshan: »*Dies war die Lage: kein Brot, keine Butter, weder Fett noch Fleisch, keine Konserven, ja selbst keine Eier und nicht einmal Reis!*« Tagebuch Moganshan, November 1948, S. 11. Privatbesitz.

16 HWB 14.10.1948 an Nele.

17 Schnell, Briefe, 2.11. und 8.11.1948, S. 150, 153.

18 *Magazin Life*, 15.11.1948, S. 32.

19 HWB 22.2.1949 an Nele.

20 Eduard Kann: »Die große Inflation in China«, S. 2, BArch ZLA 7–34/121. Und: E. Kann: Die verschiedenen Chinas und ihre Währungen (ohne weitere Quellenangabe). Übersetzung: Freese, HASt Übersee, Bremen, 5.2.1964. BArch ZLA 7-34/121. Auch: E. Kann: The Great Inflation in China (1946–1949). Part One (of four). In: Far Eastern Economic Revue 18, 19 (1955) S. 592–595. Troeger, Aufgewachsen in Shanghai, S. 221–225, Willens, Stateless, S. 206–215. Wolf, Geboren in China, S. 227–228. Robert Doyle: Shanghai's Buying Jag. In: *Magazin Life*. 15.11.1948, S. 26–32. Online: https://books.google.de/books?id=YkoEAAAA MBAJ&pg=PA32&lpg=PA32&dq=Chiang+ Ching-kuo, am 3.11.2020.

21 HWB 22.8.1948 an Nele.

22 HWB 14.11.1948 an Nele.

23 General Cheng Donggu zu Chiang Kai-shek. Dikötter, Tragedy, S. 7. Changchun wurde am 16.10.1948 übergeben. In 150 Tagen Belagerung waren 80 % der Zivilbevölkerung verhungert, 160 000 von 200 000 Menschen.

24 HWB 12.9.1948 an Nele.

25 HWB 14.11.1948 an Nele.

26 »*In 1948 [...] the Chinese Communists [...] promised progress, order and justice – everything that the people wanted desperately and that the Nationalists had failed to provide. [...] Our only choice was to back a reactionary régime which had never proven adequate and now was defeated, or to believe in the promises of a new régime whose power was paramount. This was not really a choice at all.*« Loh, Escape, S. 26–27.

27 Lt. Schätzungen zwischen einer und drei Millionen Toten. 4,5 Millionen gefangene Soldaten, 600 000 einzeln übergelaufen, 800 000 in geschlossenen Einheiten (*Der Spiegel* 1/1951). Von 9/1948 bis 1/1949 verlor die GMD-Armee 1,5 Millionen Soldaten durch Tod, Kapitulation, Fahnenflucht (Hsü, Rise of Modern China, S. 633). An schwerem Gerät wurden, nach rotchinesischer Statistik, in vier Jahren Bürgerkrieg erobert: 54 430 Geschütze, 622 Panzer, 189 Flugzeuge, 200 Marinefahrzeuge (*Der Spiegel* 1/1951).

28 Nach: Dunsing, Tianjin, China im Umbruch. In: StuDeO-Info Dezember 2009, S. 23–24.

29 Schnell, Briefe, 8.11.1948, S. 153–154.

30 HWB am 14.11.1948, die Aufforderung sei »vor einer Woche« erfolgt, also

Montag, den 8.11.; Dikötter, Tragedy, (S. 108–109) nennt den 13.11.1948 als Termin, an dem der amerikanische Botschafter Leighton Stuart seinem Außenminister riet, ›emergency evacuation procedures for practically all of China‹ seien unumgänglich geworden.

31 Die Huaihai–Kampagne der PLA begann am 6.11.1948 mit einer Offensive gegen das HQ der Nationalisten in Xu-zhou/Provinz Shandong, etwa 300 km nördlich von Nanjing und 600 km nördlich von Shanghai. Die Kampagne endete Mitte Januar 1949 mit dem Sieg der PLA.

32 HWB 14.11.1948 an Nele.

33 HWB 28.11.1948 an Nele.

34 Israeli Govt. Agrees to Admit All Jewish Refugees in China, J.D.C. [Joint Distribution Committee]. Official Reports/ Shanghai Nov. 18. Der Staat Israel war am 14.5.1948 gegründet worden, befand sich vom 15.4.1948 bis 20.7.1949 im ersten Arabisch-Israelischen Krieg. Ü: CM.

35 HWB 28.11.1948 an Nele.

36 HWB 14.11.1948 an Nele.

37 HWB 28.11.1948 an Nele.

38 *New York Times* vom 22.11.1948.

39 Gespräche vom 2. bis 27.12.1948 ohne substanzielles Ergebnis. Foreign Relations of the United States, 1948, The Far East: China, Volume VIII. https://history.state.gov/historicaldocuments/frus1948v08/d249.

40 HWB 28.11.1948 an Nele.

41 HWB 26.12.1948 an Nele.

42 HWB 28.11.1948 an Nele.

43 HWB 14.12.1948 an Nele.

44 Eckert, Die Hapro in China, S. 86.

45 HWB 11.12.1948 an Nele.

46 HWB 13.3.1949 an Nele: »*Jennie arbeitet an einem großen Bären für Christoph und ein anderes Viech für ihre Patentochter Christinchen.*«

47 HWB 26.11.1948 an Nele. Dikötter, Tragedy, S. 109, nennt 6000, Vermerke der US-Regierung: 8000.

48 Können die USA bei der Suche nach einem sicheren Zufluchtsort helfen? US-GK Cabot bittet um Stellungnahme. https://history.state.gov/historicaldocuments/frus1948v08/d878, am 9.11.2020.

49 HWB 26.12.1948 an Nele.

50 HWB 30.10.1948 an Nele.

1949

Vater der Deutschen Gemeinde

Abschied von den »Weißrussen«

Es wurde Januar, und Jennie wartete noch immer darauf, dass die Kontingentnummer für ihre Einreise in die USA endlich aufgerufen würde. »[…] entgegen damaligen Erwartungen sitzen wir Beide noch hier – eigentlich ziemlich unverändert«, stellte Hermann am 22. Januar 1949 fest. Fertig gepackt, hoffte und zweifelte Jennie, »ob und wann sie nach Kalifornien reisen kann, wo sie zunächst einige Wochen oder Monate zur Erholung sich aufhalten will. Wir haben dort Freunde.«[1] Und zwar das Ehepaar Kann. Margarete lebte seit Juli 1947 in Los Angeles, Eduard hatte sie inzwischen mehrfach dort besucht; seine nächste Abreise aus Shanghai würde wohl sein endgültiger Abschied von China werden.[2]

Ein alle alten chinesischen Begriffe zerstörender Umsturz
HWB, 26. Dezember 1948 an Nele

Jennie war ja nur eine von zigtausend »Weißrussen«, die darauf drängten, China zu verlassen. Manchmal zweifelte sie daran, dass ihr die Flucht noch rechtzeitig vor dem Eintreffen der PLA in Shanghai gelingen würde. Gab es andere Zufluchtsorte? Die junge Philippinische Republik[3] hatte sich inzwischen auf Drängen der USA bereit erklärt, bis zu 8000 Russen, deren Antrag auf Einwanderung prinzipiell schon von anderen Ländern akzeptiert war, vorübergehend aufzunehmen. Dafür sollten auf der Insel Tubabao Zeltlager zur Verfügung gestellt werden. Jennie hatte sich auf die Transportliste setzen lassen und war schon aufgerufen worden. Aber Hermann riet ihr von diesem Schritt ab. Er kannte seine Jennie, die gern warme Bäder nahm und lieber nichts geschenkt bekam als etwas, das zweite Wahl war. Sie hatte seinen Rat befolgt und *»sich von der Evakuierungs-Liste nach den Philippinen zurückdatieren […] lassen, weil die dortigen Verhältnisse für einigermaßen an Komfort gewöhnte weiße Menschen nicht gerade berühmt sein sollen«*.[4]

Mitte Januar waren die Ersten abgereist. »Five hundred White Russian evacuees are leaving Shanghai for Samar Island this morning«, meldeten die *North China Daily News* auf der Titelseite, mit Bild.[5] Am Tag darauf, am 15. Januar, wurde Tianjin von der PLA erobert. Die Berichte über die Stunden

1
9
4
9

danach waren ganz beruhigend: Um 10.30 Uhr vormittags kamen die ersten Truppen der PLA in Sicht, und am Nachmittag »patrouillierten die roten Truppen durch die Stadt und hielten gut Ordnung. [Es waren] blutjunge Burschen, teilweise noch Kinder, aber von vorbildlicher Disziplin.« Man müsse es »den Leuten lassen, sie sind ehrlich und nehmen nicht das Geringste, im Gegensatz zu den Nationalisten«.[6]

Australien?

Jennie hatte sich inzwischen an ihren Bruder in Sydney gewandt und ihn um ein Affidavit gebeten, das ihr den Aufenthalt in Australien ermöglichen würde. Dorofei Bochanoff, von Beruf Möbeltischler, war dort 1924 eingebürgert worden.[7] Jennie kannte ihn eigentlich gar nicht. Sie war erst acht Jahre alt gewesen, als der Bruder 1911, mit 22 Jahren, Russland verließ und nach Australien ging. Auch in den Jahren vor seiner Auswanderung hatte sie ihn kaum gesehen, denn er leistete seinen Militärdienst in der zaristischen Armee ab. Dass sie sich in den seither vergangenen 40 Jahren oft geschrieben hätten, ist unwahrscheinlich; von Jennie wissen wir, wie ungern sie Briefe schrieb. Aber immerhin kannte sie seine Adresse. Die Idee, nach Australien zu gehen, hatte Hermann einerseits deshalb befürwortet, weil er meinte, dass »die Dinge in den USA nicht so rosig sind, wie die meisten verhungerten und verarmten Europäer annehmen«. Andererseits hätte Jennie so »weiterhin die Annehmlichkeiten eines geregelten Haushaltes«. Sie würde bei ihrem Bruder wohnen, in Brighton-Le-Sand, 13 Kilometer südlich von Sydney, und »sie kann bequem ihre Entschlüsse treffen, und schließlich auf einem guten Schiff die geplante große Übersee-Reise antreten«.[8]

Oder nicht antreten? Gab es vielleicht doch noch die Hoffnung, Jennie könnte in China bleiben oder dorthin zurückkehren? »Gerade heute«, schrieb Hermann am 22. Januar, sei der Präsident [Chiang Kai-shek] zurückgetreten, und nun werde sich zeigen, »*ob die andere Seite es wirklich ernst meinte, von diesem Rücktritt die Einleitung von Vergleichsverhandlungen abhängig zu machen. Die Stimmung ist verhältnismäßig ruhig und gefasst.*« Aber wie das auch ausginge: »*Natürlich sind die Zeiten des alten Regimes zunächst mal vorbei. […] Es bleibt dann abzuwarten, ob die Zusicherung des Schutzes der persönlichen Freiheit und des privaten Eigentums wirklich in Zukunft gehalten wird.*« Am selben Abend wurde bekannt, dass die Kommandeure der feindlichen Armeen eine friedliche Übergabe Pekings an die Kommunisten vereinbart hatten.[9] Vielleicht würde der Lauf der Ereignisse Jennie sogar zeigen, dass ihre Bedenken gegenüber einem Leben in Deutschland nicht mehr berechtigt waren: Zwar habe sie »*zunächst […] immer noch starke Besorgnis, mit den roten Bekannten ihrer Jugendzeit in Deutschland zu kollidieren, was sie nicht will*«, aber, meinte Hermann: »*Die [militärische] Entscheidung über die Frage West – Ost scheint mir langsam heranzureifen. Ich glaube nicht, dass die Auseinandersetzung sich in Deutschland abspielen [wird ...]. Vielmehr lege ich den Kampfplatz oben beim Nordpol, von wo beide Seiten versuchen werden, so schnell wie möglich die sich gestellten strategischen Ziele mit Atom- und andren Bomben zu vernichten.«*[10]

Es wird still in Shanghai

Um die beiden herum ging das Flüchten weiter: Im Februar, März und April brachten die amerikanischen Truppentransporter *General Gordon*, *General Meigs* und *President Wilson* bei jeder Überfahrt Hunderte Amerikaner, jüdische Emigranten und Chinesen von Shanghai nach San Francisco. Auch die Engländer evakuierten ihre Landsleute auf Schiffen und mit Flugzeugen.[11] »*Shanghai wurde unheimlich still. Die meisten Ausländer verließen China, reiche Chinesen ebenfalls. Ganze Fabriken wurden abgebaut und nach Hongkong bzw. Formosa transloziert.*«[12] »*Es war kein allzu schönes Leben für uns in diesen letzten Tagen von Shanghai. Alles, was irgend die Mittel und Möglichkeiten hatte, reiste ab oder wurde von seiner Regierung evakuiert. Wir Deutschen warteten der Dinge, die da kommen sollten.*«[13] Denn die Deutschen wurden nicht von ihrer Regierung geholt. Es gab weder einen deutschen Staat noch deutsche Schiffe.[14] Die internationalen Hilfsorganisationen IRO und UNRRA waren für Deutsche nicht zuständig. Sie galten nicht als *Displaced Persons*.[15]

Andererseits waren Shanghais Aufnahmelager übervoll von Flüchtlingen aus den eroberten Landesteilen.[16] Ein amerikanisches Landungsschiff[17] brachte Mitte Februar 1949 weitere 300 Ausländer, darunter Deutsche und Österreicher, aus Tsingtao, wo sie täglich mit dem Einmarsch der Kommunisten rechneten.[18] Für einige von ihnen fand sich tatsächlich noch im März ein »alter italienischer Kasten«, die *SS Rena*, die 180 deutsche und österreichische Passagiere nach Europa mitnahm, größtenteils Patres, Nonnen und Missionare, aber der Arzt Dr. Kurt Noll und seine Familie waren auch dabei.[19] Es hieß, die *Rena* sei einmal die Privatjacht Kaiser Wilhelms II. gewesen; nun fuhr sie unter Panama-Flagge, war dreckig und viel zu klein für die vielen Reisenden.[20]

Wer von den Deutschen eine Möglichkeit fand und die Mittel hatte, schickte wenigstens Frauen und Kinder fort. Ulrich Ashelm, Breuers Kollege bei Tai On und Partner in der Stuckert Trading Co., hatte seinen 15 Jahre alten Sohn Gunter am 9. Februar (1949) in eine Air-France-Maschine gesetzt; mit ihm flogen die Brüder Jürgen und Klaus Müller.[21] Im März, April ging CG Melchers' älterer Sohn Gerhard nach Europa. Er sollte in der Schweiz ein Internat besuchen. Hermann hatte Anfang März wenigstens einige »Dinge persönlicher Natur« nach Hannover (»nach Hause«) geschickt.[22]

Stalingrad des Ostens?

Seit Februar wurde Shanghai befestigt und bewaffnet. Der Bürgermeister versicherte, die Stadt bis zum letzten Blutstropfen verteidigen zu wollen. Es hieß, es würden 30 000 GMD-Soldaten stationiert. Es war die Rede von einem »Stalingrad des Ostens«.[23] Bewohner und Geschäftswelt fanden die Aussicht wenig beruhigend.[24] Im Westen der Stadt, auf Hermanns ehemaligem Reitgelände, wurden die »Bambus-Haine, die Weiden und Platanen, die Ginko Bäume abgeholzt«, notdürftig Bunker erstellt, und ein zehn Meter hoher Bambuszaun errichtet.[25] Dort in Hongqiao lag der Flughafen, den würde die PLA zuerst erobern wollen. Sie zerstörte immer als Erstes die Startbahnen, von denen die Flugzeuge der GMD aufbrachen, um Städte unter kommunistischer Verwaltung zu bombardieren. Mitte März berichtete Hermann von fast 3 000 neuen Betonbunkern, von vielen Schützengräben und »endlosen Mengen von Kriegern aller Arten«.[26] Aber niemand glaubte ernsthaft daran, dass die primitiven Maßnahmen und die gepressten Soldaten die erfolgreiche Armee der Kommunisten aufhalten würden.[27]

Die Lage spiegelte sich in der Inflation des Gold Yuan: Mitte März war die Inflation auf dem Level wie vor dessen Einführung. Der halbmonatlich veröffentlichte *cost of living-index* bestätigte, dass die Preise sich jeweils innerhalb von 14 Tagen verdoppelten. Und das war erst der Anfang: Wurden bei der Einführung der neuen Währung im September 1948 vier Gold Yuan gegen einen US-Dollar getauscht, waren es Anfang April 1949 80 000 und am 23. April 600 000. Die Central Bank druckte nicht schnell genug Geld, es fehlte an Banknoten. Arbeiter und Angestellte konnten nicht mehr bezahlt werden. Die allgemeine Geschäftstätigkeit ging drastisch zurück, viele Firmen arbeiteten mit Verlust, gingen bankrott, die Arbeitslosigkeit stieg an. Bald erwarteten sogar konservative Geschäftsleute den Einmarsch der »Commies« hoffnungsvoll. Sie hielten ihn für unvermeidlich und trösteten sich, nichts könne schlimmer sein als die gegenwärtige Situation.[28]

Trotzdem: Für das Osterfest von Verwandten und Freunden in Europa spielte HWB den Hasen. Eines von vielen Paketen schickte er an die Familie Elke Finke in Uelzen, die Tochter von Carl Michelau, Teilhaber von Melchers China bis 1918, die 1932 ein paar Monate in Shanghai gewesen war. Damals hatten sie unbeschwert nach Elkes Schallplatten getanzt. Nun schilderte sie die Resonanz von »Papa Breuers« Schokoladenpaket in Deutschland: »*Der große Osterhase traf aufs pünktlichste ein. Allerseits Jubel wo er sich zeigte. Die Schokolade schmeckt verflixt zu gut, darin sind wir uns alle einig, und der Kakao hat den grenzenlosen Vorteil, dass man ihn in Raten genießt, wozu die Widerstandskraft bei erstgenannter Lukullität nicht reicht.*« Breuer hatte auch Fotos vom Haus ihres Vaters in Moganshan mitgeschickt. Sie versetzten Elke in China-Schwärmerei: »*ich war ganz außer mir vor Glück, das liebe alte Doppeldach am Berghang wiederzusehen. Und die Aussicht von der Veranda! Sie ist es ja, die für mich immer noch ›die weite Welt‹*

bedeutet. Wie schön es sein kann, ein Mensch zu sein, das weiß ich, wenn ich mich auf dieses Stück Erde zurückdenke, um in diese Weite zu sehen.«[29]

Jennies Abschied

Dann bekam Jennie ihr Affidavit für Australien. Und am 30. März ihren IRO-Pass,[30] den Reisepass für Staatenlose. Sie buchten Jennies Flug. Am 21. April 1949, Donnerstag nach Ostern, würde sie mit der Cathay Pacific via Hongkong nach Sydney fliegen. Die sechs Überseekisten, die schon so lange gepackt waren, würden ihr auf dem Seeweg folgen. Jennies und Hermanns Osterfest stand also im Zeichen des Abschieds. Früher waren sie in dieser Jahreszeit nach Hangzhou gefahren. Vor ihrer Haustür im Jessfield Park (der seit 1944 Zhongshan (Vater der Nation) Park hieß, umbenannt zu Ehren Sun Yat-sens), blühten die Japanischen Kirschbäume und die Magnolien.

Am Karfreitag flogen Abgesandte der Nationalisten zu Verhandlungen nach Peking, um den Entwurf eines Friedensvertrags entgegenzunehmen. Aber der enthielt nur die bereits bekannten Forderungen, verbunden mit dem Ultimatum, innerhalb einer Woche anzunehmen, nämlich bis zum 22. April. Schon am 21. erfolgte die Ablehnung. Jennie nahm ihre Buchung wahr. Sie hatte ihren Abflug bis zur letzten Minute hinausgezögert. Noch am selben Tag wurde für Shanghai der Belagerungszustand erklärt und eine Ausgangssperre zwischen 11 Uhr abends und 5.30 Uhr morgens festgesetzt.[31]

Der Abschied von den Hunden, besonders von ihrem Cocker Snuks/Snooks fiel schwer,[32] waren die Hunde doch ihre engste Familie. Immer wieder musste Hermann ihr versichern, er würde sich »um den dicken Kerl genügend kümmern«, sie müsse sich keine Sorgen machen.[33] Wenn Snuks ihn beim Radfahren begleitete, würde er auf ihn Rücksicht nehmen und nicht zu schnell fahren und auf ihn warten, wenn er wieder einmal vergeblich den Fasanen nachjagte; ein Gewehr hatte Hermann ja schon länger nicht mehr dabei. Und weil sie auf dem Flugplatz noch etwas reden mussten, obwohl doch schon alles gesagt war, konzentrierten sie sich weiter auf die Hunde, die jetzt in der Yu Yuen Road auf Jennies Rückkehr warteten: dass Mujik eigentlich Nyukh hieße, weil er weiße Spürhaare habe (und damit wie ein Seehund aussähe), meinte Jennie, die ihn getauft hatte. Hermann hingegen hatte immer an die russische Vokabel für »Bauer« gedacht. Für ihn hieß Mujik daher »Bauernjunge«. Er sei das Ergebnis eines Fehltritts seiner aristokratischen Mutter »Goldie« mit einem chinesischen Bauernhund. Mujik war sehr stark und jagte gern hinter den Dorfhunden her, wenn sie den »*Master*« anbellten. Nach einem »wundervollen Flug« und einer Übernachtung in Hongkong kam Jennie am 22. April in Sydney an.[34] Dort schien die Sonne ganz anders als in Shanghai.

»Späterhin soll es den Umständen vorbehalten bleiben, wann Jennie und ich uns wieder treffen.«[35]

Die PLA vor Shanghai

Am 23. April, zwei Tage nach Jennies Abflug, eroberten die Kommunisten Chinas Hauptstadt Nanjing. Danach war die Querung des Yangtse möglich, der Weg nach Shanghai frei. Die GMD-Regierung setzte sich nach Kanton bzw. nach Taiwan ab.[36] Hermann schrieb einen Brief an Jennie.[37] Es gab viel zu erzählen: Täglich starteten jetzt 30 Flugzeuge von Shanghai nach Kanton, meist mit Regierungsmitgliedern und hohen Beamten, und die Flüge nach Hongkong waren ausgebucht von reichen Shanghai-Kaufleuten.[38] 25. April, Hermann schrieb wieder an Jennie. Und wieder am 28. April – vor einer Woche war sie abgeflogen. Berichtete er, dass am Vortag die letzten Angestellten des Verteidigungsministeriums aus Shanghai ausgeflogen worden waren?[39] Dass die PLA Suzhou, 100 Kilometer westlich von Shanghai, erobert hatte? Dass die *NCDN* diese Eroberung schon für den 24. April gemeldet hatten und zur Strafe drei Tage nicht erscheinen durften?[40] In jedem Brief schrieb er über die Hunde, beruhigte ihre Sorgen: Sie waren nicht unglücklich und hatten ihn als ihren »*Master*« voll akzeptiert.[41] Am 3. Mai telegrafierte Hermann an Jennie »Alles Gut«.[42] Was hatte Anlass zu unmittelbarer Beunruhigung gegeben?

Vorsitzender der Deutschen Gemeinde

Zeitgleich mit Jennie hatte Hermann Wieda, seit Juli 1947 amtierender Vorsitzender der Deutschen Gemeinde, Shanghai verlassen und Breuer den Gemeindevorsitz kommissarisch übergeben. Der hatte eingewilligt, zu den Mitte Mai anstehenden Wahlen für das Amt zu kandidieren.[43] Er wurde am 10. Mai 1949 gewählt; die Deutsche Gemeinde in der Fünf-Millionen-Stadt bestand noch aus etwa 700 Personen in 250 Haushalten.[44] »*Sie haben Ihr verantwortliches Amt in einer Zeit übernommen, als das vergangene Regime kurz vor dem Zusammenbruch stand, und eine undurchsichtige Zukunft mit all ihren Gefahren und Zufällen uns bedrohte. Wohl selten ist ein neuer Vorstand der Gemeinde mit einem derartigen Aufatmen der Erleichterung begrüßt worden, als Sie sich bereit erklärten, Ihre in freier Wahl der Gemeindemitglieder erfolgte Berufung als erster Vorsitzender anzunehmen. Dass diese Wahl die Richtige gewesen war, konnten gleich die unmittelbar folgenden Tage bestätigen.*«[45]

Schutzbriefe

Sogleich musste Breuer seine Kontakte zu chinesischen Regierungskreisen und sein *standing* bei den Vertretern der Westmächte beweisen. Das Vordringen der Volksarmee und die Abwehrmaßnahmen der GMD-Regierung waren für die Deutschen so besonders besorgniserregend, weil ihnen noch immer ein völkerrechtlich anerkannter Status fehlte. Alle übrigen Ausländer hatten durch Vermittlung ihrer Konsulate »Militär-Schutzbriefe« erhalten, die den GMD-Truppen das Betreten ihrer Häuser, Wohnungen,

Einrichtungen usw. bei Todesstrafe untersagten. Angesichts der undisziplinierten und plündernden GMD-Soldaten war das unbedingt angesagt. Daher »*bemühte sich der neugewählte Vorstand der Deutschen Gemeinden in China [sic] als erstes, von der K.M.T.-Militärverwaltung den gleichen Schutz zu erhalten [...]. Zunächst verweigerte der kommandierende General die Aushändigung solcher Schutzbriefe an Deutsche mit der Begründung, sie könnten nur auf schriftliche Anforderung der Konsulate ausgegeben werden. Einige Mitglieder des Konsularkorps hatten jedoch ihre Zustimmung verweigert, auch für die Deutschen um Schutzbriefe bei den Militärbehörden einzukommen. Schließlich führten persönliche Beziehungen und die Zusicherung von ›Teegeld‹ als Entschädigung für den ›Arbeitsaufwand‹ zur Herausgabe der erforderlichen Anzahl von Schutzbriefen.*« Die Militärbehörde bot bald darauf sogar die doppelte Menge von Schutzbriefen an. Wahrscheinlich hoffte sie auf weiteres »Teegeld«.[46]

Jennie verfolgte das Kriegsgeschehen ganz genau. Am 11. Mai schrieb sie an Nele voller Sorge: »*Sydney ist Prachtvoll, [...], aber ich mit meinen Gedanken natürlich nicht hier bin sondern dort in China, nun werden wir sehen, was kommt. [...] ich warte von Tag zu Tag Sh'ai wird von den Roten besetzt, und dann natürlich für einige Zeit wird es zugeschlossen so wie gewöhnlich. Hoffentlich geht alles ohne Schießerei.*«

Am 12. Mai war nachts vor Shanghai Artilleriefeuer zu hören, in den Außenbezirken fielen Bomben.[47] Es herrschte Frontstimmung.[48] Einerseits. Andererseits war das Wetter am 14. und 15. Mai, einem Wochenende, perfekt, und der englische Country Club an der Bubbling Well Road veranstaltete auf seinem Rasenplatz ein großes Tennisturnier. Zur Erfrischung gab es Erdbeeren.[49] Am 16. Mai zog die PLA in Hankou ein, und in Shanghai war von den Dächern hoher Gebäude aus zu sehen, dass die Gefechte auf etwa fünf Kilometer an die Stadt herangerückt waren. Die letzten Flüge der Pan American und der Northwest Airlines aus Shanghai hinaus starteten um 12 Uhr mittags. Der Tower im Süden der Stadt war zerstört.[50] Auch die British Overseas Airline stellte den Flugverkehr ein, einige wenige chinesische Flugzeuge landeten und starteten noch in den nächsten Tagen. Die Vorbereitungen zur Verteidigung wurden immer hektischer. In den oberen Stockwerken der höheren Gebäude stationierten die Nationalisten Soldaten, an der Nanking Road, am Rennplatz, am Bund, auf dem Postgebäude, auf den Broadway Mansions.[51] Von da an rechneten alle Bewohner täglich mit Straßenkämpfen: »*wir gehen jeden Abend heim, mit gefüllten Mappen, damit wir noch zu Hause das Nötigste erledigen könnten, sollten wir am Morgen verbarrikadierte Straßen und kämpfende Truppen vorfinden.*«[52] In dieser Situation hatte Carl Gerhard Melchers seine Frau und Tochter Bettina aus ihrem Wohnhaus in der Macleod Road[53] ausquartiert, das Haus lag weit außerhalb der Stadt in Hungjao (Hongqiao). Breuer nahm die beiden auf, seine Wohnung im Westen der Stadt war nicht so exponiert.

Vielleicht würde die Eroberung dort stillschweigend an ihnen vorübergehen. Melchers selbst und sein Sohn Henning würden sich im Notfall in der fensterlosen Garderobe ihres Hauses in Sicherheit bringen.

Eroberung

23. Mai 1949: Die Befreiungsarmee erreichte den Flugplatz in Hongqiao und stand an der Stadtgrenze von Shanghai. Am Nachmittag meldete das Radio des britischen Konsulats, »dass alle Leute zu Hause bleiben sollten bis auf weiteres«.[54] Das Geschützfeuer schien näher zu kommen. Die meisten Geschäftsfronten waren mit Brettern verbarrikadiert, dazwischen Unterstände aus Sandsäcken. Alle Straßen, die auf den Bund zuliefen, waren gesperrt, mal mit leichten Panzerwagen, mal mit Stacheldraht. Kein Mensch, kein Auto, keine Rikscha, kein Schiff war an der Uferpromenade, dem Puls der Stadt, zu sehen.

Um 21 Uhr zog sich die Nationalarmee vom Flugplatz zurück. Auf dem Weg ins Zentrum kam dieser Truppenteil durch die Macleod Road. Sechs Stunden dauerten die Kämpfe dort, in Melchers' Haus zerschlugen Gewehrkugeln die Fenster im Wohnzimmer, Vater und Sohn blieben unbeschadet.[55] Die in Richtung Bund und Hafen fliehenden Soldaten der Nationalarmee erzwangen Zutritt zu Privathäusern, griffen nach Zivilkleidung, schlüpften aus ihren Uniformen.[56] Einige sprangen in Unterwäsche über die Zäune.[57]

24. Mai: Zwischen Mitternacht und 3 Uhr morgens erreichte die PLA das Stadtzentrum. In der Nähe der Rue Delaunay (DeChang Lu)[58] kamen sie um 2.45 Uhr vorbei, auf dem Weg aus Hongqiao.[59] Nordwestlich davon, in der Yu Yuen Road, erlebte Breuer den Einzug zusammen mit Frau Melchers und Tochter Bettina, sie hörten die Maschinengewehrsalven und machten sich Sorgen. Gegen 5 Uhr näherten sich die von Westen kommenden Soldaten dem Bund.

25./26. Mai: Mittags erreichten die von Nordosten kommenden Einheiten das Rathaus von Greater Shanghai. Es wurde friedlich übergeben.[60] An der Nanking Road und am Bund leisteten einzelne Truppenteile noch Widerstand.[61] Soldaten der Nationalarmee schossen von den Dächern der Warenhäuser Sun Sun und The Sun, lagen auf den Dächern von Hauptpost und Broadway Mansions nördlich der Garden Bridge, hatten sich im Public Garden am Bund verbarrikadiert. Unter Beschuss arbeiteten sich die Kommunisten langsam vor.[62] Schließlich konzentrierte sich der Kampf auf das Gebäude der Hauptpost und die Brücke über den Wusong. Dabei wurden zwei Deutsche verwundet, einen Arzt traf ein Geschoss am Oberschenkel, als er durch das Kampfgebiet eilte, um Geburtshilfe zu leisten: Auf den Eingangsstufen zum amerikanischen Konsulat brachte eine »Weißrussin« ihr Kind zur Welt, damit es ein amerikanischer Staatsbürger würde.[63] Der andere Verwundete war Melchers' einziger europäischer Mitarbeiter in Shanghai, Rudolf Peter Voremberg. Er war während der Kämpfe in Melchers' Kontor in der Innenstadt geblieben und hatte sich zu früh auf die Straße gewagt. Eine Kugel durchschlug sein Knie.[64] Gegen 6 Uhr abends hatte die PLA auch die Innenstadt erobert.[65] Das Postgebäude war »eine der letzten Bastionen der Nationalisten« gewesen. Es sah furchtbar aus: »*Alle großen Scheiben […]sind zerschmettert, da die letzten Nationalisten aus diesem Gebäude einen richtigen, immensen Bunker gemacht haben. Als sie dann sahen, dass alles verloren war, haben sie noch rasch alle Kassenschränke etc. aufgebrochen und gestohlen, was nicht niet- und nagelfest war.*«[66]

Aufatmen

Die Bewohner Shanghais konnten es kaum fassen: Die kommunistischen Soldaten waren ohne Kampfanzüge, in Gummischuhen, Strohsandalen oder barfuß einmarschiert, nur etwa jeder Zweite trug ein Gewehr. Vor diesen »Hungersoldaten«[67] waren die mit amerikanischen Schnellfeuergewehren bewaffneten Soldaten der Nationalarmee in ihren amerikanischen Lederstiefeln davongelaufen![68]

Wie würden sich die PLA-Soldaten gegenüber der Zivilbevölkerung verhalten? Aus Tianjin (am 15. Januar 1949 erobert) war berichtet worden: »Die einziehenden Rotarmisten benahmen sich vorbildlich diszipliniert.«[69] Aus Peking (31. Januar): »Sie […] waren überraschend freundlich und entgegenkommend. Sie benahmen sich besser, als Tschiangs Truppen.«[70] Das entsprach dem politischen Bekenntnis der Kommunisten. Die Zeitung *Yi Shih Pao* (Cheng Pao) hatte eine Erklärung des Ostchinesischen Hauptquartiers der PLA veröffentlicht, in der es hieß. »*Alle Gesandtschaften, Botschaften und Konsulate und das Leben und das Eigentum aller ausländischen Ortsansässigen werden geschützt sein, wenn sie die Anordnungen der demokratischen Regierung befolgen, nicht als Spione für den Feind agieren oder Kriminelle verstecken oder [dem Land] irgendeinen Schaden zufügen. […] Diese Armee ist strengstens diszipliniert […]. Keine Nadel, kein Faden wird dem Volk gestohlen werden.*«[71] Und vor der Einnahme Shanghais hatte der Vorsitzende der Kommunistischen Partei, Mao Zedong, den Ausländern, die die Gesetze und Anordnungen der Regierung befolgen, noch einmal ausdrücklich »Schutz von Leben und Eigentum zugesichert.«[72] Die Versicherungen hatten sich in den bisher eroberten Städten als wahr erwiesen. Würde es auch in Shanghai so sein? Würde es dabei bleiben?

Breuer schickte gleich am 26. Mai ein Telegramm an den Ostasiatischen Verein Hamburg, »dass die Machtübernahme ohne größere Unruhe erfolgt sei, und dass die etwa 700 noch in Shanghai verbliebenen Deutschen wohlauf seien«.[73] Ich bin mir sicher, dass auch Jennie ein Telegramm bekam. Am 27. Mai um 11 Uhr telegrafierte der Schweizer Renée Schnell an seine Eltern: »SAFE«. Nun waren »*[a]lle öffentlichen Gebäude, Polizeistationen etc. […] von den Kommunisten besetzt, und überall scheint Ruhe und Ordnung zu herrschen, und jedermann ist in guter Stimmung*«.[74] Henning Melchers fuhr mit dem Fahrrad in die Stadt zu Breuer – an den Straßen lagen tote Soldaten, er rutschte auf einer Blutpfütze aus –, um nachzusehen, wie es Mutter und Schwester ging.[75] Sie waren okay. Carl Gerhard Melchers – und nicht nur er – stellte fest: »*Mit dem Einzug der Kommunisten änderte sich die Lage schlagartig zum Guten. Es gab keine Verbrechen mehr, selbst keine Diebstähle [...] es herrschte Ordnung, Anstand und es wurde viel Propaganda für Hygiene und Sauberkeit gemacht. Mao Zedong erklärte, die Fremden im Lande sollten bleiben.*« Die Europäer sahen erwartungsvoll in die Zukunft.[76] Sie stellten fest, dass der neue »Anstand« gut für's Geschäft war: »*Die neuen Machthaber nahmen sich der Vielzahl der Aufgaben mit großem Geschick an [...], stellten die Versorgung sicher [...] öffneten Verkehrswege [...], stellten im ganzen Land Ruhe und Ordnung her, eine wirklich erstaunliche Leistung. Elektrizität, Gas, Wasser, Telefon funktionieren wieder regelmäßig, ›Squeeze‹*[77] *war ausgeschaltet, die öffentlichen Verkehrsmittel fuhren pünktlich.*«[78]

Die Bevölkerung Shanghais, die chinesische und die westliche, tat einen kollektiven Seufzer der Erleichterung.[79] Sie hatten die Befreiung unbeschadet überstanden. Breuer stellte fest: »*Die ›Volks Regierung‹ [...] hat eigentlich alle Ausländer völlig unbehelligt gelassen, solange man sich vernünftig benahm, und für den Wechsel der Dinge praktisches Verständnis zeigte. Im Gegensatz zur verflossenen GMD Regierung ist die jetzige: ehrlich, gewissenhaft, fleißig, korrekt und, was natürlich bei einer Revolution ist (es ist die zweite, die ich hier durchmache) chinesisch national. Daraus muss man, wenn man keine Scherereien sich auferlegen will, seine Schlüsse ziehen. Das wäre eben für Jennie schwierig gewesen, und so ist es gut, dass sie die hiesigen Kämpfe, besonders die Zeit der unmittelbaren Vorbereitungen dafür, nicht persönlich mitzuerleben brauchte.*«[80]

Sollte es das gewesen sein? Viele hatten das Gefühl, der Zustand sei vielleicht »too good to last«.[81]

1 HWB 22.1.1949 an Nele.

2 Eduard Kann verließ Shanghai am 15. März 1949. Nach ihrer Einreise in die USA (1952) verbrachte Jennie ihr erstes Weihnachtsfest bei Familie Kann.

3 Am 4.7.1946 hatten die USA die Philippinen offiziell in die Unabhängigkeit entlassen, aber wirtschaftliche Sonderrechte und militärische Stützpunkte behalten.

4 HWB 18.3.1949 an Nele.

5 *NCDN*, 14.1.1949. Tubabao konnte nicht direkt angefahren werden. Die Insel war über eine Brücke mit der Südspitze der Insel Samar verbunden. Bis Ende Mai 1949 wurden in dem Lager insgesamt ca. 6000 weißrussische Flüchtlinge untergebracht. Sie lebten dort zwei bis vier Jahre in Zelten und anderen Provisorien, bis sie nach Australien, Kanada oder in die Vereinigten Staaten einreisen konnten. https://www.unhcr.org/ph/11886-9wavesrefugees.html, 9.11.2020.

6 Alfred Tritthardt: Tientsin, StuDeO-Info Dezember 2009, S. 24–25.

7 NAA, Queensland State Archives, Registers of Immigrant Ships' Arrivals; Series ID 13086; Roll: M1705.

8 HWB 13.3.1949 an Nele.

9 Erinnerungen von Sun Ai-fe, Ehefrau des Botschaftsrats Dr. Altenburg, in StuDeO-Info Dezember 2009, S. 25. Verteidigung Pekings seitens der GMD: General Fu Tso-yi (Fu Zuoyi); PLA: General Lin Biao. Die Erklärung erfolgte am 22.1.1949 um 18 Uhr. Am 31.1.1949 marschierte die PLA in Peking ein. Bodde, Peking Tagebuch, S. 133.

10 HWB 13.3.1949 an Nele.

11 *Chicago Daily Tribune*, 28.4.1949.

12 Schnell, Briefe, S. 165. Fenby, Penguin History of Modern China, S. 347.

13 HJ Geschke: Auswanderung mit Schwierigkeiten. StuDeO-Info Dezember 2010, S. 20–22.

14 Das Grundgesetz der BRD trat am 23.5.1949 in Kraft. Dieser Tag wird als Tag der Staatsgründung gefeiert. Juristisch gesehen erfolgte die Staatsgründung im September 1949 mit der Konstituierung des ersten Deutschen Bundestages, der Wahl von Theodor Heuss zum Bundespräsidenten, der Vereidigung der Bundesregierung, der Wahl des Bundeskanzlers und der Regierungserklärung am 20.9.1949.

Am 7.10.1949 konstituierte sich der Zweite Deutsche Volksrat als Provisorische Volkskammer der DDR und setzte die Verfassung in Kraft. https://www.bpb.de/geschichte/nationalsozialismus/dossier-nationalsozialismus/39624/doppelte-staatsgruendung?p=all am 13.2.2021.

15 Kriterien für den Status im Jahr 1949: http://www.bpb.de/politik/hintergrund-aktuell/279392/75-jahre-un-fluechtlingshilfe, am 2.5.2019.

16 Fenby, Penguin History of Modern China, S. 347.

17 Schwimmende Plattform mit Rampen zum Transport und Anlanden von Panzern etc.

18 Eva Bodenstein geb. Skoff: Tagebuch. StuDeO-Info Dezember 2009, S. 27. Tsingtao wurde am 2.6.1949 erobert.

19 Erinnerung Werner Noll. Dierk Strothmann: Hamburgs Mann in China. 22.02.1986. http://www.abendblatt.de/archiv/1986/article203508769/Abenteuer-Shanghai.html, am 2.5.2019.

20 Troeger, Aufgewachsen in Shanghai, S. 255. Tagebuch Eva Bodenstein in StuDeO-Info Dezember 2009, S. 26–27. Abfahrt am 10.3.1949. Die Fahrt dauerte 45 Tage.

21 Gespräch mit Jürgen Müller(-Ibold) 16.7.2014 in Köln. Telefonat mit Gunter Ashelm 28.2.2020.

22 HWB 13.3.1949 an Nele.

23 Schnell, Briefe, 28.5.1949, S. 180.

24 Heinemann-Headley, Blond China Doll, S. 167.
Zitat: HWB 3.10.1949 an Nele

25 Fenby, Penguin History of Modern China, S. 347.

26 HWB 13.3.1949 an Nele.

27 Schnell, Briefe, 9.2.1949, S. 166.

28 Schnell, Briefe, 18.3.1949, S. 168–169. Middleditch, To my Grandfather, S. 223. Cabot, US-Generalkonsul in Shanghai 7.5.1949 an das US-amerikanische Außenministerium. Im Folgenden zitiert als: US-GK an US-AA https://history.state.gov/historicaldocuments/frus1949v08/d349, am 2.5.2019.

29 Elke Finke 12.5.1949 an HWB.

30 NAA: SP908/1, Russian/Bohanova Jennie Serafima. NAA, A1, 1924/10970.

31 US-GK an US-AA 22.4.1949 https://history.state.gov/historicaldocuments/frus1949v08/d311, am 2.5.2019. Schnell, Briefe, 27.4.1949, S. 172.

32 Jennie 10.5.1949 an Nele: »Mit Hunden war schwere Abschied.«

33 HWB an Nele 22.1.1949 und 2.2.1949.

34 National Archives of Australia: SP908/1, Russian/Bohanova Jennie Serafima. NAA, A1, 1924/10970.

35 HWB 28.11.1948 an Nele.

36 US-GK an AA 24.4.1949. https://history.state.gov/historicaldocuments/frus1949v08/d321. Am 2.5.2019.

37 Jennie 11.5.1949 an Nele. HWBs Brief liegt nicht vor.

38 US GK an AA 24.4.1949, zitiert Mitteilung von Reuters Hongkong vom 23.4.1949. https://history.state.gov/historicaldocuments/frus1949v08/d321. Am 2.5.2019.

39 US-GK an US-AA 25.4.1949. https://history.state.gov/historicaldocuments/frus1949v08/d325. Am 2.5.2019.

40 US-GK an US-AA meldet Eroberung am 24.4.1949. Zu *NCDN*: Schnell, Briefe, 27.4.1949, S. 174.

41 Jennie 11.5.1949 an Nele: »*[...] bis jetzt höre ich, dass sie noch da sind und nicht unglücklich. In Paps sie haben neuen master gefunden.*«

42 Jennie 11.5.1949 an Nele.

43 HWB Vermerke z.A. am 2. und 3.7.1968 (ohne Bezug auf Jennies Abflug).

44 Breuer, Konsul ohne Exequatur, S. 96. Die Schutzbriefe haben genutzt: Plünderungen deutschen Besitzes durch GMD-Soldaten sind nicht bekannt geworden. Die PLA-Soldaten plünderten nicht. Die Anzahl der Deutschen in ganz China im Mai 1949 schätzte Dr. Bidder (Peking, ehemals AA) auf 2000. PA AA B10, Bd. 1941, A 5625 G8. Das wären 1300 außerhalb Shanghais – die Zahl scheint mir hoch gegriffen zu sein.

45 HW Siegel: Abschiedsbrief der Deutschen Gemeinde Shanghai an HWB 29.4.1952.

46 HWB, Konsul ohne Exequatur, S. 96.

47 US-GK an US-AA 14.5.1949. https://history.state.gov/historicaldocuments/frus1949v08/d370. Am 2.5.2019.

48 Troeger, Aufgewachsen in Shanghai, S. 259.

49 Middleditch, To my Grandfather, S. 223.

50 US-GK an US-AA 16.5.1949. https://history.state.gov/historicaldocuments/frus1949v08/d373. Am 2.5.2019.

51 Troeger, Aufgewachsen in Shanghai, S. 265; Fenby, Penguin History of Modern China, S. 348.

52 Schnell, Briefe, 17.5.1949, S. 177.

53 Den Straßenzug gibt es nicht mehr.

54 Schnell, Briefe, 23.5. und 28.5.1949, S. 179–180. Middelditch, S. 225.

55 Henning Melchers, China und Melchers, S. 90, CG Melchers, China-Firma, S. 60, MA.

56 Fenby, Penguin History of Modern China, S. 348.

57 Ilse Mohr, Briessen-Interview, Gedächtnisprotokoll CM.

58 vgl. https://www.mafengwo.cn/g/i/1285992.html). French (Shanghai A to Z, S. 11) und Steffi Schmidt (Shanghai-Promenade, S. 326) geben an: Yongchang Lu, das war ehemals die Route Herve de Sieyes.

59 Schnell, Briefe, 28.5.1949, S. 180. HWB, Konsul ohne Exequatur, datiert die Eroberung auf die Nacht 25. auf 26.5.1949. Schnells Erinnerung ist näher am Ereignis, daher übernehme ich seine Datierung.

60 Rathaus: US-GK an US-AA 25.5.1949. https://history.state.gov/historicaldocuments/frus1949v08/d403. Am 2.5.2019.

61 Schnell, Briefe, 28.5.1949, S. 180.

62 Middleditch, To my Grandfather, S. 225. Troeger, Aufgewachsen in Shanghai, S. 265.

63 Troeger, Aufgewachsen in Shanghai, S. 265.

64 Joachim Claussen Memoiren, S. 14–15. MA Firma Melchers, Kasten 1, Mappe 6.

65 US-GK an US-AA 26.5.1949 https://history.state.gov/historicaldocuments/frus1949v08/d408. Am 2.5.2019.

66 Schnell, Briefe, 28.5.1949, S. 181.

67 Henning Melchers, China und Melchers, S. 90.

68 Wera Schoenfeld, Gespräch in Aumühle am 17.2.2013. Troeger, Aufgewachsen in Shanghai, S. 267.

69 Dunsing, China im Umbruch. StuDeO-Info Dezember 2009, S. 23.

70 Erinnerungen von Sun Ai-fe, Ehefrau des Botschaftsrats Dr. Altenburg, StuDeO-Info Dezember 2009, S. 25.

71 »*All Embassies, legations and consulates and the life and property of all foreign residents shall be protected if they will observe the orders of the democratic government, will not act as spies of the enemy, keep war criminals in hiding nor inflict any sort of damage. […] This army is strictly disciplined […]. Not a needle nor a thread will be taken from the people.*« 24.4.1949. https://history.state.gov/historicaldocuments/frus1949v08/d322. Am 2.5.2019.

72 Breuer, Konsul ohne Exequatur, S. 96.

73 Eberstein, Der Ostasiatische Verein, S. 143.

74 Schnell, Briefe, 28.5.1949, S. 179–181.

75 Henning Melchers, China und Melchers, S. 91.

76 CG Melchers, China-Firma, S. 60–61, MA.

77 Bestechungsgelder.

78 Lob der neuen Regierung: Dunsing, China im Umbruch. StuDeO-Info Dezember 2009, S. 23–24. Schnell, Briefe, 14.6.1949, S. 23. Troeger, Aufgewachsen in Shanghai, S. 285. Willens, Stateless, S. 213.

79 »*For the first few weeks, the citizens breathed a collective sigh of relief and continued to live their lives.*« Heinemann-Headley, Blond China Doll, S. 171.

80 HWB 3.10.1949 an Nele.

81 Middleditch, To my Grandfather, 28.5.1949, S. 225.

1949 - 1950
To go or not to go

Die Dundalk Bay

Am 19. November 1950 ging bei Breuer endlich die Nachricht ein: Die *Dundalk Bay* ist heute abgefahren. 14 Tage vorher, am 5. November, hatte er am Nordbahnhof Abschied genommen von 176 Mitgliedern der Deutschen Gemeinde, die sich auf den Weg nach Tianjin und weiter nach Deutschland machten. Nicht dass er die Reisenden bei der Abfahrt noch einmal gezählt hätte, aber im Büro der DG hatten sie bis in die Nacht hinein die Listen korrigiert, Namen ergänzt und andere gestrichen. Immer mit allen Angaben: laufende Nummer, Name, Geschlecht, Geburtsdatum, Beruf, Verwandtschaft mit anderen Rückkehrern, das zuständige Bundesland in Deutschland, wer sie dort erwarten und unterbringen würde, Anmerkungen zur Kostenübernahme. Für die Kranken hatte Breuer ärztliche Bulletins und Ratschläge eingeholt. Einer der Heimkehrer litt an Speiseröhrenkrebs. Sollte die Kanüle für die Nahrungsaufnahme belassen oder entfernt werden? Sie würde ihm »die Eisenbahnfahrt wahrscheinlich zur Marter machen«. Ein anderer hatte »*vor fünf Jahren einen Schlaganfall erlitten und ist seitdem nicht nur rechtsseitig gelähmt, sondern sein Sprach- und Denkvermögen ist zeitweilig stark behindert. Außerdem bekommt er in unregelmäßigen Abständen [...] epileptische Anfälle, die ihn für eine gewisse Zeit mehr oder weniger besinnungslos machen. [...] Am besten wäre es für ihn, wenn er in einem Heim auf dem Lande Unterkunft finden würde, wo er zu ebener Erde wohnen könnte, damit er ins Freie gelangen kann [...].*« Der eine oder andere Schwerkranke war schon in Hamburg im Krankenhaus angemeldet.[1]

Und über dem Wuste / im Kreis der Berater / thront ganz aus der Puste / der Gemeindevater. / Belehrend die Einen / und wehrend die Ketzer, / sacht führend die Kleinen, / besänft'gend die Hetzer, / hier schlichtend Gemüter, / dort richtend im Streite, / ein Helfer und Hüter / unzähliger Leute. / Und schreibet Briefe und / schickt Telegramme und schürt in der Heimat die Hülfsaktionsflamme.

Zwanck, Abschiedsgedicht Shanghai, 1952

Die vielen Korrekturen auf den Transportlisten waren Abbild des Ringens der Abreisenden mit sich selbst, mit Familie und Freunden, mit den Umständen: dableiben oder weggehen? Einige von ihnen fragten sich noch am Tag der Abfahrt, ob ihre Entscheidung richtig war, so Carl Ahrens, alteingesessener Handwerksunternehmer aus Tsingtao. Ahrens hatte bleiben wollen, er hoffte, so seinen Besitz zu retten. Er war wütend, dass er sich zur Abreise hatte überreden lassen – noch dazu von seinem Freund August Börter, der selbst nicht mitfuhr.[2] Der älteste Reisende, der 80-jährige Herr Wormsbecher, war ganz sicher, dass der Handel mit China bald wieder aufblühen würde, aber für ihn wäre es dann zu spät.[3] Der 19-jährige[4] Jürgen Geschke hingegen blickte optimistisch in die Zukunft. Er hatte seit März 1949, seit die Amerikaner ihn aus Tsingtao nach Shanghai gebracht hatten, in der Verwaltung der Shanghaier Gemeinde gearbeitet und am Zustandekommen dieses Rücktransports mitgewirkt. Jetzt würde er in Deutschland eine Ausbildung machen können, anschließend wollte er wieder in Übersee arbeiten. Jürgens Vater Hans, der auch schon seit seiner Kindheit in Tsingtao lebte, und Jürgens Mutter und Geschwister hatten keine Ausreisevisa erhalten; die *Dundalk Bay* war ohne sie abgefahren.[5]

Am 13. Oktober war die Deutsche Gemeinde Shanghai benachrichtigt worden, dass die Engländer die *Dundalk Bay* »für den Rücktransport der restlichen China-Deutschen«[6] gebucht hatten. Sie fuhr zu der Zeit als englisches Auswandererschiff und lag gerade vor Australien. 1936 war das Schiff als *Nürnberg* des Norddeutschen Lloyd vom Stapel gelaufen, hatte während des Krieges als Wohnschiff, eingerichtet mit Schlafsälen, Holztischen und Bretterbänken im Speisesaal, für die Besatzung von Minenräumbarkassen in der Ostsee gedient. Immerhin gab es geräumige Decks für den Aufenthalt im Freien und ein kleines Schwimmbad.[7] Eigner war jetzt die Irish Bay Line. Die Einschiffung der Passagiere sollte am 11. November von Tianjin aus stattfinden. Am 15./16. November würden die Deutschen aus Südchina in Hongkong zusteigen.[8] Breuer musste organisieren, dass alle Mitreisenden zur rechten Zeit am rechten Ort waren. Er informierte umgehend die Deutschen Gemeinden und meldete gleichzeitig beim OAV weiteren, dringenden Finanzbedarf an: Für die Bahnfahrten von Shanghai nach Tianjin wurden 25 000 US-Dollar benötigt.[9] Außerdem mussten die in Harbin lebenden Deutschen versorgt werden. Sie waren bei großer Kälte unzulänglich untergebracht, konnten nicht heizen, hatten die Winterkleidung bereits verkauft; die DG erbat hierfür weitere 300 US-Dollar. Oder besser 400.[10]

Die *Dundalk Bay* erreichte die Reede von Taku vor Tianjin, am 11. November. Wie geplant. Die 176 Shanghaier konnten an Bord gehen, ebenso zwölf Deutsche aus Peking, 25 aus Tianjin, neun Passagiere aus Tsingtao und 31 aus weiteren Orten in China.[11] Bestimmt hatten einige Ausreisende wieder versucht, Goldbarren für den Neustart durch die Zollinspektion zu schmuggeln. Im August hatte ein Familienvater Glück gehabt. Die große Hundehütte im Gepäck war »auf Gold gebaut«. Seine ahnungslose Familie war etwas irritiert, wie hektisch Vater darauf achtete, dass der Hund immer sein Zuhause hatte.[12] Bei der Inspektion im November war einem Kind sein Teddybär hinuntergefallen. Der hilfreiche Zöllner hob ihn auf. Er war sehr schwer. Das Gold musste dableiben.[13]

Warten auf die Deutschen aus Peking

Am 12. November, die *Dundalk Bay* war eigentlich bereit zur Abfahrt, fehlten noch alle 125 Passagiere aus Harbin und ein Dutzend Deutsche aus Peking. Letzteren war am 6. November plötzlich das Exit-Visum entzogen worden. Shanghai drahtete, das Schiff müsse warten, die Folgen seien sonst »katastrophal«.[14] Warten kostete pro Tag £ 1100,– (DM 13000) Liegegebühren. In Shanghai erfuhren sie erst viel später, was in Peking abgelaufen war: »*Am Morgen der Abreise [...] nach Tientsin [kam die] Polizei [und] brachte den Befehl, dass wir uns um elf Uhr mit Pass und Exit-Visum auf dem Ausländeramt einzufinden hätten. Bis dahin war der Zug längst abgefahren [...]. Man nahm uns das [Exit-]Visum weg.*« Einer der Betroffenen war Dr. Hans Bidder, ehedem Gesandtschaftsrat. Auf dem Briefpapier der ehemaligen Deutschen Botschaft schrieb er, mit allen traditionellen chinesischen Höflichkeitsformeln, an Mao Zedong, »*dass die Deutschen immer Freunde der Chinesen gewesen seien. Wenn sie jetzt heimkehren dürften, würden sie gut von China und seiner Regierung sprechen. Das würde Einfluss auf die Einstellung der Wirtschaft zum Handel mit China haben, und auch auf die Politiker.*« Es folgte ein Gespräch Bidders mit Zhou Enlai, und eine knappe Woche nachdem ihnen die Papiere abgenommen worden waren, wurde das Dutzend Deutsche wieder auf das Ausländeramt bestellt. »Man warf uns unser Papier beinah an den Kopf.«[15] Ein Telegramm (13. November) kündigte in Tianjin an, mit der Ankunft der restlichen Peking-Deutschen sei bis Donnerstag (16. November) zu rechnen.[16] Am Freitag stiegen die Pekinger nach Zollkontrolle und Prüfung der Papiere, stundenlangem Warten und dem nächtlichen Transport im Laderaum eines Kohlenschleppers tatsächlich um 23 Uhr über die schmale Leiter an der Außenwand des Schiffes an Bord.[17]

Aber Kapitän Bornschein und die Passagiere warteten weiter, und zwar auf die aus Harbin angemeldeten 125 Deutschen. Am 9. November hatte es geheißen, ihre Ankunft werde sich aufgrund von »Regierungsmaßnahmen« um unbestimmte Zeit verzögern. Gemutmaßt wurde: »*Die Verzögerung [...] soll dadurch entstanden sein, dass die chinesische Regierung wahrscheinlich mit Rücksicht auf Truppenbewegungen die Abreise dieser Deutschen nicht genehmigt hat*«.[18] Am 18. kam tatsächlich ein Transport aus Harbin. Mit 62 Deutschen. Ob weitere unterwegs waren, ließ sich nicht feststellen. Am 19. November legte die *Dundalk Bay* ab. Die sieben Tage Verzug kosteten fast 100000 DM Liegegebühren. Würde von nun an alles laufen wie geplant? In Hongkong sollten weitere 41 Deutsche, 59 Passagiere verschiedener Nationen und zehn Staatenlose aus Südchina an Bord gehen.[19] Ob alle den Dampfer erreichen würden? Die britischen Durchreisevisa für die Kronkolonie mussten exakt terminiert mit viel Vorlauf beantragt werden.[20]

Rückblick: Optimismus versus Skepsis

Warum hatten sich die Reisenden entschlossen, China zu verlassen? Unmittelbar nach der Eroberung Shanghais durch die Kommunisten im Mai 1949 hatte die Lage doch ganz vielversprechend ausgesehen. Dr. Bidder hatte eine optimistische Vision von zukünftigen wirtschaftlichen Beziehungen zwischen der neuen chinesischen Regierung und der seit Inkrafttreten des Grundgesetzes am 23. Mai 1949 im Entstehen begriffenen Bundesrepublik Deutschland. Er stellte sich die Lieferung von deutschen Industrieanlagen gegen Abnahme von Rohstoffen vor und schrieb an das Wirtschaftsamt der Trizone, die Engländer seien schon wieder im Geschäft. Daher empfehle er unbedingt, bald einen amtlichen – oder wenigstens einen inoffiziellen – Vertreter am Sitz der neuen chinesischen Regierung zu bestellen.[21] Die chinesische Regierung versicherte, »*dass sie Handel und Wandel fördern und das freie Unternehmertum in keiner Weise unterbinden würde. Im Gegenteil, freie Unternehmer und Kaufleute würden vonseiten der kommunistischen Behörden in jeder Weise unterstützt werden und es würden sich für sie ungeahnte Möglichkeiten bieten, sobald die Kommunisten Ruhe und Ordnung hergestellt hätten. [...] Jeder sollte auf seinem Platz bleiben und der neuen Volksregierung Vertrauen schenken.*«[22] Im August 1949 schwankte die Stimmung der Kaufleute, der chinesischen und der ausländischen, zwischen Optimismus und Skepsis: In Peking neigten sie dazu, alles aufzugeben und »woandershin« zu gehen, in Tianjin meinten sie, die Verhältnisse seien zwar schwierig: »Aber im Augenblick wollen wir erst einmal abwarten und sehen, was sich machen lässt.«[23] Zur Hoffnung trug bei, dass sich die neue Währung festigte. Entgegen allen Erwartungen. Der Renminbi (die Volkswährung) war im Juni 1949 in Shanghai eingeführt worden, wie vorher in den anderen kommunistischen Gebieten.

Das neue Geld, die neue Ordnung und Sauberkeit, das Versprechen einer wirklichen Gerechtigkeit, ein neues Selbstbewusstsein lösten auch bei Chinesen außerhalb Chinas Aufbruchstimmung aus. Viele machten sich auf den Weg zurück nach China. Sie wollten helfen, die bessere Zukunft zu gestalten. Zu denen, die an eine neue, gute Zeit für China glaubten, gehörte David Kwok, Assistant General Manager bei Wing On und Breuers guter Freund. Im September 1949 veranlasste David seinen Bruder Edward, aus Hongkong (wohin Edward sich mit Frau und Kindern nach dem Fall von Nanjing im April zurückgezogen hatte) nach Shanghai zurückzukommen.[24]

Volksrepublik China

Während die PLA im Süden und im Osten Chinas noch kämpfte (Kanton wurde am 15. Oktober erobert, Chongqing am 30. November), verkündete Mao Zedong am 1. Oktober 1949 auf dem Tiananmen in der alten neuen Hauptstadt Peking die Gründung der Volksrepublik China. Die Politische Konsultativkonferenz (bestehend aus Vertretern der kommunistischen Partei, einiger kleiner Parteien und der Massenorganisationen) hatte eine vorläufige Verfassung entworfen. Sie enthielt politische Grundsätze, die Definition von Bürgerrechten und -pflichten sowie Richtlinien zur rechtlichen und politischen Struktur des Staates. Die Konferenz beschloss auch die neue Nationalflagge, die Fünf-Sterne-Rote-Flagge: Auf rotem Grund symbolisieren vier Sterne bogenförmig neben einem größeren Stern: Arbeiter, Bauern, Kleinbürger und nationale Bourgeoisie, geführt von der kommunistischen Partei. Mitglieder des Zentralen Regierungsausschusses waren gewählt worden und Mao zu dessen Vorsitzendem. Premierminister wurde Zhou Enlai.[25] Am Tag nach dem Großereignis (das in Peking bei strahlendem Sonnenschein gefeiert wurde; in Shanghai regnete es) erkannte die Sowjetunion den Staat an; die übrigen sozialistischen Regierungen folgten dem Beispiel noch im Oktober.

Entgegen der nun offiziellen antiimperialistischen Rhetorik wurden ausländische Techniker und Unternehmen zum Bleiben ermuntert,[26] und mancher beschloss, abzuwarten, »im Gedanken, dass China zuletzt doch immer China bleibe«.[27] Andere fanden, es sei kaum möglich, die Zeichen zu übersehen und noch auf eine Zukunft für Amerikaner und Europäer in China zu hoffen.[28] In den Banken, in der Verwaltung, vor Gericht, an den Universitäten war nur noch Mandarin zugelassen. Straßen wurden umbenannt, die neuen Straßenschilder trugen nur chinesische Schriftzeichen. Alle Ortsbriefe und die Briefe nach Hongkong mussten chinesisch adressiert sein.[29] Seit dem 1. Juni 1949 wurden in Shanghai keine englischsprachigen Radiosendungen mehr produziert, zwei von vier englischsprachigen Zeitungen verboten. Am 1. September stellten die letzten auswärtigen *News Agencies* ihre Tätigkeit ein. Der Herausgeber der *North China Daily News* hatte um Erlaubnis gebeten, die Zeitung einstellen zu dürfen. Sie umfasste nur noch eine Seite (zensierte) Nachrichten. Er durfte nicht.[30] Im Lauf des Jahres 1950 verlernten die Chinesen ihre englischen Sprachkenntnisse.[31] Hermann kam ja für täglich gut durch mit seinem Chinesisch.

Als Hermann Mitte September Leserbriefe gegen die Vorführung amerikanischer Filme las, die forderten, »stop this traffic in opium«,[32] sah er eine Kampagne voraus und war ein bisschen traurig. Bei dieser Sorte Opium hatte er sich manchmal am Wochenende von seinem stressigen Alltag erholt. Mit Jennie waren Kinobesuche schöner gewesen. Im November erklärte das Konsortium amerikanischer Filmverleiher in Shanghai, keine Filme mehr zu verleihen.[33] Es gab russische Filme, aber da ging niemand hin. Der Kurzwellensender Voice of America wurde seit September 1949 gestört.[34]

Persönlich verantwortlich

Die Diplomaten der westlichen Länder hatten gleich nach der Einnahme Shanghais versucht, »unter Abgabe ihrer Visitenkarten Kontakt mit den neuen Behörden herzustellen«, aber sie wurden »entweder gar nicht oder nur als Privatpersonen empfangen. Das neue Regime ignorierte die Konsulate derjenigen Nationen, die keinen Staatsvertrag mit China abgeschlossen hatten.[35] Bald wurde erkennbar, dass die Mitarbeiter der diplomatischen Vertretungen nicht mehr die sonst unter Staaten üblichen Vorrechte genossen, wie Schutz vor hoheitlichen Maßnahmen und Befreiung von der Gerichtsbarkeit des Gastlandes, Befreiung von Steuern, Unverletzlichkeit der Person und der Privatwohnung.[36]

Breuer hatte Anfang Juni 1949 einen ersten Kontakt mit der kommunistischen Sicherheitsbehörde. Ein Deutscher war ermordet worden. Die Mordkommission nahm sich des Hinweises an und konnte die Tat aufklären. Mitte Juni bat der Vorstand der Deutschen Gemeinde die Kommission für ausländische Angelegenheiten um »*Erlaubnis, ihr einen Besuch abstatten zu dürfen, um [...] den Dank für die bisher gewährte Unterstützung und die Bitte um weiteren Schutz auszusprechen, und um gleichzeitig den neuen Behörden die Dienste des Vorstands der Deutschen Gemeinde gegebenenfalls zur Verfügung zu stellen*«. Breuer und der stellvertretende Vorsitzende, Hans Wilhelm Siegel, wurden empfangen. In sachlicher Atmosphäre wurde Breuer als der Vorsitzende »*darauf aufmerksam gemacht, dass er für die Einhaltung der gesetzlichen Bestimmungen durch die Deutschen zu sorgen habe und für Verstöße persönlich verantwortlich gemacht werde*«. Die Kommission erkannte Bestätigungen der deutschen Staatsbürgerschaft durch den Vorstand der DG an bzw. forderte sie ein. Auch die Konsulate anderer Länder akzeptierten Unterschriftsbeglaubigungen, Leumundszeugnisse und andere Beurkundungen durch den Vorsitzenden der DG. »*Angesichts der Erfordernisse des täglichen Lebens blieb allen Beteiligten nichts anderes übrig, als diese [...] immerhin ungewöhnliche Tätigkeit der Deutschen Gemeinde in Shanghai de facto anzuerkennen.*«[37]

Im September 1949 unternahm Breuer den Versuch, die Last der Diplomatie auf offiziell berufene Schultern zu legen. Er mahnte in einem Telegramm an den OAV Hamburg, dass eine »baldmöglichste Wahrnehmung Interessen« der BRD in China dringend geboten sei, erhielt aber zur Antwort, es sei unbekannt, wann es wieder (west)deutsche Vertretungen im Ausland geben werde.[38] Das erschien besonders misslich, nachdem am 7. Oktober 1949 die DDR gegründet worden war und DDR und VRC sich noch im Lauf des Oktober gegenseitig völkerrechtlich anerkannten. Wahrscheinlich würde die DDR demnächst eine diplomatische Vertretung in Peking einrichten. Was bedeutete das dann für die Deutschen in China? Waren sie eigentlich West- oder Ostdeutsche? Breuer und Siegel baten um ein Gespräch mit Walter McConaughy, dem amerikanischen Generalkonsul in Shanghai. Ihm trugen sie die Befürchtung vor, die Deutsche Gemeinde könnte veranlasst werden, ihre Interessen von Repräsentanten des »Eastern German puppet state« vertreten zu lassen. Dabei war, so stimmten Breuer, Siegel und der Generalkonsul überein, die Tendenz in der Deutschen Gemeinschaft überwiegend eine antikommunistische. Obwohl die chinesische Presse aktuell einen anderen Eindruck erweckt hatte: Positive Äußerungen Einzelner über die DDR waren als Ansicht der ganzen Gemeinde publiziert worden.

Breuer sprach auch das Problem einer Rückgabe der Deutschen Schule an die DG an. Das Gebäude war 1945 von den Amerikanern beschlagnahmt und seither für die US-Armee, die Navy und zuletzt für das Personal des Generalkonsulats genutzt worden. Sie wollten das Gebäude jetzt in deutsche Hände zurückgeben. Breuer befürchtete, dass die Kommunisten es dann enteignen würden, wie es kürzlich mit dem Grundbesitz von C. Ismer & Co. geschehen war, dem großen deutschen Juweliergeschäft, das schon vor dem Ersten Weltkrieg in der Nanking Road zu Hause gewesen war.[39] Und so geschah es: Unmittelbar nachdem Breuer die Behörden informiert hatte, dass die Deutsche Schule am 1. Dezember 1949 in ihrem angestammten Gebäude wieder eröffnet würde, erhielten Siegel und er eine Vorladung vom Amt für Ausländische Angelegenheiten und wurden ernstlich verwarnt, sie hätten chinesisches Volkseigentum in Besitz genommen.[40] Das Schulgebäude war verloren. Breuer seufzte: »Die Verhandlungen mit den Vertretern der Volks-Regierung, die zwar durchaus korrekt sich benehmen, sind recht anstrengend.« Einige Wochen vorher hatte er es nämlich schon einmal erlebt: Er war zu einer Hochzeit eingeladen und »ausnahmsweise ganz formell« angezogen, als ihn zwei Herren von der Stadtverwaltung aufgesucht hatten. Sie trugen die typischen blauen Blusen und Ballonmützen und holten ihn in einer Staatskarosse ab. Es entstand der Eindruck, er werde arretiert – »was gottlob nicht der Fall war«. Die Verwaltung wollte die evangelische Kirche für die Feier zur Gründung der Zentralregierung nutzen, »wofür an sich unsere wunderschöne Kirche ja nicht geplant war«.[41] Nein sagen war aber keine Option gewesen.

Antiimperialismus

In seiner Rede zum 28. Jahrestag der Gründung der KPC am 30. Juni 1949 hatte sich Mao zum ersten Mal öffentlich für ein Bündnis mit der Sowjetunion ausgesprochen: Erfahrungen zeigten, dass sich die Chinesen entweder nach der Seite des Imperialismus oder nach der Seite des Sozialismus neigen müssten. Das Land brauche Unterstützung von den internationalen revolutionären Kräften, nicht aber von den Imperialisten, Großbritannien und den USA. Diese wollten nicht etwa dem chinesischen Volk helfen, sondern »die Kapitalisten dieser Länder [wollen] sich bereichern und die Bankiers Zinsen bekommen«.[42]

Die chinesische Propaganda griff Engländer, Holländer, Franzosen und Amerikaner wegen ihrer kolonialen Vergangenheit und Gegenwart in Ostasien an, warf ihnen Imperialismus und Kapitalismus vor. So am 6. Juli 1949 während der Feier zur Befreiung Shanghais durch die PLA. Spruchbänder und riesige Porträts von Mao Zedong und Zhou Enlai machten den Aufmarsch entlang der Nanking Road und am Bund zu einer Demonstration gegen den westlichen Imperialismus. Ähnlich im Monat darauf: »*Vergangene Woche brachte den Höhepunkt der ›Anti-American Aggression Campaign‹ – mit Lautsprechern und Flugblättern wurde gegen die USA und die Imperialisten auf der ganzen Welt gehetzt. Die USA wurden sogar mit Hitlerdeutschland verglichen!*«[43]

Antiamerikanismus fand Nahrung in aktuellen Ereignissen: Der 18. Juni 1949 brachte den ersten Luftangriff der Nationalchinesen auf Shanghai.[44] In den folgenden Monaten waren die Bewohner den Bombardements schutzlos ausgeliefert, denn es gab keine Flakabwehr. Es lag nahe, anzunehmen, dass die USA die Nationalchinesen immer noch militärisch unterstützten und dass sie in Festlandchina noch viele aktive Sympathisanten hatten. Außerdem hatte die GMD den Bereich der Mündung des Huangpu in den Yangtse vermint. So konnte der Hafen von Shanghai weder von größeren Handelsschiffen noch von Passagierdampfern angefahren werden. Außenhandel war nicht mehr möglich; Rohstoffe für die Produktion konnten nicht angeliefert werden. Der einzige internationale Handelsweg verlief über Nordchina; auch eine Ausreise aus China war nur über Tianjin möglich. Zusätzlich verhängte die Guomindang im Sommer 1949 eine Seeblockade, »*die es als reichlich ungewiss erscheinen lässt, wann einer der in großen Abständen zwischen Tianjin und Hongkong verkehrenden Personendampfer wirklich einmal fährt, die jetzt die einzige Möglichkeit bieten, aus dem kommunistischen China hinauszukommen*«.[45] Ende September wurde die Blockade von zwei amerikanischen Schiffen durchbrochen: Mit dem Truppentransporter *General Gordon* verließen 1220 Passagiere aus 34 Nationen Shanghai.[46] Der vorerst letzte Dampfer, der Europäer aus Shanghai evakuierte, war, im Oktober 1949, die französische *Maréchal Joffre* mit 600 Passagieren. Als Ende November 1949 zwei amerikanische Schiffe bei dem Versuch, den Shanghaier Hafen anzulaufen, erheblich beschädigt wurden,[47] drohte das US-Außenministerium amerikanischen Kapitänen, ihnen das Patent zu entziehen, sollten sie ihre Schiffe als Blockadebrecher in Shanghaier Gewässer bringen.[48]

Kampagnen

Eine Kampagne galt der Überprüfung von Firmen. Regierungsstellen prüften die Geschäftsbücher, möglichst mit der Firmengründung beginnend, mindestens aber zehn Jahre rückwirkend. In Tianjin wollte die Chase Manhattan Bank lieber schließen, als »ihre Bücher staatlicher Einblicknahme offenzulegen«.[49] Das war im Juli 1949, aber so einfach ging das nicht. Eine Geschäftsschließung musste von der Military Control Commission bewilligt werden. Und jeder einzelne Mitarbeiter brauchte ein Exit-Visum. Zehn Monate später: »Die Amerikaner der Chase Bank sind auch noch alle hier, und müssen zuerst gehörig blechen, bevor sie weg können!«[50] Denn die Buchprüfungen dienten als Grundlage für die rückwirkende Erhebung von Steuern. Der Staat brauchte Geld: »*Mit Stilllegung der finanziellen Einnahmequelle der Inflation bleibt der Regierung – mangels Anleihen und ausländischen Krediten, – nur die Steuerschraube und diese ist heute bereits soweit angespannt, dass wirtschaftliche und finanzielle Steigerungsmöglichkeiten nicht mehr zu erwarten sind. Schon jetzt nimmt die Regierung – notgedrungen – schwere und für das Regime höchst nachteilige politische Auswirkungen ihrer übertriebenen Steuerpolitik hin.*«[51]

»Wir haben jetzt die Zahlen für dieses Democratic Steuer Assessment eingereicht und erwarten nun, was wir zu bezahlen haben.«[52] Als die CIBA-Niederlassung in Shanghai das Geld nicht mehr aufbringen konnte, wurde sie gezwungen, die Mutterfirma in der Schweiz anzugehen.[53] So, wie die Imperial Tobacco in London für ihre BAT-Fabrik in Shanghai zahlen musste.[54] Aber in China realisierte Gewinne durften nicht außer Landes gebracht werden.[55] Die Rechtfertigung für solche Maßnahmen war, es handele sich um Strafmaßnahmen für die Ausbeutung in der Vergangenheit.[56]

Obwohl viele Betriebe wegen des Rohstoffmangels schließlich in Dreitagewoche arbeiteten und nur noch 30 % des bisherigen Outputs erwirtschafteten,[57] waren Entlassungen gesetzlich verboten.[58] Es mussten nicht nur Gehälter und Löhne für unbeschäftigte und ehemalige Arbeitnehmer gezahlt werden, die Arbeiter forderten mehr Lohn, rückwirkend ab Gründung der Volksrepublik, und erhielten ihn.[59] Für Tai On stellte Breuer fest: »Wir müssen alles Personal bezahlen, das wir je eingestellt haben.«[60] »Als die ausländischen Eigentümer die Kosten nicht länger tragen konnten, wurden ihre Unternehmen ohne Enteignungsverfahren [...] übernommen.«[61]

In einer weiteren Kampagne waren im September, Oktober 1949 Daten zum Besitz von Immobilien erhoben worden. Grundbesitz wurde neu registriert; Aufforderungen zur Selbstanzeige und zur Denunziation sollten die Vollständigkeit der Angaben sicherstellen. Die Stadtverwaltung Shanghai versicherte, dass nicht enteignet würde. Ob man das glauben konnte? Da infolge der Inflation im vergangenen Jahrzehnt niemand in Landeswährung hatte sparen können, und da während des Krieges Geld nicht außer Landes gebracht werden konnte, hatten Firmen und Privatleute Einkünfte in Grundbesitz investiert. Nachdem die Niederlage Deutschlands 1943/44 zur Gewissheit geworden war, ließen viele Deutsche ihre Immobilien auf chinesische Freunde überschreiben. So hatten sie 1945 die Beschlagnahme durch die nationalchinesische Regierung – teilweise – vermieden. 1949 sagte die neue kommunistische Regierung für solche Besitzverschiebungen Straffreiheit zu. Voraussetzung war, dass die Fälle umgehend gemeldet würden. Um ihre chinesischen Freunde nicht in Schwierigkeiten zu bringen, veranlassten viele die Offenlegung der Umschreibung. Der Besitz wurde umgehend beschlagnahmt und in Volkseigentum genommen.[62]

Diejenigen, die ihre Immobilien vorläufig behielten, hatten keine Freude daran: Die Grundsteuern wurden mehrfach heraufgesetzt, zusätzlich Gebäudesteuern eingeführt. Bald waren die Abgaben so hoch, dass die Mieteinnahmen sie nicht mehr deckten. Die Besitzer verschenkten ihre Immobilien an den Staat, oder sie wurden wegen Nichtzahlung von Steuern konfisziert.[63] Die Steuerpolitik traf nicht nur Handelshäuser und Privatbesitz, sondern auch soziale Einrichtungen.[64]

Verarmung der China-Deutschen

Die meisten Deutschen in Shanghai hatten schon mit der Schließung bzw. Enteignung deutscher Firmen in der zweiten Jahreshälfte 1945 Arbeitsplätze und Einkommen verloren. Nur wenigen war es, wie Breuer, gelungen, bei chinesischen, Schweizer oder spanischen/portugiesischen Firmen eine auskömmliche neue Beschäftigung zu finden. Die Übrigen lebten seither von Ersparnissen, dem Verkauf ihres Besitzes und gelegentlicher beruflicher Tätigkeit, immer »in der Hoffnung auf eine normale Entwicklung des Handels und Wandels in China«.[65] Spätestens ein Jahr nach der Eroberung Shanghais mussten sie sich eingestehen, dass sie »schwer enttäuscht« waren, »die Beschlagnahmungen [wurden] wieder aufgenommen und alles noch nicht erfasste ›feindliche‹ Eigentum in Volkseigentum verwandelt«.[66] Für viele war abzusehen, dass ihre Ressourcen erschöpft und eine Besserung der Verhältnisse nicht in Sicht war, »weil die wirtschaftliche Betätigung nicht den nötigen Lohn abwirft, um davon leben zu können«.[67] Nach dem Vorbild der amerikanischen, englischen, französischen und der jüdischen Evakuierungen wünschten sich die Deutschen: Ein Schiff möge kommen und sie in die Heimat bringen. Diese Hoffnung schien in dem Moment realistisch, als die BRD gegründet war; die Außenpolitik gehörte jedoch weiter zu den Sonderrechten der Alliierten.[68] Und so bekam die DG Shanghai im Lauf des Jahres 1949 die *»ernste und mühevolle« Aufgabe, »Landsleute ohne weitere Existenzmöglichkeit in China mit Rat, Geldmitteln oder sonst wie zu unterstützen und – falls sie dies wünschten – für ihre Heimschaffung nach Deutschland zu sorgen«.*[69]

Rückführung aus Harbin

In der zweiten Jahreshälfte 1949 veranlasste die DG Shanghai eine erste Rückführung. Sie machte den OAV und dieser das Bundeskanzleramt auf das Schicksal von 66 Deutschen in der Mandschurei aufmerksam: Nach der sowjetischen Kriegserklärung an Japan am 8. August 1945 war sowjetrussisches Militär in die Mandschurei einmarschiert, eroberte Industriestädte, Bahnlinien, Bergwerke.[70] Der russischen Armee war der russische Geheimdienst gefolgt; »Weißrussen«, die nach 1917 in die Mandschurei geflohen waren, sowie Tausende Japaner, Chinesen und einige deutsche Männer wurden in die Sowjetunion verschleppt.[71] Das Kanzleramt wandte sich an den amerikanischen Vertreter in der Alliierten Hohen Kommission: Daraufhin bereitete die amerikanische Regierung die Ausreise der deutschen Frauen und Kinder dieser Verschleppten vor.[72] In Japan stationiertes amerikanisches Militär holte die Mittellosen aus Dalian nach Yokohama, von dort brachten Flugzeuge sie nach Deutschland.[73]

Rückführung aus ganz China

Bevor an eine Rückführung im großen Stil gedacht werden konnte, musste für ganz China geklärt werden, wie viele Deutsche zurückgehen wollten. Mit ihrem Rundschreiben Nummer 6/1949 vom 15. Juli 1949 verteilte die DG Shanghai Fragebögen an alle Deutschen Gemeinden in China, um zu erfahren, wer sich einem Rücktransport anschließen würde.[74] Wären es genug, um ein Schiff zu füllen? Wer könnte die Fahrtkosten selbst bezahlen, oder wenigstens einen Teilbetrag?

Auch Breuer dachte im Oktober 1949 ans Aufgeben: »*Wenn die Dinge hier sich nicht – wider Erwarten – radikal bessern, habe ich auch vor, China nach 44-jährigem Aufenthalt zu verlassen, um in Hannover bei meinen dortigen Lieben, hoffentlich auch mit Jennie, mich für den Rest der Tage niederzulassen, und zwar habe ich als Termin etwa Mitte 1950 vor Augen.*« Denn: »*In den verflossenen Monaten musste ich, wie jeder andre, mehr oder weniger von meiner bedauerlicherweise von Mal zu Mal mehr angeschlagenen Substanz und dabei unverhältnismäßig überteuert leben. Die Einnahmen haben fast aufgehört, dagegen sind die Ausgaben geblieben bzw. gestiegen. […]. Aber L'homme propose et Dieu dispose.*«[75] Im Januar 1950 hatte sich seine Lage dann noch einmal verschlechtert: Alles, was er in China investiert hatte, sei »*ziemlich als verloren zu erachten, [weil] ich leider einem bösen Vertrauensbruch in den letzten Wochen zum Opfer gefallen bin. Ich hätte es sonst bequemer für mich und besonders für diejenigen machen können, denen ich bisher gerne Hilfe angedeihen ließ.*« Er wollte nun doch noch ein weiteres Jahr »*hier draußen durchhalten, um nicht von der böse zusammengeschmolzenen Substanz gleich leben zu müssen bzw. in der Lage zu sein, doch hier und da noch unter die Arme greifen zu können*«.[76]

Obwohl Breuer »wirtschaftlich [...] wie vorher tätig« war[77] – gerade hatte er über Melchers in Bremen für Wing On ein »ziemlich großes Exportgeschäft in Freudenberg-Leder« abgeschlossen«[78] –, gab es jetzt im Tai-On-Büro an der Nanking Road weniger zu tun. Er saß immer öfter im Büro der DG in der Szechuan Road 110, »*weil mir die Wahrnehmung der Deutschen Gemeinde Interessen in Shanghai zuzüglich zu einer seit Jahr und Tag geplanten Rückführung von [...] mittellosen Landsleuten genügend Kopfarbeit und Lauferei verursacht*«.[79]

Im Lauf der Zeit hatte sich der Aufgabenkreis des Gemeindevorsitzenden erweitert; er wurde mit »Heirats- und Scheidungsangelegenheiten, Geburten und Todesfällen, Nachlass- und Eigentumsfragen täglich in Anspruch genommen«.[80] So glichen die Aufgaben, die dem Gemeindebüro praktisch zufielen, immer mehr denen eines Konsulates. Natürlich war es nur ein »Pseudo-Konsulat«, in dem Breuer als »Konsul ohne Exequatur« amtierte. Zu den residierenden Konsuln anderer westlicher Staaten, der Schweiz, Schwedens, Großbritanniens, entwickelte sich ein Vertrauensverhältnis. Besonders mit dem französischen Vizekonsul, Claude Ledan, verbanden ihn ein enger Kontakt und gegenseitige Wertschätzung. Das französische Generalkonsulat war beauftragt, vorläufige Nationalitätsbescheinigungen für Deutsche auszustellen, gültig für die Reise in die deutschen Westzonen.[81] Das geschah auf der Grundlage von abgelaufenen Pässen, manchmal auch nur auf eine von Breuer ausgestellte Bescheinigung. Anlässlich der bevorstehenden Abreise von Monsieur Ledan dankte Breuer ihm im März 1952 für »une assistence aimable et précieuse qui mérite mes sincère remerciements«, für »excellent cooperation et votre profonde compréhension des situations complexe« – für seine fortwährende, ausgesuchte Höflichkeit und für das Geschick, mit dem er komplizierte Probleme gelöst habe[82] – Probleme wie die von vier Frauen deutscher Herkunft und ihren an Rachitis bzw. Tuberkulose erkrankten Kindern, deren chinesische Männer sie verlassen hatten und keinen Unterhalt zahlten.[83] Diese Frauen hatten durch ihre Eheschließung die deutsche Staatsangehörigkeit verloren, nur ihre Söhne galten als chinesische Staatsbürger – die keine Ausreisegenehmigung erhielten. Solche und andere Probleme machten »Kopfarbeit und Lauferei«.[84]

Als Breuer dem Vorsitzenden des OAV Hamburg-Bremen, Alfred Glathe, im September 1949 das Ergebnis der Umfrage unter den Deutschen Gemeinden Chinas mitteilte, waren es etwa 700 China-Deutsche, die »schnellstens von China nach Deutschland zurück wollen, worunter sich ungefähr 300 Hilfsbedürftige befinden«.[85] Am 17. Oktober 1949 musste Shanghai ergänzen, dass die Anzahl der Bedürftigen inzwischen auf 500 angestiegen sei. In der Bundesrepublik hatte der OAV endlich einen direkten Ansprechpartner für dieses Anliegen: Ende Oktober 1949 wurde im Kanzleramt die Dienststelle für Auswärtige Angelegenheiten eingerichtet.

Der Amtsleiter war ein alter Freund aus China: Dr. Wilhelm Haas, 1947 in den Westen zurückgekehrt.

Sammeltransport in Planung

Das Projekt eines großen Rücktransports schien im Januar und Februar 1950 dringender denn je: Zu der totalen Seeblockade, die den Geschäftsbetrieb in Shanghai seit Ende Oktober 1949 lähmte, kamen tägliche Luftangriffe der GMD hinzu. Die meisten Büros im Geschäftsbezirk schlossen bereits um 10 Uhr morgens, damit die Mitarbeiter spätestens gegen 11 Uhr die Innenstadt verlassen hatten. Um diese Zeit begannen die Angriffe. Am 25. Januar wurden vier britische Konzerne getroffen, darunter die BAT in Pudong und eine Petroleumanlage.[86] Die Geschäfte waren zum Erliegen gekommen, die Industrie befand sich wegen des Mangels an Rohstoffen in einem katastrophalen Zustand. »*Die Hauptursache sind jedoch die hohen Steuer- und Lohnbelastungen [...], die meisten privatwirtschaftlichen Industrien werden bis Ende dieses Jahres von der neuen Regierung übernommen worden sein.*«[87]

Tatsächlich war die Transportplanung im Februar 1950 so weit gediehen, dass die DG Shanghai im ersten Rundschreiben des Jahres 1950 über den »geplanten Sammeltransport nach Deutschland« schrieb und Formulare verschickte, mit denen die Unterzeichner sich verbindlich anmelden sollten, »*mich und meine Familienangehörigen einem Sammeltransport für die Rückreise nach Deutschland, sei es für direkte Abreise von Shanghai oder über einen anderen Hafen, anzuschließen*«.[88] Außerdem schaltete die Gemeinde am 26. Februar eine Anzeige in englischer Sprache in den *North China Daily News*: »*Alle deutschen Staatsangehörigen mit gültigen oder abgelaufenen deutschen Pässen, die nach Deutschland zurückkehren wollen, und die sich bisher noch nicht bei der Deutschen Gemeinde haben registrieren lassen, [...] werden gebeten, mit ihren Pässen im Büro der Gemeinde vorzusprechen [...], um einen entsprechenden Fragebogen auszufüllen. Die Registrierung endet am Dienstag, 28. Februar 1950.*«[89] Unmittelbar danach liefen die Anmeldungen aus ganz China per Telegramm beim OAV Hamburg ein, der sie am 4. März mit Verweis auf die Dringlichkeit, die besonders aus dem Shanghai-Telegramm spreche (»Communities situation fast deteriorating / prompt solution urgently needed. Breuer«), an die Verbindungsstelle zur Alliierten Hohen Kommission weiterreichte.[90]

Die Betroffenen hatten den Eindruck, die Rückführung stehe nun unmittelbar bevor – aber es passierte nichts. Warum? Die politischen Voraussetzungen hatten sich geändert: Ende 1949 war alles mit den Amerikanern abgesprochen gewesen, die ihrerseits »mit dem Vorstand der deutschen Kolonie in Shanghai schon Vorbereitungen für die Heimschaffung eingeleitet« hatten. Aber am 15. März 1950 holte Generalkonsul Walter McConaughy (mit dem Breuer besonders gut zusammengearbeitet hatte[91]) die amerikanische Flagge am Konsulat in Shanghai ein. Damit schloss die letzte US-amerikanische diplomatische Vertretung auf dem chinesischen Festland.[92] Im April 1950 schiffte sich McConaughy in Tianjin auf der *General Gordon* ein.[93] US-Botschafter John Leighton Stuart hatte China bereits im August 1949 verlassen; Nachfolger gab es nicht. Die Amerikaner konnten die Rückführung der Deutschen nicht mehr unterstützen. Anfang März 1950 waren die Engländer gebeten worden, sich dafür einzusetzen, dass den Deutschen die Ausreise aus China gestattet wird. Aber im April hieß es: »Die Meldungen über die Weigerung der Chinesen, die Ausreise der Alliierten Staatsangehörigen zu gestatten, sind leider kein gutes Vorzeichen.« Die Suche nach einem Schiff gestaltete sich ebenfalls schwierig.[94]

Hermann litt auch gesundheitlich unter der Hängepartie: Müdigkeit, Gliederschmerzen, allgemeines Unwohlsein hatten ihn im ersten Quartal 1950 fast durchgehend begleitet. Im Februar war eine Gürtelrose die Ursache (die erfreulicherweise nach zwei Wochen abgeheilt war), im März war es dann eine Bronchitis und in den April hinein ein Anfall von Gelbsucht. Er musste weiter auf Nachrichten aus Deutschland warten und Verzweifelte vertrösten, mit Worten, mit einer Einladung zum Essen, mit Erledigungen und Besorgungen durch seine Kontakte.

Politische Schulungen

Die äußeren Umstände ließen niemanden zur Ruhe kommen. Keiner konnte den Lautsprechern entgehen, die durch die Straßen gefahren kamen und vom frühen Morgen bis zum späten Abend Parolen brüllten, die die Revolution und das Glück des Volkes im Kommunismus feierten.[95] Polizisten gingen von Haus zu Haus und forderten chinesische Arbeiter, Angestellte und Studenten, Hausfrauen und Hausangestellte auf, zu Versammlungen zu kommen und zu Schulungen in der kommunistischen Lehre. Den Hausangestellten wurde vermittelt, dass ihre Arbeit erniedrigend sei und dass sie sich diese Erniedrigung nicht länger gefallen lassen sollten.[96] Das Ergebnis war, dass Carl Gerhard Melchers' »No. 1 Boy« sich eines Abends zu ihm aufs Sofa setzte und sagte: »Jetzt ich großer Herr werden und Master nichts mehr sagen!«[97] Der Familie Walter Mayer gab ein neu engagierter Koch zu verstehen: »Jetzt ihr so« (Daumen nach unten), »wir so« (Daumen nach oben).[98] Im Verhältnis zwischen Breuer und seinem »Boy« Loh, der nun auch sein Koch war und mit Jennies Weggang die Rolle der Hausfrau übernommen hatte, änderte sich nichts. Loh konnte anerkennen, dass Breuer ihm großzügig und respektvoll begegnete. Dankbar erinnerte er sich an die Unterstützung des »masters«, als sein ältester Sohn Typhus hatte. Und als die Krankheit überstanden war, hatte Breuer sich Auto und Chauffeur geliehen, um Vater und Sohn Loh zu einem Ausflug einzuladen.

Hermann hätte China jetzt, im Sommer 1950, gern verlassen, aber: *»Meine Rückkehrpläne, die für diesen Sommer vorgesehen waren, musste ich verschieben. [...] Herr U[lrich] Ashelm, der die technische Abteilung bearbeitet, geht Ende Juni auf eine [...] Urlaubs- und Geschäftsreise [via USA nach Deutschland], von der er im Dezember zurück sein will. Seine Abteilung ist die noch wirklich produktive, während ich mit allerlei Investierungen festsitze. Wenngleich wir auch bis soweit noch keine ausgesprochene V.E.B. haben, so sind die Aussichten in China für die Privatwirtschaft gleich Null. [...] Unberufen lebe ich unbehelligt, bequem, wenn natürlich wirtschaftlich eingeschränkt. Ich habe keinen Grund zu stöhnen und zu klagen.«*[99]

Shanghai 1950, Köln 2014, Schlangenbad 2019

»Shanghai – Mai 1950« hat Hermann auf dem Foto vermerkt, das fünf Personen zeigt. Links im Bild Hermann – und wer sind die anderen? Meine Vermutung war, es könnten Mitglieder des Vorstands der Deutschen Gemeinde Shanghai sein. Im Juli 2014 nahm ich die Fotografie mit zu einem Treffen der ehemaligen Schüler der Kaiser-Wilhelm-Schule Shanghai, das in Köln stattfand. Das Schulgebäude war 1945 geschlossen worden, die Schule 1950. Seit 2006 treffen sich die Ehemaligen alle zwei bis drei Jahre, inzwischen (2014) waren die aus aller Welt Anreisenden um die 80 Jahre alt. Wir schipperten auf dem Rhein, als ich mein Foto herumzeigte. Eine der vier Dieckmann-Schwestern rief begeistert: »Gunter, hier sind deine Eltern!« Und ich ging hinüber zu dem Tisch, an dem Gunter Ashelm und seine Frau Sabine saßen. Die Eltern Ashelm, Ulrich und Gertrud, sind das mittlere Paar auf dem Foto. Das andere Ehepaar konnte Gunter auch identifizieren: Richard Lieu und seine Frau

HWB, Gertrud und Ulrich Ashelm, Flora und Richard Lieu in Shanghai im Mai 1950.

Flora. Ich kenne die Namen aus Hermanns Briefen. Die beiden Herren arbeiteten damals auch für Tai On. Ulrich Ashelm war Ingenieur, zuständig für den Import von Maschinen zur Herstellung von Papier, Pappen, Kartons. Nun erfahre ich: Als Gunter, Jahrgang 1933, China 1949 verließ, bekam Richard Junior, Jahrgang 1938, seine Eisenbahnanlage. Vater Ulrich baute sie in der schönen und großen Wohnung der Lieu-family auf: »Der kleine Richard und der etwas größere Gunter standen stumm dabei, wie es sich so bei kultivierten Familien gehörte.«[100] Gunters Erinnerung schickte ich an den »kleinen Richard« von damals, der heute in Australien lebt, und er antwortete, er erinnere sich zwar nicht mehr daran, dass die Eisenbahn von Gunter kam, aber er wisse noch: Die Kupplungen waren gebaut, wie bei richtigen Zügen, und die Lokomotive spuckte weißen Rauch, wenn sie sie mit einer kleinen »Pille« gefüttert hatten. Diese Eisenbahn (und ein junger Irish Setter) waren Richards »geliebteste Besitztümer« – beide musste er zurücklassen, als seine Mutter, seine Geschwister und er China im Juni 1952 verließen. Kein Spielzeug, so schrieb er mir, und ich möchte es Gunter weitersagen, das er später besaß, konnte die Erinnerung an die Eisenbahn ersetzen.[101]

Als das Foto der Tai-On-Mannschaft 1950 aufgenommen wurde, war Gunter Ashelm schon nicht mehr in Shanghai. Am 9. Februar 1949 (es war absehbar, dass die kommunistischen Truppen Shanghai bald erobern würden) flog er ohne seine Eisenbahn und ohne seine Eltern in einer Air-France-Maschine nach Paris. Mit dabei waren seine Schulkameraden Jürgen Müller und dessen älterer Bruder Klaus[102] und die Mutter der beiden. In Paris wollten sie weitersehen. Sie übernachteten in Saigon, Kalkutta, Karachi, Basra. Dort erkrankte Klaus Müller sichtbar an Masern; er musste das Flugzeug verlassen, seine Mutter blieb bei ihm. Nun sollte Mr Johns, ein Nachbar aus Shanghai, ein Auge auf die Jugendlichen haben. In Paris waren Transitvisa zu beschaffen, brauchten sie Hotelzimmer und Fahrkarten für die Reise nach Deutschland. Zum Glück half Mr Johns, und inzwischen gewannen die beiden Jungen Paris schöne Seiten ab. Jürgen Müller telegrafierte ein lässiges »Paris ok« an seine Mutter. Die reagierte verärgert: Waren die Jungen auch okay? Was konnte sie den Eltern Ashelm sagen? Derweil landete Gunter bei einem Onkel in Köln.[103] Dort feierten sie gerade Karneval in den Ruinen.

Und so geht die Geschichte weiter, die das Foto aus dem Mai 1950 angestoßen hatte: Anfang Oktober 2019 besuchte ich Gunter und Sabine Ashelm in ihrem wunderschönen Haus bei Wiesbaden, in dem westliche und östliche Häuslichkeit sich frei ergänzen. In diesem Haus war vor fast 70 Jahren (Ende 1952) Hermann Breuer bei Gunters Vater Ulrich zu Gast gewesen und hatte von der »schönen

Richard Lieu, HWB und Ulrich Ashelm im Tai-On-Büro, ca. 1950.

Umgebung« und dem »entzückenden« Haus berichtet.[104] Seit unserem ersten Treffen in Köln hatte Gunter auf dem Dachboden in alten Fotoalben nach Spuren von Breuer gesucht. Und ein Foto gefunden, das ihn mit Vater Ashelm und Richard Lieu im Tai-On-Büro zeigt.

Ich schickte sogleich einen Scan nach Australien an Richard Lieu, den Sohn. Er antwortete mir: »*Das Foto von meinem Vater im Tai On Büro, das Sie mir zuletzt geschickt haben, rief tiefsitzende Erinnerungen wach. Ich erinnere mich so gut an das Büro. Ich war so oft dort. Dann gab mein Vater einer Mitarbeiterin Geld und sie ging mit mir über die Straße ins Wing On Warenhaus, um ein Spielzeug zu kaufen. Es war sehr bewegend, nach so vielen Jahren meinen Vater so jung und in diesem Büro zu sehen. Ich selbst habe gar keine Fotos mehr, da mein Album mit den alten Shanghai-Fotos mir […] in Australien gestohlen wurde.*«[105] Diese E-Mail weckte nun wieder bei Gunter Ashelm Erinnerungen an »*gelegentliche Besuche mit meiner Mutter im office von Tai On bei meinem Vater. Nach einem kurzen Gespräch wartete ich nur darauf, mit meiner Mutter auf die andere Straßenseite zu den Wing On Department Stores und da sofort in die Spielzeugabteilung zu gehen. Das war ein Kinderparadies in den 30er/40er Jahren des letzten Jahrhunderts und nach ausgedehnter Besichtigung durfte ich mir ein Tootsie Toy*[106] *aussuchen. Heute würde es*

Matchbox heißen. Ich erinnere mich auch an eine kleine silbrig glitzernde Kanone, die ich bei jedem Besuch gerne gehabt hätte. Ich bekam sie nicht, weil meine Mutter nichts davon hielt.« Dieser lebendige Austausch mit den Nachkommen war eine der Episoden, die mich bei der Recherche zu meinem »Hermann-Projekt« glücklich gemacht haben.

Tagträume

Hermann beschäftigte sich jetzt öfter – »besonders wo ich, abgesehen von meinen treuen Begleitern, Snuks und Mujik, in meinen Freistunden allein zu Hause bin« – mit seinem zukünftigen Leben in Deutschland, nämlich »mit Einrichtungsplänen einer kleinen Wohnung, die mir mein Bruder in Hannover bei sich geben kann«. Einen Geomanten[107] für das Feng Shui brauche er nicht, weil »ich meine, die Zuneigung meiner Angehörigen mir den Platz anzubieten, ist Zeichen genug dafür, dass nur gute Geister dort leben«. Es wird ein neuer Lebensabschnitt werden. 22 Jahre vor Shanghai, 44 Jahre in Shanghai – und nun eine Zeit nach Shanghai. Er dachte an den neuen Lebensabschnitt als »Journey's End«. So hatte er sein Heim in Hannover nennen wollen, eine Idee, die ungewöhnlich deutlichen Protest bei seinen chinesischen Freunden hervorgerufen hatte: Das Wort »Ende« bedeute: Abschied von dieser Erde. Der Gedanke sei zu unerfreulich. Die Freunde hatten vorgeschlagen, er solle sein künftiges Heim »The Lodge of Longevity« (die Herberge langen Lebens) nennen, »womit nach chinesischer Auffassung Glück, Zufriedenheit und Wohlstand verbunden sind«. So wollte er sein Türschild gestalten lassen: eine Holzplakette, etwa 15 × 30 cm groß, mit den drei goldbronzierten plastischen Zeichen *Chang Shou Lou* und kleinen goldenen und blauen Pünktchen auf hochrotem Grund. Mit einer Fledermaus als Symbol für Glück und ein paar Wolken, den Himmel bezeichnend. Während er Nele diese Überlegungen zum Türschild für eine sehr zukünftige Wohnung beschrieb, fiel ihm wieder ein, dass Jennie gesagt hatte, sie sollten mit dem Rückspiegel anfangen, als er überlegte, wann sie sich ein Auto leisten könnten.[108] Und dann fiel ihm ein, dass er natürlich »so viele Erinnerungen an meine China-Zeit um mich sehen möchte, wie es die dortigen Umstände gestatten, wenngleich Jennie diesen ›Plunder‹ nicht so respektiert wie ich es tue.« Jennie schrieb nur selten, aber Hermann wusste, dass ihr in Australien »das kombinierte Arbeiten und Hauswirtschaften [...] schwer [wird], daran muss sie sich erst gewöhnen. Sonst geht es ihr aber gut.«[109]

»Zusammenstoß der Systeme«?

Am 9. Juni 1950 befasste sich der Flüchtlingsausschuss der Alliierten Hohen Kommission mit dem Problem der Deutschen in China. Er beauftragte die britische Regierung, die Vorbereitungen für ihre Rückführung zu übernehmen, in China wegen der Exit-Visa vorstellig zu werden und das Einlaufen eines Dampfers in chinesische Gewässer zu klären. In China sollte die DG Shanghai die notwendigen Maßnahmen ergreifen, per Adresse Breuer. Im September werde es so weit sein, teilte Breuer den Ausreisewilligen mit.

Und dann marschierten die Nordkoreaner am 25. Juni 1950 in Südkorea ein. In China hieß es, die Südkoreaner hätten, angestiftet von den Amerikanern, »in an act of flagrant aggression« die friedlichen Nordkoreaner angegriffen.[110] Der UN-Sicherheitsrat beschloss am 7. Juli, Südkorea militärisch zu unterstützen.[111] Aus dem Kalten Krieg war ein heißer geworden. War das der Zusammenstoß der Systeme, mit dem Hermann gerechnet hatte? Standen sich hier nicht die Großmächte UdSSR, vertreten von Nordkorea und China, und die USA mit Südkorea gegenüber? Stellten sich die USA vor, nun von Korea aus den chinesischen Kommunismus zu bekämpfen? Würden sie die Atombombe einsetzen?[112] Darüber sprach Breuer mit Professor Hans Stübel, Arzt, Anthropologe, intimer Kenner Chinas und seiner Völker, der ihn jetzt jeden Donnerstag »zum Abendessen und einem Schnack« besuchte.[113] Sie dachten auch gemeinsam an Gustav Röhreke; der 75-Jährige hatte sein Haus innerhalb von 24 Stunden verlassen müssen. Das schwedische Generalkonsulat fand ein Zimmer für ihn.[114] Kurz darauf, am 16. Juni, war er dort gestorben. Für seine Arthritis war in Shanghai kein Medikament zu bekommen gewesen. (Seit August 1949 gab es ein Importverbot für patentierte Arzneimittel.[115]) Über Jahrzehnte war Röhreke, Seniorpartner von Carlowitz & Co., der Inbegriff des deutschen Taipans gewesen. Hatte als Vorsitzender des Kirchenvorstands zu Weihnachten 1939 sogar die Rolle des Pastors übernommen, hatte 1945 im Notstandskomitee mitgewirkt – und war berühmt geworden für seine Rezitationen aus Goethes »Faust«, den er auswendig vortragen konnte. Eine heitere Note kam im Gespräch auf, als Breuer dem Arzt aus Neles gerade eingetroffenem Brief vorlas. Sie schilderte darin ihre Aufklärungsmethode; Christoph war nun fast acht Jahre alt. »Allerdings meinten wir beiden alten Herren, jede Zeit habe wohl ihre Sitten und Ansichten – wir seien schließlich (wenigstens so glauben wir) auch so ganz anständig durchgekommen.« Professor Stübel hatte sich für den Rückkehrer-Dampfer angemeldet, war aber nicht sicher, ob er rechtzeitig ein Ausreisevisum beantragen könnte. Noch hatte er seitens der chinesischen Regierung nicht die Erlaubnis bekommen, sein Amt an der Tongji-Universität niederzulegen.[116] Hermann schrieb jetzt seltener an Nele und weniger ausführlich. Er musste davon ausgehen, dass die stichprobenartige Briefzensur, die bestimmte Absender bzw. Adressaten herausgriff, sicherlich die Deutsche Gemeinde, wahrscheinlich auch ihn selbst erfasste.[117]

Anna Salen

Die britische Regierung bot an, für ganz verzweifelte deutsche Rückführungsfälle Plätze auf dem IRO-Schiff *Anna Salen* bereitzustellen, das im August 1950 an die 1400 Flüchtlinge aus verschiedenen Regionen Ostasiens abholen sollte, darunter etwa 750 jüdische Passagiere, die via Neapel nach Israel fuhren, und andere, die auf Visa für die USA oder ein lateinamerikanisches Land hofften. Herr Breuer möge entscheiden, welche 100 bis 300 China-Deutschen die dringendsten Fälle seien.[118] Bei doppelter Staatsangehörigkeit galt, »dass eine endgültige Entscheidung für die einzelnen Fälle Herrn Breuer überlassen bleiben soll«. Eine Verpflichtung, das Fahrtgeld später zu erstatten, möge Herr Breuer unterschreiben lassen und nach Deutschland schicken. Rückfahrer, die einen Teil der Kosten selbst tragen konnten, sollten Herrn Breuer das Geld geben. Der möge den Betrag »nach hierher [...] überweisen und gleichzeitig eine Liste der eingezahlten Einzelbeträge nach hier [...] übersenden«. Angesichts der chinesischen Devisenvorschriften und des Verbotes, Geld und Werte auszuführen, ging das so nicht. Breuer und Otto Zwanck, der »Finanzminister« im Vorstand der DG, würden das später erklären müssen.

Trotz der Erfahrungen aus der Zeit seit November 1949 war zunächst vorgesehen, dass die *Anna Salen* den Hafen von Shanghai anfahren sollte, denn die unmittelbare Lage in Shanghai entspannte sich im Sommer 1950: Seit Mitte Juni hatte es keine Luftangriffe der Nationalchinesen auf Shanghai gegeben; die Russen hatten eine Flakabwehr installiert und Düsenjets eingesetzt, die die Bomber abschossen. Im Juli 1950 konnte die PLA die Kämpfe um die 150 Meilen vor Shanghai gelegenen Zhoushan-Inseln – von dort aus waren die »Groß-Bomber« der Nationalisten gestartet, die Shanghai anflogen[119] – für sich entscheiden, und auch die Seeblockade war gebrochen.[120] Kurzfristig stellte sich heraus, dass die *Anna Salen* trotzdem ab Tianjin fahren sollte.[121] Die Shanghai-Passagiere und alles Gepäck mussten mit der Bahn dorthin. Weder die Zeit noch die Kosten waren bisher einkalkuliert. Die Passagiere aus Peking und aus Harbin hatten jetzt eine viel kürzere Anreise – aber deren Ausreisegenehmigungen lagen noch immer nicht vor. Am 25. August sollte die *Anna Salen* abfahren, am 29. August erschienen die ersten Deutschen an Bord. Für die 37 Shanghaier war da noch nicht einmal das Geld für ihre Bahnfahrt in Sicht. Es wurde hektisch: Shanghai drahtete am 31. August, einem Donnerstag, an den OAV, Betreff: *Anna Salen:* »Prompt opening requested credit minimum 20 000.– US -Dollar imperative otherwise transportaktion [sic] indigents takubar imperiled.« Denn: »Salen passengers still shanghai / [...] embarcation shanghai impossible [...], requested funds refer [require] all communities act promptly.«[122] Am Montag (4. September) bestätigte die IRO in Genf den Eingang der deutschen Kostenübernahmeerklärung. Die Reisenden konnten Shanghai am Tag darauf verlassen, waren 48 Stunden später[123] in Tianjin und, nach Zollkontrolle und Leichterfahrt, am 8. September in Dagu, wo das Schiff auf Reede lag. Am 9. September frühmorgens fuhren sie endlich ab. 15 Tage zu spät. Auf dem deutschen »Ticket« fuhren 86 Personen. Bis Bremerhaven waren sie auf der Ost-Route durch den Panamakanal *roundabout* zehn Wochen unterwegs.[124]

Esmeralda, Charlton Sovereign, Charlton Star, Dundalk Bay

Ganz kurz nach Ankündigung der *Anna Salen* hatte der OAV an Breuer, »unsere Vertrauensstelle in Shanghai«, telegrafiert, dass die Verhandlungen für den deutschen Heimkehrer-Dampfer *Esmeralda* abgeschlossen seien. Breuer telegrafierte begeistert zurück: »heartiest thanks and gratitude from all / final figures fortnight / suggest increase free luggage adult as customary to 250 kg / Breuer.«[125] Drei Tage später, am 28. Juli (1950), erreichte ihn die Nachricht, dass statt der *Esmeralda* der Dampfer *Charlton Sovereign* kommen werde, der sei schneller, die Ausstattung komfortabler. Im Monat darauf die Absage: Die *Charlton Sovereign* hatte einen Maschinenschaden.[126] Als dann stattdessen die Abfahrt der *Charlton Star* für den 8. September angekündigt wurde, hatte sich die Zahl der Heimkehrwilligen beträchtlich verringert. Dann wurde auch dieses Schiff abgesagt. *Force majeur.* Die *Charlton Star* transportierte britische Truppen nach Korea.[127]

Nachdem mit Ankündigungen und Absagen von Schiffen für den Rücktransport gut fünf Monate vergangen waren, ein Jahr und drei Monate nach der Fragebogenaktion zur Erfassung von Ausreise-Interessierten, wurde dem OAV am 12. Oktober 1950 mitgeteilt, gestern Abend hätten die Engländer den Dampfer *Dundalk Bay* »für den Rücktransport der restlichen China-Deutschen« gebucht. Die Kostenschätzung von 140 000,– bis 195 000,– DM basierte auf der Annahme, dass 500 bis 700 Passagiere fahren würden.[128] Viele der Angemeldeten warteten inzwischen aber nicht mehr auf den Heimkehrer-Dampfer. Selbstzahlende hatten eigene Reisewege gefunden. Andere ließen sich »von den Listen streichen, da gerade um diese Zeit ein Aufschwung im Geschäftsleben vor der Tür zu stehen schien«.[129] Einigen waren Jobs angeboten worden, andere hatten den Eindruck, dass die Nachfrage nach Gütern auflebte, und sie dachten, sie könnten in China doch noch eine Nische finden. Kaufmann Wilhelm Dunsing, Tianjin: »*Allein während der Sommermonate 1950 habe ich zahlreiche große Frachter gechartert und beladen […] ich konnte auch mitwirken am Zustandekommen des ersten Warenaustauschgeschäftes zwischen Rotchina und Westdeutschland, abgeschlossen mit der Firma Wolff in Köln, auf Grund dessen ich im Sommer 1950 die Verladung von 5 000 Tonnen Erdnusskernen nach Deutschland durchgeführt habe.*«[130] Für einen Aufschwung sprach, dass chinesische Regierungsstellen »Offerten für alles Mögliche [verlangen] und wollen die Ware so rasch wie möglich hier haben. Die wollen sich allem Anschein nach für den Kriegsfall eindecken!«[131]

Die *Dundalk Bay* kam, lag acht Tage vor Tianjin, fuhr am 19. November 1950 ab – und es waren längst nicht alle mit ihr gefahren, die vernünftigerweise hätten fahren sollen. Nur etwa 350 Deutsche nahmen die Reisemöglichkeit wahr.[132] Eine Anzahl Reisewilliger hatte kein Exit-Visum erhalten, andere hofften immer noch auf bessere Zeiten. Breuer war sich sicher, dass die Ausreisefrage ihn weiter beschäftigen würde und dass er die Geduld und den guten Willen der Partner in der Bundesrepublik noch eine Weile würde in Anspruch nehmen müssen.

1 OAV an Bundeskanzleramt 11.12.1950, zitiert Bericht aus Shanghai; PA AA B10, Bd. 1942, A5630, A13-A14 und Namenslisten der in Hamburg mit der *Dundalk Bay* Eingetroffenen. BSB, Ana Studeo-Sammlung, 819.

2 Börter 10.9.1957 an HASt, BArch ZLA 7–34/19.

3 *Neue Illustrierte*, 10.1.1951, BSB, Ana 708 Studeo-Sammlung, 957 (Name handschriftlich ergänzt).

4 https://studylibde.com/doc/7120715/kurz-gefasste-chronik-der-deutschen-schule-in-Tsingtao-19 am 28.5.2019.

5 Jürgen Geschke: Erlebnisse eines China-Deutschen. Heilbronner Stimme 7.4.1951. BSB, Ana 708 Studeo Sammlung, 346. Und: Am 3.4.1951 beantragte der OAV Hamburg die Finanzierung von Heimreisen für Hans Geschke, Frau Tamara, Söhne Waldemar, Hermann, Nikolaus. PA AA B10 Bd. 1942, A5632; E 6-7. Hans Geschke war noch im Dezember 1952 in Tsingtao inhaftiert. HWB: Notizen für Besprechungen 4./5.12.1952 im AA.

6 PA AA B10, Bd. 1941 A5626, G8.

7 von Erdberg, Schutzengel, S. 321.

8 Telegramm der Schifffahrts-Companie, PA AA B10, Bd. 1942, A5629 D7.

9 Kosten: Bodde, Peking Tagebuch, S. 296.

10 Vermerk Verbindungsstelle über Telefonat mit OAV, PA AA B10, Bd. 1941 A5626.

11 Vermerk 10.10.1952. Insgesamt sollten 24 Personen aus Peking kommen (Bidder), von denen zwölf am 10.10.1950 noch in Peking waren. PA AA B 10, 1942 A5629 E4.

12 Ute Leubner: Unser goldwerter Hund. StuDeO-Info Juni 2013, S. 29–31. Betr. Abreise Familie Dr. Hubert Wilpert am 1.8.1950.

13 August Börter 24.5.1955 an HASt; BArch ZLA 7 34/116.

14 Telegramm OAV an AA; PA AA B10, 1942, A 5629 D9.

15 Alle Zitate in diesem Absatz: von Erdberg, Schutzengel, S. 316–317.

16 Telegramm Contiship an AA 13.11.1950, 17 Uhr (Shanghai-Zeit). PA AA B 10, 1942 A5629 E7.

17 von Erdberg, Schutzengel, S. 318.

18 Vermerk 14.11.1952; PA AA B10, 1942 A5629 E5.

19 PA AA B 10, Bd. 1942, A 5629.

20 Die fünf aus Macao Gebuchten erfuhren nicht rechtzeitig, für welchen Termin das Visum zu beantragen sei. Siegel 9.8.1958 an HASt; BArch ZLA 7–34/19.

21 Schreiben vom 27.5.1949, PA AA B10, Bd. 1941, A5623, D4–6.

22 Dunsing: China gestern und heute. BSB, Ana 708 Studeo-Sammlung, 106, S. 7.

23 Bodde, Peking Tagebuch, S. 295–296.

24 https://www.sea.museum/2017/06/01/the-gocks-of-middle-mountain, am 9.5.2019.

25 Karl Bünger: Die Verfassung der chinesischen Volksrepublik von 1949. In: 1950/51, Max-Planck-Institut für ausländisches öffentliches Recht und Völkerrecht. https://www.zaoerv.de/13_1950_51/13_1950_4_a_759_785.pdf.

26 Spence, Chinas Weg, S. 610.

27 W. Seufert, Pfarrer, Tsingtao 1912–1952, in: Diplomatischer Kurier 2 (1953), Heft 6, S. 98.

28 »*[...] the official hostility [towards foreigners] was unmistakable [...] every trace of foreign involvement [...] was considered incompatible with the goals of a new China.*« Dikötter, Tragedy, S. 109. Auch Heinemann-Headly, Blond China Doll, S. 175.

29 Bodde, Peking Tagebuch, für Peking 17.3.1949, S. 160; Schnell, Briefe, für Shanghai 5.8.1949. Die Änderung wurde in Peking sechs Wochen, in Shanghai zehn Wochen nach der Eroberung eingeführt.

30 Schnell, Briefe, 3.9.1949, S. 194. Die Zeitung stellte am 31.3.1951 ihr Erscheinen ein. Schmitt, Promenade, S. 265.

31 Gespräch mit Wera Schoenfeld geb. Siemssen, Aumühle 17.2.2012.

32 Cambon, Dream Palaces, S. 203–206. In Shanghai wurden diese Fragen vier Monate nach der Befreiung angegangen. In Peking hatten schon nach einem Monat (im Februar 1949) wenigstens sieben Zeitungen ihr Erscheinen eingestellt. Am 2.3.1949 schrieb der Peking Digest: »Die entarteten amerikanischen Filme sollen durch gesunde russische Filme ersetzt werden.« Bodde, Peking Tagebuch, S. 147–148.

33 Cambon, Dream Palaces, S. 217.

34 Schnell, Briefe, 3.9.1949, S. 194.

35 HWB 1953, S. 96.

36 Schnell, Briefe, 7.7.1949, S. 190. USA: »The new Communist government did not recognize the diplomatic status of the [American] Consulate staff.« https://china.usembassy-china.org.cn/embassy-consulates/shanghai/history/. am 9.5.2019.

37 Breuer, Konsul ohne Exequatur, S. 96.

38 von Maltzahn 23.9.1949 an Glathe, OAV; PA AA B10, 1941, A5622, G11.

39 PA AA B10, 1941, A5623 G5. Aus dem Text erschlossen: D.i. ein Vermerk des US-GK über ein Gespräch mit HWB und Siegel kurz nach der Anerkennung der VRC durch die DDR am 27.10.1949 und vor der Enteignung der deutschen Schule am 1.12.1949.

40 »*Erwähnen müssen wir bei dieser Gelegenheit, dass die neue komm. chines. Regierung kurz vor Weihnachten [1949] das gesamte Anwesen unserer deutschen Schule ›übernahm‹ u. die ›Rückgabe‹ der Schule an deren Vertreterin, die Deutsche Gemeinde, seitens der amerikan Behörden nicht anerkannte und das ganze deutsche Schulanwesen besetzt und damit auch den Zugangsweg von der Straße zu unserem Kirchengebäude. Wir mussten froh sein, dass man uns gnädigst gestattete, unser Kirchengebäude wie bisher zu benutzen, obgleich die betr. Beamten immer wieder argumentierten, auch die Deutsche Kirche wäre [...] erst von der damaligen GMD-chines. Regierung übernommen worden und müsse daher ebenso [...] in die Hände der neuen PLA-Regierung übergehen. Wir und die Vertreter der Deutschen Gemeinde konnten nur immer wieder wiederholen, dass wir separate eigene Grundbriefe fürs Eigentum und im Namen der DEKG haben, dass uns von einer ›Übernahme‹ sr. Zt. seitens der*

GMD-Regierung nichts bekannt und dass die amerikan. Behörden sich uns gegenüber stets dahin geäußert, dass sie [...] unser Kirchenanwesen [...] als unser Eigentum betrachteten. Die Behörden überließen uns dann ›aus Entgegenkommen und weil es sich um kirchl. Anwesen handle‹ die Benutzung unserer Kirche.« Missionar O. Scheuzger, undatiert [Anfang 1950] ZA 5121/13 Signatur EZA 6/4598.

41 HWB 27.11.1949 an Nele.

42 Mao Zedong, Selected Works, Vol. 5, S. 411. Zitiert nach Spence, The Search for Modern China, S. 514, 760.

43 Schnell, Briefe, 29.7.1949, S. 215.

44 Schnell, Briefe, 20.6.1949, S. 186.

45 Bodde, Peking Tagebuch, S. 258.

46 Dikötter, Tragedy, S. 111.

47 Brief aus Shanghai (ungenannter Absender) an OAV. Der OAV schickte eine Teilabschrift an Staatsrat Dr. W. Haas (Bonn). PA AA B10, Bd. 1941, A5623, B5.

48 23.12.1949. Bodde, Peking Tagebuch, S. 301.

49 Bodde, Peking Tagebuch, 30.7.1949, S. 260.

50 Schnell, Briefe, 13.5.1950, S. 211.

51 Vertraulicher Bericht aus China 20.6.1950, möglicherweise von HWB. Vom OAV (Glathe) gefertigte Abschrift. PA AA B11 077.1, p. 5–7.

52 Schnell, Briefe,/CIBA 1.7.1950; S. 214–215.

53 Schnell, Briefe, 13.5.1950, S. 211: CIBA Basel wehrte sich, Geld als finanzielle »Hilfe« aus der Schweiz zu schicken.

54 Troeger, Aufgewachsen in Shanghai, S. 295, nennt W. D. & H. O. Wills als Mutterfirma, das war aber seit 1901 Imperial Tobacco.

55 Schnell, Briefe, S. 187.

56 »punishment for their past exploitation of workers«, Willens, Stateless, S. 233.

57 Schnell, Briefe, 3.9.1949, S. 194.

58 Schnell, Briefe, 13.5.1950, S. 211.

59 Schnell, Briefe, 14.10.1949, S. 200.

60 »We have to pay for all the staff we ever employed.« HWB (aus Hongkong) 25.8.1952 an Theodore Fitz Randolph.

61 Dikötter, Tragedy, S. 111, Ü: CM. British Chamber of Commerce im Juni 1950: Firmen müssten »maintain staff ... without work to do, [pay] levies and taxes on [...] an arbitrary basis. [...] The reserves are at an end.« Die Anerkennung der VRC habe Großbritannien nichts gebracht. Glathe (OAV Hamburg) kommentiert, »dass auch den Engländern wirtschaftlich der Atem auszugehen beginnt«. PA AA B11 077.1, p. 5–7, 28–29. Für 1951/52 berichtet *Der Spiegel* 24 (1952): »*Seit etwa einem Jahr muss das englische Finanzministerium monatlich bis zu vier Millionen DM freimachen, um den Firmen in China, die nichts verdienen, die Zahlung von Löhnen und Steuern zu gestatten.*«

62 Nach BArch ZLA 7–34/18; 5.4.1959 J. F. Hübel an HASt.

63 Holzberger, Recollections, S. 122.

64 »*In 1950 extortionate taxes ruined the foreign community's cultural and charitable organisations. Hospitals, schools and churches were squeezed out of existence.*« Dikötter, Tragedy, S. 111. (Die Einrichtungen waren auch für chinesische Kranke, Schüler, Gläubige offen gewesen.)

65 HWB 1953, S. 96.

66 Besitz an Firmen, Realbesitz, Anteile an Personal- und Kapitalgesellschaften, Forderungen jeder Art, Edelmetalle, ausländische Banknoten, Rechte, Hausrat. Ausgenommen persönliches Eigentum, Kleidung. HWB an OAV 13.3.1952; PA AA B10, 1944, A5638 B2 und OAV Briefentwurf [15.10.1953]; PA AA B85 235.

67 HWB 3.10.1949 an Nele.

68 Bei Gründung der Bundesrepublik behielten sich die Alliierten (drei Hohe Kommissare, Sitz in Bonn) diverse Kontrollrechte vor. Im November 1949 erhielt die BRD die Ermächtigung, »*konsularische und Handelsbeziehungen mit Ländern in Angriff [zu nehmen], mit denen derartige Beziehungen als vorteilhaft erscheinen*«. Diplomatische Befugnisse blieben den Alliierten vorbehalten. (Döscher, Seilschaften, S. 100–101.) Im März 1951 wurde die BRD ermächtigt, ein Außenministerium zu errichten. Aus der Dienststelle im Kanzleramt wurde ein selbstständiges Ministerium. Unter Einfluss der USA knüpfte die BRD keine Beziehungen zur VR China an. 1955–1969 galt außerdem, mit Ausnahmen, die Hallstein-Doktrin: Die BRD nahm keine diplomatischen Beziehungen zu Staaten (neu) auf, die die DDR anerkannten.

69 Breuer, Konsul ohne Exequatur, S. 97.

70 Spence, Chinas Weg, S. 586–587.

71 Briessen, Institutionen, S. 68. Manfred Bökenkamp jun.: Mein Vater Manfred Bökenkamp. Weltreisender, Abenteurer und Journalist. StuDeO-Info Juni 2020. S. 18–23. B. wurde Anfang September 1945 in Hsingking (Changchun)/Mandschurei von russischen Soldaten »abgeholt«. Er starb Ende Januar 1949 im Bezirk Archangelsk in Nordrussland. Seine drei Kinder lebten mit ihrer Großmutter bis 1950 vom Verkauf ihrer Möbel, der Bibliothek und der Leica des Vaters. Sie fuhren 1950 auf der *Dundalk Bay* nach Deutschland.

72 Eberstein, Ostasiatischer Verein, S. 141.

73 Ausführliche Darstellung der Umstände in: 2.6.1949 An den Chairman Bizonal Executive Committee. Subject: Repatriation of German Nationals Stranded in Dairen. Beauftragt wird: Supreme Commander for the Allied Powers Diplomatic Section, Mr Cloyce K. Huston, in Tokio. PA AA B10, Bd. 1941, A5622, A3.

74 Original des Fragebogens in BArch ZLA 7–34/17.

75 HWB 3.10.1949 an Nele.

76 HWB 29.1.1950 an Nele.

77 HWB 9.10.1950 an Nele.

78 Claussen, Memoiren, S. 29, MA Firma Melchers, Kasten 1, Mappe 6.

79 HWB 9.10.1950 an Nele.

80 Siegel an OAV, Abschrift OAV an AA 23.8.1952; PA AA B10, 1945, A5641 F6.

81 Breuer, Konsul ohne Exequatur, S. 96–98.

82 Dankschreiben HWB 25.3.1952, PA AA A5639 C6.

83 25.10.1949 Abschrift des OAV an AA; *»Herr Breuer hat Ihnen in einem seiner letzten Berichte bereits angekündigt, dass von mir eine Darstellung über notleidende Deutsche folgen würde.«* Nicht unterzeichnet, evtl. H.W. Siegel. PA AA PA AA B10, Bd. 1941, A5623, B3–5.

84 HWB 9.10.1950 an Nele.

85 OAV an Dr. v. Maltzan, Verwaltung für Wirtschaft des Vereinigten Wirtschaftsgebietes, Telegramm aus Shanghai zitierend, PA AA B10, Bd. 1941, A5623, F 4–5.

86 Vermutet wurde, dass die Republik China (Taiwan) Großbritannien für die völkerrechtliche Anerkennung der VR China (am 6.1.1950) bestrafen wollte. Die VRC akzeptierte die Anerkennung nicht, weil die Briten auch die Republik anerkannt hatten (Spence, Chinas Weg, S. 623). Austausch von Geschäftsträgern zuerst 1951.

87 Brief aus Shanghai (englisch, ungenannter Absender) an OAV, Auszug an Dr. W. Haas. PA AA B10, Bd. 1941, A5623, B5. Ü: www.DeepL.com/Translator.

88 14.2.1950, BArch ZLA 7–34/17.

89 Abbildung der Anzeige: Eberstein, Ostasiatischer Verein, S. 145, Ü: CM.

90 Telegramme PA AA B10, Bd. 1941, A5624, B2. »Rasche Verschlechterung der Lage der Gemeinden/sofortige Lösung dringend erforderlich. Breuer.« Ü: www.DeepL.com/Translator.

91 HWB Bericht 4./5.12.1952 im OAV.

92 Willens, Stateless, S. 233. GK McConaughy schickte am 16.3.1950 ein Abschiedstelegramm an das US-AA. https://history.state.gov/historicaldocuments/frus1950v06/d163. Am 4.11.2020.

93 April 1950 als Termin für die Ausreise der »Reste« (remnants) des amerikanischen Generalkonsulats Shanghai siehe Interview Hendrik van Oss, GK Shanghai. https://www.adst.org/OH%20TOCs/Van%20Oss,%20Hendrik.toc.pdf, am 4.11.2020

Laut Webseite der US-Botschaft wurde das GK am 25.4.1950 geschlossen. https://china.usembassy-china.org.cn/embassy-consulates/shanghai/history/. Am 7.3.2019.

94 Von Trützschler 3.4.1950 an Carlo Schmid, PA AA B10, Bd. 1941, A5624, B12, 13, C1 (Entwurf).

95 Heinemann-Headley, Blond China Doll, S. 176–177.

96 Erinnerungen Sun Ai-fe, Ehefrau des Botschaftsrats Dr. Altenburg, in StuDeO-Info Dezember 2009, S. 25.

97 CG Melchers, China-Firma, S. 66, MA.

98 Gespräch mit Emanuela Mousley geb. Mayer 12.7.2014 in Köln.

99 HWB 28.5.1950 an Nele.

100 Gunter Ashelm E-Mail 4.11.2019 an CM.

101 Richard Lieu E-Mail 28.10.2019 an CM.

102 Beide Brüder nahmen später den Namen Müller-Ibold an.

103 Gespräch mit Jürgen Müller-Ibold am 12.7.2014 in Köln und Telefonat mit Gunter Ashelm am 20.2.2020.

104 HWB 8.12.1952 an Stoltenberg-Lerche.

105 Richard Lieu 28.10.2019 an CM. Ü: CM.

106 Autos u. a. Spielzeug mit Körpern aus Druckguss. Zuerst 1890er, eingetragenes Warenzeichen 1924. https://en.wikipedia.org/wiki/TootsieToy, am 20.2.2020.

107 Feng-Shui-Meister, der ermittelt, wie ein Standort von positiven/negativen Kräften der Natur beeinflusst ist.

108 HWB 3.10.1949 an Nele.

109 HWB 28.5.1950 an Nele.

110 Loh, Escape, S. 41.

111 Resolutionen Nr. 82, 84, 85 des UN-Sicherheitsrates im Juni/Juli 1950 in Abwesenheit des sowjetischen Vertreters: Die UdSSR boykottierten den Rat Januar bis August 1950 aus Protest gegen die Vertretung der Republik China (Taiwan) im Rat. Und Resolution Nr. 377 »Vereint für den Frieden« der Generalversammlung vom 3.11.1950.

112 Koreakrieg: Osterhammel, Shanghai, 30. Mai 1925, S. 360.

113 HWB 29.1.1950 an Nele.

114 Schweden hatte die VRC am 9.5.1950 anerkannt.

115 Schnell, Briefe, 27.8.1949, S. 193.

116 DG Shanghai/OAV begründete am 3.4.1951 einen Antrag auf Finanzierung der Rückreise für Prof. Stübel, er habe sich gerade erst von seinem Amt zurückziehen dürfen. PA AA B10, Bd. 1941 A5632, E6–7.

117 Zwanck 1.7.1952 an OAV. PA AA B10, Bd. 1945, A 5641 A12–13.

118 PA AA B10, Bd. 1941, A5625, B7.

119 HWB 29.1.1950 an Nele.

120 Schnell, Briefe, 3.6.1950, S. 213. Die Inselgruppe Chusan (Zhoushan) liegt in der Hangzhou-Bucht, ca. 150 km südlich von Shanghai. Eroberung durch die PLA abgeschlossen: 15.7.1950.

121 Nachricht 8.8.1950, PA AA B10, Bd. 1941, A 5626; E7.

122 »*Sofortige Eröffnung Kredit mindestens 20 000 US-Dollar unbedingt erforderlich, sonst Transportaktion der Mittellosen ab Takubar gefährdet.*« Denn: »*Salen-Passagiere noch in Shanghai/Einschiffung Shanghai unmöglich/beantragte Gelder erfordern alle Beteiligten handeln umgehend.*« OAV an Verbindungsstelle am 2.9.1950, zitiert Shanghai-Telegramme. PA AA B 10, 1941, A5626, A 8–9. Ü: CM.

123 Zwei Tage, zwei Nächte. Henning Melchers: Erinnerungen. Privates Manuskript. Seiten nicht durchgezählt.

124 PA AA B10, Bd. 1941 A5623 B5 – B6.

125 »*Herzlichsten Dank und Dankbarkeit von allen/endgültige Zahlen in vierzehn Tagen/schlagen vor, das freie Gepäck für Erwachsene auf übliche 250 kg für Erwachsene zu erhöhen/Breuer.*« Zitiert in Schreiben des OAV vom 25.7.1950. PA AA B10, Bd. 1941, A5625, E4.

126 Marianne Kleemann: Heimkehr über zwei Ozeane. StuDeO-Info Dezember 2010, S. 19-20.

127 Hans-Jürgen Geschke: Erlebnisse eines China-Deutschen. StuDeO-Info Dezember 2010, S. 21 und PA AA B10, Bd. 1941, A5623, A6.

128 PA AA B 10, 1942, A5629, C2–C3.

129 Hans Jürgen Geschke: Erlebnisse eines China-Deutschen. StudeO-Info Dezember 2010, S. 21.

130 Dunsing: China gestern und heute, BSB, Ana 708 Studeo-Sammlung, 106, S. 8.

131 Schnell, Briefe, 9.9.1950, S. 218.

132 Addition der Zahlen von Bidder: 368. Lt. Transportliste waren es 378, lt. H.W. Siegel (in Staatsarchiv Hamburg, Bestand 613-4/5, Band 32) waren es 326.

1952

Abschied von China

Krieg in Korea

Die *Dundalk Bay* hatte die Reede vor Dagu noch nicht verlassen, da konnten Europäer und Amerikaner in China schon ahnen, welche Bedeutung der Krieg in Korea für sie haben würde. Am 18. November 1950, einen Tag vor der Abfahrt der Dundalk Bay, hatten chinesische Zeitungen geschrieben, dass amerikanische Truppen seit Ende Oktober die chinesische Nordostgrenze verletzten.[1] Seitdem waren etwa 200 000 chinesische Soldaten einer »Volks-Freiwilligen-Armee« *under cover* über die chinesisch-koreanische Grenze gegangen und kämpften »Seite an Seite« mit Nordkorea: »Unsere Nachbarn retten, heißt uns selbst retten.«[2] Daher die Truppenbewegungen im Norden Chinas, die die Deutschen aus Harbin daran gehindert hatten, die *Dundalk Bay* zu erreichen; daher vielleicht auch die Schwierigkeiten mit den Exit-Visa in Peking. Denn parallel zum Eintritt Chinas in den Koreakrieg gerieten alle in China verbliebenen Fremden in den Fokus des Volkszorns und der Sicherheitskräfte.[3] Die Kampagne »Resist America. Aid Korea« organisierte Demonstrationen gegen die Fremden: In Shanghai forderten 150 000 Mitglieder von 273 industriellen und kommerziellen Gilden »unverbrüchliche Unterstützung der Politik des Widerstandes gegen den amerikanischen Imperialismus« und Hilfe für Korea.[4] Das war am 16. Dezember. An dem Tag sperrten die Amerikaner alle chinesischen Bankguthaben in den USA, die öffentlichen und die privaten.[5] Hermann war von da an »auf allen Gebieten völlig eingefroren«.[6]

Die Zeiten sind mies
und sie werden stets schwerer,
in den Kassen kein Kies
und sie werden stets leerer.
Die Jobs werden rar
und Jobs gehen flöten,
so wächst denn die Schar
der Menschen in Nöten.

Zwanck, Abschiedsgedicht
Shanghai, 1952

Ausländer wurden individuell zu Befragungen durch die Fremdenpolizei einbestellt, wurden nach ihren Freunden, ihren Büchern, ihren Radios gefragt – und was sie über den Marxismus dachten.[7] Hermann erinnerte die Art der Befragung an das »köstliche Buch von der ehrenwerten Landpartie«, wo der Polizist am Vorortbahnhof den ehrenwerten Ausländer fragt, ob er Kinder habe, und wenn ja, wie viele, und ob sie lesen könnten, und wenn ja, welche Zeitungen. Wie sich nämlich scheinbar sinnlose Fragen plötzlich ins

Politische wendeten. Aus gegebenem Anlass hatte er das Buch wieder zur Hand genommen und es mit grimmigem Humor gelesen.[8] Wenn der Westler dann verdächtigt wurde, er sei ein Spion der USA, folgten Haft, Gehirnwäsche, Prozesse unter Ausschluss der Öffentlichkeit und Gefängnisstrafen.[9]

Breuer und die DG hatten weiter Ausreisen für Deutsche organisiert. Transporte für kleine Gruppen, für Familien, Ehepaare; per Schiff oder per Bahn bis Hongkong, von dort mit Schiffen nach Italien oder per Flugzeug nach Hamburg oder Frankfurt. Jetzt wollten auch die fahren, die vorher hatten bleiben wollen. Und immer wieder schrieb Breuer Begründungen, warum diejenigen, die die finanzielle Hilfe der Bundesrepublik brauchten, frühere Gelegenheiten zur Ausreise nicht wahrnahmen, dass sie kein Exit-Visum bekommen hatten, dass die Mutter im Sterben lag, dass die japanische Schwägerin nicht allein zurückbleiben sollte, dass eines der Kinder an Tuberkulose erkrankt war usw.[10] Viel Schicksal in knappen Worten. Unsentimental mitfühlend. Er hatte begründet, dass sie in Hongkong auf die Weiterfahrt warten mussten, dass sie dort Geld für Unterkunft und Nahrung brauchten, dass sie manchmal fast ohne Kleidung ankamen, weil sie zwischen der Entlassung aus dem Gefängnis und der Ausweisung weder Zeit noch Geld für einen Einkauf gehabt hatten.

Ausreise CG Melchers

Carl Gerhard Melchers versuchte ab etwa Jahresbeginn 1950, die Firma zu schließen, die er Anfang 1948 mit drei Angestellten neu gegründet hatte, und eine Ausreiseerlaubnis zu erhalten. Vergeblich. Zu Jahresbeginn 1951 wurde sein Haus in der Macleod Road enteignet, das er im Juli 1947 mit Kenntnis der GMD-Verwaltung gekauft hatte. Er musste seither monatlich 200 US-Dollar Miete in die Staatskasse zahlen.[11] Schließlich war die Firma liquidiert, und er durfte seine Absicht, auszureisen, in der *Xin Wen Bao* bekannt geben,[12] damit eventuelle Finanzansprüche gegen ihn vorgebracht werden konnten. Der vorgeschriebene Wortlaut: »Da ich [Name] aus China ausreisen will, fordere ich alle Chinesen, die Forderungen an mich haben, auf, sie bei der Polizei zu melden.« Tatsächlich meldete sich Melchers' ehemaliger №. 1 *godownman*, der im Lagerhaus am Broadway 20 Jahre lang die Ein- und Ausgänge und ihre Lagerung fleißig und ehrlich überwacht hatte: Melchers stehe mit 10 000 US-Dollar in seiner Schuld. Das war frei erfunden. Das Publikum im Volksgericht empfing Melchers mit »Schlagt ihn«-Rufen. Aber der Parteifunktionär, der über den Volksrichtern rangierte, erläuterte dem Kläger, »dass die Fremden nicht zum Erpressen da wären, man müsse ihnen Respekt vor der Gerechtigkeit der Volksregierung beibringen«. Er verfügte eine sofortige außergerichtliche Einigung. Der Kläger hatte das Gesicht verloren.[13]

Ende April 1951 war Melchers von der politischen Polizei verhört worden. Es war eine Zeit extremer Nervosität: Am 28. April, einem Sonnabend, hatte Hermann die ganze Nacht Lastwagen auf der Yu Yuen Road gehört, begleitet von großem Lärm. Stundenlang heulten Sirenen, dröhnten schwere Gummireifen. Am nächsten Morgen die Gerüchte: In der Nacht waren 3000 Chinesen in Shanghai verhaftet und ins Canidrome geschafft worden; Hermanns Koch Loh hörte, dass Menschen, die in der Nationalpartei GMD herausgehobene Positionen innegehabt hatten, von der Sicherheitspolizei abgeholt worden seien. Am 1. Mai wurden in Shanghai 500 Todesurteile verkündet.[14]

Gleich anschließend an sein Verhör hatten Melchers, seine Frau und seine Tochter die Tage bis zu ihrer Abreise aus Shanghai am 5. Mai 1951 bei Breuer in der Yu Yuen Road verbracht.[15] Von dort aus waren sie gemeinsam zu dem großen Abschiedsessen gegangen, das David Kwok, Manager bei Wing On und Tai On, zu Melchers' Ehren gab. In Kwoks Villa an der Amherst Avenue ging es so luxuriös zu wie in alten Zeiten. Sie saßen zu zwölft zu Tisch, und hinter jedem von ihnen stand ein Diener, servierte sechs kalte Vorgerichte und zwölf warme Hauptspeisen. Die Unterhaltung kreiste um das Wetter. Als sie wieder in der Yu Yuen Road waren, erzählte Melchers, dass er den Gastgeber unter vier Augen gefragt hatte: »How are you getting on?« Davids leise Antwort: »Die Wände haben Ohren.« Dann lachte er laut, als habe er einen schlüpfrigen Witz geflüstert.[16]

Breuer meinte, mit seiner Ausreise weiter warten zu müssen bis der Kollege Ashelm aus Deutschland zurückgekehrt war, denn: »Wir repräsentieren außer Tai On noch zwei weitere Firmen, die ebenfalls Wing On nahestehen«, nämlich die Stuckert Trading Co. und die Pao Ching Co. in Hongkong für das Chemikaliengeschäft.[17] Der Kollege kam aber nicht, denn ihm war aus Hongkong signalisiert worden: *»Stay where you are!«* Er war in Deutschland. Breuer blieb also einen weiteren Sommer in China und tröstete sich, dass er zwar *»viel extra Arbeit und manchmal auch unruhige Stunden«* erlebte, dass es aber ganz erträglich war, solange er sich *»den neuen, radikal veränderten Verhältnissen anpasste, und nicht an die Zeiten vor 40 oder 50 Jahren dachte, wovon die meisten Ausländer noch zehren möchten, was aber nun – im Volks-China – nicht mehr geht«*.[18] Apropos »nicht mehr geht«: Er hatte die Zahl der CARE-Pakete, die er verschicken ließ, reduzieren müssen. Nur vier Familien, Karl und Alice in Hannover, Nele mit Christoph in Berlin, Hanni und Ulrich in Hamburg mit der kleinen Christine und Sohn Uwe mit seiner neuen Familie bekamen jetzt noch je ein Paket im Monat.

Exit-Visa

Anfang 1952 hatte Hermann seine Ausreise beantragt. Er plante, »vorbehaltlich Fügungen höherer Gewalt«, Mitte bzw. Ende Mai mit dem dänischen Frachter und Passagierschiff *Panama* von Hongkong aus über Bangkok und »die üblichen indischen Häfen« nach Genua zu fahren. Wollte sich in Italien, der Schweiz und in Bad Gastein erholen.[19] Am 22. März erhielt er sein Exit-Visum, er sollte China bis zum 22. Mai 1952 verlassen. Buchte gleich seine Bahnkarte nach Hongkong, für den 29. April.[20]

Ohne Exit-Visum konnte niemand China verlassen. Bevor es gewährt wurde, mussten Genehmigungen von etwa zwölf Ämtern eingeholt werden.[21] Geprüft wurden Nationalität, Gesundheit, Impfungen, Polizei- und Steuerunterlagen, Konten, gegebenenfalls Firmenbücher und Warenlisten (in siebenfacher Ausfertigung), Durchreisevisum Hongkong, alles in chinesischer Sprache vorzulegen. Kleinanzeigen in den *North China Daily News* boten dazu an: »Übernehme englisch/chinesisch Übersetzungen. Kompetent im Umgang mit Formalitäten für Ausreisevisa.«[22] Ein erteiltes Exit-Visum war einerseits ein Freilassungsschein, auf den der Antragsteller Wochen oder sogar viele Monate gewartet hatte, andererseits wurde es durch Fristsetzung zum Hinauswurf. Die Zeit, die der Antragsteller noch in China bleiben durfte, wurde ganz willkürlich festgelegt, variierte zwischen zwölf Stunden und Monaten. Der Termin musste mit den Abfahrtszeiten der Schiffspassagen oder Fahrkarten für überfüllte Züge koordiniert werden. So hofften die, die im tiefsten Innern gar nicht fortgehen wollten, auf die Bewilligung der Ausreise und fürchteten sie zugleich. Außerdem war ein erteiltes Exit-Visum keine Garantie, dass man China wirklich verlassen durfte. Der Widerruf erteilter Visa wurde zu einem gefürchteten Spiel. Walter Mayer, Breuers Kollegen aus Melchers' Zeiten, war das Papier zweimal ganz kurz nach der Zustellung wieder entzogen worden. Nach der dritten Genehmigung verließen er, seine Frau Irma und die Kinder Walter, Emanuela und Ulrike Shanghai am nächsten Morgen; das Frühstücksgeschirr blieb auf dem Tisch stehen.[23]

Dr. Emanuela Mousley geb. Mayer

Die Szene hielt Irma Mayer in ihrem Tagebuch fest, ihre Tochter Emanuela wählte diese Erinnerung ihrer Mutter an die letzten Monate der Familie Mayer in Shanghai für eine Veröffentlichung im StuDeO-Info Heft (April 2012); da las ich sie. Ich wusste: Walter Mayer war ein Melchers-Kollege von Breuer gewesen und hatte, wie dieser, noch eine ganze Weile im kommunistischen China gelebt. Die Familie Mayer und Breuer mussten sich gut gekannt haben. Über StuDeO bekam ich Kontakt zu Emanuela, verwitwete Mousley. Sie lebt in Kanada, in Toronto, wo sich die Familie Mayer 1952 niederließ. Gleich bei unserem ersten Telefongespräch hatten wir uns viel zu erzählen – und wir wollten uns persönlich kennenlernen: Im Juli 2014 würde Frau Mousley am Treffen der KWS-Schüler in Köln teilnehmen. Ob ich auch kommen könnte? Soviel ich damals wusste, hatte HWB keine nähere Beziehung zur KWS, mangels dort schulpflichtiger Kinder. Erst viel später fand ich, dass er 1919/20 ehrenamtlich als Hilfslehrer an der KWS tätig war. Als Vorsitzender der DG hatte er sich im November, Dezember 1949 um die Rückgabe des Schulgebäudes bemüht (vergeblich) und im Frühjahr 1949 um Gelder für die Gehälter der wenigen verbliebenen Lehrer, die seit dem Schuljahr 1945/46 Schülergruppen in Privatwohnungen unterrichteten.[24]

Emanuela erzählte mir von den sechs Monaten, die sie 1936 in Breuers Haus in der Rue Chapsal wohnten, von dem Garten ums Haus, den die zwei kleinen Kinder wegen der temperamentvollen Hunde kaum nutzen konnten, von Breuers Freundin, die auch dort wohnte, und von dem schwarzen Lockenhund, den Breuer ihr aus Deutschland mitbrachte. Sie erzählte von Kollegen des Vaters, erinnerte den »stattlichen Herrn Breuer«, den »charmanten Herrn Melchers«, den »hübschen Jaeckel« und welche Brillen Herr Benkiser trug – und stellte selbst fest, dass sie »schon als junges Mädchen einen speziellen Blick für jeden Kollegen« des Vaters gehabt hatte. Im Gespräch verwendeten wir die in unseren Familien üblichen Abkürzungen »CeGe« für Carl Gerhard Melchers und »HaWeBe« für Breuer und freuten uns am familiären Klang dieser Silben. Frau Mousley wusste mehr über das Wer-mit-wem in der DG als alle anderen, mit denen ich gesprochen habe: Sie hatte offenbar schon als Heranwachsende den Blick der Psychologin; später studierte sie Psychologie. Sie erzählte von der jüdischen Schneiderin und dem Nazi-Nachbarn und von ihrer kindlichen Enttäuschung, als sie bei sommerlicher Hitze Breuers in ihrem Garten besuchte und es keine Limonade gab, sondern nur Wasser.

1944 erkrankte die ganze Familie Mayer an Hepatitis B; der Zustand des Vaters war sehr ernst. HWB, damals finanzieller Berater bei Melchers, kam zu ihnen nach Hause und sprach mit Irma Mayer über die finanzielle Lage der Familie nach einem eventuellen Tod ihres Ehemannes – der die Krankheit glücklich überlebte. HWBs Fürsorge behielt die Familie in dankbarer Erinnerung.

Weitere Rückführungen

Ab September 1951 mussten die in China verbliebenen »Westler« zusätzlich befürchten, dass ihre Aufenthaltsgenehmigungen nicht verlängert und sie ausgewiesen würden. Sie mussten nun nachweisen, dass sie sich für das »Volkswohl« betätigten, nämlich ihren Lebensunterhalt mit Erwerbsarbeit verdienten. Gleichzeitig wurden Ausländer aber entlassen und durch chinesische Angestellte ersetzt. Deutsche, deren Genehmigungen im August abgelaufen waren, standen vor der Wahl, die Frage nach dem Einkommen – wie viel und woher – zu beantworten oder gleich ein Ausreisevisum zu beantragen. Im November 1951 dann der Präzedenzfall:

45 von der IRO betreute (jüdische) Emigranten erhielten Nachricht von der Polizei, sie müssten Shanghai innerhalb von zwei Monaten verlassen, sie sollten ihre Ausreisebewilligung beantragen.[25] Ausgewiesene würden nach Hongkong abgeschoben, ohne Transitvisum müssten sie dort in ein Auffanglager. Die Engländer würden sie nach Deutschland überführen und sich die Kosten erstatten lassen. Kosten für weitere Rückführungen würden also in jedem Fall auf den Bundeshaushalt zukommen. Breuer bat um Bewilligung von Passagen mit der neu eingerichteten Linie des Lloyd Triestino.[26]

Breuers Abschiedsfeier

Breuers für Ende April 1952 geplante Abreise im Blick, gab die Deutsche Gemeinde am 18. April ein Abschiedsfest für ihn. Den Dankesbrief von Hans Wilhelm Siegel schickte Hermann gleich nach Hannover, dort freuten sie sich, mit wie viel Ehren er »weggefeiert« worden war.[27] Er selbst freute sich besonders über Siegels Worte: »*Mit Ihnen verlässt einer der ältesten Vertreter des Deutschtums unser Gastland China, ein Bindeglied zwischen einer alten und einer neuen Zeit. Zu Ihrem reifen Verständnis für Menschen, Zeiten und Situationen gesellte sich ein mitfühlendes Herz, der Schlüssel zu Ihrem weiten Freundeskreis unter Ihren Landsleuten, Chinesen und anderen Ausländern.*«[28] Das Gedicht, das Otto Zwanck auf ihn verfasst hatte und das er mit seiner ganzen Schauspielkunst am Abschiedsabend vortrug – eine Tour de Force durch Breuers Leben –, erinnerte fast alle Zuhörer an die eigene Vergangenheit, an die Zeit, als sie nach Shanghai gekommen waren:

»*Shanghai, das Paris vom Osten, / lockend Laster auszukosten, Shanghai, wo der Youngster denkt, / dass er sich Millionen fängt ...*«

Sie hatten geseufzt und herzlich gelacht und waren ein bisschen gerührt, besonders von den letzten Zeilen:

»*Und mit schmerzlichem, leicht umflortem Blick, / lässt er die letzten Kinder zurück. / Und diese letzten, quasi die Waisen, / sie wünschen von Herzen ihm Glück auf die Reisen. Zum letzten Mal drückend die Vaterhand / zu seinem Abschied vom China-Land. Wobei sie vom Himmel die Gnade erfleh'n / auf ein recht, recht baldiges Wiederseh'n.*«[29]

Das Wiedersehen dachten sich inzwischen alle in Deutschland. In Westdeutschland.

Otto Zwanck und Breuer waren befreundet, seit Zwanck 1921 zur Melchers Corporation Shanghai gestoßen war. Da war er schon ein gestandener China-Mann: 1912 Melchers Hongkong, 1914 Tsingtao-Kämpfer und japanische Kriegsgefangenschaft, 1921 Melchers Corporation Shanghai, 1925 bis 1928 für Melchers in Tianjin, später für Reuter & Bröckelmann in Shanghai. Dort wurde Zwanck in den 1930ern als Regisseur und als Schauspieler zum Star des Deutschen Theater-Vereins. Sein letzter großer

Auftritt in Shanghai, 1943 als Philipp II. in Schillers »Don Carlos«, war große Schauspielkunst gewesen.[30]

Im April 1949, als Breuer den Vorsitz der Deutschen Gemeinde übernommen hatte, war Zwanck Schatzmeister geworden. Auf der Abschiedsfeier erzählte er, wie er gerade die eigene Ausreise organisierte: Zu seinen Besuchen bei den chinesischen Behörden nahm er immer seine beiden Jungen mit, neun und fünf Jahre alt, einen an der rechten, den anderen an der linken Hand. Er meinte, die Visa so schneller zu bekommen.[31] Die Bescheinigungen über seine deutsche Nationalität hatte gerade noch das Französische Generalkonsulat ausgestellt, das zum 30. März (1952) schließen würde. Generalkonsul Jean Royère und Vizekonsul Claude Ledan würden aber erst ausreisen dürfen, wenn Frankreich die chinesische Schlussrechnung bezahlt hatte, sie umfasste Grundsteuer für das Konsulatsgebäude am Bund und für Grundbesitz in der französischen Konzession, rückwirkend ab 1949, Abfindungen für die chinesischen Mitarbeiter des Konsulats und für die annamitischen Wachleute, Unterhaltszahlungen für 20 uneheliche Kinder französischer Soldaten, bekannt oder unbekannt.[32]

Die Deutschen machten sich Sorgen: Wer wäre zukünftig autorisiert, ihre Staatsbürgerschaft zu bescheinigen? Breuer schlug vor, die Bundesregierung möge den britischen Chargé d'affaires um Kooperation bitten.[33] Die ostdeutsche Vertretung in Peking stellte solche Bescheinigungen jedenfalls nicht aus. Im Gegenteil, Deutsche, die dort vorgesprochen hatten, waren von den Angestellten als Faschisten und Nazis beschimpft worden.[34] Die Vertretung machte sich zudem die chinesische Auffassung zu eigen, viele Deutsche in China spionierten für die USA.[35] Johannes König und seine Mitarbeiter in der Mission der DDR ignorierten die Deutschen Gemeinden in China; auch die ostdeutsche Delegation, die China Mitte 1950 besuchte, nahm keinen Kontakt auf. Breuer sah die Teilnehmer zwar, zu sprechen waren sie nicht für ihn.[36] Er hatte Anlass festzustellen: »besonders die Frage Ost- und Westdeutschland macht mir die Stellung nicht einfach«.[37] Musste er doch stets darauf achten, dass es nicht so wirkte, als maße er sich das Recht an, Westdeutschland konsularisch zu vertreten.

Inhaftierungen, Selbstmorde

Wenn die Gespräche auf Breuers Abschiedsfeier nicht um die unsichere Zukunft oder um die schöne Vergangenheit kreisten, wandten sie sich den unfreiwillig Abwesenden zu, den inhaftierten Deutschen. Jeder hatte zu dieser Zeit einen Freund oder guten Bekannten, der in einem chinesischen Gefängnis saß. Über die Einzelheiten der Anschuldigung war meist nichts zu erfahren. Heinz-Egon Heinemann, der 1939 mit seiner Familie als Emigrant aus Berlin gekommen war, hatte sich in Shanghai eine neue Existenz aufgebaut und eigentlich bleiben wollen, dann aber doch die Ausreise nach Kanada vorbereitet. Anfang Dezember 1951 wurde ihm das Exit-Visum entzogen, kurz darauf wurde er verhaftet. Seine Frau konnte in Erfahrung bringen, dass ihm Spionage für die Amerikaner vorgeworfen wurde.[38] In Tianjin saßen schon seit Februar 1951 Wilhelm Dunsing und seine Frau in Haft, voneinander getrennt und mit der zusätzlichen Sorge, dass Suzanna Dunsing Weißrussin war; ihre vier kleinen Kinder waren nach Deutschland gebracht und dort auf Freunde verteilt worden.[39] Willy A. Schaub wurde seit zehn Monaten die Ausreise verweigert,[40] Werner Jannings, vormals Teilhaber von Siemssen & Co., saß in Tianjin in Haft. Dr. Caroline Stübel, die bei ihm einen *job* als Sekretärin gefunden hatte, wurde seit dem Sommer 1951 in Hausarrest festgehalten.[41] August Börter war in Tsingtao inhaftiert. Und viele andere waren in Haft, auch sechs Engländer, fünf Kanadier, drei Australier und 42 US-Amerikaner[42] sowie fast alle katholischen Bischöfe und Patres.[43]

Die meisten Verhafteten waren Opfer der im Zusammenhang mit dem Koreakrieg ausgebrochenen Spionage-Phobie, andere hatten sich nicht vorstellen können, dass die Kommunisten Vergehen, die schon immer unter Strafe gestanden hatten, jetzt tatsächlich ahndeten. Breuer erinnerte sich gut daran, ein Gemeindemitglied gewarnt zu haben, die illegalen Devisengeschäfte, die er zur Zeit der GMD unverhohlen betrieb, unter der kommunistischen Regierung fortzuführen. Der hatte aber gemeint, Breuer solle sich seinetwegen keine Sorgen machen. Am 24. Dezember – das Datum konnte man sich gut merken – war er 1951 verhaftet worden.[44] Melchers' früherer Teilhaber in Tianjin, überzeugter Nationalsozialist und Kooperationspartner der Japaner, hatte sich nach der Haftentlassung umgebracht.[45] Selbstmorde von Chinesen und von Ausländern waren in diesen Tagen häufig – eine letzte Konsequenz angesichts von Denunziationen (»*dadurch, dass jeder Einzelne gezwungen wird, irgendetwas auszusagen, entstehen ganze Ketten von Anzeigen, wodurch mehr und mehr Menschen in den Strudel hineingezogen werden*«[46]), Verfolgung, erzwungenen Bekenntnissen und Haft, Enteignung, hohen Geldstrafen und Ruin. Hermann nannte es eine »Selbstmordepidemie«: »*Tagtäglich begehen mehrere Menschen Selbstmord. An einem Tag bis zu 64. Freundesgruppen tun sich zusammen und stürzen sich von hohen Gebäuden hinab oder springen in den Huangpu.*«[47] Hans Siegel sah regelmäßig von seinem Büro aus, wie sich Menschen aus den Fenstern gegenüberliegender Hochhäuser stürzten. Schon Kindern schärfte man ein, »to look up when walking down town to ensure someone did not land on you«.[48] Menschen nahmen Gift, legten sich auf Eisenbahnschienen oder erhängten sich im Park. Im Zhongshan Park vor Hermanns Haustür patrouillierte Polizei, um die Verzweifelten daran zu hindern.[49]

Kampagne »Fünf Anti«

Am 24. April, vier Tage vor seiner Abreise, erreichte Breuer ein Schreiben der Landgesellschaft Yeh An Investment & Development Co. Die war gegründet worden, um Melchers' (restliche) China-Immobilien – registriert auf den Namen des Geschäftsmanns Li Guangyun, »now supposed to be in Hong Kong« – zu verwalten. Manager der Landgesellschaft war Lawrence Tsang, ebenfalls »supposed to be in Hong Kong«.[50] An seiner Stelle amtierte der geschäftsführende Manager, Mr Wang, von dem es hieß, er sei »now busily engaged in attending meetings of all-day long sessions«, womit tagelange, ununterbrochene Befragungen angedeutet sind. In diesen Befragungen muss Wang Breuers Namen als möglichen Zeugen für finanzielle Transaktionen zwischen der Landgesellschaft und Melchers in den Jahren 1950/51 genannt haben. In seinem Schreiben betonte C. Chen, der als »Director« der Yeh An zeichnete, wie dringend Breuers Aussage benötigt werde: »In view of your imminent departure from this country [...] your kind certification [...] will be very much appreciated.«[51] Auch Chen war zu dieser Zeit Befragungen unterworfen, in denen er »sich den hässlichsten Erniedrigungen aussetzen lassen musste, weil er einem ›Kapitalisten‹ [CG Melchers] geholfen hatte«.[52] Konkret ging es um zwei Schecks über 25 Millionen Yuan (ca. 1050 US-Dollar) und über eine Million Yuan. Breuer bestätigte noch am selben Tag schriftlich, im Dezember 1950 einen Scheck über Mieteinnahmen von der Yeh An (deren Büro dem seinen benachbart war) für CG Melchers entgegengenommen und quittiert zu haben, ebenso einen weiteren Scheck über eine Million Yuan im Januar 1951; er habe beide Schecks an Melchers weitergereicht. Nun war Breuer in den Fokus der Aufmerksamkeit geraten, und nichts konnte verhindern, dass er weiter befragt werden würde. Am Tag nach dem Briefwechsel wurde ihm das Exit-Permit abgenommen.[53] Das war wie Arrest. Unpraktisch war es auch, denn sein Geld ging zur Neige, seine Wohnung war aufgelöst, sogar seine Bekleidung »weilte bereits im Süden«, die Überseekisten waren schon abgeholt.[54] 13 Kisten waren es geworden. Sie sollten über Jebsen & Co. in Hongkong weiter nach Hamburg reisen und dann nach Hannover.[55] Gepackt hatten Regierungsangestellte, damit nichts rausgeschmuggelt wurde. Gold, Silber und Antiquitäten durften nicht ausgeführt werden. Jeder verpackte Gegenstand musste auf einer Liste erfasst sein, die achtfach vorzulegen war.[56] Hermann büßte bei der Gelegenheit sein wunderschönes goldenes Zigarettenetui ein und alle seine silbernen, auch das, das der König von Siam ihm zur Taufe geschenkt hatte.[57]

Gleichzeitig mit dem Widerruf des Ausreisevisums kam die erste Vorladung. Beziehungsweise, Breuer »musste zum Arzt«, hatte eine »Erkältung«, so hieß es in der Korrespondenz. Die Briefpartner wünschten ihm, die »Halsentzündung« möge sich bald bessern, boten an, gegebenenfalls mit Medikamenten oder ärztlichen Ratschlägen zu helfen.[58] Ihn befragte zunächst der Wu-Fan-Untersuchungsausschuss, der begangene »Fünf Übel« untersuchte, als da waren Bestechung, Steuerhinterziehung, Diebstahl von Staatseigentum, Betrug bei Staatsaufträgen und Missbrauch staatlicher Wirtschaftsinformationen für private Zwecke.[59] Die Wu-Fan-Kampagne hatte im Herbst 1951 in Peking begonnen: 40 000 Industriebetriebe und Handelsfirmen waren bis Ende März 1952 untersucht worden. Shanghai, die »Hauptbastion der Imperialisten und des Kompradorkapitals«, wurde Anfang März als letzte Großstadt in die Untersuchungen einbezogen. Seit Januar waren Selbstgeständnisse und Anzeigen eingefordert worden. Hermann nannte das »Beichtzeit in China«. Die Beichtenden waren Kaufleute und Unternehmer, aber die Beichte geschah nicht im Privatissimum. Als bis Ende Februar 100 000 einschlägige Verfehlungen und Verbrechen gemeldet worden waren, folgte ein »Kreuzzug«.[60] Ein »Fünf-Anti-Bewegungs-Korps« aus etwa 10 000 Arbeitern, Ladenangestellten und Parteifunktionären klagte an; auf tage- und wochenlangen Betriebsversammlungen erwirkten »*tiger beaters*« Geständnisse.[61]

Breuer muss gehofft haben, die Ausreiseerlaubnis so rechtzeitig zurückzubekommen, dass er die ursprünglich gesetzte Frist – 22. Mai – einhalten könnte: Für den 20. Mai[62] hatte er zu einer Abschiedsfeier ins Parkhotel eingeladen. Als es dann so weit war, wusste er bereits, dass er nicht würde fahren können. Melancholisch blickten seine Gäste und er aus dem Gesellschaftsraum im 14. Stockwerk des Hotels (immer noch das höchste Gebäude in Shanghai) auf den ehemaligen Rennplatz. Aus einer neuen Perspektive betrachtet, war der Platz ein Sinnbild der Diskriminierung, des Kolonialismus und des Glücksspiels. Er wurde nun zu einem People's Square und People's Park umgebaut.[63] Das Gebäude des Rennclubs mit dem Uhrturm und der überdachten Tribüne stand noch. Wie oft hatten sie von dort dem Morgentraining vor den Rennen zugeschaut und die Pferde taxiert. Wie viele spannende Derbys hatten sie hier erlebt. Zu Hermanns Überraschung erweckten die Fotos von seiner Feier später fast den Eindruck, sie seien eine ganz fröhliche Gesellschaft gewesen, während sie doch in Wirklichkeit alle ganz niedergeschlagen waren, weil keiner von ihnen wusste, wann seine Zeit der Ausreise kommen würde. So bewiesen die Bilder lediglich, »dass die alten Freunde noch leben«, meinte er.[64]

Breuers »Ärzte« waren das Landamt, das Steueramt, das Devisenkontrollamt, der Armee-Beauftragte, die politische Polizei und die Sicherheitspolizei. Seine schriftlichen Stellungnahmen gingen an das Increase Production & Austerity Committee der Stadt Shanghai. Für ihn war es eine Zeit, während der er stets angeben musste, wo er sich aufhielt, er ständig beobachtet und kontrolliert wurde und permanent erwarten musste, zu neuen Verhören einbestellt zu werden. Mindestens einmal war er noch am späten Abend in einem Restaurant angerufen worden, er möge sich sofort zu einer Einvernehmung begeben. Mehrere Bekannte erlebten es mit. Bei den Befragungen durfte er meistens seinen Mitarbeiter K. P. Huang als Übersetzer (Englisch/Chinesisch) dabeihaben. Hermann war sehr erleichtert, dass Huang »sachlich richtig aber recht geschickt« übersetzte.[65] Die Antworten wurden mitgeschrieben. Die Fragen wiederholten sich, er musste möglichst mit denselben Worten antworten. Sonst gab es scharfe Nachfragen. Nie war er sicher gewesen, dass er am Ende einer zermürbenden Vernehmung wieder nach Hause gehen durfte. Den ehemaligen Melchers-Kollegen Walter Mayer hatten sie mehrfach über Nacht eingesperrt. Mayer, der seit 1946 für die Schweizer Firma Liebermann & Waelchli arbeitete, war als Zeuge für einen Vorgang aus dem Jahr 1935, weit vor seiner Zeit in der Firma, festgehalten worden.[66]

»Melchers'sche Dinge«

Immer ging es darum, was Breuer über die Melchers'schen Dinge wusste; um die »verdammte CeGe Affäre«.[67] Er war zwar als Zeuge vorgeladen, nicht als Beschuldigter, aber er wurde das Gefühl nicht los, sein Status könnte sich jederzeit ändern. Obwohl er schon seit Anfang 1946 für Tai On arbeitete, sollte er, als letzter (ehemaliger) Vertreter von Melchers auf chinesischem Boden, detaillierte Fragen zu deren Grundstücksangelegenheiten und Kontobewegungen aus den Jahren 1950/51 »klären helfen«. Hinsichtlich der Grundstücksangelegenheiten hätte er wohl mehr sagen können, denn er war als »financial adviser« für Melchers während des Zweiten Weltkrieges einer der Konstrukteure der Immobiliengeschäfte gewesen. Immobilien, die ab 1943 auf chinesische Geschäftspartner eingetragen wurden, um spätere Enteignungen als Feindvermögen zu vermeiden. Trotzdem waren der Godown am Broadway East, das repräsentative Haus in Peking und die Firmenanlagen in Hankou, Tianjin und Tsingtao 1946/47 noch von der Nationalregierung enteignet worden. Jetzt ging es um drei bisher nicht erfasste Immobilien: Nanking Road 226[68], Peking Road (Johnson Garage Property) und ein Industriegelände an der Kiangse Road. Die hatte Melchers Mitte Juli 1943 dem Schutz von David Kwok (Wing On) anvertraut – so, wie Melchers die Cotton Mill №. 1 des Wing-On-Konzerns im Jahr 1937 vor den Japanern geschützt hatte. Im Zusammenhang mit der strafrechtlichen Verfolgung solcher Scheinübertragungen, die die GMD angekündigt hatte, bat David Kwok im Juli 1948, Wing On von der Betreuung der Immobilien zu entbinden.

Immer wieder musste Breuer die Fragen beantworten: Gehörten die Grundstücke und Anlagen Melchers? Und noch einmal: Ist er sicher? Gab es Beweise? Zeugen? Wann wurden sie erworben? Gab es dafür Zeugen? War die Firma Melchers Eigentümer oder CGM persönlich? Gehörte das Haus in der MacLeod Road der Firma oder CGM persönlich? Wie wurde es erworben? Warum wurde es enteignet? (Die Enteignung war Anfang 1951 durch die VRC–Regierung erfolgt.) Warum konnte er nicht sicher bezeugen, ob die Immobilien Melchers gehörten? War Mr Leon Kwok einer von Melchers' Partnern? War CG Melchers Mitglied der NSDAP, hatte er eine politische Funktion? Warum waren weder Melchers noch Breuer in Kiangwan interniert worden? Wann verließ Melchers China und warum? Und wie war das mit den Victory Bonds, die Mr Wong vor zwei Jahren an Breuer gegeben hatte? Nein, es war Mr Tsang gewesen, der sie für Melchers gekauft hatte, und Melchers hatte sie in Raten einem ehemaligen Mitarbeiter geschenkt. Breuer hatte die Bonds nur überbracht. Der Mitarbeiter war inzwischen verschwunden.[69] Und noch einmal: Die Sache mit den 25 000 000 Yuan möge Breuer, wie alle anderen Fragen, schriftlich beantworten.[70] Das war so: Im Dezember 1950 war eine hohe Summe Grundsteuer für die Melchers'schen Immobilien verlangt worden, die die verwaltende Landgesellschaft Yeh An Investment & Development Corporation nicht erwirtschaftet hatte. CG Melchers ließ 22 000 Hongkong-Dollar aus seinem Privatvermögen von Hongkong nach Shanghai transferieren. Im Dezember 1950 wurden zum Ausgleich 1050 US-Dollar vom Miete-Konto abgehoben, die Melchers ins Ausland überwiesen hatte, was streng verboten war. Breuer hatte das Geld für Melchers abgehoben. Der Scheck ließ sich vom Auszahlungstag bis zum Inkasso verfolgen, »unglücklicherweise«.[71]

Schon bevor Breuer befragt wurde, war David Kwok, Geschäftsführer von Wing On, »in völliger Isolation« gehalten worden: Lange Zeit »empfing« er nicht, formulierte Breuer an Melchers. »*Das Schlimme war, dass ich nicht wusste, was Kwoks gesagt hatten, sodass mir schließlich nichts anderes verblieb, als die Wahrheit zu sagen, wenn ich nicht mein Leben und das der Kwoks gefährden wollte.*«[72] So beschränkten sich seine Möglichkeiten, Melchers' Eigentum zu schützen, darauf, die Vorgänge »möglichst abgeschwächt und unklar, aber einigermaßen wahrheitsgemäß« darzustellen. Sein ›Geständnis‹ wurde von vier ›Herren‹ entgegengenommen. ›Herren‹ dachte Hermann in Anführungszeichen. David Kwok, »*der loyal zu uns gestanden hat, [...] war dann auch nichts anderes übrig geblieben, als wahrheitsgemäß zuzugeben, was sich mit den von ihm und seinen Verwandten geschützten Liegenschaften abgespielt hatte*«. Als David freikam, hatte er 16 Pfund abgenommen, und »*ein grauer Ton [durchzog] sein schwarzes Haar*«.[73]

Im späten Frühjahr 1952 stellte der Bürgermeister von Shanghai fünf Kategorien vor, in die verdächtigte Geschäftsleute nach der Befragung eingeteilt werden würden: 1) gesetzestreu; 2) im Wesentlichen gesetzestreu; 3) halb gesetzestreu, halb schuldig; 4) schuldig; 5) schwerwiegend schuldig. Auch wenn ein Verfahren mit der Eingruppierung in die Kategorie »gesetzestreu« endete, mussten Angeklagte eine Geldstrafe zahlen, um ihre Verfehlungen zu kompensieren, die als solche nicht zur Debatte standen.[74] Den in die Gruppen 1) und 2) eingeordneten Geschäftsleuten wurde lediglich zugebilligt, ihre Verfehlungen in gutem Glauben begangen zu haben. Die in die Kategorien 4) und 5) Eingeteilten wurden vor Gericht gestellt. David Kwok ging »als vorbildlich bekennungsfroher fortschrittlich erachteter Wirtschaftsführer« aus den Befragungen hervor.[75] Dabei wird es nicht in erster Linie um Kwoks Schutz für Melchers' Eigentum gegangen sein, sondern vor allem um den Wing-On-Konzern. Nach seiner Rehabilitierung war David Kwok Mitte Juni ins Quartier des Vorsitzenden berufen worden, um dort an einer Besprechung wichtiger wirtschaftlicher Umstellungsfragen teilzunehmen. Grundsätzlich sollten als gesetzeswillig erachtete private Unternehmer zum Handel mit den staatlichen Einkaufsstellen zugelassen werden. Das Regime suchte sich die Firmen aus – Tai On war dabei – und gab die Konditionen vor, wie z. B. die Höhe der finanziellen Beteiligung des Staates am Umsatz.[76] Was Davids Einstellung zum neuen Regime betraf, war Hermann nicht ganz sicher: »Ob er innerlich sich umstellte, vermag ich nicht zu sagen.«[77]

Hermann befürchtete, dass die Vergehen der Landgesellschaft Yeh An in die Kategorie 4) oder sogar 5) fallen könnten, »was in beiden Fällen für alle Beteiligten recht ernste Folgen hat«. »Leider lässt sich nicht absehen, wann für mich die Anspannung ihr Ende nimmt.«[78] Noch am 5. Juli konnte er nur ganz kurz auf den Brief antworten, der ihm die »Wiedereröffnung der ehrwürdigen Melchers Organisation« in Hongkong zum 1. Juli 1952 anzeigte. Er wünsche »von Herzen Glück und Erfolg«. Zu längeren Ausführungen fehle ihm die Zeit, »da ich mal wieder gleich zum Arzt muss«.[79] »Obwohl meine Krankheit jetzt bald 3 Monate alt ist, verspüre ich noch immer keinen rechten Fortschritt in der Behandlungsweise.«[80] Dabei quälten ihn wirkliche Ohrenschmerzen[81] und eine Nervenentzündung im rechten Unterarm – wie gut, dass sich eine Packung Betaxin Forte der Firma Bayer für Spritzen auftreiben ließ.[82] Er schluckte Baldriantropfen und Brommixtur und konnte trotzdem keine Nacht durchschlafen.[83] Bewahrte aber eisern »Haltung«.

Wie sehr hatte er sich in den »Gasthof zur Freiheit« gewünscht.[84] Gerade deshalb war es ihm in diesen Monaten ein Bedürfnis, weiterhin anderen die Ausreise zu ermöglichen, z. B. Eugen Thiel. Während Thiel noch, wie Breuer, von diversen Instanzen befragt wurde, hatte seine Frau Edda eine befristete Ausreisebewilligung bekommen. Den Eheleuten versagten völlig die Nerven. Breuer musste Edda »vor übereilten Maßnahmen zurückhalten«.[85] Schließlich durften sie China doch zusammen verlassen. Ihr ganzer Besitz, die Beteiligung an der Apotheke Kofa, das Privathaus mit seiner Einrichtung, war konfisziert worden. »Es ist den beiden alten Leuten nur gestattet, ihre Bekleidung mitzunehmen.« Sie verließen Shanghai »nicht nur materiell und seelisch, sondern auch körperlich gebrochen. [...] Sie, die so viel für in Not geratene Landsleute und andere getan haben.« Am 30. Juli begleitete Breuer das Ehepaar und die Familie Paelz zum Hafen:

»Es war eine Tragödie, die beiden alten Männer […] in dieser Glut die steile *gangway* hinaufklettern zu sehen. Manchmal hatte ich Zweifel, ob sie überhaupt noch lebend an Bord gelangen könnten.«[86] Nach Hongkong schickte Breuer die Bitte, Thiels dort mit einem kleinen Empfangskomitee aus alten Weggefährten zu begrüßen »und sie mit Lebensmut aufzumuntern«. Auch Herr Paelz brauche Hilfe, er sei 74 Jahre alt und krank, er war gerade operiert worden, seine Frau und die drei kleinen Kinder sprächen nur Chinesisch.[87]

Am 3. Juni wandte Breuer sich schriftlich an das Increase Production & Austerity Committee: Im Hinblick auf seine diversen Berichte an das Komitee, und da er weder sachlich noch persönlich in die Angelegenheit verwickelt sei, möchte das Komitee die »zuständigen Autoritäten« informieren, damit er sein Exit-Visum zurückerhalten könne. Am 22. Juni wurde die Bewegung gegen die »fünf wirtschaftlichen Übel« für abgeschlossen erklärt. Die Tai-On-Belegschaft hatte sich für Breuers Rehabilitierung eingesetzt.[88] Der aber hörte in eigener Sache nichts, war »still not free of the doctors«.[89] Am 11. Juli versuchte er es noch einmal, schrieb an das Komitee: Er habe erfahren, dass die Yeh An ihren endgültigen Bescheid im Rahmen der Wu-Fan-Untersuchungen erhalten habe. Insofern möchten sie seinen Fall wohlwollend prüfen und ihm sein Exit Permit zurückgeben. Er fügte dieser Bitte ein chinesisches Schreiben bei, eine Art Leumundszeugnis. Der Verfasser schrieb, er kenne Breuer seit 1946, seit dieser für die Firma Tai On arbeitete: Er sei »a most reliable person I have ever met and kind hearted«; L. S. Kwok kenne Breuer sogar »a great many years«, er könne bezeugen, *»dass Herr Breuer während des chinesisch-japanischen Krieges die Mühe auf sich nahm, ihre Fabrik Nr. 1 zu schützen, alle Anträge der japanischen Behörden auf Beschlagnahme der Fabrik hinhaltend. Für diese große Hilfe erhielt Herr Breuer nie einen Cent, Sie können sich also selbst vorstellen, was für ein Mensch er ist. Auch liegt der Grund, warum er so lange in China geblieben ist, darin, dass China seine zweite Heimat ist und er es sehr sehr liebt.«*[90]

Der »geheime Beauftragte« von Bonn?

Die zuständigen Autoritäten ließen Breuer warten. Noch am 30. Juli schrieb er nach Hongkong von Krankheit und Ärzten, sehnte sich nach einer »Kur« – der Ausreise. Die »Kur« war zunächst eine andere: *»dass ich letzthin auf Rat meiner Ärzte zusätzlich zu den Tigerhitze Tagen eine Art türkisches Bad täglich nehmen musste, in der Erwartung, dass dadurch die letzten Schlacken, die meine Unpässlichkeit verursachten, abgestoßen würden.«*[91] Er war in den Tagen zuvor noch mindestens zweimal »von der ausländischen Abteilung der hiesigen Polizei« vernommen worden. In den Verhören ging es um verborgenes deutsches Eigentum und darum, ob es noch ehemalige NSDAP-Mitglieder in China gäbe, vor allem aber um Breuers Tätigkeit für die Deutsche Gemeinde. Er musste zur Geschichte und Tätigkeit der DG

1952

schriftlich Bericht erstatten und die letzte Abrechnung vorlegen. Das war wieder so ein Sauna-Moment für ihn. Der Schatzmeister der Gemeinde, Otto Zwanck, hatte Ende Juni (1952) ausreisen dürfen.[92] Zwei Tage nach seiner Abreise fand in der DG eine Buchprüfung statt. Die verbliebenen Vorstände verstanden die Rechnungsbücher so wenig wie die Prüfer, denn Zwanck »hatte eine Buchführung, aus der man wirklich nichts ersehen konnte«.[93] Z. B. hatte er verschleiern müssen, dass die Gemeinde Ausreisekosten mit US-Dollar bezahlte, was verboten war.

Breuer hatte den OAV mehrfach gebeten, zu verhindern, dass in Deutschland Pressemeldungen erschienen, die ihn in Verbindung mit der Bundesregierung brächten. Eine Bemerkung wie die in der *Welt* vom 27. Oktober 1950, mit der die Zeitung die Abfahrt der *Dundalk Bay* gemeldet hatte, dürfe »keinesfalls wieder öffentlich gesagt werden«. Dort hatte es geheißen: »Der im Auftrag des Bundeskanzleramtes durchgeführte Heimtransport wird Mitte Dezember in Deutschland eintreffen.« Briefe würden von Spitzeln gelesen, er dürfe nicht als Repräsentant der Bundesrepublik erscheinen. Auch möchten sich die deutschen Briefpartner »freundlichst auf das Nötigste beschränken«, besonders hinsichtlich der Nennung von Namen. Besonders möge ihm das Auswärtige Amt »künftig nichts mehr in Sachen Abrechnung SS ›Dundalk Bay‹ schreiben«. Die dringende Bitte hatte er im März über die Firma Jebsen, Hongkong, an den OAV lanciert.[94] Angeblich lagen der »Fremdenpolizei« trotzdem Berichte vor, dass Breuer »der ›geheime Beauftragte von Bonn‹ in all den Jahren nach der Befreiung« gewesen sein müsse. »Man schleppte schließlich eine dicke Mappe über meine angebliche Tätigkeit zur Verhandlung heran.« Er vermutete, dass, wenn wirklich Berichte über ihn vorlagen, diese von »König – Peking« gekommen seien, also vom Chef der Diplomatischen Mission der DDR in Peking.

Die Polizisten wollten zunächst nicht glauben, »*dass jemand heutzutage so viel für seine Landsleute in Sachen Heimschaffung, Unterstützung, Betreuung usw. täte, wenn er nicht dafür bezahlt oder von ›anderer Seite‹ dazu aufgefordert sei. D. h. man versuchte herauszufinden, ob ich nicht doch vielleicht ein ›Beauftragter der Bundesregierung‹ gewesen sei. Ich antwortete, dass nicht alle Menschen gleich geartet seien. Die einen hätten als hobby Karten zu spielen*«, seine »hobbys« hätten darin bestanden, »*meine Freizeit mit gemeinnütziger Tätigkeit*« auszufüllen. Schließlich verstanden sie, »*dass alle meine Tätigkeit für das Deutschtum einschl. des Wenigen für die deutsch/chinesischen wirtschaftlichen Belange, aus Liebe zur Sache und im Interesse der Wiederbelebung der deutsch-chinesischen Beziehungen geschah*«.[95] Denn »glücklicherweise genieße ich selbst bei den wildesten Kameraden einen gewissen Respekt«. Und endlich: »*Nach recht intensiven zweistündigen Verhören bei verschlossenen Türen an zwei grässlich heißen Tagen, wo ich allerdings durchaus korrekt behandelt worden bin, man gab mir sogar heißes Wasser zu trinken, wurde meinem tüchtigen Übersetzer bedeutet, dass ich mir keine unnötigen Gedanken zu machen brauchte, dass man bei den Behörden mich als unbescholtenen hilfsbereiten Mann kenne.«*[96]

Als der Beamte abschließend sagte, er werde sein Bestes tun, bat Breuer ihn noch, weitere deutsche Landsleute, darunter »WAL.S« (Willy A.L. Schaub), ausreisen zu lassen, Schaub sei ein feiner Kerl. Als Geschäftsführer von Behn, Meyer & Co. hatte er 1937/38 vergeblich versucht, die chinesische Papierfabrik Ming Foong Paper Manufacturing Co. Ltd vor einer Enteignung durch die Japaner zu schützen.[97] Der Beamte, der Breuer »abschließend mit Wohlwollen und Verständnis behandelte« – sie sprachen »wie gute Bekannte Englisch miteinander« –, bedauerte, »dass er in diesen Dingen nichts tun könne«.[98] Was Melchers' Eigentum betraf, hatte der Untersuchungsausschuss in Aussicht gestellt, es würde nicht konfisziert.[99] In den Büchern der Yeh An stand als Eigentümer Lee Kwang Yung mit der Fußnote »abwesend von Shanghai« und vermutlich mit dem Vermerk »Melchers«.[100] Noch waren die aufgelaufenen Mieten nicht konfisziert. Die Grundstücksbriefe lagen in Hongkong.[101]

»Weil man mit Arztschulden belastet hier nicht fortkommt,«[102] mussten 900 US-Dollar hinterlegt werden, »um die verschiedenen Unkosten in der Grundstücksfrage auszugleichen«, bevor Breuer sein Exit-Visum zurückbekommen konnte. Ein chinesischer Freund hatte zunächst gezahlt, die Firma Melchers würde ihm das Geld über die Hongkong-Niederlassung erstatten. Einfach war das nicht, es geschah unter dem Deckmantel des gemeinnützigen Lutherischen Weltbundes.[103] Weiter mussten zwei Garanten benannt werden, die die von Melchers im Dezember 1950 abgehobenen 25 Millionen Yuan plus Zinsen und Strafe zahlen würden, wenn das Gericht so entscheiden sollte.

Letzte Begegnungen

Am 2. August hatte Hermann ein »Signal« vernommen, in seine Ausreisesache sei »Leben gekommen«.[104] Dann hörte er wieder nichts. Es war ein »greulich schwüler Morgen«, als er am 6. August ins *office* fuhr. Ihm kam ein Spruch aus der Konfirmandenstunde in den Sinn, der ihn nicht wieder losließ, es war wie ein Mantra: »Wenn die Not am Größten, ist Gottes Hilfe am Nächsten.« Als er ins Büro trat, empfingen ihn die Kollegen mit der Nachricht, die Polizei habe angerufen, sein Fall sei geklärt, er solle sofort vorsprechen. Eigentlich war er gar nicht besonders gläubig. Er lief sofort los, mitten in einem Gewittersturm; vom Himmel regnete es Taue.[105] Auf dem Amt erfuhr er, dass seine Rehabilitation begonnen habe. Noch war nichts endgültig entschieden, aber er ließ sich schon mal beim *China Travel Service* einen Platz im Zug nach Sam Chun zusichern, für den 14. August.[106] Plötzlich galt es, viele Dinge zu ordnen und sich zu verabschieden. Es schmerzte, dass es fast unmöglich war, die chinesischen Freunde noch einmal zu treffen, ohne ihre Sicherheit zu gefährden. Jeder Kontakt führte zu Rückfragen der Polizei. Der Sohn seines alten Freundes und Beschützers, Quang Huc, ein Bankdirektor, hatte ihn Anfang des Jahres dringlichst gebeten, jeglichen Kontakt zu meiden. Unter dem Vorwand, ein geliehenes Buch zurückzugeben, konnte Hermann zum Abschied eine Minute mit ihm sprechen.[107]

Einer der letzten Spaziergänge vor der Abreise führte Hermann an das Grab Adalbert Korffs. Er fand das Familiengrab »in einigermaßen gutem Zustande«. Die von Zeit zu Zeit auf dem Friedhof exerzierenden Soldaten hatten keine Denkmalschändungen begangen. Der »ewig brummige« Gärtner war immer noch da. Früher verklärte sich sein Gesicht, wenn er das erwartete Trinkgeld bekam. Aber im neuen China war das Geben und Annehmen von Trinkgeldern verboten, und da Hermann nicht einschätzen konnte, »ob der Mann unter den heutigen Verhältnissen und der Umschulung das nicht meldet«, um sich beliebt zu machen, musste die Geste unterbleiben. Hermann ging mit dem Eindruck fort, dass die »hinterlassenen Lieben würdig bestattet« seien.[108]

Am Abend des 9. August 1952 hielt er seine Ausreiserlaubnis wieder in Händen, musste China bis zum 17. August verlassen.[109]

1 Am 7.10.1950 hatten US-Truppen unter US-amerikanischem Oberbefehl den 38. Breitengrad überschritten, rückten an den Grenzfluss zu China vor, nahmen am 19.11. Pjöngjang ein und stießen an die chinesische Grenze am Yalu vor. Spence, Chinas Weg, S. 628. Grenzverletzung nach China: PA AA MfAA A6504 Fiche 1, p. 4.

2 Ab dem 19.10.1950 (nach Osterhammel, Shanghai, 30. Mai 1925, S. 360 am 15.10.1950) überschritten 200 000 Soldaten die Grenze nach Nordkorea, ab dem 25.10. (Osterhammel, Shanghai, 30. Mai 1925, 26.10.) griffen sie auf der ganzen Breite der Front an. Spence, Chinas Weg, S. 628. Zitate: PA AA MfAA A6504 Fiche 1, p. 4–5.

3 Loh, Escape, S. 41.

4 PA AA MfAA A6504 Fiche 1, p. 6–7.

5 16.12.1950. Am 28.12.1950 sperrte China amerikanische Guthaben. PA AA MfAA A6504 Fiche 1, p. 12.

6 HWB 9.7.1952 an Voremberg.

7 Fenby, Penguin History of Modern China, S. 374.

8 HWB 5.8.1952 an CG Melchers. Thomas Raucat (d. i. Roger Poidatz): L'honorable partie de campagne. Zuerst 1924; dt. Die ehrenwerte Landpartie. Die Frage nach der Anzahl der Kinder steht nicht im Buch, HWB hat die Situation offenbar nachempfunden und entsprechend ergänzt..

9 Spence, Chinas Weg, S. 630–633.

10 DG 25.10.1949 an OAV, PA AA B10 Bd1941, A5624; B 4–5.

11 CG Melchers Antrag auf Lastenausgleich 15.3.1954, Anlage zu Beiblatt 14, BArch ZLA 7–34/116.

12 CG Melchers, China-Firma, S. 63. Name der Zeitung: Middleditch, To my Grandfather, S. 221.

13 Die Episode wird in verschiedenen Varianten erzählt. Hier nach: CG Melchers, China-Firma, S. 63–65.

14 Loh, Escape, S. 48–52. Lohs Wohnung lag, wie HWBs, an der Yu Yuan Road, Höhe Zhongshan Park. Zur »Kampagne gegen Konterrevolutionäre«: Spence, Chinas Weg, S. 633–635.

15 CG Melchers, China-Firma, S. 66, schreibt »ein Freund«. HWB 23.9.1952 an CGM: »Sie hatten ja selbst am Tage Ihres damaligen Einzugs mit Ihrer Familie zu mir ein ähnliches Erlebnis.« (d. i. Befragung durch die Polizei)

16 CG Melchers, China-Firma, S. 65–66. Adresse: https://kwokfamily.webs.com/The%20Family%20Story.html. am 9.11.2020.

17 Ashelm 18.11.1952 an Firma Hüpenden, Hamburg.

18 HWB 10.3.1951 und 7/1951 (erste Seite des Briefes fehlt, Datierung erschlossen) an JvR.

19 HWB 29./30.1.1952 an Nele.

20 Daten: HWB 3.6.1952 an Increase Production & Austerity Committee.

21 Henning Melchers' Exit-Visum von 1950 trug zwölf Stempel; zur Zeit der Antragstellung war er 16 Jahre alt.

22 English/Chinese translation work undertaken. Competent in handling formalities for exit-visas. *NCDN*, 1.4.1950.

23 Irma Dagmar Mayer: Die Nachkriegszeit in Shanghai. StuDeO-Info April 2012, S. 34. Die Familie Mayer verließ Shanghai am 3.7.1951, über Hongkong nach London mit P&O *Corfu*, Ankunft 7.8.1951. Besuche in Deutschland, dann Ausreise nach Kanada.

24 HWB an OAV ohne Datum (Herbst 1949, nach Schuljahrsbeginn und vor Enteignung des Schulgebäudes am 1.12.). Abschrift OAV an Deutsche Auslandsschulen). BSB, ANA 708 Studeo-Sammlung 1866.

25 HWB 4.9.1951 an OAV Hamburg, PA AA B10,1944 A5635 A10. Weiter an AA am 26.9.1951, Quadrat A9.

26 DG Shanghai Mitte November 1951 an OAV, OAV an AA am 1.12.1951; PA AA B10, 1944, A5636 C2–3.

27 KB und AB 18.5.1952 an HWB in Shanghai.

28 Deutsche Gemeinde, Siegel, 29.4.1952 an HWB.

29 Das Abschiedsgedicht ist hier im Anhang beigefügt.

30 Aufführungen am 15. und 17.5.1943, *OAL* 18.5.1943: »*Klare, modulierte Sprachtechnik, hohes schauspielerisches Können und eine ausgezeichnete Maske kamen in glücklichster Weise zusammen, um eine überragende Figur zu schaffen, die in ihrem herrschgewohnten Auftreten, wie in ihrer tragischen Stellung gegenüber der Gattin, dem Sohne und dem Neuerer Posa gleich überzeugend wirkte.*«

31 Otto Zwanck, Briessen-Interview, Gedächtnisprotokoll CM. Sohn Heinrich geb. 1943. Sohn Mathias geb. 1946.

32 Die Franzosen mussten 53 Millionen Francs zahlen, bevor Ledan am 5.5.1951 und Generalkonsul Jean Royère am 15.7.1951 ausreisen durften. Der letzte Vertreter Frankreichs, Attaché Charles Malo in Tianjin, wurde festgehalten, musste im September 1952 Devisenvergehen vor dem Volkstribunal in Tianjin verantworten, durfte China im Oktober 1952 verlassen. Bensacq-Tixier, France en Chine, S. 574–584.

33 DG Shanghai 28.3.1952 an OAV. PA AA B10, 1944, A5638 C6.

34 Aufzeichnung Bericht Eduard Ungers (ab Tianjin 28.7.1951) AA 9.10.1951. PA AA China 7 R17987, Bd. 15.

35 Ministerium für Auswärtige Angelegenheiten der DDR, Aktennotiz 20.11.1950: »*Falls von Heimkehrern Anträge auf Einreise gestellt werden: [...] mit Vorsicht zu behandeln, da ja, wie allgemein bekannt, in der VR China noch eine umfangreiche Agententätigkeit des amerikanischen Imperialismus ausgeübt wird und niemand weiß, ob sich in diesem Kreis der Rückkehrer verdächtige Personen befinden.*« PA AA MfAA A6297, 10.

36 HWB Notizen für Gespräche im AA 4./5.12.1952.

37 HWB 27.11.1950 an Nele.

38 Heinemann-Headley, Blond China Doll, S. 197–199. HWB Notizen für Gespräche im AA 4./5.12.1952.

39 OAV an AA 26.9.1951, PA AA B 10, 1944, A5635 B4.

40 Schaub durfte im Juni 1954 ausreisen: »*Freund Sch wird 2 Monate nach allen Seiten herumgereicht und dabei gebührend genährt und getränkt. Allerdings ist dies nach seinen Schilderungen nicht erforderlich, weil es ihnen und den verbliebenen Freunden in Shanghai ganz nach Wunsch gehen soll.*« HWB 30.9.1954 an H.W. Siegel in Shanghai. PA AA B85 235.

41 Dr. Caroline Stübel, Briessen-Interview, Gedächtnisprotokoll CM.

42 PA AA B10, 1945, A5641 G7 – G8.

43 HWB Notizen für Gespräche im AA 4./5.12.1952. Von den ca. 4000 protestantischen Missionaren aller Nationen hatte etwa die Hälfte China vor dem Regierungswechsel 1948/49 verlassen; Ende 1951 lebten noch einige Hundert dort. Den ca. 3000 katholischen Missionaren war geraten worden, in den Missionsstätten zu bleiben. Im September 1950 wurde die Katholische Kirche aus China verbannt. Die Geistlichen waren der Verfolgung ausgesetzt. Dikötter, Tragedy, S. 116–120.

44 HWB, zitiert nach Eberstein, Ostasiatischer Verein, S. 149.

45 Lindemann, Memoiren, S. 36, datiert seinen Tod auf Anfang 1952.

46 DG Shanghai an OAV undatiert [Anfang März 1952]; PA AA B10, 1944, A5637 G9.

47 Bericht aus Shanghai, Anlage zum Schreiben von Jebsen & Co. an den OAV 20.3.1952. Nicht unterzeichnete Abschrift, vermutlich verfasst von HWB. PA AA B10, 1944, A5637 G9 – G10.

48 »*nach oben zu schauen, wenn man durch die Stadt geht, um sicher zu sein, dass nicht jemand auf dir landet.*« Paul Kwok, E-Mail 14.7.2019 an CM.

49 Loh, Escape, S. 73 betr. Parks im Allgemeinen.

50 »Jetzt vermutlich in Hongkong.« HWB 24.4.1952, 15.5.1952, 16.5.1952 an Yeh An Investment & Development Co. Ltd.

51 »*Im Hinblick auf Ihre unmittelbar bevorstehende Abreise aus diesem Land wird Ihre freundliche Bestätigung außerordentlich willkommen sein.*« C. Chen, Direktor der Yeh An Investment & Development Co. 24.4.1952 an HWB. Ü: CM.

52 HWB 23.9.1952 an CG Melchers.

53 Die Benachrichtigung erreichte HWB am 25.4.1952 (HWB 3.6.1952 an Increase Production & Austerity Committee). Später würde HWB schreiben, dass ihm das Visum am Tag vor der geplanten Ausreise entzogen wurde, das wäre der 28.4. gewesen (HWB 3.8.1953 an Maria Korff).

54 Am 22.4.1952. HWB 9.7.1952 an Voremberg. Betr. Bekleidung: HWB 5.8.1952 an CG Melchers.

55 HWB 25.6.1952 an CG Melchers.

56 CG Melchers, China-Firma, S. 65.

57 HWB 14.5.1959 an Nele.

58 Voremberg 28.6.1952 an HWB.

59 Spence, Chinas Weg, S. 635–636.

60 HWB 26.7.1952 an Ludwig Stumpf.

61 Verfahren: PA AA MfAA A6504 Fiche 2, p. 132–133. »*Tiger beaters*«: Treiber auf der Tigerjagd. Begriff aus der englischen Kolonialzeit in Indien. Loh, Escape, S. 63.

62 Randolph 24.7.1952 an HWB. Die Feier muss nach der zunächst für den 29.4. geplanten Ausreise anberaumt gewesen sein, als HWB noch annahm, er bekäme das Exit-Visum vor Ablauf der Deadline (22.5.1952) zurück.

63 Beschluss der military control commission of Shanghai vom 27.8.1951. https://www.thatsmags.com/shanghai/post/6302/history-of-the-hai-the-shanghai-racecourse. am 9.11.2020.

64 HWB 25.8.1952 an Randolph.

65 HWB 23.9.1952 an CG Melchers. HWB, der während des Ersten Weltkrieges Chinesisch gelernt hatte, muss die Sprache relativ gut beherrscht haben, um das beurteilen zu können. Unter den Büchern, die er aus China nach Deutschland mitnahm, war auch ein kleines Wörterbuch Mandarin – Shanghai-Dialekt.

66 Gegründet 1912 in Japan. Handel mit Konsumgütern in Ostasien.

67 HWB 2.8.1952 an KB und AB.

68 Beste Einkaufslage; Apotheke der KOFA (American Drug Company). Vor 1917: deutsche Apotheke Völkel, ab 1943 japanisch getarnter deutscher Besitz. Geschäftsführer: Eugen Thiel.

69 HWB 23.5.1952 an Melchers.

70 Zwei undatierte Blätter: »Relative to Melchers [sic] Properties« und ein Ergänzungsblatt. Antworten HWB vom 24.4., 15., 16.5. und 18., 19.6.1952.

71 HWB 23.9.1952 aus Hongkong an Melchers.

72 HWB 3.8.1953 an Maria Korff.

73 HWB 23.9.1952 an CGM.

74 Loh, Escape, S. 75.

75 HWB 4.7.1952 an CGM

76 HWB 4.7.1952 an CGM. Dikötter, Tragedy, S. 167–168.

77 HWB 3.8.1953 an Maria Korff.

78 HWB 4.7.1952 an CGM.

79 HWB 5.7.1952 an Voremberg.

80 HWB 9.7.1952 an Voremberg.

81 HWB 22.7.1952 an K+A Breuer.

82 HWB 25.6.1952 an CG Melchers.

83 HWB 7.6.1952 an CG Melchers.

84 HWB 7.6.1952 an CG Melchers.

85 HWB 7.6.1952 an CG Melchers.

86 HWB 30.7.1952 an Voremberg.

87 HWB 26.7.1952 an Ludwig Stumpf und HWB 30.7.1952 an Voremberg.

88 HWB 26.7.1952 an KB und AB.

89 »Die Ärzte immer noch nicht los.« Voremberg 22.7.1952 an HWB.

90 Ü aus der englischen Übersetzung: CM. (Dokument in HWBs Unterlagen).

91 HWB 30.7.1952 an Voremberg. Die »Tigerhitze« herrscht Ende Juli.

92 Zwanck 1.7.1952 aus Hongkong an OAV: Ankunft in London am 4.8.1952. PA AA B10, 1945, A5641 A12.

93 Otto Zwanck, Briessen-Interview, Gedächtnisprotokoll CM.

94 HWB / DG Shanghai 20.3.1952 via Jebsen & Co. an OAV, OAV an AA: »*Die Lage in Shanghai [...] scheint sich aufgrund der augenblicklichen Movements: Anti Corruption, Tax Evasion, etc. sehr zuzuspitzen, und Herr Breuer bittet, dass sie ihm künftig nichts mehr in Sachen SS ›Dundalkbay‹ (sic) schreiben möchten. Diese Nachricht wurde uns [d. i. Jebsen & Co. in Hongkong] heute Morgen von Herrn Klussman überbracht, der soeben aus Shanghai eingetroffen ist.*« PA AA B10, 1944, A5637 G8 – G10.

95 HWB 4.9.1952 an Heyn.

96 HWB 2.8.1952 an KB und AB.

97 Schmitt-Englert, Deutsche in China, S. 168.

98 HWB 4.9.1952 an Heyn.

99 HWB 3.8.1953 an Maria Korff.

100 HWB 23.9.1952 an CG Melchers.

101 CG Melchers 16.4.1952 an HWB.

102 HWB 5.7.1952 an Voremberg.

103 HWB 23.9.1952 aus Hongkong an Melchers.

104 HWB 2.8.1952 an KB und AB.

105 HWB 9.8.1952 an KB und AB.

106 HWB 8.und 9.8.1952 an CGM.

107 HWB 3.8.1953 an Maria Korff.

108 HWB 3.8.1953 an Maria Korff. Der Hongqiao-Friedhof wurde später aufgehoben und mit einer Fabrik überbaut. Nach 1976 wurden auf dem Soong-Chingling Memorial Park in Shanghai 576 Namen von ehemals auf dem Internationalen Friedhof Bestatteten auf identische, quadratische Steine übertragen (Bickers, Empire Made Me, S. 333-334). Es gibt dort einen Grabstein »Helen Korff« und einen Stein »A.B.L. [Adalbert Berthold Ludolph] Korff«, darunter der Name seiner Ehefrau Maria, die in der Schweiz starb und beerdigt ist (Reinhard Brendel, Enkel von Adalbert Korff sen., 15.1.1921 an CM).

109 In HWBs Erinnerung verkürzte sich die Zeit, die ihm zur Ausreise blieb: Er habe Shanghai am 14. August »innerhalb von 24 Stunden« verlassen müssen«, schrieb er in einem Vermerk z. A. am 3.7.1968.

1952
Ausreise nach Hongkong

14. August 1952. Breuer »durfte« Shanghai verlassen – das Dürfen dachte er in Anführungszeichen. Er fühlte sich bis zuletzt schikaniert: 36 Stunden vor der Abfahrt war er noch einmal zu einer Vernehmung zitiert worden und musste befürchten, es würde wieder nichts werden mit der Ausreise. Sie befragten ihn zu Pastor Stumpfs Tätigkeit in Hongkong, zu der er »nun wirklich« nichts sagen konnte.[1] Wirklich nicht? Ludwig Stumpf war im Dezember 1951 aus China ausgereist. In Hongkong hatte er den Kaufmannsberuf endgültig an den Nagel gehängt, kümmerte sich für den Lutherischen Weltbund[2] um Flüchtlinge aus der Volkrepublik China und warb weltweit um Unterstützung für sie.

Ludwig Stumpf

Innerhalb der vier Meere sind alle Menschen Brüder.
Chinesisches Sprichwort

Als Mitglied des Kirchenvorstandes der Deutschen Evangelischen Kirche Shanghai war Stumpf dabei gewesen, als die Deutsche Gemeinde, Breuer an der Spitze, in der ersten Jahreshälfte 1951 vergeblich versuchte, die Enteignung ihrer Kirche am ehemaligen »Deutschen Eck« zu verhindern. Dann hatte er, Kaufmann bei der Mee Yeh Co., mutig das Pfarramt übernommen. (Nach Pastor Maass' Ausreise im Juli 1947 hatten Missionare das Amt innegehabt, die bis Anfang 1951 im Rahmen des großen Exodus China verließen.) Stumpfs Not-Ordination Mitte März fand schon in der Shanghai Community Church (Guoji Libeitan) statt, in der die Gemeinde Unterschlupf gefunden hatte: Das war am Palmsonntag, 18. März 1951, »unter großer Anteilnahme der Gemeinde«.[3] Am darauffolgenden Karfreitag kam fast die ganze Deutsche Gemeinde in die Kirche.[4] Stumpfs Gottesdienste waren immer gut besucht. Sei es, dass die wenigen Deutschen in Shanghai Trost und Halt bei Gott oder im Zusammensein mit ihren Landsleuten suchten. Im Anschluss an den deutschsprachigen hielt Stumpf jeden Sonntag einen englischen Gottesdienst, in den ungefähr 200 Chinesen kamen.[5] Die Erkenntnis, »wenn den Menschen noch geholfen werden kann, dann nur auf dem Weg des Christentums«, die der Atheist sich in der NS-Zeit erarbeitet hatte, setzte er mit Überzeugungskraft um.[6] Ein halbes Jahr später enteignete die Regierung auch das Gebäude der Community Church,

Mitte November 1951 beendete Stumpf seine Tätigkeit in Shanghai, reiste Anfang Dezember nach Hongkong aus. Von amerikanischen Lutheranern zum Pastor ordiniert, entwickelte er dort einen Standort des World Lutheran Service, des Hilfswerks für Flüchtlinge. Ein Hostel gab es bereits, ein Krankenhaus und eine Schule sollten folgen.

Breuer hatte ihm schon viele Deutsche ans Herz gelegt, die auf der Reise durch Hongkong der Hilfe bedurften, und weitere Hilfesuchende an ihn verwiesen, die keinen Anspruch auf Einreise nach Deutschland hatten. Waren Breuer und er doch beide der Auffassung, dass die in China Verzweifelnden nicht allein gelassen werden durften. Deren Entscheidung, in China zu bleiben, statt auf der *Dundalk Bay* nach Hause zu fahren, war falsch gewesen, aber: »*Es ist zweifellos so, dass auch der Klügste von uns nicht in der Lage ist, immer die richtige Entscheidung im richtigen Augenblick zu treffen. So blieben im vergangenen Jahre [November 1950] eben doch Leute in Shanghai, die sich jetzt wünschen, die damalige Gelegenheit ergriffen zu haben. Ich glaube jedoch nicht, dass so etwas nur in Shanghai passiert, sondern bin überzeugt, dass die deutschen Behörden in ihren Wohlfahrtsfragen täglich vor Überraschungen und Veränderungen stehen, die nicht vorauszuberechnen waren und deshalb auch nicht einfach zur Seite geschoben werden können. [Und] dass es eine menschliche und christliche Pflicht ist, alles daranzusetzen, um ein Unheil zu verhüten.*«[7] Ludwig Stumpf würde Breuer in Hongkong in Empfang nehmen.

Gepäckrevision, Abfahrt

Wie oft hatte Hermann Freunde und Bekannte zu deren Abschied begleitet und immer alles darangesetzt, selbst in China zu bleiben. Nun begann seine eigene »Repatriierung«. Am 14. August um 13.30 Uhr sollte der Zug nach Sham Chun (Shenzhen), dem chinesischen Grenzort zu Hongkong, aus Shanghai abfahren. Als einziger Fahrgast der »weichen Klasse« hatte Hermann Order, sich drei Stunden vor der Abfahrt am Bahnhof einzufinden. Da saß er nun auf einer Bank zwischen den Kameraden »harter Klasse« und wartete, bei feuchtheißen 94° Fahrenheit (35° Celsius). Sein treuer Koch Loh war mit ihm gegangen.[8] Sie hatten die korrekte Distanz bewahrt, trotzdem war der Abschied ein emotionaler Moment gewesen.

Die flachen Felder glitten am Zugfenster vorbei. Hermann blieb angespannt. Es gelang ihm nicht, die hinter ihm liegenden Aufregungen abzuschütteln: Genau 105 Tage hatte er in einer Art Arrest gelebt, 25 Befragungen hinter sich gebracht.[9] Erst nach der letzten Vernehmung konnte er wirklich sicher sein, dass er nicht doch noch über Nacht »einbehalten«, dass er nicht doch noch körperlich misshandelt werden würde. Eigentlich hatten sie ihn bis zuletzt »immerhin wie eine Art Respektsperson behandelt«.[10]

Zuletzt war noch die Kontrolle der Papiere und die vierfache Gepäckrevision durch Seezoll und Sicherheitspolizei erfolgt. Fotos aus den Jahren 1906 bis 1911, auf denen Chinesen mit Zöpfen oder in ärmlicher Kleidung abgebildet waren, nahmen sie ihm ab, »weil diese Bilder nach Ansicht der Sicherheitspolizei das Ansehen der ›befreiten‹ chinesischen Bevölkerung herabsetzten«.[11] Weitere Bücher, Briefe und andere Schriftstücke wurden zurückgehalten, um zu prüfen, »ob der Inhalt die Sicherheit der Volksrepublik China gefährde oder dem Ansehen des Landes und seiner Bevölkerung abträglich wäre«. Er hatte nichts zurückverlangt. Es war zwar korrekt zugegangen, aber doch stressig gewesen, denn »man muss schnell sein«, und er konnte nun mal »nicht mehr so springen, wie es die Kameraden bei der Gepäckrevision [...] erwarten, weil sie, wenn man alles hinter sich hat, auch den Betreffenden loswerden wollen«.[12]

Wie würde die Reise verlaufen? 2600 Bahnkilometer, knapp drei Tage Fahrt. Der Zug und alle Wagen waren »tadellos sauber und in bester Ordnung« und die Fahrt eigentlich schön. Trotzdem: Er hatte so manches gehört. Melchers hatte von Schikanen in Kanton berichtet. Mit etwa 20 Europäern hatte er stundenlang in einem staubigen, sonnendurchglühten Hof auf die Gepäckrevision warten müssen. Dann kamen die jungen Grenzer und traten die geöffneten Taschen mit ihren Stiefeln um, dass der Inhalt in den Staub rollte.[13]

Er hatte sich vorgenommen, die ersten zwei, drei Tage in Hongkong »mit Nichtstun und Ruhe und Durchblättern von Leben und Zeit« zu verbringen.[14] Aber die Erinnerungen drängten sich jetzt schon auf, ganz unsortiert. Shanghai war sein Leben gewesen. Hier waren seine Arbeit, seine Ehrenämter, die Partnerschaft mit Jennie, der Sport, die Pferde, die Hunde, die gepflegte Wohnung und die nationale und internationale Gemeinschaft, deren wechselndes Geschick enge Bindungen hatte wachsen lassen. Der Abschied war endgültig, die Zukunft kaum vorhersehbar. Seine finanzielle Situation, die es ihm bisher ein Leben lang ermöglicht hatte, Menschen in Not zu helfen, war ganz ungewiss. War er jetzt noch »Papa Breuer«? Er musste sein Leben sortieren und neu beginnen. Er war 68 und fühlte sich zum ersten Mal ziemlich alt.

Der Zug hielt in Hangzhou

Hermann dachte an die Ausflüge mit Jennie. Jennie, die inzwischen »im sonnigen Kalifornien [...] zufrieden und glücklich« war.[15] Im Winter 1950/51 war sie noch in Neuseeland gewesen, Anfang Oktober dann mit ihren sechs Überseekisten auf der *Oronsay* von Sydney nach Southampton gefahren und weiter auf der *Mauretania* nach New York.[16] Von einer solchen Reise, wusste Hermann, hatte sie oft geträumt.[17] Das Weihnachtsfest hatte sie in Hollywood bei Familie Kann verbracht.[18] Ob sie als Hermanns Frau nach Deutschland kommen würde, wenn er berichten konnte, dass Tante Johanna, Alice und ihr Patenkind Christinchen sie erwarteten, dass er eine modern eingerichtete Wohnung hatte und dass er hinsichtlich der politischen Entwicklung zuversichtlich war, in Westdeutschland würde Jennie nicht »ihren ehemaligen Volksgenossen wieder in die Hände fallen«?[19] Westdeutschland war dabei, ein Teil der westlichen Staatengemeinschaft zu werden. Die Bundesrepublik war Mitglied der »Montanunion«, des supranationalen Europäischen Wirtschaftsverbandes für Kohle und Stahl, geworden und seit März 1951 vollwertiges Mitglied im Europarat aus zehn europäischen Staaten, die das »gemeinsame europäische Erbe« bewahren und in wirtschaftlichen und sozialen Belangen zusammenarbeiten wollten. Der gerade verhandelte Deutschlandvertrag sah vor, dass der junge Staat im Rahmen einer Europa-Armee wieder aufrüsten sollte. Oder waren das nach Jennies Ansicht gerade die falschen Signale? Hermann verfolgte die Entwicklung jedenfalls ganz genau; Karl hatte ihm regelmäßig die *Hannoversche Zeitung* geschickt, so dass er sich schon mal mit »dem Hintergrund meiner zukünftigen Zeiten in Deutschland« auseinandersetzen konnte.[20]

Immer, wenn Hermann an Jennie dachte, dachte er auch an Snuks und Mujik. Wie er die letzten Weihnachtstage mit ihnen (und mit gutem Rotwein, umsorgt von Loh) verbracht hatte. Wie sie sich freuten, wenn er nach Hause kam, wie sie es genossen hatten, als er im kalten Februar 1951 das *office* schwänzte, weil dort nicht geheizt wurde. Geschäftlich war sowieso alles zum Stillstand gekommen, und die paar Telefonate erledigte er von der Wohnung aus. Dort lagen die Hunde vor dem Ofen, jeder auf seinem eigenen Fell, und freuten sich, dass tagsüber geheizt wurde. Damals hatte er gedacht: »Wenn ich wieder auf die Welt komme, will ich Hund bei *master* Breuer werden.«[21] Aber die Hunde waren nicht nur seine Kameraden gewesen, in deren Gesellschaft er sich entspannen konnte. Im letzten Jahr waren sie auch ein Quell der Sorge. Schon im September 1949 mussten alle Hunde registriert werden. Und es gab ein Verbot, Hunde in Autos oder Rikschas zu transportieren. Es sei eine Verletzung der Menschenwürde, mit Hunden zusammen zu reisen.[22] Dann durften Hunde die Häuser nicht mehr verlassen. Das war ein Problem: Snuks und Mujik waren an viel Bewegung gewöhnt. Als die Anti-Hunde-Propaganda lauter wurde, die Hunde als Bedrohung für die öffentliche Sauberkeit darstellte, sie als Symbol bourgeoiser Dekadenz bezeichnete und in Zeiten der Nahrungsmittelknappheit für überflüssig erklärte, beobachtete Hermann entsetzt, dass Besitzer ihre Tiere freiwillig abgaben. Ab Anfang 1952, im Rahmen der Kampagne gegen »germ warfare« (Bakterien als Waffe der Amerikaner im Koreakrieg[23]), fand ein Feldzug gegen Hunde statt. Teams von Hundejägern durchsuchten Haus für Haus und nahmen die Hunde mit. Die Tiere kamen in große Zwinger. Ohne Futter.[24] Das war eine der Aufregungen, von denen Hermann froh war, dass sie Jennie erspart geblieben waren.[25] Und dann sein letzter Gang mit den Hunden. Hätte er Loh bitten sollen, sie nach seiner Abreise töten zu lassen, wie Karl und Alice es sich gedacht hatten? Er hatte Snuks und Mujik zum Tierarzt begleitet und war bei ihnen geblieben, bis es vorbei war.[26]

Der Zug hielt in Ningbo

Heimatstadt von Tung Han-sen, Hermanns erstem chinesischen Freund. Vor dem Ersten Weltkrieg, als Tung Shroff bei Melchers gewesen war, hatten sie Freundschaft geschlossen, zusammen mit Wilhelm Wilshusen manchen Ausflug ins Landesinnere unternommen. Später hatte Tung sich auch mit Jennie prächtig verstanden. Und mit Adalbert Korff. Hermann und Tung sprachen noch oft über Maria Korff und die Jungen, als sie schon längst in St. Gallen lebten. Tung fühlte sich nämlich »in rührender Weise« weiterhin wie ein Großvater der beiden Kinder.[27] Er war zu großem Wohlstand gelangt und zum Wohltäter seiner Heimatstadt geworden, hatte dort den Ausbau von Straßen und Brücken ermöglicht, die Stromversorgung und die Einrichtung einer Schule auf den Weg gebracht. Der Bau einer Klinik, den er finanzierte, war ihm besonders deshalb ein Herzensanliegen, weil seine erste Tochter 1906 bei der Geburt gestorben war. Es hieß, die örtliche Hebamme habe das verschuldet. An dieser Klinik hatte sein Sohn, Dr. Tung Chih Chang (Dong Zhizhang), nach der Schulzeit und der Ausbildung an der Tongji-Universität, eine Zeit lang gearbeitet. Inzwischen war er 50 Jahre alt und führte eine Praxis in Shanghai.[28]

Hermann hatte Tung in ganz kläglichem Zustand in Shanghai zurückgelassen. »*Der alte Freund [er war nur fünf Jahre älter als HWB] erlitt im Herbst 1951 einen Schlaganfall [...]. Bis zu diesem Zeitpunkt kam er regelmäßig alle 14 Tage am Sonntag zu einem Plauderstündchen, wann*[29] *leise und bei geschlossenen Türen u. a. die verschiedenen Grundstücksprobleme besprochen wurden. Er kümmerte sich ehrlich so um diese, als wenn es sich dabei um sein Eigentum gehandelt hätte. Nachdem aber mein treuer Boy mir vertraulich sagte, dass der Hausblockverwalter (mein pedicab man) über mir von Chinesen gemachte Besuche an die Polizei berichten musste, wie umgekehrt der Tung'sche Gassenwart über ausländische Besucher Meldung erstattete, traf ich mich mit dem Sohn des Abends ›zufällig‹ auf der Straße, wann wir nach einer schon vor langer Zeit vereinbarten Sprachregelung uns unterhielten.*« Für den Fall, dass sie von Überwachungsbeamten getrennt über den Inhalt der Unterredung befragt würden, vereinbarten sie zunächst, was sie dann sagen würden. »*Nachdem nun Vater Tung erfuhr, und das war gerade während der schrecklichen Beichtzeit zwischen Januar und Juni 1952, dass ich unter Verdacht der Eigentumsverschleierung [Melchers' Eigentum] von der Polizei sistiert worden war, steigerte sich begreiflicherweise seine Unruhe aufs Äußerste. Er fürchtete nämlich, dass ich bei den Verhören bzw. Martern zusammenbrechen und alles gestehen würde, was ich über die Melchers'schen Dinge wusste.*« Und malte sich die schrecklichsten Folgen aus. Aber: »*Das von Vater Tung verwaltete Eigentum ist völlig unberührt geblieben [....].*« Dazu gehörte – unter anderem – die Häuserzeile in der Yu Yuen Road, die Hermann ihm 1937 abgekauft und 1943 zur Tarnung wieder übergeben hatte. Hermann war zu dieser Immobilie gar nicht befragt worden.

Der Zug hielt in Fuzhou

Jetzt war etwa die Hälfte der Strecke geschafft. Hier galten Hermanns Gedanken der Familie Siemssen, denn hier hatte der Stammsitz der Dynastie gestanden, das »Schloss« – ein Märchen aus fernen Tagen. Hermanns Verbindung zu Fred Siemssen beruhte vor allem auf ihrer beider Liebe zu Pferden. Die Turniere auf Siemssens Gelände in Hongqiao waren sportliche und gesellschaftliche Höhepunkte der Saison gewesen. Er dachte wieder an Sultan, seinen Araberhengst, an seine Freundschaft mit dem schönen und klugen Tier. Das Schloss hatte Fred Siemssens Großvater Gustav im letzten Drittel des 19. Jahrhunderts bezogen, als er Fuzhou zum Zentrum des Tee-Exports nach Deutschland machte. Bei Chinas Eintritt in den Ersten Weltkrieg 1917 enteignet, hatten die Chinesen den Besitz 1922 restituiert. Nur eine Vase fehlte, sie war hingefallen. Frederick (Fred) und sein jüngerer Bruder Gustav Theodor Siemssen waren 1923 nach Shanghai gegangen, und der Hauptsitz der Firma Siemssen & Krohn hatte sich dorthin verlagert, aber das Schloss mit dem umgebenden Gelände blieb ein Familienzentrum. Im Frühjahr 1941 besetzte japanisches Militär Fuzhou. Nachdem die Soldaten die Versorgungswege ins Landesinnere zerstört hatten, verließen sie die Stadt wieder; die letzten zogen am 3. September 1941 ab – nicht ohne die Schlossherrin Dorothy Siemssen, genannt Dolly, sicherheitshalber zu evakuieren. Die Chinesen eroberten Fuzhou vorübergehend zurück und rissen das Schloss ab, einschließlich der Gewächshäuser und Pferdeställe. Die alten Zedern wurden gefällt. Die Firmen Siemssen & Co. und Siemssen & Krohn waren, wie alle deutschen Firmen, 1945 enteignet und liquidiert worden. Fred Siemssen, der China 1947 auf amerikanischen Druck verließ, hatte noch ein ganzes Jahr in der Nähe von Rom gelebt in dem Gedanken, auf schnellstem Wege nach China zurückzukehren, sobald die Amerikaner nicht mehr »das Sagen« hätten. Auch Tochter Wera und ihr Mann, Klaus Schoenfeld, konnten sich ihr Leben eigentlich nur in Shanghai vorstellen. Im April 1949, die Eroberung durch die Volksbefreiungsarmee ließ sich bereits absehen, waren sie aus Europa nach Shanghai zurückgekehrt, um zu bleiben. Im Februar 1951 hatten sie China endgültig verlassen.[30]

Der alte Haus-Joss

Während der Tage, die er hier im Zug saß, feierte Tante Johanna in Hannover ihren 89. Geburtstag, am 16. August. Bald würde Hermann sie in die Arme schließen können, nach 14 Jahren, in denen er die ganze Familie nicht gesehen hatte. Gerade in den letzten Monaten war der Briefkontakt mit Bruder und Schwägerin besonders intensiv gewesen, war ihm manchmal geradezu »telepathisch« erschienen. Besonders freute es ihn, wenn der Bruder vom Fortschritt beim Ausbau der Wohnung im Dachgeschoss der Schellingstraße berichtete, die Hermann nun bald beziehen würde, und sie sich über deren Einrichtung austauschten. Zuletzt hatte Alice ihm geschrieben, das Schlafzimmer sei fertig, die Eiderdaunendecken waren umgearbeitet und, wie Hermann es sich gewünscht hatte, mit blauer Seide bezogen, die neue Gasheizung funktioniere gut, das Wohnzimmer sei fertig bis auf die Tapeten, die solle er selbst aussuchen.[31] Hoffentlich war mit seinen Überseekisten alles gut gegangen. Sie waren Ende Juli in Hannover angekommen; »in äußerlich gutem Zustand«, hatte Karl geschrieben, leise grummelnd, weil die Unterbringung der 13 Riesenkisten mühsam gewesen war.[32] Noch war alles unter Zollverschluss. Er hatte Karl mitgeteilt, dass, falls Zoll anfallen sollte, einer der Teppiche verkauft werden könnte, z.B. der tibetanische mit den Tiermotiven.[33] Auf jeden Fall müsste der blaue Tianjin-Teppich gewaschen werden, die anderen waren vor Abgang gereinigt worden und gegen Motten geschützt. Aus der mit Zinkblech ausgeschlagenen Kampferkiste Nummer 1 möge der Bruder Pelzmantel, Pelzmütze und die Wintermäntel herausnehmen und aufhängen. Und dann hatte er Karl und Alice noch ans Herz gelegt, sie möchten seinen »sehr alten Haus-Joss bitte mit Respekt und freundlich behandeln«, damit er ihm auch in Zukunft wohlgesonnen bliebe.[34] Vielleicht hätte er noch erklären sollen, dass der Joss, eine Holzfigur, die Kraft hatte, Sorgen und Unglück abzuwehren, wenn man ihn sich günstig stimmte und ihm gelegentlich kleine Geschenke, Tschin-Tschins, auf die Hand legte.[35]

Ankunft in Hongkong

Es war der 17. August 1952, ein Sonntag, um 4.29 Uhr nachmittags, als der Zug in die Grenzstation Sham Chun (Shenzhen) einlief. Hermann nahm sein Handgepäck und stieg aus. Langsam ging er über die kleine Brücke, zunächst an chinesischen, dann an britischen Soldaten vorbei. Das war die Grenze nach Hongkong, der Übergang von der »Freiheit« in die »imperialistischen« Länder. Er unterdrückte die Tränen nicht. »Einige salzige Tropfen«, dachte er, waren an dieser Stelle in Ordnung, und sie rollten ihm über die Wangen. »As everyone coming out of Red China I was simply overcome by emotion when I saw the blue ensign marking the division between freedom and hell.«[36]

An der Station Lo Wu, der Grenzstation auf Hongkonger Seite, wartete schon Pastor Ludwig Stumpf auf ihn, einer der ganz wenigen, die die Erlaubnis hatten, bis an die Grenze zu fahren. Sie stiegen in den britischen Lokalzug. Noch eine Stunde bis Kowloon. Der Zug hielt in Sheung Shui und in Fanling, dem Zentrum des Sports und der Jagd in den »New Territories«, hielt in Taipo Market, der im klassisch chinesischen Stil erbauten Station. Ab Tai Po fuhren sie an der Küste entlang, blickten auf den Naturhafen von Tolo Harbour und aus dem gegenüberliegenden Fenster auf die Gipfel des nahen Pat-Sin-Leng-Gebirges. Stopps in Shatin und Yaumati. Hermann genoss die Fahrt nicht nur wegen der Naturschönheiten: Vom

Moment der Ankunft in Lo Wu an warteten fast an jeder Station Menschen auf ihn, »und es war fast eine Art feierlicher Rückkehr [...], wobei jeder der Menschen, denen ich mal geholfen hatte bzw., die mich kannten, mir etwas Gutes tun wollte«.[37] Eigentlich hatte er erst mal im Repulse Bay Hotel ausruhen wollen, abgewandt vom Trubel der Stadt, zwei drei Tage am Strand in frischer Luft spazieren gehen, im Meer baden und auf der Veranda die Sonnenuntergänge genießen. Aber die Kollegen bei Wing On hatten entschieden, das Hotel sei viel zu abgelegen. Sie wollten ihn zentral unterbringen und buchten das Peninsula für ihn, auf der Spitze der Halbinsel Kowloon; von dort war er mit der Star Ferry schnell auf der Insel Hongkong und im Wing-On-Gebäude, Des Voeux Road. Das Peninsula war wohl immer noch das größte Hotel des Fernen Ostens.[38] Für Hermann eigentlich zu teuer. Zu heiß war es auch, trotzdem genoss er die Aussicht auf die Bucht von Kowloon und freute sich über den »großen Menschenverkehr« um das Hotel herum.[39] Der Menschenverkehr war schon deshalb unvermeidlich, weil das Hotel in unmittelbarer Nähe zur Endstation der Eisenbahn und der meisten Schiffsanlegeplätze lag. Das hatte einen weiteren Vorteil: Hermann konnte aus China ankommende, von der langen Fahrt, der Hitze und dem Abschiedsstress erschöpfte Deutsche am Bahnhof abholen, wann immer er von deren Ankunft erfuhr. *»Die meisten von ihnen hatten kaum mehr als den Gegenwert von DM 5.– Hongkong-Währung in Besitz. Somit gab ich verschiedenen notleidenden Reisenden für das Nötigste Bargeld aus meiner Tasche, bis sie von der Firma Jebsen & Co. übernommen wurden.«*[40]

K.W. Lee

Dabei hatte er selbst kein Geld: Er, der immer anderen geholfen hatte, dem Großzügigkeit ein Bedürfnis war, war jetzt auf Kredit angewiesen. Aus China hatte er nichts mitnehmen können. Sein Guthaben auf dem Konto der amerikanischen Chase National Bank war eingefroren. Er würde erst darüber verfügen können, wenn er eine Bescheinigung vorlegte, dass er permanent in Deutschland lebte. Eine Zahlung von Melchers stand noch aus, über deren Höhe würde zu reden sein. Das gerade am 14. August von der deutschen Regierung beschlossene Gesetz über den Lastenausgleich sah für »Spätaussiedler« aus China keine Leistungen vor. Breuer hatte schon einen Kommentar für den OAV verfasst, dass auch die Ausreise nach 1947 als Kriegsfolge anzusehen sei[41]; der OAV würde das Thema weiter verfolgen. Aus der finanziellen Bedrängnis half ihm K.W. Lee, ein chinesischer Freund aus alten Tagen. Breuer und er kannten sich, seit Lee 1927 Assistent im Paper Department von Melchers Shanghai geworden war. Breuer hatte seine Zuverlässigkeit und sein freundliches Wesen immer ganz besonders geschätzt, ja ihn seinen »ältesten Sohn« (zhangzi) genannt. Später, im Nachkriegs-Shanghai, war Lee mit seiner soliden und umsichtigen Einschätzung des Papierhandels zu einem außerordentlich wohlhabenden *business man* geworden. Er war es gewesen, der Breuer in den Jahren 1946 bis 1948 seine eleganten Wagen mit Chauffeur für kleine Reisen, Ausflüge und für Jennies nachmittägliche Spazierausfahrten mit den Hunden zur Verfügung gestellt hatte. Seit 1948 lebte der jetzt etwa 50-Jährige in Hongkong, sein guter Name war in der Geschäftswelt von Singapur bis Japan bekannt. Dabei war er ein geradliniger, ehrlicher und bescheidener Mensch geblieben. Momentan überlegte Lee, mit seiner Familie nach Südamerika auszuwandern, wenn eine geplante Erkundungsreise dorthin den erhofften Erfolg hätte.[42]

Michael Jebsen, Jebsen & Co.

Die ersten Schritte führten Breuer, wie eigentlich fast jeden zu der Zeit aus China in Hongkong ankommenden Deutschen, zu Michael Jebsen, der sich seiner »in geradezu rührender Weise« annahm.[43] Endlich konnte er dem *fellow* Rotarier persönlich für alles danken, was dieser mit großer Selbstverständlichkeit für das Rückführungsprojekt getan hatte und immer noch tat. Michael Jebsen war nach dem Tod des Vaters Hans Jacob im Jahr 1941 und dem frühen Tod seines Cousins Johann Heinrich Jessen (1944 in Shanghai) alleiniger Inhaber von Jebsen & Co., Schifffahrtsagentur und Handelsunternehmen aus Aabenraa (Apenrade). Die Firma hatte ihr 1927 in Shanghai eröffnetes Büro 1949 stark verkleinert und Hongkong, wo sie seit 1895 eine Niederlassung hatte, wieder zu ihrem Hauptsitz in Asien gemacht.[44] Von hier aus organisierten sie seit Ende 1950 die gesamte Abwicklung der deutschen Rückführungen. Sie waren die finanzielle Schaltstelle, führten ein Konto für die Deutsche Gemeinde Shanghai, verteilten die Gelder aus Deutschland nach China. Und sie waren der menschliche Dreh- und Angelpunkt: Sie erledigten *»alle Behörden-Formalitäten, die Garantiestellung für die durchreisenden Heimkehrer gegenüber den britischen Behörden, deren persönliche Betreuung in Hongkong, ihre Weiterbeförderung* [...] *und übernahmen oftmals die Vorfinanzierung erheblicher Passagebeträge aus eigener Tasche, ohne den deutschen Behörden Zinsen anzulasten«*.[45] Dafür beschäftigten sie einen, zeitweilig sogar zwei Mitarbeiter.[46] Jebsen selbst unterstützte Rückkehrer auch aus eigenen Mitteln. Breuer war des Lobes voll: »Es klappt bei J. & Co. alles vorzüglich.« Das Zusammensein mit dem Freund aus Shanghai-Tagen genoss er uneingeschränkt; ihrer beider Lebensauffassung stimmte ganz überein. Der ein Vierteljahrhundert jüngere Jebsen hätte gut sein »jüngerer Sohn« (xiao erzi) sein können. Sie schätzten beide die einfachen Dinge des Lebens, liebten die Natur, das Zusammensein mit Menschen, die guten Willens waren. Sie respektierten die Würde ihrer Mitmenschen, ganz gleich, welcher Herkunft und gesellschaftlichen Stellung sie waren, und die Menschen begegneten ihnen mit Hochachtung.[47] Jebsen zitierte gern die chinesische Weisheit: »Auf Erden ist nichts unmöglich. Alles, was nötig ist, ist ein Mensch mit Herz.« Er hatte einen kleinen Empfang vorbereitet, auf dem Breuer Gelegenheit hatte, zwei Mitarbeitern für die Hilfe zu danken, die sie den Durchreisenden leisteten. Er überreichte jedem ein mit Widmung versehenes silbernes Zigarettenetui und ein offizielles Dankschreiben der Deutschen Gemeinde Shanghai.[48]

R.P. Voremberg, Melchers & Co.

Rudolf Peter Voremberg, Leiter der am 1. Juli 1952 eröffneten Melchers & Co. Hong Kong Agency, hatte geahnt, dass der Besuch bei Jebsen Priorität haben würde, hatte daher gemahnt, durchreisende »alte Freunde« sollten sich »nicht nur bei Michael, sondern auch bei uns hier sehen lassen«. Und tatsächlich ging Breuer schon bald ins Marina House an der Queens Road. »Ganz zentral gelegen« seien die kleinen Büroräume, so hatte Voremberg geschrieben – und vom Wing-On-Büro nur einen Häuserblock entfernt. Im Geschäftsbezirk von Hongkong waren die Wege kurz. Voremberg begegnete ihm »in reizender Weise«,[49] und sie ulkten noch ein wenig über die Halsentzündung, die Ärzte und die Kuren, von denen sie sich in den letzten Monaten doppelsinnig geschrieben hatten. Dann erkundigte Breuer sich nach Vorembergs Knieverletzung. Die machte ihm immer noch schwer zu schaffen. Kurz gesagt: »Trade all right. Leg not so good.«[50] Sie dachten zurück an den Tag der Eroberung Shanghais durch die PLA, als Voremberg verwundet worden war. Beide waren sie stolz darauf, dass Melchers die erste deutsche Firma war, die wieder in Hongkong residierte, sprachen über die »hanseatischen Freunde« und über mögliche Geschäftsbeziehungen zwischen Melchers Hongkong und Tai On.[51] Die Aussichten auf Geschäfte mit dem kommunistischen China schrumpften allerdings. Der Koreakrieg, das Embargo, das die USA verhängt hatten, und zuletzt die Affäre *Mai Rickmers* waren nicht hilfreich gewesen. Die *Mai Rickmers* war als erstes deutsches Schiff wieder mit Handelsgütern nach Tianjin und Dalian auf dem Weg, unter Beachtung aller Vorschriften des UN-Embargos und ausgestattet mit allen notwendigen Papieren. Trotzdem war sie am 22. April 1951 in der Taiwan-Straße von der Marine der chinesischen Nationalregierung aufgebracht und nach Taipeh (Taibei) entführt worden. Nach dortiger Terminologie war die »für die kommunistischen Banditen« bestimmte Ladung konfisziert worden.[52] Die Ausfuhr aus Westdeutschland nach China fiel in 1951 auf elf Millionen DM, 1950 waren es noch 16 Millionen gewesen; im September 1952 war abzusehen, dass noch nicht einmal das Ergebnis des Jahres 1951 erreicht werden würde.[53] Andererseits hatte Voremberg mit dem übrigen Asienhandel so viel zu tun, dass er wohl nicht, wie zunächst geplant, im Oktober nach Bremen fliegen konnte.[54]

Paradies Hongkong

Aus den zwei bis drei Tagen »Nichtstun und Ruhe und Durchblättern von Leben und Zeit«, die Hermann sich in der Woche vor seiner Ausreise gewünscht hatte,[55] aus den 14 Tagen Besinnung, »um mich überhaupt wieder einigermaßen zurecht zu finden«, war erst mal nichts geworden. Zur Ruhe kam er nicht, schlief weiter schlecht und fühlte sich nach einer Woche immer noch todmüde.[56] Er verschickte Ansichtskarten – »Meine Lieben: Der erste Gruß an Euch aus diesem Paradies, trotz der Hitze. Brieflich bald mehr, Euer Paps«[57] –, machte *sightseeing,* fuhr auf den Peak, genoss die Aussicht »auf den Hafen einerseits und den Ozean auf der anderen Seite«, schwärmte, »dass Hongkong wohl der schönste Hafen in der Welt« sei. Die Umgebung empfand er als paradiesisch, nicht so sehr den Luxus, die neuesten amerikanischen Autos und den Überfluss, sondern das scheinbar Selbstverständliche, seit Jahren Vermisste: »Ich muss mich z. B. erst wieder daran gewöhnen, dass man des Morgens eine richtige Zeitung mit Nachrichten und ohne ausgesprochen böse Propaganda zum Lesen bekommt.«[58]

Wie hatte Professor Stübel sich aufgeregt, 1942 war es gewesen, als seine Nichte Caroline aus Japan nach Shanghai gekommen war, um für den *OAL* zu arbeiten. Für das »gleichgeschaltete Blatt«, sagte er. Stübel hatte sie monatelang ignoriert, so entsetzt war er gewesen.[59] Nun war Caroline gerade in Hongkong angekommen, und Hermann traf sich auch deshalb mit ihr, weil ihre Mutter und sie gute Dresdner Freunde von Nele und deren verstorbener Mutter gewesen waren. Caroline hatte ein Jahr Hausarrest in Peking hinter sich, hatte das Zimmer nicht verlassen dürfen, sogar auf die Toilette war sie immer von einem ihrer drei ständigen Bewacher begleitet worden. Warum der Arrest? Wegen ihrer Arbeit 1948 bis 1950 als Sekretärin für Jannings und Dunsing? Ohne Anklage, ohne Verhandlung musste sie China dann plötzlich verlassen. Die Aufregung Onkel Stübels über ihren Job beim *OAL* – die verstand Caroline immer noch nicht.[60]

Hermann wollte *shopping* gehen, für sich selbst ein japanisches Frühstücks- und Teeservice kaufen und für zwei Haushalte Curry und die Zutaten für eine Reistafel mitbringen, auch Tee für alle.[61] Auf den freuten Karl und Alice sich nun schon seit Monaten, in Hannover kostete das Pfund DM 30,–.[62] Für den Enkel Christoph hatte er eine Dschunke gekauft. »Ich bin in das Ding selbst fast verliebt. Es ist eine bunt bemalte Kriegsdschunke, wie ich sie in den ersten Jahren meines China-Aufenthaltes gesehen habe.«[63] Überhaupt: Jeder daheim möchte sich wünschen, was er mitbringen soll.

Leider lebten in diesem Paradies nicht nur die Guten, sondern auch Diebe: Aus Hermanns Zimmer 301 im Peninsula wurden ihm Wertgegenstände gestohlen, die ihm viel bedeuteten. Er war nur kurz nebenan im Bad gewesen, da fehlten die goldene Schweizer Armbanduhr, die er in Shanghai als Andenken geschenkt bekommen hatte, und seine alten chinesischen

Siegelringe. Hatte er nicht schon genug kostbare Erinnerungen in China lassen müssen, fragte er sich bitter und rang um Haltung, sagte sich dann: Alles ist vergänglich auf dieser Welt. Und verschmerzte den Verlust.[64] Es kam ein herzlicher Brief von Jennie, der erste nach langer Zeit, mit ihrem Dank für die Pralinen und die Rosen, die er zu ihrem Geburtstag Ende Juli geschickt hatte: »the most beautiful roses I have ever seen ... more beautiful every day ... they gave me very much pleasure«. Vor allem aber begrüßte sie ihn in der Freiheit: »At last you are free.« Wie sie das nachempfinden konnte! Sie selbst war inzwischen in ihrem Leben in Amerika zufrieden und glücklich: »*I am looking out into the garden, green lawn, trees, sun sets behind the buildings and think how peaceful this picture is, there is no limits wherever you want to go, you don't need any pasport [sic] nobody asks you what you have and why you are here.*«[65]

Familie Kwok, Tai On

Innere Unruhe trieb ihn weiter, »wie in Trance« nahm er das gesellschaftliche Leben wahr, widmete sich geschäftlichen Aufgaben. Er traf die in Hongkong lebenden Mitglieder der Familie Kwok, Manager von Wing On und Tai On. Endlich konnte er offen Probleme zwischen der Niederlassung in Shanghai – streng beaufsichtigt vom Trade Department der Military Control Commission – und dem Vertragspartner, dem American Far Eastern Syndicate in den USA, ansprechen. Er bat dessen Geschäftsführer, seinen Freund Theodore Fitz Randolph, den Shanghaiern zu helfen. Randolph möge einwilligen, ein noch offenes Geschäft mit erheblichem Verlust abzuschließen, denn die Kommission auf den Weiterverkauf einer Klimaanlage, von 26 000 Glühbirnen usw. aus den USA sei absehbar die einzige Einnahmequelle für Tai On. Breuer hatte die Hoffnung, ein erfolgreicher Abschluss dieser Transaktion könnte Richard Lieu in die Lage versetzen, seine Ausreise aus China genehmigt zu bekommen: »*I appeal to you, Ted, do not let Richard [Lieu] down, who will be kept personally responsible as capitalist for the upkeep of the company, notwithstanding how he manages to do it.*«[66] *Dear Ted* tat wie gebeten und zog das Fazit, »*das Chinageschäft, wie Sie und ich es kennen, scheint beendet. Später wird wieder eine Art Chinageschäft zustande kommen, aber welche Gestalt es annehmen wird, kann man jetzt unmöglich einschätzen. Eines ist sicher, ›Fremde‹ werden zweifellos eine sehr unbedeutende Rolle darin spielen.*«[67]

Lam Sen Kwok, einer der fünf Söhne von Philipp Kwok, lud Breuer in das Restaurant Gold Fish ein, wo dieser berichten musste, dass Lam Sens Bruder in Shanghai »erheblich unter der gegenwärtigen politischen und wirtschaftlichen Situation in China leidet«, dass er aber sein schweres Schicksal tapfer trage.[68] Im Gold Fish sprachen sie auch über eine Häute-Lieferung nach Shanghai. Die Korrespondenz dazu sollte unbedingt über Breuers Adresse in Deutschland gehen, Kopie an Tai On Hongkong, »but not to Tai On Shanghai as this might cause most disastrous consequences to [...] L.S. [?] and to David«.[69] Vielleicht erzählte Breuer noch von David Kwoks Bruder Edward, der einer brüllenden Menge aufgehetzter Arbeiter ausgesetzt gewesen war: Sein Chauffeur hatte ihn beschuldigt, er habe ihn bis in die frühen Morgenstunden im eiskalten Auto warten lassen, während er sich allnächtlich im Französischen Club amüsierte, und habe ihn, betrunken zurückkommend, verprügelt, weil er eingeschlafen war. Kein Wort davon war wahr. Edward rührte aus gesundheitlichen Gründen keinen Alkohol an. Der Chauffeur wusste das.[70] Edward Kwok wollte China verlassen.[71]

Sir John Keswick, Jardine, Matheson & Co.

Mit einer gewissen Genugtuung stellte Breuer fest, dass sogar die englischen *bigshots* ihn einluden und ihr Bestes taten, »mir meinen hiesigen Aufenthalt zu einem angenehmen zu gestalten«.[72] Zu Informationsgesprächen traf er Vertreter britischer Behörden, die sich eingehend »über die Lage in China und die Lage der dort noch verbliebenen deutschen Landsleute [haben] berichten lassen«,[73] er traf den Industriellen, Hotelier und Philanthropen Lawrence Kadoorie, Sohn von Elly Kadoorie, und den Colonial Secretary Brian Charles Keith Hawkins, C.M.G., O.B.E., Mitglied des Hongkong Legislative Council. Er sah Sir John »The Younger« Keswick[74] wieder, Teilhaber von Jardine, Matheson & Co. Seitdem Opiumhändler William Jardine (1784–1843) im britischen Unterhaus für den ersten Opiumkrieg geworben hatte, hatten Jardines Interessen die britische Chinapolitik bestimmt. So dominierte diese älteste europäische Firma in China das chinesische Wirtschaftsleben 100 Jahre lang und baute ein Imperium aus mehr als 100 000 Angestellten und Arbeitern auf, eine Flussflotte mit 50 Schiffen und über 100 000 Tonnen Schiffsraum. 1949 hatten sie ihren Geschäftssitz nach Hongkong verlegt. John Keswick war zunächst in Shanghai geblieben, um zu retten, was zu retten war.

Wie Breuer hatte Sir John nach einer Zeit unter Hausarrest Shanghai gerade erst verlassen.[75] Auch er hatte vor drei Jahren den Einmarsch der Befreiungsarmee in Shanghai miterlebt. In Jardines Hong am nördlichen Bund saßen sie tatsächlich in der ersten Reihe, als um das Postgebäude gekämpft wurde. Nachdem sich dabei ein paar Kugeln durch die Fenster ins Esszimmer verirrt hatten, speisten sie im Korrespondenzbüro, seine Frau saß der Speisetafel am Schreibtisch des Stenografen vor. Er selbst hatte dort mit viel Erfolg Cocktails geschüttelt.[76] Jetzt hatten Jardines ihren unbeweglichen Besitz in China »abgestoßen«.[77] Für die Neugestaltung der geschäftlichen Beziehungen zur Volksrepublik sollte ein neues Firmenmotto gelten: »Statt Handel in China – Handel mit China«.[78] Bei aller Liebenswürdigkeit ihm gegenüber musste Breuer doch feststellen, dass die englischen Herren es vermieden, offiziell zusammen mit ihm, dem Deutschen, gesehen zu werden: Während sie ihn in ihren Büros »herzlich aufnahmen«, hatte keiner ihn zum Lunch in den Hongkong Club mitgenommen. An sich war ihm das ja »ganz schnuppe, aber es war ein [...] Zeichen dafür, dass der Deutsche (selbst als *fellow* Rotarier) noch eine Art beklemmendes Gefühl auslöst«.[79] Der Däne Michael Jebsen sah das anders. Er scheute sich nicht, zusammen mit dem Deutschen gesellschaftliche Anlässe wahrzunehmen. Jebsen kam es auf den Menschen an, nicht auf die Staatsangehörigkeit. Breuer empfand dies dankbar.[80]

Via Bangkok, Rom, Zürich

Aus zwei bis drei Wochen Erholung in Hongkong waren mehr als sechs Wochen geworden, und erholsam waren sie nicht. Als Hermann am Vormittag des 29. September mit der BOAC Airline nach Bangkok flog,[81] plante er, dort drei Tage zu bleiben und möglichst alle Freunde zu treffen, die von der alten *crowd* noch übrig waren. Bruder Karl lag also nicht ganz falsch mit seiner Befürchtung, Hermann könnte dort länger als geplant »etwa noch stecken bleiben«.[82] Aber der Abflug mit Braathens SAFE nach Rom war schon für den 2. Oktober frühmorgens gebucht. Mit Zwischenübernachtungen in Karachi und in Athen wäre er dann am Sonnabend, dem 4. Oktober, in Rom,[83] würde sich um einen provisorischen Pass kümmern. Für den 12. Oktober war er in Zürich mit Ashelm verabredet.[84] Da brauchte er dann schon einen Wintermantel. Er hatte Karl gebeten, den fast neuen blauen nach Rom zu schicken und dazu den graublauen warmen Anzug. Ashelm und er wollten »unsere schweizerischen Verbindungen« aufsuchen, u. a. die Escher Wyss AG. Für die zweite Jahreshälfte 1952 war nämlich ein großes gemeinsames Projekt mit Tai On geplant, Escher Wyss sollte Turbinen nach Kunming, Südwestchina, liefern.[85] Für einen Besuch bei Johannes G. Schütte, der Leiter der Niederlassung von Melchers in Tsingtao gewesen war, hatten sie noch Zeit – nicht aber für Maria Korff in St. Gallen, was sie Breuer ziemlich übel nahm, als sie später erfuhr, dass er ganz in der Nähe gewesen war.[86]

Sohn Uwe und dessen Familie warteten in Stadtsteinach auf Hermann, den Vater, Schwiegervater und Großvater. Karl und Alice und Tante Johanna, Liesel und alte Freunde warteten in Hannover. Die letzten Briefe von Karl und Alice klangen ein wenig ungeduldig. Ihrer aller Vorfreude war herzergreifend. Besonders die Worte seiner lieben Tante rührten ihn: »*Warm schlagende Herzen und offene Arme warten schon so lange auf Dich, geliebter Hermann* ...« Sie hatte auch versucht, sich ein wenig in seine Situation hineinzudenken: »*Schwer wird es Dir ja erst sein, Dich an die deutschen Verhältnisse zu gewöhnen, aber auch hier finden sich liebe alte Freunde.*«[87]

1 HWB 4.9.1952 an Heyn.

2 Der Lutherische Weltbund, The Lutheran World Federation, ist eine weltweite Gemeinschaft lutherischer Kirchen. Er wurde 1947 in Schweden gegründet.

3 Not-Ordination entspr. der Confessio Augustana V.: Die Ernennung hat nur Gültigkeit für die in Not geratene Gemeinde, sie ist ein Ehrenamt. Stumpf durfte in Shanghai predigen, die Sakramente verwalten und sich den Behörden gegenüber als Seelsorger bezeichnen.

4 KA 31.7.1951 (ab: 3.8.51) an Dt. Ev. Kirchengemeinde Shanghai, ZA 5121/13 Signatur EZA 6/4599.

5 Stumpf 5.4.1951 an KA, ZA 5121/13 Signatur EZA 6/4599.

6 Maass, Jerusalem, S. 120–121.

7 Stumpf 10.9.1951 an KA, ZA 5121/13 Signatur EZA 6/4599.

8 HWB 4.9.1952 an Heyn. Luftfeuchtigkeit: HWB 4./5.12.1952 Bericht an OAV.

9 HWB Notizen für Gespräche im AA 4./5.12.1952. An anderer Stelle schreibt HWB: 90 Tage (z. B. an Maria Korff, 3.8.1953). Es waren tatsächlich genau 105, den 29.4. und den 14.8. nicht mitgerechnet.

10 HWB 3.8.1953 an Maria Korff.

11 HWB Vermerk vom 3.7.1968.

12 HWB 4.9.1952 an Heyn.

13 CG Melchers, China-Firma, S. 67.

14 HWB 26.7.1952 an Pastor Stumpf.

15 HWB 23.9.1952 an CGM.

16 Ankunft in Southampton 3. November 1951, Ankunft in New York 21. November 1951.

17 HWB 29./30.1.1952 an Nele.

18 Belegt für Weihnachten 1952: Jennie 4.1.1953 an HWB.

19 HWB 23.9.1952 an CG Melchers.

20 HWB 10.3.1951 an JvR.

21 HWB 19.2.1952 an JvR.

22 Schnell, Briefe, 23.9.1949, S. 197.

23 Ab Mai 1951 wurde in China berichtet, amerikanische Flugzeuge hätten über Korea mit Pest und Cholera infizierte Insekten abgeworfen. Im Dezember 1950/ Januar 1951 seien Pockenerreger abgeworfen worden. Die Internationale Vereinigung demokratischer Juristen bestätigte das Auftreten fremder, bakterientragender Insekten in Nordkorea. Schutzimpfungen, Desinfektionen und Aufklärung hätten den Ausbruch von Krankheiten auf wenige Fälle beschränkt. PA AA MfAA A6504 Fiche 2, p. 113–130. Ob das zutraf, kann hier nicht diskutiert werden. Ähnliche Vorwürfe (z. B., die Amerikaner hätten infizierte Wühlmäuse aus Flugzeugen über Nordchina abgeworfen) wurden im Frühjahr 1952 erhoben. Die Beweise waren fabriziert. Winchester, Bomb, S. 211–222. Ob alle erhobenen Vorwürfe falsch waren, bleibt ungewiss.

24 Dikötter, Tragedy, S. 149–151.

25 HWB 19.2.1952 an JvR.

26 »*Gut können wir verstehen, dass Dir der Abschied von Deinen getreuen Gefährten, den Hunden, schwer fällt, wäre besser gewesen, wenn der Akt nach Deiner Abreise stattfinden könnte.*« K + A Breuer 28.5.1952 an HWB.

27 HWB 3.8.1953 an Maria Korff.

28 Für die Recherche zu Dong Zhizhang und seinem Sohn danke ich Prof. Li Lezeng. E-Mails 13.6. und 15.7.2018 an CM.

29 Hier hat HWB »Englisch gedacht und sich Deutsch ausgedrückt« (25.6.1960 an Nele).

30 Helmut und Siems Siemssen: Das Handelshaus Siemssen & Krohn. StuDeO-Info Dezember 2008, S. 15–17. Rolf und Hendrik Siemssen: Das »Schloss« in Foochow im Zweiten Weltkrieg, ebenda, S. 18. Japanische Eroberung, Rückzug usw.: http://www.combinedfleet.com/Fuchow_t.htm. am 9.11.2020. Zu 1947ff.: Gespräch mit Wera Schoenfeld geb. Siemssen, 17.2.2013 in Aumühle.

31 KB und AB 22.7.1952 an HWB.

32 KB und AB 1.8.1952 an HWB.

33 HWB 2.8.1952 an KB und AB.

34 HWB 26.7.1952 an KB und AB. »Joss« ist Pidgin-Englisch für »Einfluss«, Pinyin: Caishen. Vgl. Crow, 400 Million, S. 92.

35 HWB 7.5.1953 an Claussen.

36 »*Wie jeder, der aus Rotchina herauskommt, war ich einfach von Gefühl überwältigt, als ich die blaue Fahne sah, die die Trennung zwischen Freiheit und Hölle markiert.*« HWB 25.8.1952 an Fitz Randolph. Ü: CM. »Salzige Tropfen«: HWB 4.9.1952 an Heyn. Blue Ensign: Flagge. Blauer Grund, Union Jack im linken oberen Viertel, auf der rechten Seite mittig eingefügt das Emblem für Hongkong. 1910–1959 war das eine Abbildung von Segelschiffen vor dem Peak.

37 HWB 25.8.1952 an Fitz Randolph; Stationen der Fahrt: Sporleder, Hongkong, S. 108.

38 Das Hotel wurde 1928 eröffnet. In der Besatzungszeit war es das japanische Hauptquartier. Sporleder, Hongkong, S. 213.

39 HWB 4.9.1952 an Heyn.

40 OAV 25.8.1954 an AA wg. Rückführungskosten im Jahr 1951. PA AA B85 235

41 16.6.1952, BArch ZLA 7–34/17

42 HWB 24.9.1952 an Randolph, Empfehlungsschreiben für K.W. Lee 22.9.1952

43 HWB 17.9.1952 an Heyn

44 [Hans Michael Jebsen, Neffe]: A Tribute to Michael Jebsen. Hongkong, 14. Juni 2000. In: Michael Jebsen 1911–2000. o.O., o.J. [2000]. Ohne Seitenzählung [S. 14–15 und 17]. MA, Bibliothek.

45 PA AA B85 235 Bericht OAV an AA, 15.2.1955

46 Entwurf eines Vermerks AA, undatiert (ca. 29.10.1952); PA AA B10, 1945, A5642 B10 und PA AA B10, 1945, A5642 C2 vom 17.10.1952

47 »*Under the heaven nothing is impossible to achieve, all that is needed is a man with a heart*«, »*what he enjoyed most were the simple pleasures of life: the love of nature, reading and being together with people of goodwill, no matter from which wake of life. Just as he had deep respect for the dignity of his fellow human beings, Michael Jebsen was a man of great dignity himself. He saw beyond ranks. For him the human being was more important than title or elevated social position.*« Hans Michael Jebsen: A Tribute to Michael Jebsen. Ohne Seitenzählung [S. 14–15, S. 17].

48 HWB 17.9.1952 an Heyn.

49 HWB 23.9.1952 an CGM.

50 Handschriftliche Anmerkung Vorembergs 22.7.1952 an HWB.

51 Das war der Plan: HWB 9.7.1952 an Voremberg.

52 Eberstein, Ostasiatischer Verein, S. 157–164.

53 Ergebnis 1952: 11 Millionen. Briessen, Fakten S. 336.

54 Voremberg 22.7.1952 an HWB.

55 HWB 8.8.1952 an Ludwig Stumpf.

56 HWB 25.8.1952 an Randolph: »in a kind of daze«.

57 HWB 25.8.1952 an Uwe und Dora Breuer.

58 HWB 18.9.1952 an Nele.

59 Caroline Stübel, Briessen-Interview, Gedächtnisprotokoll CM

60 Im Briessen-Interview sagte Caroline Stübel sinngemäß, einen nationalsozialistischen Einfluss auf die Pressearbeit habe sie nicht bemerkt.

61 HWB 2.8.1952 an A und K Breuer.

62 KB und AB 28.5.1952 an HWB und HWB 2.8.1952 an KB und AB.

63 HWB 18.9.1952 an Nele.

64 HWB 18.9.1952 an Nele.

65 »*Ich schaue hinaus in den Garten, grüner Rasen, Bäume, Sonnenuntergänge hinter den Häusern, und denke, wie friedlich das Bild ist, es gibt keine Grenzen, wohin auch immer du gehen möchtest, du brauchst keinen Pass, keiner fragt dich, was du hast und warum du hier bist.*« Jennie 14.9.1952 an HWB, eingegangen: 23.9.1952.

66 »*Ich bitte Sie eindringlich, lieber Ted, lassen Sie Richard nicht hängen, der, als ein Kapitalist, persönlich für die Erhaltung der Firma verantwortlich gemacht werden wird, egal, wie er das umsetzt.*« HWB 25.8.1952 und 26.8.1952 an Randolph. Ü: CM.

67 Randolph 1.2.1952 an HWB, Ü: CM.

68 HWB aus Hongkong, 25.9.1952 an Lambert Kwok, Wing On, New York.

69 »*aber nicht an Tai On Shanghai, da dies katastrophale Folgen für […] L.S. [?] und für David [Kwok] haben könnte.*« HWB 25.9.1952 an Lambert Kwok.

70 »*When the situation relaxed somewhat, both came to my father [Edward Kwok] and sincerely apologised for their actions informing him that they were threatened if they did not participate in some form of criticism, the more vicious the better.*« E-Mail Paul Kwok 14.7.2019 an CM.

71 Edward Kwok und Familie erhielten ihre Exit-Visa im November 1956 und gingen nach Hongkong.

72 HWB 4.9.1952 an Heyn.

73 Vermerk 31.10.1953, Referat Dr. v. Trützschler/AA PA B85 235.

74 Die Brüder Sir William Johnstone »Tony« Keswig und Sir John Keswig (bis 1952 in Shanghai) waren Teilhaber der Firma Jardine Matheson & Co., der ältesten europäischen Handelsfirma in China. Sir William hatte als Vorsitzender des SMC 1941 einen japanischen Mordanschlag überlebt.

75 Kenneth Powell: Obituary Maggie Jencks. *The Independent*, 14.7.1995, zitiert nach https://en.wikipedia.org/wiki/John_Keswick, am 30.6.2019.

76 Middleditch, To my Grandfather, S. 225.

77 *Der Spiegel* berichtete im Juni 1952, 43 britische Handelshäuser, deren Wert auf insgesamt 2,4 bis 3 Milliarden DM geschätzt werde, hätten beschlossen, sich aus China zurückzuziehen. Hintergrund: Der englische Export nach China war im Jahr 1952 auf ca. 11 % des Vorkriegsergebnisses gefallen: 40 000 GBP verglichen mit 340 000 GBP monatlich im Jahr 1938.

78 HWB, Notizen für Gespräche im AA 4./5.12.1952. Auch: *Der Spiegel*, 11.6.1952, S. 20.

79 HWB 17.9.1952 an Heyn.

80 HWB 17.9.1952 an Heyn.

81 HWB 17.9.1952 an Heyn.

82 KB und AB 22.9.1952 an HWB.

83 HWB 22.9.1952 an Fitz Randolph, vgl. Fahrplan Braathens für Mai 1953: http://www.timetableimages.com/ttimages/bu5305.htm.

84 Treffen am 12.10.1952, K. und A. Breuer 1.10.1952 an HWB.

85 DD (Duncan Dang), Tai On Hongkong, 28.10.1952 an Yunnan Electrical Enterprises Administration, Kunming, und an Escher Wyss, Zürich, betr. Zahlungsmodalität und Hafen (Hongkong vs. Kanton) für eine eventuelle Anlandung, Kopien für Mr Breuer.

86 Maria Korff 26.7.1953 an HWB.

87 JvR 3.10.1952 an HWB.

1952

Auf der Suche. In Hannover, Hamburg, Bremen

Am 15. Oktober abends kam er in Hannover an, fast auf den Tag genau zwei Monate nach der Abfahrt aus Shanghai. Fast 14 Jahre nach dem letzten Abschied aus Deutschland im Februar 1939.

»Nun bist Du in der Heimatstadt, die sich ja sehr gewandelt hat; Ich glaub, Du hast sie kaum erkannt, / Sie trägt ein völlig neu Gewand. Wir hoffen, dass die größten Wunden / In wenig Jahren sind verschwunden.«[1]

Hannover, Fichtestraße

Mein lieber Freund, mein Hermann Breuer,
Wir freuen uns ganz ungeheuer,
Dich nach dem großen Weltgescheh'n
Gesund hier unter uns zu seh'n ...

Schmidt, Willkommensgedicht Hannover, 1952

Für Sonnabend, den 18. Oktober, hatten Bruder Karl und Alice ein Willkommensfest in ihrem Haus in der Fichtestraße vorbereitet; gute Freunde von früher kamen. Der Arzt Franz Weiland war da, Carl Schmidt und seine Frau Cenie, auch sie eine Ex-Shanghaierin. Mit Carl war Hermann im Jahr 1906 nach China aufgebrochen, nun begrüßte der den Freund mit einem langen Willkommensgedicht:

»Fast 50 Jahre sind verflossen / Seit eine Freundschaft wir geschlossen, Die wir trotz stürmischer Gewalten / In Ehren haben hochgehalten.«

Ein Gedicht voller Erinnerungen – an das Hausboot *Carmen*, Hermanns Erfolge bei Frauen, an das sündige Shanghai – Erinnerungen, die nun wirklich sehr weit zurückgriffen. Hanni und Ulrich schickten ein »Herzlich Willkommen« – Telegramm aus Hamburg in die Fichtestraße 15 A.[2] Wie gern wären sie jetzt Teil des Empfangskomitees gewesen. Nach Rom hatte Ulrich telegrafiert: »Auf dieses Wiedersehen (von Seiten Hannis) bzw. persönliche Kennenlernen (meinerseits) freuen wir uns beide außerordentlich!«[3] Der kleine Empfang im Haus des Bruders fand am Sonnabend statt, weil wochentags das fröhliche Treiben von etwa 25 Kindern im Haus herrschte, »Tante Liesels« Kindergarten. Liesel, Karls jüngere Tochter, ausgebildet als Kindergärtnerin, hatte bei Kriegsende einen kleinen Spielkreis von Vorschulkindern im Garten ihres Elternhauses um sich versammelt. Dessen geistesgegenwärtige Verlegung in das Esszimmer und den anschließenden

Wintergarten bewahrte das Wohnhaus der Breuers vor der schon angeordneten Requirierung durch die britische Besatzungsmacht. Die übrigen fünf Zimmer der kleinen Villa waren immer noch eng belegt: Im Obergeschoss hatten Karl und Alice ihr Schlafzimmer; im ehemaligen Familienwohnzimmer war die »Einquartierung«[4] untergebracht: das ausgebombte Fräulein R., das unter epileptischen Anfällen litt. Tochter Liesels Zimmer war unterteilt, die eine Hälfte sollte Hermann vorübergehend bewohnen. Im Erdgeschoss, im ehemaligen Damenzimmer, lebte seit den Bombennächten Tante Johanna. Der rundbogige Durchbruch zum ehemaligen Herrenzimmer, jetzt Wohnzimmer (immer noch dominiert von Karls Schreibtisch mit dem präparierten Kopf des Orang-Utans darauf), war zugemauert. Der Zugang zum Wohnzimmer führte durch den Kindergarten. Die doppelte Schiebetür blieb möglichst geschlossen. Im Souterrain, im Waschkeller und der sogenannten Plättestube, wohnte eine dreiköpfige deutsch-polnische Familie. Herrn K. hatte Liesel auf einer Bank in der Eilenriede weinen sehen und mitgenommen. Er hatte Frau und Tochter verloren. Die fanden sich kurz darauf.

Breuers hatten Glück gehabt, ihr Haus stand noch. Diverse Brandbomben, die das Dach durchschlugen, waren nicht explodiert. Das Ehepaar Schmidt erzählte von ihrer Fabrikwohnung mit dem Chinesenzimmer: »*Alles, aber auch alles ist nicht mehr. Vier Volltreffer fielen in die Fabrik dicht hinter meiner Wohnung und einer direkt ins Chinesenzimmer. Durch die Menge von Brandbomben war alles gleich in Flammen und wir konnten kein einziges Stück retten.*«[5] Schmidt hatte nach dem Krieg versucht, die Fabrikation der Gelenklampen wieder aufzunehmen, die HALA-Fabrik in Hannover aber 1950 endgültig schließen müssen.[6]

Bruder Karl und dessen Frau Alice und Tante Johanna dachten sich Hannover als Hermanns neue Heimat. Für die gemütliche Dachwohnung im Nachbarhaus musste er nur noch Tapeten und ein paar Möbel aussuchen, die Überseekisten auspacken und seine ostasiatischen *curios* in die von Karl dafür eingebauten Vitrinenschränke stellen. Dazu kam es nicht gleich. Anders als die Verwandten hofften und Freunde rieten, nämlich dass er sich »einige Wochen erst einmal in Ruhe« der Einrichtung seiner Wohnung in der Schellingstraße widme,[7] anders, als Hermann selbst geplant hatte – von Erholung in Bad Gastein oder im Harz war die Rede gewesen –, fuhr er erst mal nach Hamburg.

Hamburg, Ostasiatischer Verein und China-Ausschuss

Schon bei seiner Ankunft in Rom hatte ihn ein Telegramm des OAV-Vorsitzenden Rolf Heyn mit einer Einladung begrüßt: »Herzlich Willkommen. Ihre Anwesenheit Vorstandssitzung 13. sehr erwünscht / Ostasiat«[8]

Ein Brief Heyns erläuterte, auf der Sitzung werde »die sehr interessante Frage der Neuorganisierung des Handels mit China« besprochen und: »dass

TELEGRAMMA VIA ITALO RADIO

BREUER DIPLOGERMAN ROM

GR2315 HAMBURG 12 4 0956

Le ore indicate sono quelle del paese di origine

HERZLICH WILLKOMMEN IHRE ANWESENHEIT VORSTADNSSITZUNG 13.
SEHR ERWUENSCHT

OSTASIAT

Il Governo Italiano e la Società Italcable non assumono alcuna responsabilità in conseguenza del servizio telegrafico

GR2315 13.

Das Telegramm des Ostasiatischen Vereins Hamburg – Bremen, das HWB am 4. Oktober 1952 in der Deutschen Botschaft in Rom erwartete.

wir Sie unbedingt gern sehen wollen, sobald es Ihre Zeit erlaubt«.[9] Zum 13. Oktober hatte er es zwar nicht geschafft, da war er noch in Zürich gewesen, aber das Curryessen des OAV am 23. Oktober im Hamburger Ratsweinkeller, das wollte er wahrnehmen. Aus Würzburg, auf dem Weg nach Hannover, hatte Breuer sein Kommen noch schnell telegrafisch bestätigt.[10] Er fühlte sich von den alten Asiaten gebraucht. Dass Bruder Karl meinte, es sei »auch bis jetzt ohne Dich gegangen«,[11] wollte er ganz und gar nicht hören.

Er setzte sich in den FD-Zug – Celle, Uelzen, Lüneburg – und fühlte sich sehr fremd. »Als ich nach Hamburg reiste, hatte ich das Gefühl, trotz aller Berichte und Briefe ein Fremder geworden zu sein.«[12] »From Old China Hand to Refugee«, so hatte Freund Carl Crow sich bei seiner Rückkehr in die USA nach 26 Chinajahren gefühlt.[13] Vom Jemand zum Nichts. Aber als Heyn Breuer vom Bahnhof abholte, stellte der glücklich fest, dass *»trotz langer Trennung der alte herzliche Ton sofort wieder hergestellt [war], und dass man sich ohne viel Worte über die wesentlichen Dinge sofort verständigen [konnte]«*. Er genoss den »*warmherzigen und gastfreien Empfang*«[14], Freundschaft und Wertschätzung.

Am abendlichen Curryessen nahm Breuer als Ehrengast teil; es waren gut 100 »alte Ostasiaten« gekommen, fast alle, die im norddeutschen Raum lebten. Über seine letzten Erlebnisse in China sollte er »angesichts der Möglichkeit von Indiskretionen« in diesem großen Kreis nicht sprechen. Dazu war am folgenden Montag (27. Oktober) Gelegenheit, da war er zu einem Abendessen in den Ratsweinkeller eingeladen. Außer dem OAV-Vorstand und Beirat hatte Rolf Heyn Herren aus dem »China-Ausschuss« und einen Repräsentanten des Auswärtigen Amtes gebeten.[15] Zur gegenseitigen großen Wiedersehensfreude begegnete Breuer hier OAV-Vorstandsmitglied Joachim Claussen, den er zuletzt vor 14 Jahren bei Melchers in Bremen gesehen hatte, der 1943 in Bremen Teilhaber von C. Melchers & Co. geworden war. In diesem Kreis von 24 Herren erzählte Breuer beim Mokka vertraulich von seinen Erfahrungen in den letzten Shanghai-Jahren.

Bericht zur Lage in China

Er schilderte die politische, wirtschaftliche und soziale Lage in China, betonte dabei die Einführung von Ordnung, Disziplin, festen Preisen; dass Gesetze befolgt werden, Bestechungen und Diebstähle »verpönt« seien und von der »unbestechlichen Polizei unnachsichtig bestraft« würden. Er erwähnte die systematischen politischen Schulungen, ging auf die Landaufteilung ein, die (auch physische) Beseitigung der Großgrundbesitzer. Arbeitende Bauern, Intellektuelle und Soldaten würden geachtet, sie seien ebenso wie die »noch vorhandenen Unternehmer überzeugte Anhänger Mao Zedongs«. So zum Beispiel der Leiter der Wing-On-Gruppe, mit dem er ständig im Kontakt gewesen war. Zur wirtschaftlichen Lage in China sagte er, der Ausbau der Landwirtschaft sei insofern erfolgreich, als keine Weizen- und Reiseinfuhren mehr nötig und die Lebensmittelpreise stabil seien bzw. gesenkt würden. Bergbau, Energie-, Transport- und Textilwirtschaft würden gezielt ausgebaut, ab dem nächsten Jahr sollte auf die Einfuhr von Baumwolle verzichtet werden. Angestrebt werde die Unabhängigkeit von Importen. Aufgrund hoher Arbeitsleistung bei niedrigen Löhnen, hohen Steuer(nach)zahlungen und vielen Sonderabgaben (für Aufbau, Bewaffnung, Flugzeugbau etc.) gebe es keine Inflation. Deutsche Kaufleute in China seien schon lange nicht mehr selbstständig (inzwischen seien alle ausländischen Firmen liquidiert), die verbliebenen arbeiteten angestellt als Verbindungsleute zu deutschen Firmen wie Siemens oder den Nachfolgefirmen der DEFAG / I.G. Farben.[16] Breuer berichtete über die DG, über Verhaftete und Verschollene und überreichte eine Übersicht, aus der hervorging, dass von 384 Deutschen, die noch in China lebten, 143 für eine Repatriierung vorgemerkt waren und nur etwa 60 die Fahrt selbst würden bezahlen können.[17] Deutschland dürfe die Handelsbeziehungen nicht abreißen lassen, müsse eine neue Basis suchen. Wichtige Voraussetzungen seien gegeben: Der deutsche Name stehe noch immer »hoch im Kurs«, und Verträge würden eingehalten. Im anschließenden Privatissimum mit Dr. von Trützschler (Auswärtiges Amt) und Rolf Heyn räumte Breuer ein, dass sein Bericht von kaufmännischem Pragmatismus geprägt war. Von Trützschler protokollierte dazu: Der Bericht sollte den bisher am China-Geschäft interessierten Deutschen »Mut für eine Wiederanbahnung der Handelsbeziehungen« machen.[18]

Es entsprach dem Interesse der im OAV versammelten Kaufleute, den Handel mit »Rot«-China zu beleben. Die politischen Entscheidungen standen dem entgegen: Im Mai 1951 hatte die UNO ein Handelsembargo gegen China verhängt. Gerade erst, im September 1952, war ein »China-Embargo« beschlossen worden, dessen Bestimmungen über die von 1951 hinausgingen. Auf Intervention des US-Hochkommissars sperrte die Bank deutscher Länder Zahlungen an die VRC. Sogar die Durchführung bereits abgeschlossener Geschäfte wurde von deutschen Behörden verhindert, Lieferverträge mussten aufgelöst, bezahlte Ware konnte nicht an chinesische Käufer ausgeliefert werden. Zahlungen wurden nicht erstattet.[19]

Onkel Hermann

Am Tag nach diesem Essen habe ich dann meinen »chinesischen« Großonkel kennengelernt. Der 28. Oktober 1952 war mein fünfter Geburtstag. Hermann hatte im Hotel Reichshof übernachtet[20] und machte einen langen Spaziergang entlang der Außenalster – am Schwanenwik, der Schönen Aussicht und am Bellevue wurde intensiv gebaut, bald würden die dreigeschossigen Mehrfamilienhäuser mit großen Fenstern und geschwungenen Balkons bezugsfertig sein – zu uns, seiner Nichte Johanna geb. Breuer, ihrem Mann Ulrich, Christine, die Geburtstag hatte, und ihrem Babybruder Klaus, in die Scheffelstraße. Es war eine gespannt erwartete Begegnung. Denn Onkel Hermann, der kam in der Familie Breuer gleich nach dem lieben Gott. Seine CARE-Pakete und Geschenksendungen hatten uns in den letzten Jahren gesund erhalten und Freude gemacht. Er ließ es nicht feierlich werden. Mit ihm kamen ein Hauch der weiten Welt, zwei wunderschöne Chinesenpuppen in Seidengewändern und herzliches Lachen in die kleine Wohnung in der Scheffelstraße.

Breuer blieb bis zum 31. Oktober in Hamburg, besuchte Freunde und China-Bekannte. Zum Abschied bedankte er sich bei Rolf Heyn; »bei meinem Fortgang nahm ich das glückliche Empfinden mit, wieder zu Ihnen zu gehören«.[21] Das war nicht nur ein Gefühl, er war in den OAV Hamburg und in dessen Beirat aufgenommen worden.[22]

Bei Melchers in Bremen

In der ersten Novemberwoche widmete Hermann sich seiner Wohnung in Hannover und Möbelbestellungen, dafür brauchte er unbedingt Bargeld; Melchers würde 3000 DM à Konto senden.[23] Am 10. November war er zum ersten Mal wieder in Bremen; CG Melchers holte ihn vom Bahnhof ab und beherbergte ihn; zunächst aber fuhren sie ins Kontor.[24] Das befand sich, nach der Vernichtung des alten Kontorhauses und der Beschlagnahme des Ersatzquartiers (Lindemanns Privathaus in der Wachmannstraße), nun in der Langenstraße.[25] Die Stadt Bremen hatte das Melchers'sche Grundstück an der Knochenhauerstraße inzwischen überbauen lassen; Verhandlungen mit dem Finanzsenator über ein Ersatzgrundstück würden in Kürze beginnen.[26] Am Abend war Breuer mit Melchers und Joachim Claussen beim Senior Karl Lindemann eingeladen.[27] Die allgemeine Meinung war: »Es ist nur eines wichtig, und das ist, dass Sie heraus sind aus China und die Quälgeister abschütteln konnten.«[28] Mit den Verlusten der China-Firma habe man sich abgefunden. Carl Gerhard Melchers meinte, »an unsere *properties* in China denken wir kaum noch, sondern sehen sie eben als verloren an«.[29] Wie schon in Hamburg tat Breuer die wirkliche Freude[30] gut, mit der er empfangen wurde, und sicher auch die 25 000,– DM, die Melchers ihm »aus der Abwicklung der alten China-Firma für die Betreuung und Verwaltung der verschiedenen Anlagen und Werte in China zubilligten«.[31] »Frisch und wohl« habe er ausgesehen, fanden die Bremer.[32] Er reiste nicht wieder ab, bevor er bei Claussens zu Hause gewesen war und den »jüngsten Sprössling«[33] (den gerade einjährigen Matthias[34]) bewundert hatte. Den vorerst letzten Abend in Bremen, den 13. November, verbrachte er bei Frau Widmann. Sie hatte ein ganzes Team ehemaliger Melchers-Mitarbeiter eingeladen: Hans und Paula Dieckmann, Kurt und Wilma Halla, A. Paul (Norddeutscher Lloyd), Hans Scheide – und da war es wieder, das alte Gästebuch, und Breuer schrieb hinein: »H.W. Breuer erzählte etwas von China.«[35] Nur seinen Freund Adolf Widmann traf er dort nicht mehr; der hatte noch mitgewirkt, als die Firma nach dem Krieg mit kleinsten Lokalgeschäften überlebte – geblieben war eigentlich nur der gute Name der Firma[36] –, und war im Juli 1948 verstorben.[37] Damals hatte Breuer einen Kondolenzbrief an die Teilhaber in Bremen geschrieben; er hatte das Bedürfnis gehabt, das Wissen um den bedeutenden Beitrag Widmanns zum Wiederaufbau der Chinafirma nach dem Ersten Weltkrieg festzuhalten, der nach dem zweiten Krieg in Vergessenheit zu geraten drohte.[38]

Besprechungen im Auswärtigen Amt

Ende November war Breuer wieder ein paar Tage in Hamburg für eine Vorstands- und Beiratssitzung des OAV[39]; von dort reiste er mit dem stellvertretenden Vorsitzenden des OAV, Stoltenberg-Lerche, und dem Geschäftsführer, Dietrich E. Gross, nach Bonn. Sie hatten für den 4. und 5. Dezember einen Besprechungsmarathon mit den Abteilungsleitern II (Politische Abteilung, Dr. von Trützschler), III (Länderabteilung, Dr. Theodor Kordt), IV (Handelspolitische Abteilung, Elgar von Randow – vormals Botschaftsdienststelle Shanghai) und im Bundeskanzleramt vorbereitet.[40] In dem Gespräch, das noch einmal Einzelheiten der Rückführungen betraf, war es Breuer wichtig, darzustellen, dass durch die Aktion Menschenleben hatten gerettet werden können. Und dass sie bei den Chinesen Respekt erweckt hätte für das besiegte Volk, das die Kraft mobilisierte, so viel für seine Landsleute zu tun.[41] Im Hinblick auf ausstehende Abrechnungen, insbesondere für die *Dundalk Bay*, wies er schon mal auf Probleme hin: Die einzelnen Belege für Bahntransfers, Übernachtungskosten, Vorschüsse etc. hatten sie gezielt vernichten müssen. Denn »*angesichts der Spionage-Psychose*[42] *der VRC-Organe [hätte] ein Versand ins Ausland einer Reihe von Zetteln in deutscher, englischer oder chinesischer Sprache mit Buchungsnummern oder Vermerken [...] geradezu den Verdacht einer getarnten und geheimen Übermittlung von Nachrichten herausfordern müssen. [...] Mir wäre es nie geglaubt worden, dass gerade zur Zeit der ersten Kämpfe in Korea die vielen Belege und Abrechnungen keine Geheimnachrichten gewesen seien. [...] Andererseits war sich der Vorstand der Deutschen Gemeinde bewusst, dass der Bundesrechnungshof eine Gewährleistung für die ordnungsgemäße Ausschüttung der [...] Mittel verlangen würde. Als Ausweg unter diesen Umständen ließ die DG ihre Abrechnung [...] von dem ehemaligen, noch in Shanghai ansässigen Prokuristen der Deutsch-Asiatischen Bank in Shanghai [...] auf Grund der Belege überprüfen. Nach Erstellung dieser Prüfung versicherten durch ihre Unterschrift die fünf Vorstandsmitglieder der Deutschen Gemeinde, alles Herren von Stellung und Ansehen, die Richtigkeit und Vollständigkeit der Abrechnung.*«[43] Für zukünftige Rückführungen hatte Breuer gerade mit der norwegischen Fluggesellschaft Braathens eine schnellere und insgesamt preiswertere Alternative zu den Schiffsreisen besprochen. Der Drei-Tage-Flug Hongkong – Hamburg sollte £ 150 pro Passagier kosten[44]; Braathens würde DM akzeptieren. Übergepäck bis zu 250 kg pro Person würde per Schiff kostenlos befördert. Durch den wöchentlichen Abflugtermin würde die Wartezeit in Hongkong künftig maximal sechs Tage betragen. Beschlossen wurde sogleich, dass ab Anfang 1953 alle Rückführungen mit Braathens erfolgen sollten.

Breuer sprach über seine Zeit als Vorsitzender der DG Shanghai, in der sich – nach der Enteignung von Schul- und Kirchengebäuden – die Aufgaben des Gemeindebüros auf den Bereich Wohlfahrt konzentrierten und weiterentwickelten zu einer Art »Pseudo-Konsulat« mit gutem Verhältnis zu anderen Konsulaten und einem Nicht-Verhältnis zur Vertretung Ostdeutschlands, die jeden Kontakt zu Deutschen mied, nicht einmal ostdeutsche Pässe ausstellte.[45] Auf Breuers Stichwortzettel standen die Namen von 15 Verhafteten und Verschwundenen, er erwähnte Bischöfe und Patres, darunter Schneider und Hüngstenberg von der Steyler Mission, und ergänzte noch die Namen Gottschalk und Heinemann, die als Emigranten nicht Mitglieder der DG gewesen waren.[46] Etwa 15 bis 20 Deutsche hätten momentan gesicherte Stellen, »wenn nicht die neuen Bestrebungen, den Privathandel China / Hongkong bzw. Deutschland / China auszuschalten, sie zum Aufgeben ihrer Stellung zwingen«.

Seinen wirtschaftspolitischen Bericht leitete Breuer mit einer Übersicht über die gegenwärtig in China zur Verfügung stehenden Informationsquellen ein. Chinesische Zeitungen veröffentlichten »reine Propaganda«, auf Englisch erschienen im Wesentlichen Informationen über polizeiliche

Anordnungen, die die Fremden direkt betreffen. Die Schweizer Handelskammer beschäftigte einen Übersetzungsdienst für wichtige Gesetze und wissenschaftliche Nachrichten; die Weitergabe der Texte wurde restriktiv gehandhabt und musste teuer bezahlt werden. Die Informationen seien allerdings immer »vorzüglich«. Ausländische Zeitungen gingen ausschließlich (und auch nur selten) an die Konsulate »anerkannter Nationen«[47]; Ausländer durften die Voice of America hören; Chinesen mussten beeiden, dass sie das nicht taten. Ein Gedankenaustausch mit Vertretern chinesischer Unternehmen war nur sehr eingeschränkt möglich, weil bei jedem Gespräch Spionageverdacht aufkam. Da Ausländer sich nicht frei im Land bewegen durften, war das »persönliche Blickfeld« sehr eingeschränkt. Bankwesen und Außenhandel waren de facto bereits verstaatlicht; private Geschäfte wurden zugelassen, sofern sie für die staatliche Industrie von Nutzen waren. Etwa 50% der Textilindustrie war noch in privater Hand (Wing On, z.B.), ebenso Teile der Papier- und Zementproduktion. Die Schwerindustrie war zu 80% verstaatlicht. Steuern betrugen 30 bis 40% vom Gewinn, 10% vom Gehalt, hinzu kam die Zwangszeichnung von Spenden. Seit Mai 1951 erhielten »anerkannte Staaten« einen bevorzugten Zolltarif von ca. 30%. Besonders die Schweizer und schwedische Firmen machten ein »Bombengeschäft«. Überhaupt seien einige Voraussetzungen für gute Handelsbeziehung zu dem neuen China durchaus gegeben: Die Währung war stabil, das Eisenbahnwesen funktionierte gut und wurde ausgebaut: In diesem Jahr war die Linie Chengdu – Chongqing eröffnet worden, 320 Kilometer, die den Nordwesten Chinas weiter erschlossen, Telegramme erreichten den Empfänger prompt, wenn auch von der Staatszensur überwacht.

Bei Ulrich Ashelm

Die Bonner Gespräche wurden von allen Beteiligten als erfreulich und vom OAV als ein »positiver Erfolg« gewertet.[48] Breuer verbrachte anschließend eine Woche in Schlangenbad-Georgenborn bei seinem Tai-On- und Stuckert-Trading-Partner Ulrich Ashelm, dessen Frau Gertrud und Sohn Gunter, die »in einer ebenso schönen Umgebung wie selbst entzückend wohnen«.[49] Das in einem großen Gelände mit altem Baumbestand gelegene Architektenhaus (in den 1920er Jahren erbaut), etwa 1950 mit Dollar-Devisen gekauft (ebenso wie der Opel Kapitän),[50] war modern amerikanisch und zugleich mit vielen chinesischen Elementen schön und gemütlich eingerichtet. Es gab viel zu besprechen: Wie sollte es weitergehen mit der Stuckert Trading Co., die sie 1947 in Shanghai hatten eintragen lassen?[51] Sollte die Firma in Deutschland registriert werden, oder könnte eine in Hongkong registrierte Stuckert Trading mit »Rot«-China leichter in Kontakt bleiben?[52] Bestimmt dachten sie auch an die Weihnachtszeit vor drei Jahren (1949): Da hatten Ashelms Breuer eingeladen, Heiligabend bei ihnen zu verbringen;

sie waren »wider Erwarten recht vergnügt« gewesen.[53] Von Schlangenbad aus besuchte Breuer noch »seinen ollen Freddy Cordt« in Frankfurt.[54] Cordt war ab 1939 Pressereferent der Botschaftsdienststelle in Shanghai gewesen. »Niemand war bei chinesischen und ausländischen Journalisten in Shanghai beliebter als er.« Er hatte vor allem durch seine menschlich-kommunikativen Fähigkeiten, weniger durch seine nationalsozialistische Überzeugung gewirkt. Und dann wollte Hermann wirklich »fürs Erste« in Hannover bleiben, »um mich für mein neues Leben in Deutschland vorzubereiten. Ich möchte, ich wäre erst einigermaßen gesettled.«[55]

Weihnachten in Deutschland

Da saß er nun an Karls Schreibtisch und schickte Weihnachtsgrüße nach Hongkong und nach Shanghai. Einige kamen an, andere nicht. In den Schreiben aus Shanghai, die ihn erreichten, ist viel von Arbeitslosigkeit und materieller Not die Rede. Aus den Zeilen spricht die Hoffnung auf eine finanzielle Unterstützung: »We wonder whether you can still memorize this old man«, nämlich den ehemaligen Chauffeur von Melchers & Co., der zu Tai On gegangen war, um sich den Brief an Breuer in englischer Sprache aufsetzen zu lassen. In einem anderen, nicht unterzeichneten Brief (Hermann ergänzte den Namen: Tsu Mei) hieß es: »Many thanks for your Christmas card [...] I am still looking for a job, but it is very difficult to get one now.«[56] Die Grüße, die Hermann an Loh Yun-zieng, seinen »Boy«, Koch, seine »Hausfrau« geschickt hatte, waren nicht angekommen. Im März erreichte ihn ein Schreiben, das Loh sich im Büro von Tai On hatte aufsetzen lassen: »*Eine Arbeitsstelle durch persönliche Empfehlung zu finden, ist gegenwärtig sehr schwierig, weil die Anstellung von Arbeitern sowohl im privaten als auch im öffentlichen Sektor nun unter der Kontrolle des Bureau of Labors steht.*« Folglich sei er immer noch arbeitslos, und »meine finanzielle Lage entwickelt sich von schlecht zu noch schlechter«. Er hoffte auf weitere finanzielle Unterstützung durch seinen alten Boss Breuer: »I hope to receive your further assistance and subsidy in this connection.« Zumal sich wieder Familienzuwachs eingestellt hatte. Beigefügt ein Foto des Babys.[57]

Die eigene Wohnung hatte Hermann immer noch nicht eingerichtet. Besorgungen strengten ihn an, Besuche und sogar das Erzählen.[58] »I am nowhere really at home.«[59] Wie hatte Crow damals über seine Ankunft in Amerika geschrieben: »... the American who returns home after some years in the East always feels himself in very strange surroundings.«[60] Das galt auch für den deutschen Heimkehrer aus China. Fremde Heimat. Denn: »*Niemand kann in engem Kontakt mit den Chinesen leben, ohne letztendlich wie sie zu handeln und zu denken, eine mehr als oberflächliche Ähnlichkeit anzunehmen [...]. In jedem, der lange in dem Land gelebt hat, steckt sehr viel Chinesisches.*«[61] Wohl fühlte Hermann sich eigentlich nur in Gesellschaft jener alten China-Freunde, die auch ein bisschen chinesisch geworden waren. »*Die zweite Heimat war das Land, in dem er [der Überseedeutsche] unter fremden Verhältnissen seinen Lebensunterhalt erwarb, [...] und in welchem er sich im Lauf der Jahre heimisch fühlte. Wenn er nach jahrelangem Aufenthalt das Land auf Erholungsurlaub für einige Zeit verließ, begleitete ihn das Fernweh nach seiner Wahlheimat. [...] Seine Tragik war, dass er ein Mensch mit zwei Heimaten war.*«[62] Hermann hatte eines seiner Heimatländer verloren. Manchmal schien es ihm, als hätte er zwei Heimatländer verloren.

Ihm fehlten seine Häuslichkeit, Ruhe und vor allem eine Perspektive. Wie sollte er seinen Lebensabend einigermaßen füllen – geistig wie materiell?[63] Was war vom Vermögen übrig? Gold und Immobilien hatte er in China zurücklassen müssen und zusätzlich viel Geld »durch Vertrauensbruch und unglückliche Zusammenhänge«[64] verloren. Gelder lagen in der Stuckert Trading Co., es gab das noch eingefrorene Konto bei der Chase National Bank in New York,[65] die eine oder andere Versicherungspolice. CGM und »der Senior« (Lindemann) wollten ihn bei der Investition dieses »Restes« beraten.[66] Zum Überleben würde es reichen, nicht aber dazu, seinem Sohn zu helfen, oder zu sonstiger Großzügigkeit, die ihm wichtiger war als ein luxuriöser Lebensstil. Er war lähmend niedergeschlagen, ihm war ständig eiskalt, »Mau-Mau«[67] bezeichnete er das Gefühl versuchsweise selbstironisch. Dr. Weiland stellte fest, organisch fehle ihm nichts, nur der Blutdruck lag mit 80/50 (mm Hg) extrem niedrig.[68] Der Arzt führte dies »auf die Folgen der Aufregung zurück, die ich in den letzten Monaten in China hatte und auf die gewaltige Umstellung in meiner Lebensführung«.[69] Seinen Weihnachtsgruß an den OAV Hamburg schloss er: »Und nun möchte der alte Herr aus China allen denen danken, die sich seiner in dieser oder jener Weise so freundlich annahmen ...«[70] Wie vielen hatte er in seinem Leben geholfen. Er gehörte doch eigentlich zu denen, die halfen, und nicht zu denen, die Hilfe annehmen mussten.

An Jennie

An Karls Schreibtisch im Familienwohnzimmer blickte er in die Glasaugen des Orang-Utans und schrieb auf Alices Schreibmaschine an Jennie. In seinem Rücken, hinter den Schiebetüren, die hellen Stimmen der Kindergartenkinder. Liesel sang mit ihrer schönen Sopranstimme Weihnachtslieder. Von Zeit zu Zeit kamen der Bruder oder Schwägerin Alice ins Zimmer, brachten ihm Dinge, räumten für ihn auf. Es war lieb gemeint, und er wünschte sich weit weg: »*I wish I was there [bei Jennie]. In any event I hope that you feel happier than I do over here. In spite of all signs of true affection, care and gratitude on the part of all members of the family* [...] *and all the expressions of friendship shown to me by my old friends (very few left), I feel very lonely and miserable. Life and people are so very different in Germany from those I knew and associated with in the past. Yes, as long as you are well-*

to-do, things over here can be just as easy and comfortable as in other parts of the world, but if you are forced by adverse circumstances […] than the picture is very different. […] I am not yet down to the state of a beggar, and millions in Germany would be glad to own the little that is still left to me, but […] my problem is how […] to be on a somewhat secure basis.« Sehnsüchtig dachte er an die Weihnachten mit Jennie, an ihren Tannenbaum und »*the mutual surprises we had in store in spite of all warnings that there would be no presents […], the country rides or walks on Christmas Day with our dogs*«. Wenn er abschließend feststellte: »*I am not the composed man whom you might remember*«, dann konnte Jennie an den vielen Korrekturen und den ausgeixten Worten in seinem Brief sehen, dass dem so war.[71] Jennie kannte das Gefühl, sie wusste: »*One has to go through oneself to understand this feeling + I know it so well.*« Ihr Rat war: »*No one likes to hear complaints, no one likes to see you have nothing. Everybody loves when you are cheerful, gay, satisfied + do not want anything from others. Though you come home and cry, but that you do alone.*«[72] Sie hatte das zum zweiten Mal in ihrem Leben erfahren und riet ihm, er solle sich zusammenreißen. Das habe sie auch gemusst; es habe sich gelohnt.

Ein Job in Bremen?

Genau am 24. Dezember brachte ein Brief von Joachim Claussen einen Hoffnungsschimmer: Beim Landesausgleichsamt Bremen werde eine »Heimatauskunftstelle Übersee« eingerichtet. Der Beschluss war gerade 48 Stunden alt. Deren Aufgabe sollte sein, Vertriebene – in diesem Fall: aus Übersee – über ihre Ausgleichsansprüche zu beraten und zugleich für die Behörden gutachterlich tätig zu sein. Es würde ein Leiter gesucht. Da es keine Lebensstellung sei, käme ein Bewerber vorgerückten Alters infrage. Hätte Breuer Interesse?[73] Der bedankte sich postwendend für diese »Weihnachtsfreude«.[74] Der Posten wäre ihm »auf den Bauch geschrieben«. Am 16. Januar stellte er sich bei Senator Degener, dem Präses der Behörde für Wohlfahrt und Gesundheit, vor. Ergebnis: »Ich bin dem Senator zu alt.«

Womit könnte er sonst noch Geld verdienen: Stuckert Trading? »Mit Ashelm geht es ganz gut.« Freund Carl Schmidt hatte ihn mit einem geschäftlichen Vorschlag kontaktiert. »Auch hat das Geschäft mit China wieder angezogen.« Vielleicht konnte er ja wirklich weiter im Chinahandel tätig sein. Vielleicht sollte er in der Firma seines Sohnes mitarbeiten?[75]

Der schwer kranke Uwe

Seit Uwes Entlassung aus amerikanischer Kriegsgefangenschaft mit dem Befund: Tuberkulose, »far advanced«, hatte dessen Zustand sich langsam verschlechtert. »Die linke Lunge ist seit 1947, seit einer nicht zu Ende durchgeführten Plastik, stillgelegt.«[76] Uwe hatte familiäre Verpflichtungen gegenüber seinem zehnjährigen Sohn Christoph, und er hatte eine neue

Familie, Dora mit dem jetzt fünfjährigen Uwe und der dreijährigen Tochter Hede. Die Firma, die Uwe gegründet hatte, war »eine Art von Tafelglas-Veredelung«, die in zwei Werkstätten 14 aus der West-Tschechoslowakei geflüchtete bzw. vertriebene Graveure beschäftigte.[77] Hermann fühlte sich verantwortlich, er half dem Sohn mit einem namhaften Betrag und überlegte, in das Geschäft einzusteigen.[78] Neffe Ulrich, der Bankkaufmann, riet mit Verständnis für den Vater und für den Sohn: »... *wäre es nicht besser für Dich und auch für Uwe, Du würdest eine Tätigkeit finden, die [...] Dich in die Lage versetzt, Deinen Sohn zu unterstützen, so dass er sein Geschäft im kleineren Rahmen selbst in der Hand behalten kann?*«[79]

Als Hermann sich gerade vom endlich erfolgten Einzug in seine »einfach fantastisch nette Wohnung«[80] erholen wollte, eine Harzwoche geplant hatte, erreichte ihn am 2. Februar ein »Notruf« von Uwes Frau Dora.[81] In der Folge verbrachte er den Februar in Stadtsteinach in Oberfranken. Uwe hatte »Anfälle« und Bewusstseinsstörungen, eine Art Absencen. Dora war zusammengebrochen, Uwe lag im Bett, das Kindermädchen war zum Faschingsball gegangen, »Paps« hütete die Kinder. Es ging sehr lebhaft zu, er dachte sehnsüchtig an die »paradiesische Ruhe in meiner Wohnung«, an sein »Tusculum in der Schellingstraße«.[82] Von Stadtsteinach aus begleitete Hermann Uwe in die Würzburger Universitätsklinik. Es stellte sich heraus, dass der Chefarzt der Neurologie zwei Jahre in Peking am Rockefeller Institut gearbeitet hatte, das erleichterte die Kommunikation. Der Arzt vermutete Tuberkeln im Gehirn. Es war nicht leicht, den reizbaren Uwe zu einer Liegekur (je länger, desto aussichtsreicher) zu überreden. »Väterliche Autorität und gelegentliche Schärfe« bewirkten, dass Uwe einer viermonatigen Liegekur zustimmte. Dora würde die Firma weiterführen. Sie würde sich nicht so ausbauen lassen, dass Hermanns Einsatz wesentlich höheren Gewinn generieren könnte.[83]

Parallel lief eine Hoffnungsachterbahn den Job in Bremen betreffend. Nachdem die Botschaft am 16. Januar gewesen war, Breuer sei zu alt für den Job, forderte der Senator am 8. Februar einen Lebenslauf an. Der wurde in Stadtsteinach verfasst und per Eilboten nach Bremen geschickt.[84] Dann kamen Hermann Zweifel: Sein »väterliches Zugehörigkeitsgefühl« sagte ihm, er müsse erst klären, was aus Uwe und der Firma würde. Was riet Claussen? Der fragte nach: War das ein »halber Rückzieher«, gerade jetzt, wo eine Wendung zu Breuers Gunsten eintrat?![85] Darauf Breuer: Die Stelle in Bremen sei für ihn »ein be or not to be«.[86] Da kam in Bonn, im Ministerium für Vertriebene, und beim Bundesausgleichsamt in Bad Homburg ein erregter Einspruch des Interessenverbandes Übersee an. Der hatte von der bevorstehenden Berufung »eines Herrn Breuer« erfahren und kündigte an, den Vorschlag des OAV abzulehnen, weil dieser die Interessen des »Großkapitalismus« vertrete und nicht »die für die Begutachtung des Kleinbesitzes nötige Sachkenntnis« habe.[87] Tatsächlich mussten die

Vertriebenenverbände vor der Einstellung gehört werden, denn Leiter der Heimatauskunftstellen sollten aus dem »Heimatgebiet« Vertriebene sein. Was für Breuer ja zutraf. Da kam die Einladung zum Stiftungsfest des OAV in Bremen am 7. März gerade recht, dort würde Breuer »nicht nur Ostasiaten, sondern auch die Führer der Bremer Handelswelt und einige Senatoren« treffen und Gelegenheit haben, »mich diesen Herren wegen des schwebenden Postens zu präsentieren«.[88]

Anerkennung

Die Verwandten in Hannover fanden, Hermann übertreibe das Herumreisen etwas. Aber selbstverständlich musste er – eine Woche nach dem Stiftungsfest in Bremen – am großen Liebesmahl der Ostasiaten im Hamburger Hotel Atlantic teilnehmen. Er quartierte sich nah der Alster ein, in der Pension Klopstock, sie war relativ preiswert. Noch besser: Sie wurde von Joachim Rothe geführt, der mit Frau Edith und Tochter Sybille, Dickie genannt, in der Yu Yuen Road 1396 das Appartement über Hermann und Jennie bewohnt hatte. Breuer tauschte gern Erinnerungen mit der Familie aus. Trotzdem stellte er abschließend fest: Die Pension »wird mich nicht wieder sehen, denn mit einem Teekessel heißem Wasser täglich komme ich nicht aus«.[89] Zu der Veranstaltung im Atlantic sollte er im Frack erscheinen, Stoltenberg-Lerche bestand darauf. Hermanns eigener, »sonst tadelloser« Frack spannte über dem Bauch. Also müsste er einen leihen. Der sollte 40 DM Leihgebühr kosten. »Als ich den Preis hörte, wollte ich dankend ablehnen, da ich ja selbst einen blendend sitzenden Smoking bei mir hatte.« Rückruf bei Stoltenberg-Lerche: Könnte er nicht doch vielleicht …? Nein, er säße an einem »hohen Ehrenplatz« an der Tafel, da sei *white tie* de rigeur. Breuer seufzte und zahlte, denn sein Gefühl sagte ihm, »*dass ich doch wohl dem Wunsche von Herrn Stoltenberg nachkommen müsse. Ich empfand direkt Erleichterung bei ihm, als ich von dem Verleihinstitut mit ihm telefonierte, dass ein mir passender Frack gefunden wäre und ich auch darin erscheinen würde.*«[90] Als er dann abends an seinem Platz saß, fiel ihm auf: Um ihn herum saßen mehrere distinguierte Herren, die Smoking trugen.

An dem Essen nahmen etwa 700 Personen teil, Prof. Hallstein, Staatssekretär im Bundeskanzleramt, Hamburgs Erster Bürgermeister Max Brauer, Vorsitzende der deutschen Finanzwelt, der Wirtschafts- und Industriebetriebe, Abgeordnete des Bundestages und Vertreter der Presse. Wirtschaftsminister Ludwig Erhardt war Redner des Abends.

In diesem Rahmen überreichte Prof. Hallstein Hermann Breuer das Große Verdienstkreuz des Verdienstordens der Bundesrepublik Deutschland. Mit der Ehrung wurde sein Einsatz für die Deutschen Gemeinden in China, insbesondere im Rahmen der Rückführung, gewürdigt. »*Herr Breuer befand sich in einer außerordentlich schwierigen Situation, die er mit viel Takt und Geschick zum Besten seiner Landsleute [...] gemeistert hat. Von den chinesischen Behörden als Leiter der Deutschen Gemeinde für die Handlungen der deutschen Staatsangehörigen verantwortlich gemacht, war er gewissermaßen ein Konsul ohne Exequatur. Er hat sich ohne Rücksicht auf seine Person für die Deutschen in China mit Erfolg eingesetzt.*«[91] Und: »*Seinem mutigen Einsatz [...] ist es im Wesentlichen zu danken, wenn der gute Ruf und das Ansehen des deutschen Kaufmanns, Wissenschaftlers und Ingenieurs auch bei den neuen Machthabern Chinas [...] erhalten geblieben ist. Dieser gute Ruf wird, wie wir hoffen, in nicht allzu ferner Zukunft den Ausgangspunkt für eine neue deutsche Tätigkeit im Fernen Osten bilden können.*«[92]

Breuer hatte »nicht die leiseste Vorahnung von diesem Ereignis« gehabt. Mit der Konsequenz: »*Begreiflicherweise hat mich diese außerordentliche Auszeichnung im ersten Augenblick so überrascht, dass ich eine kurze Zeit brauchte, um mich überhaupt so mit meinen Gedanken fassen zu können, dass ich eine aus dem Stegreif gesprochene Antwort erteilen konnte. Dazu sagte man mir nachher, dass ich den Umständen entsprechend eine würdige Antwort gab.*« Seiner Familie erklärte er: »*Das Große Verdienstkreuz ist eine verhältnismäßig seltene Auszeichnung und eine Art Prunkstück, das an einem losen Band um den Hals und nur beim Frack getragen wird. Es gibt dazu noch eine kleine Knopfloch-Dekoration [...].*«[93]

»*Im Großen und Ganzen scheint man mir die gewordene Auszeichnung zu gönnen. Ich kann den Stern ja nicht zersägen, damit alle, die an meiner Arbeit teilnahmen, eine äußerliche Ehrung bekommen. Somit sandte ich verschiedenen meiner Mitarbeiter eine Abschrift meines Dankesbriefes an den Bundespräsidenten.*« Darin schrieb er: »*Ich bin mir bewusst, dass an dieser mir gewordenen außerordentlichen Ehrung die anderen Vorstandsmitglieder der Deutschen Gemeinde Shanghai und meine Mitarbeiter an den verschiedenen Plätzen Chinas teilhaben, die sich in gleichem Maße für die Nöte unserer Landsleute einsetzten. Aus diesem Anlass darf ich besonders auch die verständnisvolle und tatkräftige Unterstützung der vielfachen Anliegen der deutschen Gemeinden in China bei der Bundesregierung durch den Vorstand des Ostasiatischen Vereins, Hamburg, dankbar anerkennen.*«[94]

Besonders gegenüber Rolf Heyn war es Breuer ein Bedürfnis, seine Dankbarkeit für die Zusammenarbeit auszudrücken, er schrieb ihm: »*Ihre [...] menschliche Einstellung, Ihre langjährige und gründliche Kenntnis der Verhältnisse in China und Ihre Teilnahme an dem Geschick unsrer dortigen Landsleute haben uns im Lauf der Zeit in der Ausübung unsrer Aufgaben mehr und mehr verbunden. Ihre Entschlusskraft, Ihre Geltung in den heimischen maßgeblichen Kreisen wie Ihr tatkräftiges Eingreifen haben meinen im Namen des Vorstandes der Deutschen Gemeinde Shanghai unterbreiteten verschiedenen Anregungen an den OAV Vorstand erst die Grundlage gegeben, auf der wir schließlich zu dem Erfolg gelangten, so vielen unsrer Landsleute die Rückführung in die Heimat zu ermöglichen. Dafür bin ich nun in so hohem Maße äußerlich geehrt worden. Aber ohne eine falsche, törichte Bescheidenheit an den Tag legen zu wollen, so möchte ich gerade Ihnen gegenüber ehrlich und ernstlich das wiederholen, was ich seit dem 14. März in mir fühle, dass ich doch nur der Repräsentant einer Vielheit von Menschen gewesen bin, von denen ein Jeder Anspruch auf eine Ehrung gehabt hätte, wenn dies überhaupt erwartet wurde, was wohl bei keinem der Fall gewesen ist.*«[95] Worauf Heyn antwortete, ihm hätten »*wenige Dinge im Leben eine größere Freude bereitet [...], als die Würdigung Ihrer großen Verdienste um das Deutschtum in China, welches ihren Ausdruck fand bei der Verleihung des Verdienstkreuzes beim Liebesmahl.*«[96]

Hamburger Abendblatt, 18. März 1953, Zeichnung: Nils Graf Stenbock Fermor.

Die Ordensverleihung wirkte sich gleich positiv auf Hermanns Gesundheit aus: Vier Tage danach ergab eine Untersuchung durch Prof. Schwarzenburg in Hamburg (den Breuer wohl aufsuchte, weil er den Augenarzt aus dessen Zeit an der Tongji-Universität Shanghai kannte): Blutdruck bei 128/80[97]; die Zeichen des Alters waren gewichen. Das *Hamburger Abendblatt* schrieb im Kurzporträt: »Die Gesichtslandschaft des Fünfzigers, der behauptet, bald Siebzig zu werden, ist großräumig wie das Reich der Mitte, das 46 Jahre die zweite Heimat von Hermann Waldemar Breuer war.«[98]

Inzwischen beschleunigte der Einspruch des Interessenverbandes Übersee die Entscheidung für Breuer als Leiter der HASt: Dem Briefschreiber habe man inzwischen »gewaltig den Kopf zurecht gerückt«; seine Zustimmung zu der Stellenbesetzung traf am 25. März beim Bremer Senator ein. Am 27. März erfuhr Breuer unter der Hand von Claussen: Es hat geklappt. Zum 1. April waren Räume für die HASt Übersee angemietet, am 15. wurde das Büro geöffnet. Zwei Mitarbeiter aus dem Stab des Senators hielten zunächst die Stellung.[99] »Nun kann es nicht mehr lange dauern, bis auch Sie Ihren Anstellungsvertrag bekommen und Ihre Tätigkeit aufnehmen müssen« – Anfang oder Mitte Mai? Das Monatsgehalt wird 838,70 DM brutto betragen bzw., nach einer bevorstehenden Gehaltserhöhung für öffentliche Angestellte, gut 1000 DM.[100] Mitarbeiter Ackermann leitete gleich eine Anfrage des Ausgleichsamtes Hamburg-Altona an ihn weiter. Breuer bestätigte, Ackerman könne ihm gern Dienstpost schicken. »Also auf demnächstiges Wiederlesen, Ihr H.W. Breuer.«[101] Immerhin hatte das Personalamt kurz vor der Eröffnung des Büros eine Selbstauskunft über seine politische Vergangenheit angefordert.[102] Er füllte die Formulare aus und hörte erst mal nichts.

Umzug nach Bremen

Während er noch auf den Ruf aus Bremen wartete, erhielt er »toternste« Nachrichten über Uwe. Auch die rechte Lunge war »schwerstens angeschlagen«, in der Höhe des Schlüsselbeins hatte sich eine Kaverne von fünf Zentimeter Durchmesser gebildet. Die Ärzte rieten zu einer mindestens einjährigen Liegekur in einer Heilanstalt, »um den Zerfall – wenn möglich – der zweiten Lunge aufzuhalten«.[103] Hermann bat seinen alten Shanghai-Freund, Prof. Dr. med. Hans Stübel, der inzwischen in Erlangen eine Bleibe gefunden hatte,[104] sich Uwe in der Heilstätte bei Nürnberg anzusehen. Was Stübel ihm dann mit seiner hohen, leisen Stimme und leicht sächselnd[105] über Uwes Zustand mitteilte, »war doch recht zurückhaltend«.[106] Eine selbstständige Tätigkeit würde Uwe nie mehr ausüben können. Dessen Firma stand vor der Insolvenz; ein Buchprüfer setzte einen Zwangsvergleich mit den Gläubigern um.[107] Nun sollte die Familie des Sohnes nach Hannover in Hermanns Wohnung ziehen, denn »zunächst habe ich selbstverständlich für das Nötige meiner Familie zu sorgen«. Wie gut, dass genau in diesem Augenblick die Nachricht kam, das Guthaben in den USA sei freigegeben. Zunächst sollten 25 000 US-Dollar transferiert werden; Claussen würde versuchen, für die Dollars einen günstigeren als den offiziellen Kurs zu bekommen.[108] Den Betrag würde Breuer in die Firma Melchers investieren, 7 % Zinsen erhalten. Mit den Zinsen wollte er »für die kleine Familie eintreten« und selbst von dem Geld leben, das er in Bremen verdienen würde – hoffentlich bald. Schwiegertochter Dora suchte eine Anstellung; Hermann kontaktierte seine Freunde, schilderte Doras Lebensweg und ihre beruflichen und menschlichen Qualitäten. Die Kinder Uwe und Hede sollten zunächst in einem Kinderheim untergebracht werden.

Hermann selbst wollte als »möblierter Herr« in Bremen wohnen.[109] Noch wartete er auf den Startschuss für seinen neuen Job. Es war nicht nur das Geld, das er brauchte. Durch diese Arbeit würde er Kontakt behalten »mit dem Deutschtum hier und in Übersee«.[110] Dass immer noch kein Antrittsdatum feststand, tröstete Claussen ihn, könne nur an der »sogar bei den hiesigen Behörden schon sprichwörtlich gewordene[n] Bummeligkeit des Personalamtes« liegen. Ein »Nein« sei aber nicht mehr zu befürchten. Ein »Zimmer mit WC Benutzung« war auch noch nicht in Sicht. Frau Widmann wollte bei der Suche behilflich sein. Claussen erklärte dem Ungeduldigen, wie schwierig eine Zimmersuche bei der herrschenden Wohnungsnot in Bremen sei, und bot an, Breuer könne zunächst als *paying guest* bei ihnen in Lesum wohnen.[111]

Am 25. August kam endlich die Nachricht, er würde zum 1. Oktober als Leiter der Heimatauskunftstelle Übersee »einberufen«. Im September ging er noch 14 Tage nach Bad Gastein, wo er sich 1929 und 1936 so gut erholt hatte. Schwiegertochter Dora lud er ein, mitzukommen; sie brauchte die

Erholung auch. Bei prachtvollem Wetter genossen sie »die grandiose Landschaft per Fuß, Autobus und Berglifts« und die ausgezeichnete, »wienerische« Verpflegung.[112] Dann war Breuer wieder in Lohn und Brot. Er hatte richtig viel zu tun – und fand es gut so.

1 Carl Schmidt: Willkommensgedicht.

2 Heute: Fichtestraße 34

3 Ulrich und Hanni (geb. Breuer) Mueller-Raschdau 2.10.1952 an HWB, Deutsche Gesandtschaft Rom.

4 Amtliche Einweisung einer ausgebombten Mitarbeiterin der Hannoverschen Sparkasse während des Krieges.

5 Schmidt 28.6.1946 an Hermannus Busquet, HALA Zeist/Niederlande. Stadtarchiv Hannover. 3. FA 018. Akz. 055/2011 Firma HALA (Hannoversche Lampenfabrik).

6 Schließung: http://www.designretter.de/leuchten-hersteller-h-n.htm, am 16.9.2019.

7 CGM 13.10.1952 an HWB.

8 Telegramm 4.10.1952.

9 Heyn 6.10.1952 an HWB.

10 Heyn 20.10.1952 an HWB.

11 K und A Breuer 8.10.1952 an HWB.

12 HWB 2.11.1952 an Heyn.

13 French, Crow, S. 215.

14 Heyn 3.11.1952 an HWB.

15 Heyn 20.10.1952 an HWB. »China-Ausschuss« meint: Arbeitskreis China im Ostausschuss der Deutschen Wirtschaft, etabliert 1952.

16 Die I.G.-Farben hatten 1927 in China eine eigene Vertriebsgesellschaft, die Deutsche Farbenhandelsgesellschaft

Waibel & Co. (DEFAG), etabliert, Hauptsitz Shanghai.

17 Vermerk 31.10.1952. PA AA B85 235, s. p. Legationsrat Dr. Heinz Trützschler, Freiherr zum Falkenstein, Stellvertretender Leiter der Politischen Abteilung im Auswärtigen Amt. NS-Vorgeschichte: Von Trützschler war zuständig für die Koordinierung der Kriegspropaganda (»Verteidigungskrieg«), deren sich die deutschen diplomatischen Missionen bedienen sollten. Der Untersuchungsausschuss des 1. Deutschen Bundestages erhob keine grundsätzlichen Bedenken gegen seine Weiterbeschäftigung im Auswärtigen Amt, empfahl aber, bis auf Weiteres keine Beförderung auszusprechen und Dr. von Trützschler nicht im Ausland einzusetzen. https://de.wikipedia.org/wiki/Heinz_Tr%C3%BCtzschler_von_Falkenstein, am 9.9.2019.

18 PA AA B85 235, s. p.

19 Eberstein, Ostasiatischer Verein, S. 161.

20 Heyn 20.10.1952 an HWB.

21 HWB 2.11.1952 an Heyn.

22 Mitgliedskarte 1953 und Mitteilung über HWBs Berufung in den Beirat des OAV, 2.2.1953.

23 HWB 5.11.1952 an Claussen.

24 CGM 6.11.1952 an HWB.

25 Lindemann, Memoiren, S. 37, MA Firma Melchers, Kasten 1, Mappe 3.

26 Claussen, Memoiren, S. 32–33, MA Firma Melchers, Kasten 1, Mappe 6.

27 Lindemann 24.11.1952 an HWB.

28 CG Melchers 5.10.1952 an HWB.

29 CG Melchers 5.10.1952 an HWB.

30 Claussen 6.11.1952 an HWB.

31 HWB 22.11.1952 an Lindemann.

32 CGM 6.11.1952 an HWB.

33 Claussen 6.11.1953 an HWB.

34 Matthias Claussen, seit 1990 Geschäftsführender Gesellschafter C. Melchers GmbH & Co.

35 Gästebuch Widmann.

36 Lindemann, Memoiren, S. 35.

37 26.07.1948.

38 HWB 7.8.1948 an die Teilhaber, MA Firma Melchers, Kasten 1, Mappe 5.

39 Termin am 5.11.1952, Stoltenberg-Lerche 14.11.1952 an HWB.

40 Terminvorschlag vom 28.11.1952: PA AA B10, 1946 A5643 Quadrat F7.

41 HWB: »Erhalt des Respekts des deutschen Namens« in: Notizen für Gespräche im AA 4./5.12.1952.

42 »Der OAV wurde mir in vielen Gerichtsverhandlungen als die Spitzenorganisation für ökonomische und Spionage überhaupt vorgehalten.« August Börter PA AA B85 235; der Bericht in Gänze in: BArch ZLA 7–34/19.

43 Stichwort in: HWB Notizen für Gespräche im AA 4./5.12.1952, ausführlich: HWB 4.6.1954 an OAV betr. Abrechnung *Dundalk Bay;* weiter an AA 14.6.1954; PA AA B85 235.

44 Die Schiffspassage nach Italien und die anschließende Bahnfahrt kosteten £ 234. Die Lloyd-Triestino-Schiffe fuhren nur einmal im Monat, der dadurch notwendige Aufenthalt in Hongkong verursachte weitere Kosten.

45 Die Beobachtung Breuers wird verifiziert durch Korrespondenz der Vertretung der DDR in Peking mit dem MfAA, z. B. 6.5.1955: Reaktion auf den Antrag eines 1938 nach China Emigrierten: »Wir teilten ihm mit, dass auf Grund der besonderen Verhältnisse in Deutschland die Frage der Staatsangehörigkeit bei Deutschen, die vor 1945 Deutschland verließen, noch nicht geklärt sei […].« Zu bedenken sei allerdings, dass »das Bonner Generalkonsulat in Hongkong in dieser Beziehung eine große Aktivität entwickelt, die auch in der VR China ihren Niederschlag findet. […] Es liegt auf der Hand, dass die hier ansässigen Deutschen Vergleiche zwischen der Tätigkeit der Bonner Stellen und der Tätigkeit unserer Botschaft anstellen, die nicht zu unseren Gunsten ausfallen werden.« PA AA MfAA A6471, p. 2.

46 HWB 15.12.1952 an Stoltenberg-Lerche.

47 Gemeint ist: Konsulate derjenigen Staaten, die die VR China anerkannt hatten. Außer den Komintern-Staaten waren das bis Ende 1952: Großbritannien, Schweiz, Schweden, Norwegen, Finnland, Dänemark, Niederlande.

48 HWB 13.12.1952 an Stoltenberg-Lerche.

49 HWB 8.12.1952 an Stoltenberg-Lerche.

50 AB und KB 18.5.1952 an HWB.

51 Ashelm 24.3.1953 an Duncan Dang (Tai On) zur Registrierung der Firma in Hongkong: »Das Datum der Geschäftsgründung betreffend würde ich sagen Shanghai 1947, Neugründung in Hongkong 1952 oder 1953, wie Sie wollen.«

52 Die Firma Stuckert Trading Co. oHG (S.T.C.) wurde am 1.4.1953 in Wiesbaden ins Handelsregister eingetragen. Alleiniger Inhaber: Ulrich Ashelm. Gunter Ashelm wurde Partner und Nachfolger seines Vaters, er vertrat die Firma in den 1960er Jahren in Malaysia und Indonesien, später in Deutschland. 1990 wurde die Firma geschlossen. Gespräche mit Gunter Ashelm, 14.7.2014, 5.8.2014, 2.10.2019.

53 HWB 29.1.1950 an Nele.

54 Fritz Cordt 30.7.1964 (Eingang) an HWB, HASt, unterzeichnet: Ihr oller Freddy Cordt, BArch ZLA 7–34/19.

55 HWB 13.12.1952 an Stoltenberg-Lerche.

56 »*Vielen Dank für Ihre Weihnachtskarte. Ich suche immer noch nach einer Anstellung, aber es ist jetzt sehr schwierig, eine zu finden.*« Tsu Mei 6.2.1953 an HWB. Ü: CM.

57 »Ich hoffe in diesem Zusammenhang auf Ihre weitere Unterstützung und Förderung.« Loh Yun-ziang (Lu Yunxiang) 28.4.1953 an HWB. Ü: www.DeepL.com/Translator. HWB 5.11.1952 an CGM.

58 HWB 5.11.1952 an CGM.

59 »Ich bin nirgends wirklich zuhause.« HWB 18.12.1952 an Jennie.

60 »*… der Amerikaner, der nach einigen Jahren im Osten nach Hause zurückkehrt, fühlt sich immer in einer sehr fremden Umgebung.*« Ü: www.DeepL.com/Translator. Zitiert nach French, Crow, S. 221 und 290, Anm. 29.

61 »*No one can live in intimate contact with the Chinese without coming to act and think like them, to take on a likeness which is more than superficial […]. There is a great deal of the Chinese in every one of them who has lived long in the country.*« Crow: The Chinese are Like That (1939), zitiert nach French, Crow, S. 221.

62 HWB 16.6.1963 Vortrag in Oslo, S. 11.

63 HWB 26.12.1952 an Claussen.

64 HWB 16.6.1963 Vortrag in Oslo, S. 11.

65 HWB 24.9.1952 an Theodore Fitz Randolph.

66 HWB 26.12.1952 an Claussen.

67 trübe, flau, mies.

68 HWB 5.1.1953 und 26.1.1953 an Stoltenberg-Lerche.

69 HWB 4.1.1953 an Claussen.

70 HWB 21.12.1952 an Stoltenberg-Lerche.

71 »*Auf jeden Fall hoffe ich, dass Du Dich glücklicher fühlst, als ich es hier drüben bin. Trotz aller Zeichen echter Zuneigung, Fürsorge und Dankbarkeit seitens aller Familienmitglieder […] und trotz aller Freundschaftsbekundungen, die mir meine alten Freunde (sehr wenige übrig) entgegenbringen, fühle ich mich sehr einsam und unglücklich. Das Leben und die Menschen in Deutschland sind so ganz anders als die, die ich in der Vergangenheit kannte und mit denen ich verbunden war. Ja, solange man wohlhabend ist, können die Dinge hier drüben genauso entspannt und komfortabel sein wie in anderen Teilen der Welt, aber wenn man durch widrige Umstände gezwungen wird […], dann sieht das ganz anders aus. […] Ich bin noch nicht auf dem Level eines Bettlers, und Millionen in Deutschland wären froh, das wenige, was mir noch bleibt, zu besitzen, aber […] mein Problem ist, wie […] ich mir eine einigermaßen sichere Basis schaffen kann. […] die gegenseitigen Überraschungen, die wir trotz aller Warnungen, dass es keine Geschenke geben würde, auf Lager hatten […], die Ausritte oder Spaziergänge auf dem Land am Weihnachtstag mit unseren Hunden.*« »*Ich bin nicht der gelassene Mann, als den Du mich vielleicht erinnerst.*« HWB 18.12.1952 an Jennie. Ü: CM.

72 »*Man muss da selbst durchgehen, um das Gefühl zu verstehen. Und ich kenne es so gut.*« »*Niemand hört gern Klagen, niemand sieht gern, dass du nichts hast. Jeder liebt es, wenn du munter, froh, zufrieden bist + nichts von anderen willst. Auch wenn du dann nach Hause kommst und weinst, aber das machst du allein.*« Jennie 4.1.1953 an HWB. Ü: CM.

73 Claussen 23.12.1952 an HWB. Für die »Feststellung von Vertreibungsschäden« wurde den Lastenausgleichsämtern in den Bundesländern je eine »Heimatauskunftstelle« zugeordnet, die für eine geografische Region zuständig war. Bremen wurde zuständig für »Übersee«. Beschluss: 1. FeststellungsDV [Verordnung zur Durchführung] vom 22.12.1952, § 1.

74 HWB 26.12.1952 an Claussen.

75 HWB 16.1.1953 an Ulrich Mueller-Raschdau.

76 HWB 24.4.1953 an Heyn. Gemeint ist vermutlich die Pneumolyse, eine operative Methode, bei der eine einseitig an Tuberkulose erkrankte Lunge von der Brustkorbwand getrennt wird, um einen Pneumothorax zu erzeugen. Dieser soll die Lunge zum Stillstand bringen und so zur Ausheilung beitragen. Damit der angestrebte Kollaps tuberkulöser Kavernen erhalten blieb, wurde der entstandene Hohlraum mit Paraffin oder Polyethylen gefüllt. Aus https://de.wikipedia.org/wiki/Pneumolyse, am 23.8.2019.

77 HWB 10.2.1953 an Claussen.

78 HWB 16.1.1953 an Ulrich Mueller-Raschdau. Erna, geschiedene Breuer, schrieb 25.2.1954 an Nele von DM 7000,00. Vielleicht hatte Uwe ihr den Betrag genannt.

79 Ulrich Mueller-Raschdau 22.1.1953 an HWB.

80 HWB 7.5.1953 an Claussen.

81 HWB aus Stadtsteinach 23.2.1953 an KB und AB.

82 HWB aus Stadtsteinach 16.2.1953 an KB und AB.

83 HWB aus Stadtsteinach 19.2.1953 an Claussen.

84 HWB aus Stadtsteinach 9.2.1953 an Claussen.

85 Claussen 16.2.1953 an HWB.

86 HWB aus Stadtsteinach 19.2.1953 an Claussen.

87 Von Dewitz 4.3.1953 an Bundesausgleichsamt, parallel an BM für Vertriebene, Abschrift Claussen an HWB.

88 HWB 24.2.1953 an KB und AB.

89 HWB 18.3.1953 an Dora und Uwe, Durchschlag an Nele. Zu Rothe: ADO 1939 (Hongkong), Telephone Directory Shanghai 1947 (Adresse).

90 HWB 16. + 18.3.1953 an Uwe und Dora Breuer, Durchschlag an Nele.

91 Aus der Vorschlagsbegründung BArch B122/38528.

92 Material für die Ansprache von Staatssekretär Hallstein, PA AA B85 235.

93 HWB 16.3.1953 an Uwe und Dora, Durchschlag an Nele. Die Urkunde zur Verleihung des Großen Verdienstkreuzes des Verdienstordens der Bundesrepublik Deutschland wurde am 16. Februar 1953 von Bundespräsident Theodor Heuss unterzeichnet. »*Für Herrn [Alfred] Glathe ist das Steckkreuz, für Herrn Breuer die nächst höhere Klasse (Halsorden) verliehen worden.*« // »*Das Protokoll teilt auf Anfrage mit: Die für Gebr. Jebsen beantragten Ordensverleihungen dürften bis zum 14. März kaum durchzubringen sein. Aus politischen Gründen lege man in Kopenhagen Wert darauf, dass erst eine für einen gebürtigen Dänen in Aussicht genommene deutsche Auszeichnung verliehen sein müsse, ehe die Zustimmung zur Verleihung an die deutschstämmigen Brüder Jebsen erteilt werden könnte.*« Aktennotiz betr. Ordensverleihung / Vorschlag. PA AA B10, 1946, A5644, C6.

94 HWB 16.3.1952 an Bundespräsident Prof. Dr. Theodor Heuss.

95 HWB 24.4.1953 an Heyn.

96 Heyn 27.4.1953 an HWB.

97 HWB 18.3.1953 an Uwe und Dora Breuer, Durchschlag an Nele.

98 *Hamburger Abendblatt*, 18.3.1953, S. 1.

99 Ackermann / HASt 30.4.1953 an HWB, BArch ZLA 7 – 34 / 17.; Rundschreiben 31/53 des OAV Hamburg.

100 Claussen 26.3.1953 an HWB.

101 Ackermann 30.4.1953 an HWB, HWB 2.5.1953 an Ackermann BArch ZLA 7–34/17.

102 HWB 13.4.1953 an Claussen.

103 HWB 13.4.1953 an Claussen, HWB 24.4.1953 an Heyn.

104 Adressbuch der Deutschen Ostasiens 1953.

105 Hans Wilhelm Siegel und Richard Wätjen, Briessen-Interview, S. 950-1005 (»Fistelstimme« heißt es dort). Gedächtnisprotokoll CM.

106 HWB 30.4.1953 an Claussen.

107 HWB 5.6.1953 aus Hannover an Mueller-Raschdau.

108 HWB 13.4.1953 an Claussen, Claussen 4.5.1953 an HWB.

109 HWB 24.4.1953 an Heyn. »Dorlekind«: HWB 5.6.1953 an Mueller-Raschdau.

110 HWB 24.4.1953 an Heyn.

111 HWB 30.4.1953 an Claussen, Claussen 4.5.1953 an HWB.

112 HWB Postkarte 10.9.1953 an Mueller-Raschdau.

1953 – 1955

Neustart. Heimatauskunftstelle und Ostasiatischer Verein

Es gilt, zum dritten Male den Aufbau im Osten zu wagen[1]

HWB, Stiftungsfest des OAV Bremen am 19. Februar 1954

Arbeitsbeginn

15. Oktober 1953, 8.00 Uhr, Arbeitsbeginn für Hermann Breuer, Leiter der Heimatauskunftstelle Übersee, Dienststelle des Bundesausgleichsamtes mit Sitz in Bremen. »Hoffentlich entspreche ich auch nun den an mich gestellten Erwartungen«,[2] dachte der Kaufmann, jetzt Verwaltungsangestellter. Seine Erfahrungen als Vorsitzender der Deutschen Gemeinde Shanghai würden nützlich sein. »Ich arbeite zunächst noch mit 2 anderen Übersee-Herren zusammen, und unser Arbeitsgebiet reicht vom Limpopofluss bis zum Orinoco bzw. von Neu-Seeland bis zum Yukonfluss.«[3] Einem Bekannten aus Shanghai beschrieb Breuer seinen Arbeitsbereich: »*Die Heimatauskunftstelle Übersee hat die Aufgabe, die ihr von den Ausgleichsämtern zugeleiteten Feststellungsanträge von den Vertriebenen aus außereuropäischen und überseeischen Gebieten zu prüfen und zu begutachten. In Fällen, in denen wir nicht in der Lage sind, aus eigener Kenntnis der Dinge ein solches Gutachten abzugeben, wird von uns erwartet, dass wir uns mit Sachverständigen und Landeskennern in Verbindung setzen, um so zu einer objektiven und gerechten Beurteilung der geltend gemachten Verluste zu gelangen, die weder die Rechte des Geschädigten schmälert, noch überhöhten Forderungen gegen den Ausgleichsfonds Raum gibt.*«[4] »*Der mir anvertraute Arbeitskreis ist ungemein vielseitig und bringt mich mit der großen Welt wieder in Verbindung. Natürlich liegt mir dabei auch am Herzen, dass die aus Ostasien vertriebenen Landsleute bei der Beurteilung und späteren Entscheidung in Lastenausgleichsverfahren einen* fair und square deal *erhalten. Leider verstehen manche von ihnen nicht die Zusammenhänge mit dem LAG oder meinen, dass, da sie aus ›weiter Ferne kommen‹, ihre Angaben nicht nachgeprüft werden können.*«[5] Belege konnte fast niemand vorlegen, denn: »Man konnte keine Bilanzunterlagen, sondern nur sein Leben retten.«[6] Aber, so HWB: »Manchem scheint es nichts auszumachen, dass aus dem in Shanghai besessenen Dackel mittlerweile bei der Lastenausgleichsforderung ein Bernhardinerhund geworden ist.«[7]

Schon bald wusste HWB: »Es ist eine Position, welche mir liegt [, und sie] bringt mich in ständige Verbindung mit Überseeern.«[8] Das Netz, das er in 46 Chinajahren geknüpt hatte, umspannte jetzt die ganze Welt. Eduard Kann war in Hollywood, Fritz Horstmann von der Deutsch-Asiatischen Bank in Basrah im Irak und Dr. Hans Achim Lorentz in London. Wenn es um ehemalige Mitglieder der NSDAP ging, wurde auch bei Siegfried Lahrmann in Hamburg nachgefragt oder bei Lothar Eisenträger (alias Ehrhardt), der inzwischen aus der Strafanstalt Hohenasberg entlassen war und in Düsseldorf lebte. Antworten weckten schöne und schmerzliche Erinnerungen: »*Sie erinnern mich an die schönen Zeiten vor dem Ersten Weltkriege in Shanghai und ein Gefühl der Wehmut beschleicht mich, so schön, wie wir es damals dort hatten, werden es deutsche Kaufleute nie wieder haben und wie wenige leben noch von unseren alten damaligen Freunden.*«[9] Die ehemalige Besitzerin eines Sommerhauses in Korea, in dem sie zahlende Gäste aufnahm, beantwortete die Frage nach der Benennung von Zeugen: »*Alle Knaben, die bei mir im Lauf der Zeit in Korea gelebt haben, sind im Krieg gefallen. Darunter unser eigener Sohn.*«[10] Und bedankt sich: »*Tausend Dank für Ihren freundlichen Brief und die Auskunft. Es ist erstaunlich wie gründlich Sie sich in die Sache vertiefen und wie viel Sie arbeiten müssen! [...] Mit bestem Dank für Ihre Bemühungen und besonders für Ihre Freundlichkeit [...].*«[11] Und wie sollte HWB auf die Frage antworten: »Was ist aus Ihrem schönen Heim geworden, was macht Ihre Gattin und die zwei Hunde?«[12]

Ein einfaches Leben

Von Jennie hatte er lange nichts mehr gehört. Ein Heim im Sinne der großen, schön eingerichteten Wohnung in Shanghai und dem damit verbundenen Lebensstil gab es nicht wieder. Hermann sagte sich, er führe »ein einfaches aber behagliches Leben«: »Ich fand eine gemütliche Unterkunft bei der Witwe eines kürzlich verstorbenen Staatsrates[13] in einem Parterre gelegenen Zimmer in der besten Wohngegend Bremens.« Das war in der Carl-Schurz-Straße 26 im Stadtteil Schwachhausen. In diesem Zimmer hatte sein alter Haus-Joss einen Ehrenplatz bekommen, damit er sich wohlfühlte und weiter Sorgen und Unglück abwehrte, und es war mit vielen »*things Chinese* mit Geisterabbildungen usw.«[14] ausgestattet. Die beiden Ehrenrollen, die ihm die chinesischen Freunde zum 70. Geburtstag aus Shanghai geschickt hatten, hingen in seinem Büro in der Sögestraße. Die Schriftzeichen wünschten: ›Möge Dein Glück so groß sein, wie das östliche Meer tief ist, und Dein Leben dauern wie die alten Fichten der südlichen Berge‹. Die wurden 1000 Jahre alt.[15] »Es geht mir als möblierter Herr [...] nicht gerade schlecht. Besonders kann ich meinem täglichen Bad usw. frönen.«[16] Wenn er den Abend zu Hause verbrachte, nahm er einen *drink*, fast wie in China, und las Berge von Zeitungen. Die bremischen, natürlich, aber auch alle auf Englisch erscheinenden chinesischen: die *Daily News Release*, die einzige fremdsprachige Tageszeitung, die es in der VRC noch gab,[17] die illustrierte Monatszeitschrift *China Reconstructs*[18] und den in Taipeh (Taibei) erscheinenden *Free China Review*.[19] Zum Bücherlesen kam er selten, aber: »Aus der jetzt in Mengen erscheinenden Ostasien Literatur gefällt mir doch am besten ›Reis aus Silberschalen‹.«[20] Das Buch, dessen Handlung überwiegend in seiner Geburtsstadt Bangkok spielte, schenkte er später seiner Schwägerin Alice zu ihrem 60. Geburtstag. Und er ging immer noch gern ins Kino: »*Dieser Tage sah ich hier den Film ›Alle Herrlichkeit auf Erden‹, der mir wegen der tadellosen Wiedergabe einer Eurasierin gut gefiel. Die Szenen sind durchweg in Hongkong aufgenommen, was auch von dem Film: ›Treffpunkt Hongkong [Niemandsland der Liebe]‹ gesagt werden kann, wo ich zum Teil die Stellen sah, an denen ich gesessen habe.*«[21]

Gutachten zum Lastenausgleichsgesetz

Noch bearbeitete er ausschließlich Anträge von Deutschen, die in den Jahren 1946 und 1947 repatriiert worden waren. Nach dem Lastenausgleichsgesetz, das am 1. September 1952 in Kraft getreten war, hatten nur die gleich nach Kriegsende aus China Repatriierten Anspruch auf finanzielle Entschädigung, also überwiegend die damals ausgewiesenen ehemaligen NSDAP-Mitglieder, Diplomaten und die Teilhaber großer Firmen. Der Zeitpunkt ihrer Ausreise ließ es glaubhaft erscheinen, dass sie, wie § 11 Absatz 1 des LAG vorsah, ihren Wohnsitz »im Zusammenhang mit den Ereignissen des zweiten Weltkrieges infolge Vertreibung, insbesondere durch Ausweisung oder Flucht, verloren« hatten. Bereits von China aus hatte Breuer dargelegt, dass nicht nur die Repatriierungen gleich nach dem Ende des Krieges eine Kriegsfolge seien, sondern dass die kommunistische Regierung die gegen Chinas Kriegsgegner verhängten Maßnahmen weiter umgesetzt habe.[22]

Auf der Grundlage seiner Darstellung überzeugte der OAV die Sozialbehörde Hamburg, sich dafür einzusetzen, dass China-Heimkehrer ohne Rücksicht auf den Zeitpunkt ihrer Rückkehr als Vertriebene anerkannt werden sollten.[23] Bis das Bundesministerium für Vertriebene sich dem anschloss, musste Breuer im Oktober 1953 ein weiteres Papier über die »Flüchtlingseigenschaften der rückgeführten China-Deutschen« fertigen: Den Deutschen seien »Grund- und Hausbesitz, Hausrat, Anteile an Personal- und Kapitalgesellschaften, Forderungen jeder Art, Edelmetalle, ausländische Banknoten usw.« abgenommen worden, unabhängig davon, wann sie nach Deutschland repatriiert worden waren. Die Bestimmungen zur Enteignung von Angehörigen der Feindnationen waren nie außer Kraft gesetzt worden und wurden von der kommunistischen Verwaltung sogar konsequenter verfolgt, als es die Vorgängerregierung in den letzten Monaten ihrer Herrschaft getan hatte.[24]

Der Ausschuss für den Lastenausgleich erkannte in seiner 12. Sitzung am 8. September 1954 an, dass die Ausweisungen aus »Rotchina« im

Zusammenhang mit dem Zweiten Weltkrieg standen, und dass das LAG entsprechend zu ergänzen sei.[25] Der § 11, Absatz 2, Punkt 3, in dem es darum ging, aus welchen Ländern noch nach Abschluss der allgemeinen Vertreibungsmaßnahmen »Aussiedler« anerkannt wurden, wurde um »China« ergänzt. Das machte für Hunderte ehemalige China-Deutsche den Unterschied zwischen *to be or not to be*. Breuer erläuterte: »*Aufgrund eines von mir für das BAA [Bundesausgleichsamt] erstellten Gutachtens hat dieses [...] einen Zusatz [...] um das Wort ›China‹ gemacht. Dieser Zusatz ist am 15.7. d.J. [1955!] Gesetz geworden. Bis dahin war die Frage der Vertriebeneneigenschaft der China-Deutschen strittig; es galten als Vertriebene eigentlich nur die zwangsweise durch die Amerikaner in den Jahren 1946–1948 Deportierten [...]. Es kommen also nicht nur die ehemaligen Mitglieder der Partei in den Genuss der Leistungen aus dem LAG, sondern jetzt alle Deutschen.*«[26] HWBs Einfluss auf die Neufassung des LAG für die China-Deutschen sprach sich herum. In meinen Gesprächen mit Nachfahren hörte ich öfter die Bemerkung: »Herrn Breuer haben wir den Lastenausgleich zu verdanken.« Ich brachte das zunächst in Verbindung mit seiner Tätigkeit in der HASt und erkannte den Zusammenhang mit der Neufassung des Lastenausgleichsgesetzes erst im Lauf meiner Recherche. Seinen eigenen Antrag auf Ausgleich für Vermögensschaden reichte HWB am 14. Dezember 1954 ein.[27]

Kriterien und Beweise

Es ging nicht nur um die Frage, wer antragsberechtigt war und ob er besessen hatte, was er angab – es ging auch darum, festzulegen, was ein Grundstück, sei es Bauland oder bebaut mit Einfamilienhaus, mit Mietobjekten, Ladenzeilen, was eine Fabrik – in Peking, Tianjin, Shanghai, Tsingtao, Weihai, Moganshan usw. – wert waren. Wie ließ sich das mit den bereits festgelegten Richtwerten für verlorenen Besitz in Berlin, Leipzig, Danzig, Usedom oder Harzgerode vergleichen? HWB erstellte mehrere Verzeichnisse von Hauptgeschäfts- und Hauptwohnstraßen mit Bodenflächenwerten. Die Beschaffung von Unterlagen – Grundstücksbriefe, Stadtpläne, Veranschlagung der Stadtverwaltungen – war fast unmöglich. Korrespondenz mit China war ausgeschlossen. In Deutschland war vieles bei Bombenangriffen verbrannt. Die im Generalkonsulat in Shanghai bewahrten Belege über Grundstückseigentum waren 1945, als die Enteignung durch die Alliierten drohte, gezielt vernichtet worden. Was versuchte HWB nicht alles. Im Oktober 1954 traf er sich mit Rudolf von Winterfeldt, 1936 bis 1945 Handelssachverständiger an der deutschen Botschaftsstelle in Shanghai, der die Vernichtung der Akten beaufsichtigt hatte. Winterfeldt versprach, aus dem Gedächtnis eine Aufzeichnung über deutsches Grundeigentum in Shanghai zu machen. Und starb am Tag nach dem Treffen.[28] Einen früher in Hankou tätigen Architekten fragte HWB nach den dortigen Grundstückspreisen. Seine Frage leitete er ein: »Dass ich Ihnen vor einer Reihe von Jahren im Hankou-Club bei einem Gin-Bitters, der damals noch 8 Cent per Glas kostete, vorgestellt worden bin.«[29] Die Diskussionen mit deutschen Ämtern zogen sich hin: Welche Zeugen waren glaubwürdig? Welche Baustandards waren mit denen in den ehemaligen deutschen Ostgebieten vergleichbar? Galt nur ein unterkellertes Haus als »richtiges« Haus?[30] Hatten Ausländer in China überhaupt Landeigentum erwerben können? Statt eines Verkaufs verpachtete der Staat Grundstücke privatrechtlich »auf Ewigkeit«. Theoretisch dauerte die Ewigkeit so lange, wie die Pacht bezahlt wurde. So weit die Erfahrung. Gab es Belege dafür? HWB holte eine Rechtsauskunft des Max-Planck-Instituts für ausländisches und inländisches Privatrecht ein,[31] besorgte Unterlagen des Shanghai Municipal Council aus London.

Etwa ebenso unübersichtlich war, welche chinesischen Währungen wann wie viel wert gewesen waren: der Chinese National Dollar, der Central Reserve Bank Dollar, der Gold Yuan und der Renminbi im Verhältnis zu Hongkong-Dollar, US-Dollar, zu »Freier« [konvertierbarer] Reichsmark, zu Inland-Reichsmark und D-Mark. HWB lieferte zwei umfangreiche Gutachten mit Umrechnungssätzen chinesischer Währungen und für Goldbarren ab, eines über die Zeit 1937 bis 1938 und eines für 1939. Er berief sich dabei auf die Publikation »The Inflationary Spiral. The Experience in China. 1939 – 1950« von Chang Kia-ngau (Zhang Jia'ao war 1916 – 1935 Generaldirektor der Bank of China), die Eduard Kann ihm als »wissenschaftlich und authentisch« empfohlen hatte. Kanns Aufsatz »Die verschiedenen Chinas und ihre Währungen« aus seinem fünfteiligen Werk »The Great Inflation in China (1946 – 1949)«, 1955 erschienen, hatte HWB übersetzen lassen[32] und mit der Deutsch-Asiatischen Bank in Hamburg zu dem Thema korrespondiert.[33]

Eduard Kann beantwortete aus Hollywood eine ganze Reihe von Breuers Fragen großzügig in persönlichen Schreiben – aber er korrespondierte nicht mit jedem, fragte erst mal nach, ein Herr L. habe ihn gebeten, etwas zum Thema Unterhaltskosten für Ausländer in Shanghai zu schreiben, *»worauf er bestimmt Antwort bekommt. Es sind keine Gebühren zu entrichten, doch muss ich eine Bedingung stellen, nämlich, dass der Fragesteller nicht Mitglied der Nazi-Partei war. […] Mit den besten Grüßen von meiner Frau und mir selbst bleibe ich Ihr E. Kann.«*[34]

Ein faires Verfahren

Mit Überzeugungskraft und Überredungskunst bewältigte HWB die Aufgabe, »einerseits die Antragsteller fair zu behandeln. Andererseits darauf zu achten, dass die deutschen Steuerzahler nicht geschädigt werden.«[35] Ein Balanceakt zwischen Gerechtigkeit und Mitleid, den er mit Würde vollzog. Er kannte und nutzte Möglichkeiten zu helfen, ohne die Vorschriften zu verletzen: Einer Witwe, die 16 Jahre in Shanghai gearbeitet hat, deren

Mann in Ostasien eine gut gehende Firma hatte, die in der besten Gegend von Shanghai in einem vom Stararchitekten Ladislaus Hudec erbauten Haus lebte und die nun im Heim der Arbeiterwohlfahrt als ›Fürsorge-Empfängerin‹ untergebracht war, erläuterte er in »alter Verbundenheit«, warum sie keinen Lastenausgleich bekommen konnte, bat parallel die Damen des OAV, sie zu unterstützen.[36] Einem Journalisten, der beantragte, nachträglich für seine ehrenamtliche Tätigkeit in Peking im Jahr 1951 bezahlt zu werden, antwortete HWB: Sie haben »*wie jeder von uns, der sich um die Interessen unserer Landesleute kümmerte, mehr oder weniger leiden müssen, ohne dass wir dafür von den zuständigen deutschen Stellen eine geldliche Entschädigung verlangen können. […] Sie teilen das tragische Los unendlich vieler bejahrter Vertriebener, dass Sie mit den aus dem Lastenausgleich gewährten Leistungen auskommen müssen […].*« Doch aus der Kartei gehe hervor, dass S. noch keinen Antrag auf Feststellung eines Hausratsschadens gestellt hatte, dafür würden 1200 bis 1400 DM zugestanden, von denen »ein Sockelbetrag von DM 800,– mittlerweile den meisten Vertriebenen ausgeschüttet wurde«. Diesen Antrag solle er gleich stellen.[37]

Das alles beschäftigte HWB während seiner Arbeitszeit, die um 8 Uhr begann – er ging meist schon um 7.30 Uhr hin – und bis 17.30 Uhr dauerte. Ohne Mittagspause. Und am Sonnabendvormittag. Zusätzlich zu der vielen Post und der Recherche für die Gutachten gab es »*Tage, wo ein Besucher nach dem anderen, wie beim Zahnarzt, sich bei mir ablöst*«. Denn: »*Leider halten mich Besucher noch für einen* big shot, *der nur am Rande zu arbeiten braucht. Aus diesem Grund habe ich viel Besuch, manchmal sogar mir willkommenen – nur mit dem Ergebnis, dass ich meine Vorhaben nicht durchführen kann.*«[38] Als Vertreter des Landes Bremen beim Bundesminister für Vertriebene[39] fuhr er regelmäßig nach Bad Homburg zu den Sitzungen des Beirats für Vertriebenen- und Flüchtlingsfragen, und zu den Beiratssitzungen des OAV Hamburg-Bremen fuhr er nach Hamburg. Die Arbeit war damit noch nicht getan, denn »am 1. ds. [April 1954] hat man mich nun auch zum Vorsitzenden des Ostasiatischen Vereins Bremen gewählt«.[40] Das war ehrenvoll und kostete viel Zeit. Er holte vorsichtshalber die Zustimmung seines Senatsdirektors ein, bevor er das Ehrenamt annahm.[41]

Vorsitzender des OAV Bremen

Am 13. März 1954 beschrieb er als *president elect* die unterschiedlichen Schwerpunkte des OAV Hamburg-Bremen und des OAV Bremen beim Liebesmahl des OAV in Hamburg so: »*Beide Vereine wurden […] ungefähr zur gleichen Zeit […] gegründet. Bildlich gesprochen sind sie also als Zwillingsbrüder anzusehen. Wie im Familienleben, so haben die Brüder im Laufe der Jahre jeder ihr Eigenleben entwickelt. Demnach sehen wir heute in dem Ostasiatischen Verein Hamburg-Bremen den Repräsentanten deutscher Wirtschaftsinteressen, der […] oft ausschlaggebend an der Entwicklung von*

Handelsverträgen [...] zwischen den Hansestädten Hamburg und Bremen, der Bundesrepublik und den ostasiatischen Ländern mit großem Erfolg beteiligt ist. [...] Sein Bremer Bruder dagegen entwickelte sich dahin, dass er die Erinnerung der Ostasiaten an ihren früheren Aufenthalt bewahrt, die Beziehungen zu den ostasiatischen Ländern pflegt, zu ihnen die Verbindung aufrecht erhält, um das Verständnis für den Fernen Osten zu erwecken. Viele Freunde, die sich im Laufe der Zeit aus den Augen verloren, fügt er in Bremen durch seine monatlichen Veranstaltungen zusammen.«[42] Es reichte nicht, das Vereinsleben in Bremen so fortzusetzen, wie es in der Zeit vor dem Krieg gewesen war: »*Durch die Entwicklung der Dinge im Fernen Osten hat sich die Basis, auf der vor über 50 Jahren unser Verein gegründet wurde, völlig verschoben. Damals gab es überall im Osten Filialen Bremer Firmen, deren Inhaber, Leiter und Mitarbeiter im Laufe der Zeit nach Bremen zurückkehrten und durch einen steten Strom neuer Kräfte, die nach draußen gingen, ersetzt wurde. [...] Die Wandlungen der (in ostasiatischen Ländern) herrschenden politischen und wirtschaftlichen Verhältnisse, insbesondere auf dem Gebiet der Formen des Waren-Austausches und der Abwicklung geschäftlicher Transaktionen, haben bewirkt, dass der Typ des [...] Geschäftsmannes, der viele Jahre in überseeischen Ländern verbringt und mit ihnen zu dem Grade verwächst, den wir Älteren als selbstverständlich ansehen, seltener geworden ist und möglicherweise demnächst ausstirbt.*« Die Sorge war, dass »*die Zahl der Männer [...] wie sie unseren Begriff des ›alten Ostasiaten‹ verkörpern – in Zukunft nicht mehr ausreichen wird, um den Verein [...] am Leben zu erhalten*«. »*Der Verein, der seine Aufgabe in der Pflege der Vergangenheit sah, muss sich auf eine in die Zukunft weisende Aktivität umstellen.*« Es werden von nun an nicht mehr nur Mitglieder aufgenommen werden, die mindestens sechs Monate *Somewhere East of Suez* gelebt haben. Professionelle Interessen im Osten sollten fortan genügen.[43] Der Verein werde bei Ostasien-Firmen um Mitglieder werben und sich mit kulturellen und gesellschaftlichen Aktivitäten, Vorträgen, Begegnungen mit Vertretern ostasiatischer Länder profilieren. Die bremisch-fernöstlichen Handels- und Kulturbeziehungen begleitend, werde er für Toleranz und Völkerverständigung im pazifisch-asiatischen Raum wirken. Der vormals fast private Kreis solle »mehr und mehr zu einem öffentlich bekannten und gesuchten Forum [werden], das den Entwicklungen in Ostasien laufend aufmerksam folgt und darüber weiteren Kreisen Aufschlüsse vermittelt«. Höhepunkt jeden Jahres blieb das Stiftungsfest im Festsaal des Alten Rathauses. Beiträge von hohen diplomatischen Vertretern ostasiatischer Länder und aus der Bremer Politik sollten dem Fest neue Bedeutung in der bremischen Wirtschaft verschaffen. Die Teilnahme an dem Brudermahl würde so »zu einem allgemein erstrebten Ziel« werden.[44]

Das waren die schönen Ziele. Von den mit der Umsetzung notwendigerweise verbundenen Aufgaben landeten fast alle (außer denen des Schatzmeisters) schließlich bei HWB: Von der Einladung zu Vorstandssitzungen und Jahresversammlungen und deren Leitung bis zu den Protokollen, wenn das Deutsch des Schriftführers ihm »holprig« schien.[45] Und wenn die Sekretärin »Grippe, Kreislauf und alles Mögliche« hatte,[46] tippte er sogar schön gegliederte Reinschriften selbst auf der Schreibmaschine. Ablage und Archiv blieben zu seinem Kummer oft liegen, »wüst« sah sein Schreibtisch dann aus.[47] Immer hatte der Empfang auswärtiger Vereinsmitglieder und anderer Besucher Vorrang, gefolgt von der Korrespondenz mit Mitgliedern und Außenstehenden über Fragen zu Ostasien, und: »*Wenn in Bremen hohe Würdenträger aus Ostasien empfangen werden, nehme ich stets nach dem Bürgermeister als sein Gast als einer der ›Prominenten‹ an den Essen und Besprechungen teil, wie zu Anfang dieser Woche mit den Ceylonesen [17./18.9.1956]. Gesellschaftlich brauchte ich hier keine Einsamkeit zu erleben, aber ich vermeide an Festlichkeiten teilzunehmen, um mein an und für sich schon schweres Gewicht von 87 kg nicht zu vergrößern.*«[48]

Gesellige Abende des OAV

Hinzu kamen die sechs oder sieben »geselligen Abende« des OAV im Winterhalbjahr: Verhandlung mit den Referenten, Anmietung von Räumlichkeiten, von technischem Equipment und Gastronomie, Einladungen an Vereinsmitglieder und Gäste und die Pressearbeit. Den schriftlichen Dank an die Referenten nicht zu vergessen. HWBs erster solcher Abend am 7. Oktober 1954 war ein »ausgezeichneter Auftakt« gewesen: Der mit Objekten aus dem Überseemuseum, chinesischen Rollbildern und Glückwunschrollen geschmückte Saal des Gewerbehauses (Sitz der Bremer Handwerkskammer[49]), Räucherwerk und rote Kerzen auf den Tischen als ein Zeichen der Freude, indonesische und chinesische Musik von Schallplatten schufen die richtige Atmosphäre für Erinnerungen und für Gespräche darüber, wie zugeschüttete Kanäle sich wieder öffnen ließen. Nach einem Curryessen sprach Eduard Solich (37 Jahre China: Harbin, Shenyang, Changchun, Peking, Tianjin, Shanghai) über die Gesellschaftsstruktur Chinas bis zur Volksrepublik, gefolgt von einem Vortrag über das gegenwärtige Leben in Shanghai von W.A.L. Schaub, der die Stadt erst im Juni 1954 hatte verlassen dürfen.[50] Zu diesem und den folgenden Abenden kamen zwischen 60 und 180 Teilnehmer, davon etwa ein Drittel Damen; Bremens Politik und Verwaltung waren immer gut vertreten.

Diese Treffen lagen HWB besonders am Herzen, waren sie doch geeignet, »die Erinnerung an die in den Ländern Ostasiens verbrachte Lebenszeit wachzurufen, ihre Entwicklung aufzuzeigen und sich mit den wandelnden Lebensbedingungen vertraut zu machen«.[51] An solchen Abenden konnte er auch immer wieder China in den Fokus nehmen, während offizielle Begegnungen wie die Einladung eines Vertreters der VRC zum jährlichen Stiftungsfest in dieser Zeit nicht stattfinden konnten. Als

Vorsitzender des Festausschusses für die Stiftungsfeste lud HWB in Absprache mit der Bremer Senatskanzlei die Ehrengäste ein und betreute sie, klärte Protokollfragen. Freundschaftliche Gespräche mit der Senatskanzlei führten zu einer schrittweisen Erhöhung des jährlichen Zuschusses der Hansestadt von anfänglich 1000 DM auf 2500. Breuer hatte angeregt, dass die Zutaten für das Curryessen in diversen fernöstlichen Ländern direkt bestellt wurden. Was 1954 als ein Akt der Sparsamkeit begonnen hatte, wurde im Lauf der Zeit zu einem Qualitätsmerkmal. Nach der kurzen Begrüßung zum Auftakt des Essens hielt er die erste Tischrede, darin ordnete er überblicksartig die Entwicklung Südostasiens in die politische Weltlage ein und beleuchtete die besondere politische und wirtschaftliche Beziehung Deutschlands zu dem Land, aus dem der jeweilige Ehrengast kam.

Privatsachen

Es war ihm öfter etwas viel geworden. Selten hatte er einen Sonnabend, Sonntag für sich – dann genoss er »*mit Behagen mein hiesiges Zimmer und die Wohltat eines geruhigen Wochenendes in Bremen mit Mittagsschlaf am Sonnabend; um 8 Uhr anstatt 6 Uhr am Sonntag aufzustehen [...] behaglicher Morgenkaffee con amore [allein mit mir selbst] ...*«[52] Meist war er aber auch an den Wochenenden unterwegs, wenn nicht ehrenamtlich, dann familiär. Denn er wurde nie das Gefühl los, die privaten Pflichten gegenüber seinen Lieben zu vernachlässigen. So entschuldigte er sich bei Nele, weil er länger nicht geschrieben hatte: »*Ich bin reichlich belastet, abgesehen von meiner dienstlichen Betätigung, die um 8 Uhr beginnt und bis 16.30 offiziell, aber für mich meistens bis 17.30 dauert (ohne Mittagsruhe, die ich stark vermisse), sodass ich nach meiner Rückkehr in mein möbliertes Zimmer froh bin, ausspannen zu können.*« Wenn er dann keine dienstlichen oder ehrenamtlichen Verpflichtungen mehr hatte, ging er »um 9, spätestens um 10 Uhr zu Bett, wann ich 3–4 Stunden fest schlafe, um dann [nur noch] zu schlummern. Um 5 Uhr bin ich wach.«[53]

Finanziell konnten sich die Lieben auf ihn verlassen: Uwe zahlte er die »Kosten des Unterhaltes, der Kleidung, Wohnung und Erziehung seiner Hannoverschen Sprösslinge«.[54] Im Februar 1954 war Uwe zu seiner Mutter nach Düsseldorf gezogen, im April »auf unbestimmte Zeit« in ein Krankenhaus eingeliefert und an einem Magengeschwür operiert worden. »Er macht [...] eine schwere Zeit durch, aber dass wir ihn alle bedauern, damit wird er leider nicht gesund.«[55] Die Situation würde sich wohl nicht mehr ändern: »... ich befürchte, mit angewandter regelmäßiger Arbeit wird es nicht viel werden. Seine Stärke ist lebendige, sentimentale, lange Briefe zu schreiben«,[56] seufzte Hermann Nele gegenüber, die er gern großzügiger unterstützt hätte. Das könnte er erst, wenn »meine ausländischen Schuldner doch eines Tages von sich hören lassen«. Trotzdem waren schließlich jedem Brief nach Berlin »Scheine« beigefügt: Für den Sonntagsbraten, für einen Mantel, ein Fahrrad, für den Umzug im Juli 1954 von Frohnau nach Reinickendorf, für die jährliche Sommerreise nach Sylt.[57]

Nur Erna war es nicht genug: Sie wollte aus sicherer Quelle erfahren haben, dass »H.W.B. plus seines hohen Einkommens in Bremen [...] einen sehr hohen Etat zum Verleben hat«.[58] Er überschütte Dora mit Geschenken, statte ihre Kinder vornehm aus – und spare an seinem Sohn. Ihre Wut auf Dora und auf »nennen wir ihn kurz H.W.B.« beeinflusste den Sohn (»Uwe lässt sich schnell zum Guten, aber auch zum weniger Guten beeinflussen«[59]), bis »letzte Gefühlsfünkchen in Bezug auf Dora zertreten« waren und er »maßlose Wut auf seinen Vater« hatte.[60] Auf Ernas wiederholte Andeutungen, Hermann trage Dora auf Händen, er hielte sie aus, fragte Nele bei Alice nach, die wohnte ja im Nachbarhaus. Alice antwortete: *»Dora führt mit Paps hier einen gemeinsamen Haushalt. In seiner reizenden Art verwöhnt er sie und umgibt sie mit rührender Fürsorge. Etwas Unrechtes ist für mich bei der Persönlichkeit von Paps an diesem Verhältnis völlig ausgeschlossen. Dora hat nun einmal sein Herz gewonnen, er muss wohl immer einen Menschen haben, für den er sorgt.«*[61]

Das Osterfest 1954 verbrachte Hermann mit seinen Enkeln Christoph, Uwe Junior und Hede in Hannover. Darüber schrieb er an seinen Sohn: *»[Christoph] ist ein Bengel, mit dem man sich überall sehen lassen kann.« »Sonst waren die Ostertage unter dem Zeichen des Großkampfes zwischen Dorles und meinen Nerven gegen die der Lütten, wobei diese völlig den Sieg davontrugen. [...] Wenn ich ehrlich beichten soll, so muss ich aber sagen, dass mein gegenwärtiger Bedarf an Quieken, Trampeln, Kreischen, Singen, Quengeln, Weinen, Lärmen, Zanken, Türenschlagen, [...] und allen mit Radau und Spektakel verbundenen Ruhestörungen, weiter verbunden mit Erzählen von Räubergeschichten, Ringkämpfen, Ermahnungen an Ordnung, Sauberkeit und was sonst noch zu 2 kleinen Atombomben gehört, angesichts der beengten Wohnverhältnisse [...] völlig gedeckt ist. [...] Die beiden haben ein Temperament, wie ich es nie vermutet hätte. Ich habe allerdings meistens nur mit jungen Pferden, kleinen Hunden und gelegentlich mit widerspenstigen Erwachsenen zu tun gehabt, so dass mir das Erlebte vielleicht etwas Neues darstellte.«*[62] Zu Pfingsten (6./7. Juni) konnten sie bei gutem Wetter viel Zeit außer Haus verbringen; am Pfingstmontag war Hermann mit *»Bruder Karl und Alice, Nichte Liesel und Dorle plus Kindern in den Deister gefahren, wo ich mit den letzten Vier im Walde ein* picnic *machte, das alle Beteiligten erfreute«*.[63]

Gemeindesachen

Die Angelegenheiten der Deutschen Gemeinde Shanghai hatten HWB in den Jahren nach seiner eigenen Ausreise nie ganz losgelassen. Immer wieder musste er Fragen des Finanzministeriums zu den Konten der DG und zur Abrechnung der Rückführungen beantworten, musste das Fehlen von

Belegen für die Aktion mit der *Dundalk Bay* gegenüber dem Bundesrechnungshof verantworten. Er hatte eingestanden, dass Gelder in Ausnahmefällen nicht nur für die eigentliche Überführung eingesetzt worden waren: etwa wenn ein Rückkehrer, ganz ohne die notwendigste Bekleidung direkt aus dem Gefängnis kommend, in Hongkong Wäsche, Hemden und einen Anzug kaufen musste. Es hatte eine ganze Reihe solcher Ausnahmefälle gegeben. Breuer und Otto Zwanck, der »Schatzwart«, waren sich darüber klar gewesen, dass sie Vorschriften missachteten. Nicht nur die chinesischen. Die besonderen Umstände hatten das nötig gemacht,[64] Menschlichkeit ging vor.

Außerdem verfolgte HWB so gut wie irgend möglich das Schicksal der noch in China lebenden Deutschen. Immer wieder hatten sie sich im Beirat des OAV Hamburg um die »Härtefälle« Gedanken gemacht, hatten im Juni 1953 ein Gnadengesuch für die inhaftierten Deutschen an Ministerpräsident Zhou Enlai gerichtet, hatten veranlasst, dass sich Martin Fischer (Referent im Auswärtigen Amt; 1937 bis 1939 war er Generalkonsul in Shanghai gewesen) während der Genfer Indochina-Konferenz im Juni 1954 an den Direktor der europäischen Abteilung im chinesischen Außenministerium, Huang Xiang, wandte und ihn auf die 18 noch Inhaftierten ansprach.[65] Endlich wurden Wilhelm und Suzanna Dunsing nach 3 Jahren und 7 Monaten Haft vor Gericht gestellt. 14 Tage später war Frau Dunsing freigesprochen, Wilhelm Dunsing zu fünf Jahren Haft wegen Spionage verurteilt und ausgewiesen. Zu Weihnachten 1954 kamen sie in Hamburg an. Im März 1955 wieder ein Appell: Rolf Heyn bat anlässlich des Ostasiatischen Liebesmahls in Hamburg für die letzten Häftlinge um einen »Gnadenakt, der von uns allen als ein Zeichen der Großmut und der Milde richtig verstanden werden soll«. Auf Vermittlung des anwesenden indischen Botschafters trafen 1957 weitere Rückkehrer in Westdeutschland ein.[66]

In dieser Zeit versuchte Hans Wilhelm Siegel in Shanghai, HWBs Nachfolger im Amt des Vorsitzenden der DG, die Gemeinde als Institution aufzulösen und ein Ausreisevisum zu erhalten. Einen ersten Versuch, die DG zu schließen, hatte schon HWB unternommen. Er war seitens der chinesischen Verwaltung ignoriert worden.[67] Ebenso der Antrag, den Siegel 1954 bei der Foreign Affairs Section der Volksregierung stellte.[68] Es half auch nicht, dass seit August 1953 in Hongkong wieder ein deutscher Generalkonsul residierte; Dr. Herbert Dittmanns Büro hatte die Organisation der Reisen ab Hongkong von Jebsen & Co. übernommen, durfte aber keinesfalls direkt mit der DG Shanghai in Kontakt treten. HWB mahnte, dass sogar das Wort »Bonn« in der Korrespondenz bestimmt vermieden werden müsse. »*Die Tatsache, dass dem deutschen Komitee zur Durchführung der Repatriierungen direkte oder indirekte amtliche Mittel zufließen, muss den chinesischen Behörden gegenüber unter allen Umständen geheim gehalten werden. Die Tarnung geschieht in der Weise, dass die verausgabten Mittel als Stiftungen von wohlhabenderen deutschen Kaufleuten aus Anlass ihrer Ausreise aus China bezeichnet und auch rechnerisch unter dieser Bezeichnung geführt werden.*«[69] Die Korrespondenz des OAV mit der DG Shanghai lief über H. G. Meyer, einen Mitarbeiter der Rostro Co. (Bayer) in Hongkong.

»Wegen der möglichen Komplikationen«[70] hatte HWB ja den Artikel für den *Diplomatischen Kurier* über seine Tätigkeit als Vorsitzender der Deutschen Gemeinde Shanghai im Februar 1953 nur ungern geschrieben und aus Rücksicht auf die in China Verbliebenen betont, dass er als Vorsitzender der DG nicht im Auftrag der Bundesrepublik handelte, keine Weisungen von deutschen Behörden erbeten oder erhalten habe, und vor allem, dass die »Geldmittel« für die Rückführung »durch den Ostasiatischen Verein Hamburg zur Verfügung gestellt wurden«.[71]

Schließung der Deutschen Gemeinde Shanghai

Am 25. März 1955 protokollierte die DG ihre Auflösung und hielt fest: Das Büro schließe am 30. April 1955, der Mietvertrag für das Gemeindebüro sollte gekündigt werden. Gelder auf den Konten der DG in Shanghai und in Hongkong sollten vor Ort für Bedürftige verwendet werden, sofern diese für eine Rückführung angemeldet waren. Als zukünftiger Ansprechpartner für die chinesischen Behörden stellte sich Carl Becker, Geschäftsführer der Firma Holdo Stromwall, zur Verfügung.[72] Er war einer von sechs deutschen Männern, die noch in Shanghai lebten, drei von ihnen waren mit Chinesinnen verheiratet. Weiter waren drei unverheiratete und einige mit Chinesen verheiratete Frauen dort, die fast alle Anträge auf Wiedereinbürgerung gestellt hatten.[73] Gleich nach dem Auflösungsbeschluss folgten eine politische Hoffnung und die Ernüchterung: Mao Zedong verfügte am 7. April 1955 die Aufhebung des Kriegszustandes zwischen der VR China und »Deutschland«, ohne zwischen Ost und West zu unterscheiden.[74] Zugleich wurde die im August 1954 erlassene Verordnung umgesetzt, nach der Deutsche, die keinen DDR-Pass annahmen, als staatenlos galten.[75] Da die DDR-Botschaft nicht kooperierte,[76] nahm Becker dann doch Kontakt zum Generalkonsulat in Hongkong auf, um weiteren Deutschen die Ausreise zu ermöglichen, z. B. Wolfgang Mohr, Diplom-Ingenieur, Grafiker und ehedem Korrespondent der *Frankfurter Zeitung*. Er hatte ab 1932 in Shanghai für Kunst & Albers und ab 1946 in verantwortlicher Stellung für die staatliche Druckmaschinenfabrik Tsing-chen gearbeitet. Seine technischen Kenntnisse und sein Erfindungsreichtum waren von großem ökonomischen Nutzen für die VR China gewesen. Seine über viele Jahre komplettierte Sammlung der *Shanghaier Bildzeitung* (1884–1898) durfte er trotzdem nicht mitnehmen.[77]

Freigabe des Dollar-Kontos der Deutschen Gemeinde

Als Siegel sein Exit-Visum in Händen hielt, ließ sich die Gemeinde ihre Schließung vom Schweizer Generalkonsul in Shanghai beglaubigen und benachrichtigte die Schweizerische Kreditanstalt (SKA, heute Credit Suisse) in Zürich: Ihr Guthaben bei der Kreditanstalt hatte die Deutsche Gemeinde mit ihrem Schließungsbeschluss dem OAV Hamburg-Bremen übertragen und verfügt, dass das Geld zur Unterstützung der Deutschen in China verwendet werden sollte.[78] HWB wurde vom OAV beauftragt, sich um die Freigabe der Konten zu bemühen.[79] Es handelte sich um ein Schweizer Girokonto mit 3024.– US-Dollar und 700 US-Dollar auf einem »Blocked Dollar Account Title 31 – China« der SKA in New York. Insgesamt knapp 15.650 DM. Um die 700 US-Dollar loszueisen, musste zunächst die Zweckbestimmung geändert werden, das Geld durfte nicht nach China gehen. Anfang Juli bestätigte die Schweizer Bank ihrer New York Agency, *»dass die Mittel ausschließlich zur Unterstützung bedürftiger deutscher Staatsangehöriger verwendet werden, die aus der Volksrepublik China in die Bundesrepublik Deutschland zurückgekehrt sind; in keinem Fall werden Zahlungen an das chinesische Festland geleistet«*. Und: »In Anbetracht dessen bitten wir Sie, sich an Ihre zuständigen Behörden zu wenden mit dem Ziel, die Freigabe des Kontos der Deutschen Gemeinde Shanghai herbeizuführen.«[80]

Reise in die Schweiz

Die Vorarbeit war geleistet. Am 25. Juli 1955 fuhren Breuer und Dietrich Groß, Geschäftsführer des OAV Hamburg-Bremen, nach Zürich, sprachen am nächsten Vormittag in der Schweizerischen Kreditanstalt vor. Im Ergebnis stellte die Kreditanstalt noch am selben Tag der Deutsch-Asiatischen Bank in Hamburg den Betrag von 3024.– US-Dollar zugunsten des OAV Hamburg-Bremen zur Verfügung und veranlasste die Freigabe des Dollar Accounts in New York.[81] Während die Banker noch an den Briefen nach New York und nach Shanghai feilten, ließen Breuer und Groß sich ihr Mittagessen in der Fischstube Zürichhorn schmecken. Alles war gut gelaufen, darauf einen Merlot. Am nächsten Morgen konnten sie sich bei einem Abschlussgespräch überzeugen, dass der Transfer der Gelder auf den Weg gebracht war. Sie nahmen ein Taxi zum Friedhof in Zollikon und besuchten das Grab von Alfred Glathe, der am 16. August 1954 im Alter von 67 Jahren gestorben war.[82] Sie erinnerten sich gern und dankbar an den langjährigen Vorsitzenden der DG Shanghai, der als Geschäftsführer des OAV Hamburg-Bremen (1946 bis 1951) Breuers zuverlässiger Partner bei den Rückführungen mit der *Anna Salen* und der *Dundalk Bay* gewesen war. Gegen Abend setzten sie auf die andere Seeseite über zum Abschiedsessen im Restaurant Belvoir in Rüschlikon. Es gab Kalbsfilet als Hauptgang und Eiscafé zum Dessert.[83] Man solle über der Arbeit das Leben nicht vergessen, es gebe Brücken zwischen Leben und Pflicht, meinte Breuer.[84]

1960, (kein) Abschied von Jennie

Und was machte nun eigentlich Jennie oder, wie sie genau hieß, Nestoriana Serafima Bohanova? Eines Tages war Jennie Teil von Hermanns Leben geworden – und dann war sie wieder weg. Beides spielte sich im fernen China ab, und da sie nicht verheiratet waren, wurde über diese Episode im Hause Breuer nur beiläufig gesprochen. Ob Hermann seinem Bruder mal im Vertrauen erzählt hat, wie er Jennie kennenlernte – war das vor oder nach dem Heimaturlaub 1929/30 gewesen? Als sie 1948 meine Patentante wurde, muss eine Heirat geplant gewesen sein. Dass sie meine Patentante war, hat mir später nie jemand gesagt. Ich erinnere mich an die schwarzhäutige Puppe, die sie mir schickte. Dass »Tante Jennie« sie selbst genäht hatte, wusste ich nicht – bis ich für dieses Buch recherchierte.

Ungefähr 20 Jahre lebten Jennie und Hermann zusammen, teilten Sport, Reiten, Tennis, Schwimmen, Tanzen, die Liebe zur Natur, zu Pferden, Hunden, Blumen. Jennie fotografierte, dekorierte, nähte, kochte, backte, und Hermann freute sich an den Produkten. Sie ertrugen und verziehen Temperamentsausbrüche (von Jennie), Sarkasmus (von Hermann), versöhnten sich nach »Krächen«, teilten ziemlich viele Sorgen. Wie im richtigen Leben.

Aus australischen Archiven erfuhr ich, wann Jennie in Australien einreiste, las von Haarfarbe, Augenfarbe, Größe, Gewicht und dass sie 1949 in Sydney bei ihrem Bruder wohnen konnte. Passagierlisten erzählten, wann sie auf welcher Route die USA erreichte und mit wie vielen Koffern. Laut U.S. Naturalization Record Index wurde sie 1957 eingebürgert, da musste sie ihren Geburtsort, den Namen ihres Vaters und ihres geschiedenen, vor 1952 verstorbenen Ehemannes angeben. Heirat und Scheidung in Harbin, China. Wann war sie aus der Sowjetunion geflohen? Wann aus Harbin nach Shanghai gekommen? Adressbücher gaben Anhaltspunkte. Laut US-Security Death Index starb sie am 24. August 2001. Ich hätte sie besuchen können, als ich 1986 in L.A. war. Da ahnte ich nicht, dass sie noch lebte.

Was war im fernen Amerika aus Jennie geworden? Zwei Nachrufe geben Auskunft. Deren Entdeckung via ancestry.com auf newspapers.com war für mich ein Heureka-Moment. Nach ihrer Ausbildung zur Krankenschwester, über die sie Hermann 1952 berichtet hatte, arbeitete sie doch weiter als Buchhalterin in Los Angeles. 1968, im Alter von 65 Jahren, zog sie nach Palm Desert, zwei Autostunden östlich von L.A., wohnte in einem Bungalow am Birdie Way. Sie wurde Mitglied im Shadow Mountain Palette Club und im College of the Desert Painting Club. Im Coachella Valley Community Centre arbeitete sie ehrenamtlich in der Bibliothek, im Joslyn Senior Centre in Palm Desert spielte sie leidenschaftlich Bridge und nahm das

Unterhaltungsangebot wahr. Ihren Nachlass hat sie dem Joslyn Center vermacht, das wird in deren Journal regelmäßig dankend erwähnt. Daher weiß ich es. Weder auf meine Schreiben noch auf meinen Anruf – mit der Frage, ob es Aufzeichnungen, Briefe oder Fotos im Nachlass gegeben hatte, ob sich noch jemand an sie erinnerte – erhielt ich von dort eine Antwort.

Geheiratet hat sie nicht. In der Zeitung *The Desert Sun* (Palm Springs, Kalifornien) heißt es im Nachruf,[85] sie habe 1932 in Shanghai geheiratet und ihr Ehemann Hermann Breuer sei im Jahr 1960 gestorben. Ich folgere daraus, dass Jennie erinnerte, etwa 1932 in das Haus in der Rue Chapsal gezogen zu sein. Bevor ich den Nachruf kannte, war ich zu einem ähnlichen Schluss gekommen, als ich in Hermanns Briefen las, dass sie im September 1931 seinen Wäscheschrank aufräumte und eifersüchtig auf die Begegnung mit einem weiblichen Kimono reagierte. Dass Jennie noch nach vielen Jahren in Amerika Hermann als ihren Ehemann benannte, hat mich tief berührt. Aber wie kam sie darauf, er sei 1960 gestorben? Vielleicht hatte sie Freunden, Nachbarn oder im Joslyn Centre erzählt, dass ihr Mann gestorben sei, bevor sie 1968 nach Palm Desert zog? Ich fürchte, dass niemand aus unserer Familie sie im November 1973 von Hermanns Ableben in Kenntnis gesetzt hat. Oder war vielleicht im Jahr 1960 der Moment gekommen, wo sich beide darauf einigten, es habe nun keinen Sinn mehr, sich zu schreiben, und für Jennie war Hermann von da an gestorben? Das Ende dieser Beziehung liegt ebenso im Dunkeln wie ihr Anfang.

1 *Weser-Kurier*, 21.2.1954.
2 HWB 28.8.1953 an Heyn.
3 HWB 28.12.1953 an Nele.
4 HWB 17.2.1955 an W. Meller. BArch ZLA 7–34/116.
5 HWB 4.5.1954 an Paul Stark, vormals Kanzler am Generalkonsulat Shanghai. BArch ZLA 7–34/119.
6 1949 ff. BArch ZLA 7/34–18.
7 HWB 4.5.1954 an Paul Stark.
8 HWB 28.12.1953 an Nele.
9 Johann Grodtmann 21.4.1956 an HWB, BArch ZLA 7/34–17.
10 Paul Unterberger, Abitur an der Kaiser-Wilhelm-Schule Shanghai 1938. Schmitt-Englert, Deutsche in China, S. 564.

11 Unterberger 3.5.1955 an HWB, BArch ZLA 7–34/17, Unterberger auch 5.6.1953 BArch ZLA 7–34/17.

12 Walter Foraita am 15.4.1955 an HWB; BArch ZLA 7–34/17.

13 Elly geb. Thieß, seit 1919 verheiratet mit Enno Ramdohr (1888–1953), Bremer Staatsrat und Leiter der Bremer Finanzverwaltung.

14 HWB 9.4.1954 an Nele.

15 *Bremer Nachrichten*, 7.1.1959, zu HWBs 75. Geburtstag.

16 HWB 28.12.1953 an Nele.

17 Hrsg. 4/1950–3/1952 China Information Bureau, hrsg. 4/1952–12/1955 Xinhua News Agency.

18 Zhongguo Jianshe, 1952 von Song Qingling und Israel Epstein gegründet, um außerhalb Chinas ein positives Image der VRC zu vermitteln. Erschien u.a. auf Chinesisch, Englisch, Französisch, Arabisch, Deutsch. Jetzt: China Today. https://en.wikipedia.org/wiki/China_Today, 7.4.2020.

19 Alle Publikationen genannt in: HWB 12.8.1953 an Stoltenberg-Lerche.

20 Autorin: Alice Ekert-Rotholz, lebte 1939–1952 in Bangkok; das Buch erschien 1954.

21 Zu Buch und Filmen: HWB 26.3.1956 an Nele. 60. Geburtstag von Alice Breuer, 20.4.1955.

22 HWB 16.6.1952 an OAV, BArch ZLA 7–34/17. AA, Abt. II, Dr. von Schmoller 17.10.1953, PA AA B85 234.

23 Die Landesflüchtlingsverwaltungen übernahmen den Standpunkt auf ihrer Konferenz am 15./16. Mai 1953.

24 HWB 4.10.1953 an Groß, OAV, mit Anlage weiter an das Auswärtige Amt 15.10.1953. PA AA B85 234.

25 Im Kurzprotokoll der 12. Sitzung des Ausschusses für den Lastenausgleich am 8.9.1954 (BArch ZLA 7–34/47) wurde die Argumentation von HWB (6/1952 und 12/1953) fast wörtlich übernommen. Wenn es im Gesetz bisher hieß: »*Als Vertriebener gilt, wer als deutscher Volksangehöriger / 3. nach Abschluß der allgemeinen Vertreibungsmaßnahmen die deutschen Gebiete östlich der Oder-Neiße-Linie, Danzig, Estland, Lettland und Litauen, die Sowjetunion, Polen, die Tschechoslowakei, Ungarn, Rumänien, Bulgarien, Jugoslawien oder Albanien verlassen hat oder verläßt […]*«, sah das 4. Gesetz zur Änderung des Lastenausgleichs vom 12.7.1955 vor, in §11 Abs. 2 Nr. 3 »*zwischen den Worten ›Jugoslawien‹ und ›Albanien‹ das Wort ›oder‹ durch ein Komma [zu ersetzen] und hinter ›Albanien‹ [einzufügen] ›oder China‹*«. *Bundesanzeiger* Nr. 22, 15.7.1955.

26 HWB 25.7.1955 an Konrad Mauerer; BArch ZLA 7–34/19.

27 Ein Ausgleich wurde ihm zum September 1959 bewilligt, Zahlungen erfolgten bis 1963. Restitutionsakte HWB. Ausgleichsamt Bremen. BArch B 148 IV 43 605. Der gezahlte Betrag geht aus dieser Akte nicht hervor.

28 Treffen und Tod: HWB am 12.9.1956 (sic) an Martin Fischer. BArch ZLA 7–34/47. Todesdatum Winterfeldt: https://billion-graves.com/grave/Rudolph-von-Winterfeldt/23856919. Am 9.11.2020.

29 HWB 22.9.1956 an Richard Sachse betr. Grundvermögen von Schnabel, Gaumer & Co. BArch ZLA 7–34 /47.

30 Die Verzeichnisse mit den Bodenflächenwerten wurden am 21.7.1964 (!) genehmigt und dienten als Berechnungsgrundlage nach §5 Abs. 5 der 1. BAA-Feststellungs-DV. BArch ZLA 7–34 /122.

31 Hamburg, 24.3.1961: Rechtliche Einordnung eines Grundstückserwerbs. BArch ZLA 7-34/132.

32 Übersetzung in: BArch ZLA 7–34/121.

33 Die Umrechnungskurse wurden 28.5.1957 vom Präsidenten des Bundesausgleichsamtes festgelegt. BArch ZLA 7–34/119.

34 Kann 5.7.1958 an HWB, BArch ZLA 7–34/119.

35 HWB 19.5.1954 an Emil Hunke, BArch ZLA 7–34/47.

36 M.H. 23.2.1957 an HASt, HWB 26.2.1957 an M.H., BArch ZLA 7–34/18.

37 HWB 8.1.1957 an F.S., Staatsarchiv Hamburg 613-4/15, Bd. 32.

38 HWB 10.1.1966 an Christoph Breuer; »big shot« bedeutet »hohes Tier«.

39 Einsetzung und Aufgaben: Bundesgesetzblatt Nr. 22 (1953), BVG vom 19.5.1953 §§22 und 23.

40 HWB 3.4.1954 an Nele.

41 HWB 22.10.1965 rückblickend an die OAV-Vorstandskollegen.

42 Eberstein, Ostasiatischer Verein, S. 210–211.

43 Der Vorsitzende W. Freudenberg am 24.6.1952 zur Diskussion auf der folgenden Vorstandssitzung.

44 W. von Pochhammer 21.6.1971, Anmerkungen zur Vorstandssitzung am 15.6.1971.

45 HWB 25.6.1960 an Nele.

46 HWB 7.5.1960 an Nele.

47 HWB 5.9.1966 an Christoph Breuer, Kopie an Nele.

48 HWB 21.9.1956 an Nele.

49 Weserrenaissance von 1619–1621. Am 6.10.1944 durch Bomben fast völlig zerstört (in dieser Nacht verbrannte auch Melchers' Stammhaus). Bis 1951 Rekonstruktion des Erdgeschosses, ab 1955 Fertigstellung.

50 *Weser-Kurier*, 8.10.1954.

51 HWB 24.11.1962 Ansprache zum 63. Stiftungsfest des OAV Bremen.

52 HWB 21.9.1956 an Nele.

53 HWB 10.6.1954 an Nele.

54 HWB 3.4.1954 an Nele.

55 HWB 21.5.1954 an Nele.

56 HWB 10.6.1954 an Nele.

57 HWB 21.5.1954 an Nele.

58 Erna Breuer 22.1.1954 an Nele, doppelt unterstrichen von Erna.

59 Erna Breuer 19.1.1943 an Nele.

60 Erna Breuer 25.2.1954 an Nele.

61 AB 11.8.1953 an Nele.

62 HWB 21. und 22.4. 1954 an Uwe, Durchschläge an Nele.

63 HWB 10.6.1954 an Nele.

64 OAV an AA 25.8.1954 wg. Rückführungskosten im Jahr 1951; PA AA B85 235.

65 Leutner, 1949–1995, S. 55.

66 Mit einer Ausnahme, dessen Rückführung 1974 genehmigt wurde. Eberstein, S. 147.

67 »... wir beabsichtigen, die Geschäftsstelle um den 30. Juni d.J. zu schließen«, HWB 13.3.1952 an OAV; PA AA B10, 1944, A 5638 B1.

68 Antrag: 22.3.1954; Bericht des Deutschen GK Hongkong 19.3.1955 über Abschluss der Rückführungsaktion und Schließung des Büros der DG Shanghai an AA PA AA B85 235, s.P.

69 OAV 8.9.1953 an GK Hongkong; PA AA B85 235.

70 HWB 13.4.1953 an Claussen.

71 Breuer, Konsul ohne Exequatur, S. 98.

72 Protokoll: Staatsarchiv HH Bestand 613-4/15, Bd. 32. Becker wurde 1959 als westdeutscher Spion in Shanghai verhaftet. Nach 30 Monaten Haft 1962 nach Deutschland. https://www.zeit.de/1965/21/untergrundkonsul-in-shanghai, am 10.10.2019.

73 Carl Becker, 2.3.1957 an HWB, HASt. BArch ZLA 7–34/17. In China lebten 1954 ca. 80 Deutsche.

74 Briessen, Fakten, S. 245. Die VRC folgte wörtlich der sowjetischen Erklärung vom 25.1.1955.

75 Siegel 10.5.1955 an OAV. Staatsarchiv Hamburg, Bestand 613-4/5, Band 32.

76 »*Eine Betreuung [...] Staatenloser würde eine Verletzung der Souveränität des Gastlandes bedeuten.*« 3.2.1956 MfAA an DDR-Botschaft Peking. PA AA MfAA A6517, p. 24.

77 Wolfgang Mohr, Briessen-Interview, S. 25–61. Gedächtnisprotokoll CM. Mohr betonte, dass die chinesische Verfassung von 1954 es Ausländern mit besonderen Verdiensten um die VRC erlaubte, ihr Privateigentum zu behalten. Briessen schreibt in der *Shanghai Bildzeitung*, Mohr habe China die Sammlung geschenkt, S. 20.

78 DG 14.6.1955 mit Anmerkung des GK vom 20.6.1955. Staatsarchiv Hamburg, Bestand 613-4/5, Bd. 32.

79 HWB 21.6.1955 an die SKA. Staatsarchiv Hamburg, Bestand 613-4/5, Bd. 32; kursiv CM.

80 SKA an NL New York, Kopie an OAV, Eingang 9.7.1955. Staatsarchiv HH Signatur 613-4/15, Bd. 32. Ü: www.DeepL.com/Translator.

81 SKA 26.7.1955 an DAB Hamburg und DG Shanghai, dort Verweis auf Schreiben an New York. Am 5.9.1955 teilte die SKA der DAB mit, das Geld wurde freigegeben. Staatsarchiv HH Bestand 613-4/5, Bd. 32.

82 Todestag: 16.8.1954. In: HWB 31.8.1954 an AA, PA AA B85 235.

83 Reisekostenabrechnung Breuer, Staatsarchiv Hamburg Bestand 613–4/15, Bd. 32.

84 HWB: Rede zu Alice Breuers 70. Geburtstag am 20.4.1965.

85 29.8.2001.

1955 - 1962
China im Blick behalten

Als Breuer am 27. Oktober 1952 im Hamburger Ratskeller vor Vertretern des Arbeitskreises China im Ost-Ausschuss der deutschen Wirtschaft gesprochen hatte, wollte er den am China-Geschäft Interessierten »Mut für eine Wiederanbahnung der Handelsbeziehungen« machen.[1] Dem stand entgegen, dass die USA im Mai 1951 einen Beschluss der Vereinten Nationen herbeigeführt hatten, China einer verschärften Wirtschaftsblockade zu unterwerfen.[2] Auf der Embargoliste standen über 400 Warentypen, die entweder gar nicht nach China geliefert werden durften (Rüstungsmaterial und Grundstoffe für die Gewinnung von Atomenergie) oder nur in beschränkten Mengen.[3] Westdeutschland folgte den Vorgaben besonders strikt; der Staat war wirtschaftlich und militärisch abhängig von amerikanischem Wohlwollen.

Ohne gebührenden Respekt vor der Geschichte und den Leistungen Chinas werden wir uns nur selbst täuschen.
HWB an den Schriftsteller Frank Thiess, 30. November 1965

Wirtschaftskontakte

Im September 1954 bekam HWB von Hans Siegel aus Shanghai einen chinesischen Zeitungsartikel geschickt, der den Besuch von Vertretern der deutschen Wirtschaft, darunter Dr. Beutler von Melchers und Dr. Paul Witting, Direktor der Norddeutschen Bank AG, Bremen, in China ankündigte.[4] Der Plan beruhte auf Absprachen am Rand der Indochina-Konferenz in Genf[5] und einem Treffen westdeutscher Unternehmer mit chinesischen Funktionären in Ostberlin. Aus der Reise wurde nichts, denn die bundesdeutsche Regierung versagte einem offiziellen Kontakt ihre Unterstützung. Sie befürchtete, der Abschluss eines Handelsvertrags, so wie die VRC ihn sich vorstellte, könnte als politische Anerkennung der Volksrepublik gewertet werden.[6] Trotzdem gab es, wenn auch auf relativ niedrigem Niveau, durchaus wirtschaftliche Beziehungen zwischen China und der BRD, meist getragen von Persönlichkeiten und Firmen, die China-Erfahrungen und -Kontakte aus der Zwischenkriegszeit mitbrachten.[7] Im Mai 1957 schien ein weiterer Schritt möglich. Der Vizepräsident des China Committee for the Promotion of International Trade, Ji Chaoding, war mit einer chinesischen Wirtschaftsdelegation nach Deutschland gekommen, um am »Ostasien-Wirtschaftstag« der Hannover-Messe teilzunehmen. Die Delegation machte anschließend eine Rundreise zu den »wichtigsten Zentren der westdeutschen Wirtschaft« und kam am 8. Mai 1957 nach Bremen, wobei das Interesse besonders dem Hafen galt. Den Abschluss des eintägigen Besuchs bildete ein Bankett im Parkhotel. Da war HWB dabei und konnte sein Lieblingsthema mit erörtern, nämlich, »den Warenaustausch zwischen beiden Ländern auszubauen – die unterschiedlichen Wirtschaftssysteme beider Länder durften dabei kein Hindernis sein«.[8] Im September flog eine neunköpfige Delegation unter Leitung von Otto Wolff von Amerongen (der Stahlkonzern Otto Wolff war seit den 1930er Jahren im China-Geschäft) zu Verhandlungen nach Peking und Shanghai. Sie schlossen das erste westdeutsch-chinesische »handelsvertragsähnliche Abkommen« mit der VRC ab.[9] Laufzeit ein Jahr.[10] Als das Jahr vorüber war, wurde der Vertrag nicht verlängert. Die Chinesen wünschten sich einen staatlichen Handelsvertrag, der politische Annäherung signalisiert hätte. Das ging der BRD zu weit, sie wünschte die »Ausschaltung politischer Elemente«.[11] Trotzdem konnten die »alten« deutschen China-Kaufleute und -Industriellen einen wirtschaftlichen Austausch aufrechterhalten. Henning Melchers dazu: An dem relativ geringen Handelsvolumen dieser Jahre hatten wir einen großen Anteil und haben gut verdient.[12]

Ein Märchen

Auch HWB erhielt noch einmal die Chance, den Fernen Osten wiederzusehen, das war 1959. »*Es klingt wirklich wie ein Märchen aus Tausend und einer Nacht, aber ich bin von der Direktion der Air France – Paris eingeladen, mit einer Gruppe von 34 Herren am 1. Flug der Linie von Hamburg über den Nordpol nach Tokio teilzunehmen und dabei für 14 Tage ihr Gast zu sein.*« »*Deo volente*« sollte es einen Tag nach Pfingsten losgehen.[13] »*Man hat mir freigestellt, mit der Südlinie der Gesellschaft über Hongkong, Saigon, Bangkok, Delhi (new), Teheran, Istambul [sic], Frankfurt zurückzukehren und mich an den Plätzen – allerdings für meine Kosten – nach Belieben aufzuhalten. Da ich überall alte Bekannte habe, sollte das Problem des Aufenthaltes keine Schwierigkeiten bieten. Da ich ferner Gelegenheit habe, einige dienstliche Ostasienfragen zu bearbeiten, hat mir der [Bremer] Senat einen Sonderurlaub für 3 Wochen zugestanden, d. h., diese Reise geht [nicht] in Anrechnung auf meinen Jahresurlaub. Eigentlich sollte ich am 15. Mai fliegen und zwar in Begleitung der deutschen Prominenz (Seebohm, Brauer[14] und ähnlichen Persönlichkeiten), aber da man den Bürgermeister Bremens und jetzigen Präsidenten des Bundesrates Kaisen anscheinend nicht aufgefordert hatte, sondern aus Bremen nur mich, habe ich zuerst abgelehnt. Darauf wurde die Lösung gefunden, dass ich am 2. Flug teilnehme, an dem Berichterstatter und Chefs der internationalen Reisebüros teilnehmen. Das habe ich gestern angenommen.*«[15]

Tokio

Ein Auto der Air France holte HWB am 19. Mai um 18 Uhr in Bremen ab und fuhr ihn nach Hamburg. In der Lounge des Flughafens warteten Begrüßungscocktails. Die halfen vorübergehend gegen den Hexenschuss, der ihn am Morgen getroffen hatte. Um 22 Uhr flogen sie ab. In Tokio führte ihn der erste Weg in die №. 5 Higashi Toriizakamachi im Stadtteil Minato-ku zu Botschafter Dr. Wilhelm Haas,[16] »mein alter Shanghai Bekannter«, der ihm einen »hervorragenden« Masseur empfahl.[17] Sie hatten sich gerade erst im März in Bremen gesehen, als Haas auf dem »Geselligen Abend« des OAV einen Vortrag »Japan heute« gehalten und seinen Aufnahmeantrag abgegeben hatte.[18] Ein *must* für den gebürtigen Bremer, der von Ende 1947 bis 1949 als Staatsrat Chef der Präsidialabteilung des Bremer Senats gewesen war. Ende 1950 war Haas in Bonn der erste Personalchef des Auswärtigen Amtes geworden.[19] Ein schwieriger Job unter Konrad Adenauer. Laut Beschluss der Bundesregierung durften keine ehemaligen NSDAP-Mitglieder eingestellt werden, und Adenauer bestand auf konfessioneller Parität. Beides hatte Haas nicht umsetzen können. Eine ganze Reihe Kollegen aus dem Vorkriegsamt, die Haas wieder einstellte, hatten im Entnazifizierungsverfahren ihre Parteimitgliedschaft geleugnet. Haas meinte, er habe nicht die Möglichkeit gehabt, die Selbstzeugnisse zu prüfen.[20] Breuer und er waren sich einig, dass allein aus der Mitgliedschaft in der NSDAP noch keine ideologische Übereinstimmung mit den Zielen und Methoden des NS-Staates gefolgert werden könne; nicht jedes NSDAP-Mitglied sei Nationalsozialist gewesen. Entscheidend war für Haas, ob er »jedes politische Gespräch, auch das ketzerischste«, mit einem Kollegen führen konnte und keinen Verrat befürchten musste. Oder so: Wer nach der Eroberung von Paris nicht »dem damaligen Taumel anheimgefallen« war – der war für ihn kein Nazi.[21] Haas hatte im Juli 1951 sein Amt im Außenministerium abgeben müssen: Er habe zu wenige Katholiken berücksichtigt (nur etwa 27 % der Bewerber waren katholisch), und er hatte sich geweigert, zwei nicht genügend qualifizierte Bewerber mit CDU-Parteibuch einzustellen.[22] Haas' persönliche Integrität stand außer Frage, er wurde 1952 als Botschafter nach Ankara entsandt, 1956 ging er als erster Botschafter der Bundesrepublik in die UdSSR. Breuer und er konnten ihre Erfahrungen mit dem Kommunismus sowjetrussischer und chinesischer Prägung vergleichen und ihre Beobachtungen über die aktuelle russisch-chinesische Entfremdung austauschen. Seit gut einem Jahr war Haas nun wieder in Tokio, in gewisser Weise ein guter Abschluss seiner Karriere (er würde in zwei Jahren pensioniert werden), denn hier war er 1937, damals Legationsrat an der Deutschen Botschaft, auf Veranlassung der Nazis in den vorzeitigen Ruhestand versetzt worden.

In Tokio besuchte Hermann seinen »lieben guten Freund Erich« (Kayser[23]), der ihn »wie einen Bruder« aufnahm.[24] Sie besuchten Yokohama, schlenderten über die Einkaufsstraße Ginza in Tokio, besuchten zusammen eine Odori-Vorstellung und das Kabuki-Theater, das 1951 wiedereröffnet worden war, nachdem ein amerikanischer Bombenangriff es 1945 zerstört hatte. »*Ich werde niemals diese beiden wundervollen Darstellungen aus der Erinnerung verlieren. So etwas Schönes, wie im Kabuki-Theater geboten wird, habe ich hier noch nicht gesehen und etwas Ähnliches wie die Odori-Show*[25] *mit 200 Tänzerinnen kann man sich eben in Deutschland nicht erlauben.*«[26]

Obwohl: Ende November 1956 hatte die Peking-Oper drei Abende am Besenbinderhof-Theater in Hamburg gastiert. Das *Hamburger Abendblatt* sprach von einem »überwältigenden Erfolg«, schilderte ausführlich die Szenen einer insgesamt »großartigen Synthese von Musik, Gesang, Tanz, Schauspiel und Akrobatik«, war hingerissen von »Pantomime in Vollendung«.[27] Hermann war auch begeistert: »Es war selbst für mich etwas ganz außerordentliches, was das Ensemble bot. [...] ein großer Genuss.« Er hatte sich im Vorfeld bemüht, die Truppe nach Bremen zu holen, das war an den Kosten gescheitert. Nun lud er während des Tee-Empfangs, den der OAV Hamburg am 21. November für das 80-köpfige Ensemble gab,[28] spontan den Generalsekretär und einen »brillant Deutsch sprechenden« Studenten aus Peking nach Bremen ein. Er stellte fest, dass sie sich »völlig frei bewegen« konnten. Sie hatten einen schönen Tag zusammen: »Es hat ihnen mächtig – aber auch meine Aufnahme – gefallen. Man kennt eine Reihe noch in China lebender Bekannter, denen man nach der Rückkehr meine Grüße übermitteln wird.«[29]

Hongkong

Am 2. Juni flog HWB von Tokio nach Hongkong. In der Melchers Agency waren jetzt Jürgen Lindemann, Sohn von Karl Lindemann, die Nummer eins und Heinz Otto – Heino – Hackmack die Nummer zwei. Ihr bedeutendstes Importgeschäft waren Rollei-Kameras und optische Geräte, die Geschäftsbeziehung stammte noch aus Vorkriegszeiten, außerdem lief Melchers' Handel mit Festland-China über Hongkong: Rohprodukte nach Europa, Kunstfaser nach China.[30] Hackmack erzählte, wie er zwei Jahre zuvor, 1957, mit Henning Melchers zur Import- und Exportmesse nach Kanton gereist war. Es war das erste Mal nach der Ausreise seines Vaters Carl Gerhard im Mai 1951 gewesen, dass wieder ein Melchers chinesischen Boden betrat. Inzwischen waren 1952 im Rahmen der »Fünf-Anti«-Kampagne schlimme Anschuldigungen gegen CGM erhoben worden. David Kwok und Breuer hatten einige seiner Verstöße gegen geltende Bestimmungen offenlegen müssen. »Mulmig« war Melchers und Hackmack zumute gewesen, als sie über die Brücke von Hongkong nach Shenzhen (vormals Sham Chun) gingen. Drei Männer in Mao-Uniform nahmen sie in Empfang. Sollte das eine Verhaftung werden? Und dann hießen die Vertreter der

Volksrepublik sie bei einem gemeinsamen Abendessen willkommen, »*sagten, China freue sich, dass [Henning Melchers] als Spross einer alten deutschen Chinahandelsfirma zurück nach China käme, dass dies ein Zeichen der Freundschaft sei und nun die alten Beziehungen weiterleben sollten*«. »Mein Gott waren wir erleichtert«,[31] schloss Hackmack seine Erzählung.

»*Ich bin überall von meinen alten deutschen Freunden und auch besonders von meinen alten chinesischen Bekannten mit einer Liebe und Herzlichkeit aufgenommen, die wahrlich nicht zu überbieten ist. Somit bilde ich mir jetzt ein, doch ein ganz gern gesehener Gast gewesen zu sein, der nach Jahren das erntet, was er mal in besseren wirtschaftlichen Zeiten andren an Gastfreiheit und auch Hilfe hatte zukommen lassen.*« Zu den deutschen Freunden gehörten Hans Wilhelm Siegel, in Hongkong wie vorher in Shanghai für die Rostro Trading Co. arbeitend, die Herren Kurt Schinckel[32] und Heinrich Unkel, Importeur für Chemikalien und Apotheken-Bedarfsartikel.[33] Ludwig Stumpf war leider gerade zu einer USA-Reise aufgebrochen. Stumpf hatte die Flüchtlingshilfe des Lutherischen Weltbundes in Hongkong inzwischen vom Einmannbetrieb und 500-US-Dollar-Jahresbudget zu einer Organisation mit 280 Mitarbeitern und einem Etat von einer Million US-Dollar entwickelt.[34]

»Ehemalige Shanghai-Deutsche, die sich jetzt in Hongkong niederließen, gaben ihrem alten *boss* ein großes Essen.«[35] Zu »seinen« Chinesen gehörte Richard Lieu, Tai On, Shanghai, dessen Schicksal HWB nach seiner eigenen Ausreise im Auge behalten hatte: Richards (inzwischen geschiedene) Frau Flora und die drei Kinder hatten Shanghai kurz vor HWB im Sommer 1952 verlassen, in Hongkong hatten sie einander besucht. Richard versuchte, seiner Familie zu folgen, bekam aber kein Exit-Visum. Im Frühjahr 1955 hatte er die Firma Tai On verlassen und war in die Nähe Kantons gezogen in der Hoffnung, eines Tages schwarz über die Grenze zu gehen. Am Perlfluss führte er das Leben eines Fischers, bis er, bärtig und braun gebrannt, 1956 mit seinem Fischerboot nach Hongkong ruderte.[36] Auch S.Y. Wu meinte Herrmann, wenn er von »seinen« Chinesen schrieb: Wu war von 1922 bis 1946 seine »rechte Hand« in Shanghai gewesen. Sie hatten sich 1952 in Hongkong wiedergesehen, und inzwischen hatte Wu sich als Repräsentant von Ulrich Ashelms Firma Stuckert in Hongkong niedergelassen, sein Sohn (Thomas) studierte in Deutschland. Als Wu den Sohn im November 1957 in Deutschland besuchte, traf er auch Breuer in Bremen.[37] Ein anderer lieber Shanghai-Hongkong-Freund würde noch in diesem Sommer aus Südamerika nach Bremen zu Besuch kommen: K.W. Lee,[38] der Breuer 1952 in Hongkong finanziell geholfen hatte. Den Neustart dieses Freundes, den er gelegentlich als seinen »ältesten Sohn« bezeichnete, hatte HWB aus tiefer Überzeugung mit Empfehlungsschreiben – an Theodore Fitz Randolph und, namens des OAV, an die Deutsch-Brasilianische Handelskammer in Rio[39] – unterstützt.

Am Morgen des 8. Juni (1959) trat HWB in Hongkong den Rückflug an – »*[…] dass die Pol-Reise und der 20-tägige Aufenthalt im Fernen Osten für mich ein ungeheuerliches Erlebnis waren, und dass ich […] wahrscheinlich Wochen, wenn nicht Monate brauche, um das Erlebte in meinem Gehirn zu ordnen*«. Er hatte ganz viele Geschenke mitgebracht, die er in den folgenden Tagen und Wochen in Bremen, Hamburg, Hannover, Northeim und Berlin verteilte.[40] Christine bekam einen weißen Baumwollkimono, mit anthrazitfarbenen Bambuszweigen bedruckt.

Der Schnauzer Jo

In Bremen wartete ein neues Familienmitglied auf Hermann. Er habe seinen Enkelkindern in Northeim einen Hund versprochen, argumentierte er. Aber eigentlich: Er selbst wünschte sich wieder einen vierbeinigen Freund, »der, wenn ich meine Arbeit hier vollendet habe, für die letzten Zeiten mein Tagebegleiter werden soll«.[41] Ausgesucht hatte er das Tierchen, einen salz- und pfefferfarbigen Mittelschnauzer, schon gleich nach dessen Geburt im März, er sollte es holen, wenn es sechs Monate alt wäre. Hermann hielt es nicht so lange aus und holte den Kleinen schon Anfang Juli zu sich. Im Handumdrehen wurde Jo »der Stolz von Northeim«[42] – die Enkel bekamen ihn allerdings nur an den Wochenenden zu sehen, an denen der Großvater sie besuchte. Er war ganz Hermanns Hund, sein »guter Kamerad«,[43] der ihn überallhin begleitete. Herr und Hund waren gern gesehene Gäste, jeder auf seine Art. Hermann besorgte mit Vergnügen die Zutaten für ein Sonntagsmittagessen, z. B. für ein Curryessen, und erteilte gute Ratschläge hinsichtlich der Zubereitung bzw. das Endergebnis betreffend; er verschenkte Curry-Sets und erklärte deren Gebrauch, erläuterte die Entstehung des chinesischen Porzellans mit dem typischen »Reismuster« und die Geschichte der Porzellanmanufakturen in »Kingteh-chen« (Jingdezhen). Die Essenszubereitung übernahmen dann die Hausfrauen, z. B. die Melchers-Shanghai-*connections* Frau Halla und Frau Dieckmann in Bremen, auch Dora in Northeim, Nele in Berlin.[44] Cousine Alice musste er nichts erklären, die hatte oft für ihren Karl eine indonesische Reistafel zubereitet. Und was Jo anging: In jedem Haushalt, den Hermann öfter besuchte, hatte er Bürste, Tuch, Fress- und Wassernäpfchen hinterlegt, damit der Hund ohne weitere Umstände empfangen werden konnte. Jo wurde auch *Mister* Jo genannt, weil er so englisch aussah und sich so vorbildlich zu benehmen wusste.

Volkskommunen, Großer Sprung

»Verschwindend gering sind unsere Kenntnisse vom alten China, noch weniger aber wissen wir vom neuen China.« Es war nicht einfach, Informationen zu erhalten, denn es gab nur wenige offizielle Kontakte; private Beziehungen konnten nicht gepflegt werden, ohne die chinesischen Partner

Verdächtigungen auszusetzen. Dabei war HWB sicher, dass »sich in diesem Land eine so völlige Veränderung des menschlichen Lebens [vollzieht], wie sie ihresgleichen in der Geschichte sucht«.[45] Er versuchte, dem nahe zu bleiben. Mit Sympathie und mit Skepsis. Die Vorträge bei den Geselligen Abenden des OAV Bremen, die er initiierte, hatten immer wieder China zum Thema.

Diese Abende begannen mit einem Curryessen. Im Mai 1960 schloss sich dem Essen »ein ungewöhnlich interessanter Vortrag eines Herrn G. L. Flatow«[46] an. Um Herrn Flatow hatten sie sich im OAV oft Sorgen gemacht; für die Besprechungen am 4. und 5. Dezember 1952 im Auswärtigen Amt hatte Breuer notiert gehabt: »G. L. Flatow 11.9.1951 verschwunden.« Flatow war angeblich mit einem gültigen chinesischen Exit-Visum aus Tianjin nach Shanghai abgereist, dort aber nicht angekommen. Viel später hatte sein Bruder über das Chinesische Rote Kreuz in Erfahrung gebracht, dass Flatow im Oktober 1951 in Tianjin zu sechs Jahren Haft verurteilt worden war. Mehr nicht.[47] War Flatow als Mitarbeiter des amerikanischen Intelligence-Service verhaftet worden? Es gab Gerüchte, er sei 1946/47 an der Aufstellung der amerikanischen schwarzen Listen zu NSDAP-Funktionären und -Mitgliedern beteiligt gewesen. Oder waren es doch die Lastwagengeschäfte, die er als Direktor der Asien-Abteilung der Otto Wolff AG eingeleitet hatte und nicht ausführen konnte?[48] Jetzt erzählte Flatow ganz locker, er sei damals im Zug »zwischen Tianjin Ost und Tianjin Süd« verhaftet worden. Eine Anklage hatte es nie gegeben, er habe selbst herausfinden müssen, wo und wie er gegen die Interessen des chinesischen Volkes verstoßen habe. Der Einladung von Herrn Breuer war Flatow recht gern gefolgt, er hatte ihn in der Shanghaier Gemeinde oft als »ruhenden Pol« empfunden.[49] Seinen Vortrag in Bremen begann er mit den Worten: »Die Gründe für die kritische Sympathie, die ich der VR China, dem chinesischen Volk und seiner Führung gegenüber empfinde, beruhen auf einer langjährigen persönlichen Erfahrung in diesem Land.« Hinsichtlich der langjährigen Erfahrung unterschied er sich nicht von seinen Zuhörern, aber seine Konsequenz war eine andere. Als KPD-Mitglied in den 1930er Jahren ausgewandert, war er nun überzeugt von den Zielen Maos und von dessen Weg.[50] HWB erklärte das so: »[Flatow], der 5 Jahre, von 1951 bis 1956, in Peking im Gefängnis war und dessen Gehirn dort ›gewaschen‹ wurde. Das fühlte man beim Anhören.«[51]

Gehirnwäsche

Wilhelm Dunsing beschrieb die Gehirnwäsche-Erfahrungen, die er, ebenfalls im Gefängnis in Tianjin, machte, so: Die Gefangenen wurden zunächst nicht mit einer Anklage konfrontiert. Sie mussten freiwillig ein lückenloses Bekenntnis der eigenen Verbrechen ablegen und die Verbrechen anderer denunzieren. Zellengemeinschaften traten in einen wahren Wettbewerb der Selbstbezichtigung, verpflichteten sich, 250, 300, 500 und schließlich 1000 Materialien beizubringen, sich und andere wegen Waffenbesitzes, Radiobesitzes, reaktionärer Bemerkungen, Devisenvergehen, Schwarzmarkthandel, Wucher, Steuerhinterziehung, Beamtenbestechung anzuklagen. Der Beweis für eine gelungene Umerziehung war, schwere Missetaten zu bekennen, denn damit zeigte der Gefangene Vertrauen in die Regierung. Er musste nicht nur gestehen, was ihm vorgeworfen wurde, er musste versuchen, es zu erahnen, es vorwegnehmend zu bekennen, es als wahr zu akzeptieren.[52] So zog ein anderes Ich in den Kopf ein. Der Mensch war emotional und intellektuell neu geprägt.

Neue Menschen

Eduard Solich (China 1918 bis 1954) sprach Anfang März 1960 über das Thema »China schafft einen neuen Menschen«. Er hatte erlebt, wie »*das Familienleben, aus dem China seit Jahrtausenden seine Kraft schöpfte, Schritt für Schritt zerstört wurde, bis zur Konsequenz der letzten zwei Jahre, bis zur Einführung der Volkskommunen*«.[53] Die Kommunen hatten, vor allem im ländlichen Raum, alle Pflichten des täglichen Lebens übernommen, Betreuung von Kindern und Alten, die Essensversorgung in Großkantinen, die Reinigung der Wohnungen und der Wäsche. Ende 1958 erfassten ca. 25 000 Kommunen je etwa 5000 Haushalte, zwischen 20 000 und 30 000 Menschen.[54] Solich erläuterte, »der Glaube an die Väter ist in China inzwischen anderen Kraftquellen gewichen«.[55] HWB dachte wieder an die konfuzianische Spruchweisheit, die Uwe so gefallen hatte, dass er sie – an seine Mutter denkend – schnell auf einem Bierdeckel notierte: »Die Sohnespflicht ist die Wurzel aller Tugenden« (bai xing xiao wei xian).[56] Solich erläuterte, die im Westen übliche Annahme, den Chinesen werde von ihrem Regime Gewalt angetan, sei falsch. Niemand brauche heute noch zu darben, die Zeit der Hungersnöte sei vorbei. Der Chinese sei stolz darauf, »*dass sein Volk heute in der Lage ist, Autos, Düsenjäger und Atomreaktoren zu bauen. Und hat sich daran gewöhnt, dass er diesen Fortschritt mit dem Verlust seiner freien Entfaltung bezahlen muss.*«[57] Nur: Als Ed Solich diesen Vortrag hielt, herrschte in China, von der Welt zunächst unbemerkt, eine der schlimmsten von Menschen gemachten Hungersnöte. 1958 war »Der große Sprung nach vorn« beschlossen worden, alle Wirtschaftszweige sollten um ein Vielfaches mehr produzieren, die Stahlgewinnung innerhalb eines Jahres verdoppelt werden. Mit Enthusiasmus schmolzen Landarbeiter auf Hinterhöfen in primitiven Hochöfen Töpfe, Fahrräder, Scheren ein. Henning Melchers erlebte, wie »*Horden junger Leute durch unser Hotel stürmten und Türgriffe abrissen, um diese eben zur Erfüllung der Quote in die Hochöfen zu werfen. Die Hysterie der Stahlerzeugung brauste durch das ganze Land.*«[58] So wurde nur minderwertiges Roheisen erzeugt, die Produktion verwendbaren Stahls ging zurück. In der landwirtschaftlichen Produktion fehlten derweil Arbeitskräfte. Ehrgeizige Parteikomitees strebten auch hier superlativische Ergebnisse an, traten in einen Wettbewerb der Selbstverpflichtung. Die erwarteten Ergebnisse wurden bei Weitem nicht erzielt, aber die darauf festgelegten Steuern, Abgaben in Naturalien, Exportverpflichtungen mussten eingehalten werden. In den Folgejahren fehlte sogar das Saatgut. Die Hungeropfer gingen in die zig Millionen.[59]

»Plädoyer für Peking«

»China – anders gesehen« nannte der Schriftsteller Frank Thiess den Vortrag, den er am 25. November 1965 für den OAV und dessen Gäste hielt.[60] Auf seiner mehrmonatigen Chinareise Anfang 1965 hatte er ein positives Bild von der Volksrepublik gewonnen. Ein »Plädoyer für Peking« sollte das Buch sein, an dem er arbeitete. Es ginge ihm »*nicht darum, die Volksrepublik zu preisen, sondern einmal nüchtern festzustellen, was der zähe Wille eines intelligenten Volkes vermag, wenn es um Sein oder Nichtsein geht. Viel von dem, was der Chinese ohne Klagen und Zorn auf sich nimmt, wirkt auf uns unhuman. Aber […] schrittweise, unter Entbehrungen und Verzicht hat das Volk sich […] hinauf gekämpft.*«[61] HWB sagte dazu, Thiess habe »*ein Bild Chinas und seiner Phänomene gezeichnet, das weit entrückt ist von den billigen Klischeeurteilen, die leider immer noch weitgehend die Vorstellungen der Öffentlichkeit beherrschen. Vieles ist mir […] eine lebendige Chronik meines eigenen Denkens gewesen, anderes hat mich durch [die] analytische Betrachtung zu neuer Besinnung gezwungen. […] Wir leben heute ja zu sehr in der Gefahr, uns schnell in gleicher Meinung zu einigen, weil dies wenig Mühe und Aufwand erfordert. Eben deshalb muss man den Menschen aus seiner Bequemlichkeit herausfordern, damit er seine eigene Verantwortung stärker erkennt. […] Ohne gebührenden Respekt vor der Geschichte und den Leistungen Chinas […] werden wir uns nur selbst täuschen.*«[62]

Kulturrevolution

Henning Melchers, der China weiter regelmäßig besuchte, hätte Thiess nicht widersprochen; er hatte den Eindruck: »*Die Jahre zwischen dem Großen Sprung und dem Beginn der Großen Proletarischen Kulturrevolution (also zwischen 1960 und 1966) waren alles in allem ruhige Jahre, in denen sich China ordentlich entwickelte. Die Menschen machten grundsätzlich einen zufriedenen Eindruck. Die kleine Gruppe der Besucher aus dem Ausland, zu der Hackmack und ich gehörten, waren zu dieser Zeit sicherlich Befürworter Maos. Nicht wegen des Kommunismus, wohl aber wegen der Ordnung, die er nach China gebracht hatte. […] So stolperten wir alle blind in die Kulturrevolution.*«[63] Geschäftlich hatte Melchers einen neuen Anfang im Chinahandel gemacht: Seit sie 1957 installiert worden war, besuchten Henning Melchers und Heino Hackmack die Kanton-Messe. Im Juni 1966 konnte Melchers eine kleine chinesische Delegation in Bremen begrüßen; für August 1966 waren sie zum Gegenbesuch nach Peking eingeladen. Kurz nach ihrer Ankunft beobachteten Melchers und Hackmack nachts vom Hotelfenster aus, wie auf dem Platz des Himmlischen Friedens eine Gruppe junger Leute mit roten Armbinden Autos anhielt, durchsuchte, die Insassen beschimpfte und bespuckte, prügelte, einen Mann erschoss. Am nächsten Tag waren Massen junger Leute mit roten Armbinden auf den Straßen, in den erhobenen Händen ein kleines rotes Buch. Aus Lautsprechern kam ohrenbetäubende Musik, Sprechchöre skandierten: »Dong Fang Hong«, der Osten ist rot, Lastwagen zogen vorbei, mit gefesselten Menschen beladen, die hohe, spitze Narrenkappen auf den Köpfen trugen. Dabei, so berichtete Melchers, war alles gut organisiert, fahrbare Latrinen standen vorsorglich dort, wo später spontane Demonstrationen stattfanden, die empörten, schreienden Massen machten pünktlich eine Mittagspause. Melchers und Hackmack bekamen nun täglich vor Beginn der Geschäftsbesprechungen eine Stunde politischen Unterricht. Beginnend mit der Formel »Mao hat uns gelehrt zu sagen«, lasen die Gastgeber ihnen aus dem Roten Buch vor. Sie mussten selbst auch laut vorlesen, aus der deutschen Übersetzung.[64] Vom Ausmaß der Verwüstungen ahnten sie nichts, und der Handel lief weiter: 1967 gründeten Melchers und die Ferrostaal AG (Essen) die Tochterfirma Melchers-Ferrostaal zur Vermarktung von technischen Produkten und Anlagenbau in China.[65] Die Geschäfte mit der MACHIMPEX, der China National Machinery Import & Export Corporation in Peking, starteten 1968. 1970 gab es fünf Abschlüsse, 1971 waren es zwei.

HWB verfolgte die Entwicklungen in China illusionslos; gleichzeitig blieb er entschlossen, positiv zu denken. Im Februar 1967 sprach er in seiner Rede auf dem OAV-Stiftungsfest von einem in China »herrschenden politischen Wirrwarr«[66] und wusste im Februar 1968 an gleicher Stelle über die Kulturrevolution zu sagen: »*Nach den schweren Ernährungskrisen, die dieses Land durchgemacht hat, ist China von einer neuen Krise geschüttelt worden, die sich allem Anschein nach aus der Frage erhob, wer Nachfolger seines großen Führers Mao Zedong werden soll.*[67] *Daraus entstanden die mannigfachen Erscheinungen der sogenannten Kulturrevolution, die besonders die heranwachsende Generation zu heftigster Mitarbeit herangezogen hat. Auf wirtschaftlichem Gebiet haben diese Ereignisse die Kräfte des Riesenreiches abermals weitgehend lahmgelegt. Seit jetzt eineinhalb Jahren werden Industriearbeiter in die kulturrevolutionäre Bewegung einbezogen […]. Mehrmals hat das Transportwesen versagt, als […] die Lastkraftwagen von Demonstrantengruppen beschlagnahmt wurden.*«[68] Kurz darauf schrieb HWB über Mao, »*der sich seiner ›Getreuen‹, die ihm zu angesehen wurden, dadurch entledigte, dass für 6 Monate alle Schulen in China geschlossen wurden, damit die Schulkinder seine Nebenbuhler moralisch, aber meistens ›wirklich‹ erledigten. Ich glaube auch, dass mein guter Freund David Kwok, der sein Land China so liebte, dass er seine riesigen Vermögen im Ausland im Stich ließ, um an dem*

Aufbau eines neuen China mitzuwirken, umgekommen ist.« Das schmerzte ihn. Trotzdem blickte er milde auf die Studentenbewegung der »1968er« in Deutschland: »Manche, die sich nach dem Reiche Maos sehnen, würden recht ernüchtert werden.« Milde auch deshalb, weil: *»Ich habe das Empfinden, dass jedem Altersstadium seine Irrtümer zugehören. Und schließlich ist es im Leben dann so, dass die Fehler aus Unerfahrenheit im Laufe der Jahre durch die Trugschlüsse der Erfahrung abgelöst werden.«*[69]

»… dass mein guter Freund David Kwok umgekommen ist«

Hier irrte Hermann. Ich habe viele Versuche unternommen, mehr über die wenigen Chinesen zu erfahren, von denen ich namentlich wusste, dass Hermann mit ihnen befreundet war. Die Schwierigkeiten schienen unüberbrückbar: Millionen von chinesischen Familien tragen gleiche Nachnamen. Mit einer Ausnahme fehlte mir die Schreibweise der Namen in chinesischen Schriftzeichen: Tung Han-sen hat sich in Widmanns Gästebuch einmal sowohl mit den chinesischen Zeichen als auch mit der Transkription eingetragen, was eine Recherche ermöglichte. Ich wollte aber auch mehr über die Familie Kwok erfahren, die Gründer und Manager des Wing-On-Konzerns, deren Baumwollfabrik №. 1 Melchers 1937 vor den Japanern schützte und die so viel beigetragen hatte zum Schutz von Melchers' Eigentum nach 1945. David Kwok, der Breuer zu Tai On geholt hatte, der Carl Gerhard Melchers 1951 zugeflüstert hatte, »die Wände haben Ohren«, und der im Rahmen der »Fünf Anti« unter Hausarrest gestellt worden war. Was war aus David Kwok geworden, nachdem der Kontakt zu Breuer abgebrochen war? Ich fragte mich eigentlich nur: Wann war er wie umgekommen? Bei der Recherche zur Geschichte des Wing-On-Konzerns fand ich schließlich eine ausführliche, bebilderte Familiengeschichte, verfasst von Paul Kwok, New South Wales, Australien. Einschließlich E-Mail-Anschrift. Das war die richtige Geschichte, das war die richtige Familie Kwok. Paul ist der älteste Sohn von Edward, David Kwoks jüngerem Bruder. Ich schickte ihm eine E-Mail und hängte ein Foto an für den unwahrscheinlichen Fall, dass Paul Kwok (Jahrgang 1938, er blieb bis 1956 in Shanghai) Hermann gekannt hatte. Und weil es da die Wing-On-Verbindung gab, wählte ich das Foto vom Mai 1950, auf dem auch Richard Lieu und seine Frau Flora abgebildet sind. 48 Stunden später hatte ich eine ausführliche Antwort aus Australien auf dem Bildschirm. Mir kamen vor Glück die Tränen. Paul Kwok schrieb mir: *»Ich muss gestehen, dass ich, da ich Ihren Namen vorher nicht kannte, beschloss, mir zuerst die beigefügten Fotos anzusehen. Zuerst öffnete ich die Tai-On-Gruppe und war ganz begeistert,* *als ich meine Tante Flora und meinen Onkel Richard Lieu erkannte. Wir waren ganz nahe Nachbarn von ihnen in Shanghai, und meine Mutter und Flora standen sich sehr nahe.«* Und zu meiner Frage nach David Kwok: »*David Kwok [...] starb in hohem Alter, nachdem er seine letzten Jahre in relativem Komfort gelebt hatte! Er übernahm das Amt des Vizegouverneurs der Provinz Guangdong, was viele Verwandte und Freunde, einschließlich meiner Eltern, überraschte. Es wurde viel Kritik an ihm geübt, dass er ein ›reformierter Kapitalist‹ sei, indem er das Leben genoss und in einem Auto mit Chauffeur und Vorhängen gefahren wurde, die dazu dienten, die Identität von VIPs zu verbergen. Ich erinnere mich, dass es ihm in dieser Zeit an nichts fehlte und dass sein Haus mit vielen amerikanischen Waren ausgestattet war, von denen andere nur träumen konnten. Ich erinnere mich lebhaft an seine Vorliebe für Nescafé und Klim [in den USA hergestelltes Milchpulver], die er konsumierte und nie lokale Alternativen benutzte.«* Seine Frau Elsie reiste regelmäßig in die USA und kaufte ein. »*Wir wissen, dass er sein Land China liebte, aber obwohl ich keine Beweise habe, bezweifle ich, dass er sein Vermögen preisgegeben hat. Das kommunistische Regime widersetzte sich vehement allem Amerikanischen und hasste es, aber der liebe Onkel David beschloss in seiner Weisheit, alle seine Kinder und Familien in die USA zu schicken [...] und ich weiß mit Sicherheit, dass sie nie irgendwelche Härten erlebt haben!!!*«[70]

Breuer hätte sich gefreut. Gewundert hätte er sich wohl auch.

1 PA AA B85 235, s.P.

2 Das Coordinating Committee on Multilateral Export Controls (CoCom), ein informelles Beratungs- und Koordinierungsgremium, Sitz: Paris, gegründet am 22.11.1949, diente im Kalten Krieg der Regulierung des Exports strategisch bedeutsamer westlicher Technologien in die RWG-Staaten (Rat für gegenseitige Wirtschaftshilfe). 1952 legte das China Committee (ChinCom) im CoCom zusätzliche Embargo-Kriterien fest.

3 *Der Spiegel*, 24/1957 (12.6.1957).

4 Brief 30.9.1954, PA AA B85 235. Zeitungsmeldung in: Leutner 1949–1995, S. 58. Ablehnung der Bundesregierung: *Der Spiegel*, 24/1957 (12.6.1957).

5 Ergebnis der Konferenz: Genfer Abkommen vom 21.7.1954. Frankreich zog sich aus Indochina zurück. Laos und Kambodscha wurden unabhängige Staaten. Waffenstillstand in Vietnam: Die kommunistischen Việt Minh zogen sich hinter den 17. Breitengrad zurück nach Norden, im Süden regierte der unter westlichem Einfluss stehende Kaiser Bảo Đại. Für 1956 waren freie Wahlen in ganz Vietnam vereinbart. Die nicht stattfanden.

6 Schon 1953 waren Gespräche zwischen dem Ost-Ausschuss der Deutschen Wirtschaft und der China National Import and Export Corporation (CNIEC) aus diesem Grund gescheitert. Leutner, 1949–1995, S. 46.

7 Albers: Britain, France, West Germany, S. 28–32.

8 *Weser-Kurier*, 9.5.1957, S. 11.

9 Groß (Delegationsteilnehmer), nach Leutner, 1949–1995, S. 47. Auch dabei: Dr. Heinz Beutler, Melchers.

10 Text des Abkommens: Leutner, 1949–1995, S. 73–75. Bewertung und Ablauf: Bernardini, S. 94–96.

11 Sitzung des Auswärtigen Ausschusses des Bundestages am 6.2.1957, Leutner, 1949–1995, S. 70.

12 Gespräch mit Henning Melchers, 16.5.2019 in Bremen.

13 HWB 18.4.1959 an Nele. Die Flugverbindung – zweimal die Woche mit L[ockheed] 1649 Superstar Liner – wurde eingerichtet, weil in Hamburg besonders viele japanische Firmen ihre Vertretungen hatten, entsprechend groß war die Nachfrage nach Flügen. Bonjour Deutschland. Luftverkehr unter Nachbarn. 1929–2006. Werbebroschüre: https://museeairfrance.org/docs/allemagne.pdf. Am 20.10.2019.

14 Hans Christoph Seebohm, 1903–1967, Deutsche Partei, Bundesverkehrsminister, Lobbyist der Vertriebenenverbände. Max Brauer, 1887–1973, SPD, Hamburgs Erster Bürgermeister. Exil in China 1933–1934.

15 HWB 18.4.1959 an Nele.

16 Adresse: Mitgliederverzeichnis OAV November 1959.

17 HWB 14.5.1959 an Nele.

18 Vortrag am 8.3.1959, Aufnahme in den OAV: 9. Oktober 1959: Mitgliederverzeichnis OAV November 1959.

19 Leiter des Organisationsbüros für die konsularisch-wirtschaftlichen Vertretungen im Ausland. Dröscher, Seilschaften, S. 102.

20 Dröscher, Seilschaften, S. 203–205.

21 Dröscher, Seilschaften, S. 197.

22 Dröscher, Seilschaften, S. 118 und 209; S. 137 (27%).

23 HWB schreibt Dipl. Ing. Erich Keyser, richtig ist: Kayser.

24 »Mein lieber guter Freund Erich […] nachdem Du mich 1959 wie Deinen Bruder aufgenommen hast […].« HWB 3.9.1965 an Kayser, Durchschlag an Nele.

25 Odori: Der Tanz wird in *ren* genannten Gruppen von 30 bis 200 Personen in Form eines Festzuges getanzt. Dabei bilden die Tänzer zweier Stile getrennte Blöcke. Hinzu kommt ein Block aus Sängern und Musikern, die das Shamisen (Laute), Kane (Schüsselgong), Taiko (Trommel) oder Yokobue (Querflöte) spielen. Nach https://de.wikipedia.org/wiki/Awa_Odori.

26 HWB 3.9.1965 an Kayser, Durchschlag an Nele.

27 *Hamburger Abendblatt*, 20.11.1956.

28 Foto: Eberstein, Ostasiatischer Verein, S. 196, HWB ist der Vierte von links.

29 HWB 28.11.1956 an Nele.

30 Henning Melchers, China und Melchers, S. 105.

31 Henning Melchers, China und Melchers, S. 106–107.

32 »Grüßen Sie alle HK-Freunde, darunter besonders Siegel, S.Y. [Wu], K.P. [?], Richard [Lieu] und Unkel.« HWB 20.10.1960 an Schinkel. BArch ZLA 7–34/119. Kurt Schinkel war seit den 1930er Jahren bei Schnabel, Gaumer und Co. und in den 1950ern Geschäftsführer der NL Hongkong. ADO 1956.

33 ADO 1934/35.

34 Becker, Die Gründung der Evangelischen Gemeinde, S. 26 (1965 Gründung einer deutschen Ev. Kirchengemeinde in Hongkong).

35 HWB 28.8.1959 an Nele.

36 Betr. Terminierung 1955: HWB 25.7.1955 an Konrad Maurer; »*[Lieu] lebt seit einigen Monaten in der Nähe Kantons in der Hoffnung, eines Tages schwarz über die Grenze gehen zu können.*« BArch ZLA 7–34/19. Betr. Boot nach Hongkong: E-Mail Paul Kwok 7.8.2019 an CM.

37 Meine »rechte Hand« erläutert HWB Fotos von Wu (22.11.1957). Zu seinem Besuch in Bremen: HWB 23.11.1957 an Nele. Besuch beim Sohn: Information Gunter Ashelm, Telefonat 19.6.2019.

38 HWB 28.8.1959 an Nele.

39 HWB 24.9.1952 an Fitz Randolph; HWB 8.12.1952 an Stoltenberg-Lerche, OAV, zur Weiterleitung.

40 HWB 3.6.1959 an Nele.

41 HWB 14.3.1959 an Nele.

42 HWB 14.7.1959 an Nele.

43 HWB 25.6.1960 an Nele.

44 HWB 31.10.1966 an Nele. Zum Kochen und dem Mitbringen von Zutaten: Erinnerungen von Frau Schmidt-Ehrenberg, Tochter von Frau Halla, von Pauline Lauterbach, Tochter von Frau Dieckmann (Gespräche am 19.7.2012 in Bremen bzw. 18.1.2017 in Hamburg), und von Dr. Wolfgang Hartmann, dessen Vater Richard H. Präses des Landesrechnungshofes Bremen war (Telefonat 27.12.2013).

45 HWB, *Weser-Kurier*, 8.3.1960 (zu »China schafft einen neuen Menschen«).

46 Gerhard L. Flatow war 1934 aus politischen und »rassischen« Gründen nach China emigriert. Er arbeitete ab 1934 für Otto Wolff.

47 Comité Internationale de la Croix-Rouge 17.5.1956 an J. D. Flatow, BArch ZLA 7-34/47.

48 HWB 8.6.1956 an D. E. Groß, OAV. BArch ZLA 7-34/47. Vereinbart war die Lieferung von 2000 Daimler-Benz-Lkws durch die Otto Wolff AG; Flatow war Direktor von deren Asien-Abteilung. Bernd Ziesemer: Wie die USA Nordkorea vom Welthandel abschneiden. In: *Das Capital*, 15.6.2019. https://www.capital.de/wirtschaft-politik/nordkorea-welthandel. Am 14.1.2020. Vermutlich waren Versuche, das Handelsembargo zu umgehen, gescheitert.

49 Flatow, Briessen-Interview, S. 33–88. Gedächtnisprotokoll CM.

50 Arbeiterkampf Nr. 157, Hamburg 9.7.1979, zitiert nach https://www.mao-projekt.de/BRD/PER/Flatow_Gerd.shtml; https://taz.de/K-Gruppen-in-Westdeutschland/!5553224/ am 14.1.2020.

51 HWB 7.5.1960 an Nele. Mit »Peking« ist hier evtl. »China« gemeint (Synekdoche).

52 Dunsing, China gestern und heute, S. 13, BSB, Ana 708 Studeo-Sammlung, 106. Dunsing war von 2/1951 bis 9/1954 in Tianjin in Haft.

53 *Weser-Kurier*, 8.3.1960.

54 Fenby, Penguin History of Modern China, S. 399.

55 Solich, Leben im Land der Mitte, S. 244.

56 HWB 12.5.1956 an Nele.

57 Solich, zitiert in *Weser-Kurier*, 8.3.1960.

58 Henning Melchers, Memoiren, S. 22.

59 Statistik zur Produktivität: Fenby, Penguin History of Modern China, S. 414–417, Todesopfer infolge des Großen Sprungs 1959 bis 1961 »wenigstens 30 Millionen«; Spence, Chinas Weg: »mindestens 20 Millionen«, S. 688.

60 Einladung zu dem Abend: Anlage zum OAV-Rundschreiben 10/1965.

61 Thiess 18.10.1965 an HWB.

62 HWB 25.11.1965 Dank nach dem Vortrag und HWB 30.11.1965 an Frank Thiess, Durchschlag an Nele.

63 Henning Melchers, China und Melchers, S. 121.

64 Henning Melchers, China und Melchers, S. 122–125.

65 Henning Melchers, Die Geschichte der Firma, S. 49.

66 *Weser-Kurier*, 27.2.1967.

67 1965 war Mao 72 Jahre alt, litt an Parkinson und den Folgen eines Schlaganfalls (1964). In der Partei wurde er wegen der Politik des Großen Sprunges und des Personenkultes kritisiert. Designierter Nachfolger war Liu Shaoqi: 1959–1968 Präsident der VRC, 1967 Hausarrest, 1968 Parteiausschluss, Haft, Folter, starb 1969. 1980 rehabilitiert (Fenby, Penguin History of Modern China, S. 485–486). 1966 brachte Mao Presse und Armee hinter sich, inspirierten Mao und Verteidigungsminister Lin Biao Schüler und Studenten, als »Rote Garden« gegen »alte Gedanken, alte Kultur, alte Gebräuche und alte Gewohnheiten« vorzugehen. Wiederherstellung von Maos Vormachtstellung, Aufstieg von Madame Jiang Qing, Maos vierter Ehefrau (Hsü, Rise of Modern China, S. 699–707). Ca. 650 000 Tote in 1968 (Fenby, Penguin History of Modern China, S. 481). Lin Biao kam 1971 bei einem Flugzeugabsturz ums Leben, vermutlich war er auf der Flucht in die Sowjetunion.

68 HWB 24.2.1968 am 68. Stiftungsfest des OAV Bremen, Rede S. 4.

69 HWB 30.5.1968 an Stephan Popper (Neles Sohn aus zweiter Ehe), Durchschlag an Nele.

70 Paul Kwok 14.7.2019 E-Mail an CM. Ü: CM.

1964 - 1973
For Auld Lang Syne[1]

7. Januar 1964, 80. Geburtstag

In Shanghai hatte Hermann seine Geburtstage nicht gefeiert. Jennie backte ihm eine Torte, die sie gemeinsam verzehrten, und dann feierten sie ein bisschen russische Weihnachten. Den großen Empfang zu seinem 75. Geburtstag vor fünf Jahren hatte er als recht anstrengend empfunden, und er war ja nicht jünger geworden. Obwohl: In den *Bremer Nachrichten* war zu lesen: »Nur der Pass verrät die 80 Jahre.« Der drei Jahre jüngere Bremer Bürgermeister Wilhelm Kaisen hatte mit den Worten gratuliert: »Wenn ich Sie so in Ihrer hervorragenden körperlichen und geistigen Frische vor mir sehe, wollen mir Ihre 80 Jahre gar nicht einleuchten.«[2] Gleich nach dem Frühspaziergang mit Hund Jo (»Jeden Morgen um Sechse / geh'n Herr und Hund. / Das hält Herrn Breuer / wohl so gesund«[3]) las er zum Frühstück weiter in den Gratulationsschreiben. Das Telegramm aus Hongkong: »*Als Adoptivsöhne und Brüder des Reiches der Mitte senden Ihnen, lieber Breuer, zu Ihrem Geburtstage die herzlichsten Glückwünsche. Schinkel, Sandt, Lindner, Dietrich, Unkel, Hedwig Müller, Puttfarcken, Löffler, Paulick, Hackmack, Siegel.*« Wie viele Erinnerungen waren mit den Namen verknüpft. K. Dietrich, 1924 in die Melchers China Corporation eingetreten, war dann fast zehn Jahre bei Melchers gewesen, Hedwig Müller von 1931 bis zum Schluss, Hackmack als jetziger Repräsentant von Melchers in Hongkong; Siegel aus dem Vorstand »seiner« Deutschen Gemeinde, Paulick, der 1957 unter den letzten sechs deutschen Männern gewesen war, die noch in Shanghai lebten.

Der Tod anderer alter Chinabekannter erinnert daran, dass sich unser Leben nach großen ewigen Gesetzen vollendet.
HWB an Nele, 14. März 1959

Der Bundesminister für Vertriebene schrieb: »*Ich mache mich zum Sprecher aller Geschädigten und aller derer, die sich für die Geschädigten verantwortlich fühlen, wenn ich Ihnen für Ihre unermüdliche Arbeit danke und Ihnen für Ihr weiteres Wirken die besten Wünsche übermittle.*« Der Präsident des Lastenausgleichsamtes: »*Besonders möchte ich Ihnen* [...] *für Ihre verantwortungsbewusste, von großer Sachkunde, Objektivität und menschlichem Verständnis getragene Mitarbeit als Leiter der Heimatauskunftstelle ›Übersee‹ danken und hoffen, dass die weitere Zusammenarbeit ebenso erfolgreich verlaufen möge.*«[4] Viele Menschen hatten Worte des Dankes und der Anerkennung gefunden, die ihn aufrichtig freuten. Carl Gerhard Melchers hatte einen herzlichen, eigenhändig geschriebenen Brief geschickt, mitunterzeichnet von Jürgen Lindemann, Joachim Claussen und Henning Melchers. Es war auch ein gutes Gefühl, dass noch etwas von ihm erwartet wurde: Der Vorsitzende des OAV Hamburg hatte ihm gewünscht: »dass Sie Ihr segensreiches Wirken noch viele Jahre in Kraft und Gesundheit fortsetzen mögen«.[5] Der Bremer OAV sei »unter [seiner] Führung so gediehen [...], wie eine Pflanze unter der Hut eines sorgsamen und sachverständigen Gärtners«.[6]

Als Leiter der Heimatauskunftstelle war er ja nun zum Jahresende (1963) ausgeschieden. Höheren Ortes herrschte wohl die Meinung, es käme jetzt nicht mehr viel, denn seine Leitungsstelle wurde nicht nachbesetzt. Und als Sachverständiger und Gutachter blieb er der Dienststelle sowieso weiter erhalten.[7] Der neue Vertrag mit Bremen war schon unterzeichnet. Auf Bundesebene ging die Arbeit ebenfalls weiter, denn: »In einem Anflug von Eitelkeit habe ich dazu das Angebot des Präsidenten des Bundesausgleichsamtes angenommen und mir damit eine grässliche Arbeit aufgeladen.«[8] Dabei hatte er sich eigentlich gewünscht, die Arbeit würde etwas weniger werden.

Rückblick: Tagung zum Weltflüchtlingsproblem

Manchmal hatte die Arbeit ihre Vorteile gehabt, gerade im letzten Jahr (1963), als die Einladung zu einem Vortrag in Oslo ihm eine Reise ermöglichte, die sich »fast wie eine richtige Seereise« anfühlte. Am 13. Juni 1963 ging er in Kiel an Bord der *Kronprinz Harald*, »*ein ausgezeichnetes Schiff mit allen modernen Einrichtungen. In Bremen hatten wir noch Regen – jetzt 17° scheint die Sonne – ein leichter angenehmer Seegang.*« Zu Hermanns Vergnügen trug bei: »*Aus Versehen habe ich eine besonders schöne Kabine bekommen – und aus Versehen hat mir der Kellner (weil er mein Norwegisch nicht verstand) anstatt 1 Flasche Bier – 1 Flasche Aquavit gebracht, die ich bis morgen austrinken muss – weil man in Norwegen von Freitag Abend bis Montag früh keinen Schnaps trinken darf. Sonst ist alles in Ordnung.*«[9] Eingeladen hatte ihn die norwegische Sektion der AWR, Association of the Study of the World Refugee Problem, auf ihrer Studientagung einen Vortrag über »Das Schicksal der Überseedeutschen« zu halten. Er wusste, dass das deutsche Vertriebenenproblem international wenig Verständnis fand, die Schuld wog zu schwer, und er wusste auch, dass die deutschen Vertriebenen aus Übersee nur eine ganz kleine Gruppe darstellten. So hoffte er, dass sein Vortrag »bei keinem der Anwesenden Ressentiments auslösen« würde, und machte in seiner Einleitung die Dimension von Flüchtlingsbewegungen in Asien im 20. Jahrhundert deutlich: Zwischen 1919 und 1951 habe es in China 50 Millionen Binnenflüchtlinge gegeben; durch die Teilung Indiens

1947 wurden 12 Millionen Menschen vertrieben. Seinem zugleich umfassenden und differenzierten Überblick über Internierungen, Vertreibungen und Enteignungen der Deutschen auf allen Kontinenten und seiner Darstellung der materiellen, physischen und psychischen Entbehrungen, der Schwierigkeiten der Anpassung an die »Heimat« gab die eigene Erfahrung, unsentimental vorgetragen, Wahrhaftigkeit. Er kannte die verschiedenen Ebenen des Verlusts, hatte die Rückkehr »in die Enge einer Welt, in der [die Flüchtlinge] sich nicht mehr zurechtfinden konnten«, selbst erlebt.[10]

Aus den Diensträumen in der Sögestraße würde er demnächst ausziehen – und sich dabei räumlich verbessern, denn Konsul Martin Stürcken, OAV-Mitglied und ein ehemaliger Melchers-Kollege, hatte dem Verein zwei Räume in seiner Im- und Exportfirma[11] zur Verfügung gestellt: Am Domshof 18–20, in der 4. Etage, schlossen sich das Büro für den Vereinsvorsitzenden und ein Archivraum an das repräsentative Vorzimmer der Firma an. Einen Teil der Einrichtung stellte die Firma Freudenberg, einen anderen der OAV, und Breuer würde seine Bücher und Nachschlagewerke (die einen entsprechenden Vermerk trugen) und seine *second hand* Olympia-Reiseschreibmaschine mitbringen. Seine Bilder und Bronzefiguren sollten für die chinesische Note sorgen.[12]

Rückblick mit Gratulanten

Am Vormittag des Geburtstags fand um 11 Uhr in den Räumen des Clubs zu Bremen ein Empfang statt. Damen und Herren aus Politik, Verwaltung, Wirtschaft und Ostasiatischem Verein drückten dem »*grand old man* aus Übersee« im »Gedränge der Freundeszahl« bei Sekt und Schnittchen von Grashof – Delikatessen seit 1872 – kräftig die Hand,[13] ehrten und beschenkten ihn »für meine Begriffe überwältigend«.[14] Auf Anfrage der Presse hatte HWB einen Lebenslauf in Stichworten verfasst. Zeit für einen Rückblick: Was war wichtig? Die Eckdaten: Geboren in Bangkok, Schule, Lehre, Militärdienst in Hannover, nach Shanghai für Melchers China, Wiederaufbau von Melchers nach dem Ersten Weltkrieg, Berater für Wing On nach dem Zweiten; Ausweisungsorder, Inhaftierung und Erlaubnis, zu bleiben, Vorsitzender der DG, Rückführungsaktion und Bundesverdienstkreuz, Heimatauskunftstelle und OAV in Bremen. Und sonst: dass er »geschäftlich und privat« das chinesische Riesenreich erkundete, dass er Chinesisch gelernt hatte, Obmann des Oberschiedsgerichts der DG und 1945 im Vorstand der Deutschen Notgemeinde gewesen war.[15]

Für den folgenden Sonnabend, den 11. Januar, hatte HWB zu einem abendlichen gesetzten Essen in den Club zu Bremen, Haus Schütting, eingeladen. Die Gäste: 45 Personen, die Familie, der engere Freundeskreis aus dem OAV, der Bremer Wirtschaft, Politik und Verwaltung. Enkel Christoph hielt im Tagebuch fest: »Die Spitzen der Gesellschaft. Bin sehr stolz auf meinen Großvater.«[16] Es gab Lachstoast, Ochsenschwanzsuppe, gespickten Lendenbraten, Vanilleeis mit flambierten Kirschen, dazu ausgesuchte Weine, zum Hauptgang einen 1959er Bordeaux; HWB liebte Rotweine ganz besonders. Mokka zum Abschluss.

Witwe Alice Breuer

HWB trug Smoking, am Revers als »kleine Knopfloch-Dekoration« das Verdienstkreuz. Aber, wie hatte es in einem der Glückwunschschreiben geheißen: »*Er ist unverändert der alte Junge, dem der Schelm aus den Augen blitzt, ein Jüngling in weißen Haaren, dem die Jahre nichts anzuhaben vermochten, verbindlich in seiner ganzen Wesensart, voll Vitalität und – Charme, wenn eine solche Bezeichnung bei einer so männlichen Natur erlaubt ist! Elastisch in Gang, Sprache und Auftreten, ohne alle die Merkmale der Umständlichkeit und Weitschweifigkeit, die solchem Alter sonst anhaften.*«[17] Seine Tischdame war Schwägerin Alice, die Frau, jetzt schon lange die Witwe, von Bruder Karl. Karl war nach einem halben Jahr schweren Leidens am 1. Januar 1957, seinem 76. Geburtstag, gestorben. Hermann ahnte, dass er nach der Rückkehr aus China Karls Erwartungen nicht erfüllt hatte, dass nämlich die gefühlte innere Nähe endlich auch eine gelebte Nachbarschaft sein sollte. Erst seit Dora und die Kinder 1958 aus Hannover nach Northeim gezogen waren, konnte er sich bei seinen Besuchen im »Fichtenhaus« ganz Alice und Liesel widmen; das waren entspannte, fröhliche Ruhetage für ihn, mit langen Spaziergängen in der Eilenriede. Manchmal schien es ihm eigenartig, wie ruhig das Haus in der Fichtestraße jetzt war, im Vergleich zu der Zeit, als er dort aus China angekommen war. Die Einquartierung und die polnischen Gäste waren längst ausgezogen. Wenige Monate vor Karls Tod, im März 1956, war die liebe Tante Johanna im 93. Lebensjahr gestorben. Hermann hatte in ihren letzten Stunden mit Karl und Alice bei ihr sein können. Er hatte sich ja als ihr Sohn gefühlt. Nun wohnten nur noch Alice und Liesel dort; das Haus war ein bisschen groß für die beiden. Aber Liesels Kindergarten sorgte vormittags für fröhliches Treiben, und Besuch von Familie und Freunden war bei Alice immer willkommen.

Der Tod des Sohnes

Anfang April 1956 war Erna an Krebs gestorben. Am Tag zuvor hatte Uwe Hermann gebeten, ihr zu schreiben, »dass Vergangenes zwischen ihr und [ihm] vergessen sei«. Das möge Uwe seiner Mutter so sagen, bestätigte Hermann spontan. Und wirklich, seinen Brief hatte sie nicht mehr lesen können. Zwei Wochen danach, Mitte April, kam Uwe nach Hannover, um sich einen Zahn ziehen zu lassen. Am Tag nach der Extraktion, es war Sonntag, der 22. April, hatte er eine lang andauernde Kieferblutung. Am folgenden Mittag setzte erneut eine Blutung ein. In Hannover fand sich keine Klinik für ihn; der Arzt ließ ihn ins 40 km entfernte Schwarmstedt bringen. Am Mittwoch rief Dora Hermann um 7.20 Uhr in Bremen an, sie hatte ein Telegramm erhalten, Uwes Zustand habe sich verschlechtert. Um 7.44 Uhr saß Hermann im Zug, war 9.20 Uhr in Hannover. Dora und er nahmen ein Taxi. Als sie um 11 Uhr im Krankenhaus ankamen, lag Uwe im Todeskampf. »*Er erkannte uns aber, und eine Erleichterung ging über seine Züge. [...] Er sprach von seiner Mutter, die ihn nun zu sich rufe. Zu mir wandte er sich mit den Worten: Take it easy, Chief, this is journey's end. Wir sprachen vielfach Englisch miteinander und er nannte mich liebevoll gerne: Chief. Um 14.05 Uhr ist Uwe unter unseren Händen verstorben. [...] Niemals sah er so männlich schön aus als auf seinem Totenbett. Mehr kann ich jetzt nicht schreiben. Immerhin was er als Mensch vielleicht gefehlt hat, in seinem Tode war er groß!*«[18]

Seither waren auch Paula in Den Haag und der Jugendfreund, der Arzt Franz Weiland, gestorben. Als Hermann ihn zuletzt in der Kaulbachstraße besucht hatte, ging es ihm recht gut. Zwei Tage darauf wurde der Blinde vor seinem Haus von einem Auto erfasst. Rolf Heyn, dem Breuer so viel von dem zu verdanken hatte, was ihm an seinem 80. Geburtstag Grund zum Feiern gab, fehlte an diesem Tag ganz besonders. Er war nur 66 Jahre alt, als er im Juni 1960 starb.[19]

»Tausend Jahre« soll er leben!

HWB hatte sich gewünscht, das Gedicht, das Otto Zwanck 1952 auf sein China-Leben geschrieben hatte, bei der Feier zu seinem 80. Geburtstag noch einmal zu hören. In diesen Schlaglichtern erkannte er sich wieder: Von bewusst genossener Jugend – als man ›die *office*-Schufterei‹ noch ›nebenbei‹ machte – bis zur Übernahme von weitreichender Verantwortung für die Mitmenschen, als sei es mit leichter Hand. Über viele Anspielungen in Zwancks Gedicht konnte nur noch der Jubilar selbst schmunzeln. Für seine Gäste ergab sich vielleicht eine Ahnung von den anderen Welten, in denen er sich lange bewegt hatte. Dass es mal eine *Dundalk Bay* gegeben hatte, erinnerten einige vielleicht noch. Was sie wohl dachten, als sie hörten, Breuer sei »Number One der Schauspielschar« gewesen? Zu seiner Tätigkeit als »Not-Küchen-Oberkoch« müsste er eigentlich mal einen Vermerk schreiben.[20] Die flotten Verse, die witzigen Reime, vom Schwieger-Neffen Ulrich Mueller-Raschdau überzeugend vorgetragen, kamen bei der Geburtstagsgesellschaft gut an.[21] Dann wünschten alle ihm »Tausend Jahre«. So war es chinesischer Brauch.

Mister Jo

Hätten sie doch auch dem Hund Jo »Tausend Jahre« gewünscht. Im Dezember 1965 passierte das Unglück. »*[Ich bin] seelisch und leider auch körperlich recht angeschlagen. Die Ursache ist ein tödlicher Unfall, von dem mein Jo am 2.12. am frühen Morgen betroffen wurde, an dessen Folgen der getreue Freund, meine seelische wie körperliche Stütze, in der Klinik ungeach-*

tet aller Maßnahmen verstarb. Jo war gegen ein Auto gelaufen, das weder ich und natürlich auch er nicht gesehen hatte. Er hat nicht gelitten, weil er von dem Schock sofort bewusstlos wurde. Äußerlich war er nicht verletzt. Er ist an innerer Verblutung gestorben. Ich versuche mich wieder zu beherrschen, denn ein heulender alter Mann – wie ich es anfänglich war – ist ein kümmerliches Bild. Schmerzlich ist, dass ich jetzt bei Schritt und Tritt nach Jo gefragt werde, der, wie ich jetzt wieder feststelle, ein ungewöhnlich beliebtes Tier gewesen sein muss.«[22] Wie an jedem Morgen war Hermann mit Jo um 6.30 Uhr gestartet; zum Zeitpunkt des Unfalls an der Georg-Gröning-Straße war es ca. 7 Uhr und noch dunkel. Jo wurde von einem (wahrscheinlich mit überhöhter Geschwindigkeit) stadtauswärts fahrenden Pkw erfasst und nach dem Aufprall etwa 20 Meter durch die Luft geschleudert.[23] Nach sieben gemeinsamen Jahren hatte HWB seinen »treuen Freund und Begleiter verloren«.[24]

Eigene Wohnung

Von nun an führte er nur noch die weiße Königspudel-Dame Zambi seiner *landlady* Frau Ramdohr spazieren; das Tier hielt »zwar keinen Vergleich mit Jo aus«, veranlasste aber, »dass ich mich wie früher bewege«.[25] Flottes Gehen war immer noch sein »Lebenselixier«. Als Frau Ramdohr schwer erkrankte und am 29. Januar 1967 starb, »erbte« Hermann mal wieder einen Hund. Und nicht nur das. »Ich versuche, die Wohnung zu übernehmen, damit ich mich in dieser Beziehung nicht mehr umstellen muss.« Nach 14 Jahren als »möblierter Herr« richtete er sich noch einmal eine eigene Wohnung ein. Im Juni war die erste Etage *»bis auf Kleinigkeiten endlich fertig. Es ist mir […] gelungen, etwas Persönliches und Gediegenes zu schaffen.«* Anfang August kamen Alice und Liesel, *»um meine neue Hüsung zu besichtigen. Jetzt ist endlich alles fertig, auch die große Veranda ist einigermaßen aufgeräumt, so dass wir dort ein Glas Sekt auf unsere gegenseitige Gesundheit leeren konnten.«*[26] Seine »Freundin Zambi« hing mit großer Liebe an ihm. Er verzichtete ihretwegen gleich 1967 auf seine sonst üblichen Septemberferien in Bad Gastein, denn: »Ausgerechnet muss sie läufig werden und mit einer solchen Extralast kann man eine solch lange Reise […] nicht machen.« Er konnte sie auch nicht allein in Bremen lassen, »weil ich fürchte, dass sonst das Tier aus Heimweh nach mir eingehen würde«.[27]

In Bremen bei Onkel Hermann

Besuche in Bremen, Anfang bis Mitte der 1960er Jahre, sind meine intensivste Erinnerung an HWB. Immer dann, wenn er seinen Geburtstag mit der Familie seines Sohnes in Northeim gefeiert hatte, lud er die Familie seines Bruders zur Nachfeier nach Bremen ein. Als da kamen: Alice, seine Schwägerin (und Cousine), deren Töchter

Hanni (meine Mutter) und Liesel und ich. Er holte uns an einem Januar-Sonnabend vom Hauptbahnhof ab, brachte uns ins Hotel Bremer Hospiz, das er bereits bezahlt hatte. Später holte er uns zum Abendessen ab. Das war eine feine Angelegenheit, für die wir uns alle »in Schale« geworfen hatten. Wir gingen mal in den Ratskeller, ins Parkhotel oder in die Rathsstuben im Deutschen Haus am Marktplatz – und blieben nie unbemerkt. Die Geschäftsführer kamen an unseren Tisch und vergewisserten sich persönlich, ob es Herrn Breuer schmeckte. Es schmeckte. Der Geschäftsführer des Ratskellers führte uns durch sein Reich, in das Senats- und das Kaiserzimmer (so genannt, weil Wilhelm II. hier einmal im Jahr das Kaiserfrühstück einnahm), die Zunftstube und dann in den Weinkeller. Ganz kurz durften wir in den Apostelkeller hineinschnuppern, wo in zwölf Eichenfässern die ältesten Weine des Hauses lagern. Dann saßen wir in unserem »Priölken«, wie die holzgetäfelten Séparées plattdeutsch heißen, in das wir zu fünft gerade gemütlich hineinpassten. Hier sollten, so dachten sich das die Designer anno 1599, Kaufleute und Kapitäne ungestört geheime Geschäfte abwickeln. Für unsere vertrauten Gespräche war das auch gerade richtig. Die fröhlichen Abende endeten immer damit, dass der Koch an den Tisch gebeten wurde, um unseren Dank entgegenzunehmen. Ein kleines Nachspiel gab es meist noch an der Garderobe: Die Garderobenfrauen ließen es sich nicht nehmen, Herrn Breuer in den Mantel zu helfen (er hatte mit uns vieren gut zu tun), und einmal hatte eine von ihnen, während wir aßen, einen Knopf an seinen Mantel angenäht.

Nach dem Hotelfrühstück spazierten wir sonntäglich entweder durch die Wallanlagen oder in die China-Abteilung des Überseemuseums. Dort beeindruckten mich die idealtypisch eingerichteten Räume einer chinesischen Stadtwohnung um 1900, das streng arrangierte Mobiliar, reich geschmückt mit Holzschnitzereien, Elfenbeineinlegearbeiten und bestickten Textilien. Die Objekte hatte Wilhelm Wilshusen im Auftrag der Firma Melchers (und in Absprache mit dem Museumsdirektor Hugo Schauinsland) für die Präsentation gesammelt. Wilshusen war damals in Shanghai HWBs Kollege und Sportsfreund gewesen. Das war für mich geografisch, zeitlich und kulturell weit weg, aber ästhetisch schön und irgendwie bewunderungswürdig. Auf dem Gang durch die Innenstadt sah HWB dann kurz nach seiner Post: im Büro der Heimatauskunftstelle in der Obernstraße, in späteren Jahren im OAV-Büro am Domshof. Hier im Zentrum trafen wir, traf HWB, immer Bekannte aus Wirtschaft oder Politik. Ich bemerkte, dass er mit Bürgermeister Kaisen in vertrautem Plauderton sprach. Außerdem war der kurze Stadtbummel dadurch geprägt, dass wir, besonders Liesel und ich, die Fensterauslagen von

Einrichtungsgeschäften ganz genau besahen. Hermann unterstützte unser Interesse durch entsprechende Wegeführung. Dabei war es eigentlich immer kalt und windig, eben januarmäßig. So hatten wir richtig Appetit, wenn wir dann »zum Chinesen« gingen, nämlich in das eine oder andere chinesische Restaurant. HWB kannte, natürlich, die Geschäftsführer und die Köche persönlich, und wir wurden herzlichst empfangen. Er aß mit Stäbchen, sehr temperamentvoll, und freute sich, dass ich es mir zeigen ließ und es auch tat. Da war es dem Gastronom eine Freude, während des Essens zweimal ein neues Tischtuch auflegen zu lassen. Uns Damen genierte das etwas, aber Onkel Hermann war ganz in seinem Element. Der Bremen-Besuch endete mit einem gemeinsamen Gang zum Bahnhof. Übrigens hatte HWB auch unsere Fahrkarten spendiert.

Im Januar 1962 notierte ich in meinem Tagebuch: »Am Wochenende waren wir bei Onkel Hermann in Bremen. Es war herrlich, wie lieb sie alle zu ihm sind und er zu ihnen.«

Die Welt zu Gast

Große Fernreisen ermöglichte Hermann jetzt seinem Enkel Christoph, der inzwischen Betriebswirtschaft studierte. Als Schiffsjunge fuhr Christoph auf Lloyd-Dampfern nach dem Fernen Osten und dem Fernen Westen. »*Einführungen an meine alten Freunde und Bekannten in Singapore, Hongkong, Manila und Yokohama bzw. Tokio*« waren für den Enkel Chance und Verpflichtung zugleich: »*Während Du an Bord – als Schiffsjunge – tragen musst, was andere auch tragen, musst Du als mein Groß-Sohn an Land Dich entsprechend anziehen. Es wird nötig sein, dass Du einen leichten Tropenanzug Dir anschaffst, denn es wird knuffig heiß an Land sein, wenn Du Deine Besuche machst.*«[28] »*Wähle Deine Sachen sorgfältig aus, damit Du nicht zu viel herumzuschleppen hast. Vermerke Dir, was wir hier anschaffen müssen.*«[29] Der Großvater genoss die gemeinsamen Einkäufe in Bremen, und dann reiste er in Gedanken auf dem Schnellfrachter *Travestein* mit nach Tokio, traf dort in Gedanken Erich Kayser wieder und in Hongkong Mr Wu, Kurt Schinkel im Marina House und all die anderen. In seinen Bad-Gastein-Ferien wusste Hermann: »Heute [7. September 1965] hat Christoph Singapore verlassen.«[30] Im folgenden Herbst, 1966, fuhr Christoph auf der *Buchenstein* bis Valparaíso, überzog den Etat, Hermann half klaglos.[31] Die Welt kam jetzt zu ihm nach Bremen, »Besucher aus aller Herren Länder«. Ruhe kehrte also nicht in seinen Alltag ein: »Nachdem ich nun ›Rentenempfänger‹ bin, habe ich ebenso viel wie in den bisherigen Jahren zu tun. Für eine Anzahl von Vertriebenen und Rentnern oder solchen, die es werden wollen, bin ich eine Art Feuerwehr.«[32]

Stiftungsfeste des OAV

Auf mehreren Vorstandssitzungen des OAV mahnte HWB, sie möchten sich nach einem Nachfolger für das Amt des Vorsitzenden umsehen, denn langsam kamen sie doch, die Zeichen des Alterns. Schon im Januar 1959 hatten seine »Tigerzähne« (die Schneidezähne oben) gezogen werden müssen.[33] Wenigstens saß die Prothese ausgezeichnet. 1960 seufzte er: »Gestern [10. Juni] hatte der OAV Hauptverhandlung. Man hat mich wiederum gebeten, den Vorsitzenden abzugeben.[34] Ich habe nochmals zugesagt, obwohl der Job recht anstrengend ist.«[35] Im Sommer 1967 hatte er »Bedenken wegen einer Trübung meines Sehvermögens«.[36] Der Arzt konnte keine Trübung erkennen, aber im Herbst 1968 war er fast blind, musste mit der Lupe lesen.[37] Auf der Vorstandssitzung des OAV am 10. Juni 1970 sprach er von seiner Sehbehinderung und seinem Alter, bat wieder, sich nach einem Nachfolger umzusehen. Im Jahr darauf gab Joachim Claussen der Freude Ausdruck, dass der Vorsitzende von einer Augenoperation genesen sei.[38] Es war, als habe sich die Suche nach einem Nachfolger damit erübrigt. HWB machte weiter. Besonders motivierend für ihn war, dass wieder Bewegung in die politischen Beziehungen des Westens zu China kam.

Im Februar 1971 beherrschte das Thema »China« zum ersten Mal ein OAV-Stiftungsfest unter HWBs Regie. Die möglicherweise bevorstehende Aufnahme der VR China in die Vereinten Nationen bewegte die Gemüter der »Ostasiaten«. Wie immer waren die Herren ab 17.30 Uhr in der Festhalle des Neuen Rathauses zusammengekommen. Um 19 Uhr rief der asiatische Tempelgong, eine Leihgabe des Überseemuseums, in die obere Festhalle des Alten Rathauses. Der feierliche Rahmen, die Kerzen und Blumengestecke, die einladend arrangierten Beilagen auf den Tischen, erfreuten HWB und gaben ihm den nötigen Schwung, als er um 19 Uhr mit dem Ehrengast, in diesem Jahr war es der nepalesische Botschafter, Seine Exzellenz Pradumna Lal Rajbhandary, als Erster den Saal betrat. Seine kurze Begrüßung der Gäste und die Vorstellung des Ehrengastes beendete HWB mit dem Wunsch »Gesegneten Appetit«, ergänzt durch die chinesische Aufforderung: »Chifan« – wörtlich: (Reis) Essen. In den Vorjahren hatte er sich auch mal die Freude gemacht, in seiner Rede auf die Speisen, die auf den Tischen standen, einzugehen, hatte die Herkunft der verschiedenen »süßen, salzigen, herben und scharfen Zutaten« geschildert, die frisch aus Singapur, Indien, Indonesien, Ceylon, Kaschmir und Thailand eingeführt waren. Das Currypulver erklärte er: »ein aus indischen Kräutern, Wurzeln, Nüssen, Früchten, wie Safran, Ingwer, Kümmel, Koriander, Kardamom, Pfeffer usw. gestampftes Produkt«. Das Mango-Chutney: »Unter Zusatz von Ingwer, Rosinen und spanischem Pfeffer süß-scharf eingemachte indische Mango-Pflaumen«, und die »Bombay Duk«: durchaus keine Ente – *duck* –, sondern gedörrter und zerstoßener indischer Fisch.[39] Das Ganze möge man mit dem gedämpften Patna-Hühnchen-Reis mischen und löffeln. Und: Vorsicht bei den scharfen Sachen!

Während des Essens ergriff Breuer dann noch einmal das Wort zu einer Ansprache, gab – wie in jedem Jahr – einen Fernost-Lagebericht, hob an diesem Abend aber besonders die Rolle Chinas hervor, das in Anbetracht seiner militärischen Stärke »mehr und mehr Einfluss auf die Lage in Asien gewinne«.[40] Er schilderte die diplomatische Tätigkeit der Volksrepublik China und deren »beachtliche Erfolge«. Eine wachsende Anzahl Länder habe Beziehungen zu dem kommunistischen Land geknüpft, eine Aufnahme in die UNO hielt er für möglich und fügte hinzu: »*Als alte Freunde Asiens, das heißt aller asiatischen Völker, haben wir nur einen Wunsch: dass es gelingen möge, diese Staaten, die alten wie die jungen, glücklich durchzubringen. [...] Jede politische Wendung, die diesem Ziel dient, ist uns willkommen.*«[41] Nach dem Hauptgang sprach der Gast, der Botschafter Nepals, von den freundschaftlichen Beziehungen seines Landes zu allen Ländern der Welt und besonders über die »guten Beziehungen [...] zu dem großen Nachbarn«, China, mit dem sein Land eine 1440 Kilometer lange Grenze verband.[42] Er sprach von friedlichem Nebeneinander und von Entspannung und bezog schließlich Position: »Wir glauben, dass die Volksrepublik China unbedingt als volles Mitglied dieser Gemeinschaft aufgenommen werden muss.«[43]

Gegen 23 Uhr brachte ein stimmstarkes Vorstandsmitglied den Toast auf die »Absent Friends« aus:

»Our Absent Friends, hepp hepp hurrah«
»And the tiger« (hier brüllten alle Anwesenden tigermäßig)
»And the puma« (hier fauchten alle Anwesenden pumamäßig)
»And the little babies!« (hier quiekten alle Anwesenden babymäßig).

Im Februar 1954, Breuer war gerade als zukünftiger Vorsitzender des OAV nominiert, hatte er den Trinkspruch gerufen.[44] Er beeindruckte als »prachtvoller Vorschreier«.[45] Obwohl: Er konnte sich nicht erinnern, den Toast in China gehört zu haben, und hatte sogar auf einer Vorstandssitzung angeregt, Tiger, Puma und Babys ganz wegzulassen. Das war bei den Vorstandskollegen nicht gut angekommen.[46] Der Trinkspruch war angeblich anglo-malaiischen Ursprungs, und die Geschichte dazu ging so: Auf einer Pflanzung in Malaya saßen des Abends einige Männer beim Whisky zusammen. Sie gedachten der Freunde in der Heimat. Es war schwül und bedrückend, in der Ferne ein Kreischen und Heulen. Sie glaubten, im Dunkel Bewegungen zu spüren. Von Glas zu Glas wurde den Männern unheimlicher, und sie begannen, es den Tieren gleichzutun, wollten Tiger und Puma mit ihren eigenen Lauten zurückschrecken. So verband sich das Gedenken an die fernen Freunde mit dem tierischen Gebrüll. Für das Plärren am Ende des Toastes gibt es keine Erklärung.[47] Zum Abschluss des Festes erhoben sich die Teilnehmer zum Freundschaftslied »Auld lang syne« und bildeten eine Kette, indem sie sich mit verschränkten Armen die Hände reichten. Unter den Klängen des Marsches »Alte Kameraden« zogen sie in den anschließenden Saal, blieben noch bis Mitternacht gesellig beisammen. Der *Weser-Kurier* bilanzierte die Feier am 20. Februar 1971: »China im Mittelpunkt der Reden«.[48] Am 27. Oktober 1971 beschlossen die Vereinten Nationen mit 76 Jastimmen bei 35 Neinstimmen (darunter die USA) und 17 Enthaltungen, die Volksrepublik China anstelle Taiwans aufzunehmen.[49]

Nixon in China

Auch beim Stiftungsfest im folgenden Jahr ging es vor allem um China, da stand das »Fest der Ostasiaten im Zeichen der Nixon-Reise«.[50] Ob der China-Besuch von US-Präsident Richard Nixon eine weitere Annäherung bringen würde? Die Welt wartete gespannt. Nixon war schon unterwegs,[51] als der OAV Bremen am Sonnabend, dem 19. Februar 1972, sein Stiftungsfest feierte. Am Montag um 11.30 Uhr Ortszeit sollte er in Peking ankommen. Wird er Zhou Enlai die Hand schütteln? Im Fernsehen würde es zu sehen sein. (Der amerikanische Außenminister John Foster Dulles hatte Zhou 1954 während der Genfer Indochina-Konferenz den Handschlag verweigert und ihn damit ernsthaft beleidigt.[52]) Zum OAV-Stiftungsfest war der indische Botschaftsrat Saad M. Hashmi als Ehrengast eingeladen, der einen »brillanten« Vortrag[53] über die wirtschaftlichen Anstrengungen Indiens, über Entwicklungshilfe und über den gerade beendeten indisch-pakistanischen Krieg[54] hielt. Im Anschluss nutzte dann Wilhelm von Pochhammer für den OAV die Gelegenheit, in seiner Ansprache auf Nixons Chinareise einzugehen und deren mögliche Auswirkungen auf das weltpolitische Kräfteverhältnis zu betrachten. 22 Jahre waren vergangen, seit der letzte amerikanische Generalkonsul China verlassen hatten. Von Pochhammer: China gebe sich friedfertig, doch die innere Triebfeder seines Handelns sei »die uralte Vorstellung, dass China als das ›Reich der Mitte‹, als größte staatliche Einheit der Erde und vor allem als größter asiatischer Staat den Anspruch habe, als die Hegemonialmacht mindestens Asiens zu gelten.« Angesichts des sich abzeichnenden Kampfes zwischen der UdSSR und China »um die Herrschaft über den Indischen und den Stillen Ozean« zeichnete Pochhammer den »strategischen Gürtel« nach, »den die USA und ihre Verbündeten gegen China errichtet haben«, und leitete daraus ab, China versuche »diesen eisernen Gürtel auf friedlichem Wege zu durchbrechen«. Beide Staaten brauchten eine neue Machtposition gegenüber der UdSSR. Würden durch Nixons Besuch neue Fronten entstehen und auf Europa zurückwirken? Ein starkes, vereinigtes Europa müsse zu den Machtblöcken hinzutreten, »um im bevorstehenden Wandel der Weltlage auch unsere Sicherheit zu bewahren«. Denn: »auch unser Schicksal wird in steigendem Grade von den Wandlungen in Asien beeinflusst«.[55] Nixon bewertete seine Reise als »eine Woche, die die Welt veränderte«. Denn nun hätten sie damit begonnen, »eine Brücke über fast 12 000 Meilen und über 22 Jahre Schweigen und Feindseligkeit zu bauen«.[56]

Nun gab es auch für die Bundesrepublik eine Brücke, die als Erster Dr. Gerhard Schröder, Vorsitzender des Auswärtigen Ausschusses des Bundestages, betrat, als er im Juli 1972 nach Peking reiste. Am 11. Oktober unterzeichneten Außenminister Walter Scheel und Chinas Außenminister Ji Pengfei in Peking ein Kommuniqué über die Aufnahme diplomatischer Beziehungen zwischen der Volksrepublik China und der Bundesrepublik Deutschland. Heinrich Röhreke (der in Hankou geborene Sohn von Gustav Röhreke, Senior von Carlowitz & Co., Shanghai) wurde Gesandter 1. Klasse an der neu eingerichteten Vertretung; im April 1973 übernahm Botschafter Rolf Pauls die Geschäfte. Wang Yutian kam als Botschafter der VRC nach Bonn.[57] Im Dezember 1972 war ein deutsch-chinesischer Handelsvertrag unterzeichnet worden.[58] Melchers' *joint venture* Ferrostaal erlebte schon während der Vertragsverhandlungen einen bedeutenden Aufschwung. Nach zwei Abschlüssen im Jahr 1971 (Wert 22 000,– DM) folgten in 1972 39 Abschlüsse im Wert von über vier Millionen. 1973 wurde diese Marke schon im April übertroffen.[59]

Als zwei Tage nach der Installation des Botschafters der BRD in Peking, am 18. April 1973, in Bremen eine Vorstandssitzung des OAV stattfand, schlug HWB vor, »als den ostasiatischen Ehrengast für das 74. Stiftungsfest am 23. Februar 1974 den Botschafter der VR China in der BRD, Wang Yutien«, einzuladen. Das biete sich doch an »*in Anbetracht der erfolgten Konsolidierung der Beziehungen zwischen der VR China und der BRD durch den Austausch von Botschaftern und mit Rücksicht auf die für beide Staaten auf allen Gebieten sich ergebenden bedeutsamen Folgen*«. 1964, als der OAV anlässlich eines Gastspiels der Peking-Oper in Bremen zu einem Empfang für das Ensemble eingeladen hatte, war ein OAV-Vorstandsmitglied noch der Meinung gewesen, jeder Kontakt mit Angehörigen der VR China sollte unterbleiben.[60] Nun befürworteten alle Anwesenden HWBs Vorschlag. Claussen meinte, Henning Melchers sollte gebeten werden, dem Botschafter die Einladung zu überbringen. »Baldmöglichst« wollten sie tätig werden, damit der Hamburger OAV ihnen nicht zuvorkäme.[61]

Der vitale HW Breuer

Ende September veranstaltete HWB zusammen mit dem japanischen Generalkonsul in Hamburg ein deutsch-japanisches Treffen in Bremen. Es kamen Bürgermeister Koschnik und weitere politische Prominenz, japanische Diplomaten, Kaufleute aus Bremen und aus Hamburg. Der *Weser-Kurier* schloss seinen Bericht: »Der Dank für einen gelungenen Abend galt [...] sowohl dem Generalkonsul wie auch H.W. Breuer, dem vitalen Mitinitiator [...].«[62]

Abschied

Zwei Monate später, am 24. November 1973, starb Hermann W. Breuer. Er war auf dem Bremer Bahnhofsvorplatz gestürzt (er sah wieder sehr schlecht) und hatte sich dabei den Oberschenkelhals gebrochen. Im Krankenhaus St. Joseph in Bremen-Schwachhausen kam eine Ulkusblutung hinzu; das Magengeschwür war vorher nicht erkannt worden. Schließlich versagte der Kreislauf. Schwiegertochter Dora wies bis zuletzt alle Besucher ab; Aufregungen sollten Hermann erspart bleiben. Vielleicht hätte er sich ganz gern noch einmal aufgeregt. Die Trauerfeier fand am 29. November im Krematorium des alten Riensberger Friedhofes in Bremen-Schwachhausen statt. Betrauert wurde ein Mann, der »*trotz seines hohen Alters dank seiner ausgezeichneten Kenntnisse, nicht zuletzt aber auch durch seinen Humor, seine Schlagfertigkeit und Herzensbildung Brücken schlug zwischen Deutschland und Ostasien*«, der »*nicht nur für ›seinen‹ OAV sondern für den Außenhandel schlechthin eine kaum zu ersetzende Persönlichkeit war. Die Bremer Kaufmannschaft hat viel verloren. Alle, die ihn kannten, trauerten um den Verlust des ›Großen Taipan‹.*«[63] Die Angehörigen hatten den respektierten, bewunderten, geliebten Großvater, genannt Opapa, Paps, Onkel Hermann, verloren. Für dieses Familienoberhaupt gab es keinen Nachfolger. Es blieb der Eindruck, den er auf uns gemacht hatte.

Die Trauergemeinde verabschiedete Hermann Breuer mit der Hymne der *expatriates*. Sie war in den letzten 19 Jahren auf jedem seiner Bremer Stiftungsfeste des OAV erklungen. Dabei hatte er erlebt, dass »gerade dieses Lied und die damit in Verbindung stehende Schlussszene bei allen Anwesenden einen nachhaltigen Eindruck hinterließ«.[64] Mit gekreuzten Armen eine Kette der Freundschaft bildend, sangen sie:

Should auld acquaintance be forgot,
And never brought to min'?
Should auld acquaintance be forgot,
And days o' auld lang syne?
For auld lang syne, my dear,
For auld lang syne,
We'll take a cup o' kindness yet,
For auld lang syne.[65]

Sollten alte Freundschaften vergessen
Und nicht ins Gedächtnis gerufen werden?
Sollten alte Freundschaften vergessen werden,
Und die Tage der vergangenen Zeiten?
Um der alten Zeiten willen, mein Lieber,
Um der alten Zeiten willen,
Wollen wir nun auf die Brüderlichkeit trinken,
Um der alten Zeiten willen.

1 Im Andenken an die alten Zeiten.

2 Wilhelm Kaisen, Präsident des Senats, 6.1.1964 an HWB.

3 Hanni Mueller-Raschdau geb. Breuer und Liesel Breuer, Moritat zu HWBs 80. Geburtstag.

4 Dr. Käss 2.1.1964 an HWB.

5 Dr. H. Wuttke 6.1.1964 an HWB.

6 W. von Pochhammer 5.1.1964 an HWB.

7 HWB 24.4.1964 an Benno Pape, Cordoba/Argentinien (ehem. Melchers China). BArch ZLA 7–34/119.

8 HWB 6.5.1963 an Nele.

9 HWB 13.6.1963 an Dora Breuer. Ansichtskarte M/S Kronprinz Harald, Fahrstrecke: Kiel – Oslo.

10 Vortragsmanuskript. Zur Studientagung (15. – 17.6.1963): Theodor Veiter: Geschichte der Flüchtlingsforschung. 40 Jahre AER/AWR. Wien: W. Braumüller Universitäts-Verlagsbuchhandlung 1991 (Abhandlung zu Flüchtlingsfragen. Bd. 21), S. 71–72. Den Vortrag zum Schicksal der Überseedeutschen hielt danach Herr »W. Breuner aus Barmen«!

11 Martin Stürcken & Co. GmbH. Im- und Export von Kraftfahrzeugen und -teilen (China 1939–1947).

12 Protokoll (18.10.1965) der OAV-Vorstandssitzung vom 13.10.1965. OAV-Archiv, A. Vollers (privat). Schreibmaschine: HWB 14.7.1965 an Christoph, Durchschlag an Nele.

13 W. von Pochhammer 5.1.1964 an HWB.

14 HWB am 8.1.1959, nach seinem 75. Geburtstag, an AB. Dort auch zur Bewirtung durch Grashof.

15 HWB: Lebenslauf als Information für die Presse anlässlich seines 80. Geburtstages.

16 Tagebuch Christoph Breuer, Telefonat mit Christoph am 17.9.2019.

17 Ministerialdirigent Dr. Fauser, BMF, 4.1.1964 an HWB.

18 HWB 8.5.1956 an »Meine Lieben«, ein Durchschlag an Nele.

19 Nachruf: *Die Welt*, 22.6.1960, Staatsarchiv Hamburg 731–8_A 758, Rolf Heyn.

20 HWB Vermerk vom 2.7.1968.

21 Dora, Uwe jun. und Hede Breuer ließen ein Tonbandgerät mitlaufen, das diesen Teil der Feier aufzeichnete.

22 HWB 7.12.1965 an Nele.

23 Nach HWBs Bericht über den Unfall am 2.12.1965 für die Versicherung, Durchschlag an Nele.

24 HWB 17.12.1965 an Dr. Frank Thiess (»Plädoyer für China«).

25 HWB 10.1.1966 an Christoph, Durchschlag an Nele.

26 HWB 30.1.1967, 9.6.1967 und 24.8.1967 an Nele.

27 HWB 24.8.1967 an Nele.

28 HWB 3.6.1965 an Christoph, Durchschlag an Nele.

29 HWB 14.7.1965 an Christoph, Durchschlag an Nele.

30 HWB 7.9.1965 (Poststempel) Postkarte an Nele.

31 HWB 5.9.1966.

32 HWB 14.7.1965 an Christoph, Durchschlag an Nele.

33 HWB 31.1.1959 an Nele.

34 »Abgeben« hier in der Bedeutung von: eine bestimmte Rolle übernehmen.

35 HWB 11.6.1960 an Nele.

36 HWB 9.6.1967 an Nele.

37 HWB 12.9.1968 an Nele.

38 Vorstandssitzung am 15.6.1971.

39 HWB zum 63. Stiftungsfest am 24.11.1962.

40 *Bremer Nachrichten*, 22.1.1971.

41 *Weser-Kurier*, 22.2.1971.

42 Länge der Grenze zu Indien, Nepals anderem Grenznachbarn: 1880 km. 1971 gab es im Osten Nepals noch das Königreich Sikkim, das seit 1975 ein Bundesstaat Indiens ist.

43 Text der Ansprache. Auch: *Bremer Nachrichten*, 22.2.1971.

44 *Weser-Kurier*, 22.2.1954.

45 HWB 29.3.1958 an Nele.

46 Vorstandssitzung am 10.6.1970, Protokoll vom 10.8.1970. OAV-Archiv, A. Vollers (privat).

47 Nach: G. Brötje, Erläuterung zu dem Trinkspruch, 62. Stiftungsfest am 25.11.1961. OAV-Archiv, A. Vollers (privat).

48 *Weser-Kurier*, 22.2.1971.

49 Van Briessen, Fakten, S. 300–301.

50 Titel des Berichts im *Weser-Kurier*, 21.2.1972.

51 Abflug aus Washington am 17.2.1972, anschließend zwei Übernachtungen auf amerikanischem Boden.

52 Hsü, Rise of Modern China, S. 740.

53 HWB 24.2.1972 an Botschaftsrat Saad M. Hashmi, Kopie an Nele.

54 Krieg: 13.–17.12.1971. Nach der Unabhängigkeitserklärung Ostpakistans/Bangladeschs von Westpakistan am 26.3.1971 und der folgenden Militärintervention Pakistans flohen ca. zehn Millionen Menschen aus Bangladesch auf indisches Gebiet. Indien, gestärkt durch den Freundschafts- und Kooperationsvertrag mit der UdSSR (9.8.1971), griff in die Auseinandersetzung ein.

55 Nach: Redetext OAV Bremen und *Bremer Nachrichten*, 21.2.1972. OAV-Archiv, A. Vollers (privat).

56 Nixons Fazit: Rede des Präsidenten bei seiner Ankunft auf der Andrews Air Force Base am 28.2.1972. Zitiert nach: Roderick MacFaquhar: Nixon's China Pilgrimage. In: The World Today. Hrsg. vom Royal Institute of International Affairs, Vol. 28, №. 4 (April 1972), S. 153–162. Am 9.11.2020.

57 Leutner, 1949–1995, S. 142.

58 Leutner, 1949–1995, S. 156–157.

59 MA Auftragsbücher.

60 Protokoll Vorstandssitzung OAV am 8.5.1964. OAV-Archiv, A. Vollers (privat).

61 Protokoll Vorstandssitzung OAV am 18.4.1973. OAV-Archiv, A. Vollers (privat). Es kam anders: Gast beim 74. Stiftungsfest am 23.2.1974 war Indonesiens Botschafter Achmad Tirtosudiro. Als Vorsitzender amtierte Generalkonsul a. D. Wilhelm von Pochhammer.

62 »Komplimente am Kalten Büffet«, *Weser-Kurier*, 24.9.1973.

63 *Bremer Nachrichten*, 26.11.1973.

64 HWB, OAV-Vorstandssitzung am 10.6.1970, Protokoll vom 10.8.1970. OAV-Archiv, A. Vollers (privat).

65 Der Text basiert auf der Ballade »Old Long Syne«, 1711 publiziert von James Watson, 1800 erschienen in einer Sammlung schottischer Lieder. Ein Beispiel für die weltweite Verbreitung: Während der niederländischen Kolonialzeit in Indonesien spielten Tanjidor-Kapellen mit Blechblasinstrumenten das Lied bei chinesischen Beerdigungsprozessionen in Jakarta. https://de.wikipedia.org/wiki/Auld_Lang_Syne, am 22.11.2019. Deutsche Übersetzung: CM.

2016
Coda

Besuch bei C. Melchers GmbH & Co. KG, Shanghai

Peter Decu lernte ich während der Veranstaltung »Auf den Spuren der Deutschen in Shanghai« im September 2012 kennen. Er vertrat nicht nur die Firma Melchers und ihre Geschichte, sondern sprach zugleich für die Geschichte der deutschen Handelshäuser in Shanghai im späten 19. und im frühen 20. Jahrhundert. Die Niederlassung im kommunistischen Shanghai, die er jetzt leitete, war 1983 eröffnet worden, 38 Jahre nach dem Ende der von Hermann Melchers gegründeten Niederlassung. – Auf einer der kurzen Busfahrten setzte ich mich neben Decu und fand heraus: H.W. Breuer war ihm ein Begriff. Über Weihnachtsgrüße hielten wir locker Kontakt. Als ich Adressen von früheren Melchers-Immobilien in Shanghai ausgegraben hatte, schickte ich sie ihm – und er fotografierte gleich, was dort stand: Es war noch die Substanz aus den 1940er Jahren. Im November 2016 besuchte ich Decu dann im Melchers-Büro in der Yanan Donglu.

In Decus »wunderschönem, verrückten« Shanghai war, als er dort 1992 ankam, noch viel alte Gebäudesubstanz erhalten. Es war aber auch brutal und großflächig abgerissen worden, und noch immer gingen ganze Stadtviertel verloren. 1993 schärfte Tess Johnstons Publikation »A Last Look: Western Architecture in Old Shanghai« mit Fotografien von Deke Erh das Bewusstsein für den Verlust. 1998 gründete sie mit Gleichgesinnten »Historic Shanghai«, um das gebaute Erbe Shanghais, seine einzigartige soziale und kulturelle Geschichte zu bewahren. Auch das Projekt »Explore Shanghai Heritage« (für das ich am Vorabend einen Vortrag über die Deutsche Gemeinde Shanghai in den 1920er Jahren hatte halten dürfen) entstand im Jahr 2003 aus Sorge um die verschwindende historische Bausubstanz. Inzwischen gibt es 14 Stadtbereiche, die unter Denkmalschutz stehen. Die Bauten am Bund sind in den letzten Jahren mit zunehmender Akribie restauriert worden. Decu erzählte begeistert, wie er für die Showrooms von Patek Philippe die ehemalige Residenz des britischen Konsuls denkmalgerecht wiederherstellen ließ; Eröffnung 2012.

Er war 1992 für Melchers nach Shanghai gegangen; damals wachte die Stadt gerade aus einem Dornröschenschlaf auf. Deng Xiao Pings wirtschaftliche Reformen hatten Shanghai im Jahr 1990 erreicht: Die Eröffnung der chinesischen Börse an diesem Ort setzte ein Zeichen. Mao hatte sie 1950 schließen lassen. Schon die Ankündigung Dengs, Pudong sollte nach dem Vorbild Shenzhens eine Sonderwirtschaftszone werden, löste eine explosionsartige Entwicklung aus, einen »Goldrausch«. Das Besondere: Hier angesiedelte Unternehmen durften entscheiden, wie sie Investitionen tätigen und wie sie ihre Produktion organisieren wollten. Ausländische Unternehmen, Investitionen, Handel mit dem Ausland wurden zugelassen. Diese Aufbruchstimmung konnte Decu in ihren Anfängen miterleben, ihre Geschwindigkeit, die ungeheuren Dimensionen – eine historische Erfahrung. Dazu gehört, dass er den Finanzdistrikt Lujiazui am gegenüberliegenden Ufer des Yangtse emporwachsen sah: Wo vorher Lagerhallen standen und Bauern ihre Reisfelder bearbeiteten, erwuchs in 20 Jahren eine Skyline aus Wolkenkratzern. In Pudong stehen die meisten der fast 300 Wolkenkratzer Shanghais, und einige der Gebäude gehören zu den höchsten der Welt: Der Jin Mao Tower (420,5 m) wurde 1998 vollendet, ihn überragen das 492 Meter hohe Shanghai World Financial Center aus dem Jahre 2008 und der Shanghai Tower, fertiggestellt 2015, mit 632 Metern das dritthöchste Gebäude der Welt (im Jahr 2016).

Bei Decus Ankunft 1992 herrschte Pionierstimmung unter den wenigen in Shanghai lebenden Ausländern. 2016 lebten schon wieder etwa 18 000 Deutsche in Shanghai, von denen die meisten aber nur ein bis maximal drei Jahre blieben. Besonders Familien mit Kindern blieben nicht lange – vor allem wegen der schlechten Luftqualität. Die App auf seinem Handy zeigte aktuell eine etwa viermal höhere Feinstaubbelastung, als in der Europäischen Union maximal zulässig ist. Kommentar Decu: »Das ist schon besser als gestern.« Es gibt wieder eine Deutsche Schule, eine Evangelische und eine Katholische Deutsche Kirchengemeinde und die Deutsche Handelskammer. Darüber hinaus blieben die »alteingesessenen« Deutschen heute tendenziell unter sich, weil die Gespräche mit den Neuankömmlingen so vorhersagbar seien: Wo gibt es die beste Mettwurst? Immerhin gibt es Mettwurst, das war bei Decus Ankunft 1992 nicht so. Dabei kam die Geselligkeit bei diesem »Gastarbeiter« in China nicht zu kurz: Mit der Familie reiste er in China und *abroad*, veranstaltete Tabak-Kollegien und Rotweinabende mit Freunden; seine Frau organisierte Kohl- und Pinkelfahrten (eine importierte Bremensie), und die Weihnachtsfeiern mit 60 Freunden, die die Familie ausrichtete, schilderte er so einladend, dass ich mir wünschte, ich hätte daran teilnehmen können.

Zur Pionierstimmung kam bei Decu das Bewusstsein hinzu, in einer großen Handelstradition zu stehen: Dass die Geschichte des Unternehmens Melchers & Co. seit 1877 intensiv mit der Geschichte

Chinas verbunden war, gab seiner Aufgabe von Anfang an *standing*. In Shanghai hatte die chinesische Geschäftswelt Vertrauen in den Namen Melchers, Mei Zui Shi, mit dem seit alters her vertrauten Zusatz »Yang Hong« (ausländische Firma), den heute nur Traditionsfirmen aus der Zeit vor dem Ersten Weltkrieg führen dürfen. Und im Bremer Haus herrschte Verständnis für die Andersartigkeit chinesischer Bedingungen. Heute importiert und exportiert die C. Melchers GmbH & Co. KG Konsumgüter, Industriematerialien und Investitionsgüter, z. B. Maschinen zur Herstellung von Stoffen, von Verpackungen, von Pharmazeutika, landwirtschaftliche Maschinen für den großflächigen Anbau. Nicht zu vergessen: die Weine, ausgewählt vom Kellermeister des Bremer Ratskellers, präsentiert beim jährlichen *German Ball* der Deutschen Handelskammer. Der nächste, »Petticoats and Rock 'n' Roll«, stand damals kurz bevor, würde im November im Hotel Kempinski stattfinden. Es hatte Probleme mit dem Zoll gegeben: Die Beamten ließen sich nur mühsam davon abbringen, pro Karton eine Flasche des kostspieligen Weins als »Warenprobe« zu verlangen.

Melchers Shanghai hatte (2016) ca. 200 Mitarbeiter, davon waren weniger als 10 % Westler, außer Decu kam nur ein weiterer Angestellter aus Deutschland. Den aktuellen Rückgang des Wirtschaftswachstums merkten sie deutlich. In den Jahren 2003 bis 2011 waren es zwischen zehn und 14 % Wachstum, 2015 offiziellen Angaben zufolge 6,9 %, es fühlte sich aber geringer an. Das Luxusgeschäft ging seit 2013, mit der Anti-Korruptions-Kampagne von Staatspräsident Xi Jingping, ganz generell deutlich zurück. Melchers' Anteil an diesem Segment seien vor allem die Patek-Philippe-Uhren. Nirgendwo auf der Welt kosteten die Uhren so viel wie in China – der hohe offizielle Zoll und die Luxussteuer beim legalen Import machten es möglich. Daher kauften Individualkunden die Uhren möglichst im Ausland. Aber seit die Grenzkontrollen verschärft und die Ausfuhr von Devisen beschränkt wurden, lief der Absatz der teuren Uhren in erfreulicher Weise. Den Rückgang des Wachstums insgesamt führte Decu vor allem auf die stark gestiegenen Löhne zurück, die die Löhne in Osteuropa inzwischen überholt hätten. Aber der Markt China wird sich weiterentwickeln, es wird sich Neues ergeben – eine Erfahrung, die der Bremer in den vergangenen 24 China-Jahren schon mehrmals gemacht hat. 24 Jahre – »Die Zeit rast an einem vorbei«, sagt er –, und ich denke an Otto Zwancks Verse von 1952, in denen sich dessen 34-jährige China-Erfahrung spiegelte:

»Eins zwei drei im Sauseschritt / läuft die Zeit, wir laufen mit.
Das hat mancher schon erfahren, / wenn er kam in jungen Jahren
nach Shanghai, der Sagenstadt, / die er sich erträumet hat.«

Abreise in den
Heimaturlaub,
November 1929.

CHRONOLOGIE

Jahr	China und die Welt	Hermann W. Breuer (HWB) / Firma Melchers & Co.
1840	1840–1842: Der erste Opiumkrieg, endend mit der erzwungenen Öffnung von fünf »Treaty Ports«, darunter Shanghai, und Gewährung von Privilegien für Ausländer.	
1852	Der Engländer William Hogg ist der erste Hamburger Konsul in Shanghai.	
1858	1858–1860: Zweiter Opiumkrieg. Plünderung und Zerstörung des Sommerpalastes in Peking. Teilöffnung des Landesinneren für Fremde, Legalisierung der Opiumeinfuhr, Missionsfreiheit.	
1861	Preußische Ostasienexpedition (Eulenberg). Am 2. September: Abschluss eines Handelsvertrages zwischen China and Preußen für den Deutschen Zollverein.	
1865	In Shanghai: Gründung des deutschen Clubs Concordia.	
1866		Hermann Melchers und Adolf André gründen Melchers & Co. in Hongkong.
1869	Eröffnung des Suezkanals.	
1870	Gründung eines Deutschen Theater-Vereins in Shanghai (Neugründungen 1905 und 1925).	
1877		Hermann Melchers eröffnet eine Niederlassung Melchers & Co. in Shanghai.
1883		**Oskar und Friederike Breuer treffen auf dem Dampfer nach Asien Hermann Melchers, der verspricht, Pate ihres erwarteten zweiten Kindes zu werden.**
1884		**7. Januar: Hermann Waldemar Breuer wird in Bangkok geboren.**

China und die Welt		HWB / Firma Melchers & Co.
In Shanghai erscheint die deutsche Wochenzeitung *Der Ostasiatische Lloyd*.	1886	
	1890	**HWB wird ab Sumatra nach Deutschland in die Schule geschickt, dort betreut von Großmutter Auguste Breuer und seiner Tante Johanna, verh. von Riwotzky.**
1894–1895: China unterliegt im Japanisch-Chinesischen Krieg um Korea. China akzeptiert japanischen Einfluss auf Korea (das 1910 von Japan annektiert wird) und tritt Formosa/Taiwan an Japan ab.	1894	
Eröffnung der Deutschen Schule in Shanghai, die 1906 den Namen Kaiser-Wilhelm-Schule erhält.	1895	
	1896	**HWBs Bruder Karl Breuer (geb. 1881) geht von Hannover (seit ca. 1887) nach Sumatra, lernt Pflanzer.**
14. November: Deutsche Marinetruppen besetzen Teile der Shandong-Halbinsel.	1897	
6. März: Deutschland schließt einen Pachtvertrag auf 99 Jahre über Jiaozhou ab. Tsingtao wird Freihafen. Errichtung des deutschen *Iltis*-Denkmals am Bund in Shanghai zum Gedenken an den Untergang (1896) des Kanonenboots *Iltis* im Taifun vor Shandong mit 71 Todesopfern.	1898	
1899–1901: Aufstand der Yihetuan (»Boxer«). Belagerung der Gesandtschaften in Peking, Ermordung des deutschen Gesandten von Ketteler. Bis zum 12. August 1900 überwältigt eine Allianz aus acht Nationen die Belagerer. Es folgen »Strafexpeditionen« unter dem Oberbefehl des deutschen Generalfeldmarschalls Alfred Graf Waldersee.	1899	
Grundsteinlegung für die deutsche evangelische Kirche in Shanghai. Ein deutsches Seekabel ermöglicht die direkte telegrafische Kommunikation zwischen Shanghai und Berlin.	1900	**4/1900–3/1905 April: HWB absolviert eine kaufmännische Lehre bei der AEG in Hannover, bleibt nach deren Abschluss zwei Jahre als Angestellter.**

Gründung der Deutschen Vereinigung, Vorgängerin der Deutschen Handelskammer in Shanghai.

1904

Gründung des Deutschen Gartenclubs Shanghai.

1904–1905: Russisch-Japanischer Krieg endet mit einer Niederlage Russlands. Japan erhält Lüshun (»Port Arthur«) und die südliche Hälfte von Sachalin. Russland zieht sich aus der (chinesischen) Mandschurei zurück.

1905

April 1905–März 1906: HWB: Militärzeit in Hannover.

1906

Anstellung von HWB bei Melchers & Co. China. Hermann Melchers schickt HWB nach Shanghai, Ankunft 21. Juli 1906.

1907

Shanghai: Eröffnung eines neuen Gebäudes am Bund für den deutschen Club Concordia.

Errichtung der Stiftung Deutsche Medizinschule/Tongji in Shanghai.

1908

Erste Straßenbahn in Shanghai.

1911

Sturz der Qing-Dynastie. 1. Januar 1912: Gründung der Republik, Präsident Sun Yat-sen (Sun Yixian), ihm folgt am 14. Februar Yuan Shi-kai.

HWBs Mutter Friederike Breuer stirbt in Tandjong Poera/Sumatra, Vater Oskar Breuer geht 1912 zurück nach Hannover.

1913

HWBs Bruder Karl wird Administrator der Tabakplantage Ludwigsburg bei Medan.

HWB auf Heimaturlaub, heiratet Erna Wolcke aus Hamburg. November: Gemeinsame Fahrt nach Shanghai mit der Transsibirischen Eisenbahn.

1914

22. Mai: Gründung der Deutschen Gemeinde Shanghai.

1. August: Beginn des Ersten Weltkriegs. Einberufung deutscher Männer in Ostasien nach Tsingtao. Gründung eines »Hilfsfonds 1914«. 7. November: Japaner erobern Tsingtao. Kriegsgefangenschaft für etwa 4700 deutsche Männer.

China und die Welt		HWB / Firma Melchers & Co.
18. Januar: Japan legt China »21 Forderungen« vor, deren Erfüllung große Teile Chinas unter japanische Kontrolle bringen würde. Eine revidierte Fassung muss China am 8. Mai 1915 annehmen.	1915	
1916–1927: 6. Juni: Tod Yuan Shi-kais, anschließend Warlord-Zeit in China. Ausschluss der Deutschen aus den englischen und den internationalen Clubs in Shanghai.	1916	
5. April: Infolge des U-Boot-Kriegs Kriegserklärung der USA an Deutschland, 14. August: Kriegserklärung Chinas. Sequestrierung der Immobilien; Schließung der Deutsch-Asiatischen Bank, Einschränkung der Bewegungsfreiheit. Ende der Konsulargerichtsbarkeit für Deutsche. 7. November: Machtübernahme der Bolschewiki (»Oktoberrevolution«) in Russland. Anschließend Bürgerkrieg bis 1920.	1917	
11. November: Waffenstillstand beendet den Ersten Weltkrieg.	1918	**8. Juli in Bremen: Hermann Melchers stirbt.**
März/April: Ausweisung der Deutschen aus China. 28. Juli: Frieden von Versailles: Das ehemalige deutsche Pachtgebiet Jiaozhou auf der Halbinsel Shandong wird Japan zugesprochen. China unterzeichnet den Vertrag nicht. 15. September: Erklärung Chinas über die Beendigung des Kriegszustandes mit Deutschland »Bewegung des 4. Mai« in China. 1919/1920: Entlassung der deutschen Tsingtao-Soldaten aus japanischer Gefangenschaft.	1919	**HWB darf befristet bleiben.** **4. Juni: Geburt von HWBs Sohn Uwe Breuer in Shanghai.** In Bremen: Die Firma Melchers beschließt den Wiederaufbau der China-Firma; Adolf Widmann und Otto Trefurt reisen nach Shanghai.

Beginn des Wiederaufbaus deutscher Firmen in China, zunächst unter nichtdeutschen Deckmänteln.	1920	Lindemann (Teilhaber Melchers Bremen) reist über die Niederlande und die USA nach Shanghai. Gründung der China Corporation Co. als Deckmantel für Melchers China. **HWB wird Leiter der Importabteilung in Shanghai und erhält Prokura.**
Neugründung der Deutschen Gemeinde Shanghai. 20. Mai: Unterzeichnung eines deutsch-chinesischen Abkommens über die zukünftigen Beziehungen (»erster gleichberechtigter Vertrag«). 23. Juli in der Französischen Konzession in Shanghai: Gründung der kommunistischen Partei Chinas. 1. Oktober: Der erste deutsche Generalkonsul in Shanghai nach dem Krieg, Ernst August Thiel tritt sein Amt an. Adolf Boyé ist Gesandter in Peking.	1921	**Februar: Erna Breuer reist mit Uwe nach Deutschland.**
Norddeutscher Lloyd: Wiedereröffnung des Ostasiendienstes. China gibt deutsches Eigentum an die Vorbesitzer zurück. In Umsetzung von Beschlüssen der Washingtoner Flottenkonferenz gibt Japan das Gebiet Jiaozhou an China zurück. 24. Juni: Ermordung des Reichsaußenministers Walter Rathenau durch Rechtsextreme.	1922	**März: HWBs erster Heimaturlaub seit 1913. Trifft seine Frau Erna in Brunshaupten, Scheidungsklage und deren Rücknahme.**
Hyperinflation in Deutschland. 6. Mai: Überfall auf die Shandong-Bahn. 15. November in Deutschland: Einführung der Rentenmark.	1923	**Februar: HWB, Dr. Adalbert Korff u.a. reisen mit der *Werra* auf deren Jungfernfahrt nach Shanghai.**
16. April: Die Deutsche Gemeinde Shanghai gibt sich eine neue Satzung.	1924	Die Melchers Corporation zieht in Kontorräume in der Kiukiang Road. Ende März: Carl Gerhard Melchers nimmt bei Melchers & Co. in Shanghai die Arbeit auf.

China und die Welt		HWB / Firma Melchers & Co.
		HWB wird in das Leitungskomitee der Paper Importers' Association gewählt.
		HWB reicht die zweite Scheidungsklage ein.
12. März: Tod Sun Yat-sens.	1925	**Februar: HWB wird in Dr. Fearn's Sanatorium operiert.**
Wiedergründung des Deutschen Theater-Vereins (DT-V) in Shanghai.		**HWB übernimmt den Vorsitz im DT-V (bis Sommer 1927).**
Mai in Shanghai: Streik in japanischer Fabrik, britische Polizisten töten 13 demonstrierende Chinesen. Proteste (Arbeiter, Studenten, chinesische Handelskammer) gegen die Fremden. Streiks, Boykotts in ganz China: »Bewegung 30. Mai«.		**Uwe Breuer geht in Hamburg in die Bertramsche Schule.**
		Juli: HWB zur Erholung in Unzen/Japan.
27. Juni: Die Deutsche Gemeinde Shanghai weiht den neuen Deutschen Gartenclub ein.	1926	1. Januar: Carl Gerhard Melchers wird Teilhaber von Melchers China, leitet die Niederlassung in Hongkong.
Juli: Chiang Kai-sheks Armee, unterstützt von Kommunisten, bricht in Kanton zum »Nordfeldzug« gegen die Warlords auf.		**HWB wird Obmann am Schiedsgericht der Deutschen Gemeinde. (Das Ehrenamt übt er auch in späteren Jahren aus.)**
		Mitte August bis Ende September: HWB ist auf großer China-Rundreise.
		September: Ehescheidung HWBs.
		1. Dezember: Melchers lässt den »Corporation«-Mantel fallen und heißt wieder Melchers & Co., China.
		7. Dezember: Melchers gründet die Melchers Inc. in New York, mit der Melchers China künftig die USA-Geschäfte abwickeln wird. Leitung: Theodore Fitz Randolph.
April: Die Guomindang erobert Shanghai, Belagerungszustand. Massaker der GMD an Kommunisten, Bruch der Einheitsfront.	1927	1. Januar: Dr Adalbert Korff wird Teilhaber von Melchers China.
		12. April: Melchers feiert den 50. Jahrestag der Niederlassung in Shanghai.
Abschluss eines deutsch-chinesischen Handelsabkommens.	1928	**HWB wird autorisiert »to sign the firm«.**

Nanjing wird chinesische Hauptstadt, Peking (Beijing) heißt fortan Beiping (bis 1949).

15.–17. Oktober: Baron von Hünefeld macht in Shanghai Station auf dem Jungfernflug Berlin – Tokio.

August: HWB macht Urlaub in Guling.

1929

Mai: Einweihung des neuen Gebäudes für die Kaiser-Wilhelm-Schule am »Deutschen Eck«, Juni: Feier zur Wiedererrichtung des *Iltis*-Denkmals.

24./25. Oktober: Schwarzer Donnerstag (Freitag) an der New Yorker Börse.

27. Mai: Melchers eröffnen den Godown 713 Broadway East (Dongdaming Lu).

Uwe Breuer kommt in das Internat Landschulheim am Solling bei Holzminden.

Mitte November: HWB geht auf Heimaturlaub (bis Anfang März 1930).

1930

1. März: Gründung der Chinesisch-Deutschen Flugpostgesellschaft Eurasia

Dezember in Shanghai: Eröffnung der »großen chinesischen Radio-Station«.

(ca.) Beginn der Lebensgemeinschaft von HWB und Jennie Bohanova.

HWB kauft einen Chevrolet.

1931

5. Februar: Eröffnung des neuen Lyceum Theatre an der Rue Bourgeat.

31. Mai: Eröffnung des deutsch-chinesischen transsibirischen Luftverkehrs.

18./19. September: Japan beginnt, die Mandschurei zu besetzen.

Melchers übernimmt die Vertretung der Maersk-Linie, Schifffahrt Ostasien–USA.

23. Juli: Melchers begeht HWBs 25-jähriges Firmenjubiläum.

1932

28. Januar–5. Mai: Japan greift chinesische Stadtteile Shanghais an. Bombardements. Starke Militärpräsenz der westlichen Staaten in den exterritorialen Stadtteilen.

18. Februar: Mandschukuo wird ein von Japan abhängiger Staat.

23. Oktober, Shanghai: Weihe der neuen deutschen evangelischen Kirche. Architekt: Ladislaus (László) Hudec.

April, Shanghai: Auf dem VII. Jahrestreffen der »Paper Importers« wird HWB zum Vizepräsidenten gewählt.

1933

30. Januar: In Deutschland ernennt Reichspräsident Hindenburg Adolf Hitler zum Reichskanzler. Beginn der flächendeckenden staatlichen Verfolgung von Sozialdemokraten, Kommunisten, Gewerkschaftern und anderen Demokraten sowie besonders jüdischer Intellektueller.

China und die Welt		HWB / Firma Melchers & Co.
27. März: Austritt Japans aus dem Völkerbund. 1. April in Deutschland: Boykott-Tag gegen jüdische Geschäfte, Professoren, Studenten, Ärzte, Anwälte; 7. April: Gesetz zur »Wiederherstellung des Berufsbeamtentums«. Die deutsche Reichsregierung stellt den Überseehäusern Garantien über 25 Mio. RM für langfristige Kredite zur Verfügung. 14. Oktober: Austritt Deutschlands aus dem Völkerbund. Erste jüdische und politische Flüchtlinge aus Deutschland kommen in Shanghai an.		
Januar: Hans Klein gründet in Berlin die Hapro (Handelsgesellschaft für industrielle Produkte). August: »Ausführungsvertrag über den Austausch von Rohstoffen und Landesprodukten Chinas gegen Industrie- und sonstige Erzeugnisse Deutschlands« mit der chinesischen Regierung. Oktober: Mao startet mit über 85 000 Marschierenden den »Langen Marsch«. Im Oktober 1935 erreichen ca. 7 000 Yan'an (andere Zahlen: 100 000 und 10 000).	1934	**12. Juli: HWBs Vater Oskar Breuer stirbt in Hannover.** **Oktober: HWB macht Urlaub in Japan.**
13. Januar: Saar-Abstimmung mit dem Ergebnis: Anschluss an das Deutsche Reich. April: Der NDL eröffnet den Ostasien-Schnelldienst mit dem Dampfer *Scharnhorst*. Es folgen die Schiffe *Potsdam* und *Gneisenau*. 15. September: Anlässlich des Parteitags der NSDAP in Nürnberg beschließt der Reichstag das »Blutschutzgesetz« und das »Reichsbürgergesetz« (»Nürnberger Gesetze«). Politische Entrechtung jüdischer Deutscher, Vorstufe zu ihrer systematischen Ermordung.	1935	Januar/März: Verlobung und Heirat Dr. Adalbert Korffs mit Maria Menzel geb. Reinert.

November: Währungsreform in China: Abschaffung des Silberstandards.

1936

7. März: Deutsches Militär besetzt das lt. Versailler Vertrag entmilitarisierte Rheinland.

März: In Berlin trifft Lindemann (für den NDL) Hans Klein (Hapro) und Wilhelm Keppler (Wirtschaftsberater Hitlers). Klein stellt sein Tauschhandelsprojekt vor. NDL / Melchers sollen die Verschiffungen übernehmen. Die Geschäftsanteile der Hapro gehen an das Reichkriegsministerium.

30. April: Deutschland, Japan, Mandschukuo schließen ein Abkommen über wechselseitigen Warenverkehr.

1.–16. August: Olympiade in Berlin.

25. September: Deutschland und Japan unterzeichnen in Berlin den Antikominternpakt gegen die »Kommunistische Internationale«.

12. Dezember: Xi'an »Zwischenfall«: Festnahme von Chiang Kai-shek, Freilassung am 25. Dezember auf die Zusicherung hin, mit den Kommunisten verbündet gegen Japan vorzugehen, statt weiter gegen die chinesischen Kommunisten Krieg zu führen.

1. April: Uwe Breuer beginnt eine Lehre bei Freudenberg & Co. in Weinheim.

1. Mai: HWB geht auf Heimaturlaub, Fahrt auf der *Potsdam*.

Teilhaber Carl Gerhard Melchers wechselt von der Niederlassung Hongkong nach Shanghai.

September: Melchers Bremen gründet eine Firma in Rotterdam.

Anfang November: Widmann verlässt China, wird Teilhaber von Melchers & Co. Bremen.

14. November: HWB reist ab Hannover via Genua auf der *Scharnhorst* nach Shanghai.

1937

7. Juli: »Zwischenfall« auf der Marco-Polo-Brücke (bei Peking). Beginn der japanischen Invasion Chinas, Beginn des Zweiten Weltkriegs in Ostasien.

13. August: Beginn des Kampfes um Shanghai. Ende: 12. November 1937. Veräußerungen / Unterschutzstellung von chinesischem Eigentum an / durch Deutsche, Italiener, Portugiesen.

14. August: »Bloody Saturday«, Bomben auf das International Settlement, etwa 2000 Tote, viele Verletzte.

China und die Welt		HWB / Firma Melchers & Co.
November: Die Japaner haben die chinesischen Stadtteile Shanghais erobert und besetzt. Die Zahl der Toten und Verwundeten auf chinesischer Seite wird auf 180 000 bis 300 000 (Fenby, S. 279) geschätzt.		
Anfang Dezember: Die Guomindang-Regierung flieht aus Nanjing nach Hankou.		
13. Dezember: Eroberung Nanjings, in den sechs folgenden Wochen verüben die japanischen Soldaten ein Massaker an der Zivilbevölkerung.		
12. März: Einmarsch deutscher Truppen in Österreich; »Anschluss« Österreichs an das Deutsche Reich.	1938	**Anfang März: Uwe Breuer wird in Weinheim aus der Unterkunft, der HJ und der Lehre entlassen.**
12. Mai: Deutschland erkennt den japanischen Marionettenstaat Mandschukuo an.		**13. Juli: Uwe Breuer beginnt eine Lehre bei der Lederwerke Wieman A.G., Neumünster.**
5. Juli: Deutschland zieht seine Militärberater aus China ab.		**Ende September: HWB fährt in die USA, besucht die Melchers Inc. (Theodore Fitz Randolph) in New York.**
6.–15. Juli: Konferenz in Evian-les-Bains mit Vertretern von 32 Staaten. Der Versuch, in diesen Ländern höhere Quoten für die Aufnahme deutscher Juden festzulegen, scheitert.		
August: Gründung des International Committee for Granting Relief to European Refugees in Shanghai.		
29./30. September: Münchner Abkommen: Die Tschechoslowakei muss das »Sudetenland« an Deutschland abtreten (Chamberlain: »Peace in our Time«).		
Oktober in Shanghai: Gründung des Committee for the Assistance of European Jewish Refugees.		
Herbst: Guomindang-Regierung und Verwaltung fliehen aus Hankou-Wuhan, das Ende Dezember von den Japanern erobert wird. Chongqing in der Provinz Sichuan wird Sitz der Nationalregierung.		

9. November: Judenpogrome in Deutschland (später »Reichskristallnacht« genannt).		
15. März: Deutschland erzwingt einen »Protektoratsvertrag« mit dem tschechischen Teil der Tschechoslowakei und errichtet das »Reichsprotektorat Böhmen und Mähren«. Mai: Die japanische Luftwaffe beginnt mit der Bombardierung von Chongqing (bis Dezember 1941). 23. August: Deutsch-sowjetischer Nichtangriffspakt (»Hitler-Stalin-Pakt«). 1. September: Einmarsch der deutschen Wehrmacht in Polen. Beginn des Zweiten Weltkriegs in Europa. 3. September: Kriegserklärungen Englands und Frankreichs an Deutschland. Deutsche fliehen aus dem britischen Hongkong.	1939	**3. Januar: HWB reist aus den USA nach Deutschland. Februar: Rückkehr nach China mit der Transsibirischen Eisenbahn.** CG Melchers übernimmt die Leitung aller Importabteilungen von Melchers China, Walter Mayer wird Leiter der Importabteilung Shanghai. **HWB wird »Financial Advisor«, leitet den Arbeitskreis Import in der Deutschen Handelskammer Shanghai.**
März: Konstituierung der Marionettenregierung Wang Jing-wei in Nanjing. 15. Mai: Kapitulation der Niederlande vor Deutschland 10. Juni: Italien erklärt England und Frankreich den Krieg 22. Juni: Waffenstillstand von Compiègne, 60 % Frankreichs bleiben deutsch besetzt. Die übrigen 40 % regiert das mit Deutschland kollaborierende »Vichy«-Regime. 16. August: Abzug der britischen Seaforth Highlanders aus Shanghai.	1940	**Uwe Breuer wird als Schütze ausgebildet, anschließend als Fallschirmjäger.**
22. Juni: Die deutsche Wehrmacht marschiert in die Sowjetunion ein. 1. Juli: Deutschland erkennt die Wang-Jing-wei-Regierung in Nanjing (seit 30.3.1940) als einzige legitime Regierung Chinas an; 2. Juli: Chiang Kai-shek bricht die diplomatischen Beziehungen zu Deutschland ab.	1941	August: Feier des 75. Jubiläums von Melchers China. **Oktober: Uwe Breuer verlobt sich mit Nele Schnorr von Carolsfeld aus Berlin.**

China und die Welt		HWB / Firma Melchers & Co.
Die nun »Reichsdeutsche« Gemeinde Shanghai erhält eine neue Satzung.		
25. November: Ausbürgerung aller im Ausland lebenden deutschen Juden. Einzug ihres Vermögens.		
28. November: Abzug der amerikanischen 4th Marines aus Shanghai.		
8. Dezember: Angriff der Japaner auf Pearl Harbour. In Shanghai: Einmarsch in das International Settlement.		
9. Dezember: Kriegserklärung Chongqing-Chinas an Deutschland und Italien.		
11. Dezember: Kriegserklärung Deutschlands und Italiens an die USA.		
25. Dezember: Japanische Truppen erobern Hongkong.		
15. Januar: Schlacht um Moskau (seit 2.10.1941) endet mit dem Rückzug der deutschen Truppen.	1942	**Februar: Uwe Breuer heiratet in Berlin.**
Japaner erobern Singapur (15. Februar) und bis 1944 weite Teile Asiens: Indonesien, Thailand, Vietnam, Philippinen und weitere Inselgruppen.		**24. September: Uwes Sohn, HWBs Enkel Christoph, wird in Berlin geboren.**
Registrierung von Angehörigen der Feindstaaten in Shanghai und deren sukzessive Internierung in Lagern.		
Juni: Die Japaner erobern Burma, die Versorgung der nationalchinesischen Regierung in Chongqing ist nur noch auf dem Luftweg möglich.		
8. November: Erste Landung der Alliierten in Nordafrika (Marokko).		
In China: Konsequente Umsetzung der 1942 begonnenen Internierung von Angehörigen der Feindstaaten Japans.	1943	**Januar: HWBs Sohn Uwe wird nach Tunesien an die Front geschickt.**
2. Februar: Die Überreste der deutschen 6. Armee kapitulieren vor Stalingrad.		**Mai: Uwe Breuer kommt in Tunesien in amerikanische Kriegsgefangenschaft.**

18. Februar: »Staatenlose Flüchtlinge«, die seit 1937 nach Shanghai kamen, müssen bis 18. Mai in eine »Designated Area« im Stadtteil Hongkou ziehen.

9. März: General Erwin Rommel (seit 23.2.1943 Oberbefehlshaber der Heeresgruppe Afrika) verlässt Tunesien; Hitler hatte seine Rückzugspläne abgelehnt.

Ab dem 10. Juli: Die Alliierten erobern Süd- und Mittelitalien, Rücktritt Mussolinis; Regierung Pietro Badoglio, Waffenstillstand in Italien.

31. Juli in Shanghai: Rückgabe des International Settlement und der Concession française an Nanjing-China.

1944

Januar in China: Internierung der (Badoglio-)regierungstreuen Italiener.

Ab dem 6. Juni: Landung alliierter Truppen in der Normandie.

20. Juli: Erfolgloses Attentat auf Hitler.

November: Uwe Breuer wird mit der Diagnose »Tuberkulose, weit fortgeschritten« aus der Kriegsgefangenschaft nach Deutschland entlassen.

6./7. Oktober in Bremen: Melchers' Kontorgebäude Knochenhauerstraße wird durch Bomben zerstört.

1945

30. April: Selbstmord Adolf Hitlers.

8. Mai: Waffenstillstand in Europa, VE Day *(Victory in Europe)*, Schließung der deutschen diplomatischen Vertretungen. Auflösung der NSDAP mit Unterorganisationen.

Ende Mai in Shanghai: Einrichtung einer Deutschen Notgemeinschaft.

17. Juni: Ein schweres amerikanisches Bombardement trifft den Sonderbezirk Hongkou: 31 Emigranten und etwa 370 Chinesen sterben.

6. und 9. August: Amerikanische Atombomben auf Hiroshima und Nagasaki.

8. August: Die UdSSR erklärt Japan den Krieg; marschiert in die Mandschurei ein.

14. August: Waffenstillstand im Pazific, VJ-Day *(Victory in Japan)*.

August: Die Deutsche Gemeinde wählt Fred Siemssen zum Vorsitzenden.

29. März: Dr. Adalbert Korff stirbt in Shanghai an Leukämie.

In der Selbsthilfeorganisation »Deutsche Notgemeinschaft« übernimmt HWB die Abteilung Ernährung.

Bei der Vorstandswahl der sich neu konstituierenden Deutschen Gemeinde übernimmt HWB das Amt des Wahlleiters.

Ab September: Liquidierung deutscher Firmen, auch der Firma Melchers.

China und die Welt		HWB / Firma Melchers & Co.
September: Russische und amerikanische Truppen besetzen Korea. Trennlinie: 38. Breitengrad. September: Amerikanische Truppen ziehen in Shanghai ein. Ab September: Chinesen und Amerikaner requirieren viele von Deutschen bewohnte Häuser und Wohnungen und die Deutsche Schule. Ab Mitte Oktober: Internierung von deutschen Diplomaten, Journalisten und (einigen) NSDAP-Mitgliedern in Kiangwan. Inflation und Bürgerkrieg in China, bis 1949.		
7. Juli: »Repatriierungs«-Truppentransporter *Marine Robin* fährt ab Shanghai nach Deutschland. 3. Oktober 1946–14. Januar 1947 in Shanghai: »Ehrhardt«-Prozess.	1946	**Ab Januar: HWB arbeitet als Berater für Tai On/Wing On.**
20. Februar: Truppentransporter *Marine Jumper* fährt ab Shanghai, bringt u.a. die Verurteilten des Erhardt-Prozesses nach Deutschland. 25. Juli: *Marine Lynx* ab Shanghai mit ausreisenden jüdischen Emigranten und freiwillig reisenden Deutschen (u.a. Pfarrer F. Maass, Fred Siemssen mit Familie) nach Neapel. 1. September: Truppentransporter *General Black* »repatriiert« Deutsche aus Ostasien.	1947	**11. Mai: HWBs Enkel Uwe, Sohn seines Sohnes Uwe, wird geboren.** **15.–25. Juli und 23.–31. August: HWB erwartet in einem Lager seine Repatriierung auf der *General Black*.**
24. Juni: »Luftbrücke Berlin«: Versorgungsflüge der westlichen Alliierten nach Westberlin, weil die Sowjets Land- und Wasserwege sperrten; bis 12. Mai 1949. Inflation, Währungsreform (23. August) und erneute Inflation in China.	1948	**HWBs Sohn Uwe lässt sich von Nele scheiden und heiratet Dora Pauls, die Mutter seines Sohnes Uwe.**

November 1948 bis Januar 1949 erfolgreiche Huaiai-Kampagne der kommunistischen Armee; deren Sieg über die Nationalchinesen ist absehbar.

1949

15. Januar: Tianjin, 31. Januar: Peking, 23. April: Nanjing werden von der PLA eingenommen.

23. Mai: Gründung der Bundesrepublik Deutschland, eingeschränkte völkerrechtliche Souveränität.

25. Mai: Shanghai wird von der PLA erobert.

18. Juni: Beginn der Luftangriffe der GMD auf Shanghai (bis Juni 1950); Blockade des Hafens von Shanghai.

2. August: US-Botschafter John Leighton Stuart verlässt China.

1. Oktober: Mao Zedong ruft in Peking die Gründung der Volksrepublik China aus. Peking wird wieder Hauptstadt.

7. Oktober: Gründung der DDR.

24. Oktober: Diplomatische Anerkennung der DDR durch die VRC; 27. Oktober: Diplomatische Anerkennung der VRC durch die DDR.

10. Dezember: Chiang Kai-shek verlässt Festland China, flieht nach Taiwan, führt dort ein autoritäres Regime.

20. April: HWB wird kommissarisch Vorsitzender der Deutschen Gemeinde Shanghai.

21. April: Jennie Bohanova fliegt ab Shanghai via Hongkong nach Sydney, Australien.

10. Mai: HWB wird zum Vorsitzenden der Deutschen Gemeinde gewählt.

23. September: HWBs Enkelin Hede, Tochter seines Sohnes Uwe, wird geboren.

1950

14. Februar: Freundschaftsvertrag UdSSR mit der VR China.

März: Das US-Generalkonsulat in Shanghai schließt, GK Conaught verlässt China.

Juni: Johannes König geht als Leiter der Diplomatischen Mission der DDR nach Peking. Er war 1939–1947 als Emigrant in Shanghai, arbeitete dort als Journalist für den sowjetischen Nachrichtendienst TASS.

Februar: Unter der Leitung von HWB beginnt die Deutsche Gemeinde mit der intensiven Planung eines Sammeltransports von China-Deutschen in die BRD.

China und die Welt		HWB / Firma Melchers & Co.
25. Juni: Die Demokratische Volksrepublik Korea (Nordkorea) greift die Republik Korea (Südkorea) an.		
7. Juli: Aufstellung einer UNO-Truppe (22 Staaten), die unter Führung der USA an der Seite Südkoreas in den Krieg eingreift.		
9./10. September: Abfahrt der *Anna Salen* (fährt für die International Refugee Organisation) ab Dagu; etwa 90 Deutsche können mitfahren.		
25./26. Oktober: Chinesische Freiwillige in Heeresstärke greifen an der Seite Nordkoreas in den Krieg ein.		
November in China: Start einer Kampagne »Resist America Aid Korea«.		
19. November: Die *Dundalk Bay* fährt ab Dagu, bringt ca. 350 deutsche Rückkehrer nach Hamburg.		
Beginn der Verhaftung von Ausländern als Spione und Wirtschaftsverbrecher in China; Verhaftungen von Chinesen als GMD-Agenten.		
Dezember: Enteignung der deutschen Kaiser-Wilhelm-Schule Shanghai.		
März: Enteignung der deutschen evangelischen Kirche in Shanghai. 1951/1952: Kampagnen gegen »Drei Übel« und »Fünf Übel« in der VRC.	1951	5. Mai: CG Melchers, seine Frau und seine Tochter verlassen Shanghai. Sohn Gerhard war im März/April 1949 in die Schweiz gegangen, Sohn Henning war ihm im April 1950 gefolgt.
	1952	**18. April: Abschiedsfeier der Deutschen Gemeinde Shanghai für HWB.** **April bis August: Befragung HWBs im Rahmen der »Fünf Anti«-Kampagne.** 1. Juli: Melchers eröffnen die Hongkong Agency Melchers & Co. **14. August: HWB verlässt Shanghai. 17. August: Ankunft in Hongkong.** **17. Oktober: HWB trifft via Bangkok, Rom und Zürich in Hannover ein.**

Oktober, November, Dezember: HWB berichtet dem Vorstand und Beirat des OAV Hamburg-Bremen, dem China-Ausschuss der deutschen Wirtschaft und dem Auswärtigen Amt.

HWB wird Beiratsmitglied des OAV Hamburg-Bremen.

1953

27. Juni: Waffenstillstand im Koreakrieg.

17. Februar: HWB wird das Große Verdienstkreuz des Verdienstordens der Bundesrepublik Deutschland verliehen.

15. Oktober: HWB wird Leiter der Heimatauskunftstelle Übersee, einer Abteilung des Lastenausgleichsamtes mit Sitz in Bremen.

1954

1. April: HWB wird zum Ersten Vorsitzenden des OAV Bremen gewählt.

1955

März: Offizielle Auflösung der Deutschen Gemeinde Shanghai.

1956

18. März: HWBs Tante, Johanna von Riwotzky, stirbt im Alter von 92 Jahren.

8. April und 25. April: HWBs geschiedene Frau Erna (65 Jahre alt) und sein Sohn Uwe (36 Jahre alt) sterben.

1957

April in Kanton (Guangzhou): Erste Im- und Export-Messe des kommunistischen China für ausländische Wirtschaftskontakte. Von da an jährlich im Frühjahr und im Herbst.

Mai: Chinesische Wirtschaftsdelegation unter Dr. Ji Chaoding besucht Deutschland (Hannover-Messe, Bremen u. a.).

Mai: Stationierung amerikanischer Mittelstreckenraketen auf Taiwan.

September: Deutsche Wirtschaftsdelegation unter Otto Wolff von Amerongen in Peking und Shanghai. Abschluss eines Handelsabkommens, das nach einjähriger Laufzeit nicht verlängert wird.

1. Januar: HWBs Bruder Karl stirbt (76 Jahre alt).

China und die Welt		HWB / Firma Melchers & Co.
1958–1961: In China: »Großer Sprung nach vorn«; gedacht als Industrialisierungskampagne, endet in einer Hungerkatastrophe.	1958	
	1959	**19. Mai: HWB geht auf Ostasienreise, nach Tokio, Hongkong (u. a.?)**
August: Die UdSSR zieht ihre Experten aus China ab.	1960	
	1963	**16. Juni: HWB hält auf dem Studientag der AWR-Forschungsgesellschaft in Oslo einen Vortrag »Das Schicksal der Überseedeutschen«.** **31. Dezember: HWBs Vertrag als Leiter der Heimatauskunftstelle Übersee endet. Er bleibt Sachverständiger der Heimatauskunftstelle und Mitglied des Beirats für Vertriebenen- und Flüchtlingsfragen beim Bundesvertriebenenminister.**
	1964	**7. Januar: 80. Geburtstag von HWB. Feier im Schütting, Club zu Bremen.**
1966–1976 »Kulturrevolution« in China.	1966	
Juli: Henry Kissinger, Sicherheitsberater von US-Präsident Nixon, besucht die VRC. 25. Oktober: Aufnahme der VRC in die UNO.	1971	
21.–28. Februar: US-Präsident Richard Nixon in China. Gespräche mit Mao und Zhou Enlai. 11. Oktober: Aufnahme diplomatischer Beziehungen zwischen der BRD und der VR China. Dezember: Abschluss eines Handelsvertrags zwischen der BRD und der VRC.	1972	
April: Die BRD und die VRC tauschen Botschafter aus.	1973	**24. November: HWB stirbt in Bremen (89 Jahre alt).**
9. September: Mao stirbt. Oktober: Maos Nachfolger Hua Guofeng lässt die »Viererbande« verhaften.	1976	

1979 Januar: Die USA erkennen die VR China an.

Ab 1979: Deng Xiaoping, der stellvertretende chinesische Ministerpräsident, veranlasst die Einrichtung von (zunächst vier) Sonderwirtschaftszonen mit besonderen wirtschaftspolitischen, steuerlichen und rechtlichen Rahmenbedingungen. 1990 erhält Shanghais Stadtteil Pudong diesen Status.

1980 C. Melchers & Co., Bremen eröffnen eine Niederlassung in Peking.

1983 C. Melchers & Co., Bremen eröffnen eine Niederlassung in Shanghai.

2001 **24. August: Jennie Bohanova stirbt in Palm Desert, Kalifornien.**

STAMMBAUM

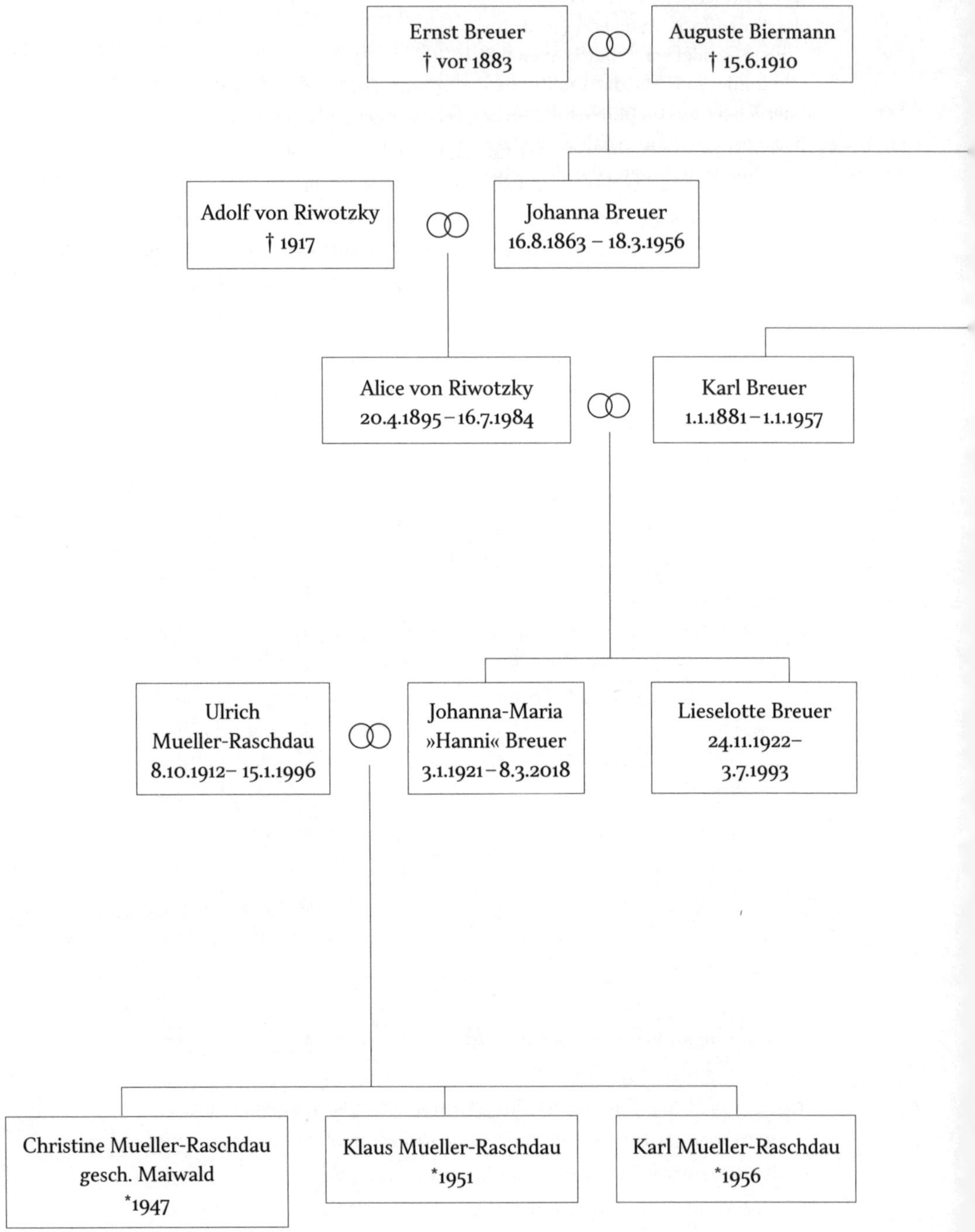
Ernst Breuer
† vor 1883
Auguste Biermann
† 15.6.1910
Adolf von Riwotzky
† 1917
Johanna Breuer
16.8.1863 – 18.3.1956
Alice von Riwotzky
20.4.1895 – 16.7.1984
Karl Breuer
1.1.1881 – 1.1.1957
Ulrich
Mueller-Raschdau
8.10.1912 – 15.1.1996
Johanna-Maria
»Hanni« Breuer
3.1.1921 – 8.3.2018
Lieselotte Breuer
24.11.1922–
3.7.1993
Christine Mueller-Raschdau
gesch. Maiwald
*1947
Klaus Mueller-Raschdau
*1951
Karl Mueller-Raschdau
*1956

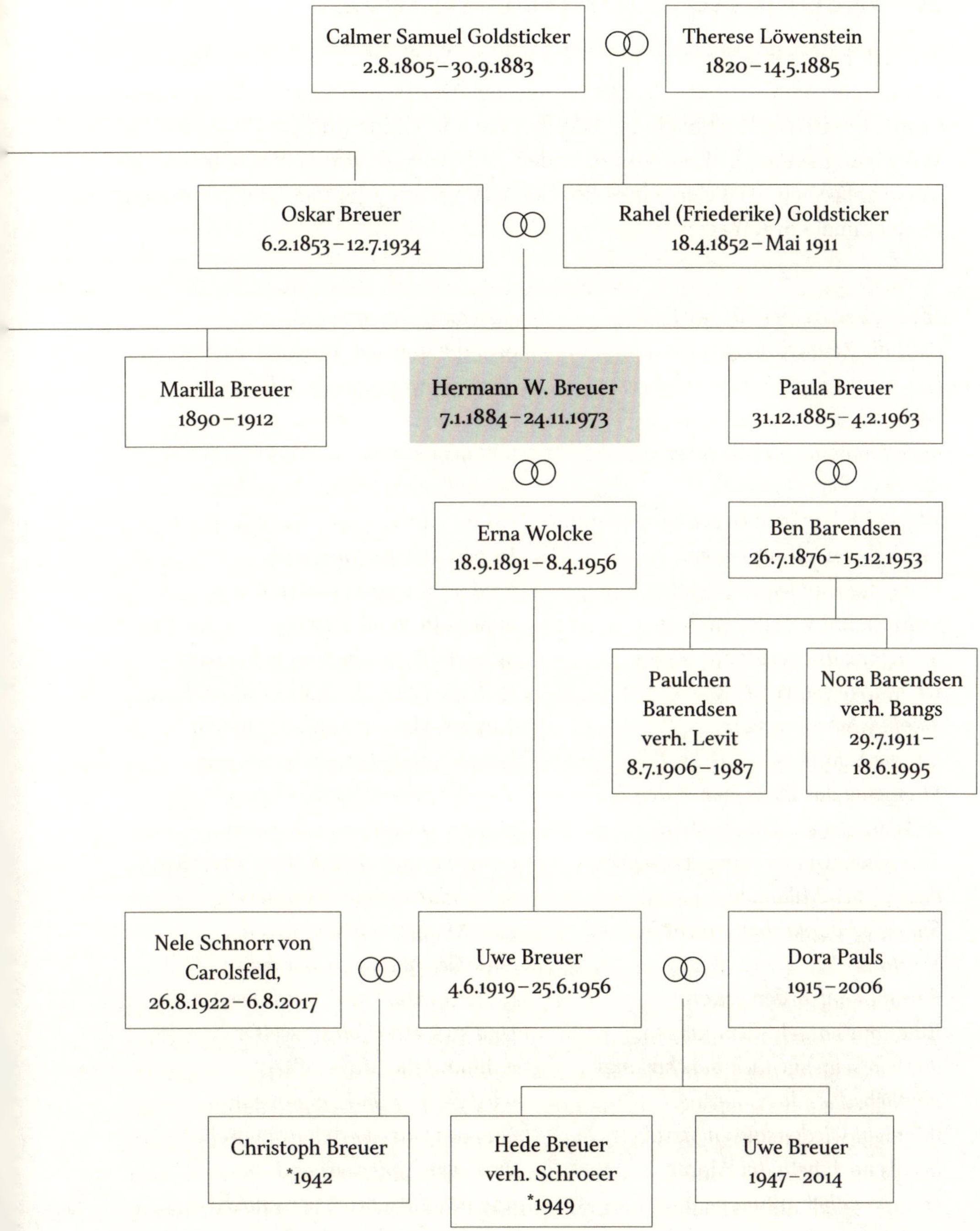

Calmer Samuel Goldsticker 2.8.1805–30.9.1883
Therese Löwenstein 1820–14.5.1885
Oskar Breuer 6.2.1853–12.7.1934
Rahel (Friederike) Goldsticker 18.4.1852–Mai 1911
Marilla Breuer 1890–1912
Hermann W. Breuer 7.1.1884–24.11.1973
Paula Breuer 31.12.1885–4.2.1963
Erna Wolcke 18.9.1891–8.4.1956
Ben Barendsen 26.7.1876–15.12.1953
Paulchen Barendsen verh. Levit 8.7.1906–1987
Nora Barendsen verh. Bangs 29.7.1911–18.6.1995
Nele Schnorr von Carolsfeld, 26.8.1922–6.8.2017
Uwe Breuer 4.6.1919–25.6.1956
Dora Pauls 1915–2006
Christoph Breuer *1942
Hede Breuer verh. Schroeer *1949
Uwe Breuer 1947–2014

OTTO ZWANCK: REDE ZUR VERABSCHIEDUNG VON HERMANN W. BREUER AUS SHANGHAI, 1952

Zwanck hielt seine Rede in Versform am 18. April 1952 zur Verabschiedung HWBs aus dem Amt des Vorsitzenden der Deutschen Gemeinde und aus China. Sie ist ein Rückblick auf HWBs Leben in China und eine humorvolle Würdigung seiner Zeit als Vorsitzender. Auf Wunsch von HWB wurden die Verse anlässlich der Feier seines 80. Geburtstags am 7. Januar 1964 in Bremen noch einmal vorgetragen.

»Eins zwei drei im Sauseschritt
läuft die Zeit, wir laufen mit.«
Das hat mancher schon erfahren,
wenn er kam in jungen Jahren
nach Shanghai, der Sagenstadt,
die er sich erträumet hat.
Wie solch blut'gem Greenhorn eben
Ideale vor noch schweben.
Shanghai Handelsmetropole,
weltbekannt von Pol zu Pole;
Shanghai, der berühmte Hafen,
wo Matrosen, wenn sie schlafen,
alkoholchloroformiert,
auf die Schiffe man entführt,
Shanghai, das Paris vom Osten,
lockend Laster auszukosten,
Shanghai, wo der Youngster denkt,
dass er sich Millionen fängt,
Shanghai dünkt ihm – nicht im
Hohn –
Paradies auf Erden schon.
Eines nur entgeht dem Jungen,
der von seinem Glück durchdrungen,
nämlich, dass das Lausenest
ihn nicht wieder sausen lässt,
bis als hoch betagter Mann
er sich endlich trennen kann,
und dann merkt man beim
Verschnaufen,
wie die Zeit und er gelaufen.

Also ging's auch HWB,
den, um ihm das Abschiedsweh
noch ein wenig zu versüßen,
heut' als Ehrengast wir grüßen
und dem wir nun im Verein
das bekannte Liedchen weih'n:
»Muss i denn, muss i denn ...«
Ja, besagter Jüngling nun,
fand in Shanghai viel zu tun –
außer office-Schufterei,
denn d i e macht man nebenbei:
Rudern, Trinken, Drinks Ausknobeln,
Tanzen, Flirten, Süßholz Hobeln,
Hausbootfahrten, Ponys, Segeln,
Tennis spielen, Jagen, Kegeln,
als Freiwill'ger Feuer Löschen,
Gambeln und auch Karten Dreschen,
als Soldat stramm Exerzieren,
zum Kiangseboot Flanieren,
alles dies und noch viel mehr
tat und wusst' und konnte er.
Und so klettert emsig weiter
er hinauf die Stufenleiter,
wird per pro und Taipan gar,
Number One der Schauspielschar,
dito vom Papierverband,
und bei allem bringt er's noch
zum Not-Küchen-Oberkoch.
Aber dann, dann kam, o Qual,
die Gemeindevorstandswahl.

Jene letzte nach der Pleite,
kurz bevor man uns befreite.
Da war man sich ziemlich einig,
denn berufen schien alleinig
der besagte HWB
als der Vater der DG.
(Wiederum, er wird's verzeih'n,
muss beim ollen Busch ich leih'n):
»Vater werden ist nicht schwer,
Vater sein dagegen sehr«.
Denn: Die Zeiten sind mies,
und sie werden stets schwerer,
in den Kassen kein Kies,
und sie werden stets leerer.
Die Jobs werden rar,
und Jobs gehen flöten,
so wächst denn die Schar
der Menschen in Nöten.
Der eine möcht' reisen,
der andere nicht,
die einen entgleisen,
and're zieh'n zum Gericht.
Zur Heirat treibt's diese
und jene zum Scheiden,
man schwört, dies ließe
sich gar nicht vermeiden,
und schließlich, nach endlosem
Ach und Weh,
kommt dann der Heimtransport
Dundalk Bay.
Und über dem Wuste
im Kreis der Berater
thront ganz aus der Puste
der Gemeindevater.
Belehrend die Einen
und wehrend die Ketzer,
sacht führend die Kleinen,
besänft'gend die Hetzer,
hier schlichtend Gemüter,
dort richtend im Streite,
ein Helfer und Hüter
unzähliger Leute.
Und schreibet Briefe und schickt
Telegramme
und schürt in der Heimat die
Hülfsaktionsflamme.
Und weil man nicht jedem es recht
machen kann,
kommen dann auch noch Droh-
briefe an.
Nun aber faltet er ruhig die Hände,
denn seine Vaterschaft gehet zu Ende.
Zufrieden im Wissen erfüllter Pflicht
mit dem freundlichen Zusatz:
»Den Dank, Dame, begehre ich nicht«.
Und mit schmerzlichem, leicht
umflortem Blick,
lässt er die letzten Kinder zurück.
Und diese letzten, quasi die Waisen,
sie wünschen von Herzen ihm Glück
auf die Reisen.
Zum letzten Mal drückend die Vater-
hand
zu seinem Abschied vom China-Land.
Wobei sie vom Himmel die Gnade
erfleh'n
auf ein recht, recht baldiges
Wiederseh'n.

LITERATUR

Abkhazi, Peggy Enemy Subject. Life in a Japanese Internment Camp. 1943–5. Stroud Gloucestershire: Allan Sutton Publishing Ltd. 1995. (Zuerst Kanada 1981.)

Abshagen, Karl Heinz Im Lande Arimasen. Als Journalist im Fernen Osten. 1941–1946. Stuttgart: Union Druckerei 1948.

Adolphi, Wolfram Das faschistische Deutschland als »Freund«. Archivalien in der VR China zu den Erfahrungen der Guomindangregierung 1935–1941. In: Zeitschrift für Geschichtswissenschaft, Berlin (DDR), Heft 3/1989 (37. Jg.), S. 211–227.

Albers, Martin Britain, France, West Germany and the People's Republic of China. 1969–1982. The European Dimension of China's Great Transition. London: Palgrave Macmillan 2016.

Armbrüster, Georg, und Steve Hochstadt, Sonja Mühlberger (Hrsg.) Exil Shanghai. 1938–1947. Jüdisches Leben in der Emigration. Teetz: Hentrich und Hentrich 2000.

Die Ausweisung der Deutschen aus China Siehe Sammlung Bando.

Ballard, J[ames] G[raham] Miracles of Life. Shanghai to Shepperton. An Autobiography. London, New York: Harper Collins 2008.

Barth, Johannes Als deutscher Kaufmann in Fernost. Bremen, Tsingtao, Tokyo 1891–1981. Berlin 1984.

Barzel, Amnon Leben im Wartesaal. In: Leben im Wartesaal. Exil in Shanghai 1938–1947. Ausstellungskatalog, Berlin 1997.

Baur, Georg China um 1900. Aufzeichnungen eines Krupp-Direktors. Hrsg. von Elke Kaske. Köln, Weimar, Wien: Böhlau Verlag 2005.

Becker, Bert Die Gründung der Evangelischen Gemeinde Deutscher Sprache in Hongkong im Jahre 1965. In: Hanns Hoerschelmann und Bert Becker (Hrsg.): Gemeinsam unterwegs. 50 Jahre Evangelische Gemeinde Deutscher Sprache in Hongkong 1965–2015, S. 25–45. Hongkong: Ev. Gemeinde in Hongkong 2015. https://docplayer.org/105335369-This-work-is-licensed-under-a-creative-commons-attribution-noncommercial-noderivatives-4-0-international-license.html

Bendig, Volker Die populärwissenschaftliche Zeitschrift *Koralle* im Ullstein und Deutschen Verlag 1925–1944. München: Dissertation Ludwig-Maximilians-Universität 2014.

Bensacq-Tixier, Nicole La France en Chine de Sun Yat-sen à Mao Zedong. 1918–1953. Presses Universitaires de Rennes 2014. https//openedition.org/6540.

Berliner, Siegfried Organisation und Betrieb des Importgeschäftes in China. Hannover: Hahnsche Buchhandlung 1920.

Bernardini, Giovanni Between Economic Interests and Political Constraints. The Federal Republic of Germany and the People's Republic of China during the Early Cold War. In: Roads to Reconciliation. People's Republic of China, Western Europe and Italy during the Cold War Period (1949–1971). Hrsg.: Guido Samarani, Carla Meneguzzi Rostagni, Sofia Graziani. Venedig: Edizioni Ca' Foscari. Digital Publishing 2018, S. 79–99.

Beutler, Heinz Hundert Jahre Carlowitz und Co. Hamburg und China. Ein Beitrag zur wirtschaftsgeschichtlichen Entwicklung des deutschen China-Handels. Dissertation Rechts- und Staatswisssenschaftliche Fakultät (unpubl.) Hamburg 1948.

Bickers, Robert Empire Made Me. An Englishman Adrift in Shanghai. London: Penguin 2003.

Bickers, Robert Getting Stuck in for Shanghai. Putting the Kibosh on the Kaiser from the Bund. London: Penguin 2014.

Blumenthal, Michael In achtzig Jahren um die Welt. Mein Leben. Berlin: Ullstein 2010.

Bodde, Derk Peking Tagebuch. Ein Jahr Revolution in China. Wiesbaden 1952. (Zuerst: Peking Diary, New York 1950.)

Brandt, Thomas China in Those Days. Insights into Historical China through Postcards of the Time. Bad Oldesloe: goasia Verlag 2008.

Breuer, Hermann W. Konsul ohne Exequatur. In: Diplomatischer Kurier 2/1953, Heft 6, S. 96–97.

Breuer, Hermann W. Das Schicksal der Überseedeutschen. Vortrag anlässlich des Studientages der AWR (Association for the Study of the World Refugee Problem). Oslo 16.6.1963.

Briessen, Fritz van Shanghai-Bildzeitung. 1884–1898. Zürich: Atlantis-Verlag 1977.

Briessen, Fritz van Grundzüge der deutsch-chinesischen Beziehungen. Darmstadt: Wissenschaftliche Buchgesellschaft 1977.

Briessen, Fritz van Deutsche Institutionen und Persönlichkeiten in China. In: Rüdiger Machetzky: Deutsch-chinesische Beziehungen. Hamburg: Institut für Asienkunde 1982, S. 37–91.

Briessen, Fritz van China. Fakten, Daten, Dokumente. Stuttgart: Busse-Seewald Verlag 1984.

Bürgermeister, Lore Teufelchen aus dem Westen. StuDeO-Info Dezember 2012, S. 32–35.

Burkhard, Hugo Tanz mal Jude. Meine Erlebnisse in den Konzentrationslagern Dachau, Buchenwald, Getto Shanghai. 1933–1948. Nürnberg: Richard Reichenbach KG 1967 (2. Auflage).

Cambon, Marie Dream Palaces of Shanghai. American Films in China's Largest Metropolis 1920–1950. Masterarbeit Simon Fraser University. Burnaby, British Columbia, Canada 1993.

Carter, James Champion's Day. The End of Old Shanghai. New York, London: W.W. Norton & Co. 2020.

The China Year Book 1935. Hrsg: H. G.W. Woodhead. Shanghai: *The North China Daily News and Herald*, 1935. (Ex Bibliothek H. W. Breuer)

The China Year Book 1938. Hrsg: H. G.W. Woodhead. Shanghai: The *North China Daily News and Herald*, 1938. (Ex Bibliothek H. W. Breuer.)

Chunxiao Jing Mit Barbaren gegen Barbaren. Die chinesische Selbststärkungsbewegung und das deutsche Rüstungsgeschäft im späten 19. Jahrhundert. Münster, Hamburg, London: LIT-Verlag 2002. (Europa – Übersee. Historische Studien. Hrsg. Horst Gründer. Band 13.)

Claussen, Joachim Zur Geschichte der Firma Melchers. MA, Firma Melchers, Kasten 1, Mappe 6.

Crow, Carl 400 Million Customers. Hongkong: Earnshaw Books 2008. (Zuerst New York: Harper & Bros 1937.)

Crow, Carl The Chinese are Like That. New York: Harper & Brothers 1939.

Crow, Carl Foreign Devils in the Flowery Kingdom. London: Hamish Hamilton 1941. (Ex Bibliothek H.W. Breuer.) (Zuerst New York: Harper & Brothers 1940.)

Crow, Carl The Long Road back to China. The Burma Road Wartime Diaries. Hrsg. von Paul French. Hongkong: Earnshaw Books 2009.

Deutsche Vereinigung Shanghai Denkschrift zur Förderung des Deutschtums in Shanghai. Shanghai 1913.

Dietzsch-Kluth, Ursula Ein Sandkorn im Getriebe der Zeitgeschichte. Erinnerungen, Briefe und Gedanken aus den Jahren 1929–1949. Norderstedt: Books on Demand GmbH 2004.

Dikötter, Frank The Tragedy of Liberation. A History of the Chinese Revolution 1945–1957. London: Bloomsbury Publishing Plc. 2014 (zuerst 2013).

Dreifuß, Alfred Shanghai. Eine Emigration am Rande. In: Exil in den USA. Kunst und Literatur im antifaschistischen Exil (1933–45). Leipzig 1979, S. 447–517.

Dröscher, Hans-Jürgen Seilschaften. Die verdrängte Vergangenheit des Auswärtigen Amts. Berlin: Ullstein Buchverlage 2005.

Eberstein, Bernd Der Ostasiatische Verein 1900–2000. Hamburg: Christians 2000.

Eckert, Walter Die Hapro in China. Ein Bericht über die Entstehung und Entwicklung des deutsch-chinesischen Austauschvertrages 1930–1937. Hrsg. von Josef Schmuck, Graz 1981.

Eisfelder, Horst Exil in China. In: Ammon Barzel (Hrsg.): Leben im Wartesaal. Exil in Shanghai 1938–1947. Jüdisches Museum im Stadtmuseum Berlin. Berlin 1997, S. 82–99.

Embacher, Helga, und Margit Reiter Geschlechterbeziehungen in Extremsituationen: Österreichische und Deutsche Frauen im Shanghai der dreißiger und vierziger Jahre. In: Armbrüster, S. 133–146.

Erdberg, Eleanor von Der strapazierte Schutzengel. Erinnerungen aus drei Welten. Waldeck: Siebenberg-Verlag 1994.

Fabritius, Rachel Letzte Rettung oder Wartesaal. Leben und Alltag der jüdischen Flüchtlinge in Shanghai 1933–1945. Hausarbeit im Rahmen des 1. Staatsexamens für Lehrämter. Westfälische Wilhelms-Universität Münster 2001.

Fearn, Anne Walter My Days of Strength. An American Woman Doctor's Forty Years in China. New York, London: Harper & Brothers 1939.

Fenby, Jonathan The Penguin History of Modern China. 1850–2009. London: Penguin 2009.

Field, Andrew David Shanghai's Dancing World. Cabaret Culture and Urban Politics. 1919–1954. Hongkong: The Chinese University Press 2010.

Fischer, Gerhard Orient. Okzident. Gerhard Fischer auf Spurensuche. Aufgezeichnet von Marlies Küng-Rüdisser. Privatdruck 2005. Archiv Wera Schoenfeld.

Fischer, Otto China und Deutschland. Ein Versuch. Münster 1927. (Deutschtum und Ausland. Heft 12.)

Fox, John P. Germany and the Far Eastern Crisis. 1931–1938. A Study in Diplomacy and Ideology. Oxford: Clarendon Press 1982.

French, Paul Carl Crow. A Tough Old China Hand. Aberdeen, Hongkong: Hong Kong University Press 2006.

French, Paul The Old Shanghai A to Z. Hongkong: Hong Kong University Press 2010.

Freyeisen, Astrid Das Kriegsende und seine Auswirkungen für die Deutschen in Shanghai. In: Newsletter Frauen und China. Freie Universität Berlin 9/1995, S. 18–32.

Freyeisen, Astrid Das Verhältnis zwischen alteingesessenen und vertriebenen jüdischen Deutschen in Shanghai. In: Armbrüster, Exil Shanghai. 1938–1947. Jüdisches Leben in der Emigration. Teetz 2000, S. 84–102.

Freyeisen, Astrid Shanghai und die Politik des Dritten Reiches. Würzburg: Königshausen & Neumann 2000.

Frischler, Michael Andreas ›Little Vienna‹ in Shanghai. Magisterarbeit Wien 2009. http://othes.univie.ac.at/6904/1/2009-08-14_9908480.pdf

Fünfundsiebzig Jahre Ostasiatischer Verein e.V. Hrsg. vom Ostasiatischen Verein, Hamburg 1975.

Ganther, Heinz Drei Jahre Immigration in Shanghai. Shanghai: Modern Times Publishing House, 1942. (Exemplar aus der Bibliothek Klaus Mehnert, in Bibl. der Universität der Bundeswehr Hamburg, vgl. Christian Taaks, S. 33.)

Grösser, Eduard Ein Bremer Kaufmann in China. 1903–1919. Hrsg.: Ostasiatischer Verein Bremen. o.O. [Bremen] o.J. [geschrieben ca. 1935, verlegt ca. 2000].

Günther, Anita Wie es den Deutschen im Ersten Weltkrieg erging und wie ihre Ausweisung im Jahr 1919 verlief. Teil I: StuDeO-Info April 2009, S. 16–23; Teil 2: StuDeO-Info September 2009, S. 3–8.

Haas, Wilhelm Lebenserinnerungen (1974), davon S. 131–171 in: BSM Ana 708: Studeo 0031.

Hake, Claire Mein geteiltes Herz. Reinbek b. Hamburg: Rowohlt 2011.

Hänisch, Adolf Jebsen und Co. Hongkong. China-Handel im Wandel der Zeiten. Apenrade 1970.

Harding, Harry Organizing China. The Problem of Bureaucracy 1949–1976. Stanford: Stanford University Press Library 1981.

Harris, Nigel M.W. Sampan Pidgin. Being a History of the Shanghai Rowing Club. Shanghai: The Mercantile Printing Company 1938.

Heineken, Philipp C. Tagebuch meiner Reise nach Australien, der Südsee und dem Osten vom 21. Mai 1910 bis 6. August 1911. Bremen: Hauschild 1911.

Heinemann Headley, Hannelore Blond China Doll. A Shanghai Interlude 1939–1953. St. Catharines, Ontario: Triple H Publishing 2004.

Helfferich, Emil, und F.W. Mohr (Hrsg.) Deutschlands Wirtschaftsbeziehungen zu Ostasien, Südostasien, Australien, Neuseeland und der Südsee in Zahlen 1932–34. Hamburg: Ostasiatischer Verein Hamburg-Bremen e.V., 1935. (Staatsarchiv Hamburg, Signatur L 910: 3 Kapsel 1.)

Heppner, Ernest G. Fluchtort Shanghai. Erinnerungen 1938–1948. Berlin: Aufbau Verlag 2001. (Zuerst: Shanghai Refuge. University of Nebraska Press 1995.)

Herrenbrück, Edgar Theophil Lehmann. Leiter des Landschulheims am Solling. Holzminden: Verlag Jörg Mitzkat 2006.

Hibbard, Peter The Bund Shanghai. China Faces West. Hongkong: Odyssey Books 2007.

Hibbard, Peter Peace at the Cathay. – A Century of International Hospitality on the Bund Shanghai. Hongkong: Earnshaw Books 2011.

Hinzelmann, Hans Heinz O China, Land auf alten Wegen. Braunschweig: Schlösser Verlag 1948.

Hoffmann, Andreas Schule und Akkulturation. Geschlechtsdifferente Erziehung von Knaben und Mädchen der Hamburger jüdisch-liberalen Oberschicht 1848–1942. Münster, New York, München, Berlin: Waxmann Verlag 1999. (Jüdische Bildungsgeschichte in Deutschland. 3.)

Holzberger, Peter Recollections of an »Old China Hand«. Hongkong: Martin & Thomas Ltd. 1984.

Hsü, Immanuel C.Y. The Rise of Modern China. New York, Oxford: Oxford University Press 1983.

Hua Xiahong, und Michelle Qiao u.a. Shanghai Hudec Architecture. Shanghai: Tongji University Press 2013.

Ilgen, Volker CARE-Paket und Co. Von der Liebesgabe zum Westpaket. Darmstadt: Primus Verlag 2008.

Information for Travellers landing at Shanghai. Thomas Cook & Son. Shanghai o.J. (vor 1911).

Isherwood, Christopher, und W. A. Auden Journey to a War. London, Boston: Faber and Faber 1973 (zuerst 1939).

Jackson, Isabella Managing Shanghai. The International Settlement Administration and the Development of the City, 1900–1943. Dissertation University of Bristol 2012. http://research-information.bristol.ac.uk

Jahn, Hajo (Hrsg.) Zwischen Theben und Shanghai. Jüdische Exilanten in China. Chinesische Exilanten in Europa. Chemnitz, Berlin, St. Petersburg: Oberbaum Verlag 1998. (Almanach zum 5. Else-Lasker-Schüler-Forum »Flucht in die Freiheit«.)

[Jebsen, Hans Michael] A Tribute to Michael Jebsen. Hongkong 14. Juni 2000. In: Michael Jebsen. 1911–2000. Melchers Archiv.

Johnston, Tess, und Deke Erh A Last Look – Revisited. Western Architecture in Old Shanghai. Shanghai: Old China Hand Press, 2. Auflage 2004. (1. Auflage 1993.)

Kaufman, Jonathan The Last Kings of Shanghai. The rival Jewish dynasties that helped create modern China. New York: Viking 2020.

Kettelhut, Silvia Geschäfte übernommen. Deutsches Konsulat Shanghai. Impressionen aus 150 Jahren. Shanghai: Shanghai Century Publishing Group 2006.

Kettelhut, Silvia Exterritorialität und Exil. Zur deutschen Geschichte in Shanghai. In: Deutschland und China. Gemeinsam in Bewegung. Station Expo 2010 Shanghai. Hrsg.: Auswärtiges Amt. Redaktion Antje Bonhage. Berlin 2011, S. 198–245.

Kirby, William C. Germany and Republican China. Stanford, California 1984.

Kitto, Mark China Cuckoo. How I lost a fortune and found a life in China. London: Constable 2009.

Klemperer, Klemens von (Hrsg.) A Noble Combat. The Letters of Shiela Grant Duff and Adam von Trott zu Solz. Oxford: Clarendon Press 1988.

Kögel, Eduard Zwei Poelzigschüler in der Emigration. Rudolf Hamburger und Richard Paulick zwischen Shanghai und Ostberlin (1930–1955). Weimar 2006.

Köhn, Michael Zahnärzte 1933–1945, Berufsverbot, Emigration, Verfolgung. Berlin 1994.

Korff, Adalbert Per Aspera ad Astra. Memoiren. MA, Firma Melchers, Kasten 1, Mappe 2.

Korff, Adalbert Der direkte deutsch-chinesische Schiffahrtsverkehr von seiner Entstehung bis zum Ausbruch des Weltkrieges. Dissertation. Institut für Weltwirtschaft und Seeverkehr Kiel 1923.

Krafft, Heinrich (Hrsg.) Deutschland – Ostasien. Festschrift des Ostasiatischen Vereins Hamburg – Bremen zum 60-jährigen Bestehen. Hamburg: Kühn-Verlag 1960.

Kranel, Gilbert Die Schule am Harvestehuder Weg. In: Joachim Toepffer: Bertram-Schule. Harvestehuder Weg 65–67. Band 2. Verlag Lieselotte und Joachim Toepffer 2003, S. 4.

Kranzler, David Japanese, Nazis and Jews. The Jewish Refugee Community of Shanghai, 1938–1945. New York: Yeshiva University Press 1976.

Krechel, Ursula Shanghai. Fern von wo. München: Random House 2010.

Kreissler, Françoise Exil in Shanghai. Problematik und Schwerpunktthemen. In: Kuo Heng-yü und Mechthild Leutner: Deutsch-chinesische Beziehungen vom 19. Jahrhundert bis zur Gegenwart. Beiträge des internationalen Symposiums in Berlin. Berliner China-Studien 19. München 1991, S. 293–315.

Der Krieg in Zeitungsausschnitten. 1917–1918. [Zusammengestellt von] Deutsche Gemeinde [Shanghai]. Bibliotheca Zi-Ka-Wei 015794. Zitiert als: Der Krieg. Bibliotheca Zi-Ka-Wei 015794

Kuan, Y. C. Mein Leben unter zwei Himmeln. Eine Lebensgeschichte zwischen Shanghai und Hamburg. Frankfurt/Main: Fischer Taschenbuch Verlag 2008 (zuerst 2001).

Kuckuk, Peter Der Fernostflug von Freiherr von Hünefeld und Hauptmann Lindner im Jahr 1928. In: Hartmut Roder (Hrsg.): Bremen. Ostasien. Eine Beziehung im Wandel. Bremen: Verlag H. M Hauschild 2001, S. 210–215.

Kuckuk, Peter Mit neuen Schiffen zu alten Märkten. Lloyd-Direktor Firles Ostasienreise im Frühjahr 1934. In: Peter Kuckuk: Passagen nach Fernost. Menschen zwischen Bremen und Ostasien. Bremen: Edition Temmen 2004. (Beiträge zur Sozialgeschichte Bremens. Heft 23.)

Kuckuk, Peter (Hrsg.) Passagen nach Fernost. Menschen zwischen Bremen und Ostasien. Bremen: Edition Temmen 2004. (Beiträge zur Sozialgeschichte Bremens. Heft 23.)

Leck, Greg Captives of Empire. The Japanese Internment of Allied Civilians in China. 1941–1945. Bangor, Pennsylvania: Shandy Press 2006.

Leutner, Mechthild (Hrsg.), und Tim Trampedach (Bearb.) Bundesrepublik Deutschland und China 1949–1995. Politik, Wirtschaft, Wissenschaft, Kultur. Eine Quellensammlung. Berlin: Akademie-Verlag 1995. (Quellensammlung zur Geschichte der deutsch-chinesischen Beziehungen 1897–1995. Hrsg. von Mechthild Leutner.)

Leutner, Mechthild (Hrsg.), Wolfram Adolphi und Peter Merker (Bearb.) Deutschland und China 1937–1949. Politik, Militär, Wirtschaft, Kultur. Eine Quellensammlung. Berlin: Akademie-Verlag 1998. (Quellensammlung zur Geschichte der deutsch-chinesischen Beziehungen 1897–1995. Hrsg. von Mechthild Leutner.)

Leutner, Mechthild, und Klaus Mühlhahn Interkulturelle Handlungsmuster. Deutsche Wirtschaft und Mission in China in der Spätphase des Imperialismus. In: Leutner, Mühlhahn (Hrsg.): Deutsch-Chinesische Beziehungen im 19. Jahrhundert. Münster: LIT-Verlag 2001, S. 9–42.

Leutner, Mechthild, und Andreas Steen (Bearb.) Deutsch-chinesische Beziehungen 1911–1927. Vom Kolonialismus zur ›Gleichberechtigung‹. Eine Quellensammlung. Berlin: Akademie-Verlag 2006. (Quellensammlung zur Geschichte der deutsch-chinesischen Beziehungen 1897–1995. Hrsg. von Mechthild Leutner.)

Leutner, Mechthild Deutscher Diplomat in Kiautschou, jüdischer Exilant in Kunming. Erich Michelsens Leben als Kapitel deutsch-chinesischer Beziehungen. In: China in a Global Context. Perspectives on and from China (Berliner China-Hefte. Chinese History and Society. Band 50. 2018), S. 51–83.

Li, Lincoln The Japanese Army in North China 1937–1941. Problems of Political and Economic Control. Oxford 1975.

Linde, Max Zur fünfundzwanzigsten Jahresfeier der Tungchi-Universität. In: Der Auslandsdeutsche (Schwerpunktheft China), 15/1932, S. 229–234.

Lindemann, Karl Memoiren. MA, Firma Melchers, Kasten 1, Mappe 3.

Liu Wenyin Shanghai und die Deutschen. Eine historische Untersuchung über die Zeit der späten Qing-Dynastie. Magisterarbeit an der deutschen Fakultät der East China Normal University. Shanghai 2011. (Manuskript)

Loh, Robert, und Humphrey Evans Escape from Red China. London: Michael Joseph 1963.

Lovell, Julia The Opium War. Drugs, Dreams and the Making of China. London: Picador 2011.

Lü, Shu und Wang Weijiang Kulturspuren der Deutschen in Shanghai. Shanghai: Brilliant Publishing House 2012.

Maass, Fritz Von Jerusalem nach Shanghai. Abschied vom Konfessionalismus. Freiburg: Horst Schmitz 1987.

Machetzki, Rüdiger (Hrsg.) Deutsch-chinesische Beziehungen. Ein Handbuch. Hamburg 1982.

Mader, Julius Dr. Sorge Report. Berlin: Militärverlag der Deutschen Demokratischen Republik 1985. (2. Aufl.)

Maiwald, Christine Chinese Foundation Stones. Resurrection of the German Community in Shanghai after the First World War. Royal Asiatic Society. Journal 2017, S. 143–161. http://www.royalasiatic-society.org.cn/wp-content/uploads/2018/01/RAS.Journal2017.pdf

Maiwald, Christine Man spielt Theater hier im Fernen Osten. Der Deutsche Theater-Verein Shanghai. In StuDeO-Info Juni 2017, S. 3–8 und StuDeO-Info Dezember 2017, S. 29–35.

Manz, Stefan Constructing a German Diaspora. The ›Greater German Empire‹. 1871–1914. New York, London: Routledge 2014.

Martin, Bernd Germany between China and Japan (Bulletin of the Institute of Modern History, Academia sinica, Band 7). Taipei 1978, S. 593–610.

Martin, Bernd (Hrsg.) und Susanne Kuß (Bearb.) Deutsch-chinesische Beziehungen 1928–1937. »Gleiche« Partner unter »ungleichen« Bedingungen. Eine Quellensammlung. Berlin: Akademie-Verlag 2003. (Quellensammlung zur Geschichte der deutsch-chinesischen Beziehungen 1897–1995. Hrsg. von Mechthild Leutner.)

Mehnert, Klaus Der deutsche Standort. Stuttgart: Deutsche Verlagsanstalt 1967.

Mehnert, Klaus Ein Deutscher in der Welt. Erinnerungen. Stuttgart: Deutsche Verlagsanstalt 1981.

Melchers, Carl Gerhard Über die *China-Firma*. MA, Firma Melchers, Kasten 1, Mappe 4.

Melchers, Carl Gerhard Olle *Kamellen*. MA, Familie Melchers, Kasten 3.

Melchers, Carl Gustav Seelenbeichte. MA, Familie Melchers, Kasten 3.

Melchers, Henning Die Geschichte der Firma Melchers. 1806–2006. Bremen: Verlag H. M. Hauschild 2004.

Melchers, Henning China und Melchers. 200 Jahre gelebte Geschichte. Bremen: Edition Falkenberg 2013.

Melchers, Henning Memoiren. MA, Firma Melchers, Kasten 1, Mappe 7.

Meller, Wilhelm Vom Gelben Drachen zum Schwarzen Adler. Im Selbstverlag 1997.

Men of Shanghai and North China A Standard Biographical Reference Book. Hrsg. von George F. Nellist. Shanghai: The Oriental Press 1933. https://www.virtuals hanghai.net/Asset/Source/refBibliography _ID-3138_No-01.pdf

Middleditch, David To my Grandfather. In: The Thistle and the Jade. A Celebration of 150 Years of Jardine. Hrsg. von Maggie Keswick, S. 223–225. London: Octopus Books 1982.

Mitgau, Wolfgang Der Nationalsozialismus im Landschulheim am Solling. Holzminden 1998. Privatdruck.

Mitteilungen für China-Deutsche. Hauptorgan für die Interessen des China-Deutschtums. In Verbindung mit dem Deutsch-Chinesischen Verband hrsg. von Fritz Secker. 1. Jahrgang, Heft 1–16. Erschienen 1919–1920.

Möring, Maria Siemssen & Co. 1846–1971. Hamburg 1971. (Veröffentlichungen der wirtschaftsgeschichtlichen Forschungsstelle e.V. Band 33.)

Morley, Alfred Aid for Civilian Refugees in China. In: The Rotarian. Hrsg. Rotary International, Chicago Illinois, Volume 52, №. 4, April 1938.

Mühlberger, Sonja Geboren in Shanghai als Kind von Emigranten. Leben und Überleben (1939–47) im Ghetto von Hongkou. Berlin: Hentrich und Hentrich 2006. (Jüdische Miniaturen. Hrsg. von Hermann Simon. Bd. 58.)

Müller-Jabusch, Maximilian Fünfzig Jahre Deutsch-Asiatische Bank 1890–1939. Berlin 1940.

Nellist, George Ferguson Mitchell Men of Shanghai and North China. A Standard Biographical Reference Work. Shanghai: The University Press 1935.

Neubar, Paul Die deutschen Reichspostdampferlinien nach Ostasien und Australien in zwanzigjährigem Betriebe. Eine wirtschaftspolitische Studie. Berlin: E. S. Mittler & Sohn 1906.

Niehoff, Lydia, und Anna Magdalene Steinfeldt Kindheit in Shanghai. In: Hartmut Roder (Hrsg.): Bremen. Ostasien. Eine Beziehung im Wandel. Bremen: Verlag H.M. Hauschild 2001, S. 121–126.

Noll, Werner Die Deutschen in Shanghai. In: Hajo Jahn: Zwischen Theben und Shanghai. S. 37–49.

Norddeutscher Lloyd Bremen Jahrbuch 1924. Bremen: Franz Leuwer 1925.

Norton, Robert The Story of Wing On, o.O. [Hongkong?], o.J. [zwischen 1972 und 1976].

Oberländer, Hans Rhythmus eines Schicksals. Gedichte aus 3 Jahrzehnten. Stuttgart-Degerloch, Merian 1961.

Ostasiatischer Verein Hamburg – Bremen zum 60-jährigen Bestehen. Hamburg: Kühn-Verlag 1960.

Osterhammel, Jürgen Shanghai, 30. Mai 1925. Die chinesische Revolution. Deutscher Taschenbuchverlag: München 1977.

Osterhammel, Jürgen China und die Weltgesellschaft. Vom 18. Jahrhundert bis in unsere Zeit. München 1989.

Paine, S.C.M. Imperial Rivals. China, Russia, and Their Disputed Frontier. New York: M.E. Sharpe Inc. 1996.

Pan Guang (Hrsg.) Die Juden in China. Guangdong: China Intercontinental Press 2003.

Pan Lynn und Xue Liyong, Qian Zonhao Shanghai. A Century of Change in Photographs. 1943–1949. Hongkong: Hai Feng Publishing Co., 1993.

Perzynski, Friedrich Von Chinas Göttern. München: Kurt Wolff Verlag 1920.

Pöcher, Harald Kriege und Schlachten in Japan von 1922 bis 1945, die Geschichte schrieben. Wien, Berlin: Lit-Verlag 2012.

Polo, Marco Die Wunder der Welt. Il Milione. Frankfurt/Main, Leipzig: Insel Verlag 2003. (Insel Taschenbuch 2981.)

Powell, John B. My Twenty-Five Years in China. New York 1945.

Powell, M.C. (Hrsg.) Who's Who in China? Bd. 1–5. Shanghai 1925–1950.

Prager, Hans Georg Deutsches Erbe in China. Tsingtao, Qingdao. Granz: Ares-Verlag 2012.

Randow, Tyl von Red Dust over Shanghai. A Shanghai – New Zealand Memoir 1937–1954. Auckland: Eunoia Publishing 2016.

Ratenhof, Ulrich Die Chinapolitik des Deutschen Reiches 1871–1945. Wirtschaft. Rüstung. Militär. Boppard: Harald Boldt Verlag 1987.

Reynolds, David Island Stories: Britain and its History in the Age of Brexit. London: William Collins 2019.

Roder, Hartmut (Hrsg.) Bremen Ostasien. Eine Beziehung im Wandel. Anlässlich des 100-jährigen Jubiläums des Ostasiatischen Vereins Bremen e.V. Bremen: H. M. Hauschild 2001.

Röser, Walter Deutsch-Chinesische Wirtschaftsbeziehungen. Bückeburg 1935.

Sammlung Bando Die Ausweisung der Deutschen aus China. Eine Darstellung der Ereignisse auf Grund englischer Shanghaier Zeitungen vom Oktober 1918 bis April 1919. Gedruckt und gebunden in der Lagerdruckerei des Kriegsgefangenenlagers Bando, Japan 1919. [Lt. Vorwort geschrieben bis August 1919. Die Zeitungsartikel sind von verschiedenen Gefangenen übersetzt und mit der Hand geschrieben in Sütterlin.]

Scheer, Regina Machandel. London: Random House 2014.

Schenke, Wolf China im Sturm. Von Chiang Kai-shek zu Mao Tse-tung. Hamburg: H. H. Nölke-Verlag 1949.

Schmitt, Steffi Shanghai-Promenade. Spaziergänge zwischen den Zeiten. Hongkong, Shanghai: Old China Hand Press 2003.

Schmitt-Englert, Barbara Deutsche in China 1920–1950. Alltagsleben und Veränderungen. Gossenberg: Ostasien Verlag 2012. (Ludwigshafener Schriften zu China. Bd. 1.)

Schnell, René Briefe aus Shanghai 1946–1952. Hrsg. von Susanna Ludwig. Zürich: Limmat Verlag 2000.

Scholtysek, Joachim Freudenberg. Ein Familienunternehmen in Kaiserreich, Demokratie und Diktatur. München: C. H. Beck 2016.

Snow, Edgar Red Star over China. London: Victor Gollancz 1937.

Solich, Eduard J. Leben im Land der Mitte. Die Seele Chinas. Zürich: Strom-Verlag (o. J.), [1982].

Spence, Jonathan D. Chinas Weg in die Moderne. München: Deutscher Taschenbuch Verlag 2001.

Sporleder, Walter Hongkong zu meiner Zeit. 1928–1939. Bremen: im Selbstverlag 1976.

Stöhr, Martin Diplomat, Flucht- und Flüchtlingshelfer. Pfarrer Adolf Freudenberg. In: Blickpunkte. Evangelischer Arbeitskreis Kirche und Israel in Hessen und Nassau. Darmstadt 2008. http://www.imdialog.org/bp2009/01/02.html

StuDeO-Info Zeitschrift, Hrsg: Studienwerk Deutsches Leben in Ostasien e.V. 1995 ff. Redaktion: Renate Jährling.

Su-Strubreiter, Regina Die jüdischen Flüchtlinge in Shanghai. 1938 bis 1945. Diplomarbeit am Wiener Institut für Philosophie. Wien 1996.

Taaks, Christian Federführung für die Nation ohne Vorbehalt? Deutsche Medien in China während der Zeit des Nationalsozialismus. Stuttgart: Franz Steiner Verlag 2009. (Beiträge zur Kommunikationsgeschichte, hrsg. von Bernd Sösemann, Bd. 20.)

Tausig, Franziska Shanghai Passage. Emigration ins Ghetto. Wien: Milena Verlag 2007. (2. Aufl.)

Theophile, Hans Briefe aus China 1923–1940. Hrsg. von Barbara Redl. https://booksfactory.de 2018.

Thiemann, Wilhelm Photographische Aufzeichnungen aus den Jahren 1929–1936. München: Verlag Simon und Magiera 1982.

Thiess, Frank Plädoyer für Peking. Ein Augenzeugenbericht. Stuttgart: Seewald-Verlag 1966.

Thomas, Gould H. An American in China. 1936–1939. A Memoir. New York: Greatrix Press 2004.

Tooze, Adam Ökonomie der Zerstörung. Die Geschichte der Wirtschaft im Nationalsozialismus. München: Siedler-Verlag 2007. (The Wages of Destruction. London 2006.)

Troeger, Wolfgang Aufgewachsen in Shanghai. Erlebnisse eines China-Deutschen. 1925–1951. Gießen: VVB Laufersweiler Verlag 2013.

Twentieth Century Impressions of Hongkong [sic], Shanghai and other Treaty Ports of China. London etc.: Lloyd's Greater Britain Publishing Company 1908.

Vandamme, Tobit The Rise of Nationalism in a Cosmopolitan Port City. The Foreign Communities of Shanghai during the First World War. In: Journal of World History. Vol. 29, №. 1. University of Hawai'i Press, März 2018. S. 37–64.

Vogelsang, Kai Geschichte Chinas. Stuttgart: Reclam 2021 (zuerst 2013).

Warner, Torsten Deutsche Architektur in China. Architekturtransfer. Berlin: Ernst & Sohn 1994.

Wasserstorm, Jeffery N. Student Protest in Twentieth-Century China. The View from Shanghai. Stanford, California: Stanford University Press 1991.

Weber, Reinhard Das Schicksal der jüdischen Rechtsanwälte in Bayern nach 1933. Hrsg.: Bayerisches Staatsministerium der Justiz, Rechtsanwaltskammern München, Nürnberg und Bamberg, Pfälzische Rechtsanwaltskammer Zweibrücken. München: R. Oldenbourg Verlag 2006.

Wedel, Werner Gott ist Liebe. Das Leben einer Flüchtlingsgemeinde in schwerster Notzeit […]. In: Weg und Wahrheit. Evangelisches Kirchenblatt für Hessen und Nassau. 1947, S. 138–139.

Weidle, Stefan Splitter aus meinem Leben. Max Mohr in Shanghai. In: Hajo Jahn: Zwischen Theben und Shanghai. Jüdische Exilanten in China. Chinesische Exilanten in Europa. Berlin 1998. Chemnitz, Berlin, St. Petersburg: Oberbaum Verlag 1998 (Almanach zum 5. Else-Lasker-Schüler-Forum »Flucht in die Freiheit«), S. 67–86.

Werner, Ruth (d. i. Ursula Beurton, geschiedene Hamburger, geb. Kuczynski): Sonjas Rapport. 1918–2006. Berlin: Verlag Neues Leben 2006.

Westad, Odd Arne Restless Empire. China and the World since 1750. London: The Bodley Head 2012.

White, Theodore H., und Annalee Jacoby Donner aus China. Stuttgart, Hamburg, Baden-Baden: Rowohlt-Verlag 1949. (Zuerst: Thunder out of China. New York 1946.)

Wickert, Erwin China von innen gesehen. Stuttgart: Deutsche Verlags-Anstalt 1982.

Wickert, Erwin Mut und Übermut. Geschichten aus meinem Leben. Stuttgart: Deutsche Verlags-Anstalt 1991.

Wickert, Erwin (Hrsg.) John Rabe. Der gute Deutsche von Nanking. München: Deutsche Verlagsanstalt 1997.

Widmann, E[duard] Gegenwartprobleme des deutschen Außenhandels mit China. Diss. Phil. Freiburg 1935.

Wiethoff, Bodo Luftverkehr in China 1928–1949. Materialien zu einem untauglichen Modernisierungsversuch. Wiesbaden 1975. (Schriften des Instituts für Asienkunde in Hamburg. Band 29.)

Wilhelmy, Emil China. Land und Leute. Illustrierte Geschichte des Reiches der Mitte. Berlin: W. Herlet 1905.

Willens, Liliane Stateless in Shanghai. Hongkong: Earnshaw Books 2010.

Wilshusen, Wilhelm Abreise von China. Hrsg. von Axel Roschen und Thomas Theye. Basel: Stroemfeld Verlag, Frankfurt/Main: Verlag Roter Stern 1980.

Winchester, Simon Bomb, Book, Compass. Joseph Needham and the Great Secrets of China. London, New York, Toronto: Penguin 2008.

Wolf, Helen Geboren in Shanghai. Gossenberg: Ostasien-Verlag 2011. (Reihe Phönixfeder 7.)

Private Memoiren

Bieling, Barbara Mein Leben auf drei Kontinenten. Hamburg 2007. Privatdruck.

Cortum, Hans Peter Such was Life in the Far East. Zuletzt überarbeitet 2011. Kopiertes Manuskript, ohne Seitenzählung.

Melchers, Henning Sammlung von Erinnerungen. Privates Manuskript. Seiten nicht durchgezählt.

Sander, Hans Heinrich Wolfgang [Neffe von Carl Michelau] Tagebuch Moganshan November 1948. Geschrieben März 1949. Manuskript.

Siemssen, Fred Erinnerungen von Fred Siemssen. Geschrieben 1978. Kopiertes Manuskript.

Tiefenbacher, Gretel Erzähle mir die Vergangenheit. Geschrieben 1998. Kopiertes Manuskript.

Zwanck, Otto Abschiedsgedicht für H.W. Breuer, Shanghai 1952. Privater Tonband-Mitschnitt von 1964. Hier abgedruckt auf den Seiten 614–615.

Deutsche Zeitungen

Bremer Nachrichten, Frankfurter Zeitung, Hannoverscher Anzeiger, Neuer Hannoverscher Kurier, Weser-Kurier.

Zeitungen in China

Der Ostasiatische Lloyd / Ostasiatischer Lloyd, Deutsche Shanghai Zeitung, Le Journal de Shanghai, North China Daily News, North China Herald, Shanghai Jewish Chronicle.

Sonstige

The Brooklyn Daily Eagle, The Desert Sun, Tageszeitung für Palm Springs und Coachella Valley, Kalifornien.

Archive, Bibliotheken

Bayerische Staatsbibliothek Studeo-Sammlung BSB Ana 708.

Bibliotheca Zi-Ka-Wei (Xujiahui), Shanghai Hong-Listen, *NCDN*, *NCH*, *OAL*, Der Krieg: 015794.

Bundesarchiv Bayreuth (Lastenausgleich, Heimatauskunftstelle Übersee) BArch ZLA 7–34/17, ZLA 7–34/18; ZLA 7–34/19; ZLA 7–34/47; ZLA 7–34/116; ZLA 7–34/119; ZLA 7–34/121; ZLA 7–34/122; ZLA 7–34/132. Und BArch B 148 IV 43 605.

Bundesarchiv Lichterfelde BArch R 9/331; R 9/332; R 11/1282e; R 4902/8222.

Deutsche Nationalbibliothek Frankfurt am Main Shanghai Jewish Chronicle (SJC).

Evangelisches Zentralarchiv, Berlin ZA 5121/13, darin: EZA 5/3143; 5/3156; 5/3157; 5/3158; 6/4598; 6/4599 und EZA Z 3411.

Freudenberg-Archiv, Weinheim Uwe Breuer.

Geheimes Staatsarchiv Preußischer Kulturbesitz, Berlin GStA PK HA Rep. 120 MfGuH Abt. C XIII 18 – Nr. 1 Bd 24; – Nr. 1 Bd 26; – Nr. 1 Bd 27; – Nr. 1 Bd 28; – Nr. 15 Bd 5.

Handelskammer Bremen, Firmenakte Melchers 90001, K 11 A.

Institut für Zeitgeschichte, München IfZ ED 157 und ED 207.

Deutsches Literaturarchiv Marbach Hans Oberländer an Ernst Jünger: HS 005357693

Melchers Archiv, Bremen

Ostasiatischer Verein Bremen OAV-Archiv, A. Vollers (privat).

Politisches Archiv des Auswärtigen Amtes, Berlin (PA AA) Die neue Zitierweise (seit 2020) konnte nicht berücksichtigt werden, da die dortigen Recherchen 2019 abgeschlossen waren. PA AA B10 Bände 1941–1946. PA AA B11 077.1. PA AA B85 234, B85 235. PA AA R85 499. PA AA China 7, Bände 17984, 17985, 7986, 7987. PA AA Peking II, Bände 1708, 1794, 2325, 2328, 2329, 2330, 2331, 2453, 2703, 2722, 2732, 2737, 3028, 3336. PA AA RAV Tsingtao 23/2. PA AA MfAA A6297, – A6471; – A6504; – A6517.

Siemens Historical Institute, Berlin SAA 10845-2, SAA 2087-2.

Staatsarchiv Hamburg Akten des OAV Hamburg-Bremen, Signatur 613–4.

Universitätsbibliothek München Nachlass van Briessen. Universitätsbibliothek München/2°, 4°, 8° Cod.ms. XX zitiert als Briessen-Interview.

Yivo Institute for Jewish Research Archives, New York RG 243, Folder 38.

Alle nicht näher bezeichneten Briefe und Dokumente Privatarchive Breuer und Maiwald.

ABBILDUNGSNACHWEIS

© Archiv Melchers & Co. KG, Fotoarchiv Firma: Abb. 7, 8, 14, 20, 21, 23, 24, 36.

© Ashelm, Gunter: S. 476.

© Deutsches Schifffahrtsmuseum Bremerhaven, Fotoarchiv DSM: Abb. 29 (Signatur 95-5-1), Abb. 37 (Signatur 93-2, Foto: Hans Engelmeyer).

© Till Gutknecht-Stöhr: S. 121 (Foto: Carl Michelau).

© Yolanda vom Hagen: Abb. 15, 27, 28 (Foto: Yolanda vom Hagen).

© Peter Kengelbacher: Abb. 32, 33, 34 (Foto: Karl Kengelbacher).

© Ingeborg Schmidt-Ehrenberg: Titelfoto und S. 592 (Foto: Kurt Halla).

© Staatsarchiv Bremen: Abb. 49, 50, 51, 52, 53, 54 (Foto: Karl Edmund Schmidt).

© Staatsarchiv Hamburg: Abb. 48 (Foto: Contipress).

© Natasha Stenbock: S. 537 (Zeichnung: Nils Graf Stenbock-Fermor).

© Übersee-Museum Bremen: Abb. 10 (Inventarnummer P 32061, Foto: Wilhelm Wilshusen).

Privatarchiv Breuer/Maiwald: S. 26, 91, 141, 149, 166 (Foto: Christine Maiwald), 236, 280, 424, 474 und Abb. 1–6, 9, 11, 12, 13, 16, 17, 18, 19, 22, 25 26, 30 31, 35, 38, 39, 40, 41, 42, 43 (Foto: Eustachius Juras), 44, 46, 47.

ABKÜRZUNGEN

AA	Auswärtiges Amt
AB	Alice Breuer, HWBs Cousine und Schwägerin, Empfängerin seiner Briefe
AdG	Archiv der Gegenwart
ADO	Adressbuch für das Deutschtum in Ostasien
ADS	Amateur Dramatic Society (Englischer Amateur-Theater-Verein)
AO	Auslandsorganisation (der NSDAP)
APA	Alien Property Administration, 1945 von der chinesischen Nationalregierung eingesetzte Verwaltung feindlichen [japanischen und deutschen] Eigentums.
ASKI	Auslands-Sonderkonten für Inlandsgeschäfte
AWR	Association for the Study of the World Refugee Problem (NGO, gegr. 1951)
BArch	Bundesarchiv
CCPIT	China Committee for the Promotion of International Trade
CGM	(gesprochen CeGeEm oder kurz CeGe) Carl Gerhard Melchers
CM	Christine Maiwald
CRB	Central Reserve Bank (Dollar)
DAB	Deutsch-Asiatische Bank
DAF	Deutsche Arbeitsfront
DG	Deutsche Gemeinde (Shanghai)
DISS	Deutsche Informationsstelle Shanghai
DNB	Deutsches Nachrichtenbüro
DT-V	Deutscher Theater-Verein Shanghai
EZA	Evangelisches Zentralarchiv (Berlin)
GAC	German Affairs Commission
GBP	Great Britain Pound
Gestapo	Geheime Staatspolizei
GK	Generalkonsul/Generalkonsulat
GMD	Guomindang
Hapro	Handelsgesellschaft für industrielle Produkte
HASt	Heimatauskunftstelle Übersee
HIAS	Hebrew Immigrant Aid Society
HWB	(HaWeBe) Hermann Waldemar Breuer
IfZ	Institut für Zeitgeschichte (München)
IRC	International Red Cross
IRO	International Refugee Organization (Vorgängerin des UNHCR)
JvR	Johanna von Riwotzky, HWBs Tante, Empfängerin seiner Briefe
KA	Kirchliches Außenamt
KB	Karl Breuer, HWBs Bruder, Empfänger seiner Briefe

KPC	Kommunistische Partei Chinas
KWS	Kaiser-Wilhelm-Schule Shanghai
LAG	Lastenausgleichsgesetz
LSH	Landschulheim am Solling
MA	Melchers Archiv
MBE	Member of the Order of the British Empire
MfAA	Ministerium für Auswärtige Angelegenheiten (DDR)
NAA	National Archives of Australia
NDL	Der Norddeutsche Lloyd (Reederei)
Nele	Nele Popper Schnorr von Carolsfeld, geschiedene Breuer. HWBs Schwiegertochter, Empfängerin seiner Briefe
NCDN	*North China Daily News*
NCH	*North China Herald*
NSDAP	Nationalsozialistische Deutsche Arbeiterpartei
OAL	*Der Ostasiatische Lloyd* (Zeitung 1895–1917) / *Ostasiatischer Lloyd* (1936–1945)
OAV	Ostasiatischer Verein
ÖRK	Ökumenischer Rat der Kirchen
PA AA	Politisches Archiv des Auswärtigen Amtes, Berlin
PLA	Peoples' Liberation Army
POW	Prisoner of War
RAF	Royal Air Force
RGBl	Reichsgesetzblatt
SMC	Shanghai Municipal Council
SJC	*Shanghai Jewish Chronicle*
SU	Sowjetunion
SVC	Shanghai Volunteer Corps
TO	Transocean (Deutsche Nachrichtenagentur)
UdSSR	Union der Sozialistischen Sowjetrepubliken
Ü: CM	Übersetzung Maiwald
UNRRA	United Nations Relief and Rehabilitation Administration
VOA	Voice of America (Rundfunksender)
VRC	Volksrepublik China
XXC	Twentieth Century, das von Klaus Mehnert herausgegebene Periodicum
YMCA	Young Men's Christian Association

TRANSKRIPTION DER CHINESISCHEN SCHRIFTZEICHEN UND ANGLIZISMEN

Nachdem ich zunächst dahin tendierte, die Transkription zu verwenden, die zu Hermann Breuers Zeit üblich war, habe ich mich letztlich entschieden, die heute gebräuchliche Pinyin-Transliteration für geografische Begriffe und für Eigennamen zu übernehmen, um Lesern eine unmittelbare Zuordnung zu ermöglichen. Außerdem gab es zu Breuers Zeit kaum eine einheitlich verwendete Schreibweise: Ob man deutsch »Futschau« oder englisch »Foochow« sagte – das heutige »Fuzhou« ist da nicht fern. Wo ein Ort heute einen ganz anderen Namen hat, habe ich diesen in Klammern ergänzt (Mukden / Shenyang). Bei einigen Ortsnamen bin ich von der Regel abgewichen und habe die überlieferten, gebräuchlichen Namen beibehalten, als da sind Harbin, heute Haerbin, Kanton (Guangzhou), Peking (Beijing) und Tsingtao für Qingdao. Das gilt entsprechend für die Eigennamen Chiang Kai-shek (Jiang Jieshi) und Sun Yat-sen statt Sun Yixian. Und auch Breuers Freund Tung Han-sen (Dong Xingsheng) schreibe ich weiter so, wie er es getan hat.

Bleiben die Straßenbezeichnungen, die im International Settlement und in der Französischen Konzession von den Fremden vergeben worden waren. Hier hielt ich es für ahistorisch, die neuen Namen zu verwenden. Bei der ersten Nennung habe ich die heutigen Namen in Klammern ergänzt; eine Gegenüberstellung der alten mit den neuen Namen ist im Anhang beigefügt.

Meine gelegentliche Verwendung englischer Vokabeln ist nicht der heutigen Tendenz zu Anglizismen zuzuschreiben, sondern der Tatsache, dass Englisch in Shanghai die lingua franca war. Hermann sprach normalerweise Englisch, auch mit seiner russisch gebürtigen Partnerin Jennie, und sagte sogar von seinem Sohn, der zwei Jahre in amerikanischer Kriegsgefangenschaft gelebt hatte: »wir sprachen vielfach englisch miteinander«. Den Namen seines Hundes schrieb er mal deutsch »Snuks« und mal englisch »Snooks«. Begriffe im Zusammenhang mit neu eingeführter Technik kannte er nur auf Englisch, so schrieb er »typen« für fotografieren, »films« für Kinofilme. Bei Worten, die wir übernommen haben, verwendete er die englische Schreibweise, z. B. »shock« für Schock. Lange nach seiner China-Zeit entschuldigte er sich einmal für seinen Briefstil »... wenn ich aus Gewohnheit englisch dachte und mich deutsch ausdrückte.«

SHANGHAIER STRASSENNAMEN

historisch	aktuell
Amherst Avenue	Xinhua Lu
Avenue Edouard VII.	Yan'an Donglu
Avenue Haig	Huashan Lu
Avenue Joffre	Huaihuai Zhong Lu
Avenue Road	Beijing Xilu
Broadway	Dongdaming Lu
Bubbling Well Road	Nanjing Xilu
(Französischer) Bund	Zhongshan Dong 2 Lu
(The) Bund	Zhongshan Dong 1 Lu
Chaufong Road	Gaoyang Lu
Chekiang Road	Zhejiang Zhonglu
Foochow Road	Fuzhou Lu
Great Western Road	Xan'an Xilu
Hongkew	Hongkou
Hungjao Road	Hongqiao Lu
Jessfield Park	Zhongshan Park
Jinkee Road	Dianchi Lu
Kiangse Road	Jiangxi Lu
Kiukiang Road	Jiujiang Lu
Kungping Road	Gongping Lu
Kwenmin Road	Kunming
Markham Road	Huai'an Lu
Museum Road	Huqiu Lu
Nanking Road	Nanjing Lu
Peking Road	Beijing Lu
Route Cardinal Mercier	Maoming Nan Lu
Route Pichon	Fenyang Lu
Rue Bourgeat	Changle Lu
Rue Chapsal	Danshui Lu
Rue Delaunay	Dechang Lu
Rue Pichon	Fenyang Lu
Seymour Road	Shaanxi Beilu
Szechuan Road	Sichuan Zhonglu
Tibet Road	Xizang Zhonglu
Tunsin Road	Wuyi Lu
Warren Road	Gubei Lu
Weihaiwei Road	Weihai Lu
Yu Yuen Road	Yu Yuan Lu

BIOGRAFIEN / PERSONENREGISTER

Abegg, Dr. Elisabeth (Lily) 1901–1974 Schweizer Journalistin. Aufgewachsen in Yokohama, studierte in Genf, Hamburg, Heidelberg. 1936–1940 Korrespondentin der *Frankfurter Zeitung* in China und Japan. Kehrte später mehrfach nach China und Japan zurück, berichtete für die *Weltwoche* (Zürich) und die *Frankfurter Allgemeine Zeitung*. (https://peoplepill.com/people/lily-abegg/ am 3.11.2020) → S. 315

Abkhazi, Peggy, geb. Pemberton-Carter 1902 in Shanghai – 1994 in Victoria/Kanada Engländerin. Von den Japanern 1943–1945 im Camp Lunghua interniert. Ging Ende 1945 nach Kanada. Abkhazi: Enemy subject. (http://conservancy.bc.ca/featured-projects/abkhazi-garden/creation-of-the-garden/ am 3.11.2020) → 364f., 383, 616

André, Adolf von 1844–1911 Finanzier, Unternehmer. Österreichischer Konsul in Hongkong. Gründete im Jahr 1866 in Hongkong mit Hermann Melchers die Firma Melchers & Co., China. Teilhaber bis 1889. Ging 1882 nach London. → S. 22, 593, 655

Arndt, R. Kapitän auf der *Fulda*, NDL → S. 189, Abb. 17

Ashelm, Ulrich 1902 – 1990 Studierte Maschinenbau in Dresden, 1928 nach Shanghai. Behn, Meyer & Co., später Melchers. Nach 1945 zuständig für den Im- und Export von Maschinen zur Herstellung von Papier, Pappen, Kartons bei Tai On (Wing On), China. Gründete 1947 mit HWB die Stuckert Trading Co., die ab 1953 mit ostasiatischen Staaten handelte, kaum noch mit Festland-China. Verließ China Ende Juni 1950. Sohn: Gunter, Jahrgang 1933. → S. 13, 435, 449, 457, 474-476, 484f., 488, 503, 519, 530, 533, 541f., 651

Badoglio, Marschall Pietro 1871–1956 Italienischer Ministerpräsident Juli 1943 – Juni 1944. → S. 383, 392, 605

Baerensprung, Horst 1893–1952 1930–1932 Polizeipräsident von Magdeburg, Exil in China als vom Völkerbund entsandter Berater. 1934–1937 Professor an der Suzhou-Universität. Ab 1939 Exil in den USA. 1947–1951 Polizeipräsident von Braunschweig. → S. 245, 251

Bandow, John W. gest. 1943 1905–1924 Teilhaber Melchers & Co., China. 1907–1943 Teilhaber C. Melchers & Co., Bremen. → S. 75, 127, 161, 167, 644

Barendsen, Bernardus 1876 – 1952 Holländer. HWBs Schwager, verheiratet mit Paula Barendsen-Breuer. Als einer der Direktoren des US-amerikanischen Konzerns McBain zuständig für die Kautschukplantagen der Maatschappij tot Mijn-Bosch-en Landbouwexploitatie in Langkat/Sumatra mit Büro in Rantau Panjang (östlich von Medan). → S. 124, 129, 268, 274, 328, 341, 613

Barendsen-Breuer, Paula 1886 Hongkong – 1963 Den Haag HWBs Schwester. Verheiratet mit Bernardus B., lebte ca. 1905–1930 in Sumatra, Niederländisch-Indien, 1930–1938 Hannover, dann Den Haag. → S. 25, 31, 267f., 270, 274, 321, 328, 341, 376, 378, 613, Abb. 1

Barendsen, Nora, verh. Banks 1911 Sumatra – 1992 Newark/USA HWBs Nichte, Tochter von Paula B.-Breuer und Bernardus B, Dolmetscherin. → S. 328, 613

Barendsen, Paula (Paulchen), verh. Levit-Barendsen 1906 Sumatra – 1987 Den Haag HWBs Nichte, Tochter von Paula B.-Breuer und Bernardus B. Krankenschwester. Lebte in den 1930er Jahren bis ca. 1945 mit ihrem Mann Ben Levit in Borneo. Dort 1942 von den Japanern interniert. Ab 1946 Den Haag. → S. 124, 130, 247, 265, 328, 613

Bauer, Max 1869–1929 Shanghai an Fleckfieber. Im Ersten Weltkrieg Oberst im Generalstab, Artilleriefachmann, Teilnahme am Kapp-Putsch. Waffenhändler (Gas, chemische Waffen) und Militärberater in Spanien, UdSSR, Argentinien. Ab 1927 in Guangzhou Berater von Chiang Kai-shek. → S. 202

Becker, Carl geb. ca. 1892 1935/36–1937 in Harbin als Kaufmann für die Europe-Asia Trading Co. (ADO). 1956 (und wahrscheinlich schon früher) Geschäftsführer von Stromwall Holdo (Papierimporteure, Ingenieure, Schiffseigner) in Shanghai (ADO 1956). Becker war ab 1955 Ansprechpartner der chinesischen Regierung für die Belange der noch in China lebenden Deutschen. Er sorgte mit dem deutschen Generalkonsulat in Hongkong für die Ausstellung von Pässen für ca. 30 Deutsche, die zwischen 1955 und 1959 ausreisten, vermittelte die Zahlung von Renten, empfing bundesdeutsche Besucher, u. a. die Mitglieder der Wirtschaftsdelegation 1957. Im Mai 1959 als westdeutscher Spion und wg. Devisenvergehen verhaftet. Ihn belasteten Geständnisse der drei chinesischen Angestellten der Firma Holdo Stromwall. Sie waren inhaftiert und wurden verhört mit dem Hinweis, ihre Haft würde andauern, bis Geständnisse abgelegt seien. Ende 1961 zu fünf Jahren Zuchthaus und zu einem Bußgeld von 300 000 DM verurteilt, kam Becker im September 1962 frei, sein Besitz wurde unter Wert mit dem Bußgeld verrechnet. 70 Jahre alt, gesundheitlich angeschlagen, war er in Deutschland auf Sozialhilfe angewiesen. (http://www.zeit.de/1965/21/untergrund-konsul-in-shanghai/komplettansicht?print, am 10.10.2020) → S. 554, 559

Beelaerts van Blokland, Frans 1872–1956 Botschafter der Niederlande in China bis 1919, vertrat ab 1917 auch die Interessen Deutschlands. 1927 Außenminister der Niederlande, ging 1940 mit dem Königshof ins Exil. → S. 133

Behrend, Richard 1929–1933 Konsul in Shanghai, 1933–1934 Geschäftsführender Deutscher Generalkonsul in Shanghai. (ADO; Kettelhut, S. 149) → S. 242 f., 246

Benkiser, August Ab ca. 1938 Leiter der Finanzabteilung und der Buchhaltung bei Melchers & Co., China. → S. 324, 490

Besser, Karl 1900–1931 Ehe- und Sexualberater am Institut für Sexualwissenschaft Magnus Hirschfeld. Erna Breuers zweiter Ehemann. Sie ließ die Ehe 1934 annullieren. → S. 253

Bidder, Dr. Hans 1897–1963 Diplomat. 1924–1931 Legationssekretär an der Deutschen Gesandtschaft in Peking; 1935–1941 Gesandtschaftsrat an den Botschaftsstandorten in Peking, Nanjing, Chongqing. 1945 Koordinator der Deutschen Gesandtschaftsbüros in Peking und Shanghai. 1946/47 nicht repatriiert (er war nicht Mitglied der NSDAP gewesen, unter den Diplomaten die absolute Ausnahme). Ausreise 1950, bis Hongkong auf der *Dundalk Bay*. U.a. 1959 bis 1962 Botschafter in Bangkok. → S. 458, 462 f., 481, 485

Blickle, Karl J. geb. 1869 Kaufmann. Nach China 1895, zunächst für Slevogt & Co. 1895–1917 Deutsche Kompagnie des SVC. 1914 Mitinitiator der Gründung der ersten Deutschen Gemeinde Shanghai. 1920–1926 E. Fooong Commercial Co. Shanghai. Ab 1926 Blickle, Ross & Co., Export von Pelzen, Häuten, Spezialist für Moschus. (Men of Shanghai, S. 30) → S. 102 f.

Blumenthal, Michael geb. 1926 in Oranienburg/Brandenburg Exil in Shanghai 1939–1947; 1977–1979 Finanzminister der USA (Carter), 1997–2014 Direktor des Jüdischen Museums Berlin. 1999 Großes Verdienstkreuz des Verdienstordens der Bundesrepublik Deutschland. → S. 375, 426, 432

Bodde, Derk 1909–2003 Amerikanischer Sinologe und Historiker. 1931–37 Universität von Peking, 1948–8/1949 Fulbright-Forschungsstipendiat in Peking. → S. 457, 481–483

Bohanova, Serafina Nestoriana (Jennie) 1903 in Krasnojarsk, Russland – 2001 in Palm Desert, Kalifornien 1921 aus Sibirien nach Harbin geflohen. HWBs Lebensgefährtin von ca. 1929/30 bis 1949. → S. 234–236, 239 f., 251, *263*, 281, 287–289, 291, 299 f., 304, 306–310, 318, 321, 323, 325, 327 f., 335, 343 f., 352 f., 356, 358, 361 f., 372, 379, 391, 413–416, 418, 423, *424*, 425, 427–431, 434, 437, 439, 441–444, 447 f., 451–453, 456, 458, 470, 477, 508–510, 514, 517, 532 f., 556 f., Abb. 41 und 44

Boolsen, Georg Wilhelm Hugo geb. 1879 1903 nach China. Repräsentant der Hamburg-Amerika-Linie in Shanghai, 1920er Jahre bis 1941 Präsident der Deutschen Handelskammer Shanghai. (Men of Shanghai, S. 33) → S. 201, 652

Börter, August 1905 für die Deutsche Reichspost nach Tsingtao, 1910 Tsinan, 1919 nicht repatriiert. Anfang 1920 Haarnetzherstellung (im Verlagssystem) für USA-Abnehmer. Konkurs und neue Firma: Teppichfabrikation in Tsinan und Tsingtao. 1951 verhaftet, Vorwurf: Spionage. 26 Monate Haft, Ausreise im März 1953. → S. 461, 481 f., 493, 540

Bracklo, Dr. Enno 1886–1963 Deutscher Diplomat. Shanghai seit 1909. Konsul in Tsingtao 1932–1938, Generalkonsul in Hankou 1938–1945. 1947 repatriiert. (https://www.Tsingtao.org/bracklo-drjur-enno-1886-1963-konsul/ am 2.1.2018) → S. 86, 201, 275, 370, 374

Brandt, Max August Scipio von 1835–1920 1860/61 mit der preußischen Expedition nach Ostasien, preußischer Konsul, Generalkonsul des Norddeutschen Bundes, 1875–1893 Gesandter in China. Förderte die deutschen Handelsinteressen, die Eröffnung der deutschen Postdampferlinie und die Gründung der Deutsch-Asiatischen Bank. http://www.deutsche-biographie.de/pnd118934759.html → S. 20

Brauer, Max 1887–1973 1924–1933 Oberbürgermeister von Altona (SPD), Exil in Frankreich, China (1933/34), USA. 1946–1953 und 1957–1960 Erster Bürgermeister der Freien und Hansestadt Hamburg. → S. 245, 250, 535, 561, 572

Breuer, Alice, geb. von Riwotzky 1895–1984 HWBs Cousine und Schwägerin, Tochter von Johanna von Riwotzky, verheiratet mit Karl Breuer, Mutter von Liesel Breuer und Johanna Mueller-Raschdau, Großmutter der Autorin. → S. 25, 28, 93, 97 f., 105, 149, 158 f., 165, 205, 207, 235 f., 252, 264, 267, 273, 327, 329, 344, 387 f., 412, 442, 488, 508, 512 f., 516, 519, 523 f., 532, 545, 552, 565, 577, 579, 613

Breuer, Auguste, geb. Biermann gestorben 1910 Großmutter von Hermann und Karl Breuer und Alice Breuer, geb. von Riwotzky. → S. 25, 27, 93, 96, 594, 612

Breuer, Christoph geb. 1942 HWBs Enkel, Sohn von Uwe und Nele Breuer, geb. Schnorr von Carolsfeld. → S. 13 f., 376, 382, 386 f., 412, 415, 423, 429, 433, 436, 439, 446, 478, 488, 516, 533, 552, 576, 581, 605, 613, Abb. 51

Breuer, Dora, geb. Pauls, gesch. Scholz 1915–2006 HWBs Schwiegertochter aus der zweiten Ehe seines Sohnes Uwe Breuer. → S. 534, 538, 552, 565, 577 f., 586 f., 606, 613

Breuer, Erna, geb. Wolcke 1891–1956 HWBs Frau 1913–1926, Uwe Breuers Mutter. → S. 93–101, 120, *121*, 124, 130 f., 135, 143, *148*–152, 161, 172, 196, 236, 253 f., 412, 415, 552, 577, 595, 597, 609, 612, Abb. 6

Breuer, Friederike, geb. Rahel Goldsticker 1852–1911 Mutter von Karl, Hermann, Paula und Marilla Breuer. → S. 24, 29, 31, 247, 265, 267, 593, 595, 613, 634

Breuer, Hede, verh. Schröer geb. 1949 HWBs Enkelin, Tochter von Uwe Breuer sen. und Dora Breuer. → S. 13, 249, 534, 538, 587, 607, 613

Breuer, Karl 1881 Bangkok, Thailand – 1957 Hannover HWBs Bruder, 1896–1921 Pflanzer in Sumatra, Niederländisch-Indien. Ab 1913 Administrator auf Ludwigsburg/ Deli. Verheiratet mit Alice geb. von Riwotzky. Töchter: Johanna-Maria (Hanni) Mueller-Raschdau und Lieselotte. Großvater der Autorin. → S. 23, 25, 97, 125, 130f., 147, 149f., 158, 163f., 172, 205, 207, 222, 234–236, 247, 252, 256f., 262–267, 273f., 320f., 324, 327–329, 334f., 343, 357, 377, 386f., 391, 411f., 423, 443, 488, 509, 512, 516, 519, 523–525, 552, 577, 594f., 609, 612, Abb. 1

Breuer, Lieselotte 1922–1993 HWBs Nichte, Tochter von Alice und Karl Breuer. Kindergärtnerin in Hannover. → S. 105, 205, 252, 257, 519, 523f., 532, 552, 577, 579f., 612

Breuer, Marilla 1990 Sumatra – 1912 Hannover Wurde als einziges der Kinder von Oskar und Friederike Breuer nicht mit sechs Jahren nach Europa geschickt. Sie besuchte das Internat Convent Light Street (gegründet 1852) in George Town auf der Insel Penang (1786–7.12.1941 britisch, Teil der Kolonie »Straits Settlements«) vor der Küste Malaysias, das von katholischen Nonnen geführt wurde. → S. 31, 97, 613

Breuer, Oskar 1853–1934 HWBs Vater. 1879 bis 1884 Sekretär am Kaiserlichen Konsulat in Bangkok, anschließend Hongkong, dann Sumatra: kaufmännischer Angestellter in den Geschäftszweigen Tabak, Holz, Petroleum. 1912 zurück nach Hannover. → S. 24, 28f., 31, 94, 98, 148, 157, 159, 161, 189, 193, 205, 213, 247, 255f., 266, 593, 595, 600, 613

Breuer, Uwe 1919–1956 HWBs Sohn (Mutter: Erna geb. Wolcke). Verheiratet mit (1) Nele geb. Schnorr von Carolsfeld, (2) Dora geb. Pauls. Lehre zum Kaufmann, Ausbildung zum Fallschirmjäger, Einsatz in Nordafrika, amerikanische Kriegsgefangenschaft. Gestorben an den Spätfolgen eines während der Ausbildung zum Fallschirmjäger erlittenen Lungenrisses. → S. 147, 148, *149*, 151, 172, 204f., 252, 266, 268–270, 272f., 274, 282, 320f., 327, 331, 342f., 356f., 376f., 387, 390, 393, 411f., 415, 442, 488, 519, 533f., 538, 542, 551f., 567, 577f., 596–609, 613, Abb. 11 und 31

Breuer, Uwe jun. 1946–2014 HWBs Enkel, Sohn von Uwe Breuer sen. und Dora Breuer geb. Pauls. → S. 534, 538, 552, 587, 606, 613, Abb. 51

Briessen, Dr. Fritz van 1906–1987 Als Journalist für die *Kölnische Zeitung* 1939 zunächst Japan, dann Peking. 1941–1945 Korrespondenzbüro Deutsche Botschaft Shanghai. 1947–1949 mit der amerikanischen China Relief Mission in der Mongolei. 1950 Ausreise. 1954–1962 Deutsche Botschaft Tokio, davon 1961/62 als Botschafter. Bis 1971 Leiter der Programmdirektion Asien der Deutschen Welle. (Taaks, S. 514) Führte Mitte der 1970er Jahre Interviews mit China-Deutschen. → S. 14

Bucksath, Max 1865 – nach 1921 1886–1893 Pflanzer auf Sumatra. In seiner Begleitung reiste HWBs sechsjährige Schwester Paula 1893 nach Deutschland. Opernsänger (Bass-Bariton) in Schwerin, Mannheim, Magdeburg, Wiesbaden. (https://peoplepill.com/people/max-bucksath → S. 31

Bull, Ed. S. Arbeitete bei der National Aniline and Chemical Company, wohnte von 1926 bis zu seiner Heimreise mit Breuer in der Rue Chapsal. Als Amateurschauspieler aktiv im DT-V. (Lt. ADO war er 1932/33 Vorsitzender des DT-V. In den Listen im *Bühnenspiegel* erscheint er nicht als Vorsitzender.) → S. 177, 179, 181, 197, 289

Bume, Dr. Georg F. gest. 1937 Österreichischer Wissenschaftler und Internist mit Praxis an der Museum Road (Huqiu Lu) in Shanghai. Aktiv im DT-V Shanghai als

Regisseur, im Kunstausschuss und als Mitglied des Vorstands, 1929/30 als Vorsitzender. → S. 178, 180, 184

Busch, Emil Architekt. Ab 1904 in Hankou (Firma Lothar Marcks & Busch), baute dort u. a. das Rathaus für die deutsche Konzession (heute Polizeimuseum). 1925 war er der einzige ausländische Preisrichter im Architektenwettbewerb für das Grabmal Sun Yat-sens bei Nanjing. In Shanghai baute er u. a. Adolf Widmanns Villa »Oberneuland« (1924/25) und, mit der Firma Charles Henry Gonda & Busch, Architects (1928–1929), Melchers *godown* am Broadway und die Kaiser-Wilhelm-Schule. → S. 201, 230, 249

Cai Yuanpei 1863–1940 in Hongkong Pädagoge und Revolutionär. 1905 Mitglied der United League von Sun Yat-sen und deren Vertreter in Shanghai, 1916–1926 Rektor der Universität Peking, 1927 beteiligt an Chiang Kai-sheks Northern Expedition. 1928 unterstützte er die Gründung der Academia Sinica und war ihr erster Präsident, 1932/33 einer der Sprecher der chinesischen Liga für Menschenrechte. 1935 Rückzug aus allen Ämtern. (Encyclopedia Britannica) → S. 243, 662

Chamberlain, Arthur Neville 1869–1940 1918–1940 Member of Parliament im britischen Unterhaus. Gesundheitsminister, Finanzminister, 1937–1940 britischer Premierminister. → S. 336, 602

Chiang Ching-kuo (Jiang Jingguo) 1910–1988 Sohn Chiang Kai-sheks. 1925 zum Studium nach Moskau. Bis 1937 UdSSR. Dann Nanjing, Chongqing. 1948 Organisation der Einführung des Gold Yuan. 1950er Jahre in Taiwan: Karriere in der Guomindang und im Regierungsapparat. 1978 Präsident der Republik China, Taiwan. → S. 438 f., 445, 636

Chiang Kai-shek (Jiǎng Jièshí) 1887–1975 Militärakademie Baoding. Kommandant der Whampoa-Militärakademie, Kanton. 1925 militärische Leitung der Guomindang. 1926/27 erfolgreicher Nordfeldzug und Einigung Chinas. 1938 Flucht der GMD-Regierung vor den Japanern nach Chongqing, 1939 militärischer Oberbefehlshaber. 1943 Präsident der Republik China, 1945 Rückkehr nach Nanjing. 1949 Flucht vor den kommunistischen Truppen (Mao Zedong) nach Taiwan, wo er mit dem Anspruch, weiterhin Präsident der Republik China zu sein, 1950–1975 autoritär herrschte. In zweiter Ehe verheiratet mit Song Meiling. Sohn aus erster Ehe: Chiang Ching-kuo → S. 12, 183, 202, 290 f., 325, 363, 445, 448, 601, 603, 607, 633, 637, 639, 642 f., 647, 662–664, 667 f.

Churchill, Sir Winston 1874–1965 1940–1945 und 1951–1955 Premierminister Großbritanniens. → S. 359, 365

Claussen, Joachim 1904–1981 Kaufmann. 1923 Lehrling in der Firma Melchers. 1927–1930 für Melchers China in Hongkong, anschließend Leiter der Exportabteilung von C. Melchers & Co. in Bremen, 1938 Einzelprokura. 1943–1975 Teilhaber C. Melchers & Co., 1945 bis 1948 einziger nicht internierter Vertreter der Firma in Bremen. 1947 in den ersten Nachkriegsvorstand des OAV Hamburg-Bremen gewählt, stellvertretender Vorsitzender. Im Vorstand des OAV Bremen. Sohn Matthias (geb. 1952, Jurist) ist seit 1990 Teilhaber der Melchers GmbH & Co. KG. → S. 320, 327, 341, 526, 528, 533 f., 537 f., 575, 582, 585

Cordes, Heinrich 1866–1927 in Breslau Jurist, China ab 1890. Dolmetscher im Diplomatischen Dienst Peking 1892–1896. Bis 1900 Vertretungen in Shanghai, Hankou, Peking. Wurde beim Anschlag auf Botschafter von Ketteler im Jahr 1900 (Boxerkrieg) schwer verwundet. Ab Mitte 1901 Direktor der DAB in Tianjin, 1905 DAB Peking. Heiratete 1914 Yuksin Chou (1881 in Kanton – 1934 in Peking). Beider neun Kinder wurden zwischen 1898 und 1914 geboren. 1919 mit den älteren Kindern repatriiert. Zwischen 1924 und 1927 besuchte er seine Frau mehrmals in Peking, zuletzt 1927. (https://Tsingtao.org/cordes-heinrich-

1866-1927-dolmetscher-und-bankdirektor/ und BSB Ana 708, Studeo-Sammlung 0594 und 0716) → S. 122

Cordt, Fritz 1901–1967 Kaufmann und Journalist, 1932 nach Shanghai, 1939 Presseattaché an der Dienststelle der Deutschen Botschaft in Shanghai, Einrichtung der DISS. 1945–1947 Arbeit für chinesische Stellen, 1947 repatriiert. Berater des Bundesministeriums für Wirtschaft. 1959–1966 für das AA in Hongkong. Nach 1966 Berater der Friedrich-Ebert-Stiftung. (Taaks, S. 519) → S. 531, 541

Cortum, Albert 1912 nach Hankou, 1914 Einsatz in Tsingtao und japanische Kriegsgefangenschaft. 1920 Shanghai. (StuDeO-Info Juni 2013. S. 31–32) Ab 1935 Teilhaber der Mee Yeh Handels Co. Im Vorstand der Deutschen Handelskammer Shanghai. 1946 auf der *Marine Robin* repatriiert. Sohn: Hans Peter Cortum. → S. 13, 345 f., 399

Cortum, Hans-Peter 1928 in Shanghai – 2013 in Mölln Sohn von Albert Cortum. Kaiser-Wilhelm-Schüler, begeisterter Reiter, »Hilfsjockey« im Shanghai Race Club, Teilnehmer an den Schnitzeljagden auf Fred Siemssens Anwesen. 1946 auf der *Marine Robin* repatriiert. (Cortum: Such was Life) Industriekaufmann. Initiierte Treffen von ehemaligen Schülern der Kaiser-Wilhelm-Schule Shanghai und organisierte 2006 und 2009 die ersten Termine. (Nachruf StuDeO-Info Juni 2013, S. 31–32) → S. 346, 409

Crow, Carl 1883–1943 New York Amerikanischer Journalist. Shanghai 1911–1913 und 1917–1937. Crow schrieb für die / war (stellvertretender) Herausgeber der Zeitungen *China Press*, 1929 *Shanghai Evening Post*. 1918 eröffnete er die Werbeagentur Carl Crow Inc. Advertising and Merchandising Agents in Shanghai. Er war Präsident des Amerikanischen Clubs. Nach der Eroberung des chinesischen Shanghai durch die Japaner ging er im August 1937 zurück in die USA; er stand auf der 25 Namen umfassenden »Most wanted«-Liste der Japaner. 1939 reiste C. auf der *Burma Road* nach Chongqing, schrieb über den Krieg in China, interviewte Chiang Kai-shek, Mme Chiang und Zhou En-lai für das Magazin *Liberty*. 1941, nach Pearl Harbour, Arbeit im Amt für Kriegsinformationen der Vereinigten Staaten, Abteilung Fernost. Publikationen u.a. »400 Million Customers« (1937), »Foreign Devils in the Flowery Kingdom« (1940); in diesem Buch erwähnt er Breuer. (Paul French: Carl Crow) → S. 197, 220 f., 226, 240, 301, 303, 325, 333, 337, 370 f., 525, 541

Cumine, Henry Monsel 1882 Shanghai – 1951 London Shanghai-Schotte in zweiter Generation; sein Vater war Teilhaber der Firma Cumine & Co., Handel mit Textilien, Wolle, Seide, Tee und Immobilien seit den 1860er Jahren. Er sprach Mandarin, Kantonesisch und Shanghai-Dialekt. Eröffnete 1903 in Shanghai Cumine & Co., Architekten, Gutachter und Grundstücksmakler. Arbeitete in Tongshan (Bergbau-Kolleg) und Hankou (Post), ab 1908 wieder Shanghai. C. heiratete 1904 Winifred Greaves (deren Mutter Josephine Ng Chinesin war), sie hatten acht Kinder. C. war Mitglied u.a. im Shanghai Race Club, Chinese Jockey Club, Paper Hunt Club. Besaß den Reitstall »Ferryhill«. Aktiver Freimaurer. (Men of Shanghai, S. 94) Henry Cumine wohnte mit Frau Winifred, seinem ältesten Sohn Eric Byron (1905–2002, Architekt, http://www.treatyportsport.com/person-4---eric-byron-cumine.html), dessen Frau Emma Gladis (Sekretärin bei Jardines) und Enkelsohn John Paton (geb. ca. 1930) in zwei Appartements in 1396 Yu Yuen Road, HWBs Adresse (Shanghai Street Directory 1938). Von März 1943 bis August 1945 war die Familie im Longhua Camp interniert. (Leck, S. 572) → S. 379

Daehne, Wilhelm 1892–1966 Kapitän des NDL, absolvierte die Jungfernfahrt der *Potsdam* 1936 als Rekordfahrt. Machte im Dezember 1939 Schlagzeilen, als er den Lloyd-Passagierdampfer *Columbus* im Atlantik versenkte, statt ihn an die Briten zu übergeben. Die Crew und der Kapitän wurden gerettet, blieben bis 1945 in amerikanischer Kriegsgefangenschaft. Nach 1946: Leiter der Bremer Lagerhausgesellschaft. (Die letzte Fahrt der Columbus. Film, Radio Bremen 2008) HWB fuhr im Mai 1936 mit ihm auf der *Potsdam* von Shanghai nach Bremerhaven. Am 10. April 1953 trafen sie sich in Bremen wieder, es sei ein »erfreuliches und von Herzen kommendes Wiedersehen« gewesen, schrieb HWB am 13. April an Claussen. → S. 261

Decu, Peter 1992 bis 2018 Leiter der 1983 neu gegründeten Niederlassung von C. Melchers GmbH & Co. KG in Shanghai, lebt in London. → S. 13, 171, 589–591

Deng Xiaoping 1904–1997 Schule in Frankreich, Parteischule in Moskau. Teilnahme am »Langen Marsch«, 1937–1949 politischer Kommissar der 8. Marscharmee. Deng hatte 1950–1966 verschiedene Regierungsämter inne und war Sekretär des ZK der KPC. Wurde in der Kulturrevolution seiner Ämter enthoben. Rückkehr ab 1973: Zentralkomitee der KPC, Politbüro, Zentrale Militärkommission. Nach Maos Tod leitete er politische Reformen (Überarbeitung der Verfassung) und eine wirtschaftliche Liberalisierung Chinas ein. → S. 589, 611

Dieckmann, Hans 1901–1973 1924 bis zur Schließung der Firma 1945 bei Melchers & Co., China in Shanghai. Exportmanager, Prokurist. Heiratete im Dezember 1930 im Haus Widmann Paula Woltjen (1911–1987) aus Bremen, sie bekamen zwei Söhne und vier Töchter. D. litt ganz besonders unter der Repatriierung im August 1947 auf der *General Black*. Arbeitete in Bremen bei Beck & Co. → S. 13, 100, 170, 234, 255, 432, 528, 646, Abb. 14

Dobrin, Dr. Siegfried Simon geb. 1887 in Freienwalde, Pommern Praxis: Keithstr. 14a in Berlin. Ca. 1939 nach Shanghai emigriert (Michael Köhn: Zahnärzte 1933–1945), war dort HWBs Zahnarzt. Ging ca. 1947 nach Australien. (HWB Briefe) → S. 371f., 375

Dunsing, Wilhelm 1907–2002 in Hamburg 1930 als kaufmännischer Angestellter nach Yantai (Chefoo), bis 1945 W. Niggemann & Co. (1931 bis 1934 Shantung Trading Co.), ab 1937 als Geschäftsführer. Ortsgruppenleiter der NSDAP in Yantai. Heiratete 1938 Suzanna, geb. Russaleeva (»Weißrussin«, 1914–2004). 1945–1947 in chinesisch-kommunistischer Gefangenschaft in Yantai, seine Frau und die vier Kinder zogen zu Verwandten nach Tianjin. W.D. folgte ihnen nach der Haftentlassung 1947. Ab Anfang 1949 arbeitete Dunsing für die staatliche North China Foreign Trading Corp. 2/1951–9/1954 Gefängnis in Tianjin. Vorwurf: Spionage für die USA. Ehefrau Suzanna war ebenfalls 2/1951–8/1954 inhaftiert, Vorwurf: Komplizenschaft. Gehirnwäsche, Hungerdystrophie. Freilassung infolge von Verhandlungen während der Genfer Indochina-Konferenz 4–6/1954. Ende 1954 gemeinsame Ausreise des Ehepaares nach Deutschland. Ihre Kinder Rudolf (geb. 1939), Ingrid, Charlotte, Greta waren 1952 von einer nach Deutschland ausreisenden Familie mitgenommen und, voneinander getrennt, bei Freunden der Eltern untergebracht worden. (Wilhelm Dunsing: Erinnerungen. BSB Ana 708, Studeo-Sammlung 0107) → S. 480, 493, 516, 553, 566, 664

Ecke, Gustav, Prof. 1896–1971 Jugendfreundschaft mit Adam von Trott zu Solz. Kunsthistoriker, bes. chinesische Architektur und klassisches chinesisches Mobiliar. 1923 Universität von Amoy (Xiamen), 1928–1933 und 1935–1948 Fu-jen-Universität, Peking. 1949–1971 Hawaii, Honolulu Academy of Arts. (Wolfgang Francke: Die deutsche Chinawissenschaft. In: Rüdiger Machetzky, 1982, S. 25–31) 1937/38 lebte Adam von Trott bei ihm in Peking, nannte ihn einen »Magier«, »einen Freund von ungewöhnlicher (menschlicher) Größe und intellektueller Großzügigkeit«. Über dessen Einrichtung: »Die Leblosigkeit und weltabgewandte Schönheit von allem ist faszinierend und man fühlt sich wie ein genarrter Narr.« (Klemperer: A Noble Combat, S. 284–285) → S. 258, 390, 394

Eckert, Walter 1891–1974 1921–1936 Importabteilungsleiter, dann Niederlassungsleiter von Siemssen & Co. in Guangdong, 1937– 1938 Prokurist und Leiter der Hapro in Guangdong, Nanjing, Hankou. Enge Zusammenarbeit mit Melchers & Co. Eckert protestierte im Juli 1938 vor Ort in Berlin gegen den Abzug der Militärberater und die Abberufung von Botschafter Oskar Trautmann aus China. Schied, um seine Sicherheit fürchtend, aus der Hapro aus, emigrierte nach Kunming, Chongqing, Hongkong. (Walter Eckert: Die Hapro in China) 1949 bot er HWB an, bei ihm in Guangdong zu wohnen, falls er aus Shanghai fliehen müsste. → S. 442

Eggeling, Alfred J. 1876–1950 Peking Ab 1901 in China. Kaufmann in Tsingtao und Peking, ca. 1905–1917 Bevollmächtigter der Deutsch-Asiatischen Bank in Peking. 1919 repatriiert, Rückkehr nach China, DAB. → S. 122

Eglé, Edouard Schweizer Industrieller, im Nebenamt Delegierter des Internationalen Roten Kreuzes. (Madeleine Herren: Netzwerke. In: Jost Dülffer, Wilfried Loth [Hrsg.]: Dimensionen internationaler Geschichte. München: Oldenbourg Wissenschaftsverlag 2012, S. 107–128. Zu Eglé: S. 127) → S. 389

Eisenträger, Lothar Pseudonym Heinrich Ehrhardt 1896–1963 Offizier, Kaufmann. Leitete ab 1941 den Nachrichtendienst der deutschen Abwehr der in Shanghai stationierten »Kriegsorganisation China«, die in Kooperation mit Japan in China Spionage betrieb. Auch Observierung von Auslandsdeutschen und Emigranten. Außenstellen in Peking, Qingdao, Guangdong u. a. Hauptangeklagter im »Ehrhardt«-Prozess 1947 in Shanghai. → S. 414, 420, 544, 606

Erdberg, Dr. Eleanor von, verh. Consten 1907–2002 Kunsthistorikerin und Sinologin. 1934–1936 in Japan. Lehrte 1938–1950 an verschiedenen chinesischen Universitäten, meist in Peking. 1950 Ausreise ab Peking mit der *Dundalk Bay*. 1951–1976 TH Aachen und Universität Bonn. (Erdberg: Schutzengel) → S. 481f.

Erdmann-Jesnitzer, Alexander 1906–1909 Kaufmann bei Melchers in Shanghai, 1919 repatriiert, 1920–1922 Filmregisseur und -darsteller in Deutschland (»Die Küsse der Ira Toscari« u. a.), ab 1924 als Darsteller und Regisseur aktiv im DT-V Shanghai. Starb 1936 in Shanghai an der Tollwut. → S. 66, 178, 184, 301

Faber, Johann Georg Manager des Verlags Max Nössler & Co. in Shanghai. Aktiv im DT-V, Initiator der Programmhefte »Bühnenspiegel im Fernen Osten«. Ging 1927 zurück nach Deutschland. → S. 182

Falkenhausen, Alexander von 1878–1966 1934–1938 (Stellvertretender) Leiter der deutschen Militärberater Chiang Kai-sheks. 1937 führte er chinesische Truppen bei der Verteidigung Shanghais. 1938 in Berlin: Kontakt zu Widerstandskreisen. 5/1940–7/1944 Militärgouverneur in Belgien und Nordfrankreich. Ab 7/1944 in verschiedenen Konzentrationslagern wegen Beteiligung am Attentat vom 20.7.1944, anschließend von den Alliierten inhaftiert. 1948 Gefängnis in Belgien, 1951 verurteilt wegen der Auslieferung (1944) von Arbeitern und Juden an Deutschland. In die BRD abgeschoben, dort begnadigt. 1960 heiratete er eine belgische Widerstandskämpferin. (https://www.belgiumwwii.be/de/belgien-im-krieg/personlichkeiten/alexander-von-falkenhausen.html, und https://www.gdw-berlin.de/vertiefung/biografien/personenverzeichnis/biografie/view-bio/alexander-freiherr-von-falkenhausen/?no_cache=1, am 10.11.2020)

Fearn, Dr. Anne, geb. Walter 1867 in Holly Springs / Mississippi – 1939 Berkeley / Kalifornien Ärztin, kam 1893 nach Suzhou, leitete die Frauenklinik. Heiratete

1896 den Missionsarzt Dr. John B. Fearn und ging mit ihm ca. 1908 nach Shanghai. Dort eröffnete sie im Dezember 1916 »Dr. Fearn's Sanatorium«, eine medizinisch hervorragend ausgestattete und luxuriöse Privatklinik. 1926, nach dem Tod ihres Mannes (1917/1919 Militärarzt in Frankreich, 1919 Leiter des Shanghai General Hospital, 1926 zusätzlich ärztlicher Direktor des neu eröffneten Country Hospital), verkaufte Anne Fearn ihre Privatklinik, ging Anfang Januar 1928 in die USA, kehrte aber nach China zurück, wohnte im Cathay (Peace) Hotel und widmete sich sozialen Projekten und, als Gastgeberin, dem gesellschaftlichen Leben. Sie verließ China 1938. (Fearn: My Days of Strength) → S. 173 f., 598

Figge, Heinz ab 1896 Angestellter der Deutsch-Asiatischen Bank, 1903–1925 Mitglied des Vorstands. Vor dem Ersten Weltkrieg (bis 1916) stellvertretender Vorsitzender des Shanghai Municipal Council; 1919 repatriiert. 1924/25 Gastgeber privater Theateraufführungen in Shanghai. Starb November 1925 an einer Blutvergiftung. Beerdigt auf dem Bubbling Well Friedhof in Shanghai. → S. 110 f., 122, 137 f., 178 f., 199

Fink, Carl 1861–1943 1888 Journalist in den USA, dann Deutschland. 1898–1917 Herausgeber der Wochenzeitung *Der Ostasiatische Lloyd* in Shanghai, 1904–1914 auch der Tageszeitung *Tsingtauer Neueste Nachrichten*. 1919 Repatriierung. In Deutschland: In der Schriftleitung der Nachrichtenagentur Transocean, Redaktion der über die Funkstation von Nauen in englischer Sprache verbreiteten politischen und wirtschaftlichen deutschen Nachrichten. Zeitweilig Redaktion des politischen und allgemeinen Teils der *Ostasiatischen Rundschau*, ab 1926 u. a. der Zeitschrift des Bundes der Auslandsdeutschen, 1929–1934 Zeitschriften des Deutschen Flottenvereins und des Verbandes der Deutschen Flottenvereine. (https://Tsingtao.org/category/biographie/page/6/) → S. 102, 105, 109

Firle, Dr. Rudolph 1881–1969 1900–1918 Seeoffizier, kommandierte vor dem Ersten Weltkrieg als Kapitänleutnant das Flusskanonenboot *Otter* auf dem Jangtsekiang. 1932 NSDAP-Mitglied; 1933–1940 Vorstandsvorsitzender des NDL, als solcher 1934 Besuch in Shanghai. 1940 – Mai 1945 Mitglied des Aufsichtsrats des NDL. 1945–1947 von den Engländern interniert. (Kuckuk: Mit neuen Schiffen) → S. 254 f., 327

Fischer, Martin 1882–1961 Jurist und Sinologe. 1907 als Dolmetscher in die Gesandtschaft nach Peking, 1908 Chengdu, 1913 Yantai. 1924–1937 Shenyang, Peking, Nanjing, Chongqing. 1937 kommissarischer Leiter des Generalkonsulats in Shanghai, ab 1939 Generalkonsul dort. 7/1941 Geschäftsträger mit der Amtsbezeichnung Gesandter in Nanjing. 9/1944 mit Bezug auf den »Führererlass« vom 19.5.1943 betr. die »Fernhaltung international gebundener Männer von maßgeblichen Stellen im Staat« in den Ruhestand versetzt. Seine Frau war Norwegerin. 1947 repatriiert. 1953–1957 Referatsleiter im Auswärtigen Amt. Ab 1957 Mitarbeit am Aufbau des Instituts für Asienkunde in Hamburg. (Gerhard Fischer: Orient. Okzident. https://www.aoi.uzh.ch/dam/jcr:36d38832-1a01-4ab6-91d5-8b6784cc3a35/History China-Germany Names.pdf. am 3.11.2020 → S. 271, 275, 553

Flatow, Gerhard L. 1910–1980 Exil in China seit 1934, brachte seinen ihm nachfolgenden Bruder bei Carlowitz unter und wurde selbst bei Otto Wolff angestellt, die zunächst für den Eisenbahnbau Schienen und Kleineisenteile lieferten. Zu Beginn des »Erhardt«-Prozesses (1946/47) war Flatow von den Amerikanern als Verbindungsmann zu den Chinesen eingesetzt. Nach vier oder fünf Prozesstagen beendete er die Tätigkeit, weil er an der Verhandlungsführung und an der Rechtmäßigkeit der Verhandlung zweifelte (Briessen-Interview). Nach dem Krieg wurde F. Direktor der Asien-Abteilung der Otto Wolff AG. Er war von September 1951 bis 1956 in

Peking in Haft (BArch ZLA 7-34/47), wurde anschließend in der Bundesrepublik Mit-Gründer verschiedener maoistischer Gruppen/Parteien. (Arbeiterkampf Nr. 157, Hamburg 9.7.1979) Hielt im Mai 1960 einen Vortrag beim OAV Bremen. → S. 566, 573

Freudenberg, Dr. Adolf 1894–1977 1922–1934 diplomatischer Dienst. 1934 Theologiestudium, Pfarramt. Emigration nach London (aus politischen Gründen und mit seiner, nach den Kriterien der »Nürnberger Gesetze«, jüdischen Ehefrau), dort ausgebombt. In Genf Beauftragter des Flüchtlingssekretariats des ÖRK. 1945 Aufbau einer Siedlung für Vertriebene, Kriegsheimkehrer und Flüchtlinge auf der Vilbeler Höhe des Evangelischen Hilfswerks und Pfarrer der dortigen Kirche auf dem Heilsberg. Bruder von Otto Freudenberg. → S. 273

Freudenberg, Otto 1890–1940 In der Firma Freudenberg (Weinheim) zuständig für den Verkauf, HWBs Kontakt. Die Brüder Freudenberg bildeten mit ihrem Vetter Walter F. ab 1923 einen gemeinsamen Geschäftsführerverband gleichberechtigter Partner. Hans F. (1888–1966) als Ingenieur, Richard F. (1892–1975) als Verantwortlicher für Personal und Finanzen, Walter F. für den Einkauf und Otto F. (1890–1940) für den Verkauf. (Scholtysek: Familienunternehmen.) → S. 272, 327, 331, 343

Fuchs, Dr. Walter 1887–1966 Jurist. 1929–1933 Konsul am GK Shanghai; im Vorstand der Ortsgruppe Shanghai der Deutschen Gesellschaft für Natur- und Völkerkunde Ostasiens. Im Oktober 1933 wegen seiner jüdischen Herkunft entlassen; führte eine Rechtsanwaltskanzlei in Shanghai. 1952 Legationsrat in der Rechtsabteilung des AA, 1954–1955 Generalkonsul in Paris. (Freyeisen: Shanghai, S. 87–88)

Gadow, Carl Gottfried Gestorben 1952. Deutsche Farben-Handelsgesellschaft Waibel & Co, Shanghai, Präsident des Deutschen Gartenclubs (1934), 1941 bis 1945 Vorsitzender der Deutschen Handelskammer Shanghai. 1942 im Haushaltsausschuss des SMC. (Handelskammer: Sitzungsprotokolle in R/11 1282 e.) → S. 354, 364, 382f., 392, 397f., 402

Gerecke, Emil Kursmakler, Gastgeber von privaten Theateraufführungen, verkaufte 1917 seine Villa an der Fenyang Lu an Dr. Anne Fearn (Sanatorium), 1919 repatriiert, ab 1924 wieder in Shanghai. → S. 173, 177f.

Geschke, Hans-Jürgen geb. 1931 Soerakarta/Java Geschke kam im März 1950 aus Tsingtao nach Shanghai, arbeitete im Büro der Deutschen Gemeinde, reiste im November 1950 auf der *Dundalk Bay* aus. Er wurde Kaufmann und ging 1957 nach Indien. 1967 übernahm er in Penang, Malaysia, die Leitung einer Fabrik der Schott Glaswerke. Lebt heute in den USA. Sein Vater Hans war 1951–1953 in Tsingtao inhaftiert, kehrte dann nach Deutschland zurück. (StuDeO-Info Dezember 2010 und Informationen aus dem Weihnachtsrundbrief von Hans-Jürgen und Gerda Geschke 13.12.2015 an Studeo) (Zu Geschkes Vater Hans s. Leutner, 1937–1949, S. 448.) → S. 461, 481

Glathe, Alfred 1887–1954 Kaufmann. Ging 1909 nach Tsingtao, nahm 1914 an der Verteidigung Tsingtaos teil; japanische Kriegsgefangenschaft. Ab 1925 Shanghai, H.C. Augustesen China Trade (Import, Export, Ingenieurbüro). 1926 Gründung der Im- und Exportfirma Glathe & Witt, ab 1936/37 Glathe & Co. 1936 (durchgehend?) – 1945 Vorsitzender der Deutschen Gemeinde Shanghai; ab 1941 »Reichsdeutsche Gemeinde«. 1941–1943 Mitglied des Shanghai Municipal Council unter japanischer Kontrolle. 1945 einer der Beiräte der Deutschen Notgemeinschaft Shanghai. 1946 auf der *Marine Robin* repatriiert. 1946 bis 1951 geschäftsführendes Vorstandsmitglied des OAV Hamburg-Bremen. Erhielt 1953 das Verdienstkreuz der Bundesrepublik Deutschland. Heiratete 1913 die Schweizerin Erika Wyss, Sohn: Harry, geb. 1914. Tochter: Vera, geb. 1926. Gründete 1949 die Monatszeitschrift

Übersee-Rundschau. (Taaks, S. 530, ADO, https://Tsingtao.org/category/biographie/page/6/) → S. 397–399, 402, 471, 542, 555, 642

Gmehling, Francis Gottlieb geb. ca. 1900 in Budapest Kaufmann. In den 1920er Jahren vertrat er in Shanghai einige Budapester Firmen, in den 1930er Jahren hatte er eine Export-Import-Firma, überwiegend für chemische und Parfümerieartikel sowie Medikamente, Hersteller aus Ungarn, Frankreich, der Schweiz und Deutschland (Hong-Listen). Als Regisseur und Darsteller bis 1934 für den DT-V aktiv, anschließend für den englischen ADC. 1937 verließ er Shanghai, gab bei seiner Ausreise in die USA als seinen Beruf an: Regisseur. → S. 215

Grösser, Eduard 1883 Yokohama – 1961 Kaufmann. 1903–1911 Arnold, Karberg & Co. Shanghai. Ab 1911 Niederlassungsleiter in Peking. 1919 repatriiert. (Grösser: Ein Bremer Kaufmann in China) → S. 75, 80, 86, 110, 133 f., 151

Haas, Dr. Wilhelm 1896 Bremen – 1981 Bremen 1914–1918 Teilnahme am Ersten Weltkrieg, Jurastudium, Auswärtiges Amt. 1927 bis 1929 Vizekonsul am GK Shanghai, aktiv im DT-V. Viele Besuche im Haus Adolf Widmann. 1934–1937 Handelsattaché an der Botschaft Tokio; in den Ruhestand versetzt, weil seine Frau »jüdischer Abstammung« war. Arbeitete in der I.G. Farben Zentralverwaltung in Peking. Berichtete dem Flüchtlingssekretariat in Genf zur Lage »jüdischer« Flüchtlinge christlichen Glaubens in Shanghai. Haas' Bericht war Grundlage für Unterstützungszahlungen. 1946/47 Rückkehr nach Deutschland, Staatsrat in Bremen. 1949 bis Sommer 1951 Leiter des Organisationsbüros für die konsularisch-wirtschaftlichen Vertretungen im Ausland im Bundeskanzleramt. Beteiligt an der Organisation der Rückführung von Deutschen aus China. 1952–1956 Botschafter in Ankara; 1956–1958 erster deutscher Botschafter nach dem Krieg in Moskau. Von Mai 1958 bis zu seiner Pensionierung Ende September 1961 Botschafter in Tokio. (Haas: Lebenserinnerungen und: Dröscher: Seilschaften) Mitglied des OAV Bremen. 1959 besuchte HWB ihn in Tokio. → S. 184, *185*, 321, 331, 362, 390, 393 f., 400, 417, 473, 562

Hackmack, Heinz Otto (Heino) 1926 in Tianjin – 1996 Als der Vater (Teppichfabrikant) starb, blieb seine Mutter bis 1946 mit ihm in Tianjin, er besuchte dort die Schule, sprach fließend Chinesisch. Wurde Kaufmann, ging 1955 für Melchers nach Hongkong, ab 1961 Leiter der dortigen Melchers Agency. Besuchte regelmäßig die Messen in Guandong. Später Singapur, ab 1980 in Peking erster Leiter der ersten in der VRC wiedereröffneten Melchers-Niederlassung. (Gespräche CM mit Henning Melchers und Matthias Claussen) → S. 564 f., 568 f., 574

Hakenholz, Paul 1872–1950 Architekt, baute für Karl Breuer das Wohnhaus Fichtestraße 15 A in Hannover (heute Nr. 34) im Jahr 1922 und in den 1930er Jahren die Mietshäuser Timmendorffstraße 5, Schlegelstraße 14 und Schellingstraße 13 A, alle in Hannover-Kleefeld. Verheiratet mit Cläre Zacharias, geb. ca. 1890, einer Jugendfreundin von HWB. → S. 150, 263, 328

Halla, Kurt 1904–1977 Kaufmännische Lehre bei der Firma Emil Busch A.G. (Feldstecher, Mikroskope, Fotoapparate etc.) in Rathenow, die ihm nach anschließenden zwei Semestern Studium der Betriebswirtschaft anbot, für sie nach China zu gehen. 1925 begann er bei Melchers in Shanghai und wurde Leiter der vereinigten optischen, Uhren- und Fotoabteilungen in der Importabteilung. In Bremen heiratete er 1932 Wilma Frede, die seit 1929 für Melchers in Shanghai arbeitete, zeitweilig als Privatsekretärin von Breuer. Die gemeinsame Tochter Ingeborg wurde in Shanghai geboren. 1938 ging die Familie nach Rathenow. In Bremen trat Halla 1954 in den OAV ein, lebte später in Nürnberg. Er ist der Fotograf des Titelfotos (auch auf S. 592). → S. 13, 170, 283–285, 592, Abb. 23

Halper-Szigeth, Dr. Ernst 1911 München – nach 1978 Jurist, chinesische Sprachkenntnisse. Er gehörte zum konservativen Widerstand um Fabian von Schlabrendorff (1907–1980; »Offiziere gegen Hitler«, Zürich 1946). Halper fuhr am 8. März 1938 nach Wien, um Kanzler Schuschnigg vor dem Einmarsch der deutschen Truppen zu warnen, floh nach dem »Anschluss« Österreichs nach China. Durch Kontakt mit Walter Stennes wurde er dem Beraterstab um Chiang Kai-shek assoziiert, versuchte vergeblich, eine antijapanische Guerillatruppe in der Nähe Guangzhous aufzubauen. Schrieb für ungarische und jugoslawische Zeitungen. Führte 1940–1941 die Firma Wei(ss) & Ha(lper), die nominell 49 % Anteile an chinesischen Firmen übernahm. Die Firmen wurden mit Hakenkreuzen gekennzeichnet und so vor einer Übernahme durch die Japaner geschützt. Dafür zahlten sie eine »Rente« an die Beschützer. Zum 1. Oktober 1942 hatte Halper eine Anstellung bei der Anwaltskanzlei Dr. Lorentz, die er auf Druck des Generalkonsulats, der NSDAP und der Gestapo nicht antreten konnte. (Briessen-Interview, Schmitt-Englert, S. 255–260) Daraufhin vermittelte Alfred Glathe Halper eine Anstellung im Finanzdepartement des SMC. Das deutsche GK zahlte ihm nicht die Zulage von RM 100,–, die die anderen deutschen Mitarbeiter des SMC und der Polizei erhielten. Im Januar 1945 kündigte Halper wegen der im Amt herrschenden Korruption. 1946 repatriiert. 1951–1956 Pressereferent im Bayerischen Justizministerium (SPD). → S. 14, 18

Hamburger, Rudolf 1903–1980 Architekt, ging 1930 nach Shanghai mit einem Arbeitsvertrag des SMC. Beteiligung an den Bauaufgaben für Jiangwan. Parallel: Aufbau einer eigenen Firma für Innendekoration und Möbelbau: The Modern Home. Ehrenamtliche Tätigkeit als Bühnenbildner für den DT-V. 1936 als Agent des GRU (militärische Aufklärung der Sowjetunion) nach Polen, Schweiz, wieder China, 1940 inhaftiert in Chongqing. 1943 nach Teheran, Flucht nach Moskau. 1943–1955 russische Arbeitslager und Ausreiseverbot. 1955 Architekt in Dresden, DDR. (Kögel: Zwei Hamburger) → S. 232

Hanneken, Constantin von 1854–1925 1879 bis 1925 lebte der deutsche General meist in China. Der Festungsbauexperte baute u. a. Lüshun (»Port Arthur«) aus. Wegen seiner Verdienste im chinesisch-japanischen Krieg machte die Kaiserinwitwe Cixi ihn zum chinesischen General. Ca. 1899 initiierte er die Kohleförderung in der Provinz Zhili, dann auch in Henan, und leitete die Anlagen. Nach der Repatriierung (1919) kehrte er dorthin zurück. http://zbw.eu/beta/p20/person/7077/about.de.html → S. 122, 138

Hannig, Theodor geb. 1878 Kapitän. 1933 Gründungsmitglied und bis 1938 Leiter der Ortsgruppe Shanghai der NSDAP-Auslandsorganisation. Inhaber der Fa. Hansatransport und Mitinhaber der Fa. Tesdorpf, Hannig & Co., Nautische Sachverständige. (Taaks, S. 533) Repatriierung auf der *General Black*, vorher kurze Internierung, zusammen mit HWB. → S. 432

Harding-Kilmanek, Paul Dolmetscher beim k. u. k. Generalkonsulat in Shanghai, gefallen 30.10.1914 in Tsingtao. → S. 111

Hartmann, Albert In Shanghai seit 1897, gründete 1902 zusammen mit Friedrich Fuhrmeister die Firma Fuhrmeister & Co. 1925/26 Vorsitzender der DG. → S. 233 f., 237 f.

Hasenöhrl, Franz Xaver 1891–1943 1920–28.2.1933 Kaufmann bei Siemssen & Co. (zunächst in Hankou, ab 1930/31 in Shanghai, ADO). Gründer des »Stützpunktes Shanghai« der NSDAP, 1932 Leiter der dortigen NSDAP-Ortsgruppe. Juni 1932 bis März 1933 Landesvertrauensmann der NSDAP für China, dann für Ostasien; 6.5.–31.8.1934 Auslandskommissar der Auslandsorganisation der NSDAP. 1934–1938 Reichsministerium für Volksaufklärung und Propaganda. Wehrdienst, Einsatz im Osten, Tod in dessen Folge. (Freyeisen, Shanghai, S. 67–69) → S. 232, 242, 254, 268

Hecht, Melvyn Teilhaber von Bradford & Co, New York. 1920 bis 1926 Präsident der Melchers China Corporation. → S. 149

Heineken, Philipp 1860–1947 1905 Präses der Handelskammer Bremen. 1909–1920 Generaldirektor des NDL. Von Mai 1910 bis August 1911 unternahm er im Auftrag des NDL eine Informationsreise nach Australien, in die Südsee und »den Osten«. In Begleitung der Melchers-Teilhaber Michelau, Lindemann, Korff und Bandow besuchte er Shanghai, Hankou, Tianjin und Hongkong. In der Folge erhielt Melchers auch die NDL-Agentur in Tsingtao (zu der Zeit deutsches Pachtgebiet). → S. 95

Heinemann, Heinz-Egon 1912 Wiesbaden – 1979 Montreal Antiquariatsbuchhändler, Berlin, Olivaer Platz. Emigrierte im Mai 1939 mit Frau, Tochter Hannelore und Schwiegervater nach Shanghai. Buchhandlung in der Western Arts Gallery. Mit-Gründer der Vereinigung Mittel-Europäischer Protestanten. 1952 in Shanghai inhaftiert, Spionagevorwurf. 1953 nach Kanada. Führte die Antiquariatsbuchhandlung Mansfield Bookmart in Montreal. (Heinemann-Headley: Blond China Doll, Nachruf in: *The McGill Daily,* Vol. 69, №. 013, 26.9.1979.) → S. 371–373, 393, 492 f., 529, 654

Heinemann-Headley, Hannelore 1936 in Berlin – 2013 in St. Catharine's, Kanada Shanghai 1939–1953. Tochter von Hans-Egon Heinemann. 1972 Antiquariat und Buchhandel in St. Catharine's. (Heinemann-Headley: Blond China Doll) → S. 371

Heyn, Rolf 1894 in Shanghai – 1960 in Hamburg Zunächst aufgewachsen in Shanghai, Abitur am Johanneum in Hamburg, Teilnahme am Ersten Weltkrieg als Offizier, Kriegsgefangenschaft in England. 1921 nach Tianjin, später Shanghai. Teilhaber von Reuter, Bröckelmann & Co. China, ab 1931 auch von Heyn, Bröckelmann & Co. Hamburg, der väterlichen Firma. Im Vorstand der Deutschen Handelskammer Shanghai. Polospieler. Rückkehr aus China nach Hamburg 1947. Aufenthalte in Hongkong, Japan, Thailand. Vorsitzender des OAV Hamburg-Bremen 1951 bis April 1960. Verheiratet mit Ingeborg geb. Gobert, drei Kinder: Anneke, Rolf Peter und Silvia. (Nachruf in: Staatsarchiv Hamburg Signatur 731-8.A758) → S. 154, 261, 355, 432, 524–527, 536 f., 553, 578

Hibbard, Peter MBE. Stadtplaner und Soziologe, Spezialgebiete Tourismus in China, Stadtgeschichte Shanghai, der Bund, Luxushotels. Diverse Publikationen. (Neu-)Gründungspräsident der Royal Asiatic Society 2007–2011. Aktuell: Berater des Peninsula Hotels in Hongkong zu dessen (Bau-)Geschichte. → S. 13, 80–84, 173

Hinzelmann, Hans-Heinz 1889–1970 Theaterintendant, Schriftsteller in Berlin, 1938 Flucht nach Shanghai. Hinzelmann fand in Shanghai ein Auskommen als Fotograf. Rückkehr nach Deutschland 1947 auf der *Marine Lynx*. Erinnerungen: O China, Land auf alten Wegen. → S. 417

Hitler, Adolf 1889–30.4.1945 Als Reichskanzler ab 30.1.1933 und ab August 1934 zugleich als Reichspräsident bis zu seinem Selbstmord nationalsozialistischer Diktator (»Führer«) des Deutschen Reiches. → S. 210, 241–243, 246, 255, 260, 324, 331 f., 352, 362 f., 376, 385, 390, 395, 402, 415, 423, 599, 601, 603, 605, 643, 658, 669

Hohenzollern-Emden, Franz Joseph Prinz von 1891–1964 Tat 1913 auf der SMS *Emden* Dienst, der Kleine Kreuzer war in Tsingtao stationiert und besuchte Shanghai zur Feier des Geburtstags von Kaiser Wilhelm II. Während des Ersten Weltkriegs diente F.-J. in der Kaiserlichen Marine als Zweiter Offizier an den Torpedos. Nachdem die *Emden* innerhalb von zwei Monaten 23 Handelsschiffe versenkt hatte, unterlag sie im November 1914 dem australischen Kreuzer *Sydney*. Der Prinz war ab 1933 aktiv in der SS und ab 1936 in der NSDAP. 1939–1944 Kommandant der Flakbatterie in Cuxhaven. (https://en.wikipedia.org/wiki/Franz_Joseph,_Prince_of_Hohenzollern-Emden) → S. 108

Holzberger, Peter geb. 1915 in Yokohama (sein Vater arbeitete bei Winckler & Co. und während des Krieges als Repräsentant des Roten Kreuzes). Schule und Lehre in Hamburg und Berlin. Ab 1937 Melchers China in Hongkong, Mukden, Tsingtao, Tianjin, Shanghai (1943). Machte sich Ende 1944 selbstständig. Wanderte 1948 in die USA aus, E. R. Squibb & Sons. Pharmazie-/Chemieindustrie. 1955 selbstständig in Singapur, dann in Hongkong. (Holzberger: Recollections of an ›Old China Hand‹) → S. 350, 366

Hoops, Dr. Walter D. 1900–1973 Diplomat. 1934–1945 in Japan, dann China. Januar 1945 kommissarischer Geschäftsführer des Generalkonsulats Shanghai. Mai 1945 Leiter des Deutschen Amtes. 1946 auf der *Marine Robin* repatriiert. → S. 397, 402

Hudec, Ladislaus (László) geb. 1893 im slowakischen Banská Bystrica, Österreich-Ungarn, gest. 1958 in Berkeley, Kalifornien Angehöriger der ungarischen Minderheit, auch mit deutschen Vorfahren. Nach Versailles: Tschechoslowakischer Staatsbürger. Architekturstudium in Budapest. 1918 Flucht aus russischer Kriegsgefangenschaft nach Shanghai. Hudec war deutschsprachig und Mitglied des Deutschen Gartenclubs, des Concordia Clubs und zeitweilig der Deutschen Gemeinde Shanghai. Mitglied im Race Club und im Cercle Sportif Français. Mit der Annektion der »Rest-Tschechei« 1939 verlor er seine tschechoslowakische Staatsangehörigkeit und nahm die ungarische an; 1941 ungarischer Honorarkonsul in Shanghai. Entwarf für Shanghai das Gebäude des American Club, das Parkhotel, das Grand Theatre, die deutsche evangelische Kirche, die Moore Memorial Church, das Gebäude der Christian Literature Society, die Zhabei Power Station und viele mehr. → S. 70, 82, 227, 229, 293, 308, 548, 599, 663

Hundhausen, Vincenz 1878–1955 Jurist, 1923 nach Peking. 1923–1937 Professor für deutsche Sprache und Literatur an der Fu-Jen-Universität, Peking (1937 Entlassung auf Betreiben der deutschen Botschaft, da er sich 1935 geweigert hatte, einer entsprechend der NS-Ideologie neu definierten Deutschen Gemeinde beizutreten). Gründete das deutsch-chinesische Theaterensemble »Pekinger Bühnenspiele«. Nachdichtungen (Gedichte und Dramen) aus dem Chinesischen. Diverse publizistische Veröffentlichungen. Betrieb Verlag mit Druckerei: Die Pappelinsel. Zusammen mit Erich Wilberg Herausgabe der Zeitschrift *Die Dschunke*. Musste im Mai 1954 China verlassen. (Taaks, S. 540, Würdigung bei Briessen, Institutionen, S. 80–83) → S. 182, 400, 669

Hünefeld, Ehrenfried Günther Freiherr von 1892–1929 Im Ersten Weltkrieg verwundet, u. a. Sprecher des NDL. Flugzeugkapitän. Absolvierte im April 1928 mit einem kleinen Team den ersten Nordatlantikflug in Ost-West-Richtung. Flog vom 19.9. bis 18.10.1928 mit der Junkers W33 *Europa* eine Südroute von Berlin über elf Zwischenstationen nach Tokio. Durchschnittsgeschwindigkeit 160 km/h, 90 Flugstunden. (Peter Kuckuk: Fernostflug) → S. 212 f., 599

Jachens, Johann Kapitän des NDL, fuhr auf der *Trier*. → S. 199 f.

Jacoby, Dr. Alfred 1899–1963 1925–1938 Rechtsanwalt in München. November 1939 vier Wochen im KZ Dachau, Emigration nach Shanghai. Ab 1941 Rechtsanwalt in Shanghais Foreign Settlement und Conseilleur Juridique in der Concession Française. 1941 Begründer und bis 1943 Vorsitzender der Vereinigung Mitteleuropäischer Rechtsanwälte in Shanghai. 1943 erzwungener Umzug ins »Ghetto«. 1942 bis 1947 Vorstandsmitglied der Vereinigung Mitteleuropäischer Protestanten. Seine Ehefrau Agnes geb. Woltjen war als Sekretärin von Hans Dieckmann bei Melchers angestellt. (Hong-Liste 1939. Agnes war eine Schwester von Dieckmanns Frau Paula.) 1947 ließ Dr. Jacoby sich wieder als Rechtsanwalt in München nieder. (IfZ, ED 207

Sammlung Lazarus, Band 4. Reinhard Weber: Jüdische Rechtsanwälte. Gespräch mit Annelore Dieckmann 2.11.2014 in Hamburg) → S. 367

Jannings, Werner ab 1911 in China. Bis 1945 Leiter der Niederlassung von Siemssen & Co. in Tianjin. Chef der NSDAP in Nordchina. (Leutner, 1937–1949) 1947 Gründung der Firma Tung Hsi in Taiyuan, 1949 Umzug nach Peking. 1950 bis 1954 in Haft in Peking. Seine bedeutende Sammlung von chinesischen Objekten der Bronzezeit steht heute im Palastmuseum in Peking. (Erdberg, S. 281–283) → S. 493, 516, 664

Jebsen, Michael geb. 1911 im deutschen Apenrade, das nach dem Ersten Weltkrieg (1920) dänisch wurde, gest. 2000 Michael Jebsens Vater Hans Jacob und Heinrich Jessen entschieden Silvester 1894 im Deutschen Club in Shanghai, in Hongkong ein gemeinsames Unternehmen zu gründen: Die Schifffahrtsagentur Jebsen & Co. war bald auch im Chinahandel tätig. 1909 Eröffnung der Tochtergesellschaft Jessen & Jebsen in Hamburg. Mit Ausbruch des Ersten Weltkriegs wurde die Firma in Hongkong von den Engländern liquidiert, Jacob Jebsen nach Australien deportiert. 1920 Firmengründung in Aabenraa. Wiederaufbau in Hongkong und 1927 in Shanghai. Michael Jebsen jun. ging 1933 nach Hongkong, 1939 nach Shanghai, wurde 1944 durch den Tod seines Cousins Johann Heinrich Jessen Alleininhaber von Jebsen & Co. 1949 ging der Hauptsitz des Unternehmens wieder nach Hongkong. (https://www.jebsen-jessen.de/weltweit/#ein-familienunternehmen und Adolf Hänisch: Jebsen und Co.) Ab 1950 war der Rotarier Jebsen intensiv an HWBs Bemühungen um die Rückführung von Deutschen aus China beteiligt. Dafür erhielt er 1952 den Verdienstorden der BRD. → S. 348, 419, 514f., 519, 521, 542

Jiang Jieshi s. Chiang Kai-shek

Johst, Hanns 1890–1978 Schriftsteller, Dramatiker (u. a. »Schlageter«). 1933 Dramaturg am Schauspielhaus Berlin und Preußischer Staatsrat, 1933 bis 1945 Erster Vorsitzender der Deutschen Akademie der Dichtung, 1935–1945 Präsident der Reichsschrifttumskammer, Reichskultursenator, SS-Brigadeführer. 1949 als Hauptschuldiger an den deutschen Kriegsverbrechen eingestuft, zehnjähriges Publikationsverbot. (https://www.adk.de/de/akademie/mitglieder/index.htm?we_objectID=50106 am 4.11.2020) → S. 248, 250

Juras, Eustachius geb. ca. 1884 Deutscher Fotograf in Shanghai. (Taaks, S. 542) → S. 627

Kann, Eduard (chinesischer Name: Geng Aide) geb. 1880 in Misslitz/Miroslav, Österreich-Ungarn, gest. 1962, Los Angeles Heiratete 1913 in Wien Margarete geb. Robitschek. Ab 1901 in China an verschiedenen Orten als Angestellter, später Manager von Banken. Seine Untersuchung »The Currencies of China« erschien 1926/27 auf Englisch und auf Chinesisch. (Men of Shanghai, S. 195) In den 1930er Jahren machte er sich als Edelmetall- und Kursmakler selbstständig. Eine anerkannte Autorität in Finanzfragen, gehörte er ab 1932 zum Kreis der Finanzberater der chinesischen Regierung, u. a. war er 1933 maßgeblich an der Gründung der ersten chinesischen Münze in Shanghai beteiligt. Kann gründete und leitete in den späten 1920er Jahren einen deutsch-chinesischen Kunstclub. Nach 1933 schied das Ehepaar Kann aus der Deutschen Gemeinde aus (die »Nürnberger Gesetze« definierten sie als Juden). 1934 gründeten sie mit Ellis Hayim und Aladair Kelen den Hilfsfonds für deutsche Juden, im August 1938 war Kann Gründungsmitglied des International Committee for Granting Relief to European Refugees in China (IC); kurzzeitig war er Erster Vorsitzender. Als 10/1938 das Committee for the Assistance of European Jewish Refugees in Shanghai (CFA) gegründet wurde, leitete Kann das Emigration Department, das Identitätspapiere ausstellte. Im Zusammenhang mit seiner Arretierung durch die Japaner trat er Mitte Juli 1942 zurück. (Kranzler, S. 157)

Kann ist berühmt für seine Sammlung chinesischen Papiergeldes und chinesischer Münzen, u.a.: Illustrated Catalogue of Chinese Coins. Hongkong 1953. Er ging im März 1949 nach Kalifornien. Dort trafen seine Frau und er Jennie Bohanova wieder. Er unterrichtete an der Loyola University und publizierte im *Far Eastern Economic Review*. Und beantwortete HWBs Briefe zu Fragen der Heimatauskunftstelle. → S. 215, 322, 367–370, 374, 381, 439, 447, 457, 508, 544, 547, 648

Kann, Margarete, geb. Robitschek 1889 Wien – ca. 1970 Los Angeles Margarete und Eduard Kann heirateten 1913 in Wien. In Shanghai war M. Kann 1925 im Gründungsvorstand des DT-V. Dort lernte HWB Frau Kann (spätestens) kennen. Im künstlerischen Beirat des Vereins und für den *Bühnenspiegel* waren ihre künstlerisch-literarischen Kenntnisse ebenso wichtig wie ihr darstellerisches Talent. 1929/30 übernahm Margarete Kann die Buchhaltung des Joint Committee of Shanghai's Women's Organisations (internationale Dachorganisation nationaler Wohlfahrtsverbände). 1938 (Anstieg der Flüchtlingszahlen) unterstützte sie die Einrichtung eines eigenen Heimes für Junggesellinnen. Juli 1939 eröffnete M. Kann die Kinchow-Works im gleichnamigen Hostel, eine Ausbildungsstätte für Frauen mit kleiner Fabrik, in der u.a. Strickwaren und Herrenanzüge hergestellt wurden. → S. 178, 180, 184, 215, 248, 250, 369f., 447

Kayser, Dipl.-Ing. Erich geb. 13.8.1893 Ging 1925 als Assistent des ungarischen Aeronautikers Prof. Theodore Kármán (Technisches Institut Aachen) nach Tokio an die Kawanashi Airplane Company, um einen Windkanal zu konstruieren, der ein transpazifisches Flugzeug testen sollte. (Takehiko Hashimoto: Historical Essays on Japanese Technology, S. 134) 1928–1952 in China. In Shanghai war Kayser Direktor der Far East Card Manufacturing Co. Die Fabrik stellte Kratzen her, auf Lederbändern montierte Drahthäkchen zum Aufrauen/Veredeln von Geweben aus Wolle und Baumwolle. Ab 1956 lebte Kayser in Tokio. (OAV 1953, ADO 1935/36 und 1956) HWB besuchte ihn dort 1959. → S. 563f., 572, 581

Kengelbacher, Karl 1895 St. Gallen-Bruggen/Schweiz – 1981 Kalifornien Ging 1921 nach Shanghai, arbeitete in einem pharmazeutischen Unternehmen. Hobbyfotograf, der 1937 in Shanghai Kriegsszenen dokumentierte. Er ging 1949 nach Hongkong, 1956 in die USA. → S. 627

De Kens Niederländischer Generalkonsul in Shanghai, 1917 bis 1919 auch für Deutschland tätig. → S. 139

Kirsten, C.F. Norddeutscher Lloyd Shanghai, ab 1.1.1941 Melchers Tianjin, zeitweilig Hausgast bei HWB. → S. 343f.

Kiu, W.T. Vorsitzender der Wollgarn-Gilde und Inhaber des Wollgarn-Hauses Shing Shing Tai. Sprach bei HWBs Jubiläumsfeier 1931. → S. 218

Klautke, Paul, und Frau Toni Klautke Ingenieur in Shanghai 1913–1917 und 1922 (?) – 1929 Konrektor an der Tongji-Universität, zugleich Lehrer an der KWS. Ab 1929 in Stettin. → S. 202–204, 270, 600

Klein, Hans 1879 – nach 1957 Waffenhändler für die Reichswehr. Gründete 1934 in Berlin die Hapro, Handelsgesellschaft für industrielle Produkte, und schloss 1936 mit Chiang Kai-shek einen Vertrag über den Austausch von Waren ohne Barzahlung. 1936 wurde die Hapro reichseigene Firma, angebunden an das Reichswehrministerium. Klein blieb bis 1938 als ihr Unterhändler in China, ging im Frühjahr 1938 in die Schweiz. (Walter Eckert: Hapro) Von dort aus war er 1956/1960 in den bundesrepublikanischen Bestechungsskandal um Waffengeschäfte (Panzer HS 30) verwickelt. (*Der Spiegel* 47/1967) → S. 294–297

Klepper, Otto 1888–1957 1931 bis Juli 1932 preußischer Finanzminister. 1933 über

Finnland nach China emigriert, dort bis 1935 Regierungsberater in der Finanzverwaltung. Exil in den USA, Frankreich u.a.; 1947 in Westdeutschland Rechtsanwalt, Mitbegründer der *Frankfurter Allgemeinen Zeitung*. → S. 254

Klun, C.F. Berufsregisseur, arbeitete 1925–1927 für den DT-V. → S. 181

Knipping, Hubert Deutscher Generalkonsul in Shanghai 1913–1917. → S. 102, 105, 108f.

Koehler, W.O. Gewann 1908–1913 viele Regatten des Shanghai Rowing Club als Schlagmann und im Einer: »*The stand of German rowing was particularly good at this time. The fact that they won the International Fours six times in succession (1908–13) is proof of this; such a record has never been approached before or since. They were fortunate in having the services of W.O. Koehler, one of the best oarsmen ever possessed by the Club, who stroked the Four in 1908–10 and again in 1912.*« (Harris, Sampan, S. 75) → S. 88

Komor, Paul geb. 1886 in Budapest – 1973 Komors Familie ging 1896 nach Shanghai, er besuchte die Kaiser-Wilhelm-Schule, wurde als österreichischer Staatsangehöriger 1919 nach Hamburg repatriiert. Januar 1920 zurück in Shanghai, gründete ein Import-Export-Handelshaus. Komor, seine Frau und seine Söhne ließen sich 1924 in der deutschen evangelischen Kirche Shanghai taufen, sie waren gut vernetzt in der Deutschen Gemeinde, die Söhne Lenard und Peter (geb. 1917 und 1921) besuchten die Kaiser-Wilhelm-Schule. In den 1930er Jahren war Komor Honorarkonsul von Ungarn. Mit Eduard Kann, Alasdair Kelen und Michael Speelman war er federführend in den Hilfskomitees für die emigrierten Deutschen: IC (auch: Komor Committee, anfangs in seiner Firma untergebracht, später in Sassoon's Cathay Hotel) und CFA. Komor emigrierte 1948 nach Kalifornien, USA. (Peter Vamos: Central and Eastern European Jewish Refugees in Shanghai, 1938–1948 [unpublished paper] U.S. Holocaust Memorial Museum, Washington, D.C., 2001) → S. 322, 367f., 381

König, Johannes 1903–1966 Gerber, Funktionär der KPD. Journalist. »Schutzhaft« in verschiedenen KZs. 1939 nach Shanghai emigriert, dort Korrespondent der sowjetischen Nachrichtenagentur TASS. Ging 1947 in die DDR. 1950–1955 Geschäftsträger, dann Botschafter der DDR in der VRC, 1955–1959 Botschafter in Moskau. 1959–1965 Stellvertretender Außenminister der DDR. → S. 492, 500, 607

Kordt, Erich, Prof. Dr. 1903–1969 1928 diplomatischer Dienst, 1936 Gesandtschaftsrat Deutsche Botschaft London (Botschafter Ribbentrop), 1938 Leiter des Büros Ribbentrop im AA. Verbindung zum konservativen Widerstand, 1941 Gesandter in Tokio, 1943–1945 Gesandter in Nanjing. Habilitation Univ. München, 1951 Privatdozent und Professor für Völkerrecht Universität Köln, Ministerialrat in Nordrhein-Westfalen. (Klee, Ernst: Das Personenlexikon zum Dritten Reich 2003, S. 331) → S. 528

Korff, Adalbert sen. 1860–1943 1883 nach Shanghai, 1893–1906 Teilhaber Melchers China. Erweiterung des Geschäftsfeldes in den Bereich der Produktion. Um 1899 errichteten der NDL und Melchers eine Dampferlinie mit drei eigenen Flussdampfern nach Hankou/Wuhan zur Erschließung des Binnenlandes für den deutschen Handel. Heiratete 1894 Helene, geb. Brauer. Kinder: Friedrich 1895–1902, Luise, 1896, und Adalbert 1900. 1896 Erwerb des Grundstückes 1–2 Französischer Bund mit einer Anlagestelle für Flussdampfer und für den Tender. 1900 Gründung und Übernahme des Vorsitzes der Deutschen Vereinigung (Vorläufer der Deutschen Handelskammer Shanghai). Vorsitzender des deutschen Clubs Concordia und Holländischer Konsul. Wesentlich unterstützt von seiner sprachgewandten Frau, einer bewunderten Pianistin. Sie starb

1902 an Scharlach. 1906 ging Korff zurück nach Deutschland, war 1907–1943 Teilhaber von C. Melchers & Co., Bremen. Nach dem Tode von Hermann Melchers im Juli 1918 war er Seniorchef und mitverantwortlich für den Beschluss, die China-Firma wieder aufzubauen. Von 1924 bis zu seinem Tod war er Vorsitzender der Deutschen Gesellschaft zur Rettung Schiffbrüchiger, war im Vorstand des Ostasiatischen Vereins Hamburg-Bremen und dem des Verbandes für den Fernen Osten, Berlin, und saß in den Aufsichtsräten der Bremer Vulkan, Hamburger Feuerversicherung u.a. Korff heiratete in zweiter Ehe Luise, geb. Rösing. Aus der Ehe gingen ein Sohn, Clemens, und eine Tochter, Helene-Luisa, hervor. → S. 13, 65–67, 74, 95, 135, 154, 228, 253

Korff, Dr. Adalbert jun. 1900 in Shanghai – 29.3.1945 in Shanghai Doktorarbeit: 1922: »Der direkte deutsch-chinesische Schiffahrtsverkehr von seiner Entstehung bis zum Ausbruch des Weltkrieges«. 1923 auf der *Werra* nach China (mit diesem Schiff fuhr auch HWB), zunächst Melchers Hankou, 1927 als Teilhaber von Melchers & Co., China (bis 1945) nach Shanghai. Stellvertretender Vorsitzender des DT-V, Auftritte als Schauspieler. Im Vorstand der Deutschen Handelskammer. Heiratete 1935 Maria, gesch. Menzel, 1936 USA- und Europareise. 1937 und 1940 Geburt der Söhne. Verweigerte den Eintritt in die NSDAP. Starb nach längerem Leiden 1945 an Leukämie. → S. 184, *185*, 189, 208, 213, 217f., 220, 233, 239, 240, 248, 253–255, 258, 282, 294–297, 304, 321, 329, 334, 340, 344, 346, 351, 353, 355, 377, 382, 384–386, 389f., 502, 600, Abb. 20

Korff, Maria (Ria), geb. Reinert, gesch. Menzel 1904–1984 Nach Shanghai 1928. Arbeitete bei Reuter, Bröckelmann & Co. in der Exportabteilung (*ADO*). Im Französischen Club spielte sie Tennis, Golf, schwamm und tanzte. Trat mit dem DT-V auf, fuhr die Melchers Motorrad-Rallyes auf einem Beifahrersitz mit. Heiratete 1935 Adalbert Korff. 1937 Geburt des Sohnes Adalbert in Hongkong († 1998 in Genf) und 1940 des Sohnes Rainer in Shanghai († 2015 in Bremen). Kaufte trotz des Verbots regelmäßig in jüdisch geführten Geschäften ein und nutzte ihre deutsche Staatsbürgerschaft, um bei Japanern für misshandelte Chinesen einzutreten. Nach A.K.s Tod zog Maria K. mit ihren Söhnen nach Peking in das dortige Melchers-Haus (Nan Chizi Dajie 24–25) in der Nähe der Familie Wilhelm Haas. Ab 1951 lebte sie mit den Jungen in St. Gallen, die dort das Internat (Institut auf dem Rosenhof) besuchten. → S. 211, 258, 296, 304, 378, 384, 400, 600

Kramer Repräsentant von Melchers in Tsingtao 1926. → S. 190

Kriebel, Hermann 1876–1941 1900/01 Teilnahme am Boxerkrieg und am Ersten Weltkrieg, ab 1917 in der Obersten Heeresleitung. 1923 Teilnahme am Putschversuch Hitlers, zu fünf Jahren Festungshaft verurteilt, von denen er neun Monate absaß. 1929–1933 im chinesischen Militärberaterstab Max Bauers. 1934–1937 Generalkonsul in Shanghai. 1939–1941 AA, Leitung Personalabteilung. (Taaks, S. 545) → S. 246, 254, 294, 328

Krüger, Ewald geb. 1889 1925 bis 6/1939 Pastor an der deutschen evangelischen Kirche in Shanghai. Unterrichtete an der Kaiser-Wilhelm-Schule. Leitete 1931/32 die Pfadfinder. (Evangelisches Archiv) → S. 213, 233, 243, 271, 302, 311, 345

Küther, Klaus geb. 1900 Seit 1928 in China, Handlungsgehilfe, angestellt bei den I.G. Farben. 1943 –1945 NSDAP-Ortsgruppenleiter in Shanghai. → S. 375, 402

Kwilecki, Dr. Dietrich geb. 1898 Arzt aus Breslau, emigrierte bereits 1933 nach Shanghai. Hatte dort eine Praxis für Magen-, Darm- und Stoffwechselerkrankungen. → S. 245

Kwok, David Assistant Manager der Wing On Textiles & Manufacturing Co. Ältester Sohn von Gock (Kwok) Quay Paul.

David K. hatte vier Schwestern und den sehr viel jüngeren Bruder Edward. In der Befragung im Rahmen der »Fünf Anti«-Kampagne wurde er als »vorbildlich bekennungsfroher fortschrittlich erachteter Wirtschaftsführer« befunden. Er starb in hohem Alter als Vizegouverneur von Guangdong. Zur Firmengeschichte Wing On s. Kapitel 1937, Krieg in Shanghai. → S. 312, 317, 339, 430, 463, 488, 496–498, 521, 563, 569–571

Kwok, William 1922 aus Australien nach Shanghai. General Manager der Wing On Textiles & Manufacturing Co. Ltd., Managing Director der Wing On Co. Ltd., Direktor der Wing On Versicherungen und der Wing On Banking Corp., der China Merchants' Steam Navigation Co. Im Vorstand der Tai On Development & Investment Co. Direktor des City Trust of Greater Shanghai. (Men of Shanghai, S. 148–153) Mindestens 1935–1938 im Vorstand des SMC. (The China Yearbook 1935 und 1938) Ältere Brüder: Gock Lok James, Gock Chuen Phillip, Gock Quay Paul (E-Mail Paul Kwok, Enkel von Gock Quay Paul an CM). Ging in die USA. Zu Wing On s. Kapitel 1937, Bloody Saturday. → S. 314, 389, 430

Lahrmann, Siegfried 1885–1973 Landesgruppenleiter China der Auslandsorganisation der NSDAP. Lahrmann war aus Rücksicht auf seine Familie Kaufmann geworden. Nach der Lehre in Hamburg arbeitete er in Afrika, ab Ende 1912 in Hongkong, wo ihn die Engländer 1914 internierten und nach Australien deportierten. 1923 kam er nach China. In Hankou half Dr. Korff ihm, gesellschaftliche Kontakte zu knüpfen. (Interview Maria Korff, Briessen-Nachlass) Im für den amerikanischen Geheimdienst 1945 verfassten Lebenslauf gab Lahrmann an, er sei 1924 für Siemssen & Krohn nach Hankou gegangen. (Freyeisen, S. 93) In den Hong-Listen lässt sich eine gemeinsame Zeit von Dr. Korff und Lahrmann in Hankou nicht nachweisen: Lahrmann ist zuerst 1925 in Fuzhou bei Siemssen & Krohn verzeichnet) Lahrmanns Verlobte folgte ihm nach China, sie heirateten am 5.4.1924 in Fuzhou. 1925 wurde eine Tochter geboren. 1926 fuhr die Mutter mit ihr zurück nach Deutschland. In den folgenden acht Jahren sah Lahrmann Frau und Tochter nicht wieder. Lahrmanns Ehe wurde 1936 geschieden, die Tochter dem Vater zugesprochen. Die Mutter floh mit »dem einjährigen Scheidungsgrund, Peter« in die Tschechoslowakei. Die Tochter ließ sie bei ihren Eltern; der Gerichtsvollzieher übergab sie einer Schwester Lahrmanns. (Lahrmann, Brünnhilde: Toter Ast. Kurzsaga des J. P. H. Lahrmann [1850–1905]. BSB Ana 708, Studeo 1198) → S. 253, 296, 323, 345, 352, 372, 385, 395, 402, 544

Laurenz, Georg Rudolf ca. 1877 (Passagierlisten NDL) in Berlin – 1956 (BArch ZLA 7-34/132) Teilhaber von Carlowitz & Co. (zusammen mit Gustav Röhreke). 1919 repatriiert und zurück nach Shanghai, Wiederaufbau der DG. Ihm gehörte bis zum Ende des Zweiten Weltkriegs das Haus Nr. 210 in Moganshan. Mai bis August 1945 war Laurenz Mitglied des »Deutschen Notstandskomitees«. 1947 Selbstmordversuch wegen bevorstehender Repatriierung auf der *General Black*. Rückkehr nach Deutschland nach 3/1951. Am 18.3.1951 schenkte er der Evangelischen Kirche Shanghai ein Altargemälde (Studeo). Verheiratet mit Lois Laurenz. → S. 145, 397, 410, 427f., 436

Laurenz, Lois 1882 in Shanghai – 1934 in Shanghai (*NCDN*, 3.12.1934) Amerikanerin, Gartenfachfrau, in den 1920er Jahren Vorsitzende der Deutschen Frauenhilfe, des Joint Committee of Shanghai Women's Organizations. Organisierte Sammlungen, Wohltätigkeitsveranstaltungen, Ausstellungen deutscher und chinesischer Künstler. Verheiratet mit Georg Rudolf Laurenz. → S. 145

Leekney, Friedrich Alfred (Frederick Alfred) geb. 1880 in Riga Archäologe, Künstler. 1915–1918 Reisen in China, Siam, Japan, den Philippinen, 1924–1930 Los

Angeles, ab 1930 wieder China. Entwarf 1932 das »Erinnerungsblatt« zur Einweihungsfeier der evangelischen Kirche in Shanghai und 1936 die Titelseite der *OAL*-Weihnachtsnummer: Außenansicht der Kirche mit Glocken und Hakenkreuz in der Position eines Kerzenhalters. (ZA 5121/13, Signatur: EZA 5/3156) → S. 227

Lehmann, Dr. Theophil 1882–1943 Lehrer. Herkunft aus der Tradition der Herrnhuter Brüdergemeine (sic). 1909 einer der Gründer der Reformschule Landschulheim am Solling, ab 1919 Leiter des Internats, das Uwe Breuer 1929–1936 besuchte. → S. 210, 224, 268 f., 274

Leppich, Editha 1904–1992 1933–1954 Kunsthändlerin in Peking. Stattete Melchers' Anwesen in der Nan Chizi Dajie 24–25 in Peking aus. Kam 1954 nach Deutschland, 1957 Eröffnung einer Galerie für Ostasiatische Kunst in Köln, 1959 Gründung der ersten Deutschen Ikebana-Schule in Köln, später Linz/Rhein. Bei der Versteigerung ihres Nachlasses bei Lempertz/Köln wurden 1993 hohe Preise erzielt. (http://www.erste-deutsche-ikebana-schule.de/index.php/ueberUns) → S. 339

Leutsch, Werner 1924 nach Shanghai, Mee Yeh Handels Co., 1933 Prokurist, später Teilhaber. Mitglied im Schiedsgericht der Handelskammer Shanghai. 1939–1941 im Schulvorstand der KWS, nach 1945 Mathematiklehrer dort. 1943 im Kirchenvorstand der Deutschen Evangelischen Kirche, ab 7/1946 als Vorsitzender. 1947 nach Europa, studierte 1949 in der Schweiz (Erinnerungen Barbara Bieling). 1950er: BASF, Ludwigshafen. → S. 353

Ley, Dr. Horst 1908–1981 1936 Redakteur, ab 1938 bis zu dessen Schließung 1945 Chefredakteur des *Ostasiatischen Lloyd*. Herausgeber und Chefredakteur von *Noon Extra*, der englischsprachigen Variante des *OAL*. Vorher war er Mitarbeiter des Deutschen Nachrichtenbüros (DNB) in Shanghai. (Taaks, S. 548/9)

Lieu, Richard 1916–1991 Wirtschaftsstudium in Shanghai. Abteilungsleiter, Manager bei Tai On; Zusammenarbeit mit HWB und Ulrich Ashelm in Shanghai im neuen Wing-On-Gebäude an der Nanjing Lu. Mit seiner Frau Flora hatte er einen Sohn, Richard jun., und eine Tochter. Flora und die Kinder emigrierten im Sommer 1952 nach Hongkong (wo sie HWB trafen); sie wohnten in den Grand Courts, Kowloon. Richard Lieu sen. floh 1956 aus China über Guangdong und das Perlflussdelta (Zhujiang-Fluss) nach Hongkong. Die Ehe mit Flora wurde geschieden, sie heiratete in Hongkong einen verwitweten Engländer und ging 1979/80 mit ihm nach Neuseeland. Richard Lieu Sen. lebte und arbeitete in Hongkong für Wing On, dort sah HWB ihn 1959 wieder, 1980 ging er nach Sydney, wo sein Sohn, Richard jun., lebte. → S. 13, *474*, *475*, *476*, 517, 564, 570–572

Lindemann, Karl 1881–1965 1902 für Fuhrmeister & Co. nach China. 1908 für Melchers & Co. nach Hankou. Einrichtung und Perfektionierung einer Eierproduktenfabrik und eines Kraftwerks. Dort war Lindemann 1908–1914 auch Konsul für Norwegen. 1913–1919 Teilhaber Melchers & Co., China. Ging im Mai 1914 auf Heimaturlaub, daher war er während des Krieges in Deutschland, dienstunfähig wg. einer chronischen Erkrankung. 1920–1961 Teilhaber C. Melchers & Co., Bremen. Verhandelte im Frühjahr 1920 einen hohen Rembourskredit (Bankgarantie im Auslandsgeschäft) mit einer Rotterdamer Bank, fand eine Firmenvertretung in New York, gründete die Melchers China Corporation als Deckmantel für die China-Firma (Lindemann, Memoiren, MA). Ab 1932 war Lindemann Mitglied der Stiftung Haus Seefahrt in Bremen und des Wirtschaftskreises der NSDAP, später Freundeskreis Reichsführer SS. 1933 Staatsrat in Bremen, 1935–1945 Aufsichtsratsvorsitzender des Norddeutschen Lloyd, 1936 Mitglied im Präsidium der Deutschen Gruppe der Internationalen Handelskammer. Leitende Positionen in entscheidenden Gremien der nationalsozialistischen Wirtschaftsstruktur, Aufsichtsratsposten in mindestens 18 Bank- und Industrieunternehmen. Ab September 1944 Präsident der Reichswirtschaftskammer. 1945–1948 von den Amerikanern interniert. Nach 1945 Ernennung zum Ehrenpräsidenten der Deutschen Gruppe der Internationalen Handelskammer. 1959 Aufsichtsratsvorsitzender der Norddeutschen Kreditbank AG. Sohn: Jürgen Lindemann, 1961–1975 Teilhaber Melchers GmbH & Co. KG, Bremen. → S. 158, 161, 167, 189, 218, 294 f., 321, 334, 347 f., 386, 528, 532, 563, 597, 601, 643

Loh C.P. Chinesischer Mitarbeiter von Melchers in Shanghai, sprach bei HWBs Firmenjubiläum 1931. → S. 218

Loh Yun-zieng (Lu Yunxiang) Über viele Jahre HWBs chinesischer »Boy«, später auch Koch. → S. 288, 391, 425, 443, 473, 488, 507, 509 f., 531, Abb. 48

Lorentz, Dr. Hans Achim 1899–1974 Rechtsanwalt in Shanghai, Kanzlei Dres. Vogel (†1936) und Lorentz. Er besaß eine Villa in Beidaihe, war 1923 bis 7/1942 Geschäftsführer der Deutschen Handelskammer Shanghai. Vertrat 1940 (erfolglos) die Interessen der Kammer gegen die DAF, die Entscheidungen der Berufungsinstanz des Schiedsgerichts nicht mehr anerkennen wollte. Versuchte weiter, innerhalb der Kammer gegen »Gleichschaltung« zu wirken. Hatte zum 1.10.1942 Dr. Ernst Halper-Szigeth einen Anstellungsvertrag gegeben, der auf Druck der NSDAP und der Gestapo aufgelöst werden musste. (Briessen-Interview Halper) Lorentz stand 1943 auf der Gestapo-Liste unerwünschter Personen. (Freyeisen, Shanghai, S. 363) 1941–1945 Rechtsberater der Shanghai Baugesellschaft, deren Geschäftsführer HWB war. Lorentz war auch mit Prof. Hans Stübel befreundet. (Briessen-Interview Caroline Stübel) 1960 lebte er in London. (BArch ZLA 7–34/119) 1972 Veröffentlichung über seine Sammlung chinesischer Teppiche; er schenkte HWB ein Exemplar mit Widmung. → S. 192, 271, 324, 355, 382 f., 544, 643, 656, 653, 666

Maass, Fritz 1910–2005 Evangelischer Pastor. 1936 Hilfsprediger in Jerusalem. 2/1940 bis 9/1944 und 7/1945 bis 7/1947 Pastor der Deutschen Evangelischen Kirche Shanghai, bis 8/1942 auch Religionslehrer an der Kaiser-Wilhelm-Schule. Herausgeber des *Nachrichtenblattes der Deutschen Evangelischen Kirchengemeinde in Shanghai*. Wurde 1944 wegen seiner Unterstützung der evangelischen Christen im »Sonderbezirk« Hongkou aus dem Amt entlassen, 7/1945 auf Beschluss der Gemeinde wieder eingeführt. 1947 Rückkehr nach Deutschland auf der *Marine Lynx*. Ab 1950 Dozent, dann Professor in Berlin, Kiel, Mainz. → S. 344 f., 352, 384 f., 399, 426, 506, 604, 659, 664

McBain, Edward Basil geb. ca. 1896 Kaufmann, arbeitet für George McBain General Agents. Wohnte zeitgleich mit HWB in der Yu Yuen Road 1396. Anfang 1943 im Camp Pudong interniert, im September 1943 in das Longhua Camp transferiert, dort bis August 1945. (Leck, S. 580) → S. 379

McConaughy, Walter 1908–2000 Diplomat, USA. 1933–1940 Kobe, 1941 Peking, 1942 von den Japanern interniert, repatriiert. 1948 – April 1950 letzter amerikanischer (General-)Konsul in Shanghai, anschließend Washington, Foreign Office für Chinesische Angelegenheiten. 1957–1974 Botschafter in Burma, Südkorea, Pakistan, Taiwan. (https://peoplepill.com/people/walter-p-mcconaughy/ am 4.11.2020) → S. 466, 472 f.

Maiwald, Dr. Christine geb. 1947 Tochter von Johanna Maria, geb. Breuer und Ulrich Mueller-Raschdau. Enkelin von Alice und Karl Breuer. Studium der Literaturwissenschaft und Kunstgeschichte in Hamburg und Wien. Dramaturgin an den Staatlichen Bühnen Kiel und Hannover. In Hamburg: Museumsreferentin an der Kulturbehörde; stellvertretende Direktorin am Museum für Völkerkunde; Aufbau und Leitung der Abteilung Marketing am Museum für Kunst und Gewerbe. Länge-

re Auslandsaufenthalte in London (u. a. Department of National Heritage).
→ Forschungserlebnisse und Begegnungen: S. 80 – 84, 100 f., 120 – 122, 171 f., 177, 189, 223, 264 f., 283 – 285, 292 f., 308 f., 319 f., 346, 366, 412, 415 f., 441, 474 – 477, 489 f., 527, 556, 565, 570 f., 579 – 581, Abb. 42

Maltzahn, Freiherr Vollrath von 1899 – 1967 1925 – 1938 auswärtiger Dienst, 1938 aus »rassischen« Gründen entlassen; I.G. Farben. Ab 1948 Leiter der Abteilung für Außenwirtschaft der Bizone, 1950 – 1952 desgl. im Wirtschaftsministerium. 1953 Ministerialdirektor, Leiter der Abteilung für Handelspolitik im Auswärtigen Amt. 1955 Botschafter in Frankreich. → S. 482

Mao Zedong 1893 – 1976 1921 Mitbegründer der Kommunistischen Partei Chinas. 1943 – 1976 Vorsitzender des Zentralkomitees der VRC, 1954 – 1958 Staatspräsident der VRC. → S. 122, 455 f., 462, 464, 466 f., 526, 554, 569, 573, 590, 600, 607, 610

Marden, George Ernest 1892 in Essex – 1966 in Kent, England Geboren als G. E. Gumprecht. Sein Großvater war ca. 1850 aus Hannover ausgewandert, heiratete Elizabeth Anne Marden. George ging 1912 mit dem Duke of Wellington Regiment nach Hongkong, arbeitete dort 1914/15 beim Seezoll. 1915 Eintritt in die britische Armee und Annahme des Namens der Großmutter: Marden. Einsatz in Neuchapelle und in Flandern, Verleihung des Military Cross (dritthöchste Tapferkeitsauszeichnung der brit. Streitkräfte Heer). Ab 1917 flog Marden für die RAF. Heiratete 1916 die Verlobte seines gefallenen Bruders, Dorothy, Musikerin und Lehrerin. 1919 nach Shanghai, Leiter der Zollakademie. Leutnant der Customs Company im Shanghai Volunteer Corps, ab 1925 Hauptmann der B Company. Gründete 1925 mit dem chinesischen Partner Vung Kwe Song die G. E. Marden & Co. Fusionierte 1932 mit Wheelock. Herrschte über einen Mischkonzern, der Transportwesen, Grundbesitz, Lagerhaltung, Versicherungen und Metallverwertung umfasste. Im Aufsichtsrat saßen H. E. Arnhold, G.W. H. Boolsen, Ellis Hayim. Marden war Rotarier und von Mitte 1928 bis Mitte 1929 Präsident des Rotary Clubs Shanghai. Mitte August 1942 wurde er als besonders bedrohter Wirtschaftsführer für einen Austausch von japanischen und alliierten Zivilinternierten ausgewählt und nach England repatriiert. 1946 kam Marden zurück nach Shanghai, ging 1949 nach Hongkong. (Robin Hutcheon: Shanghai customs. A 20th Century Taipan in Troubled Times. Edgecliff (NSW, Australia): Galisea Publications 2000. Und: https://www.slideshare.net/dragonflyretreat/rotary-china-update-june-2016. Mardens Funktionen bei Rotary: https://de.slideshare.net/dragonflyretreat/rotary-china-update-june-2016, am 27.4.2020)
→ S. 348,356, 383, 412

Mascher, Willy 1895 – 1981 Schifffahrtskaufmann. 1920 ging er zunächst für Hugo Stinnes nach China. 1924 Melchers Shanghai, tätig für den NDL, ab 1931 für Maersk unter dem Dach von Melchers. Im DT-V war er von der Gründung 1925 an dabei, spielte mit großem Erfolg Rollen des komischen Fachs. Ging 1938 für Melchers nach Japan (*Bühnenspiegel*, ADO). → S. 232

Mayer, Walter J. 1901 Ravensburg – 1986 Toronto Verheiratet mit Irma M. (1906 – 1998, Juristin und Übersetzerin). Nach China 1923, zunächst Kunst & Albers (Shanghai, Harbin, Hankou), ab 1935 Melchers. Hütete 1936 HWBs Wohnung in der Rue Chapsal. Ab 1939 war M. als Leiter der Importabteilung von Melchers in Shanghai HWBs Nachfolger. Nach 1945 arbeitete er für die Schweizer Firma Liebermann & Waelchli, Fernosthandel mit Konsumgütern, gegr. 1912 in Japan. Zunächst als Leiter der Import-Export-Abteilung, dann als Manager für ganz China. Ausreise 7/1951 nach zweimaligem Entzug der Ausreiseerlaubnis. Ging mit seiner Familie nach Montreal / Kanada. Freundschaft dort mit Heinz-Egon Heinemann. Sohn: Walter, geb. 1933, Töchter: Emanuela, geb. 1934 (verh. Mousley), Ulrike, geb. 1941.
→ S. 13, 289, 334, 337, 473, 489, 496, 503, 603, Abb. 23

Mehnert, Klaus 1906 Moskau – 1984 Freudenstadt 1928 und 1934/35 bereiste er als Korrespondent deutscher Zeitungen u. a. die Sowjetunion und China. 1936/37 Gastprofessur für Politikwissenschaft in Berkeley/Kalifornien; 1937–1941 Professor an der Universität Honolulu, Hawaii. 1941–1945 in Shanghai, u. a. Gründung und Herausgabe der Monatszeitschrift *XXth Century* im Auftrag des AA. 10/1945 Internierung, 1946 Repatriierung auf der *Marine Robin*. Bis 1954 Chefredakteur von *Christ und Welt*, u. a. Kommentator im Deutschlandfunk, ZDF. 1961 Berufung an die Technische Hochschule Aachen, Lehrstuhl für Politische Wissenschaft. Buchpublikationen zu den Themen China und Sowjetunion. (Mehnert: Ein Deutscher in der Welt) → S. 363, 389

Mei Lanfang 1894–1961 Chinesischer Sänger, Schauspieler, Tänzer. Debütierte achtjährig, stellte zunächst Mädchen und Frauen dar. Ging zwischen 1919 und 1935 mehrfach auf internationale Tourneen: Japan, USA, Sowjetunion. Floh 1937 vor den Japanern nach Hongkong, ging 1942 nach Shanghai. Zwischen 1941 und 1946 trat er nicht auf. Danach spielte er wieder Theater und wurde mit Filmen weltweit bekannt, z. B. *Bawang bieji*, Farewell My Concubine. (https://www.britannica.com/biography/Mei-Lanfang am 3.11.2020) → S. 340

Meisinger, Josef Albert 1899–1947 in Warschau als Kriegsverbrecher hingerichtet. 1923 Teilnahme an Hitlers Putschversuch. SS-Karriere ab 1933. Gestapo, vor allem zuständig für die Bekämpfung von Homosexualität und Abtreibungen. 10/1939 bis 2/1941 Kommandeur der Sicherheitspolizei und des SD im Distrikt Warschau (»Schlächter von Warschau«). 4/1941 bis 5/1945 Polizeiattaché und Sonderbeauftragter (nicht der Botschaft unterstellt) des Sicherheitsdienstes an der deutschen Botschaft in Tokio. Verbindungsoffizier zum japanischen Geheimdienst. Enttarnte Richard Sorge nicht. Bespitzelte, denunzierte (oft mit gefälschten Beweisen), sorgte für Verhaftung und Folter deutscher Staatsbürger durch japanische Instanzen. Vermutlich versuchte er, japanische Behörden in Shanghai zur Vernichtung der dort lebenden jüdischen Emigranten zu überreden. Die Amerikaner verhafteten ihn 1945 in Yokohama, lieferten ihn an Polen aus. (http://hss.ulb.uni-bonn.de/2000/0225/0225.pdf) → S. 383

Melchers, Carl Gerhard (CGM bzw. gesprochen CeGeEm) 1901–1984 Neffe von Hermann Melchers (Vater: Gustav Adolf Melchers). Kaufmann. 1924–1926 in Shanghai. 1926 wurde CGM Teilhaber von Melchers & Co., China (bis zur Schließung der Firma nach dem Ende des Zweiten Weltkriegs 1945). 1926 bis 1936 leitete er die Niederlassung in Hongkong, deren Umsätze, besonders aus dem Import, sich unter Melchers bedeutend vergrößerten, auch durch die Eröffnung kleiner Niederlassungen in Kanton und in Swatow. Im Queen's Building übernahm die Firma wieder repräsentative Räume. 1936–1951 war er wieder in Shanghai (Mitte 1939 – Herbst 1940 in Europa). 1937–1939 im Schulvorstand der KWS, 1943 ff. im Kirchenvorstand. Schließung von Melchers China zum Herbst 1945. CGM wurde 1945 nicht interniert und nicht repatriiert. Gründete 1946 eine neue Melchers-Firma in Shanghai mit wenigen Mitarbeitern. Kaufte 1948 ein Privathaus, das 1950 enteignet wurde. Ging 1951 nach Deutschland. 1930–1965 Teilhaber C. Melchers & Co., Bremen. Heiratete 1929 Clara, geb. Pridöhl. Söhne: Gerhard und Henning Melchers, Tochter Bettina. (Memoiren, MA) → S. 170, 189, 199, 223, 234, 294, 305, 312, 321, 334, 337, 339, 347, 360, 362, 377 f., 382, 384–386, 389, 410, 435, 453 f., 456, 473, 487 f., 494, 496 f., 508, 527 f., 563, 570, 575, 589, 593, 595–598, 601, 603, 608, Abb. 17

Melchers, Gerhard 1930 Hongkong – 2017 Bremen Älterer Sohn von Carl Gerhard Melchers. Verließ Shanghai 1949, um das Internat Auf dem Rosenberg in St. Gallen/Schweiz zu besuchen. → S. 379, 449

Melchers Gustav Adolf 1869–1944 Hongkong 1890, Shanghai ab Herbst 1890–1899. 1894–1899 Teilhaber Melchers & Co., China. 1900–1903 Teilhaber C. Melchers & Co., Bremen. Vater von Carl Gerhard Melchers. → S. 65, 228

Melchers, Hans geb. 1908 in Tianjin – 1998 Sohn von Karl F. Melchers. Journalist. 1934 in Shanghai Redakteur bei der deutschen Nachrichtenagentur Transocean, ab 1937 bis 1945 Leiter der Agentur, zuständig für den ostasiatischen Raum. Verheiratet mit Ursula M., die er 1941 beim Umsteigen in die Transsibirische Eisenbahn in Moskau kennenlernte. 1946 interniert und auf der *Marine Robin* repatriiert. 1946 Direktor des Deutschen Pressedienstes in Hamburg, bis 1950 Direktor der Deutschen Presseagentur, 1954–1974 Geschäftsführer der Vereinigten Wirtschaftsdienste. (Taaks, S. 554 und Ursula Melchers, Angaben über Familie Melchers, BSM Ana 708, Studeo-Sammlung 0450)

Melchers, Henning geb. 1933 in Hongkong Jüngerer Sohn von CG Melchers. KWS, 1951 in die Schweiz, Internat Auf dem Rosenberg in St. Gallen. Zuerst 1956 zur Guangdong-Messe zurück in China. Regelmäßig Reisen nach China, erlebte »Großen Sprung« und Kulturrevolution vor Ort und war entscheidend am Wiederaufbau der Verbindung des Handelshauses Melchers mit der VR China beteiligt. 1961–1991 Teilhaber C. Melchers & Co., Bremen/Melchers & Co. KG, Bremen. → S. 13, 454, 456, 503, 561, 563 f., 567–569, 575, 585, 608

Melchers, Hermann 1842–8. Juli 1918 Vater: Laurenz Heinrich Carl Melchers (1812–1888). Die Bremer Firma Melchers & Co. betrieb seit 1806 eine Segelschiffsreederei, die vor allem Nordamerika, Kuba, Mexiko und Hawai anlief. Hermann M. fuhr 1864 auf einem Segelschiff mit Hilfsdampfmaschine nach Hongkong, arbeitete für die Firma Schellhass & Co. Gründete 1866 Melchers & Co. Hongkong (mit Partner Adolf André). Teilhaber Melchers & Co., China bis 1918, Teilhaber C. Melchers & Co., Bremen 1874–1918. 1912 erhielt er den Roten Adlerorden 2. Klasse, den er nicht anlegte. Taufpate von HWB. → S. 17, 22, 24, 27–30, 32, 67, 74–77, 99, 113 f., 154, 205, 348

Melchers, Karl F. geb. 1877 in Bremen Arbeitete in der Bremer Firma ab 1893; 1896–1902 Melchers & Co., China in Shanghai; 1902 Leiter der Melchers-Niederlassung in Tianjin. 1925–1927 Teilhaber Melchers & Co., China. Vorsitzender der Deutschen Gemeinde und im Vorstand der Deutschen Handelskammer Tianjin. (Twentieth Century Impressions, S. 742–744) Vorsitzender des Deutschen Gartenclubs in Shanghai, eröffnete 1924 den Neubau. *(Bühnenspiegel)* Sohn: Hans Melchers, geb. 1908 in Tianjin. → S. 168

Melchers, Magdalene 1875–1970 Tochter von Karl Theodor Melchers, Hermann Melchers war der jüngere Bruder ihres Vaters. Magdalene heiratete 1896 den Kunsthistoriker Gustav Pauli. Schrieb unter dem Pseudonym Marga Beck den Briefroman »Sommer in Lesmona«. → S. 205, 206

Menzel, Ria siehe Maria Korff.

Michaelsen, Eduard, sen. Teilhaber C. Melchers & Co., Bremen, 1889–1920. → S. 75, 167

Michaelsen, Eduard jun. 1900–1945 War 1930–1945 Teilhaber von Melchers & Co., China. Niederlassung Tianjin. Zuletzt für Melchers in Rumänien tätig, von dort als Zivilgefangener in einem russischen Lager interniert, wo er an Bakterienruhr starb. → S. 334

Michelau, Carl 1865–1940 Nach China 1889; Teilhaber Melchers & Co, China 1902–1919. Mitglied des Gründungsausschusses der deutsch-chinesischen Tongji-Universität (1907), Vorsitzender der Deutschen Vereinigung (mindestens 1913–1919, wahrscheinlich seit 1906). Im Vorstand des Tsingtao-Hilfsfonds. Besitzer eines Sommerhauses in Moganshan und Mitglied im Vorstand der Summer Resort Association. Repatriiert 1919. Lebte in Hamburg.

Verheiratet mit Paula, geb. Sander, Töchter: Carla, verh. Gutknecht-Stöhr, Elke, verh. Finke, Leonore, verh. Bischoff, Söhne: Eilhart (1944, im Zweiten Weltkrieg gefallen) und Paul. (MA und Gespräch mit Till Gutknecht-Stöhr) → S. 13, 65–67, 72, 75, 77, 103, 105, 108, 110, 113, 120 f., 138, 140, 203

Michelsen, Dr. Erich 1879–1948 in Kunming 1901–1914 als Dolmetscher-Diplomat verschiedene Funktionen in der Verwaltung von Jiaozhou und 1910–1915 Dozent an der Deutsch-Chinesischen Hochschule in Tsingtao, 1913 Übersetzung des chinesischen Strafgesetzbuchs und des Wahlrechts der Republik ins Deutsche. 1914–1919 Shanghai, u. a. war er im GK zuständig für die chinesische Presse und war Beisitzer am Gemischten Gerichtshof. 1919 repatriiert. 1920–1926 in Tokio: »Abwicklung« der Jiaozhou-Verwaltung, verhandelte erfolgreich deutsche Entschädigungsansprüche. 1933 zum GK für Shanghai ernannt, vor Antritt des Postens 1934 aus »rassischen Gründen« in den Ruhestand versetzt. 1933–1938 Firma Otto Wolff/Deutschland (mit Zustimmung des AA und des Reichswirtschaftsministeriums), zuständig für deren Handelskontakte (Eisenbahnen, Lkws) mit China, Mandschukuo und Japan. Im November 1939 »Schutzhaft« in Berlin. 1939–45 Exil in Kunming, wo er bis zu seinem Tod 1948 (Krebs) bleiben musste. (Leutner: Deutscher Diplomat in Kiautschou) → S. 246

Mohr, Dr. Friedrich Wilhelm 1881–1936 Jurist, Diplom in Chinesisch. 1907–1913 Dolmetscher und Stellvertretender Reichsamtmann in Tsingtao; ab 1913 Direktor der Salzverwaltung der Provinz Qingdao. Im Ersten Weltkrieg Kriegsgefangenschaft in Japan. Mehrere Publikationen. 1922–1936 Geschäftsführer des OAV Hamburg-Bremen. 1933 Mitbegründer und Geschäftsführer des Verbandes der Deutschen Handelskammern in Übersee. 1925 und 1935–1936 Reisen nach Süd- und Ostasien. (Eberstein, OAV, S. 76. https://Tsingtao.org/mohr-dr-jur-friedrich-wilhelm-1881-1936-dolmetscher-u-publizist/ am 4.11.2020) → S. 244

Mohr, Dr. Max Ludwig 1891–1937 Arzt und Schriftsteller (Gedichte, Dramen, Romane). Als Sanitäter Teilnahme am Ersten Weltkrieg, zum Leutnant befördert. Lernte im englischen Kriegsgefangenenlager Dr. Werner Vogel kennen. 1933 lehnte die Reichsschrifttumskammer seinen Aufnahmeantrag aus rassischen Gründen ab. Mohr fühlte sich dem Judentum weder religiös noch kulturell verbunden. Emigrierte im Oktober 1934 auf der *Saarbrücken* nach Shanghai. Wohnte von Dezember 1934 bis Februar 1935 bei Dr. Vogel in der Great Western Road. Eröffnete 1935 eine Arztpraxis, es kamen vor allem chinesische und englische Patienten. Vogel führte ihn in den Kreis der Deutschen Gemeinde ein. Mohr erwähnt in einem Brief ein »Herren-Dinner« bei Dr. Korff mit Widmann, Jäkel, Melchers, Thiel. Weihnachten 1934 feierte er mit Korff und Wätjen auf Vogels Hausboot. Auch mit Dr. Lorentz und Fred Siemssen hatte er Kontakt; Siemssen war der Schwager von Mohrs Frau Käthe, die mit der gemeinsamen Tochter Eva in Deutschland geblieben war. Generalkonsul Kriebel begegnete ihm freundlich und hilfsbereit. 1937, im Chinesisch-Japanischen Krieg, arbeitete Mohr im Kriegslazarett und war Aufsichtsarzt in einem Flüchtlingslager der Heilsarmee, in das bis November 9000 Chinesen flohen. Er versorgte Verletzte, führte Entbindungen durch, bekämpfte Seuchen. Er selbst litt unter Angina Pectoris und starb im November 1937 infolge eines Herzinfarkts. (Ralf Beer: Biographie M. L. Mohr. https://opendata.uni-halle.de/bitstream/1981185920/8519/1/Dissertation_Beer_Ralf_Final.pdf) → S. 258

Mohr, Wolfgang 1903–1979 Diplom-Ingenieur für Maschinenbau, Diplom für chinesische Sprache. Grafiker und zeitweilig Korrespondent der *Frankfurter Zeitung*. 1932 bis Herbst 1941 in Shanghai für Kunst & Albers, zuständig für den Import von Druckmaschinen der Firma MAN nach China. 1941/42 im Auftrag der Deutschen Botschaft: Vorbereitungen für eine chinesischsprachige Tageszeitung. 1942/1945 freiberuflich Künstler und Grafiker. Ab 1946 bis Ende 1954 Konstrukteur und Ingenieur für Zeitungsmaschinenbau in der Fabrik Tsing-cheng in Shanghai. In dieser Zeit waren seine technischen Kenntnisse und seine Erfindungen von großem ökonomischem Nutzen für die VR China. Ausreisegenehmigung zum Januar 1956. Privat hatte er eine komplette Sammlung der *Shanghaier Bildzeitung* (1884–1898) und eine Bibliothek über chinesisches Druck- und Pressewesen angelegt, die in China verbleiben mussten. 1956/1959 bis zu seinem Tod: Lehraufträge an der Universität München für chinesische Zeitungsgeschichte und für chinesische Zeitungs- und Umgangssprache. Publizierte u. a. 1976 die dreibändigen »Untersuchungen zur Geschichte der modernen chinesischen Tagespresse«. (Nachruf in: http://oriens-extremus.org/wp-content/uploads/2016/08/OE-27.2-2-obituary 2.pdf Und: Interview Wolfgang Mohr, Briessen-Nachlass) → S. 554, 559

Moy, Herbert 1913–1945 Amerikaner chinesischer Abstammung; kam 1932 nach Shanghai, arbeitete zunächst für amerikanische Medien, ab 1940/41 Sprecher und Kommentator beim deutschen Rundfunksender XGRS, u. a. Gestalter der politischen Satire »Bill and Mack«. Die amerikanische Aufklärung stufte ihn als »powerfully anti-American« ein. (Taaks, S. 557) Nahm sich nach der Kapitulation Japans das Leben, indem er aus einem Fenster des im Gebäude der Kaiser-Wilhelm-Schule gelegenen Senders auf den Schulhof sprang. → S. 358

Mueller-Raschdau, Johanna-Maria (genannt Hanni), geb. Breuer 1921–2018 Tochter von Karl und Alice Breuer, HWBs Nichte, Mutter von Christine Maiwald. → S. 105, 149, 205, 207, 252, 257, 264 f., 274, 328, 387, 488, 525, 580, 612

Mueller-Raschdau, Ulrich 1912–1986 Ehemann von Johanna-Maria M-R, Bankkaufmann. Vater von Christine Maiwald. → S. 523, 527, 534, 578, 612

Nathusius, Wolf (Januszkiewicz, Wolfgang) 1909–1937 Journalist. 1931–1934 Redakteur für die *Deutsch-Chinesischen Nachrichten* in Tianjin. Beiträge für deutsche Zeitungen. 1934 in Shanghai. Artikel, Kritiken im *OAL*. Aktiv im DT-V als Schauspieler und Regisseur (Dezember 1936: »Erde«). Nahm sich am 5. Januar 1937 das Leben. (Nachruf im *Bühnenspiegel*, Taaks, S. 560)

Noll, Werner 1929–2012 Shanghai 1929–1938, 1940–1944 Chongqing, Shanghai, Nanjing (der Vater Dr. Kurt N. war Arzt Wang Jing-weis). 1944 bis März 1949 Shanghai (der Vater führte dort eine Privatpraxis). 1986 –1995 Leiter des Hamburg Liaison Office Shanghai. (Werner Noll: Die Deutschen in Shanghai. Und: https://www.gdcv.de/wp-content/uploads/2017/07/2017-06-09-HanBao2_eBook.pdf) → S. 13, 449

Obenaus, Eduard 1902–1976 Ab 1924 Manager der Buchhandlung Max Nössler & Co. in Shanghai, später deren Inhaber und als Verleger tätig: ADO, XXth Century, Publikation von Schriften der DISS. Ab 1939 Mitarbeiter der DISS als Anzeigenakquisiteur. (Taaks, S. 561) 1939–1943 verheiratet mit Adele (genannt Ada) von Boeselager. → S. 180, 184

Oberländer, Hans geb. 1894 (ancestry.com, Kriegsranglisten Erster Weltkrieg). Frontsoldat 1914–1918, Verwundung. Gedichtband: Kampf! Gedichte und Gedanken. Jena 1920. Studierte Philosophie bei Prof. Rudolph Eucken. Journalist in Berlin. 1939 aus Gewissensgründen ins Exil nach Shanghai, 1943 und 1944 Geburtstagsbriefe an HWB mit sieben Gedichten, eines HWB gewidmet. 1946 repatriiert. Als Farmlehrer nach Südwestafrika (Namibia) (nachgewiesen für 1952). In einem Brief an Ernst Jünger übt er Kritik an dessen Buch »Der Waldgang«. O. verurteilt »Amerikanismus«, verteidigt den Kommunismus in China (den er nur vom Hörensagen kennt) als Konsequenz aus den vorherigen Zuständen, hebt dessen soziale Maßnahmen hervor (am 23.5.1952 an Ernst Jünger; Deutsches Literaturarchiv Marbach HS005357693). → S. 384, 391, 410

Paelz, Paul geb. 1880 Kam nach China mit dem Deutschen Expeditionskorps gegen den Boxerkrieg. Ab 1902 in Nordchina als Kaufmann tätig, meist in Tsingtao bzw. in Tianjin. 1908–1930 für Carlowitz & Co. Aus einer 1912 geschlossenen Ehe hatte er zwei Kinder. Ab 1930 eigene Im- und Exportfirma: Scientific Technical Institute Paelz China Co. in Shanghai. (Men of Shanghai, S. 311) 1936–1939 Leiter der Presse- und Propagandaabteilung der NSDAP-Ortsgruppe Shanghai, veröffentlichte im *Ostasiatischen Beobachter* antisemitische Artikel. (Taaks, S. 562) Als er China im Sommer 1952 krank verließ, begleiteten ihn seine chinesische Frau und seine drei kleinen Kinder (HWB). → S. 498 f.

Pauli, Prof. Dr. Gustav 1866–1938 1905–1914 Direktor der Bremer Kunsthalle, 1914–1933 Direktor der Hamburger Kunsthalle. Obwohl er wegen seines Engagements für moderne Kunst 1933 erst beurlaubt, dann entlassen worden war, unterschrieb er im November 1933 das »Bekenntnis der Professoren an den deutschen Universitäten und Hochschulen zu Adolf Hitler«. Verheiratet mit Margarete, geb. Melchers. → S. 205

Pauls, Rolf Friedemann 1915–2002 Von April 1973 bis 1976 erster Botschafter der BRD in China nach dem Zweiten Weltkrieg. → S. 585

Pearce, Sir Edward 1862–1928 1884 nach Shanghai, Kaufmann im Teehandel. 1905 Partner, 1920 Inhaber von Ilbert & Co. 1913–1920 Vorsitzender des Stadtrats des SMC. Als er 1922 zurück nach England ging, verlieh die chinesische Regierung ihm den Orden von Chiaho 4. Klasse. Pearce' einziger Sohn fiel im Ersten Weltkrieg in Frankreich. (https://peoplepill.com/people/edward-pearce/ am 3.11.2020) → S. 107

Plaschke, B. Kapitän. Inspektor des NDL in Shanghai, nachgewiesen 1910–1919. 1919 repatriiert. → S. 138

Pochhammer, Wilhelm von 1892–1982 Diplomat in verschiedenen Verwendungen, zuletzt 1942–1945 Botschaftsrat in Buenos Aires, Argentinien. 1934 Eintritt in die NSDAP. 1945–1947 Britische Kriegsgefangenschaft. 1947–1951 beim Bundesamt für Auswanderungswesen. 1953–1957 Generalkonsul in Bombay. Ende 1973 – Mai 1974 amtierender Vorsitzender des OAV Bremen. (Protokoll Vorstandssitzungen) (https://www.bundesarchiv.de/aktenreichskanzlei/1919-1933/10a/adr/adrmr/kap1_4/para2_108.html) → S. 584, 588, Abb. 53

Polis Vorname nicht ermittelt, Deutsche, die 1937 vor den in Shanghai einmarschierenden japanischen Soldaten in die Französische Konzession floh. HWB nahm sie für mehrere Monate in seiner Wohnung in der Rue Chapsal auf. → S. 302, 310, 343

Popper-Schnorr von Carolsfeld, Nele s. Schnorr von Carolsfeld, Nele

Puttkamer, Jesco Baron von 1903–1973 Journalist, Werbefachmann, sprach Japanisch. NS-Propagandist. 1940/41 Reise nach Ostasien im Auftrag des Sonderbeauftragten für Propaganda im Auswärtigen Amt: Suche nach einer Basis für weltweite Agitation. Die Wahl fiel auf Shanghai. Puttkamer wurde dort Leiter der DISS, deren Aufgabe die Erstellung und Verbreitung von NS-Propaganda war, einschließlich projapanischer und geheimdienstlicher Aktivitäten. Mai bis September 1945 war er in der Deutschen Notgemeinschaft Verbindungsmann zu den Japanern. 1947 wurde er im »Ehrhardt«-Prozess von einem amerikanischen Militärgericht in Shanghai verurteilt, auf der *Marine Jumper* repatriiert und in Landsberg interniert. Das Urteil wurde 1950 aufgehoben. 1958 emigrierte von Puttkamer nach Kanada. (Freyeisen, S. 270–286 und https://www.bundesarchiv.de/aktenreichskanzlei/1919-1933/10a/adr/adrmr/kap1_4/para2_108.html; Taaks, S. 565. Todesdatum dort abweichend: 1969) → S. 354 f., 397 f.

Raegener, Hermann Ernst Melchers & Co., China 1911–1914, gefallen in Tsingtao 7.11.1914. → S. 126

Randolph, Theodore Fitz geb. 1904 1924 bis 1926 Mitarbeiter der Bradford Co., Melchers erster Geschäftsverbindung in New York nach dem Krieg. Diese ging infolge der Spekulationsgeschäfte eines Teilhabers in Konkurs. Ab 1926 leitete Randolph die Melchers Inc. in New York. Verheiratet mit Carolyn, geb. Widmann (nicht verwandt mit der Familie Adolf Widmann). Ende 1938 bis Anfang 1939 war HWB sein Gast in Brooklyn, New York. 1940/41 besuchte das Ehepaar Randolph u. a. die Melchers-Niederlassungen in Tianjin, Shanghai, Hongkong. 1941 Gründung der Firma Far Eastern Syndicate mit chinesischen Teilhabern, Sitz in New York, Office und Showroom in der Sichuan Zhonglu in Shanghai. Briefwechsel Randolph – HWB in den 1950er Jahren. → S. 324–326, 338–340, 517, 520. 564, 598, 602

Randow, Elgar von 1904–1977 Diplomat, sprach Chinesisch. 1930 und 1933–1945 Verwendungen in China, u. a.: 1933–1939 (Vize-)Konsul am Generalkonsulat Shanghai, 1941–1945 Gesandtschaftsrat an der Dienststelle der Deutschen Botschaft, Leiter der Politischen Abteilung, zuständig für Presse und Rundfunk. Obmann im Schiedsgericht der Deutschen Gemeinde. Aktiv im DT-V. Im »Ehrhardt«-Prozess angeklagt, wurde er während des Prozesses »nicht schuldig« befunden, blieb aber inhaftiert und wurde 1947 mit den Verurteilten auf der *Marine Jumper* repatriiert. Im AA leitete er bis 1952 die Handelspolitische Abteilung, 1953 Gesandtschaftsrat in Jakarta, weitere Verwendungen: Yangon, Kulturaustausch mit der UdSSR, Kalkutta. (Freyeisen, S. 224, Taaks, S. 566) → S. 389, 399, 508

Rathenau, Dr. Walther 1867–1922 Sohn des Industriellen Emil Rathenau, des Gründers der AEG. Walther Rathenau wurde 1904 Mitglied des Aufsichtsrates der AEG, 1912 Aufsichtsratsvorsitzender. 1914–3/1915 Leiter der Kriegsrohstoffabteilung im preußischen Kriegsministerium. 1920 Mitglied der Deutschen Demokratischen Partei, 1921 Wiederaufbauminister, 2/1922 Außenminister, schließt den »Rapallo (Wirtschafts-)Vertrag« mit der UdSSR. 24.6.1922 von zwei rechtsradikalen Offizieren erschossen. https://www.dhm.de/lemo/biografie/walther-rathenau, am 1.12.2020. → S. 150, 597

Riwotzky, Johanna von, geb. Breuer 1863–1956 HWBs Tante und Ersatzmutter (»Tantchen«), Mutter von Alice, verh. Breuer. → S. 25, 28, 97, 149, 204f., 208, 256, 267, 276f., 280f., 306, 327, 333, 356, 519, 524, 577, 595, 609, 612

Röhreke, Gustav 1875–1950 in Shanghai Kaufmann. 1903 Angestellter von Carlowitz & Co. in Hankou. 1914 nach Tsingtao einberufen und von der Firma für unabkömmlich erklärt. 1919 repatriiert, Arbeit am Weltwirtschaftsinstitut in Kiel. 1927 Teilhaber von Carlowitz & Co. in Shanghai. (Heinz Beutler: Carlowitz, S. 87, ADO) 1936 im Vorstand des DT-V, 1940 bis 1943 im Kirchenvorstand. 1939, als die Evangelische Kirche keinen Pastor hatte, hielt er die Weihnachtsansprache. Nahm Pastor Maass im März 1940 begeistert auf. Mitte 1943 Zerwürfnis anlässlich Röhrekes Versuch, den Umfang des kirchlichen Nachrichtenblatts zu beschränken. Öffentliche Auftritte als Rezitator von Goethes »Faust«. Engagement für die Emigranten. Röhreke wurde nicht repatriiert. 1950 musste er sein Haus innerhalb von 24 Stunden verlassen, die schwedische Botschaft besorgte ihm ein Zimmer, dort starb er kurz darauf an Arthritis. (Gespräch mit Dr. Alexander Röhreke am 27. Juni 2013 in München) → S. 128, 345, 355, 397f., 402, 427f.

Röhreke, Dr. Heinrich 1910 in Hankou – 2001 Sohn von Gustav Röhreke, Carlowitz & Co. Diplomat. 1938 in Xinjing, 11/1939–2/1941 kommissarischer Leiter des Konsulats in Kunming, zeitweilig auch in Chongqing. 1944–45 Generalkonsul in

Hankou. 6/1945–8/1947 Assistenzprofessor an der Universität Wuhan. Repatriiert 1947 auf der *General Black*. Diplomatischer Dienst, u.a. 1958–1963 Generalkonsul in Singapur, 1967–1969 Botschafter auf den Philippinen. 1972–1973 Gesandter 1. Klasse an der neu eingerichteten Deutschen Botschaft in Peking. Bis 1975 dort als Stellvertreter des Botschafters und Leiter der Politischen Abteilung. (Gespräch mit seinem Sohn, Dr. Alexander Röhreke, am 27. Juni 2013 in München) → S. 385

Rudloff, Franz Ab 1920 Melchers & Co., China als NDL Repräsentant in Shanghai. 1947 auf der *General Black* repatriiert. → S. 240, 327, 432, Abb. 17

Schaub, Wilhelm A.L. Geschäftsführer bei Behn, Meyer & Co., Import, Technisches Geschäft, Chemikalien; Stammhaus Arnold Otto Meyer Hamburg (ADO, zuerst 1939). Versuchte seit Anfang 1950 auszureisen, HWB setzte sich 1952 während seiner Verhöre für ihn ein. Ausreisen durfte er im Juni 1954, war im September 1954 in Deutschland. → S. 493, 501, 504, 550

Scheel, Walter 1919–2016 FDP-Politiker. 1969–1974 Außenminister der BRD. Am 11. Oktober 1972 unterzeichneten er und Chinas Außenminister Ji Pengfei in Peking ein Kommuniqué über die Aufnahme diplomatischer Beziehungen zwischen der Volksrepublik China und der Bundesrepublik Deutschland. 1974 bis 1979 war Scheel Deutscher Bundespräsident. → S. 585

Scheide, Hans Melchers & Co. Shanghai, zunächst Assistent von HWB, 1939 Prokurist und Leiter der Importabteilung von Melchers in Tianjin, (ADO) → S. 305f., 528

Schellhoss, Hans Hauptmann a.D., 1912–1914 Technischer Attaché beim Deutschen GK in Shanghai. Hauptmann der Deutschen Kompanie im Shanghai Volunteer Corps, Vorstandsmitglied im Deutschen Theater-Verein. 3.8.1914 Fortifikation Tsingtao, 11.9.1914 Ingenieur-Offizier der Seefront. 11/1914 bis 12/1919 japanische Kriegsgefangenschaft in den Lagern Fukuoka, dann Narashino. (http://www.tsingtau.info/index.html?lager/schanghaifonds.htm) → S. 78f., 179

Schmidt, Carl 1880–1967 War 1904/05 HWBs Regimentskamerad beim Füsilier-Regiment Generalfeldmarschall Prinz Albrecht von Preußen, 1906 sein Reisegefährte nach Shanghai, mit dem er sich auch eine Wohnung teilte. Schmidt arbeitete bei Meyer Bros Ltd, Shanghai, Zucker Export und Import. (Hong-Listen) In den frühen 1920er Jahren wurde er Geschäftsführer der HALA (Hannoversche Lampenfabrik Wehrkamp-Richter & Co.) in Hannover, sie produzierten Bauhaus-Lampen (Christian Dell). Verheiratet mit Genia, geb. Dobson, verwitwete Richter. Die HALA Hannover wurde 1982 geschlossen, die Hala Nederlandse Lampenfabriek B.V., vormals in Zeist, ist heute in Amersfort. (Stadtarchiv Hannover. 3. FA 018. Akz. 055/2011 Firma Hala) → S. 23, 31, 72, 79, 149, 264, 328, 343, 523f., 533

Schmidt-Imbrek, Rudolf Diplom-Landwirt, Leiter der landwirtschaftlichen Abteilung der Deutschen Stickstoff Handelsgesellschaft in Shanghai. 1927 Nachfolger HWBs als Vorsitzender des DT-V bis 1929 (längerer Aufenthalt in Deutschland); er führte auch Regie und trat als Schauspieler auf. Verließ China 1950 auf der *Dundalk Bay*. → S. 178f., 184, *185*

Schnell, René geb. 1925 Kaufmann aus der Schweiz, in Shanghai 1946–1952 für die Niederlassung Ciba (China) Ltd der Ciba AG Basel. Die Firma war spezialisiert auf chemische Produkte für Bauwesen, Bergbau, Landwirtschaft, Papierindustrie; Herstellung von Arzneimitteln und Kosmetik. (Schnell: Briefe aus Shanghai 1946–1952) → S. 420, 429, 445, 455, 457–459, 482f., 485, 520

Schnorr von Carolsfeld, Professor Dr. Julius 1877 in Dresden – 8.5.1945 (!) in Berlin Kunsthistoriker, Kustos am Schlossmuseum Berlin, Autor diverser Schriften und Kataloge über europäisches Porzellan. Vater von Nele SvC. → S. 372, 375

Schnorr von Carolsfeld, Nele 1922–2017 Tochter von Julius SvC. 1942–1949 verheiratet mit Uwe Breuer. Gemeinsamer Sohn: Christoph Breuer. In zweiter Ehe verheiratet mit Hans Popper, Sohn: Stephan. → S. 13, 350, 356, 371, 374, 376, 378, 387, 415, 423f., 428f., 436, 439, 441f., 453, 488, 516, 551f., 565, 604, 606, 613

Schoenfeld, Wera 1921–2017 Tochter von Fred Siemssen, exzellente Reiterin: Bei den »Fuchsjagden« in Shanghai ritt sie als »Fuchs« dem Feld voraus. Ausreise 1947 mit den Eltern auf der *Marine Lynx*. Hochzeit mit Klaus Schoenfeld (Bayer AG) 1947 in der Schweiz. April 1949 Rückreise nach Shanghai, endgültige Ausreise im Februar 1951. → S. 13, 375, 388, 511

Schröder, Dr. Gerhard 1910–1989 Mitbegründer der CDU, Mitglied des Deutschen Bundestages 1949–1980. 1953–1961 Bundesminister des Inneren, 1961–1966 Außenminister und 1966–1969 (in der CDU-SPD-Koalition) Verteidigungsminister. Als Vorsitzender des Auswärtigen Ausschusses des Bundestages reiste er auf offizielle Einladung im Juli 1972 nach Peking. → S. 585

Schubert, Paul von 1884–1959 Aufgewachsen in Russland, England. Universitäten Riga, München. 1914–1918 in Russland, diente 1916/17 in der Kaiserlich Russischen Armee. 1919–1921 London, 1922–1926 Südafrika, ab 1926 Shanghai, Direktor der Deutschen Stickstoff-Handelsgesellschaft. Mitglied im Club St. James, London, Shanghai Club, Race Club, Cercle Sportif Français, Deutscher Gartenclub, u.a. (Men of Shanghai, S. 341–342) 1947 in die USA. (myheritage.com) → S. 328, 332

Shibata Mitsugi Japanischer Konsul in Shanghai (1939 [früher?] - 1942) und Mitglied des japanischen Jewish Affairs Bureau. Proamerikanisch eingestellt. Warnte im Juli 1942 Vertreter der jüdischen Hilfskomitees vor möglichen antijüdischen Maßnahmen. Heinz Eberhard Maul: Japan und die Juden. Studie über die Judenpolitik des Kaiserreiches Japan während der Zeit des Nationalsozialismus 1933 - 1945. Dissertation Bonn 2000. file:///C:/Users/CHRIST~1/AppData/Local/Temp/0225.pdf, S. 219–233. → S. 381f.

Sick, Kuno von 1926 nach China, 1929 Repräsentant von Siemens & Halske in Shanghai. Starb 1934 in Hongkong auf einer Rückreise nach Europa. → S. 213f.

Siegel, Hans Wilhelm 1903–1997 1923–1926 in Tsingtao, Hugo Stinnes Linien. 1926–1928 in Berlin, lernt Chinesisch am Seminar für Orientalische Sprachen. Anschließend in verschiedenen Städten Chinas u.a. für Behn & Meyer, Kunst & Albers. 1933–1940 in Nanjing, Chongqing und Kunming. Ab 1940 Shanghai: Rostro Co. (d.i. Bayer AG). 1949–1952 stellvertretender Leiter der Deutschen Gemeinde Shanghai, bis 1955 Leiter der DG Shanghai. 26.7.1955 Ankunft in Hongkong, dort weiter tätig für die Rostro Co., 1959 bis 1968 als Generalvertreter der Bayer AG. Lebte nach 1955 überwiegend in Hongkong, hatte außerdem ein Haus in Ronco/Ascona am Lago Maggiore, das er nach seinem Abschied aus Hongkong dauerhaft bewohnte. Seine bedeutende Sammlung ostasiatischer Kunst – chinesische Kunst und Kunst der Thai und Khmer, Keramik und Sakralbronzen – befindet sich im Museum für Ostasiatische Kunst und im Rautenstrauch-Joest-Museum, beide Köln. (Hans Wilhelm Siegel, Briessen-Interview, S. 647–690) → S. 465f., 491, 493, 553, 555, 560, 564, 572, 574

Siemssen, Fred 1888–1981 1915/1920 übernahm er zusammen mit seinem Bruder Gustav Theodor das 1885 von ihrem Vater Gustav Siemssen und Werner Krohn in Fuzhou gegründete Handelshaus Siemssen & Krohn. Verlagerte das Hauptinteresse der Firma ab 1923 nach Shanghai. Fred Siemssen war in Shanghai als Gegner des

Naziregimes bekannt und wurde 1945 zum Vorsitzenden der neu konstituierten Deutschen Gemeinde gewählt. Er verließ China 1947 auf der *Marine Lynx*. Vater von Wera Schoenfeld geb. Siemssen. → S. 13, 346, 355, 373, 388, 399, 404, 421, 426f., 511, 606, 656, Abb. 43

Solich, Eduard J. (Ed) 1893–1982 Im Ersten Weltkrieg in Russland, 1917 verwundet, Kriegsgefangenschaft, lernt Russisch. 1918 Flucht nach China, Anstellung bei der dänischen Im- und Exportfirma Konstantin A. Krogh (Nahrungsmittel, i.W. Sojabohnen) in Harbin. Lernt Chinesisch. 1924 bis 1954 Arbeit für die amerikanische Vaccuum Oil Company, später Mobil Oil. 1924–1926 Training in den USA. 1926–1930 Einrichtung und Verwaltung einer Zweigstelle in Changchun. Shenyang (Mukden) 1930 bis 1934, Tianjin 1934 bis Ende 1941. Nach Pearl Harbour Gründung einer eigenen kleinen Firma in Tianjin für Schmieröl, die Altöl aufarbeitet und Öl aus Pflanzen herstellt. Nach dem Krieg wieder Mobil Oil in Peking, Tianjin und, ab Anfang 1949, in Shanghai. 1954 ging S. zurück in die BRD. (Solich: Land der Mitte) Vortrag anlässlich des ersten »Geselligen Abends« des OAV Bremen am 7. Oktober 1954 über die Gesellschaftsstruktur Chinas. → S. 350, 567

Song Meiling 1897–2003 Schwester von Song Qingling. 1908–1917 in den USA erzogen (Wellesley College), 1927 zweite Ehefrau des Generalissimus Chiang Kai-shek. Motivierte die USA, die Guomindang im Japanisch-Chinesischen Krieg und später die Republik China auf Taiwan zu unterstützen. Lebte nach dem Tod Chiangs 1988 meist in den USA. (https://www.britannica.com/biography/Soong-Mei-ling am 1.12.2020) → S. 325, 442

Song Qingling 1893–1981 Witwe von Sun Yat-sen († 1925), 1927 Exil in Moskau. Gründete 1931 zusammen mit dem Pädagogen Cai Yuanpei die chinesische Liga für Menschenrechte. 1939–1945 Mitglied der Regierung Chiang Kai-sheks. Wurde 1949–1981 Vizepräsidentin der VRC. Gründete 1949 mit Israel Epstein das Magazin *China Reconstructs*, das monatlich in sechs Sprachen erschien und das HWB in Bremen abonniert hatte. 1981 zur Ehrenpräsidentin der VRC ernannt. → S. 243, 558

Sorge, Richard 1895–1944 in Tokio hingerichtet KPD-Mitglied seit 1919. Spion für die Sowjetunion. 1929 nach Shanghai, Korrespondent der *Frankfurter Zeitung*. 1933 nach Tokio, u.a. Leiter der NSDAP-Ortsgruppe und Freund des deutschen Botschafters Eugen Ott. Informierte Stalin über das Datum von Hitlers bevorstehendem Angriff auf die UdSSR und darüber, dass Japan die Sowjetunion nicht angreifen werde. Im Oktober 1941 in Tokio verhaftet. (Nach: https://www.bundesstiftung-aufarbeitung.de/de/recherche/kataloge-datenbanken/biographische-datenbanken/richard-sorge, am 24.11.2020) → S. 357, 654

Spangenberg Max 1870–1924 Kapitän des NDL. 1913 mit dem NDL-Dampfer *Großer Kurfürst* maßgeblich beteiligt an der Rettung von Schiffbrüchigen vor New York. Dafür erhielt er die Lebensrettungsmedaille der Life Saving Benevolent Society of New York in Gold. 1923 fuhr er die *Werra* auf ihrer Jungfernfahrt nach Shanghai. HWB und Dr. Korff waren seine Fahrgäste. → S. 154, 166,199

Speelman, Michel geb. 1877 Niederländischer Banker. Zuerst in China 1897 bis 1909 für die Russisch-Chinesische Bank, zuletzt deren Manager für China und Japan. Seit 1914 Direktor der International Savings Society in Shanghai, im Aufsichtsrat diverser (chinesisch-französischer) Unternehmen. Er war dem Komitee assoziiert, das 1932 gegründet wurde, um die chinesische Regierung in Finanzfragen zu beraten. In den 1930er Jahren war er zeitweilig Ratsherr im Französischen Stadtrat und Mitglied eines beratenden Gremiums für den Aufsichtsrat der Shanghai Telephone Co. und der Shanghai Power Co. Mitglied des Cercle Sportif Français, des Race

Club etc. (Men of Shanghai, S. 363) Er wohnte in einer von Hudec erbauten Villa, 150 Fenyang Lu. War 1939 Schatzmeister, zeitweilig auch Vorsitzender des Committee for the Assistance of European Jewish Refugees in Shanghai, auch Speelman Committee genannt. Im Zusammenhang mit der Internierung von Angehörigen der Feindstaaten wurde Speelman 1942 im Haiphong Camp interniert. (Kranzler; Leck, S. 559/560) → S. 381 f.

Sporleder, Walter geb. 1906 Melchers Hongkong 1928–1939, Internierung in Dehra Dun (Nordindien) bis 1947. 1948 Gründung einer Außenhandelsfirma in Bremen, 1951 bis 1999 Schiffmakler- und Agenturfirma Sporleder Shipping Co. (Sporleder: Hongkong zu meiner Zeit, 1928–1939) → S. 85, 521

Steeneck, Christian geb. 1907 Melchers Shanghai, später Tsingtao, dann Tianjin. Nach dem Zweiten Weltkrieg Rückkehr nach Bremen. Er ermöglichte seiner »weißrussischen« Schwiegermutter die Ausreise aus China nach Bremen.

Stennes Walter 1895–1983 Erster Weltkrieg, dann Mitglied eines Freikorps, beteiligt am Kapp-Putsch, 1927 Eintritt in die NSDAP, Leitungsfunktion in der SA. 1931 »Stennes-Putsch«: Die SA sollte einen radikalen politischen Umsturz herbeiführen und die sozialistischen Prinzipien im Parteiprogramm der NSDAP umsetzen. 1933 in Haft genommen, nach China abgeschoben zur deutschen Militärberaterschaft bei Chiang Kai-shek. Chef von dessen Leibgarde. Ging 1938 nicht mit den übrigen deutschen Offizieren zurück nach Deutschland. Als Chiang nach Chongqing floh, übertrug er Stennes die Verwaltung seiner Immobilien in Shanghai. Stennes wurden Kontakte zu diversen Geheimdiensten nachgesagt. 1949 begleitete er Chiang nach Taiwan, ging 1949 nach Deutschland. → S. 331, 643

Stepharius, Carl 1857–1952 in Beidaihe Nach China 1871. Teilhaber von Buchheister & Co., Shanghai, und Vorsitzender des deutschen Clubs Concordia. 1919 repatriiert. (BSB, Ana 708 Studeo-Sammlung, 973) → S. 107 f., 122, 129

Stobbe, Dr. Georg deutscher Konsul in Harbin 1928–1930. (StuDeO-Info Dezember 2015, S. 15) → S. 208

Stoltenberg-Lerche, Hans 1904–1967 St.-Lerche ging 1929 nach China (OAV Hamburg-Bremen, Teilnehmerliste Liebesmahl 1953) zu Telge & Schröter, Shanghai, Import, Export, Technisches Geschäft (ADO 1932/33), trat 1930 und 1932 mit dem DT-V auf. 1938 lebte er mit seiner Frau Helene in Guangdong, arbeitete für Boediker & Co. und war »Barwart« im Deutschen Gartenclub. (ADO 1938) 1942 wieder in Shanghai, trat mit dem DT-V auf und war im Schulvorstand der KWS. 1946 auf der *Marine Robin* repatriiert. Bis zu seinem Tod stellvertretender Geschäftsführer des OAV Hamburg-Bremen. → S. 528, 535

Stresemann, Gustav 1878–1929 Vor dem Ersten Weltkrieg Angehöriger des Deutschen Flottenvereins und des Deutschen Kolonialvereins. Stresemann war 8–11/1923 Reichskanzler einer Koalition aus DVP (Stresemanns Partei), Zentrum, Deutscher Demokratischer Partei und SPD. Einrichtung der Deutschen Rentenbank und Währungsreform (»Rentenmark«) am 15. November 1923: Ende der Inflation. 1923–1929 Außenminister in drei Regierungskoalitionen. 1926 Friedensnobelpreis (mit Aristide Briand). Er starb an den Folgen eines Schlaganfalls.

Stübel, Dr. Caroline 1910 – nach 1995 Promotion in Germanistik, Journalistin. Ging 1938 auf Anregung ihres Onkels, Prof. Hans Stübel, nach Japan. Dort arbeitete sie als Sekretärin bei einem Betrieb der I.G. Farben. 1942 kam sie nach Shanghai, um als Journalistin für den *OAL* zu arbeiten. Aktiv im DT-V, 1943 als Elisabeth in Schillers »Don Carlos«, 1944 in der Titelrolle als »Ein ganzer Kerl«. Mit der deutschen Kapitulation stellte der *OAL* sein Erscheinen ein, Caroline St. arbeitete als Nachtschwester am Tongji-Krankenhaus. 1948 Sekretärin in der Firma Tung Hsi in Taiyuan, gegründet 1947 von Werner Jannings und Wilhelm Dunsing. Vor der Einnahme Taiyuans durch die PLA zog die Firma nach Peking, das Ende Januar 1949 eingenommen wurde. Nach den Verhaftungen von Jannings und Dunsing (Februar 1951) wurde Caroline Stübel von Mitte 1951 bis Juli 1952 in Peking unter Hausarrest gehalten. Mehrmals wurde sie nachts zu Befragungen abgeholt. Im Juli 1952 durfte sie China verlassen (Briessen-Interview, S. 1999–2037), traf im August HWB in Hongkong. Nach 1952: Arbeit im Auswärtigen Amt. (Ehmke: Gelebte Zeitgeschichte, S. 161) → Abb. 10 und 44, S. 75, 141, 253, 273, 339, 354, 430, 510, 570

Stübel, Prof. Dr. Hans Bruno 1885–1961 Arzt und Anthropologe. Professor an der Tongji-Universität. Sein wissenschaftliches Interesse galt ethnologischen Studien zu nicht chinesischen Minoritäten. In der Zeit 1949–1951 besuchte Stübel HWB einmal in der Woche zum Abendessen. Stübel verließ China 1951. Er untersuchte HWBs Sohn Uwe Anfang 1953 wg. dessen TB. 1953/54 Fullbright-Stipendium, Forschungsaufenthalt in den USA. Lehraufträge der Universität Erlangen, weitere Forschungsreisen. (In memoriam: http://oriens-extremus.org/wp-content/uploads/2016/07/OE-10.2-1-obituary.pdf) → S. 478, 485, 516, 538, 651

Stumpf, (Karl) Ludwig 1913–1987 Hongkong Arbeitete als Kaufmann in einer Pharmafirma in Berlin mit jüdischem Besitzer, erlebte dessen Verfolgung und ging 1937 für Boehringer & Söhne nach China, arbeitete ab 1937 für die Mee Yeh Handels Co. War als Jugendlicher mit kommunistischen Neigungen aus der Kirche ausgetreten, näherte sich ihr im Dialog mit Pastor Maass wieder an und trat 1942 wieder ein. 1951 Not-Ordination in Shanghai zum Pfarrer der Deutschen Evangelischen Gemeinde, ab 1951 Leiter des Büros des Lutherischen Weltbundes in Hongkong. Pastor Maass: Stumpf »war immer von einer Leidenschaft für Arme, Leidende, ›Erniedrigte und Beleidigte‹ umgetrieben. Sein Weg führte ihn nach dem Krieg nach Hongkong; er wurde von amerikanischen Lutheranern zum Pastor ordiniert, und er hat in Hongkong aus dem Nichts ein Hilfswerk aufgebaut, durch das jetzt über 100 000 Menschen betreut werden. (...) später setzte sich Stumpf besonders für politische Flüchtlinge ein. Für mich ist seine Arbeit in Hongkong eine der größten karitativen und missionarischen Leistungen unserer Zeit.« (Maass: Jerusalem, S. 120–121) → S. 506 f.. 512, 520, 564

Sun Yat-sen (Sun Yixian) 1866–1925 Arzt. 1894 Gründung der revolutionären Vereinigung zur Wiederherstellung Chinas, 1905 des Chinesischen Revolutionsbundes (Tongmenghui), 1912 der GMD. 12/1911 zum Übergangspräsidenten der Republik China gewählt. 1912–1917 Exil in Japan. 1921 Präsident der Nationalregierung (Südregierung) in Kanton. Gründete die Whampoa-Militärakademie zur Vorbereitung eines Nordfeldzuges, Kommandeur: Chiang Kai-shek. → S. 98, 117 f., 243, 595

Taliani de Marchio, Franchesco 1887–1968 1938–1943 Botschafter Italiens in China; 1943–1945 von der japanischen Besatzungsmacht interniert. 1951–1952 Botschafter in Spanien. → S. 378, 388, 393, 427

Theophile, Hans 1902–1994 Ging 1924 als Handelsvertreter der Chemischen Werke Hüls nach China, um Märkte für bestimmte Produkte zu erschließen. Sein Spezialgebiet waren (Stoff-)Farben, z. B. das synthetische Indigo. Schwerpunktmäßig hielt er sich in Hankou / Wuhan auf (wo der Hong der Chemischen Werke dem Melchers-Hong direkt benachbart war) und in Changsha, zeitweilig auch in der Firmenzentrale in Shanghai. In seinen Briefen an Eltern und Geschwister erzählte er von der Arbeit und von seiner Freizeit in europäischen Clubs, vom Tanzen, Reiten und Jagdausflügen. 1939 leitete er einen Lastwagen-Konvoi ab Changsha via Kunming auf der Burma Road nach Haiphong, Indochina, dem einzigen nicht von Japan besetzten Hafen im Süd- und Ostchinesischen Meer, um Waren nach Chongqing zu holen. Anfang 1940 reiste er aus China aus. In den 1950er Jahren baute er für die Firma Chemische Werke Hüls eine Exportabteilung auf. 1960 bis zu seiner Pensionierung 1967 leitete er deren Niederlassung in Hongkong. Dann machte er sich in Hongkong mit einer eigenen Firma selbstständig. (Barbara Redl: Briefe aus China, 1923–1940) In HWBs Buchbestand gibt es ein Buch: »Lloyd Smith, Hong Kong« mit der Widmung: »Ihnen, sehr geehrter Herr Breuer, zur Erinnerung an meinen Besuch in Bremen am 30.9.1963 / Hans Theophile / Hongkong, 10. Jan. 1964«. → S. 663

Theuerkauf, Hans 1904 oder 1905–1952 In Tianjin ab 1924. 1939–1945 Teilhaber von Melchers & Co., China, Niederlassung Tianjin. Mitglied der NSDAP. Seine Villa in Tianjin wurde im September 1945 von den Amerikanern beschlagnahmt. Er entzog sich 1946 und 1947 der Repatriierung. Seine Frau und Töchter wurden 1947 auf der *General Black* nach Deutschland gebracht. 1951 inhaftiert, verübte nach der Haftentlassung Anfang 1952 Selbstmord. → S. 334, 432, 493

Thiel, Eugen War finanziell an der Apotheke Kofa beteiligt. Obmann des Schiedsgerichts der Deutschen Handelskammer Shanghai (mindestens 1944). Seine Frau und er unterstützten bedürftige Mitglieder der Deutschen Gemeinde. Thiel wurde 1952 zur gleichen Zeit vom »Fünf Anti«-Ausschuss befragt wie HWB. Seine Frau Edda und er konnten Shanghai im Sommer 1952 verlassen, ohne ihren Besitz. Am 13.12. 1962 schrieb HWB an Dr. H. A. Lorentz: »Unsere alten gemeinsamen Freunde Thiels werden diese Tage nun die Hauptentschädigung für die Verluste an den Kofa-Aktien ausbezahlt bekommen.« Lorentz' Antwort: »Dass Thiels ihre Hauptentschädigung erhalten, und dass sie so günstig ausfällt, freut mich sehr. Denn es ging ihnen kümmerlich.« (22.1.1963, BArch ZLA 7–34/119) → S. 498, 505, 656

Thiel, Fritz August 1863–1931 1891–1914 im diplomatischen Dienst in Japan, von 1921 bis 1929 erster deutscher Generalkonsul in Shanghai nach dem Ersten Weltkrieg. → S. 165, 169, 237, 597

Thiess, Dr. Frank 1890–1977 Dramaturg, Theaterkritiker, freier Schriftsteller. Im Ersten Weltkrieg in Russland schwer erkrankt. Die Nationalsozialisten verbrannten seine Romane *Die Verdammten* und *Frauenraub*, der Roman *Das Reich der Dämonen* (1941) wurde verboten. Nach dem Zweiten Weltkrieg verteidigte er die »Innere Emigration« aggressiv gegen Emigranten wie Thomas Mann. War in der BRD Vizepräsident der Deutschen Akademie für Sprache und Dichtung, Darmstadt. Mehrmonatige Chinareise Anfang 1965. Auf dem »Geselligen Abend« des OAV Bremen am 25. November 1965 hielt er den Vortrag »China – anders gesehen«. 1965 Publikation »Plädoyer für China«. → S. 368

Tiefenbacher, Hans Teilhaber von Meyerink & Co., Im- und Export, gegr. 1873. T. war 1905–1909 in Hongkong (gwulo.com), dann in der Niederlassung in Shanghai. (Mindestens) 1913/14 war Tiefenbacher Vorsitzender des Deutschen Reitervereins Shanghai, dessen Schriftwart Breuer 1914 wurde. → S. 352, 361

Trautmann, Oskar 1877–1950 Jurist, ab 1904 im Auswärtigen Amt, 1931 Botschafter in Peking, 1935–1938 Botschafter in Nanjing. Versuchte 1937/38, zu Beginn des Japanisch-Chinesischen Krieges, den Konflikt zu schlichten. 1938 Abberufung, 1942 Pensionierung. → S. 323, 331, 442

Trefurt, Otto geb. 1882 Für Melchers 1905 bis 1908 in Shanghai, 1909–1919 in Hankou. 3/1919 repatriiert. Rückkehr 12/1919, 1920–1934 Geschäftsführer der Melchers-Niederlassung in Hankou (»zeichnet die Firma«). Verheiratet mit Ilse, geb. Hein. 1934 zurück nach Deutschland. → S. 92, 158–160, 195 f., 240, 596

Trittel, Toni Oberschwester am Paulun-Hospital Shanghai, 1919 nicht repatriiert. Versorgte Erna Breuer anlässlich der Geburt ihres Sohnes Uwe Breuer im Juni 1919. → S. 142, 147

Tung Han-sen (Dong Xingsheng, 董杏生) 1879 in Zhuangshi / Ningbo, Provinz Zhejiang – 1954 in Shanghai Ab ca. 1904 Shroff bei Melchers. Befreundet mit Wilhelm Wilshusen, HWB, Dr. Adalbert Korff und dessen Familie. Er wurde sehr wohlhabend. 1937 verkaufte er HWB Mietshäuser in der Yu Yuen Road. 1939 war er Teilhaber der Handelsfirma American Far Eastern Syndicate (AFESI), einer Gründung von Theodore Fitz Randolph und Melchers. In seiner Heimatstadt finanzierte er Infrastrukturmaßnahmen, die Einrichtung einer Schule und den Bau eines Krankenhauses. → S. 75, 141, 253, 273, 339, 354, 430, 510, 570, Abb. 10 und 44

Vandenhoef, N. S.W. New York, Halsey, Export Corp. 1933 Gast HWBs auf einer Hausboot-Tour an den Tai Hu. 1946–1950 versandte er CARE-Pakete in HWBs Auftrag. → S. 240, 412

Vio, Dr. Eric 1910 in Fiume (Österreich-Ungarn) – 1999 Ging 1936 nach Japan, 1937 Shanghai, Chirurg am General Hospital, dann dessen Leiter und Vorstand der Krankenhäuser des Shanghai Municipal Council. Weil er sich 1943 weigerte, sich zu Mussolini zu bekennen, wurde er 1944–1945 in der Provinz Shandong interniert. 1947 bis 1974 Hongkong, dort 1950–1954 als italienischer Generalkonsul. 1974 nach Südafrika, dann Taiwan, Mission Hospital. Verheiratet mit der Pianistin Maria Grazia Taddei. (https://www.gingkoedizioni.it/italians-in-macau-and-hong-kong-up-to-the-year-2000/ am 11.2.2020) → S. 388, 393

Vissering, Carl Emmo 1888–1960 Kaufmann, 1914 Tsingtao-Kämpfer, Kriegsgefangenschaft u. a. in Bando, 1920 zurück in Shanghai. Teilhaber von Reuter, Bröckelmann & Co., 1939 nach Tianjin. 1947 repatriiert. → S. 258, 432

Vittorio Emanuele III. 1869–1947 Von 1900 bis 1946 König von Italien (Abdankung zugunsten seines Sohnes). 1936–1941 auch »Kaiser von Abessinien« und 1939–1943 »König von Albanien«.

Vogel, Dr. Werner 1892–1936 Teilnahme am Ersten Weltkrieg, verarbeitete seine Erlebnisse in Gedichten. 1916 zum Leutnant befördert. Kriegsgefangenschaft in England. Promovierter Jurist, Dolmetscher-Examen für Chinesisch. Für seine juristische Doktorarbeit »Die historischen Grundlagen des chinesischen Strafrechts« fertigte er eine Übersetzung der »Geschichte des Strafrechts *hing fa-tschi* aus den Büchern der frühen Han-Dynastie« an (1922). Er war Sozius der Rechtsanwaltskanzlei Dres. Vogel und H. A. Lorentz, seit 1923 Syndikus der Deutschen Handelskammer in Shanghai, Berater der Deutschen Gemeinde und der beiden deutschen Schiedsgerichte. Schrieb aus Shanghai für deutsche Tageszeitungen (*Münchener Neueste Nachrichten, Hamburger Fremdenblatt, Kölnische Zeitung, Leipziger Neueste Nachrichten* u. a.). Der *North China Herald* schrieb in seinem Nachruf: »Ein kultivierter Mann von großem persönlichem Charme, hat er in Shanghai eine bedeutende Anzahl Freunde gefunden, und sein Tod wird nicht nur von der deutschen Gemeinschaft hier, sondern auch von seinen vielen chinesischen und ausländischen Freunden als Verlust empfunden.« (Ralf Beer: Biographie M. L. Mohr, Dissertation, Halle 2015/16: https://opendata.unihalle.de/bitstream/1981185920/8519/1/Dissertation_Beer_Ralf_Final.pdf. Men of Shanghai, S. 410. *The North China Herald*, 17.8.1936. Ü: CM) → S. 233, 248, 258, 270 f., 274 f.

Vollers, Arend geb. 1931 War über 50 Jahre Geschäftsführer der Teehandelsfirma Paul Schrader & Co. in Bremen, einer der größten deutschen Teeversender. Publikationen rund um den Tee und dessen Herkunftsländer. Vorsitzender des OAV Bremen von 1990 bis 2014. → S. 11, 14, 396

Vollrath, Hellmuth Reuter, Bröckelmann & Co. Im Gründungsvorstand des DT-V, veröffentlichte Artikel im *Bühnenspiegel* unter dem Pseudonym »Balduin«. 1929ff. Kapitän der Mannschafts-Motorradrallye mit den »Blutblasen« der Zschopauer Motorenwerke. → S. 180, 184, 211, 310, 316f.

Voremberg, Rudolf Peter 1915–2007 in Hampshire/GB Die »Nürnberger Gesetze« definierten Voremberg als »Mischling 1. Grades«. Seine Firma, Carl Weber & Co., hatte ihn deshalb nach Nordirland versetzt, von dort bezog die Weberei Garne. Er war während des Krieges interniert worden. Nach dem Krieg erhielt er einen britischen Pass, ging 1948/49 nach Shanghai zu CG Melchers. Während der Eroberung Shanghais verwundete eine Kugel sein Knie. Er war von da an dauerhaft auf eine Gehhilfe angewiesen. Am 1. Juni 1952 eröffnete er für Melchers eine Agentur in Hongkong. Während HWB im Rahmen der »Fünf Anti«-Kampagne befragt wurde, hielt Voremberg engen brieflichen Kontakt mit ihm. Er eröffnete 1954 in Singapur die C. Melchers & Co. S.E.A Agency. Die Verbindung endete 1963. (Claussen, Memoiren, S. 14, 30–32, MA) → S. 455, 515

Waldersee, Alfred Graf von 1832–1904 Generalfeldmarschall, 10/1900–1901 Oberkommandierender der alliierten Invasionstruppen im Boxerkrieg in China. → S. 19, 594

Wang Bonian Komprador von Melchers & Co., China in Hankou ab 1908 und über 1922 hinaus. Während des Ersten Weltkrieges verwaltete er Melchers' Anlagen treuhänderisch. → S. 123, 140, 161, 195

Wang Jing-wei 1883–11/1944 Nahm 1911 an der Seite Sun Yat-sens an der Revolution teil, war 1912–1925 Vorsitzender des Zentralkomitees der GMD. 1925– 1926 Nach folger Sun Yat-sens als Präsident der Südregierung in Kanton. 1927–1940 zeitweilig Partner, zeitweilig Gegner Chiang Kai Sheks. 1932–1935 Regierungschef des Executive Yuan der Republik China. 1935–1938 Vorsitzender des Politischen Rates der GMD, 1938 stellvertretender Parteiführer. Trat, anders als Chiang, für den Kampf gegen Japan ein. 3/1940–11/1944 Präsident der japanischen Marionettenregierung (Nanjing-)Chinas. → S. 241, 363, 378, 603

Wang Yutian 1951–1958 Diplomat an der chinesischen Botschaft in Ostberlin; 1973–1974 erster Botschafter der VRC in Bonn. (Leutner, 1949–1995, S. 142) → S. 585

Warneken, Edwin (Ed) 1898 Tjianjin – 1973 Oerlinghausen 1923 bis 1938 Melchers China Corporation bzw. Melchers & Co., erhielt 1929 Prokura. War 1934 bei der Feier zu HWBs 50. Geburtstag in Widmanns Haus »Oberneuland« dabei. 1934 sah HWB ihn als seinen Nachlassverwalter vor. 1938 nach Deutschland, war bis 1973 Geschäftsführer der Mechanischen Weberei (Halbleinen) Carl Weber & Co GmbH CEWECO in Oerlinghausen bei Bielefeld (s.a. Voremberg). (https://www.nw.de/lokal/kreis_lippe/oerlinghausen/10629376_Von-Shanghai-an-den-Teuto.html, am 20.11.2020) → S. 168, 240, 257, Abb. 20

Wätjen, Richard E. 1904–1979 1928–1941 China (Shanghai, Hongkong) und Japan. Enkel/Sohn einer Kaufmanns- und Reederfamilie in Bremen. (https://de.unionpedia.org/W%C3%A4tjen, 11.11.2020) 12/1934 Hausboot-Tour mit Dr. Korff und Dr. Max Mohr. 3/1935 Trauzeuge von Dr. Adalbert und Maria Korff. 1953 Kaufmann in der Firma Berli, Jucker & Co. (Im- und Export), Thailand. (ADO 1953) → S. 258

Wedel, Werner geb. 1903 in Berlin Versicherungskaufmann »jüdischer Abstammung«, seine beiden Eltern waren evangelisch getauft und konfirmiert. In Shanghai ab Februar 1939, ab März Mitarbeit im IC, zuständig für Fürsorge, Arbeitsvermittlung, Jugendbetreuung. April – Juni 1942 Deutschlehrer für Chinesen. Nach Vorbildung und Genehmigung durch Pastor Fritz Maass ab 1.7.1942 Hilfsgeistlicher für die (von den »jüdischen« Emigranten gebildete)

Vereinigung mitteleuropäischer Protestanten. Wedel schrieb 1946 rückblickend: »In diesen viereinhalb Jahren oblag mir die Vollarbeit eines Geistlichen: Ich hielt etwa 150 Gottesdienste ab, konfirmierte 25 Kinder, taufte 85 Kinder und Erwachsene, hielt 35 Beisetzungen ab. Ferner Andachten, Bibelstunden«, diversen Unterricht. Er war Vorstandsmitglied der Vereinigung. (Wedel: Weg und Wahrheit) 1948 versuchte er, zurück nach Deutschland zu gehen, bewarb sich um eine Anstellung in der kirchlichen Jugendarbeit. Probst H.G., Berlin, bewertete den Antrag: In Berlin sehe er »wohl wenig Möglichkeiten«; eine Beihilfe zur Rückreise könne er nicht zusagen, denn: »In dieser Zeit, wo Millionen Menschen in Deutschland auf Auswanderung warten, weil sie hier kein Brot und keine Arbeit mehr finden, soll man keine Mittel benutzen, um *Menschen, die nun einmal vor Jahren unbedingt heraus wollten*, die Rückreise nach Deutschland zu ermöglichen, wo sie den anderen blos (sic) Wohnraum und Brot wegnehmen.« (14.2.1947, ZA 5121/13 Signatur EZA 6/4598, kursiv: CM) → S. 385

Weiland, Dr. Franz Arzt und Freund der Familie Breuer in Hannover. → S. 149, 152, 523, 532, 578

Wesche, Gustav 1911–1914 Melchers & Co., China, gefallen in Tsingtao. → S. 126

Wetzell, Georg 1869–1947 1930–1934 Leiter der deutschen Militärberaterschaft bei Chiang Kai-shek. → S. 237

Wickert, Dr. Erwin 1915–2008 1940 Rundfunkattaché des Auswärtigen Amtes in Shanghai, 1941 Kulturattaché an der Deutschen Botschaft in Tokio. 1947 repatriiert, 1955 Rückkehr in den diplomatischen Dienst, 1976–1980 Botschafter der Bundesrepublik Deutschland in Peking. → S. 373

Widmann, Adolf 1879 Bremen – 1948 Bremen 1899 für Melchers nach Shanghai, Ankunft während des Boxerkrieges, Eintritt in den SVC. 1900 Schriftführer der neu gegründeten Deutschen Vereinigung (Handelskammer). 1905 Prokura, 1908–1936 Teilhaber Melchers & Co., China. 1914–1919 aus Hongkong nach Australien zivilinterniert. Via Bremen Weihnachten 1919 zurück in Shanghai, Wiederaufbau der China-Firma. Von 1920 bis 1935 Vorsitzender des Schulvorstandes der KWS. In der Zeitspanne von 1923 bis 1935 war Widmann wiederholt im Vorstand, bzw. war (stellvertretender) Vorsitzender der Deutschen Gemeinde Shanghai, im Vorstand der Handelskammer Shanghai und zeitweilig im Kirchenvorstand, im Aufsichtsrat der Eurasia Aviation Corporation. Verheiratet (1908) mit Clara, geb. Völkel, Kinder: Eduard, Ilse, Marie-Luise, Anna Magdalene, genannt Annelen, Klara, Adolf Heinrich. Seine Frau und er waren großzügige Gastgeber im Haus an der Seymour Road (Shaanxi Beilu, das die Chinesen 1917 enteignet und 1921 restituiert hatten), ab 1925 in dem für sie erbauten Haus »Oberneuland«, Architekt: Emil Busch. 1937–1945 Vorsitzender des OAV Bremen, im Vorstand des OAV Hamburg-Bremen. 1937–1948 Teilhaber von C. Melchers & Co., Bremen; während des Entnazifizierungsverfahrens 1945 bis Mitte 1946 von der Firmenleitung suspendiert. (*OAL*, 3.11.1936; Roder, Bremen. Ostasien, S. 37) → S. 13, 66 f., 94 f., 100, 112 f., 140, 158–161, 165 f., 167, 169 f., 172, 189, 196, 200 f., 204, 208–212, 217, 229, 239, 241, 243, 252–255, 271 f., 285, 293 f., 321, 327, 352, 377, 386–389, 528, 596, 601, 656, Abb. 20

Widmann, Clara, geb. Völkel geb. 1889 in Shanghai Älteste Tochter des Apothekers Völkel, der Voelkel & Schröder (von den Chinesen *KOFA* genannt wegen der schwierigen Aussprache) seit ca. 1870 in Shanghai führte. 1908 Heirat mit Adolf Widmann. Im November 1914 mit ihren drei Kindern aus dem britischen Hongkong ausgewiesen. (*North China Herald*, 14.11.1914. Roder, 2001, S. 122, datiert 1916, d.i. nicht richtig.) Die Apotheke und die dazugehörige Fabrik wurden enteignet und im März 1919 von Amerikanern gekauft: »Mit der Abwicklung der Geschäfte der alten deutschen Apothekerfirma Voelkel und Schröder, welche eine Geschäftsdauer von 50 Jahren hatte, schwindet das letzte deutsche Geschäftshaus in Shanghai dahin.« (*Shanghai Gazette*, 31.3.1919) Clara Widmann arbeitete 1919 bis 1923 (Schmitt-Englert, S. 102) ehrenamtlich als Lehrerin an der KWS. Sie war 1929/30 und in weiteren Jahren bis Januar 1934 Vorsitzende der Deutschen Frauenhilfe. Januar bis November 1934 war sie Leiterin der Ortsgruppe Shanghai der NS-Frauenschaft. (Freyeisen, S. 162–164.) 1936 zurück nach Bremen. Sechs Kinder, s. Adolf Widmann. → S. 80, 110, 114f., 140, 143, 147, 217, 240, 253, 538

Widmann, Dr. Eduard geb. 1909 Ältester Sohn Adolf und Clara Widmanns, 1935–1938 Manager der MELCO Weinkelterei in Tsingtao. Ab 1938 Teilhaber der Weinhandlung J. F. Menzer in Neckargmünd. → S. 209, 270

Wiedemann, Fritz 1891–1970 Offizierslaufbahn. Im Ersten Weltkrieg zeitweilig Adolf Hitlers Vorgesetzter. 1934/35 Adjutant erst bei Rudolf Hess, dann bei Hitler. Zunehmende Distanz zu Hitler. Im Januar 1939 zum Generalkonsul in San Francisco ernannt, bis Dezember 1941 (Schließung der Konsulate in den USA). 1941–1945 Generalkonsul in Tianjin. Dort 1945 von den Amerikanern befragt, inhaftiert, via Washington nach Deutschland gebracht. Haft bis Mai 1948, sagte als Zeuge im Nürnberger Prozess aus. Anschließend lebte er als Landwirt in Bayern. (Taaks, S. 589) → S. 401, 417

Wilberg, Erich 1895 – Januar 1949 bei den Kämpfen um Peking Journalist, Publizist in Bremen. 1934 ging er in die Mandschurei. 1938 nach Peking. Schrieb u. a. für *Berliner Börsenzeitung, Hamburger Fremdenblatt, Hannoverscher Kurier*. Ab 1940 Herausgeber der literarischen Zeitschrift *Die Dschunke*, die in Hundhausens Pappelinsel-Verlag erschien. Dort veröffentlichte er auch eigene Gedichte, Übersetzungen und Nachdichtungen. 1941 Repräsentant des Deutschen Nachrichtenbüros bei der Regierung Wang Jing-weis in Nanjing. Hauptwohnsitz blieb Peking. (Taaks, S. 590–592) → S. 400

Willens, Dr. Liliane geb. 1927 Ihre Eltern, beide jüdischen Glaubens, waren 1918 (Mutter) bzw. 1919 (Vater) aus Russland geflohen; von der sowjetischen Regierung 1921 ausgebürgert. Über Harbin kamen sie 1920 nach Shanghai. Liliane W. wurde in der Französischen Konzession geboren, besuchte das französische Collège Municipal Français. Verließ China Anfang 1951 über Japan in die USA (1952). Professorin für Französische Sprache und Literatur. Erinnerungen: Stateless in Shanghai. (http://www.lilianewillens.info/author2.html) → S. 188, 433, 445, 459, 483f.

Wilshusen, Wilhelm 1874–1966 1901 als Kaufmann nach Shanghai zu Melchers & Co., China. Dokumentarische Fotografie, Reisen. Befreundet mit Tung Han-sen und mit Breuer. Ab 1909 in Chongqing, zunächst für Melchers, dann als Manager der Firma Giesel & Co. Repatriiert 1919. Arbeitete 1925 in Danzig für Reedereien, ab 1925 an der Sparkasse in seinem Geburtsort Bremen-Lilienthal. Enkel: Wilhelm Wilshusen. (Roschen / Theye: Abreise von China) → S. 66–68, 73–75, 141f., 273, 510, 580

Winterfeldt, Sigmund Rudolph von 1897–4.10.1954 1934–1935 Bank of China, Shanghai. 1936–1945 Handelssachverständiger der Deutschen Botschaft, Dienststelle Shanghai. Als die japanischen Behörden im Herbst 1941 vom deutschen Generalkonsulat eine Aufstellung über deutsches Eigentum an Grundvermögen in Shanghai mit Angabe der Namen der Eigentümer, Lage des Eigentums usw. forderten, stellte das GK entsprechende Listen auf, händigte diese aber nicht den Japanern aus. Sie wurden im August 1945 vernichtet. 1954 versprach Winterfeldt HWB, aus dem Gedächtnis neue Listen zu erstellen, als Grundlage für Lastenausgleichsforderungen. Winterfeldt starb am Tag nach der

Unterredung mit HWB. (BArch ZLA 7–34/47) Nach 1947 bis 1954 war er Vorstandsmitglied der Deutschen Effecten- und Wechselbank, Frankfurt/M. → S. 332, 546

Wolcke, Hugo gestorben 11/1937 Erna Breuers Vater, HWBs Schwiegervater. → S. 96, 150, 205

Wolcke, Lizzy Ernas Breuers Mutter, HWBs Schwiegermutter. → S. 96, 150, 205, 272, 356, 412,

Yaron, Alexander J. gest. 1935 Russischer Architekt, in Shanghai 1922–1935. Entwarf u.a. die russisch-orthodoxe Kirche St. Nikolaus und, 1928/29, die West Garden Mansions, in denen HWB 1938–1952 wohnte. (https://avezink.livejournal.com/116030.html, am 30.7.2020 (dort bezeichnet als *West Garden Apartments*). Tess Johnston und Deke Erh: Western Architecture) → S. 318

Yuan Shikai 1859–1916 1895 General der schlagkräftigsten Armee der Qing-Regierung. Aus dieser Machtposition heraus wurde er 1912 erster offizieller Präsident der Republik China. Militärherrschaft. 12/1916–3/1916 scheiterte sein Versuch, die Monarchie wiederherzustellen, sich zum Kaiser krönen zu lassen. → S. 98

Zhou Enlai 1898–1976 1919–1920 beteiligt an der »Bewegung 4. Mai«; Verhaftung. 1920–1924 Studium in Frankreich. Ab 1921, nach der Gründung der Kommunistischen Partei Chinas, ihr Repräsentant in Frankreich. Ab 1921 Positionen im Zentralkomitee und im Politbüro der KPC. Teilnahme am »Langen Marsch«. Verhandelte 1936 die gegen Japan »Vereinte Front« von Kommunisten und Nationalisten. 1949–1976 Premierminister der VRC. 1949–1958 auch Außenminister. Am Zustandekommen des Treffens Mao / Nixon 1972 war er maßgeblich beteiligt. → S. 291, 462, 464, 467, 553, 584, 610

Zwanck, Otto 1890–1978 1912 für Melchers nach Hongkong. 1914 Tsingtao, Kriegsgefangenschaft in Japan. 1920 Hamburg. 1922 Rückkehr nach China, Melchers China Corporation in Shanghai, 1925–1928 Melchers Tianjin. Dann Speidel & Co. in Tianjin, Slevogt & Co. in Shanghai, 1939–1945 Reuter & Bröckelmann. War 1933–1944 regelmäßig als Regisseur und Schauspieler im DT-V Shanghai tätig (wie vorher im Gefangenenlager in Narashino und in Tianjin). April 1949 – Juni 1952 Schatzmeister der Deutschen Gemeinde Shanghai. Ausreise aus China im Juni 1952 nach Hamburg. Merz & Co. Import Asiatica. Zwanck schrieb 1952 das Abschiedsgedicht auf HWB. Ehefrau: Irmgard, Söhne: Heinrich (1943–2003), Mathias (1946–2018). → S. 13, 193, 198, 248, 479, 491, 500, 533, 578, 614